教育部哲学社会科学系列发展报告
MOE Serial Reports on Developments in Humanities and Social Sciences

中国农民状况发展报告2013（社会文化卷）

Chinese Peasants Development Report Volume of Social Culture 2013

徐勇 邓大才 任路 胡雅琼 等著

北京大学出版社
PEKING UNIVERSITY PRESS

图书在版编目(CIP)数据

中国农民状况发展报告.2013.社会文化卷/徐勇,邓大才,任路,胡雅琼等著.—北京:北京大学出版社,2014.1

(教育部哲学社会科学系列发展报告)

ISBN 978-7-301-23709-0

Ⅰ.①中… Ⅱ.①徐… Ⅲ.①农民-社会生活-调查报告-中国-2013 ②农民-文化事业-调查报告-中国-2013 Ⅳ.①D422

中国版本图书馆CIP数据核字(2014)第006739号

书　　名:中国农民状况发展报告2013(社会文化卷)
著作责任者:徐　勇　邓大才　任　路　胡雅琼　等著
责 任 编 辑:倪宇洁
标 准 书 号:ISBN 978-7-301-23709-0/C·0975
出 版 发 行:北京大学出版社
地　　址:北京市海淀区成府路205号　100871
网　　址:http://www.pup.cn
新 浪 微 博:@北京大学出版社
电 子 信 箱:ss@pup.pku.edu.cn
电　　话:邮购部62752015　发行部62750672　编辑部62753121
出版部62754962
印　刷　者:北京宏伟双华印刷有限公司
经　销　者:新华书店
730毫米×980毫米　16开本　49.25印张　857千字
2014年1月第1版　2014年1月第1次印刷
定　　价:98.00元

学术指导委员会

（以姓氏笔画为序）

总　序

哲学社会科学的发展水平,体现着一个国家和民族的思维能力、精神状态和文明素质,反映了一个国家的综合国力和国际竞争力。在社会发展历史进程中,哲学社会科学往往是社会变革、制度创新的理论先导,特别是在社会发展的关键时期,哲学社会科学的地位和作用就更加突出。在我国从大国走向强国的过程中,繁荣发展哲学社会科学,不仅关系到我国经济、政治、文化、社会建设以及生态文明建设的全面协调发展,而且关系到社会主义核心价值体系的构建,关系到全民族的思想道德素质和科学文化素质的提高,关系到国家文化软实力的增强。

党的十六大以来,以胡锦涛同志为总书记的党中央高度重视哲学社会科学,从中国特色社会主义发展全局的战略高度,把繁荣发展哲学社会科学作为重大而紧迫的任务进行谋划部署。2004 年,中共中央下发《关于进一步繁荣发展哲学社会科学的意见》,明确了新世纪繁荣发展哲学社会科学的指导方针、总体目标和主要任务。党的十七大报告明确指出:“繁荣发展哲学社会科学,推进学科体系、学术观点、科研方法创新,鼓励哲学社会科学界为党和人民事业发挥思想库作用,推动我国哲学社会科学优秀成果和优秀人才走向世界。”2011 年,党的十七届六中全会审议通过的《中共中央关于深化文化体制改革、推动社会主义文化大发展大繁荣若干重大问题的决定》,把繁荣发展哲学社会科学作为推动社会主义文化大发展大繁荣、建设社会主义文化强国的一项重要内容,深刻阐述了繁荣发展哲学社会科学一系列带有方向性、根本性、战略性的问题。这些重要思想和论断,集中体现了我们党对哲学社会科学工作的高度重视,为哲学社会科学繁荣发展指明了方向,提供了根本保证和强大动力。

为学习贯彻党的十七届六中全会精神,教育部于 2011 年 11 月 17 日在北京召开全国高等学校哲学社会科学工作会议。中共中央办公厅、国务院办公厅转发《教育部关于深入推进高等学校哲学社会科学繁荣发展的意见》,明确提出到 2020 年基本建成高校哲学社会科学创新体系的奋斗目标。教育部、财政部联合印发《高等学校哲学社会科学繁荣计划(2011—2020 年)》,教育部下发《关于进一步改进高等学校哲学社会科学研究评价的意见》、《高等学校哲学社会科学“走出去”计划》、《高等学校人文社会科学重点研究基地建设计划》等系列文件,启动了新一轮“高校哲学社会科学繁荣计划”。未来十年,高校哲学社会科学将着力构建九大体系,即学科和教材体系、创新平台体系、科研项目体系、社会服务体系、条件支撑体系、人才队伍体系、现代科研管理体系和学风建设工作体系,同时,大力实施高校哲学社会科学“走出去”计划,提升国际学术影响力和话语权。

当今世界正处在大发展大变革大调整时期,我国已进入全面建设小康社会的关键时期和深化改革开放、加快转变经济发展方式的攻坚时期。站在新的历史起点上,高校哲学社会科学面临着难得的发展机遇和有利的发展条件。高等学校作为我国哲学社会科学事业的主力军,必须充分发挥人才密集、力量雄厚、学科齐全等优势,坚持马克思主义立场观点方法,以重大理论和实际问题为主攻方向,立足中国特色社会主义伟大实践进行新的理论创造,形成中国方案和中国建议,为国家发展提供战略性、前瞻性、全局性的政策咨询、理论依据和精神动力。

自2010年始,教育部启动哲学社会科学研究发展报告资助项目。发展报告项目以服务国家战略、满足社会需求为导向,以数据库建设为支撑,以推进协同创新为手段,通过组建跨学科研究团队,与各级政府部门、企事业单位、校内外科研机构等建立学术战略联盟,围绕改革开放和社会主义现代化建设的重点领域和重大问题开展长期跟踪研究,努力推出一批具有重要咨询作用的对策性、前瞻性研究成果。发展报告必须扎根社会实践、立足实际问题,对所研究对象的发展状况、发展趋势等进行持续研究,强化数据采集分析,重视定量研究,力求有总结、有分析、有预测。发展报告按照“统一标识、统一封面、统一版式、统一标准”纳入“教育部哲学社会科学发展报告文库”集中出版。计划经过五年左右,最终稳定支持百余种发展报告,有力支撑“高校哲学社会科学社会服务体系”建设。

展望未来,夺取全面建设小康社会新胜利、谱写人民美好生活新篇章的宏伟目标和崇高使命,呼唤着每一位高校哲学社会科学工作者的热情和智慧。我们要不断增强使命感和责任感,立足新实践,适应新要求,以建设具有中国特色、中国风格、中国气派的哲学社会科学为根本任务,大力推进学科体系、学术观点、科研方法创新,加快建设高校哲学社会科学创新体系,更好地发挥哲学社会科学认识世界、传承文明、创新理论、咨政育人、服务社会的重要功能,为全面建设小康社会、推进社会主义现代化、实现中华民族伟大复兴作出新的更大的贡献。

教育部社会科学司

2012年7月

目　　录

总　论

一、本书主要观点

中国社会是一个农民占半数的转型社会，如何实现从传统农业社会向现代工业社会转变，将农民转化为公民是中国社会和谐发展的关键所在。随着改革开放以来的全面建设小康社会的努力，农业发展、农村稳定和农民幸福的良好局面业已形成。当然，农村社会发展还存在一些不均衡的地方，属于发展中的问题。为了更准确地把握现阶段中国农村社会发展的全局，为农村社会文化建设提供参考与借鉴，华中师范大学中国农村研究院继中国农民政治状况与经济状况之后，以社会文化状况为主要研究对象，围绕现代化进程中农民社会文化的发展变化，从农民婚姻与家庭、农民组织、农民流动与分化、农民社会交往、农民社会保障来分析农民社会生活与交往的基本情况。与此同时，从农民的文化意识、文化设施、文化活动和文化教育四个方面来呈现农民文化生活的阶段性特征，以期描绘新时期农民社会文化的全貌。

本报告采用实证研究方法，通过访谈式问卷调查，收集有关农村社会文化状况的数据与资料，主要依托 2012 年 7—8 月份华中师范大学中国农村研究院组织的"百村观察"项目，对全国 31 个省（港澳台除外）进行有关"中国农民社会发展状况"的专题调查。为了保证调查的科学性，调查中所选择的村庄为普通村庄，以村庄（行政村）为基本抽样框，并经过多层分阶段抽样，获得村庄样本，并根据村庄农户的经济条件、政治身份、文化水平等分层抽样，形成最终的农户样本。本次调查共选取 260 个村庄，每个村庄发放 15 份问卷，回收有效问卷 3648 份。此外，2009 年正式运转的"百村观察"项目积累了多年的与农村社会文化相关的调查数据和资料，所以本报告的部分数据包括 2009 年至 2012 年的"百村观察"的调查成果。

通过调查分析，初步形成以下主要观点：第一，当前农村家庭婚姻稳定，但是随着农村经济社会的变迁，传统的婚姻观念也在消解，婚姻缔结大龄化，婚姻解体呈现一定的增长，婚姻自主性增强，生育趋于理性。不可忽视的是人口老龄化和空巢化,人口负担加重。第二,随着社会的发展,农民走出家庭,面向市场,在经历"两落两起"的民工潮后,农民外出务工日益普遍,新生代农民工逐步代替父辈成为外出务工的主力,但是农民外出务工集中于制造业,从事体力劳动和初级技工居多,农民工社会保障需要重视。第三,现阶段,农民的交往范围较小,手机等现代交往媒介扩展了农民交往。另外,人情交往是农村交往的重要内容,人情支出压力大。第四,农村社会保障日益发展,新农合广覆盖,新农保成补充,优抚更健全。第五,农民信仰多样化,也表现为一定的权宜性,同时农民的负面情绪有所累积,但是多数农民信党和政府。第六,农民文化生活以看电视和串门聊天为主,棋牌室发展较快,相对来说,农村公共文体设施虽然逐步完善,但是后续管理缺少配套。第七,农民文化程度以初中为主,技能培训是继续教育的重要方式,与自身教育相比,农民子女教育支出压力大,尤其是农民工的子女教育。总的来说,农村社会文化发展迅速,但是发展中出现的新问题、新趋势和新需求还需要在全面建成小康社会的过程中去解决、去回应、去实现。

(一) 农民婚姻与家庭状况

婚姻是家庭的基础,家庭是社会的细胞。农民的婚姻与家庭状况是农民社会状况首先必须回答的问题。现阶段,农民的婚姻稳定,但离婚率在增长;初婚大龄化,婚姻自主性增强;生育理性化,仍有性别偏好;空巢家庭增多,人口负担加重。

1. 农民婚姻状况稳定,离婚率呈现增长趋势。

根据2012年调查数据,90.51%的农民已婚,4.55%的农民未婚,3.84%的农民丧偶,1.01%的农民离婚。整体上,在婚者比例高,未婚、离婚和丧偶者少,农民婚姻状况稳定。但是,婚姻解体方面,尤其是离婚现象在农村日渐增多。20世纪70年代结婚的夫妻离婚水平最低,离婚夫妻占比0.49%。从80年代开始离婚现象越来越多,由0.47%逐渐增长到2000年以后的1.92%,增长了1.45个百分点。从80年代到90年代的增速最快,增长了1.1个百分点。可见,随着社会发展,人们思想观念的转变,传统的婚姻观逐渐解体,离婚现象也随之呈现上升趋势。

2. 农民初婚大龄化,婚姻半径以"县"为分界点。

从全国样本农户情况来看,农民平均初婚年龄是23.15岁。东中西各地区的平均初婚年龄分别为23.78岁、22.91岁和22.76岁。分性别看,男性的平均初婚年龄是24.11岁,而女性的平均初婚年龄为22.18岁。1970年之前结婚的夫妻平均初婚年龄21.24岁,而1970年以后的增长趋势较缓;70年代的初婚年龄23岁,80年代初婚年龄23.14岁,90年代23.35岁,但是到2000年以后,平均初婚年龄

23.42岁，而且有继续上升的势头，初婚年龄逐渐向"大龄化"趋势发展。从婚姻的年龄匹配来看，南方地区男比女大的情况比较多，为70.94%，比北方多出7.56个百分点；而北方女比男大的情况则多出南方5.05个百分点，为17.51%。从婚姻半径来看，36.7%的农户其配偶是本乡人，占比最大；其次是本村人占比31.44%；再次是本县人，占比为21.41%；最少的是本省人，占比2.97%。可见，"县"是农民婚姻半径的分界点。

3. 婚姻缔结自主性增强，婚姻满意度较高。

在婚姻缔结上，经媒人介绍认识的比重最高，占61.79%，自己认识的占比18.32%，亲戚朋友介绍占19.19%，婚姻介绍所仅占0.03%。从1970年到2000年以后，自己认识的比例从11.98%上升到30.35%，经过媒人介绍的比例从66.99%下降到46.65%，农民婚姻自主性增强。对于婚姻的满意度，表示满意的农户超过八成，占比83.04%，其中表示非常满意的占26.2%；13.23%的农户表示一般；而对于婚姻表示不满意的占比3.82%，其中有0.84%的农户表示很不满意。究其原因，超五成农户由于经济收入问题导致其对婚姻的满意度低。夫妻感情也是影响婚姻质量的一个重要方面，22.59%的农户因夫妻感情不和睦影响婚姻满意度。此外，婆媳（翁媳）关系、子女问题等也影响着婚姻质量，分别为6.34%和6.06%。

4. 生育观念趋于理性化，仍然存在性别偏好。

从全国来看，农民平均初育年龄是23.31岁，东中西各地区的平均初婚年龄分别为23.91岁、23.24岁和22.78岁。在生育观念上，有近七成的中青年农民希望生育2个孩子，其次有17.88%的受访农民想生育1个孩子，不想生育孩子的比例达到3.92%。老年农民与之相似，73.97%的老年农民期望子女生2个孩子，14.57%的农户希望子女生育1个孩子。在性别偏好上，81.65%的被访农民认为"生男生女一个样"，但一定程度上存在"重男轻女"的情况，希望是男孩的比例高出希望是女孩的比例12.32个百分点。另外，对于当前社会婚姻现象的态度，39.34%的被访农民能够接受再婚，与之相对，79.56%的农民最不能接受婚外情。

5. 空巢家庭比例增大，人口负担日益加重。

在家庭规模上，样本农户家庭规模平均为每户4.27人，样本农户中核心家庭占46.24%，主干家庭占31%，扩大家庭占7.92%，空巢家庭占12.97%。尤其是空巢家庭，2010年空巢家庭在所有家庭类型中占比10.08%，到2011年比重增加至10.6%，2012年空巢家庭数量继续增加，占比12.97%。分地区看，东部空巢家庭最多,占16.53%,中部次之,占13.96%,西部最少,占8.31%。家庭空巢的同时,人口负担也在增加。根据2012年的数据,人口负担系数[①]为48.70%,已逼近人口红利期的上限,人口老龄化和劳动力人口减少将使得人口负担日益加重。

(二)农民组织状况

家庭生活之外的村庄生活是农民社会生活的组成部分,而村庄组织是农民村庄生活的重要平台,从农民组织状况中可以发掘农民社会生活的另一侧面。整体上,农民组织普及度高,组织类型日趋多元化,但是农民参与率相对较低,具有服务功能的组织受青睐。

1. 农民组织普及度高,组织类型多元化。

截至2011年,每个村庄平均有3.56个农民组织,全国有50%的村庄有2个及以上的农民组织,仅5.88%的村庄没有农民组织。分地区看,西部村庄的农民组织数量较多,为4.49个,东部农村每个村庄平均3.6个农民组织,中部略低,为2.87个。37.21%低收入村庄中仅有1个农民组织,39.53%的高收入村庄中有4个以上的农民组织,比低收入村庄高19个百分点。在组织类型上,每个村庄平均1.31个经济组织,1.18个民间组织,1.3个政治组织和1.24个文化组织,此外,还有0.08个宗族组织和0.73个宗教组织,村庄组织发展多元化。

2. 农民组织的参与率低,服务功能受期待。

从农民组织的参与来看,近六年成立的农民组织占到农民组织总数的三分之二,其中,66.13%的农民组织得到政府的支持,34.67%的农民组织经常开展活动,较少或很少组织活动的农民组织占22.35%。四分之一的农民加入了农民组织,另外,11.03%的农户不清楚所在村庄是否有农民组织。技术指导、三农信息和休闲娱乐是农民组织的三大服务类型。从农户的期待来看,有27.55%的农民表示今后想加入如合作社、养殖协会等的经济组织;23.21%的农民期待参与文化组织;希望加入政治组织和民间组织的农民相对较低,1.74%的农户明确表示将

---

① 人口负担系数,即抚养系数或抚养比,是指人口总体中非劳动年龄人口数与劳动年龄人口数之比。该系数以百分比形式来反映非劳动力人口对劳动力人口的负担程度(抚养压力),其一般计算公式为:

$$\text{人口负担系数} = \frac{P_{0-14} + P_{65}^{+}}{P_{14-65}} \times 100\%$$

其中,P_{0-14}为0—14岁人口数;P_{65}^{+}为65岁及65岁以上的老年人口数;P_{15-64}为15—64岁劳动年龄人口数。但实际上,中国农村往往并不以年龄标准划分劳力非劳力,即存在大量14岁以上但不承担劳动的在读学生和部分65岁以上承担务农劳动的劳力,因此,依据农村实际情况,本报告实际采用的计算公式为:

$$\text{人口负担数} = \frac{\text{在读学生数} + \text{不承担劳动的老人数}}{\text{实际劳动力数}} \times 100\%$$

不参与任何类型的农民组织。

（三）农民流动与分化状况

随着现代化进程的加快，农民卷入市场经济的浪潮，走出村庄，面向市场，以外出务工为主要方式的人口流动为农村带来了新的变化。新生代农民工逐渐成为外出务工主力，投入制造业中，从事体力劳动和初级技工。在两落两起的民工潮背后，外出务工成为农民的选择，既有省际的大潮，又有跨国的细流。

1. 农民外出务工普遍，新生代农民渐成主力。

在2012年调查数据中，外出打工人数达到3021人，占到全部调查家庭人口的19.39%，农民外出打工的比例接近两成。从打工人数与户数比较来看，在所调查的3648户农户中，户均打工人数为0.83，也即在每100户家庭中就有83人外出打工。从打工人数与劳动力比较来看，在10324个劳动力中，外出打工人数近三成，即为29.26%。家庭全部外出打工的农户占0.82%，家庭全部劳动力外出打工的占比为7.24%，家庭成员在外打工的农户有1750个，占比为47.98%。分性别看，外出务工人口中男性占62.72%，约为女性37.28%的1.5倍。在外出务工人口中，30岁以下、30—39岁、40—49岁、50—59岁及59岁以上所占比例分别为52.70%、25.47%、14.41%、5.46%和1.96%，30岁以下的新生代农民工成为外出务工的主力。

2. 农民外出务工省际为主，跨国务工日益兴起。

在农民流动区域上，西南、华东、华中地区的农民外出打工比较多，占比分别为20.78%、20.72%和20.67%。华北地区的农民外出打工的比例最少，为13.16%，比全国平均水平低5个百分点。省际流动是农民外出打工的首要选择，有1212个农民选择外省务工，占比为46.29%；而选择在本省务工的农民也为数不少，占比为43.47%；就近在本县市范围内打工的农民不足一成，即9.93%。另外，还有农民开始走出国门，到以色列、俄罗斯、韩国等国家务工，这样的农民占到0.31%。

3. 民工潮两落两起，农民外出务工渐成趋势。

从最早外出务工的时间来推断，20世纪80年代以前，有6.63%的农民外出务工。80年代有一定回落，有3.19%的农民外出打工。90年代，特别是90年代中后期，农民打工出现小高潮，1991—1995年有4.42%的农民外出打工，而1996—2000年就有11.09%的农民外出打工，打工人数明显增加。从90年代中后期开始，农民外出务工与日俱增，2001—2005年外出务工农民比重达到15.66%；2006—2010年这五年时间内，外出务工农民接近务工农民的四成，即

39.67%。在2011与2012年两年内,农民外出务工的比重达到19.34%。

4. 农民工集中于制造业,体力劳动与初级技工为主。

从农民外出务工所从事的产业与行业统计来看,农民主要在第二产业打工,有65.73%的农民在第二产业务工;从事第三产业的农民占比为32.56%;仅1.71%的农民工在第一产业。在第二产业中,农民从事最多的是制造业,有37.54%的农民走出村庄之后,在制造部门工作;建筑与采掘业次之,有21.09%的农民在此行业工作。服务业从事比例也在扩大,从事住宿餐饮行业的农民有10.62%,从事商业零售业与交通运输业的农民大体相当,分别为5.93%与5.33%。从务工工种来看,体力劳动与初级技术人员占78.38%,所占比例最大;熟练技师占总数的12.31%,两者加总超过九成。

(四) 农民社会交往状况

社会交往是农民社会生活的微观部分,通过人与人之间的往来再生产各种社会关系,维系着农民的社会生活。在现代化的推动下,农民社会交往的工具日趋现代化,手机的媒介作用日益突出;农民交往心理较为平和,对等交往为主。然而,传统的帮忙找邻居,借钱找亲友,以及重人情的习惯依然存在。

1. 农民日常交往中帮忙找邻居,借钱找亲友。

在3636个样本农户中,有2373位农户的主要交往对象是邻居,占比最高,为65.26%;680位农户的主要交往对象是亲戚,占比18.70%;另有12.71%的农户主要交往对象为朋友。具体来说,当生活中遇到小事需要帮助时,54.67%的农民找邻居帮忙,33.26%的农民找亲戚帮忙。当生活中需要借钱的时候,有74.18%的农民找亲戚,有12.49%的农民找邻居,有8.42%的农民找朋友,还有1.17%的农民找政府。当生产中需要帮工的时候,41.67%的农民找乡邻帮工,38.43%的农民找亲友帮工,17.52%的农民花钱雇人。

2. 农民交往工具日趋现代化,手机在日常交往中日益重要。

在交往方式上,现代通信工具是主要媒介。在3648个有效样本中,有1512位农民选择打电话、发短信,占比41.45%。接着从手机的使用对象来看,46.23%的农民使用手机的主要对象是家人,33.98%的是亲戚,23.38%的是朋友,另有5.50%和8.87%为邻居和其他对象。再从节日交往的手机使用来看,有56.33%的农户表示逢年过节时会使用手机表达祝福,有37.58%的农民表示不会使用,另有6.08%的农民认为要因具体情况而定。

3. 农民人情交往压力大,农户态度接近均衡点。

根据2012年调查数据,95.24%的样本农户有人情支出,没有人情支出的农户仅167户,占比为4.76%。户均人情支出4043.13元,人均人情支出是1049.32元,家庭人情支出占家庭生活支出的比重是15.82%。其中,嫁娶人情支出最高,户均358.87元/次;其次为生子人情支出,户均250.72元/次;再次为丧葬人情支出,为231.52元/次;升学人情支出最低,为218.31元/次。与之相对,样本农户户均人情收入是17052.03元,人均人情收入是4264.28元,户均人情收入约为户均人情支出的4.43倍。从人情交往态度看,在3535个样本农户中,有34.74%的农户对人情支出持支持态度,35.50%的农户则表示无所谓,另外有22.66%的农户对人情支出表示反感,7.1%的农户希望得到改变。

4. 农民交往心理平和,干群交往对等化。

在交往心理方面,与城里人打交道时,有65.80%的农民抱着平常心,占比最多;有7.97%的农民认为城里人太精明、态度不好;另有7.28%的农民认为与城里人交往无共同话题;4.76%的农民与城里人交往时甚至感到自卑。与富人打交道时,平常心的农户所占比重为59.78%;还有15.57%农户觉得与富人交往时对方态度不好;10.44%农户表示无共同话题。与干部打交道时,农民持平常心的比重为72.04%;抱着提防心理和认为对方仗势欺人所占比重仅为3.70%和1.71%。

(五)农民社会保障状况

农民社会保障是农民社会生活风险的重要屏障,在一定程度上影响着农民的生活水平和生活质量。伴随着惠农政策的下乡,尤其是医疗、养老、优抚等民生建设,农民社会保障水平不断提升,"新农合"广覆盖,"新农保"全面推开,社会优抚更加健全。不过,农民工社会保障仍是关键问题。

1. 新型农村合作医疗广覆盖,农民满意度高。

全国千人拥有的诊所数为0.88个,千人所拥有的医务人员数为1.44个,千人所拥有的病床数2.33个,医疗设施仍有所缺乏。不过,医疗保障已经实现广覆盖,新农合参与率达到97.34%。此外,农民评价也比较积极,在2010年的调查数据中,84.26%的农户认为报销"方便",其中"很方便"的比例为52.87%,"一般"的比例为31.66%;15.47%的农户认为报销"不方便"。在新农合政策的满意度调查中,"非常满意"的占23.53%,"比较满意"的占49.78%,认为"一般"的比例为16.69%,"不太满意"的比例达9.10%,"很不满意"的比例为0.90%。

2. 家庭养老是农民主要养老方式,新型农村养老保险成重要补充。

根据2012年调查数据,样本农户的养老方式主要是依靠自己,其次是子女。依靠自己养老的农户比重为71.92%,而依靠子女的比重为22.78%,同时依靠国家养老的比重为4.18%。以"新农保"为代表的社会养老成为农民养老的重要补充。截止2011年末,"新农保"的参保率上升至71.89%,选择分期缴费的占比89.69%,82.60%农户保险费来自自己的储蓄存款,子女出钱的占比为9.09%。养老金的领取率为64.80%,平均养老金为100.81元。在农民参保动机上,"养老有保障"的占比54.13%,"减轻子女养老负担"的占比25.79%,另外"缴得少,得的多,划得来"的占比5.38%,"跟风参加"的占比5.94%;"村里要求必须参加"的占比5.01%。

3. 社会救助水平不断提高,社会优抚更加健全。

2011年全国"低保"的覆盖率为4.24%,2011年比2008年提高0.72%。与2008年相比,2011年,全国"低保"金额提高40.91元/月,增长率为58.53%。从全国范围来看,2011年的"五保户"比重为0.35%,各地"五保户"的保障水平大致在100—220元/月之间。2008—2011年,全国"五保户"水平由107.66元/月提高到169.34元/月,提高57.29%。在社会优抚方面,2008与2011年"三属"① 人数分别为363人和698人,四年内增长了92.29%;"三红"②人数分别为30人和87人,涨幅190%;残疾军人人数分别为209人和350人,增长65.46%;复员军人人数分别为4493人和4988人,四年涨幅为11.02%。

4. 农民工养老与医疗保障需求大,异地转接是关键问题。

在有关农民工社会保险需求的调查中,农民工对养老保险和医疗保险的需求最大,占比均为21.68%,对失业保险的需求次之,比重为10.84%,对工伤保险的需求最小,为6.99%。从实际参与社会保障来看,参加养老保险的农民工比重最大,比重为53.46%;参加工伤保险和失业保险的比重相对都比较小,参加工伤保险的比重为35.22%,失业保险的参加率在各类保险中最低,比重为1.26%。从农民工社会保障的现实来看,转移接续是农民工社会保障的关键问题,有31.25%的农民工认为"完全无法办理社会保险转移接续",其中排在前三位的因素分别为"企业不愿办理"、"办理手续麻烦"和"经济能力有限"。在全国范围内,地方或企业不愿意为农民工接续保险所占比重为27.92%,"办理手续麻烦"和"经济能力有限"的比重分别为27.50%和21.67%。

(六)农民文化意识状况

农民的精神文化状态是建设社会主义精神文明的题中之意,农民文化意识是

① "三属"是指革命烈士家属;因公牺牲军人家属;病故军人家属。
② "三红"是指在乡红军老战士;西路军老战士;红军长征失散人员。

农民的精神文明的集中体现。现阶段,农民文化意识的两个特点,一是农民的负面情绪在累积,对社会腐败、贫富差距等充满忧虑,但是多数农民依然信任党和政府。二是农民信仰世界多样化,既信上帝又信鬼神。

1. 农民的负面情绪累积,多数农民信任党和政府。

据2012年的调查数据,64.34%的被访农民认为当前腐败问题严重,相比2011年55.19%的农民认为当前腐败问题严重而言,升高9.15个百分点。接着从法律观念来看,73.29%的农民认为当前法律公正,相比2011年69.43%,升高3.86个百分点。从社会评价来看,73.29%农户认为当前贫富差距严重,超过2011年67.73%近5.56个百分点。同时,10.89%的被访农民认可富人致富方式,超过了2011年6.48%。9.09%的农民不认可致富方式,低于2011年的14.46%。从农民的社会信心来看,68.55%的农民表示个人努力能够改变现状,相比2011年的70.78%,降低了2.23个百分点。然而,农民对党和政府充满信任和期待,79.15%的农民认为党和政府能够能解决当前社会问题,10.44%的农户认为党和政府不能解决当前社会问题。

2. 农民的信仰世界多样化,既信上帝又信鬼神。

从全国调查的3616户农户来看,87.28%的农户表示没有信仰宗教。而在有宗教信仰的12.72%的农民中,信仰佛教的比例最高,为7.22%;其次为信仰伊斯兰教的占3.76%。从各地区来看,西部地区有宗教信仰的农民最多,占比为24.94%;中部地区有宗教信仰的农民最少,占比为5.61%。就各地区的宗教类型情况而言,基督教在东部和中部地区的传播相对较广,其中东部地区信仰基督教的农民占比1.71%,中部地区为1.87%,都高于全国平均水平的1.36%。

就全国调查的519位信教农民来看,59.51%的农民信教是受家庭传统或风俗习惯的影响,22.74%的农民是为了消灾免祸或心理慰藉而信仰宗教。在西部地区,因家庭传统或风俗习惯而信仰宗教的农民占比最高,为77.48%,高出全国平均水平17.97个百分点。而在中部地区,因寻求消灾免祸或心理慰藉而信仰宗教的农民占比最高,达到48.38%,比全国平均水平高25.64个百分点。

与之相对,就民间信仰而言,在3543份有效样本中,相信鬼神的农民的比重为9.80%,不相信鬼神的农民占比67.5%,另有13.9%的农民表示半信半疑。68.88%的农民是因为传统习惯而信鬼神,5.52%和7.86%的农民表示是因祈求神灵保佑和心理安慰。在信仰评价上,认为有信仰不好不坏的比重最高,为60.20%,而认为没有好处的占比22.24%,另有11.68%的农民认为民间信仰有助于村庄团结。

(七) 农民文化设施状况

与农民文化意识相比,农村文化设施则是培育精神文明的硬件。城乡一体化发展推动了农村公共文化设施投入,农民增收为农民文化消费打下基础,农村经营性文化设施方兴未艾,在一定程度上也有助于繁荣农村文化生活。总的来看,农村文化设施逐步完善,后续管理是短板;家庭网络正在普及;农村棋牌室仍然是农民文化休闲的主要设施。

1. 村庄公共文体设施逐步完善,后续管理维护需配套。

村庄公共文化场地拥有率为82.71%,近两成的村庄没有公共文化场地。90.64%的村庄有图书阅览室,综合活动广场次之,为55.92%,老年人活动中心为40.88%。52.75%的村庄拥有体育场地,其中,篮球场占比最高,为68.57%。人均公共文娱场地面积均值最高的是综合活动广场,为1.38平方米,最低的是电子阅览室,为0.01平方米。63.89%的公共文娱设施有管理员,约四分之三的村庄文娱设施管理员为村干部。此外,村庄公共文娱设施的维修率为77.22%,经常维修占22.78%,年久失修率近一成。

2. 电视是农村家庭最主要文化设施,家庭网络日益普及。

从全国来看,家庭电视拥有率最高,为99.05%,电脑、书籍报刊、收音机、MP4的拥有率分别为39.57%、16.87%、13.30%和9.44%,电脑正在进入农村千家万户。另外,村庄有线电视用户占比从2009年的58.07%增长到了2011年的65.19%。村庄互联网的覆盖率从2009年的10.26%增长到2011年的17.35%。

3. 棋牌室是农村经营性文化设施主体,农家乐发展迅速。

从经营性文化设施的种类来看,网吧、桌球室、棋牌室的比重逐年下降,农家乐、茶馆、录像厅、歌舞厅在逐年增加。在经营性文化设施的总量上,从2009年的2.74个减少到2011年的1.98个,减幅为27.74%;千人均拥有量从2009年的1.83个减少到2011年的1.75个。2009年到2011年棋牌室一直是全国村庄覆盖率最高的经营性文化设施,2011年覆盖率为22.73%,村均拥有量为1.10个,收费标准为2.88元/人,偶尔使用率达88.24%;农家乐是2009年来发展较快的经营性文化设施,2011年覆盖率达18.58%,取代桌球室成为覆盖率仅次于棋牌室的第二大经营性文化设施。村均拥有量为1.50个,收费标准为22.75元/人,偶尔使用率达67.57%。

(八) 农民文化活动状况

农民文化活动是农民文化意识和文化设施结合的载体,多种多样的文化活动构成农民文化生活的全部。具体来看,最受欢迎的公共文化活动是传统的地方戏曲,电影和歌舞也是不错的选择;最主要的休闲活动是看电视和串门聊天;最多的宗教活动是祷告和学习经文。

1. 地方戏曲是最受欢迎的公共文化活动,电影与歌舞次之。

在258个样本村庄中,没有举办过公共文化活动的村庄有88个,占比34.11%,其所占比重最高;其次31.40%的村庄公共文化活动的举办次数在1至3次之间;举办次数在4次以上的比重为34.49%。从被访农民的文化生活来看,37.90%的农民最喜欢地方性戏曲表演等传统文化活动;其次,33.63%的农民表示最喜欢电影放映或歌舞演出等现代型文化活动;图书上门或技术培训等发展型文化活动的农民占比9.64%;此外,有13.66%的农民表示不喜欢任何文化活动。与此相应,体育活动方面,篮、乒、羽等球类活动是农村主要体育活动,占比42.14%;其次是秧歌、舞蹈、舞龙、舞狮子等传统民间特色的体育活动,占比15.14%;"其他"类活动占比26.17%,主要包括跑步、赛马、射箭、摔跤、举重、自行车等各类体育活动。

2. 看电视和串门是农民主要休闲方式。

"看电视"和"串门聊天"是农民最主要的日常休闲方式,分别占比35.44%和32.23%,两者合计占比67.67%;同时有13.45%的农民选择"打麻将或打牌",其所占比重也较高;12.99%的农民平时选择"闲在家里",不参加活动;此外,分别有2.57%和3.32%的农民选择"吃饭聚餐"和"其他"休闲方式。

3. 祭祖是农民主要宗族活动,宗教活动以个体为主。

在258个样本村庄中,有45个村庄举行宗族祭祀活动,占比17.44%。在3648位受访农民中,有67.57%的农民参加过祭拜祖先活动,其比重接近七成;有19.11%的农民参加过烧香拜佛,其比重接近五分之一;参加过占卜算卦的农民占比为12.20%。进一步分析农民的宗教信仰,在446位有宗教信仰的农民中,有168位受访者没有参加过宗教活动,占比37.67%;表示参加过宗教活动的农民有278位,占比62.33%。就具体的宗教活动而言,祷告、学习经文等活动所占的比重最高,达到70.53%;其次是参加教友聚会等集体活动,占比21.85%;向人宣传本派教义的比重为2.65%;此外,参加其他活动的比重为4.97%。

(九) 农民文化教育状况

农民文化教育是更加系统的文化生活,也是塑造合格社会成员的过程。在农民个人教育方面,初中文化程度的农民占多数,继续教育以技能培训为主。在农民子女教育上,教育支出压力大,尤其是农民工子女教育成本增大。不过,农民重视子女教育,读书有用论占主导,子女愿意读父母愿意供。

1. 农民初中文化程度居多,技能培训是农民继续教育的重要方式。

从全国来看,文化程度为文盲、大专及以上的农民比例相对较低,占比分别为8.04%和3.05%,初中文化程度的农民比重最大,为41.44%,其次是小学文化程度的农民,为32.55%。其中,男性农民文盲比例为6.46%,低于女性农民的14.92%,小学文化程度占比31.82%,低于女性农民的35.75%,初中文化程度占比为42.75%,高中文化程度为15.83%,大专及以上文化程度占比为3.14%,占比均高于女性农民,男性农民的文化程度普遍比女性农民要高。从继续教育来看,55.05%的农民没有接受过技能培训,25.62%的农民接受过培训,全国农民接受培训次数的均值为1.53次。在参加过技能培训的农民中,培训内容以农业技术培训为主,占比为44.14%,劳动力转移培训的占比为7.09%,文化知识综合培训的占比为5.13%,其他培训的占比为2.84%。提高技能是农民参加培训的最主要目的,比重高达83.9%,提高文化素养是次要目的,占比为9.2%,而为了获学历或证书而参加培训的比重最小,为0.8%。

2. 农民子女教育支出压力大,农民工子女入学逐步改善。

从农民子女教育来看,农民子女就读小学、初中的比重较大,占比分别为42.63%和23.12%,就读幼儿园和高中(中职中专)的比重相对较低,分别为14.84%和19.41%。农民子女教育总支出户均9606.44元,人均4773.22元。在农民子女教育的各项支出中,最高的是伙食费,最低的是交通费,伙食费户均3669.74元,人均1834.87元,交通费户均399.54元,人均169.77元。陪读成为教育支出新增长点,户均陪读费556元,人均278元。

从教育设施来看,49.57%的村庄没有幼儿园,没有小学的村庄比例为41.56%。村庄有一所幼儿园、小学的占比分别为40.09%和51.95%。校车的拥有率为2.71%,校车类型中私人面包车比例最大,为49.76%,其次是学校正规车,占比为33.33%,私人车改装比重为10.63%,其他类型车比重为6.28%。

从农民工子女教育来看,31.11%的留守儿童父母没有和老师进行交流,与老师交流过的比重为38.67%,家庭教育有所缺位。而农民工子女在打工地就学,其家长认为上学成本增加的比重为56.7%,上学成本减少的比重为1.58%,还有41.72%的农民工家长表示上学成本没有变化。不过,21.92%的家长表示享受学费减免或者困难补助,而且,54.57%的农民工表示子女入学顺利。

3. 读书有用论占主导,子女愿读父母愿供。

就全国而言,被访农民认为读书有用比重为69.09%,2.37%的农民表示读书无用,还有28.54%的农民不置可否。具体来说,当被问及"如果子女学习成绩不理想，是否会继续供他上学"时，84.20%的农民表示"只要子女愿意读书就尽力供"，6.42%的农民表示"负担不重就供"，还有5.84%的农民表示"成绩差不供或没钱供少读"。另外，教育风气是教育评价的重要一环，有48.79%的农民认为农村教育风气比较好，11.68%的农民认为农村教育风气比较差。

（十）结论与预测

通过对当前中国农民社会文化基本状况的描述，以及社会和谐与农民幸福两个综合性评价指数的分析，本报告进一步认为，转型的中国农村和谐稳定，各项社会事业持续发展，农民生活幸福感提升，同时，中国农村社会存在转型的机遇和挑战，风险与压力。

1. 农村社会加速转型，机遇和挑战并存。

农村社会文化正处在加速转型期，从传统社会文化逐步向现代社会文化转变，而且这种转型的方向和趋势不会改变，即农村的现代化。

一是农民婚姻自主性增强。在婚姻缔结上，传统的婚姻缔结方式即父母之命、媒妁之言逐步向婚姻自主转变，众多的"农二代"的结婚对象是自己认识的。从前早婚早育的传统也发生松动，农民的初婚年龄在增大。这是农民婚姻自主的体现，农民可以根据自己的安排来决定自己的婚姻。在婚姻解体上，以离婚为主的婚姻解体也日渐增多。虽然在婚者比例高，但是从改革开放三十多年的情况来看，农民离婚率逐年上升。在生育上，生育观念偏于理性化，传统的多子多福的生育观念向"一男一女"两个孩子转变，性别偏好有所淡化，老年农民与中青年农民的生育观念和性别偏好较为相似，父辈干预子女生育的情况有所改变。

二是农民从业自由度增大。务农是传统农民的天职，日出而作、日落而息是农民劳作的生动写照。在改革开放后，市场经济大潮以及农业生产力发展带来的农民外出务工彻底改变了农民的生产与生活。外出务工成为农民自由的重要表现，束缚在土地上的农民不仅获得了流动的自由，而且在一定程度上实现了择业自由。在从业性质上，如果初期是以农为主，以工为补充的兼业形态的话，如今农民外出务工更直接的原因是增加家庭经济收入，农业只是农民"口粮田"，或者是"社保田"，是农民生活的最低保障线。在从业地域上，农民不仅外出务工，而且过县越省，直至跨国务工，将从业自由在地域上向往扩展。在从业代际上，假如说父辈的外出务工带有被动和随意，那么新生代农民工则更加积极和自主，他们的职业选择并没有经历父辈从农到工，工农兼业，以农为本的情况，而是直接瞄准外出务工，他们逐渐成为外出务工的主力。然而，现阶段农民工受限于自己的知识与技能，从业集中于低端的体力劳动和初级技工，无形之中限制了他们的职业选择范围,面临没有选择的困境。另外,农民工作为一个特殊群体,劳动合同、社会保险、医疗保险、技能培训等劳动与社会保障并不完善。虽然生存在城市,却生活在农村。

三是农民交往现代性增长。在交往范围上,农民的生产活动范围决定了交往范围,传统的农民交往为农业生产所限制,交往范围集中在村里,村落之上是集市,集市俨然成为农民交往的边界。农民在日常交往中帮忙找邻居,借钱找亲友就是农民传统社会交往的特点。但是改革开放后大量农民外出务工,跨越村落和集市,进入更加广大的地域,在一定程度上扩大了农民社会交往的范围,建立新的社会关系,尤其是电话、手机等现代交往媒介的使用进一步拓展农民的社会交往。现代通讯工具让农民更加便捷和快速地与家人、朋友、亲戚等进行社会交往。在交往内容上,人情交往是农民的社会交往的主要内容,农村人情大,婚丧嫁娶、升学乔迁、生子过寿等不一而足,然而,农民对人情交往的态度正在发生改变,反感和希望改变的农民人数在增加,接近均衡点。在交往心理上,不论是与城里人、富人、干部,农民交往心理趋于平和,持一种平常心态,对等交往,但是还有部分农民在交往中有自卑感和提防心理。

2. 农村社会事业发展,提标与扩面兼顾。

社会进步是农村社会转型的目标,而社会进步有赖于农村各项社会事业的发展,特别是农村医疗、养老、教育、救助等。在不断的民生投入之下,农村各项社会事业持续发展。

一是农村医疗条件在改善。农村医疗从无到有,新中国成立后出现的农村“赤脚医生”满足了农民基本的医疗卫生需求,为农村医疗事业的发展奠定了基础。如今农村医疗条件已经大为改善。在基础设施上,平均每一个村有一个卫生室或诊所,每千人有一个专职的医务人员,每千人配备两个左右的病床。在医疗保险上,新型农村合作医疗为农民提供基本医疗保险,几乎全部农民参加了新型农村合作医疗,而且从报销比例、报销程序上给农民以实惠和便利。同时也必须注意到农村重大疾病保险方面的缺位,大病报销是考验新型农村合作医疗的核心,也是进一步改善农民就医条件的关节点。

二是农村社会养老在普及。人口老龄化、家庭规模缩小、人口的流动对家庭养老带来冲击。在养老内容上,随着农村空巢家庭和鳏寡老人的增多,偏重于老人衣食住行的传统赡养方式受到挑战,老人需要更多的精神慰藉,子女应该常回家看看。在养老方式上,长久以来,农民养老主要是家庭养老。养儿防老的传统观念到现在依然是农村养老的主流意识,同时农民也通过自己的积蓄和劳动来避免老年无人赡养的局面。新型农村养老保险从 2009 年试点到 2012 年正式推开后,低水平、广覆盖、保基本、有弹性,在一定程度上对农村养老有所促进,普及了社会养老的观念,让农民在家庭养老之外找到了新的养老选择。

三是农村文化教育在推进。农村文化教育一直以来是农村社会事业的薄弱环节,经过数十年的教育建设,农村文化教育得到长足发展。在文化教育水平上,现阶段,农民群体的文化程度以初中为主,文盲率降低,各种劳动技能培训为农民继续接受教育提供了条件。在文化教育设施上,近半数村庄建有幼儿园,过半数村庄有村小,学生寄宿条件改善,校车拥有率提高,村庄的公共文化设施逐步完善,比如图书阅览室、活动广场、体育场地等。农民在家庭文化设施、经营性文化设施也有所增加,比如电视、电脑、棋牌室、茶馆、歌舞厅等。在文化教育投入上,不管是农民自身的教育培训,还是子女的教育,其教育投入占家庭支出的比重较大,农民重视子女的教育。此外,农村家庭文化消费方兴未艾,除了有线电视服务、家庭网络外,书刊杂志、文化演出、体育活动以及休闲旅游等正进入普通农民家庭。

四是社会救助水平在提高。不论什么社会,都会存在弱者需要社会救济和优抚,农村社会保障水平要看最低生活保障和孤寡老人的生活保障,这些才是测量社会保障水平的关键。在最低生活保障方面,从 2008 年到 2011 年的比较来看,2011 年农村最低生活保障的覆盖率小幅增长,每月给付的低保金在 2008 年基础上增加一半。在农村五保方面,五保金与低保金有相似的增长。在社会优抚方面,“三属”“三红”残废军人和复员军人等覆盖率均有所增加,惠及更多农村弱势人群。

3. 农村社会整体和谐,稳定与风险相伴。

社会转型同样也伴随着社会风险。在农村社会加快转型之际,农村社会结构变动、农村利益格局调整、农民思想观念变化,农村社会承受着转型的风险。

一是农村社会结构的变动。社会转型首先表现在社会结构的变动。在职业上,正如前面对农民从业自主性的分析,农民的职业正在多元化,以务工为主的农民在增加,做生意、个体老板等呈波浪式上升,改变了过去那种单纯以务农为主要职业的结构,农民个人发展空间得到延展。在收入上,务工收入在增加,工农收入差距扩大,务工收入超过务农收入成为家庭的主要收入来源,农民发家致富的目标逐步实现。在层次上,半数农民认为自家生活属于中间层次,表示自家生活处于村庄下层和上层的农民比较少,形成中间层次较多,上下两极相对较少的较为稳定的社会结构。不得不承认的是,在农民生产生活改善的同时,也潜藏着一定的风险。农民职业更多地面向社会和市场时,所承担的职业风险也在增加。务工收入虽然改善了农民的收入结构,但是与职业结构一样,由于主要收入依靠职业稳定和市场的繁荣,一旦出现市场波动或失业,农民的收入必然受到巨大的影响,从而对农村社会稳定带来冲击。

二是农村利益格局的调整。社会结构变动必然带来利益格局的调整。在干群关系上,由于农村税费改革和农业税的废除,干群矛盾得到缓解,如今农民与干部较少有利益上的冲突,与干部交往时农民也保持着平常心,实现平等的对话与交往。与此同时,由于农民经济实力的增强,民主法制意识的提高以及基层民主的制度建设等有利因素,使得农民通过对干部的选举和监督推动干群关系的变化,为农村社会稳定奠定了基础。在人际关系上,近年来,农民家庭之间的收入差距在扩大,但是大部分农民生活在中等水平,整体上的生活质量是在逐步改善,农民内部的利益分化并不是太明显,利益差异并没有发展到阻隔农民之间的人际关系,也不至于形成农民内部激烈的利益冲突。不过,在城市化进程中,村庄内部的农民与外部的公司企业、地方政府等利益主体之间还是存在一定的利益矛盾,在特定时期有可能演化成社会冲突。

三是农民思想观念变化。在农村社会结构和利益格局变动调整的同时,农民思想观念也随之发生潜移默化的变化。在精神信仰上,农民的信仰世界日益多样化,不仅有特定和系统的宗教信仰,还有各种各样的民间信仰,比如占卜算卦、烧香拜佛等,希望通过宗教信仰和民间信仰来消灾弭祸、神灵保佑,寻求精神慰藉等。在文化生活上,农民精神文化生活比较薄弱,看电视、串门聊天和打牌是农民主要的休闲方式,农民缺少公共文化生活。在社会观念上,腐败问题、法律的不公正和贫富差距等都是农民关注的焦点,在一定程度上,农民的社会忧虑有所增加。然而,农民对于未来还是充满信心,不论是个人通过努力改变自身现状的信心,还是对党和国家解决当前社会问题的信心。

二、全书结构

本书的主要关注点是农民的社会文化生活,与中国农民状况的政治卷和经济卷相比较而言,社会文化卷是一个更加包罗万象的主题,作为一本有关农民发展状况的书,又必须侧重于社会文化的关键领域。基于这样的考虑,本报告分上下两编,上编以农民社会状况为叙述对象,包括农民婚姻与家庭、农民组织、农民流动与分化、农民社会交往和农民社会保障等。下编以农民文化状况为研究对象,涵盖农民文化意识、农民文化设施、农民文化活动和农民文化教育等。具体来说,本报告的结构安排如下：

上编：农民社会状况

第一章是农民婚姻与家庭，主要考察当前农民婚姻状况，特别是离婚、丧偶的情况；重点对农民的初婚年龄、婚姻匹配、婚姻半径、认识方式、婚姻评价等方面进行描述；侧重于研究农民的生育状况，从初婚年龄和生育观念两个方面展开分析；最后通过剖析家庭规模、类型来反映家庭的结构，同时结合家庭关系的相关描述，来综合构建反映家庭情况的立体指标。

第二章是农民组织，将农民组织分为经济组织、民间组织、政治组织和文化组织四类的前提下，从村庄视角描述农民组织的数量、类型和运行状况，以及不同地区、地形、农业类型、聚居方式、收入差异的村庄农民组织数量与运行情况。接着，从农户的视角分析农民对农民组织的认知、参与、效用和期待，全方位展现中国农民组织现状。

第三章是农民流动与分化，对农民流动特别是以外出务工为主要形式的流动情况与特点，进行具体的数据分析与描绘，重点关注处于流动状态的农民的数量规模，流出与流入的地区，外出务工时段及其特征。同时从农民工的群体结构、职业结构和收入结构出发分析农民流动的结构与趋势。最后分析农民流动中的社会分化，主要表现为农民在职业、收入、社会地位等方面的分流。

第四章是农民社会交往，从交往对象、交往地区、交往方式、交往心理以及人情交往五个方面探讨农民社会交往的现实表现、基本特征、影响因素以及变化趋势。从不同的交往对象出发，从交往频率、交往地域、交往范围的变化三个层面进行具体分析，涉及多种社会情境下的交往方式，以此来全面考察农民的交往行为与交往心理特征。

第五章是农民社会保障，从养老保险、医疗保险、社会救助和优抚三个方面考察了农民的社会保障情况，重点对农民社会保险的参与情况、享受情况以及主观感受等方面进行考察，力图对农民的社会保障现状进行完整的描述。此外，还对现阶段农民工的社会保障进行了专题研究。

下编：农民文化状况

第六章是农民文化意识，从农民的思想观念、宗族意识、宗教信仰、民间信仰等四个方面来分析农民文化意识的现状与特点。其中，思想观念主要是农民的社会观念、经济观念和未来信心；宗族意识则从宗族关系、宗族互助、宗族建筑、宗族仪式等角度来观察与分析；宗教信仰和民间信仰是对农民信仰状况的整体描述，探索农民内心的信仰世界。

第七章是农民文化设施,从公共文娱设施和公共体育设施、家庭文化设施和经营性文化设施等三个方面,根据文化设施的建设和使用和农民的评价或需求等两个维度进行深入分析,以呈现当前农民文化设施的全貌。

第八章是农民文化活动,从农民公共文化活动、体育文化活动、休闲娱乐活动、民间信仰活动和宗教信仰活动出发,通过对不同文化活动的描述和介绍,以期了解农村和农民文化活动的现状。

第九章是农民文化教育,从农民自身教育、农民子女教育、农民教育观念等内容和层面出发,辅之以经济区、性别、年龄、收入、职业等视角,分析和描述农民及其子女的教育现状,力图深刻而全面地反映全国、不同经济区、不同性别、不同年龄、不同职业、不同收入的农民及其子女的教育状况。

三、调查方法与数据来源

本报告数据均来自华中师范大学中国农村研究院"百村观察"平台。多年来,特别是2009年以来,"百村观察"平台利用寒假和暑假,对全国范围农村进行每年两次的大规模抽样调查,并对暑假调查村庄进行了跟踪调查,取得了大量的第一手的调研数据资料。"百村观察"组织者为中国农村研究院。调查员以中国农村研究院的研究人员、博士生、硕士生为主力。调研对象主要有普通农民、村庄干部、县乡干部等。调查范围涉及全国31个省200多个村庄。调查方法主要是问卷调查法与深度访谈法。

本报告数据主要采用2012年暑假调查数据,部分章节引用了2011年暑假调查数据以及其他年份的部分调查数据。2012年暑假调研数据包括全国31省269个村3648位农户的问卷调查与入户访谈,调查样本的基本情况是,男性2967位,女性776位;年龄分布上,30岁以下占2.41%,30至39岁占10.2%,40至49岁占31.04%,50至59岁占28.99%,60岁以上占27.36%;文化程度上,文盲占8.05%,小学占32.55%,初中占41.43%,高中占14.91%,大专及以上占3.06%;身份特征上,乡村干部占12.97%,普通农户占87.03%;政治面貌上,党员占23%,非党员占77%。

2011年暑假调研数据包括全国31个省270个村4794位农户的问卷调查和深度访谈,调查样本的基本情况是:男性4018位,女性776位;年龄分布上,30岁以下占3.51%,30至39岁占12.54%,40至49岁占32.67%,50至59岁占29.37%,60岁以上占21.91%;文化程度上,文盲占8.70%,小学占37.47%,初中占39.35%,高中占12.76%,大专及以上占1.72%;身份特征上,乡村干部占

11.45%，普通农户占88.55%；政治面貌上，党员占19.58%，非党员占80.42%。

因此，本报告每章所用数据除非另有注明，皆为2012年暑假调查问卷的数据。其中，文中使用"全国"这一指称时，实际仅代表样本农户的情况，"各地区"也仅指抽样农户范围的有关信息；文中从年龄、文化程度视角展开的分析，也仅为农户户主的年龄和文化程度。一般而言，表格中若为百分比，其后双括号中的数据则为有效样本数。

上　编

农民社会状况

第一章　农民婚姻与家庭*

婚姻是家庭的基础，家庭是社会的最小单元。社会是由一个个家庭组合起来的。本章对农民婚姻与家庭状况做出整体描述，主要考察当前农民婚姻状况，特别是离婚、丧偶的情况；重点对农民的初婚年龄、婚姻匹配、婚姻半径、认识方式、婚姻评价等方面进行描述；从初婚年龄和生育观念两个方面分析农民的生育状况；最后通过剖析家庭规模、类型来反映家庭的结构和家庭关系。

第一节　婚姻状况

本节将主要从地区、性别、年龄以及文化程度等视角对农民的婚姻状况进行整体考察，同时对农民的婚姻评价和婚姻习俗进行简单的分析，形成有关农民婚姻的基本认知。

一、婚姻状况

（一）全国及各地区比较

比较全国和不同地区的婚姻状况的分布可以看出，全国样本农民中有九成是已婚状态，未婚和丧偶的农民分别为4.55%和3.84%，离婚占比1.01%。分地区来看，处于已婚状态的农民占比最多，东部、中部、西部地区占比分别为93.80%、90.32%和87.36%，其中东部地区最高。西部地区处于未婚和离婚状态的农民比重最大，分别为6.53%和1.70%。中部地区农民丧偶比重最高，为4.42%（见表1-1、图1-1）。

---

* 本章撰写人：胡雅琼、陈钰垚、傅熠华、卢硕、张茜。

表 1-1　全国及各地区农民婚姻状况　(单位:%)

地区	未婚	已婚	离婚	丧偶	其他	合计
全国	4.55	90.51	1.01	3.84	0.09	100(3647)
东部	2.38	93.80	1.02	2.72	0.08	100(1178)
中部	4.73	90.32	0.39	4.42	0.14	100(1291)
西部	6.53	87.36	1.70	4.33	0.08	100(1179)

注:东部沿海地区:北京、天津、河北、辽宁、上海、江苏、浙江、福建、山东、广东、海南(11个);中部内陆地区:山西、吉林、黑龙江、安徽、江西、河南、湖北、湖南(8个);西部边远地区:重庆、四川、贵州、云南、西藏、陕西、甘肃、青海、宁夏、新疆、广西、内蒙古(12个)。

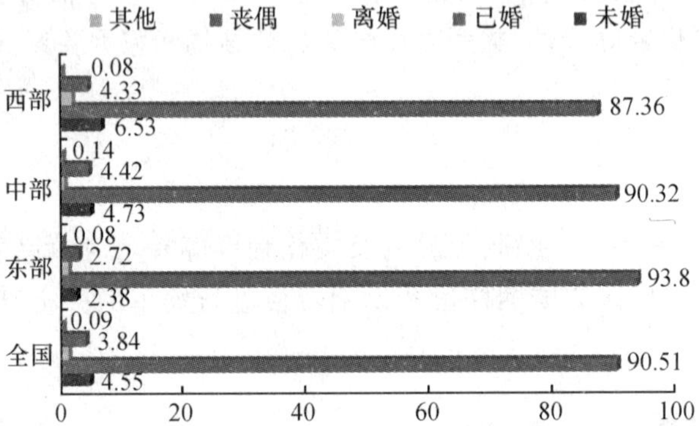

图 1-1　全国及各地区农民婚姻状况(单位:%)

(二) 性别与婚姻状况

从性别角度来考察农民婚姻状况,见表 1-2、图 1-2,男性未婚者(4.92%)和已婚者(91.37%)所占的比重均明显高于女性,女性丧偶(8.81%)和离婚(1.47%)的情况比男性普遍。比较可见,从全国范围来看男性未婚和女性丧偶这两种现象比较突出。

表 1-2　不同性别农民婚姻状况　(单位:%)

性别	未婚	已婚	离婚	丧偶	其他	合计
男性	4.92	91.37	0.91	2.70	0.10	100(2967)
女性	2.94	86.63	1.47	8.81	0.15	100(681)

(三) 年龄与婚姻状况

如表 1-3、图 1-3,分年龄来描述受访者的婚姻状况的分布可以看到,30 岁以下农民中已婚者占比 72.73%;30 岁到 39 岁农民处于离婚状态的比例最高,占比

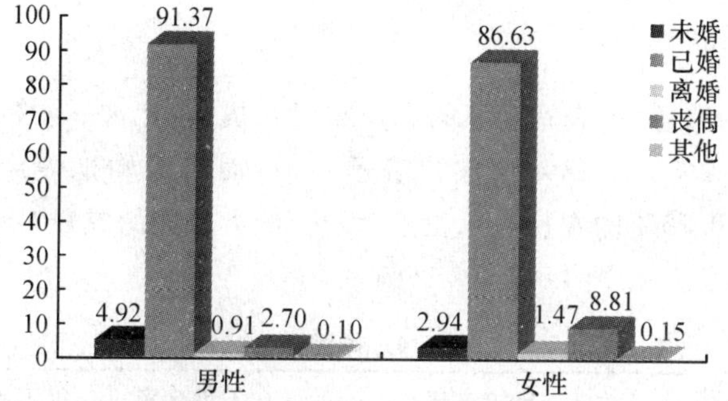

图 1-2　不同性别农民婚姻状况(单位:%)

2.42%;60 岁以上农民丧偶的比例最高。总体来看,随着年龄的增长,农民丧偶情况有增多的趋势,尤其是 60 岁以上的老年人丧偶现象最为明显,这些独身老人的生存状况需引起社会的关注。

表 1-3　不同年龄农民婚姻状况　　(单位:%)

年龄	未婚	已婚	离婚	丧偶	其他	合计
30 岁以下	26.14	72.73	0	1.13	0	100(88)
30 岁—39 岁	4.30	91.94	2.42	1.08	0.26	100(372)
40 岁—49 岁	4.24	93.10	0.97	1.69	0	100(1131)
50 岁—59 岁	3.88	92.52	1.04	2.46	0.10	100(1056)
60 岁以上	3.71	86.56	0.60	9.03	0.10	100(997)

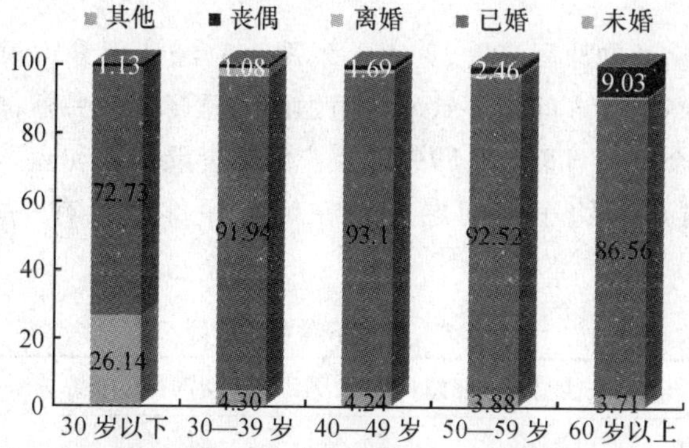

图 1-3　不同年龄农民婚姻状况(单位:%)

二、婚姻评价

对于婚姻的满意度,表示满意的农户超过八成,占比83.04%,其中表示非常满意的占了26.2%;13.23%的农户表示一般;而对于婚姻表示不满意的占比3.73%,其中有0.75%的农户表示很不满意。绝大多数的农户对于婚姻的评价还是积极的。(见表1-4、图1-4)

表1-4　婚姻评价　(单位:户)

婚姻满意度	非常满意	比较满意	一般	不太满意	很不满意	合计
频数	933	2024	471	106	27	3561
占比	26.20	56.84	13.23	2.98	0.75	100

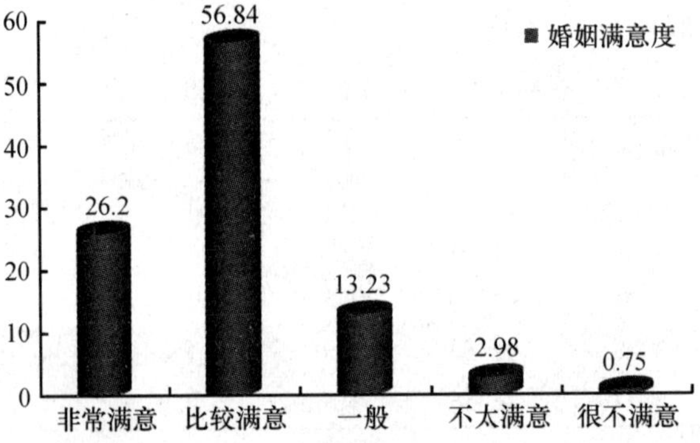

图1-4　婚姻评价(单位:%)

从对婚姻不满意的原因来看,见表1-5、图1-5,经济因素占很大的比例,超五成农户表示由于经济收入问题导致其对婚姻的满意度低。另外,夫妻感情也是影响婚姻质量的一个重要方面,22.59%的农户因夫妻感情不和睦影响婚姻满意度。此外,婆媳(翁媳)关系、子女问题等也在婚姻评价中占有一定比例,分别为6.34%和6.06%。

表1-5　婚姻不满意的原因　(单位:户)

不满意原因	经济收入	夫妻感情	婆媳(翁媳)关系	子女问题	妯娌关系	其他	合计
频数	186	82	23	22	3	47	363
占比	51.24	22.59	6.34	6.06	0.83	12.94	100

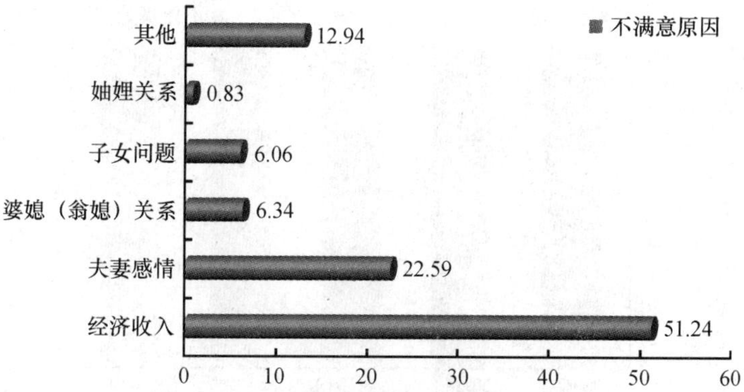

图 1-5　婚姻不满意的原因(单位:位)

除了对自身婚姻状况作出评价以外,我们还考察了农民对当前社会存在的各种婚姻现象的看法。这些现象主要有离婚、再婚、婚前同居、未婚先孕、婚外情等。从调研结果来看,农民对婚外情最不能接受,对再婚接受度最高。除了婚外情,农民对未婚先孕和婚前同居也持否定态度,表示不能接受的比重分别为 61. 94% 和 54. 16% 。可见,农民对违反道德和法律的婚姻行为最不能容忍,对婚姻解体和再次缔结婚姻的行为较为宽容。(见表 1-6、图 1-6)

表 1-6　农民对不同婚姻现象的态度　　(单位:%)

不同婚姻现象	不能接受	无所谓	可以接受	不好说	合计
离婚	39. 88	18. 01	33. 68	8. 43	100(3593)
再婚	33. 51	19. 71	39. 34	7. 44	100(3587)
婚前同居	54. 16	18. 39	16. 22	11. 23	100(3595)
未婚先孕	61. 94	14. 53	12. 75	10. 78	100(3592)
婚外情	79. 56	7. 30	4. 55	8. 59	100(3562)

三、婚姻习俗

(一) 婚姻自主

通过对婚姻大事决定权的研究发现,超三成的农户其婚姻都是由本人做主但须征求父母同意,占比最大;其次是父母做主但须征求本人同意的婚姻决定方式,占比 25. 04% 。除此之外,完全由本人做主和完全由父母做主的比重相对较低,分别占 21. 86% 和 20. 87% 。总体来看,农民婚姻决定权更多地掌握在自己手中,但父母的意见也不可忽视。(见表 1-7、图 1-7)

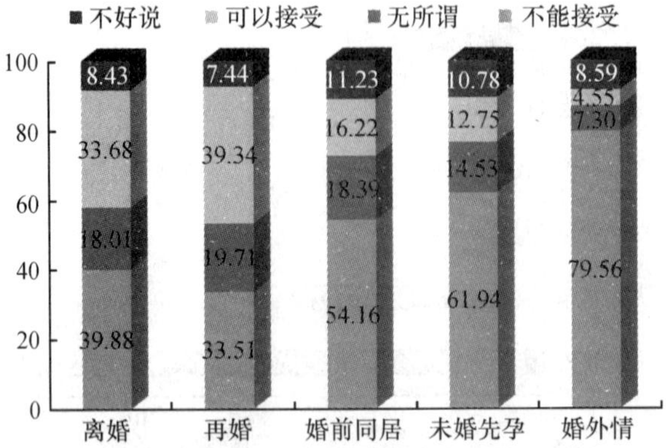

图 1-6 农民对不同婚姻现象的态度(单位:%)

表 1-7 农民婚姻自主情况 (单位:户)

婚姻决定	完全由父母做主	父母做主但须征求本人同意	本人做主但须征求父母同意	完全由本人做主	其他	合计
频数	741	889	1137	776	7	3550
占比	20.87%	25.04%	32.03%	21.86%	0.20%	100%

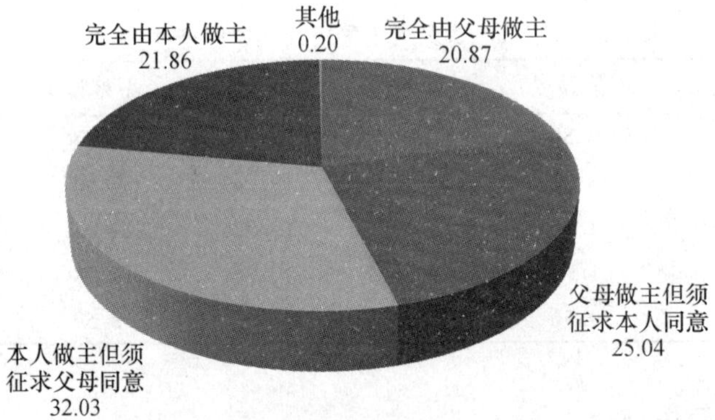

图 1-7 农民婚姻自主情况(单位:户)

(二) 婚姻日期选定

如表 1-8、图 1-8 所示,从婚姻日期选定方面来考察,近八成的农户都把婚姻日期选在黄道吉日;也有 17.01% 的农户的婚姻日期是随便选择的;4.42% 的农户的婚姻日期定在节假日;而选在其他日子的农户也有 1.1% 。可见,在婚姻问题上农民仍然延续着传统风俗习惯。

表 1-8　婚姻日期选定　（单位：户）

婚姻日期选定	选黄道吉日	选节假日	随便选	其他	合计
频数	2755	157	605	39	3556
占比	77.47%	4.42%	17.01%	1.10%	100%

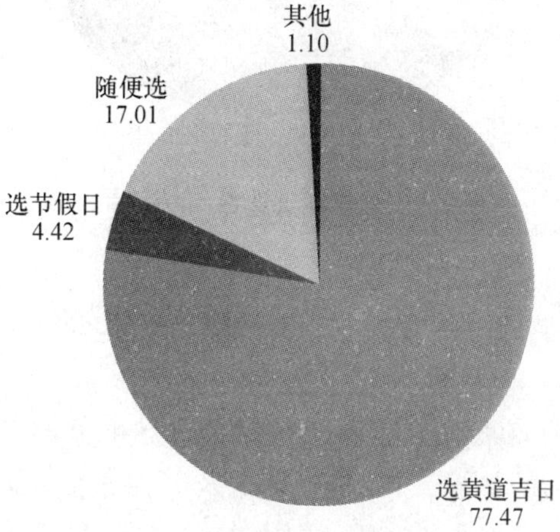

图 1-8　婚姻日期选定(单位:户)

（三）婚宴地点

婚宴地点的选定也各不相同，在自家举办，亲朋帮忙仍是最主要的婚宴举办方式，占比最大，为 76.59%；而 18.94% 的农户在自家举办，厨师操办；在酒店和其他地点举办婚礼的占比分别为 0.84% 和 3.63%，占比相对较小。自己家里仍然是农民举办婚宴的首选地点。（见表 1-9、图 1-9）

表 1-9　婚宴地点选择　（单位：户）

婚宴地点	自己家里，亲朋帮忙	自己家里，厨师操办	酒店	其他	合计
频数	2722	673	30	129	3554
占比	76.59%	18.94%	0.84%	3.63%	100%

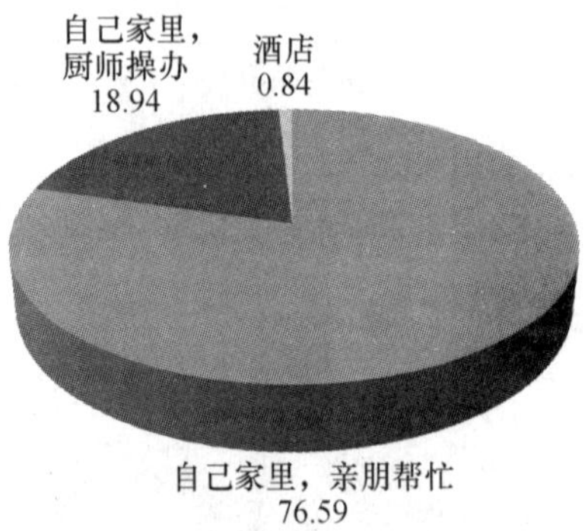

图1-9 婚宴地点选择(单位:户)

第二节 婚姻缔结

在这一部分,我们重点分析农民的婚姻情况。本节侧重于对农民的初婚年龄、婚姻匹配、婚姻半径、认识方式、婚姻评价及其他六个方面分别对农民婚姻情况进行描述。通过全国及地区比较、性别、教育水平、民族及户口类型比较来衡量。此外,我们还关注婚姻对象选择、婚姻自主、婚姻日期选定和婚宴地点的选择。

一、初婚年龄

(一)全国及各地区比较

初婚情况是考察婚姻状况中重要的一环。从全国情况来看,农民平均初婚年龄是23.15岁。具体来看,东中西各地区的平均初婚年龄分别为23.78岁、22.91岁和22.76岁,东部平均初婚年龄高于全国平均水平,而中西西部则低于全国平均水平。(见表1-10)

表1-10 全国及各地区农民初婚年龄 (单位:岁)

地区	均值	标准差	个案数
全国	23.15	3.23	3488
东部	23.78	3.15	1138
中部	22.91	3.13	1242
西部	22.76	3.34	1108

从不同性别来看，无论男性还是女性，平均初婚年龄均超过 20 岁。如表 1-11，具体来看，男性的平均初婚年龄是 24.11 岁，而全国女性的平均初婚年龄则为 22.18 岁，两者相差 1.93 岁，男性初婚年龄相对较大。

表 1-11 不同性别农民初婚年龄 （单位：岁）

性别	均值	标准差	个案数
男性	24.11	3.80	3501
女性	22.18	3.29	3495

如表 1-12、图 1-10 所示，不同地区具体初婚年龄也有所不同，北方男性平均初婚年龄为 22.89 岁，女性为 23.10 岁；南方男性平均初婚年龄为 23.32 岁，女性为 23.42 岁。总体来看，南方无论男性还是女性平均初婚年龄均大于北方。

表 1-12 不同地区农民的初婚年龄 （单位：岁）

地区	男性	女性
北方	22.89	23.10
南方	23.32	23.42

注：北方：辽宁、吉林、黑龙江、内蒙古、北京、天津、河北、山西、山东、河南、陕西、宁夏、甘肃、青海、新疆（15 个）；南方：上海、江苏、浙江、福建、湖北、湖南、江西、安徽、广东、广西、海南、重庆、贵州、四川、云南、西藏（16 个）。

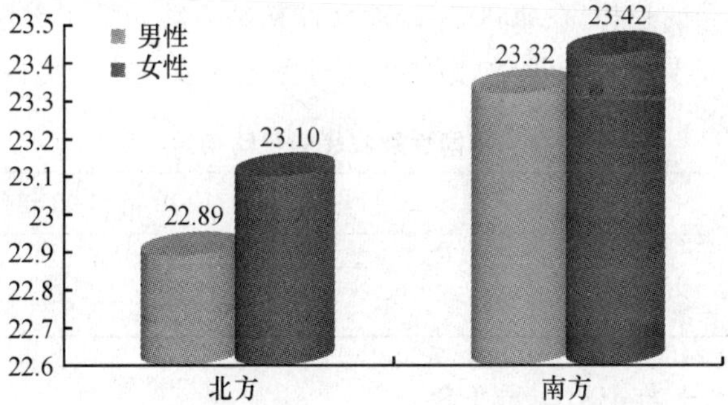

图 1-10 不同地区农民的初婚年龄（单位：岁）

（二）初婚年代与平均初婚年龄

从不同年代来看平均初婚年龄，平均初婚年龄正随着时间的推移变得越来越高。1970 年之前的增速较快，而 1970 年以后的增长趋势较缓；70 年代以前，平均初婚年龄尚不足 21 岁，但是到 2000 年以后，平均初婚年龄已经超过了 23 岁，而且有继续上升的势头，结婚年龄逐渐向“大龄化”趋势发展。（见表 1-13、图 1-11）

表1-13　不同年代农民的平均初婚年龄　（单位：岁）

	1970年以前	20世纪70年代	20世纪80年代	20世纪90年代	2000年以后
平均年龄	21.24	23.00	23.14	23.35	23.42

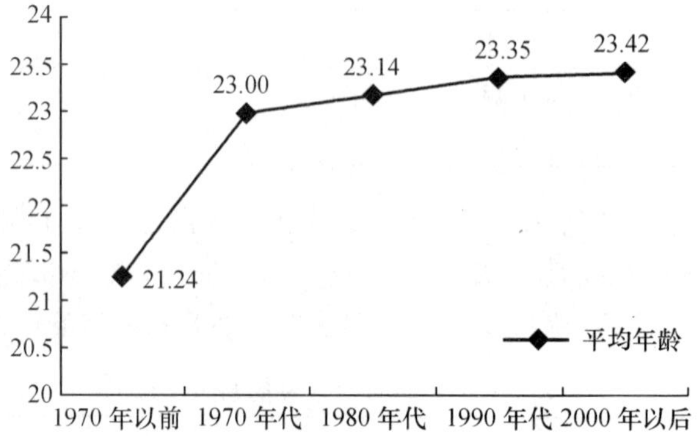

图1-11　不同年代农民的平均初婚年龄(单位:%)

（三）性别与平均初婚年龄

从不同性别来看平均初婚年龄，不论男性女性其平均初婚年龄均大于20岁（见表1-14、图1-12）。男性平均初婚年龄则随时间推移呈现出折线态势，20世纪90年代男性平均初婚年龄达到最大值，为24.12岁；而女性平均初婚年龄随着时间的推移呈现出上升的趋势，在2000年以前女性初婚年龄均低于男性平均初婚年龄，2000年以后略大于男性。可见，结婚年龄逐渐呈现出女性大于男性的趋势。

表1-14　不同性别农民的平均初婚年龄　（单位：岁）

性别	1970年以前	20世纪70年代	20世纪80年代	20世纪90年代	2000年以后
男性	22.18	24.09	23.99	24.12	23.03
女性	20.30	21.91	22.29	22.57	23.82

（四）教育水平与平均初婚年龄

不同的教育水平其初婚年龄也有所不同。随着时间推移，小学以上教育水平的平均初婚年龄都随之增大，但文盲的平均水平从20世纪90年代到2000年以后有下降的趋势；20世纪70年代及其以前高学历阶段的初婚年龄相对较高，初婚年龄最大为22.08岁，学历是大专及以上；70年代初婚年龄最大为23.41岁，学历为高中；80年代及以后初婚年龄较大的却位于低学历阶段，80年代和90年代初婚年龄最大的都是文盲学历，分别为24.18岁和26.63岁；2000年以后初婚年

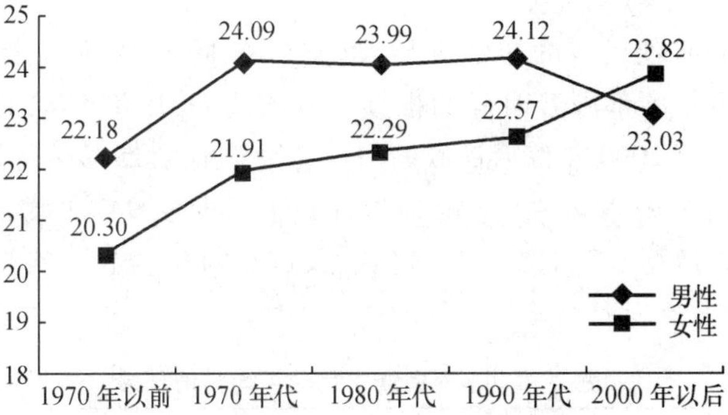

图 1-12　不同性别的平均初婚年龄(单位:%)

龄最大的为 26. 32 岁,学历为小学。学历越低其结婚年龄相对越大。(见表 1-15、图 1-13)

表 1-15　不同教育水平农民的平均初婚年龄　(单位:岁)

教育水平	文盲	小学	初中	高中	大专及以上
1970 年以前	21. 29	21. 21	21. 31	21. 28	22. 08
1970 年代	22. 95	23. 00	22. 74	23. 41	22. 90
1980 年代	24. 18	23. 44	22. 81	23. 16	23. 36
1990 年代	26. 63	23. 61	23. 05	23. 88	23. 25
2000 年以后	25. 25	26. 32	24. 95	24. 29	24. 75

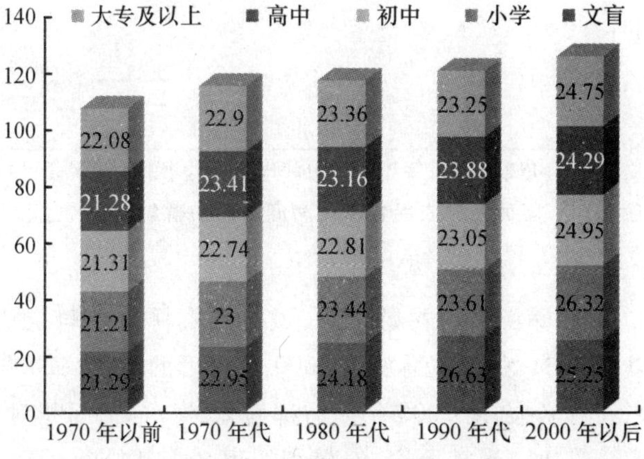

图 1-13　不同教育水平农民的平均初婚年龄(单位:岁)

(五)民族与平均初婚年龄

比较汉族和其他民族的初婚情况,如表1-16、图1-14所示,无论是汉族还是少数民族其初婚年龄都随着时间的推移而逐渐增大,1970年以前平均初婚年龄均在21岁左右,而2000年以后汉族的平均初婚年龄在25岁左右;而少数民族的平均初婚年龄则在23岁左右;汉族1970年以前与少数民族平均初婚年龄相差无几,到2000年以后相差了1.55岁。可见,汉族相对于少数民族其平均初婚年龄较大。

表1-16 不同民族农民的平均初婚年龄 (单位:岁)

民族	汉族	少数民族
1970年以前	21.28	21.23
20世纪70年代	23.12	22.29
20世纪80年代	23.23	22.62
20世纪90年代	23.57	23.12
2000年以后	25.50	23.95

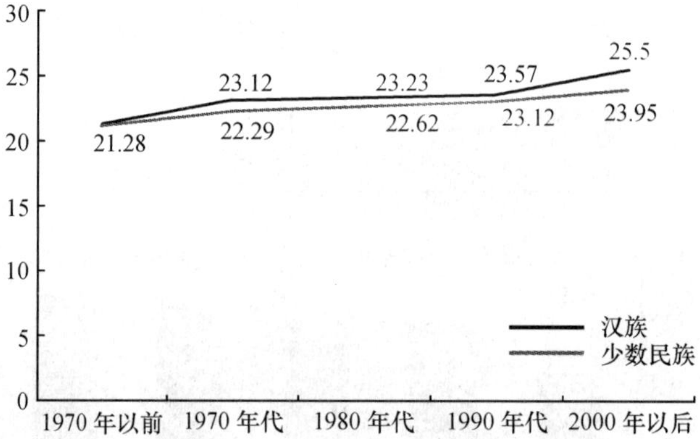

图1-14 不同民族农民在不同时间段的初婚年龄(单位:岁)

(六)户口类型与平均初婚年龄

从不同户口类型分析平均初婚年龄,城市和农村的平均初婚年龄均逐渐增加,从1970年以前的21岁左右增加到2000年以后的25岁;2000年以前城市平均初婚年龄较之农村略大,而2000年以后都为25岁左右;而相对于城市,农村的平均初婚年龄增长较快。现在而言,农村和城市平均初婚年龄相差无几,但农村年龄增速较快。(见表1-17、图1-15)

表 1-17 不同户口类型与年代的农民初婚年龄 （单位：岁）

户口类型	城市	农村
1970 年以前	21.66	21.24
20 世纪 70 年代	23.13	22.99
20 世纪 80 年代	23.17	23.14
20 世纪 90 年代	23.68	23.47
2000 年以后	25.11	25.13

注：本表中的城市数据是指农村中拥有城市户口的居民的初婚年代，比如：部分乡镇干部、离退休回乡老干部以及因嫁娶原因居住农村的城市户籍人口等。

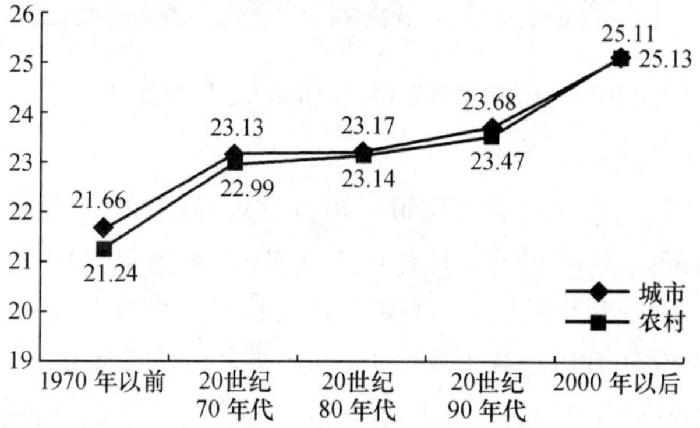

图 1-15 不同户口类型与年代的农民初婚年龄（单位：岁）

二、婚姻匹配

（一）年龄匹配

1. 全国及各地区比较。

从年龄匹配方面具体分析初婚情况，如表 1-18、图 1-16 所示，无论是在全国还是在南北不同地区，男比女大的情况都是主流，均超七成，女比男大的情况相对较少。南北具有一定的差异性，相对于北方来说，南方地区男比女大的情况占比较多，为 70.94%，比北方多出 7.56 个百分点；而北方女比男大的情况则多出南方 5.05 个百分点，为 17.51%。可见，男女结婚年龄，南方以男大女小为主，北方女大男小的情况更为常见。

表 1-18 不同地区农民的初婚年龄匹配 （单位：岁）

地区	男比女大	男女一样大	女比男大	合计
全国	67.40	17.78	14.82	100(3488)
北方	63.38	19.11	17.51	100(1633)
南方	70.94	16.60	12.46	100(1855)

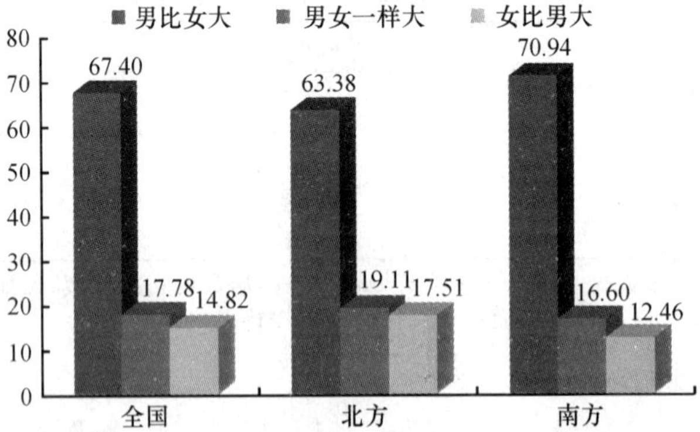

图 1-16 不同地区的初婚年龄匹配(单位:%)

2. 初婚年代与年龄匹配。

考察不同年代夫妻年龄的匹配情况可以发现,随着时间的推移,男比女大的比例经历了先降后升的过程,但总体上呈现下降趋势,从 1970 年代以前的 72.39% 下降到 2000 年以后的 69.97% 。而女比男大的比例则相对更起伏不定,呈折线状,从 1980 年开始呈现下降趋势;男比女大仍是主流趋势,占比相对较大。(见表 1-19、图 1-17)

表 1-19 不同年代初婚年龄匹配 (单位:%)

年代	男比女大	男女一样大	女比男大	合计
1970 年以前	72.39	13.18	14.43	100(402)
1970 年代	73.45	16.78	9.77	100(727)
1980 年代	62.84	19.36	17.80	100(1281)
1990 年代	65.49	18.11	16.40	100(762)
2000 年以后	69.97	18.85	11.18	100(313)

(二) 教育水平匹配

1. 全国及各地区比较。

如表 1-20、图 1-18 显示,不同教育水平的农民,其婚姻匹配也不相同。从全国来看,男性和女性教育程度相同的情况是最常见的,占比近五成,为 48.61% 。男性教育程度高的比例要高于女性,超出了 23.13 个百分点。从南北不同地区来看,也有一定的差异。在北方地区,夫妻双方中男性比女性学历高的比例比南方高 29.89 个百分点,而在南方地区,女性学历更高的比重更大,比北方高 10.62 个百分点。总体上,北方地区男性学历高的情况更多,南方地区学历相当的情况较多。

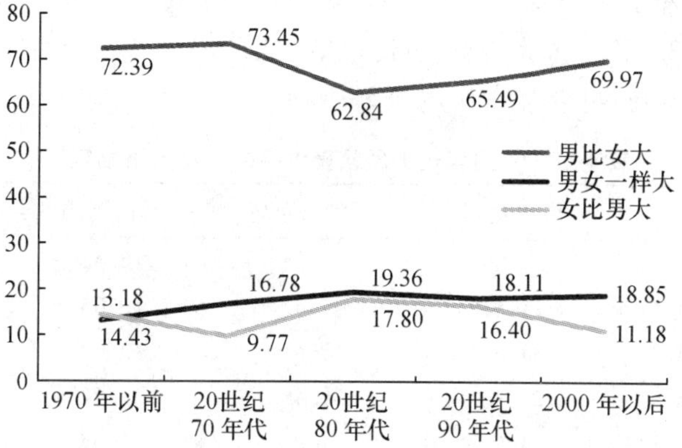

图 1-17　不同年代农民初婚年龄匹配(单位:%)

表 1-20　不同地区农民配偶教育水平匹配情况　(单位:%)

地区	男比女高	男女一样高	女比男高	合计
全国	37.26	48.61	14.13	100(3553)
北方	53.04	38.44	8.52	100(1633)
南方	23.15	57.71	19.14	100(1855)

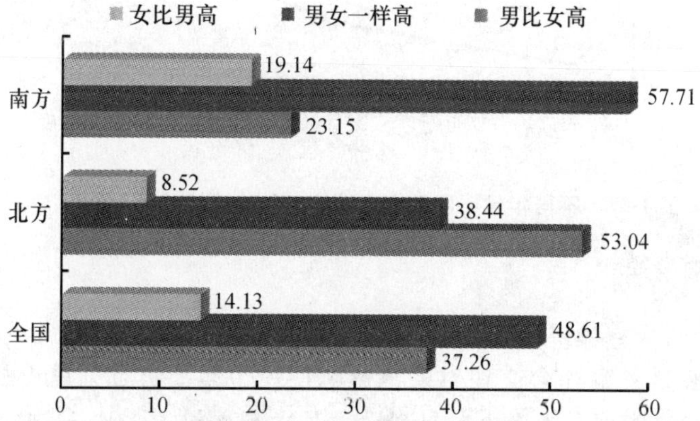

图 1-18　不同地区农民配偶教育水平匹配情况(单位:%)

2. 初婚年代与教育水平匹配。

如表 1-21、图 1-19,从年代跨度来看,随着时间的推移,“男比女高”的学历状况总体呈现下降的趋势,“男女一样高”和“女比男高”的状况呈现上升趋势。虽然总体上“女比男高”的比重一直较低,但是其增长较快,2000 年以后比 20 世纪

70年代以前增加了3倍多。总体上,90年代是一个转折点,90年代以前的婚姻,“男比女高”(52.35%)最为普遍,占比过半,到了90年代及以后“男女一样高”的情况一跃成为主流,90年代占比达到56.48%。

表1-21　不同年代不同教育水平的农民的婚姻匹配　(单位:%)

年代	男比女高	男女一样高	女比男高	合计
1970年以前	52.35	41.23	6.42	100(405)
20世纪70年代	45.33	44.62	10.05	100(706)
20世纪80年代	38.93	47.45	13.62	100(1256)
20世纪90年代	22.30	56.48	21.22	100(749)
2000年以后	23.51	54.97	21.52	100(302)

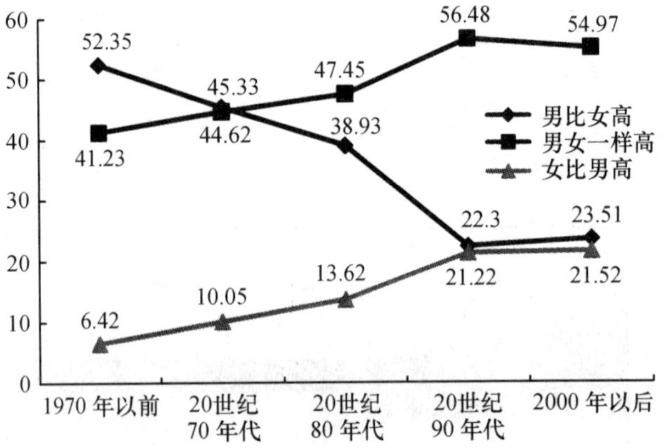

图1-19　不同年代不同教育水平的农民的婚姻匹配(单位:%)

三、婚姻半径

(一)全国及各地区比较

婚姻半径是考察社会交往对婚姻影响的一个重要方面。就全国情况而言,36.7%的农户其配偶是本乡人,占比最大,其次是本村人占比31.44%,再次是本县人,占比为21.41%,最少的是本省人,占比2.97%。可见,“县”是农民婚姻半径的分界点。具体来看,南北方情况略有不同。北方较之南方,其婚姻半径在同乡和同县的分别多出了2.72个百分点和0.05个百分点;而婚姻半径在同村的人北方较之南方则少了3.78个百分点。南方较之北方,婚姻半径更大。(见表1-22、图1-20)

表 1-22　全国及各地区婚姻半径　（单位:%）

地区	本村人	本乡人	本县人	本市人	本省人	外省人	合计
全国	31.44	36.70	21.41	4.26	2.97	3.22	100(3569)
北方	29.43	38.15	21.43	4.30	2.99	3.70	100(1675)
南方	33.21	35.43	21.38	4.22	2.96	2.80	100(1894)

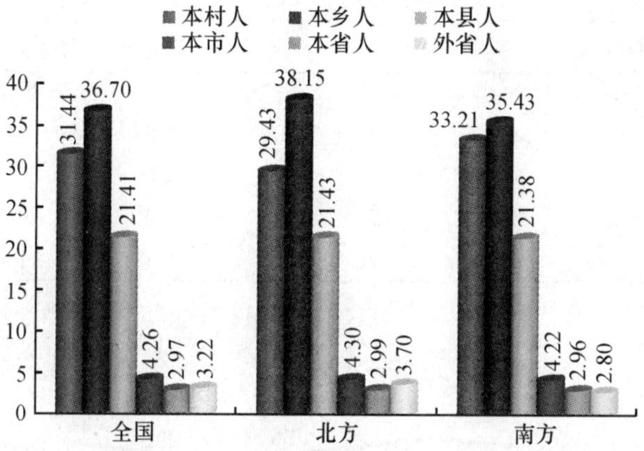

图 1-20　全国及各地区婚姻半径(单位:%)

就东中西不同地区情况来看,东部和中部婚姻半径更多在本乡范围内,占比分别为69.47%和69.26%,均在七成左右;西部地区婚姻半径在本市的占比较之东部和中部大,为5.5%;婚姻半径在外省的东部占比较大,西部次之,中部最低,分别为4.75%、3%和1.99%。东中部婚姻半径较小,西部婚姻半径相对更大。(见表1-23)

表 1-23　东中西地区婚姻半径　（单位:%）

地区	本村人	本乡人	本县人	本市人	本省人	外省人	合计
东部	32.01	37.46	19.03	3.55	3.20	4.75	100(1156)
中部	32.25	37.01	22.56	3.81	2.38	1.99	100(1259)
西部	29.98	35.61	22.53	5.50	3.38	3.00	100(1154)

（二）初婚年代与婚姻半径

图表1-24、图1-21所示,不同的初婚年代其婚姻半径有所差异。随着时代的变化,婚姻半径的变化呈现出折线状。婚姻半径在本乡、本县、本省和外省的都呈现出先上升,后下降,继而再上升的态势;而婚姻半径在同村的则呈现出先下降,

后上升,继而下降的态势;婚姻半径的变化趋势更呈现出了“W”形。研究可知,2000年是农民婚姻半径变化的“拐点”。2000年以前,农民与本村人结婚的比重一直维持在百分之三十多,到了2000年以后,婚姻半径一下从村庄中扩散开来,由之前的32.79%骤降到19.49%,与本村以外的人缔结婚姻的情况逐渐增多,特别是与本县、本市、本省及外省结婚的比重增幅较大。

表1-24 不同年代的婚姻半径 (单位:%)

年代	本村人	本乡人	本县人	本市人	本省人	外省人	合计
1970年以前	33.99	36.67	19.07	6.36	1.71	2.20	100(409)
1970年代	30.51	38.17	21.20	3.83	3.56	2.73	100(731)
1980年代	32.84	36.28	20.41	4.30	2.50	3.67	100(1279)
1990年代	33.82	35.39	21.71	2.89	3.29	2.90	100(760)
2000年以后	19.49	37.70	27.16	5.75	4.79	5.11	100(313)

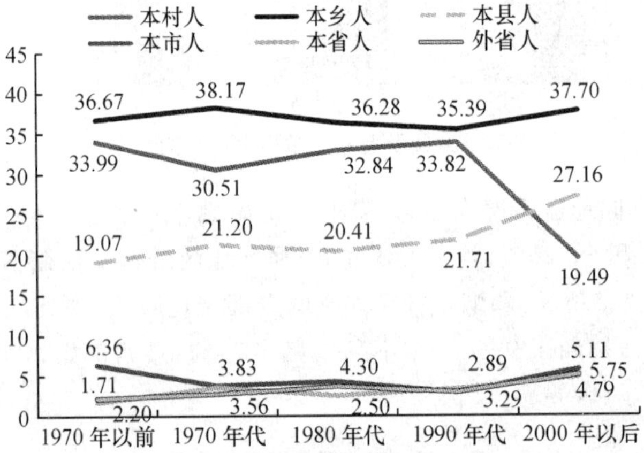

图1-21 不同年代的婚姻半径(单位:%)

四、认识方式

(一)全国及各地区比较

从认识方式来看,经媒人介绍认识结婚的农民比重最高,占61.79%。其次是“自己认识”,占比18.32%。在各种认识方式中,经婚介所介绍认识的占比最少,可见在婚姻问题上农民依然信赖“熟人社会”的社会交往方式。分地区来看,南北方差异较为明显。在北方“媒人介绍”最为普遍,比全国平均水平高5.67个百分点,比南方高10.69个百分点;在南方“自己认识”的比重较高,占比

23.04%,比北方高10.05个百分点。由此可以推测,北方农民较为传统,在婚姻交往中对熟人依赖程度高;而南方农民则更加开放,婚姻自主性更强。(见表1-25、图1-22)

表1-25 全国及各地区认识方式 (单位:%)

地区	媒人介绍	父母亲人介绍	同事朋友介绍	婚介所介绍	自己认识	其他	合计
全国	61.79	14.99	4.20	0.03	18.32	0.67	100(3575)
北方	67.46	15.26	3.52	0.06	12.99	0.71	100(1678)
南方	56.77	14.76	4.80	0	23.04	0.63	100(1897)

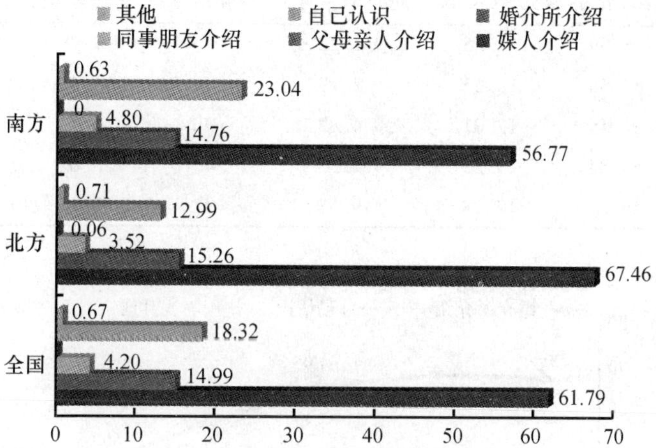

图1-22 全国及各地区认识方式(单位:%)

从东中西不同地区的情况来看,无论东中西部,媒人介绍仍是最主要的认识方式,但占比有所不同。相较于东部和中部占比近七成,西部地区占比逾四成;西部地区自己认识和父母、亲人介绍也是主要的认识方式,占比分别为25.93%和21.42%,均大于东部和中部;东部5.26%通过同事、朋友介绍,而西部0.09%通过婚介所介绍认识。媒人介绍仍是夫妻双方认识的主要方式,但西部地区自己认识也是重要渠道。(见表1-26)

表1-26 不同地区认识方式 (单位:%)

地区	媒人介绍	父母亲人介绍	同事朋友介绍	婚介所介绍	自己认识	其他	合计
东部	67.04	11.22	5.26	0	16.05	0.43	100(1159)
中部	69.99	12.59	3.01	0	13.46	0.95	100(1263)
西部	47.53	21.42	4.42	0.09	25.93	0.61	100(1153)

(二)初婚年代与认识方式

从初婚年代来比较认识方式的变迁。随着时间的推移,自己认识的方式正在逐渐增多(如表1-27、图1-23),从1970年到2000年以后,自己认识的比例从11.98%上升到30.35%;与此相对,媒人介绍认识和父母、亲人介绍或其他方式认识的比例从1990年到2000年以后呈现出了下降的趋势,媒人介绍的方式下降趋势相对最大,近十个百分点;而同事、朋友介绍的方式从1990年到2000年以后出现上升趋势。可见,认识方式逐渐向自主的方式发展。

表1-27 不同年代认识方式 (单位:%)

年代	媒人介绍	父母亲人介绍	同事朋友介绍	婚介所认识	自己认识	其他	合计
1970年以前	66.99	17.85	1.22	0	11.98	1.96	100(409)
1970年代	67.58	16.55	2.19	0	13.41	0.27	100(731)
1980年代	64.95	13.01	4.83	0	16.82	0.39	100(1284)
1990年代	56.04	15.22	4.33	0.13	23.62	0.66	100(762)
2000年以后	46.65	12.78	9.58	0	30.35	0.64	100(313)

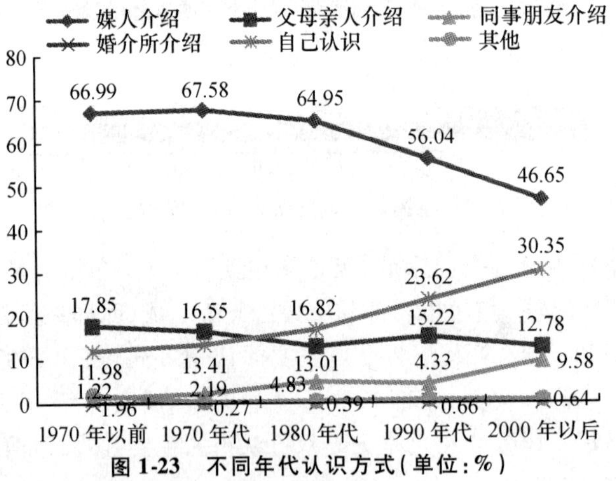

图1-23 不同年代认识方式(单位:%)

(三)教育水平与认识方式

从不同教育水平来看,个人的教育程度越高,自己认识的比例越高,从文盲到大专及以上学历自己认识的比例从11.87%上升到18.87%;婚介所认识的比例最低,学历为文盲的更多的选择婚介所介绍;媒人介绍的认识方式占主流,高中学历的农户其选择媒人介绍的方式更多。媒人介绍仍是主要的认识方式,但学历越

高，自主认识的占比也随之越多。（见表1-28、图1-24）

表1-28　不同教育水平认识方式　（单位：%）

教育水平	媒人介绍	父母亲人介绍	同事朋友介绍	婚介所认识	自己认识	其他	合计
文盲	61.15	23.74	1.44	0.36	11.87	1.44	100(278)
小学	58.79	18.35	5.19	0	16.88	0.79	100(1155)
初中	63.00	12.36	3.58	0	20.66	0.40	100(1481)
高中	64.93	11.19	4.85	0	18.28	0.75	100(536)
大专及以上	61.32	12.26	6.60	0	18.87	0.95	100(106)

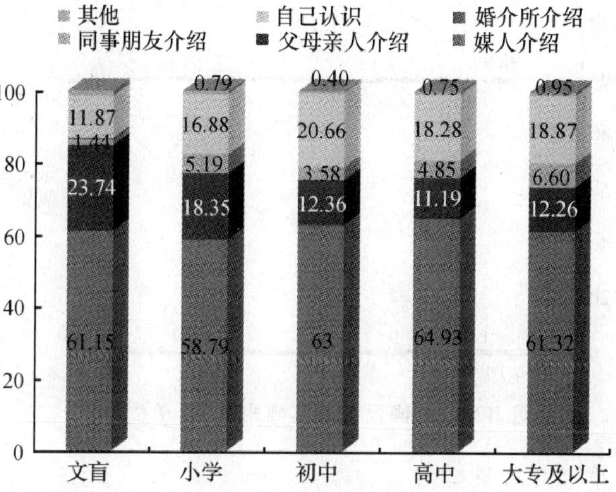

图1-24　不同教育水平认识方式（单位：%）

第三节　婚姻解体

婚姻解体主要分为离异和丧偶两种情况。其中对农民离异状况的考察主要包括地区差异、初婚年代差异、民族差异、认识方式差异以及婚姻满意度差异等几个方面。对于丧偶情况的考察则主要包括地区和性别的比较。

一、离婚

（一）全国及各地区比较

就全国来看，2011年农村离婚的比例平均为1.01%，即每100对成年人，平均有一对离婚。就东中西不同地区情况来看，各省的水平显著不同，中部地区离婚率最低,仅为0.39%;西部地区离婚率相对最高,占比为1.7%。中部离婚现象最少,东部次之,西部离婚现象最多(见表1-29、图1-25)。

表1-29 全国及各地区离婚状况 (单位:%)

地区	未离婚	离婚	合计
全国	98.99	1.01	100(3647)
东部	98.98	1.02	100(1178)
中部	99.61	0.39	100(1290)
西部	98.30	1.70	100(1179)

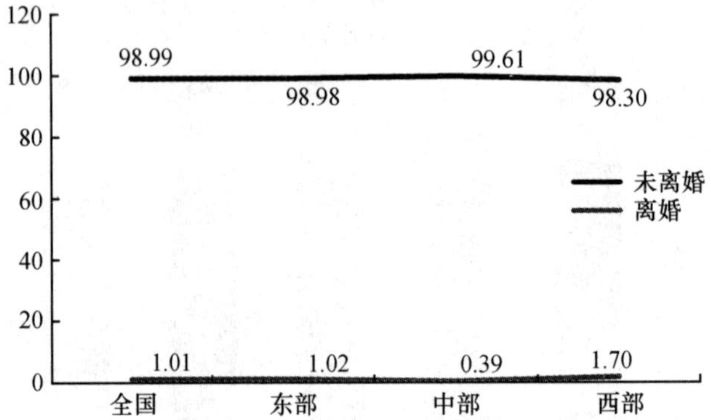

图1-25 全国及各地区离婚状况(单位:%)

(二)初婚年代与离婚

不同年代的离婚现象也有所不同,见表1-30、图1-26,1970年代离婚水平最低,离婚夫妻占比0.27%。从1980年代开始随着时间推移,离婚现象也越来越多,由0.47%逐渐增长到2000年以后的1.92%,增长了1.45个百分点。从1980年代到1990年代的增速最快,增长了1.1个百分点。可见,随着社会转型,人们思想观念的转变,传统的婚姻观念也在变化,离婚现象呈现增长的趋势是其表现之一。

表1-30 不同年代离婚状况 (单位:%)

初婚年代	未离婚	离婚	合计
1970年代以前	99.51	0.49	100(409)
1970年代	99.73	0.27	100(732)
1980年代	99.53	0.47	100(1285)
1990年代	98.43	1.57	100(765)
2000年以后	98.08	1.92	100(313)

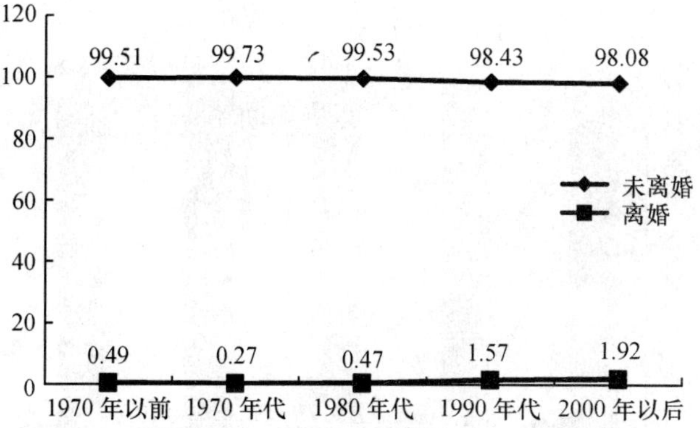

图1-26　不同年代离婚状况(单位:%)

（三）教育水平与离婚

从教育程度比较离婚发生的比例,文盲和大专及以上教育水平的离婚比例相对较高,分别为4.11%和1.8%;高中学历的农民离婚比例最低,为0.19%。可见,教育水平对离婚也有一定的影响,学历最低和最高这两种情况的农民最容易离婚。

表1-31　不同教育水平离婚状况　　(单位:%)

教育水平	未离婚	离婚	合计
文盲	95.89	4.11	100(292)
小学	99.32	0.68	100(1181)
初中	99.07	0.93	100(1503)
高中	99.81	0.19	100(540)
大专及以上	98.20	1.80	100(111)

（四）民族与离婚

从不同民族农民的离婚现象来看,汉族和少数民族具有一定的差异。少数民族离婚占比高于汉族的离婚比例,分别为1.96%和0.83%,高出了1.13个百分点(见表1-32、图1-28)。可见,少数民族较之汉族,婚姻观念更加自由,婚姻也更不稳定。

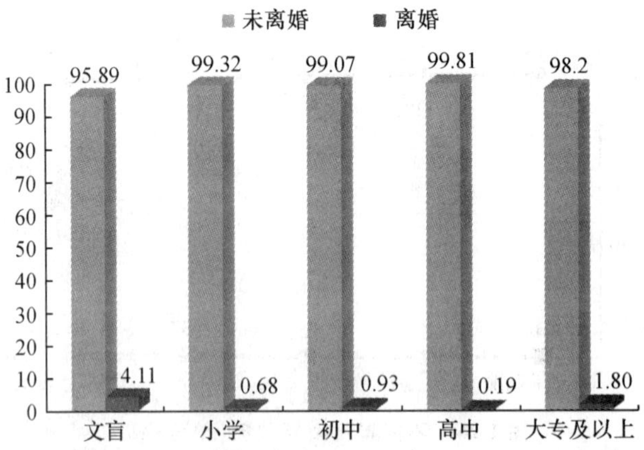

图 1-27　不同教育水平离婚状况(单位:%)

表 1-32　不同民族离婚状况　(单位:%)

民族	未离婚	离婚	合计
汉族	99.17	0.83	100(3029)
少数民族	98.04	1.96	100(611)

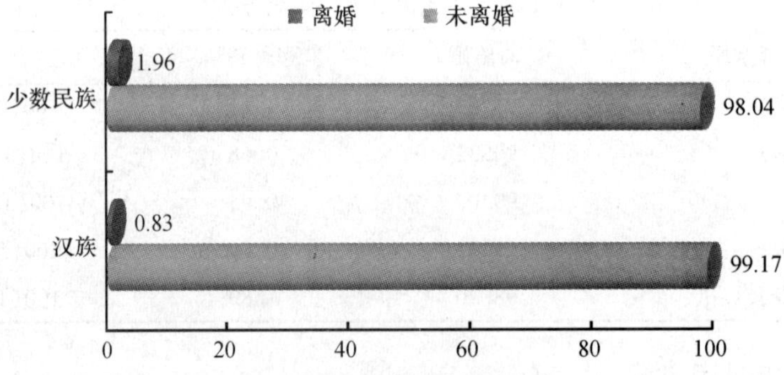

图 1-28　不同民族离婚状况(单位:%)

(五) 认识方式与离婚

恋爱自由度也是影响婚姻状况的一个重要方面。在这里,我们将考察不同认识方式与离婚之间的关联。如表 1-33、图 1-29 所示,将认识方式分为六种:父母介绍、婚介介绍、媒人介绍、朋友介绍、自己认识和其他。具体来说,由父母介绍认识结婚的夫妻离婚的最多,占比 2.05%;其次是自己认识的,占比 1.07%;朋友介绍和媒人介绍认识的离婚者占比分别为 0.67% 和 0.53%。由此可见,通过媒人介绍结婚的这种传统婚姻模式相对于其他方式而言,成功率和稳定性都较高。

表 1-33　不同认识方式离婚状况　　（单位:%）

认识方式	未离婚	离婚	合计
父母介绍	97.95	2.05	100(536)
婚介介绍	100	0	100(1)
媒人介绍	99.47	0.53	100(2208)
朋友介绍	99.33	0.67	100(150)
自己认识	98.93	1.07	100(6550)
其他	100	0	100(24)

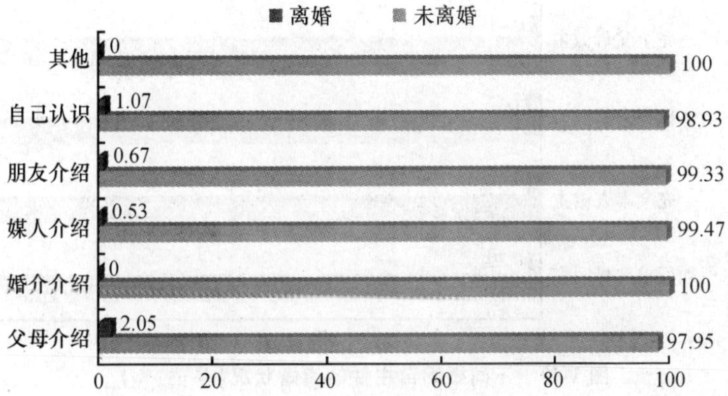

图 1-29　不同认识方式离婚状况(单位:%)

（六）婚姻自主与离婚

婚姻自主性对离婚现象也有一定的影响。如表 1-34、图 1-30 可见,在农村,婚姻自主性越高,离婚情况越多;包办婚姻的离婚情况较少。具体来看,完全本人做主的婚姻离婚率相对最高,占比为 1.16%;父母做主但须征求本人同意的婚姻离婚率为 1.12%;本人做主但须征求父母同意的婚姻离婚率为 0.79%;而完全由父母做主的婚姻离婚率则相对最低,占比 0.41%。这表明,包办婚姻在农村社会具有一定的可行性,而完全自主的婚姻并非可靠。随着农村社会化程度的提高,农民与外界接触和交往日渐频繁,新生代农民恋爱自由的观念与城市接轨,婚姻自主性越来越强,这部分人的婚姻状况值得关注。

表1-34　不同婚姻自主性的离婚状况　（单位:%）

婚姻自主性	未离婚	离婚	合计
本人做主但须征求父母同意	99.21	0.79	100(1137)
完全本人做主	98.84	1.16	100(776)
父母做主但须征求本人同意	98.88	1.12	100(889)
完全父母做主	99.59	0.41	100(740)
其他	100	0	100(7)

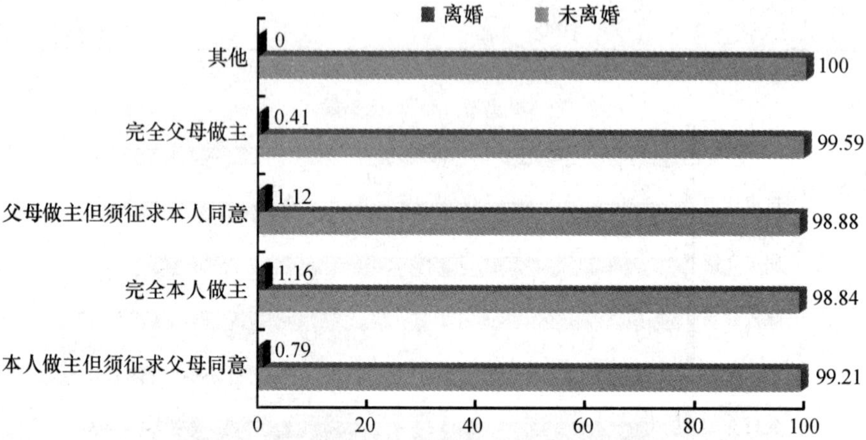

图1-30　不同婚姻自主性的离婚状况(单位:%)

（七）婚姻满意度与离婚

如表1-35、图1-31所示,婚姻满意度与离婚成正相关关系,即农民对婚姻的满意度越低,离婚率越高。对婚姻很不满意和不太满意的离婚率分别为37.04%和6.6%;对婚姻满意度为“一般”的离婚率占比1.06%;对婚姻表示非常满意和比较满意的其离婚率为0.57%。

表1-35　不同婚姻满意度的离婚状况　（单位:%）

婚姻满意度	未离婚	离婚	合计
非常满意	99.68	0.32	100(933)
比较满意	99.75	0.25	100(2024)
一般	98.94	1.06	100(470)
不太满意	93.40	6.60	100(106)
很不满意	62.96	37.04	100(27)

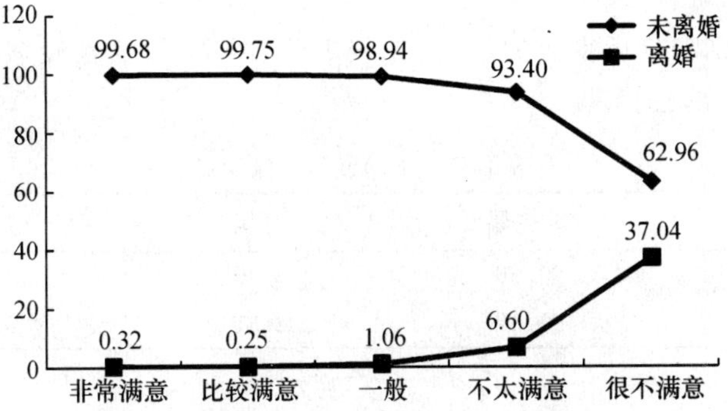

图 1-31　不同婚姻满意度的离婚状况(单位:%)

二、丧偶

(一) 全国及各地区比较

除了离婚,丧偶也是婚姻解体的一种常见形式。就全国情况来看,初婚丧偶的比例为 3.84%。分地区来看,东中西各地区的丧偶情况有一定差异,东部地区丧偶占比最低,为 2.72%,比全国水平低 1.12 个百分点。中部地区丧偶比例最高,为 4.42%,西部地区比中部地区低 0.09 个百分点。

表 1-36　全国及各地区丧偶状况　(单位:%)

地区	未丧偶	丧偶	合计
全国	96.16	3.84	100(3507)
东部	97.28	2.72	100(1178)
中部	95.58	4.42	100(1290)
西部	95.67	4.33	100(1179)

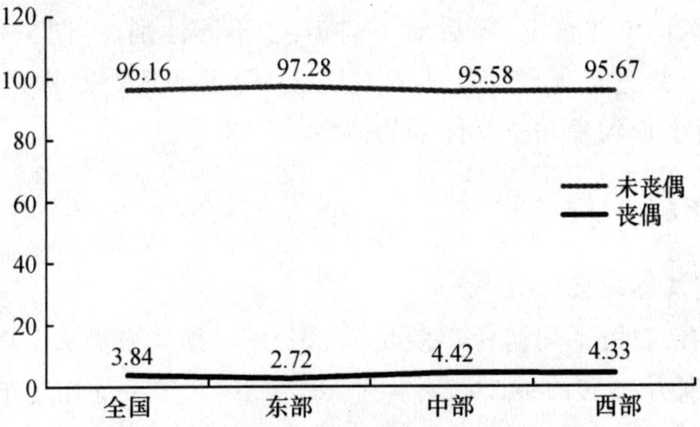

图 1-32　全国及各地区丧偶状况(单位:%)

（二）性别与丧偶

就不同性别来分析丧偶的情况，见表1-37、图1-33，女性丧偶（8.81%）比例是男性（2.7%）的三倍。

表1-37 不同性别丧偶状况 （单位：%）

性别	未丧偶	丧偶	合计
男性	97.30	2.70	100(2966)
女性	91.19	8.81	100(681)

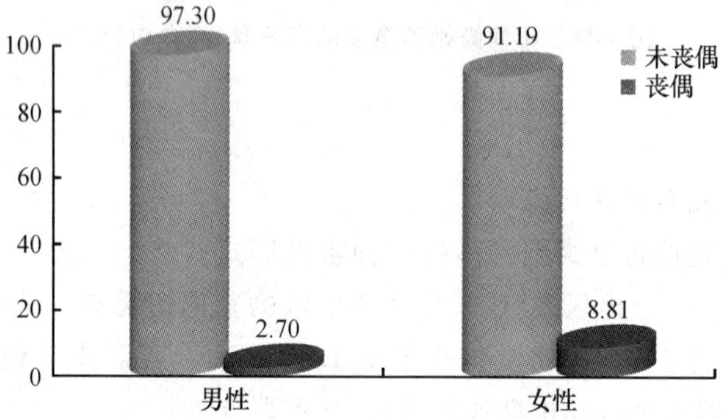

图1-33 不同性别丧偶状况（单位：%）

第四节 生育状况

除了婚姻关系，养育子女在家庭生活中也占有重要地位。本节将主要从农民的初育年龄和生育观念两个方面来研究农民的生育状况。在初育年龄上，首先考察全国及各地区的整体情况，随后对不同年代、不同性别、不同文化程度、不同民族农民的生育年龄进行比较。在生育观念上，侧重展现代际农户生育期望的差异，揭示农民对生育数量和子女性别的偏好。

一、初育年龄

（一）全国及各地区比较

从全国来看，农民平均初育年龄是23.31岁。具体来看，东中西各地区的平均初育年龄分别为23.91岁、23.24岁和22.78岁，东部平均初育年龄高于全国平均水平，而西部初育年龄则低于全国平均水平。（见表1-38）

表 1-38　全国及各地区初育年龄　（单位:岁）

地区	均值	标准差	个案数
全国	23.31	5.96	3648
东部	23.91	5.88	1178
中部	23.24	5.45	1291
西部	22.78	6.51	1179

从性别来看,无论男性还是女性,平均初育年龄均超过 20 岁。如表 1-39 所示,具体来看,男性的平均初育年龄是 25.44 岁,而全国女性的平均初育年龄则为 23.52 岁,两者相差 1.92 岁,男性初育年龄相对较大。

表 1-39　不同性别初育年龄　（单位:岁）

性别	均值	标准差	个案数
男性	25.44	3.72	3480
女性	23.52	3.17	3466

如表 1-40、图 1-34 所示,不同地区具体初育年龄也有所不同,北方男性平均初育年龄为 25.13 岁,女性为 23.59 岁;南方男性平均初育年龄为 25.70 岁,女性为 23.47 岁。总体来看,南方男性初育年龄大于北方,而女性南方初育年龄则小于北方。

表 1-40　南北地区的初婚年龄　（单位:岁）

地区	男性	女性
北方	25.13	23.59
南方	25.70	23.47

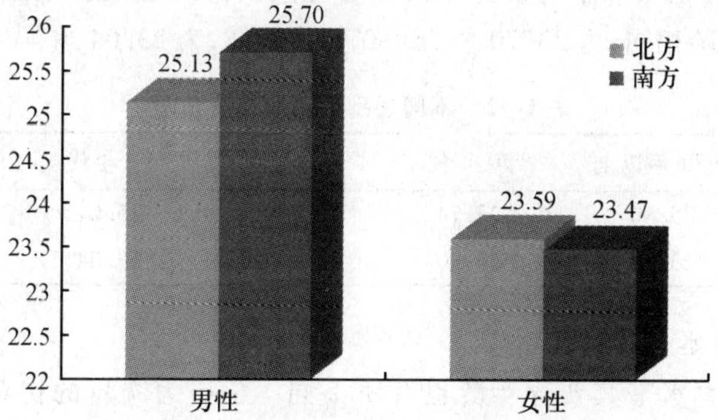

图 1-34　南北地区的初婚年龄(单位:岁)

(二)初婚年代与平均初育年龄

从不同初婚年代来看平均初育年龄,平均初育年龄随着时间的推移呈现出"倒V字型"。1970年之前到20世纪70年代年龄呈现上升趋势,到70年代达到顶点,为23.45岁;从70年代开始呈现下降趋势,到2000年以后,初育平均年龄为22.02。(见表1-41、图1-35)

表1-41 不同年代的平均初育年龄 (单位:岁)

	1970年以前	70年代	80年代	90年代	2000年以后
平均年龄	22.50	23.45	23.28	22.40	22.02

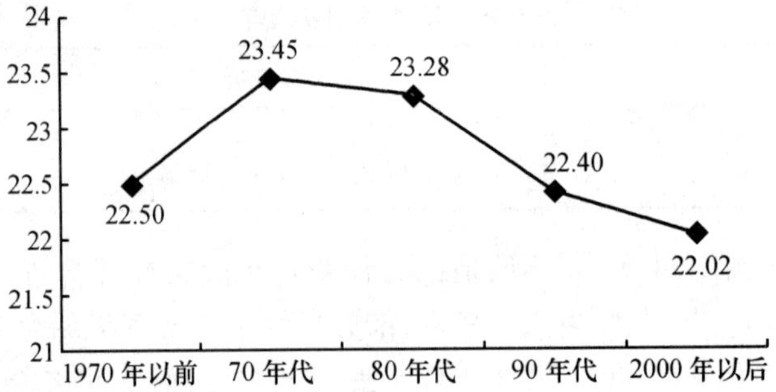

图1-35 不同年代的平均初育年龄(单位:岁)

(三)性别与平均初育年龄

从不同性别来看平均初育年龄,可以看到,不论男性女性其平均初育年龄均大于20岁(见表1-42、图1-36)。男性平均初育年龄则随时间推移基本呈现递减趋势,20世纪70年代男性平均初育年龄最大,为25.80岁,到2000年以后有所增长,为25.52岁;而女性平均初育年龄随着时间的推移呈现折线态势,70年代与2000年以后年龄相同,为23.70岁,而90年代最低,为23.04岁。

表1-42 不同性别的平均初育年龄 (单位:岁)

性别	1970年以前	70年代	80年代	90年代	2000年以后
男性	25.80	25.74	25.45	25.07	25.52
女性	23.70	23.30	23.40	23.04	23.70

(四)教育水平与初育年龄

不同的教育水平其初育年龄也有所不同。学历为文盲的初育年龄多在30岁—39岁区间,占比为11.76%;小学学历者初育年龄在40岁以后区间的占比相

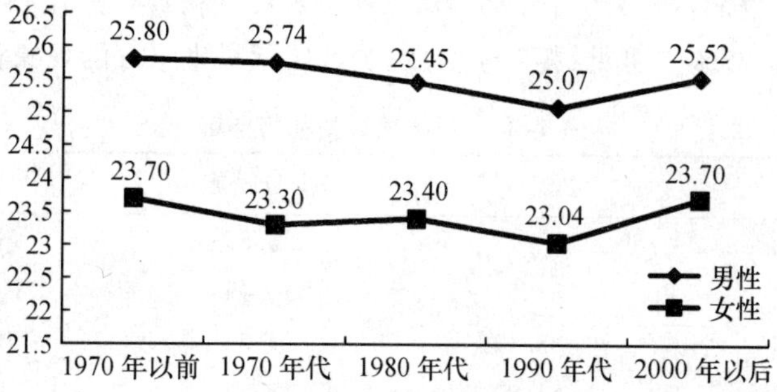

图 1-36　不同性别的平均初育年龄(单位:岁)

对最大,为 36.36;学历为初中的初育年龄多在 18 岁以前,为 45.23%;初育年龄在 40 岁以后的多分布在高中、大专及以上学历者中,占比分别为 18.18% 和 9.1%。(见表 1-43、图 1-37)

表 1-43　不同教育水平的初育年龄　(单位:%)

教育水平	文盲	小学	初中	高中	大专及以上	合计
18 岁以前	11.56	29.65	45.23	10.05	3.51	100(199)
19—29 岁	7.62	33.05	41.04	15.39	2.90	100(3204)
30—39 岁	11.76	28.24	42.35	12.94	4.71	100(170)
40 岁以后	0	36.36	36.36	18.18	9.10	100(11)

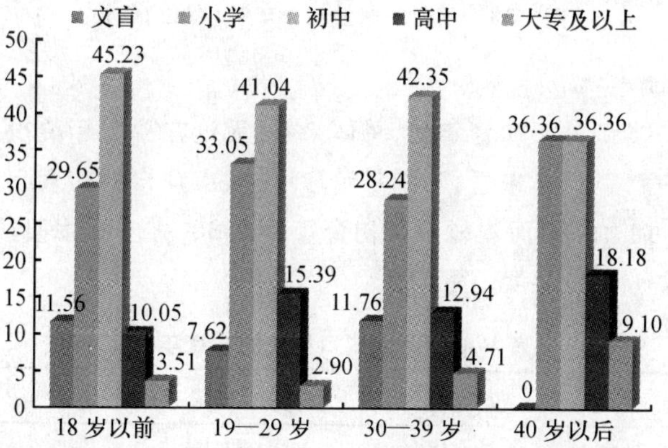

图 1-37　不同教育水平的平均初育年龄(单位:%)

（五）民族与初育年龄

比较汉族和其他民族的初育年龄情况,如表 1-44、图 1-38,总体来看,汉族无论在哪个年龄段,其占比均高于少数民族。具体来看,不同年龄段中,汉族初育年龄在30岁—39岁的占比最大,为85.47%;而少数民族初育年龄在18岁以前的占比相对较大,为26.87%。可见,相对于汉族,少数民族早生早育的现象相对较多。

表1-44　不同民族的初育年龄　(单位:%)

民族	汉族	少数民族	合计
18岁以前	73.13	26.87	100(201)
19—29岁	83.51	16.49	100(3220)
30—39岁	85.47	14.53	100(172)
40岁以后	81.82	18.18	100(11)

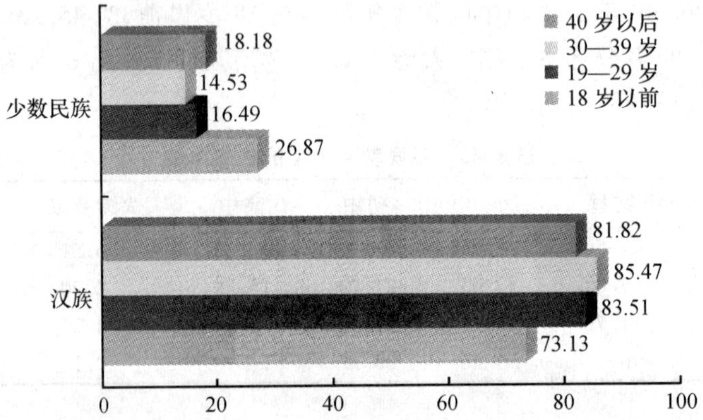

图1-38　不同民族的初育年龄(单位:%)

(六) 户口类型与初育年龄

从不同户口类型分析初育年龄,总体来看,无论在哪个年龄段,农村户口其占比均高于城市户口。具体来看,不同年龄段中,城市户口的初育年龄在40岁以后的占比最大,为18.18%;而农村户口初育年龄在30岁—39岁阶段的占比相对较大,为94.77%。(见表1-45、图1-39)

表1-45　不同户口类型的初育年龄　(单位:%)

户口类型	城市	农村	合计
18岁以前	7.96	92.04	100(201)
19岁—29岁	5.53	94.47	100(3220)
30岁—39岁	5.23	94.77	100(172)
40岁以后	18.18	91.82	100(11)

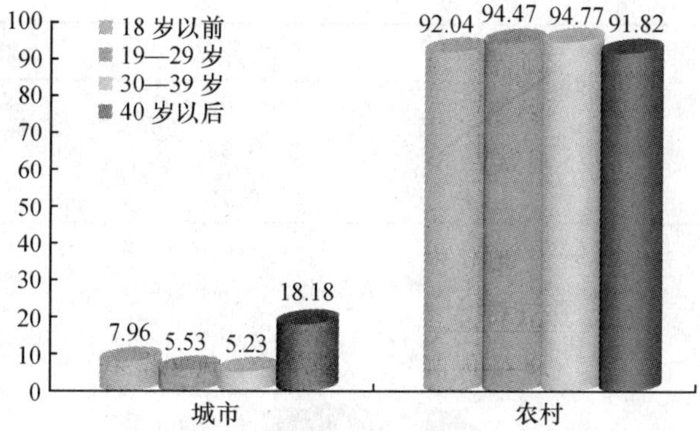

图 1-39　不同户口类型初育年龄(单位:%)

二、生育观念

(一) 代际农户生育期望

对于农户生育期望的测定,主要从两个方面进行:首先,在假设不存在计划生育限制的前提下,农户希望生育孩子的数量;其次,生育期望中的性别偏好。① 在此基础上,对比不同代际夫妇(即中青年受访者和老年受访者)的生育期望,并描述其与家庭收入、农户受教育水平的关系。

如表 1-46、图 1-40 和表 1-47、图 1-41 所示。对于中青年受访者而言,有近七成的人希望生育 2 个孩子,其次有 17.88% 的受访者想生育 1 个孩子,不想生育孩子的比例达到 3.92%,而生育数量期望超过 5 人的不足 1%(0.75%)。这种分布与老年受访者极其相似:73.97% 的受访农户期望生育 2 个孩子,14.57% 的农户希望生育 1 个孩子,不想生育和生育数量超过 5 人的分别是 1.76% 和 1%。可见,代际因素对农户期望的生育数量的影响不显著。

表 1-46　中青年受访者生育数量期望

数量	频率	百分比	累积百分比
0	73	3.92	3.92
1	260	13.96	17.88
2	1303	69.98	87.86

① 在该部分,代际农户期望的性别比例只做简要描述,之后会对此问题进行深入分析。详见第四节中有关农户在生育期望中的性别偏好的描述。

(续表)

数量	频率	百分比	累积百分比
3	150	8.06	95.92
4	62	3.33	99.25
5人及以上	14	0.75	100

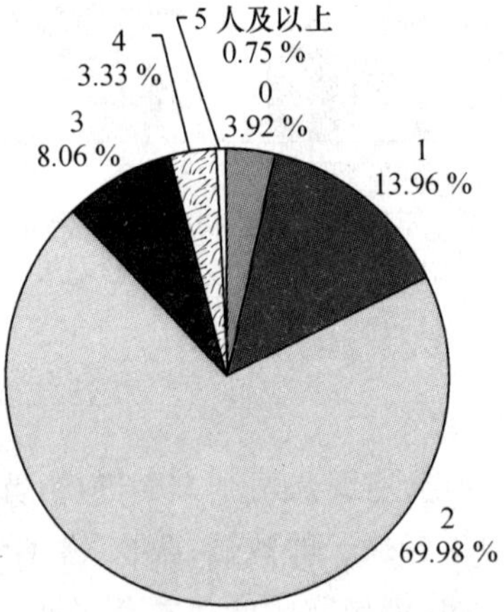

图1-40　中青年受访者生育数量期望

表1-47　老年受访者生育数量期望　(单位:%)

数量	频率	百分比	累积百分比
0	30	1.76	1.76
1	218	12.81	14.57
2	1259	73.97	88.54
3	120	7.05	95.59
4	58	3.41	99.00
5人及以上	17	0.10	100

(二)家庭收入与代际农户期望的生育数量

下面分别考察家庭收入与农户期望的生育数量的关系。表1-48、图1-42是有关中青年农户的统计。

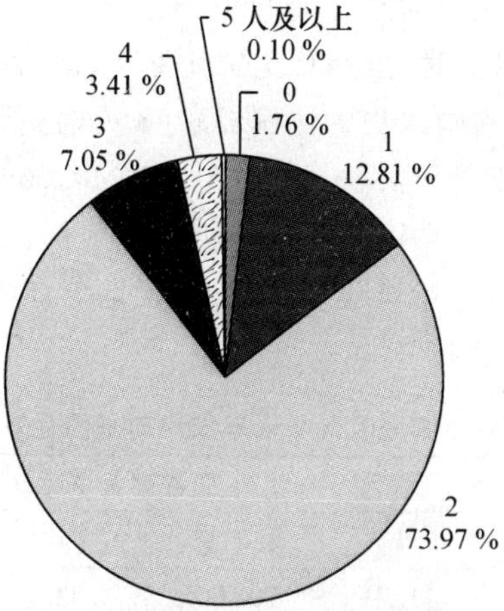

图1-41　老年受访者生育数量期望(单位:%)

表1-48　家庭收入与中青年农户期望的生育数量　(单位:%)

家庭分组	生育数量期望					
	0	1	2	3	4	5人及以上
低收入户	2.75	8.25	70.79	11.34	5.15	1.72
中低收入户	3.37	12.92	70.51	9.27	3.37	0.56
中等收入户	5.57	15.92	72.41	3.71	2.39	0
中高收入户	3.91	16.41	71.88	6.25	1.56	0
高收入户	4.15	14.25	65.54	9.84	4.66	1.55

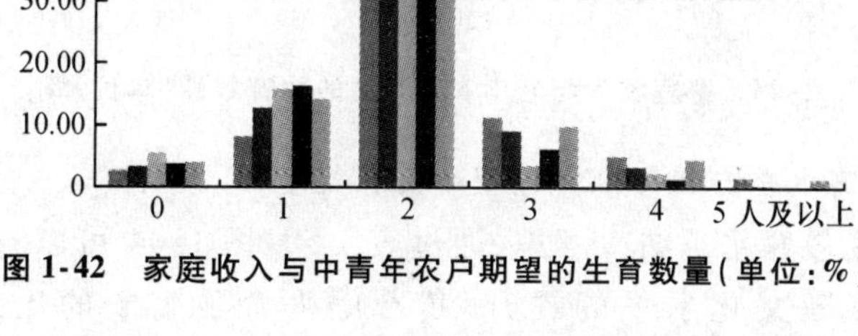

图1-42　家庭收入与中青年农户期望的生育数量(单位:%)

整体而言，家庭收入差异对于中青年农户期望的生育数量的影响不大，但是当生育期望达到3人及以上时，虽然总比例在下降，但“两极分化”情况越发明显，分布呈凹形：低收入户与高收入户的比例较高（3人时，低收入户与高收入户分别占比11.34%、9.84%；4人时，分别为5.15%、4.66%；5人时为1.72%和1.55%），而中等收入户（包括中低、中等与中高）则保持极低水平。老年农户的情况（如表1-49、图1-43）与中青年农户相似，只是生育期望在3人及以上的情况没有体现出明显的“凹形分布”。

表1-49　家庭收入与老年农户期望的生育数量　（单位：%）

家庭分组	生育数量期望					
	0	1	2	3	4	5人及以上
低收入户	2.11	11.71	70.73	8.43	4.22	2.81
中低收入户	1.79	14.64	70.36	8.93	3.93	0.36
中等收入户	1.33	15.00	72.67	7.00	3.33	0.67
中高收入户	0	11.84	80.92	4.93	2.30	0
高收入户	3.47	11.67	75.71	5.99	3.15	0

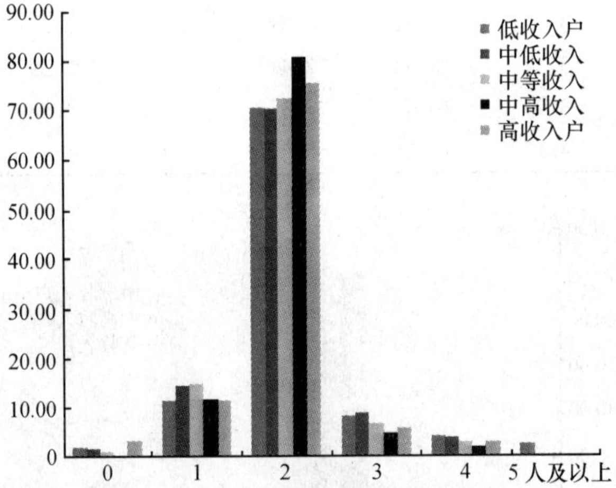

图1-43　家庭收入与老年农户期望的生育数量（单位：%）

（三）受教育水平与代际农户期望的生育数量

将农户的受教育水平纳入考虑，通过表1-50、图1-44可以看出，对于中青年农户而言，伴随文化水平的提升，其希望生育独生子的比例在增加（从

5.10%递增到18.57%),与此同时,期望生育数量超过3人的比例在减少(从26.53%递减到5.72%)。生育2个孩子的期望受文化水平影响不明显,只呈微弱递增。

表1-50 受教育水平与中青年农户期望的生育数量 (单位:%)

教育水平	期望的生育数量					
	0	1	2	3	4	5人及以上
文盲	4.08	5.10	64.29	13.27	12.24	1.02
小学	2.57	13.07	67.33	10.89	5.15	0.99
初中	5.38	14.30	70.94	6.86	1.95	0.57
高中	3.01	16.72	71.24	6.35	2.01	0.67
大专及以上	0	18.57	75.71	2.86	1.43	1.43

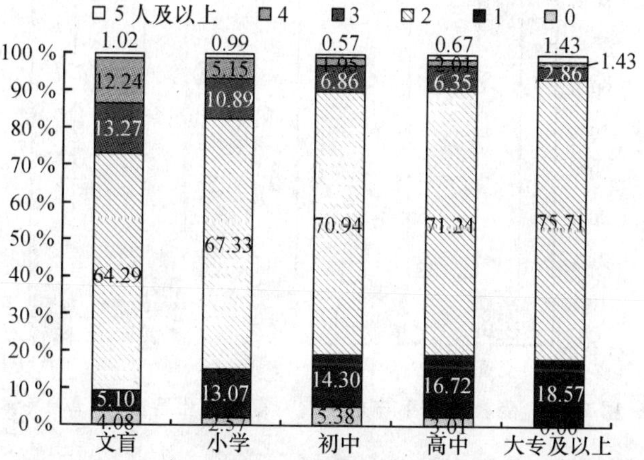

图1-44 受教育水平与中青年农户期望的生育数量(单位:%)

对比中青年农户而言,受教育水平对老年农户期望的生育数量的影响较平缓。主要体现在:伴随教育水平的提高,生育数量在3个孩子以上的期望比例降低(从13.26%递减到5.13%);除了大专及以上文化程度的老年农户期望生育数量在2人的比例(82.05%)略高于其他教育水平,各教育水平分组间的差异很小。

表 1-51　受教育水平与老年农户期望的生育数量　(单位:%)

教育水平	期望的生育数量					
	0	1	2	3	4	5 人及以上
文盲	1.66	11.60	73.48	8.29	3.31	1.66
小学	1.72	12.68	72.93	7.20	3.76	1.72
初中	1.64	13.30	74.88	6.08	3.94	0.16
高中	2.61	12.61	74.35	8.26	1.30	0.87
大专及以上	0	12.82	82.05	5.13	0	0

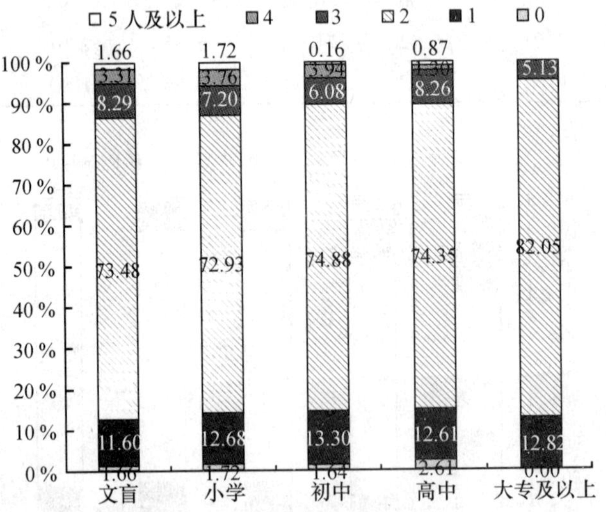

图 1-45　受教育水平与老年农户期望的生育数量(单位:%)

(四) 生育期望中的性别偏好与原因

1. 在生育期望中的性别偏好。

对于代际农户在生育期望中的性别偏好,由于存在只想生男孩或者只想生女孩的情况,因此将采取生育男孩期望比例的形式来计算,即:

$$生育男孩期望比例 = \frac{期望生育的男孩数量}{期望生育的男孩数量 + 期望生育的女孩数量} \times 100\%$$

生育男孩期望比例为 50%,则表示生男孩或者生女孩的期望一样,即无特定性别偏好;比例大于 50%,表示农户更希望生男孩;同理,比例小于 50% 则表示农户偏好女孩。

对于比例均值,代际农户没有明显差异(见表 1-52、图 1-46),中青年受访者和老年受访者的生育男孩期望比例分别为 51.87% 和 51.73%，表现出对生育男孩的轻微偏好。虽然二者在无特定性别偏好的比例都超过八成（中青年：82.85%，老年：86.30%），但是生育男孩的期望明显高于生育女孩的期望：中青年农户中更想生男孩的比例为 11.90%，高出想生女孩比例 6.65 个百分点；老年农户（10.61%）则高出 7.52 个百分点。

表 1-52　代际农户的生育男孩期望比例　（单位：%）

代际	生育男孩期望比例			
	均值	大于 50%	50%	小于 50%
中青年	51.87	11.90	82.85	5.25
老年	51.73	10.61	86.30	3.09

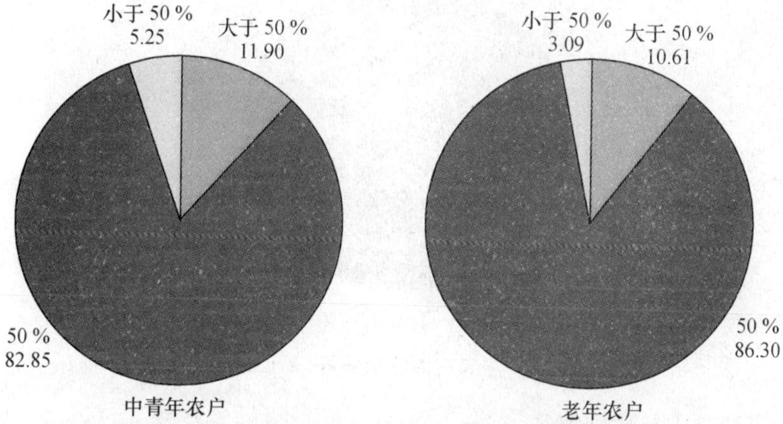

图 1-46　代际农户的生育男孩期望比例（单位：%）

总体而言，生育观念中的性别平等已是主流，但在一定程度上依然存在“重男轻女”的问题。

2. 性别偏好的再测定。

本小节根据问卷中“若只能生一个孩子，您希望是男孩还是女孩（或者无所谓）”的问题，对农户生育期望中性别偏好进行了再测定，并将家庭收入与农户受教育水平纳入分析中。

表 1-53 农户的性别偏好 (单位:人,%)

回答	频率	占比
男孩	534	14.89
女孩	92	2.57
无所谓	2928	81.65
说不清	15	0.42

大多数农户(81.65%)认为“生男生女一个样”,但一定程度上存在“重男轻女”的情况,希望是男孩的比例(14.89%)高出希望是女孩的比例(2.57%)12.32个百分点。

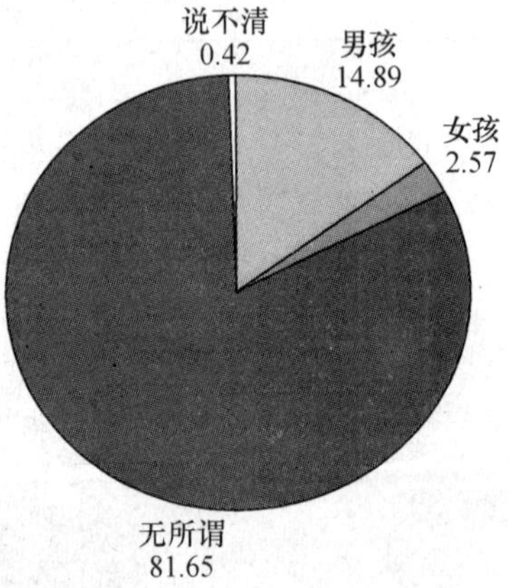

图 1-47 农户的性别偏好(单位:%)

3. 家庭收入与性别偏好。

根据表 1-54 可以看出不同家庭收入的农户,其在生育期望中的性别偏好差异极小,偏好分布几乎一致。在图 1-48 中,可以更为直观地看出这种近似情况,即家庭收入对农户在生育期望中的性别偏好影响微小。

表 1-54 家庭收入与生育期望中的性别偏好 (单位:%)

家庭收入分组	性别偏好			
	男孩	女孩	无所谓	说不清
低收入户	14.51	2.11	82.85	0.53
中低收入户	14.04	2.65	83.00	0.31
中等收入户	14.45	3.18	82.08	0.29
中高收入户	15.88	2.86	80.83	0.43
高收入户	15.31	1.86	82.40	0.43

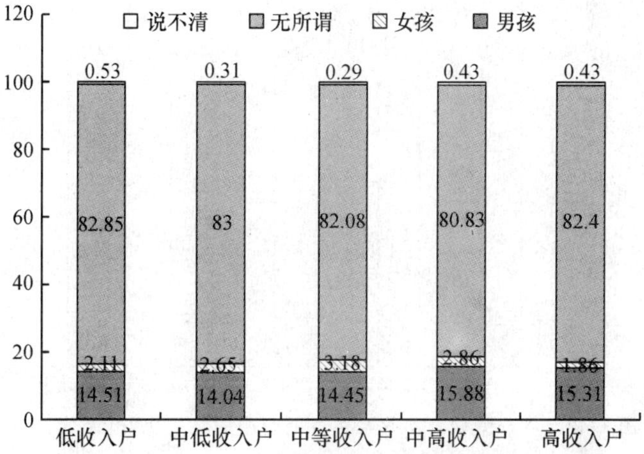

图 1-48　家庭收入与生育期望中的性别偏好(单位:%)

4. 受教育水平与性别偏好。

通常认为教育水平越高,对男女平等观念的支持度越强,现将农户受教育水平纳入分析,以描述其对农户在生育期望中性别偏好的影响。

表 1-55　农户受教育水平与生育期望中的性别偏好　　(单位:%)

受教育水平	性别偏好			
	男孩	女孩	无所谓	说不清
文盲	13.70	2.40	83.56	0.34
小学	16.77	2.79	79.93	0.51
初中	13.31	2.40	83.82	0.47
高中	13.86	2.77	82.72	0.55
大专及以上	11.71	0.90	87.39	0

整体来看(见表 1-55、图 1-49),虽然不同教育水平下农户在生育期望中的性别偏好分布相似,但“大专以及上”这个高学历组对于男女平等的认知明显强于其他分组,其认为“生男生女一样”的比例是五个分组中唯一超过 85% 的,达到 85.58%,与男女平等认知度最低的(77.82%)小学学历的农户(其更想要男孩的比例也是全部分组中最高的,达到 16.77%)的极差达到 7.76 个百分点。以上说明,在对男女平等认知度广泛提升的环境中,高学历对生育期望中性别偏好的影响更明显。

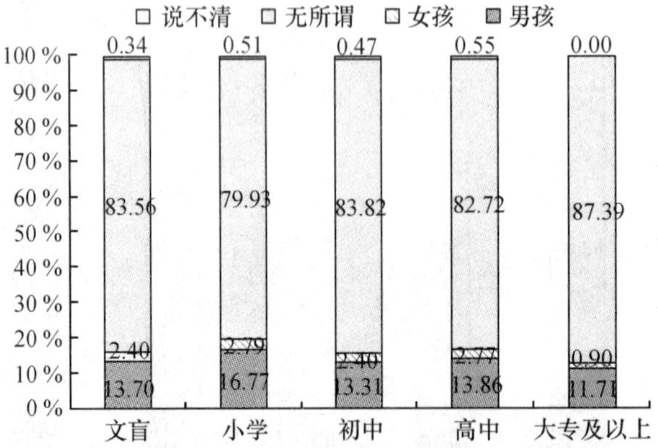

图 1-49 农户受教育水平与生育期望中的性别偏好(单位:%)

3. 农户生育期望中性别偏好的原因。

该小节主要对问卷中"若生一个孩子,您为什么希望是男(女)孩"的农户回答进行归纳和描述。除了"其他"项,对于希望生育男孩与女孩的原因描述,详见表1-56。

表 1-56 希望生男孩与生女孩的原因

希望是男孩	希望是女孩
男孩能传宗接代	女孩更孝顺
男孩能养老	女孩更听话
男孩能干活	女孩养育负担轻
生男孩有面子	生女孩更能享受天伦之乐
男孩能继承家业	生女孩有面子
男孩能壮大家族势力	

表 1-57 希望生育男孩的原因 (单位:户,%)

	传宗接代	养老	能干活	有面子	继承家业	壮大家族	其他	合计
频率	857	268	112	36	88	38	43	1442
占比	59.43	18.59	7.77	2.50	6.10	2.64	2.98	100

从表1-57可以看出,有近六成(59.43%)的农户希望生育男孩以传宗接代,其次有18.59%的农户选择"男孩能养老",可见,传统的"传宗接代""养儿防老"观念依然是造成生育观念中"重男轻女"的主因。

整体而言,希望生育女孩的原因呈多元化分布,几个主要原因是女孩孝顺

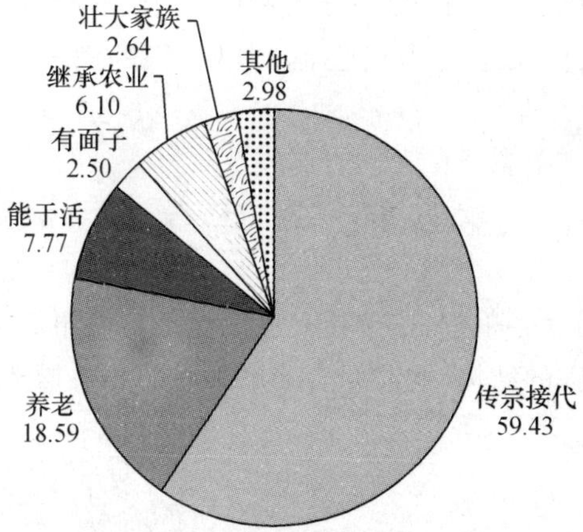

图 1-50　希望生育男孩的原因(单位:%)

(30.69%)、女孩听话(25.52%)、养育女孩负担轻(24.48%)。除了养育女孩负担轻是出于经济考虑,养老与家庭关系是农户偏好生育女孩的重要原因。

表 1-58　希望生育女孩的原因　　(单位:户,%)

	孝顺	听话	负担轻	有面子	享受天伦	其他	合计
频率	89	74	71	6	16	34	290
占比	30.69	25.52	24.48	2.07	5.52	11.72	100

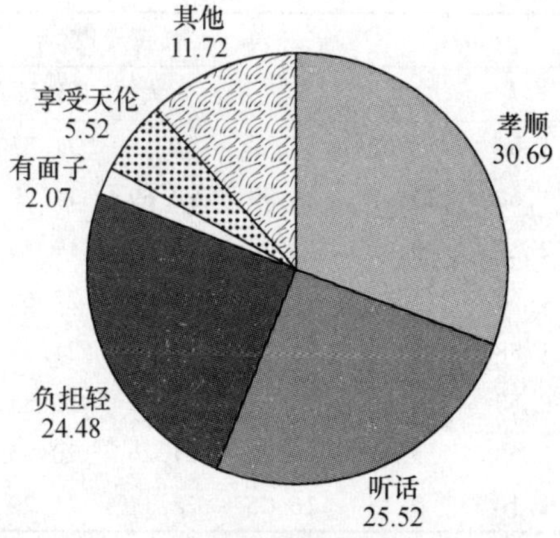

图 1-51　希望生育女孩的原因(单位:%)

对比回答了性别偏好原因的农户数量,可以发现偏好生育男孩的农户数量

(1442 户)几乎是偏好生育女孩的农户数量(290 户)的 5 倍,这同样辅证了前文观点:男女平等的生育观念是当代主流,但依然存在一定程度的“重男轻女”问题。

第五节 家庭状况

家庭作为最小的社会单位,是分析社会的最基本视角。本节将通过剖析家庭规模、类型来反映家庭的结构,同时结合家庭关系的相关描述,来综合构建反映家庭情况的立体指标。

一、家庭规模

(一) 全国及各地区比较

作为家庭的“骨骼”,家庭规模,即“家庭人口”,可以从数量上反映出家庭成员的构成,是考察家庭情况的首要指标。本节首先展现 2012 年全国不同地区农村的家庭规模情况,并将其与 2010 年、2011 年的农户家庭规模进行对比。

根据调查数据,2012 年全国农户家庭规模平均为每户 4.27 人;分地区比较,东北地区农户家庭平均规模最小,为 3.45 人;华南地区则最大,为 5.08 人;最接近全国平均水平的是西北地区,其农户家庭平均规模为 4.26 人。

表 1-59 2012 年全国及各地区农户家庭规模 (单位:人,%)

地区	平均规模	家庭规模						
		1人	2人	3人	4人	5人	6人	7人及以上
全国	4.27	1.64	13.62	17.30	25.55	21.35	12.39	8.14
东北地区	3.45	1.68	25.63	28.99	22.69	14.29	5.46	1.14
华北地区	3.89	2.27	20	16.70	26.60	19.79	11.75	2.89
西北地区	4.26	1.54	11.67	16.30	29.74	22.69	11.23	6.74
华东地区	4.11	1.88	15.29	20.21	24.08	21.68	9.42	7.43
华中地区	4.57	0.58	10.40	13.58	25.00	23.84	16.18	10.40
华南地区	5.08	1.66	5.65	11.96	21.26	20.93	18.27	20.27
西南地区	4.44	2.10	9.75	16.06	28.11	21.22	14.15	8.60

注:东北地区:辽宁、吉林、黑龙江(3 个);华北地区:北京、天津、河北、山西、内蒙古(5 个);西北地区:宁夏、新疆、青海、陕西、甘肃(5 个);华东地区:山东、江苏、安徽、浙江、福建、江西、上海(7 个);华中地区:湖北、湖南、河南(3 个);华南地区:广东、广西、海南(3 个);西南地区:四川、云南、贵州、西藏、重庆(5 个)。

如图 1-52 所示，从农户家庭规模分布来看，在全国范围内，家庭规模为 4 人的情况最多，占比为 25.55%，其次分别是 5 人和 3 人的规模，分别占比 21.35% 和 17.30%，即家庭规模介于 3 人至 5 人之间的农户占到了全国的 64.20%。

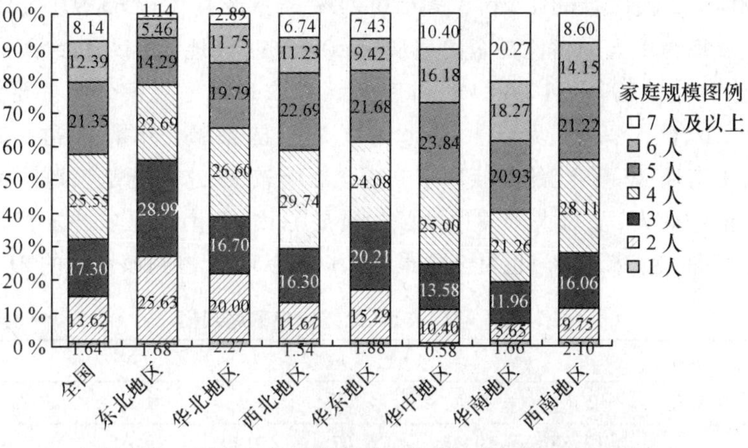

图 1-52　2012 年全国及各地区农户家庭规模(单位:%)

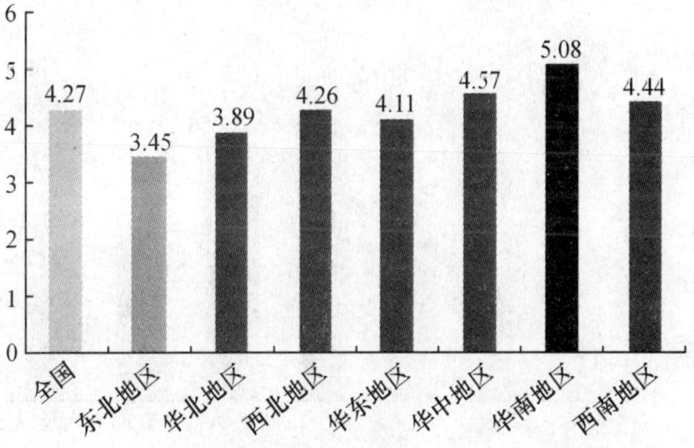

图 1-53　2012 年全国及各地区农户家庭平均规模(单位:人)

分地区而言，东北地区农户家庭规模比例最高的三项依次是 3 人(28.99%)，2 人(25.63%)和 4 人(22.69%)，三者共占比 77.31%，其农户家庭规模为 2 人和 3 人的比例都是全国最高的，同时，规模在 7 人及以上的比例是全国最低的，为 1.26%；华北地区农户家庭规模分布占比前三的依次是 4 人(26.60%)，2 人(20%)，5 人(19.79%)，虽然华北地区农户家庭规模只有 1 人的绝对比例不高，但相对其他地区而言则是最高的，达到 2.27%；西北地区农户家庭规模情况最多的是 4 人规模,达到 29.74%,是所有地区中最高的,其次是 5 人规模,占比 22.69%。

华东地区农户家庭平均规模为 4.11 人,其家庭规模分布占比前三项分别是 4 人(24.08%),5 人(21.68%)和 3 人(20.21%),三者共占比 65.97%;华中地区农户家庭规模为 1 人的占比是全国最低,为 0.58%,该地区 4 人和 5 人家庭规模最普遍,分别为 25.00% 和 23.84%;华南地区的农户家庭规模分布主要集中在 4 人及以上,其 6 人、7 人及以上的比例更是全国最高,分别达到 18.27% 和 20.27%;华南地区受传统的家族和宗族观念影响较大,这可能是该地区家庭规模(均值达到 5.08 人)显著大于其他地区的重要原因;西南地区农户家庭规模为 4 人的占比最高,为 28.11%,也是全国最高,其次是 5 人,占到该地区的 21.2%。

表 1-60　2012 年南、北方农户家庭规模　(单位:%)

地区	家庭规模						
	1 人	2 人	3 人	4 人	5 人	6 人	7 人及以上
北方	1.81	17.88	19.46	26.07	19.99	9.94	4.85
南方	1.50	9.86	15.38	25.09	22.56	14.56	11.05

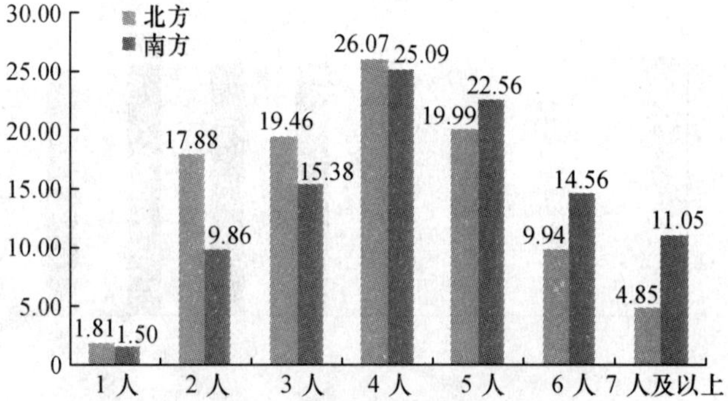

图 1-54　2012 年南、北方农户家庭规模(单位:%)

如果以南北分区(如表 1-60、图 1-54),以 4 人家庭规模为分界(全国平均水平 4.27 人),北方地区农户家庭规模在 3 人及以下的比例高于南方,另一方面,南方地区农户家庭规模在 5 人及以上的比例高于北方地区,即南方地区农户家庭人口集中度高于北方地区。

表 1-61　2012 年不同地区农户家庭规模　（单位:%）

地区	1 人	2 人	3 人	4 人	5 人	6 人	7 人及以上
东部	1.78	17.63	19.24	22.03	20.42	11.02	7.88
中部	1.40	12.88	16.14	25.45	22.19	13.42	8.53
西部	1.78	10.43	16.62	29.18	21.37	12.64	7.97

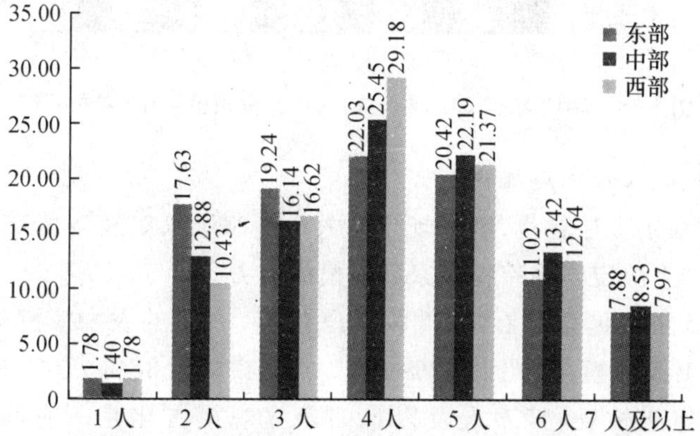

图 1-55　2012 年不同地区农户家庭规模（单位:%）

从考虑经济因素的东部沿海、中部内陆和西部边远地区划分来看（如表 1-61、图 1-55），虽然三个地区农户家庭规模情况均呈近似正态分布，但从具体类型来看：最明显的情况是东部沿海地区农户家庭规模在 3 人及以下的比例比中、西部地区高，而在 4 人及以上家庭规模方面，东部地区农户所占比例则低于中、西部地区。

表 1-62　2010 年至 2012 年全国农户家庭规模对比　（单位:人,%）

年代	平均规模	家庭规模						
		1 人	2 人	3 人	4 人	5 人	6 人	7 人及以上
2010	4.28	1.47	11.25	18.56	26.73	22.52	12.22	7.26
2011	4.19	1.30	12.32	20.05	27.70	20.69	11.70	6.24
2012	4.27	1.64	13.62	17.30	25.55	21.35	12.39	8.14

对比 2010 年至 2012 年全国数据，可以发现：虽然 2011 年农户家庭平均规模略低于其余两年的平均水平，但总体上三年全国农户家庭规模变化不大，全部都以 4 人家庭规模为中轴呈正态分布。

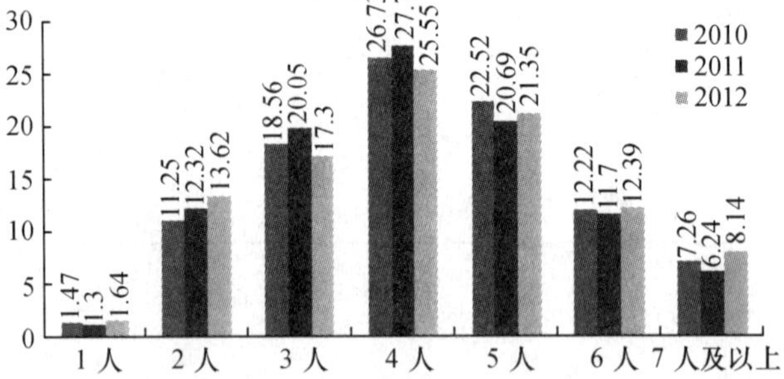

图 1-56　2010 年至 2012 年全国农户家庭规模对比(单位:%)

(二) 家庭收入与家庭规模

经济基础决定上层建筑,家庭规模的大小受制于家庭经济情况,特别是家庭收入,其从根本上决定了维持特定家庭规模的能力。

从表 1-63 可以清晰地看出,低收入户有 57.30% 的农户家庭规模集中在 3 人及以下,其 1 人规模(占比 5.62%)和 2 人规模(35.88%)是所有收入分组中比例最高的,与此相反,其 4 人及以上的家庭规模占比是所有收入分组中最低的。

表 1-63　不同家庭收入农户的家庭规模　　(单位:%,户)

家庭收入分组	家庭规模							合计
	1 人	2 人	3 人	4 人	5 人	6 人	7 人及以上	
低收入户	5.62	35.88	15.80	19.41	14.06	6.83	2.41	100(747)
中低收入户	0.64	14.01	22.54	29.47	21.10	8.70	3.54	100(621)
中等收入户	0.45	8.31	21.51	29.23	23.44	13.20	3.86	100(674)
中高收入户	0	3.83	16.67	31.56	25.07	19.32	3.54	100(678)
高收入户	0	3.66	14.35	24.43	28.85	17.10	11.60	100(655)

Pearson 卡方 = 748.068,自由度 = 24,sig 值为 000

与低收入户情况相反,高收入户家庭规模在 3 人及以下的比例(18.01%)是全部分组中最低的;而其家庭规模为 5 人(28.85%)和 7 人及以上的比例则都是全部收入分组中最高的,特别是其家庭规模达到 7 人及以上的情况,比例达到 11.60%,远高于其余各组。

综合全表,有明显的趋势反映出,家庭收入越高,大型家庭规模(5 人及以上)的比例就越高,或者说小型家庭规模(2 人及以下)的比例就越低,即家庭收入与

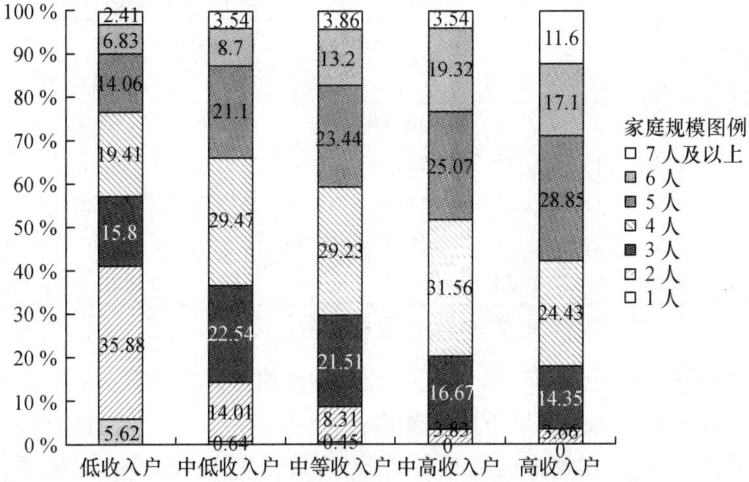

图 1-57　不同家庭收入农户的家庭规模(单位:%,户)

家庭规模呈正相关。

(三) 文化程度与家庭规模

当前社会一般认为,伴随文化程度的提高,家庭对于计划生育政策的贯彻就越彻底,限制家庭规模扩大的效果就越明显。同时,农村教育事业发展带来的农民素质普遍提高,以及人口控制政策在农村的长期严格执行,都起到了限制农户家庭规模扩大的作用。但由于中国农村的情况复杂(比如当前农村社会保障体系依然不完善,养老的压力等问题存在削弱以上观点说服力的可能),文化程度对农户家庭规模的影响权重是否明显(或者是否呈负相关),还有待实证证据的进一步检验。

本调查所反映的文化程度是受访农户家庭中的实际户主,即当家人(俗语谓之"当家的""主事的")或明白人,其在家庭发展和大事处理中具有极高的影响力甚至是权威,家庭延续与后代抚养作为家庭大事,自然在当家人的重点关注之下。因此,以当家人的文化程度作为指标是恰当和合理的。

表 1-64 2012 年不同文化程度农户的家庭规模对比 (单位:%)

文化程度	家庭规模							合计
	1	2	3	4	5	6	7 人及以上	
文盲	5.82	20.21	14.73	16.44	18.49	11.30	13.01	100(292)
小学	2.46	15.5	15.92	22.18	22.44	12.7	8.81	100(1181)
初中	0.80	11.58	17.9	29.54	21.29	12.77	6.12	100(1503)
高中	0.18	11.46	18.67	26.43	21.44	12.01	9.80	100(541)
大专及以上	0.90	15.32	23.42	27.93	17.12	8.11	7.21	100(111)

Pearson 卡方 = 122.182,自由度 = 24,sig 值 = 0.000

基于当前农户文化程度,其与农户家庭规模的关系如表 1-64 和图 1-58。可以看出,文盲一组的 2 人及以下家庭规模占比(26.03%)是所有分组中最高的,同时其 6 人及以上家庭规模占比也是最高的,合计达到 24.31%。这说明,一方面,较低的文化程度意味着对家庭的物质和智力支持较少,客观地限制了维持庞大家庭规模的能力;另一方面,传统观念中的“养儿防老”、“养儿增产”对文化程度低的农户有较大影响。虽然文盲组显示出以上特征,但从全局来看,文化程度与家庭规模的关系并不明显。

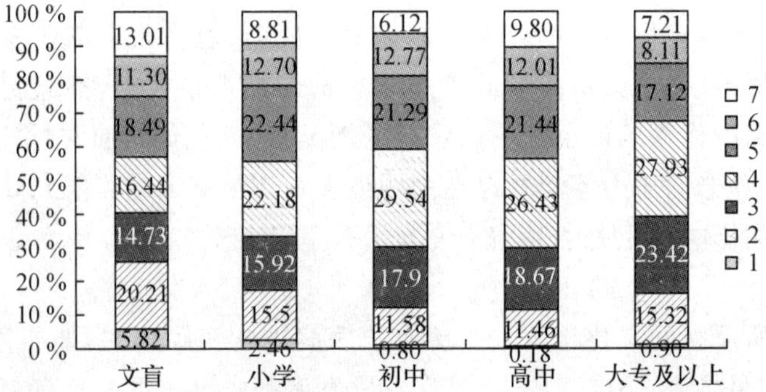

图 1-58 2012 年不同文化程度农户的家庭规模对比(单位:%)

另外,从图 1-59 可以看出,对于家庭规模为 1 人和 7 人及以上两种情况,文盲农户所占比例均高于其他文化程度的农户。其他文化程度农户的家庭规模都以 4 人为中轴,近似呈正态分布,数据无法反映出农户文化程度与家庭规模相关。

通过 SPSS 的比较均值分析和相关性检验(见表 1-65),我们可以发现,不同文化程度下的家庭规模均值差异很小,相关性(Spearman)检验的 sig 值为 0.290,无法拒绝二者无关的假设,即文化程度对农户家庭规模的影响不明显,现有调查

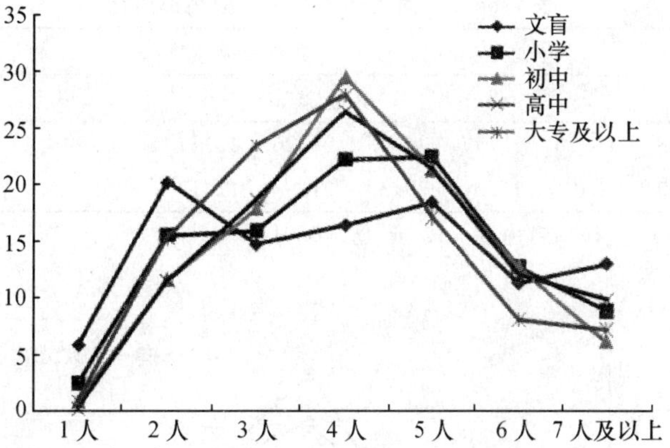

图 1-59　2012 年不同文化程度农户的家庭规模对比（单位：%）

不能证明文化程度是否与家庭规模呈负相关。

表 1-65　不同文化程度下家庭规模均值分析与相关性（Spearman）检验

文化程度分组	家庭规模均值	标准差	个案数
文盲	4.08	1.82	292
小学	4.20	1.58	1181
初中	4.22	1.39	1503
高中	4.33	1.46	541
大专及以上	3.98	1.45	111
总计	4.21	1.50	3628

Spearman 检验		家庭规模
文化程度	相关系数	0.018
	sig（双侧）	0.290
有效个案		3628

（四）民族与家庭规模

我国少数民族有着不同于汉族的文化习俗与生活习惯，本小节将通过对比 2012 年汉族与少数民族农户家庭规模，来探索二者间是否存在特定关联。如表 1-66、图 1-60 所示，除了在 2 人家庭规模二者相差 5 个百分点以上之外，总体上，汉族与少数民族农户在家庭规模分布方面差异很小，基本呈现以 4 人家庭规模为中轴的正态分布（汉族农户家庭规模均值为 4.23 人，少数民族为 4.47 人）。总体上，少数民族家庭规模略大于汉族，在 4 人及以上家庭规模中少数民族比汉族多 6.71 个百分点。

表 1-66　不同民族的农户家庭规模对比　(单位:%,户)

民族分组	家庭规模								
	1	2	3	4	5	6	7 人及以上	均值	合计
汉族	1.68	14.76	17.27	24.73	21.26	12.31	7.99	4.23	100(3029)
少数民族	1.47	8.02	17.51	29.30	21.93	12.77	9.00	4.47	100(611)

Pearson 卡方 = 25.151,自由度 = 12,sig 值 = 0.014

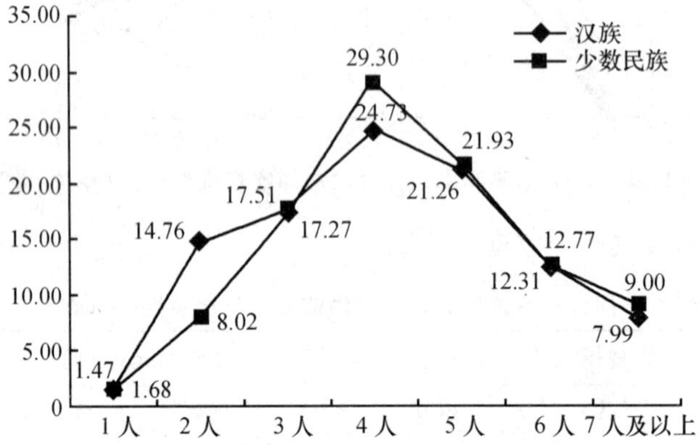

图 1-60　不同民族的农户家庭规模对比(单位:%)

(五) 各地区人口负担系数

人口负担系数,即抚养系数或抚养比,是指人口总体中非劳动年龄人口数与劳动年龄人口数之比。该系数以百分比形式来反映非劳动力人口对劳动力人口的负担程度(抚养压力),其一般计算公式为:

$$人口负担系数 = \frac{P_{0-14} + P_{65}^{+}}{P_{14-65}} \times 100\%$$

其中,P_{0-14}为 0—14 岁人口数;P_{65}^{+}为 65 岁及 65 岁以上的老年人口数;P_{15-64}为 15—64 岁劳动年龄人口数。

但实际上,中国农村往往并不以年龄标准划分劳力非劳力,即存在大量 14 岁以上但不承担劳动的在读学生和部分 65 岁以上承担务农劳动的劳力,因此,依据农村实际情况,本报告实际采用的计算公式为:

$$人口负担系数 = \frac{在读学生数 + 不承担劳动的老人数}{实际劳动力数} \times 100\%$$

并得出表 1-67、图 1-61 所示结果。

表 1-67　2012 年各地区农村人口负担系数　（人,%）

地区	老人与在读学生数量	劳动力数量	人口负担系数
全国	5028	10324	48.70
东北地区	238	573	41.54
华北地区	660	1224	53.92
西北地区	675	1168	57.79
华东地区	1286	2683	47.93
华中地区	994	2132	46.62
华南地区	405	1050	38.57
西南地区	770	1494	51.54

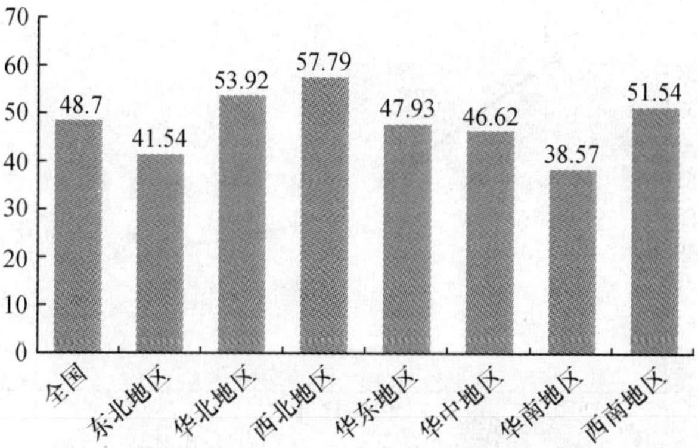

图 1-61　2012 年各地区农村人口负担系数(%)

通常,当一个国家或地区的人口负担系数不大于 50% 时,就称为“人口机会窗口”开启期(更形象的说法是“人口红利期”),此时,该国家或地区的人口有“成本低、储率高、负担轻”三个特征:一是劳动力人口供给充分,且劳力成本低;二是由于劳动力人口年龄结构较轻,使得储蓄率较高;三是人口老龄化不严重,社会保障支出负担轻。

显然,如表 1-67 所示全国农村人口负担系数为 48.70%,已逼近“机会窗口”值 50%,而除了最低的华南地区(38.57%)和次低的东北地区(41.54%),其余五个地区都接近甚至超过“机会窗口”值,特别是西北地区,其农户人口负担系数高达 57.79%。

表 1-68　2010 年至 2012 年全国农村人口负担系数比较　(人,%)

年份	老人数量	在读学生数量	劳动力数量	人口负担系数
2010 年	2448	2685	9428	54.44
2011 年	3052	3378	12891	49.88
2012 年	2433	2595	10324	48.70

再从三年数据比较来看,从表 1-68 和图 1-62 可以发现,2010 年至 2012 年,全国农村人口负担系数逐年下降,下降速率放缓。当前,农村作为劳动力的主要供给源,其人口负担系数的下降意味着我国还处于"人口红利期",但其下降速率放缓,意味着我国正处于"人口红利'末'期",照此趋势,一些学者判断的 2015 年左右"人口红利"消失将会成真。

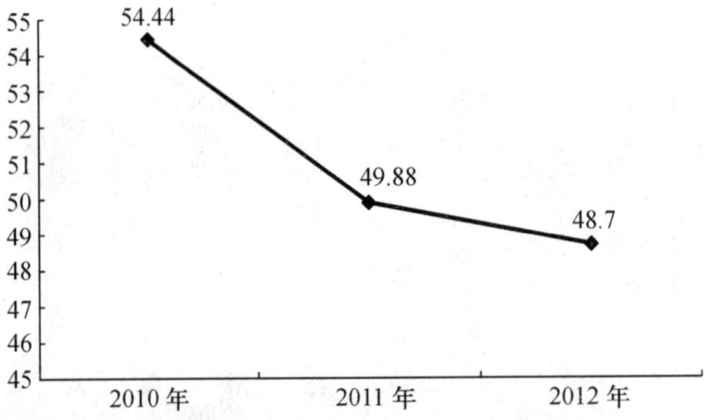

图 1-62　2010 至 2012 年全国农村人口负担系数比较(%)

二、家庭类型

(一) 全国及各地区比较

家庭类型,以家庭规模为前提,能够更深层次地反映家庭结构,其依据有血缘或婚姻关系的亲属数量及亲密程度,通常划分为:核心家庭、主干家庭、扩大家庭和空巢家庭等。

本小节将分别按照七大地区、南北分区和东、中、西分区来展现 2012 年全国农户家庭类型的分布,之后将从全国视角对比 2010 年至 2012 年的农户家庭类型变更情况。

表 1-69　2012 年全国不同地区农户的家庭类型　（单位：%，户）

地区	家庭类型					
	核心家庭	主干家庭	扩大家庭	空巢家庭	其他	合计
全国	46.24	31.00	7.92	12.97	1.86	100(3648)
东北地区	45.80	22.27	4.62	25.21	2.10	100(238)
华北地区	46.19	27.63	5.36	17.73	3.09	100(485)
西北地区	49.34	31.06	6.83	9.69	3.08	100(454)
华东地区	45.34	30.26	7.75	15.60	1.05	100(955)
华中地区	43.06	37.14	7.37	11.27	1.16	100(692)
华南地区	49.17	28.24	15.28	2.99	4.32	100(301)
西南地区	47.99	32.89	9.56	8.99	0.57	100(523)

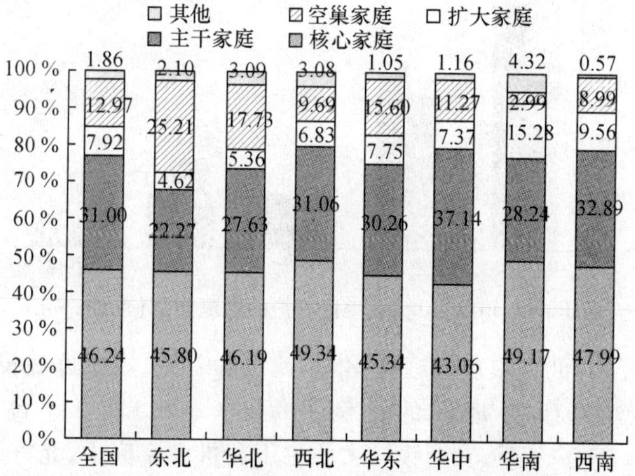

图 1-63　2012 年全国不同地区农户的家庭类型（单位：%）

从图 1-63 可以清晰地看出，全国各地区农户的核心家庭分布基本一致；在主干家庭方面，除了东北地区，其他地区的比例也基本在 30% 左右。

与之前各地区农户家庭规模分布所反映的情况一致，东北地区的主干家庭（22.27%）和扩大家庭（4.62%）比例最低，而空巢家庭比例（25.21%）最高，比全国平均水平（12.97%）高出 12.24 个百分点，比最低的华南地区高出 22.22 个百分点。

与东北地区截然相反，华南作为农户家庭规模均值最高的地区（5.08 人），其扩大家庭和空巢家庭则呈现另一个极端：其扩大家庭比例为 15.28%，远高于其他地区,比最低的东北地区高出10.66个百分点;其空巢家庭则为2.99%,是所有地区中比例最低的,这在一定程度上要归因于华南地区多手工业、轻工业企业,大量农村劳力可以就近在本地打工。

表1-70 2012年南、北地区农户的家庭类型 (单位:%)

地区	家庭类型				
	核心	主干	扩大	空巢	其他
北方	48.28	27.82	5.38	16.13	2.40
南方	44.45	33.82	10.17	10.17	1.39

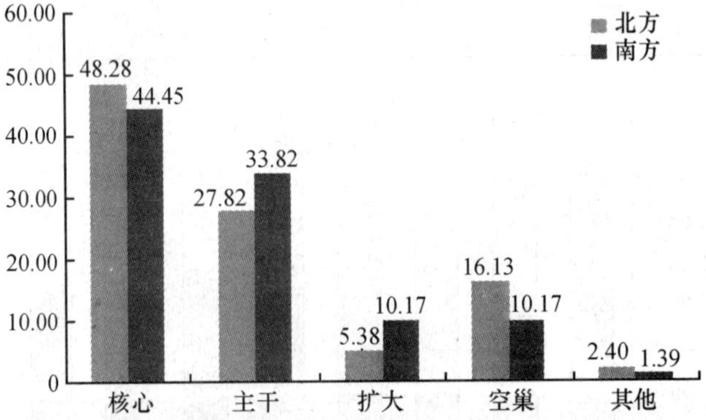

图1-64 2012年南、北地区农户的家庭类型(单位:%)

与"2012年南、北方农户家庭规模"所反映的一致,在家庭规模较小的核心、空巢家庭类型中,北方地区的比例(48.28%,16.13%)均高于南方农户(44.45%,10.17%);相反,在规模较大的主干和扩大家庭中,北方地区所占比例(27.82%,5.38%)低于南方(33.82%,10.17%)。

以东、中、西部地区为划分依据,各地区农户家庭类型如表1-71。西部地区的核心家庭比例最高(49.96%),中部地区的主干家庭比例虽然最高(33.20%),但与东(28.31%)、西部(31.30%)地区差异不明显。特征最明显的是扩大家庭和空巢家庭,扩大家庭的占比由东向西递增,西部比例最高(8.74%);空巢家庭的占比由东向西递减,东部地区比例最高(2.37%)。

表 1-71　2012 年东、中、西部地区农户的家庭类型　（单位:%）

地区	家庭类型				
	核心	主干	扩大	空巢	其他
东部	46.10	28.31	6.69	16.53	2.37
中部	42.98	33.20	8.30	13.96	1.55
西部	49.96	31.30	8.74	8.31	1.70

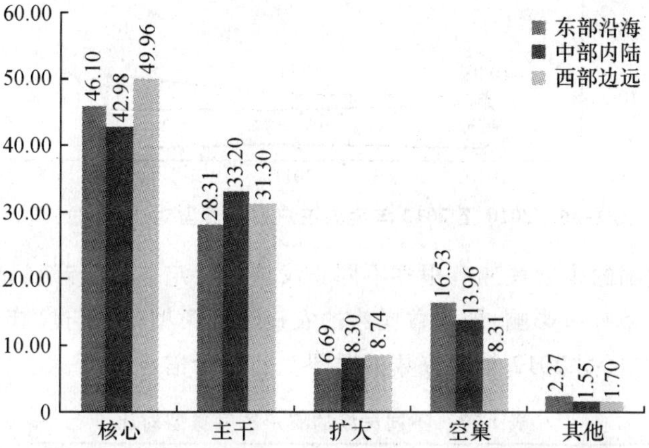

图 1-65　2012 年东、中、西部地区农户的家庭类型（单位:%）

从 2010 年至 2012 三年对比来看，空巢家庭数量的变化趋势最为明显：比例逐年增加；虽然 2012 年扩大家庭所占比例（7.92%）微高于 2011 年（7.89%），但从三年情况来看，扩大家庭比例呈下降趋势；核心家庭与主干家庭依然是我国社会的主要家庭类型，从数据上看，二者存在此消彼长的关系，同时由于空巢家庭占比的逐年增加，二者的合占比例从 2010 年的 78.77% 下降至 2012 年的 77.24%。（见表 1-72、图 1-66）

表 1-72　2010 年至 2012 年全国农户家庭类型对比　（单位:%）

年份	核心家庭	主干家庭	扩大家庭	空巢家庭	其他
2010	49.72	29.05	9.29	10.08	1.87
2011	51.70	27.08	7.89	10.60	2.73
2012	46.24	31.00	7.92	12.97	1.86

（二）民族与家庭类型

从上文“民族与家庭规模”的相关数据中，无法证实民族与农户家庭规模有

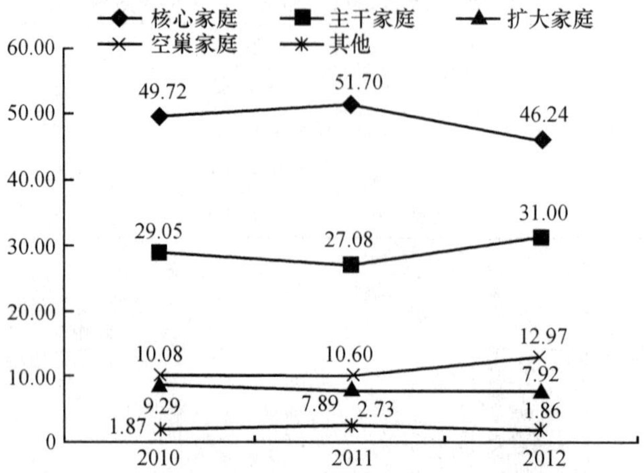

图 1-66　2010 至 2012 年全国农户家庭类型对比(单位:%)

明确关联。我国的少数民族有很多不同于汉族的特定风俗、传统,这些风俗、传统是否对家庭类型有所影响,即少数民族的农户家庭类型是否与汉族农户存在显著差异,本部分将根据 2012 年调查数据试图就此进行描述。

表 1-73　不同民族的农户家庭类型对比　(单位:%,户)

民族分组	核心家庭	主干家庭	扩大家庭	空巢家庭	其他	合计
汉族	44.64	31.56	7.69	14.39	1.72	100(3029)
少数民族	54.17	28.15	9.17	5.89	2.62	100(611)

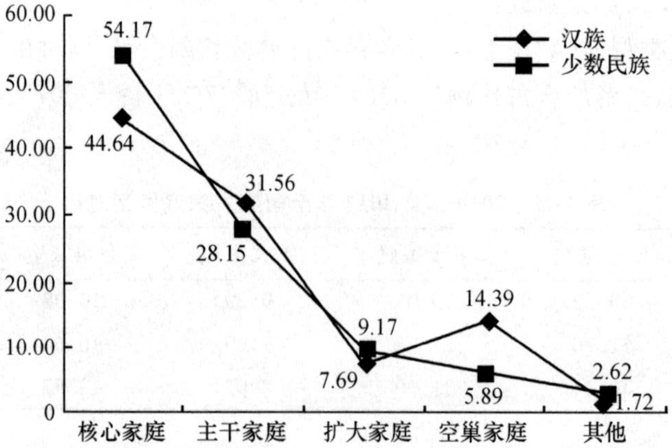

图 1-67　不同民族的农户家庭规模对比(单位:%)

如表 1-73，在全部 3640 个表明民族身份的农户中（占总体的 99.78%），除了在空巢家庭方面，汉族的比例（14.39%）远高于少数民族（5.89%），少数民族的核心家庭比例（54.17%）高于汉族（44.64%），其他类型家庭分布相差不大。而汉族农户空巢家庭比例远高于少数民族的情况与上文所反映的汉族（16.44%）农户在 2 人及以下家庭规模的比例高于少数民族（9.49%）是一致的。据此分析，民族因素对于空巢家庭这一特定类型可能存在影响。

（三）空巢家庭

本部分结合上文的一些数据，对 2010 年至 2012 年空巢家庭情况、2012 年各地区空巢家庭情况进行一个汇总整理，并尝试描述农户外出务工情况与空巢家庭出现的关系。

表 1-74　2010 年至 2012 年全国农户空巢家庭一览表　（单位：%）

年份	2010	2011	2012
空巢家庭比例	10.08	10.60	12.97

图 1-68　2010 至 2012 年全国农户空巢家庭一览（单位：%）

表 1-75　2012 年全国各地区农户空巢家庭对比　（单位：%）

地区	全国	东北	华北	西北	华东	华中	华南	西南
空巢家庭比例	12.97	25.21	17.73	9.69	15.6	11.27	2.99	8.99

很明显，2010 年至 2012 年，全国空巢家庭的比例逐年递增，并且增速加快。具体看 2012 年的七大地区空巢家庭情况，如图 1-69 全国的平均水平是 12.97%，有 4 个地区低于全国均值：华南地区、西南地区、西北地区和华中地区，其中华南地区农户空巢家庭比例最低，为 2.99%；有 3 个地区高于全国均值：华东地区，华北地区，东北地区，其中东北地区最高，为 25.21%。东北地区与华南地区的农户

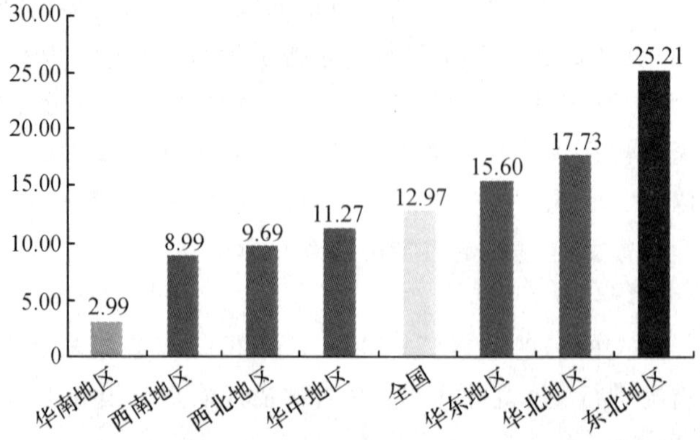

图 1-69　2012 年全国各地区农户空巢家庭升序对比(单位:%)

空巢家庭比例极差为 22.22%。

表 1-76　2012 年南北方(A)、东中西地区(B)农户空巢家庭对比　(单位:%)

A

南北分区	空巢家庭
北方	16.13
南方	10.17

B

地区	空巢家庭
东部	16.53
中部	13.96
西部	8.31

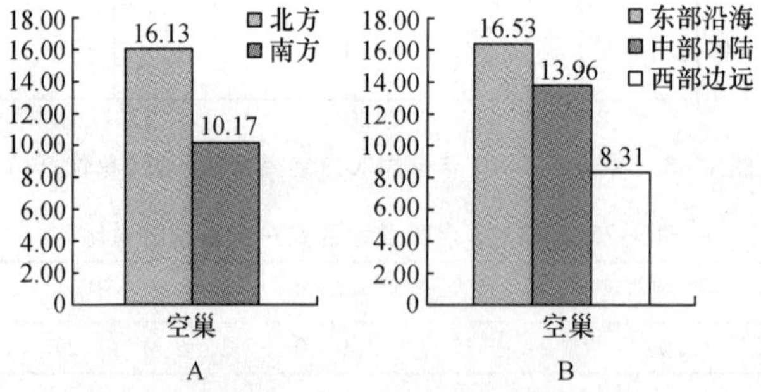

图 1-70　2012 年南北方(A)、东中西地区(B)农户空巢家庭对比(单位:%)

以南、北地区分区来看,北方地区空巢家庭比例(16.13%)远高于南方(10.17%);若从东、中、西三大经济带来看,与上文所反映农户家庭规模分布一致,自东向西,空巢家庭所占比例递增,其中东部地区与西部地区的空巢家庭占比极差达到 8.22%。

三、家庭关系

如果说家庭规模是家庭的“骨骼”的话，那么，家庭关系就是家庭的“经络”。家庭关系，即家庭成员间的人际关系。家庭关系是否和谐，家庭“经络”是否通畅，除了本章第一节所涉及的婚姻关系外，还可以从家庭事务决策形式、婚育养老观念等方面来“诊断”。

（一）家庭事务决策

从决策者范围来说，家庭事务决策包括夫妻间决策和所有家庭成员在内的家庭事务决策；从决策内容来看，又可以分为涉及家庭利益和发展的家庭大事决策、家务分配和钱财管理等。下面将依据调查情况对以上内容进行分析，力图完整地描绘出当代农户家庭事务的决策情况。

关于夫妻间事务决策，问卷主要从“如何处理夫妻间决策分歧”①入手，2012年调查结果如表1-77、图1-71。

表1-77　夫妻间决策分歧处理　（单位：户，%）

处理方式	武力解决	吵架	沟通交流	他人帮忙	冷战	单方退让	不处理	无矛盾	未作答与其他
户数	30	374	2529	184	239	13	10	84	185
比例	0.82	10.25	69.33	5.04	6.55	0.36	0.27	2.30	5.07

从图表中可以得出，面对夫妻间决策分歧，处理方式最普遍的是沟通交流（占比69.33%），所有自行采取和谐方式（包括“沟通交流”和“单方退让”两项）处理夫妻间决策分歧的比例合计69.69%，不和谐的处理方式（包括“武力”“吵架”“冷战”）比例合计17.62%。考虑到“家丑不可外扬”这种心理，和谐方式占比很可能存在虚高的状况，但数据在一定程度上依然可以反映出：和谐处理夫妻间决策分歧是主流方式。

除了夫妻间决策，还有很多事务决策涉及家庭全部成员，这些决策包括钱财管理、家庭利益和发展等（如房维修间、子女教育、婚姻）重大事项，这些事项都能折射出农户家庭内部关系，以下的分析也将基于这些维度。

下面将根据表1-78，划分家庭大事（图1-72）、家务劳动（图1-73）和钱财掌管（图1-74）三个维度来对农户家庭事务决定方式进行具体描述。

---

① 问卷中的原题表述是“夫妻间遇到矛盾，你们会怎样解决”。

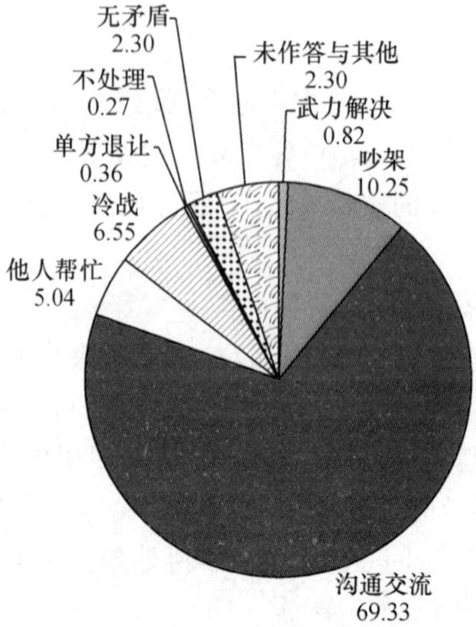

图1-71 夫妻间决策分歧处理(单位:%)

表1-78 家庭事务决定(决策、分配)方式 (单位:%,户)

	丈夫	妻子	夫妻双方	父母	子女	其他
家庭大事	52.77(1925)	5.92(216)	35.77(1305)	1.45(53)	1.81(66)	2.28(83)
家务劳动	15.90(580)	42.43(1548)	36.05(1315)	1.34(49)	1.70(62)	2.58(94)
钱财掌管	29.66(1082)	25.82(942)	38.68(1411)	1.26(46)	2.00(73)	2.58(94)

注:家务劳动是指狭义的家务活

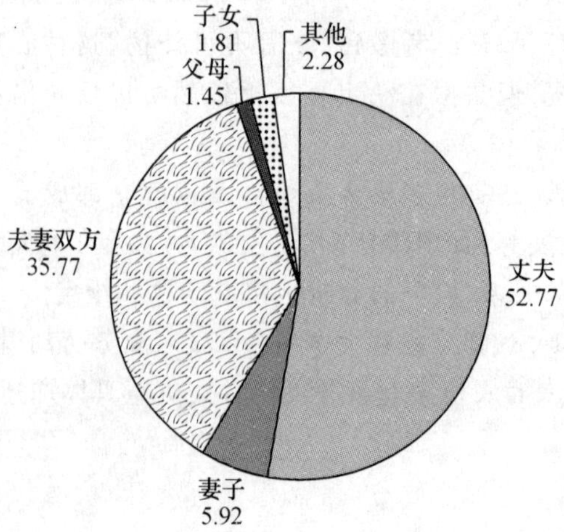

图1-72 家庭大事决策(单位:%)

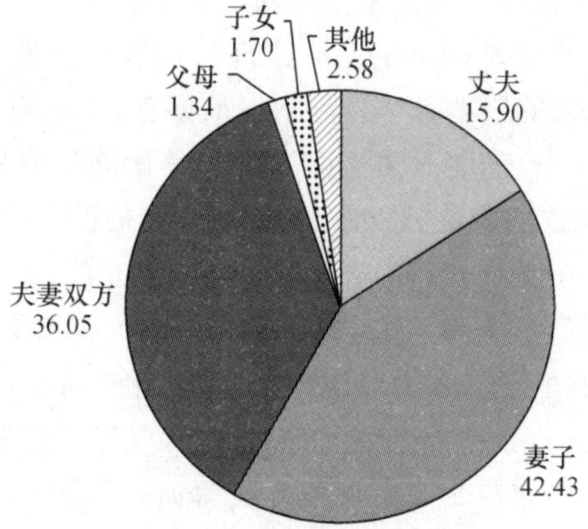

图 1-73　家务劳动分配(单位:%)

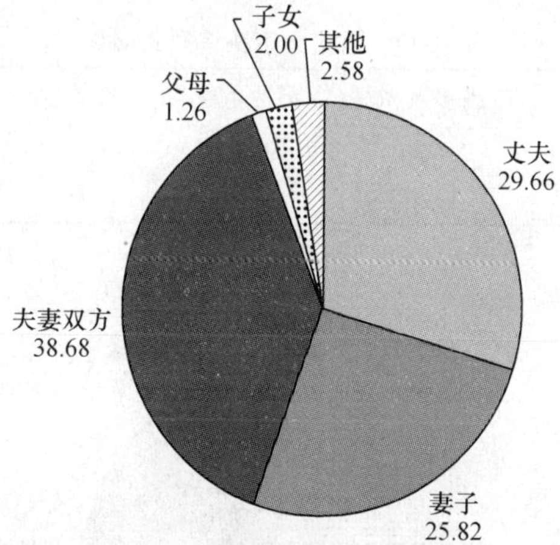

图 1-74　家庭钱财掌管(单位:%)

从图 1-72 可以看出,就全部个案来看,丈夫是家庭大事的最主要决定者(52. 77%),是领导核心;虽然妻子在家庭中的领导威信很低(5. 92%),但同时,数据反映出夫妻双方决策的比例达到了 35. 77%,这是农村夫妻关系、男女关系平等的进一步证据,也能在一定程度上证明农村家庭夫妻合作意识的增强。

图 1-73 的饼图表明,妻子依然是家务活的“主力军”,其比例最高,达到 42. 43%;夫妻双方协作处理家务劳动的比例次之,达到 36. 05%;而以丈夫为主处理家务活的情况较少,为 15. 90% 。可见,从劳动分工的视角出发,在当前农村社会中,“女主内,男主外”是主流情况,特别是在当前大量男性壮劳力离开农村外

出打工的情况下,妻子往往会成为家务劳动最主要甚至唯一的承担者。

“物质决定意识,经济基础决定上层建筑”,在农村自然也不例外。家庭财务是最关乎家庭利益和最能影响家庭发展前途的事务,是农户家庭事项中的重中之重,对于家庭钱财的掌管,自然也是“重头戏”,是最能反映家庭关系的指标。下面将根据图 1-74 来对农户家庭钱财掌管情况进行描述。

图 1-74 很清晰地反映出:在家庭钱财掌管方面,丈夫(29.66%)与妻子(25.82%)几乎平分秋色,夫妻双方共同掌握“财政大权”的比例高达 38.68%,也能够说明,在农户家庭的经济权力分配中,夫妻平等的情况普遍;父母掌握家庭财产的比例最低(1.26%),说明当前农村中,青壮年掌握了家庭的经济支配权。

此外,本调查还对“家庭大事的决策方式”的偏好进行了调查,即受访农户要回答“涉及家庭整体利益和长远发展时,何种决策方式最好”,对于此问题统计形成表 1-79、图 1-75。

表 1-79 家庭大事决策方式偏好 (单位:户,%)

	能力强者做主	赚钱多者做主	男性为主	女性为主	夫妻双方	不清楚
户数	206	46	986	64	2177	169
比例	5.65	1.26	27.03	1.75	59.68	4.63

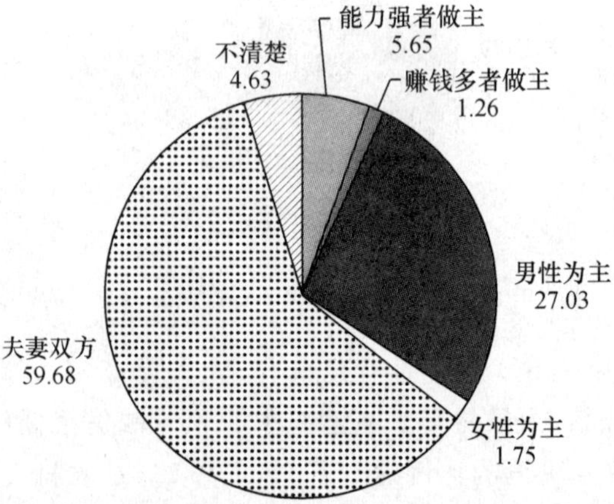

图 1-75 家庭大事决策方式偏好(单位:%)

如表 1-79、图 1-75 所示,对于家庭大事,有 59.68% 的农户偏好夫妻双方协商决定,这个情况是最普遍的;在“男性为主决定”还是“女性为主决定”的选择中,选择“男性为主”(27.03%,是仅次于“夫妻双方决定”的次高选择)的比例远高于

"女性为主"(1.75%);结合能力强者做主和赚钱多者做主两个低比例选项(依次是5.65%和1.26%)来考虑,可以得出以下结论:当前农村,农户家庭大事处理方面,夫妻平等现象普遍,更多的呈现出一种"合作"关系而非"主辅"关系,但同时,"当家人"的男性色彩依然很浓,女性的家庭领导权威则很低。

(二)婚育养老观念

婚育、抚儿、养老是基本的也是重要的家庭功能,对这些家庭功能的不同认知,会对家庭关系和发展产生不同的影响,因此本研究基于婚育养老的6个问题(见表1-80)进行了认知态度调查。调查结果如表1-81、图1-76。

表1-80 关于婚育养老的态度认知6题

关于婚育养老的一些说法	
A1 现在,年轻人对老人越来越不尊重。	A4 在生育观念上,生男生女一样。
A2 老人只要吃好喝好就行,其他就管不了啦。	A5 在抚养孩子方面,"穷养男,富养女"。
A3 小孩子,只要吃好学习好就可以了。	A6 结婚是一辈子的大事,花多少钱都愿意。

表1-81 关于婚育养老的态度认知 (单位:%,户)

	完全认同	基本认同	不认同	不清楚
A1	7.68(280)	31.77(1159)	54.17(1976)	6.38(233)
A2	9.79(357)	34.10(1244)	52.93(1931)	3.18(116)
A3	11.13(406)	38.29(1397)	47.56(1735)	3.02(110)
A4	33.77(1232)	45.09(1645)	17.27(630)	3.87(141)
A5	7.13(260)	29.03(1059)	43.28(1579)	20.55(750)
A6	9.92(362)	28.76(1049)	51.21(1868)	10.11(369)

对于尊老养老问题,有54.17%的农户认为当前并不存在年轻人对老人的不尊重问题,但同时有39.45%的农户则认为年轻人不尊重老年人的问题在一定程度上是存在的。而对于老人在家中事务管理的地位,有超过半数(52.93%)的农户认为,除了让老人吃好喝好,还要让其在家庭中发挥一定的管理作用;仅满足于老人物质生活的农户比例合计43.89%,这从一个侧面反映了老人在家庭事务处理中往往"退居二线"甚至无涉。

针对孩子抚养,在一定程度上把孩子抚育等同于满足其物质和文化需求的农户占比为47.56%,该比例最高,结合完全认同此观点的比例,合计为58.69%;与以上观点相左的农户比例为38.29%,即有一部分农户开始关注下一代的其他需求或是对下一代提出更为全面的培养要求。

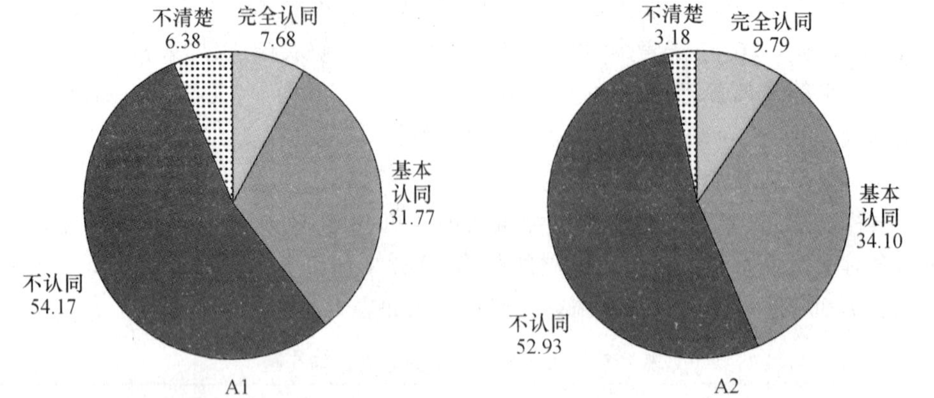

图 1-76 关于婚育养老的态度认知(A1,A2)(单位:%)

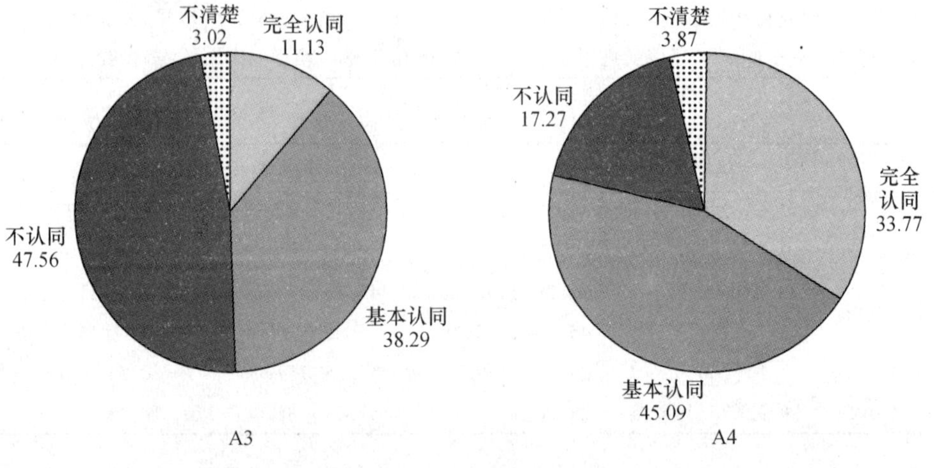

图 1-77 关于婚育养老的态度认知(A3,A4)(单位:%)

在生育观念认知方面,生育上坚持“男女平等”的农户高达 78.86%(其中,完全认同者 33.77%,基本认同者 45.09%),相对于 17.27% 的不认同,可以得出以下结论:“男女平等”的生育观念在当前农村已是主流意识。

关于农户对“穷养男,富养女”观念的认同,数据如图 1-78。

从上文可以反映出,认同此观念的农户比例合计为 36.16%,其中完全认同的比例为 7.13%;不认同此观念的农户比例最高,为 43.28%;结合有 20.55% 的农户对“穷养男,富养女”观念不清楚这一情况,基本可以认为:在当前农村,大多数农户并没有因下一代的性别差异而采取不同的抚养、教育方式。

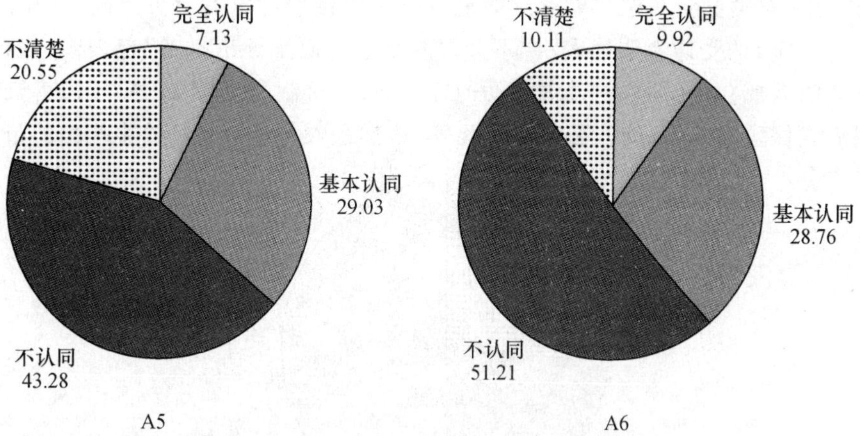

图 1-78 关于婚育养老的态度认知(A5,A6)(单位:%)

无可否认,结婚是人生中的重要大事,特别是在血缘依然发挥重要作用的“熟人社会”,结婚可以说是头等大事,但对于其花销与经济成本,在当前农村人情往来压力增大的情况下,农户恐怕有着不同的态度。

针对结婚花销,有略高于半数的农户(51.21%)不认同“花多少钱都愿意”,基本认同此观点的农户有 28.76%,完全认同此观点的农户比例为 9.92%,二者合计 38.68%,远低于相反观点所占比例。可见,即使对于结婚这样的头等大事,农户还是会体现出其“理性人”的一面。

(三) 反映家庭生活的两个小指标

“阖家欢乐”一直是中国家庭的永恒追求,作为包含“团圆”与“愉悦”两个家庭和谐特征的定语,本调查通过操作化将其转变为两个测量指标(问题),指标一:您会因为照顾老人和孩子而不外出打工吗? 指标二:你们家一起外出旅游过吗? 下面根据调查数据对两个指标情况分别进行描述。

表 1-82 指标一的回答情况 (%,户)

	会	不会	不清楚
指标一	50.44(1840)	23.60(861)	25.96(947)

结合表 1-82、图 1-79,针对问题“您是否会因为照顾老人和孩子而不外出打工”,有超过半数(50.44%)的受访农户回答“会”,相对而言,有 23.60% 的农户明确回答“不会”。也就是说,农民在决策是否外出打工时,会权衡家庭中的养老育子问题,而且在较大程度上因此而放弃外出打工,即使迫于家庭经济压力必须要

外出打工,农民也会考虑在离家近的地方打工以便照应家庭事务。同时,相对较少(23.60%)的受访者明确表示“不会因照顾老幼而不外出打工”也表明,农村家庭功能的低社会化(即农村养老育幼的社会条件、机制、环境不成熟、不完善,比如农村养老保险刚起步,幼儿园寥寥无几等)依然是农村进一步解放生产力的阻碍。

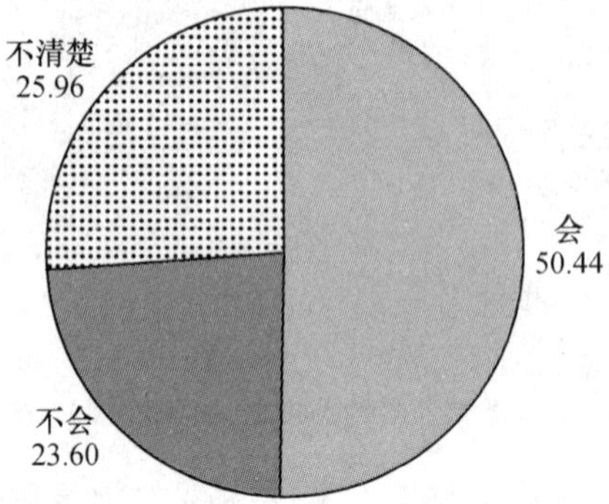

图1-79 指标一的回答情况(%)

对于指标二“你们家是否一起外出旅游过”,调查情况如表1-83、图1-80。从数据中可以看出,少数农户(15.60%)有过全家外出旅游的经历,绝大多数农户(80.40%)没有该经历,有全家出游计划的农户比例则最低(1.26%)。

表1-83 指标二的回答情况 (%,户)

	有过	没有	在计划中	数据缺失
指标二	15.60(569)	80.40(2933)	1.26(46)	2.74(100)

对于没有过全家外出旅游的农户,本调查追问了其原因,共有1783户农户给出了理由,相关数据统计如表1-84。

表1-84 没有全家外出旅游的原因 (%,户)

原因	身体不便	忙,没时间	没想过,不愿意	经济困难,花销大	其他
统计	3.70(66)	34.49(615)	4.82(86)	56.20(1002)	0.79(14)

根据表1-84、图1-81,没有全家外出旅游经历的农户中,比例最高的是受限于经济因素(56.20%),如家中经济困难或是认为外出旅游花销过大;其次是忙于生计的农户,比例为34.49%;没有旅游需求的农户比例为4.82%。

根据马斯洛的“需要层次”理论,高层次需要受限于低层次需要的满足程度,即在低层次需要没有满足的情况下,人们不会去考虑高层次需要;同样根据马克

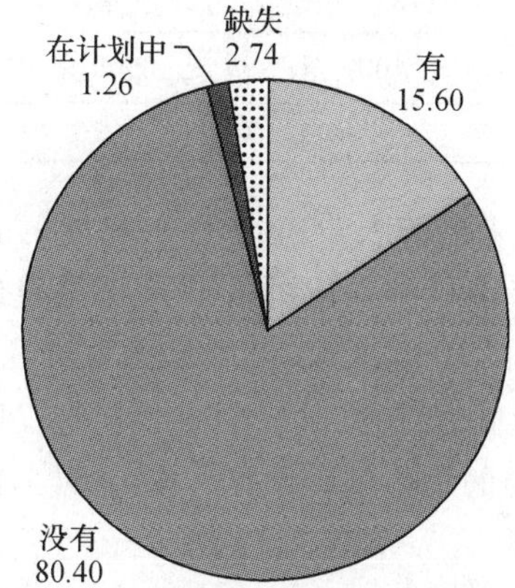

图 1-80　指标二的回答情况(%)

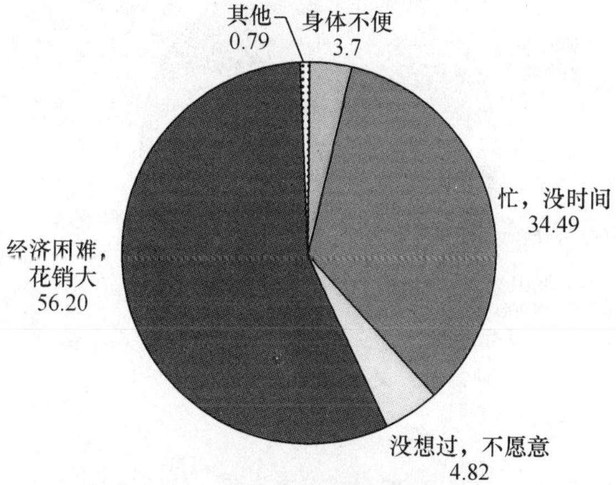

图 1-81　没有全家外出旅游的原因(%,户)

思主义中的"经济基础决定上层建筑",落后的物质条件必然限制高层次文化需求的实现,因此可以得出:薄弱的经济基础、较差的物质条件是当前农户文化需求较低的巨大限制。农户自身限制如身体不便(3.7%)所占的低比例,也可以从侧面辅证以上推断。

表 1-83、图 1-80 显示有 46 户农户(占比 1.26)未来有全家外出旅游的计划,其中有 38 户农户明确表达了未来出游的计划花销,统计数据见表 1-85。

表 1-85 外出旅游计划开销 (%,户)

花销	999 元以下	1000 至 3999 元	4000 至 7999 元	8000 至 12000 元	12001 元及以上
统计	7.89(3)	47.37(18)	18.42(7)	15.79(6)	10.53(4)

首先,38 户,即占所有未出游农户总数的 1.23% 的农户,明确表达未来出游的计划花销,亦说明当前考虑旅游需求的农户比例是很低的,即当前农户的旅游需求不高;第二,计划花销在 1000 元至 3000 元的农户所占比例最高(47.37%),且高于花销在 3000 元以上的所有农户(比例合计 44.74%),在旅游开销方面预期较低则辅证了上文"薄弱的物质基础限制了农户的文化需求"的推断。以上两点在图 1-82 中体现更直观。

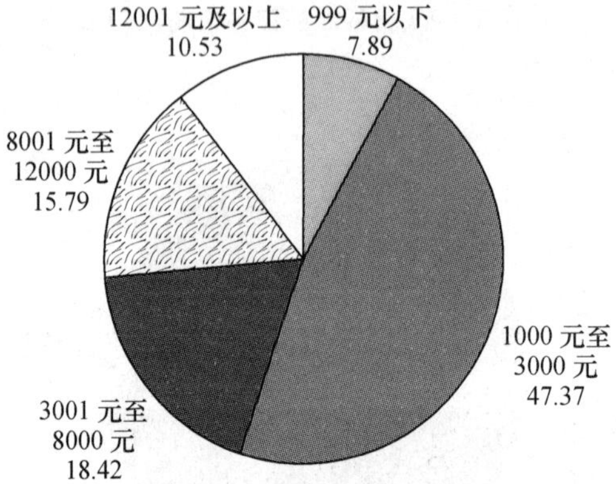

图 1-82 外出旅游计划开销(%)

本章提要

- 从婚姻状况来看,不论是全国还是各个地区,处于已婚状态的农民比例都是最高的。具体来看,全国 90.51% 的农民已婚,4.55% 的农民未婚,3.84% 的农民丧偶,1.01% 的农民离婚。
- 从全国范围来看男性未婚和女性丧偶这两种现象比较突出。男性未婚者(4.92%)和已婚者(91.37%)所占的比重均明显高于女性,女性丧偶(8.81%)和离婚(1.47%)的情况比男性普遍。
- 从年龄来看,30 岁以下农民中已婚者占比 72.73%;30 岁到 39 岁农民处于离婚状态的比例最高,占比 2.42%;60 岁以上农民丧偶的比例最高。总体来看，随着年龄的增长，农民丧偶情况有增多的趋势，尤其是60岁以上的老年人丧偶现象最为明显，这些独身老人的生存状况需引起社会的关注。

• 随着时间的推移，农村离婚夫妻比例有上升的趋势。1970年代结婚的夫妻离婚水平最低，离婚夫妻占比0.27%。从1980年代开始离婚现象越来越多，由0.47%逐渐增长到2000年以后的1.92%，增长了1.45个百分点。从1980年代到1990年代的增速最快，增长了1.1个百分点。可见，随着社会发展，人们思想观念的转变，传统的婚姻观逐渐解体，离婚现象也随之呈现增长趋势。

• 由父母介绍认识结婚的夫妻离婚的最多，占比2.05%；其次是自己认识的，占比1.07%；朋友介绍和媒人介绍认识的离婚者占比分别为0.67%和0.53%。由此可见，媒人介绍这种传统的缔结婚姻模式相对于其他方式而言，成功率和稳定性都较高。

• 农民平均初婚年龄为23.15岁，其中男性24.11岁，女性22.18岁。从纵向来看，初婚年龄呈现逐年增长的趋势，从1970年代以前的21.24岁逐渐增长到2000年以后的23.42岁。其中，女性初婚年龄递增趋势更为明显。1970年代以前，女性初婚年龄为20.3岁，到了2000年以后增加到23.82岁。

• 从婚姻年龄匹配来看，"男比女大"的情况是主流，占比67.4%。南北具有一定的差异性，相对于北方来说，南方地区男比女大的情况更为普遍，占比70.94%，比北方多出7.56个百分点；而北方女比男大的情况则多出南方5.05个百分点，为17.51%。

• 从学历匹配来看，男性和女性教育程度相当的情况是最常见的，占比近五成，为48.61%。男性教育程度高的比例高于女性，超出23.13个百分点。从南北不同地区来看，存在较为明显的差异。在北方地区，男性比女性学历高的比例比南方高29.89个百分点，而在南方地区，女性学历高的比重更大，比北方高10.62个百分点。总体上，北方地区男性学历高的情况更多，南方地区学历相当的情况较多。

• "县"是农民婚姻半径的分界点。89.55%的农民选择与本县人（包括本县人、本乡人和本村人）结婚，仅有10.45%的人愿意与本市、本省或是外省人结婚。从初婚年代来看，2000年是农民婚姻半径变化的"拐点"。2000年以前，农民与本村人结婚的比重一直维持在百分之三十多。到了2000年以后，婚姻半径一下从村庄中扩散开来，由之前的32.79%骤降到19.49%，与本村以外的人缔结婚姻的情况逐渐增多，特别是与本县、本市、本省及外省结婚的比重增幅较大。

• 从认识方式来看，经媒人介绍认识的比重最高，占61.79%，其次是"自己认识”,占比18.32%。随着时间的推移,自己认识的方式正在逐渐增多,从1970年代以前的11.98%上升到2000以后的30.35%。媒人介绍的方式在逐年递减,从1970年代以前的66.99%下降到2000年以后的46.65%。

• 在夫妻婚姻满意度上,83.04%的农民表示满意,仅有3.73%的农民表示不太满意或是很不满意。婚姻不满意的主要原因是经济收入低,其次是夫妻感情不和。问及农民对当前社会各种婚姻现象的态度时发现,农民对再婚的接受度最高(39.34%),对婚外情最不能接受(79.56%)。

• 通过对婚姻大事决定权的研究发现,32.03%的农户其婚姻都是由本人做主但须征求父母同意,占比最大;其次是父母做主但须征求本人同意的婚姻决定方式,占比25.04%。可见,由父母和子女共同协商是农民最终做出决定的普遍选择。除此之外,完全由本人做主和完全由父母做主的比重相对较低,分别占21.86%和20.87%。

• 从全国来看,农民平均初育年龄是23.31岁。具体来看,东中西各地区的平均初婚年龄分别为23.91岁、23.24岁和22.78岁,东部平均初育年龄高于全国平均水平,而西部初育年龄则低于全国平均水平。分性别来看,男性的平均初婚年龄是25.44岁,而全国女性的平均初婚年龄则为23.52岁,两者相差1.92岁,男性初婚年龄相对较大。

• 代际农户生育期望差异不大。主要表现在两个方面:一是在生育数量上,无论中青年(69.98%)还是老年人(73.97%)希望生育2个孩子的意愿都是最高的。在性别偏好上,中青年和老年人的生育男孩期望比例分别为51.87%和51.73%,均表现出对生育男孩的轻微偏好。若能再生育一个子女,大多数农户(81.65%)认为“生男生女一个样”,但一定程度上存在“重男轻女”的情况,希望是男孩的比例(14.89%)高出希望是女孩的比例(2.57%)12.32个百分点。

• 2012年全国农户家庭规模平均为每户4.27人。分地区比较,东北地区农户家庭平均规模最小,为3.45人;华南地区则最大,为5.08人;最接近全国平均水平的是西北地区,其农户家庭平均规模为4.26人。家庭规模为4人的情况最多(占比25.52%),其次分别是5人和3人的规模,分别占比21.35%和17.36%,即家庭规模介于3人至5人之间的农户占到了全国的64.20%。

• 全国农村人口负担系数为48.70%,已逼近“人口机会窗口”值50%。除了最低的华南地区(38.57%)和次低的东北地区(41.54%),其余五个地区都接近甚至超过“机会窗口”值,特别是西北地区,其农户人口负担系数高达57.79%。

• 农村空巢家庭逐年增多。2010年空巢家庭在所有家庭类型中占比

10.08%，到了2011年比重增加至10.6%，2012年空巢家庭数量继续增加，占比12.97%。北方地区空巢家庭比例（16.13%）远高于南方（10.17%）。若从东、中、西三大地区来看，自东向西，空巢家庭所占比例递增，其中东部地区与西部地区的空巢家庭占比极差达到8.22%。这与中东部地区农民工输出多有关。

- 从家庭大事、家务劳动和钱财掌管三个方面衡量家庭事务决定权的归属。研究可知，家庭大事主要由丈夫掌管，家务劳动主要由妻子负责，钱财主要由夫妻双方共同掌管。

第二章　农民组织*

农民组织是农村社会的重要生产、生活和交往单元，是观察农民社会文化状况的窗口，要认识中国农村社会，必须将农民组织纳入进来。本章从历年农民组织的发展状况出发，挖掘农民组织的纵向发展。同时，从村庄视角看农民组织的数量、类型和运行状况，从农户的视角看农民对农民组织的认知、参与、效用和期待，全方位展现中国农民组织现状。

第一节　组织数量

农民组织大致包括经济组织、民间组织、政治组织、文化组织等。本节以村庄为农民组织数量的分析单位，围绕农村中农民组织数量来描述，包括村庄农民组织整体数量水平，以及不同地区、地形、农业类型、聚居方式、收入差异的村庄农民组织数量与占比情况。

一、数量水平

如表2-1、图2-1所示，从2009年开始，每个村庄的农民组织逐年增加。截至2011年，每个村庄平均有3.56个农民组织，与2010年、2009年相比分别增加0.45个和0.78个。全国50%的村庄有2个及以上的农民组织。从不同地区来看，截至2011年，西部地区每个村庄的农民组织最多，为4.49个，比东部、中部地区分别高出0.89个和1.62个。东、中地区均有50%的村庄农民组织均值在2个及以上，而西部地区有50%的村庄农民组织在3个及以上。

---

* 本章撰写人：任路、李敏、陶珍、李晓群、晁岱宁。

表 2-1　各地村庄中农民组织数量　（单位：个，户）

地区	2008 年		2009 年		2010 年		2011 年	
	均值	中位值	均值	中位值	均值	中位值	均值	中位值
全国	3.25	2	2.78	2	3.11	2	3.56	2
东部	3.05	3	2.64	2	2.85	2	3.60	2
中部	2.74	2	2.73	2	2.19	2	2.87	2
西部	4.28	2	3.03	2	3.24	2	4.49	3
样本数	197		234		260		255	

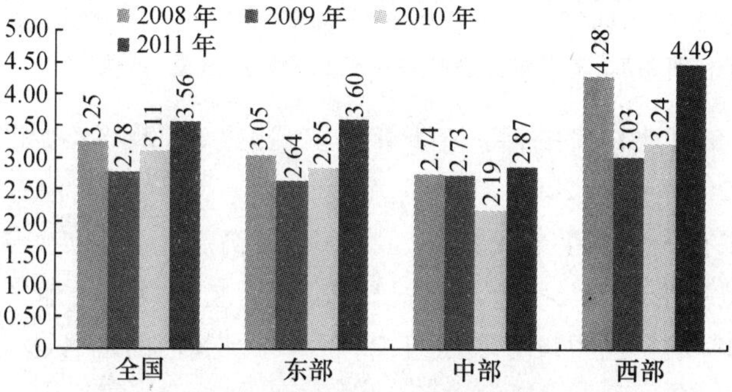

图 2-1　各地村庄中农民组织数（单位：个）

2008 年至 2011 年，村庄中农民组织总数每年存在着不同的变化。2011 年，5.88% 的村庄中没有农民组织，比 2010 年低；2008 年至 2010 年，依次为 2.03%、4.71%、6.92%。有三分之一左右的村庄中仅有 1 个农民组织，而这一比重在 2011 年最低，为 26.67%。到 2011 年，23.41% 的村庄中有 4 个以上的农民组织，相比 2010 年高出 4.68 个百分点，比 2009 年高出 7.33 个百分点。（见表 2-2、图 2-2）

表 2-2　不同年份村庄中农民组织数量　（单位：个，%）

年份	0 个	1 个	2 个	3 个	4 个	4 个以上	合计
2008 年	2.03	32.48	21.32	13.20	11.17	19.80	100(197)
2009 年	4.71	35.04	18.80	14.53	11.11	15.81	100(234)
2010 年	6.92	30	19.62	17.31	7.69	18.46	100(260)
2011 年	5.88	26.67	21.57	13.33	9.41	23.14	100(255)

二、数量分布

从村庄类型来看，在平原地区村庄中，2011 年，有 35.16% 的村庄有 3 个以上

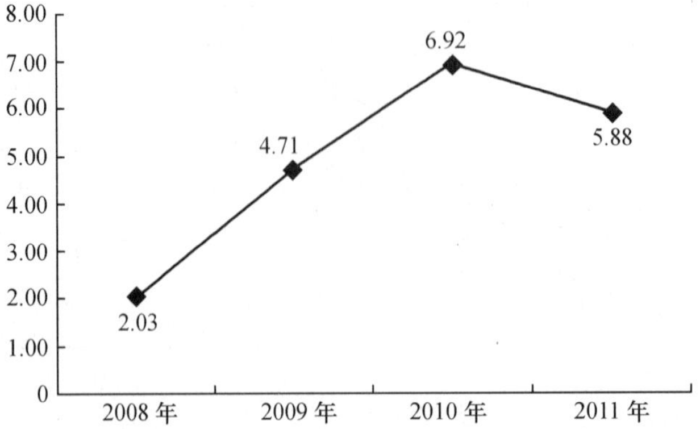

图2-2 不同年份没有农民组织的村庄比重(单位:%)

的农民组织。在山地村庄中,到2011年,这一比重为32.14%,相比2010年高8个百分点;比2009年和2008年高5个百分点。高原及其他地区,2011年有30.10%的村庄有3个以上农民组织,比2010年高7个百分点。从2011年的数据中可见,目前平原地区农民组织情况比较多,而高原及其他地区相对较少。平原地区有3.30%的村庄中没有农民组织,而高原及其他的地区达到7.77%。(见表2-3、图2-3)

表2-3 不同地形村庄农民组织数量 (单位:个,%)

年份	地形	0个	1个	2个	3个	4个	4个以上	合计
2008年	平原	0	30.99	25.35	7.04	12.68	23.94	100(71)
	山地	0	35	17.50	20	12.50	15	100(40)
	高原及其他	4.82	31.33	20.48	15.66	9.64	18.07	100(83)
2009年	平原	3.53	35.29	17.65	16.47	9.41	17.65	100(85)
	山地	5.26	38.60	21.05	7.02	12.28	15.79	100(57)
	高原及其他	5.75	32.18	18.39	17.24	11.49	14.95	100(87)
2010年	平原	3.85	21.79	24.36	16.67	8.97	24.36	100(78)
	山地	8.64	34.57	16.05	17.28	8.64	14.82	100(81)
	高原及其他	8.33	33.33	17.71	17.71	6.25	16.67	100(96)
2011年	平原	3.30	26.37	24.18	10.99	12.09	23.07	100(91)
	山地	7.14	26.79	21.43	12.50	8.93	23.21	100(56)
	高原及其他	7.77	27.18	20.39	14.56	7.77	22.33	100(103)

从农业生产类型来看,在林业区,农民组织发展越来越好,2011年每个村庄

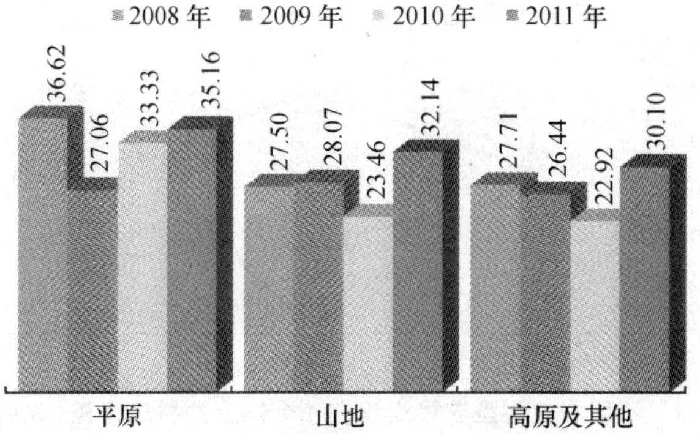

图 2-3　不同地形村庄组织数量在 3 个以上的村庄比重(单位:%)

中都有农民组织,相比 2010 年和 2009 年,约高出 9 个百分点和 10 个百分点。在牧区,2011 年,有 6.25% 的村庄没有农民组织,比 2010 年低 8 个百分点。农业区中,2011 年有 6.60% 的村庄没有农民组织,较 2010 年和 2009 年略上升。渔业区村庄在 2009 年有 66.67% 的村庄不少于 3 个,在 2011 年和 2010 年所有渔村的农民组织都不少于 3 个。(见表 2-4、图 2-4)

表 2-4　不同农业类型村庄农民组织总数量　(单位:个,%)

年份	农业类型	0 个	1 个	2 个	3 个	4 个	4 个以上	合计
2009 年	林区	10	10	30	0	20	30	100(10)
	牧区	0	33.33	0	66.67	0	0	100(3)
	农业区	4.52	37.19	17.09	14.07	11.06	16.07	100(199)
	渔区	0	0	33.33	0	33.33	33.34	100(3)
2010 年	林区	9.09	40.91	4.55	18.18	9.09	18.18	100(22)
	牧区	14.29	28.57	57.14	0	0	0	100(7)
	农业区	6.25	29.81	20.67	16.83	7.69	18.75	100(208)
	渔区	0	0	0	50	0	50	100(2)
2011 年	林区	0	26.32	36.84	15.79	5.26	15.79	100(19)
	牧区	25	25	0	0	0	50	100(4)
	农业区	6.60	26.89	20.75	12.26	10.38	23.12	100(212)
	渔区	0	0	0	33.33	33.33	33.34	100(3)

不同民族聚居方式对村庄农民组织的发展也存在一定的影响。在 2011 年,单一民族村庄中,有 6.12% 的村庄没有农民组织,比 2010 年略微降低,21.94% 的村庄有 4 个以上农民组织,相比 2010 年高出 19.05%,而相比 2009 年则高出

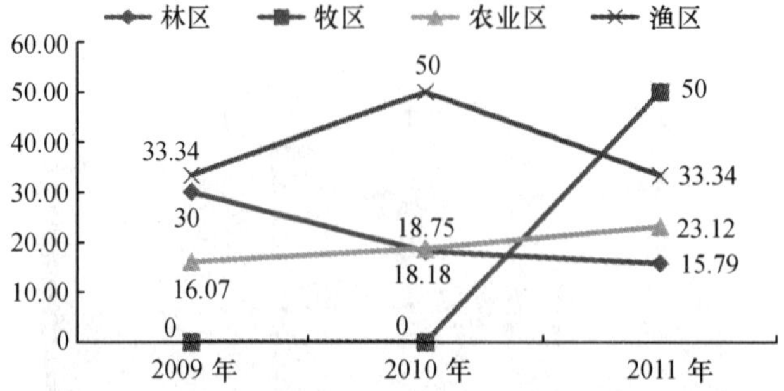

图 2-4 不同农业类型农民组织在 4 个以上的村庄比重(单位:%)

33. 13%。而在多民族村庄中,2011 年有 6. 67% 的村庄没有农民组织,相比 2010 年和 2009 年比重降低;但是有 26. 66% 的村庄有 4 个以上农民组织,比 2010 年和 2009 年大约高出 3 个百分点和 11 个百分点。可见多民族村庄比单一民族村的农民组织发展好。(见表 2-5、图 2-5)

表 2-5 不同聚居方式的村庄农民组织总数量 (单位:个,%)

年份	民族聚居方式	0 个	1 个	2 个	3 个	4 个	4 个以上	合计
2008 年	单一民族	2. 26	33. 33	20. 90	12. 99	10. 73	19. 79	100(177)
	多民族	0	26. 32	26. 32	10. 53	15. 79	21. 04	100(19)
2009 年	单一民族	3. 41	38. 07	17. 61	14. 20	10. 23	16. 48	100(176)
	多民族	7. 55	22. 64	22. 64	16. 98	15. 09	15. 10	100(53)
2010 年	单一民族	6. 28	29. 84	18. 32	18. 32	8. 90	18. 34	100(191)
	多民族	10. 91	27. 27	21. 82	12. 73	3. 64	23. 63	100(55)
2011 年	单一民族	6. 12	28. 57	21. 43	13. 27	8. 67	21. 94	100(196)
	多民族	6. 67	20	20	15. 56	11. 11	26. 66	100(45)

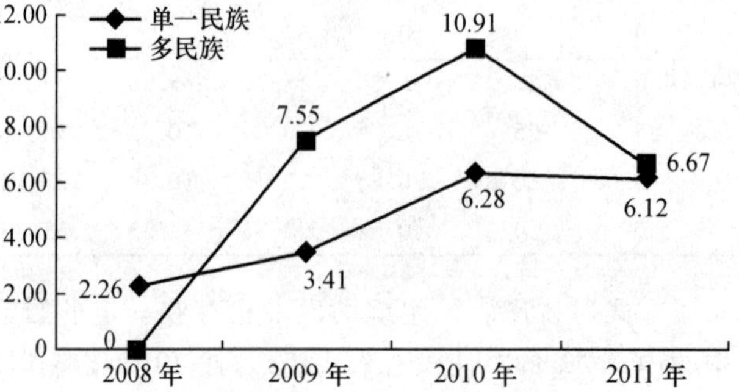

图 2-5 不同聚居方式村庄没有农民组织的比重(单位:%)

如表 2-6、图 2-6 所示，随着村庄经济状况变好，农民组织在村庄中的发展越来越好。从低收入到高收入的村庄，没有农民组织的村庄比重依次为 11.63%、6.97%、4.79%、4.88%、2.33%。同样的，37.21% 的低收入村庄中仅有 1 个农民组织，在高收入村庄中这一比重为 16.28%。同时随着村庄收入的增高，有 4 个以上农民组织的村庄越来越多。39.53% 的高收入村庄有 4 个以上农民组织，比低收入村庄约高 19 个百分点。

表 2-6 2011 年不同经济状况的村庄农民组织数量 （单位：个，%）

村庄收入	0 个	1 个	2 个	3 个	4 个	4 个以上	合计
低收入组	11.63	37.21	18.60	9.30	2.33	20.93	100(43)
中低收入组	6.98	23.26	25.58	11.63	9.30	23.25	100(43)
中等收入组	4.76	21.43	21.43	23.81	7.14	21.43	100(42)
中高收入组	4.88	17.07	19.51	9.76	17.07	31.71	100(41)
高收入组	2.33	16.28	25.58	4.65	11.63	39.53	100(43)

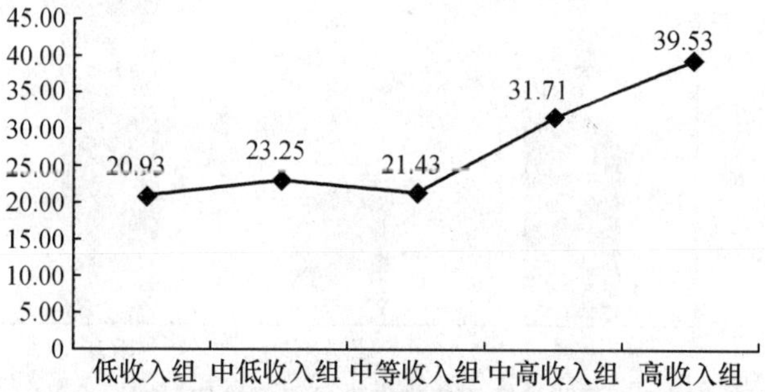

图 2-6 2011 年不同经济状况村庄农民组织在 4 个以上的比重（单位：%）

第二节 组织类型

伴随农业的商品化、社会化和现代化，农民组织发展迅速，农民组织的类型也越来越多样。为了更好地了解当前我国农村各类农民组织的发展状况，本节主要以组织的现代性程度为划分标准，从传统型农民组织和现代型农民组织两个角度，传统农民组织以宗族与宗教组织为测量指标，现代组织则以经济合作社、文化协会等组织为主要指标，分析农民组织的类型差异。

一、传统农民组织

(一)传统农民组织数量

如表2-7、图2-7所示,从地区分布来看,以村庄为单位,2011年全国传统农民组织的均值为0.81个,全国近一半的村庄没有传统农民组织。其中,南方传统农民组织数量的均值为0.83个,比北方传统农民组织稍多。

表2-7 不同地区村庄传统农民组织均值 (单位:个,%)

地区分组	传统农民组织		
	均值	中位数	样本
全国	0.81	0	189
北方	0.80	0	90
南方	0.83	0	99

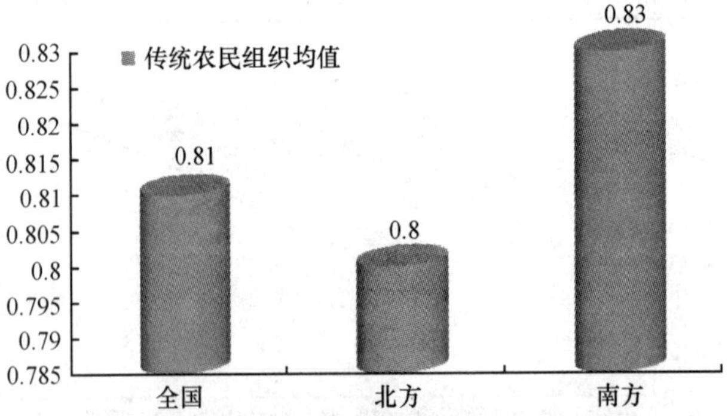

图2-7 不同地区村庄传统农民组织均值(单位:个)

西部地区村庄传统农民组织均值最大,为1.27个,且50%的村庄村均拥有1个传统农民组织。中部地区村庄传统农民组织最少,比西部地区均值少0.69,中部地区村庄传统农民组织数为0.58个。东部地区位居第二位,均值为0.66个。(见表2-8、图2-8)

表2-8 不同地区村庄传统农民组织均值 (单位:个)

地区分组	传统农民组织		
	均值	中位数	样本
东部	0.66	0	58
中部	0.58	0	71
西部	1.27	1.00	59

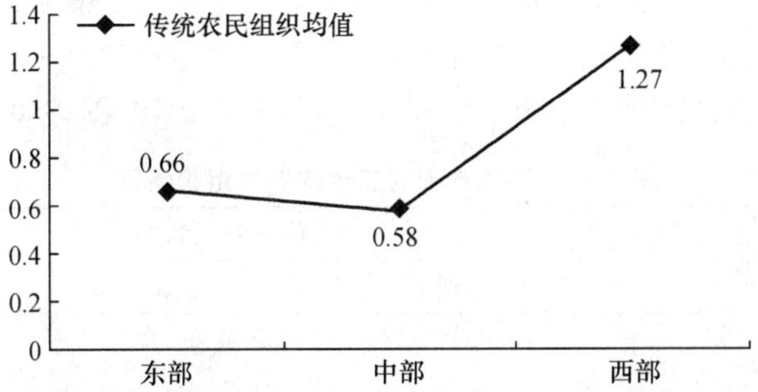

图 2-8　不同地区村庄传统农民组织均值(单位:个)

如表 2-9、图 2-9 所示,从村庄收入来看,2011 年传统农民组织的数量由中等收入村庄分别向中高、中低收入村庄递减,20% 中等收入村庄传统农民组织数量最多,均值为 1.18 个,50% 的村庄均拥有 0.5 个传统农民组织。其中,较高收入的村庄传统农民组织均值数稍高于较低收入村庄,中高收入、高收入村庄传统农民组织的均值分别为 0.74 个、0.8 个,高于低收入和中低收入村庄。

表 2-9　不同收入村庄传统农民组织均值　　(单位:个)

收入分组	传统农民组织		
	均值	中位数	样本
低收入组	0.66	0	32
中低收入组	0.70	0	33
中等收入组	1.18	0.50	34
中高收入组	0.74	0	35
高收入组	0.80	0	35

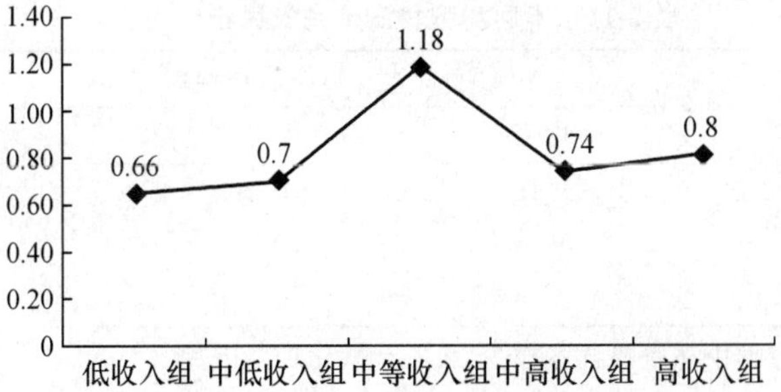

图 2-9　不同收入传统农民组织总数均值(单位:个)

从地形来看,高原及其他地形区村庄传统农民组织均值最大,为 0.99 个。平原地区位列第二,传统农民组织均值为 0.70 个,较之于高原地形区少 0.29,山地地形区村均传统农民组织数最少,为 0.59 个。(见表 2-10、图 2-10)

表 2-10 不同地形村庄传统农民组织均值 (单位:个,%)

地形分组	传统农民组织总量		
	均值	中位数	样本
平原	0.70	0	71
山地	0.59	0	37
高原及其他	0.99	0	77

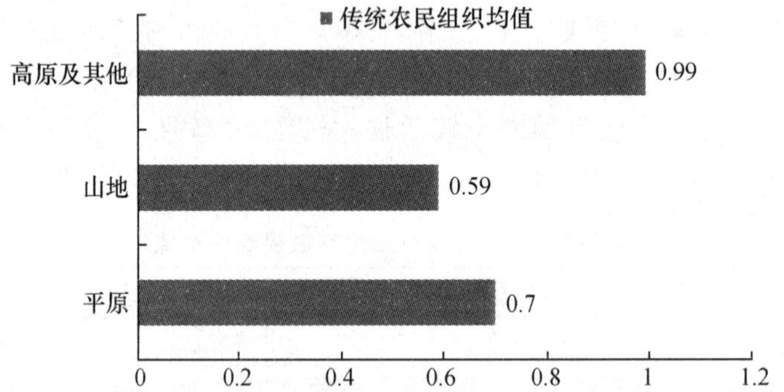

图 2-10 不同地形区村庄传统农民组织总数均值(单位:个)

如表 2-11、图 2-11 所示,从城郊村和农村分析,城郊村传统农民组织数高于农村,农村传统农民组织均值数为 0.74 个,比城郊村少了 0.44,城郊村传统农民组织数为 1.18 个,全国一半的城郊村拥有 0.5 个传统农民组织。

表 2-11 不同类型村庄传统农民组织均值 (单位:个,%)

村庄类型	传统农民组织总量		
	均值	中位数	样本
城郊村	1.18	0.50	34
城中村	0	0	1
农村	0.74	0	152

注:由于调查数据中城中村样本极少,故不计入比较范围。

从民族聚居方式来看,单一民族聚居地区村庄传统农民组织均值数高于多民族聚居区,单一民族聚居区传统农民组织均值为 0.83 个,高出多民族聚集区

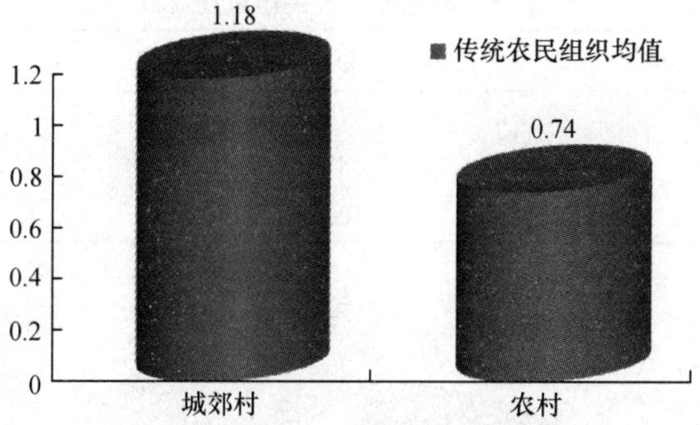

图 2-11　不同类型村庄传统农民组织总数均值(单位:个)

0. 13。(见表 2-12、图 2-12)

表 2-12　不同民族聚居村庄类型传统农民组织均值　　(单位:个,%)

民族聚居方式	传统农民组织总量		
	均值	中位数	样本
单一民族	0. 83	0	146
多民族	0. 70	0	33

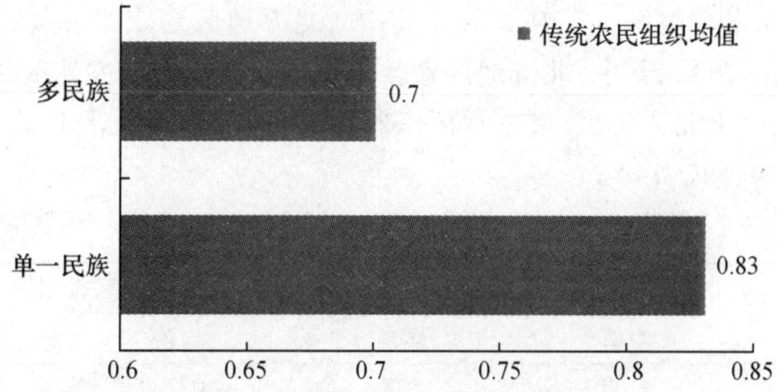

图 2-12　不同民族聚居村庄传统农民组织均值(单位:个)

(二) 传统农民组织构成

如表 2-13、图 2-13 所示,从村庄传统农民组织的构成分析,农村宗教组织是最主要的类型,比重达八成多,宗族组织比重较小,不到二成,二者之间相差 60. 5 个百分点。

表 2-13　村庄传统农民组织构成表　（单位:个,%）

传统农民组织类型	占比	样本
宗族组织	18.75	18
宗教组织	81.25	78
合计	100	96

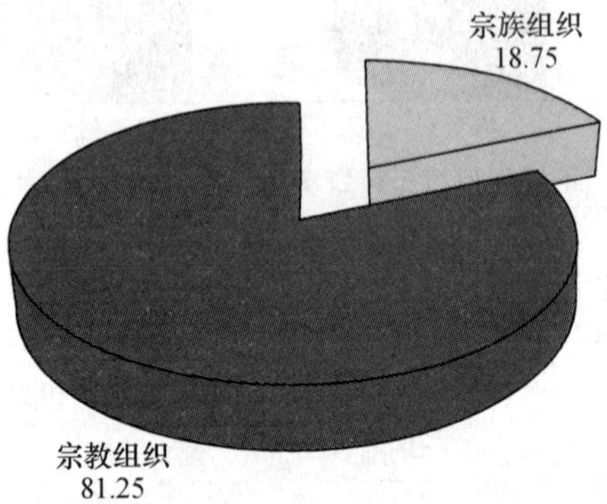

图 2-13　村庄传统农民组织构成(单位:%)

就全国而言,宗教组织均值数大于宗族组织,全国村均宗教组织数为 0.73 个,宗族组织比宗教组织少了 0.65 个。南方、北方地区与全国一样,都是宗教组织数多于宗族组织数,其中,北方地区宗教组织均值稍高于南方地区,南方地区宗族组织均值数大于北方地区,南方地区宗族组织均值为 0.10 个,比北方高出 0.05 个。(见表 2-14、图 2-14)

表 2-14　不同地区村庄各类传统农民组织均值　（单位:个）

地区	宗族组织		宗教组织	
	均值	样本	均值	样本
全国	0.08	235	0.73	193
北方	0.05	106	0.74	90
南方	0.10	129	0.72	103

从东中西部地区传统农民组织均值来看,东部地区宗族组织最为发达,均值最大,为 0.11 个,比中部地区村均多 0.03,较之于西部地区则高出 0.07,西部地区宗族组织均值量最少。西部地区宗教组织均值数最大,达 1.18 个,其次为东、中部地区,东中部地区宗教组织均值相差不大,东、中部地区宗教组织数分别为 0.55 个、0.51 个。(见表 2-15、图 2-15)

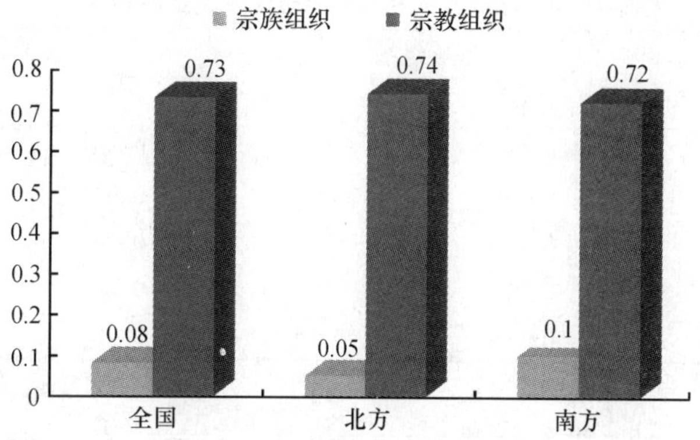

图 2-14 不同地区村庄各类传统农民组织均值(单位:个)

表 2-15 不同地区村庄各类传统农民组织均值 （单位:个）

地区	宗族组织		宗教组织	
	均值	样本	均值	样本
东部	0.11	76	0.55	58
中部	0.08	73	0.51	73
西部	0.04	61	1.18	61

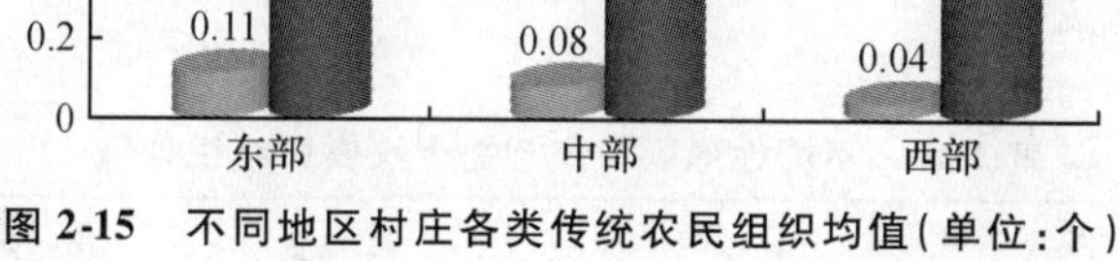

图 2-15 不同地区村庄各类传统农民组织均值(单位:个)

如表 2-16、图 2-16 所示,宗族组织、宗教组织均值由中等收入村庄分别向较高、较低收入村庄递减。从宗族组织来看,中等收入村庄宗族组织均值数量最大,为 0.18 个,高收入村庄没有宗族组织,中高收入村庄宗族组织均值为 0.07 个,二者宗族组织均值均小于低收入、中低收入村庄。相反,中高收入、高收入村庄宗教组织均值均大于低收入、中低收入村庄,高收入、中高收入村庄宗教组织数分别为 0.66 个、0.78 个。

表2-16 不同收入村庄各类传统农民组织均值 (单位:个)

收入分组	宗族组织		宗教组织	
	均值	样本	均值	样本
低收入组	0.08	38	0.56	32
中低收入组	0.08	40	0.62	34
中等收入组	0.18	40	0.94	35
中高收入组	0.07	41	0.66	35
高收入组	0	40	0.78	36

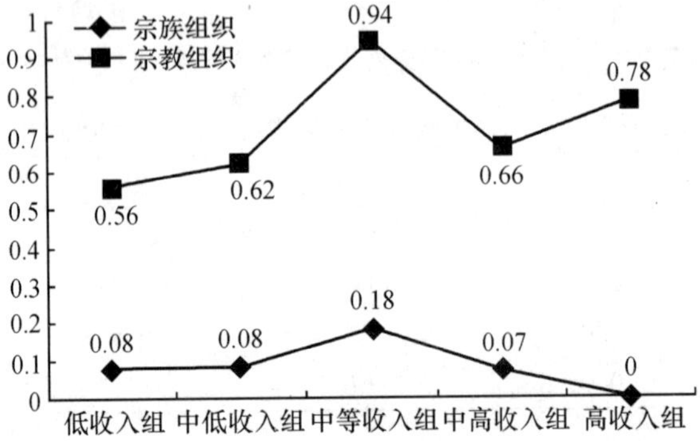

图2-16 不同收入村庄各类传统农民组织均值(单位:个)

从不同地形区的传统农民组织数量来看,高原及其他地形区村庄宗教组织、宗族均为最多,高原及其他地形区村庄宗族组织、宗教组织均值数分别为0.12个、0.87个。山地地形区村庄宗族、宗教组织数都最少,其宗族组织、宗教组织均值数分别为0.02个、0.55个。平原地区村庄宗教、宗族组织数量都位居第二位。(见表2-17、图2-17)

表2-17 不同地形区村庄各类传统农民组织均值 (单位:个)

地形分组	宗族组织		宗教组织	
	均值	样本	均值	样本
平原	0.05	72	0.67	72
山地	0.02	49	0.55	40
高原及其他	0.12	94	0.87	77

如表2-18、图2-18所示,从城郊村和农村等不同类型村庄传统农民组织数量分析,城郊村宗族组织、宗教组织均值数均高于农村,城郊村宗族组织、宗教组织

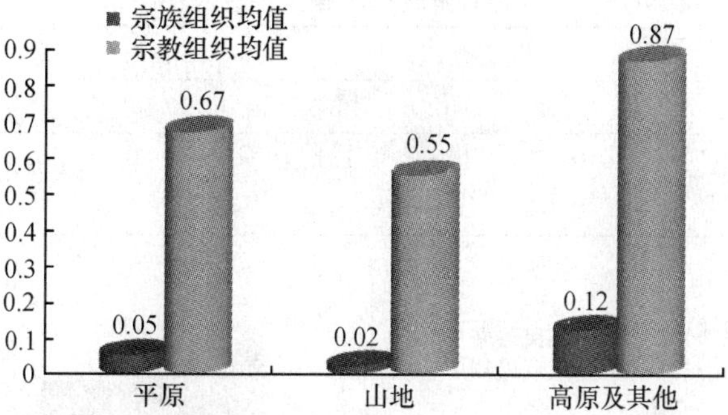

图 2-17　不同地形区村庄各类传统农民组织均值(单位:个)

均值分别为0.11个、1.06个,较之于农村来说,农村宗族、宗教组织数量比城郊村分别少了0.04和0.40。

表 2-18　不同类型村庄各类传统农民组织均值　（单位:个）

村庄类型	宗族组织		宗教组织	
	均值	样本	均值	样本
城郊村	0.11	38	1.06	34
城中村	0	2	0	1
农村	0.07	193	0.66	159

注:由于调查数据中城中村样本极少,故不计入比较范围。

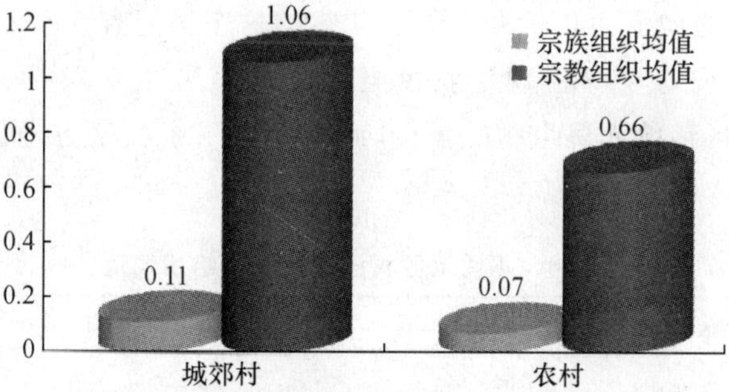

图 2-18　不同类型村庄各类传统农民组织均值(单位:个)

从不同民族聚居村庄的传统农民组织数量来看,单一民族聚居的村庄宗教组织、宗族组织均值数都多于多民族聚居村庄,单一民族聚居村庄村均宗族组织、宗教组织数分别为0.07个、0.76个,比多民族聚居村庄分别高出0.02和0.14。(见表2-19、图2-19)

表 2-19　不同民族聚居村庄各类传统农民组织均值　(单位:个)

民族聚居	宗族组织		宗教组织	
	均值	样本	均值	样本
单一民族聚居	0.07	181	0.76	149
多民族聚居	0.05	41	0.62	34

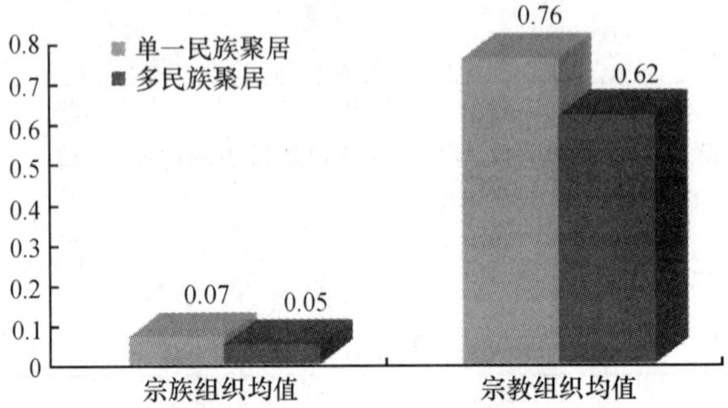

图 2-19　不同民族聚居村庄各类传统农民组织均值(单位:个)

二、现代农民组织

(一) 现代农民组织数量

如表 2-20、图 2-20 所示,从现代农民组织的地区分布来看,以村庄为单位,全国现代农民组织的均值为 0.95 个,全国 50% 的村庄均拥有 0.5 个现代农民组织。其中南方地区平均每个村庄现代农民组织数量多出北方 0.11 个,且高出全国 0.05 个,南方地区传统农民组织数量的均值为 1 个,半数南方地区村庄都拥有 1 个现代农民组织。

表 2-20　不同地区村庄现代农民组织均值　(单位:个,%)

地区分组	现代农民组织总量		
	均值	中位数	样本
全国	0.95	0.50	260
北方	0.89	0	116
南方	1.00	1.00	144

东部地区现代农民组织数量最多,均值最大,为 1.31 个,且东部地区近半数村庄都有 1 个现代农民组织。中部地区现代农民组织最少,比西部地区均值量少

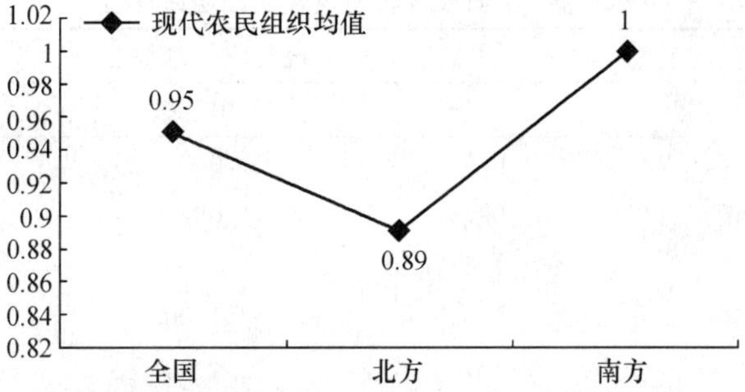

图 2-20　不同地区现代农民组织均值(单位:个)

了 0.05 个,西部地区位居第二位,均值为 0.82 个。(见表 2-21、图 2-21)

表 2-21　不同地区村庄现代农民组织总数均值　　(单位:个,%)

地区分组	现代农民组织总量		
	均值	中位数	样本
东部	1.31	1.00	81
中部	0.77	0	100
西部	0.82	0	78

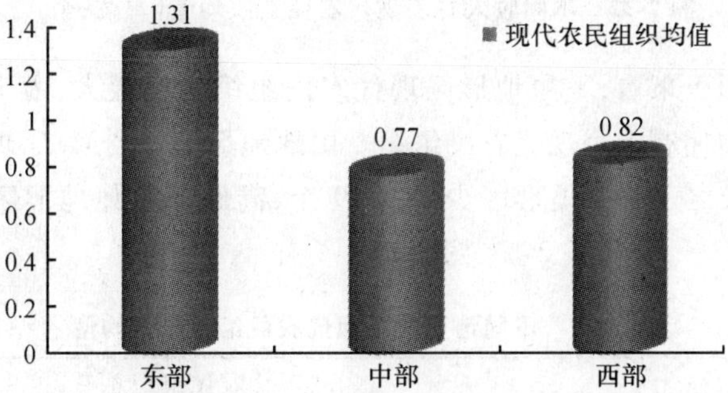

图 2-21　不同地区村庄现代农民组织均值(单位:个)

如表 2-22、图 2-22 所示,随着村庄收入的增长,村均拥有现代农民组织的数量不断增加。低收入、中低收入、中等收入、中高收入、高收入村庄现代农民组织的数量分别为 0.51 个、0.73 个、1.07 个、1.02 个、1.74 个,高收入村庄村均现代农民组织数最多。

表 2-22　不同收入村庄现代农民组织均值　（单位:个）

收入分组	现代农民组织总量		
	均值	中位数	样本
低收入组	0.51	0	43
中低收入组	0.73	0	44
中等收入组	1.07	1.00	42
中高收入组	1.02	1.00	43
高收入组	1.74	1.00	43

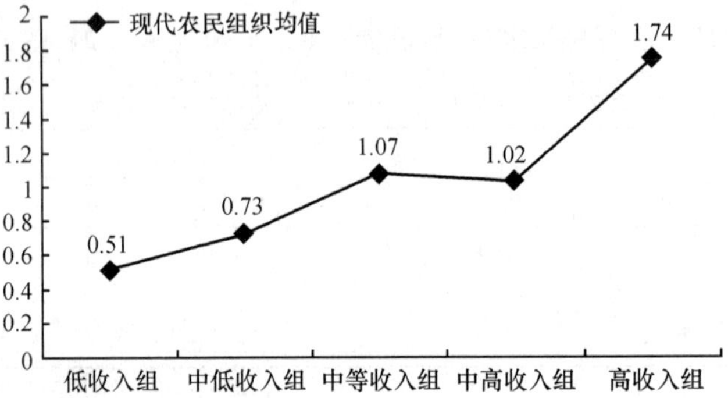

图 2-22　不同收入村庄现代农民组织均值(单位:个)

从不同地形区来看,平原地形区现代农民组织均值最大,为 1.08 个,平原地区一半村庄村均拥有 1 个现代农民组织。山地地形区位列第二,现代农民组织均值为 0.89 个,较之于平原地形区少了 0.19 个,高原及其他地形区现代农民组织数最少,为 0.83 个。(见表 2-23、图 2-23)

表 2-23　不同地形村庄现代农民组织总数均值　（单位:个）

地区分组	现代农民组织总量		
	均值	中位数	样本
平原	1.08	1.00	92
山地	0.89	1.00	56
高原及其他	0.83	0	106

如表 2-24、图 2-24 所示,从城郊村和农村分析,城郊村现代农民组织均值数高于农村,农村现代农民组织均值数为 0.88 个,比城郊村少了 0.5 个,城郊村传统农民组织数达 1.38 个,并且 50% 的城郊村村均拥有 1 个现代农民组织。

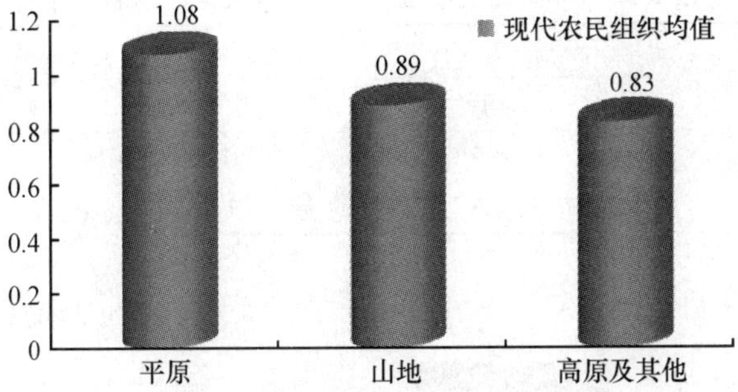

图 2-23　不同地形村庄现代农民组织均值(单位:个)

表 2-24　不同类型村庄传统和现代农民组织总数均值　　（单位:个,%）

村庄类型	现代农民组织总量		
	均值	中位数	样本
城郊村	1.38	1.00	40
城中村	0	0	3
农村	0.88	0	215

注:由于调查数据中城中村样本极少,故不计入比较范围。

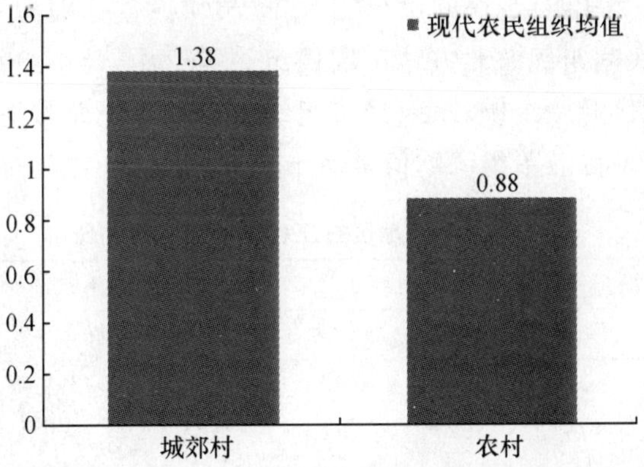

图 2-24　不同类型村庄现代农民组织均值(单位:个)

从不同民族聚居方式来看,单一民族聚居地区现代农民组织均值数高于多民族聚居区,单一民族聚居区传统农民组织均值为 0.99 个,高出多民族聚集区 0.16 个。但值得注意的是,多民族地区半数村庄村均拥有 1 个现代农民组织。(见表 2-25、图 2-25)

表 2-25 不同民族聚居村庄现代农民组织总数均值 (单位:个,%)

不同民族聚居	现代农民组织总量		
	均值	中位数	样本
单一民族	0.99	0	199
多民族	0.83	1.00	47

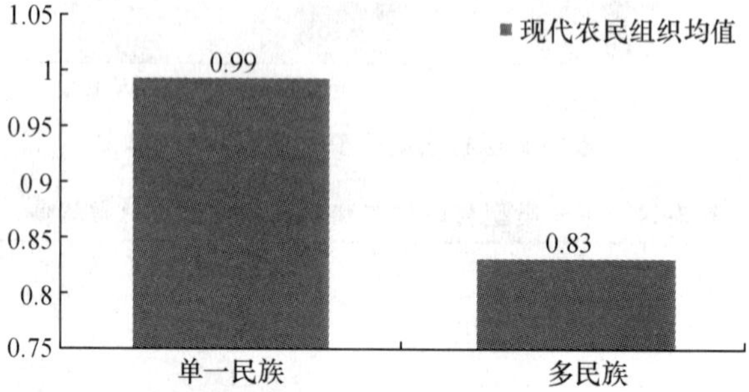

图 2-25 不同民族聚居村庄现代农民组织均值(单位:个)

(二) 现代农民组织构成

如表 2-26、图 2-26 所示,从全国各类农民组织的数量来看,经济组织和政治组织均值数较大,文化组织、民间组织相对较少,均值数分别为 1.24 个、1.18 个,文化组织稍高于民间组织。北方地区农民组织类型中,经济组织数量最多,政治组织最少,南方地区政治组织较多,经济组织较少。其中北方地区经济组织均值量高于南方,南方地区政治组织均值量高于北方地区。

表 2-26 不同地区村庄各类农民组织均值 (单位:个)

地区	经济组织		民间组织		政治组织		文化组织	
	均值	样本	均值	样本	均值	样本	均值	样本
全国	1.31	32	1.18	40	1.30	33	1.24	47
北方	1.31	74	1.27	11	1.21	14	1.25	24
南方	0	144	1.14	29	1.37	19	1.23	13

东部地区主要以政治组织为主,均值为 1.43 个,高于经济组织 0.07 个数量单位,且比中、西部地区的政治组织均值数都大;中部地区经济组织均值数为三地区之最,均值为 1.56 个,政治组织为三地区之末,为 1.14 个,其中,中部地区文化组织相比东西部地区更为发达,数量最多;西部地区各类农民组织,除政治组织数量稍高于中部地区外,均为各地区中最少的。(见表 2-27、图 2-27)

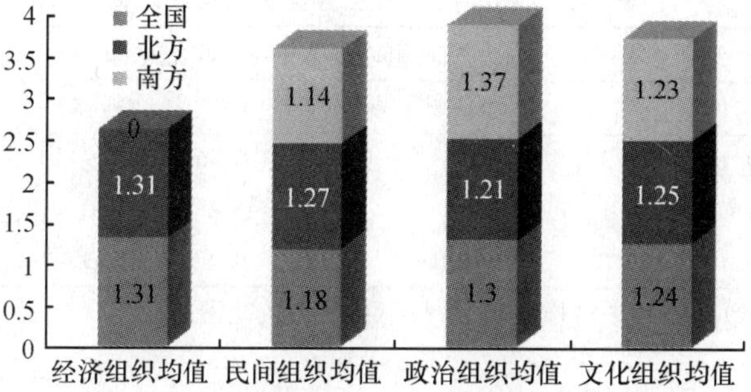

图 2-26　不同地区村庄现代农民组织均值(单位:个)

表 2-27　不同地区村庄各类农民组织均值　　(单位:个)

地区	经济组织		民间组织		政治组织		文化组织	
	均值	样本	均值	样本	均值	样本	均值	样本
东部	1.36	11	1.25	20	1.43	14	1.21	19
中部	1.56	9	1.17	6	1.14	14	1.36	11
西部	1.08	12	1.07	14	1.40	5	1.14	7

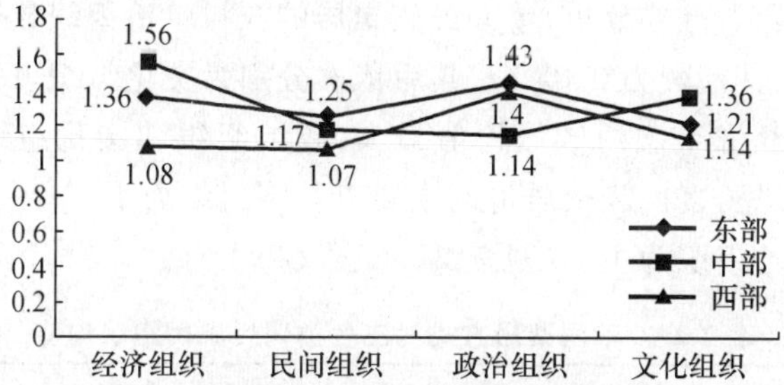

图 2-27　不同地区村庄现代农民组织均值(单位:个)

如表 2-28、图 2-28 所示,不论城郊村还是农村,相对于其他类型农民组织数量来说,经济组织数量均较少,但二者间相差微小;从城郊村来看,政治组织成为农民组织的主要类型,数量均值为 1.56 个,高出农村 0.34 个,其次是文化组织,均值数为 1.33 个;农村地区也是以政治组织为主,除经济组织(均值为 0.19 个)外,各类农民组织数量均值大致相等,差距均在 0.01 个之间。

表2-28　不同类型村庄各类农民组织均值　　(单位:个)

村庄类型	经济组织		民间组织		政治组织		文化组织	
	均值	样本	均值	样本	均值	样本	均值	样本
城郊村	0.18	34	1.12	8	1.56	9	1.33	9
城中村	0	3	0	0	0	0	0	0
农村	0.19	180	1.19	32	1.22	23	1.21	28

注:由于调查数据中城中村样本极少,故不计入比较范围。

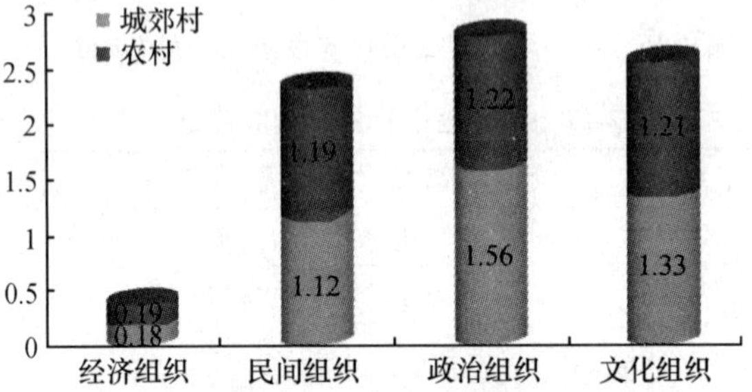

图2-28　不同类型村庄现代农民组织均值(单位:个)

从不同民族聚居方式分析,单一民族聚居的农村政治组织数量均值稍高于经济组织数量均值,其差额为0.05个,其后依次分别为文化组织、民间组织;多民族聚居的农村则是经济组织的数量均值最大,政治组织和文化组织的数量均值最小,均为1个。可见,多民族聚居地区主要以经济组织为主,单一民族聚居区的农民组织主要以政治组织为主。(见表2-29、图2-29)

表2-29　不同聚居方式村庄各类现代农民组织均值　　(单位:个)

聚居方式	经济组织		民间组织		政治组织		文化组织	
	均值	样本	均值	样本	均值	样本	均值	样本
单一民族	1.32	25	1.21	28	1.37	27	1.29	31
多民族	1.29	7	1.09	11	1.00	5	1.00	4

如表2-30、图2-30所示,不同地形区村庄农民组织类型各异。平原地区的农民组织类型中,经济组织的数量均值最大,平均为1.47个,且远高于山地和高原地区;山地地形区民间组织数量均值为1.23个,高于经济组织和政治组织的数量均值,其中,山地地形区的政治组织数量是最少的。高原地区以政治组织为主,村均1.50个。

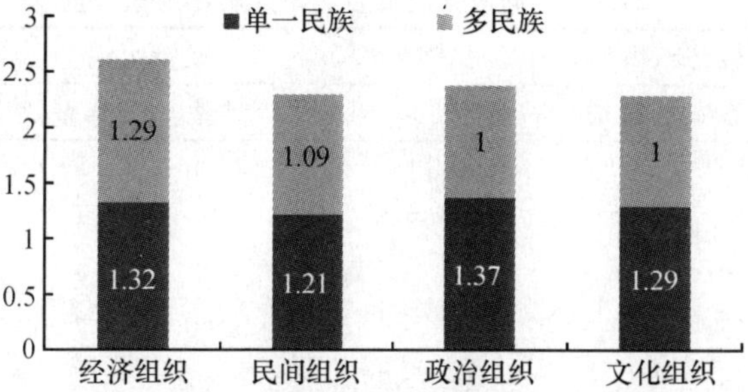

图 2-29　不同聚居方式村庄各类现代农民组织均值(单位:个)

表 2-30　不同地形区村庄各类现代农民组织均值　(单位:个)

地形	经济组织		民间组织		政治组织		文化组织	
	均值	样本	均值	样本	均值	样本	均值	样本
平原	1.47	15	1.33	9	1.29	14	1.28	18
山地	1.14	7	1.23	13	1.00	6	1.22	9
高原	1.00	6	1.00	16	1.50	12	1.20	10

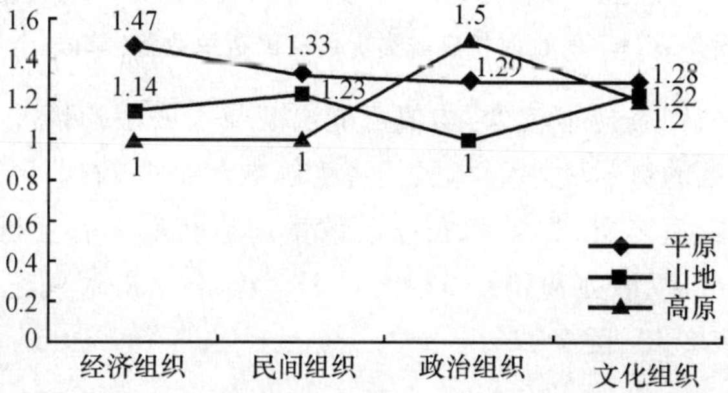

图 2-30　不同地形区村庄各类现代农民组织均值(单位:个)

如表 2-31、图 2-31 所示,随着村庄收入的增长,各类农民组织数量并没有相应的增加。经济组织均值量最大的分布在低收入、中等收入的村庄,二者均值皆为 1.5 个,经济组织均值量较小的则集中在高收入、中高收入村庄,均值分别为 1.23 个、1.25 个。政治组织数量均值较大的主要分布在中低收入、高收入村庄,最小的则集中在低收入和中高收入村庄。文化组织较为发达的是中等收入村庄。高收入村庄民间组织相对较多,均值为 1.22 个。

表2-31 不同收入村庄各类现代农民组织数量 (单位:个)

收入分组	经济组织		民间组织		政治组织		文化组织	
	均值	样本	均值	样本	均值	样本	均值	样本
低收入组	1.50	2	1.00	3	1.00	5	1.00	4
中低收入组	1.29	7	1.00	2	1.75	4	1.00	1
中等收入组	1.50	6	1.20	5	1.14	7	1.67	6
中高收入组	1.25	4	1.13	8	1.00	7	1.00	9
高收入组	1.23	8	1.22	18	1.67	9	1.33	15

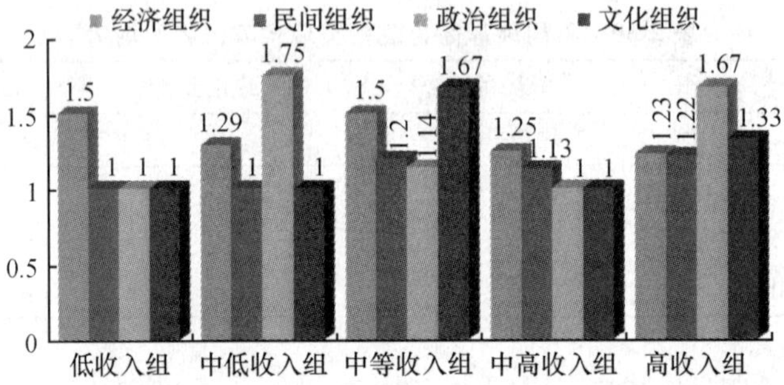

图2-31 不同收入村庄各类现代农民组织数量(单位:个)

牧区与渔区的调查样本较少,均值可能出现或大或小的情况,对此,以下主要比较林区和农业区的数量大小。林区经济组织数量最多,农业区政治组织均值最大。从经济组织数量来看,林区和农业区数量均值相等。农业区政治组织、文化组织均值均高于林区,分别高出0.37个、0.27个。林区的民间组织数量均值比农业区稍大。(见表2-32、图2-32)

表2-32 不同农业类型地区村庄各类现代农民组织均值 (单位:个)

农业类型	经济组织		民间组织		政治组织		文化组织	
	均值	样本	均值	样本	均值	样本	均值	样本
林区	1.33	3	1.17	6	1.00	3	1.00	4
牧区	1.00	1	—	0	—	0	—	0
农业区	1.33	27	1.13	29	1.37	27	1.27	33
渔区	0	0	2.00	1	1.00	1	—	0

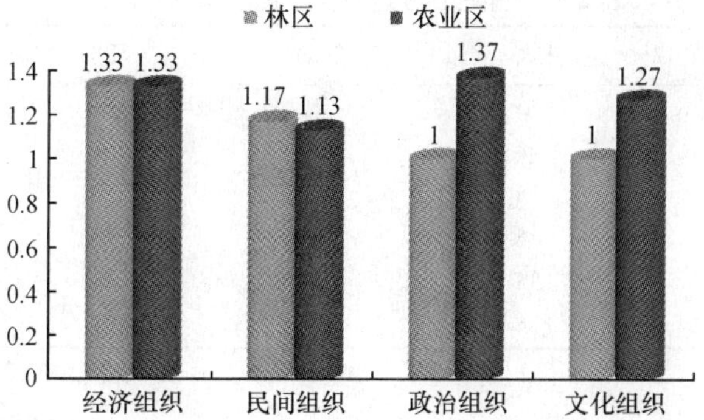

图 2-32　不同农业类型村庄各类现代农民组织均值(单位:个)

第三节　组织运行

农民组织的运行,指村庄农民组织的成立及其活动的状况。本节分别从村庄农民组织的成立时间、自主性与活动次数三个方面来描述农民组织运行的关键内容,考察农民组织的运行情况。

一、成立时间

农民组织可以分为经济组织、政治组织、文化组织和民间组织四类,此处具体分析全国农民组织整体的发育状况,以及每类组织的发育、成立状况,并进行地区间不同类型组织的对比和分析。

(一) 农民组织成立时间

如表 2-33、图 2-33 所示,从有效样本统计数据看,2000 年之前全国村庄农民组织数量占比约 20.61%;2001 年到 2006 年成立数量占比约 15.45%;2007 年之后,各地农民组织成立数量有所增长,约占到全部的 63.94%。分地区看,东部地区在 2009 年之前,村庄农民组织成立时间之早和成立数量之多,均高于中、西部和全国平均水平;2010 年后,中、西部农民组织成立数量均超过东部地区。

表2-33 全国及各地村庄农民组织成立时间 (单位:个)

年份	东部	中部	西部	全国
2000年之前	35	21	12	68
2001—2003年	8	3	4	15
2004—2006年	15	11	10	36
2007—2009年	45	35	23	103
2010—2012年	32	42	34	108
合计	135	112	83	330

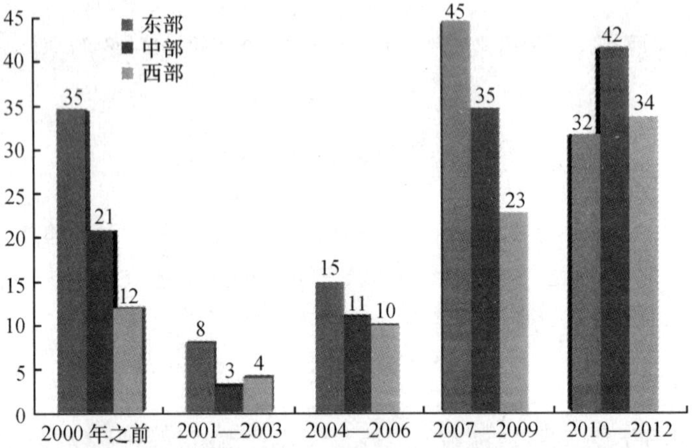

图2-33 全国及各地区村庄农民组织成立时间(单位:个)

(二)农民经济组织成立时间

从有效样本统计数据看,2000年之前全国村庄经济组织很少;2001年到2006年成立的也较少;2007年之后,各地经济组织迅猛增长,数量约占到全部的86.30%。分地区看,2007年之后,东部村庄经济组织成立最多,大大高于全国平均水平;中、西部村庄经济组织数量相对较少。(见表2-34、图2-34)

表2-34 全国及各地村庄经济组织成立时间 (单位:个)

年份	东部	中部	西部	全国
2000年之前	6	1	2	9
2001—2003年	1	0	0	1
2004—2006年	1	5	4	10
2007—2009年	29	21	14	64
2010—2012年	17	21	24	62
合计	54	48	44	146

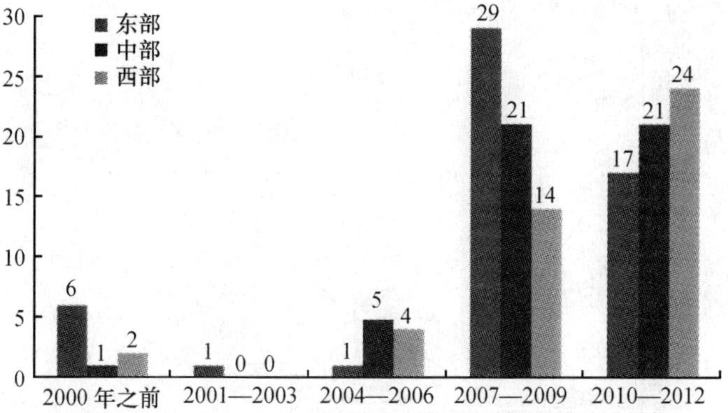

图 2-34　全国及各地区村庄经济组织成立时间(单位:个)

（三）农民文化组织成立时间

表 2-35、图 2-35 所示的是从成立的时间看全国村庄文化组织的数量,2000 年之前成立的数量约占全部的 25.40%;2001 年到 2006 年成立数量占比约 17.46%;2007 年之后,各地文化组织成立数量占比约 57.14%。分地区看,东、中部村庄文化组织成立数量占比,分别是 44.44% 和 42.86%,大大高于全国平均水平;西部村庄文化组织成立时间较晚,2007 年之后才有较快增长趋势。

表 2-35　全国及各地区村庄文化组织成立时间　(单位:个)

年份	东部	中部	西部	全国
2000 年之前	10	6	0	16
2001—2003 年	1	1	0	2
2004—2006 年	5	3	1	9
2007—2009 年	6	6	3	15
2010—2012 年	6	11	4	21
合计	28	27	8	63

（四）农民民间组织成立时间

从全国村庄民间组织成立的时间看,2000 年之前成立数量占比约为 32.79%;2001 年到 2006 年成立数量占比 24.59%;2007 年之后,各地民间组织成立数量占到全部的 42.62%。分地区看,东部村庄民间组织 2000 年之前成立数量占全国 50%,高于中、西部和全国平均水平;2004 年后,东部村庄民间成立数量为 19 个,高于中部的 8 个和西部的 12 个。(见表 2-36、图 2-36)

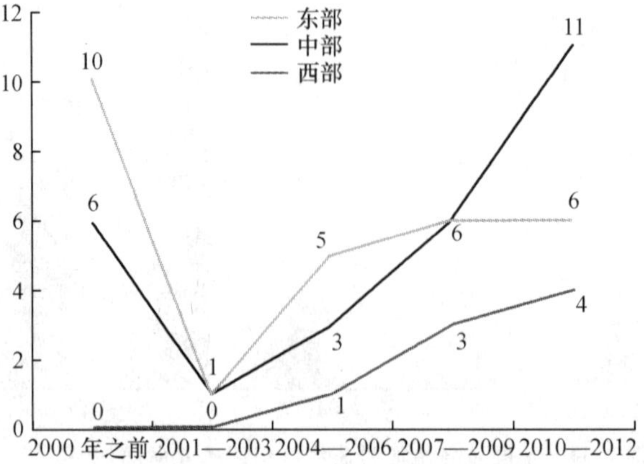

图 2-35　全国及各地区村庄文化组织成立时间(单位:个)

表 2-36　全国及各地区村庄民间组织成立时间　(单位:个)

年份	东部	中部	西部	全国
2000 年之前	10	5	5	20
2001—2003 年	1	0	1	2
2004—2006 年	7	2	4	13
2007—2009 年	8	3	5	16
2010—2012 年	4	3	3	10
合计	30	13	18	61

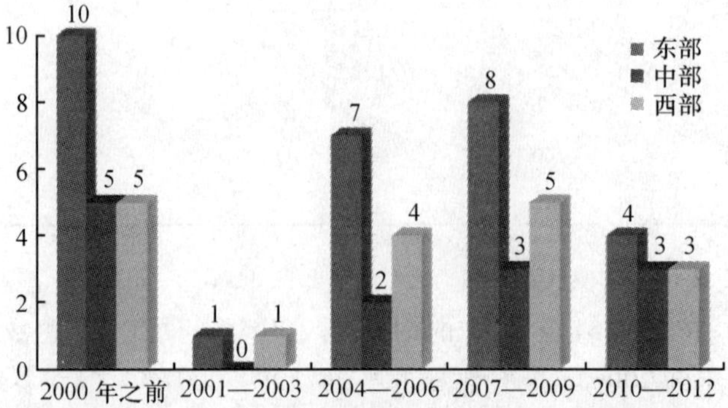

图 2-36　全国及各地区村庄民间组织成立时间(单位:个)

(五) 农民政治组织成立时间

从全国村庄政治组织成立的时间看,2000 年之前成立数量占比 37.29%;

2001 年到 2003 年成立数量占比 16.95%；2004 年到 2006 年成立较少；2007 年之后，各地政治组织成立数量有所增长，占到全部的 38.99%。分地区看，东、中部村庄政治组织成立时间均早于西部、成立数量均大于西部，均高于全国平均水平。（见表 2-37、图 2-37）

表 2-37　全国及各地区村庄政治组织成立时间　（单位：个）

年份	东部	中部	西部	全国
2000 年之前	9	9	4	22
2001—2003 年	5	2	3	10
2004—2006 年	2	1	1	4
2007—2009 年	2	5	1	8
2010—2012 年	5	7	3	15
合计	23	24	12	59

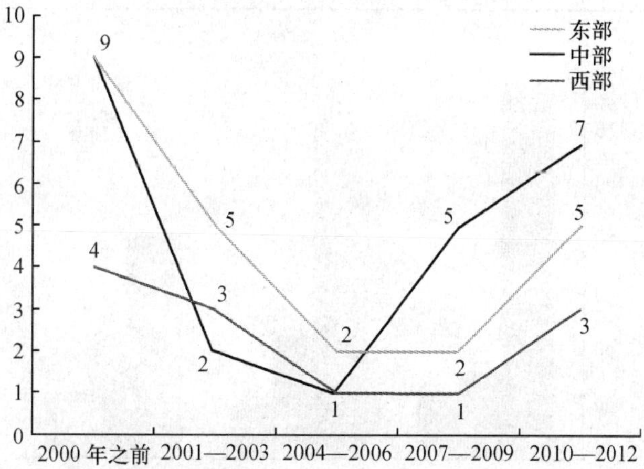

图 2-37　全国及各地区村庄政治组织成立时间（单位：个）

二、组织自主性

农民组织的自主性指农民组织运作过程中自我内生力量主导运作的程度。依据有没有政府的支持，分别从地区、村庄类型的角度分析经济组织、文化组织、民间组织和政治组织四类农民组织的自主性。

（一）全国及各地区比较

1. 不同地区村庄农民组织自主性。如表 2-38、图 2-38 所示，从全国不同地区农民组织有没有政府支持看,政府支持的农民组织占全部66.13%;没有得到政府支持的农民组织占比约为22.38%。从地区看,东部地区政府支持的农民组织占比73.08%,政府不支持的农民组织占比为15.38%;中部地区政府支持的农民组织占比67.43%,政府不支持的农民组织占比为23.43%;西部地区政府支持的农民组织占比为55.40%,政府不支持的农民组织占比为30.22%。可见,全国的农民组织自主性不大于33.87%,西部地区农民组织自主性高于全国平均水平,西部地区农民组织自主性最高,东部地区自主性最低。

表2-38　不同地区农民组织自主性　　(单位:个)

全国	东部	中部	西部	
政府支持	133	118	77	328
政府不支持	28	41	42	111
不清楚	21	16	20	57
合计	182	175	139	496

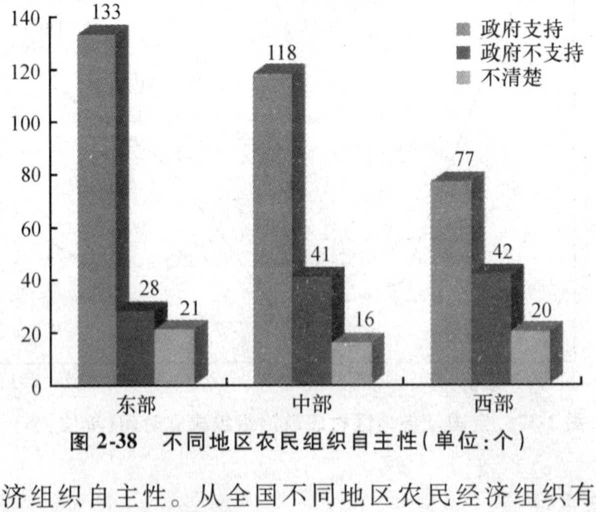

图2-38　不同地区农民组织自主性(单位:个)

2. 农民经济组织自主性。从全国不同地区农民经济组织有没有政府支持看,政府支持的农民经济组织占全部71.69%;没有得到政府支持的农民经济组织占比为17.35%。从地区看,东部地区政府支持的农民经济组织占比73.97%,政府不支持的农民经济组织占比为15.07%;中部地区政府支持的农民经济组织占比为78.08%,政府不支持的农民经济组织占比为13.70%;西部地区政府支持的农民经济组织占比为63.01%,政府不支持的农民经济组织占比为23.29%。可见,全国的农民经济组织自主性不大于28.31%,西部地区农民经济组织自主

性高于全国平均水平,西部地区农民经济组织自主性最高,中部地区自主性最低。(见表2-39、图2-39)

表2-39 不同地区经济组织自主性 (单位:个)

	东部	中部	西部	全国
政府支持	54	57	46	157
政府不支持	11	10	17	38
不清楚	8	6	10	24
合计	73	73	73	219

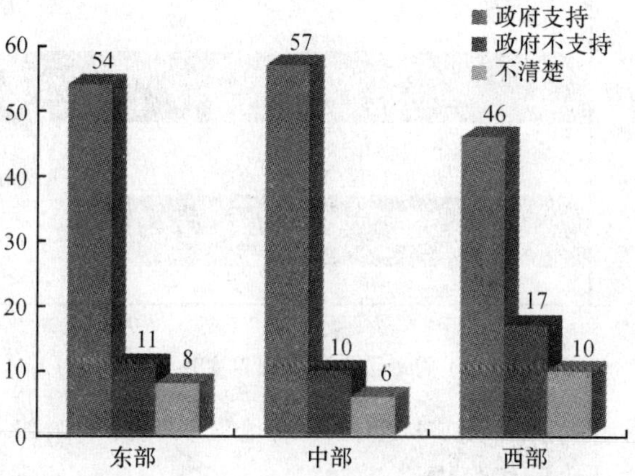

图2-39 不同地区经济组织自主性(单位:个)

3. 农民政治组织自主性。如表2-40、图2-40所示,从全国不同地区农民政治组织有没有政府支持看,政府支持的农民政治组织占全部68.13%;没有得到政府支持的农民政治组织占比约为21.98%。从地区看,东部地区政府支持的农民政治组织占比约为78.79%,政府不支持农民政治组织占比为12.12%;中部地区政府支持的农民政治组织占比约为64.10%,政府不支持农民政治组织占比为28.21%;西部地区政府支持的农民政治组织占比为57.89%,政府不支持的农民政治组织占比为26.32%。可见,全国的农民政治组织自主性不大于31.87%,中、西部地区农民政治组织自主性都高于全国平均水平,西部地区农民政治组织自主性最高,东部地区自主性最低。

表 2-40 不同地区政治组织自主性 (单位:个)

	东部	中部	西部	全国
政府支持	26	25	11	62
政府不支持	4	11	5	20
不清楚	3	3	3	9
合计	33	39	19	91

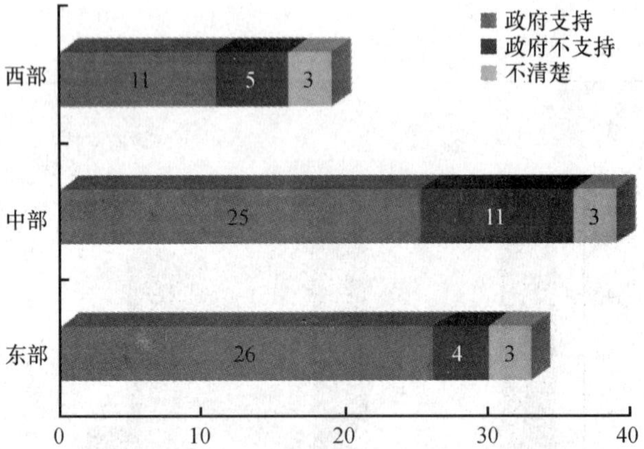

图 2-40 不同地区政治组织自主性(单位:个)

4. 农民民间组织自主性。从全国不同地区农民民间组织有没有政府支持看,政府支持的农民民间组织占全部 54. 35%;没有得到政府支持的农民民间组织占比约为 30. 43%。从地区看,东部地区政府支持的农民民间组织占比约为 61. 54%,政府不支持的占比为 20. 51%;中部地区政府支持的农民民间组织占比 50%,政府不支持的占比为 38. 46%;西部地区政府支持的农民民间组织占比为 48. 15%,政府不支持的占比为 37. 04%。可见,中、西部地区农民民间组织自主性都高于全国平均水平,西部地区农民民间组织自主性不大于 51. 85% 为最高,东部地区自主性不大于 38. 46% 为最低。(见表 2-41、图 2-41)

表 2-41 不同地区民间组织自主性 (单位:个)

	东部	中部	西部	全国
政府支持	24	13	13	50
政府不支持	8	10	10	28
不清楚	7	3	4	14
合计	39	26	27	92

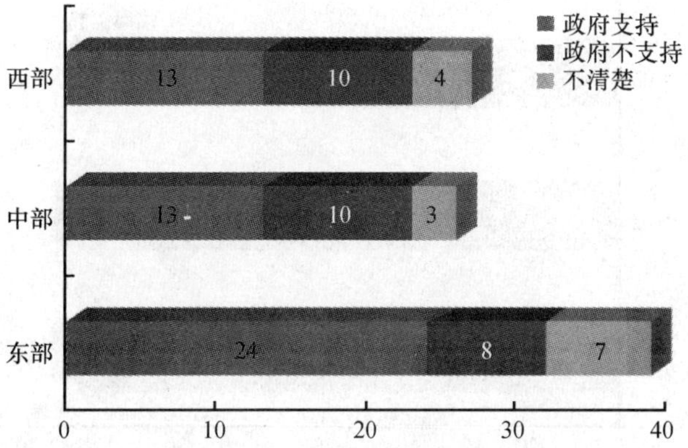

图 2-41　不同地区民间组织自主性(单位:个)

5. 农民文化组织自主性。如表 2-42、图 2-42 所示,从全国不同地区农民文化组织有没有政府支持看,政府支持的农民文化组织约占 62.77%;没有得到政府支持的约占 26.60%。从地区看,东部地区政府支持的农民文化组织占比约为 78.38%,政府不支持占比为 13.53%;中部地区政府支持的农民文化组织占比 62.16%,政府不支持占比为 27.03%;西部地区政府支持的农民文化组织占比为 35.00%,政府不支持的农民文化组织占比为 50%。可见,中、西部地区农民文化组织自主性都高于全国平均水平,西部地区农民文化组织自主性不小于 50%,为最高,东部地区自主性不大于 21.62%,为最低。

表 2-42　不同地区文化组织自主性　(单位:个)

	东部	中部	西部	全国
政府支持	29	23	7	59
政府不支持	5	10	10	25
不清楚	3	4	3	10
合计	37	37	20	94

(二) 村庄类型与农民组织的自主性

1. 不同类型村庄农民组织自主性。从村庄类型看,城郊村中政府支持的农民组织占比约为 65.05%,政府不支持的占比为 29.13%;农村中政府支持的农民组织占比为 66.32%,政府不支持的占比为 21.15%;可见城郊村中农民组织的自主性高于农村中的农民组织和全国的平均水平。(见表 2-43、图 2-43)

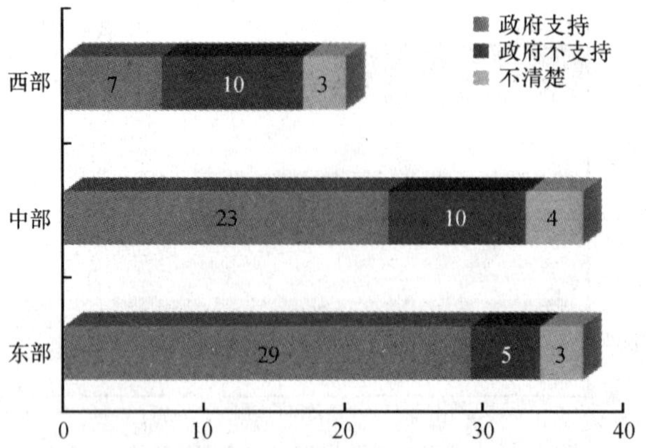

图 2-42 不同地区文化组织自主性(单位:个)

表 2-43 不同村庄农民组织自主性 (单位:个)

	城郊村	农村	全国
政府支持	67	254	321
政府不支持	30	81	111
不清楚	6	48	54
合计	103	383	486

注:由于调查数据中城中村样本极少,故不计入比较范围。

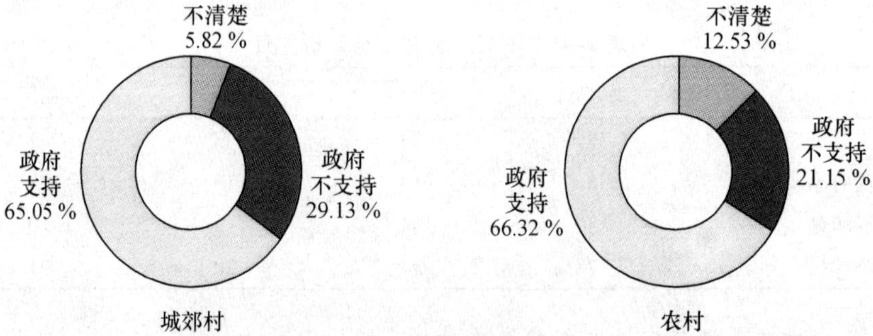

图 2-43 不同村庄农民组织自主性(单位:%)

2. 农民经济组织的自主性。如表 2-44、图 2-44 所示,从全国不同村庄经济组织有没有政府支持看,政府支持的经济组织约占 71.43%;没有得到政府支持的经济组织约占 17.51%。从村庄类型看,城郊村中政府支持的经济组织占比约为 64.10%,政府不支持的占比约为 25.64%;农村中政府支持的经济组织占比约为74.29%，政府不支持的占比约为16.00%；可见城郊村中经济组织的自主性高于农村中的经济组织和全国的平均水平。整体看，村庄经济组织的自主率不大于28.57%。

表2-44　不同村庄经济组织自主性　（单位：个）

	城郊村	农村	全国
政府支持	25	130	155
政府不支持	10	28	38
不清楚	4	17	21
合计	39	175	214

注：由于调查数据中城中村样本极少，故不计入比较范围。

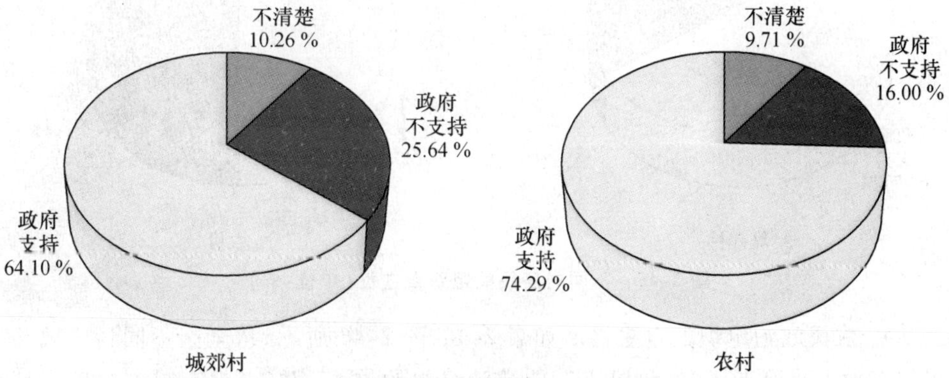

图2-44　不同村庄经济组织自主性（单位：%）

3. 农民民间组织的自主性。从全国不同村庄民间组织有没有政府支持看，政府支持的民间组织约占52.81%；没有得到政府支持的约占31.46%。从村庄类型看，城郊村中政府支持的民间组织占比约为64.71%，政府不支持的民间组织占比约为35.29%；农村中政府支持的民间组织占比为50%，政府不支持的民间组织占比约为30.56%；可见城郊村中民间组织的自主性高于农村中民间组织自主性和全国的平均水平。总之，村庄民间组织的自主率不大于47.19%。（见表2-45、图2-45）

表 2-45 不同村庄民间组织自主性 (单位:个)

	城郊村	农村	全国
政府支持	11	36	47
政府不支持	6	22	28
不清楚	0	14	14
合计	17	72	89

注:由于调查数据中城中村样本极少,故不计入比较范围。

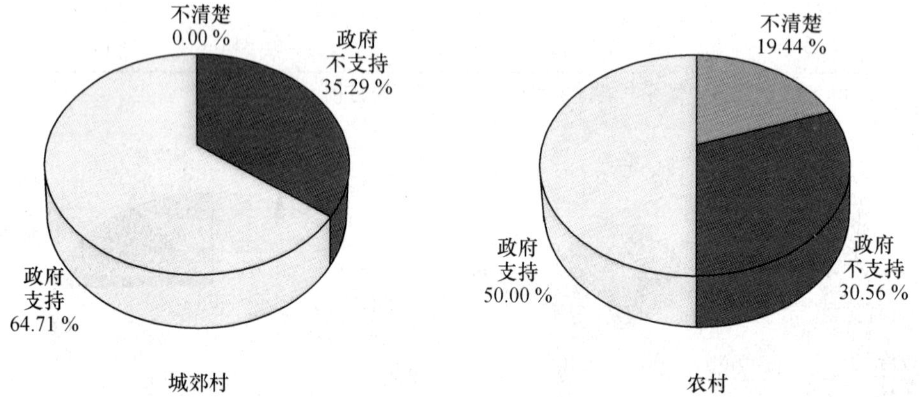

图 2-45 不同村庄民间组织自主性(单位:%)

4. 农民政治组织的自主性。如表 2-46、图 2-46 所示,从全国不同村庄政治组织有没有政府支持看,政府支持的政治组织约占 67.78%;没有得到政府支持的政治组织约占 22.22%。从村庄类型看,城郊村中政府支持的政治组织占比约为 70.83%,政府不支持政治组织占比为 29.17%;农村中政府支持的政治组织占比为 66.67%,政府不支持的政治组织占比约为 19.70%;可见城郊村中政治组织的自主性高于农村中的政治组织和全国的平均水平。

表 2-46 不同村庄政治组织自主性 (单位:个)

	城郊村	农村	全国
政府支持	17	44	61
政府不支持	7	13	20
不清楚	0	9	9
合计	24	66	90

注:由于调查数据中城中村样本极少,故不计入比较范围。

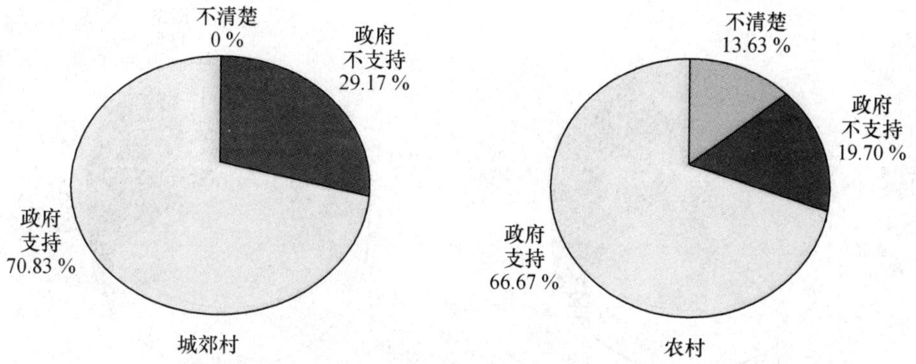

图 2-46　不同村庄政治组织自主性(单位:%)

5. 农民文化组织的自主性。从全国不同村庄文化组织有没有政府支持看,政府支持的文化组织约占 62. 37%;没有得到政府支持的文化组织约占 26. 88%。从村庄类型看,城郊村中政府支持的文化组织约为 60. 87%,政府不支持文化组织约为 30. 43%;农村中政府支持的文化组织占比约为 62. 86%,政府不支持的文化组织占比约为 25. 71%;可见城郊村中文化组织的自主性高于农村中的文化组织和全国的平均水平。总之,村庄文化组织的自主率不大于 37. 63%。(见表 2-47、图 2-47)

表 2-47　不同村庄文化组织自主性　(单位:个)

	城郊村	农村	全国
政府支持	14	44	58
政府不支持	7	18	25
不清楚	2	8	10
合计	23	70	93

注:由于调查数据中城中村样本极少,故不计入比较范围。

三、组织活动

农民组织成立后是否发挥作用,在一定程度上可以从活动情况来考察。活动次数是农民组织运行的重要指标。下面从地区、自主程度、提供服务、文化程度四个角度分析农民参与组织的活动情况,进一步分析四类农民组织的运作状况。

(一) 全国及各地区比较

如表 2-48、图 2-48 所示,从全国不同地区村庄农民参与组织活动看,经常参

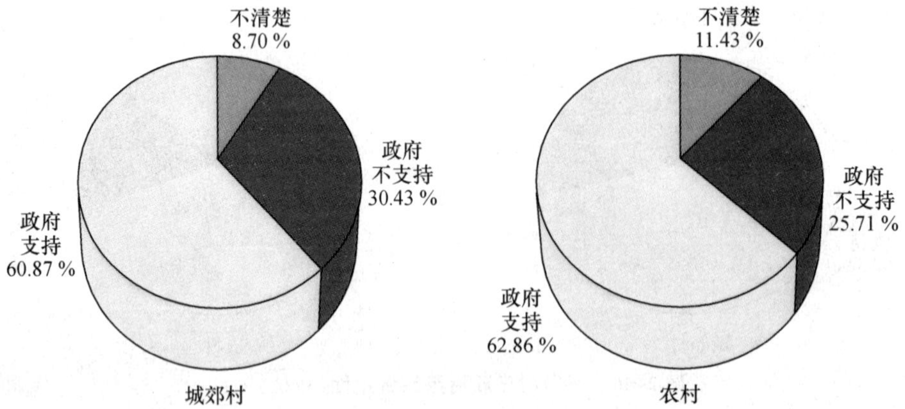

图2-47　不同村庄文化组织自主性(单位:%)

与组织活动的占比约为34.67%;偶尔和一般参与组织活动的约占42.98%;较少和很少参与活动的约占22.35%。从地区看,中部地区农民组织活动次数最多,约占总次数的43.59%,西部最少,约占28.15%,东部居中,约占36.03%;农民参与组织活动少的占比,最小是东部地区为12.50%,最大是西部地区为34.07%,中部一般为19.23%;农民参与组织活动一般的占比,东部地区最大是32.35%,西部地区最小是16.30%,中部一般是24.36%;农民参与组织活动偶尔的占比,最大的西部地区比最小的中部地区多8.66个百分比。

表2-48　不同地区农民参与组织活动情况　(单位:人)

	经常	偶尔	一般	较少	很少	合计
东部	49	26	44	7	10	136
中部	34	10	19	8	7	78
西部	38	29	22	15	31	135
合计	121	65	85	30	48	349

从南、北地区村庄农民参与组织活动看,农民经常参与组织活动的占比,北方比南方多10.08个百分比;农民较少、很少参与组织活动的占比,南方比北方多10.71个百分比;农民参与组织活动一般的占比,南方比北方多4.71个百分比。(见表2-49、图2-49)

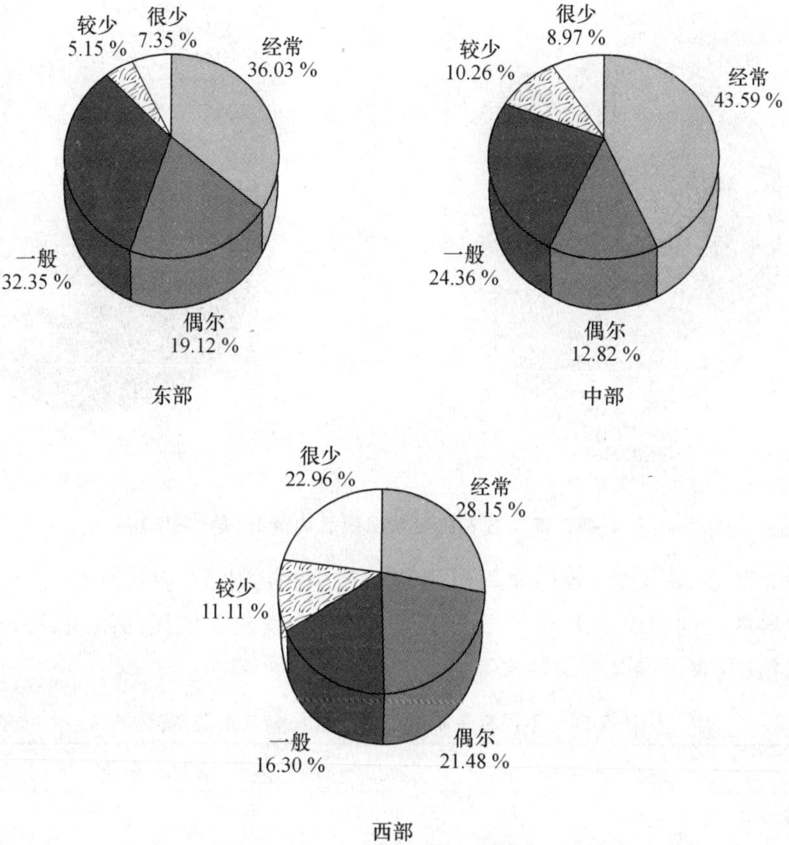

图 2-48　不同地区农民参与组织活动情况(单位:%)

表 2-49　南北方农民参与组织活动情况　　(单位:人)

	经常	偶尔	一般	较少	很少	合计
北方	58	32	32	17	7	146
南方	59	33	53	13	41	199
合计	117	65	85	30	48	345

(二) 自主程度与农民组织的活动次数

如表 2-50、图 2-50 所示,从不同自主程度的农民组织参与来看,农民经常参与的占比,自发成立的农民组织比政府主导的农民组织多 8. 87 个百分比;农民参与组织活动较少、很少的占比,政府主导的农民组织是 46. 16% 远远大于自发成立的 14. 10%;农民参与组织活动一般的占比,政府主导的农民组织是 10. 77% 和

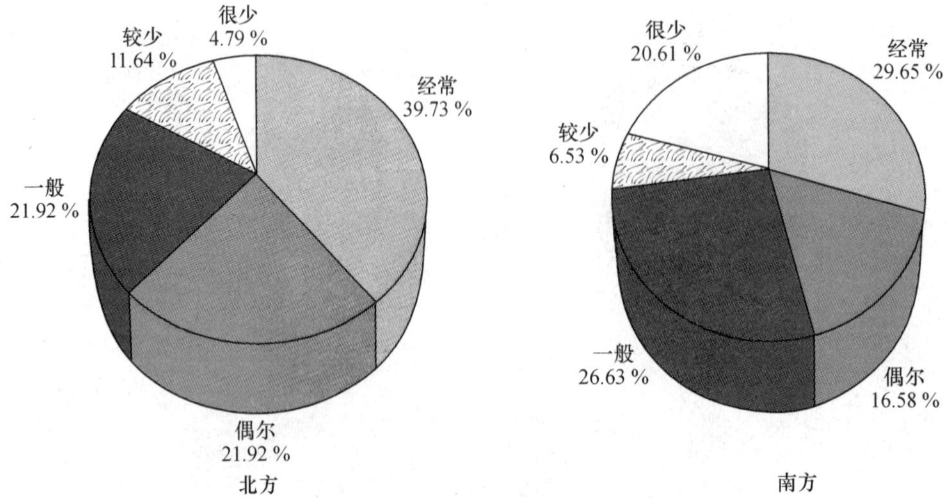

图 2-49 南北方农民参与组织活动情况(单位:%)

自发成立的是26.43%;农民参与组织活动偶尔的占比,自发成立的民间组织比政府主导的民间组织多7.53个百分比。总之,自发成立的民间组织较政府主导的民间组织,农民参与的活动次数多,积极性高。

表 2-50 不同自主程度组织中农民参与活动情况 (单位:人)

	经常	偶尔	一般	较少	很少	合计
政府主导	18	10	7	10	20	65
自发成立	83	52	60	16	16	227
合计	101	62	67	26	36	292

(三)服务类型与农民组织活动次数

从不同服务的农民组织参与组织活动看,提供资金支持服务的农民组织经常活动的占比为45.83%,为最大;提供休闲娱乐服务的农民组织经常活动的占比为42.65%,为第二;提供技术指导服务的农民组织,经常活动的占比42.11%,为第三;其他的农民组织经常活动的占比都低于30%。提供信息服务的农民组织,活动一般的占比41.93%;提供销售农产品服务的农民组织,活动一般的占比52.00%,不提供服务的农民组织活动很少的占比40.32%。总之,提供资金支持、休闲娱乐、技术指导服务的农民组织活动经常;提供信息、销售农产品服务的农民组织活动一般;不提供服务的农民组织活动就很少。(见表2-51、图2-51)

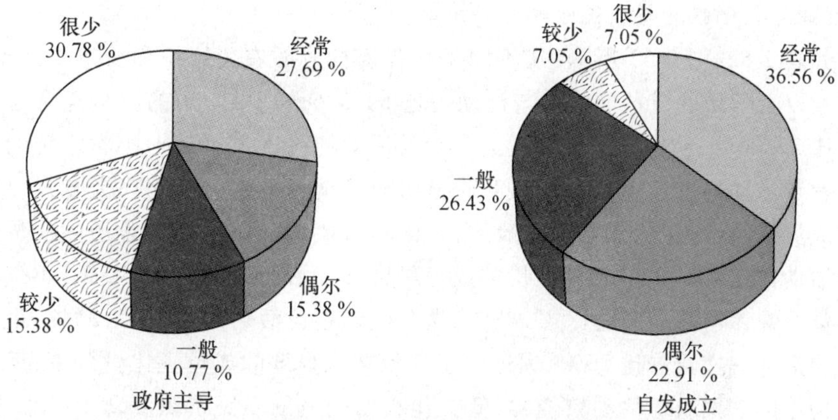

图 2-50　不同自主程度组织中农民参与活动情况(单位:%)

表 2-51　不同服务类型组织中农民参与活动情况　　(单位:人)

	经常	偶尔	一般	较少	很少	合计
技术指导	40	16	21	10	8	95
提供信息	16	12	26	4	4	62
资金支持	11	2	0	8	3	24
销售农产品	6	6	13	0	0	25
休闲娱乐	29	19	8	4	8	68
不提供服务	13	7	14	3	25	62
合计	115	62	82	29	48	336

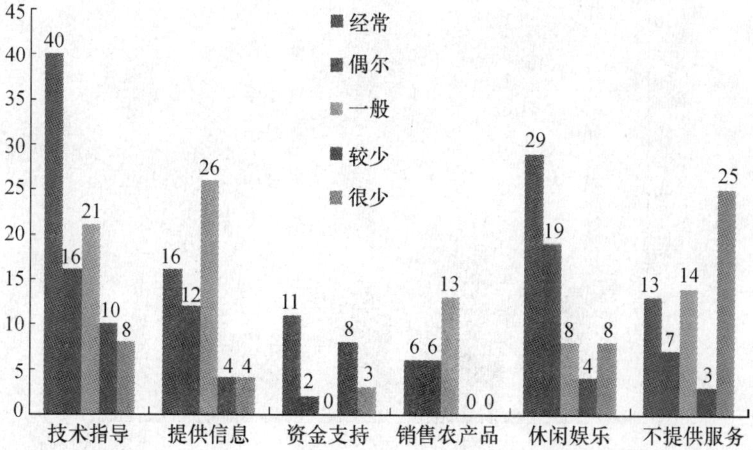

图 2-51　不同服务类型组织中农民参与活动情况(单位:人)

(四) 文化程度与农民组织活动次数

如表2-52、图2-52所示,从不同文化程度构成的农民组织参与组织活动看,大专及以上学历的成员经常参与活动占比52.38%,高中学历的成员经常参与活动占比32.00%,初中学历的成员经常参与活动的占比32.95%,小学学历的成员经常参与活动的占比36.23%,文盲经常参与活动的占比16.67%;大专及以上学历的成员较经常(包括偶尔和一般)参与活动占比38.10%,高中学历的成员经常参与活动占比44.00%,初中学历的成员经常参与活动的占比43.75%,小学学历的成员经常参与活动的占比43.48%,文盲经常参与活动的占比33.33%;很少参与组织活动的文盲占比50%,远远大于其他文化程度的成员占比。可见,高文化程度构成的农民组织活动较经常,低文化程度构成的农民组织活动少。总之,文化程度构成和组织活动次数成正相关关系。

表2-52 不同文化程度农民参与组织活动情况 (单位:人)

	经常	偶尔	一般	较少	很少	合计
文盲	1	2	0	0	3	6
小学	25	11	19	10	4	69
初中	58	31	46	13	28	176
高中	24	16	17	6	12	75
大专及以上	11	5	3	1	1	21
合计	119	65	85	30	48	347

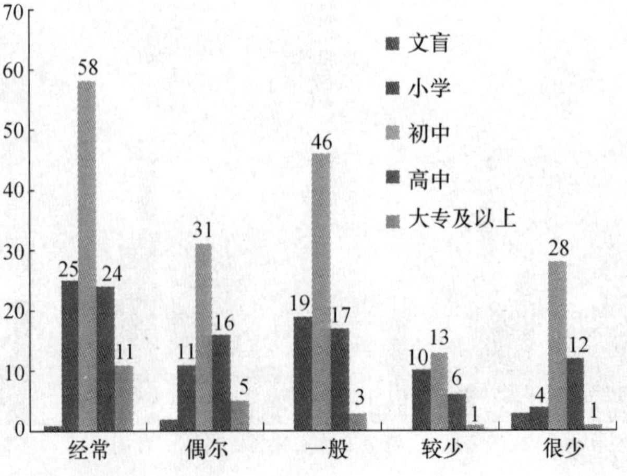

图2-52 不同文化程度构成的农民组织活动次数(单位:次)

第四节　组织参与

农民是农民组织的主体，农民的参与关系着农民组织的未来发展。为切实了解农民组织化程度，把握农民参与组织的意愿与期待，本节将从农民知晓情况、农民参与以及农民期待几个方面，对农民组织的参与状况作进一步的分析与描述。

一、农民知晓

如表2-53、图2-53所示，根据农民对“所在村庄是否有农民组织”的回答，样本农户中“不清楚”的有399户，占比约为11.03%；回答“有”或“没有”，即知晓本村农民组织情况的有3218户，占比为88.97%。分地区看，东北地区农民知晓率最高，占比达到95.34%；其次是华南地区，知晓率达到92.20%；西北地区最低，为82.04%；处于中间水平的华东、华中、西南、华北四个地区了解村庄农民组织情况的农户占比分别为90.62%、90.19%、88.97%和87.70%。

表2-53　不同地区农民对本村农民组织的知晓率　（单位：个，%）

地区		农民知晓情况		合计
		知晓	不知晓	
东北地区	样本	225	11	236
	占比	95.34	4.66	100
西北地区	样本	370	81	451
	占比	82.04	17.96	100
华北地区	样本	417	64	481
	占比	86.69	13.31	100
华东地区	样本	860	89	949
	占比	90.62	9.38	100
华中地区	样本	625	68	693
	占比	90.19	9.81	100
华南地区	样本	272	23	295
	占比	92.20	7.80	100
西南地区	样本	449	63	512
	占比	87.70	12.30	100
全国	样本	3218	399	3617
	占比	88.97	11.03	100

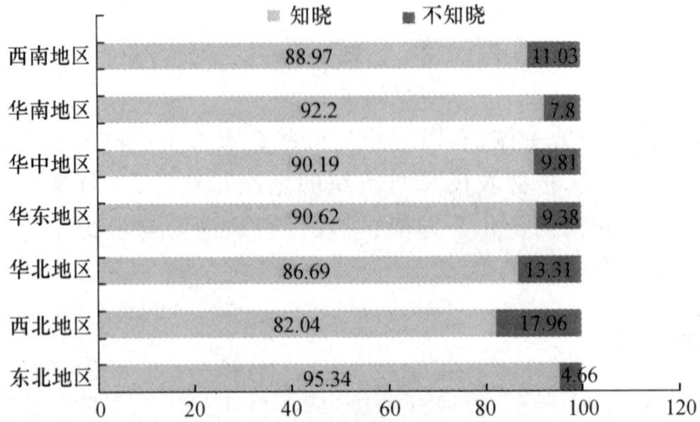

图 2-53　不同地区农民对本村农民组织的知晓率(单位:%)

如表 2-54、图 2-54 所示,东部地区农民对本村农民组织的知晓率最高,达到了 92.37%,高于中部地区的 88.66%;西部地区农民对本村农民组织的了解程度最低,其知晓率约为 85.91%。东、中、西部地区农民组织的知晓率总体呈递减趋势。

表 2-54　东中西部农民对本村农民组织的知晓率　　(单位:个,%)

地区		农民知晓情况		合计
		知晓	不知晓	
东部	样本	1077	89	1166
	占比	92.37	7.63	100
中部	样本	1141	146	1287
	占比	88.66	11.34	100
西部	样本	1000	164	1164
	占比	85.91	14.09	100

如表 2-55、图 2-55 所示,30 岁以下农民的知晓率最低,占样本数的 79.55%;30 岁到 39 岁与 60 岁以上的农户对本村的农民组织的知晓情况都较高,分别达到了 90.76% 和 89.89%;处于中等水平的 40 岁到 49 岁、50 岁到 59 岁农户对村庄的农民组织的知晓率相近,分别为 88.77% 和 88.54%。

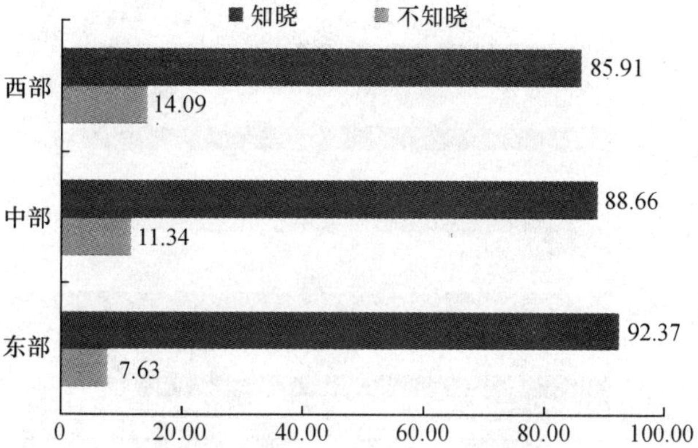

图 2-54　东中西部农民对本村农民组织的知晓率(单位:%)

表 2-55　不同年龄农民对本村农民组织的知晓率　(单位:个,%)

年龄		农民知晓情况		合计
		知晓	不知晓	
30 岁以下	样本	70	18	88
	占比	79.55	20.45	100
30—39 岁	样本	334	34	368
	占比	90.76	9.24	100
40—49 岁	样本	996	126	1122
	占比	88.77	11.23	100
50—59 岁	样本	927	120	1047
	占比	88.54	11.46	100
60 岁以上	样本	889	100	989
	占比	89.89	10.11	100

对村庄农民组织的知晓程度,不同性别的农民存在着显著差异。在样本农户的调查中,男性和女性对农民组织的知晓率分别是 89.67% 和 85.88%,男性对农民组织的知晓率高于女性。(见表 2-56、图 2-56)

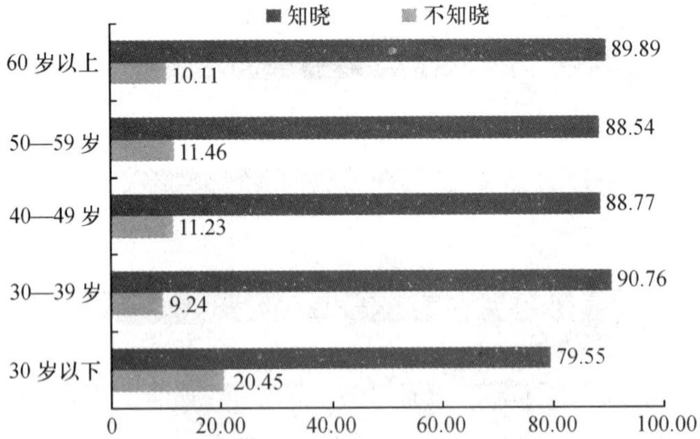

图2-55 不同年龄农民对本村农民组织的知晓率(单位:%)

表2-56 不同性别农民对本村农民组织的知晓率 (单位:个,%)

性别		农民知晓情况		合计
		知晓	不知晓	
男性	样本	2640	304	2944
	占比	89.67	10.33	100
女性	样本	578	95	673
	占比	85.88	14.12	100

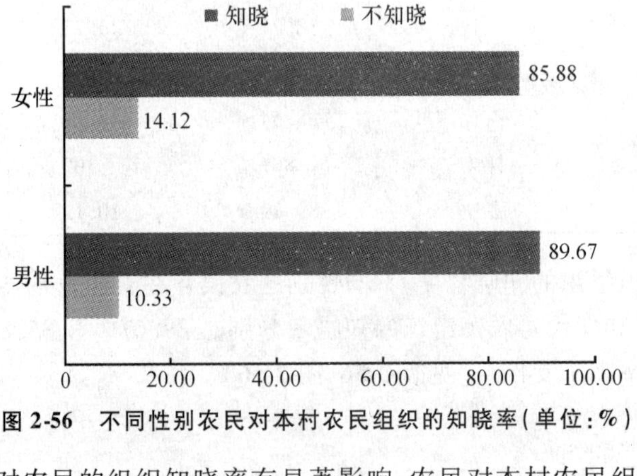

图2-56 不同性别农民对本村农民组织的知晓率(单位:%)

文化程度对农民的组织知晓率有显著影响,农民对本村农民组织的知晓程度总体上随着文化水平的提高而呈现上升趋势。教育水平为文盲的农户对本村农民组织的知晓率最低,约为82.29%;小学和初中水平的分别约有89.90%和

88.78%的农民表示知晓村庄农民组织。高中和大专及以上文化程度的农民的组织知晓率最高,分别为91.84%和91.82%。(见表2-57、图2-57)

表2-57 不同文化程度农民对本村农民组织的知晓率 (单位:个,%)

文化程度		农民知晓情况		合计
		知晓	不知晓	
文盲	样本	237	51	288
	占比	82.29	17.71	100
小学	样本	1045	128	1173
	占比	89.09	10.91	100
初中	样本	1321	167	1488
	占比	88.78	11.22	100
高中	样本	495	44	539
	占比	91.84	8.16	100
大专及以上	样本	101	9	110
	占比	91.82	8.18	100

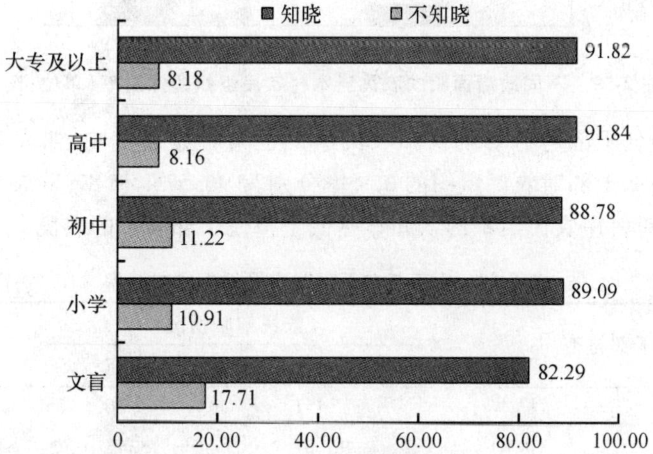

图2-57 不同文化程度农民对本村农民组织的知晓率(单位:%)

不同政治面貌的农民在对农民组织的认知情况上同样具有显著性差异。由表2-58、图2-58可知,党员和非党员的认知率分别为93.93%和87.50%,更多的党员知晓村庄农民组织情况。

表2-58 不同政治面貌的农民对本村农民组织的知晓率 (单位:个,%)

政治面貌		农民知晓情况		合计
		知晓	不知晓	
党员	样本	774	50	824
	占比	93.93	6.07	100
非党员	样本	2429	347	2776
	占比	87.50	12.50	100

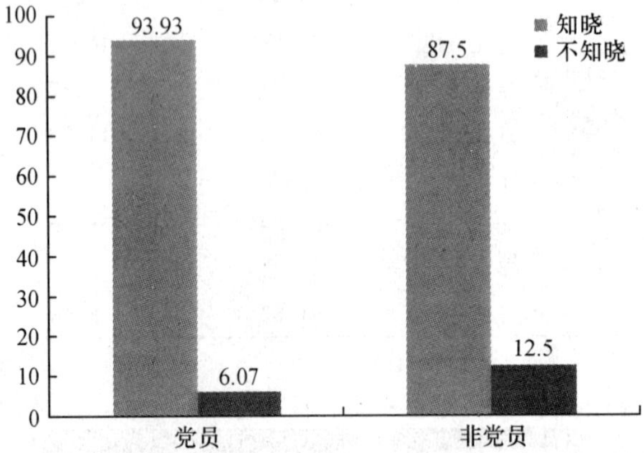

图2-58 不同政治面貌的农民对本村农民组织的知晓率(单位:%)

同样,担任干部与否对其认知农民组织也具有显著影响,如表2-59、图2-59所示,干部与非干部对农民组织的知晓率分别为96.57%和87.84%,未担任干部职务的农民对村庄农民组织的认知显然低于担任干部职务的农民。

表2-59 干部与非干部对农民组织的知晓率 (单位:个,%)

干部与否		农民知晓情况		合计
		知晓	不知晓	
干部	样本	451	16	467
	占比	96.57	3.43	100
非干部	样本	2753	381	3134
	占比	87.84	12.16	100

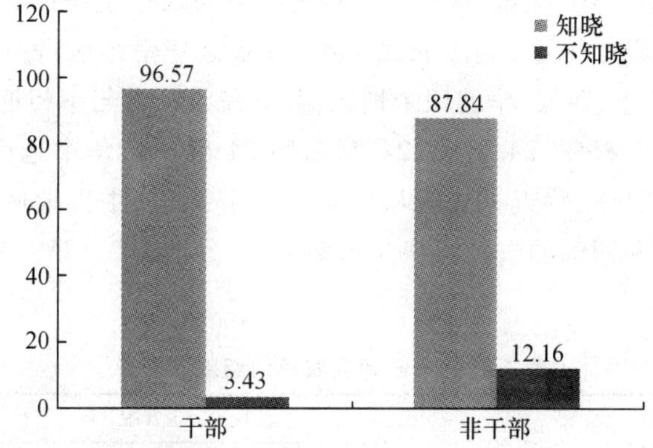

图 2-59　干部与非干部对农民组织的知晓率(单位:%)

二、农民参与

(一) 农民组织的参与率

当问及是否参与农民组织时,1264 位农民明确回答此问题,其中参与农民组织的有 314 人,占比达到 24.84%,也就是说有将近 1/4 的农民参与了农民组织。(见表 2-60、图 2-60)

表 2-60　农民组织的参与率　　(单位:个,%)

	样本数	占比
加入了	314	24.84
没有加入	950	75.16
合计	1264	100

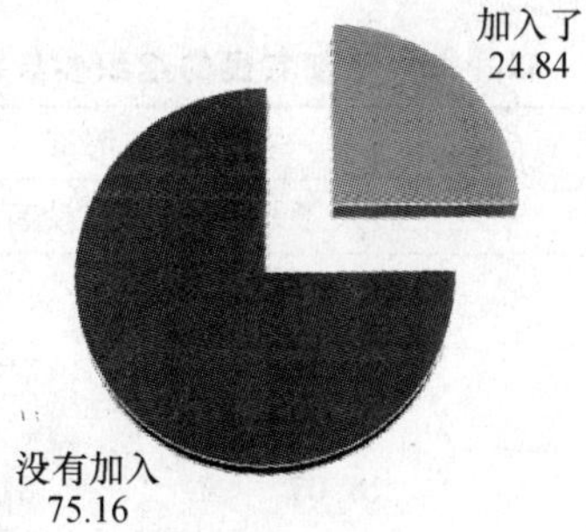

图 2-60　农民组织的参与率(单位:%)

由表2-61、图2-61可知,东北地区的农民参与农民组织的比率最高,达到了49.33%,将近五成的农民参与了农民组织;其次是华南地区,占比达到29.37%;居中的有西南、华东、西北、华北四个地区,其农民组织参与率相近,且接近全国平均水平,分别为23.85%、24.48%、24.78%和24.90%。华中地区的农民组织参与率最低,为10.81%,将近一成。从经济区划分来看,中部地区的参与率最低,为18.07%;东部和西部的农民组织参与率相近,分别为27.75%和28.51%。(见表2-62、图2-62)

表2-61 不同地区农民的组织参与率 (单位:个,%)

地区		农民参与情况		合计
		加入了	没有加入	
东北地区	样本	37	38	75
	占比	49.33	50.67	100
西北地区	样本	28	85	113
	占比	24.78	75.22	100
华北地区	样本	61	184	245
	占比	24.90	75.10	100
华东地区	样本	83	256	339
	占比	24.48	75.52	100
华中地区	样本	16	132	148
	占比	10.81	89.19	100
华南地区	样本	37	89	126
	占比	29.37	70.63	100
西南地区	样本	52	166	218
	占比	23.85	76.15	100

表2-62 东中西部农民的组织参与率 (单位:个,%)

地区		农民参与情况		合计
		加入了	没有加入	
东部	样本	111	289	400
	占比	27.75	72.25	100
中部	样本	75	340	415
	占比	18.07	81.93	100
西部	样本	128	321	1264
	占比	28.51	71.49	100

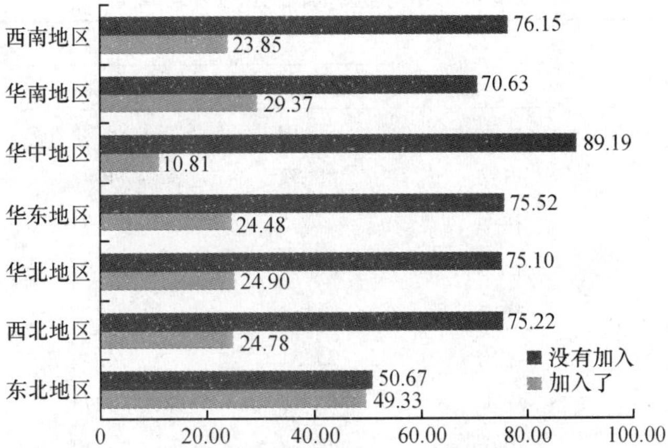

图 2-61　不同地区农民的组织参与率(单位:%)

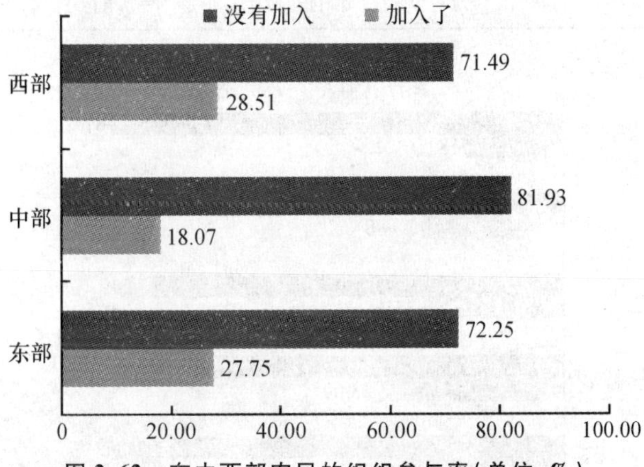

图 2-62　东中西部农民的组织参与率(单位:%)

调查显示,不同年龄的农民参与组织的情况存在显著差异。老年人的参与率最低,为 18.09%;青年人的组织参与率高,调查显示,30 岁以下和 30 岁到 39 岁的农民参与组织的比率分别为 28.57% 和 33.09%;40 岁到 49 岁以及 50 岁到 59 岁的农民组织参与率均接近 1/4,为 25.51% 和 25.88%。(见表 2-63、图 2-63)

表 2-63　不同年龄农民的组织参与率　（单位：个，%）

年龄		农民参与情况		合计
		加入了	没有加入	
30 岁以下	样本	10	25	35
	占比	28. 57	71. 43	100
30—39 岁	样本	45	91	136
	占比	33. 09	66. 91	100
40—49 岁	样本	112	327	439
	占比	25. 51	74. 49	100
50—59 岁	样本	96	275	371
	占比	25. 88	74. 12	100
60 岁以上	样本	51	231	282
	占比	18. 09	81. 91	100

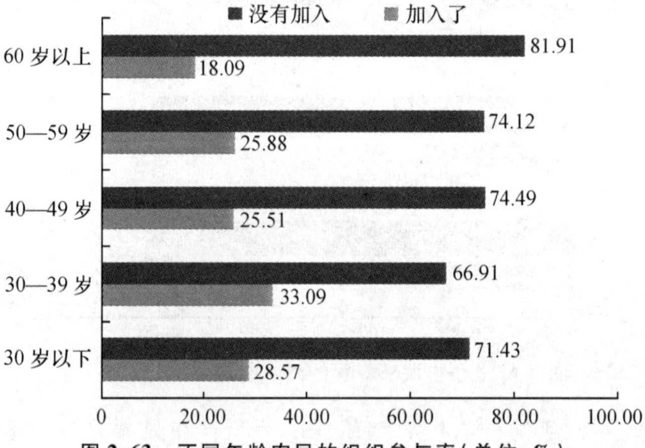

图 2-63　不同年龄农民的组织参与率(单位:%)

由表 2-64、图 2-64 可见，不同职业的农民的组织参与率不同。务工农民的组织参与率最低，为 20. 35%；从事教师等其他职业的农民组织参与率最高，为 44. 94%；做生意的农民比普通务农者组织参与率高，二者中加入农民组织的比率分别为 26. 02% 和 21. 55%。

表 2-64　不同职业农民的组织参与率　（单位:个,%）

职业		农民参与情况		合计
		加入了	没有加入	
务农	样本	186	677	863
	占比	21. 55	78. 45	100
务工	样本	23	90	113
	占比	20. 35	79. 65	100
做生意	样本	32	91	123
	占比	26. 02	73. 98	100
教师及其他	样本	71	87	158
	占比	44. 94	55. 06	100

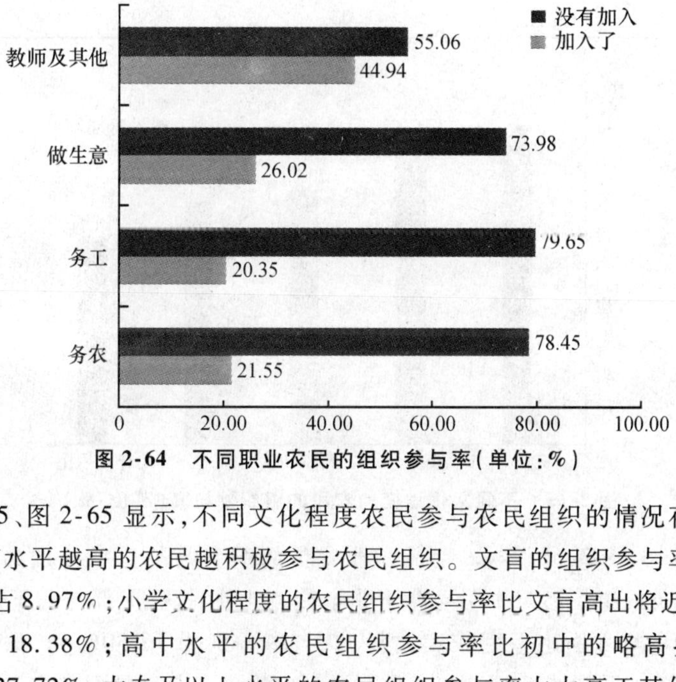

图 2-64　不同职业农民的组织参与率(单位:%)

表 2-65、图 2-65 显示,不同文化程度农民参与农民组织的情况存在显著差异。受教育水平越高的农民越积极参与农民组织。文盲的组织参与率大大低于平均水平,占 8. 97%;小学文化程度的农民组织参与率比文盲高出将近 10 个百分点,达到了 18. 38%;高中水平的农民组织参与率比初中的略高些,分别为 30. 88% 和 27. 72%;大专及以上水平的农民组织参与率大大高于其他水平的农民,达到了 41. 03%。

表2-65　不同文化程度的农民的组织参与率　　(单位:个,%)

文化程度		农民参与情况		合计
		加入了	没有加入	
文盲	样本	7	71	78
	占比	8.97	91.03	100
小学	样本	68	302	370
	占比	18.38	81.62	100
初中	样本	158	412	570
	占比	27.72	72.28	100
高中	样本	63	141	204
	占比	30.88	69.12	100
大专及以上	样本	16	23	39
	占比	41.03	58.97	100

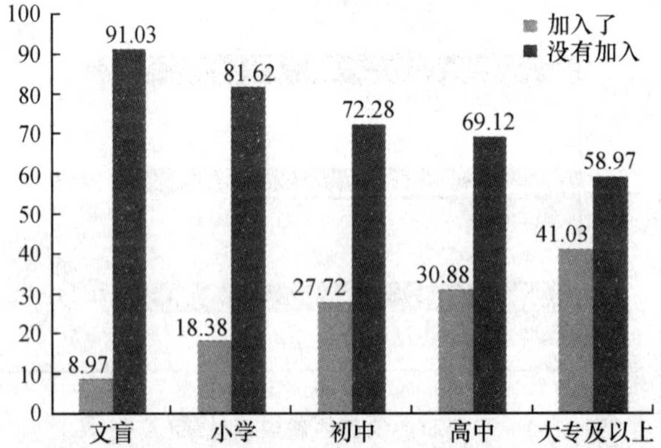

图2-65　不同文化程度的农民的组织参与率(单位:%)

如表2-66、图2-66所示,党员和非党员组织参与的比率分别为41.46%和19.17%,党员的组织参与率明显高于非党员。此外,担任干部与非干部的农民在农民组织的参与方面也呈现较大差异,参与率分别为46.50%和20.64%(见表2-67、图2-67),干部的组织参与率是非干部农民的参与率的两倍多。

表 2-66　党员和非党员农民的参与情况　（单位：个，%）

政治面貌		农民参与情况		合计
		加入了	没有加入	
党员	样本	131	185	316
	占比	41.46	58.54	100
非党员	样本	181	763	944
	占比	19.17	80.83	100

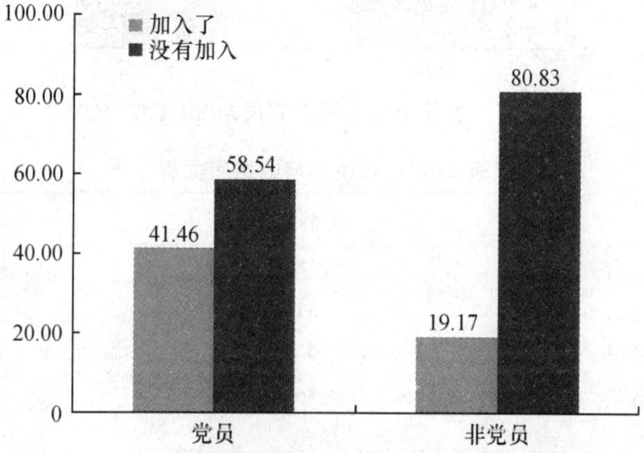

图 2-66　党员和非党员农民的参与情况（单位：%）

表 2-67　担任干部与否的农民知晓　（单位：个，%）

干部与否		农民参与情况		合计
		加入了	没有加入	
干部	样本	93	107	200
	占比	46.50	53.50	100
非干部	样本	219	842	1061
	占比	20.64	79.36	100

（二）农民组织的参与偏好

在加入农民组织的 314 个农民中，六成以上的农民参与经济组织，其比率达到 62.29%，参与民间组织的最少，占 8.86%，参与政治组织和文化组织的农民分别占 13.14% 和 15.71%。（见表 2-68、图 2-68）

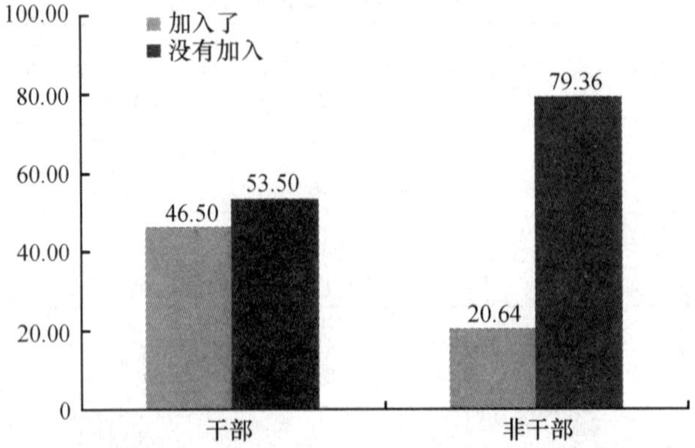

图 2-67　担任干部与否的农民知晓(单位:%)

表 2-68　农民参与的组织类型　(单位:个,%)

	样本数	占比
经济组织	218	62.29
民间组织	31	8.86
政治组织	46	13.14
文化组织	55	15.71
合计	350	100

注:表中以此多选题选择人次为样本统计百分比。

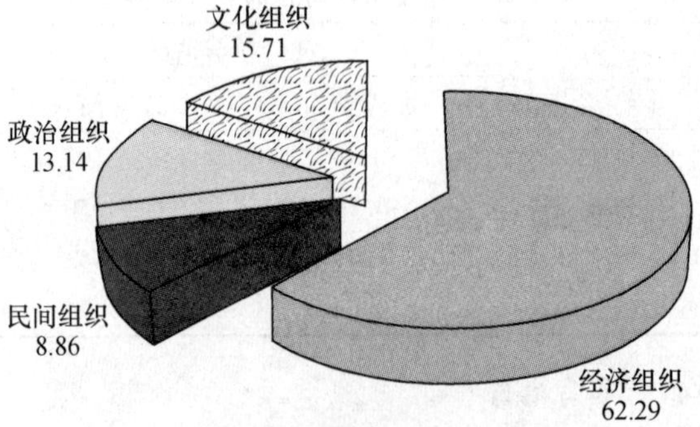

图 2-68　农民参与的组织类型(单位:%)

在经济组织方面,东、中、西部呈现出递增趋势,西部地区经济组织的参与率明显高于东部和中部地区,达到了76.30%。三个地区政治组织的参与率与经济组织呈现出了相反的趋势,东部地区最高,达到了22.46%,中部地区将近东部的

1/2,约为 11.69%,西部最低,约为 4.44%。中部地区参与民间组织比率明显低于其他两个地区,约为 3.90%;而在文化组织方面,中部地区又明显高于平均水平,达到了 28.57%。(见表 2-69、图 2-69)

表 2-69　东中西部农民的组织参与类型　(单位:%,个)

地区	组织类型				合计
	经济组织	民间组织	政治组织	文化组织	
东部	52.17	10.14	22.46	15.23	100(138)
中部	55.84	3.90	11.69	28.57	100(77)
西部	76.30	10.37	4.44	8.89	100(135)

注:表中以此多选题选择人次为样本统计百分比。

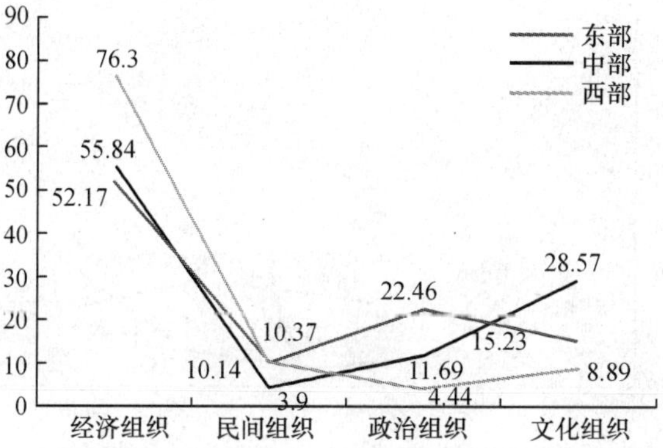

图 2-69　东中西部农民的组织参与类型(单位:%)

不同年龄段的农民在选择农民组织的类型时,也呈现出显著差异。如表 2-70、图 2-70 所示,中年人对经济组织最有兴趣,其中 40 岁到 49 岁的农民经济组织参与率达到了 66.94%,明显高于老年人 50.85% 的参与率;在政治组织的参与方面,随着年龄的上升,政治组织参与率呈下降趋势,30 岁以下的农民参与率达到了 18.18%,而 60 岁以上的农民参与政治组织的仅有 11.86%;年轻人和老年人都热衷于民间组织,其参与率分别是 27.27% 和 23.73%;调查的农户中,30 岁以下的农民没有参加文化组织,中年人参加文化组织的比率相对较高,40 岁到 49 岁和 50 岁到 59 岁的农民文化组织参与率分别达到了 16.93% 和 18.81%。

表 2-70　不同年龄段农民的组织参与类型　(单位:%,个)

年龄	组织类型				合计
	经济组织	民间组织	政治组织	文化组织	
30 岁以下	54.55	27.27	18.18	0	100(11)
30—39 岁	65.45	5.45	16.36	12.74	100(55)
40—49 岁	66.94	3.23	12.90	16.93	100(124)
50—59 岁	62.38	6.93	11.88	18.81	100(101)
60 岁以上	50.85	23.73	11.86	13.56	100(59)

注:表中以此多选题选择人次为样本统计百分比。

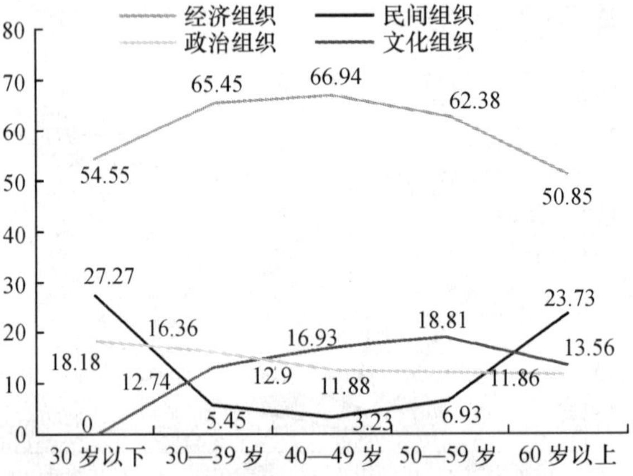

图 2-70　不同年龄段农民的组织参与类型(单位:%)

2. 农民参与的组织性质。农民参与的组织性质不同,其参与率也呈现差异。如表 2-71、图 2-71 所示,农民参与的组织中有 73.83% 的组织属于村庄自发成立,是农民参与组织的首要选择;其次是,政府主导的农民组织,参与率达到 22.27%;农民对外来的民间组织参与率较低,为 2.34%。

表 2-71　农民参与的组织性质　(单位:个,%)

	样本数	占比
自发成立	189	73.83
政府主导	57	22.27
外来民间	6	2.34
不清楚	4	1.56
合计	256	100

注:表中以此多选题选择人次为样本统计百分比。

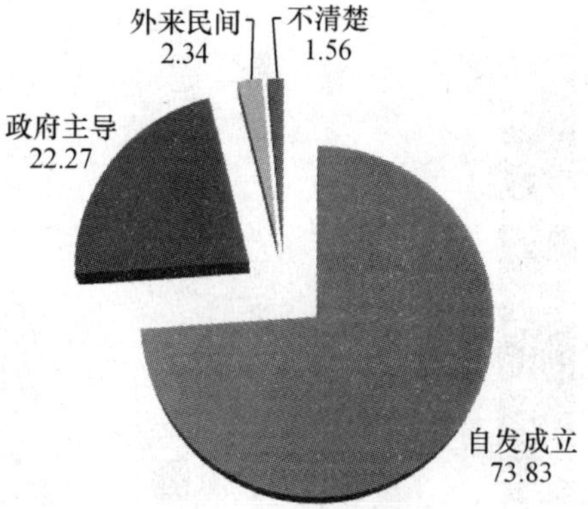

图 2-71　农民参与的组织性质(单位:%)

从不同地区看,东、中、西部农民选择参与组织的性质也具有显著差异。自发成立的组织在各地区都是占比最多的,相比较而言,东部地区要高于其他两个地区,占到了 78.02%,中部地区最低,占 68.97%;西部地区政府主导型的农民组织参与率最高,达到 26.17%,明显高于东部地区的 17.58% 和中部地区的 22.41%;而外来民间组织的参与主要集中在中部地区,有 8.62% 的中部农民参与了外来的民间组织;对参与的农民组织不清楚其性质的农民均来自东部地区,占比达到了 4.40%。(见表 2-72、图 2-72)

表 2-72　东中西部农民参与的组织性质　(单位:%,个)

地区	组织性质				合计
	自发成立	政府主导	外来民间	不清楚	
东部	78.02	17.58	0	4.40	100(91)
中部	68.97	22.41	8.62	0	100(58)
西部	72.90	26.17	0.93	0	100(107)

注:表中以此多选题选择人次为样本统计百分比。

如表 2-73、图 2-73 所示,不同职业的农民在选择不同性质的农民组织时也呈现出显著差异。务农者对政府主导型的农民组织参与率要高于其他职业的农民,占到了 23.45%,且务农者对参与的农民组织性质都比较清楚;务工者参与的农民组织中外来民间组织以及不清楚其性质的比例高于其他职业的农民,分别达到了 6.25% 和 12.50%;教师及其他职业的农民参与自发成立的农民组织比率最高,达到了 76.56%;做生意的农民参与自发成立和政府主导的农民组织的比率都处于居中水平,分别是 73.33% 和 20%。

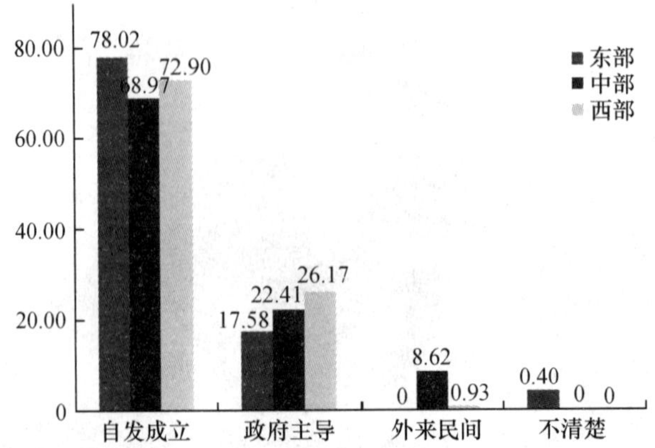

图2-72 东、中、西部农民参与的组织性质(单位:%)

表2-73 不同职业的农民参与不同性质组织的比率 (单位:%,个)

职业	组织性质				合计
	自发成立	政府主导	外来民间	不清楚	
务农	74.48	23.45	2.07	0	100(145)
务工	62.50	18.75	6.25	12.50	100(16)
做生意	73.33	20	0	6.67	100(30)
教师及其他	76.56	20.31	3.13	0	100(64)

注:表中以此多选题选择人次为样本统计百分比。

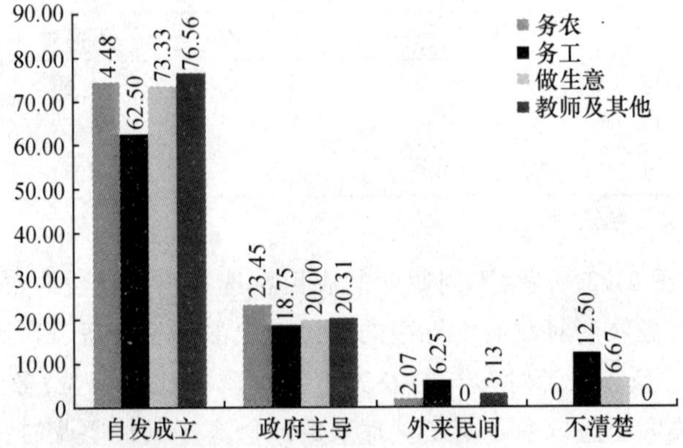

图2-73 不同职业农民参与不同性质组织的比率(单位:%)

（三）农民组织的参与方式

农民参与组织的方式呈现出多样性，其中主动参与农民组织的达到了51.30%；有35.07%的农民在村干部的号召下加入了农民组织；政府和大户的动员力相对较弱，通过这两种方式加入组织的农民比率分别为6.09%和2.90%；另有3.48%的农民是在随大流的情况下加入农民组织的。（见表2-74、图2-74）

表2-74　农民组织的参与方式　（单位：个，%）

	样本数	占比
政府动员	21	6.09
村干部号召	121	35.07
大户带动	10	2.90
主动参与	177	51.30
随大流	12	3.48
其他	4	1.16
合计	345	100

注：表中以此多选题选择人次为样本统计百分比。

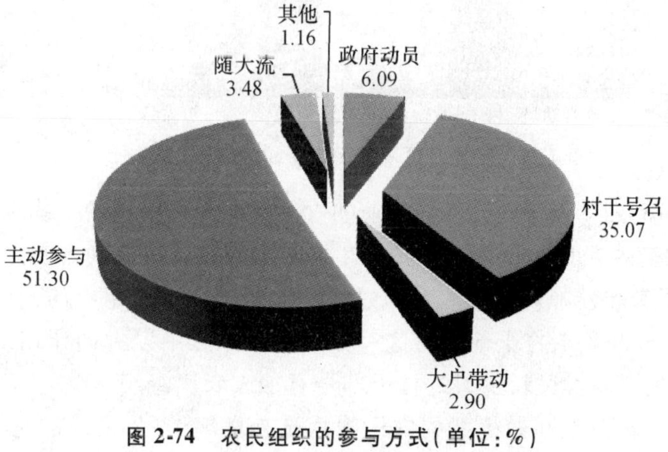

图2-74　农民组织的参与方式（单位：%）

如表2-75、图2-75所示，中部地区政府动员的力量最弱，通过这一方式参与农民组织的占到1.30%；西部地区最高，占到了9.70%；东部稍弱，占5.22%。村干部号召的作用在东部和中部相近，分别是41.79%和41.56%；西部地区通过村干部号召参与村庄农民组织的比率最低，占比是24.63%。西部地区主动参与农民组织的比率最高，达到了61.94%；高于中部的50.64%和最低的东部的

41.04%。随大流参与农民组织的方式,东部地区最高,占到了7.46%;西部地区没有农民选择随大流参与到农民组织中的。

表2-75　不同地区农民参与组织的方式　(单位:%,个)

地区	参与方式						合计
	政府动员	村干号召	大户带动	主动参与	随大流	其他	
东部	5.22	41.79	2.24	41.04	7.46	2.25	100(134)
中部	1.30	41.56	3.90	50.64	2.60	0	100(77)
西部	9.70	24.63	2.99	61.94	0	0.74	100(134)

注:表中以此多选题选择人次为样本统计百分比。

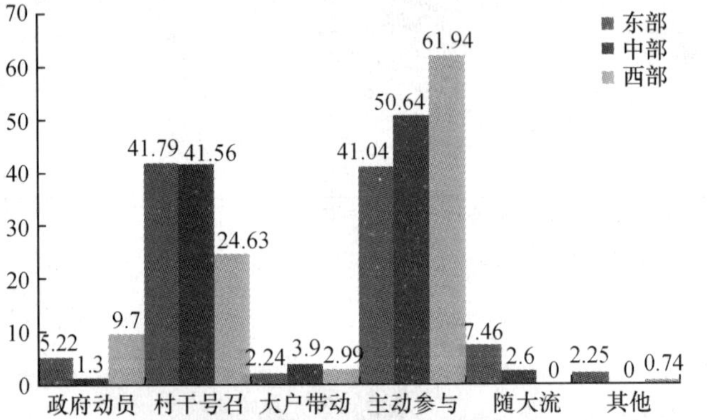

图2-75　不同地区农民参与组织的方式(单位:%)

如表2-76、图2-76所示,不同职业的农民参与农民组织的方式也具有明显差异。有7.49%的务农者和7.36%的做生意的农民通过政府动员的方式参与了农民组织,务工者和教师及其他职业通过这一方式加入农民组织的比例较低,分别是4.35%和3.26%。村干部号召这一方式在务工者中发挥的作用最大,占到了43.48%;做生意的农民较少通过村干部号召加入农民组织,比率占28.57%。大户带动的方式在务工和做生意的农民中均没有发挥作用,最高的是5.43%的教师及其他职业农民在大户带动下参与了农民组织。做生意的农民主动参与农民组织的比率最低,占42.86%;而随大流的情况最多,达到了14.29%。教师及其他职业的农民主动参与的比率最高,占到了56.52%。

表 2-76　不同职业农民参与组织的方式　（单位：%，个）

职业	参与方式						合计
	政府动员	村干号召	大户带动	主动参与	随大流	其他	
务农	7.49	37.43	2.67	51.34	1.07	0	100(187)
务工	4.35	43.48	0	47.83	4.34	0	100(23)
做生意	7.14	28.57	0	42.86	14.29	7.14	100(42)
教师及其他	3.26	30.43	5.43	56.52	3.26	1.10	100(92)

注：表中以此多选题选择人次为样本统计百分比。

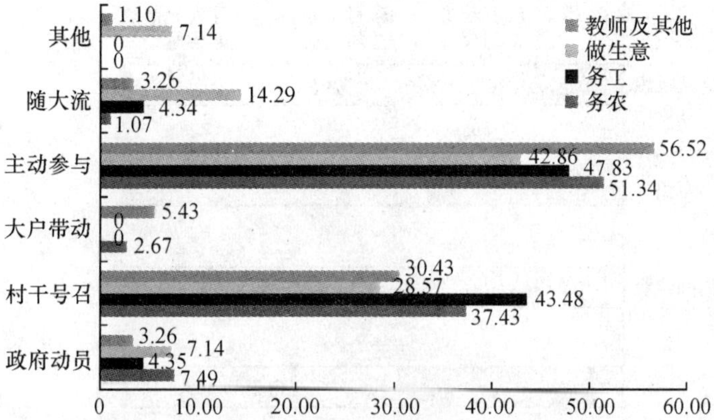

图 2-76　不同职业农民参与组织的方式（单位：%）

在不同类型的农民组织中，农民的参与方式也呈现出显著差异。8.97%的农民通过政府动员方式参与了政治组织，经济组织和文化组织中通过这一方式的农民比例较少，分别占6.55%和3.77%，文化组织方面没有通过政府动员方式参与其中的农民。通过村干号召参与经济组织的比率最高，达到了38.55%；其次是政治组织，占到了29.49%；民间组织的比率最低，占样本数18.87%。文化组织在大户带动和随大流两种方式上都高于其他类型的组织，占比分别达到了6.76%和8.11%。主动参与农民组织的农民中，民间组织占比最高，达到了67.92%；其次是文化组织，占63.51%；经济组织比率最低，为48.56%。（见表2-77、图2-77）

表 2-77 不同类型组织的农民参与方式 (单位:%,个)

类型	参与方式						合计
	政府动员	村干号召	大户带动	主动参与	随大流	其他	
经济组织	6.55	38.55	2.55	48.36	3.27	0.72	100(275)
民间组织	3.77	18.87	1.89	67.92	7.55	0	100(53)
政治组织	8.97	29.49	0	53.85	5.13	2.56	100(78)
文化组织	0	20.27	6.76	63.51	8.11	1.35	100(74)

注:表中以此多选题选择人次为样本统计百分比。

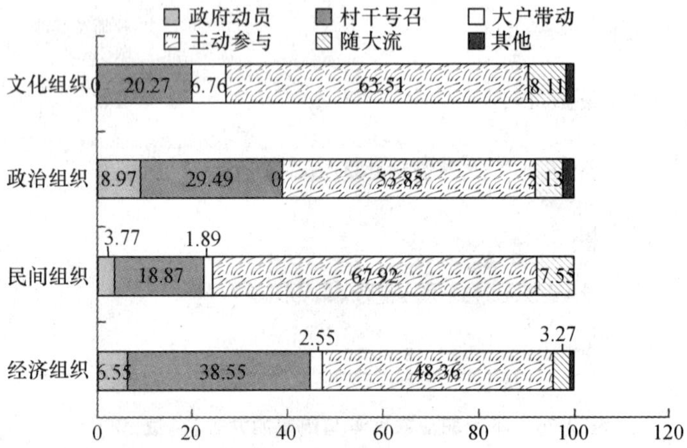

图 2-77 不同类型组织的农民参与方式(单位:%)

三、农民期待

(一) 农民组织的参与效用

根据 2011 年的数据,如表 2-78、图 2-78 所示,参与村庄农民组织的农民所享受的服务主要是技术指导,占比达到了 28.18%;其次是休闲娱乐服务,达到了 20%;另有 19.09% 农户享受到农民组织提供的信息服务;农民组织在帮助农户销售农产品和资金支持方面的作用发挥不明显,分别占到 7.58% 和 6.97%;此外,有 18.18% 的农民在调查中表示其所参与的农民组织未提供任何服务。

表 2-78　农民参与组织享受的服务　（单位：个，%）

	样本数	占比
技术指导	93	28.18
提供信息	63	19.09
资金支持	23	6.97
销售农产品	25	7.58
休闲娱乐	66	20
不提供	60	18.18
合计	330	100

注：表中以此多选题选择人次为样本统计百分比。

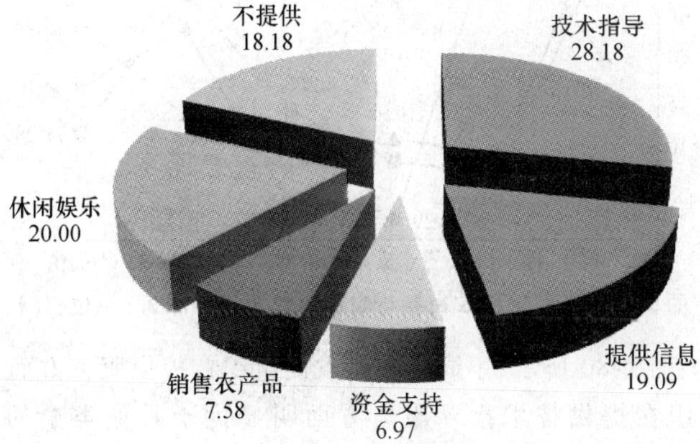

图 2-78　农民参与组织享受的服务（单位：%）

从不同地区的农民组织看，东、中、西部在技术指导服务方面呈现递增趋势，东部地区最低，占 19.08%；西部地区最高，达到了 35.16%。在提供信息服务方面，中部和西部的农民组织作用发挥都不明显，分别占到了 7.04% 和 9.38%；东部地区明显高于其他地区，达到了 35.11%。三个地区农民参与农民组织享受的资金服务均较少，分别占到了 2.29%、8.45% 和 10.94%。中部地区在销售农产品和休闲娱乐服务功能的提供上均高于其他两个地区，分别达到了 14.08% 和 26.76%。（见表 2-79、图 2-79）

表2-79 不同地区农民组织提供的服务 (单位:%,个)

地区	提供服务						合计
	技术指导	提供信息	资金支持	销售农产品	休闲娱乐	不提供	
东部	19.08	35.11	2.29	3.82	22.90	16.80	100(131)
中部	32.39	7.04	8.45	14.08	26.76	11.28	100(71)
西部	35.16	9.38	10.94	7.81	13.28	23.44	100(128)

注:表中以此多选题选择人次为样本统计百分比。

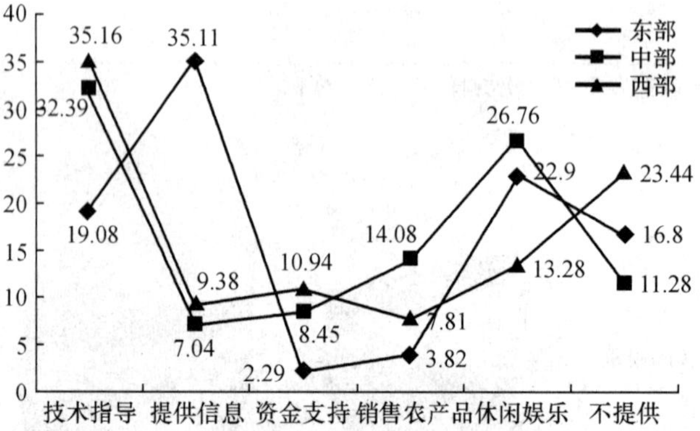

图2-79 不同地区农民参与农民组织享受的服务(单位:%)

如表2-80、图2-80所示,不同类型的农民组织在提供服务方面存在着明显的差异。经济组织在提供技术指导服务方面明显优于其他类型的组织,达到了34.47%。政治组织在这方面的作用最小,占3.95%。但在提供信息方面,政治组织的服务最大,高于其他三个类型的组织,达到了42.11%。休闲娱乐方面,民间组织和文化组织的优势比较明显,分别达到了46.00%和69.01%,明显高于经济组织和政治组织。

表2-80 不同类型的农民组织提供的服务 (单位:%,个)

类型	提供服务						合计
	技术指导	提供信息	资金支持	销售农产品	休闲娱乐	不提供	
经济组织	34.47	19.70	6.82	9.47	6.82	22.72	100(264)
民间组织	10	18.00	4.00	0	46.00	22.00	100(50)
政治组织	3.95	42.11	3.95	0	14.47	35.52	100(76)
文化组织	7.04	16.90	2.82	0	69.01	4.23	100(71)

注:表中以此多选题选择人次为样本统计百分比。

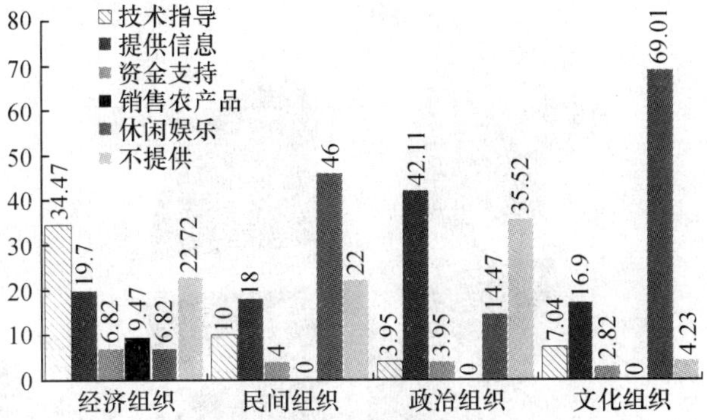

图 2-80　不同类型的农民组织提供的服务（单位：%）

在有关参与农民组织后，农民评价其得到的好处的调查中，认为加入农民组织后其经济收入增加的农民占到了 26.48%；其次是通过农民组织参与村庄事务，占到了 17.59%；16.40% 的农民表示参与农民组织后人际关系得到了改善；在个人能力提高和改善身心健康方面，农民组织也起到了一定的作用，农民认可的比率均达到 13.83%；7.11% 的农民认为在参与农民组织后自己的社会地位得到了一定的提高；此外，有 4.76% 的农民认为参与农民组织没有带来任何好处。（见表 2-81、图 2-81）

表 2-81　农民参与组织的好处　　（单位：个，%）

	样本数	占比
收入增加	134	26.48
地位提高	36	7.11
人际改善	83	16.40
能力提高	70	13.83
健康改善	70	13.83
村庄事务	89	17.59
没有好处	24	4.76
合计	506	100

注：表中以此多选题选择人次为样本统计百分比。

（二）农民组织的参与期待

如表 2-82、图 2-82 所示，有 27.55% 的农民在调查中表示，今后想加入类似合作社、养殖协会等的经济组织；期待参与文化组织的农民占比也较高，达到了 23.21%；表达希望加入政治组织和民间组织的农民相对较低，分别是 13.23% 和

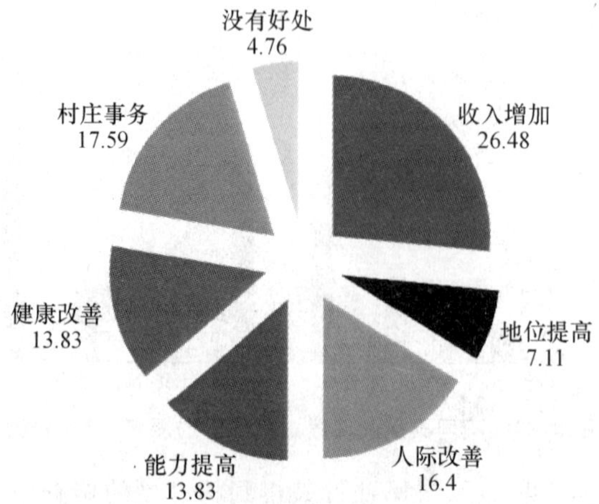

图 2-81 农民参与组织的好处(单位:%)

14.75%;有1.74%的农户明确表示将不参与任何类型的农民组织。此外,仍有19.52%的农民处于观望状态,表示要看情况再决定今后参与哪个类型的农民组织。

表 2-82 农民期待参与的组织类型 (单位:个,%)

	样本数	占比
经济组织	127	27.55
民间组织	68	14.75
政治组织	61	13.23
文化组织	107	23.21
以上都不	8	1.74
看情况	90	19.52
合计	461	100

注:表中以此多题选择人次为样本统计百分比。

从不同地区来看,农民所期待参与的农民组织类型呈现显著差异。西部地区对经济组织的期待值最高,达到了32.55%;其次是中部地区,占28.87%;东部地区最低,为20.13%。东部地区和西部地区对政治组织的期待相近,分别为14.94%和14.15%;中部地区期待参与政治组织和民间组织的比率最低,分别为9.28%和12.37%。文化组织方面,中部地区的期待值最高,达到30.93%;东部地区最低,为16.23%。同时,东部地区处于观望状态、视情况而定的比率最高,

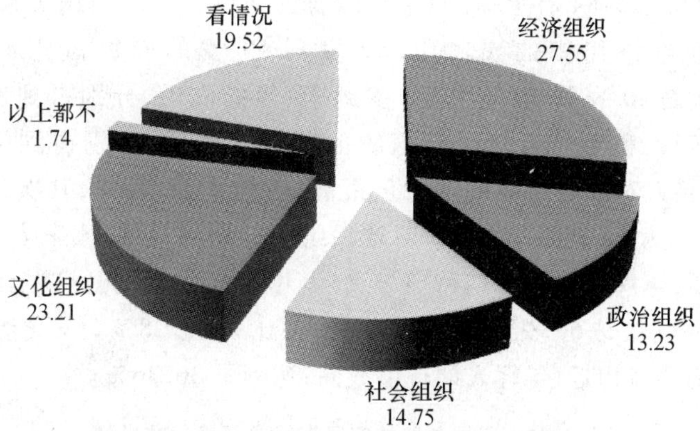

图 2-82　农民期待参与的组织类型（单位：%）

达到了 31.81%。（见表 2-83、图 2-83）

表 2-83　不同地区的农民期待参与组织的类型　　（单位：%，个）

地区	组织类型						合计
	经济组织	民间组织	政治组织	文化组织	不参与	看情况	
东部	20.13	14.29	14.94	16.23	2.60	31.81	100(154)
中部	28.87	12.37	9.28	30.93	2.06	16.49	100(97)
西部	32.55	16.04	14.15	24.53	0.94	11.79	100(212)

注：表中以此多选题选择人次为样本统计百分比。

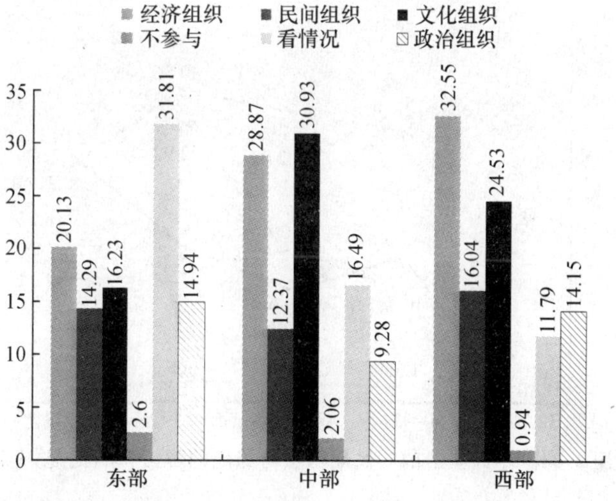

图 2-83　不同地区的农民期待参与组织的类型（单位：%）

如表2-84、图2-84所示，不同年龄的农民期待参与的组织类型存在显著差异。期待参与经济组织的农民中，50岁到59岁的农民占比最高，达到了30.56%；其次是40岁到49岁和30岁到39岁的农民，分别占到了28.30%和26.56%。年轻人和老年人对经济组织的期待比较低，分别占到了18.18%和22.89%。年轻人对政治组织的期待值最高，达到了18.18%，其次是40岁到49岁的农民，占比为15.09%；老年人对政治组织的期待最低，比率为12.05%。在民间组织方面，年龄大的农民期待值较高，其中最高的是60岁以上的农民，占比达到24.10%；其次是50岁到59岁的农民，占比为15.28%。文化组织方面，中、老年的农民期待值相近，年轻人期待值最高，达到了36.36%。

表2-84　不同年龄的农民期待参与组织的类型　(单位:%,个)

年龄	组织类型						合计
	经济组织	民间组织	政治组织	文化组织	不参与	看情况	
30岁以下	18.18	0	18.18	36.36	0	27.28	100(11)
30—39岁	26.56	14.06	10.94	26.56	1.56	20.32	100(64)
40—49岁	28.30	10.69	15.09	22.01	1.89	22.02	100(159)
50—59岁	30.56	15.28	12.50	22.92	2.08	16.66	100(144)
60岁以上	22.89	24.10	12.05	21.69	1.20	18.07	100(83)

注:表中以此多选题选择人次为样本统计百分比。

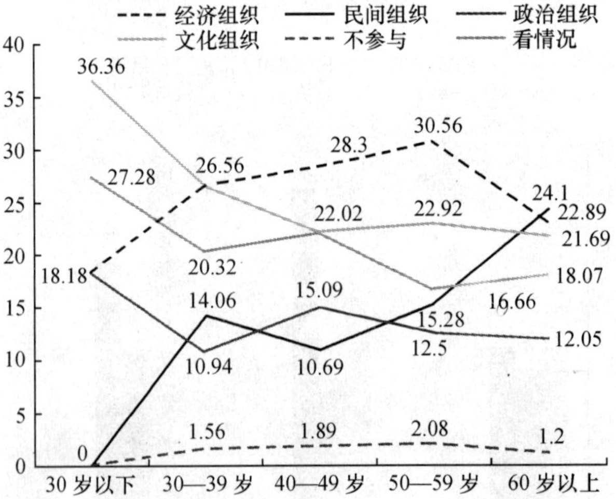

图2-84　不同年龄的农民期待参与组织的类型(单位:%,个)

不同职业的农民期待参与的农民组织类型呈现显著差异。务农者对经济组织的期待值最高，达到了 32.21%；其次是教师及其他职业的农民，占到了 25.22%；务工者和做生意的农民对经济组织的期待值较低，分别为 10.34% 和 14.89%。做生意的农民对政治组织的期待值最高，占 17.02%；紧接着是教师及其他职业的农民，占到了 16.52%。民间组织方面，务工和做生意的农民期待值较高，分别达到了 17.24% 和 17.02%。26.96% 的从事教师及其他职业的农民期待参与文化组织，务农者中有 23.22% 的农民期待参与文化组织。务工者中表示几种组织都不参与及摇摆不定的情况均高于其他职业的农民，分别占到了 6.90% 和 34.49%。（见表 2-85、图 2-85）

表 2-85　不同职业的农民期待参与组织的类型　　（单位：%，个）

职业	组织类型						合计
	经济组织	民间组织	政治组织	文化组织	不参与	看情况	
务农	32.21	14.61	11.61	23.22	1.50	16.85	100(267)
务工	10.34	17.24	10.34	20.69	6.90	34.49	100(29)
做生意	14.89	17.02	17.02	17.02	2.13	31.92	100(47)
教师及其他	25.22	13.04	16.52	26.96	0.87	17.39	100(115)

注：表中以此多选题选择人次为样本统计百分比。

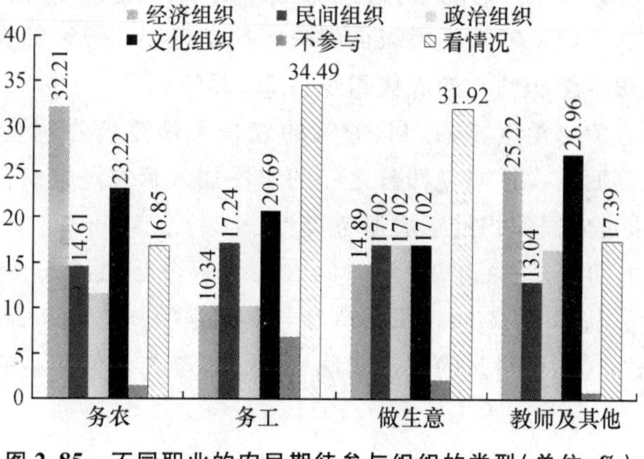

图 2-85　不同职业的农民期待参与组织的类型（单位：%）

本章提要

• 从农民组织的数量来看,截至2011年底,每个村庄平均有3.56个农民组织,全国有50%的村庄有2个及以上的农民组织,仅5.88%的村庄没有农民组织。

• 从农民组织的地区差异看,到2011年,西部村庄的农民组织数量较多,为4.49个,与之相对,东部农村每个村庄平均3.6个农民组织,中部略低,为2.87个。

• 从农业生产类型来看,林业区的农民组织发展较好,至2011年,每个林业区村庄都有农民组织,牧区有6.25%的村庄没有农民组织,农业区也有6.6%的村庄没有农民组织。

• 从村庄收入来看,37.21%低收入村庄中仅有1个农民组织,39.53%的高收入村庄中有4个以上的农民组织,比低收入村庄高19个百分点。

• 从农民组织的类型来看,根据2011年数据,每个村庄平均1.31个经济组织,1.18个民间组织,1.3个政治组织和1.24个文化组织,此外,0.08个宗族组织和0.73个宗教组织。

• 从农民组织的运行情况看,近六年成立的农民组织占到农民组织总数的三分之二,其中,66.13%的农民组织得到政府的支持,34.67%的农民组织经常开展活动,较少或很少组织活动的农民组织占22.35%。

• 从农户的参与角度来看,11.03%的农户不清楚所在村庄是否有农民组织,知晓率从东到西依次递减。四分之一的农民加入了农民组织,技术指导、三农信息和休闲娱乐是农民组织的三大服务类型。

• 从农户的期待来看,有27.55%的农民表示今后想加入类似合作社、养殖协会等的经济组织;23.21%的农民期待参与文化组织;希望加入政治组织和民间组织的农民相对较低,1.74%的农户明确表示将不参与任何类型的农民组织。

第三章 农民流动与分化*

农民流动是农村现代化进程中一种突出的社会现象。长期以来,工业与农业、城市与乡村不均衡发展,形成了二元性结构。城乡收入差距、工农收入差距的扩大,与农村劳动力的过剩相交汇,推动了20世纪80年代肇始的农民流动大潮。正是农村剩余劳动力的转移,为我国改革发展提供了大量的与必要的人力资源。时至今日,农民流动仍然是反映农民状况的重要因素。本章对农民流动特别是以外出务工为主要形式的流动情况与特点,进行具体的数据分析与描绘,以此反映农民的社会状况。

第一节 流 动 规 模

农民离开土地进城务工,特别是外出时间超过六个月的跨地区务工,使他们处于一种户籍在农村,生活工作在务工城镇,且没有完全融入城镇的流动状态。本部分关注处于流动状态的农民的数量规模、流出与流入的地区、成规模外出务工集中的时间段及其特征。

一、数量规模

1. 农民外出打工比例接近两成,打工人数占调查劳动力的近三成。

从外出打工农民与调查全部农民的数量比较来看,在2012年调查数据中,外出打工人数达到3021人,占到全部调查家庭人口数的19.39%,农民外出打工的比例接近两成。从打工人数与农户家庭户数比较来看,在所调查的3648户农户中,户均打工人数为0.83,即在每100户家庭中就有83人外出打工。从打工人数与农户家庭劳动力比较来看,在涉及的10324个家庭劳动力中,外出打工人数占近三成,即为29.26%。(见表3-1)

---

* 本章撰写人:佘纪国、彭文艳、郑廉、李文娇、林翠。

表3-1 调查农民的流动数量规模 (单位:人,%,个)

打工人数	家庭人口数	打工比例	打工农户	调查农户	户均打工人数	家庭劳动力	打工人数占家庭劳动力
3021	15584	19.39	1750	3648	0.83	10324	29.26

注:打工比例为打工人数与家庭人口数之比。打工农户为有家庭成员外出务工的农户。缺失值没有纳入统计。

2. 打工人数占家庭人口数四分之一至二分之一的家庭最多,打工成员数占家庭劳动力二分之一到四分之三的家庭最多。

从表3-2与图3-1可以看出,在2012年所调查的农户中,有外出打工成员的家庭,打工人数占家庭人口数四分之一至二分之一的家庭最多,占比为25.60%;其次为打工人数占家庭人口数二分之一至四分之三的家庭,占比为11.35%;整个家庭全部外出打工的农户占0.82%。同样,可以发现有外出打工成员的家庭,打工成员数占家庭劳动力二分之一到四分之三的家庭最多,占比为22.20%;其次为打工人数占家庭劳动力四分之一至二分之一的家庭,占比为14.86%;家庭全部劳动力外出打工,占比为7.24%。

表3-2 农户家庭人口与劳动力中打工人数分布 (单位:%)

	打工人数占各自家庭人口数		打工人数占各自家庭劳动力人数	
	百分比	累计百分比	百分比	累计百分比
0%	52.03	52.03	52.11	52.11
25%以内	8.91	60.94	1.67	53.78
25%—50%	25.60	86.54	14.86	68.64
50%—75%	11.35	97.89	22.20	90.84
75%—100%	1.29	99.18	1.92	92.76
100%	0.82	100	7.24	100
合计	100		100	

3. 近半的调查农户有家庭成员在外务工,有一人外出打工的农户家庭居多。

从农户有无家庭成员外出打工以及务工人数来看,2012年,在所调查的3648个农户中,没有成员外出打工家庭有1898个,占比为52.03%;有家庭成员在外打工的农户有1750个,占比为47.97%,接近调查农户的一半;其中,家庭中有一人外出的农户比较多,占到22.94%,有两人外出的农户也为数不少,占比为18.01%,有三人及以上外出的农户则相对较少,占比为7.02%。(见表3-3与图3-2)

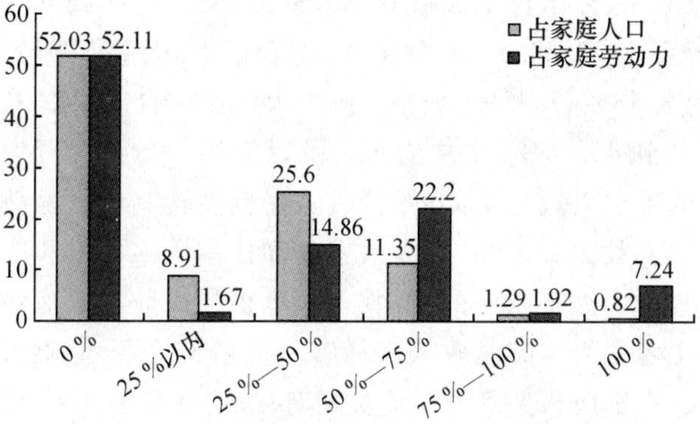

图 3-1　农户家庭人口与劳动力中打工人数分布(单位:%)

表 3-3　农户家庭外出务工数量分布　　(单位:个,%)

打工人数	调查户数	百分比
没有	1898	52.03
有	1750	47.97
其中:1 人	837	22.94
2 人	657	18.01
3 人及以上	256	7.02
合计	3648	100

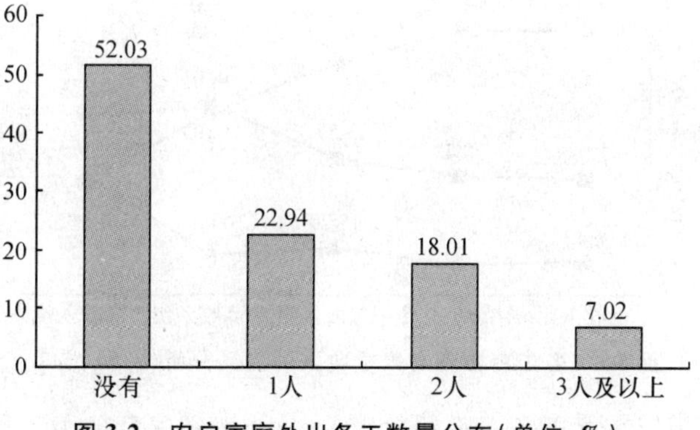

图 3-2　农户家庭外出务工数量分布(单位:%)

4. 低收入农户家庭外出打工成员相对较少,高收入家庭打工成员相对较多。

进一步考察农户家庭外出务工的数量特征,将 2012 年调查务工农户家庭收入五等分分组,再与务工家庭打工者数量进行交叉分析。可以发现,在低收入与中低收入农户家庭中,外出打工成员有 1 人的最多,分别达到 63.64%、64.22%;有 2 人的占比分别为 27.88%、28.43%,与前者相比,比重下降较大;有 3 人及以上的占比分别为 8.48%、7.35%,比重下降更大。在高收入家庭中,打工成员为 2 人的家庭最多,达到 43.74%;次之为 3 人及以上的,达到 29.55%。就不同收入组比较来看,家庭务工人数为 1 人的,低收入家庭要比高收入家庭多出 36.93 个百分点;家庭务工人数为 2 人的,低收入家庭却比高收入家庭少了 15.86 个百分点;家庭务工人数为 3 人及以上的,低收入家庭也比高收入家庭少了 21.07 个百分点。可见,务工者数量与家庭收入高低有一定相关关系,低收入农户家庭外出打工成员相对较少,高收入家庭打工成员相对较多。(见表 3-4 与图 3-3)

表 3-4 务工者数量与家庭收入的交叉分析 (单位:%)

家庭务工人数分组	家庭收入分组					合计
	低收入组	中低收入组	中等收入组	中高收入组	高收入组	
1 人	63.64	64.22	56.18	44.19	26.71	48.01
2 人	27.88	28.43	32.53	46.01	43.74	37.56
3 人及以上	8.48	7.35	11.29	9.80	29.55	14.43
合计	100	100	100	100	100	100

注:调查农户家庭人口均值为 4.27 人。家庭打工人数为 1 人、2 人、3 人及以上,可分别视该家庭打工人数为少、中、多三个数量层次。

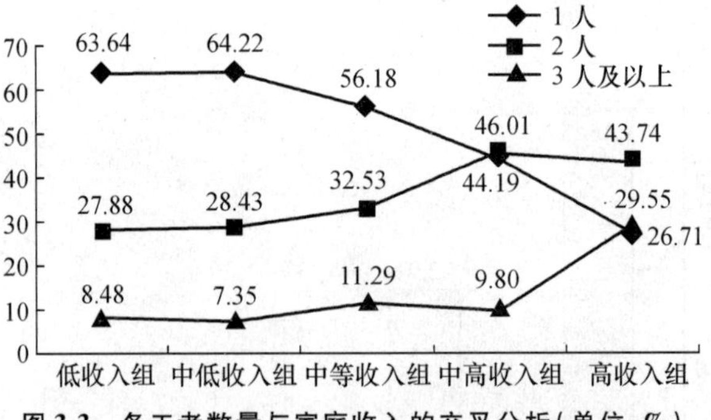

图 3-3 务工者数量与家庭收入的交叉分析(单位:%)

5. 抚养负担较重家庭务工者数量较少,负担较轻家庭务工者数量较多。

按照国际 0.5 的标准,人口负担系数小于 0.5 为人口负担处于较轻的机会窗口时期。从表 3-5 与图 3-4 可以看出,人口负担系数为 0 与 0.5 以内的家庭,外出 1 人打工的比重较少,但外出 3 人打工的比重却相对较大,分别为 12.84%、19.93%,都要高于其他负担系数家庭。特别值得注意的是,人口负担系数为 2 以上，即1个劳动力需要抚养包括自己2个人以上的家庭，有1人外出务工家庭占比达到81.25%。随着家庭人口负担系数的增大，也即家庭抚养负担的加重，有1人在外务工的家庭的数量比重也逐渐增加，分别为43.27%、48.50%、52.42%、50%、53.49%、81.25%。随着家庭人口负担系数的增大，有2人在外务工的家庭数量比重波动较大。随着人口抚养负担的加重，有3人及以上打工成员的家庭的比重呈现出逐渐下降的特点。具体来看，负担系数分为0、0.5以内、0.51—1、1.01—1.5、1.51—2、2以上的家庭，有3个及以上打工成员的家庭，分别占比12.84%、19.93%、9.41%、9.52%、4.65%、6.25%。

表3-5　务工者数量与人口负担系数的交叉分析　（单位：%）

家庭务工人数分组	人口负担系数分组						合计
	0	0.5以内	0.51—1	1.01—1.5	1.51—2	2以上	
1人	43.27	48.50	52.42	50	53.49	81.25	48.38
2人	43.89	31.56	38.17	40.48	41.86	12.50	37.38
3人及以上	12.84	19.94	9.41	9.52	4.65	6.25	14.24
合计	100	100	100	100	100	100	100

注：人口负担系数为非劳动力人数与劳动力人数之比，非劳动力人数在此统计为老人数与学生数。

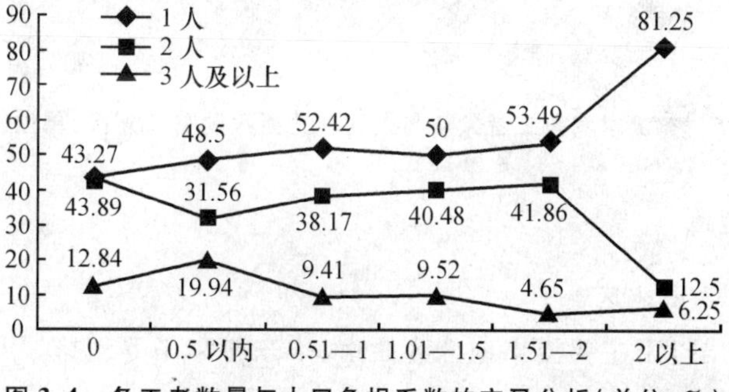

图3-4　务工者数量与人口负担系数的交叉分析（单位：%）

6. 地少的家庭外出务工者数量相对较多，地多家庭外出务工者数量相对较少。

经过家庭务工者数量与家庭人均耕地面积的交叉分析，人均承包耕地较多的农户，外出务工成员数量较少。人均承包耕地较少或者没有的农户，外出务工成员数量却较多。从图3-5与表3-6可以看出，没有耕地的、人均耕地在0.5亩以下的，以及有3人及以上成员打工的家庭所占比重分别为19.45%和20%，要高于其他人均耕地分组的 16. 25%、12. 71%、9. 32%、17. 65%、6. 25%。

表 3-6 务工者数量与人均耕地面积的交叉分析 (单位:%)

家庭务工人数分组	人均耕地面积分组							合计
	没有耕地	0.5 亩及以下	0.5—1 亩	1—1.5 亩	1.5—2 亩	2—2.5 亩	2.5 亩以上	
1 人	48. 33	42. 55	45. 67	49. 83	50. 93	54. 41	55. 29	47. 95
2 人	31. 67	38. 00	38. 08	37. 46	39. 75	27. 94	38. 46	37. 52
3 人及以上	20	19. 45	16. 25	12. 71	9. 32	17. 65	6. 25	14. 53
合计	100	100	100	100	100	100	100	100

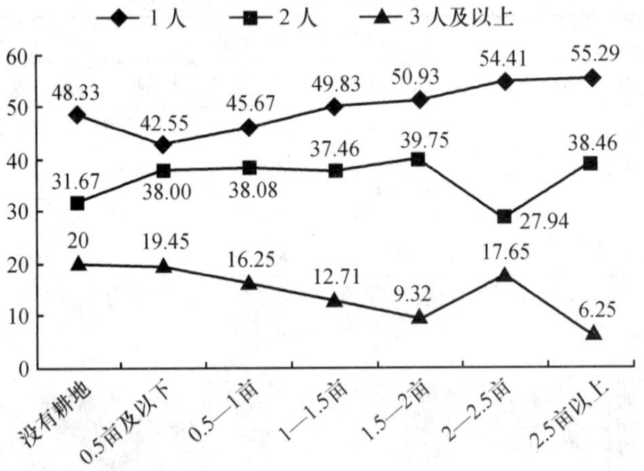

图 3-5 务工家庭务工者数量与人均耕地面积的交叉分析(单位:%)

二、流动范围

(一) 农民流出地区

1. 农民外出打工主要流出地区为西南、华东与华中等地区,华北地区农民外出打工相对比较少。

根据 2012 年调查问卷,调查家庭人口数为 15584 人,打工人数为 3021 人。比较与分析外出打工者所属地理地区,即流出地区可知,西南、华东、华中地区的农民流出比较多,占比分别为 20. 78%、20. 72%、20. 67%。其他地区的农民外出相对比较少,特别是华北地区的农民外出打工的比例最少,为 13. 16%,比全国平均农民流出比例要低 5 个多百分点。具体数据可以参见表 3-7 与图 3-6。

表 3-7 外出打工农民流出的地区 （单位：人，%）

地区	打工人数	家庭人口数	打工比例
东北	157	812	19.33
西北	273	1937	14.09
华北	249	1892	13.16
华东	721	3479	20.72
华中	719	3169	20.67
华南	344	1825	18.85
西南	467	2247	20.78
全国	3021	15584	19.39

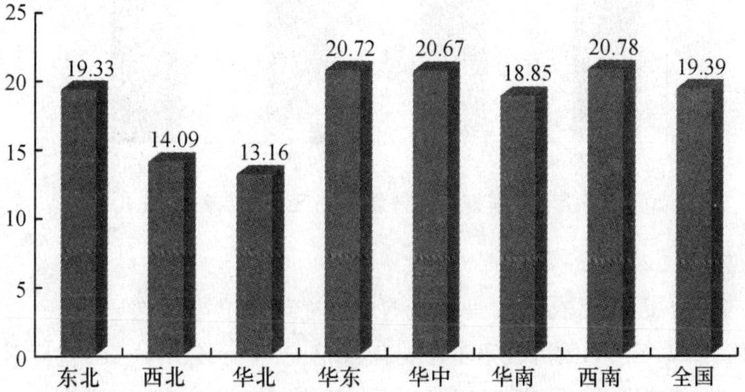

图 3-6 外出打工农民流出的地区（单位：%）

2. 家庭务工成员数量较少的农户主要来自东部，务工成员数量较多的农户主要来自中部。

进一步对家庭成员外出务工数量多少来考察农民流出的地区情况，可以发现，在全部调查务工农户中，有 1 人外出打工的家庭主要来自东部家庭，所占比重为 54.21%，高于全国 47.83% 的水平；有 2 人外出打工的家庭主要来自中部，占比为 41.60%，高于西部与东部的水平；有 3 人及以上人数外出打工的家庭主要来自中部，占比为 15.10%，东部略少于中部，西部也少于中部。（见表 3-8 与图 3-7）

表 3-8 家庭打工者数量的地区分布 (单位:%)

打工人数分组	地区分组			全国
	东部	中部	西部	
1 人	54. 21	43. 30	47. 53	47. 83
2 人	30. 84	41. 60	38. 78	37. 54
3 人及以上	14. 95	15. 10	13. 69	14. 63
合计	100	100	100	100

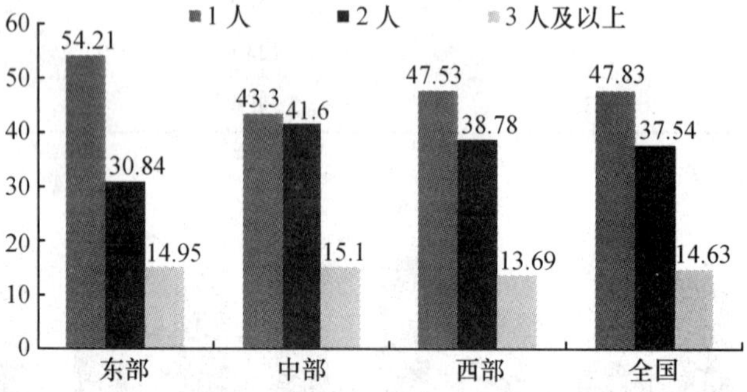

图 3-7 家庭打工者数量的地区分布(单位:%)

(二) 农民流入地区

1. 流向省外是务工农民的首要选择,省内流动位居其次。

通过对 2012 年务工农民流向地区有效信息进行统计分析,省际流动仍然是农民外出打工的首要选择,有 1212 个农民选择在外省务工,占比为 46. 29%;而选择在本省务工的农民也为数不少,占比为 43. 47%;就近在本县市范围内打工的农民不足一成,即 9. 93%。需要引起注意的是,有农民开始走出国门,到以色列、俄罗斯、韩国等国家务工,这样的农民占到 0. 31%。(见表 3-9 与图 3-8)

表 3-9 农民流入地区范围 (单位:人,%)

流入地区	有效样本	有效百分比
县市内	260	9. 93
省内	1138	43. 47
省外	1212	46. 29
国外	8	0. 31
合计	2618	100

注:省内不包括农户所在的县市。

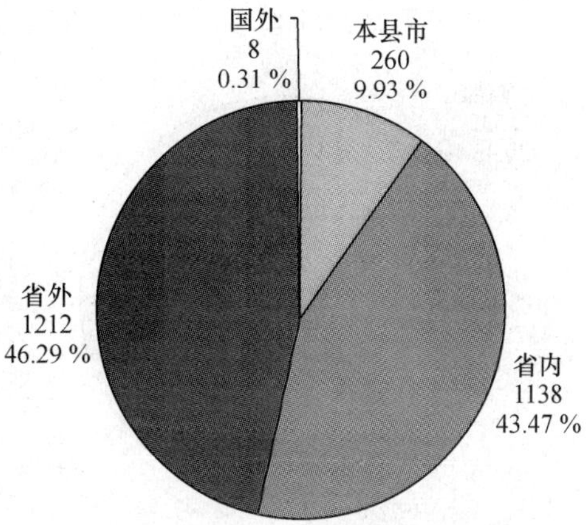

图 3-8 农民流入地区范围(单位:人,%)

2. 珠三角等沿海发达地区是农民务工流入的主要经济地区。

珠三角地区是农民流入的主要经济地区,超过四分之一,即 25.36% 的农民选择在珠三角地区打工。长三角地区也是打工农民的另一选择,有 21.47% 的农民流入该地区打工与生活。再者,西部地区也有过两成农民选择在此地区打工。沿海的环渤海经济圈,农民选择在此务工的比重相对较少。具体信息可以参见表 3-10、图 3-9。

表 3-10 农民流入的主要经济地区 (单位:人,%)

流入地区	有效样本	有效百分比
珠三角	664	25.36
长三角	562	21.47
环渤海	391	14.94
中部	437	16.69
西部	535	20.43
其他	29	1.11
合计	2618	100

3. 新一代流动农民流入珠三角等沿海地带,第一代流动农民流入西部。

从表 3-11 与图 3-10 可以看出,34 岁以下的青年打工农民,作为新一代流动农民,对于流动地区的选择,已经与 34 岁以上的中年第一代务工农民有所差异。新一代流动农民主要流向珠三角地区,所占比重为 28.33%,要高于流向长三角、西部等地区的比重,也明显高于第一代流动农民流向珠三角的 19.98%。而第一

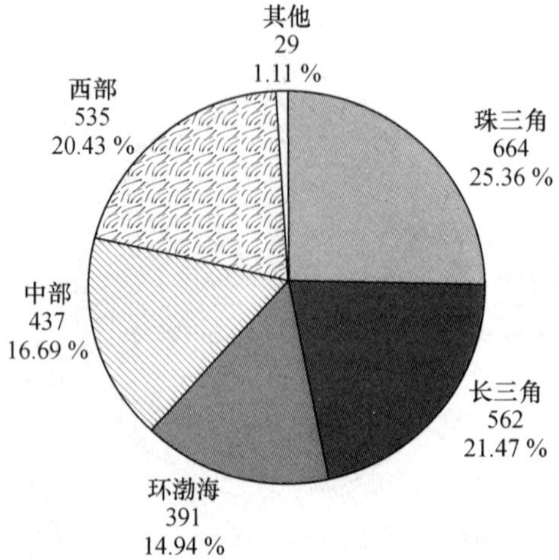

图3-9 农民流入的主要经济地区(单位:人,%)

代流动农民主要流向西部地区,所占比重为24.50%,高于流向中部、珠三角等地区,也高于新一代流动农民流向西部的比重。

表3-11 务工农民代际差异与流入地区选择变化 (单位:人,%)

流入地区	新一代流动农民(34岁以下)		第一代流动农民(34岁及以上)	
	频数	占比	频数	占比
珠三角	470	28.33	190	19.98
长三角	396	23.87	165	17.35
环渤海	219	13.20	170	17.88
中部	254	15.31	182	19.14
西部	302	18.21	233	24.50
其他	18	1.08	11	1.15
合计	1659	100	951	100

注:将出生在1978年以前、2012年调查时年龄在34岁以上的农民,归为第一代流动农民,将出生在1978年以后、2012年调查时年龄在34岁以下的农民,归为新一代流动农民。这种年龄的划分恰好接近青年与中年的界限标准。

(三)农民流入的行业

1. 外出农民主要流入制造业与建筑采掘业等第二产业部门。

对农民外出务工所从事的产业与行业统计来看,按三次产业来排序,农民主要在第二产业领域打工,有65.73%的农民在该产业从事生产活动;从事第三产业服务行业的农民占比为32.56%;农民外出就业很少有从事第一产业的,这样

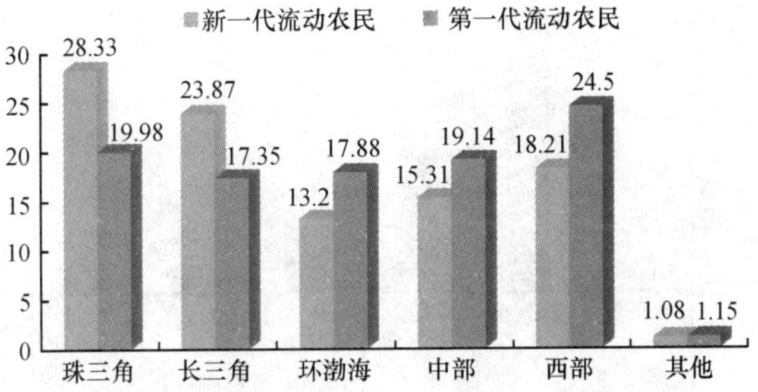

图 3-10　务工农民代际差异与流入地区选择变化(单位:%)

的比重为 1.71%。在第二产业中,农民从事最多的是制造行业,有 37.54% 的农民走出村庄之后,在制造部门工作;次之为建筑与采掘业,有 21.09% 的农民在此行业工作。服务业从事比例也在扩大,其中从事住宿餐饮行业的农民有 10.62%,从事商业零售业与交通运输业的农民相差不大,分别为 5.93% 与 5.33%。(见表 3-12 与图 3-11)

表 3-12　外出务工农民从事的产业与行业　　(单位:人,%)

	有效调查人数	有效百分比
第一产业	48	1.71
其中:养殖业	12	0.43
第二产业	1851	65.73
其中:制造业	1057	37.54
建筑采掘业	594	21.09
第三产业	917	32.56
其中:住宿餐饮业	299	10.62
零售业	167	5.93
交通运输业	150	5.33
总计	2816	100

2. 农民外出就业以体力劳动等初级层次工作为主。

观察图 3-12 可以看出,2012 年农民务工工种与层次的选择情况,从事体力劳动与操作的初级技术人员占有效样本的 78.38%,所占比例最大;次多的为熟练技师,占总数的 12.31%,两者加总超过九成。从事基层管理、商业经营、中高层管理的农民的比重较小,分别为 4.86%、3.31%、1.14%,加总比重不足一成,即为

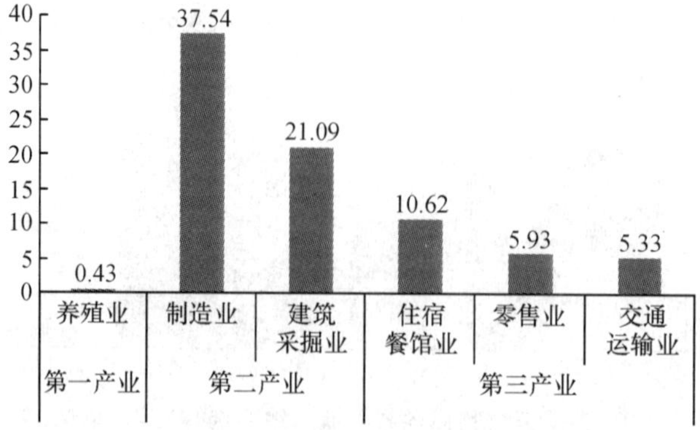

图 3-11 外出务工农民从事的产业与行业(单位:%)

9.31%。农民工就业层次整体呈现塔基很宽的"金字塔"结构。外出务工农民涉足的职业领域与层次虽然比较广与多,但是进入管理层或自主创业经营的人数相对比较少,大部分的农民工处于社会劳动分工的基层,具体从事的工种主要还是属于机械性操作的劳动密集型行业,对文化水平和技术水平的要求不高。

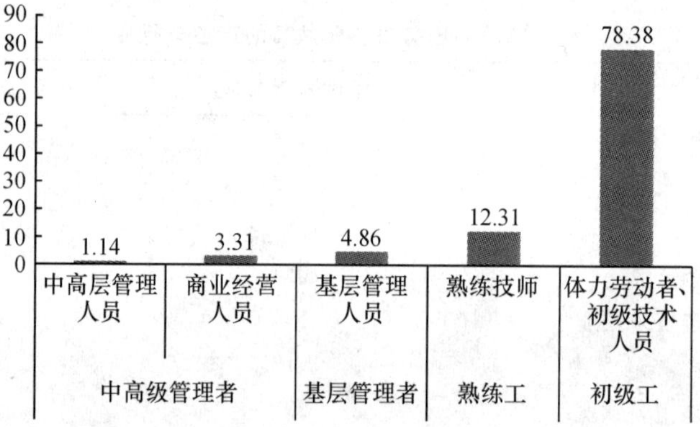

图 3-12 外出务工农民就业的层次(单位:%)

3. 青年农民进入零售等服务业的居多,中年农民进入制造业的居多。

根据表3-13与图3-13的内容显示,2012年除建筑采掘业40—49岁年龄段的从业农民比重高于30岁年龄段的比重之外,所调查行业的从业农民比重均随年龄的增大而减小;30岁以下的青年农民工在住宿餐饮、制造、零售业中的比重分别为59.34%、55.66%、65.45%,均超过了一半的比重;30—59岁的中年农民在建筑采掘、交通运输、养殖业中所占的比重分别为62.11%、57.72%、64.70%,在这些行业的就业人口中占了大多数。中年农民工倾向于选择独立操作、交际少的封闭性职业，与之相比，青年农民工则偏好于选择社会交往频繁的开放性职业。对于选择其他行业的比重，30 岁以下的青年农民工占到了 54.69%，远大于较高年龄段的比重，且随着年龄段的增大，这一比重逐渐下降。这一现象说明年轻一代的农民工在职业选择倾向上比年长者表现出更大的灵活性；年龄越大，对传统职业的依赖性越高，而对新就业领域的适应能力越低。

表 3-13　务工农民年龄与行业选择　（单位：%）

年龄	养殖业	建筑采掘业	制造业	住宿餐饮业	交通运输业	零售业	其他
30 岁以下	35.29	35.30	55.66	59.34	40.94	65.45	54.69
30—39 岁	23.53	24.77	26.67	22.34	33.56	21.21	22.92
40—49 岁	23.52	26.25	13.28	13.55	22.15	8.48	15.28
50—59 岁	17.65	11.09	3.58	3.66	2.01	3.03	5.73
59 岁以上	0.01	2.59	0.81	1.11	1.34	1.83	1.38
合计	100	100	100	100	100	100	100

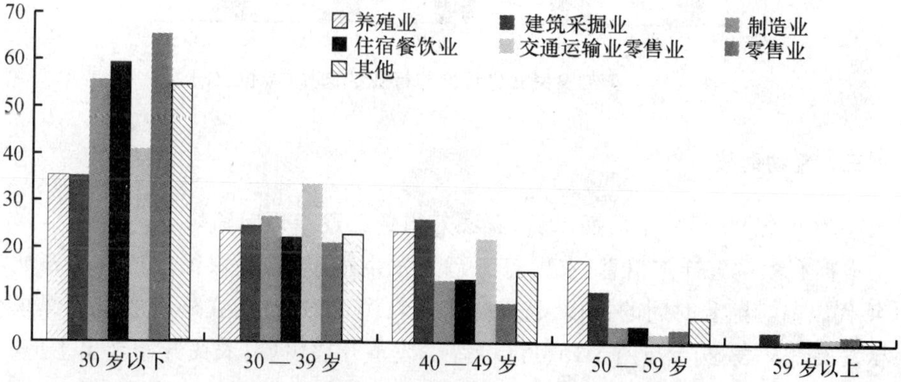

图 3-13　务工农民年龄与行业选择（单位：%）

4. 文化程度低的务工农民从事建筑与采掘等体力行业比较多。

从表 3-14 与图 3-14 中能够看出，在务工农民从事行业的对比中，2012 年文盲和小学文化程度农民的峰值均出现在建筑采掘业，分别为 36.84%、32.85%；初中和高中的峰值均出现在制造业，分别为 37.79%、32.95%；大专及以上的峰值则出现在其他职业领域，为 48.32%。低文化程度的农民工更多地从事耗能性的体力劳动，中等文化程度的农民工倾向于选择相对体面和较低耗能的体力劳动，而高等文化程度的农民则更倾向于非传统型的行业，表现出更强的适应性和从业能力。

表 3-14 务工农民文化程度与行业的选择 (单位:%)

教育水平	住宿餐饮	建筑采掘	制造	交通运输	零售	养殖	其他	总计
文盲	7.02	36.84	15.79	1.76	3.51	5.26	29.82	100
小学	10.18	32.85	28.69	6.44	4.37	0.42	17.05	100
初中	11.84	18.24	37.79	6.91	6.25	0.51	18.46	100
高中	10.83	18.66	32.95	3.00	8.53	0.68	25.35	100
大专及以上	4.20	13.87	20.59	4.20	7.98	0.84	48.32	100

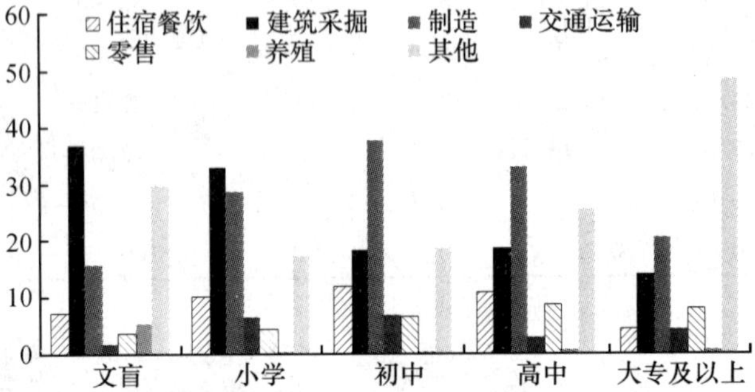

图 3-14 务工农民文化程度与行业的选择(单位:%)

三、流动时段

1. 20 世纪 90 年代中后期以后,农民外出务工逐步迈向高峰。

根据有效调查样本信息,农民打工行为发生很早,一些农民外出打工开始于 80 年代以前。随着时间的推移,越来越多的农民走出村庄,在外面的世界谋求生存与发展。从表 3-15 与图 3-15,可以看出,改革开放伊始,农民开始走出土地,上世纪 80 年代以前,就有 6.63% 的农民外出务工。80 年代有一定回落,有 3.19% 的农民外出打工。90 年代,特别是 90 年代中后期,农民打工出现小高潮,1991—1995 年有 4.42% 的农民外出打工,而 1996—2000 年就有 11.09% 的农民外出打工,打工人数明显增加。从 90 年代中后期开始,农民外出务工与日俱增,2001—2005 年外出务工农民比重达到 15.66%;2006—2010 年这五年时间内,外出务工农民接近调查务工农民的四成,即 39.67%。在 2011 与 2012 年两年内,农民外出务工的比重就达到了 19.34%。

表 3-15　务工农民初始打工年份　　（单位：人，%）

打工外出年份	样本	百分比
20 世纪 80 年代以前	135	6.63
1980 年以前	135	6.63
20 世纪 80 年代	65	3.19
1981—1985 年	14	0.69
1986—1990 年	51	2.50
20 世纪 90 年代	316	15.51
1991—1995 年	90	4.42
1996—2000 年	226	11.09
21 世纪头 10 年	1127	55.33
2001—2005 年	319	15.66
2006—2010 年	808	39.67
21 世纪第二个十年以后	394	19.34
2011 年以后	394	19.34
合计	2037	100

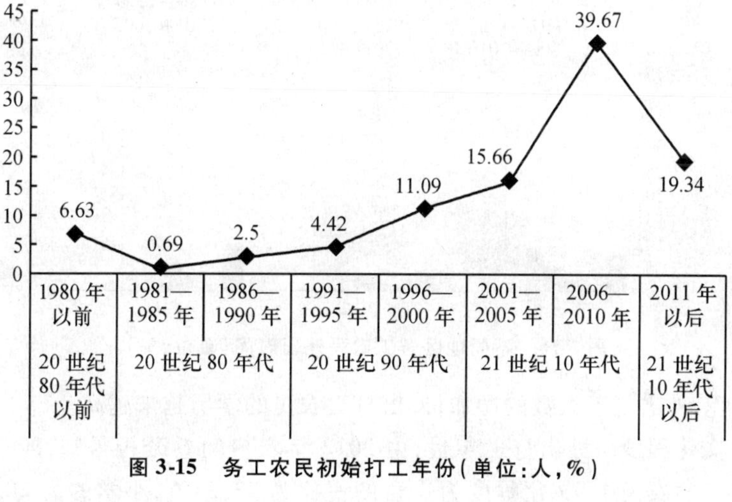

图 3-15　务工农民初始打工年份（单位：人，%）

2. 随着时间的推移，不同地区农民外出务工人数都在增加。

从总体上来看，随着时间推移，不同地区农民外出务工人数都在增长。1980 年以前，东部、中部、西部外出务工农民分别为 7.52%、3.30%、9.48%，西部地区外出最多。随着时间的推移，各地区外出务工人数不断增加。2006—2010 年，各地区外出务工的人数达到高峰,东部、中部、西部外出人数分别占比为 40.75%、43.54%、34.64%,相比之下,中部地区人数最多。此后的 2011 与 2012 两年,外出打工的人数也不少,东部、中部、西部分别达到了 19.58%、21.90%、16.41%,中部地区人数最多。(见表 3-16、图 3-16)

表 3-16 不同地区务工农民外出时间 (单位:%)

打工外出年份	东部	中部	西部
1980 年以前	7.52	3.30	9.48
1981—1985 年	0.52	0.53	0.99
1986—1990 年	2.62	1.45	3.54
1991—1995 年	5.24	2.9	5.37
1996—2000 年	8.74	11.74	12.31
2001—2005 年	15.03	14.64	17.26
2006—2010 年	40.75	43.54	34.64
2011 年以后	19.58	21.90	16.41
合计	100	100	100

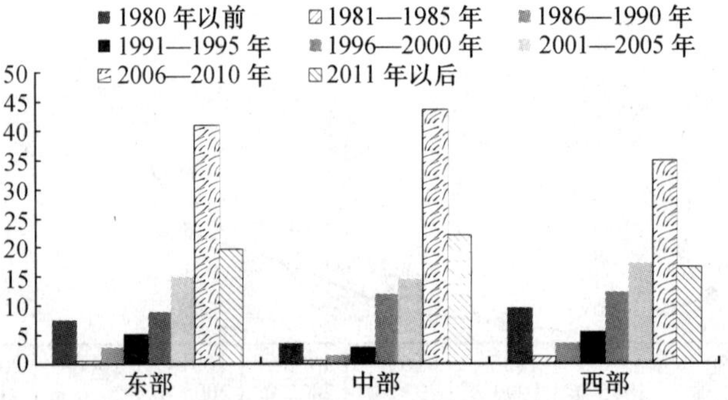

图 3-16 不同地区务工农民外出时间(单位:%)

3. 随着外出打工人数的增加,外出打工农民的学历越来越高。

对比文化程度与外出打工年代,由 2012 年农户问卷分析得知,80 年代及以前在外打工的农民中,文化程度为文盲的占比为 33.33%,小学的为 20.65%,初中为 21.35%,高中及以上的为 17.19%。在整个 90 年代外出打工的农民中,22.22% 的文化程度是文盲,22.83% 的文化程度是小学,19.66% 的文化程度为初中,15.63% 的文化程度是高中及以上。而 21 世纪以来外出打工的农民中,44.45% 的文化程度是文盲,56.52% 的文化程度是小学,58.99% 的文化程度为初中,67.18%的文化程度是高中。总体来说,不仅外出打工的人数增加而且外出打工农民的学历越来越高。(见表3-17与图3-17)

表3-17 文化程度与农户外出打工年份 (单位:%)

教育水平	80年代及以前	90年代	21世纪	合计
文盲	33.33	22.22	44.45	100
小学	20.65	22.83	56.52	100
初中	21.35	19.66	58.99	100
高中及以上	17.19	15.63	67.18	100

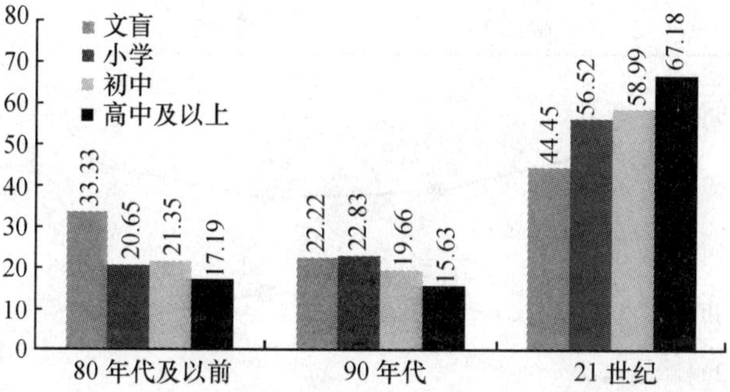

图3-17 文化程度与农户外出打工年份(单位:%)

第二节 群体特征

流动中的农民工群体具有不同的特征,包括性别、年龄、受教育水平等,呈现出群体内部的结构差异。农民务工涉足的职业领域也多种多样,导致了农民务工职业的不同选择。不同的个体特征与不同的职业选择造成务工农民打工收入的差距,由此又形成了农民务工的收入结构。群体结构、职业结构和收入结构总体上组成了农民流动结构的分析视角。

一、人口结构

1. 男性农民务工比例高于女性,女性外出务工呈现不稳定趋势。

从表3-18与图3-18中可以看出,外出务工人口中男性所占的比例明显高于女性。2009年外出务工人口女性比例为34.82%,男性为65.18%,接近女性的2倍。2009至2011年,男性比例逐渐下降,女性比例不断上升,至2011年男女比例趋向平衡。虽然比重差距不断缩小,但男性外出务工人数仍远多于女性。2012年数据显示,男性比例出现回升,外出务工人口中男性占62.72%,约为女性37.28%的1.5倍。通过四年数据的对比分析,可以总结出,男性在外出务工人口中占据主体地位,而女性外出务工流动呈现出不稳定的先升后降趋势。

表3-18 外出务工农民性别结构 (单位:%)

年份	男	女	合计
2009年	65.18	34.82	100
2010年	58.74	41.26	100
2011年	57.19	42.81	100
2012年	62.72	37.28	100

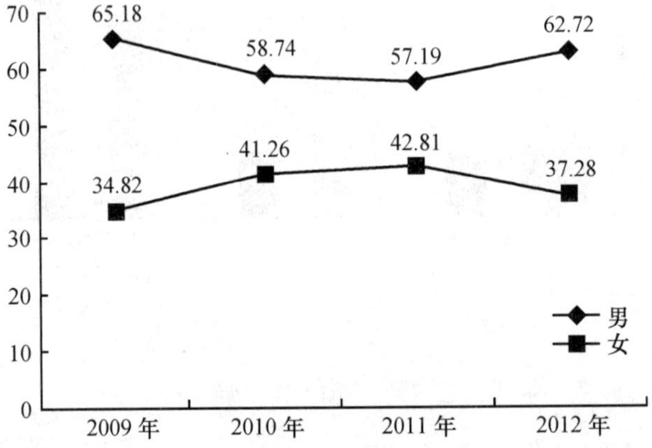

图3-18 外出务工农民性别结构(单位:%)

2. 青年农民占务工人口多数,但流动数量比重呈现下降趋势。

根据表3-19与图3-19显示,2012年外出务工人口中,30岁以下、30—39岁、40—49岁、50—59岁及59岁以上的人口所占的比例分别为52.70%、25.47%、14.41%、5.46%、1.96%,呈现递减趋势,其中30岁以下的青年务工者超过总务工人数的一半。这两项特征同样表现在2009至2011年的年龄结构中,但对比发现,30岁以下的青年农民流动比例比前三年有所下降,中年农民所占比例略有上升。由此可见,外出务工人口数量随年龄递增而递减,呈负相关关系。青年群体在占据流动人口主体的前提下,比重有所下降,中老年农民的流动保持相对平稳。

表 3-19　外出务工农民年龄结构　（单位：%）

年份	30 岁以下	30—39 岁	40—49 岁	50—59 岁	59 岁以上
2009 年	59. 44	22. 70	12. 59	3. 69	1. 58
2010 年	63. 25	23. 45	9. 30	2. 74	1. 26
2011 年	61. 15	22. 77	10. 23	3. 72	2. 13
2012 年	52. 70	25. 47	14. 41	5. 46	1. 96

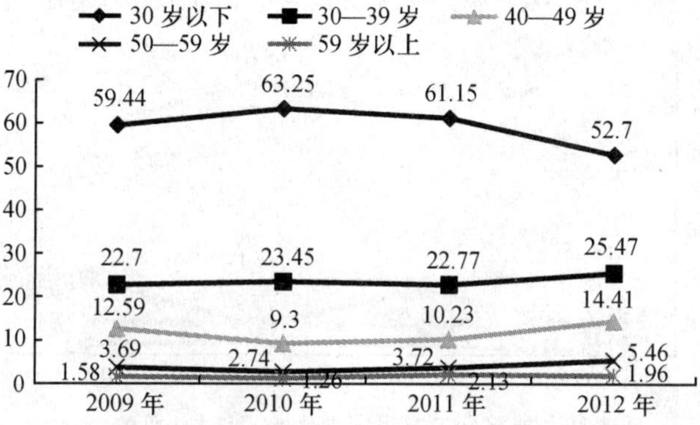

图 3-19　外出务工农民年龄结构（单位：%）

3. 初中文化程度的农民为流动农民的主体，文化水平对流动的限制正在减弱。

据表 3-20 与图 3-20 统计的情况，2009 年至 2012 年外出务工人口拥有初中学历的比例分别为 67. 36%、57. 54%、65. 64%、55. 24%，虽呈波动下降趋势，但均占到一半以上水平；拥有高中学历的比重分别为 18. 75%、17. 99%、17. 19%、16. 58%，在持续下降的趋势中保持占有较大的比例。与此同时，2012 年以文盲与小学为代表的低等文化水平、以大专及以上学历水平为代表的高等文化水平的务工人口比例分别为 20. 24%、7. 94%，相比前三年的状况，比例均有上升。从中可以得出，一半以上的外出务工人口处于以初中与高中为代表的中等文化水平。但近年来初等教育水平和高等教育水平的农民人口外出比例逐渐增大，教育水平对农民流动的限制有所减弱。

表 3-20　外出务工农民的文化水平结构　（单位:%）

年份	文盲	小学	初中	高中	大专及以上
2009 年	0.79	6.15	67.36	18.75	6.95
2010 年	2.27	15.36	57.54	17.99	6.84
2011 年	2.84	6.94	65.64	17.19	7.39
2012 年	2.30	17.94	55.24	16.58	7.94

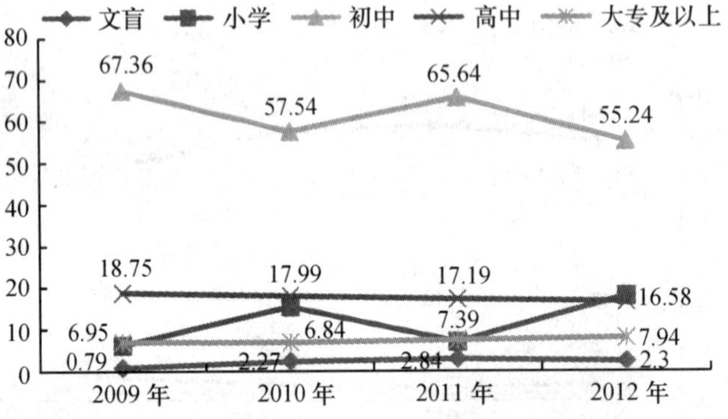

图 3-20　外出务工农民的文化水平结构(单位:%)

4. 汉族农民流动比重远超过少数民族,汉族农民流动保持较高比率。

表 3-21 与图 3-21 显示,2009—2012 年,汉族农民务工人口比重均远远超过少数民族。2009 年汉族务工农民有 89.72%,而少数民族务工农民只有一成,即 10.28%;2009 年至 2011 年,少数民族所占比重有所上升;2012 年外出农民工汉族占比 86.17%,少数民族占比 13.83%,两者比率约为 6:1。

表 3-21　外出务工农民民族结构　（单位:%）

		2009 年	2010 年	2011 年	2012 年
占务工人数	汉族	89.72	87.62	85.48	86.17
	少数民族	10.28	12.38	14.52	13.83

5. 已婚农民流动比例较大,婚姻稳定的农民更具流动性。

据表 3-22 与图 3-22 显示,2009 至 2012 年外出务工已婚人口占比分别为 58.61%、55.94%、56.96%、64.19%;未婚农民人口占比分别为 41.39%、44.06%、43.04%、35.81%。已婚人口比例均高于未婚人口,且 2012 年已婚人口比重高于前三年的已婚比重,已婚的农民比未婚的农民表现出越来越明显的流动性。

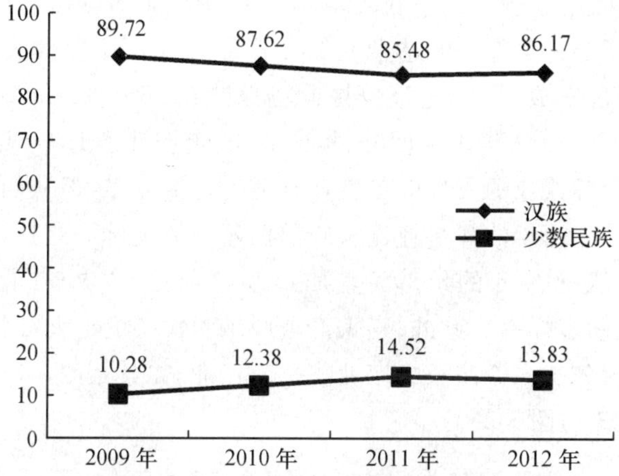

图 3-21 外出务工农民民族结构(单位:%)

表 3-22 外出务工农民婚姻结构 (单位:%)

婚姻状况	2009 年	2010 年	2011 年	2012 年
已婚	58. 61	55. 94	56. 96	64. 19
未婚	41. 39	44. 06	43. 04	35. 81
总计	100	100	100	100

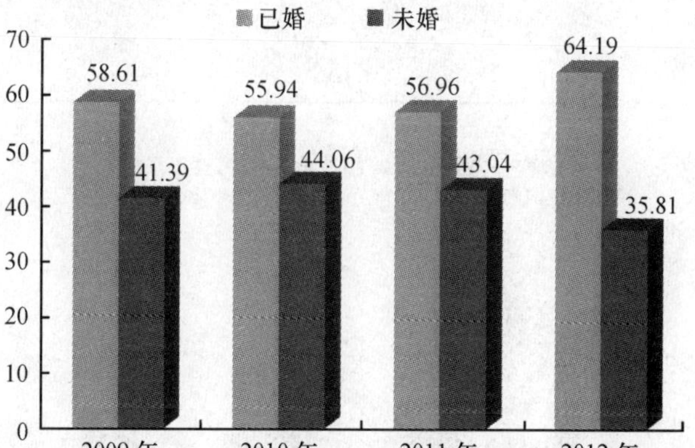

图 3-22 外出务工农民婚姻结构(单位:%)

二、职业结构

1. 农民就业领域集中在二、三产业,但从事第三产业的比重在下降。

从农民外出务工的产业与行业选择情况来看,二、三产业如制造业、建筑采掘业和住宿餐饮业吸纳了较多的农民工。从事第一产业如养殖业的农民所占比重最小,但保持连年上升态势。制造业等第二产业整体占比重最大,其中制造业从业人口近四年均占三成以上,建筑采掘业也保持在20%左右。2009—2010年制造业比例连续下降,2012年出现回升,相比2009年上升了1.3个百分点。在第三产业中,从事住宿餐饮业的人口较零售业与交通运输业多,但从四年比较来看,整体比重出现下降;近两年的零售业比重较前两年有所上升。选择了其他类职业的务工人口比例也从2009年的8.29%增加到2012年的19.06%,相比翻一番,择业领域呈现多元化和多样性。此外,三大产业吸纳农民工的行业结构呈不规则的橄榄球状,农民外出务工多流向第二产业,一、三产业,尤其是第一产业,所占的比重较小。(见表3-23与图3-23)

表3-23 外出务工农民从事的产业与行业 (单位:%)

行业	2009年	2010年	2011年	2012年
养殖业	0.21	0.29	0.32	0.43
制造业	36.19	34.38	33.67	37.54
建筑采掘业	22.35	20.02	18.03	21.09
住宿餐饮业	23.27	11.55	10.76	10.62
零售业	4.31	5.42	6.44	5.93
交通运输业	5.38	6.18	5.60	5.33
其他	8.29	22.16	25.18	19.06
总计	100	100	100	100

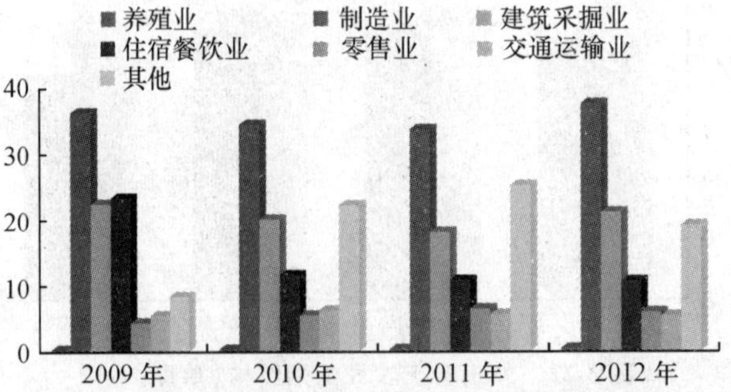

图3-23 外出务工农民从事的产业与行业(单位:%)

2. 男性务工农民集中在制造业与建筑业,女性集中在服务行业,务工农民职业出现多元化。

如表3-24与图3-24所示,2009年以来,男性农民工就业集中在制造业和建筑采掘业,女性农民工就业的主要领域则为制造业和住宿餐饮业。男性就业比重明显高于女性的职业有建筑采掘业和交通运输业,女性就业比重明显高于男性的职业为住宿餐饮业和零售业。由此可见,劳动密集型的传统制造业对吸纳劳动力起到了主体作用;男性更多地从事高能耗的体力劳动,而女性主要是投身于服务行业。

四年的数据对比显示,男女从事养殖业的比重都最小,但四年内出现波动上升。除此之外,无论男性或女性,交通运输业和零售业在2012年的比重相对2009年也稳中有升。与此同时,2012年住宿餐饮业的占比相比2009年,男性下降了8个百分点,女性下降了近20个百分点。男性和女性在制造业的就业权重上也表现为波动下降。无论是男性还是女性,在住宿餐饮、制造业等传统就业领域的从业比例都出现下降。相反,交通运输、零售、养殖等领域的比重有所上升,尤其是选择其他项的比例,男性由2009年的5.28%上升到2012年的20.24%,女性由7.42%上升到25.93%。这说明男性和女性的就业领域在近四年都得以扩大,职业多元化趋势凸显。

表3-24　不同性别务工农民职业结构　（单位:%）

年份	性别	养殖	建筑采掘	制造	住宿餐饮	交通运输	零售	其他
2009年	男	0.35	31.77	32.21	19.74	7.36	3.29	5.28
	女	0.01	6.45	45.00	33.55	1.76	5.81	7.42
2010年	男	0.56	27.15	33.05	7.49	10.21	2.81	18.73
	女	0.59	8.86	43.13	16.99	1.33	8.86	20.24
2011年	男	0.34	25.50	30.79	7.77	7.63	4.67	23.30
	女	0.33	7.96	35.99	15.70	2.29	9.38	28.35
2012年	男	0.66	28.08	30.48	8.68	7.61	4.25	20.24
	女	0.65	7.95	38.89	13.94	2.40	10.24	25.93

3. 青年农民从事制造与服务等行业变化较大,中老年农民职业机会增多。

从表3-25与图3-25可以对比2012年与2009至2011年不同年龄段职业结构的变化情况。与前三年相比,2012年第二、三产业中的制造业、住宿餐饮业、交通运输业以及其他职业的30岁以下年龄段比重都有不同程度的下降,建筑采掘业、零售业也比2010、2011年比例缩小。而在30—39岁、40—49岁、50—59岁及59岁以上的年龄段,制造业和住宿餐饮业的比重比往年有所上升。40岁以上的中老年农民从事其他职业的人口比例也在2012年有明显的增幅。行业间农民工

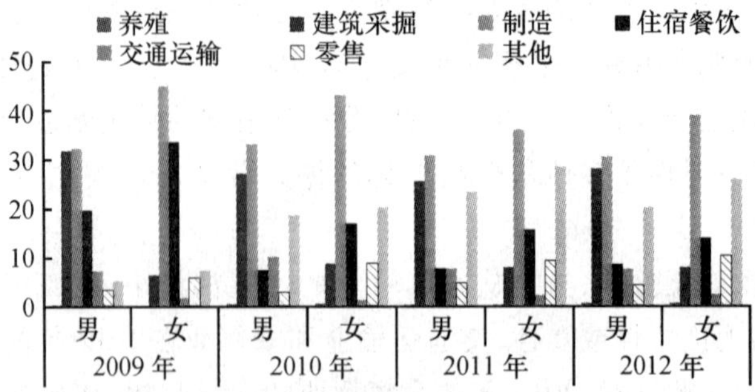

图 3-24　不同性别务工农民职业结构(单位:%)

的年龄差异逐渐缩小,中年以上的农民从事不同职业的机会增多。

表 3-25　不同年龄务工农民职业结构　(单位:%)

年份	年龄	养殖	建筑采掘	制造	住宿餐饮	交通运输	零售	其他
2009年	30岁以下	50	35.05	64.91	66.59	48.54	65.43	57.03
	30—39岁	25	28.04	24.42	19.60	27.18	18.52	25.93
	40—49岁	0	27.1	8.63	8.91	17.48	11.11	11.11
	50—59岁	25	5.84	1.32	3.56	4.85	4.94	5.19
	59岁以上	0	3.96	0.72	1.34	1.95	0	0.74
2010年	30岁以下	23.53	54.48	66.82	75.72	54.66	71.93	69.16
	30—39岁	29.41	27.12	25.85	15.64	30.43	23.68	20.09
	40—49岁	41.18	14.29	5.81	7.00	9.32	3.51	8.41
	50—59岁	5.88	3.63	1.38	1.23	3.73	0.88	1.64
	59岁以上	0	0.48	0.14	0.41	1.86	0	0.70
2011年	30岁以下	28.57	47.20	67.32	70.26	57.35	69.68	68.72
	30—39岁	14.29	27.74	23.38	17.84	33.82	20	22.96
	40—49岁	0	18.34	7.34	8.18	7.36	7.74	6.01
	50—59岁	0	5.83	1.96	2.97	1.47	0.65	1.69
	59岁以上	57.14	0.89	0	0.75	0	1.93	0.62
2012年	30岁以下	35.29	35.30	55.66	59.34	40.94	65.45	54.69
	30—39岁	23.53	24.77	26.67	22.34	33.56	21.21	22.92
	40—49岁	23.52	26.25	13.28	13.55	22.15	8.48	15.28
	50—59岁	17.65	11.09	3.58	3.66	2.01	3.03	5.73
	59岁以上	0.01	2.59	0.81	1.11	1.34	1.83	1.38

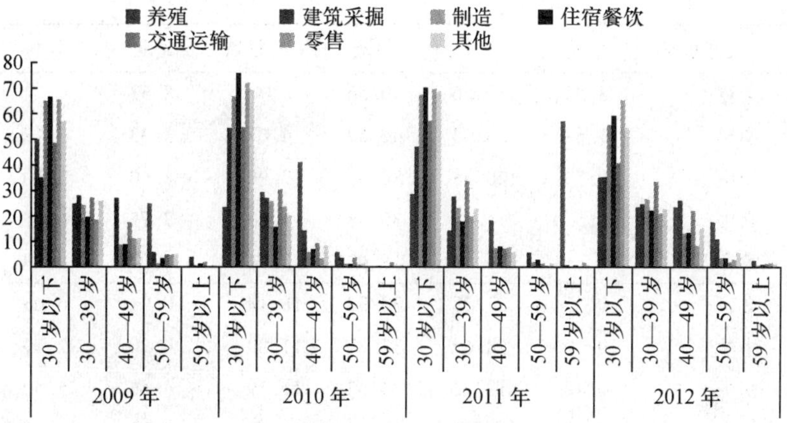

图 3-25 不同年龄务工农民职业结构(单位:%)

4. 务工农民学历越高,对制造等传统职业的青睐度越低。

将调查农民从事较多的职业如住宿餐饮、建筑采掘、制造业等归为传统职业。表3-26与图3-26的内容显示,2009年传统职业中不同文化程度的务工农民的总从业比重,依次为文盲92.28%、小学88.98%、初中86.88%、高中75.94%、大专及以上84.05%;相对应的数据2010年依次为61.12%、81.67%、69.9%、55.89%、43.02%;2011年依次为78.78%、73.43%、64.73%、54.39%、33.33%;2012年依次为59.65%、71.72%、67.87%、62.44%、38.66%。首先,四组数据基本上呈现出内部的递减性,说明务工农民学历越高,对传统职业的青睐度越低;其次,2012年的数据与2009年的数据相比,中间两年走势不稳定,但表现出整体下降,说明各学历水平的农民工都逐渐从传统职业向非传统职业转移,从业部门都开始走向多元化。

表 3-26 不同文化程度务工农民职业结构 (单位:%)

年份	教育水平	养殖	建筑采掘	制造	住宿餐饮	交通运输	零售	其他
2009年	文盲	0.01	53.84	15.37	23.07	7.69	0.01	0.01
	小学	0.01	37.01	29.92	22.05	4.72	4.73	1.56
	初中	0.34	23.59	39.01	24.28	5.79	2.90	4.09
	高中	0	15.94	32.81	27.19	5.62	6.25	12.19
	大专及以上	0.23	22.83	36.55	24.67	5.51	4.19	6.02

（续表）

年份	教育水平	养殖	建筑采掘	制造	住宿餐饮	交通运输	零售	其他
2010 年	文盲	8. 33	30. 56	30. 56	0	8. 33	0	22. 22
	小学	1. 67	28. 33	46. 67	6. 67	3. 33	4. 17	9. 16
	初中	0. 73	20. 48	36. 52	12. 90	8. 60	5. 10	15. 67
	高中	0. 53	14. 18	30. 48	11. 23	7. 75	6. 95	28. 88
	大专及以上	0	16. 86	18. 02	8. 14	4. 07	6. 98	45. 93
2011 年	文盲	0	27. 27	33. 33	18. 18	0. 01	6. 06	15. 15
	小学	0	28. 67	32. 87	11. 89	4. 20	2. 79	19. 58
	初中	0. 48	18. 72	34. 42	11. 59	6. 46	5. 50	22. 83
	高中	0	12. 73	31. 94	9. 72	4. 17	10. 42	31. 02
	大专及以上	0	9. 70	19. 39	4. 24	1. 82	7. 88	56. 97
2012 年	文盲	5. 26	36. 84	15. 79	7. 02	1. 76	3. 51	29. 82
	小学	0. 42	32. 85	28. 69	10. 18	6. 44	4. 37	17. 05
	初中	0. 51	18. 24	37. 79	11. 84	6. 91	6. 25	18. 46
	高中	0. 68	18. 66	32. 95	10. 83	3. 00	8. 53	25. 35
	大专及以上	0. 84	13. 87	20. 59	4. 20	4. 20	7. 98	48. 32

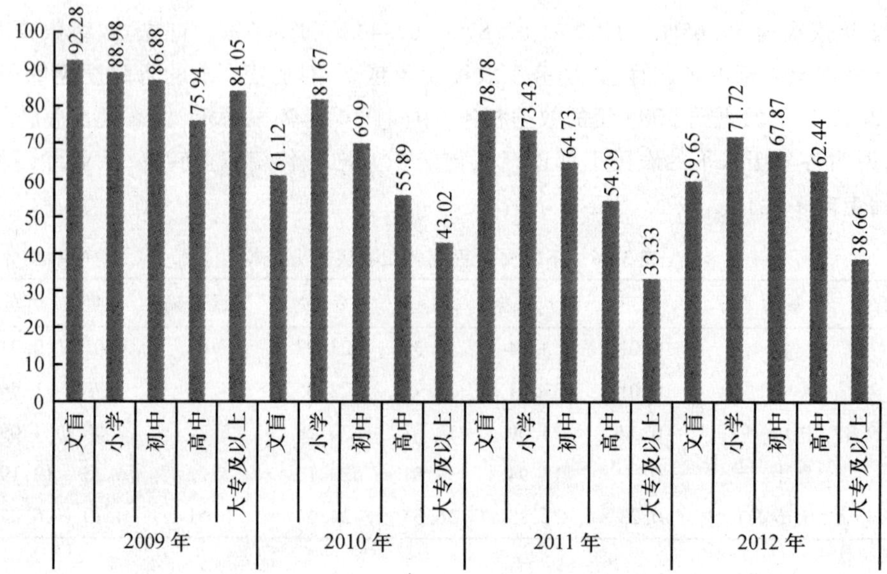

图 3-26 不同文化程度务工农民从事传统职业的结构(单位:%)

三、收入结构

1. 产业间收入差距较大,服务业增收的空间有待提高。

从四年的对比情况来看,养殖业在中等收入组中的比例连续四年上升,而在较高收入层次上升不明显,在高收入组的比例还有下降,第一产业增收平稳而有限。第二产业中制造业在低和中低收入组中的比重相比前三年出现下降,而在中高和高收入层次中的比重有所增加;建筑采掘业在中等和中高收入组的比例也有上升,在高收入组的比重却比前一年下降了9个百分点。总体上第二产业创收的能力相比之前有所提升,但一些传统型的行业增收空间有限,收入水平显出瓶颈。第三产业中住宿餐饮、交通运输、零售业在低和中低收入组中的比例都比前年减小,其中零售业在中高和高收入组中的比例增加,农民靠第三产业增加收入的空间还待开发。见表3-27。

表3-27　不同职业农民务工收入比较　　(单位:%)

年份	收入分组	养殖	建筑采掘	制造	住宿餐饮	交通运输	零售	其他
2009年	低收入组	0	26.67	31.67	31.67	5.67	2.67	1.65
	中低收入组	0.35	19.51	40.07	31.01	3.48	2.09	3.49
	中等收入组	0	18.75	41.32	27.08	4.86	3.47	4.52
	中高收入组	0.33	23.51	37.09	21.85	4.64	6.62	5.96
	高收入组	0	25.44	29.97	18.12	8.71	6.27	11.49
2010年	低收入组	2.82	18.72	26.92	19.24	5.38	7.18	19.74
	中低收入组	0	19.76	36.24	13.41	5.65	5.65	19.29
	中等收入组	0.71	14.82	43.29	8.71	5.41	4.94	14.82
	中高收入组	0.24	19.76	30.82	8.24	8.71	3.53	20
	高收入组	0.47	22.59	24.94	6.59	10.82	4.00	30.59
2011年	低收入组	0.35	11.92	32.82	14.16	3.97	8.81	27.97
	中低收入组	0.17	10.38	36.68	11.25	6.06	8.30	27.16
	中等收入组	0.52	20.71	26.83	12.22	5.43	6.62	27.67
	中高收入组	0.17	19.58	33.10	6.76	8.67	4.85	26.67
	高收入组	0.88	29.77	25.57	8.23	5.43	6.13	23.99
2012年	低收入组	0.98	21.57	25.49	13.92	3.92	5.88	28.24
	中低收入组	0.59	16.05	34.64	13.11	3.13	7.24	25.24
	中等收入组	0.98	23.29	35.03	9.78	6.26	4.31	20.35
	中高收入组	0.20	20.74	39.92	6.46	6.07	6.26	20.35
	高收入组	0.39	20.55	28.96	8.02	8.41	6.46	27.21

2. 男性农民务工收入整体高于女性,两者收入差距有缩小趋势。

综合表3-28与图3-27中四年的数据来看,男性务工农民的打工收入集中在中等收入组以上,高收入组比重最高,中高收入组次高。2009—2012年,每一年的男性务工收入结构走势都是低收入组向高收入组大致递增。女性农民的务工收入结构与男性相反,中等收入以下的低收入组和中低收入组所占的比重较大,高收入组比重最低,中高收入组次低。但2012年低收入组比重相比前三年下降,中高收入和高收入组所占的比例有所上升。对比发现,男性务工收入偏向于中等以上收入层次,女性务工收入偏向于中等以下收入层级,男性务工收入状况整体好于女性。而随着女性较高收入层级的比重增大,以及男性在较高收入层级的比重缩小,男性与女性务工收入状况的差距有缩小的趋势。

表3-28 不同性别农民务工收入结构 (单位:%)

年份	性别	低收入组	中低收入组	中等收入组	中高收入组	高收入组	合计
2009年	男	17.60	16.48	19.09	23.09	23.74	100
	女	24.35	26.61	22.09	14.43	12.52	100
2010年	男	16.12	17.72	20.35	20.59	25.22	100
	女	26.12	23.33	19.44	18.96	12.15	100
2011年	男	14.72	19.18	18.74	22.17	25.19	100
	女	27.82	21.15	21.65	17.04	12.34	100
2012年	男	17.95	17.13	20.61	21.49	22.82	100
	女	23.86	25.30	18.94	17.27	14.63	100

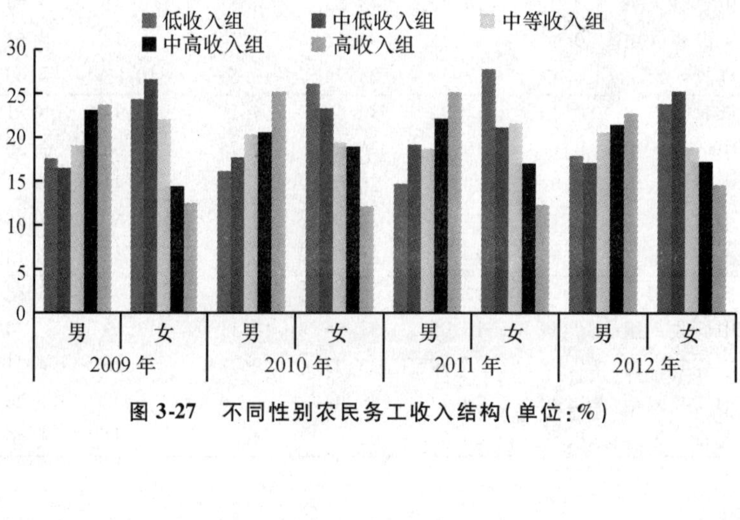

图3-27 不同性别农民务工收入结构(单位:%)

3. 整体上看,三十至四十岁之间青年农民务工收入状况要好于其他年龄段。

表3-29的统计结果反映出,在2009年中高收入组、高收入组农民中,30岁以下的青年农民比重分别为19.04%、16.90%,两者加总为35.94%;30—40岁的青年农民比重为21.33%、21.87%,两者加总为43.20%;40—49岁的中年打工农民比重分别为22.12%、28.84%,两者加总为50.96%;50—59岁的中年农民比重分别为24.59%、26.24%,两者加总为50.83%;59岁上的老年农民比重分别为0%、26.92%。显然,中年农民收入要高于其他年龄段农民。在2010年中高收入组、高收入组农民中,30岁以下的青年农民,占比分别为21.02%、17.13%,合计为38.15%;30—39岁的分别为18.33%、27.48%,合计为45.81%;40—49岁的分别为19.05%、20.10%,合计为39.15%;50—59岁的分别为13.95%、23.25%,合计为37.20%;59岁以上的分别为15.39%、15.40%,合计为30.79%。可见,30岁以上的青年农民收入要优于其他年龄段农民。在2011年中高收入组、高收入组农民中,30岁以下的农民占比分别为19.34%、18.38%,合计为37.72%;30—39岁的分别为21.79%、24.58%,合计为46.37%;40—49岁的分别为23.01%、19.63%,合计为42.64%;50—59岁的分别为14.29%、24.49%,合计为38.78%;59岁以上的分别为17.24%、3.45%,合计为20.69%。同样,30岁以上的青年农民收入要优于其他年龄段农民。在2012年中高收入组、高收入组农民中,30岁以下的农民占比分别为17.49%、18.34%,合计为35.83%;30—39岁的分别为23.15%、24.33%,合计为47.48%;40—49岁的分别为24.31%、20.72%,合计为45.03%;50—59岁的分别为19.68%、16.54%,合计为36.22%;59岁以上分别为15.15%、12.12%,合计为27.27%。可见,从整体上来说,青年农民务工收入状况要优于中年与年龄偏老的农民。

表3-29 不同年龄农民的务工收入结构 (单位:%)

年份	年龄	低收入组	中低收入组	中等收入组	中高收入组	高收入组
2009年	30岁以下	21.49	22.61	19.96	19.04	16.90
	30—39岁	13.87	19.73	23.20	21.33	21.87
	40—49岁	19.71	12.50	16.83	22.12	28.84
	50—59岁	22.95	13.11	13.11	24.59	26.24
	59岁以上	50	3.85	19.23	0	26.92

(续表)

年份	年龄	低收入组	中低收入组	中等收入组	中高收入组	高收入组
2010 年	30 岁以下	20.64	19.52	21.69	21.02	17.13
	30—39 岁	13.35	22.71	18.13	18.33	27.48
	40—49 岁	31.22	15.87	13.76	19.05	20.10
	50—59 岁	27.91	23.26	11.63	13.95	23.25
	59 岁以上	46.15	7.69	15.37	15.39	15.40
2011 年	30 岁以下	19.83	20.90	21.55	19.34	18.38
	30—39 岁	18.43	16.90	18.30	21.79	24.58
	40—49 岁	21.47	20.86	15.03	23.01	19.63
	50—59 岁	20.40	23.47	17.35	14.29	24.49
	59 岁以上	51.73	17.24	10.34	17.24	3.45
2012 年	30 岁以下	20.80	22.88	20.49	17.49	18.34
	30—39 岁	16.61	13.59	22.32	23.15	24.33
	40—49 岁	19.34	18.23	17.40	24.31	20.72
	50—59 岁	25.98	25.20	12.60	19.68	16.54
	59 岁以上	33.34	21.21	18.18	15.15	12.12

4. 整体上看,高学历的农民务工收入要高于低学历农民。

就 2012 年调查样本情况来看,最低收入和最高收入组的比重都随文化水平的变化呈规律性变化;受教育水平越高,在低收入组中占的比重越小,在高收入组中所占的比重越大。文盲和具有小学文化水平的农民工打工收入分布较多的三个组均依次为低收入组、中等收入组和中低收入组;初中水平比重较大的收入组依次为中低、低和中高收入组;高中水平的为中高、高和中低收入组;受过高等教育的大专及以上学历农民打工收入的三个峰值完全脱离了低和中低收入组。文化水平对农民务工收入具有较大的影响,受教育水平越高,处于较高收入水平的比重也越大。随着学历的上升,务工农民收入分布的较大权重逐渐向较高的收入组转移。

再对比四年的数据,2012 年文盲占低收入组的比例比 2009 年下降近半,小学文化水平的农民工在低和中低收入组中的比例总体呈下降趋势,中等及以上收入组中文盲与小学的比重都有波动性上升。初中学历各收入组比重相对均衡,高中在低、中低和中高收入组中的比重比前三年均有增加,而高收入组中的比重相对下降,打工收入有走向均衡化的趋势。总体而言,通过纵向对比,中低档文化水平的农民工打工收入差距逐渐缩小,尤其是中等教育水平开始渐渐趋于平衡。高等教育水平的收入差距仍然较大,但随着最小比重的逐年提高和最大比重的逐年降低,收入差距也逐步缩小。(见表 3-30)

表 3-30　不同文化水平农民的务工收入　(单位:%)

年份	文化水平	低收入组	中低收入组	中等收入组	中高收入组	高收入组	合计
2009 年	文盲	61.54	7.69	0	23.08	7.69	100
	小学	28.00	24.00	24.00	9.00	15.00	100
	初中	21.62	20.62	21.26	20.35	16.15	100
	高中	13.44	17.70	19.02	22.30	27.54	100
	大专及以上	7.08	20.35	11.50	17.71	43.36	100
2010 年	文盲	44.74	21.05	15.79	10.53	7.89	100
	小学	27.65	25.60	20.48	16.37	9.90	100
	初中	20.69	20.12	20.94	20.69	17.56	100
	高中	14.10	16.45	18.02	21.15	30.28	100
	大专及以上	7.91	15.11	15.83	22.30	38.85	100
2011 年	文盲	52.38	14.29	14.29	14.29	4.75	100
	小学	35.26	20.53	14.74	17.36	12.11	100
	初中	19.52	21.30	21.30	21.04	16.84	100
	高中	15.92	18.45	19.42	20.39	25.82	100
	大专及以上	9.78	14.22	14.67	16.89	44.44	100
2012 年	文盲	33.33	17.78	24.44	15.56	8.89	100
	小学	21.80	20.65	22.51	17.87	17.17	100
	初中	21.32	21.48	19.61	20.16	17.43	100
	高中	16.83	19.23	18.75	22.84	22.35	100
	大专及以上	10.86	11.31	19.46	19.00	39.37	100

第三节　社会分化

农民流出农村,离开家乡的农业生产,从外面获得工资性收入,并不能制度性地长期生活在外,返乡是大部分务工农民的必然选择。常年离乡与短暂返乡也是大部分农民所面临的现实。农民从家乡进进出出的流动,给城乡社会带来一定的影响,这种影响波及农民自身及家庭与社会的关系,特别是促使农村社会出现分层与分化。农民流动中的社会分化,主要表现为农民在职业、收入、社会地位等方面的分流。

一、职业分化

1. 从事务农职业的农民在减少,农民职业正在多样化。

根据调查数据可知,从2009年到2012年,务农农民的比例分别为55.28%、48.70%、49.13%、51.33%,数据呈现出陡然下滑,然后又缓慢增加的趋势。同样,务工农民占比分别为21.80%、24.41%、25.93%、19.38%,数据呈现先缓慢上升然后下降的趋势。而对于做生意等其他职业的农民,其比例分别为22.92%、26.88%、24.94%、29.29%,呈现波浪式上升。通过四年对比可知,农民务农在2009年至2010年迅速减少后又开始出现不断增加的趋势。农民选择务工的比例则呈现出先上升而后下降的趋势。选择做生意等其他职业的农民比例则不断增加,表明农民职业出现多样化。(见表3-31、图3-28)

表3-31 不同年份农民的职业分化 (单位:%)

年份	务农	务工	其他	合计
2009年	55.28	21.80	22.92	100
2010年	48.71	24.41	26.88	100
2011年	49.13	25.93	24.94	100
2012年	51.33	19.38	29.29	100

注:其他包括做生意、教师、学生等等,由于所占比重不及务工与务农,所以在此合并为一类。

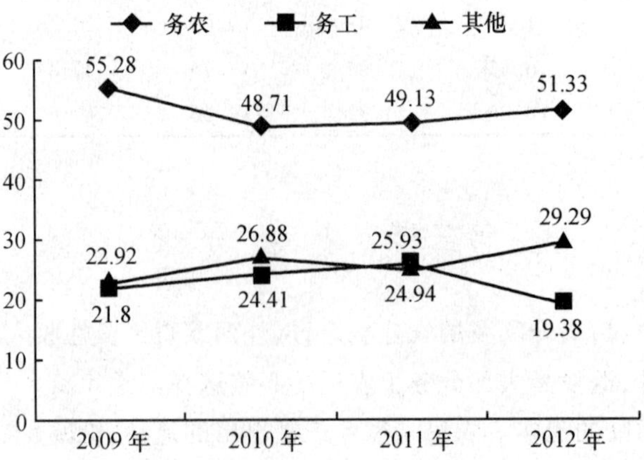

图3-28 不同年份农民的职业分化(单位:%)

2. 文化程度与务农选择成反方向变化,学历越高的农民职业选择空间越大。

根据调查信息,大体而言,文化程度与务农职业选择成反方向变化,也就是文化程度越高的农民务农比重越小。从2009年至2012年,虽然各年份务农比例变化不一样,但随着文化程度的上升,务农比例在下降。再来看看务工及其他职业情况,从2009年至2012年,农民教育水平为大专及以上的外出务工的越来越少,其比例分别为56.40%、29.91%、25.23%、16.59%;选择做生意等其他职业的越来越多,其比例分别为25.12%、62.68%、45.19%、68.78%,呈波浪式上升。文化水平居中的农民,这四年来外出务工的比例呈现出先增加后减少的趋势。高中文化水平的农民从09年到12年,外出务工的比例分别为32.81%、33.08%、30.75%、17.99%,比例先上升后下降。同样,初中文化水平的农民占比分别为28.18%、36.59%、35.77%、21.93%,比例也是先上升后下降。文化水平较低的农民,这四年来外出务工的比例呈波浪式变化,不太稳定。从2009年至2012年,文化水平为文盲的农民其外出务工的比例分别为4.07%、4.46%、10.02%、3.28%,呈波浪式变化。文化水平为小学的农民其外出务工的比例分别为11.95%、11.68%、18.34%、9.36%,呈波浪式变化。(见表3-32、图3-29)

表3-32 不同文化水平的农民职业分化 (单位:%)

年份	教育水平	务农	务工	其他	合计
2009年	文盲	95.42	4.07	0.51	100
	小学	84.98	11.95	3.07	100
	初中	64.67	28.18	7.15	100
	高中	55.14	32.81	12.05	100
	大专及以上	18.48	56.40	25.12	100
2010年	文盲	88.79	4.46	6.75	100
	小学	59.48	11.68	28.84	100
	初中	45.28	36.59	18.13	100
	高中	27.86	33.08	39.06	100
	大专及以上	7.41	29.91	62.68	100
2011年	文盲	59.16	10.02	30.82	100
	小学	49.96	18.34	31.70	100
	初中	47.03	35.77	17.20	100
	高中	39.88	30.75	29.37	100
	大专及以上	29.58	25.23	45.19	100

(续表)

年份	教育水平	务农	务工	其他	合计
2012 年	文盲	66.97	3.28	29.75	100
	小学	62.4	9.36	28.24	100
	初中	52.03	21.93	26.04	100
	高中	37.41	17.99	44.60	100
	大专及以上	14.63	16.59	68.78	100

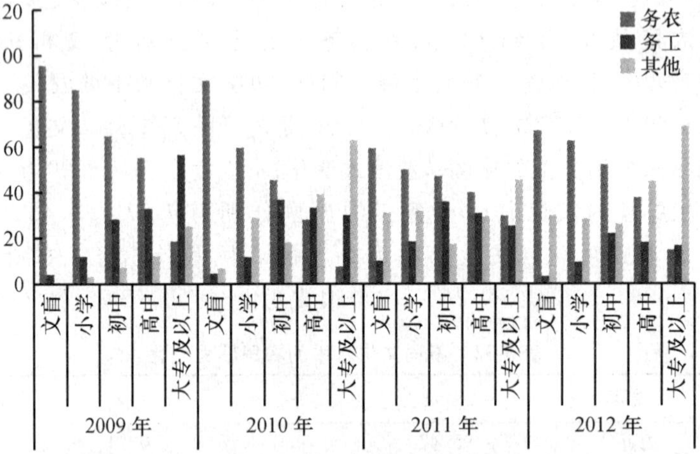

图 3-29 不同文化水平的农民四年来职业分化(单位:%)

3. 女性农民务农比男性多,女性农民职业选择范围在扩大。

根据调查数据显示,从 2009 年至 2012 年,男性和女性选择务农的态势均是先下降而后上升,男性务农的比女性少。2009 年至 2012 年,男性选择务农的比例分别为 65.54%、30.54%、34.12%、45.18%。女性选择务农的比例为 79.06%、61.04%、51.54%、58.11%。而女性选择做生意等其他职业的比例逐年增加,其占比分别为 4.44%、21.26%、26.98%、30.17%,女性职业选择范围在扩大。选择外出务工的男性和女性四年来都是先上升后下降,但女性务工比例低于男性。2009 年至 2012 年,男性选择务工的比例分别为 26.68%、34.27%、35.85%、17.93%。女性选择务工的比例分别为 16.50%、17.70%、21.48%、11.72%。具体数据可以参见表 3-33 与图 3-30。

表 3-33　不同性别的农民四年来职业分化　（单位:%）

年份	性别	务农	务工	其他	合计
2009 年	男	65.54	26.68	7.78	100
	女	79.06	16.50	4.44	100
2010 年	男	30.54	34.27	35.19	100
	女	61.04	17.70	21.26	100
2011 年	男	34.12	35.85	30.03	100
	女	51.54	21.48	26.98	100
2012 年	男	45.18	17.93	36.89	100
	女	58.11	11.72	30.17	100

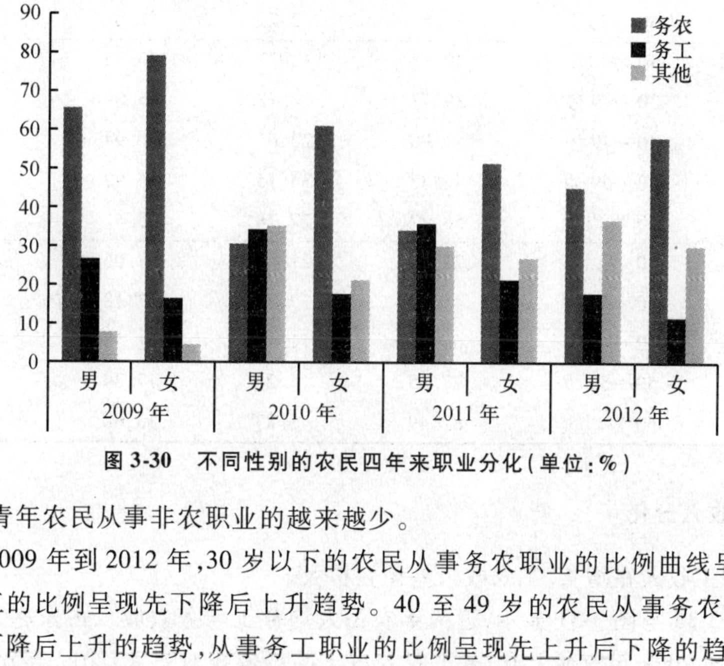

图 3-30　不同性别的农民四年来职业分化（单位:%）

4. 青年农民从事非农职业的越来越少。

从 2009 年到 2012 年,30 岁以下的农民从事务农职业的比例曲线呈波浪形,从事务工的比例呈现先下降后上升趋势。40 至 49 岁的农民从事务农职业的比例呈先下降后上升的趋势,从事务工职业的比例呈现先上升后下降的趋势。2009 年至 2012 年,30 岁以下的农民从事务农职业的比例分别为 44.20%、21.04%、40.88%、21.27%;从事务工职业的比例分别为 49.21%、31.10%、18.37%、21.67%。40 至 49 岁的农民从事务农职业的比例分别为 79.40%、76.75%、41.99%、66.56%;从事务工职业的比例分别为 12.32%、15.02%、27.07%、11.86%(具体参见表 3-34)

表 3-34 不同年龄的农民四年来职业分化 (单位:%)

年份	年龄分组	务农	务工	其他	合计
2009 年	30 岁以下	44.20	49.21	6.59	100
	30—39 岁	62.74	29.88	7.38	100
	40—49 岁	79.40	12.32	8.28	100
	50—59 岁	88.53	6.34	5.13	100
	60 岁以上	94.85	3.01	2.14	100
2010 年	30 岁以下	21.04	31.10	47.86	100
	30—39 岁	50.36	40.97	8.67	100
	40—49 岁	76.75	15.02	8.23	100
	50—59 岁	90.11	5.44	4.45	100
	60 岁以上	95.88	2.25	1.87	100
2011 年	30 岁以下	40.88	18.37	40.75	100
	30—39 岁	39.73	14.18	46.09	100
	40—49 岁	41.99	27.07	30.94	100
	50—59 岁	48.33	35.75	15.92	100
	60 岁以上	56.82	27.78	15.4	100
2012 年	30 岁以下	21.27	21.67	57.06	100
	30—39 岁	45.09	27.73	27.18	100
	40—49 岁	66.56	11.86	21.58	100
	50—59 岁	77.35	5.26	17.39	100
	60 岁以上	82.49	1.83	15.68	100

二、收入分化

1. 务工收入在增长,工农收入差距在扩大。

据表 3-35 与图 3-31 显示,近两年农民人均务工与务农收入占家庭人均收入的比例都比 2009 年有所上升,务工收入占比的增幅相对更大,2012 年比 2009 年将近翻一番。人均务工收入占家庭人均收入的比重持续高于人均务农收入的占比,且两者的人均收入占比出现连续增大的情况,2009 年人均务工收入是人均务农收入的 2.41 倍,2012 年增加到 3.68 倍。在农民家庭收入结构中,靠务工得来的收入超过了靠务农获得的收入,且务工相比务农凸显出越来越强的家庭创收能力。

表 3-35　务工与务农收入差别　（单位:%）

年份	人均务工收入占比	人均务农收入占比	两者收入比
2009 年	37.76	15.65	2.41:1
2010 年	61.64	18.98	3.25:1
2011 年	78.25	22.56	3.47:1
2012 年	68.93	18.74	3.68:1

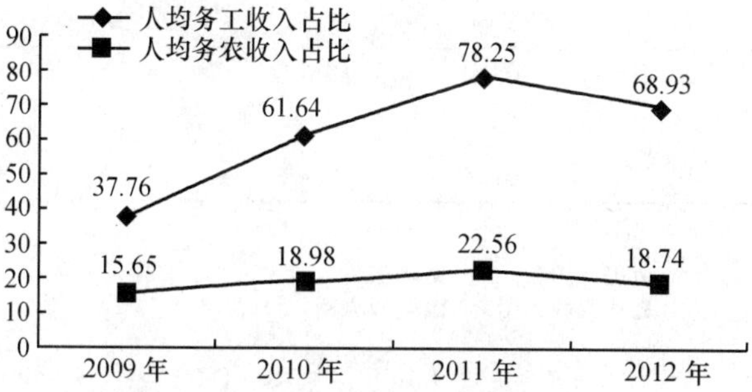

图 3-31　务工与务农收入差别(单位:%)

2. 务农为主的家庭收入水平不高。

根据 2010 年调查数据,务农的农民家庭收入主要集中在最低收入组和中低收入组,分别占比 25.24%、22.29%,共占比 47.53%。务工农民家庭收入水平在五个层次中分别占比 8.96%、23.63%、21.89%、25.62%、19.90%。其他职业的农民其家庭收入主要集中在中高收入组和高收入组,分别占比为 24.14%、38.52%。分析可知,务工农民家庭收入水平居中。务农农民家庭经济状况较差,做生意、教师及其他职业的农民家庭经济状况较好。根据 2011 年调查数据,务工农民家庭收入水平主要集中在中间收入、中高收入及最高收入组,其分别占比为 21.50%、24.50%、21.83%。务农农民家庭收入主要集中在低收入和中低收入组,分别占比 25.78%、20.64%;务工农民家庭收入水平高于以务农为主的农民家庭。根据 2012 年数据调查,务工农民家庭收入水平主要集中在中等收入、中高收入和高收入组,分别占比 24.54%、25.15%、24.55%。务农农民家庭收入水平主要集中在低收入和中低收入组,分别占比 26.48%、20.60%;其他职业的农民家庭收入主要集中在中高收入和高收入,分别占比为 24.69%、34.59%。分析可知,务农农民家庭收入水平最低,务工农民家庭收入水平高于农民家庭,但低于如老师做生意等其他职业的家庭。(具体参见表 3-36 与图 3-32)

表 3-36　务农与非务农的农民家庭收入分化　（单位:%）

年份	职业	低收入组	中低收入组	中等收入组	中高收入组	高收入组	合计
2010 年	务农	25.24	22.29	17.94	18.26	16.27	100
	务工	8.96	23.63	21.89	25.62	19.90	100
	其他	6.70	13.79	16.85	24.14	38.52	100
2011 年	务农	25.78	20.64	17.51	18.63	17.44	100
	务工	13.50	18.67	21.50	24.50	21.83	100
	其他	13.36	13.66	13.51	24.58	34.89	100
2012 年	务农	26.48	20.60	19.13	18.10	15.69	100
	务工	8.28	17.48	24.54	25.15	24.55	100
	其他	10.75	10.55	19.42	24.69	34.59	100

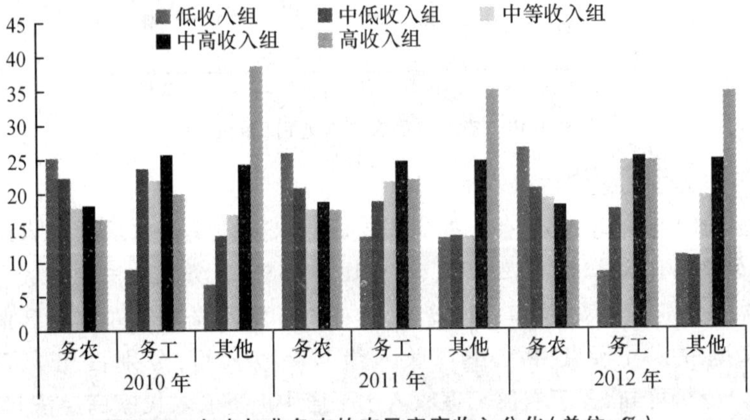

图 3-32　务农与非务农的农民家庭收入分化(单位:%)

3. 从事务农的家庭收入低而且不太稳定,务工家庭收入有所上升。

从 2010 年到 2012 年,务工农民家庭经济收入占最高 20% 的高收入组的比重依次为 19.90%、21.83%、24.54%,比例不断升高。务农农民其比重分别为 16.27%、17.45%、15.69%,有升有降;做生意、当老师等其他职业的农民其比重分别为 38.52%、34.9%、34.59%,比例不断下降。三年来,务农农民经济收入占高收入组的比重三年来波动不大略有起伏;务工农民经济收入不断提高。(见表 3-37、图 3-33)

表 3-37　不同职业农民经济收入与高收入组的差距　（单位：%）

职业	2010 年	2011 年	2012 年
务农	16.27	17.45	15.69
务工	19.90	21.83	24.54
其他	38.52	34.90	34.59

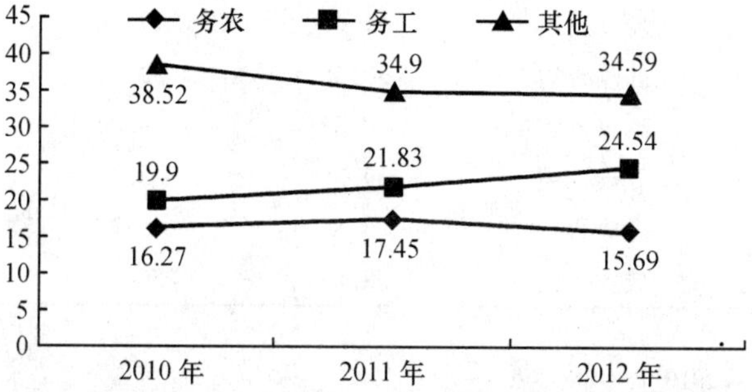

图 3-33　不同职业农民经济收入与高收入组的差距（单位：%）

4. 身体状况较好的农民收入水平在上升。

从表 3-38 与图 3-34 可以发现，2010 年至 2012 年，农户健康状况为优者，其占高收入组的比例分别为 21.81%、22.87%、23.81%，比例不断上升；其占低收入组的比例分别为 18.64%、17.33%、15.85%，比例不断下降。健康状况处于中等水平的农户，其占高收入组的比例分别为 13.46%、17.36%、19.37%，比例不断上升；其占低收入组的比例分别为 30.58%、32.27%、35.24%，比例不断下降。健康状况属于最差的农户，其占高收入组的比例分别为 5.88%、5.77%、0%，比例不断下降；占低收入组的比例分别为 58.82%、50%、57.69%。这表明，对于身体状况非常好的农民，其三年来家庭收入是不断变好的，占低收入组的比例不断减少，占高收入组的比例不断上升。但是对于身体状况一般的农民，内部出现了一些分化，其占高收入组的比例不断升高，但是其占低收入的比例也不断升高，即三年来，健康状况一般的农户通过一些途径发家致富，但是有的农民经济条件却日益衰退。而对于健康状况非常差的农民，三年来经济条件仍然没有得到改善。

表3-38　农民健康状况与经济收入差别　(单位:%)

健康状况	收入分组	2010年	2011年	2012年
优	高收入组	21.81	22.87	23.81
	低收入组	18.64	17.33	15.85
良	高收入组	21.48	19.65	17.32
	低收入组	16.91	22.71	35.24
中	高收入组	13.46	17.36	19.37
	低收入组	30.58	32.27	35.24
差	高收入组	8.73	8.21	11.86
	低收入组	39.30	42.14	36.60
最差	高收入组	5.88	5.77	0
	低收入组	58.82	50	57.69

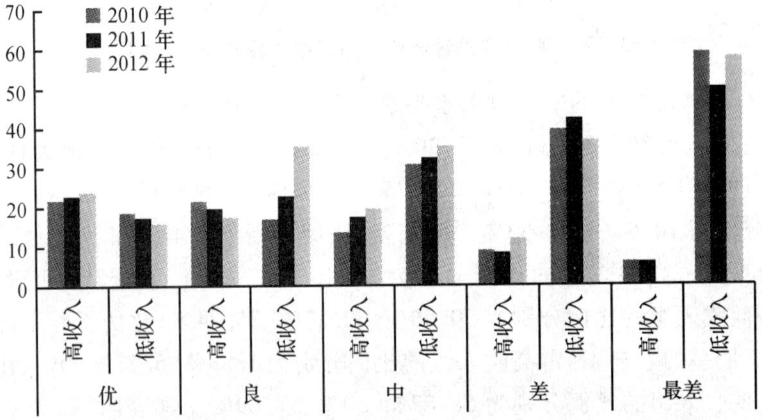

图3-34　农民健康状况与经济收入差别(单位:%)

5. 空巢家庭人均收入处于低水平,主干与扩大家庭人均收入处于高水平。

根据2010年的调查数据,空巢家庭人均收入主要集中在低收入组和中低收入组,占比分别为54.65%、21.12%。而核心家庭的家庭人均收入主要集中在中低收入组和中等收入组,占比分别为24.39%、20.65%。主干家庭的人均家庭收入主要集中在中高收入组和高收入组,占比分别为24.85%、28.38%。而扩大家庭的人均家庭收入也同样主要集中在中高收入组和高收入组,占比分别为22.44%、32.69%。根据2011年调查数据,空巢家庭的农民人均家庭经济水平主要集中在低收入组和中低收入组,占比分别为55.31%、20.82%。而核心家庭的农民其人均家庭经济收入主要集中在中低收入组和中等收入组，占比分别为22.29%、21.42%。主干家庭的人均家庭经济收入主要集中在中高收入组和高收入组，占比分别为24.87%、28.58%。而扩大家庭的人均经济收入也同样主要集中在中高收入组和高收入组，占比分别为19.77%、38.95%。根据2012年调查数据，空巢家庭的农民人均收入主要集中在低收入组和中低收入组，占比分别为59.13%、18.72%。而核心家庭的农民其人均收入主要集中在中低收入组和中等收入组，占比分别为21.98%、22.42%。主干家庭的人均收入主要集中在中高收入组和高收入组，占比分别为24.55%、27.31%。而扩大家庭的人均经济收入也同样主要集中在中高收入组和高收入组，占比分别为20.31%、39.08%。具体数据可以参见表3-39与图3-35。

表3-39　家庭类型与农民收入差距　（单位：%）

年份	家庭类型	低收入组	中低收入组	中等收入组	中高收入组	高收入组	合计
2010年	核心家庭	19.94	24.39	20.65	19.23	15.79	100
	空巢家庭	54.65	21.12	10.56	8.39	5.28	100
	扩大家庭	9.29	18.91	16.67	22.44	32.69	100
	主干家庭	12.22	16.67	17.88	24.85	28.38	100
	其他类型	49.21	15.87	17.46	11.11	6.35	100
2011年	核心家庭	22.29	21.41	20.34	20.08	15.88	100
	空巢家庭	55.31	20.82	9.76	7.60	6.51	100
	扩大家庭	10.46	15.41	15.41	19.77	38.95	100
	主干家庭	13.50	16.86	16.19	24.87	28.58	100
	其他类型	41.94	25.81	13.98	12.89	5.38	100
2012年	核心家庭	18.18	21.98	22.42	20.90	16.52	100
	空巢家庭	59.13	18.72	10.27	6.39	5.49	100
	扩大家庭	12.64	12.64	15.33	20.31	39.08	100
	主干家庭	11.70	14.94	21.50	24.55	27.31	100
	其他类型	55.36	10.71	12.50	7.14	14.29	100

三、社会分化

（一）家庭生活条件的差异

1. 过半农民认为自家生活条件不比别人好也不比别人差，农民生活条件正向好的方向发展。

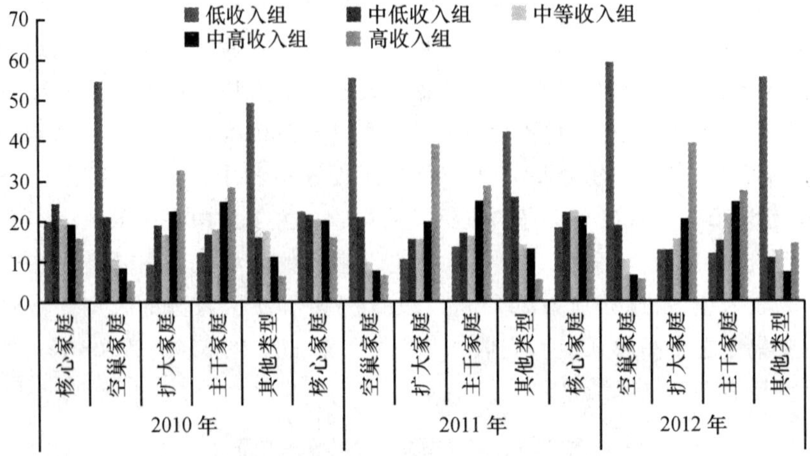

图 3-35　家庭类型与农民收入差距(单位:%)

根据 2012 年调研数据,在调查农户家庭生活条件变化情况时,与村庄其他家庭相比,农户自认为自家生活条件"一般"的为最多,达到 58.30%,但要注意到,这部分农民中有一些依据保守或爱面子的心理,认为自家生活条件不比别人好,也不比别人差;其次为"比较好"的,超过两成,即达到了 21.36%;再次为"比较差"的,超过了一成,即达到了 12.76%;而认为"很差"的为 4.01%,"很好"的为 3.57%。整体来看,认为家庭条件"比较好"、"很好"的农民超过了认为"比较差"、"很差"的农民,农民生活条件正在逐步向好的方向发展。(具体可参见表 3-40 与图 3-36)

表 3-40　农户家庭生活条件比较与自我评价　　(单位:个,%)

评价	调查农户	百分比
很好	130	3.57
比较好	777	21.36
一般	2120	58.30
比较差	464	12.76
很差	146	4.01
合计	3637	100

2. 务工农民对自家生活条件评价高于务农农民,但低于做生意等其他职业农民。

从表 3-41 与图 3-37 可以看出,跟村里其他家庭相比,2012 年务农的农民对

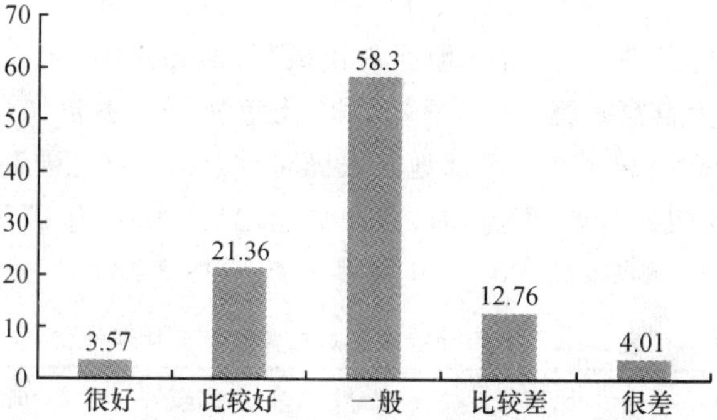

图 3-36　农户家庭生活条件比较与自我评价(单位:%)

自家生活条件好评最低,认为"很好""比较好"分别为 2.42%、17.64%,共占比 20.06%。务工的农民对自家生活条件评价高于务农的农民,但低于其他职业的农民,"很好""比较好"分别为 2.70%、22.82%,共占比 25.52%。做生意、老师等其他职业的农民好评分别为 8.01%、34.42%,共占比为 42.43%。以上数据表明,务工家庭的农户其家庭生活条件处于中等水平,高于农户,但低于其他如做生意、老师等职业的农民。农民职业差别特别是务农与非务农差别,造成了农民家庭生活条件的差异。

表 3-41　不同职业的农民对生活条件的评价　(单位:%)

职业	很好	比较好	一般	比较差	很差	合计
务农	2.42	17.64	60.70	14.48	4.76	100
务工	2.70	22.82	55.86	15.62	3.00	100
其他	8.01	34.42	51.42	4.74	1.41	100

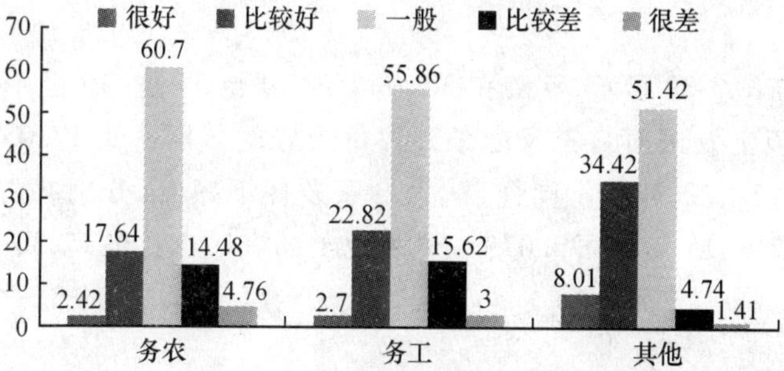

图 3-37　不同职业的农民对生活条件的评价(单位:%)

3. 东部地区农民对自家家庭条件好评高于中部和西部地区。

认为自家家庭条件差的,中部地区占比最高,西部次之,东部最低。东部、中部和西部地区认为自家家庭条件"很好"和"比较好"的,各自加总之后分别占比为26.02%、24.26%、24.60%,东部地区农民对自家条件好评要高于中西部地区。认为自家条件"比较差"和"很差"的,各自加总之后,东部、中部和西部地区占比分别为13.99%、18.84%、17.28%。(见表3-42与图3-38)

表3-42　不同地区农民对自家家庭条件评价　(单位:%)

地区	很好	比较好	一般	比较差	很差	合计
东部	4.52	21.50	59.99	11.26	2.73	100
中部	2.17	22.09	56.90	13.80	5.04	100
西部	4.17	20.43	58.12	13.11	4.17	100

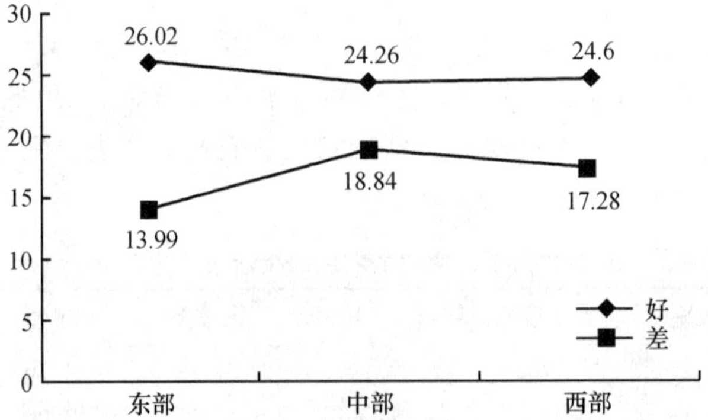

图3-38　不同地区农民对自家家庭条件评价(单位:%)

4. 40岁至49岁的中年农民对家庭条件好评的最高,30岁以下的青年农民好评最低。

表3-43与图3-39显示,年龄在30岁以下、30至39岁、40至49岁、50至59岁以及60岁以上农民对自家家庭条件评价为好的分别占比17.05%、26.07%、26.71%、25.71%、22.38%。同样,认为自家条件不好的,分别共占比18.18%、11.83%、14.82%、15.28%、22.07%,60岁以上的农民占比最高,30至39岁的农民占比最低。

表 3-43　不同年龄的农民对自家家庭条件评价　（单位：%）

年龄分组	很好	比较好	一般	比较差	很差	合计
30 岁以下	1. 14	15. 91	64. 77	15. 91	2. 27	100
30—39 岁	4. 30	21. 77	62. 1	8. 87	2. 96	100
40—49 岁	4. 26	22. 45	58. 47	12. 42	2. 40	100
50—59 岁	3. 89	21. 82	59. 01	11. 67	3. 61	100
60 岁以上	2. 32	20. 06	55. 55	15. 42	6. 65	100

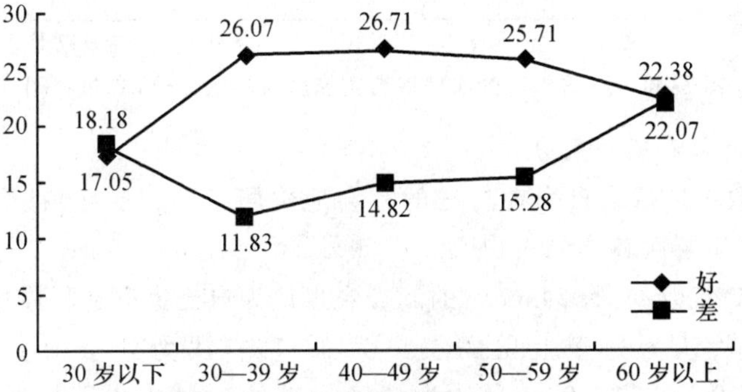

图 3-39　不同年龄的农民对自家家庭条件评价（单位：%）

5. 文化程度越高的农民认为自家家庭条件好的越多，文化程度越低的农民认为自家条件差的越多。

如表 3-44 与图 3-40 所示，文化程度为文盲、小学、初中、高中、大专及以上的农民，认为自家家庭条件“很好”“比较好”的比例各自加总之后，分别占比为 13. 59%、19. 61%、26. 44%、36. 86%、33. 34%，呈上升趋势。认为自家家庭条件“比较差”和“很差”的比例各自加总之后，分别占比为 36. 94%、22. 41%、12. 86%、7. 23%、6. 31%，比例不断下降。

表 3-44　不同年龄的农民对自家家庭条件的评价　（单位：%）

文化程度	很好	比较好	一般	比较差	很差	合计
文盲	1. 05	12. 54	49. 47	25. 09	11. 85	100
小学	2. 97	16. 64	57. 98	16. 55	5. 86	100
初中	3. 66	22. 78	60. 70	10. 79	2. 07	100
高中	5. 56	31. 30	55. 91	5. 19	2. 04	100
大专及以上	5. 41	27. 93	60. 35	5. 41	0. 90	100

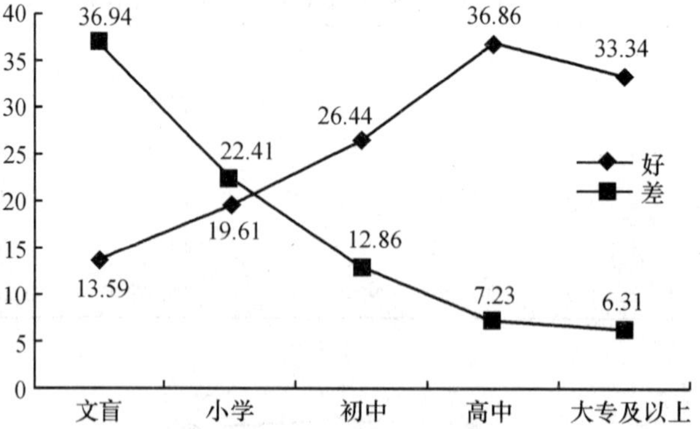

图 3-40 不同年龄的农民对自家家庭条件的评价(单位:%)

(二)家庭社会地位的分化

1. 过半数农户认为自家在村庄的社会地位居于中间层次,社会地位层次较低的农户稍多于层次较高的农户。

根据2012年数据,有54.68%的调查农户认为自己家庭在村庄中的社会地位处于中层水平,认为处于上层的农户为3.11%,认为处于中上层的农户为18.79%,两者合计为21.90%。认为自己家庭处于村庄中下层水平的农户有17.36%,认为处于下层的农户有6.06%,两者合计为23.42%。农户认为自家在村庄中的地位层次较低的要多于层次较高的。农户社会地位分化形成中层较多,上下两极相对较少的一种较为稳定的社会结构。(见表3-45与图3-41)

表 3-45 农民对家庭地位的自我评价 (单位:个,%)

家庭地位	调查农户	百分比
上层	113	3.11
中上层	682	18.79
中层	1985	54.68
中下层	630	17.36
下层	220	6.06
合计	3630	100

2. 从事做生意等其他职业的农民家庭社会地位要高于务农与务工的家庭。

如表3-46与图3-42所示,在村庄中的层次地位的评价中,认为自家在村庄中处于上层的,务农、务工与做生意、教师等其他职业的农民,分别占比1.80%、1.51%、8.47%,务工农民占比最低。认为自家在村庄中处于中上层的,务农、务工与做生意等其他职业的农民,分别占比为15.13%、19.28%、31.59%。经过相

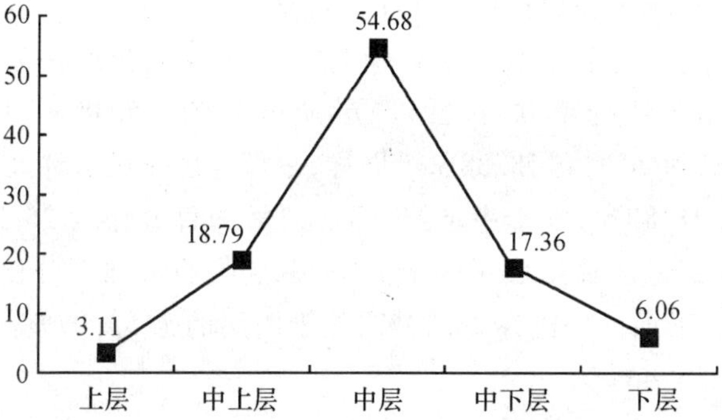

图 3-41　农民对家庭地位的自我评价(单位:%)

应加总后,各类职业农民自评的社会地位处于中层以上的,务农、务工与其他职业分别为 16.93%、20.79%、40.06%。可见,做生意、教师等其他职业的农户家庭所处的社会地位要高。进一步看,认为自家在村庄中处于下层,务农、务工、其他职业的农民分别占比 7.12%、4.82%、2.35%,务农农民占比最高。认为自家处于中层的,不同职业的农民分别占比 56.67%、52.11%、49.43%。数据表明,大部分农民都认为自家在村庄中处于中层,务工农民认为处于上层的最少;务农农民认为自家处于下层的最多,务工农民其次。

表 3-46　不同职业的农民对家庭地位的评价　　(单位:%)

职业	上层	中上层	中层	中下层	下层	合计
务农	1.80	15.13	56.67	19.28	7.12	100
务工	1.51	19.28	52.10	22.29	4.82	100
其他	8.47	31.59	49.43	8.16	2.35	100

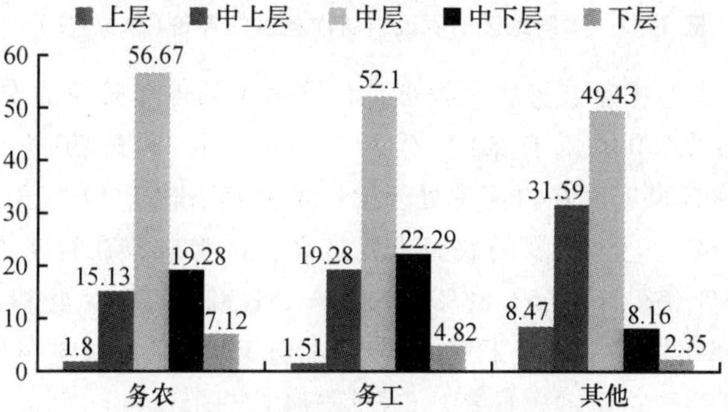

图 3-42　不同职业的农民对层次地位的评价(单位:%)

3. 东部地区农民家庭地位要高于中西部地区。

从地区来看,东部地区农民自评处于上层、中上层的分别有3.33%、18.72%,合计为22.05%,自评处于中下层、下层的分别有15.38%、4.19%,合计为19.57%,自评处于中层的有58.38%。同样,中部地区农民自评处于上层、中上层的累加百分比为21.85%,处于中下层、下层的累加百分比为25.35%,处于中层的为52.80%;西部地区农民自评处于上层、中上层的累加百分比为21.81%,处于中下层、下层的累加百分比为25.13%,处于中层的为53.07%。具体数据可以参见表3-47与图3-43。

表3-47　不同地区的农民对层次地位的评价　(单位:%)

地区	上层	中上层	中层	中下层	下层	合计
东部	3.33	18.72	58.38	15.38	4.19	100
中部	2.64	19.21	52.80	18.20	7.15	100
西部	3.41	18.40	53.07	18.40	6.73	100

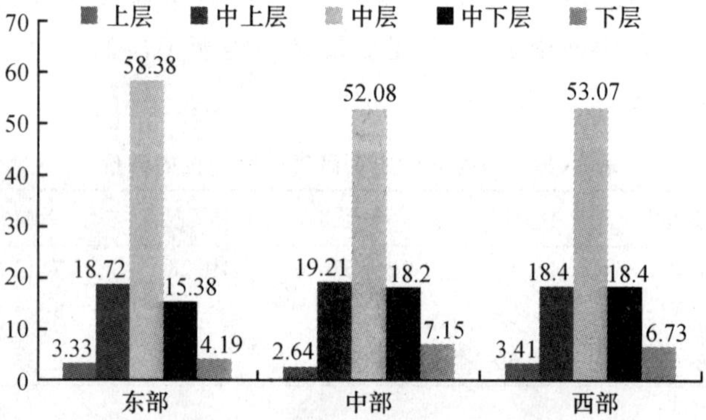

图3-43　不同地区的农民对层次地位的评价(单位:%)

4. 40至49岁的中年农民家庭社会地位要高于其他年龄段的农民。

根据调查数据,30岁以下、30岁至39岁、40岁至49岁、50岁至59岁、60岁以上的农民认为自家家庭在村庄中处于上层的分别占比1.14%、3.23%、4.19%、3.04%、2.02%,40岁至49岁的农民占比最高。认为自家在村庄中处于中层的,分别占比47.73%、58.76%、53.88%、57.59%、51.82%,30岁至39岁的农民占比最高。认为自家在村庄中处于下层的,分别占比7.95%、4.04%、4.36%、5.11%、9.39%,60岁以上的农民占比最高。(见表3-48与图3-44)

表 3-48 不同年龄的农民对层次地位的评价 （单位:%）

年龄	上层	中上层	中层	中下层	下层	合计
30 岁以下	1.14	20.45	47.73	22.73	7.95	100
30—39 岁	3.23	19.95	58.76	14.02	4.04	100
40—49 岁	4.19	19.32	53.88	18.25	4.36	100
50—59 岁	3.04	18.98	57.59	15.28	5.11	100
60 岁以上	2.02	17.47	51.82	19.29	9.39	100

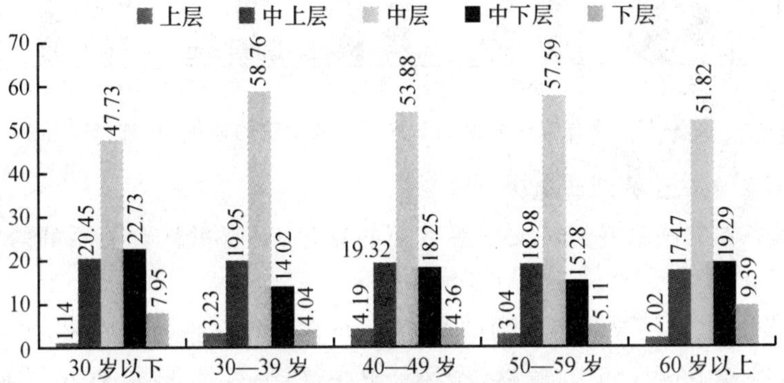

图 3-44 不同年龄的农民对层次地位的评价(单位:%)

5. 农民文化程度越高,在村庄中处于上层的比例越大而处于下层的比例越小。

如表 3-49 与图 3-45 所示,文化程度为文盲、小学、初中、高中、大专及以上的农民,认为自家在村庄中处于上层的比例依次为 0.35%、2.54%、2.88%、5.58%、6.31%,比例不断上升。认为自家在村庄中处于下层的比例依次为 19.51%、8.40%、3.28%、2.60%、0.90%,比例不断下降。

表 3-49 不同文化程度的农民对社会地位的评价 （单位:%）

教育水平	上层	中上层	中层	中下层	下层	合计
文盲	0.35	11.50	42.86	25.78	19.51	100
小学	2.54	14.67	52.59	21.80	8.40	100
初中	2.88	19.53	58.26	16.05	3.28	100
高中	5.58	27.7	55.76	8.36	2.60	100
大专及以上	6.31	29.73	52.25	10.81	0.90	100

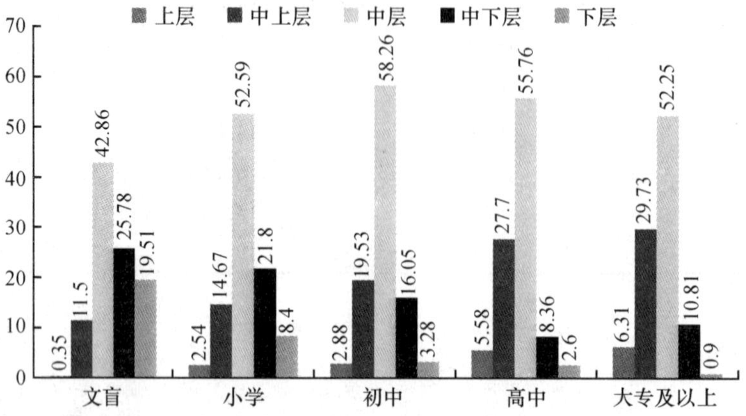

图3-45 不同文化程度的农民对社会地位的评价(单位:%)

(三)家庭社会关系的变化

1. 非务农农民家庭经济文化等方面的变化,对邻里社会关系的影响要大于务农家庭。

关于家庭在经济文化等方面的变化,对日常与邻里相处的影响,49.79%务工农民认为没有影响,占比最低;务农、做生意等其他职业的农民分别占比57.68%、59.32%。认为会有影响的,务工、务农、做生意、教师及其他职业的农民分别占比9.54%、13.50%、13.14%、16.03%(参见表3-50与图3-46)。整体上而言,大部分农民都认为家庭在经济文化等方面的变化对日常邻里相处影响不大;但相比之下,从事非农业的农民认为其会有一定影响。

表3-50 不同职业农民经济文化状况变化与邻里社会关系 (单位:%)

职业	是	否	说不清	合计
务农	9.54	57.68	32.78	100
务工	13.50	49.79	36.71	100
做生意	13.14	59.32	27.54	100
教师及其他	16.03	63.76	20.21	100
合计	10.96	57.79	31.25	100

2. 西部地区农民家庭经济文化等方面的变化,对邻里社会关系的影响要大于东部和中部地区。

从地区来看,对于家庭条件在经济文化生活等方面的变化,认为会对日常邻里相处造成一定影响的,东部、中部、西部地区分别占比10.37%、9.62%、

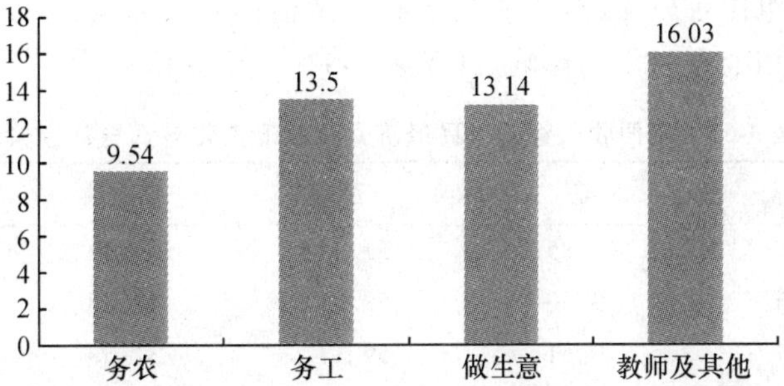

图 3-46　不同职业农民经济文化状况变化与邻里社会关系(单位:%)

12.84%,西部地区占比最高,东部次之,中部最低。这表明,西部地区的农民更偏向认为家庭经济收入和文化生活等方面的变化对日常邻里相处有一定影响。具体数据可以参见表 3-51 与图 3-47。

表 3-51　不同地区的农民经济文化状况变化与邻里社会关系　　(单位:%)

地区	是	否	说不清	合计
东部	10.37	55.19	34.44	100
中部	9.62	61.09	29.29	100
西部	12.84	56.36	30.80	100

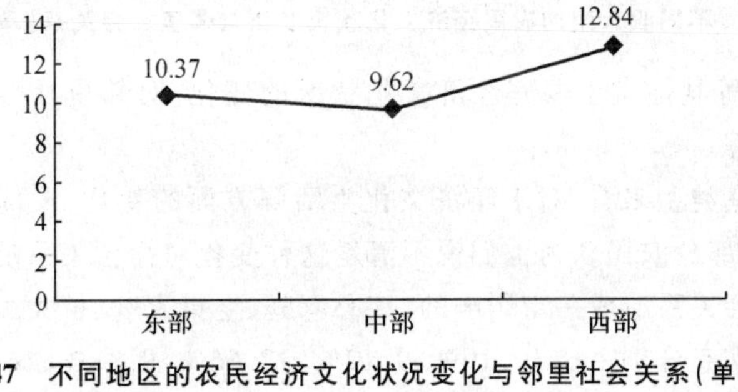

图 3-47　不同地区的农民经济文化状况变化与邻里社会关系(单位:%)

3. 收入处于高低两极的农民家庭经济文化方面的变化,对邻里社会关系的影响要大于处于其他收入组的农民。

从农民家庭收入分组来看,对于经济文化生活等方面的变化,大部分农民认为没有影响,也有一部分农民认为他们说不清楚这种变化对社会关系的影响。认为会对日常邻里社会关系造成一定影响的,低收入组、中低收入组、中等收入组、中高收入组、高收入组分别占比 12.85%、9.30%、9.51%、9.53%、12.83%,低收入组与高收入组比重较大,这表明处于收入两极的农民家庭的经济文化的变化,对他们与邻里相处有一定的影响。(见表 3-52 与图 3-48)

表 3-52 不同收入组的农民经济文化状况变化与邻里社会关系 (单位:%)

家庭收入	是	否	说不清	合计
低收入组	12.85	51.42	35.73	100
中低收入组	9.30	58.84	31.86	100
中等收入组	9.51	59.11	31.38	100
中高收入组	9.53	63.55	26.92	100
高收入组	12.83	56.59	30.58	100

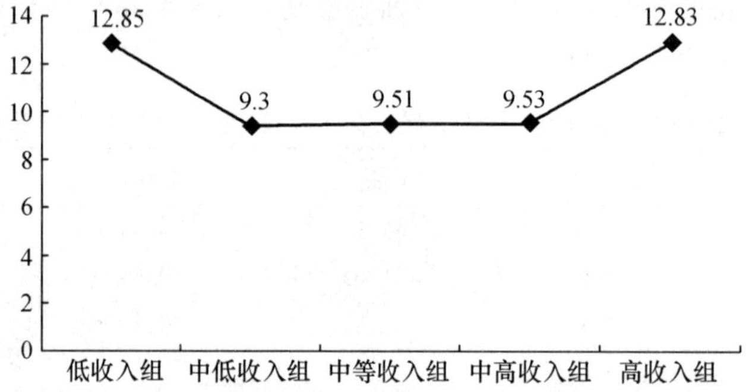

图 3-48 不同收入组的农民经济文化状况变化与邻里社会关系(单位:%)

4. 无子女等其他类型家庭经济文化状况的变化,对邻里社会关系的影响要大于核心家庭等。

从农民家庭类型来看,对于经济文化生活等方面的变化,大部分农民认为没有影响,也有一部分农民认为他们说不清楚这种变化对社会关系的影响。认为会对日常邻里社会关系造成一定影响的,核心家庭、空巢家庭、扩大家庭、主干家庭、无子女等其他家庭分别占比 12.19%、9.12%、12.56%、9.28%、16.67%,可见,无子女等其他类型的家庭比重较大,也就是说,无子女等其他类型的农民家庭经济文化的变化,对他们与邻里相处有一定的影响。具体数据可以参见表 3-53 与图 3-49。

表 3-53　不同家庭类型的农民经济文化状况变化与邻里社会关系　（单位：%）

家庭类型	是	否	说不清	合计
核心家庭	12.19	55.80	32.01	100
空巢家庭	9.12	58.76	32.12	100
扩大家庭	12.56	57.67	29.77	100
主干家庭	9.28	60.64	30.08	100
其他家庭	16.67	40	43.33	100

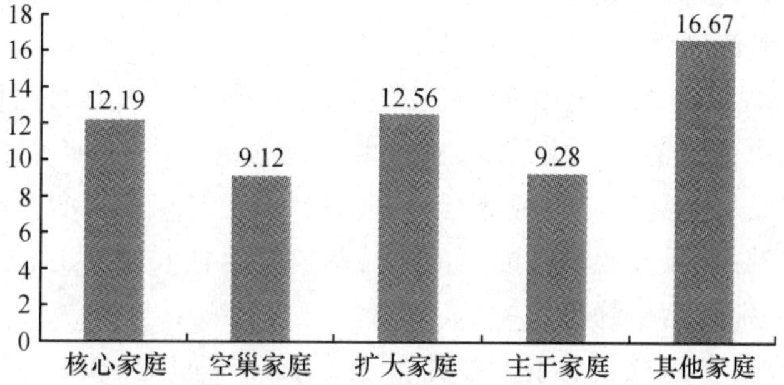

图 3-49　不同家庭类型的农民经济文化状况变化与邻里社会关系（单位：%）

本 章 提 要

• 农民外出打工比例接近两成，打工人数占调查劳动力近三成；外出打工人数达到 3021 人，占到全部调查家庭人口数的 19.39%；在每 100 户家庭中就有 83 人外出打工；外出打工人数占家庭劳动力的 29.26%；47.98% 的调查农户有家庭成员在外务工，有一人外出打工的农户家庭居多。

• 农民流向省外是务工农民的首要选择，省内流动位居其次。流向省外的务工农民达到 46.29%；本省务工的农民为 43.47%；就近在本县市范围内务工的为 9.93%。珠三角等沿海发达地区是农民务工流入的主要经济地区，25.36% 的农民选择在珠三角地区打工，有 21.47% 的农民流入长三角地区打工与生活。新一代流动农民流入珠三角等沿海地带，第一代流动农民流入西部。

• 农民主要流入制造业与建筑采掘业等第二产业部门，有 65.73% 的农民在该产业从事生产活动，从事第三产业服务行业的农民占比为 32.56%。农民外出就业以体力劳动等初级层次工作为主，从事体力劳动与操作的初级技术人员占有效样本农民的 78.38%，所占比例最大。青年农民进入零售等服务业的居多，中年农民进入制造业的居多。

• 20世纪90年代中后期以后,农民外出务工逐步迈向高峰。农民外出打工开始于80年代以前,90年代中后期,农民打工出现小高潮,1991—1995年有4.42%的农民外出打工,1996年至2000年有11.09%的农民外出打工,2001年至2005年外出务工农民比重达到15.66%,2006年至2010年外出务工农民为39.67%。

• 男性农民务工比例高于女性,女性外出务工呈现不稳定趋势。青年农民占务工人口多数,但流动数量比重呈现下降态势。已婚农民流动比例较大,婚姻稳定的农民更具流动性。

• 务工农民就业领域集中在二、三产业,但从事第三产业的比重在下降。男性务工农民集中在制造业与建筑业,女性集中在服务行业,务工农民职业出现多元化。青年农民从事制造与服务等行业变化较大,中老年农民职业机会增多。产业间收入差距较大,服务业增收的空间有待提高。男性农民务工收入整体高于女性,两者收入差别有缩小趋势。

• 农民流动中的社会分化,主要表现为农民在职业、收入、社会地位关系等方面的分流。从事务农职业的农民在减少,农民职业正在多样化。2009年至2012年,务农农民的比例分别为55.28%、48.70%、49.12%、51.33%,数据呈现出陡然下滑,然后又缓慢增加的趋势;务工农民占比分别为21.80%、24.41%、25.93%、19.38%,数据呈现先缓慢上升然后下降的趋势;做生意等其他职业的农民,其比例分别为22.92%、26.88%、24.94%、29.29%,呈现波浪式上升。

• 务工收入在增长,工农收入差距在扩大。2009年人均务工收入是人均务农收入的2.41倍,2012年增加到3.68倍。在农民家庭收入结构中,务工收入超过务农收入,务工相比务农凸显出越来越强的家庭创收能力。从事务农的家庭收入低而不太稳定,务工家庭收入有所上升。

• 过半数农民认为自家生活条件不比别人好也不比别人差,农民生活条件正向好的方向发展。农户认为自家生活条件“一般”的为最多,达到58.30%。过半数农户认为自家在村庄的社会地位居于中间层次,社会地位层次较低的农户稍多于层次较高的农户。有54.68%的调查农户认为自己家庭在村庄中的社会地位处于中层水平,认为处于上层的农户为3.11%,认为处于中上层的农户为18.79%,两者合计为21.90%。认为自己家庭处于村庄中下层水平的农户有17.36%,认为处于下层的农户有6.06%,两者合计为23.42%。农户认为自家在村庄中的地位层次较低的要多于层次较高的。农户社会地位分化形成中层较多，上下两极相对较少的一种较为稳定的社会结构。

- 非务农农民家庭经济文化等方面的变化，对邻里社会关系的影响要大于务农家庭。认为家庭经济文化变化会影响社会关系，务工、务农、做生意、教师及其他职业的农民分别占比 9.54%、13.50%、13.14%、16.03%。

第四章　农民社会交往*

在现代化、市场化和社会结构变动的共同作用下，我国农民的社会交往处在传统性与现代性交织的张力与互动当中，发生着愈来愈深刻而全面的变革。本章从交往对象、交往地区、交往方式、人情交往以及交往心理五个方面探讨农民社会交往的现实表现、基本特征、影响因素以及变化趋势。其中交往对象分为因小事而交往的主要对象、因借钱而交往的主要对象、因帮工而交往的主要对象三个层面。交往地区从交往频率、交往地域、交往范围的变化三个层面进行分析。交往方式则从平时的交往方式、红白喜事的交往方式、过年的交往方式、打牌的交往方式四个方面进行考察。考虑到农民交往对象的多元化，本章主要从与城里人交往、与生意人交往、与富人交往、与干部交往四个方面全面考察农民的交往心理。而人情交往则从人情支出、人情收入以及人情往来态度三个方面进行研究。

第一节　交往对象

生活在一定社会环境中的人们，要生存发展，就必须和周围的人发生各种各样的联系、沟通和交流。本节将在研究农民社会交往主要对象的基础上，考察农民在面临小事、借钱、帮工等生产和生活的具体情境时首选的交往对象。考虑到人际交往属于社会生活过程，社会生活反过来又影响或限制了人们交往对象的选择，本节还将对不同自然特征、社会特征的农民交往对象作进一步分析。

一、交往对象

在3636个农户有效样本中，有2373位农户的主要交往对象是邻居，占比最高，为65.26%；680位农户的主要交往对象是亲戚，占比18.70%；另有12.71%的农户主要交往对象为朋友，3.34%为其他。由此可见，农民主要的交往对象是邻居，其次为亲戚和朋友。（见表4-1、图4-1）

---

* 本章撰写人：侯江华、刘思、刘建功、吴星、李艳昀。

表 4-1　农民的主要交往对象　（单位:个,%）

主要交往对象	样本数	占比
邻居	2373	65. 26
亲戚	680	18. 70
朋友	462	12. 71
其他	121	3. 34
总计	3636	100

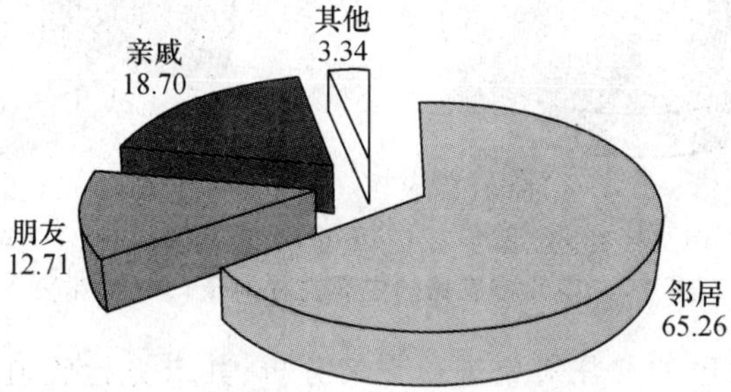

图 4-1　农民的主要交往对象(单位:%)

进一步对不同地区农民的交往对象进行考察,得知中部地区农民以邻居为主要交往对象的占比最高,为 67. 60%;西部地区农民以亲戚为主要交往对象的占比最高,为 19. 90%;东部地区农民以朋友为主要交往对象的占比最高,为 16. 20%。相对而言,东部地区农民与朋友交往较多,中部地区农民与邻居交往较多,西部地区农民与亲戚交往较多。(见表 4-2)

表 4-2　不同地区农民的主要交往对象　（单位:个,%）

地区分组	邻居	亲戚	朋友	其他	总计
东部	62. 49	18. 07	16. 20	3. 24	100(1173)
中部	67. 60	18. 18	11. 19	3. 03	100(1287)
西部	65. 48	19. 90	10. 88	3. 74	100(1176)

如表 4-3、图 4-2 所示,南方农民与北方农民的交往对象也具有显著差异。($P = 0.000 < 0.05$)具体来看,南方农民与邻居、朋友交往较多,而北方农民与亲戚交往较多。

表4-3　南北方农民的主要交往对象　（单位：个，%）

南北分区	邻居	亲戚	朋友	其他	总计
南方	66.04	15.40	14.83	3.73	100(1929)
北方	64.38	22.44	10.31	2.87	100(1707)

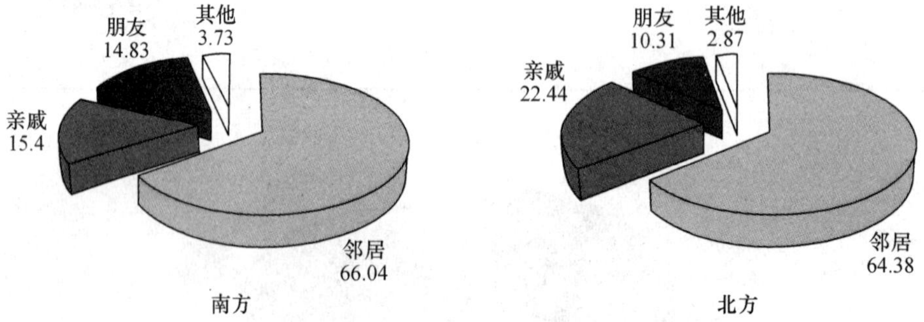

图4-2　南北方农民的主要交往对象(单位:%)

对不同性别农民的交往对象进行交叉分析，其卡方检验值为0.000，远低于0.05的显著水平，意味着不同性别农民的交往对象具有显著差异。具体来看，男性与亲戚、朋友和其他人群交往的比重分别比女性高1.75和5.63个百分点；女性与邻居交往较多，比男性高8.20个百分点。可见，男性与亲戚、朋友交往较多，女性与邻居交往较多。（见表4-4、图4-3）

表4-4　不同性别农民的主要交往对象　（单位：个，%）

性别	邻居	亲戚	朋友	其他	总计
男性	63.74	19.03	13.75	3.48	100(2959)
女性	71.94	17.28	8.12	2.66	100(677)

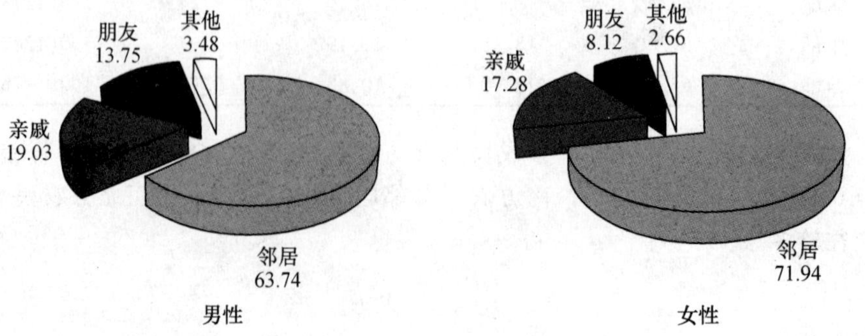

图4-3　不同性别农民的主要交往对象(单位:%)

如表4-5、图4-4所示，在30岁以下、30—39岁、40—49岁、50—59岁、60岁及以上的五个年龄段中，农民主要的交往对象为邻居的占比逐渐增加，分别为47.73%、56.60%、63.15%、66.48%、71.17%；主要交往对象为朋友的占比逐渐减少，分别为20.45%、18.60%、15.15%、14.43%、5.24%。以亲戚为主要交往对象的占比总体呈下降态势，分别为28.41%、20.75%、18.25%、15.95%、20.46%。总体而言，年龄较小的农民，与朋友交往的较多；年龄较大的农民，与邻居交往的较多。

表4-5　不同年龄农民的主要交往对象　（单位：个，%）

年龄分组	邻居	亲戚	朋友	其他	总计
30岁以下	47.73	28.41	20.45	3.41	100(88)
30—39岁	56.60	20.75	18.60	4.05	100(371)
40—49岁	63.15	18.25	15.15	3.45	100(1129)
50—59岁	66.48	15.95	14.43	3.14	100(1053)
60岁及以上	71.17	20.46	5.24	3.13	100(992)

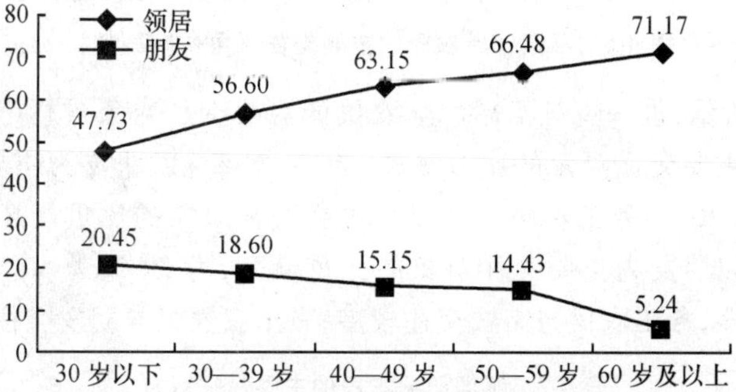

图4-4　不同年龄农民的主要交往对象（单位：%）

在学历水平由低到高的农户样本中，与邻居交往的占比分别为72.66%、70.18%、63.08%、57.86%、59.46%，与亲戚交往的占比分别为20.07%、19.20%、18.89%、18.48%、9.91%，二者总体都呈下降趋势。而以朋友为主要交往对象的占比依次为5.88%、8.07%、14.75%、19.22%、19.82%，总体呈上升趋势。由此可见，学历愈高的农民，与朋友交往愈多；学历愈低，与邻居、亲戚交往愈多。（见表4-6、图4-5）

表4-6 不同学历农民的主要交往对象 (单位:个,%)

学历分组	邻居	亲戚	朋友	其他	总计
文盲	72.66	20.07	5.88	1.39	100(289)
小学	70.18	19.20	8.07	2.55	100(1177)
初中	63.08	18.89	14.75	3.28	100(1489)
高中	57.86	18.48	19.22	4.44	100(541)
大专及以上	59.46	9.91	19.82	10.81	100(111)

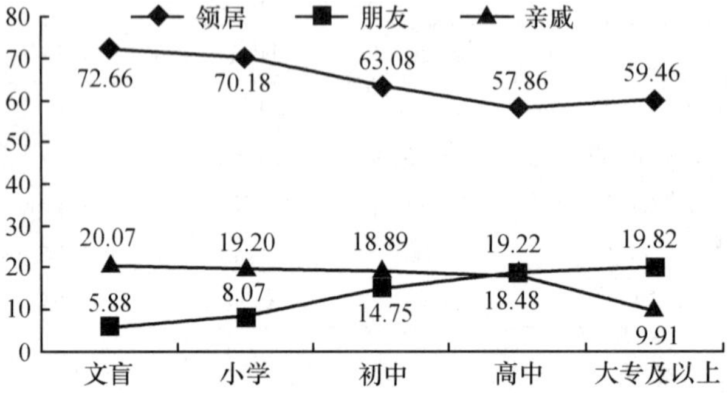

图4-5 不同学历农民的主要交往对象(单位:%)

如表4-7所示,进一步对不同职业农民的主要交往对象进行考察,可见务农农民以邻居为主要交往对象的比重最高,为70.69%,以朋友为主要交往对象的比重最少,为8.70%;务工农民以亲戚为主要交往对象的比重最高,为21.08%;做生意的农民以朋友为主要交往对象的比重最高,为29.32%。总之,务农农民与邻居交往较多,务工农民与亲戚交往较多,做生意农民与朋友交往较多。

表4-7 不同职业农民的主要交往对象 (单位:个,%)

职业分组	邻居	亲戚	朋友	其他	总计
务农	70.69	18.58	8.70	2.03	100(2562)
务工	58.43	21.08	15.96	4.53	100(332)
做生意	47.56	17.26	29.32	5.86	100(307)
教师及其他	49.88	18.20	23.19	8.73	100(401)

数据分析显示,家庭收入不同的农民,其主要交往对象也不相同。具体可见,随着收入水平的提高,农民以邻居为主要交往对象的比重逐渐降低,以朋友为主要交往对象的比重逐渐升高。也就是说,收入较低的农民,与邻居交往的较多,收

入较高的农民，与朋友交往的较多。（见表 4-8、图 4-6）

表 4-8　不同家庭收入的农民的主要交往对象　（单位：个，%）

家庭收入	邻居	亲戚	朋友	其他	总计
低收入户	69.89	21.35	6.63	2.13	100(754)
中低收入户	65.99	20.53	10.97	2.51	100(638)
中等收入户	66.91	17.77	11.27	4.05	100(692)
中高收入户	67.86	15.21	13.06	3.87	100(697)
高收入户	55.30	18.48	22.64	3.58	100(698)

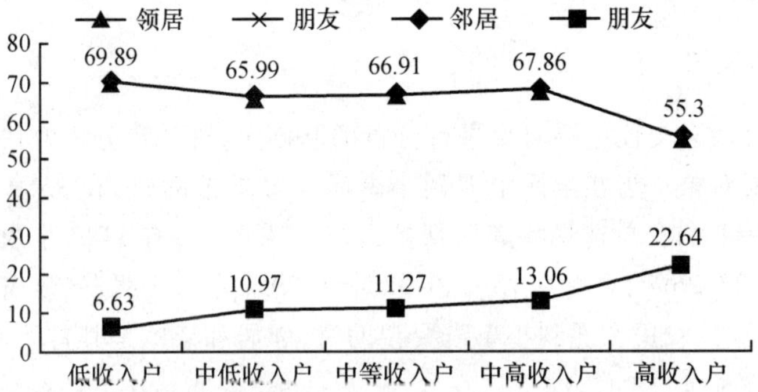

图 4-6　不同家庭收入的农民的主要交往对象（单位：%）

从表 4-9、图 4-7 可看出，2011 年与 2010 年农民主要交往对象略有差异。2011 年以邻居、朋友、其他为主要交往对象的农民占比分别为 65.24%、12.71%、3.32%，相对于对应的 2010 年农民占比数据均有所增加，分别为 64.13%、11.78%、2.83%；在以亲戚为主要交往对象上，2011 年农民占比为 18.70%，比 2010 年的 21.26% 低 2.56%。可知，农民们亲戚间的交往有所减少，与其他各对象的交往在增加。

表 4-9　农民交往对象的比较　（单位：个，%）

年份	邻居	亲戚	朋友	其他	总计
2010	64.13	21.26	11.78	2.83	100(4764)
2011	65.26	18.70	12.71	3.33	100(3636)

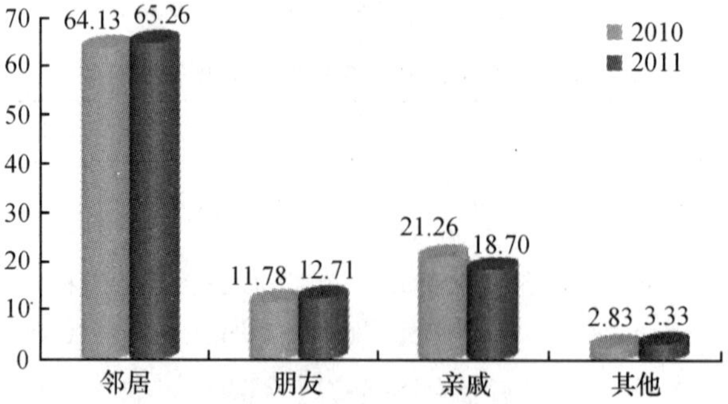

图 4-7　农民交往对象的比较(单位:%)

二、日常交往

在对农民社会交往主要对象进行分析的基础上,进一步分析农民因不同事由而交往的主要对象。当在生活中遇到小事需要寻求帮助时,在3569个农户有效样本中,有1951个农户选择找邻居帮忙,占比54.67%;有1187个农户选择找亲戚帮忙,占比33.26%;另有9.75%、0.53%、1.79%分别找朋友、政府和其他途径寻求帮助。总之,农民在遇到小事需要帮助时,邻居和亲戚是其首要考虑的对象。(见表4-10、图4-8)

表 4-10　因小事而交往的首选对象　(单位:个,%)

首选对象	样本数	占比
邻居	1951	54.67
亲戚	1187	33.26
朋友	348	9.75
政府	19	0.53
其他	64	1.79
总计	3569	100

对不同特征农民因小事而交往的首选对象进行分析。在不同性别农户有效样本中,女性农民选择邻居的比重要高于男性,男性农民选择亲戚、朋友、政府的比重都要高于女性。可见,当遇到小事需要帮助时,男性农民更倾向于寻求亲戚、朋友甚至政府的帮助,而女性农民则更倾向于寻求邻居的帮助,这也与中国传统文化倡导的"男主外,女主内"观念是一致的。(见表4-11、图4-9)

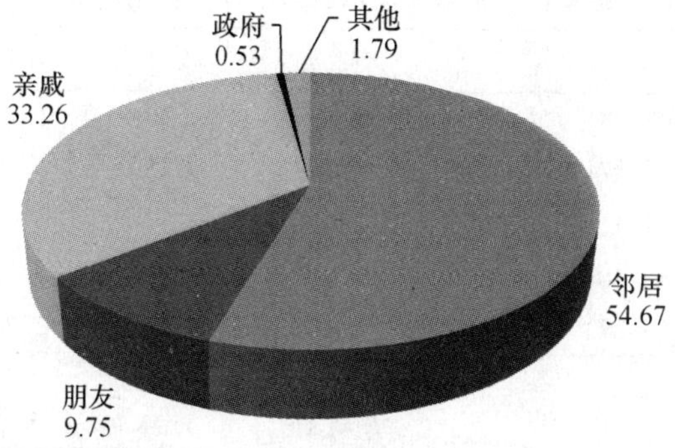

图 4-8　因小事而交往的首选对象(单位:%)

表 4-11　性别与因小事而交往的首选对象　　(单位:个,%)

性别	邻居	亲戚	朋友	政府	其他	总计
男性	53.31	33.99	10.33	0.59	1.78	100(2904)
女性	60.60	30.08	7.22	0.30	1.80	100(665)

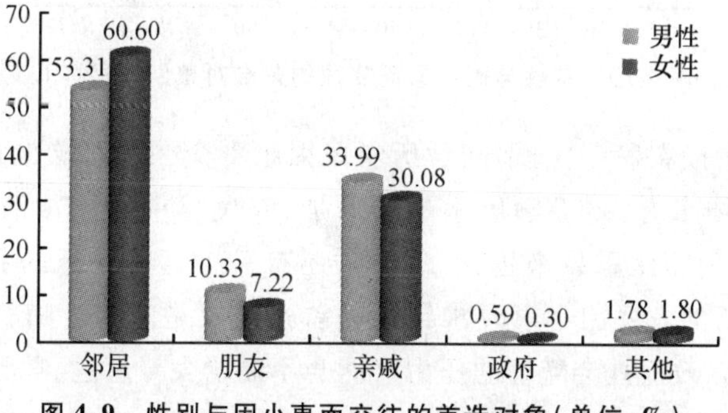

图 4-9　性别与因小事而交往的首选对象(单位:%)

进一步对不同年龄段农民因小事而交往的首选对象进行交叉分析,其卡方检验值为 0.000,远低于 0.05 的显著水平,说明不同年龄段农民的因小事而交往的对象具有显著差异。具体来看,随着年龄的增大,寻求邻居帮助的占比逐渐增大,寻求朋友帮助的占比逐渐减小。值得注意的是,30 岁以下的农民,寻求政府帮助的占比为 2.30%,远高于其他年龄段的农民。总之,在遇到小事需要帮助时,年龄小的农民倾向于找朋友,年龄大的农民倾向于找邻居(见表 4-12、图 4-10)

表 4-12 年龄与因小事而交往的首选对象 (单位:个,%)

年龄分组	邻居	亲戚	朋友	政府	其他	总计
30 岁以下	43.68	35.63	17.24	2.30	1.15	100(87)
30—39 岁	51.37	31.69	14.21	0.55	2.18	100(366)
40—49 岁	54.41	32.79	11.44	0.37	0.99	100(1110)
50—59 岁	55.48	31.33	10.86	0.78	1.55	100(1031)
60 岁及以上	56.27	36.32	4.32	0.31	2.78	100(972)

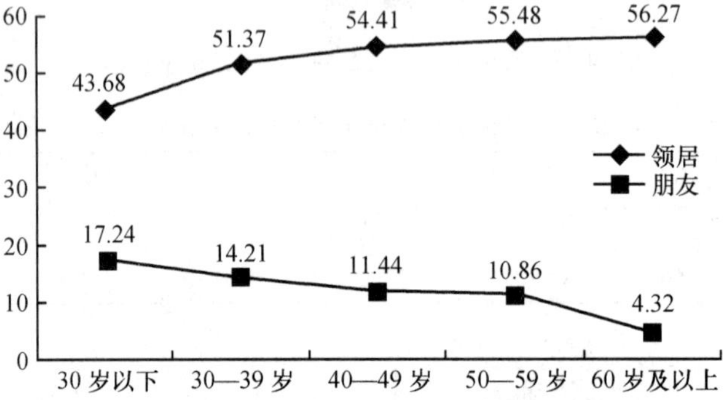

图 4-10 年龄与因小事而交往的首选对象(单位:%)

与不同年龄段农民一样,不同学历农民因小事交往的对象也具有显著差异。($P=0.000$)具体来看,随着学历水平的增加,农民寻求邻居帮助的比重越来越小,寻求朋友帮助的比重越来越大。此外,还有一个值得注意的数据,有 2.78% 的大专以上学历的农民因小事寻求帮助的首选对象是政府。随着愈来愈多的农民接受高等教育,政府社会管理的压力可能会不断增大。总之,学历低的农民更倾向于寻求邻居帮助,学历高的农民倾向于寻求朋友的帮助。(见表 4-13、图 4-11)

表 4-13 学历与因小事而交往的首选对象 (单位:个,%)

学历分组	邻居	亲戚	朋友	政府	其他	总计
文盲	58.51	32.62	5.67	1.06	2.14	100(282)
小学	55.59	33.56	8.52	0.44	1.89	100(1162)
初中	54.69	32.81	10.26	0.41	1.83	100(1472)
高中	52.57	33.71	12.19	0.38	1.15	100(525)
大专及以上	44.44	35.19	14.81	2.78	2.78	100(108)

数据分析结果显示,在遇到小事需要寻求帮助时,务农农民更倾向于找邻居

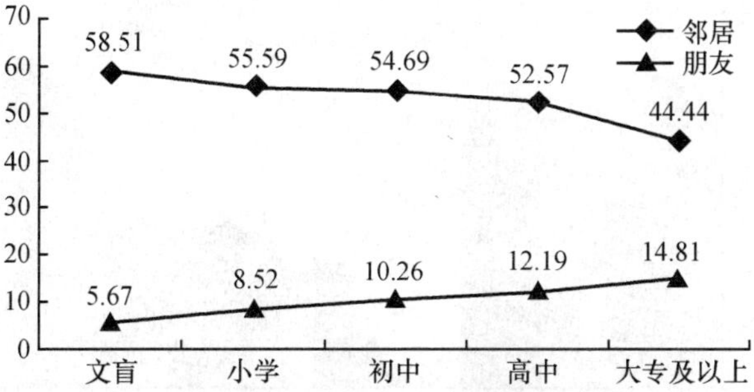

图 4-11　学历与因小事而交往的首选对象(单位:%)

帮忙,经商的农民更倾向于找朋友帮忙,当老师的农民更倾向于找政府帮忙,务工农民的倾向性不太明显,找邻居、亲戚、朋友皆可。(见表 4-14)

表 4-14　职业与因小事而交往的首选对象　　(单位:个,%)

职业分组	邻居	亲戚	朋友	政府	其他	总计
务农	57.88	32.84	7.44	0.40	1.44	100(2515)
务工	49.08	34.36	14.11	0.31	2.14	100(326)
做生意	44.04	30.79	18.87	0.99	5.31	100(302)
教师及其他	46.46	37.37	13.64	1.26	1.27	100(396)

2010 年到 2011 年农民在小事需帮忙时,首先会找的对象上变化较大。首先找邻居帮忙的农民由 2010 年的 30.28% 增长到 54.67%,增长了 24.39%。2010 年找亲戚、朋友、政府帮忙的农民占比分别为 43.43%、20.52%、4.40%,2011 年占比分别下降了 10.17%、10.77%、3.87%。即 2011 年分别有 33.26%、9.75%、0.53% 的农民找亲戚、朋友、政府帮忙。可见,农民在小事上,更乐于找邻居帮忙。(见表 4-15、图 4-12)

表 4-15　2010—2011 年因小事而交往的首选对象　　(单位:个,%)

年份	邻居	亲戚	朋友	政府	其他	总计
2010 年	30.28	43.43	20.52	4.40	1.37	100(4649)
2011 年	54.67	33.26	9.75	0.53	1.79	100(3569)

三、经济交往

农民在生产生活过程中,特别是在子女上学、重大病患、红白喜事时,不可避

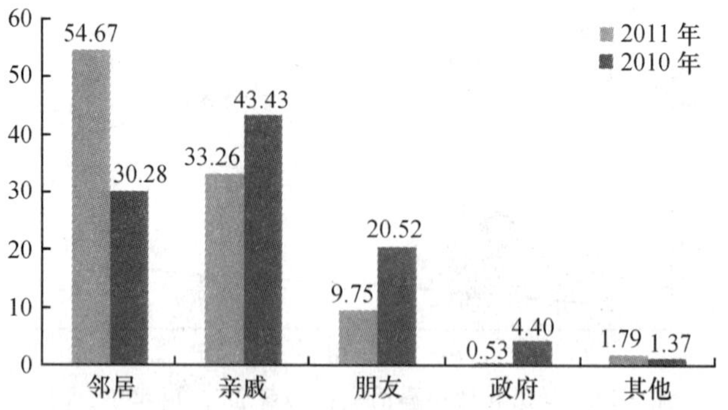

图 4-12　2010—2011 年因小事需帮忙时的首选对象(单位:%)

免地要寻求资金帮助。调查显示,在 3578 个农户有效样本中,有 74.18% 的农户需要借钱时首先选择找亲戚,有 12.49% 的农户选择找邻居,有 8.42% 的农户选择找朋友,还有 1.17% 的农户选择找政府,3.74% 的农户选择其他途径。总之,亲戚是农民借钱的首选对象。(见表 4-16、图 4-13)

表 4-16　因借钱而交往的首选对象　　(单位:个,%)

首选对象	样本数	占比
亲戚	2661	74.18
邻居	448	12.49
朋友	302	8.42
政府	42	1.17
其他	134	3.74
总计	3587	100

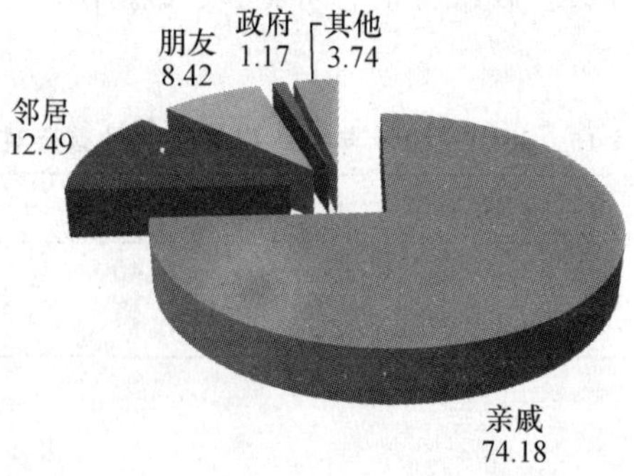

图 4-13　农民借钱时的首选对象占比(单位:%)

就不同地区农民而言，东部地区农民选择找朋友借钱的比重最高，为10.45%；中部地区选择找亲戚借钱的比重最高，为76.59%；西部地区农民选择找邻居和政府的比重最高，为14.58%和1.83%。也就是说，在需要借钱时，东部地区农民更倾向于找朋友帮忙，中部地区农民更倾向于找亲戚帮忙，西部地区农民更倾向于找邻居和政府帮忙。（见表4-17）

表4-17　不同地区农民借钱的首要对象　　（单位：个，%）

地区分组	亲戚	邻居	朋友	政府	其他	总计
东部	76.17	11.05	10.45	0.43	1.90	100(1158)
中部	76.59	11.90	6.89	1.25	3.37	100(1277)
西部	69.53	14.58	8.07	1.83	5.99	100(1152)

在不同学历的农户有效样本中，学历从低到高首选邻居借钱的占比分别为18.73%、12.09%、12.77%、10.22%、9.26%；首选朋友借钱的占比分别为2.12%、6.60%、9.85%、11.52%、10.19%；其他几个对象无显著差异。总之，在需要借钱时，学历低的农民倾向于找邻居，学历高的农民倾向于找朋友。（见表4-18、图4-14）

表4-18　不同文化程度的农民借钱的首要对象　　（单位：个，%）

学历分组	亲戚	邻居	朋友	政府	其他	总计
文盲	76.33	18.73	2.12	1.06	1.77	100(283)
小学	75.81	12.09	6.60	1.54	3.96	100(1166)
初中	71.74	12.77	9.85	1.09	4.55	100(1472)
高中	75.28	10.22	11.52	0.74	2.24	100(538)
大专及以上	75.93	9.26	10.19	0.92	3.70	100(108)

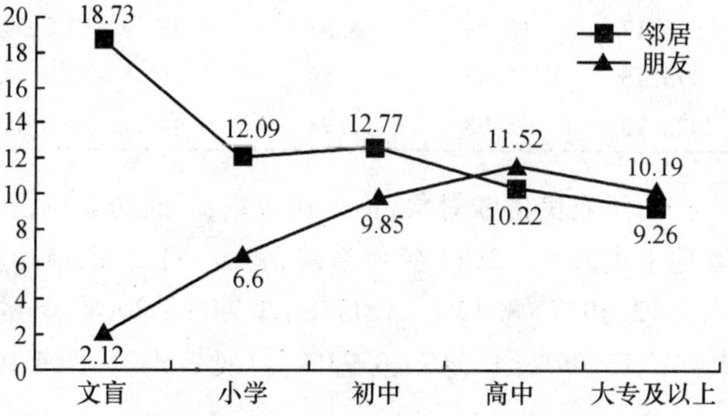

图4-14　不同文化程度的农民借钱的首要对象（单位：%）

对不同职业农民借钱的首选对象进行分析,卡方值为0.000,说明其具有显著差异。具体来看,务农农民找邻居的比重最高,为13.95%;务工农民选择找亲戚的比重最高,为76.90%;做生意的农民找朋友和寻求其他途径的比重最高,为20.92%、6.20%;教师及其他职业的农民各种途径则较为中庸,但找政府的比重稍高。总之,在需要借钱时,务农农民更倾向于找邻居,务工农民更倾向于找亲戚,经商农民更倾向于找朋友。(见表4-19)

表4-19 不同职业的农民借钱的首要对象 (单位:个,%)

职业	亲戚	邻居	朋友	政府	其他	总计
务农	74.91	13.95	6.42	1.15	3.57	100(2523)
务工	76.90	9.42	10.33	1.22	2.13	100(329)
做生意	64.38	7.52	20.92	0.98	6.20	100(306)
教师及其他	74.94	9.62	9.87	1.27	4.30	100(395)

在3432个农户有效样本中,不同家庭收入的农户借钱的首选对象具有显著差异。($P=0.000$)具体而言,收入水平从低到高的五个等级中,选择邻居的占比分别为15.52%、12.66%、12.43%、11.63%、8.88%,逐渐呈下降趋势;选择朋友的占比分别为5.40%、7.91%、8.33%、9.59%、11.94%,逐渐呈上升趋势。由此可见,低收入者倾向于找邻居借钱,高收入者倾向于找朋友借钱。(见表4-20、图4-15)

表4-20 不同家庭收入的农民借钱的首要对象 (单位:个,%)

家庭收入	亲戚	邻居	朋友	政府	其他	总计
低收入户	73.28	15.52	5.40	1.48	4.32	100(741)
中低收入户	74.21	12.66	7.91	1.42	3.80	100(632)
中等收入户	76.17	12.43	8.33	0.73	2.34	100(684)
中高收入户	75.15	11.63	9.59	1.16	2.47	100(688)
高收入户	72.93	8.88	11.94	0.44	5.81	100(687)

对比09年与11年农民借钱对象,首先找亲戚、邻居的农民占比有所增加,在找朋友、政府、其他上则减少。2011年找亲戚、邻居、朋友、政府、其他借钱的占比分别为74.18%、12.49%、8.42%、1.17%、3.74%;2009年的占比对应为66.92%、11.42%%、13.39%、1.34%、6.93%。(见表4-21、图4-16)

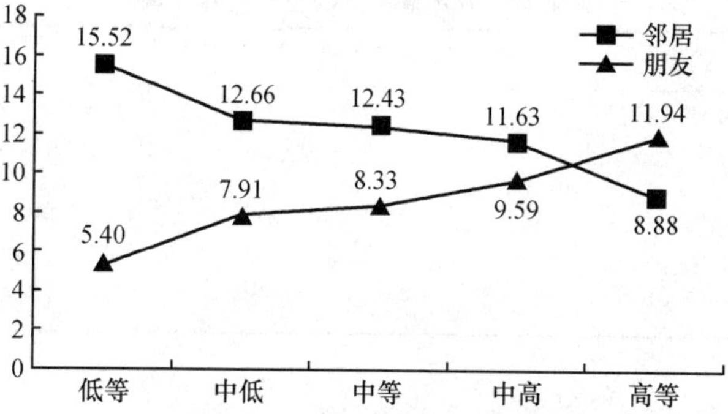

图 4-15　不同家庭收入的农民借钱的首要对象(单位:%)

表 4-21　2009 年与 2011 年农民借钱的首要对象　（单位:个,%）

年份	亲戚	邻居	朋友	政府	其他	总计
2009 年	66.92	11.42	13.39	1.34	6.93	100(2233)
2011 年	74.18	12.49	8.42	1.17	3.74	100(3587)

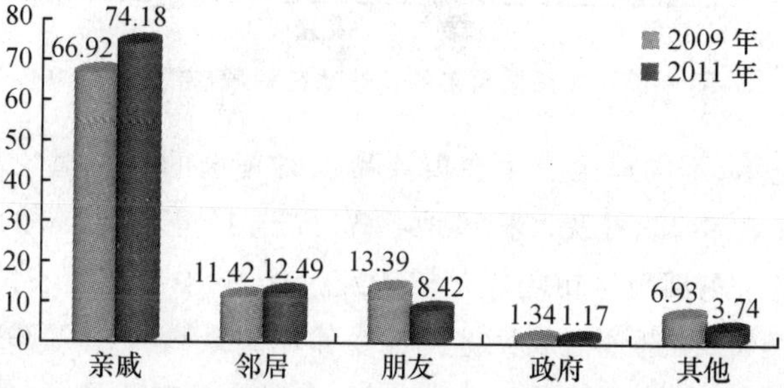

图 4-16　2009 年与 2011 年农民借钱的首要对象(单位:%)

四、生产交往

农户家庭的原子化,特别是农村劳动力大量外流,农民在生产过程中特别是“双抢”时经常面临劳力不足的情况,这就需要寻求帮助。在对 3612 个农户有效样本进行考察后,得知 41.67% 的农户找乡邻帮工,38.43% 的农户选择找亲友帮工,17.52% 的农户选择花钱雇人,另有 2.38% 的农户选择其他途径。总之,乡邻和亲友是农户因帮工而交往的首要对象,但值得注意的是,也有接近两成的农户选择花钱雇人从事生产。(见表 4-22、图 4-17)

表 4-22　农民需帮工的首选交往对象　（单位：个，%）

首选方式	样本数	占比
找乡邻	1505	41.67
找亲友	1388	38.43
花钱雇人	633	17.52
其他	86	2.38
总计	3612	100

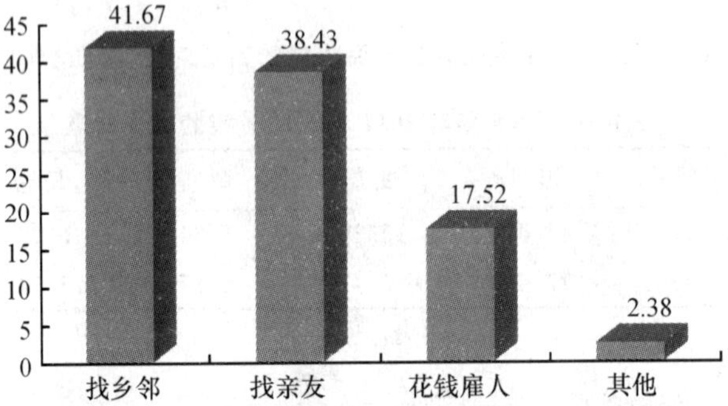

图 4-17　农民需帮工的首选交往对象（单位：%）

数据分析显示，不同地区农民在需要帮工时首选的交往对象具有显著差异。（$P = 0.000$）由表 4-23 可见，东部地区农民选择花钱雇人的比重最高，为 22.25%，这可能与东部地区市场经济较为发达有关；中部地区农民选择找亲友比重最高，为 41.75%；西部地区农民选择找乡邻比重最高，为 47.39%。总之，在需要帮工时，东部地区农民更倾向于花钱雇人，中部地区农民更倾向于找亲友，西部地区农民更倾向于找乡邻。

表 4-23　地区与农民需帮工的首选交往对象　（单位：个，%）

地区分组	找乡邻	找亲友	花钱雇人	其他	总计
东部	35.65	40.55	22.25	1.55	100(1164)
中部	41.91	41.75	13.21	3.13	100(1279)
西部	47.39	32.68	17.53	2.40	100(1169)

对不同性别农民需帮工而首选的交往对象进行交叉分析，其卡方检验值为 0.000，明显低于 0.05 的显著水平，说明不同性别农民因帮工而首选的交往对象具有显著差异。具体而言，男性选择找亲友、花钱雇人的比重分别比女性高

3.66、2.30个百分点；而女性选择找乡邻的比重要比男性高5.98个百分点。总之，在需要帮工时，男性更倾向于找亲友或者花钱雇人，女性更倾向于找乡邻。（见表4-24、图4-18）

表4-24　性别与农民需帮工的首选交往对象　（单位：个，%）

性别	找乡邻	找亲友	花钱雇人	其他	总计
男性	40.55	39.11	17.96	2.38	100(2935)
女性	46.53	35.45	15.66	2.36	100(677)

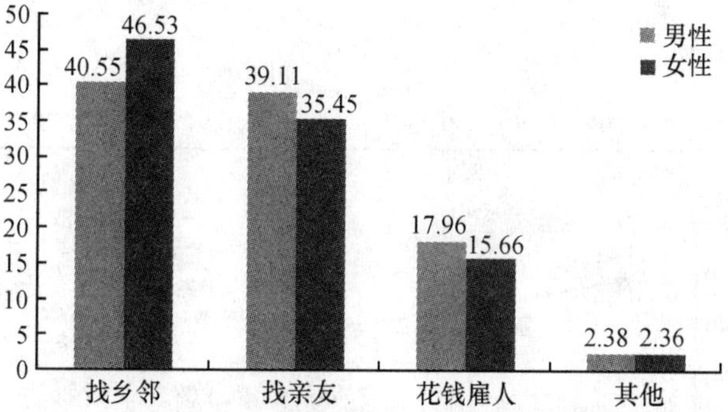

图4-18　性别与农民需帮工的首选交往对象（单位：%）

交叉分析显示，不同年龄段的农民，在需要帮工时首选的交往对象也具有显著差异。具体来看，在五个年龄段农民中，选择找乡邻、找亲友的占比呈"U"字型趋势，选择花钱雇人的占比呈"n"型趋势。也就是说，中年农民倾向于花钱雇人，年轻农民和年老农民倾向于找乡邻和亲友帮工。（见表4-25）

表4-25　年龄与农民需帮工的首选交往对象　（单位：个，%）

年龄	找乡邻	找亲友	花钱雇人	其他	总计
30岁以下	44.32	39.77	14.77	1.14	100(88)
30—39岁	40.32	37.63	20.43	1.62	100(372)
40—49岁	41.94	36.95	19.23	1.88	100(1123)
50—59岁	40.50	38.68	18.53	2.29	100(1047)
60岁及以上	42.80	40.14	13.59	3.47	100(979)

对不同学历农民需帮工而首选的交往对象进行交叉分析，其卡方值为0.000，远低于0.05的显著水平，说明学历对于农民寻求帮工的对象具有显著影响。具体而言，在"文盲"到"大专以上"这五个学历分组中，找乡邻帮工的占比分

别为 48.42%、43.32%、39.75%、41.23%、36.04%,逐渐呈下降态势;花钱雇人的占比分别为 7.72%、15.75%、18.97%、21.08%、21.62%,逐渐呈上升态势。总之,学历高者更倾向于花钱雇人,学历低者更倾向于找乡邻。(见表 4-26、图 4-19)

表 4-26 不同学历农民需帮工的首选交往对象 (单位:个,%)

学历分组	找乡邻	找亲友	花钱雇人	其他	总计
文盲	48.42	41.40	7.72	2.46	100(285)
小学	43.32	38.61	15.75	2.32	100(1168)
初中	39.75	38.34	18.97	2.94	100(1492)
高中	41.23	36.75	21.08	0.94	100(536)
大专及以上	36.04	39.64	21.62	2.70	100(111)

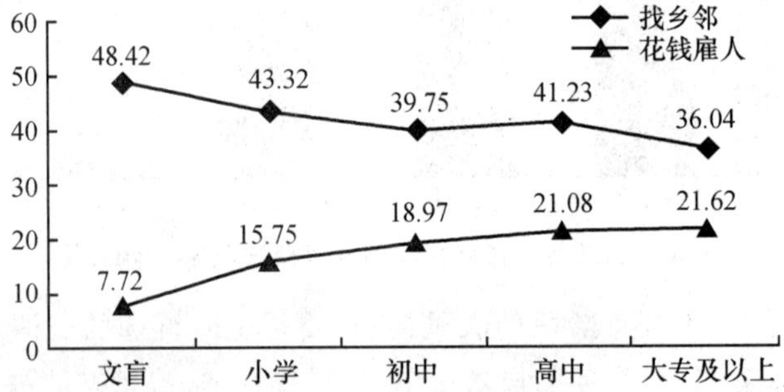

图 4-19 不同学历农民需帮工的首选交往对象(单位:,%)

在不同职业分组的农户有效样本中,务农农户选择找乡邻帮工的比重最高,为 43.15%;教师及其他农户找亲友帮工的比重最高,为 40%;做生意的农户花钱雇人的比重最高,为 29.93%。总之,在面临帮工时,务农农户更倾向于找乡邻,教师农户更倾向于找亲友,经商农户更倾向于花钱雇人。(见表 4-27)

表 4-27 不同职业农民需帮工的首选交往对象 (单位:个,%)

职业	找乡邻	找亲友	花钱雇人	其他	总计
务农	43.15	39.00	15.54	2.31	100(2549)
务工	42.42	39.09	15.45	3.04	100(330)
做生意	38.16	30.26	29.93	1.65	100(304)
教师及其他	34.43	40	22.78	2.79	100(395)

数据分析结果显示,不同家庭收入的农户,因帮工而首选的交往对象具有显

著差异($P=0.000$)。具体来看,在由低到高的五个收入等级农户中,找乡邻帮工的占比分别为46.52%、43.62%、41.23%、42.59%、33.57%,总体呈下降趋势;花钱雇人的占比分别为11.63%、15.43%、15.94%、19.57%、26.51%,总体呈上升趋势。总之,在需要帮工时,低收入农民倾向于找乡邻帮忙,高收入农民倾向于花钱雇人。(见表4-28、图4-20)

表4-28　不同家庭收入农民需帮工的首选交往对象　(单位:个,%)

家庭收入	找乡邻	找亲友	花钱雇人	其他	总计
低收入户	46.52	39.04	11.63	2.81	100(748)
中低收入户	43.62	38.27	15.43	2.68	100(635)
中等收入户	41.23	41.23	15.94	1.60	100(684)
中高收入户	42.59	35.40	19.57	2.44	100(695)
高收入户	33.57	37.61	26.51	2.31	100(694)

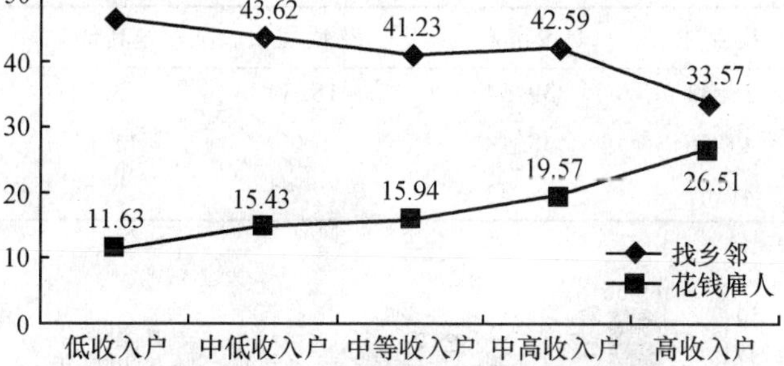

图4-20　不同家庭收入农民需帮工的首选交往对象(单位:%)

如表4-29所示,农民社会交往的对象对其寻求帮工的首选对象具有显著影响。社会交往中以邻居为主要交往对象的农户,在寻求帮工时首先找乡邻的比重远高于其他几类,为46.99%;以亲戚为主要交往对象的农户,首先找亲友帮工的比重远高于其他几类,为48.51%;同样,以朋友为主要交往对象的农户,花钱雇人的比重也较高,为32.39%。总之,平时的社会交往中,以邻居为主要交往对象的农民,帮工时更倾向于找乡邻;以朋友为主要交往对象的农民,更倾向于花钱雇人;以亲戚为主要交往对象的农民,更倾向于找亲友帮工。

表4-29 交往的主要对象与农民需帮工的首选交往对象 (单位:个,%)

主要交往对象	找乡邻	找亲友	花钱雇人	其他	总计
邻居	46.99	36.61	14.28	2.12	100(2360)
朋友	30.85	34.35	32.39	2.41	100(457)
亲戚	32.69	48.51	16.72	2.08	100(670)
其他	28.57	32.77	29.41	9.25	100(119)

由表4-30、图4-21可知,2008年农民需帮忙时,首先找乡邻、亲友的占比相当,分别为38.43%、39.34%。2009年、2011年找乡邻的农民占比增加为49.66%、41.67%;找亲戚的占比则减少,分别为38.18%、38.43%。花钱雇人的农民占比由高至低分别为2008年的18.39%、2011年的17.52%、2009年的1.09%,用其他方法的农民占比由高到低则为2009年的11.07%、2008年的3.84%、2011年的2.38%。

表4-30 不同年份农民需帮工时的首选方式 (单位:个,%)

年份	找乡邻	找亲友	花钱雇人	其他	总计
2008年	38.43	39.34	18.39	3.84	100(2122)
2009年	49.66	38.18	1.09	11.07	100(4065)
2011年	41.67	38.43	17.52	2.38	100(3612)

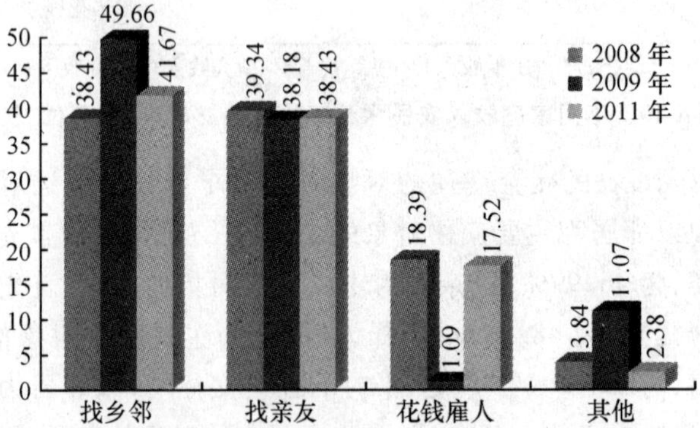

图4-21 不同年份农民需帮工时的首选方式(单位:%)

第二节 交 往 地 区

一、交往频率

对农民 2011 年交往频率进行考察,在 3631 个农户有效样本中,有 10.55% 的农户经常外出,18.51% 的农户外出频率较高,28.01% 的农户外出频率一般,35.42% 的农户很少外出,还有 7.51% 的农户从不外出。由此可见,农民 2011 年交往频率总体不高。

表 4-31 农民交往频率 (单位:个,%)

外出频率	样本数	占比
经常	383	10.55
较多	672	18.51
一般	1017	28.01
很少	1286	35.42
从不	273	7.51
总计	3631	100

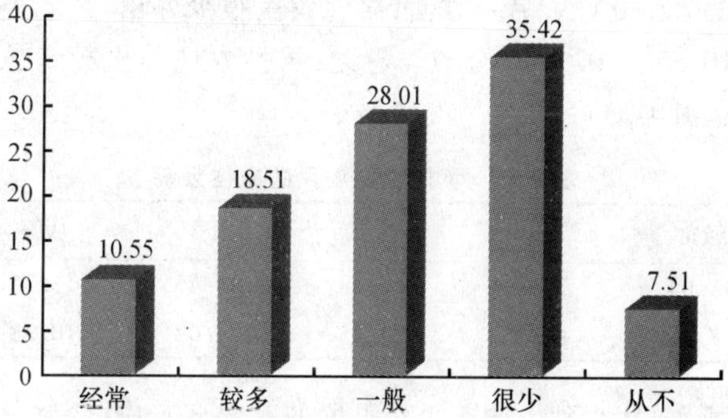

图 4-22 农民交往频率(单位:%)

为进一步考察农民的交往频率,将农民的外出地进行分类,分为镇(乡)里、县里、市里、市外四大类,将农民交往频率分为没有去过、一年一次、半年一次、一月一次、一季一次、一周一次、一天一次共 7 个档次。经过比较分析可知,随着地域范围的扩大,农民外出的频率逐渐减小。2009 年,有 7.41% 的农民没有到过镇里,14.70% 的农民没有去过县里,47.34% 的农民没有去过市里,74.38% 的农民没有到过市外。有72.74%的农民起码一个月去一次镇(乡)里,51.40%的农民起码一个月去一次县里,15.76%的农民起码一个月去一次市里,而到市外的这一比例则只有2.85%。总之,离家乡愈近的地方,农民到的频率愈高;而随着地域范围的逐渐扩大,农民交往的频率亦逐渐缩小。(见表4-32、图4-33)

表4-32 不同地域范围的交往频率① (单位:%)

外出频率	镇(乡)里	县里	市里	市外
没有去过	7.41	14.70	47.34	74.38
一年一次	2.85	5.01	10.88	11.12
半年一次	9.27	15.51	16.83	8.07
一季一次	7.73	13.38	9.19	3.58
一月一次	21.99	27.77	10.29	1.98
一周一次	34.74	17.51	4.70	0.78
一天一次	16.01	6.12	0.77	0.09
合计	100(2847)	100(2955)	100(2721)	100(2428)

对不同性别农民外出频率进行交叉分析,其卡方检验值为0.000,远低于0.05的显著水平,可见不同性别农民的外出频率具有显著差异。从表4-33可以看出,男性农民经常外出、较多外出、外出频率一般的占比分别比女性农民高2.62、5.14、6.83个百分点。另一方面,男性农民很少外出、从不外出的占比分别比女性农民低10.57、4.02个百分点。总之,男性农民外出频率总体高于女性农民。(见表4-33、图4-23)

表4-33 不同性别农民的交往频率 (单位:个,%)

性别	经常	较多	一般	很少	从不	总计
男性	11.04	19.47	29.28	33.45	6.76	100(2954)
女性	8.42	14.33	22.45	44.02	10.78	100(677)

如表4-34所示,从小到大的5个年龄段的有效样本中,经常外出的占比分别为12.50%、13.98%、12.69%、10.47%、6.77%,较多外出的占比分别为19.32%、28.76%、19.52%、17.98%、14.04%,二者整体都呈下降趋势;很少外出的占比分别为27.27%、25.54%、31.41%、35.59%、44.14%,从不外出的占比分别为1.14%、3.23%、4.97%、7.13%、13.03%,整体呈上升趋势。由此可见,年龄较小

① 此处数据来源于2010年暑假的农户调查数据。

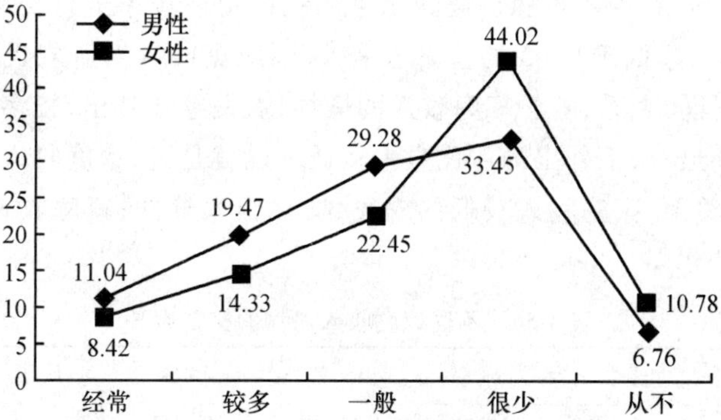

图 4-23　不同性别农民的交往频率(单位:%)

的农民交往频率较高,年龄较大的农民交往频率较低。

表 4-34　不同年龄农民的交往频率　(单位:个,%)

年龄分组	经常	较多	一般	很少	从不	总计
30 岁以下	12.50	19.32	39.77	27.27	1.14	100(88)
30—39 岁	13.98	28.76	28.49	25.54	3.23	100(372)
40—49 岁	12.69	19.52	31.41	31.41	4.97	100(1127)
50—59 岁	10.47	17.98	28.83	35.59	7.13	100(1057)
60 岁及以上	6.77	14.04	22.02	44.14	13.03	100(990)

对不同学历农民的外出频率进行考察,随着学历水平的提高,农民经常外出的占比分别为 5.21%、7.80%、11.99%、14.81%、12.61%;较多外出的占比分别为 12.15%、15.59%、19.36%、23.52%、29.73%,逐渐增加。很少外出的占比分别为 43.06%、39.32%、33.15%、30.56%、30.63%,从不外出的占比分别为 15.62%、10.93%、5.09%、3.52%、3.61%,逐渐降低。由此可见,学历低的农民交往频率较低,学历高的农民交往频率较高。(见表 4-35)

表 4-35　不同学历农民的交往频率　(单位:个,%)

学历分组	经常	较多	一般	很少	从不	总计
文盲	5.21	12.15	23.96	43.06	15.62	100(282)
小学	7.80	15.59	26.36	39.32	10.93	100(1180)
初中	11.99	19.36	30.41	33.15	5.09	100(1493)
高中	14.81	23.52	27.59	30.56	3.52	100(540)
大专及以上	12.61	29.73	23.42	30.63	3.61	100(111)

如表4-36所示,对不同家庭收入水平的农民交往频率进行交叉分析,其卡方检验值为0.000,远低于0.05的显著水平,说明家庭收入对于农民的交往频率具有显著影响。具体来看,随着家庭收入的增加,农民经常外出、较多外出的占比愈来愈高,很少外出、从不外出的占比愈来愈低。也就是说,家庭收入与农民的交往频率呈正相关关系,家庭收入较低的农民,交往频率较低;家庭收入较高的农民,交往频率较高。

表4-36 不同家庭收入农民的交往频率 (单位:个,%)

家庭收入	经常	较多	一般	很少	从不	总计
低收入户	5.70	14.06	24.14	42.97	13.13	100(754)
中低收入户	9.55	17.84	27.39	37.40	7.82	100(639)
中等收入户	8.84	18.84	30.29	34.64	7.39	100(690)
中高收入户	11.76	19.51	30.56	33.43	4.74	100(697)
高收入户	16.57	22.77	28.67	28.39	3.60	100(694)

总体上,2010年与2011年农民交往频率情况相差不大。如表4-37、图4-24所示,2011年有10.55%农民经常外出,比2010年农民降低了2.17%。外出频率较多、一般的农民分别有18.51%、28.01%,比2010年分别增加了0.97%、3.26%。表示很少外出的农民中,2011年、2010年均三成以上,且2011年比2010年少3.34%;2011年、2010年没有外出过农民不多,占比分别为6.23%、7.51%,增加了1.28%。由此可见,整体上2011年农民的交往频率略微高于2010年。

表4-37 农民交往频率两年对比 (单位:个,%)

年份	经常	较多	一般	很少	没有	总计
2010	12.72	17.54	24.75	38.76	6.23	100(4755)
2011	10.55	18.51	28.01	35.42	7.51	100(3631)

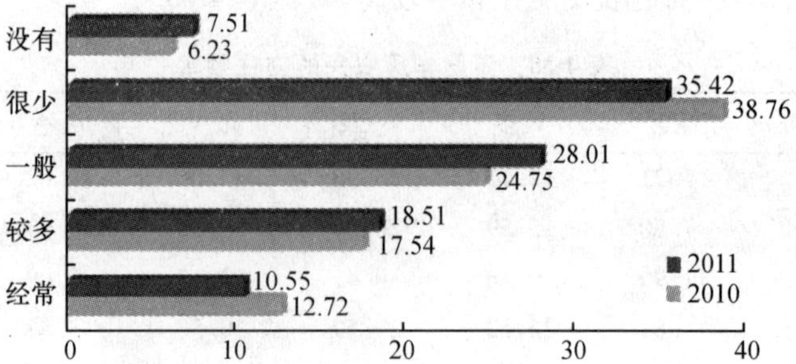

图4-24 农民交往频率两年对比(单位:%)

二、交往地区

在3482个农户有效样本中，有2002个农户经常去镇（乡）里，占比为57.50%；30.36%的农户经常去县里，二者共占比87.86%。而到市里、省里、省外较多的农户占比都较少，分别为7.81%、1.98%、2.35%。总之，近八成农民的交往地区集中在本县范围内。（见表4-38、图4-25）

表4-38　农民的活动地域　（单位：个，%）

交往地域	样本数	占比
镇（乡）里	2002	57.50
县里	1057	30.36
市里	272	7.81
省里	69	1.98
省外	82	2.35
总计	3482	100

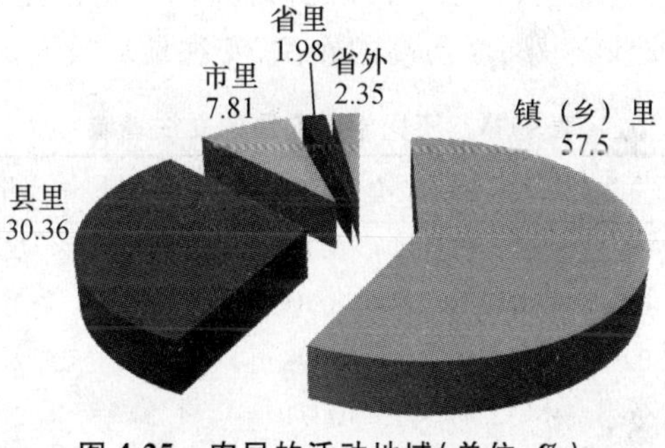

图4-25　农民的活动地域（单位：%）

对不同地域农民的交往地区进行考察，发现具有显著差异。（$P=0.000$）具体来看，东部地区农民到镇（乡）里的比重较高，为62.49%，到县里、市里、省里的比重较低；西部地区农民到镇（乡）里比重较低，为52.48%，到县里、市里、省里的比重则较高；中部地区到省外的比重较高。（见表4-39）

表4-39　不同地区农民的交往地域　（单位：个，%）

地区分组	镇（乡）里	县里	市里	省里	省外	总计
东部	62.49	27.22	6.36	1.79	2.14	100（1117）
中部	57.57	30.53	7.45	1.38	3.07	100（1235）
西部	52.48	33.27	9.65	2.83	1.77	100（1130）

进一步对不同年龄段的农民交往地域进行分析，卡方值也为0.000，说明不同年龄的农民，其交往地区也有所差异。从表4-40可知，随着年龄的增大，农民的交往地域为镇(乡)里的占比逐渐增大，而交往地域为县里、市里、省里、省外的占比则逐渐缩小。也就是说，年龄愈小的农民，交往地域愈大；年龄愈大的农民，交往地域愈小。

表4-40 不同年龄农民的交往地域 (单位：个，%)

年龄分组	镇(乡)里	县里	市里	省里	省外	总计
30岁以下	46.59	28.41	12.50	6.82	5.68	100(88)
30—39岁	49.04	35.62	9.59	3.29	2.46	100(365)
40—49岁	54.31	32.33	8.81	2.27	2.28	100(1101)
50—59岁	57.77	29.88	8.87	1.29	2.19	100(1004)
60岁及以上	65.40	26.57	4.34	1.41	2.28	100(922)

如表4-41所示，随着学历水平的提高，农民交往范围为镇(乡)里的占比逐渐缩小，交往范围为县里、市里、省里、省外的占比，都呈逐渐上升趋势。也就是说，学历低的农民，交往地域较小；学历高的农民，交往地域较大。

表4-41 不同学历农民的交往地域 (单位：个，%)

学历	镇(乡)里	县里	市里	省里	省外	总计
文盲	62.41	28.95	4.89	3.01	0.74	100(266)
小学	59.00	29.50	8.05	1.27	2.18	100(1105)
初中	57.02	31.01	6.98	2.46	2.53	100(1461)
高中	52.96	32.12	10.71	1.34	2.87	100(523)
大专及以上	55.56	25.93	11.11	3.70	3.70	100(108)

对不同职业农民的交往地域进行考察可知，务农农民的交往地域为镇(乡)里的占比最高，为61.72%；经商农民交往地域为县里、市里的占比最高，分别为40.33%和13.33%；务工农民交往地域为省里、省外的占比最高，分别为5.79%和9.15%。总之，务农农民交往囿于本乡镇，地域范围较小；经商农民的交往范围则主要集中在本县和本市；务工农民由于其工作性质，交往地域较广，主要集中在省里和省外。(见表4-42)

表 4-42　不同职业农民的交往地域　(单位:个,%)

职业	镇(乡)里	县里	市里	省里	省外	总计
务农	61.72	28.75	7.10	0.90	1.53	100(2435)
务工	46.34	31.40	7.32	5.79	9.15	100(328)
做生意	38.33	40.33	13.33	5.00	3.01	100(300)
教师及其他	55.53	31.88	8.23	2.83	1.53	100(389)

如表 4-43 所示,随着家庭收入的增加,农民交往地域为镇(乡)里的占比逐渐减少,交往地域为县里、市里乃至更大范围的占比则逐渐增加。由此可见,家庭收入水平与农民的交往地域显著相关,家庭收入愈多的农民,交往地域愈广;家庭收入愈少的农民,交往地域愈窄。

表 4-43　不同家庭收入农民的交往地域　(单位:个,%)

家庭收入	镇(乡)里	县里	市里	省里	省外	总计
低收入户	63.64	28.41	5.82	0.85	1.28	100(704)
中低收入户	59.45	29.97	6.68	1.47	2.43	100(614)
中等收入户	58.95	30.08	6.77	2.56	1.64	100(665)
中高收入户	51.63	35.36	8.43	2.66	1.92	100(676)
高收入户	51.40	29.99	11.52	2.51	4.58	100(677)

如表 4-44、图 4-26 所示,农民外出地为镇上/乡里、市里、省外的农民占比分别由 2010 的 59.06%、8.42%、2.98% 降为 2011 年的 57.50%、7.81%、2.35%。2010 年外出地域为县里、省里的农民占比为 28.38%、1.16%,2011 年对应为 30.36%、1.98%,2011 年比 2010 年有所上升。由上可知,农民外出地主要还是集中于镇上/乡里、县里,且随着城镇化建设的发展,农民将更多地在这两个地域活动。

表 4-44　2010—2011 年农民的交往地域　(单位:个,%)

年份	镇上/乡里	县里	市里	省里	省外	总计
2010 年	59.06	28.38	8.42	1.16	2.98	100(266)
2011 年	57.50	30.36	7.81	1.98	2.35	100(3482)

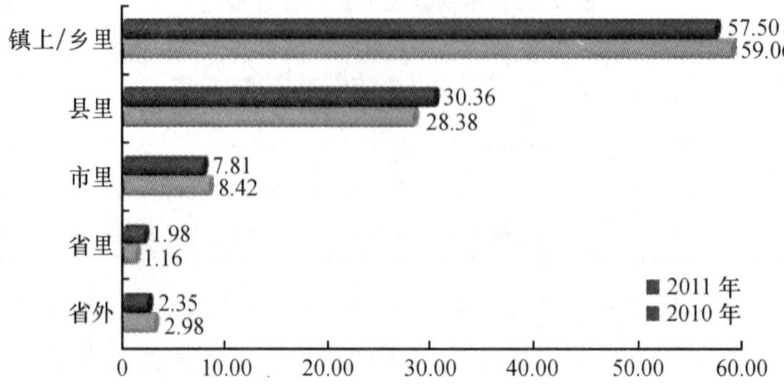

图 4-26 不同年份农民的外出地域(单位:%)

三、交往范围

随着我国经济的发展,特别是农村流动性的加大,农民的交往范围愈来愈广。因此,在对农民交往频率和交往地域进行分析的基础上,进一步对农民交往范围的变化情况进行考察。数据显示,在 3518 个农户有效样本中,有 1423 位农户认为其交往范围扩大了,占比 40.45%;有 1674 位农户认为其交往范围没有变化,占比 47.58%;还有 7.39% 的农户认为其交往范围缩小了,有 4.58% 的农户认为不好说。总之,逾四成农民认为其交往范围扩大了,近五成农民认为没有变化,只有少数农民认为其交往范围缩小了。(见 4-45、图 4-27)

表 4-45 农民交往范围变化 (单位:个,%)

交往范围变化	样本数	占比
扩大了	1423	40.45
没变化	1674	47.58
缩小了	260	7.39
不好说	161	4.58
总计	3518	100

进一步对不同特征农民的交往范围变化进行分析。在 3518 个不同性别农户有效样本中,男性农民认为交往范围扩大的占比比女性农民要高 7.83 个百分点,认为交往范围没变化的女性农民占比要比男性农民高 8.01 个百分点。认为交往范围缩小了、不好说的,两性的占比相差无几。总之,男性农民较多认为交往范围扩大了,女性农民较多认为交往范围没变化。(见表 4-46、图 4-28)

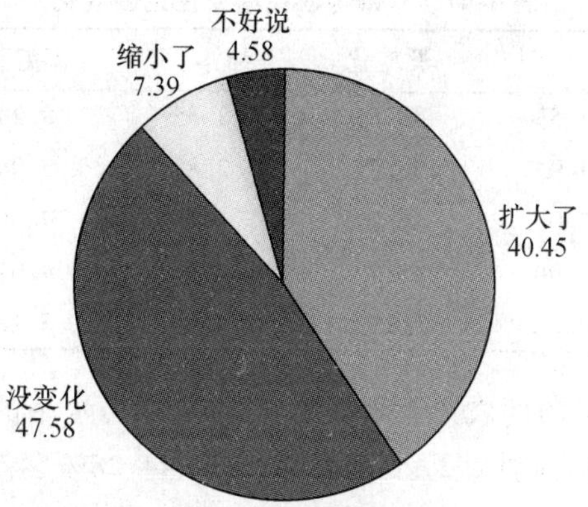

图 4-27 农民交往范围变化(单位:%)

表 4-46 性别与农民的交往范围变化 (单位:个,%)

性别	扩大了	没变化	缩小了	不好说	总计
男性	41.92	46.08	7.42	4.58	100(2858)
女性	34.09	54.09	7.27	4.55	100(660)

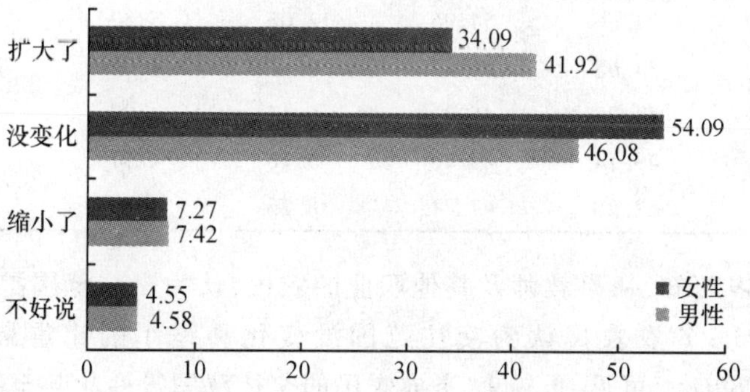

图 4-28 性别与农民的交往范围变化(单位:%)

如表 4-47 所示,对不同年龄农民的交往范围变化进行交叉分析,其卡方检验值为 0.000,远低于 0.05 的显著水平,说明不同年龄农民的交往范围变化具有显著差异。具体来看,随着年龄的增大,农民认为交往范围扩大的占比逐渐缩小,认为交往范围没变化的和缩小了的占比逐渐增加,其中 30 岁以下农民的情况较为特殊。总之,年龄较小的农民较多认为交往范围扩大了,而年龄较大的农民较多认为交往范围没变化甚至缩小。

表4-47 年龄与农民的交往范围变化 (单位:个,%)

年龄分组	扩大了	没变化	缩小了	不好说	总计
30岁以下	43.53	45.88	2.35	8.24	100(85)
30—39岁	53.95	39.27	2.82	3.96	100(354)
40—49岁	45.00	46.37	4.13	4.50	100(1089)
50—59岁	40.90	48.73	6.36	4.01	100(1022)
60岁及以上	29.64	50.98	14.20	5.18	100(965)

在3501个不同学历的农户有效样本中,随着学历水平的提高,认为交往范围扩大的占比逐渐增加,分别为27.66%、34.65%、44.28%、49.14%、42.20%;认为交往范围缩小的占比逐渐减少,分别为12.06%、8.80%、6.14%、5.16%、8.26%。也就是说,学历较低的农民,交往范围扩大的占比较低,交往范围缩小的占比较高;反之,学历较高的农民,交往范围扩大的占比较高,交往范围缩小的占比较低。(见表4-48)

表4-48 学历与交往范围变化 (单位:个,%)

文化程度	扩大了	没变化	缩小了	不好说	总计
文盲	27.66	54.96	12.06	5.32	100(282)
小学	34.65	51.72	8.80	4.83	100(1137)
初中	44.28	45.31	6.14	4.27	100(1450)
高中	49.14	40.73	5.16	4.97	100(523)
大专及以上	42.20	47.71	8.26	1.83	100(109)

由表4-49可知,从事教师及其他职业的农民,认为交往范围扩大的比重最高,为52.81%;务农农民认为交往范围没变化和缩小的比重最高,分别为50.83%和7.80%。可见,近年来,务农农民的交往范围没变化甚至缩小,教师及其他职业的农民交往范围得到扩大。

表4-49 职业与农民的交往范围变化 (单位:个,%)

职业	扩大了	没变化	缩小了	不好说	总计
务农	36.76	50.83	7.80	4.61	100(2473)
务工	47.38	43.38	5.55	3.69	100(325)
做生意	48.16	41.81	5.69	4.34	100(299)
教师及其他	52.81	34.44	7.14	5.61	100(392)

如表4-50所示，随着收入水平的增加，农民交往范围扩大，没有变化、缩小了的农民占比则随之减小。家庭收入为低等、中低、中等、中高、高等的农民，交往范围扩大了的占比分别为30.68%、38.23%、41.47%、45.12%、49.63%；没有变化的占比依次为53.42%、48.39%、47.60%、45.86%、40.59%；缩小了的农民占比对应为11.23%、6.77%、6.44%、6.21%、5.48%。总之，家庭收入愈高的农民，其交往范围扩大的比重愈高；家庭收入愈低的农民，其交往范围缩小的比重也愈高。

表4-50　家庭收入与农民的交往范围变化　（单位：个，%）

家庭收入	扩大了	没变化	缩小了	不好说	总计
低收入户	30.68	53.42	11.23	4.67	100(730)
中低收入户	38.23	48.39	6.77	6.61	100(620)
中等收入户	41.47	47.60	6.44	4.49	100(668)
中高收入户	45.12	45.86	6.21	2.81	100(676)
高收入户	49.63	40.59	5.48	4.30	100(675)

第三节　交往方式

一、交往方式

传统的小农经济是封闭的自给自足的地域性社会，在熟人社会里，农民的生活圈子很小，日常生活中交往对象的范围窄，且都局限在亲自上门这单一的交往方式上，小农与外部世界隔绝。但随着经济发展、农民收入增加以及交通的改善，很多新鲜事物涌入农村，农民的生活方式开始发生很大转变。当问及“您与他人打交道最主要的方式是什么?”时，3648个农户有效样本中，有2561位农户选择会面聊天，占比70.20%；有1512位农户选择打电话、发短信，占比41.45%；另有18.75%、1.43%、1.26%的农户选择共同参加活动、QQ视频等网络方式、其他方式来进行社会交往。总之，当前农民主要的交往方式仍为传统的“面对面”交流，但也可看到，随着现代科学技术的发展，手机、网络的兴起，有相当一部分农民也开始选择手机、网络等方式进行社会交往。（见表4-51、图4-29）

表 4-51 农户交往方式 (单位:个,%)

交往方式	样本数	占比
会面聊天	2561	70.20
打电话、发短信	1512	41.45
共同参加活动	684	18.75
QQ 视频、语音等网络方式	52	1.43
其他方式	46	1.26
总计	4855	133.09

注:本题为多选题,故样本占比总和大于100%。

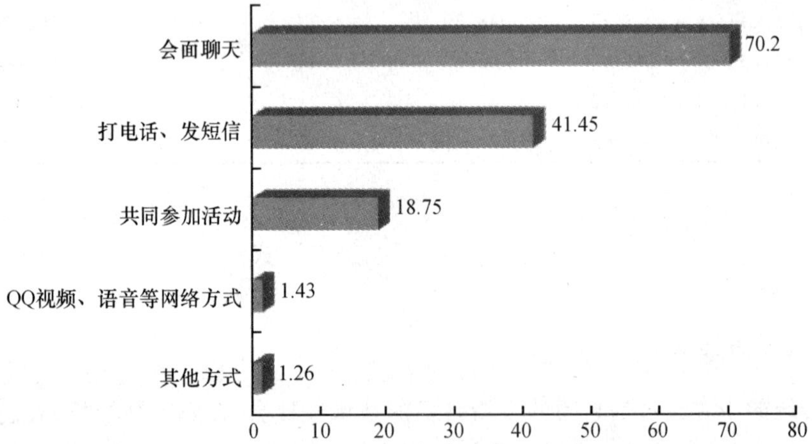

图 4-29 农户交往方式(单位:个,%)

二、交往载体

红白喜事和打麻将都是传统的中国活动,这些活动可以增进亲友们的感情,增强对家族和及其所在圈子的凝聚力。在2009年的调研中,共抽查了全国2366户农户,了解农民通知红白喜事和邀约牌友的方式。

(一) 红白喜事①

传统的中国农村作为一个熟人社会,农民通过举办红白喜事这一活动来维系其包括亲属和朋友在内的熟人网络。传统时期,举办红白喜事前,农民一般专门派人到各个亲戚朋友家,以口头通知的方式来告知其到期前往喝喜酒。随着时代

① 此数据来源于2009年暑假农户调查。

的变迁，农民家里办红白喜事前通知亲友的方式也逐渐发生着变化。调查显示，在2244个农户有效样本中有66.22%的农民选择打电话通知亲友，有29.55%的农民选择亲自上门通知亲友，有8.02%的农民选择托人带信。由此可见，亲自上门、托人带信等传统通知方式已逐渐被现代通信工具取代，电话联系已成为农民通知亲友参加红白喜事的主要方式。（见表4-52、图4-30）

表4-52　红白喜事时的交往方式　（单位：个，%）

红白喜事通知亲友方式	样本数	占比
打电话	1486	66.22
亲自上门	663	29.55
托人带信	180	8.02
其他	37	1.65
合计	2366	105.44

注：本题为多选题，故样本占比总和大于100%。

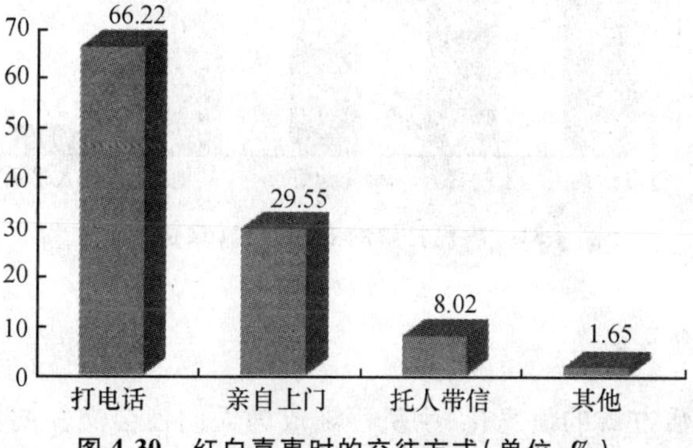

图4-30　红白喜事时的交往方式(单位:%)

（二）打牌[①]

农村娱乐活动相对比较贫乏，打牌、打麻将等方式在成为农民主要消遣娱乐活动的同时，也成为其与亲友、邻居交往的重要方式之一。因此，农民打牌前召集牌友的方式也可反映其社会交往的方式。数据显示，有32.47%的农民选择打电话约人，28.05%的农民选择上门找人，另有13.35%的农民是事先约好。可见，电话约人成为农民通知牌友打牌的最主要方式。（见表4-53、图4-31）

① 此部分数据来源于2009年暑假农户调查。

表 4-53 打牌时的交往方式 (单位:个,%)

农民邀人打牌的方式	样本数	占比
打电话约人	287	32.47
上门找人	248	28.05
事先约好	118	13.35
其他	218	24.66
托人带话	13	1.47
合计	884	100

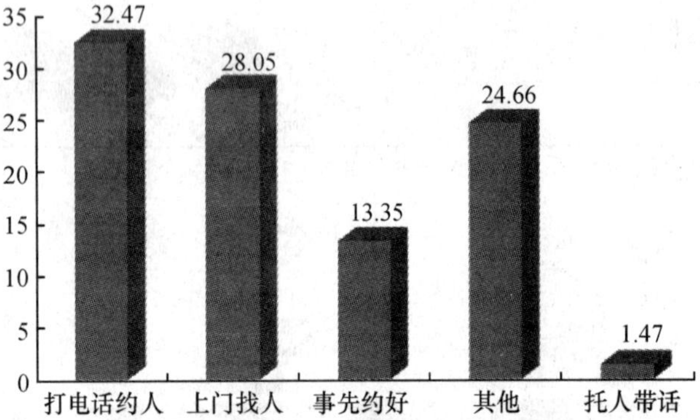

图 4-31 农民打牌的交往方式(单位:%)

三、交往媒介[①]

随着农民生活方式的信息化,手机逐渐成为人们社会交往的主要工具。调查数据显示,在2254个有效样本中,有46.23%的农民手机交往的主要对象是家人,33.98%的农民手机交往的主要对象是亲戚,23.38%的农民手机交往的主要对象是朋友。另有5.50%和8.87%为邻居和其他对象。由此可见,农民手机交往的主要对象是亲友,近七成为家人和亲戚。(见表4-54、图4-32)

① 此部分数据来源于2009年暑假农户调查。

表 4-54　农民手机交往的主要对象　（单位：个，%）

手机交往的主要对象	样本数	占比
家人	1042	46.23
亲戚	766	33.98
朋友	527	23.38
邻居	124	5.50
其他	200	8.87
合计	2659	117.96

注：本题为多选题，故样本占比总和大于100%。

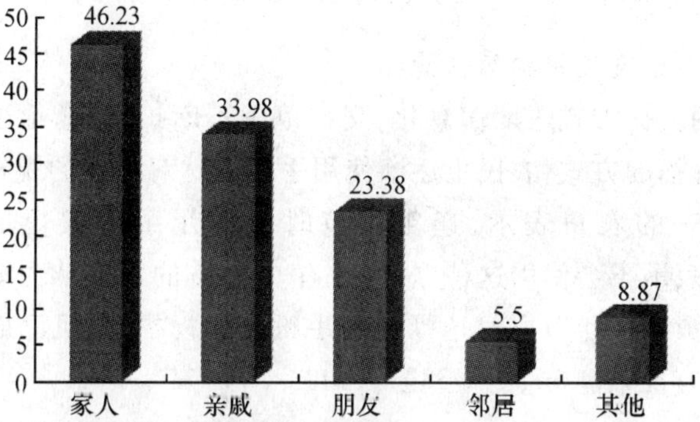

图 4-32　农民手机交往的主要对象（单位：%）

（一）平时与亲友打电话情况

亲友作为农民手机交往的主要对象，由于距离所限，打电话愈来愈成为农民平时与亲友交流感情、表达问候的主要方式。调查数据显示，在2183个农户有效样本中，有714位农户表示平时会给亲友打电话，占比32.71%；有1469位农户表示平时不会给亲友打电话，占比67.29%。可见，近三分之一农户会选择平时打电话与亲友交往，另外三分之二农户可能认为平时没事不必电话联系，或者认为当面交流更好。（见表4-55、图4-33）

表 4-55　平时与亲友手机交往情况　（单位：个，%）

平时是否会给亲友打电话	样本数	占比
会	714	32.71
不会	1469	67.29
合计	2183	100

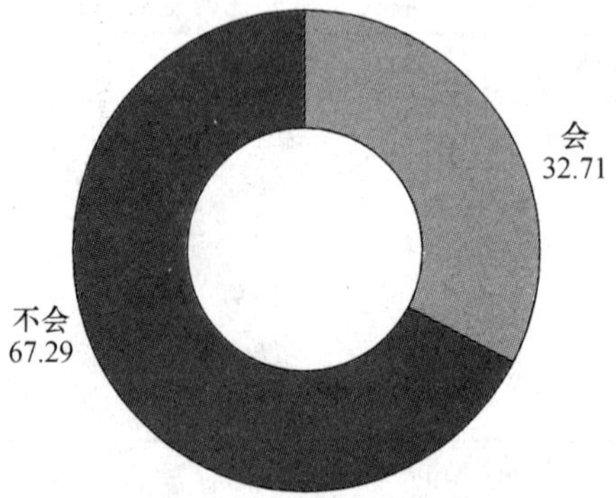

图 4-33　平时与亲友手机交往情况(单位:%)

(二)年节与亲友发祝福短信情况

随着人们的交往方式逐渐信息化,交往范围不断扩大,逢年过节时除了登门拜年这一表达祝福的方式,农民也逐渐使用手机表达对亲友的祝福与问候。调查显示,有 56.33% 的农户表示,逢年过节时会使用手机发短信表达祝福;有 37.58% 的农民表示不会使用这种方式,另有 6.08% 的农民认为要因具体情况而定。总之,逾五成农民年节之时选择使用手机表达祝福,手机已成为农民社会交往的重要工具。(见表 4-56、图 4-34)

表 4-56　年节时与亲友手机交往情况　(单位:个,%)

年节时是否给亲友发祝福短信	样本数	占比
会	1250	56. 33
不会	834	37. 58
看情况	135	6. 08
合计	2219	100. 0

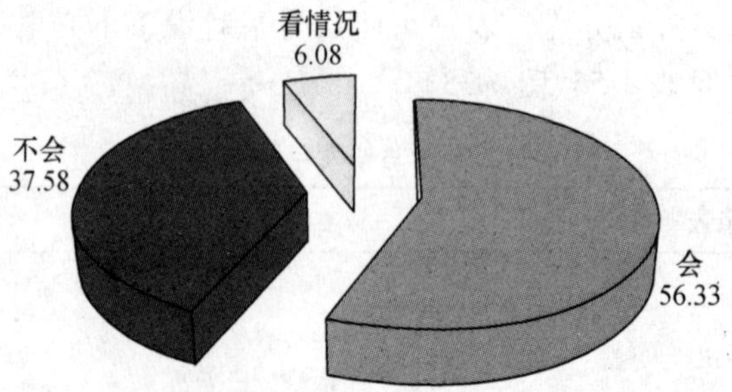

图 4-34　年节时与亲友手机交往情况(单位:%)

（三）手机对交往的影响

调查数据显示，在3648个农户有效样本中，分别有56.99%、36.35%、12.17%、8.17%的农民认为手机使人们的交往方式更方便、交往更快捷、扩大了交往范围、使交往更紧密。但与此同时，现代科技作为一柄“双刃剑”，在给人们生活带来益处的同时，不可避免地会产生一定副作用，有7.68%和2.44%的农民认为手机使人们见面交谈次数少了、关系冷漠了。总之，绝大多数农民认为手机给其生活带来了好处，使交往范围扩大、交往更方便、快捷、紧密。

表4-57　手机给农民社会交往带来的影响　（单位：个，%）

手机对交往的影响	样本数	占比
使交往方式更方便	2079	56.99
使交往更快捷	1326	36.35
扩大了交往范围	444	12.17
使交往更紧密	298	8.17
见面交谈次数少了	280	7.68
关系淡漠了	89	2.44

注：本题为多选题，故样本占比总和大于100%。

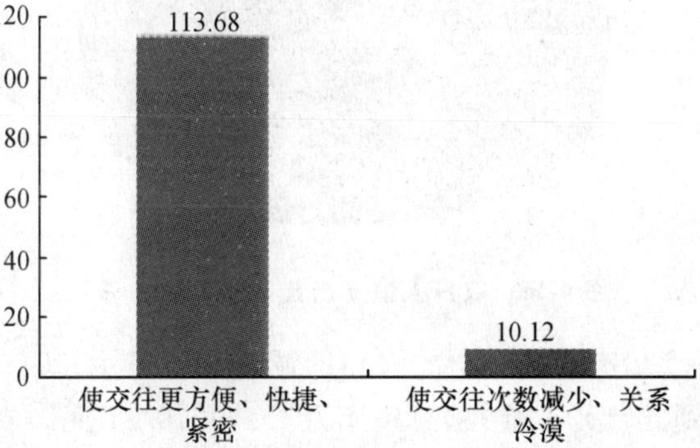

图4-35　手机给农民社会交往带来的影响（单位：%）

第四节　人情交往

一、人情支出

（一）人情支出金额

农民间的人际交往虽以个人为主、家庭为辅，但农民之间的人情支出却多以家庭为主,个人为辅。现阶段农户人情支出项目种类较多,从家里孩子出生到老人去世、各类红白喜事、生辰嫁娶、乔迁升学等都要涉及人情支出。虽有地域差异,但很多人情支出都是农户所不可避免的。如表4-58、图4-36所示,2011年,有3345户农家庭有人情支出,农户的人情支出普遍率为95.24%,没有人情支出的农户仅有167户,占比为4.76%,可见人情往来支出已是农户不可避免的必要部分。

表4-58　农户人情支出普遍率　(单位:个,%)

是否有人情支出	样本数	占比
有	3345	95.24
无	167	4.76
合计	3512	100

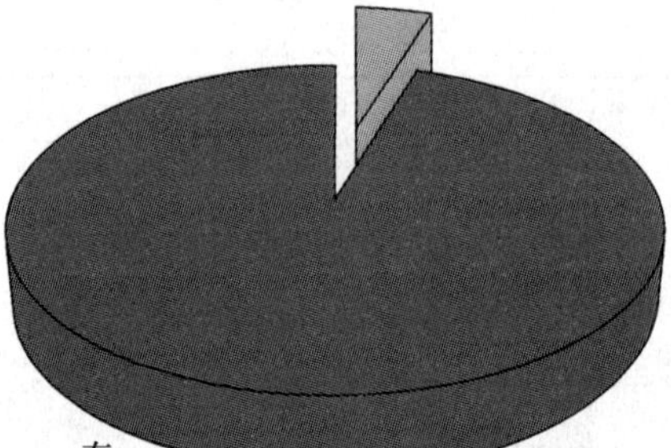

图4-36　农户人情支出普遍率(单位:%)

在对全国3345份有人情支出的农户的调查数据显示,2011年样本农户家庭人情支出从0元到几万元不等,总额共计为13524270.31元。农户家庭人情支出中位值是2600元,年人情支出为2000元左右的农户最多,户均人情支出4043.13元,家庭人均人情支出是1049.32元。(见表4-59、图4-37)

表4-59　2011年农户人情支出　(单位:元)

总支出	户均	中位值	众数	人均
13524270.31	4043.13	2600	2000	1049.32

具体考察2011年农户生活各项支出比重情况,农户家庭生活支出主要包括饮食、人情、医疗卫生、文化教育、交通通讯、日用品和能源燃料等七大项。数据分

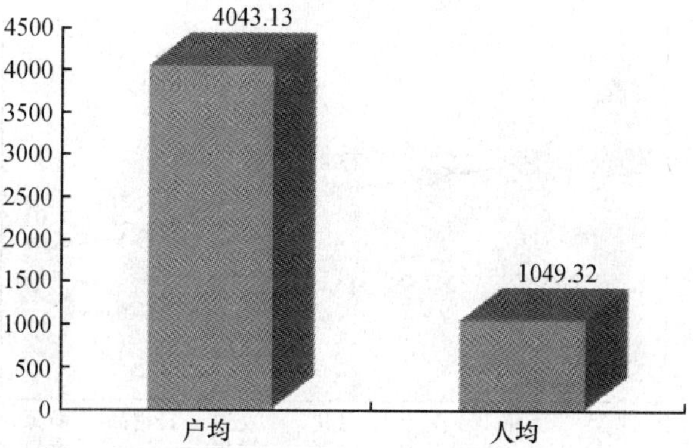

图 4-37　2011 年农户人情支出(单位:元)

析得出,2011 年我国农户家庭人情支出占生活支出比重的户均值是 15.82%,即从全国平均水平来看,农户家庭人情支出达到了日常生活支出的一成五,仅次于居于首位的饮食支出,且高于其他类别的支出,可见,人情支出已成为饮食支出外,农户家庭最大的支出部分。(见表 4-60、图 4-38)

表 4-60　农户各项生活支出　　(单位:元,%)

支出项目	户均支出	占比
饮食	5355.66	20.96
人情	4043.13	15.82
医疗卫生	3766.09	14.74
文化教育	3536.31	13.84
交通通讯	3456.70	13.53
日用品	2830.01	11.07
能源燃料	2566.44	10.04
合计	25554.34	100

由上表可知,农户户均的人情支出占家庭支出的 15.82%。进一步对农户的人情支出负担率进行分组分析,按人情支出占家庭支出的占比多少,将其分为0—10%、11%—20%、21%—30%、31%—40%、40%以上五个组别。具体来看,33.47%农户的人情支出负担率在 10%以内,占比最高,其次为 10%—20%之间,占比 23.93%。也就是说,近六成农户的人情支出负担率在 20%以内。但还必须看到,有 15.30%的农户人情支出负担率在 40%以上,这对农户来说,是一个不小的压力。(见表 4-61、图 4-39)

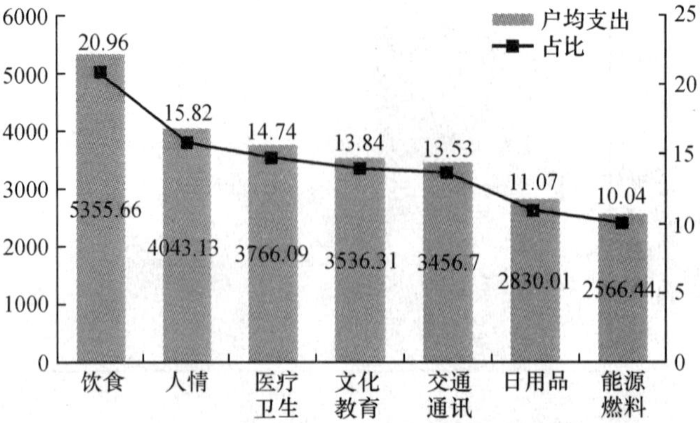

图 4-38 农户各项生活支出(单位:%)

表 4-61 农户人情支出负担率① (单位:户,%)

负担率	户数	占比
0%—10%	737	33.47
11%—20%	527	23.93
21%—30%	357	16.21
31%—40%	244	11.08
40%以上	337	15.30
合计	2202	100

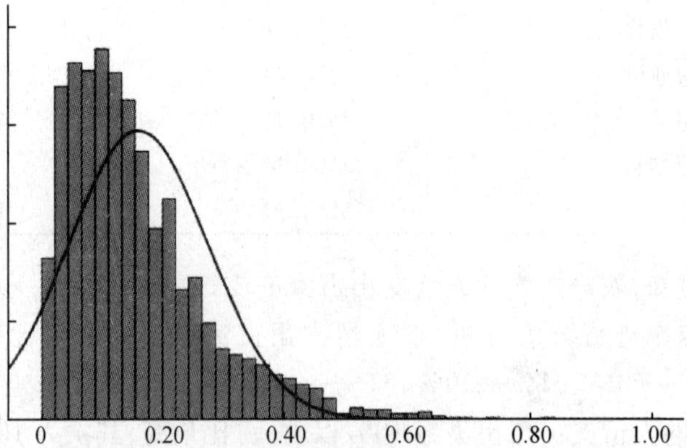

图 4-39 农户人情支出负担率(单位:%)

① 人情支出负担率 = 年人情支出/年家庭支出。

对不同地区农民 2011 年的人情支出进行考察。东部地区户均人情支出 4279.45 元,人均人情支出 1151.48 元,皆为三个地区中之最高;中部地区户均人情支出 4138.67 元,人均人情支出 1036.98 元,西部地区户均人情支出为 3708.53 元,人均人情支出为 964.58 元,皆为三个地区中之最低。总之,无论是户均还是人均人情支出,东部地区最高,中部地区居中,西部地区最低。(见表 4-62、图 4-40)

表 4-62 各地农户 2011 年人情支出 (单位:元)

地区分组	户均人情支出		人均人情支出	
	均值	中位值	均值	中位值
全国	4043.13	2600	1049.32	625.00
东部	4279.45	3000	1151.48	666.67
中部	4138.67	3000	1036.98	666.67
西部	3708.53	2000	964.58	500

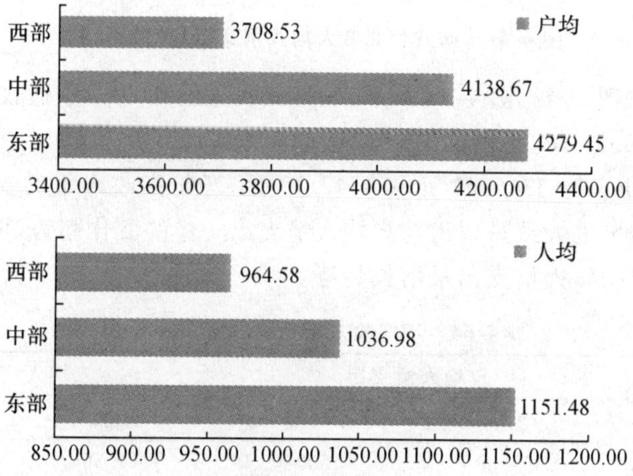

图 4-40 各地农户人情支出(单位:元)

具体到不同自然地理区,北方和南方农户户均人情支出分别是 3348.88 元和 4655.72 元,后者比前者高出 1306.84 元,是前者的 1.39 倍;北方和南方人均人情支出分别为 949.49 元和 1137.35 元,后者比前者高出 187.86 元,是前者的 1.19 倍。因此,无论是户均人情支出,还是人均人情支出,南方农户都多于北方农户。(见表 4-63、图 4-41)

表 4-63 南方和北方农户人情支出 (单位:元)

南北地区	户均人情支出		人均人情支出	
	均值	中位值	均值	中位值
北方	3348.88	2000	949.49	591.67
南方	4655.72	3000	1137.35	666.67

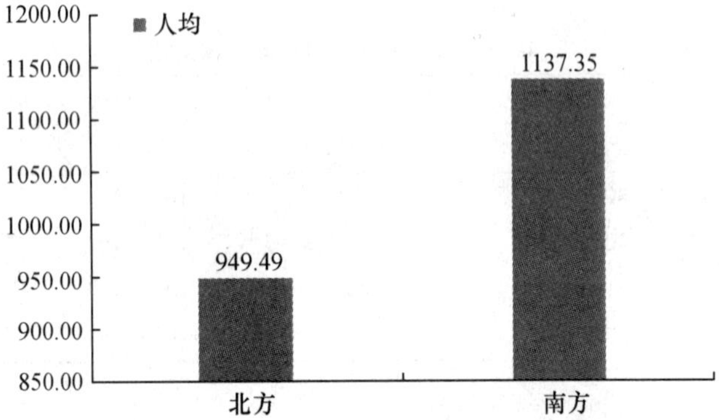

图 4-41 南方和北方人均人情支出(单位:元)

如表 4-64、图 4-42、图 4-43 所示,20% 低收入组和 20% 中低收入组的户均人情支出分别是 2352.09 元和 3181.27 元,20% 中等收入组和 20% 中高收入组的农户户均人情支出各为 3766.42 元和 4342.73 元,20% 高收入组的支出是 6569.35 元,人均人情支出也大致呈现出与户均人情支出一样的变化趋势,即,随着农户家庭收入水平的提升,人情支出呈增长趋势。

表 4-64 不同收入水平农户的人情支出 (单位:元)

收入分组	户均人情支出		人均人情支出	
	均值	中位值	均值	中位值
低收入户	2352.09	1500	814.58	500
中低收入户	3181.27	2000	867.53	500
中等收入户	3766.42	3000	971.66	666.67
中高收入户	4342.73	3000	1055.35	666.67
高收入户	6569.35	4000	1533.47	750

从农户家庭类型与人情支出的关系来看,扩大家庭的户均人情支出最多,为 4770.36 元,空巢家庭的户均人情支出则相对较低,其他类型家庭的户均支出最少,为 2020 元,仅是扩大家庭的一半。而从人均支出来看,人口较多的家庭户均

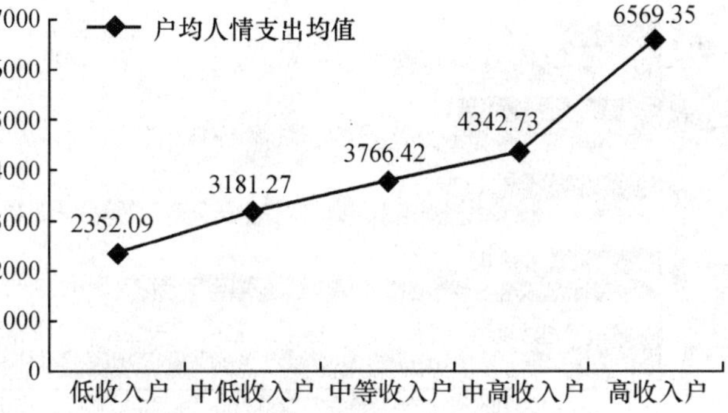

图 4-42　家庭收入与户均人情支出(单位:元)

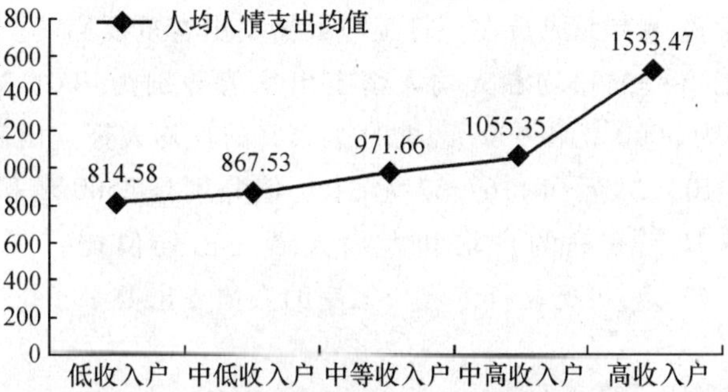

图 4-43　家庭收入与人均人情支出(单位:元)

人情支出较少,扩大家庭是人均 683. 50 元,主干家庭是 848. 02 元;相反人口较少的家庭类型则支出较多,核心家庭和空巢家庭分别是 1157. 55 元、1496. 32 元。可见,大家庭的户均人情支出大,人均人情支出少;小家庭的户均人情支出小,人均人情支出大。(见表 4-65、图 4-44)

表 4-65　家庭类型与人情支出　　(单位:元)

家庭类型	户均人情支出		人均人情支出	
	均值	中位值	均值	中位值
扩大家庭	4470. 36	3000	683. 50	428. 57
主干家庭	4223. 92	3000	848. 02	500
核心家庭	4218. 48	3000	1157. 55	666. 67
空巢家庭	3184. 27	2000	1496. 32	1000
其他家庭	2020	1400	721. 67	500

将有在外打工人员的家庭划为打工家庭,没有在外打工人员的家庭划为非打

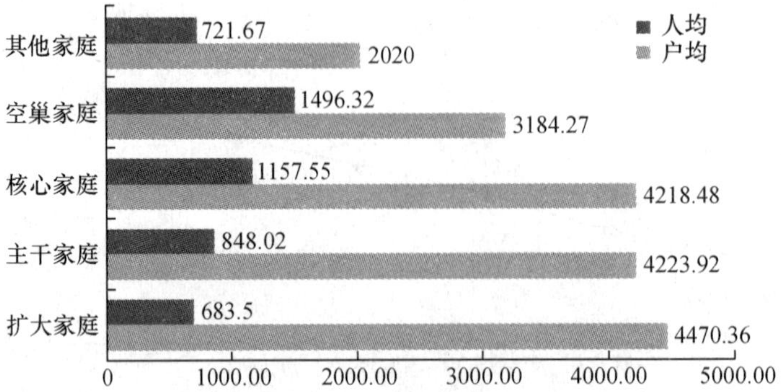

图 4-44 家庭类型与人情支出(单位:元)

工家庭。农户家庭中有无成员在外打工与人情支出有重要影响。如表 4-66 和图 4-45 所示,打工家庭的户均和人均人情支出均值分别为 4001. 23 元和 966. 907 元,中位值分别为 3000 元和 600 元;非打工家庭的户均人情支出和人均人情支出的均值分别为 4103. 24 元和 1167. 67 元,中位值分别是 2500 元和 666. 67 元。对比分析可见,非打工家庭的户均和人均人情支出均值比打工家庭分别多出 102. 01 元和 66. 67 元,可见非打工农户家庭的人情支出要多于打工农户家庭的人情支出。

表 4-66 打工与非打工农户人情支出 (单位:元,户)

类型	户均人情支出		人均人情支出	
	均值	中位值	均值	中位值
打工家庭	4001. 23	3000	966. 90	600
非打工家庭	4103. 24	2500	1167. 67	666. 67

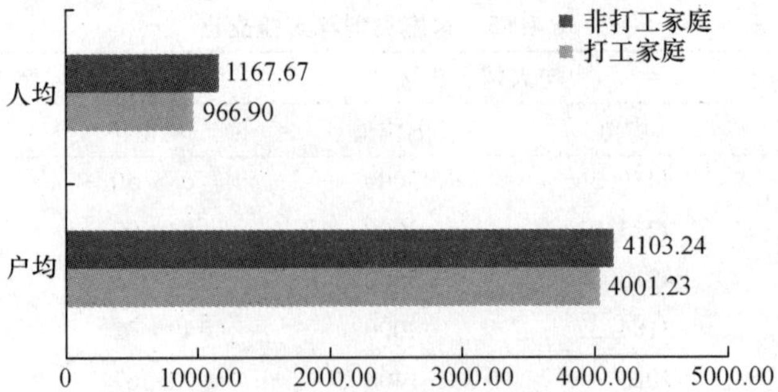

图 4-45 打工与非打工农户人情支出(单位:元)

将家庭成员中有担任干部的视为干部家庭，没有家庭成员担任干部的视为非干部家庭。干部家庭与非干部家庭的人情支出有着较大差别。如下表4-67和图4-46所示，干部家庭的户均和人均人情支出均值分别是5238.97元和1311.81元，非干部家庭的户均人情支出和人均人情支出的均值分别为3869.97元和1001.27元，干部家庭的户均和人均人情支出均值比非干部家庭分别多出1369.00元和310.54元。中位值户均和人均对比，也是干部家庭支出要多于非干部家庭。因此，干部农户家庭的人情支出要明显多于非干部农户家庭的人情支出。

表4-67 干部农户家庭与非干部农户家庭人情支出 （单位：元，户）

类型	户均人情支出		人均人情支出	
	均值	中位值	均值	中位值
干部家庭	5238.97	3000	1311.81	800
非干部家庭	3869.97	2500	1001.27	600

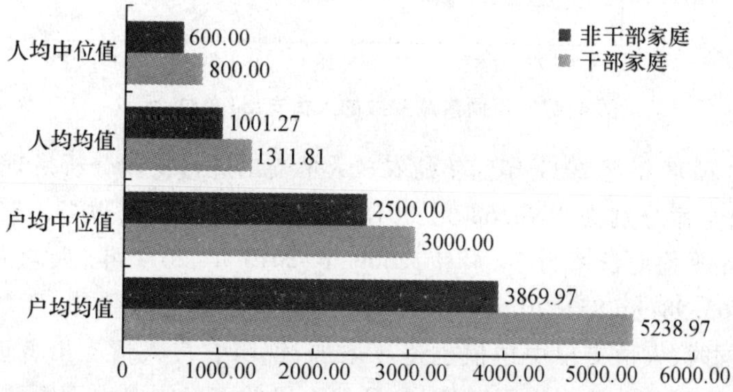

图4-46 干部农户家庭与非干部农户家庭人情支出(单位:元)

亲戚作为农户人情支出的主要对象，亲戚数量的多少，可能会影响其人情支出金额的多少。数据分析显示，亲戚数量从少到多的五个级别样本农户中，2011年户均人情支出分别为2786.87元、3243.43元、3995.76元、4063.27元、5058.45元，数额逐渐递增；人均人情支出分别为780.39元、857.75元、1002.26元、1040.68元和1334.49元，数额也逐渐递增。可见，亲戚数量愈多的农户，人情支出愈多。（见表4-68、图4-47）

表 4-68　不同亲戚户数的人情支出　　(单位:元,户)

亲戚户数	户均人情支出		人均人情支出	
	均值	中位值	均值	中位值
0—7 户	2786.87	2000	780.39	500
8—12 户	3243.43	2000	857.75	541.67
13—18 户	3995.76	2500	1002.26	666.67
19—30 户	4063.27	3000	1040.68	700
30 户以上	5058.45	3000	1334.49	750

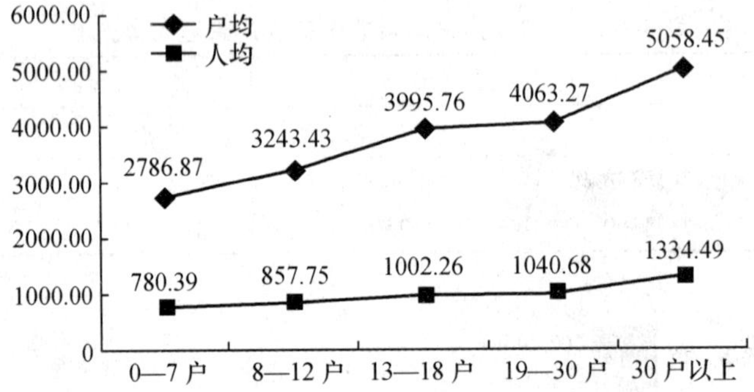

图 4-47　不同亲戚户数的人情支出(单位:元)

通过对 2008 年至 2011 年四年的农户人情支出进行比较分析发现,四年的户均人情支出金额分别为 2696.68 元、3018.98 元、3300.11 元、4043.13 元,呈逐渐上升趋势,年平均增长率为 14.45%;2009 年、2010 年、2011 年,人均人情支出金额分别为 763.98 元、851.70 元、1049.32 元,也呈逐渐上升趋势,年均增长率为 17.20%。同时,人情支出中位值也逐年增加,说明农户人情支出普遍增加。总之,四年来,农民的人情支出不断增加,虽然农民的家庭收入也不断增加,但还是会给农民带来不小压力。(见表 4-69、图 4-48)

表 4-69　农户人情支出四年比较　　(单位:元,户)

年份	户均			人均		
	均值	中位值	户数	均值	中位值	户数
2008 年	2696.68	1800	2144	—	—	—
2009 年	3018.98	2000	3235	763.98	500	3225
2010 年	3300.11	2000	4228	851.70	500	4217
2011 年	4043.13	2600	3345	1049.32	625.00	3342
年均增长率	14.45	—	—	17.20	—	—

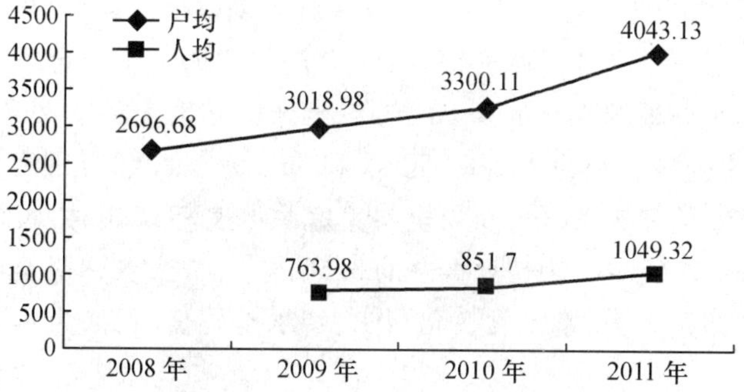

图 4-48　农户人情支出四年比较(单位:元)

(二) 人情支出单项金额

农村的婚丧嫁娶是人情交往的重要内容。因此,对人情支出具体项目进行考察,分为嫁娶支出、生子支出、升学支出、丧葬支出这四大类,对 3345 位有人情支出的农户有效样本进行分析,得到 3063 个有效样本。其中,嫁娶人情支出最高,户均 358.87 元/次;其次为生子人情支出,户均 250.72 元/次;再次为丧葬人情支出,为 231.52 元/次;升学人情支出最低,为 218.31 元/次。(见表 4-70、图 4-49)

表 4-70　2012 年农户人情支出单项金额　(单位:元/次)

支出事项	均值	中位值	众数
嫁娶人情支出	358.87	300	300
生子人情支出	250.72	175.00	150
升学人情支出	218.31	150	150
丧葬人情支出	231.52	150	150

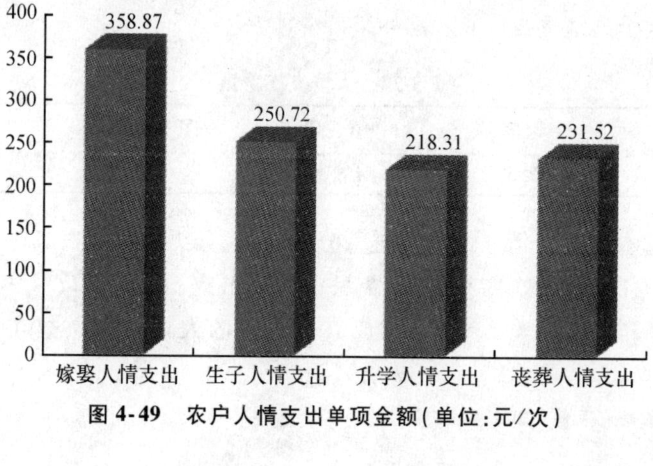

图 4-49　农户人情支出单项金额(单位:元/次)

具体分析与农户不同亲属关系的亲友举办婚丧嫁娶活动,农户人情支出的平均金额时发现,当至亲举办婚嫁喜事时,农户户均的人情支出金额为668.31元/次,是普通亲友举办婚嫁喜事的4.58倍;当至亲举办生子和子女升学的喜事时,农户的人情支出金额分别为432.87元/次和362.61元/次,分别为普遍亲戚举办这些活动的3.76倍和3.75倍;而当至亲家庭举办丧葬仪式时,农户的户均人情支出金额为370.21元/次,为普通亲友的3.50倍。总之,农户对至亲和普通亲友的人支出金额,差别较大,基本在3倍以上,特别是嫁娶项目,为4.58倍。(见表4-71)

图4-71 农户人情支出单项金额 (单位:元/次)

人情支出项目	户均	至亲	一般	至亲/一般
嫁娶人情支出	358.87	668.31	145.83	4.58
生子人情支出	250.72	432.87	115.24	3.76
升学人情支出	218.31	362.61	96.57	3.75
丧葬人情支出	231.52	370.21	105.77	3.50

(三)人情支出次数①

大到婚丧嫁娶,小到升学生子,农村都有召集亲友、共同聚会的习俗。因此,农民在自己举办这些活动外,难免也要参加亲朋好友、邻里乡亲举办的这些活动。通过对农民人情支出的次数进行分析得出,2009年3189个有效农户样本中,人情支出总次数为56206次,农户户均人情支出次数是17.62次/年,中位值为13次/年,众数为10次/年。也就是说,当年户均支出以10次左右居多,多于和少于13次的农户各占一半,平均每个农户约20.71天有一次人情支出,受访农户大多表示还能接受这个人情周期。(见表4-72)

表4-72 人情支出次数 (单位:次/年,天/次)

总次数	均值	中位值	众数	频率
56206	17.62	13.00	10	20.71

进一步对农户的人情支出次数进行分组分析,分为0—10次、11—20次、21—30次、31—40次、40次以上这五个组别,其比重分别为27.47%、33.43%、18.34%、11.63%、9.13%。可见,六成农户每年的人情支出次数在20次以内。

① 此部分数据来源于2010暑假农户调查。

（见表 4-73、图 4-50）

表 4-73　人情支出次数比重　（单位：个，%）

支出次数	样本数	占比
0—10 次	876	27.47
11—20 次	1066	33.43
21—30 次	585	18.34
31—40 次	371	11.63
40 次以上	291	9.13
合计	3189	100

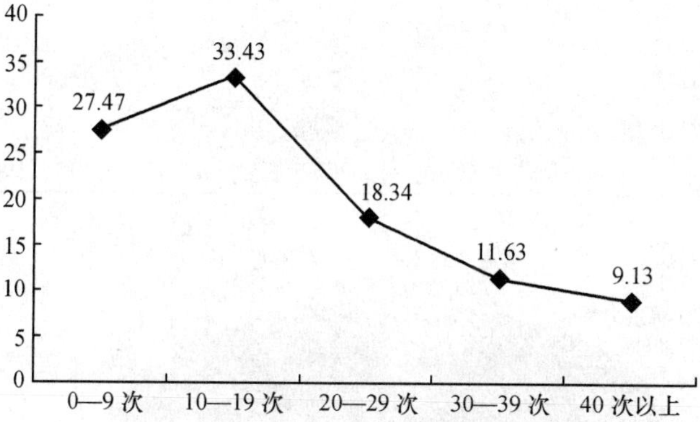

图 4-50　人情支出次数比重（单位：%）

如表 4-74 所示，对 2009 年农民人情支出次数和 2008 年人情支出次数进行对比分析，发现其均值分别为 17.62 次/年和 15.58 次/年，众数都为 10 次/年，频率分别为 20.77 天/次和 23.42 天/次，差别都不大。只有中位数 2009 年比 2008 年多 1 次。可见，农民的人情交往次数，2009 年与 2008 年变化不大。

表 4-74　两年人情支出次数　（单位：次/年，天/次）

	支出次数	均值	中位值	众数	频率
2008 年	36187	15.58	12.00	10	23.42
2009 年	56206	17.62	13.00	10	20.71

（四）人情支出压力

人情交往作为农民社会交往的重要方式，需要投入必要的时间、精力和金钱，特别是人情支出成为农民日常支出中饮食支出外的最大支出，可能会给农民带来烦恼甚至压力。在对3345个有人情支出的样本农户的人情支出压力进行考察中,得到3332个有效样本。其中有298个农户认为比较有压力,占比8.94%;有1184个农户认为比较有压力,占比35.53%;有26.05%的农户认为压力一般;另外还有21.49%和7.98%的农户认为不太有压力、完全没压力。总体而言,农民的人情支出压力比较大,逾四成农民认为比较有压力或者非常有压力。(见表4-75、图4-51)

表4-75 人情支出压力 (单位:个,%)

人情支出压力	样本数	占比
非常有压力	298	8.94
比较有压力	1184	35.53
一般	868	26.05
不太有压力	716	21.49
完全没压力	266	7.98
合计	3332	100

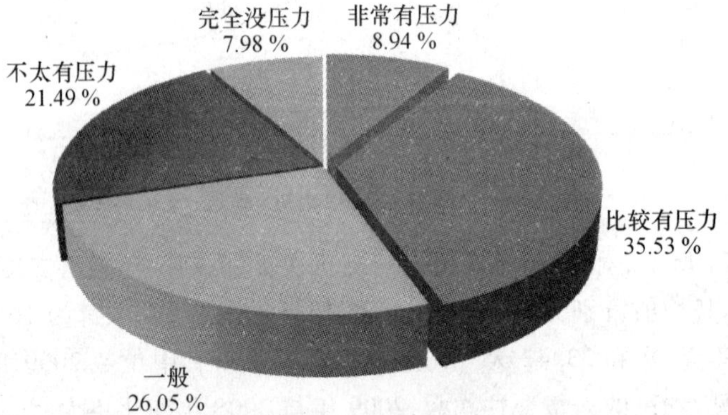

图4-51 人情支出压力(单位:%)

进一步对不同性别农民的人情支出压力进行分析,其卡方检验值为0.000,远低于0.05的显著水平,说明男性、女性眼中的人情支出压力具有显著差异。具体来看,女性认为非常有压力、比较有压力的比重都要比男性高;认为压力一般、不太有压力,前者比后者的比重要低;认为完全没压力的比重,二者差别不大。总之,女性眼中的人情支出压力要比男性要大。(见表4-76、图4-52)

表 4-76　性别与人情支出压力　（单位：个，%）

性别	非常有压力	比较有压力	一般	不太有压力	完全没压力	合计
男	8.49	34.45	26.55	22.56	7.94	100(2708)
女	10.9	40.22	23.88	16.83	8.17	100(624)

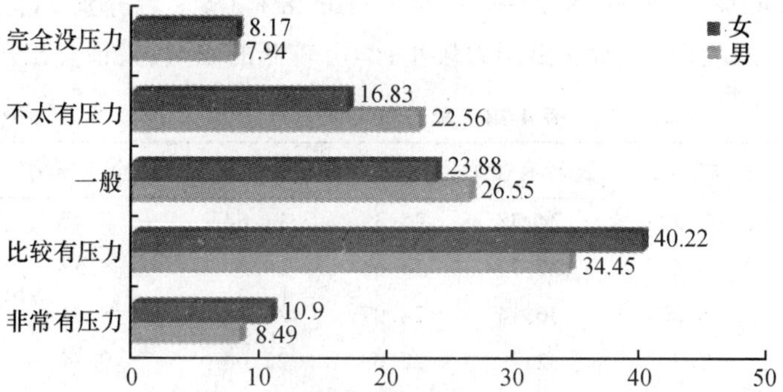

图 4-52　性别与人情支出压力（单位：%）

数据分析显示，青年农民与老年农民的人情支出压力也具有显著差异。（$P=0.000$）具体来看，前者认为非常有压力、比较有压力、压力一般的比重分别比后者高出 0.27、4.07、0.88 个百分点；而认为不太有压力，完全没压力，后者则要比前者高出 2.16、3.08 个百分点。总之，相比较而言，青年农民的人情支出压力要比老年农民的人情支出压力大。（见表 4-77、图 4-53）

表 4-77　年龄与人情支出压力　（单位：个，%）

年龄分组	非常有压力	比较有压力	一般	不太有压力	完全没压力	合计
青年人	8.75	36.62	26.30	20.92	7.40	100(2433)
老年人	8.48	32.55	25.42	23.08	10.48	100(897)

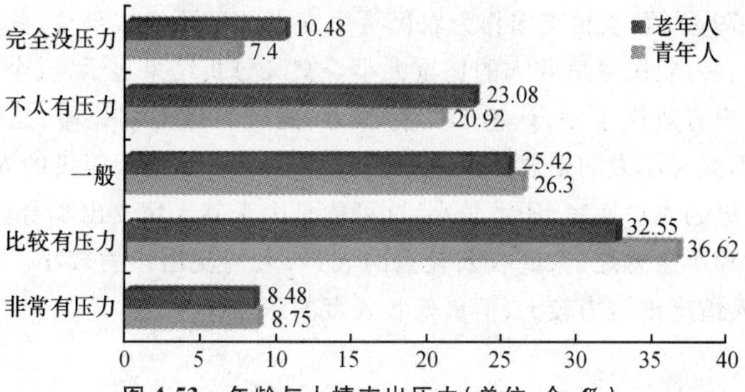

图 4-53　年龄与人情支出压力（单位：个，%）

从农民的学历来看,学历水平较高者的人情消费压力较小。如表4-78、图4-54所示,学历水平由低到高的五个分组中,认为非常有压力的占比分别为17.97%、10.41%、8.80%、7.74%、7.48%,逐渐呈下降趋势;认为不太有压力的占比分别为14.84%、19.52%、21.85%、22.64%、24.30%;认为完全没压力的占比分别为7.42%、7.53%、8.24%、9.74%、10.28%,这二者分别呈上升趋势。总之,学历较高的农户,人情支出压力较小;学历较低的农户,人情支出压力较大。

表4-78 学历与人情支出压力 (单位:个,%)

文化程度	非常有压力	比较有压力	一般	不太有压力	完全没压力	合计
文盲	17.97	34.38	25.39	14.84	7.42	100(256)
小学	10.41	37.73	24.81	19.52	7.53	100(1076)
初中	8.80	36.14	24.97	21.85	8.24	100(1383)
高中	7.74	32.79	27.09	22.64	9.74	100(419)
大专及以上	7.48	34.58	23.36	24.30	10.28	100(107)

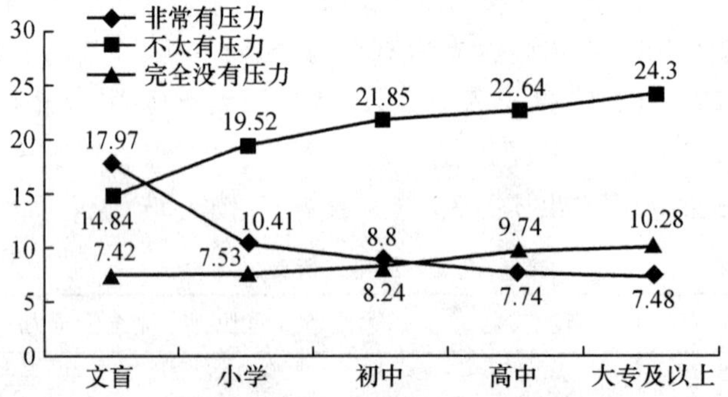

图4-54 学历与人情支出压力(单位:%)

如表4-79所示,人情支出作为农民货币支出的重要组成部分,其支出压力的大小取决于它占农民家庭收入的比重大小。交叉分析结果显示,五个不同等级家庭收入的农户有效样本中,认为非常有压力、比较有压力的比重,总体呈下降趋势;而认为不太有压力的则总体呈上升趋势。其中最低收入等级的农户,相对于较低收入等级的农户而言,压力较小,这可能是由于其人情支出本身就较小,所以压力也相对较小。总之,家庭收入较高的农户,人情支出压力较小。家庭收入较低的农户,人情支出压力较大,但最低收入者的压力稍小。

表 4-79　家庭收入与人情支出压力　（单位：个，%）

家庭收入	非常有压力	比较有压力	一般	不太有压力	完全没压力	合计
低收入户	11.87	38.58	21.07	20.92	7.57	100(674)
中低收入户	8.52	42.25	27.94	15.33	5.96	100(587)
中等收入户	8.58	40.56	25.74	20.59	4.52	100(641)
中高收入户	8.81	34.04	28.42	22.34	6.38	100(658)
高收入户	4.92	24.31	27.38	28.62	14.77	100(650)

不同职业农民的人情支出压力同样具有差异。（$P=0.015<0.05$）具体从表4-80、图4-55可以看出，务农、务工农户，认为人情支出非常有压力、比较有压力的占比都要高于做生意、教师及其他职业的农民；而认为不太有压力、完全没压力的占比，则要低于后者。也就是说，务农和务工农户的人情支出压力较大，经商和教师职业的农户人情支出压力较小。

表 4-80　职业与人情支出压力　（单位：个，%）

职业分组	非常有压力	比较有压力	一般	不太有压力	完全没压力	合计
务农	9.39	37.98	25.80	19.89	6.94	100(2333)
务工	8.50	40.20	25.49	20.92	4.90	100.01(306)
做生意	6.57	22.84	29.07	27.34	14.19	100.02(289)
教师及其他	8.27	26.67	25.87	27.20	12.00	100.03(375)

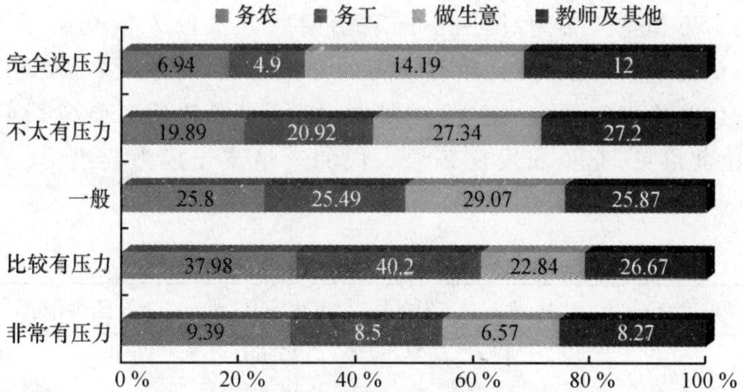

图 4-55　职业与人情支出压力（单位：个，%）

除职业外，农民的身份也影响其人情支出压力。（$P=00$）数据显示，身份为干部的农民，认为非常有压力、比较有压力的占比分别比非干部的农民低

1.39、5.37 个百分点;认为不太有压力、完全没压力,前者则比后者高 5.98、1.29 个百分点。总之,身份为干部的农民,人情支出压力要小于普通农民。(见表 4-81、图 4-56)

表 4-81 身份与人情支出压力 (单位:个,%)

是否干部	非常有压力	比较有压力	一般	不太有压力	完全没压力	合计
干部	7.71	30.84	25.7	26.64	9.11	100(428)
非干部	9.10	36.21	26.2	20.66	7.82	100(2889)

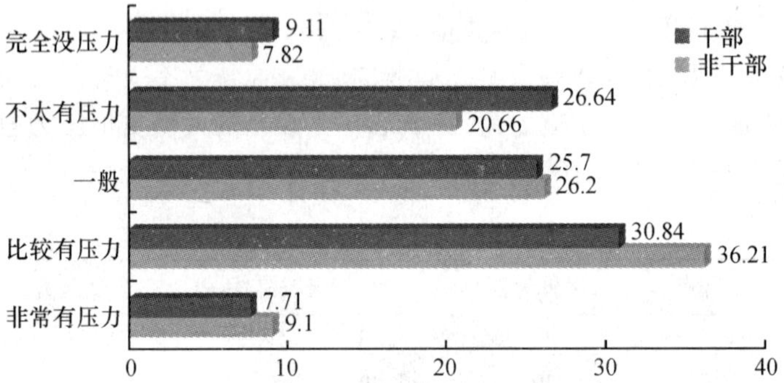

图 4-56 身份与人情支出压力(单位:%)

干部身份的农民,大多为党员,因此是否党员比普通群众的人情支出压力要小?为印证这一假设,进一步对不同政治面貌的农民人情支出压力进行交叉分析,得到卡方值为 0.000,说明不同政治面貌农民的人情支出压力有差异。具体来看,认为非常有压力、比较有压力的党员占比,分别比群众低 0.60、5.64 个百分点;认为不太有压力、完全没压力的占比,前者比后者要高 5.42、2.70 个百分点。由此可见,党员农民比普通农民的人情支出压力要小。(见表 4-82、图 4-57)

表 4-82 政治面貌与人情支出压力 (单位:个,%)

政治面貌	非常有压力	比较有压力	一般	不太有压力	完全没压力	合计
党员	8.49	31.17	24.67	25.60	10.08	100(754)
群众	9.09	36.81	26.54	20.18	7.38	100(2562)

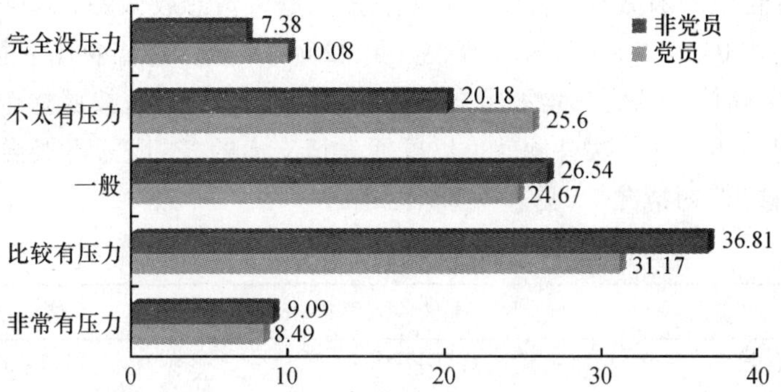

图 4-57　政治面貌与人情支出压力(单位:%)

二、人情收入

(一) 人情收入总体情况

如表 4-83、图 4-58 所示,在 3648 份有效样农户样本中,2011 年有人情收入的农户有 296 户,占比为 8.11%,没有人情收入的有 3352 户,占比为 91.89%。可见,不到一成农户 2011 年有人情收入。

表 4-83　2011 年是否有人情收入　(单位:个,%)

是否有人情收入	样本数	占比
有	296	8.11
无	3352	91.89
合计	3648	100

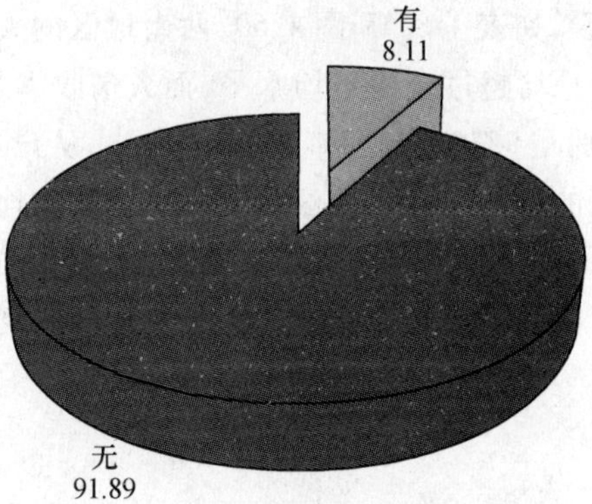

图 4-58　2011 年是否有人情收入(单位:%)

在296份农户有效样本中,2011年农户家庭人情总收入是5047400元,户均人情收入是17052.03元,人均人情收入是4264.28元。对比农民人情支出可以发现,户均人情收入约为户均人情支出的4.43倍,也就是说,按照这个平均水平,农民平均每四年多办一次喜酒就可以收回人情支出的“本钱”,不然会出现“只出不进,入不敷出”的情况。(见表4-84、图4-59)

表4-84 人情收入与人情支出 (单位:元)

	人情收入	人情支出
总额	5047400	13524270
户均	17052.03	3850.87
人均	4264.28	817.43

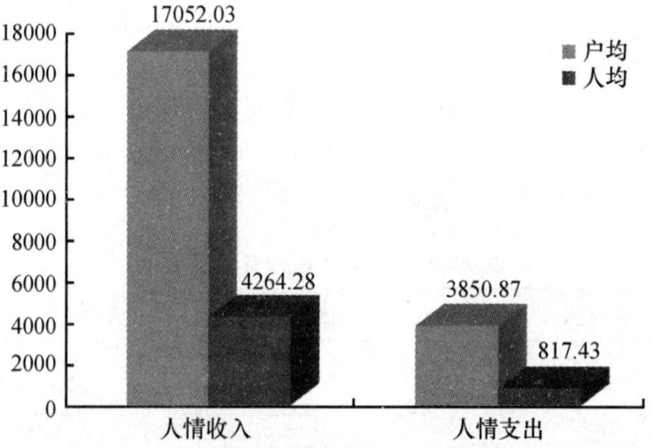

图4-59 人情收入与人情支出(单位:元)

从七大区分组来看,如表4-85和图4-60,西南地区的人情收入户均24797.92元和人均6235.31元,且均超过全国平均水平;而人情收入最少的是华南地区,户均和人均人情收入分别是9318.75元和2178.42元。从户均人情收入来看,从多到少,排名第二到第六的依次是东北地区、华东地区、华北地区、华中地区、西北地区,分别为20833.33元、18698.65元、16085.71元、13772.73元、13258.82元。整体来看,西南地区人情收入最高,东北、华东和华北地区较高,西北地区较少,华南地区人情收入最少。

表 4-85　七大地区人情收入比较　（单位：元）

七大分区	户均人情收入	人均人情收入
全国	17052. 02	4264. 28
东北地区	20833. 33	8336. 11
西北地区	13258. 82	3337. 43
华北地区	16085. 71	3736. 19
华东地区	18698. 65	4093. 71
华中地区	13772. 73	3647. 67
华南地区	9318. 75	2178. 42
西南地区	24797. 92	6235. 31

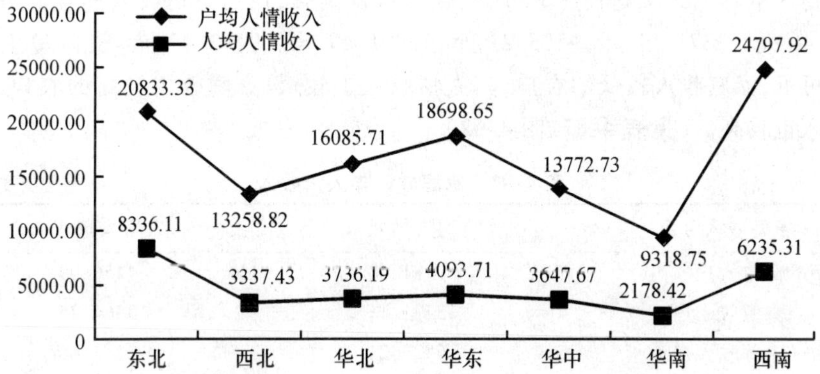

图 4-60　七大地区人情收入比较（单位：元）

从南北差异来看，北方户均人情收入均值是 13435. 07 元，低于全国户均均值 17052. 02 元；南方户均人情收入 20043. 83 元，是北方户均均值的 1. 49 倍；北方和南方的人均人情收入分别是 3665. 13 元和 4759. 88 元，南方是北方的 1. 3 倍。（见表 4-86、图 4-61）

表 4-86　南北的人情收入　（单位：元）

南北	户均人情收入	人均人情收入
全国	17052. 02	4264. 28
北方	13435. 07	3665. 13
南方	20043. 83	4759. 88

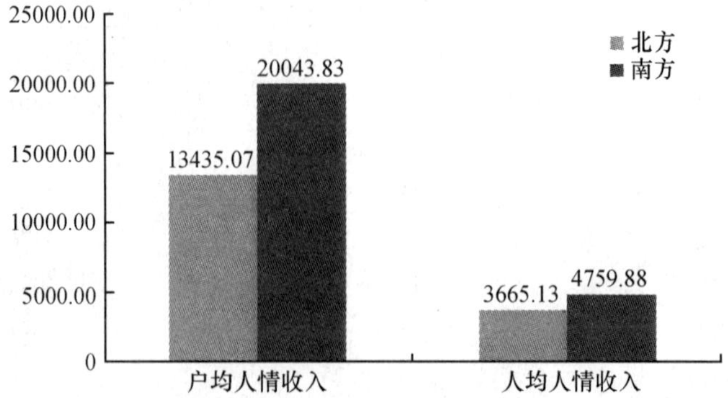

图 4-61 南北的人情收入(单位)

将样本农户的家庭收入五等分,收入从低到高,户均人情收入的金额分别为 9481.40 元、13371.11 元、9523.21 元、16301.49 元、29132.47 元,整体呈上升趋势。可见,家庭收入较低的农户,其人情收入也较低;家庭收入较高的农户,其人情收入也较高。(见表 4-87、图 4-62)

表 4-87 家庭收入与人情收入 (单位:元)

家庭收入分组	户均人情收入	人均人情收入
低收入户	9481.40	4256.09
中低收入户	13371.11	3864.25
中等收入户	9523.21	2213.66
中高收入户	16301.49	4290.09
高收入户	29132.47	5893.70

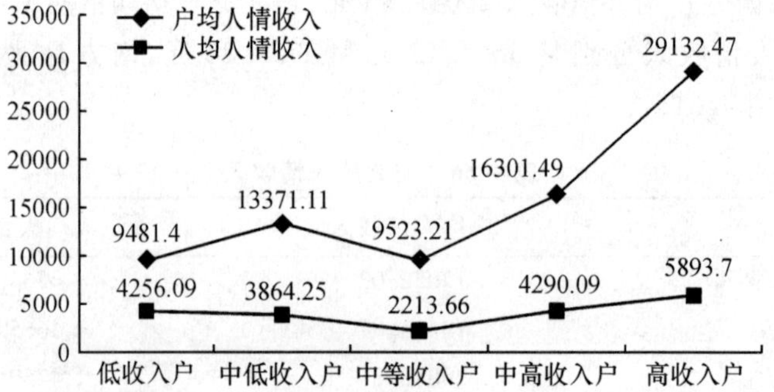

图 4-62 家庭收入与人情收入(单位:元)

将家庭成员中有担任干部的视为干部家庭,没有家庭成员担任干部的视为非干部家庭,调查分析发现,干部家庭的人情收入要明显多于非干部家庭。如表4-88、图4-63所示,干部家庭的户均人情收入均值是20400元,非干部家庭是16624.59元,前者比后者多3775.41元;干部家庭的人均人情收入均值是4874.62元,非干部家庭是3948.13元,前者比后者多926.49元。显而易见,干部家庭的人情收入多于非干部家庭人情收入。

表4-88 身份与人情收入 （单位:元,户）

家庭类型	户均人情收入	人均人情收入
干部家庭	20400	4874.62
非干部家庭	16624.59	3948.13

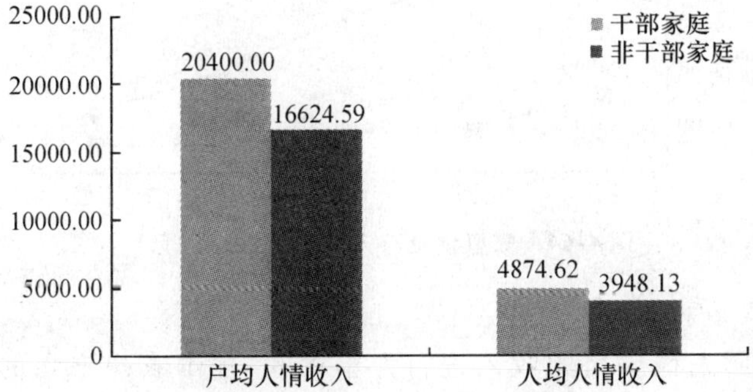

图4-63 身份与人情收入(单位:元)

如前所述,农户家庭地位是指户主自我感知自己家综合实力在村庄中所处的地位,一般将农户家庭地位从上层到下层依次分为五个层次等级。在户均人情收入均值方面,从上层到下层,五个等次家庭地位的收入依次是32777.78元、20231.34元、16470.06元、10446.51元和6081.82元,可见家庭地位越高,其户均人情收入越多;而在人均人情收入方面,从上层到下层,五个等次家庭地位的收入依次是7930.29元、4586.25元、4163.50元、2947.62元和2889.72元,家庭地位越高,其人均人情收入越多。总之,农户的家庭人情收入与其家庭地位呈正比例关系。(见表4-89、图4-64)

表 4-89　家庭地位与人情收入　(单位:元,户)

家庭类型	户均人情收入	人均人情收入
上层	32777. 78	7930. 29
中上层	20231. 34	4586. 25
中层	16470. 06	4163. 50
中下层	10446. 51	2947. 62
下层	6081. 82	2889. 72

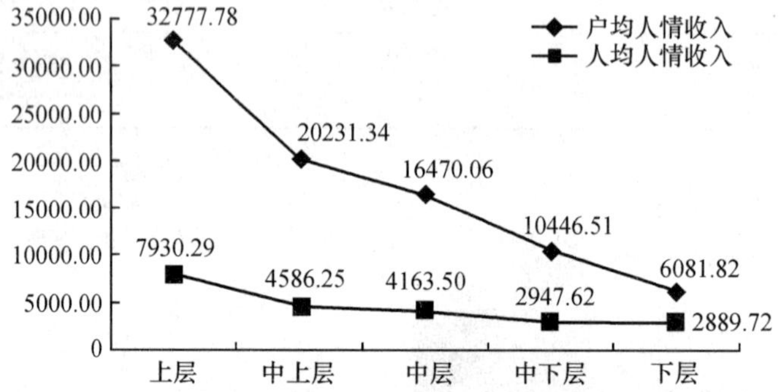

图 4-64　家庭地位与人情收入(单位:元)

(二) 红白喜事收入

具体对不同人情项目的收入进行考察可知,样本农户户均的嫁娶收入为25798 元,为所有红白喜事项目中的最高收入。其次为丧葬的白喜事,户均收入为 11597. 40 元。生子、乔迁差不多,分别为 10211. 73 元和 10422 元。寿辰和升学收入相对较少,分别为 6690. 57 元和 8994. 12 元。总之,婚嫁收入是所有人情支出项目中最高的一笔收入,远高于其他红白喜事人情收入。(见表 4-90、图 4-65)

表 4-90　具体人情项目收入　(单位:元,个)

收入事项	户均人情收入	样本数
嫁娶	25798. 00	175
生子	10211. 73	98
白喜事	11597. 40	77
乔迁	10422. 00	50
寿辰	6690. 57	53
升学	8994. 12	17

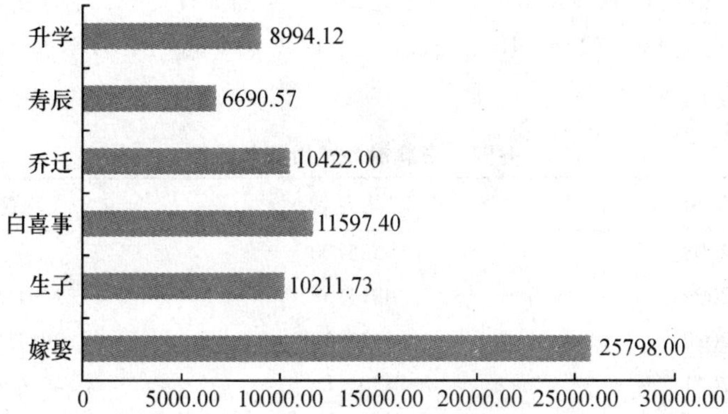

图 4-65 具体人情项目收入(单位:元)

(三) 婚丧嫁娶操办费用

1. 丧葬操办费用。办酒席必须花费成本,样本农户的户均白喜事花费为14305.86元,中位数和众数都为10000元。(见表4-91、图4-66)

表 4-91 丧葬操办费用 (单位:元)

户均花费	人均花费	中位数	众数
14305.86	4076.66	10000	10000

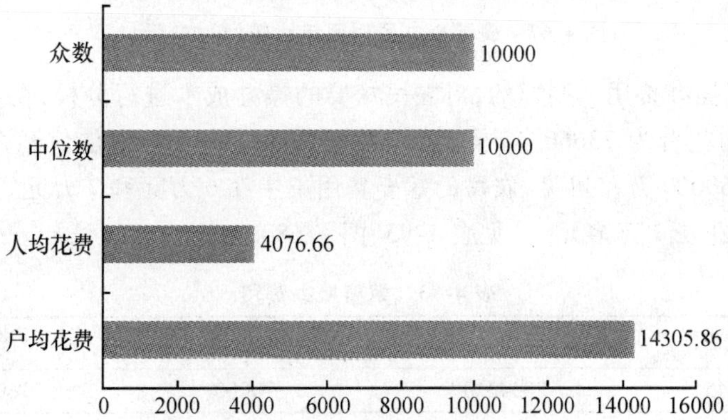

图 4-66 丧葬操办费用(单位:元)

进一步对四年的丧葬花费进行比较。如果农户自己家里有人去世,则丧葬花费必不可少,四年数据对比分析发现,农户自家的丧葬花费呈现逐年增长趋势。从2008年到2011年,户均丧葬花费依次是9585.00元、9813.56元、13372.54元、

14305.86 元,年均增长率是 14.28%;从 2009 年到 2011 年,人均丧葬花费依次是 2701.56 元、3987.72 元、4076.66 元,年均增长率是 14.70%。(见表 4-92、图 4-67)

表 4-92　丧葬操办费用四年比较　（单位:元,%）

年份	户均花费	人均花费
2008	9585.00	—
2009	9813.56	2701.56
2010	13372.54	3987.72
2011	14305.86	4076.66
年均增长率	14.28	14.70

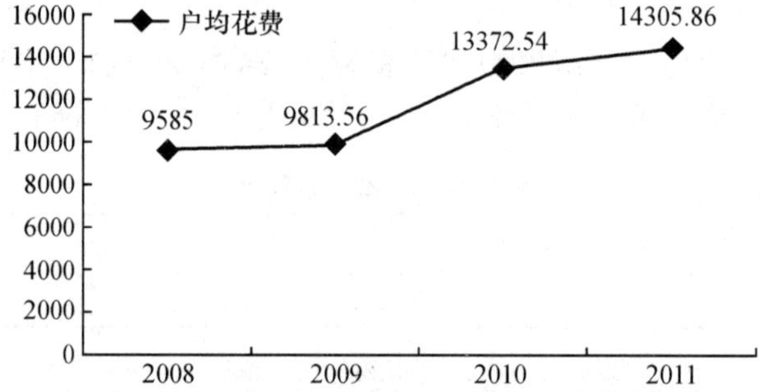

图 4-67　丧葬操办费用四年比较(单位:元)

2. 嫁娶操办费用。同样的,对农民嫁娶的操办成本进行分析,在 152 个样本农户中,户均花费为 73666.45 元,人均花费 20343.30 元,中位值和众数分别为 70000 元和 60000 万。可见,农民的嫁娶费用集中在 6 万元和 7 万元之间,平均每户的嫁娶要花费 7 万多元。(见表 4-93、图 4-68)

表 4-93　嫁娶操办费用　（单位:元）

户均花费	人均花费	中位值	众数
73666.45	20343.30	70000	60000

进一步对农民嫁娶费用进行四年数据比较分析,从 2008 年到 2011 年,户均花费分别为 23336.21 元、25000 元、58960.19 元、73666.45 元,增长率为 144.69%。可见,近年来,农村嫁娶费用大幅增长。(见表 4-94、图 4-69)

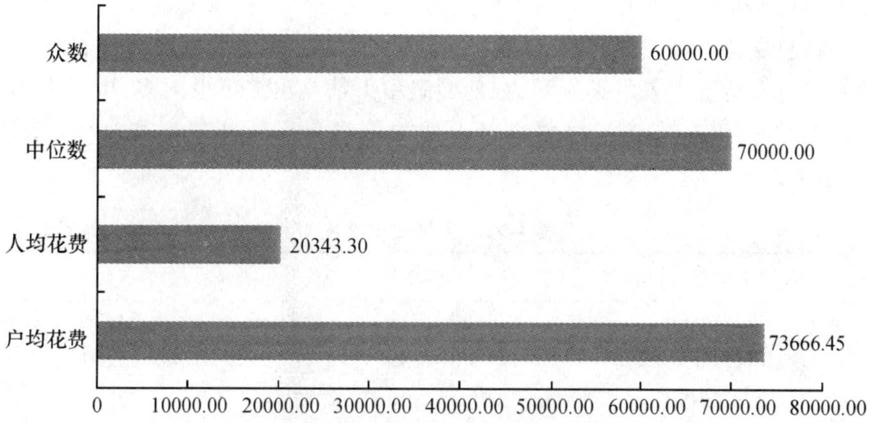

图 4-68　嫁娶操办费用(单位:元)

表 4-94　嫁娶操办费用四年比较　　(元,%)

年份	户均花费	人均花费
2008	23336.21	
2009	25000	8000
2010	58960.19	15507.88
2011	73666.45	20343.30
年均增长率	44.69	

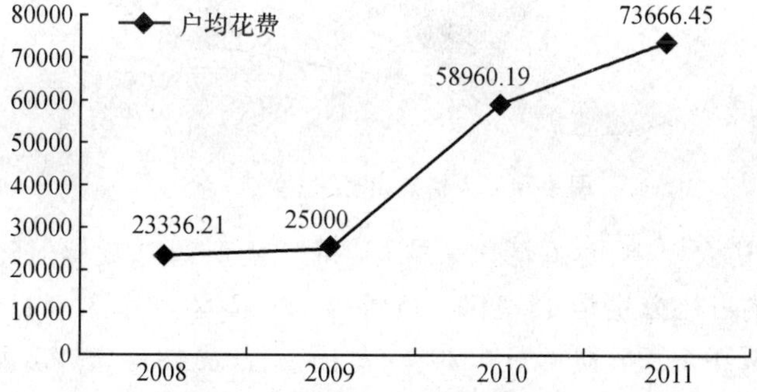

图 4-69　嫁娶费用四年比较(元)

三、人情态度

对 3648 个样本农户的人情支出态度进行调查,得到 3535 个有效样本。其中,有 34.74% 的农户对人情支出持支持态度,35.50% 的农户则表示无所谓。另外有22.66%和7.10%的农户对人情支出表示反感和希望得到改变。总之,约三分之一农户支持人情支出,他们认为人情支出是联络感情的重要方式;约三分之一的农户对人情支出表示无所谓,在他们眼中人情支出多了也不多,少了也不少,可有可无。此外,还有近三成农户对人情支出表示反感甚至将其改变。(见表4-95、图4-70)

表4-95 人情支出态度 (单位:个,%)

人情支出态度	样本数	占比
支持	1228	34.74
无所谓	1255	35.50
反感但随俗	801	22.66
想得到改变	251	7.10
合计	3535	100

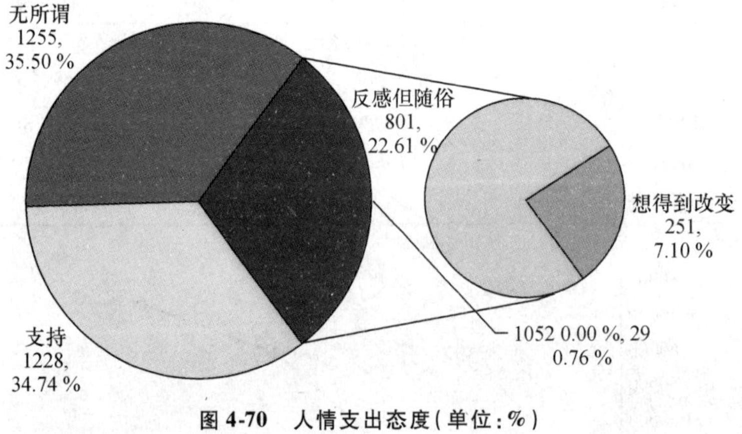

图4-70 人情支出态度(单位:%)

在男性受访农民中,对人情往来持“支持”“无所谓”“反感但随俗”和“想得到改变”态度的占比分别是35.39%、35.59%、21.71%和7.31%;而女性则分别是31.92%、35.10%、26.78%和6.20%,对比发现,男性持支持态度的比女性要多出3.47个百分点,选择“反感但随俗”的男性比女性少5.07个百分点,而男性“想得到改变”的则比女性多出1.11个百分点。可见,农民在人情交往方面,男性比女性更加支持和擅长。(见表4-96、图4-71)

表 4-96　性别与人情支出态度　（单位：个，%）

性别	支持	无所谓	反感但随俗	想得到改变	合计
男	35.39	35.59	21.71	7.31	100(2874)
女	31.92	35.1	26.78	6.2	100(661)

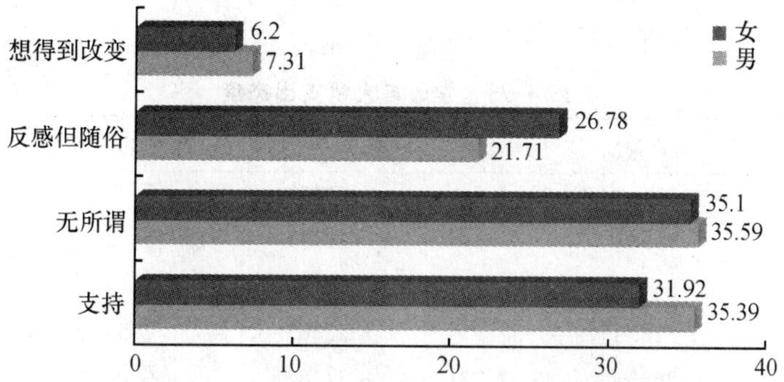

图 4-71　性别与人情支出态度（单位：%）

这里我们考察青年农民与老年农民对人情支出的态度，显示二者的态度具有显著差异。($P=0.000$)具体而言，青年人对人情支出持支持态度的占比要低于老年人，而想要改变的占比要高于老年人。（见表 4-97、图 4-72）

表 4-97　年龄与人情支出态度　（单位：个，%）

年龄	支持	无所谓	反感但随俗	想得到改变	合计
青年人	32.53	37.05	21.37	9.05	100(2566)
老年人	34.73	35.52	22.67	7.08	100(967)

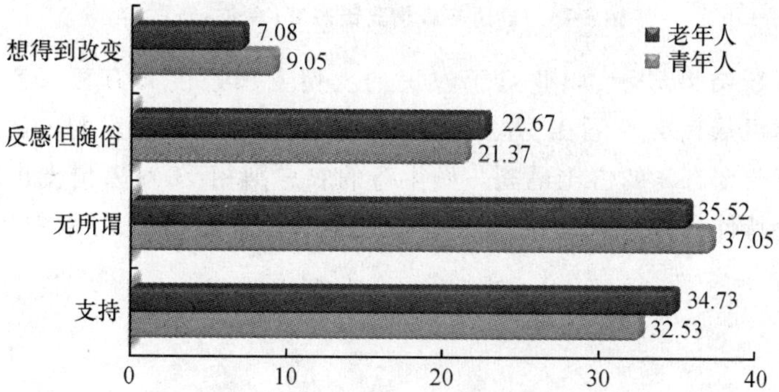

图 4-72　年龄与人情支出态度（单位：%）

进一步对不同学历农民的人情支出态度进行分析,其卡方检验值为0.000,说明学历不同的农民,人情支出态度也不相同。具体来看,学历水平从低到高的五个分组中,对人情支出持支持态度的占比分别为37.86%、35.88%、34.72%、32.50%、26.36%,逐渐递减;而对人情支出持反感态度甚至想要改变的占比则逐渐递增。总之,学历较低的农户,对人情支出较为支持;学历较高的农户,对人情支出较为反对。(见表4-98、图4-73)

表4-98 学历与人情支出态度 (单位:个,%)

学历分组	支持	无所谓	反感但随俗	想得到改变	合计
文盲	37.86	34.64	21.79	5.71	100(280)
小学	35.88	35.39	22.32	6.42	100(1140)
初中	34.72	35.89	23.24	6.15	100(1463)
高中	32.50	37.91	22.05	7.54	100(517)
大专及以上	26.36	32.73	31.82	9.09	100(110)

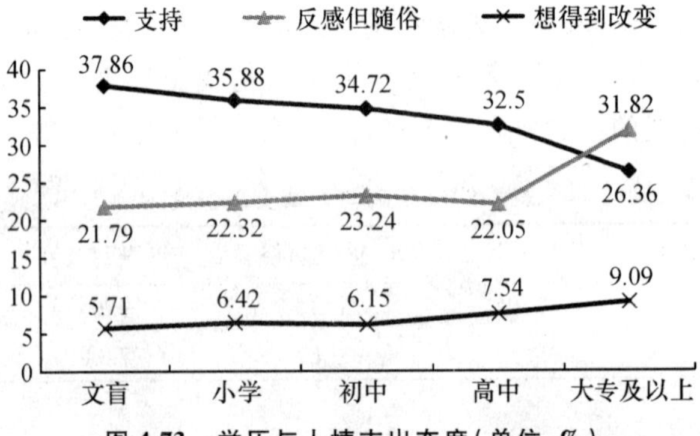

图4-73 学历与人情支出态度(单位:%)

数据分析结果显示,职业对于农民的人情支出态度具有显著影响。(P = 0.000)具体可从表4-99看出,务工农户对人情支出持支持态度的占比最低,对其持反对甚至改变态度的占比最高。做生意的农户则相反,对人情支出较为支持,这与其职业特性有关。总之,务工农民对人情支出较为反对,经商农民对人情支出较为支持。

表 4-99 职业与人情支出态度 （单位:个,%）

职业	支持	无所谓	反感但随俗	想得到改变	合计
务农	35.01	34.49	23.25	7.25	100(2482)
务工	26.32	38.08	26.32	9.29	100(323)
做生意	37.92	38.93	17.45	5.70	100(298)
教师及其他	37.28	37.53	19.90	5.29	100(397)

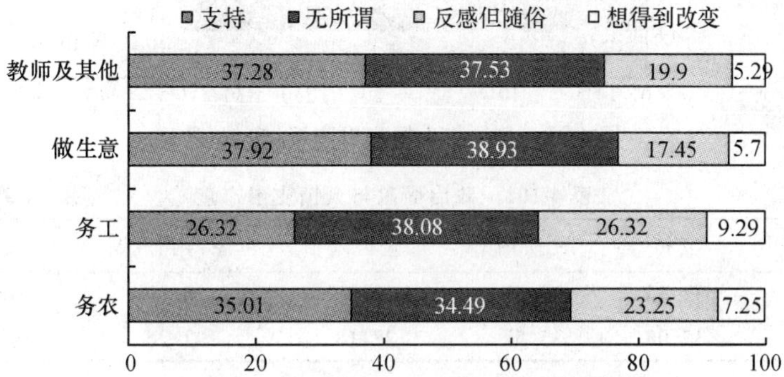

图 4-74 职业与人情支出态度(单位:%)

农民的身份是农民社交的重要标签,身份不同,对人情交往态度也不尽相同。交叉分析发现,二者具有显著差异。干部身份的农民对人情支出表示支持的占比比普通农民高出 6.47 个百分点,而对人情支出表示反感的占比则比后者要低 5.89 个百分点。总之,相对而言,干部身份的农民较为支持人情支出,普通农民较为反对人情支出。(见表 4-100、图 4-75)

表 4-100 身份与人情支出态度 （单位:个,%）

是否干部	支持	无所谓	反感但随俗	想得到改变	合计
干部	40.39	34.50	17.47	7.64	100(458)
非干部	33.92	35.72	23.36	7.00	100(3057)

进一步对不同政治面貌农民的人情支出态度进行交叉分析,卡方值为 0.010,低于 0.05 的显著水平,说明政治面貌不同的农民,人情支持态度也不相同。具体来看,党员农民对人情支出表示支持的占比要比非党员农民高出 3.35 个百分点。对人情支出持反感、想改变态度的,前者则比后者要低 2.33、0.77 个百分点。总之,相对来说,党员农民比普通群众更为支持人情支出。(见表 4-101、图 4-76)

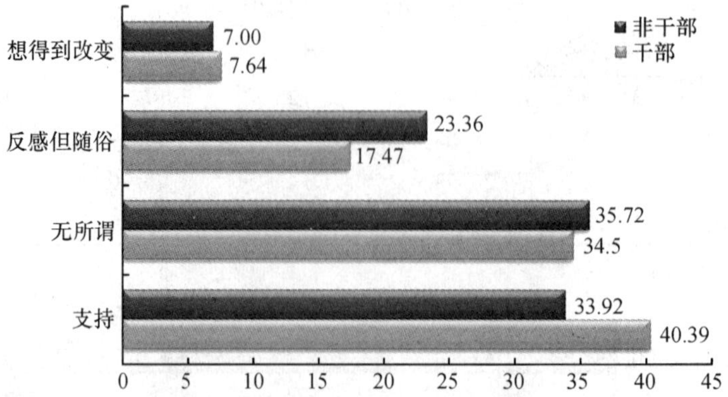

图 4-75　身份与人情支出态度(单位:%)

表 4-101　政治面貌与人情支出态度　　(单位:个,%)

政治面貌	支持	无所谓	反感但随俗	想得到改变	合计
党员	37.33	35.33	20.85	6.49	100(801)
非党员	33.98	35.57	23.18	7.26	100(2713)

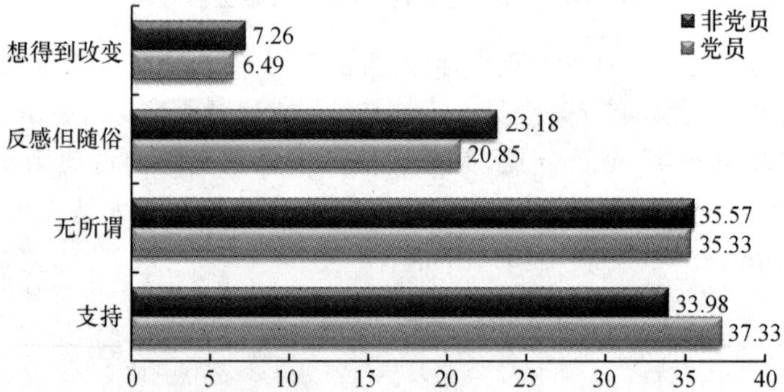

图 4-76　政治面貌与人情支出态度(单位:%)

宗教信仰在很大程度上决定了一个人的世界观和人生观。作为一个社会人,农民的社会交往观念不可避免地受到其宗教信仰的影响。数据分析可以看到,有宗教信仰的农民对人情支出表示支持的比重为45.51%,高于没有宗教信仰农民的33.14%。同时,前者对人情支出表示反感和想改变的占比,则要低于后者。总之,有宗教信仰的农民,更为支持人情支出。(见表4-102、图4-77)

表 4-102　宗教信仰与人情支出态度　(单位:个,%)

宗教信仰	支持	无所谓	反感但随俗	想得到改变	合计
有	45.51	28.67	19.26	6.56	100(457)
无	33.14	36.52	23.14	7.19	100(3072)

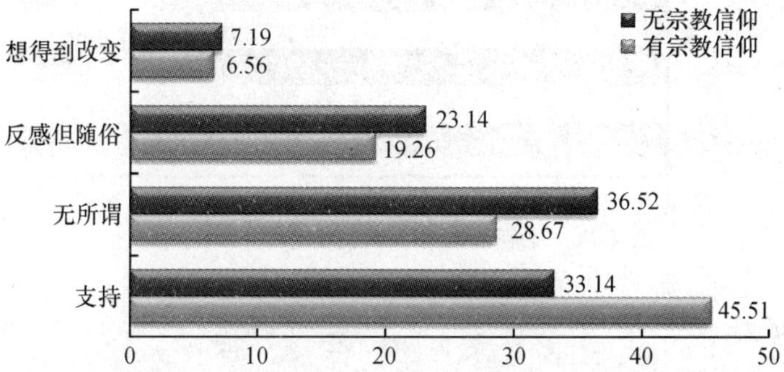

图 4-77　宗教信仰与人情支出态度(单位:%)

对不同家庭收入的农民人情支出态度进行交叉分析,其卡方检验值为 0.010,低于 0.05 的显著水平,说明家庭收入不同的农民,其人情支出态度具有显著差异。具体来看,在五个等级的收入水平农户样本中,最低收入和最高收入的农户,对人情支出表示支持的占比较高,对人情支出表示反感和想改变的占比则较低。也就是说,中等收入农民的人情支出较为反感,收入水平最低和最高的农户则较为支持。这可能与低收入农户人情支出较少、高收入农户家庭收入较多有关。人情支出对这二者来说不构成压力,所以他们不太反对。(见表 4-103、图 4-78)

表 4-103　家庭收入与人情支出态度　(单位:个,%)

收入分组	支持	无所谓	反感但随俗	想得到改变	合计
低收入户	37.28	35.21	19.53	7.98	100(727)
中低收入户	33.60	31.51	27.17	7.72	100(622)
中等收入户	34.08	32.59	25.60	7.74	100(672)
中高收入户	30.86	37.55	24.45	7.13	100(687)
高收入户	38.89	37.28	18.27	5.56	100(684)

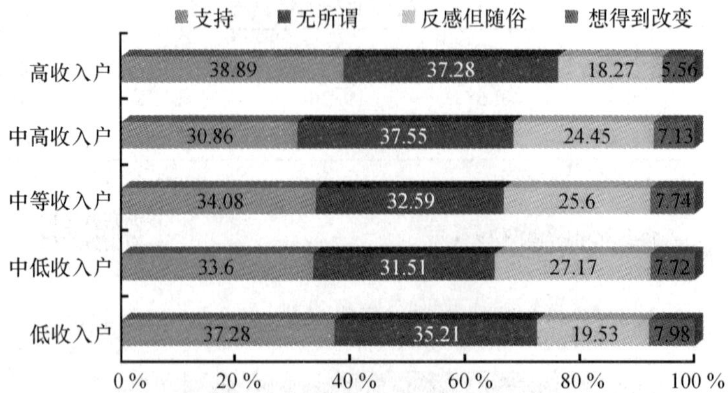

图 4-78 家庭收入与人情支出态度(单位:%)

第五节 交往心理

随着农民交往范围的不断扩大,其交往心理也日趋多元化和复杂化。为进一步剖析农户交往心理,把握基本特征,本节将从与城里人交往的心理、与生意人交往的心理、与富人交往的心理、与干部交往的心理四个方面对农民的交往心理作全面分析。

一、城乡交往

在3614个农户有效样本中,有65.80%的农民与城里人打交道时抱着平常心的心态,占比最多;有2.52%和5.45%的农民认为城里人太精明、态度不好,另有7.28%的农民认为与城里人交往无共同话题,4.76%的农民在与城里人交往时甚至感到自卑。由上面的数据分析可以得知,农民与城里人交往的心理总体健康,但部分农民依然存在"低人一等"的心理。(见表4-104、图4-79)

表 4-104 农民与城里人交往的心理 (单位:个,%)

交往心理	样本数	占比
平常心	2378	65.80
对方太精明	91	2.52
态度不好	197	5.45
无共同话题	263	7.28
自卑	172	4.76
不好说	513	14.19
合计	3614	100

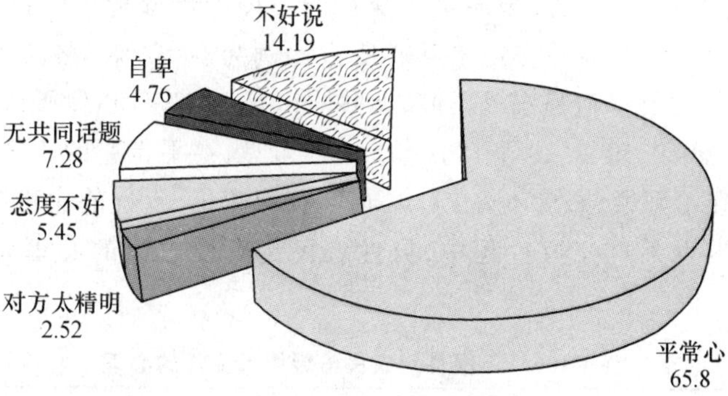

图 4-79　农民与城里人交往心理(单位:%)

对不同地区农民与城里人的交往心理进行考察,可见东部农民与城里人交往时心态平常的占比为 72.45%,在三个地区中最高;西部地区为 58.63%,占比最低。同时,西部地区农民认为城里人太精明、态度不好的占比分别为 3.08%、7.86%,认为与城里人交往时无共同话题、自卑的占比分别为 7.78%、7.61%,都为三个地区之最高。可见,东部地区农民与城里人交往时心态较为平常,西部地区农民则较为消极。(见表 4-105、图 4-80)

表 4-105　不同地区农民与城里人交往的心理　(单位:个,%)

地区	平常心	对方太精明	态度不好	无共同话题	自卑	不好说	合计
东部	72.45	1.20	3.43	7.30	3.95	11.67	100(1165)
中部	66.30	3.21	5.08	6.80	2.89	15.72	100(1279)
西部	58.63	3.08	7.86	7.78	7.61	15.04	100(1170)

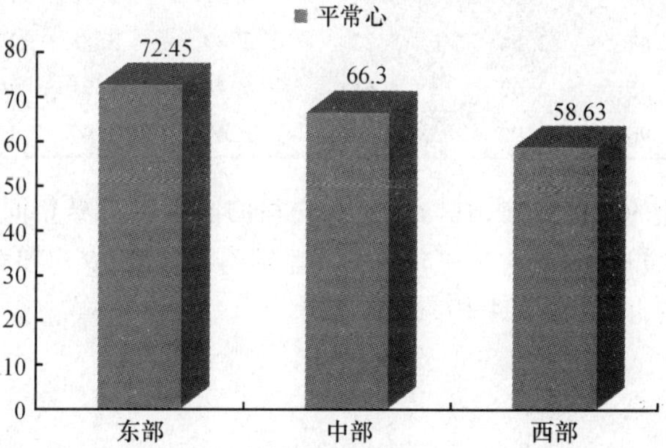

图 4-80　农民与城里人交往时持平常心态的地区对比(单位:%)

进一步对不同特征农民与城里人交往的心理进行分析。从表4-106可以看到,男性农民与城里人各种交往平常心所占比例为67.20%,略高于女性农民所占的59.80%的比例。但是态度不好、无共同语言、自卑等心理所占比中,男性比女性分别低2.60、2.40、2.20个百分点。由此可见,在平常心的心理比重上,男性高于女性;而在不好说、态度不好、无共同语言、自卑上,女性的比重高于男性。整体而言,在与城里人打交道过程中,男性农民比女性农民的心理要更为积极和健康。

表4-106 不同性别农民与城里人交往的心理 (单位:个,%)

性别	平常心	对方太精明	态度不好	无共同话题	自卑	不好说	合计
男	67.20	2.60	5.00	6.90	4.50	13.80	100(2942)
女	59.80	1.60	7.60	9.30	5.70	16.10	100(672)

在不同学历水平农民交往心理的交叉分析中,卡方检验值是0.000,说明其有显著差异性。具体而言,随着学历水平的提高,农民与城里人交往时心态平常的占比分别为49.30%、62.00%、68.88%、71.35%、78.90%;而认为城里人太精明、态度不好,与城里人交往无共同话题、感到自卑、不好说的占比则总体呈下降态势。可见,学历愈高的农民,与城里人交往的心理愈健康,心态愈平常。反之,则愈消极、自卑。(见表4-107、图4-81)

表4-107 不同学历农民与城里人交往的心理 (单位:%)

学历分组	平常心	对方太精明	态度不好	无共同话题	自卑	不好说	合计
文盲	49.30	3.50	8.39	7.69	8.04	23.08	100(286)
小学	62.00	2.39	5.81	8.37	5.72	15.71	100(1171)
初中	68.88	2.54	5.22	6.83	3.88	12.65	100(1494)
高中	71.35	2.62	4.68	6.74	3.75	10.86	100(534)
大专及以上	78.90	0.92	1.83	3.67	3.67	11.01	100(109)

对不同职业的农民而言,其与城里人交往的心理也不尽相同。具体来看,务农农户和务工农户与城里人交往时的心理差别不大,经商农户和教师与城里人交往的心理较为较近。(见表4-108、图4-82)

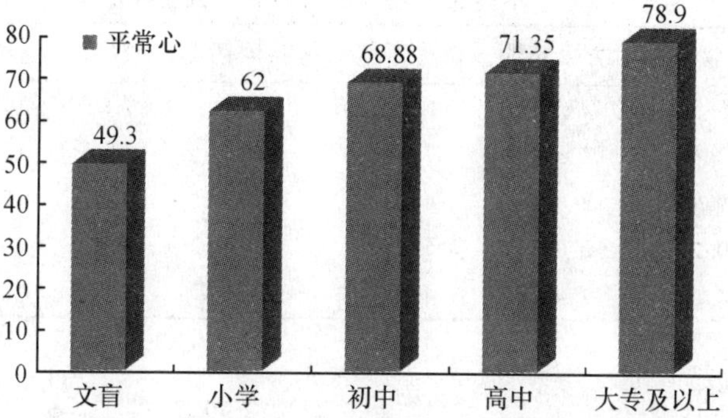

图 4-81　农民与城里人交往时持平常心态的学历对比(单位:%)

表 4-108　不同职业农民与城里人交往心理　(单位:%)

职业分组	平常心	对方太精明	态度不好	无共同话题	自卑	不好说	合计
务农	63.46	2.71	6.20	7.57	5.06	14.99	100(2548)
务工	64.65	2.72	6.34	7.85	3.32	15.11	100(331)
做生意	75.25	2.64	2.97	4.29	3.96	10.89	100(303)
教师及其他	74.44	1.00	2.01	7.02	4.01	11.53	100(303)

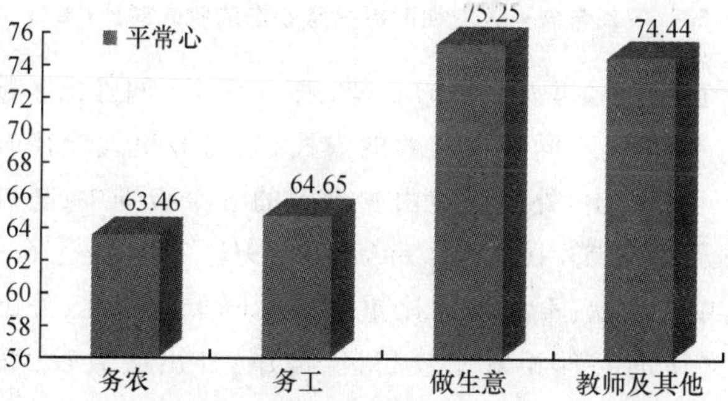

图 4-82　农民与城里人交往时持平常心态的职业对比(单位:%)

对不同家庭收入的农民与城里人交往的心理进行交叉分析,其卡方检验值为 0.000,远低于 0.05 的显著水平。具体从表 4-109 中可以发现,从最低收入到最高收入的农户中,抱平常心所占的比重依次为 56.50%、62.82%、67.92%、70.27%、74.67%,呈上升趋势。而认为无共同话题、自卑、不好说的占比则呈下降趋势。可见,家庭收入对于农民与城里人交往心理具有显著影响。收入较低的农民,与城里人交往的心理较为自卑;收入较高的农民与城里人交往的心理则较为积极、健康。

表 4-109　不同家庭收入农民与城里人交往心理　(单位:%)

收入分组	平常心	对方太精明	态度不好	无共同话题	自卑	不好说	合计
低收入户	56. 50	2. 25	5. 70	8. 75	7. 29	19. 50	100(754)
中低收入户	62. 82	2. 37	7. 12	7. 12	4. 75	15. 82	100(632)
中等收入户	67. 92	2. 47	4. 93	7. 98	3. 92	12. 77	100(689)
中高收入户	70. 27	2. 74	5. 19	6. 64	4. 62	10. 53	100(693)
高收入户	74. 67	2. 46	4. 63	5. 21	2. 89	10. 13	100(691)

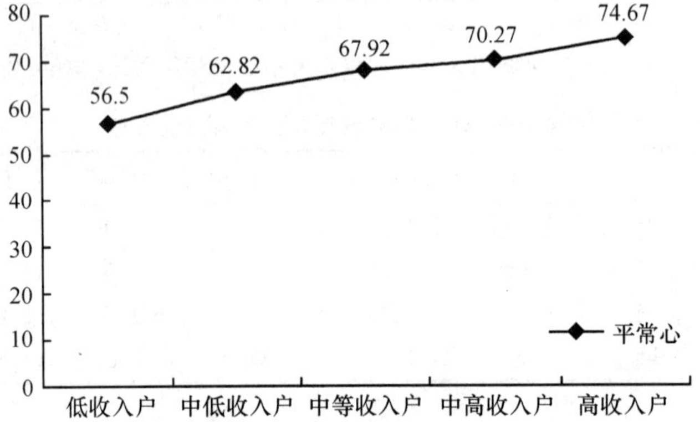

图 4-83　农民与城里人交往时持平常心态的收入对比(单位:%)

为全面剖析农民与城里人交往的心理,进一步对不同外出次数的农民进行考察。数据分析结果表明,不同外出次数的农民,其与城里人交往时的心理也不一样。从表 4-110 可以看出,外出次数由少到多的五个级别中,与城里人交往时抱平常心态的占比分别为 53. 16%、57. 64%、70. 59%、72. 48%、76. 90%,总体呈上升态势;认为无共同话题、不好说的比重则逐渐降低。总之,外出次数较多的农民,其与城里人交往的心理相对比较积极、健康;外出次数较少的农民则相反。(见表 4-110、图 4-84)

表 4-110　不同外出次数农民与城里人交往心理　(单位:%)

外出次数	平常心	对方太精明	态度不好	无共同话题	自卑	不好说	合计
没有	53. 16	2. 23	5. 20	12. 64	7. 06	19. 70	100(269)
很少	57. 64	2. 82	4. 46	9. 95	6. 58	18. 56	100. 00(1277)
一般	70. 59	1. 98	6. 14	5. 74	2. 08	13. 47	100. 0(1010)
较多	72. 48	3. 01	6. 62	4. 06	4. 66	9. 17	100(665)
经常	76. 90	2. 10	5. 25	4. 46	4. 46	6. 82	100(381)

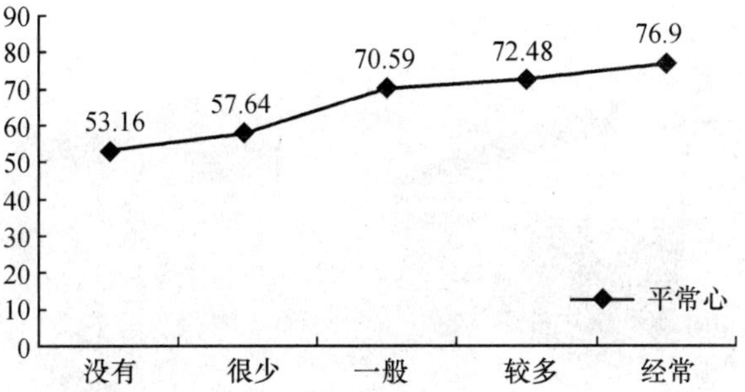

图 4-84　农民与城里人交往持平常心态的外出次数对比(单位:%)

二、人际交往

在 3615 个农户有效样本中,有 61.91% 的农民与生意人交往时抱平常心,有 11.48% 的农民认为生意人太精明,有 14.66% 的农民则认为不好说。另有 3.29%、6.11%、2.45% 的农民认为生意人态度不好、无共同话题、自卑。总之,农民与生意人交往时,心理较为健康,但也有部分农民不太适应与生意人交往,特别是认为对方太精明,容易上当受骗。(见表 4-111、图 4-85)

表 4-111　农民与生意人交往心理　（单位:个,%）

交往心理	样本数	占比
平常心	2238	61.91
对方太精明	415	11.48
态度不好	119	3.29
无共同话题	221	6.11
自卑	92	2.54
不好说	530	14.66
合计	3615	100

对不同地区农民与生意人交往的心理进行考察,其卡方检验值为 0.000,远低于 0.05 的显著水平,说明不同地区农民与生意人交往的心理具有显著差异。具体来看,东部地区农民持平常心的占比为 68.44%,中部地区为 62.24%,西部地区为 55.04%,东部最高,西部最低。而认为生意人太精明的占比,东部最低、西部最高。总体而言,东部地区农民与生意人交往时心态较为平常,西部地区则较为消极。(见表 4-112、图 4-86)

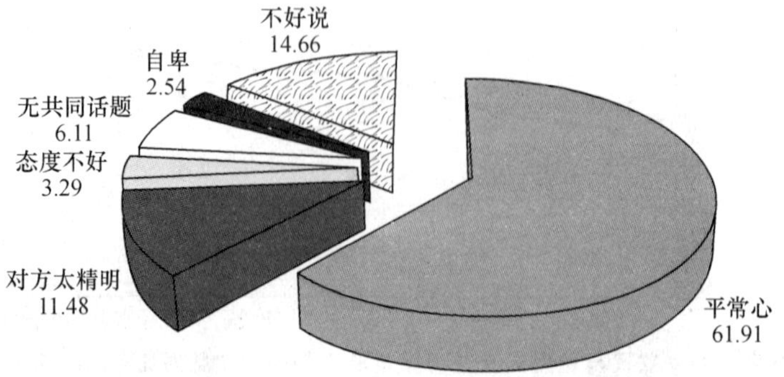

图 4-85 农民与生意人交往心理(单位:%)

表 4-112 不同地区农民与生意人交往心理 (单位:个,%)

地区分组	平常心	对方太精明	态度不好	无共同话题	自卑	不好说	合计
东部	68.44	8.58	1.20	6.35	2.32	13.12	100(1166)
中部	62.24	10.79	4.30	6.33	1.56	14.78	100(1279)
西部	55.04	15.13	4.27	5.64	3.85	16.07	100(1170)

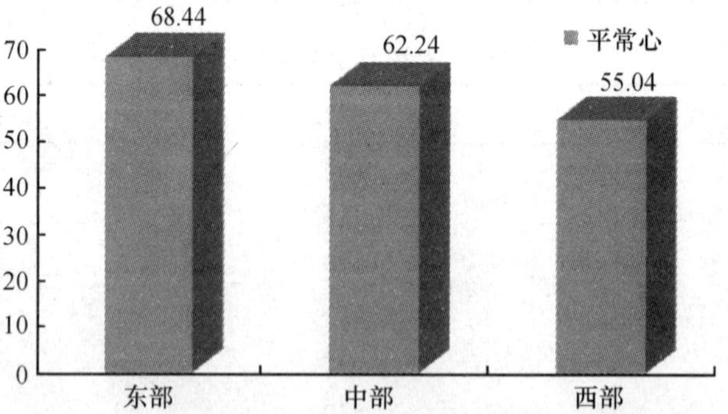

图 4-86 农民与生意人交往持平常心态的地区对比(单位:%)

对不同特征的农民与生意人交往心理进行进一步考察。在从小到大五个不同年龄段的农民中,与生意人交往时抱平常心态的占比分别为 56.82%、64.15%、63.64%、63.08%、58.47%,认为生意人太精明的占比则分别为 14.77%、14.82%、13.73%、9.61%、9.39%。可见,中年农民与生意人交往时,心态较为积极。但与此同时,年轻农民认为生意人太精明的占比较高,这可能与其涉世未深,或者经济实力不强有关。(见表 4-113、图 4-87)

表 4-113　不同年龄农民与生意人交往心理　（单位：%）

年龄	平常心	对方太精明	态度不好	无共同话题	自卑	不好说	合计
30 岁以下	56.82	14.77	3.41	7.95	0	17.05	100(88)
30—39 岁	64.15	14.82	3.23	2.43	2.16	13.21	100(371)
40—49 岁	63.64	13.73	2.85	5.97	2.14	11.68	100(1122)
50—59 岁	63.08	9.61	3.71	6.09	3.43	14.08	100(1051)
60 岁以上	58.47	9.39	3.37	7.45	2.45	18.88	100(980)

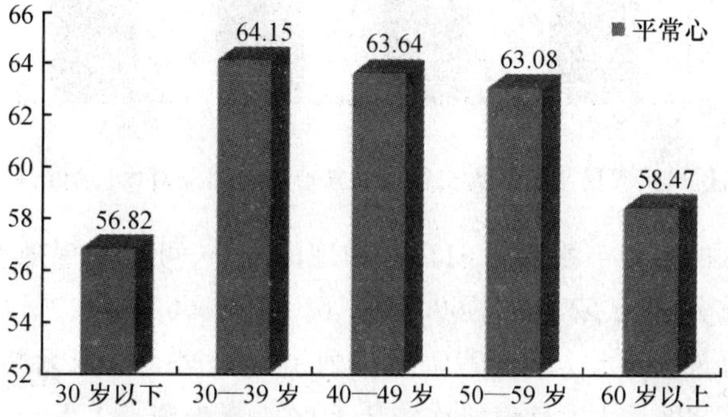

图 4-87　农民与生意人交往持平常心态的年龄对比（单位：%）

由表 4-114 可知，所从事的职业对于农民与生意人交往的心理也具有显著影响。($P=0.000<0.05$)具体而言，务农农民、务工农民与生意人交往时持平常心的占比较低，为 59.16% 和 60.12%。做生意的农民与生意人交往时持平常心的占比最高，为 78.36%。务工农民认为生意人太精明、不好说的比重分别为 14.20%、16.92%，在几个职业分组中占比最高；做生意农民则最低。总之，务工农民在与生意人交往时心理较为消极，做生意的农民在与生意人交往时则较为积极。（见表 4-114、图 4-88）

表 4-114　不同职业农民与生意人交往心理　（单位：%）

职业分组	平常心	对方太精明	态度不好	无共同话题	自卑	不好说	合计
务农	59.16	12.22	3.58	6.64	2.83	15.57	100(2544)
务工	60.12	14.20	3.93	4.53	0.30	16.92	100(331)
做生意	78.36	6.89	1.31	3.28	1.64	8.52	100(305)
教师及其他	69.08	8.73	2.24	5.99	2.49	11.47	100(401)

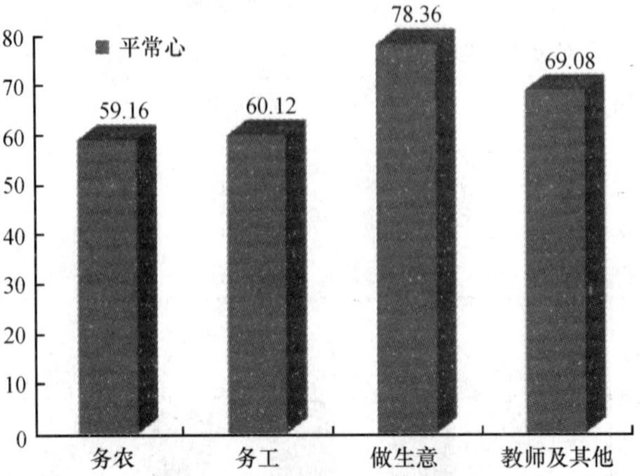

图 4-88　农民与生意人交往持平常心态的职业对比(单位:%)

对不同收入的农户与生意人的交往心理的调整,可以发现随着收入的增长,持平常心的比重分别为 52.60%、60.22%、61.66%、66.57%、71.18%,呈递增趋势。而认为不好说的占比从 19.97% 减少到了 10.52%;认为无共同话题的则从 7.19% 减少到 4.90%;认为自卑的比例从 4.66% 减少到了 1.30%。由此可见,家庭收入对于农民与生意人交往的心理具有显著影响,收入愈高,农民与生意人交往的心态愈积极。(见表 4-115、图 4-89)

表 4-115　不同收入农户与生意人交往心理　(单位:%)

收入分组	平常心	对方太精明	态度不好	无共同话题	自卑	不好说	合计
低收入户	52.60	11.58	3.99	7.19	4.66	19.97	100(751)
中低收入户	60.22	12.58	3.77	6.13	2.52	14.78	100(636)
中等收入户	61.66	13.70	2.77	6.71	1.75	13.41	100(686)
中高收入户	66.57	10.66	3.46	5.62	1.59	12.10	100(694)
高收入户	71.18	9.65	2.45	4.90	1.30	10.52	100(694)

与之相应,与富人交往时,不同收入农民的交往心理是否有变化?在 3603 个有效样本农户中,“平常心”所占比重为 59.78%,这说明了样本农户在与富人交往中整体上心态较好。不过,还有 15.57% 和 10.44% 的农户分别觉得与富人交往的时候对方态度不好说或者是无共同话题。可以看出,农民与富人交往时存在障碍。并且还有 6.61% 和 5.33% 的农户在与富人交往中分别感觉自卑和对方态度不好,可见双方矛盾依然存在。总体来看,样本农户与富人交往时心态较为健

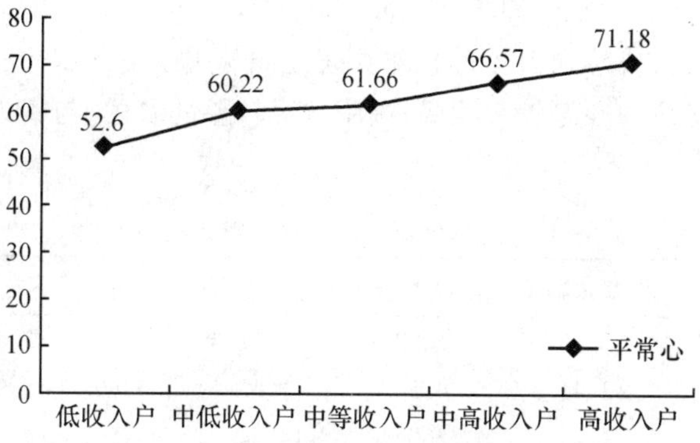

图 4-89　农民与生意人交往持平常心态的收入对比(单位:%)

康,但障碍与矛盾也与之并存。(见表 4-116、图 4-90)

表 4-116　与富人交往的心理　　(单位:个,%)

交往心理	样本数	占比
平常心	2154	59.78
对方太精明	82	2.28
态度不好	192	5.33
无共同话题	376	10.44
自卑	238	6.61
不好说	561	15.57
合计	3603	100

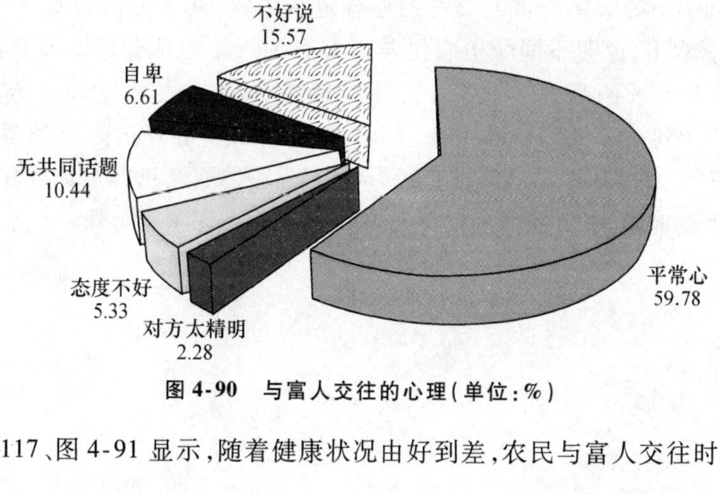

图 4-90　与富人交往的心理(单位:%)

表 4-117、图 4-91 显示,随着健康状况由好到差,农民与富人交往时抱平常心

的占比呈下降态势,分别为63.97%、59.76%、51.34%、44.23%、36.67%。认为与富人无共同话题,或感到自卑的比重则呈上升态势。总的来说,健康状况较好的农民,与富人交往的心态较为积极;健康状况较差的农民,与富人交往的心态则相对消极。

表4-117 不同健康状况农民与富人交往心理 (单位:%)

健康状况	平常心	对方太精明	态度不好	无共同话题	自卑	不好说	合计
优	63.97	2.16	5.93	8.41	6.12	13.41	100(1618)
良	59.76	2.41	4.54	11.43	5.89	15.97	100(1409)
中	51.34	1.48	5.04	14.54	9.50	18.10	100(337)
差	44.23	3.37	5.77	12.02	9.13	25.48	100(208)
很差	36.67	3.33	10	16.67	16.67	16.67	100(30)

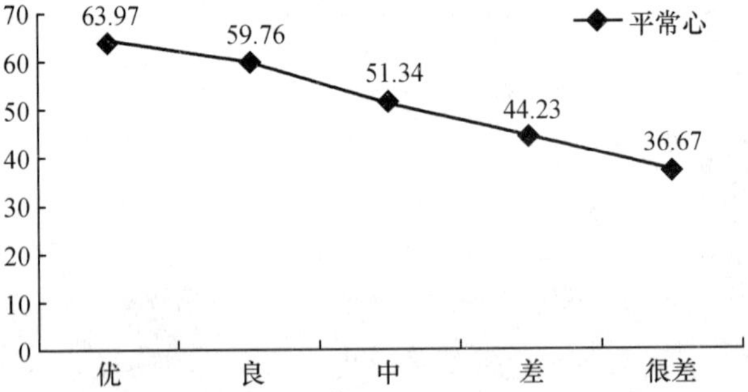

图4-91 农民与富人交往持平常心态的健康状况对比(单位:%)

对不同学历的农民与富人交往的心理进行考察,其卡方值为0.000,远低于0.05的显著水平,说明不同学历农民与富人交往的心理具有显著差异。具体而言,随着学历水平的提高,与富人交往时持平常心的占比逐渐升高,分别为41.46%、57.03%、62.47%、66.48%、65.14%。持自卑心理的占比则逐渐降低,分别为8.71%、8.15%、5.65%、5.06%、4.59%。可见,学历越高的农民,与富人交往的心理越健康;学历越低的农民与富人交往的心理越不健康。(见表4-118、图4-92)

表 4-118　不同学历农民与富人交往心理　（单位：%）

文化程度	平常心	对方太精明	态度不好	无共同话题	自卑	不好说	合计
文盲	41.46	1.74	9.76	10.45	8.71	27.87	100(287)
小学	57.03	2.32	4.72	13.12	8.15	14.67	100(1166)
初中	62.47	2.56	5.18	9.82	5.65	14.32	100(1487)
高中	66.48	2.25	5.06	6.74	5.06	14.42	100(534)
大专及以上	65.14	0	4.59	8.26	4.59	17.43	100(109)

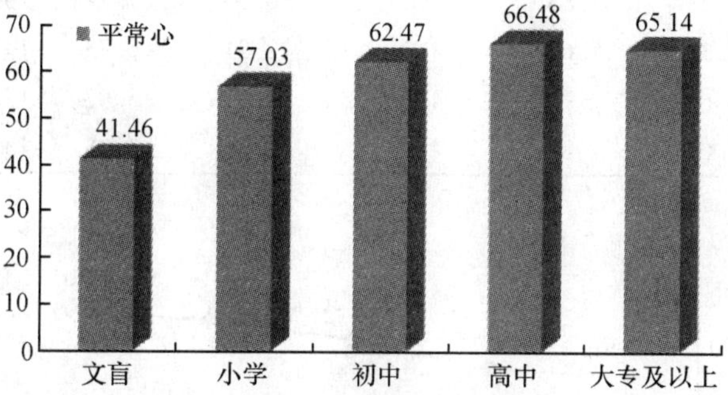

图 4-92　农民与富人交往持平常心态的学历对比（单位：%）

不同职业的农民，与富人交往的心理也具有显著差异。务农、务工农民与富人交往时持平常心的占比接近，分别为 57.69% 和 57.45%；做生意的与当教师的农民则差别不大，分别为 67.21% 和 69.67%。此外，务农、务工、做生意、当教师及其他的农民，认为“不好说”的分别为 16.29%、16.41%、12.46%、12.28%。由此可见，务农和务工农民与富人交往时的心态较为消极，做生意和当教师的农民，则较为积极。（见表 4-119）

表 4-119　不同职业农民与富人交往心理　（单位：%）

交往心理	平常心	对方太精明	态度不好	无共同话题	自卑	不好说	合计
务农	57.69	2.37	5.99	10.57	7.10	16.29	100(2536)
务工	57.45	2.43	5.78	13.07	4.86	16.41	100(329)
做生意	67.21	2.62	4.59	8.52	4.59	12.46	100(305)
教师及其他	69.67	1.50	1.25	9.27	6.02	12.28	100(399)

进一步对不同家庭收入的农民的交往心理进行分析，也具有显著差异。（$P=0.000<0.05$）具体来看，随着收入水平的提高，与富人交往时心态平常的占比逐渐提高，分别为 53.56%、55.28%、60.32%、64.64%、67.05%；抱自卑心理的

占比则逐渐降低,分别为8.59%、7.72%、6.83%、5.07%、4.48%。总之,家庭收入对于农民与富人交往的心理具有显著影响,收入较高的农民,与富人交往时心理较为健康。反之,收入较低的农民,与富人交往时心理较为消极。(见表4-120、图4-93)

表4-120 不同收入农民与富人交往心理 (单位:%)

收入分组	平常心	对方太精明	态度不好	无共同话题	自卑	不好说	合计
低收入户	53.56	2.68	5.64	10.74	8.59	18.79	100(745)
中低收入户	55.28	2.83	7.09	10.39	7.72	16.69	100(635)
中等收入户	60.32	1.60	4.94	12.21	6.83	14.10	100(688)
中高收入户	64.64	2.17	4.93	10.29	5.07	12.90	100(690)
高收入户	67.05	1.88	4.19	8.53	4.48	13.87	100(692)

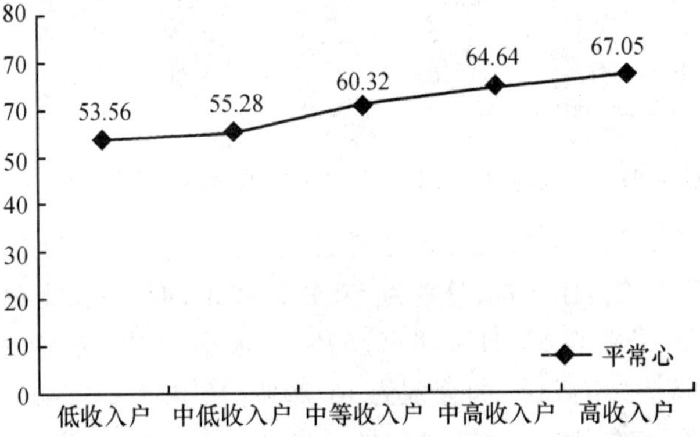

图4-93 农民与富人交往持平常心态的收入对比(单位:%)

三、干群交往

在3619个样本农户中,与干部交往时"平常心"所占比重为72.04%,可见农户在与干部交往时心态总体健康。而抱着提防心理和认为对方仗势欺人的所占比重仅为3.70%和1.71%,由此可以看到干群矛盾虽然存在,但是比较轻微。同时,仍有13.79%和5.08%的农户认为不好说和无共同话题,干部和农户之间存在交往障碍。(见表4-121、图4-94)

表 4-121　与干部交往心理总体情况　（单位：个，%）

交往心理	样本数	占比
平常心	2607	72.04
态度不好	133	3.68
提防	134	3.70
无共同话题	184	5.08
仗势欺人	62	1.71
不好说	499	13.79
合计	3619	100

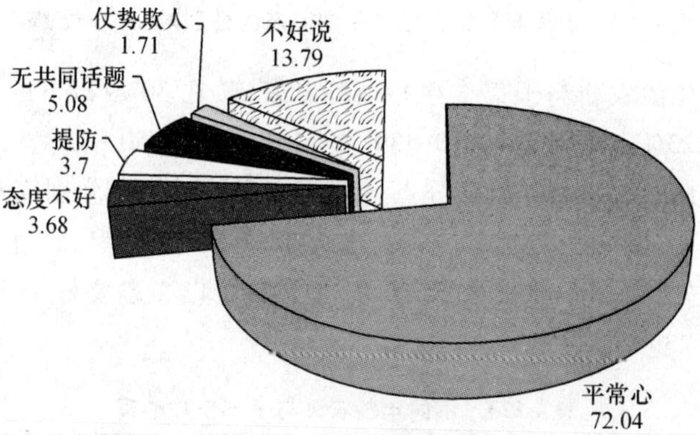

图 4-94　与干部交往心理总体情况（单位：%）

由表 4-122 和图 4-95 可知，男性和女性在与干部交往时整体心态较好，但是性别上还是有所差异。从平常心所占比重来看，男性高于女性 7.33 个百分点；而态度不好、提防、无共同话题、仗势欺人、不好说所占比重，男性分别低于女性 1.62、2.91、1.95、0.27、0.58 个百分点。由此可见，在与干部交往中，男性的心理素质好于女性。（见表 4-122、图 4-95）

表 4-122　不同性别农民与干部交往心理　（单位：个，%）

性别	平常心	态度不好	提防	无共同话题	仗势欺人	不好说	合计
男性	73.40	3.57	3.16	4.72	1.66	13.49	100(2944)
女性	66.07	4.15	6.07	6.67	1.93	15.11	100(675)

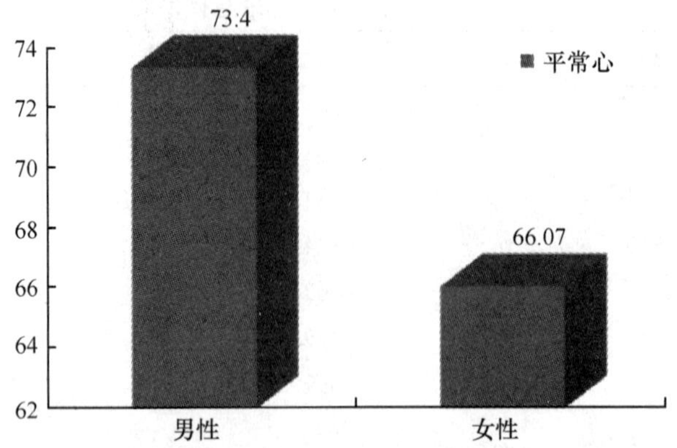

图 4-95 农民与干部交往持平常心态的性别对比(单位:%)

考察不同年龄农户与干部交往心理可以发现,在 30 岁以下的人中平常心所占比重为 60.23%,分别低于 30—39 岁,40—49 岁,50—59 岁,60 岁及以上 12.62,13.46,11.38,11.34 个百分点;而提防所占比重则分别高出 8.40、7.36、8.3、7.71 个百分点;无共同话题分别高出 2.52、1.75、1.85、1.54 个百分点。由上述分析可以得知,在与干部交往中,30 岁以上的农户心态要好于 30 岁以下的农户。(见表 4-123)

表 4-123 不同年龄农民与干部交往心理 (单位:%)

年龄分组	平常心	态度不好	提防	无共同话题	仗势欺人	不好说	合计
30 岁以下	60.23	5.68	11.36	6.82	2.27	13.64	100(88)
30—39 岁	72.85	5.65	2.96	4.30	0.81	13.44	100(372)
40—49 岁	73.69	3.11	4.00	5.07	2.22	11.91	100(1125)
50—59 岁	71.61	4.21	3.06	4.97	1.82	14.34	100(1046)
60 岁及以上	71.57	2.84	3.65	5.28	1.32	15.33	100(985)

在 3599 个样本农户中,不同文化程度的农民与干部交往时心态差别较大。“平常心”中,文盲和小学所占比重分别为 57.64% 和 68.29%,低于 70%。而拥有初中、高中或者大专及其以上文化程度的农户“平常心”所占比重都在 76% 左右。认为干部“仗势欺人”的比重文盲最高,为 3.13%;到了初中学历的农户下降到 1.27%;大专及以上则为 0。认为对方“态度不好”的,文盲占比最高为 7.99%,随着文化程度的不断增高而下降到最后的 0。可见拥有中学及以上学历的农户交往心理明显好于比他受教育程度低的农户。(见表 4-124)

表 4-124 不同文化程度农民与干部交往心理 （单位：%）

学历分组	平常心	态度不好	提防	无共同话题	仗势欺人	不好说	合计
文盲	57.64	7.99	6.25	5.56	3.13	19.44	100(288)
小学	68.29	4.19	3.85	5.56	2.65	15.47	100(1170)
初中	76.04	3.01	3.21	5.15	1.27	11.31	100(1494)
高中	75.19	2.99	3.54	4.29	0.56	13.43	100(536)
大专及以上	76.58	0	2.70	2.70	0	18.02	100(111)

由图 4-125 以及表 4-96 可以得知，在与干部交往时党员和非党员整体心态都较好。但是具体到不同政治面貌还是有差别的，平常心在党员中所占比重为 83.70%，高于非党员 15.11 个百分点；而不好说、提防、态度不好、无共同话题、仗势欺人等心理所占比重党员分别比非党员低 7.66、2.13、1.19、3.62 和 0.51 个百分点。由此可以分析得出，党员在与干部交往时心态好于非党员。（见表 4-125、图 4-96）

表 4-125 不同政治面貌农民与干部交往心理 （单位：%）

政治面貌	平常心	态度不好	提防	无共同话题	仗势欺人	不好说	合计
党员	83.70	2.78	2.05	2.29	1.33	7.85	100(828)
群众	68.59	3.97	4.18	5.91	1.84	15.51	100(2733)

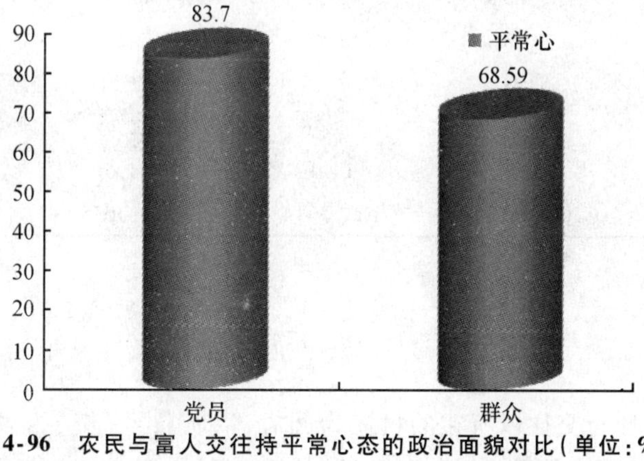

图 4-96 农民与富人交往持平常心态的政治面貌对比（单位：%）

考察不同职业的农民与干部的交往心理可以发现，平常心所占比重最高的是教师，为 82.59%；其次是做生意的，为 76.14%；最低的是务工的，为 66.57%。反之，“不好说”所占比重中务工的最高，为 16.87%；做生意的和教师最低，分别是

9.48%和9.45%。可见从事教育和商业方面的农户在与干部交往时其心态要好于务农和务工的农户。(见表4-126)

表4-126 不同职业农民与干部交往心理 (单位:%)

职业分组	平常心	态度不好	提防	无共同话题	仗势欺人	不好说	合计
务农	70.61	3.93	3.77	5.38	1.81	14.50	100(2545)
务工	66.57	5.72	3.61	4.52	2.71	16.87	100(332)
做生意	76.14	2.29	4.58	5.88	1.63	9.48	100(306)
教师及其他	82.59	1.74	2.49	3.23	0.50	9.45	100(402)

总的来说,对农民与干部、生意人、富人交往心理进行比较分析可以发现,农民与干部交往时抱平常心的占比最高,为72.04%,与富人交往时抱平常心的占比最低,为59.78%;认为生意人精明的占比最高,为11.48%;认为与富人交往无共同话题、感到自卑、不好说的占比都最高,为10.44%、6.61%、15.57%。由此可见,农民在与干部交往时的心理较为健康,但与富人交往时则较为消极、自卑。(见表4-127)

表4-127 农民的交往心理比较 (单位:%)

交往心理	干部	城里人	生意人	富人
平常心	72.04	65.80	61.91	59.78
对方太精明	3.68	2.52	11.48	2.28
态度不好	3.70	5.45	3.29	5.33
无共同话题	5.08	7.28	6.11	10.44
自卑	1.71	4.76	2.54	6.61
不好说	13.79	14.19	14.66	15.57
合计	100(3619)	100(3614)	100(3615)	100(3603)

本章提要

- 农民的社会交往以所在的村庄为圆心,以所属乡(镇)为场域,57.50%农民的社会交往范围主要集中在本乡(镇)内。农民社会交往的主要对象是邻居,65.26%的样本农户主要与邻居打交道。其次为亲戚和朋友,分别占比18.70%和12.71%。随着市场经济的深入、交通运输的发展、农民流动的加大,40.45%的农民认为近年来交往范围得到扩大。

• 随着农民交往范围的扩大，其交往对象日益多元，特别是低年龄、高学历、高收入的农民，他们在面对难以解决的问题时，不再像老一辈农民那样习惯于寻求邻居和亲友的帮助，而是更倾向于寻求朋友的帮助。农村社会正经历从“熟人社会”到“半熟人社会”乃至“陌生人社会”的变迁。

• 农民的社会交往受到其自身的性别、年龄、学历、收入等因素影响。年龄愈小、学历愈高、收入愈高的农民，其社会交往的频率愈高、社会交往范围愈大、社会交往心理愈健康。反之，年龄大、学历低、收入低的农民，社会交往频率较低，社会交往范围较小，社会交往心理较不健康。因此，在当前农民社会交往范围日趋扩大、社会交往频率日渐提高的时代，关注农民的社会交往心理，应成为社会科学研究者的重要研究课题。

• 手机、网络等现代信息技术在改变城市居民生活的同时，也逐步渗透到农村，正在改变着农民的生活方式和交往方式。42.88%的农民把手机和网络作为社会交往的主要工具；66.22%的农民在办红白喜事前，不再以传统的派人上门发请柬的方式通知亲友，而是选择用手机通知；32.47%的农民选择用手机邀人打牌，而不是上门叫人；56.33%的农民年节之时选择使用手机传递祝福。随着手机在农村的普及，89.51%的农民认为手机给其生活带来了好处，使交往范围扩大、交往更方便、快捷、紧密。

• 农村人情支出呈现四大特征：一是较为普遍，95.24%的样本农户存在人情支出，户均人情支出17.62次/年，也就是说，平均每个农户约20.71天就要走一次人情；二是负担较重，2011年，样本农户户均人情支出3850.87元，占农户家庭支出的15.18%，成为农民除饮食消费支出外的第一大支出；三是增长较快，2008至2011年，样本农户户均人情支出从2670.53元增加至3850.87元，年增长率为12.98%；四是农民对人情往来“又爱又恨”，约三分之一支持、三分之一无所谓、三分之一反感且希望改变。

• 样本农户的人情收入为人情支出的3.54倍。2011年操办婚丧嫁娶的样本农户中，户均人情收入为17052.03元。样本农户举办嫁娶酒席的户均人情收入为25798元，花费为73666.45元；举办白喜事的户均收入为11597.40元，花费为14305.86元。2008年至2011年，样本农户户均嫁娶费用从23336.21元增长至73666.45元，增长率为44.69%，户均丧葬费用从9585元增长至14305.86元，年均增长率为14.28%。

第五章　农民社会保障*

农民的社会保障是我国重要的民生问题之一，也是解决“三农”问题的关键，本章从医疗保险、养老保险、社会救助和农民工保障等方面考察了农民的社会保障情况，重点对农民社会保险的参与情况、享受情况以及主观感受等方面进行考察，力图对农民的社会保障现状进行完整、真实的描述。

第一节　医 疗 保 险

医疗保障是农民重要的社会保障之一。本节从村庄医疗设施水平与人员配备、新型农村合作医疗（以下简称“新农合”）参与率与投保水平、农户医疗支出水平、办理手续的便利性、农户对“新农合”的看法，分析我国农村地区的医疗保障情况与变化。

一、医疗设施

（一）村庄诊所数

千人所拥有的诊所数量呈下降趋势。2008 年到 2011 年，全国千人拥有的诊所数分别为 1.01 个、0.95 个、0.89 个、0.88 个，基于 2008 年的数量整体下降了 0.13 个。各个地区整体上也呈下降趋势，但存在差异性，2008 年千人拥有的诊所数，东部地区低于全国水平，中西部地区高于全国水平，自东到西三大地区千人拥有的诊所数分别为 0.95 个、1.04 个、1.03 个；2011 年千人拥有的诊所数，东西部地区低于全国水平，中部地区高于全国水平，自东到西三大地区千人拥有的诊所数分别为 0.83 个、0.98 个、0.82 个；基于 2008 年的数量，整体上，自东到西三大地区分别下降了 0.12 个、0.06 个、0.21 个。（见表 5-1、图 5-1）

---

* 本章撰写人：白雪娇、万丹、刘旭、史亚峰、杨玲。

表 5-1　千人所拥有的诊所数　（单位:个）

年份	东部	中部	西部	全国
2008 年	0.95	1.04	1.03	1.01(198)
2009 年	0.84	1.09	0.91	0.95(225)
2010 年	0.89	0.88	0.89	0.89(254)
2011 年	0.83	0.98	0.82	0.88(246)

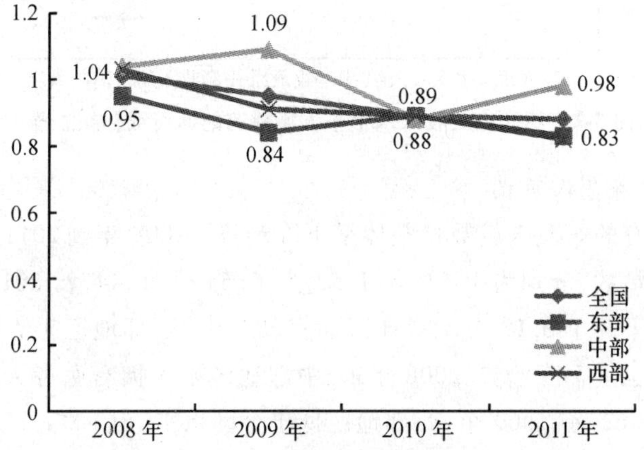

图 5-1　千人所拥有的诊所数(单位:个)

按照五等分法,将村庄收入分为低收入组、中低收入组、中等收入组、中高收入组、高收入组(下同)。如表 5-2、图 5-2 所示,就村庄收入水平而言,自 2008 年到 2011 年,最低 20% 收入和最高 20% 收入的村庄千人拥有的诊所数量整体有所增加,其中最低 20% 收入的村庄千人拥有的诊所数量分别为 0.96 个、0.87 个、0.91 个、0.98 个,基于 2008 年的数量整体增加了 0.02 个;最高 20% 收入的村庄千人拥有的诊所数量分别为 0.89 个、0.86 个、0.88 个、1.09 个,整体增加了 0.20 个。其他收入组的村庄千人拥有的诊所数量整体均有小幅度下降。

表 5-2　不同村庄收入水平千人所拥有的诊所数　（单位:个）

年份	低收入组	中低收入组	中等收入组	中高收入组	高收入组	有效样本
2008 年	0.96	1.25	1.04	0.97	0.89	199
2009 年	0.87	1.0	1.04	0.83	0.86	235
2010 年	0.91	0.99	0.87	0.76	0.88	254
2011 年	0.98	1.0	0.85	0.68	1.09	249

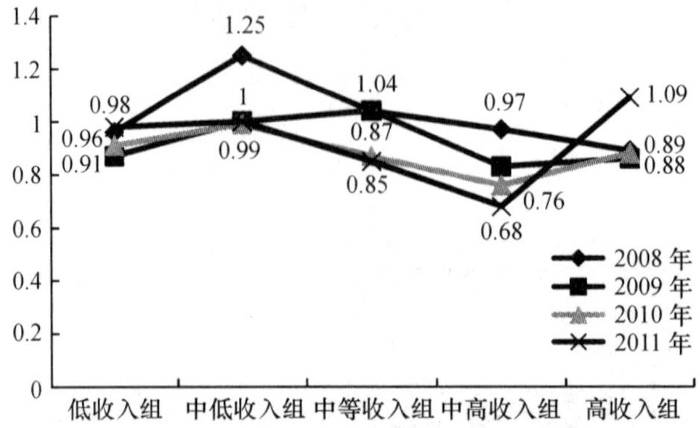

图 5-2 不同村庄收入水平千人所拥有的诊所数(单位:个)

(二)村庄医务人员数

千人所拥有的医务人员数量整体呈下降趋势。2008 年到 2011 年全国千人所拥有的医务人员数,分别为 1.57 个、1.52 个、1.54 个、1.44 个,2011 年基于 2008 年的数量整体下降了 0.13 个。就地区而言,东、中、西部地区千人所拥有的医务人员数量整体也呈下降趋势,2008 年东、中部地区千人拥有医务人员数高于全国水平,分别为 1.62 个、1.69 个,西部地区低于全国水平,为 1.32 个;到 2011 年东、中部地区千人拥有医务人员数高于全国水平,分别为 1.60 个、1.54 个,西部地区低于全国水平,为 1.29 个;东、中、西三大地区千人拥有医务人员数分别下降了 0.02 个、0.14 个、0.03 个,中部地区下降的幅度最大。(见表 5-3、图 5-3)

表 5-3 千人所拥有的医务人员数 (单位:个)

年份	东部	中部	西部	全国
2008 年	1.62	1.69	1.32	1.57(198)
2009 年	1.69	1.62	1.20	1.52(230)
2010 年	1.52	1.55	1.54	1.54(254)
2011 年	1.60	1.54	1.29	1.44(250)

就村庄收入水平而言,自 2008 年到 2011 年千人所拥有的医务人员数,低收入组、高收入组拥有医务人员数量整体呈现增长趋势,其中低收入组由 1.33 个增长到 1.64 个,高收入组由 1.34 个增长到 1.86 个,分别增长 0.31 个、0.52 个;中低收入组、中等收入组、中高收入组拥有医务人员数量整体有所下降,其中中低收入组由 1.94 个下降到 1.39 个、中等收入组由 1.62 个下降到 1.60 个、中高收入组由

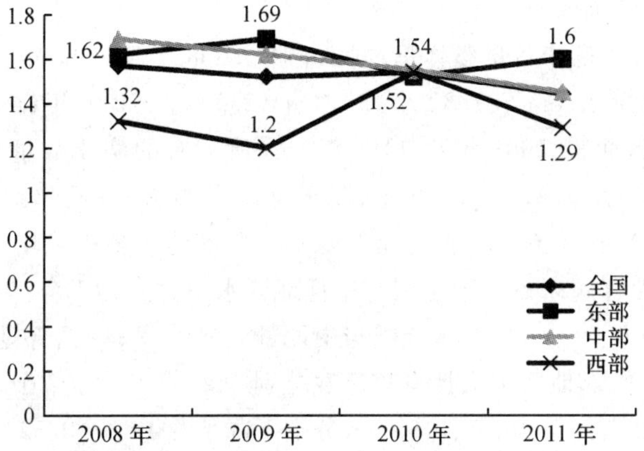

图 5-3　千人所拥有的医务人员数(单位:个)

1.56 个下降到 1.07 个,分别下降 0.55 个、0.02 个、0.49 个。(见表 5-4、图 5-4)

表 5-4　不同村庄收入水平千人所拥有的医务人员数　(单位:个)

年份	低收入组	中低收入组	中等收入组	中高收入组	高收入组	有效样本
2008 年	1.33	1.94	1.62	1.56	1.34	199
2009 年	1.34	1.51	1.79	1.32	1.59	235
2010 年	1.44	1.34	1.29	1.79	1.81	250
2011 年	1.64	1.39	1.60	1.07	1.86	252

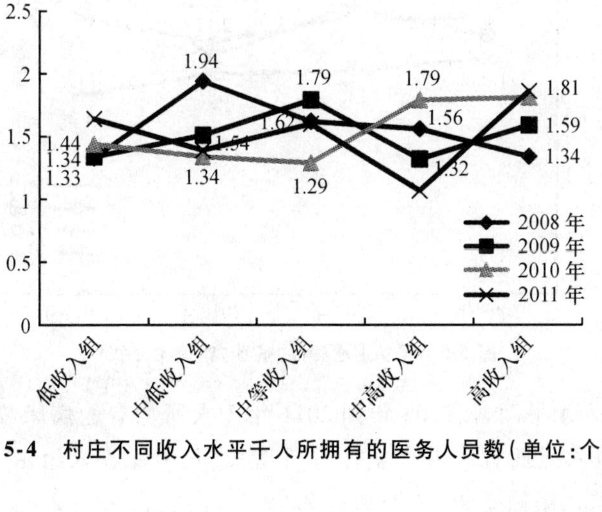

图 5-4　村庄不同收入水平千人所拥有的医务人员数(单位:个)

（三）村庄病床数

千人所拥有的病床数量整体呈增长趋势。2008 年到2011 年全国千人所拥有的病床数,分别为 2. 31 个、2. 32 个、2. 12 个、2. 33 个,2011 年比 2008 年增加了 0. 02 个。就地区而言,2008 年到 2011 年千人所拥有的病床数量,中部地区分别为 2. 63 个、2. 61 个、2. 41 个、2. 46 个,高于全国平均水平;西部地区分别为 1. 98 个、1. 87 个、1. 85 个、1. 66 个,低与全国水平。东部地区整体呈增加趋势,2008 年东部地区千人拥有病床数低于全国与中部地区水平,为 2. 17 个,2011 年的数量为 2. 81 个,增加了 0. 64 个,且高于全国与中西部地区水平;中西部地区整体呈下降趋势,2008 年中西部地区千人拥有病床数分别为 2. 63 个、1. 98 个,2011 年的中西部地区的数量分别为 2. 46 个、1. 66 个,分别下降了 0. 17 个、0. 32 个。（见表 5-5、图 5-5）

表 5-5　千人所拥有的病床数 （单位:个）

年份	东部	中部	西部	全国
2008 年	2. 17	2. 63	1. 98	2. 31(173)
2009 年	2. 41	2. 61	1. 87	2. 32(209)
2010 年	2. 0	2. 41	1. 85	2. 12(228)
2011 年	2. 81	2. 46	1. 66	2. 33(236)

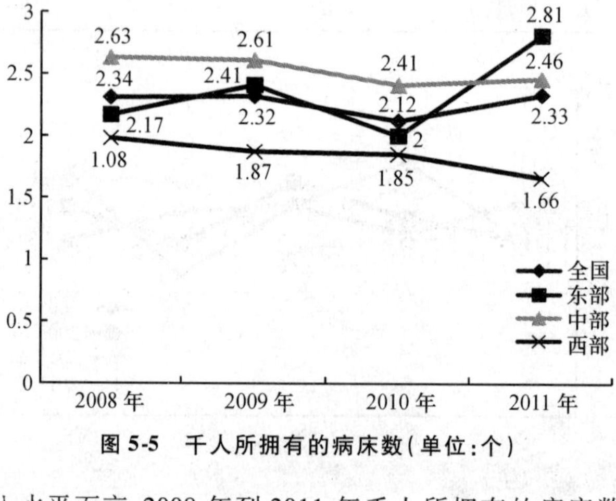

图 5-5　千人所拥有的病床数(单位:个)

就村庄收入水平而言,2008 年到 2011 年千人所拥有的病床数,低收入组、中等收入组、高收入组拥有的数量整体有所增长,其中低收入组由 1. 42 个增加到 1. 78 个、中等收入组由 2. 46 个增加到 2. 99 个、高收入组由 2. 18 个增加到 3. 74

个,分别增加 0.36 个、0.53 个、1.56 个;中低收入组、中高收入组拥有的数量整体有所下降,其中中低收入组由 2.84 个下降到 1.81 个、中高收入组由 2.29 个下降到 1.97 个,分别下降 1.03 个、0.32 个。(见表 5-6、图 5-6)

表 5-6 不同村庄收入水平千人所拥有的病床数 (单位:个)

年份	低收入组	中低收入组	中等收入组	中高收入组	高收入组	有效样本
2008 年	1.42	2.84	2.46	2.29	2.18	180
2009 年	1.91	2.33	2.92	2.53	1.98	225
2010 年	1.62	1.36	2.33	2.27	2.92	228
2011 年	1.78	1.81	2.99	1.97	3.74	247

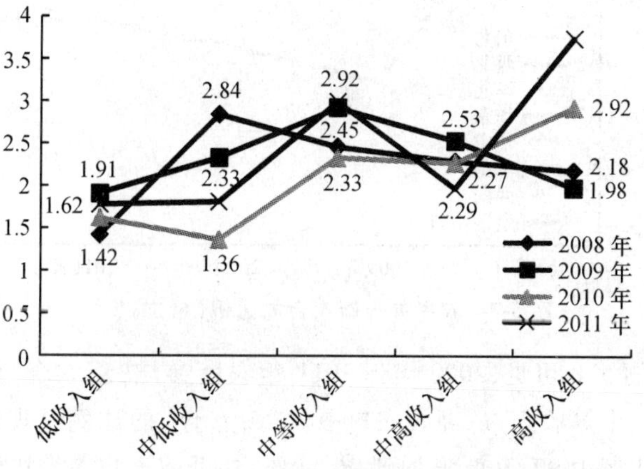

图 5-6 村庄不同收入水平千人所拥有的病床数(单位:个)

二、参合率

整体而言,"新农合"的参与率较高,农民参加"新农合"的比例呈增长趋势。2008 年到 2011 年全国农民参与"新农合"的比例分别为 96.89%、95.94%、97.07%、97.34%,基于 2008 年的比例整体增加了 0.45%。就地区而言,2008 年到 2011 年除东北地区外,各地区均有不同程度的增长且增幅均高于全国水平,其中增长幅度最大的为华北地区,增幅为 1.55%,西北地区次之,为 1.34%,华东、华中、华南、西南地区的增幅分别为 1.10%、0.87%、1.06%、0.74%;东北地区参合率大幅下降,降幅为 7.73%。(见表 5-7、图 5-7)

表 5-7 农民参与新农合的比例 (单位:%,人)

年份	东北	西北	华北	华东	华中	华南	西南	全国
2008 年	96.67	97.55	96.38	96.35	97.38	96.91	96.75	96.89(2925)
2009 年	85.02	95.87	91.43	95.21	95.79	97.79	96.22	95.94(3575)
2010 年	87.17	96.88	98.05	97.42	97.46	98.94	97.07	97.07(4716)
2011 年	88.94	98.89	97.93	97.45	98.25	97.97	97.49	97.34(3609)

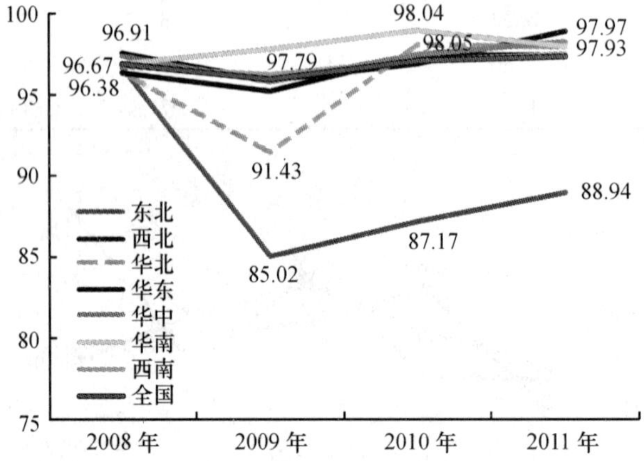

图 5-7 农民参与新农合的比例(单位:%)

从表 5-8、图 5-8 可见,2009 年到 2011 年农民参与“新农合”的比例,低收入户、中低收入户、中等收入户、高收入户参与“新农合”的比例呈现递增趋势,其中低收入户参合比例由 92.26% 增加到 96.40%、中低收入户参合比例由 95.90% 增加到 97.32%,中等收入户参合比例由 97.43% 增加到 98.24%,高收入户参合比例由 97.36% 增加到 97.69%、分别增加了 4.14%、1.42%、0.81%、0.33%;家庭收入为中高收入户参与“新农合”的比例呈下降趋势,比例由 97.63% 下降到 97.11%,下降了 0.52%。横向上比较,除 2010 年外,随着家庭收入的增加,参与“新农合”的比例整体在增加。2011 年,高收入户的参合比例比低收入户高了 1.29%。

表 5-8 不同家庭收入参与新农合的比例 (单位:%,人)

年份	低收入户	中低收入户	中等收入户	中高收入户	高收入户	有效样本
2009 年	92.26	95.90	97.43	97.63	97.36	3421
2010 年	97.11	96.28	97.36	98.26	96.82	4552
2011 年	96.40	97.32	98.24	97.11	97.69	3452

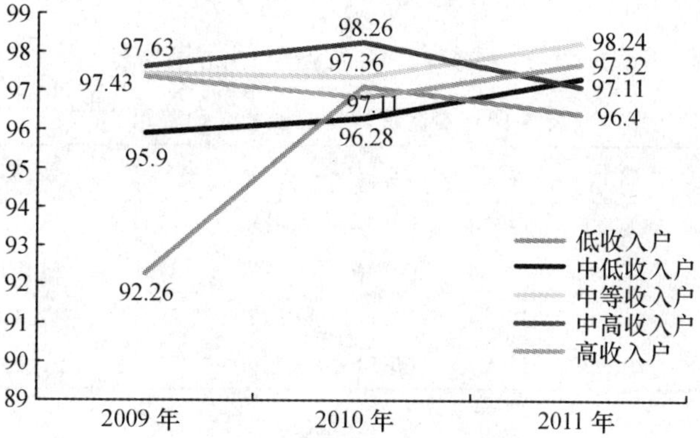

图 5-8　不同家庭收入参与新农合的比例(单位:%)

就农户的健康状况来看,整体上身体素质较差的农户参与"新农合"率较高,均在九成以上。2009 年到 2011 年健康状况很差的农户参合比例分别从 97.14% 下降到 96.67%,降幅为 0.47%,健康状况差、中、优的农户的参合率均有不同程度的上升,涨幅分别为 3.38%、1.36%、2.71%。(见表 5-9、图 5-9)

表 5-9　不同健康状况参与新农合的比例　(单位:%,人)

年份	很差	差	中	良	优	有效样本
2009 年	97.14	94.69	94.22	96.86	95.50	3553
2010 年	96.23	97.91	96.90	96.56	97.60	4669
2011 年	96.67	98.07	95.58	96.66	98.21	3608

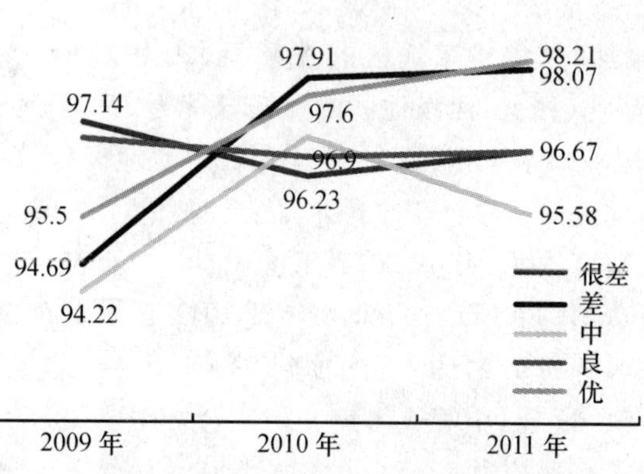

图 5-9　不同健康状况参与新农合的比例(单位:%)

从表 5-10、图 5-10 可见,农民参与"新农合"的人均费用逐年增加。2008 年、

2009 年、2010 年、2011 年农民参与“新农合”的人均费用分别为 23.38 元、29.88 元、32.33 元、55.98 元，参与“新农合”的人均费用逐年增加。

表 5-10 农民参与新农合的人均费用 (单位:元,人)

年份	东北	西北	华北	华东	华中	华南	西南	全国
2008 年	68.48	18.92	19.23	22.34	18.84	17.71	23.09	23.38(2883)
2009 年	26.27	27.40	24.84	36.19	31.90	27.82	23.50	29.88(3354)
2010 年	36.05	29.80	30.74	38.60	28.79	35.11	30.36	32.33(4571)
2011 年	51.69	49.52	50.21	66.98	55.60	53.22	51.29	55.98(3481)

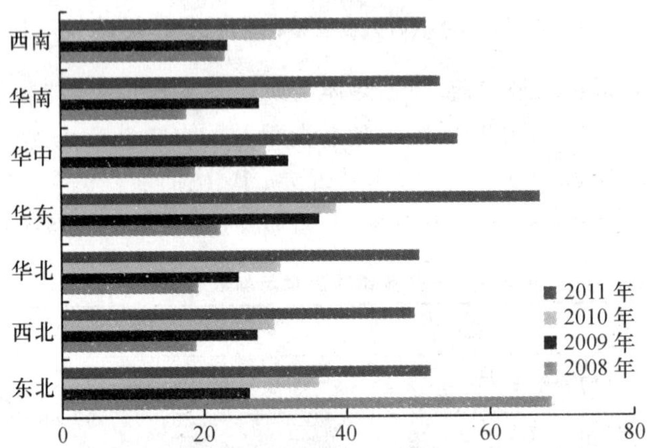

图 5-10 农民参与新农合的人均费用(单位:元)

就地区而言，各地区农民参与“新农合”的人均费用(东北地区除外)2008 年到 2011 年逐年增加，其中华东地区的涨幅最大，为 44.64 元，华中地区次之，为 36.76 元，华南、华北、西北、西南地区的涨幅分别为 35.51 元、30.98 元、30.60 元、28.20 元。与全国涨幅水平相比，华东、华中、华南地区的涨幅高于全国水平，而华北、西北、西南地区的涨幅低于全国水平。(见图 5-10、图 5-10)

就家庭收入而言，2008 年到 2011 年农民参与“新农合”的人均费用，不同家庭收入水平参合费用均有所增加，2010 年到 2011 年增幅在 20 元到 27 元之间，其中低收入户人均参合费由 21.94 元增加到 53.61 元，中低收入户人均参合费用由 22.31 元增加到 54.63 元，中等收入户人均参合费用由 23.80 元增加到 55.82 元，中高收入户人均参合费用由 22.53 元增加到 56.17 元，高收入户人均参合费用由 25.99 元增加到 59.94 元。从 2011 年人均参合费用看，随着家庭收入的增加，人均参合费用递增。(见表 5-11、图 5-11)

表 5-11　不同家庭收入农户参与新农合的人均费用　（单位:元,人）

年份	低收入户	中低收入户	中等收入户	中高收入户	高收入户	有效样本
2008 年	21.94	22.31	23.80	22.53	25.99	2828
2009 年	25.81	29.02	26.39	31.56	33.19	3215
2010 年	30.21	31.27	31.65	35.56	33.19	4419
2011 年	53.61	54.63	55.82	56.17	59.94	3353

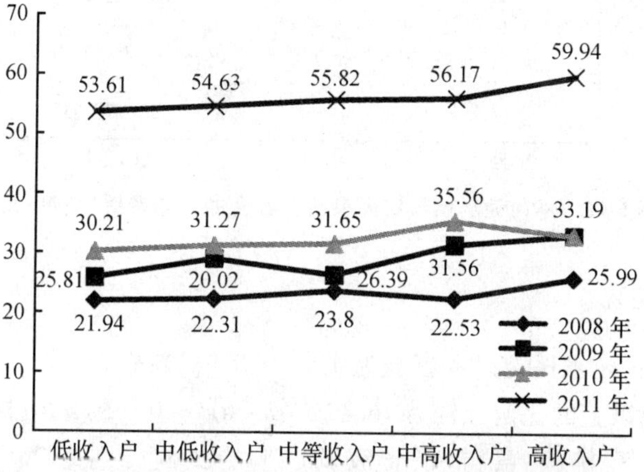

图 5-11　不同家庭收入农户参与新农合的人均费用(单位:元)

2009 年到 2011 年,不同健康状况的农户参与“新农合”的人均费用均有所增加。其中身体状况为很差的农户由 24.15 元增加到 50 元,身体状况为差的农户人均费用由 32.91 元增加到 52.63 元,身体状况为中的农户由 26.53 元增加到 49.64 元,身体状况为良的农户由 30.46 元增加到 54.16 元,身体状况为优的农户由 29.59 元增加到 59.28 元。此外,就 2011 年人均参合费用看,整体而言,随农户身体状况趋好,参合的人均费用递增。(见表 5-12、图 5-12)

表 5-12　不同健康状况农民参与新农合的人均费用　（单位:元,人）

年份	很差	差	中	良	优	有效样本
2009 年	24.15	32.91	26.53	30.46	29.59	3334
2010 年	33.22	29.04	30.87	31.13	34.39	4531
2011 年	50	52.63	49.64	54.16	59.28	3480

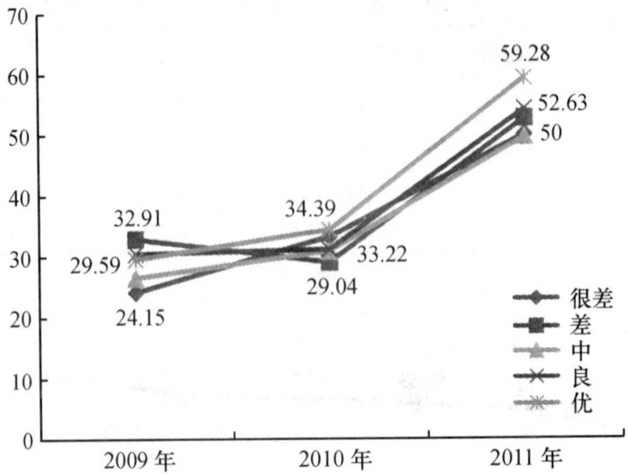

图 5-12　不同健康状况农民参与新农合的人均费用(单位:元)

三、定点医院

"新农合"的定点医院以乡镇级为主。2010 年"新农合"定点医院为乡镇级、县市级、省级及以上的比例分别为 76.12%、23.61%、0.72%;2011 年"新农合"定点医院为村级、乡镇级、县市级、省级及以上的比例分别为 26.20%、54.83%、18.43%、0.54%。定点医院的位置分布在乡镇这一级的比例在五成以上,而分布在省级及以上的比例不足 1.0%。(见表 5-13、图 5-13)

表 5-13　2010 年定点医院分布的比例　(单位:%,人)

定点医院位置	2010 年	2011 年
村级	—	26.20
乡镇级	76.12	54.83
县市级	23.61	18.43
省级及以上	0.27	0.54
合计	100(3710)	100(3715)

就地区而言,定点医院分布在村级的比例中,中部地区最高、东部地区次之、西部地区最低,分别占比 31.62%、30.88%、15.40%;分布在乡镇级的比例中,自东部地区到西部地区递增,分别占比 45.13%、55.46%、63.87%;分布在县市级的比例中,东部地区最高、西部地区次之、中部地区最低,分别占比 23.40%、19.94%、12.66%;分布在省级及以上的比例,西部地区最高、东部次之、中部最

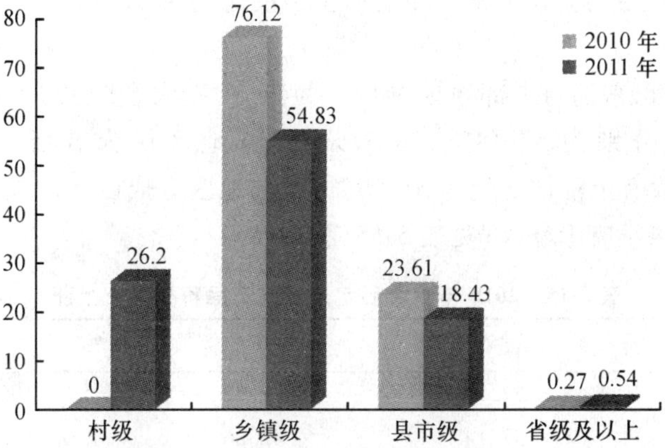

图 5-13　定点医院分布的比例(单位:%)

低,分别占比 0.79%、0.59%、0.26%。在东部、中部地区定点医院分布比例最高的是乡镇级医院,其次是村级医院;西部地区定点医院分布比例最高的是乡镇级医院,其次是县市级医院。(见表 5-14、图 5-14)

表 5-14　2011 年不同地区定点医院分布的比例　　(单位:%,人)

地区	村级	乡镇级	县市级	省级及以上	合计
东部	30.88	45.13	23.40	0.59	100(1017)
中部	31.62	55.46	12.66	0.26	100(1145)
西部	15.40	63.87	19.94	0.79	100(1031)

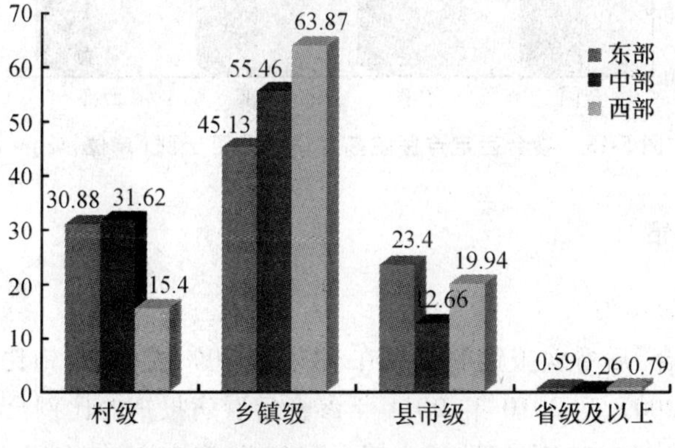

图 5-14　不同地区定点医院分布的比例(单位:%)

五成以上的农户认为参合后定点医院的价格有所上涨。从全国来看,农户认为参与“新农合”后定点医院的价格有所上涨的比例为57.58%,认为没有变化的比例为42.42%。

就地区而言,东部与中部地区农户认为参与“新农合”后定点医院的价格有所上涨的比例分别为57.14%、58.37%;西部地区认为有所上涨的比例为42.91%,认为没有上涨的比例为57.09%,西部地区五成以上的农户认为参合后定点医院的价格没有上涨。(见表5-15、图5-15)

表5-15 2010年参合后定点医院药品价格是否上涨 (单位:%,人)

地区	是的	没有	合计
全国	57.58	42.42	100(4496)
东部	57.14	42.86	100(1190)
中部	58.37	41.63	100(1691)
西部	42.91	57.09	100(1615)

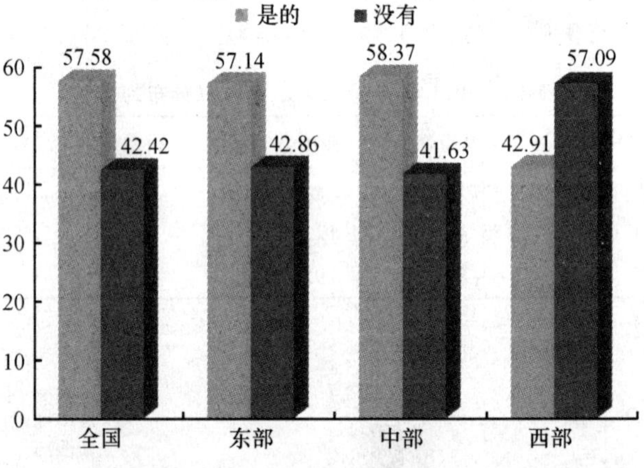

图5-15 参合后定点医院药品价格是否上涨(单位:%)

四、药费报销

(一)报销的比例

参与“新农合”后看病报销的比例在14%到20%之间,报销比例整体呈下降趋势。2008年、2009年、2010年、2011年参合后看病报销的比例分别为19.53%、18.49%、14.01%、16.24%,报销的比例自2008年到2010年有所下降,到2011年开始增加,基于2008年报销的比例整体上下降了3.29%。(见表5-16、图5-16)

表 5-16　参合后看病报销的比例　（单位:%,人）

年份	样本数	报销比例
2008 年	880	19.53
2009 年	1974	18.49
2010 年	2913	14.01
2011 年	2252	16.24

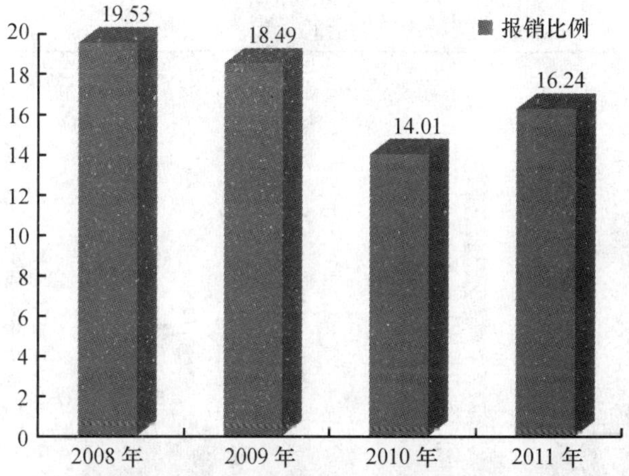

图 5-16　参合后看病报销的比例(单位:%)

就地区而言,农民参合后报销的比例,2008 年居前两位的是西北地区与华北地区,比例分别为 23.34%、21.29%,最低的是华南地区,比例为 18.14%;2009 年报销比例居前两位的是西北地区与西南地区,比例分别为 27.44%、20.81%,最低的是东北地区,比例为 10.83%;2010 年报销比例居前两位的是西南地区与西北地区,比例分别为 16.17%、16.13%,最低的是华北地区,比例为 11.04%;2011 年报销比例居前两位的是华东地区与西南地区,比例分别为 21.95%、16.21%,最低的是东北地区,比例为 7.84%。从整体上看,自 2008 年到 2011 年,华东地区报销的比例有所增加,其余地区报销比例有所下降。(见表 5-17、图 5-17)

表 5-17　不同地区参合后看病报销的比例　(单位:%,人)

地区	2008 年	2009 年	2010 年	2011 年
东北	20.39	10.83	12.34	7.84
西北	23.34	27.44	16.13	14.57
华北	21.29	15.77	11.04	15.14
华东	18.65	19.79	13.79	21.95
华中	18.80	15.15	14.41	14.26
华南	18.14	19.49	12.60	12.41
西南	20.28	20.81	16.17	16.21
有效样本	880	1974	2913	2252

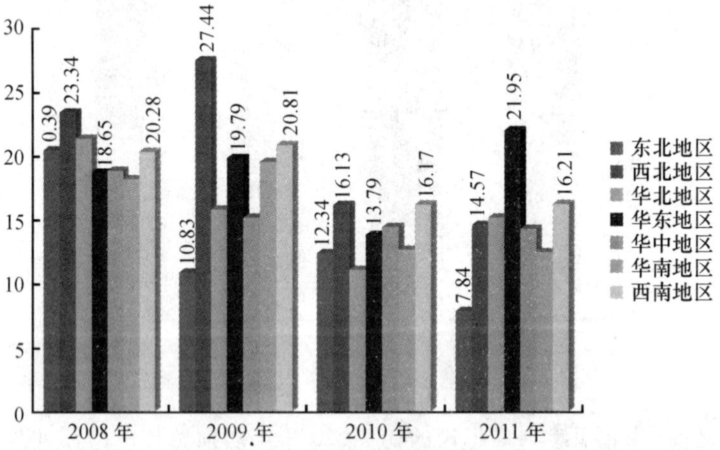

图 5-17　不同地区参合后看病报销的比例(单位:%)

从表 5-18、图 5-18 可见,参合后不同定点医院报销的比例。村级、乡镇级、县市级、省级及以上的医院,报销的比例分别为 19.49%、14.95%、14.95%、28.20%,其中省级及以上的医院报销比例最高,其次是村级医院,乡镇级与县市级医院报销比例最低,且报销比例相同。

表 5-18　2011 年参合后不同定点医院看病报销的比例　(单位:%,人)

定点医院位置	样本数	占比
村级	591	19.49
乡镇级	1122	14.95
县市级	399	14.95
省级及以上	8	28.20
合计	2120	100

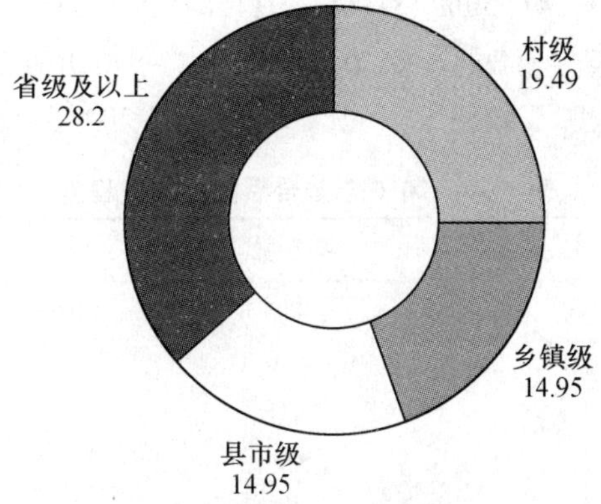

图 5-18　参合后不同定点医院看病报销的比例(单位:%)

参合后农民是否住院的调查显示,2011 年农户住院且报销的有效样本数为 299 个,没有住院有其他报销项目的有效样本数为 1795 个,住院与没有住院报销的比例分别为 31.16%、13.82%,住院报销的比例比没有住院报销的比例高 17.34%。(见表 5-19、图 5-19)

表 5-19　2011 年参合后是否住院与报销比例　　(单位:%,人)

是否住院	样本数	比例
是	299	31.16
否	1795	13.82

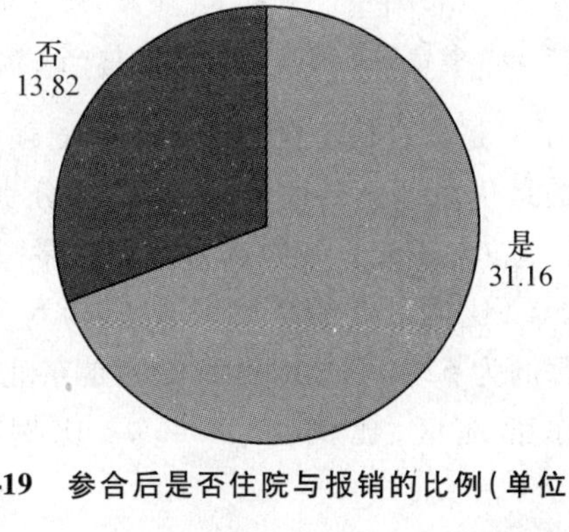

图 5-19　参合后是否住院与报销的比例(单位:%)

(二) 报销的程序

八成以上农户认为参与“新农合”后报销的程序方便。在 2010 年 4520 个有效样本中,认为报销程序“非常方便”“比较方便”“一般”“不太方便”“很不方便”

的比例分别为 11.37%、41.50%、31.66%、11.84%、3.63%;84.26% 的农户认为报销“方便”,其中“很方便”的比例为 52.87%,“一般方便”的比例为 31.66%;15.74 的农户认为报销“不方便”。(见表 5-20、图 5-20)

表 5-20 2010 年参合后报销方便程度 (单位:%,人)

报销方便程度	样本数	比例
非常方便	514	11.37
比较方便	1876	41.50
一般	1431	31.66
不太方便	535	11.84
很不方便	164	3.63
总计	4520	100

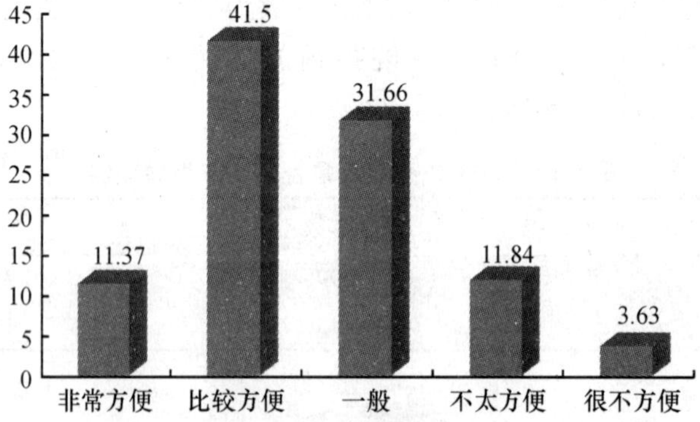

图 5-20 参合后报销方便程度(单位:个,%)

表 5-21、图 5-21 显示的是参合后不同地区报销方便程度的比例。认为“报销方便”的比例居前两位的是华东地区与西南地区,比例分别为 88.19%、87.16%,比例最低的是东北地区,为 79.33%。其中认为报销程序“非常方便”的比例最高的是华中地区,为 14.96%,比例最低的是华北地区,为 6.71%;“比较方便”的比例最高的是西南地区,比例为 52.49%,比例最低的是东北地区,为 33.65%;“一般”的比例最高的是东北地区,比例为 38.46%,比例最低的是西南地区,为 25.28%。

表 5-21　2010 年参合后不同地区报销方便程度　（单位：%，人）

地区	非常方便	比较方便	一般	不太方便	很不方便	合计
东北地区	7.21	33.65	38.47	14.90	5.77	100(208)
西北地区	9.15	36.38	34.72	14.97	4.78	100(481)
华北地区	6.71	44.62	34.40	12.45	1.82	100(715)
华东地区	14.75	44.82	28.61	8.78	3.04	100(888)
华中地区	14.96	34.71	32.36	13.17	4.80	100(1063)
华南地区	11.11	37.41	35.61	10.43	5.44	100(441)
西南地区	9.39	52.49	25.28	10.91	1.93	100(724)

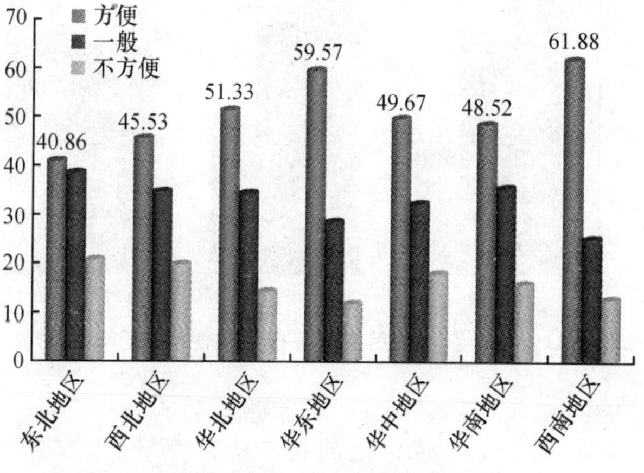

图 5-21　参合后不同地区报销方便程度（单位：%）

表 5-22、图 5-22 显示是不同定点医院报销程序方便的比例。乡镇级、县市级、省级及以上医院的比例分别为 84.26%、82.52%、60.0%，其中乡镇级医院报销程序非常方便、比较方便、一般的比例分别为 12.38%、41.23%、30.46%；县市级医院报销程序非常方便、比较方便、一般的比例分别为 9.56%、39.63%、33.33%；省级及以上医院报销程序非常方便、比较方便、一般的比例分别为 0、30.0%、30.0%。省级以上医院报销不方便的比例为 40.0%，其中报销不太方便、很不方便的比例分别为 30.0%、10.0%。

表5-22　2010年参合后不同定点医院报销方便程度　（单位:%，人）

定点医院	非常方便	比较方便	一般	不太方便	很不方便	有效样本
乡镇级	12.38	41.23	30.64	11.98	3.77	2738
县市级	9.56	39.63	33.33	13.75	3.73	858
省级及以上	0	30	30	30	10	10

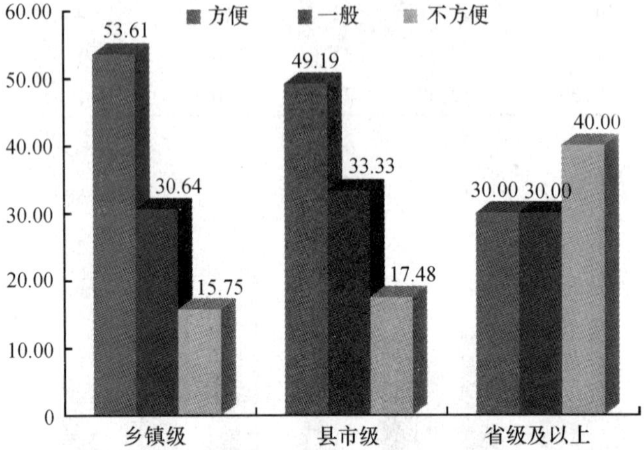

图5-22　参合后不同定点医院报销方便程度(单位:%)

(三) 减负程度

从表5-23、图5-23可知，七成以上的农户认为参与“新农合”后减轻了负担。农户认为“减轻负担”的比例为74.63%，其中“明显减轻负担”、“减轻负担但效果一般”的比例分别为29.74%、44.89%；没有减轻负担、加重负担的比例分别为22.56%、2.82%。

表5-23　2011年参合后对农民负担影响程度　（单位:%，人）

地区	加重负担	没区别	减轻效果一般	明显减轻	合计
全国	2.82	22.56	44.89	29.74	100(3511)
东北	0.48	24.88	57.42	17.22	100(209)
西北	3.60	20.05	45.50	30.86	100(444)
华北	1.90	29.96	39.45	28.69	100(474)
华东	1.52	22.21	44.31	31.96	100(923)
华中	2.22	20.44	50.37	26.96	100(675)
华南	1.77	28.01	35.46	34.75	100(282)
西南	7.44	17.26	43.25	31.75	100(504)

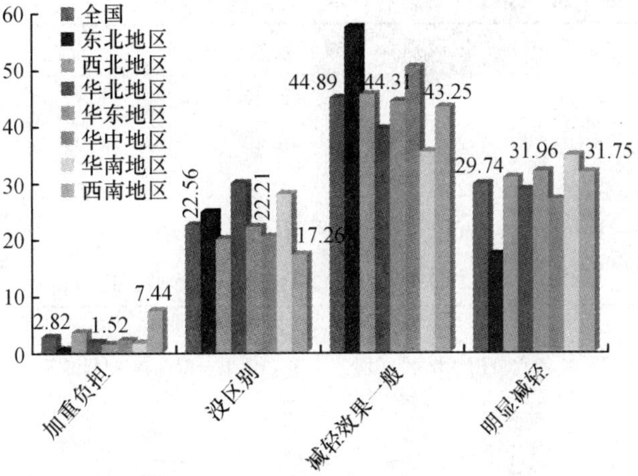

图 5-23　参合后对农民负担影响(单位:%)

就全国七大地区来说,华中地区、西北地区的农户认为参合后负担减轻效果明显,比重为 77.33%、76.36%,最低的是华北地区,比例为 68.14%。农户认为明显减轻负担的比例最高是华南地区、最低是东北地区,比例分别为 31.75%、17.22%;认为减轻负担但效果一般的比例最高是东北地区、最低是华南地区,比例分别为 57.42%、35.46%;认为对负担没有区别的比例最高是华北地区、最低是西南地区,比例分别为 29.96%、17.26%;认为加重负担的比例最高是西南地区、最低是东北地区,比例分别为 7.44%、0.48%。(表 5-23、图 5-23)

从表 5-24、图 5-24 可知,不同健康状况的农户对“新农合”的效果有不同的评价。身体状况很差与优的农户认为参合后“减轻负担”的比例分比为 82.76%、75.89%,认为“明显减轻负担”的比重最高是身体状况为差的农户、最低是身体状况为良的农户,比例分别为 43.84%、24.93%;认为“减轻负担但效果一般”的比例最高是身体状况为良的农户、最低是身体状况为差的农户,比例分别为 46.49%、39.41%;认为没有区别的比例最高是身体状况为良的农户、最低是身体状况为很差的农户,比例分别为 25.29%、14.79%;认为加重负担的比例最高是身体状况为很差的农户、最低是身体状况为良的农户,比例分别为 3.45%、0.99%。

表 5-24　2011 年参合后对不同健康状况农民负担影响程度　(单位:%,人)

健康状况	加重负担	没区别	减轻效果一般	明显减轻	总计
优	2.71	21.39	43.97	31.92	100(1585)
良	3.29	25.29	46.49	24.93	100(1368)
中	2.46	21.85	46.15	29.54	100(325)
差	0.99	15.76	39.41	43.84	100(203)
很差	3.45	13.79	44.83	37.93	100(29)

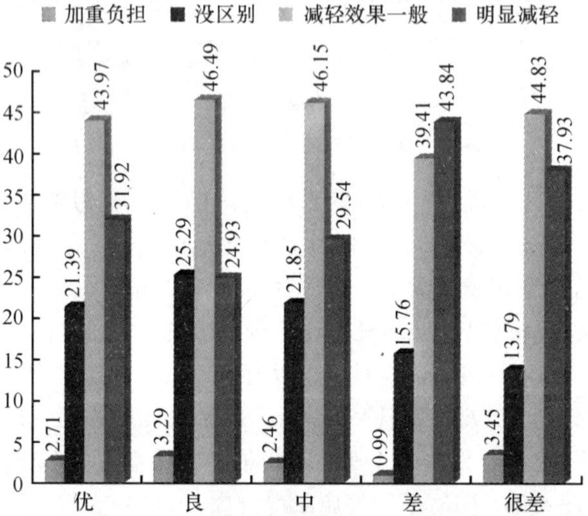

图 5-24　参合后对不同健康状况农民负担影响程度(单位:%)

表 5-25、图 5-25 显示,参合后是否住院对农民负担的影响程度。88.11% 的住过院的农户认为参与"新农合"后减轻了负担,其中明显减轻负担、减轻负担但效果一般的比例分别为 48.79%、39.32%;73.09% 的没有住院的农户认为参与"新农合"后减轻了负担,其中明显减轻负担、减轻负担但效果一般的比例分别为 26.77%、46.32%。农户认为参合后对减轻负担没有区别的比例,住院与没有住院分别为 9.22%、24.36%;农户认为参合后加重了负担的比例,住院与没有住院分别为 2.67%、2.56%。

表 5-25 2011 年参合后对是否住院的农民负担影响程度 (单位:%,人)

是否住院	加重负担	没区别	减轻效果一般	明显减轻	总计
是	2.67	9.22	39.32	48.79	100(412)
否	2.56	24.36	46.32	26.77	100(2660)

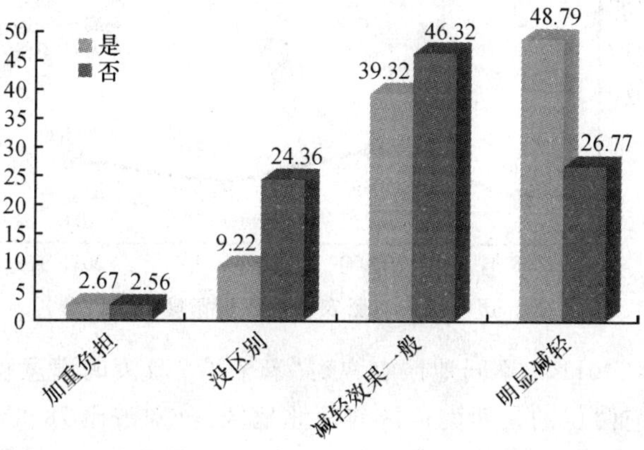

图 5-25 参合后对是否住院的农民负担影响程度(单位:%)

五、农民评价

(一)新农合的满意度

整体而言,七成以上的农户对“新农合”政策表示“满意”。自 2008 年到 2011 年,农户表示对“新农合”政策“满意”的比例中,“非常满意”的比例有所下降,从 52.47% 下降到 23.53%,“比较满意”与“一般”的比例有所增加,分别从 32.14% 增加到 49.78%、从 9.13% 增加到 16.69%;在农户表示对“新农合”政策“不满意”的比例中,“不太满意”的比例整体有所增加,从 4.41% 增加到 9.10%,“很不满意”的比例有所下降,从 1.85% 下降到 0.90%。(见表 5-26、图 5-26)

表 5-26 历年农户对新农合政策满意度 (单位:%,人)

年份	非常满意	比较满意	一般	不太满意	很不满意	有效样本
2008 年	52.47	32.14	9.13	4.41	1.85	2268
2009 年	36.63	37.79	19.23	5.01	1.34	3292
2010 年	48.66	34.35	12.19	3.92	0.88	4283
2011 年	23.53	49.78	16.69	9.10	0.90	3562

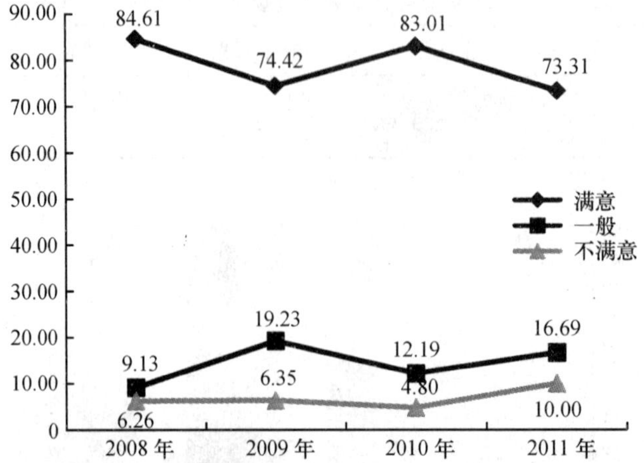

图 5-26　历年农户对新农合政策满意度(单位:%)

就地区而言,2011 年不同地区农户对"新农合"政策的满意程度不同。农户表示"满意"居前两位的是西南地区与西北地区,分别占比 78. 85%、75. 67%,其中西北地区对"新农合"的满意程度最高,表示"非常满意"的比重为 33. 41%;对"新农合"政策最不满意的地区是华南地区和东北地区,农户认为"不满意"的比重分别占比 19. 18%、14. 49%,其中华南地区对"新农合"最为不满,"很不满意"的比重为 3. 08%。(见表 5-27、图 5-27)

表 5-27　2011 年不同地区的农户对新农合政策满意度　(单位:%,人)

地区	非常满意	比较满意	一般	不太满意	很不满意	有效样本
东北地区	15. 89	53. 74	15. 88	14. 02	0. 47	214
西北地区	33. 41	42. 26	16. 81	6. 19	1. 33	452
华北地区	20. 63	53. 26	16. 42	9. 26	0. 43	475
华东地区	21. 93	50. 05	19. 47	7. 70	0. 86	935
华中地区	22. 53	52. 76	14. 53	9. 74	0. 44	688
华南地区	22. 60	38. 70	19. 52	16. 10	3. 08	292
西南地区	25. 49	53. 37	13. 44	7. 11	0. 59	506

从表 5-28、图 5-28 可知,就家庭收入水平而言,整体上家庭收入水平越高的农户对"新农合"政策的满意度越高。对"新农合"政策表示"满意"居前三位的是高收入户和低收入户,比例分别为 75. 89%、73. 38%,但是表示"非常满意"比重最高的是低收入户。对"新农合"政策表示最不满意的是家庭收入中高收入户和中等收入户,"不满意"的比重均为 10. 9%,其中中高收入户表示最为不满,"非常

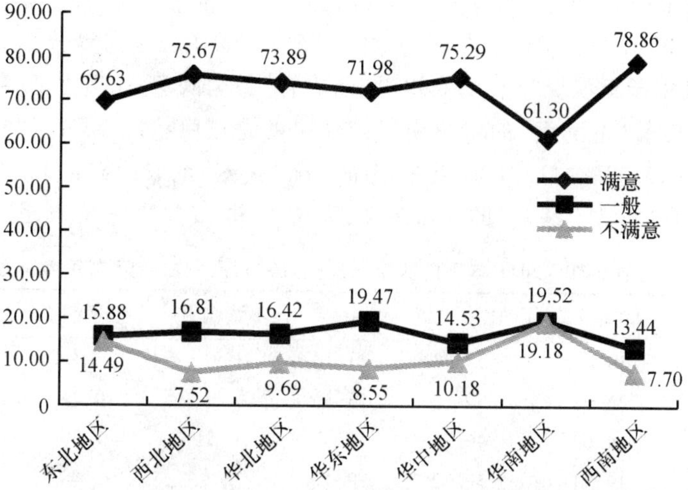

图 5-27　不同地区的农户对新农合政策满意度(单位:%)

不满意”的比重最高,为 1.16%。

表 5-28　2011 年不同收入水平的农户对新农合政策满意度　(单位:%,人)

家庭收入	非常满意	比较满意	一般	不太满意	很不满意	有效样本
低收入户	26.22	47.16	16.89	8.78	0.95	740
中低收入户	23.76	48.48	18.51	8.45	0.80	627
中等收入户	19.59	51.55	17.96	10.16	0.74	679
中高收入户	20.20	53.20	15.70	9.74	1.16	688
高收入户	26.18	49.71	15.29	8.23	0.59	680

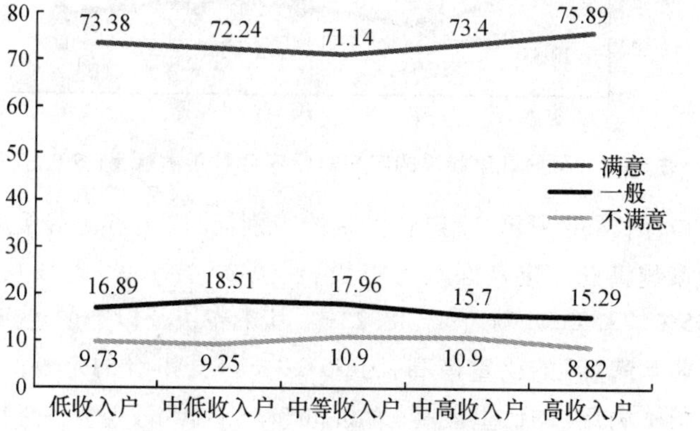

图 5-28　不同收入水平的农户对新农合政策满意度(单位:%)

就健康状况而言,不同健康状况的农户对"新农合"政策满意程度有差异。健康状况"差"和"优"的农户对"新农合"政策"满意"的比重分别为76.36%、74.08%,其中健康状况"优"的农户对"新农合"最为满意,比重为26.41%;对"新农合"政策表示"不满意"的农户中居前两位的是健康状况"很差""中"的农户,比重分别为13.33%、11.71%,其中健康状况"很差"的农户,对"新农合"政策最为不满,认为"非常不满意"的比重最高,为3.33%。(见表图5-29、图5-29)

表5-29 2011年不同健康状况的农户对新农合政策满意度 (单位:%,人)

健康状况	非常满意	比较满意	一般	不太满意	很不满意	有效样本
很差	30	33.33	23.33	10	3.33	1609
差	25.62	50.74	13.30	9.36	0.99	1386
中	24.62	46.25	17.42	10.51	1.20	333
良	19.41	53.32	18.47	7.79	1.00	203
优	26.41	47.67	15.35	9.88	0.69	30

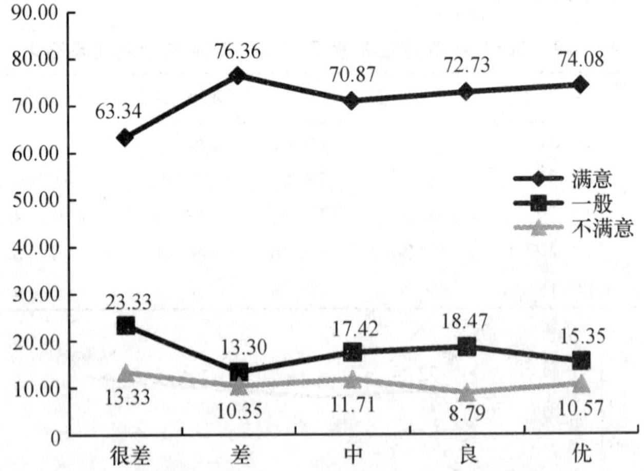

图5-29 不同健康状况的农户对新农合政策满意度(单位:%)

如表5-30、图5-30所示,就定点医院的级别而言,定点医院级别越高,农民对"新农合"政策越满意。定点医院为村级、乡镇级、县市级、省级及以上的满意度分别为73.95%、73.03%、74.7%、88.23%,其中省级及以上的定点医院农户最为满意,表示"非常满意"的比重最高,为35.29%。县市级的定点医院最不受农民欢迎,认为"很不满意"的比重最高,为0.86%。

表 5-30　2011 年农户对新农合政策中定点医院的满意度　（单位：%，人）

定点医院	非常满意	比较满意	一般	不太满意	很不满意	有效样本
村级	22.80	51.15	16.64	8.81	0.60	3162
乡镇级	23.17	49.86	16.25	10.26	0.46	1753
县市级	24.96	49.74	18.07	6.37	0.86	581
省级及以上	35.29	52.94	0	11.77	0	17

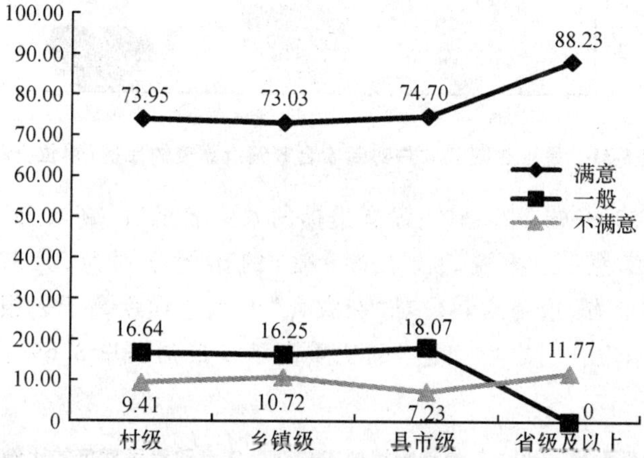

图 5-30　不同定点医院的农户对新农合政策满意度的比例(单位：%)

就是否住院而言，在是否住院的农户对“新农合”政策满意度中，七成以上住过院的农户表示对“新农合”政策满意，其中表示“非常满意”“比较满意”“一般满意”的比例分别为 30.73%、46.59%、12.68%；没有住过院的农户表示对“新农合”政策满意，其中表示“非常满意”、“比较满意”、“一般满意”的比例分别为 22.16%、50.82%、17.17%。总体而言，住过院的农户对“新农合”的满意度高于未住院的农户，住过院的农户对“新农合”满意度比未住过院的高 4.34%。（见表 5-31、图 5-31）

表 5-31　2011 年是否住院的农户对新农合政策满意度　（单位：%，人）

是否住院	非常满意	比较满意	一般	不太满意	很不满意	有效样本
是	30.73	46.59	12.68	9.51	0.49	410
否	22.16	50.82	17.17	9.26	0.59	2690

就是否报销而言，在是否报销的农户对“新农合”政策满意度中，报销过的农户表示对“新农合”政策满意，其中表示“非常满意”“比较满意”“一般”的比例分

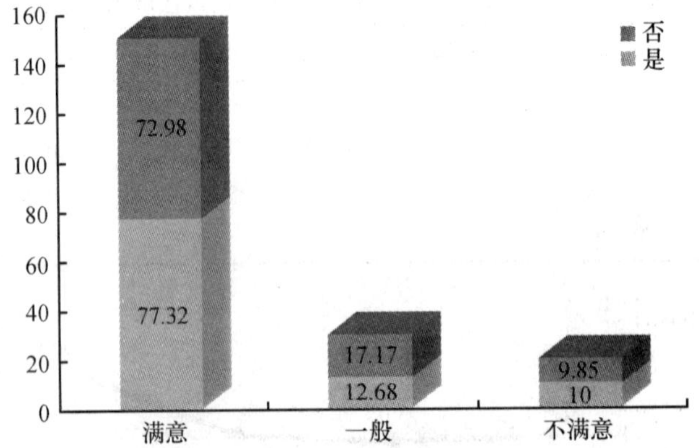

图 5-31　是否住院的农户对新农合政策满意度的比例(单位:%)

别为 26.54%、52.93%、12.46%;没有报销的农户表示对"新农合"政策满意,其中表示"非常满意"、"比较满意"、"一般"的比例分别为 21.92%、48.95%、18.07%,整体而言,报销的农户对"新农合"的满意程度高于未报销的农户,报销农户认为"新农合"政策"满意"的比重高于未报销农户 8.6%。(见表 5-32、图 5-32)

表 5-32　2011 年是否报销的农户对新农合政策满意度的比例　(单位:%,人)

是否报销	非常满意	比较满意	一般	不太满意	很不满意	有效样本
是	26.54	52.93	12.46	7.77	0.29	682
否	21.92	48.95	18.07	10.27	0.79	1898

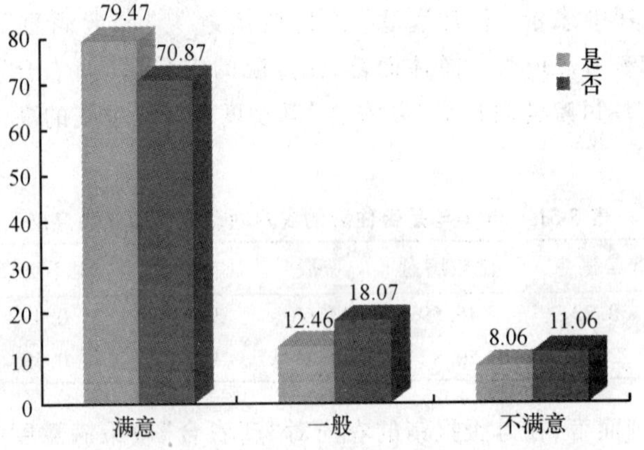

图 5-32　是否报销的农户对新农合政策满意度的比例(单位:%)

（二）不满意的缘由

“住院才能报销，感觉不到实惠”是农户对“新农合”不满意的主要原因。农户对新农合政策不满意的原因中，2011 年有效样本数为 393 个，其中比例居前三位的是“住院才能报销，感觉不到实惠”“常见病、易发病、慢性病报销难”“看病不自由，非要到定点医院才能报销”，三者的比例分别为 44.53%、18.07%、13.23%。（见表 5-33、图 5-33）

表 5-33　2011 年农户对新农合政策不满意的原因　　（单位：%，人）

原因	样本数	比例
住院才报销不实惠	175	44.53
报销难	71	18.07
门诊费报销偏低	33	8.40
报销手续繁琐	21	5.34
定点医院才能报销	52	13.23
其他	41	10.43
合计	393	100

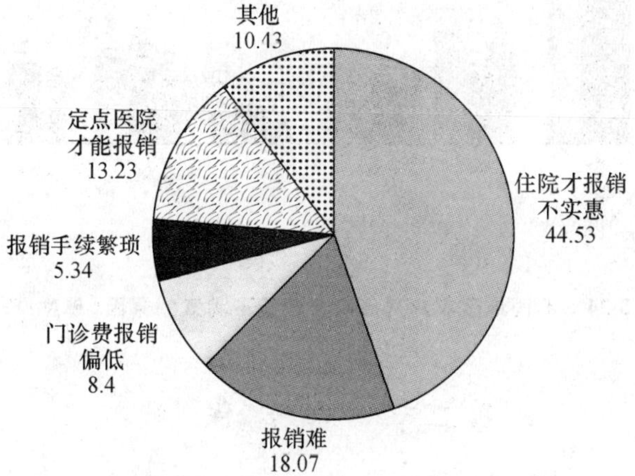

图 5-33　农户对新农合政策不满意的原因（单位：%）

就地区而言，不同地区农户对“新农合”不满意的原因中，东部地区不满意原因的比例居前三位的是“住院才能报销，感觉不到实惠”、“常见病、易发病、慢性病报销难”、“门诊费用报销偏低”三者的比例分别为 52.85%、18.70%、10.57%；中部地区不满意原因的比例居前三位的是“住院才能报销，感觉不到实惠”、“看病不自由,定点医院才能报销”、“常见病、易发病、慢性病报销难”三者的比例分别为42.50%、11.17%、13.33%;西部地区不满意原因的比例居前三位的是“住院才能报销,感觉不到实惠”、“常见病、易发病、慢性病报销难”、“看病不自由,定点医院才能报销”三者的比例分别为39.33%、21.33%、16.0%。(见表5-34、图5-34)

表5-34 2011年不同地区农户对新农合政策不满意的原因 (单位:%,人)

地区	住院才报销不实惠	报销难	门诊费报销偏低	报销手续繁琐	定点医院才能报销	其他	有效样本
东部	52.85	18.70	10.57	3.25	8.94	5.69	123
中部	42.50	13.33	7.50	7.05	14.17	15.0	120
西部	39.33	21.33	7.33	5.33	16.0	10.67	150

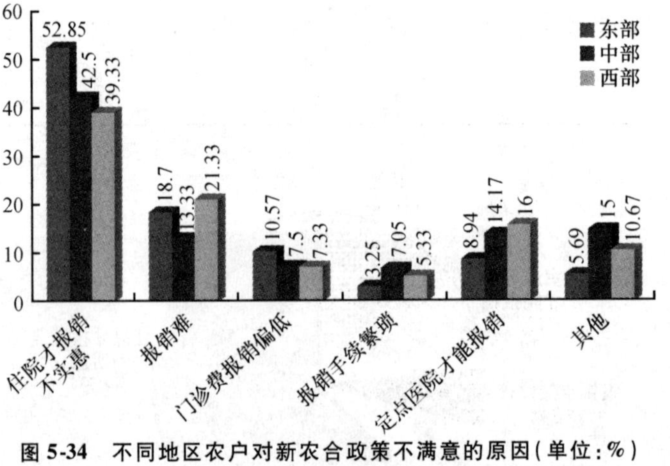

图5-34 不同地区农户对新农合政策不满意的原因(单位:%)

第二节 养老保险

新型农村养老保险(以下简称“新农保”)于2009年开始在全国选择的10%县(市)开展试点工作。它是继税费改革、粮食直接补贴、“新农合”等政策之后推出的又一项重大利农、惠农、稳农的政策,是农民养老方式的主要选择。“新农保”作为一项保障制度,在农村的实施进展如何,实际效果怎样,本节将通过农民养老方式的选择,“新农保”的参保率、投保水平、养老金的发放以及农民的主观感受来考察“新农保”的实施进展与实际效果。

一、养老需求

（一）农民的养老方式

随着社会经济的发展，社会养老开始逐步受到认可，传统的养老观念有所改变。从表5-35可以看出，2009年至2011年农民的养老方式最主要依靠的是自己，其次是子女。其中依靠自己的呈上升趋势，其比重分别为61.25%、73.41%、71.92%，而依靠子女的逐渐呈下降趋势，其比重为35.28%、22.29%、22.78%，同时依靠国家养老的比重也开始有小幅度上升，其比重依次为3.04%、2.95%、4.18%。这说明我国农民的养老观念已经开始发生转变。

表5-35　农民的养老方式　（单位：%，人）

年份	依靠国家	依靠社区	依靠子女	依靠自己	其他	合计
2009年	3.04	0.42	35.28	61.25	—	100(2599)
2010年	2.95	0.18	22.29	73.41	1.18	100(3903)
2011年	4.18	0.22	22.78	71.92	0.90	100(3209)

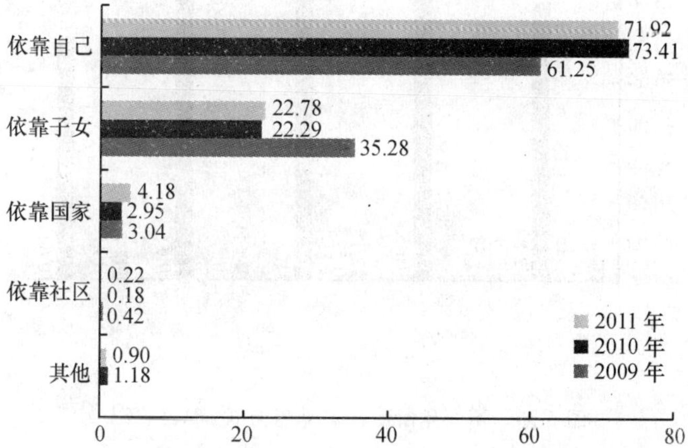

图5-35　农民对养老方式的选择（单位：%）

（二）年龄与养老方式

为了考察不同农民的养老需求，以2011不同年龄层的农民为考察对象，从表5-36、图5-36可知，中青年人“依靠自己”的比重较大，50—59岁的农户“依靠自己”的占比最大，为78.38%。随着年龄的增长，农户养老“依靠自己”的比重逐渐减少,“依靠子女”“靠国家”的比重逐渐增大,其中 60 岁以上的农户“依靠国家”和“依靠子女”的占比最大,分别为 7. 10% 、30. 83% ;“依靠自己”的占比最小,为 61. 23% 。总体而言,“依靠国家”的占比呈现 30 岁以下和 60 岁以上的最大,中间年龄段的占比较小;“依靠自己”的占比 30 岁以下和 60 岁以上的相对较小,中间年龄段占比较大。

表 5-36　2011 年不同年龄农户的养老方式　(单位:% ,人)

年龄段	依靠国家	依靠社区	依靠子女	依靠自己	其他	合计
30 岁以下	5. 63	0	21. 13	70. 42	2. 82	100(71)
30—39 岁	1. 32	0	20. 13	76. 90	1. 65	100(303)
40—49 岁	2. 18	0. 52	21. 35	74. 72	1. 24	100(965)
50—59 岁	4. 11	0	17. 08	78. 38	0. 43	100(925)
60 岁及以上	7. 10	0. 21	30. 83	61. 23	0. 64	100(944)

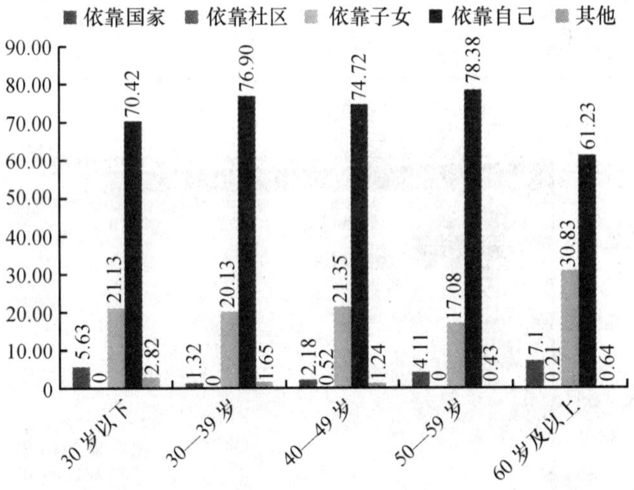

图 5-36　不同年龄农户的养老方式(单位:%)

(三) 教育水平与养老方式

通过分析不同文化程度的农户的养老方式发现,文盲“依靠国家”的占比最高,为 7. 09% ;“依靠自己”的占比最低,为 57. 46% 。大专及以上选择依靠国家的占比最小,为 1. 02% ;选择依靠自己的占比最大,为 83. 67% 。文化程度由文盲到大专及以上的对选择依靠子女的占比呈递减趋势,依次为 34. 33% 、24. 76% 、

21.67%、17.10%、14.29%。可见,随着文化程度的提高,选择依靠国家的占比逐渐下降,选择依靠自己的占比逐渐上升,选择依靠子女的占比逐渐下降。(见5-37、图5-37)

表 5-37　2011 年不同文化程度农户的养老方式　　（单位:%,人）

文化程度	依靠国家	依靠社区	依靠子女	依靠自己	其他	合计
文盲	7.09	0	34.33	57.46	1.12	100(268)
小学	4.49	0.29	24.76	70.17	0.29	100(1046)
初中	3.80	0.30	21.67	73.08	1.14	100(1315)
高中	3.68	0	17.10	77.71	1.52	100(462)
大专及以上	1.02	0	14.29	83.67	1.02	100(98)

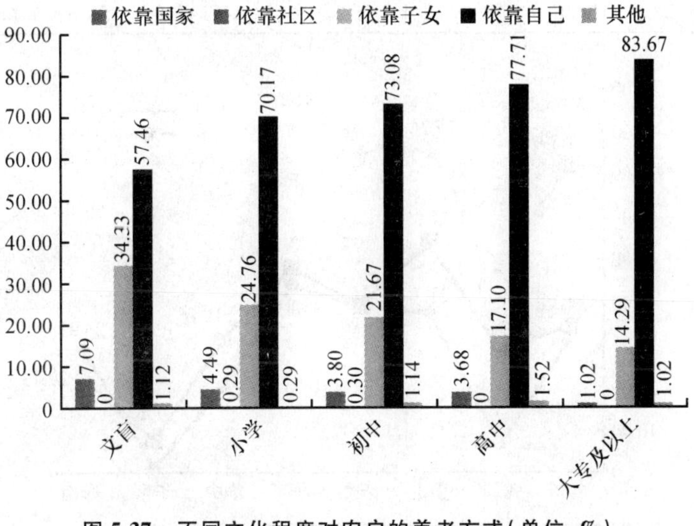

图 5-37　不同文化程度对农户的养老方式(单位:%)

二、参保率

(一) 地区与参保率

长久以来,家户一直是研究农民的单位,鉴于此,我们以被访者家庭为考察单位研究不同地区的参保情况。从全国来看,随着政策从试点到全面推行,2009 至 2011 年"新农保"的参保率分别为 30.77%、34.32%、71.89%,呈递增趋势,其中参保率的增长率分别为 11.54%、109.47%,平均增长率为 121.33%,也就是说

2009 年到 2011 年这三年,全国“新农保”参保率平均以 121.33% 的速度增长。从全国七大地区来看,华东地区参保率最高,三年依次为 43.81%、48.13%、81.41%,均高于同年的全国水平;东北和华南地区参保率均偏低,如 2011 年两地区的参保率分别为 48.37%、54.18%,远低于全国水平。华中地区参保率的增幅最大,从 2009 年的 19.75% 到 2011 年的 80.35%,增幅达到 60.6%。(如表 5-38、图 5-38 所示)总体而言,从三年的变化趋势看,全国的参保率不断提高,各地区的参保率也呈上升趋势,华东地区和华北参保率较高,东北和华南地区参保率较低。

表 5-38 全国及各地区参保率 (单位:%,户)

年份	东北	西北	华北	华东	华中	华南	西南	全国
2009 年	6.52	37.50	38.91	43.81	19.75	1.01	28.93	30.77(489)
2010 年	28.31	54.15	39.06	48.13	31.16	7.49	22.13	34.32(1386)
2011 年	48.37	75.26	75.48	81.41	80.38	54.18	56.48	71.89(2373)

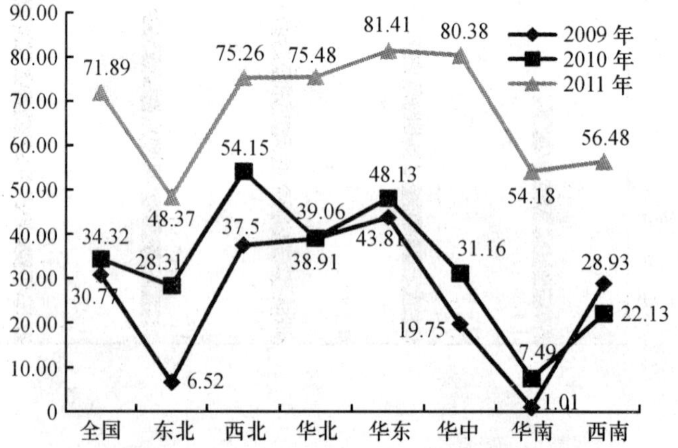

图 5-38 2009—2011 年全国及各地区参保率(单位:%)

(二)家庭收入与参保率

以被访者家庭为研究单位考察家庭收入与参保率,如表 5-39、图 5-39 所示,从 2009 年到 2011 年,不同收入组农户的参保率均呈不断上升的趋势,提升幅度在两成左右,到 2011 年低收入户、中低收入户、中等收入户、中高收入户、高收入户的参保率依次为 75.45%、69.79%、70.25%、72.10%、69.20%;其中低收入户的参保率最高;高收入户的参保率最低。从 2009 年到 2011 年,低收入户的参保率增幅最大、增长率最高,分别为 49.98%、196.23%;高收入户的增幅最小、增长率最低，分别为31%、81.15%。总之，不同收入组的参保率均有大幅度提升，其中低收入户的参保率最高，增长率最快；高收入户的参保率最低，增长率最慢。

表 5-39　2009—2011 年家庭收入的参保率　（单位：%，户）

年份	低收入户	中低收入户	中等收入户	中高收入户	高收入户	有效样本
2009 年	25.47	32.35	30.14	27.40	38.20	479
2010 年	32.63	33.12	35.22	35.51	34.12	1335
2011 年	75.45	69.79	70.25	72.10	69.20	2447

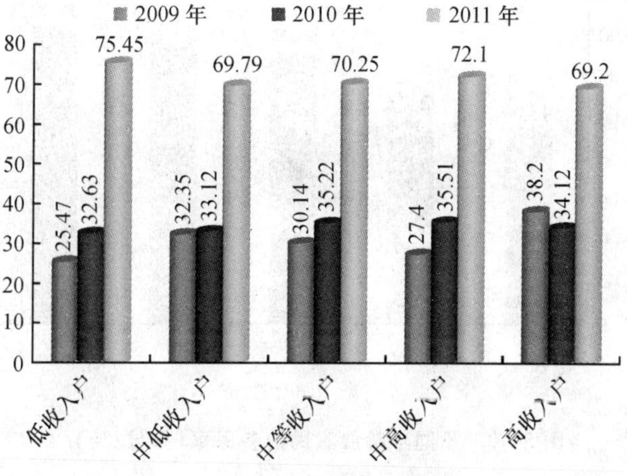

图 5-39　不同家庭收入的参保率（单位：%）

（三）年龄与参保率

为了研究不同年龄层次农民的参保情况，我们以2011年受访农户为研究对象来看不同年龄的参保率。从表5-40、图5-40可知，随着年龄的不断增长，参保率逐渐上升。30岁以下、30—39岁、40—49岁、50—59岁、60岁及以上的参保率依次为：48.05%、58.96%、65.71%、68.47%、71.99%。其中30岁以下的参保率最低，60岁以上的参保率最高。各年龄层递增的幅度依次为：10.91%、6.75%、2.76%、3.52%。总而言之，参保率随着年龄的增长而递增，不同年龄层次递增的幅度有一定差异。

表 5-40　2011 年不同年龄层农民的参保率　(单位:%,人)

不同年龄段	有效样本	占比
30 岁以下	37	48.05
30—39 岁	204	58.96
40—49 岁	690	65.71
50—59 岁	669	68.47
60 岁及以上	658	71.99

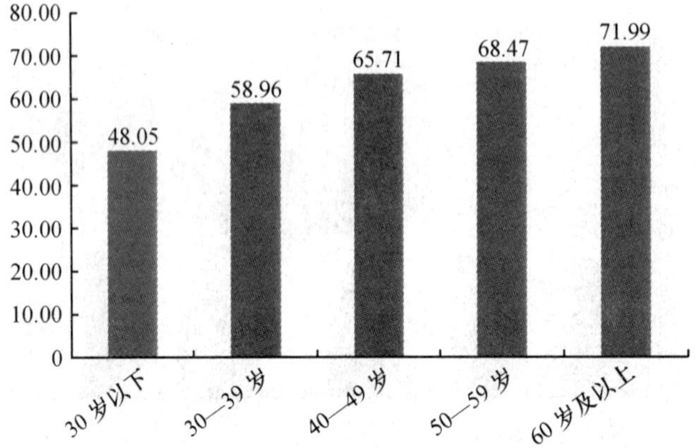

图 5-40　不同年龄层农民的参保率(单位:%)

(四)教育水平与参保率

通过对 2011 年被访农户的教育水平考察农民“新农保”的参保率,如表 5-41、图 5-41 所示,不同教育水平的参保率均在六成以上,其中文盲的参保率最高,为 72.73%;其次是高中,为 71.03%;大专及以上的参保率最低,为 63.81%。总之,不同教育水平的参保率差距较小,文盲的参保率最高,大专及以上的参保率最低。

表 5-41　2011 年不同教育水平的农民的参保率　(单位:%,人)

文化程度	有效样本	占比
文盲	192	72.73
小学	739	68.30
初中	900	64.38
高中	353	71.03
大专及以上	67	63.81

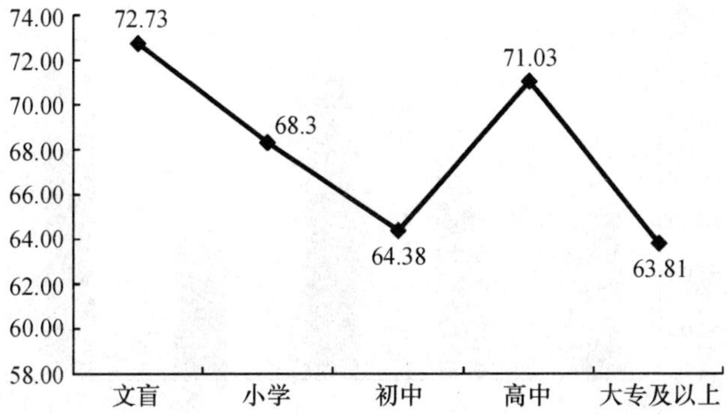

图 5-41　2011 年文化程度与参保率(单位:%)

(五)健康状况与参保率

以 2011 年被访农户为研究对象调查不同身体健康状况的参保率可知,身体状况越差,参保率越高。从表 5-42、图 5-42 可以看出,身体状况为优、良、中、差、很差的农民,参保率分别为 66.45%、66.97%、71.79%、65.15%、72.41%。可见,不同身体健康状况的参保率均在 65% 以上,身体健康状况与参保率呈正相关关系,随着健康水平越来越差,参保率总体呈递增趋势。

表 5-42　2011 年身体健康状况的参保率　　(单位:%,人)

身体健康状况	有效样本	占比
优	1010	66.45
良	874	66.97
中	224	71.79
差	129	65.15
很差	21	72.41

三、农保缴费

(一)缴费方式

2011 年,对所抽样的不同地区缴费方式的选择分析可知,在参保农户中,绝大多数农户选择分期缴费的方式,较少农户选择一次性缴费方式。从全国来看,在 2037 户有效样本中,选择一次性缴费的有 210 户,占比 10.31%。选择分期缴费的有 1827 户,占比 89.69%。从各地区来看,东北、华中地区选择一次性缴费方式的占比最低,分别为 3.19%、3.29%;华北、华中地区处于中间水平,为 7.13%、

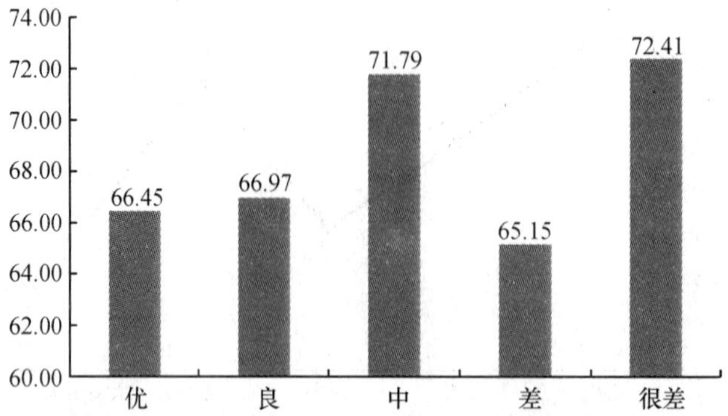

图5-42 2011年不同身体健康状况的参保率(单位:%)

11.6%,西南、华南地区选择一次性缴费的最多,比重分别为16.07%、26.26%,高出全国5.07%、15.95%。一言以蔽之,选择一次性缴费方式占比最高的是华南地区,选择分期缴费方式占比最高的是东北地区,分期缴费方式的选择比重均高于一次性缴费方式的选择。(见表5-43、图5-43)

表5-43 2011年不同地区的缴费方式选择 (单位:%,人)

地区	一次性缴费	分期缴费	合计
全国	10.31	89.69	100(2037)
东北	3.19	96.81	100(94)
西北	14.74	85.26	100(251)
华北	7.31	92.69	100(301)
华东	11.6	88.4	100(612)
华中	3.29	96.71	100(456)
华南	26.26	73.74	100(98)
西南	16.07	83.93	100(224)

将2011年受访农户家庭收入按照五等分法,从表5-44、图5-44可知,不同家庭收入的参保农户对缴费方式的选择不同,20%最低收入组、20%次低收入组、20%中间收入组、20%次高收入组、20%最高收入组选择一次性缴费方式的比重呈现出逐渐下减的趋势,其占比分别为:15.14%、12.68%、7.39%、6.55%、8.98%;随着家庭收入的增加,选择分年缴费的比例逐渐上升,依次为:84.86%、87.32%、92.61%、93.45%、91.02%。显然,20%低收入组选择一次性缴费的占比最大,20%次高收入组选择分年缴费的占比最大。总体而言,家庭收入越高,选

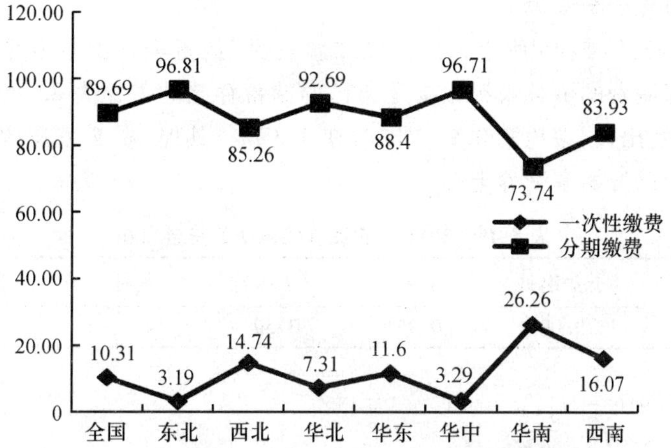

图 5-43　不同地区缴费方式的选择(单位:%)

择一次性缴费方式的比重越低,选择分年缴费方式的比重越高。

表 5-44　2011 年不同收入家庭缴费方式的选择　(单位:%,人)

家庭收入	选择一次性缴费	选择分年缴费	合计
最低 20%	15.14	84.86	100(360)
次低 20%	12.68	87.32	100(355)
中间 20%	7.39	92.61	100(406)
次高 20%	6.55	93.45	100(443)
最高 20%	8.98	91.02	100(401)

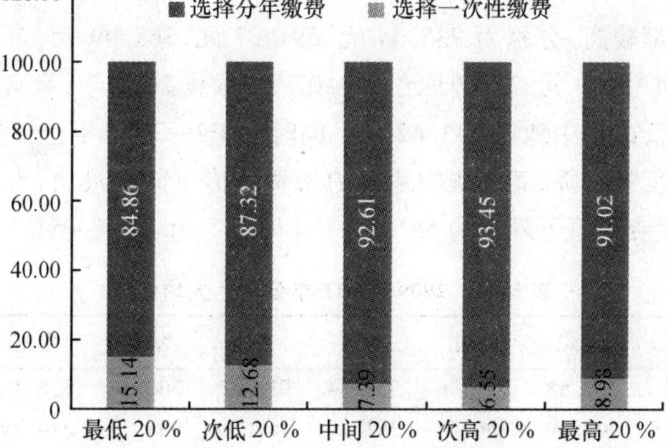

图 5-44　不同收入家庭缴费方式的选择(单位:%)

(二) 缴费资金来源

如表 5-45、图 5-45 所示,农民参加“新农保”的资金来源主要是靠自己的储蓄存款,参保缴费的资金来源主要是自己的储蓄存款的占比为 82.60%。其次较多的就是子女出钱,占比 9.09%。同时在 4.37%“其他”资金来源中主要是政府出钱,即农户已开始享受养老金。

表 5-45 2011 年农民参保缴费的资金来源 (单位:%,人)

储蓄存款	子女出钱	借款	村里出钱	其他	有效样本
82.60	9.09	0.35	3.59	4.37	2310

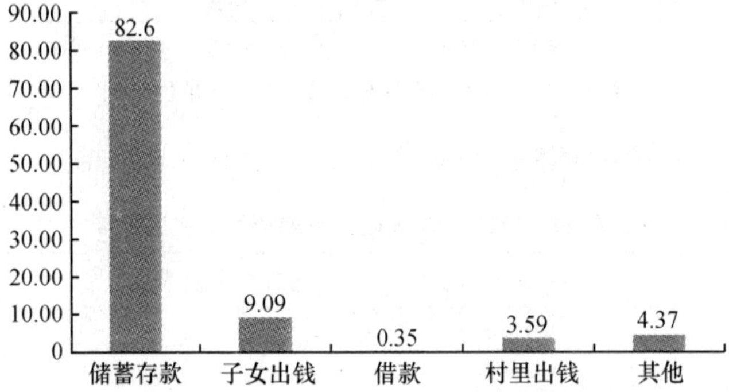

图 5-45 农民参保缴费的资金来源(单位:人,%)

(三) 缴费水平

从全国来看,人均缴费呈下降趋势,从 2009 年到 2011 年依次为 594.50 元、404.02 元、229.80 元,降幅分别为 190.48 元、174.22 元。从各地区来看,华东地区的缴费均值都较高,分别为 735.34 元、391.27 元、365.99 元,东北地区的缴费均值较低,分别为 100 元、213.93 元、143.07 元,截止 2011 年,缴费均值最高的华东地区高出最低的华中地区 243.82 元。同时,2009—2011 年,不同地区的缴费水平均有不同程度的下降,其中华中地区的缴费均值下降率最快,为 83.34%;其次为华北地区,缴费均值下降率为 58.31%。(见表 5-46、图 5-46)

表 5-46 2009—2011 年各地区人均缴费 (单位:元,人)

年份	东北	西北	华北	华东	华中	华南	西南	全国
2009 年	100	213.58	531.76	735.34	733.23	300	538.43	594.50(424)
2010 年	213.93	143.90	256.70	391.27	169.59	933.73	214.79	404.02(1179)
2011 年	143.07	236.99	221.71	365.99	122.17	128.83	172.12	229.80(1715)

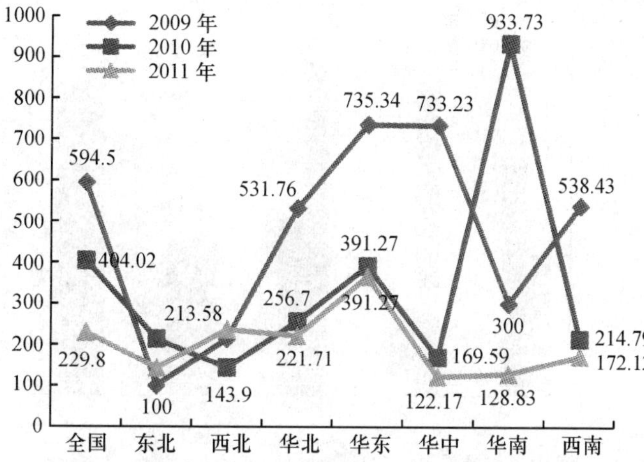

图 5-46　2009—2011 年各地区缴费均值(单位:元)

整体而言,收入越高其缴费水平越高。从表 5-47、图 5-47 可以看出,2011 年,低收入户、中低收入户、中等收入户、中高收入户、高收入户缴费均值分别为 188.64 元、184.76 元、193.30 元、212.48 元、361.04 元。考察不同收入水平的缴费均值可知,随着时间推移,不同收入水平的缴费均值都有所下降,其中中等收入户的降幅最大,为 538.99 元;中高收入户的降幅最小,为 183.70 元。2009 年—2011 年,最高收入户的缴费均值最高,分别为 742.30 元、661.22 元、361.04 元。

表 5-47　2009—2011 年不同收入水平的人均缴费　　(单位:元)

年份	低收入户	中低收入户	中等收入户	中高收入户	高收入户
2009 年	378.67	650	732.29	396.18	742.30
2010 年	491.81	186.47	374.34	337.57	661.22
2011 年	188.64	184.76	193.30	212.48	361.04

如表 5-48、图 5-48 所示,总体而言参保农户的缴费档次较低,主要集中在 200 元以下,从 2009 年—2011 年分别占比 55.19%、75.91%、82.86%;且随着时间的推移,200 元以下缴费档次所占的比重逐渐增大,增幅分别为 20.72%、6.95%。2009 年至 2011 年,1000 元及以上的缴费档次占比较低,但均高于 600—799 元和 800—999 元两个档次,分别为 12.74%、3.93%、4.31%。

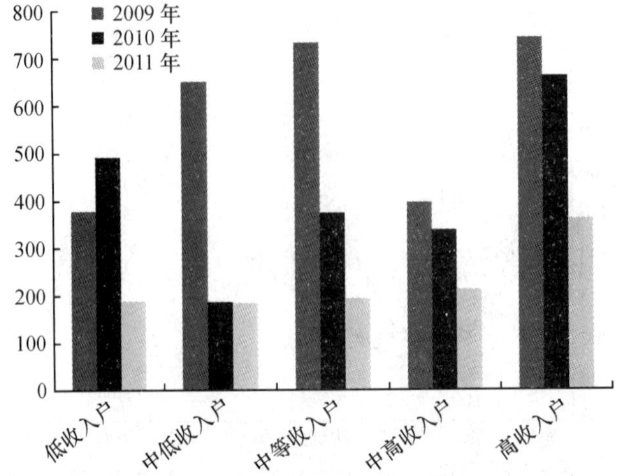

图 5-47　2009—2011 年不同收入水平的缴费均值(单位:元)

表 5-48　2009—2011 年的缴费档次　　(单位:%,人)

年份	200 元以下	200—399 元	400—599 元	600—799 元	800—999 元	1000 元及以上	合计
2009 年	55.19	22.64	5.9	2.83	0.71	12.74	100(424)
2010 年	75.91	12.4	4.95	1.8	1.71	3.93	100(1179)
2011 年	82.86	7.46	3.85	0.76	0.76	4.31	100(1715)

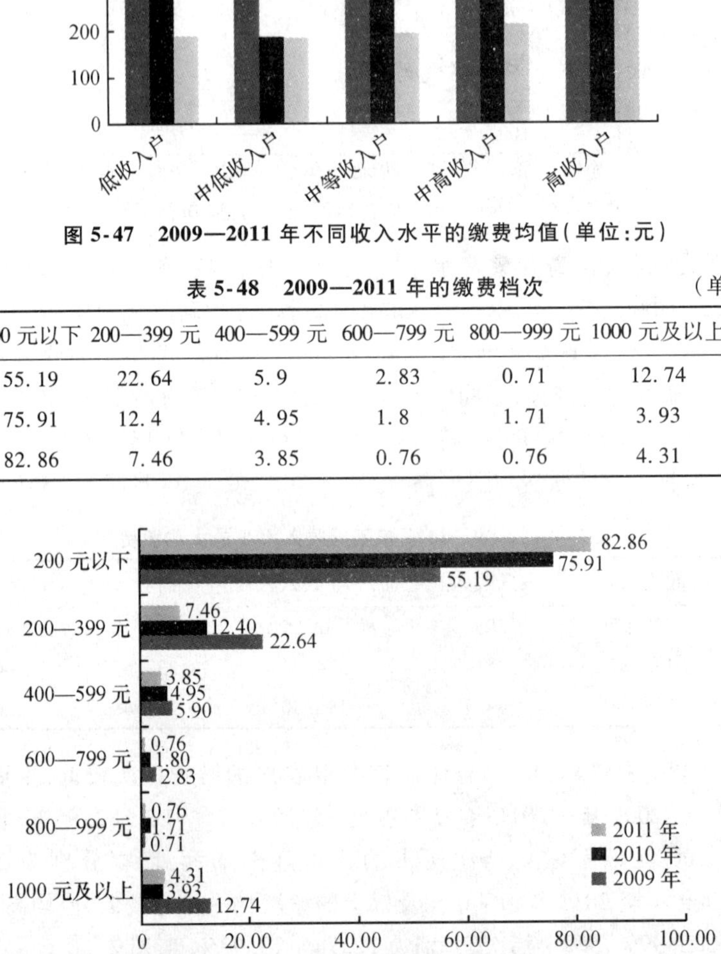

图 5-48　2009—2011 年缴费档次(单位:%)

考察 2011 年不同地区的缴费档次,各地区的缴费档次均较低,七成以上选择 200 元以下,其中华北、华东地区的缴费档次较高。华北地区各缴费档次间的占比差距最小，但整体缴费水平最高，选择 200 元以下的占比为 74.52%，选择 1000 元以上的占比为 9.27%。西北和华中地区缴费档次间的占比差距最大，整体缴费水平较低，华中地区选择 200 元以下缴费档次的占比最大，为 94.32%；西北地区缴费 1000 元及以上的占比最小，为 1.02%。（见表 5-49、图 5-49）

表 5-49　2011 年不同地区的缴费档次　（单位：%，人）

地区	200 元以下	200—399	400—599	600—799	800—999	1000 元及以上	合计
东北	85.23	9.09	2.27	2.27	0	1.14	100(88)
西北	80.2	13.1	5.08	0.51	0	1.02	100(197)
华北	74.52	10.42	4.63	0.77	0.39	9.27	100(259)
华东	77.12	7.88	5.77	0.38	1.73	7.12	100(520)
华中	94.32	3.21	0.49	0.74	0	1.23	100(405)
华南	92.42	1.52	3.03	1.52	0	1.52	100(66)
西南	83.89	6.67	4.44	1.11	1.67	2.22	100(180)

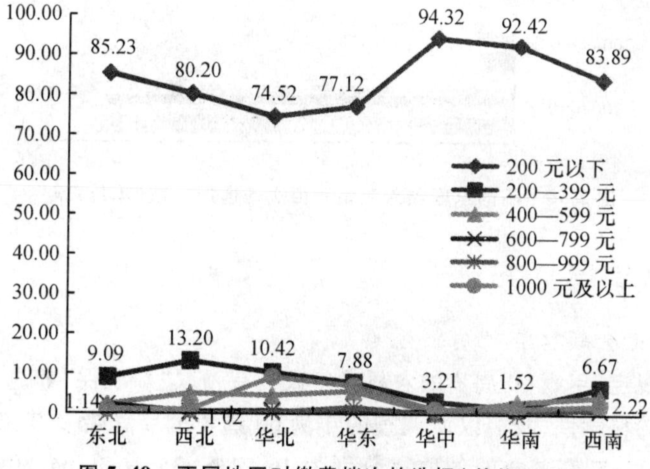

图 5-49　不同地区对缴费档次的选择（单位：%）

从 2011 年不同家庭收入农户对缴费档次的选择可知，八成以上农户的缴费档次在 200 元以下。其中低收入户选择 200 元以下缴费档次的比例最大，为 86.91%；其次是中等收入户，为 85.96%。最高收入户选择 1000 元及以上的比例最大，为 7.14%；中等收入户的占比最小，为 1.37%。数据表明，家庭收入越低，选择较高档次的缴费的比重越低；家庭收入越高，选择较高档次的缴费比重越高。家庭收入与缴费水平大体呈正相关关系。（见表 5-50、图 5-50）

表 5-50 2011 年不同家庭收入对缴费档次的选择比重 (单位:%,人)

家庭收入	200 元以下	200—399	400—599	600—799	800—999	1000 元及以上	合计
低收入户	86.51	6.91	4.28	0.33	0.33	1.64	100(304)
中低收入户	83.79	7.24	3.45	0.34	0.69	4.48	100(290)
中等收入户	85.96	5.73	3.44	0.29	0.29	4.30	100(349)
中高收入户	83.80	7.71	4.11	0.26	0.51	3.60	100(389)
高收入户	75.74	9.47	3.25	2.37	2.07	7.10	100(338)

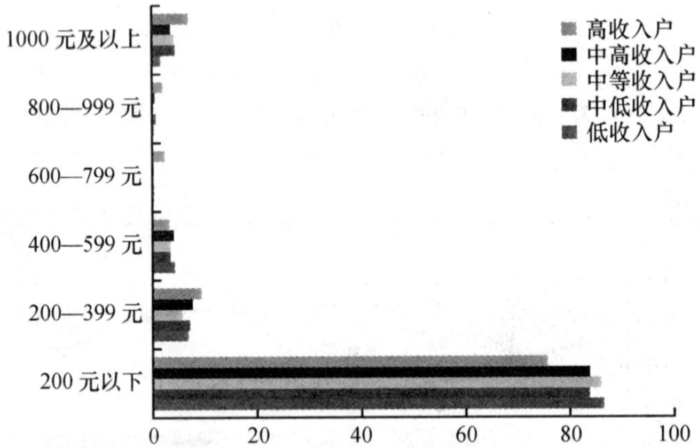

图 5-50 不同家庭收入对缴费档次的选择比重(单位:%)

四、养老金

(一) 养老金领取率

按政策规定,年满 60 周岁的农村老年人具有领取“新农保”养老金的资格,为了保证计算的科学性,我们以所调查的年满 60 周岁的受访者及其家庭成员为对象,2009—2011 年养老金的领取率分别为 16.21%、35.16%、64.80%。可见,随着时间的推移,养老金领取率呈不断上升的趋势,增长率分别为 116.90%、84.30%,平均增长率 173.13%,到 2011 年“新农保”的实际覆盖率已经达到 64.80%。(见表 5-51、图 5-51)

表 5-51　60 周岁以上农村老年人养老金领取率　（单位:人,%）

年份	有效样本	占比	增长率
2009 年	335	16.21	—
2010 年	733	35.16	116.90
2011 年	1517	64.80	84.30

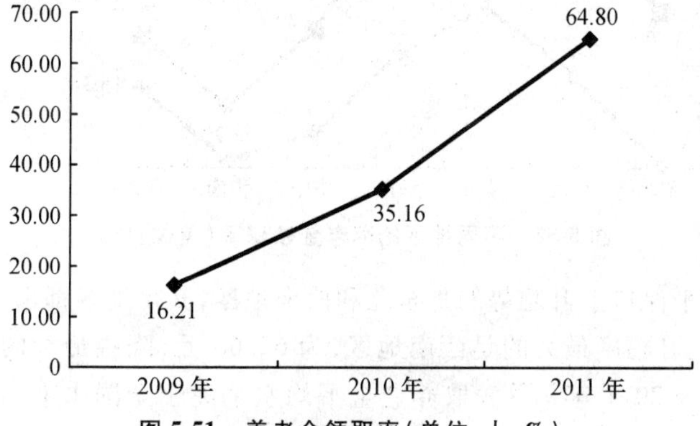

图 5-51　养老金领取率(单位:人,%)

如表 5-52、图 5-52 可知,从 2009 年到 2011 年,不同地区的领取率均有所增长,其中东北地区的覆盖率最低,并且增长幅度较小,华南地区起点较低,但是增长速度最快,2010 年其"新农保"的享受率比 2009 年增长了 8 倍,2011 年又比 2010 年增长了将近 3 倍。华北和华东地区的享受率较高,2009 年至 2011 年,华北地区的享受率分别为 30.96%、38.60%、71.99%,华东地区三年的享受率分别为 22.51%、52.21%、68.50%。总体来看,截止到 2011 年各地区的享受率差异较大,华北、西北、华中、华东地区的领取率均高于全国水平的 64.80%,其中华北地区最高;东北、华南、西南地区低于全国水平,其中东北地区最低。

表 5-52　不同地区的养老金领取率　（单位:%,人）

年份	东北	西北	华北	华东	华中	华南	西南	有效样本
2009 年	0	17.84	30.96	22.51	6.86	1.27	15.31	335
2010 年	30	49.08	38.60	52.21	26.73	11.56	25.63	733
2011 年	40	69.75	71.99	68.50	68.75	51.18	58.23	1517

（二）养老金领取水平

就全国水平看,每月领取养老金均值呈下降趋势,从 2009 年至 2011 年分别为 131.32 元、121.90 元、100.81 元,降幅为 30.51 元。从各地区来看,每月领取

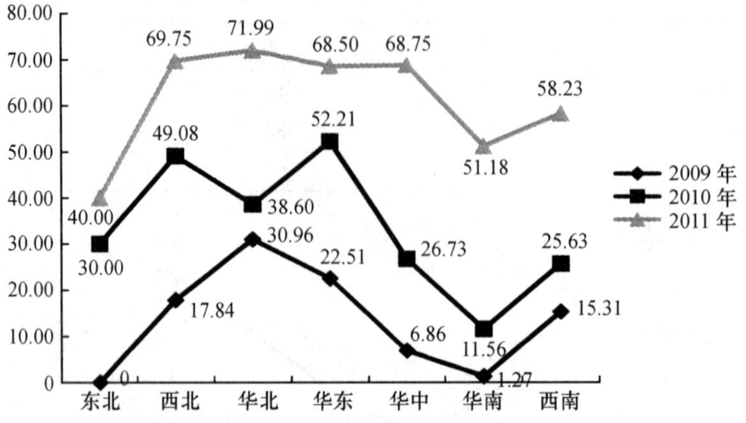

图 5-52 不同地区的养老金领取率(单位:%)

养老金平均水平保持上升趋势的是东北和西南地区,其余地区都出现过不同程度的下降,其中上升幅度最大的是西南地区,为 62. 68 元;降幅最大的是华中地区,为 73. 89 元。至 2011 年每月领取养老金平均水平高于全国水平的地区有西北、华东、西南地区,其中每月领取养老金平均水平最高的是西北地区,为 153. 29 元;最低的是华中地区,为 59. 86 元。(见表 5-53、图 5-53)

表 5-53 2009—2011 年每月领取养老金平均金额 (单位:元)

年份	东北	西北	华北	华东	华中	华南	西南	全国
2009 年	—	120. 56	144. 17	144. 17	133. 75	77. 5	86. 33	131. 32
2010 年	66. 33	178. 86	118. 35	91. 9	127. 93	240. 58	115. 94	121. 9
2011 年	91. 57	153. 29	96. 44	104. 04	59. 86	76. 75	149. 01	100. 81

五、农民评价

(一) 农民参保原因

如表 5-54、图 5-54 可知,农民参加“新农保”的原因主要是“养老有保障”和“减轻子女负担”。其中选择“养老有保障”的农户占比 54. 13% ,选择“减轻子女养老负担”的占比 25. 79% 。另外选择“划得来”的占比 5. 38% ;选择“跟风参加”的占比 5. 94% ;选择“村里要求必须参加”的占比 5. 01% 。总之,农民参保的原因比较明确,主要是为了养老有保障和减轻子女养老负担。

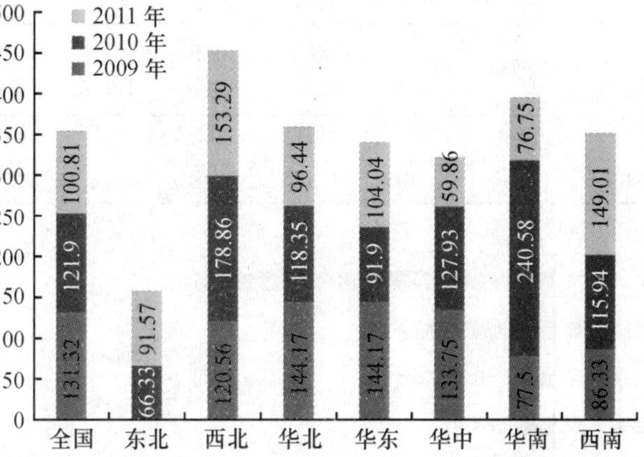

图 5-53　2009—2011 年每月领取养老金平均金额(单位:元)

表 5-54　2011 年农民参加新农保的原因　　(单位:人,%)

	养老有保障	减轻子女负担	划得来	跟风	必须参加	其他	合计
有效样本	1167	556	116	128	108	8	2083
占比	54.12	25.79	5.38	5.94	5.01	3.76	100

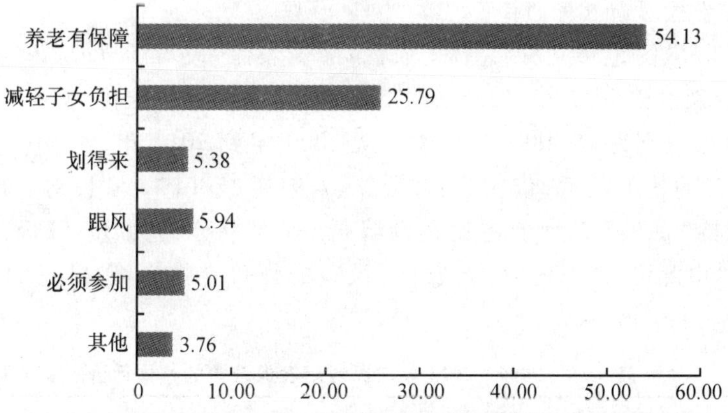

图 5-54　2011 年农民参加新农保的原因(单位:%)

考察农民没有参加"新农保"的原因可知,25.96%因为不了解政策;12.71%是因为自己还年轻,不需要;11.11%因为经济困难,缴不起费;由于"其他"原因没有参加"新农保"的占 34.04%。在"其他"原因中,56.80%是因为村庄还未推行该项政策。总而言之,造成农户没参保的主客观因素中,主要在于农民对政策的知晓度以及"新农保"政策的推广力度。(见表 5-55、图 5-55)

表5-55 2011年农民没参加新农保的原因 (单位:%,人)

	不了解政策	经济困难	捆绑式	养老金太少	投保时间长	自己可以养老	年轻不需要	其他	合计
有效样本	292	125	27	50	38	67	143	383	1125
占比	25.96	11.11	2.40	4.44	3.38	5.96	12.71	34.04	100

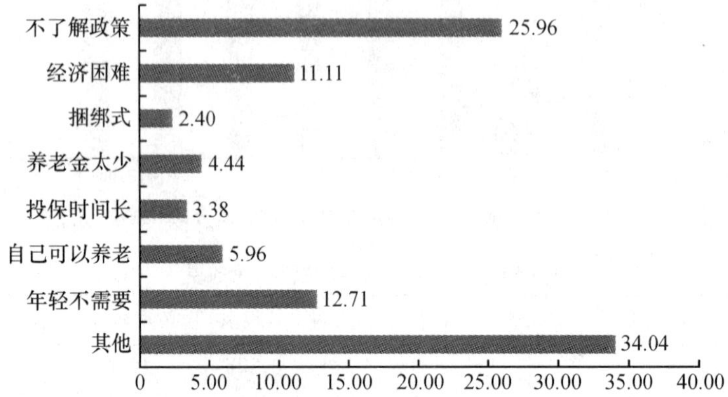

图5-55 农民没参加新农保的原因(单位:%)

(二)农民对新农保的评价

从表5-56、图5-56可知,总体上农民对“新农保”政策满意的占多数,2009—2011年,分别占比56.79%、72.27%、75.91%;随着时间的推移,满意率逐渐呈上升趋势,增幅分别为15.48%、3.64%。从2009年到2011年,农民对“新农保”政策不满意的比重较低,依次为:7.55%、7.91%、5.14%;农民对“新农保”政策的评价持“一般”态度的占比逐渐降低,其比重分别为35.67%、19.82%、18.96%。由此可见,农民对“新农保”政策的评价整体较高,满意的比重逐渐上升。

表5-56 2009—2011年农民对新农保政策的整体评价 (单位:%,人)

年份	非常满意	比较满意	一般	不太满意	很不满意	合计
2009年	25.25	31.54	35.67	6.38	1.17	100(2400)
2010年	41.10	31.17	19.82	6.12	1.79	100(2124)
2011年	33.94	41.97	18.96	4.57	0.57	100(3350)

考察农民是否参保与对“新农保”政策的评价可知,参加“新农保”的农户对该政策的评价高于未参保的农户。参加“新农保”的农户表示“满意”的占比为

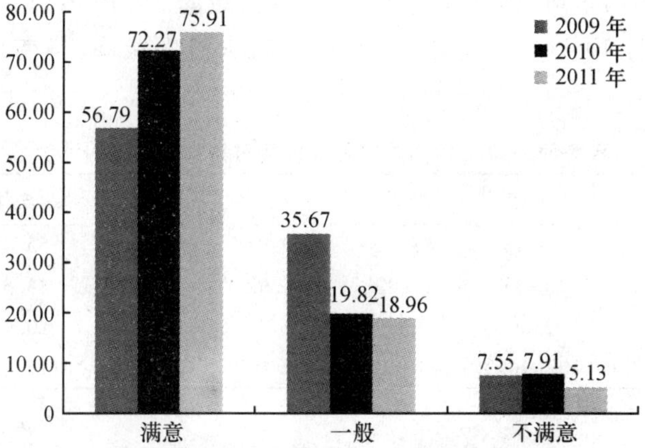

图 5-56　2009—2011 年农民对新农保政策的评价(单位:%)

84.68%,高于未参保的农户 26.71%。参加"新农保"的农户表示"不满意"的占比为 2.31%,低于未参保的农户 8.38%。(见表 5-57、图 5-57)

表 5-57　2011 年是否参保与对新农保的政策评价　(单位:%,人)

是否参保	满意	一般	不满意	合计
是	84.68	13.01	2.31	100(2167)
否	57.97	31.34	10.69	100(954)

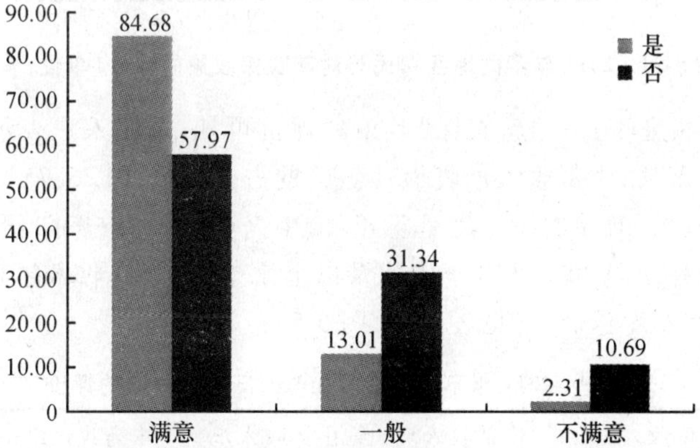

图 5-57　2011 年农民是否参保与对新农保的政策评价(单位:%)

如表 5-58、图 5-58 所示,以 2011 年为例考察不同地区农民对"新农保"政策的评价可知,华北地区表示"满意"的占比最高,为 81.31%;表示"不满意"的占比最低,为2.80%。华南地区表示“满意”的占比最低,为55.47%;表示“不满意”的占比最高,为10.94%。总之,华北地区的满意度最高,华南地区的满意度最低。

表5-58 2011年不同地区农民与对新农保政策的评价 (单位:%,人)

满意度	东北	西北	华北	华东	华中	华南	西南
满意	66.67	78.48	81.31	79.91	78.53	55.47	72.69
一般	26.87	18.83	15.89	16.92	16.97	33.58	16.99
不满意	6.47	2.69	2.80	3.17	4.50	10.94	10.32
合计	100(201)	100(409)	100(428)	100(916)	100(666)	100(265)	100(465)

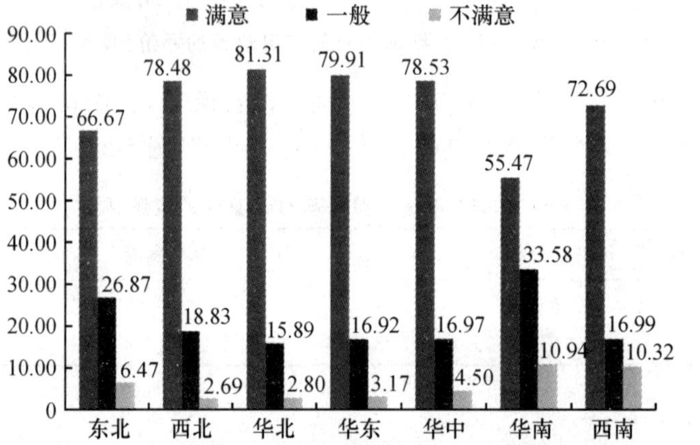

图5-58 2011年不同地区农民与对新农保政策的评价(单位:%)

考察不同家庭收入对“新农保”政策的评价可知,低收入户表示“满意”的占比最高,为77.22%;中低收入户表示“满意”的占比最低,为73.75%。总之,低收入农户对“新农保”政策的满意度呈正相关,中高收入的农户对“新农保”政策的满意度呈负相关,即家庭收入处于中间及以上水平时,家庭收入越高,农户对“新农保”政策的满意度越低。(见表5-59、图5-59)

表5-59 2011年不同家庭收入与对新农保政策的评价 (单位:%,户)

满意度	低收入户	中低收入户	中等收入户	中高收入户	高收入户
满意	77.22	73.75	76.74	75.87	75.47
一般	17.34	19.17	19.62	19.42	20.34
不满意	5.44	7.08	3.64	4.70	4.19
合计	100(698)	100(579)	100(632)	100(659)	100(644)

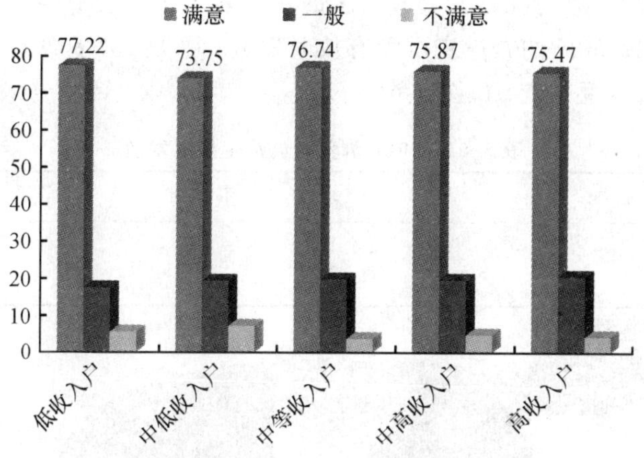

图 5-59　2011 年不同家庭收入与对新农保政策的评价(单位:%)

考察农民对参保手续的评价可知,农户认为参保手续方便的占多数。其中"非常方便""比较方便"的占比分别为:37.40%、50.47%;认为不方便的占1.90%。总之,农民对参保手续的评价整体比较高,接近九成的农户认为参保手续方便。(见表 5-60、图 5-60)

表 5-60　2011 年农民对参保手续的评价　(单位:%,人)

	非常方便	比较方便	一般	不太方便	很不方便	
有效样本	867	1170	237	37	7	2318
占比	37.40	50.47	10.22	1.60	0.31	100

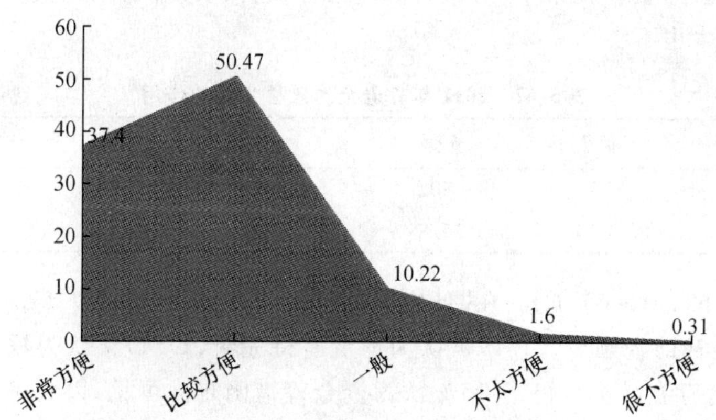

图 5-60　2011 年农民对参保手续的评价(单位:%)

从养老金的发放情况可知,55.77%的农户表示按时发放,41.73%的农民表示对此不知道,2.50%的农户表示没有按时发放。总之,大多数农民认为养老金是按时发放的。(见表5-61、图5-61)

表5-61 2011年养老金是否按时发放 (单位:%,人)

	按时	不按时	不知道
有效样本	981	44	734
占比	55.77	2.50	41.73

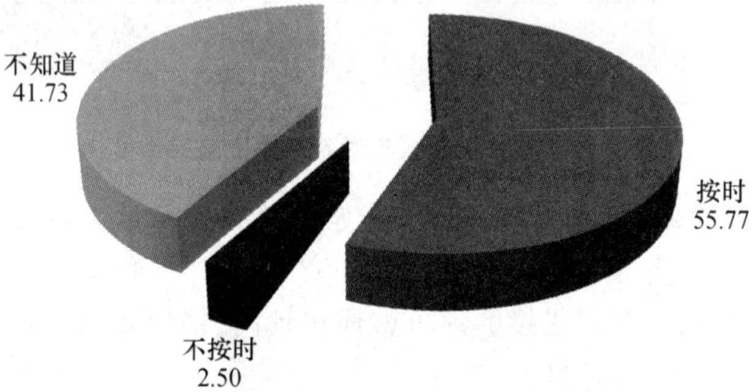

图5-61 养老金是否按时发放(单位:%)

如表5-62、图5-62所示,通过调查养老金对改善农民生活的作用发现,农户认为养老金对改善生活作用大的占比36.10%,认为对改善生活作用小的占比18.81%。其中认为对改善生活作用"一般"的占比最大,为45.10%;认为对改善生活作用"很小"的占比最小,为4.24%。总体而言,农户认为养老金对改善生活的作用既不大也不小。

表5-62 2011年养老金对改善生活的作用 (单位:%,人)

	很大	较大	一般	较小	很小
有效样本	236	802	1297	419	122
占比	8.21	27.89	45.10	14.57	4.24

从表5-63、图5-63可知,在"新农保"政策目前存在的问题中,57.75%的农户认为养老金补助金额少,21.19%认为体制有待完善,17.17%认为覆盖范围小,10.24%认为存在缴费负担,5.15%认为资金筹措困难。可见,以农民的视角,认为"新农保"目前存在的主要问题在于养老金的补助金额少。(见表5-63、图5-63)

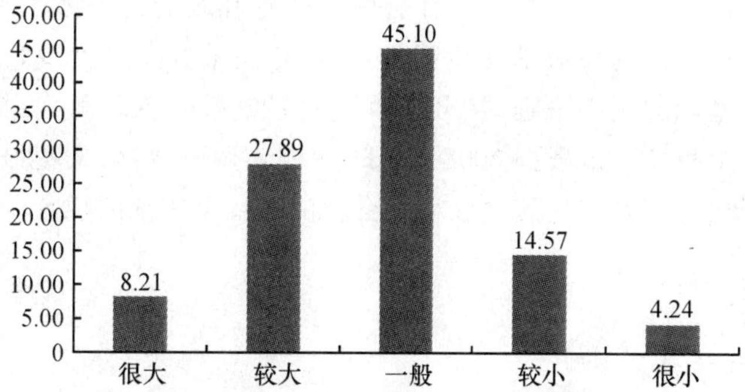

图 5-62 养老金对改善生活的作用(单位:%)

表 5-63 新农保目前存在的问题 (单位:%,人)

存在的问题	覆盖范围小	补助金额少	体制有待完善	资金筹措困难	缴纳负担重	其他
有效样本	533	2069	658	212	287	353
占比	17.17	57.75	21.19	5.15	10.24	11.14

注:此题为多选题

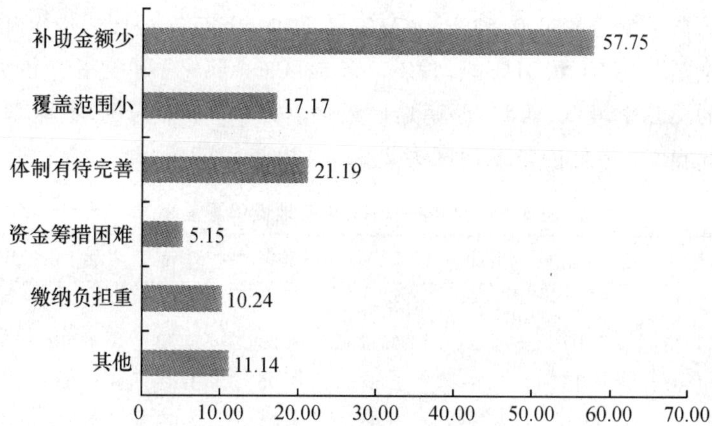

图 5-63 新农保目前存在的问题(单位:%)

第三节 社会救助

农村社会救济和社会优抚是农村社会保障的重要组成部分,包括农村最低生活保障(以下简称"低保")、农村五保以及针对"三属""三红"残废军人和复员军人等的特殊抚恤。农村社会救济和社会优抚是党和政府为保障困难群众和特殊群体基本生活而做出的一项基础性制度安排,是关系群众衣食冷暖的民生工程,是夯实党执政基础的民心工程,是分享改革发展成果的德政工程,是维护社会和谐稳定的同心工程。本节根据2008—2011年四年调研数据,从覆盖情况、平均水平、政策评价等方面,真实地展现农村社会救济和社会优抚的现状。

一、低保

(一)低保的覆盖率

为了统计的科学性,我们以村庄实际登记在册的享受"低保"的人数为对象,从表5-64、图5-64可以看出,全国和各地区"低保"的覆盖率呈上升趋势。2008—2011年全国"低保"的覆盖率依次为3.52%、3.68%、5.04%、4.24%,2011年比2008年提高了0.72%;从各地区看,除华东地区2011年比2008年降低了0.24%外,其他地区2011年相比2008年均有提高,依次为0.38%、1.95%、0.88%、0.88%、0.85%、0.89%。同全国相比,西北、西南地区的覆盖率高于全国的覆盖率,其他五个地区低于全国的覆盖率。以2011年为例,东北、华北、华东、华南地区比全国的覆盖率分别低0.52%、0.71%、1.31%、0.75%;西北、华中和西南地区分别高于全国4.36%、0.01%、1.59%。各地区的"低保"覆盖率有较大的差异,华东地区的覆盖率最低,西北、西南地区最高。以2011年为例,覆盖率最高的西北地区为8.60%,最低的华东地区为2.93%,相差5.67%。

表5-64 2008—2011年各地低保覆盖率 (单位:%,个)

地区	东北	西北	华北	华东	华中	华南	西南	全国
2008	3.34	6.65	2.65	3.17	3.37	2.64	4.48	3.52(202)
2009	3.26	7.07	3.28	2.77	3.23	3.30	4.88	3.68(234)
2010	4.07	9.15	3.61	2.88	3.96	3.45	6.63	5.04(267)
2011	3.72	8.60	3.53	2.93	4.25	3.49	5.37	4.24(252)

(二)低保的平均水平

从纵向来看(表5-65、图5-65),全国和各地区的"低保"水平均有所提高,与2008年相比,2011年,全国"低保"金额提高了40.91元/月,增长率为58.53%。分地区而言,东北、西北、华北、华东、华中、华南、西南地区的"低保"水平分别提高40.91元/月、40.70元/月、54.59元/月、50.89元/月、56.90元/月、21.17元/月、49.67元/月、32.01元/月,增长率依次为32.07%、116.77%、72.01%、

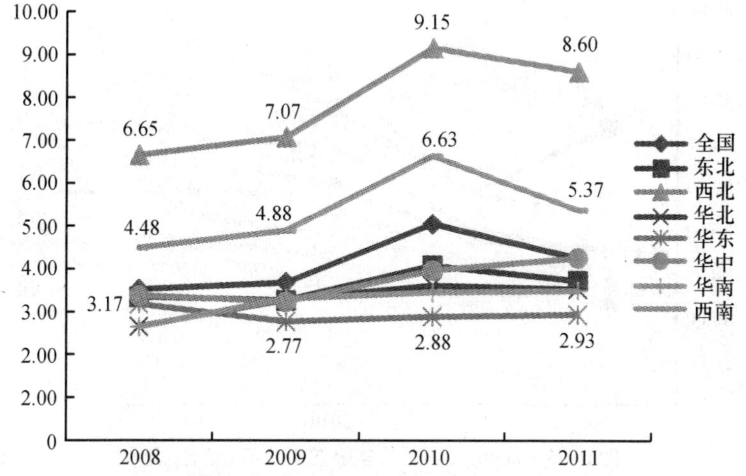

图 5-64　2008—2011 年各地低保覆盖率(单位:%)

65.02%、38.71%、79.69%、58.58%。从绝对量来看,华东地区提高最多,华中地区最少;但从相对量来看,西北地区提高的比率最大,东北和华中地区最小。从横向来看,东北地区的"低保"水平最高,华中地区的"低保"水平最低。东北、华北、华东的"低保"水平总体上高于全国,西北、华中、华南、西南地区低于全国。2012年,东北、华北、华东地区的"低保"水平分别高出全国 51.24%、9.71%、30.32%;西北地区低了 8.53%;华中地区低了 31.54%,西南地区低了 21.79%;华南地区虽然总体低于全国水平,但由于增长较快,2012 年覆盖率高出全国 1.08%。

表 5-65　2008—2011 年低保平均水平　　(单位:元,个)

地区	东北	西北	华北	华东	华中	华南	西南	全国
2008	126.88	46.75	70.67	87.50	54.68	62.33	54.64	69.89(195)
2009	96.63	65.70	79.94	95.87	47.12	66.26	65.21	74.91(212)
2010	136.17	89.74	119.26	149.66	67.46	90.70	77.53	102.03(241)
2011	167.58	101.34	121.56	144.40	75.85	112.00	86.65	110.80(225)

(三) 低保的确定方式

表 5-66、图 5-66 可以看出,村民代表会和村集体讨论成为当前全国"低保"确定的两种主要方式,且以村民代表会为最主要的方式。从 2009—2011 年的总体情况看,村民代表会和村集体讨论的比重不断提高;村干部讨论的比重不断下降,从 2009 年的 21.89% 下降到 2011 年的 17.65%;村支书个人决定和其他方式

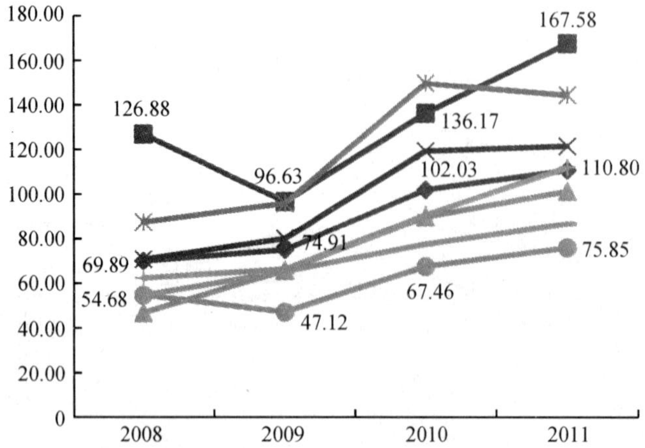

图 5-65　2008—2011 年各地低保水平(单位:元)

的比重较小,且都呈现下降趋势。从各地区的情况来看,东部地区村干部讨论所占比重高于全国以及中部、西部地区;而东部地区村集体讨论所占比重波动较大,且呈降低趋势,其所占比重分别为 14.29%、18.05%、13.75%。中部地区的"低保"确定方式中没有村支书个人决定,其村民代表会所占的比重明显高于全国、东部以及西部地区。西部地区各种方式的比重与全国的较为一致,但村民代表会所占比重明显低于全国及其他地区,村集体讨论又明显高于全国及其他地区。

表 5-66　2009—2011 年各地低保确定方式　　(单位:%,个)

	方式	村干部讨论	村集体讨论	村民代表会	村支书个人决定	其他	合计
全国	2009	21.89	15.88	54.93	1.29	6.01	100(233)
	2010	21.43	18.04	56.77	0.75	3.01	100(266)
	2011	17.65	21.18	57.65	0.78	2.74	100(255)
东部	2009	23.81	14.29	55.95	1.19	4.76	100(84)
	2010	21.43	18.05	56.77	0.75	3.00	100(74)
	2011	26.25	13.75	57.50	1.25	1.25	100(80)
中部	2009	22.78	10.13	60.76	0	6.33	100(79)
	2010	15.53	16.50	66.02	0	1.95	100(103)
	2011	10.10	20.20	65.66	0	4.04	100(99)
西部	2009	18.57	24.29	47.14	2.86	7.14	100(70)
	2010	20.22	24.73	50.56	0	4.49	100(89)
	2011	18.42	30.26	47.37	1.32	2.63	100(76)

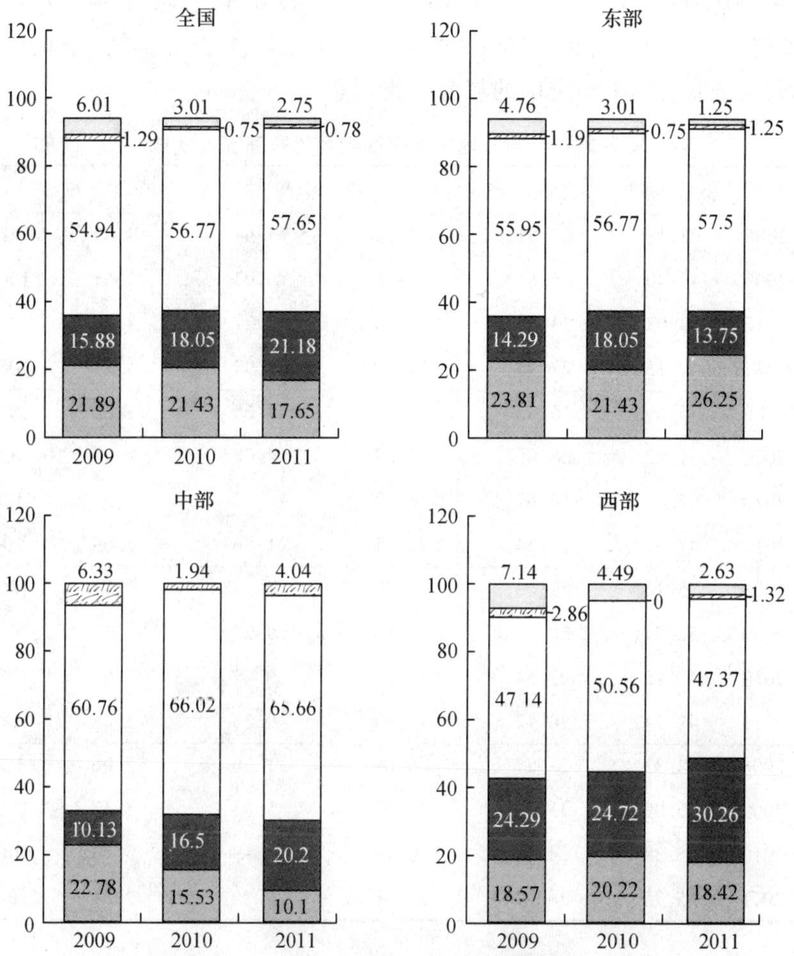

图 5-66　2009—2011 年各地低保确定方式

（四）低保户的家庭收入分布

由表 5-67 和图 5-67 可知，2008 年到 2011 年“低保户”占低收入户的比重分别为 38.18%、49.40%、53.08%、47.13%；占中低收入户的比重分别为 22.91%、26.81%、23.65%、22.96%；占中等收入户的比重分别为 14.18%、13.25%、10.19%、14.20%；占中高收入和高收入的比重较少，2008 年分别为 15.64% 和 9.09%，2009 年分别为 6.93% 和 3.61%，2010 年分别为 8.27% 和 4.81%，2011 年分别为 9.97% 和 5.74%。2008—2011 年“低保户”属于中低收入户和低收入

户的比重分别为61.09%、76.21%、76.73%、70.09%,这意味着70%左右的“低保”享受者属于低收入群体。2008—2011年东部、中部、西部地区“低保”享受者的家庭收入分布总体上与全国的较为一致。

表5-67 全国各地区低保享受者的家庭收入分布 (单位:%,人)

	年份	低收入户	中低收入户	中等收入户	中高收入户	最高收入户	合计
全国	2008	38.18	22.91	14.18	15.64	9.09	100(275)
	2009	49.40	26.81	13.25	6.93	3.61	100(332)
	2010	53.08	23.65	10.19	8.27	4.81	100(520)
	2011	47.13	22.96	14.20	9.97	5.74	100(331)
东部	2008	35.59	16.95	16.95	18.65	11.86	100(59)
	2009	51.22	28.05	14.63	4.88	1.22	100(82)
	2010	62.66	14.67	6.67	14.67	1.33	100(75)
	2011	47.46	18.64	20.35	11.86	1.69	100(59)
中部	2008	35.16	22.66	16.41	17.18	8.59	100(128)
	2009	52.31	20	13.85	9.23	4.61	100(130)
	2010	42.75	27.54	15.22	9.42	5.07	100(138)
	2011	48.74	20.17	15.97	9.24	5.88	100(119)
西部	2008	44.32	27.27	9.09	11.36	7.96	100(88)
	2009	45.00	33.33	11.67	5.83	4.17	100(120)
	2010	55.38	24.10	8.79	6.19	5.54	100(307)
	2011	45.75	26.80	10.46	9.80	7.19	100(153)

(五)农民对低保政策的满意度

考察全国农民对“低保”政策的满意程度可知,60%左右的农民对“低保”政策感到“比较满意”或“非常满意”。2009—2011年,农民对“低保”政策感到“非常满意”和“比较满意”的所占比重之和分别为59.87%、59.41、67.44%,呈上升趋势。对“低保”政策评价一般的农民的比重在不断下降,2009年为30.15%,2011年为25.26%。对“低保”政策“不太满意”和“很不满意”的农民的比重总体上也在不断降低。从各地区的情况看,2009—2011年,东部地区农民对“低保”政策感到“不太满意”和“很不满意”的所占比重比全国低一些,这两项所占比重之和依次为9.10%、7.07%、4.21%,比全国的9.98%、10.92%、7.30%分别低了

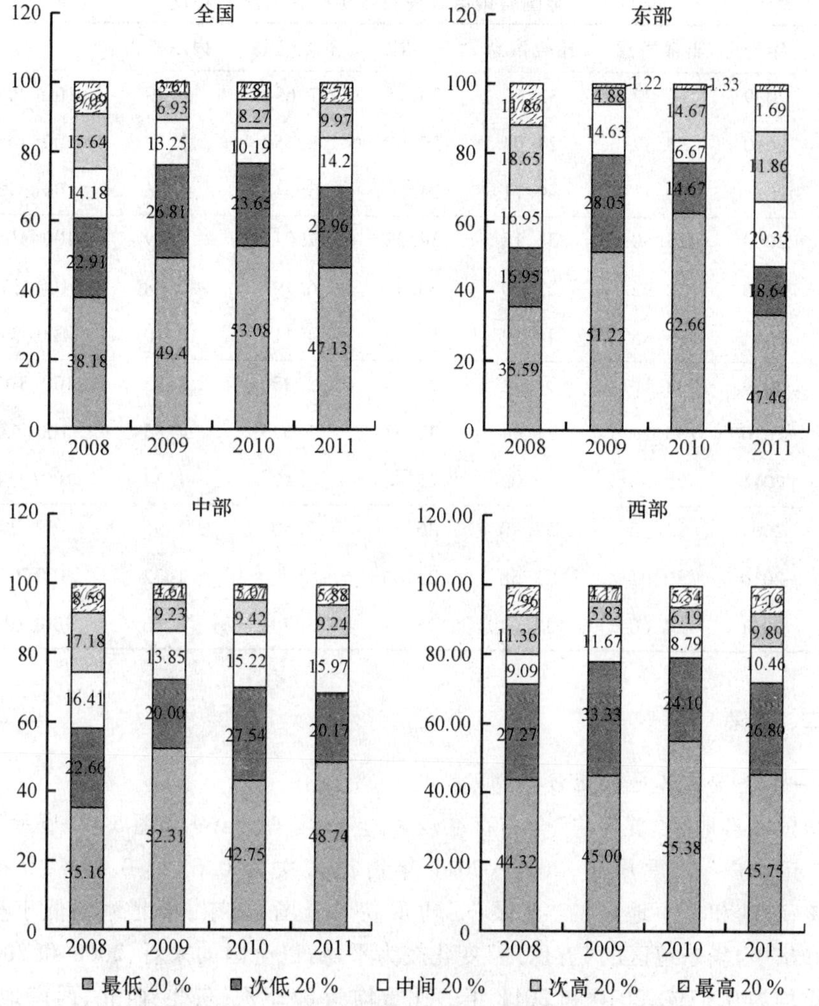

图 5-67　全国各地区低保享受者的家庭收入分布

0.88%、3.85%、3.09%。中部地区农民对“低保”政策的满意程度与全国的情况较为一致。西部地区农民对“低保”政策感到“不太满意”和“很不满意”两项所占比重之和总体上比全国明显高一些，这两项之和占比依次为 9.53%、11.85%、12.35%，除 2009 年外，分别比全国高出 0.93%、5.05%。

表5-68 全国各地区农民对低保政策的满意程度 (单位:%,人)

	年份	非常满意	比较满意	一般	不太满意	很不满意	合计
全国	2009	26.27	33.60	30.15	7.69	2.29	100(3095)
	2010	35.37	24.04	29.67	8.65	2.27	100(1456)
	2011	26.73	40.71	25.26	5.64	1.66	100(3127)
东部	2009	25.50	31.18	34.22	7.01	2.09	100(1055)
	2010	28.92	23.60	40.41	6.19	0.88	100(339)
	2011	26.85	44.29	24.65	4.11	0.10	100(998)
中部	2009	28.12	31.24	29.34	8.45	2.85	100(1053)
	2010	33.26	21.94	32.33	7.62	4.85	100(433)
	2011	28.56	40.02	25.96	4.12	1.34	100(1117)
西部	2009	25.12	38.70	26.65	7.60	1.93	100(987)
	2010	39.91	25.58	22.66	10.53	1.32	100(684)
	2011	24.60	37.94	25.11	8.79	3.56	100(1012)

二、五保

(一)全国及各地区比较

全国和各地区"五保户"分布存在较大的差异。表5-69和图5-69显示,华南地区"五保户"比重最高,2008—2011年占比依次为0.61%、0.55%、0.64%、0.48%;华南和华中地区的"五保户"比重高于全国,华东、华北地区低于全国。全国和华中、华东地区的"五保户"变化较为平稳,以全国的来看,2008和2009年的比重均为0.37%,2010和2011年的比重均为0.35%;东北、西北、西南地区波动较大,以西北地区为例,2008年为0.16%,2009年为0.24%,2010年达到四年中的最高0.42%,2011年又降为0.23%。此外,2011年同2008年相比,东北、西北、华北、华中地区的"五保户"占比有所提高;西南地区的占比未变;全国、华东和华南地区的占比有所降低。

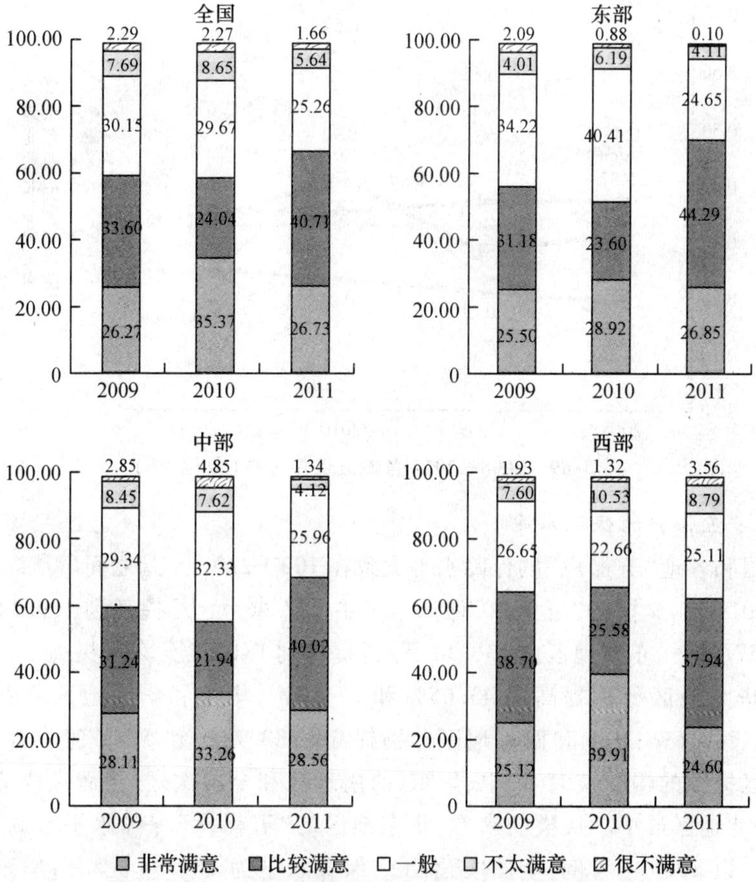

图 5-68　全国各地区农民对低保政策的满意程度

表 5-69　2008—2011 年各地五保户分布　（单位:%，人）

地区	东北	西北	华北	华东	华中	华南	西南	全国
2008 年	0.31	0.16	0.19	0.36	0.45	0.61	0.31	0.37(1766)
2009 年	0.28	0.24	0.21	0.32	0.48	0.55	0.40	0.37(2024)
2010 年	0.41	0.42	0.23	0.33	0.45	0.64	0.40	0.35(2046)
2011 年	0.33	0.23	0.25	0.32	0.46	0.48	0.31	0.35(2098)

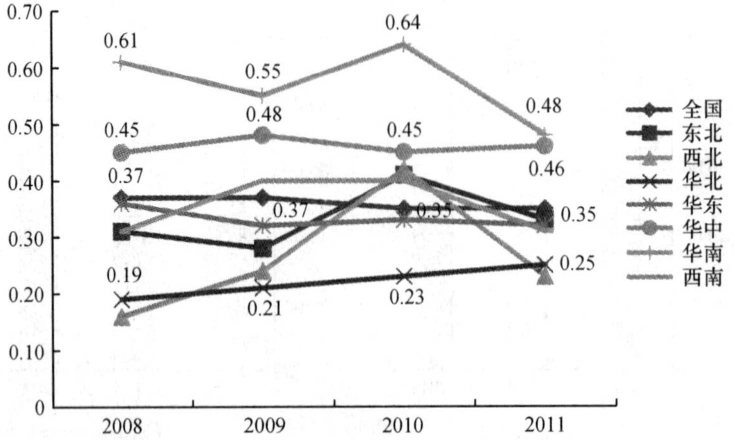

图 5-69　2008—2011 各地五保户分布(单位:%)

(二) 五保户的保障水平

全国和各地“五保户”的保障水平大致在 100—220 元/月之间。从纵向来看,2008—2011 年,全国的“五保户”保障水平由 107.66 元/月提高到 169.34 元/月,提高了 57.29%;东北地区由 136.14 元/月提高到 181.55 元/月,提高了 33.35%;西北和华北地区分别提高了 43.65% 和 27.50%,华东和华中地区分别提高了 65.25%、70.16%;华南和西南地区分别提高了 83.77% 和 57.87%。对比来看,华南地区提高的幅度最大,华中、华东、西南地区和全国次之,然后是西北和东北地区,华北地区最小。从横向来看,华东地区的“五保户”保障水平最高,华中地区最低。以 2011 年为例,全国“五保户”保障水平为 169.34 元/月,华东地区为 204.45 元/月,高出全国 35.11 元/月;华中地区为 135.38 元/月,低于全国 33.96 元/月;华东地区比华中地区高出 69.07 元/月。(见表 5-70、图 5-70)

表 5-70　2008—2011 年各地五保的平均水平　(单位:元,个)

地区	东北	西北	华北	华东	华中	华南	西南	全国
2008 年	136.14	113.80	122.00	123.72	79.56	109.00	106.57	107.66(156)
2009 年	150.11	139.84	117.06	161.21	94.19	140.28	122.43	131.23(186)
2010 年	166.70	208.71	221.35	247.59	125.18	153.89	165.78	188.51(203)
2011 年	181.55	163.48	155.55	204.45	135.38	200.31	168.25	169.34(194)

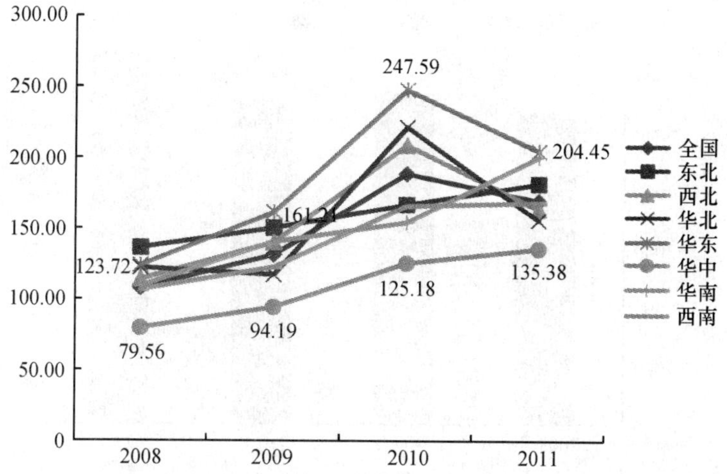

图 5-70　2008—2011 各地五保的平均水平(单位:元)

三、优抚

(一) 社会优抚的总体情况

整体而言,所抽样的村庄中,2008—2011 年"三属"人数分别为 363 人、531 人、945 人和 698 人,四年内增长了 92.29%;"三红"人数分别为 30 人、69 人、91 人、87 人,涨幅 190%;残疾军人人数分别为 209 人、315 人、347 人、350 人,增长了 65.46%;复员军人人数分别为 4493 人、4521 人、3920 人、4988 人,四年涨幅为 11.02%。(见表 5-71、图 5-71)

表 5-71　社会优抚的总体情况　(单位:人)

年份＼类别	"三属"	"三红"	残疾军人	复员军人
2008 年	363	30	209	4493
2009 年	531	69	315	4521
2010 年	945	91	347	3920
2011 年	698	87	350	4988

注:"三属"是指革命烈士家属、因公牺牲军人家属、病故军人家属。

(二) 社会优抚的地区分布

1. "三属"的地区分布。

"三属"的地区分布呈现出非均衡性。2008—2011 年,东部地区的比重呈下降趋势,从 2008 年的 49.03%,下降到 2009 年的 39.17%,再到 2010 年的

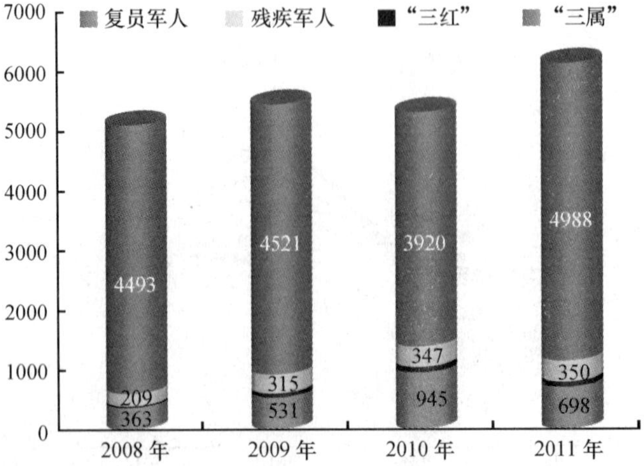

图5-71　社会优抚整体情况(单位:人)

41.38%,到2011年,占比降至32.23%;中部地区的比重变化较大,2008—2010年逐步降低,依次为34.99%、27.31%、26.88%,但是2011年有大幅升高,为59.03%;西部地区占比相对较低,虽然2009、2010年较高,但从四年的趋势看,占比还是很低,2008年为15.98%,而2011年却为8.74%。(见表5-72、图5-72)

表5-72　"三属"的地区分布　(单位:%,人)

年份＼地区	东部	中部	西部	全国
2008	49.03	34.99	15.98	100(363)
2009	39.17	27.31	33.52	100(531)
2010	41.38	26.88	31.74	100(945)
2011	32.23	59.03	8.74	100(698)

注:"三属"是指革命烈士家属、因公牺牲军人家属、病故军人家属。

2. "三红"的地区分布。

从表5-73和图5-73可以看出,"三红"的地区分布波动较大。2008年,东部、中部、西部地区"三红"的地区分布占比分别为33.33%、23.34%、43.33%,三大地区占比差别不大;但是2009年,东部地区占比达到57.97%,而2010、2011年东部地区占比不断下降,依次为24.18%、8.64%;同时,中部地区的占比由2008年的23.34提高到2011年的75.31%,提高幅度较大;西部地区的占比波动也很明显,2008年为43.33%,2009年为23.19%,2010年比重较大,为48.35%,2011年又降为16.05%。

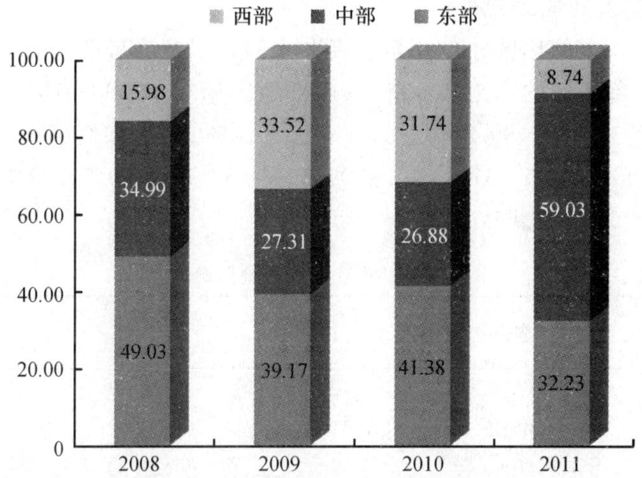

图 5-72 “三属”的地区分布(单位:%)

表 5-73 “三红”的地区分布 (单位:%,人)

地区 年份	东部	中部	西部	全国
2008	33.33	23.34	43.33	100(30)
2009	57.97	18.84	23.19	100(69)
2010	24.18	27.47	48.35	100(91)
2011	8.64	75.31	16.05	100(81)

注:“三红”是指在乡红军老战士、西路军老战士、红军长征失散人员。

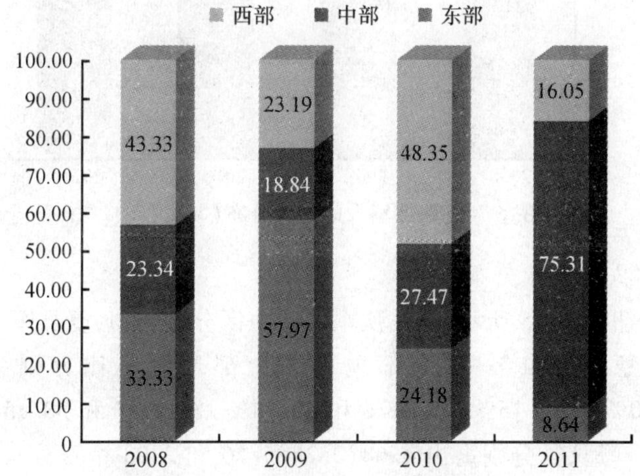

图 5-73 “三红”的地区分布(单位:%)

3. 残疾军人的地区分布。

考察残疾军人的地区分布可知残疾军人的地区分布较为均衡,且变化不大。东部地区和中部地区的占比基本持平,西部地区稍低。2008—2011 年,东部地区的比重依次为 37.32%、39.05%、41.50%、37.14%;中部和西部地区的比重分别为 42.11% 和 20.57%、31.43% 和 29.52%、37.17% 和 21.33%、37.72% 和 25.14%。(表 5-74 和图 5-74)

表 5-74 残废军人的地区分布 (单位:%,人)

年份 \ 地区	东部	中部	西部	全国
2008 年	37.32	42.11	20.57	100(209)
2009 年	39.05	31.43	29.52	100(315)
2010 年	41.50	37.17	21.33	100(347)
2011 年	37.14	37.72	25.14	100(350)

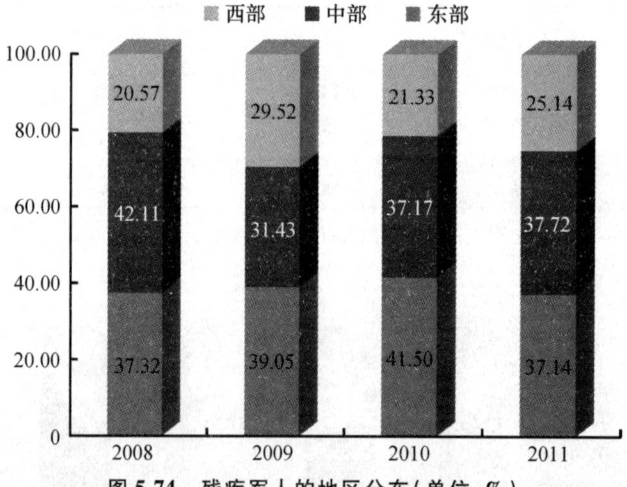

图 5-74 残疾军人的地区分布(单位:%)

4. 复员军人的地区分布。

如表 5-75 和图 5-75 所示,同残疾军人的地区分布类似,复员军人的地区分布也较为平衡、稳定。四年中,东部地区和中部地区占比分别为 36.23% 和 40.91%、34.90% 和 35.15%、33.98% 和 39.74%,35.22% 和 38.15%,中部地区占比略高于东部地区,分别高出 4.68、0.25、5.76 和 2.93 个百分点;西部地区占比低于东部、中部地区,占比分别为 22.86%、29.95%、26.28%、26.63%。

表 5-75　复员军人的地区分布　（单位:%,人)

年份＼地区	东部	中部	西部	全国
2008 年	36.23	40.91	22.86	100(4493)
2009 年	34.90	35.15	29.95	100(4521)
2010 年	33.98	39.74	26.28	100(3920)
2011 年	35.22	38.15	26.63	100(4988)

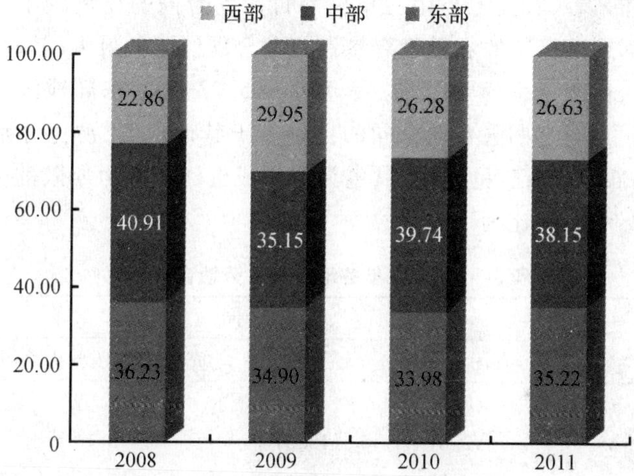

图 5-75　复员军人的地区分布(单位:%)

第四节　农民工保障

农民工是我国城市化进程中具有“农村人”和“城市人”双重身份的特殊群体,他们对城市的发展作出了巨大的贡献,但当前基于农民工的保障机制并不完善,农民工保障问题亟待解决。本节基于实证调查,以外出务工的农民工为对象,从劳动与工资保障、社会保险保障两个层面出发分析农民工保障的基本情况,并从不同打工地区、性别、年龄、行业、工种、收入等维度刻画农民工社会保障存在的差异,力图真实地反映当前我国农民工社会保障的现状与问题,画出农民工保障的清晰图景。

一、劳动保障

(一)劳动合同

1. 各地区农民工劳动合同签订。

如表5-76、图5-76所示,从全国来看,73.28%的农民工在务工地没有签订劳动合同,8.26%的农民工签订了有固定期限的劳动合同,9.37%的农民工签订了无固定期限的劳动合同,还有9.09%的农民工签订了以完成工作任务为期限的劳动合同,整体来看,农民工与用工单位签订劳动合同的比例较小。从各打工地区来看,在中部地区打工的农民没有签订劳动合同的比例最大,其次是西部地区,东部地区最小,比例分别为82.5%、75.51%、65.77%;在东部地区打工农民签订了有固定期限、无固定期限劳动合同的比例高于其他地区,占比分别为12.61%、13.51%;在中部地区打工的农民,其签订以完成工作任务为期限的劳动合同的比例大于东西部地区,占比为10%。

表5-76 2011年各地农民工劳动合同签订 (单位:%,人)

打工地区	无合同	有合同			合计
		有固定期限	无固定期限	完成工作任务为期限	
全国	73.28	8.26	9.37	9.09	100(200)
东部	65.77	12.61	13.51	8.11	100(111)
中部	82.50	5.00	2.50	10	100(40)
西部	75.51	10.20	8.16	6.12	100(49)

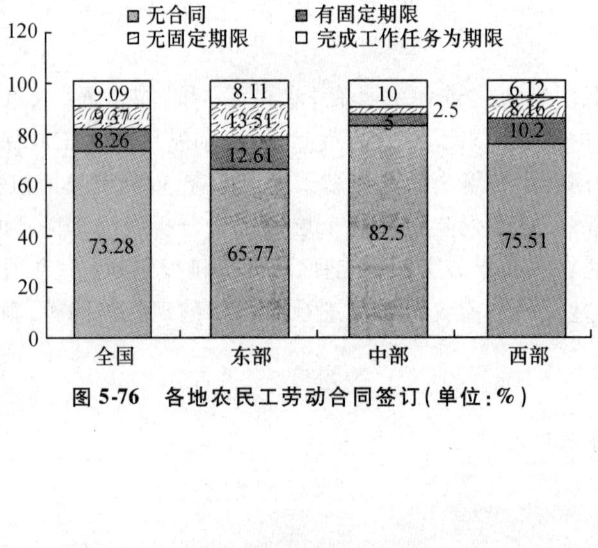

图5-76 各地农民工劳动合同签订(单位:%)

2. 各行业农民工劳动合同签订。

考察不同行业与农民工劳动合同签订情况可知，住宿餐饮业农民工没有签订劳动合同的比重最大，占比为 92.86%，制造业农民工没有签订劳动合同的比重最小，占比为 39.62%，建筑采掘业、交通运输业和其他行业农民工没有签订劳动合同的比重也较高，均超过了 70%。在劳动合同签订率较高的制造业中，签订有固定期限劳动合同的比例最大，为 24.53%，签订了无固定期限劳动合同的比例其次，占比为 22.64%，签订以完成工作任务为期限的劳动合同的比例为 13.21%，均高于其他行业。（见表 5-77、图 5-77）

表 5-77　2011 年各行业农民工劳动合同签订　（单位：%，人）

打工行业	无合同	有合同			合计
		有固定期限	无固定期限	完成工作任务为期限	
住宿餐饮业	92.86	0	0	7.14	100(14)
建筑采掘业	83.12	5.19	5.19	6.49	100(77)
制造业	39.62	24.53	22.64	13.21	100(53)
交通运输业	71.43	7.14	14.29	7.14	100(14)
其他行业	80.95	7.14	7.14	4.77	100(42)

注："其他行业"包括零售、养殖等行业。

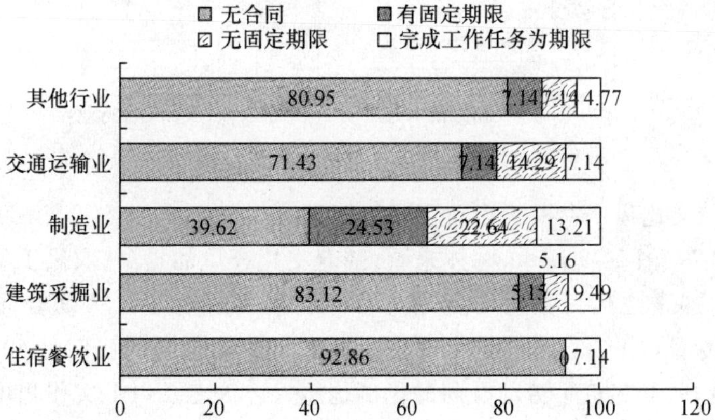

图 5-77　各行业农民工劳动合同签订（单位：%）

3. 各工种农民工劳动合同签订。

不同工种农民工劳动合同的签订率差异不大，如表 5-77、图 5-77 所示，体力劳动者、初级技术人员没有签订劳动合同的比例为 73.29%，熟练技师（农、工等行业)没有劳动合同的比例为73.08%,相差了0.21个百分点。体力劳动者、初级技术人员签订固定期限劳动合同的比例为9.59%,高于熟练技师(农、工等行业);熟练技师(农、工等行业)签订无固定期限劳动合同的比例为15.38%,高于体力劳动者、初级技术人员;体力劳动者、初级技术人员,熟练技师(农、工等行业)签订了以完成工作任务为期限的劳动合同的比例分别为7.53%、7.69%。

表5-78 2011年各工种农民工劳动合同签订 (单位:%,人)

打工工种	无合同	有合同			合计
		有固定期限	无固定期限	完成工作任务为期限	
体力劳动者、初级技术人员	73.29	9.59	9.59	7.53	100(146)
熟练技师(农、工等行业)	73.08	3.85	15.38	7.69	100(26)

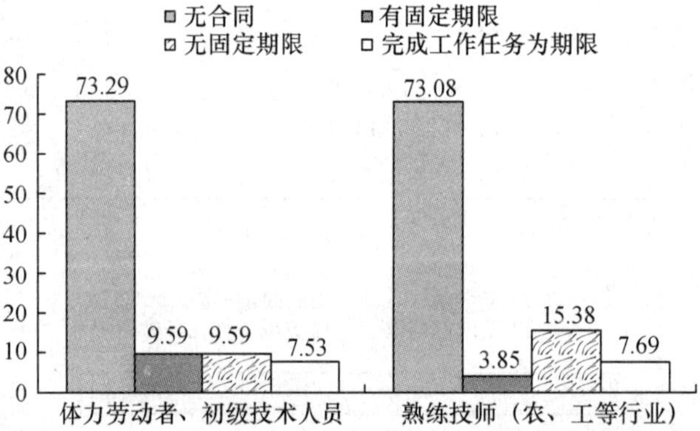

图5-78 各工种农民工劳动合同签订(单位:%)

4. 不同文化程度农民工劳动合同签订。

如表5-79、图5-79所示,总体来看,随着文化程度的提高,农民工签订劳动合同的比率呈递增之势。文化程度是文盲的农民工没有签订劳动合同的比例为87.5%,大专及以上文化程度的农民工没有签订劳动合同的比例为40%,农民的文化程度越高,其签订了劳动合同的比例也越大。大专及以上文化程度的农民工签订无固定期限、以完成工作任务为期限劳动合同的比重均高于其他农民,占比分别为30%、20%,高中学历农民工签订有固定期限劳动合同的比率较高,为13.73%。

表 5-79　2011 年各学历农民工劳动合同签订　　（单位:%,人）

学历	无合同	有合同			合计
		有固定期限	无固定期限	完成工作任务为期限	
文盲	87.50	0	6.25	6.25	100(16)
小学	81.03	4.31	10.34	4.31	100(116)
初中	69.23	10.06	9.47	11.24	100(169)
高中	70.59	13.73	3.92	11.76	100(51)
大专及以上	40	10	30	20	100(10)

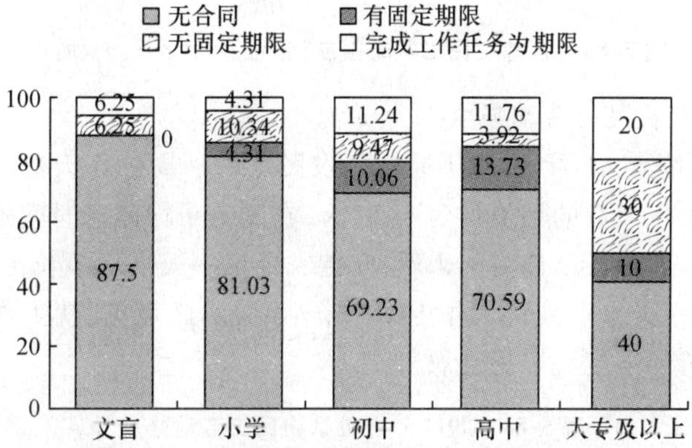

图 5-79　各学历农民工劳动合同签订（单位:%）

（二）劳动强度

1. 各地区农民工劳动强度。

如表 5-80、图 5-80 所示,从全国的整体情况来看,农民工一周工作天数均值为 6.2 天,一天最长工作时间为 10.75 个小时,在东部地区和中部地区打工的农民工,一周工作天数均值超过了全国平均水平,分别为 6.4 天和 6.31 天,西部地区农民工的周工作天数均值低于全国平均水平,为 6.11 天;东部地区农民工一天最长工作时间均值也高于全国平均水平和中西部地区水平,均值达到了 11.29 个小时。

表 5-80　2011 年各地农民工劳动强度　　（单位:天,小时,人）

打工地区	一周工作天数均值	最长工作小时数均值	有效样本
全国	6.20	10.75	189
东部	6.40	11.29	107
中部	6.31	10.22	36
西部	6.11	10.67	46

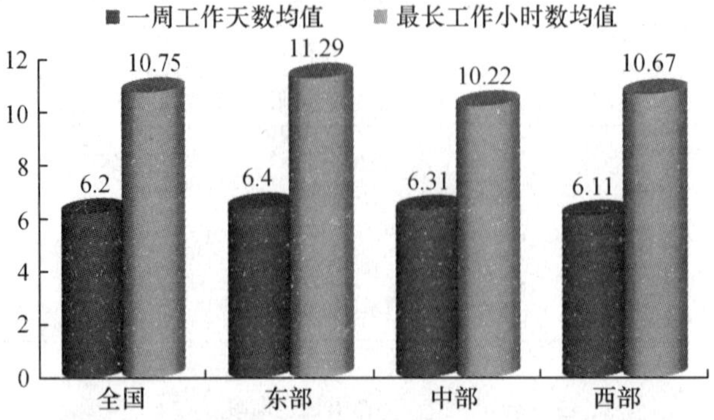

图 5-80　各地农民工劳动强度(单位:小时/天,天/周)

2. 不同性别农民工劳动强度。

由表 5-81、图 5-81 可知,从不同性别农民工的一周工作天数来看,男性和女性农民工一周工作天数的均值均为 6. 20 天,农民工平均休息时间不足 1 天;从不同性别农民工一天最长工作时间来看,女性农民工一天平均最长工作 11. 15 个小时,男性农民工一天平均最长工作 10. 67 个小时,由此可见,就工作时间来而言,女性农民工的劳动强度大于男性农民工。

表 5-81　2011 年各性别农民工劳动强度　　(单位:天,小时,人)

性别	一周工作天数均值	最长工作小时数均值	有效样本
男性	6. 20	10. 67	259
女性	6. 20	11. 15	50

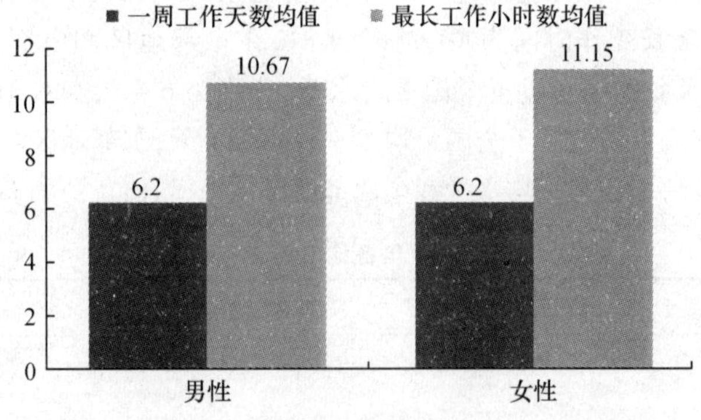

图 5-81　各性别农民工劳动强度(单位:小时/天,天/周)

3. 不同年龄农民工劳动强度。

考察不同年龄农民工的劳动强度大小，如表5-82、图5-82所示，年纪越轻，农民工一周工作天数均值也越大，劳动强度也越大。具体而言，30岁以下青年农民工劳动强度最大，一周工作天数最长，均值为6.33天，其一天最长工作时间也较长，均值达到了11.44个小时，其次是30—39岁农民工，一周工作天数均值为6.3天，一天最长工作小时数均值为11.05个小时，60岁以上农民工一天最长工作时间均值最大，达到了11.85个小时。

表5-82　2011年各年龄农民工劳动强度　（单位：天，小时，人）

年龄	一周工作天数均值	最长工作小时数均值	有效样本
30岁以下	6.33	11.44	18
30—39岁	6.30	11.05	62
40—49岁	6.29	10.59	125
50—59岁	6.08	10.21	77
60岁以上	5.85	11.85	27

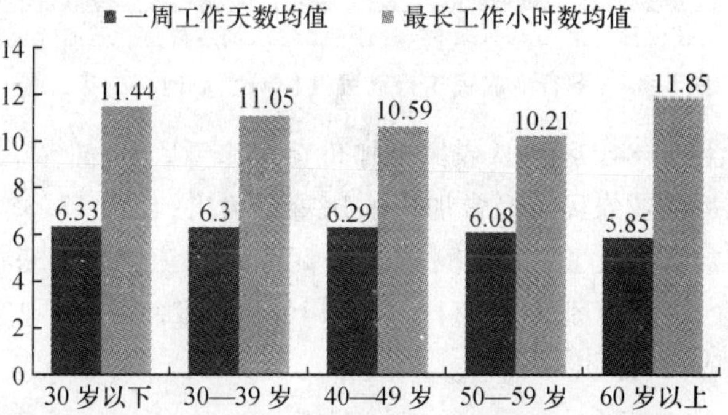

图5-82　各年龄农民工劳动强度（单位：小时/天，天/周）

4. 各行业农民工劳动强度。

由表5-83、图5-83可见，从各行业农民工一周工作天数和一天最长工作时间来看，除其他行业之外，建筑采掘业农民工一周工作天数最大，均值为6.35天，其次是交通运输业农民工，一周工作天数均值为6.31天。除其他行业之外，建筑采掘业农民工一天最长工作时间最多，均值为11.08个小时，其次是制造业，农民工一天最长工作时间均值为10.84个小时。农民工一周工作天数和一天最长工作时间最少的是住宿餐饮业，均值分别为6.25天和9.77个小时。

表 5-83 2011 年各行业农民工劳动强度 (单位:天,小时,人)

打工行业	一周工作天数均值	最长工作小时数均值	有效样本
住宿餐饮业	6.25	9.77	13
建筑采掘业	6.35	11.08	74
制造业	6.25	10.84	51
交通运输业	6.31	10.46	13
其他行业	6.43	11.55	38

注:“其他行业”包括零售、养殖等行业。

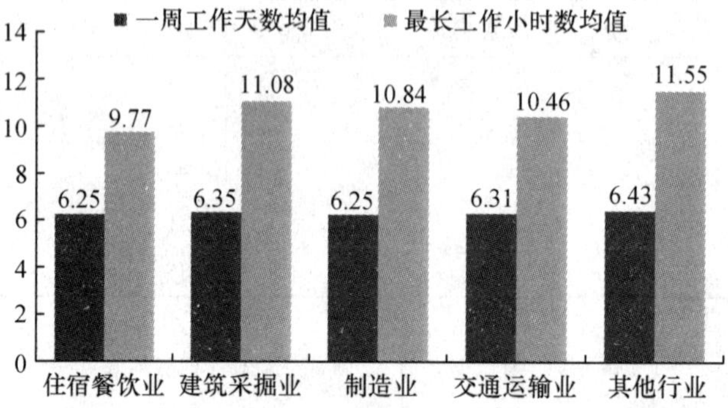

图 5-83 各行业农民工劳动强度(单位:小时/天,天/周)

如表 5-84、图 5-84 所示,从农民工加班情况来看,各行业农民工的加班率都较高,其中交通运输业农民工经常加班的比重最大,占比为 53.85%,其次是制造业,农民工经常加班的比重为 38%;建筑采掘业农民工偶尔加班的比重最大、其次是住宿餐饮业,占比分别为 58.11%、57.14%;在无加班的行业当中,制造业的比重相对较高,占比为 28%。

表 5-84 2011 年各行业农民工劳动强度 (单位:%,人)

打工行业	经常加班	偶尔加班	无加班	合计
住宿餐饮业	35.71	57.14	7.14	100(14)
建筑采掘业	31.08	58.11	10.81	100(74)
制造业	38.00	34.00	28.00	100(50)
交通运输业	53.85	46.15	0	100(13)
其他行业	32.43	54.05	13.51	100(37)

注:“其他行业”包括零售、养殖等行业。

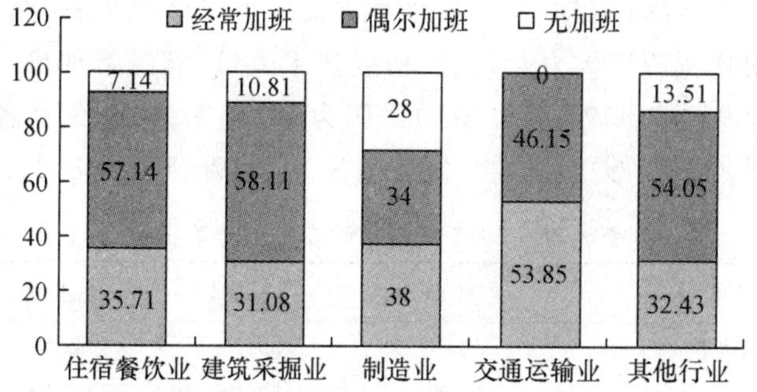

图 5-84　各行业农民工劳动强度(单位:%)

5. 各工种农民工劳动强度。

从农民工一周工作天数和一天最长工作时间来看,熟练技师(农、工等行业)的一周平均工作天数多于体力劳动者、初级技术人员,前者为6.42天,后者为6.35天;体力劳动者、初级技术人员的一天平均最长工作时间多于熟练技师(农、工等行业),前者为11.17个小时,后者为10.85个小时。(见表5-85、图5-85)

表 5-85　2011 年各工种农民工劳动强度　　(单位:天,小时,人)

打工工种	一周工作天数均值	最长工作小时数均值	有效样本
体力劳动者、初级技术人员	6.35	11.17	136
熟练技师(农、工等行业)	6.42	10.85	26

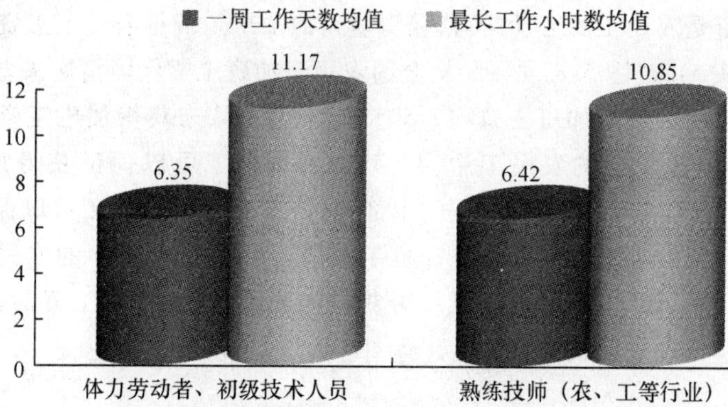

图 5-85　各工种农民工劳动强度(单位:小时/天,天/周)

由表5-86、图5-86可知,从不同工种农民工加班情况来看,熟练技师(农、工等行业)的加班比例高于体力劳动者、初级技术人员,其经常加班、偶尔加班的比例分别为34.62%、53.85%,无加班的比例为11.54%;体力劳动者、初级技术人员经常加班、偶尔加班、无加班的比例分别为34.07%、53.33%、12.59%。

表5-86 2011年各工种农民工劳动强度 (单位:%,人)

打工工种	经常加班	偶尔加班	无加班	合计
体力劳动者、初级技术人员	34.07	53.33	12.59	100(135)
熟练技师(农、工等行业)	34.62	53.85	11.54	100(26)

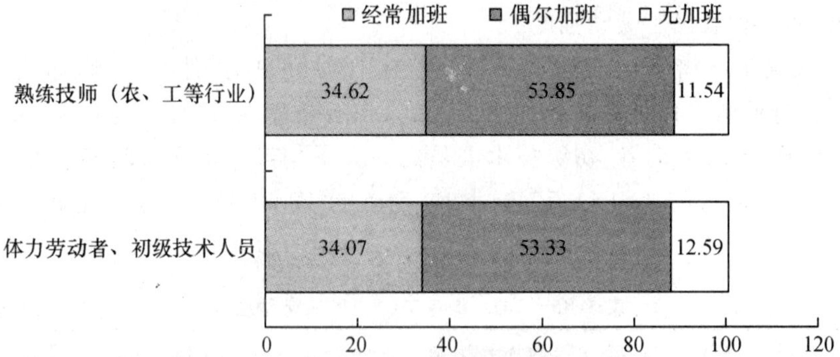

图5-86 各工种农民工劳动强度(单位:%,人)

(三)工资保障

1. 各地区农民工工资保障。

加班工资是农民工的劳动所得,获得应得的加班工资是农民工工资保障的重要方面。如表5-87、图5-87所示,从全国农民工加班工资保障情况来看,41.25%的农民工可以保证获得加班工资,17.50%的农民工从未获得加班工资。分地区来看,在东部地区打工的农民工中,42.53%的农民工可以保证获得加班工资,12.64%的农民工从未获得加班工资,中部地区41.94%的农民工可以保证获得加班工资,16.13%的农民工从未获得加班工资,西部地区38.10%的农民工可以保证获得加班工资,28.57%的农民工从未获得加班工资,从加班工资的获得来看,东部地区比中西部地区更有保障。

表 5-87　2011 年各地农民工加班工资保障　（单位：%，人）

打工地区	从来拿不到	都能拿到	多数拿不到	多数能拿到	合计
全国	17.50	41.25	10.63	30.63	100(160)
东部	12.64	42.53	9.20	35.63	100(87)
中部	16.13	41.94	16.13	25.81	100(31)
西部	28.57	38.10	9.52	23.81	100(42)

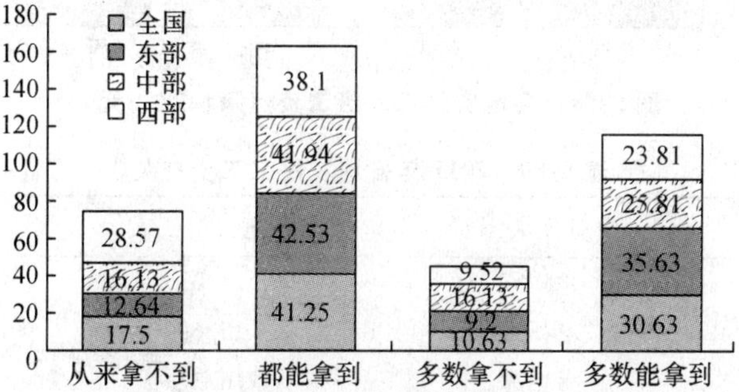

图 5-87　各地农民工加班工资保障（单位：%）

从农民工获得加班工资的金额来看，如表 5-88、图 5-88 所示，全国农民工获得加班工资的均值为 20.54 元/小时，中位数为 15 元/小时。分打工地区来看，加班工资均值从高到低依次为东部地区、中部地区、西部地区，农民工加班工资的均值分别为 20.89 元/小时、19.75 元/小时、18.71 元/小时，东部地区农民工加班工资水平高于全国平均水平，也高于中西部水平。

表 5-88　2011 年各地农民工加班工资保障　（单位：元，人）

打工地区	加班工资均值	加班工资中位数	有效样本
全国	20.54	15.00	112
东部	20.89	17.50	64
中部	19.75	14.50	20
西部	18.71	10	28

农民工工资拖欠问题是社会关注的焦点问题，如表 5-89、图 5-89 所示，从全国范围来看，有 14.33% 的农民工被拖欠过工资，从各地区来看，东部地区、中部地区、西部地区被拖欠过工资的农民工比重分别为 15.69%、16.22%、12.77%，可见，中部地区拖欠农民工工资的现象较东部、西部地区严重。

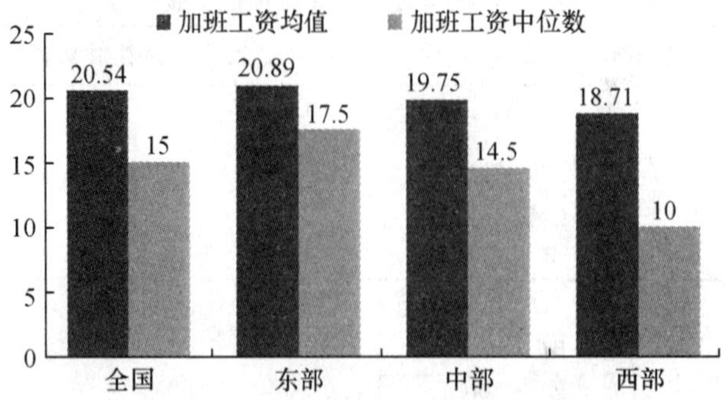

图 5-88 各地农民工加班工资保障(单位:元)

表 5-89 2011 年各地农民工工资拖欠 (单位:%,人)

打工地区	没有拖欠工资	被拖欠过工资	合计
全国	85.67	14.33	100(186)
东部	84.31	15.69	100(102)
中部	83.78	16.22	100(37)
西部	87.23	12.77	100(47)

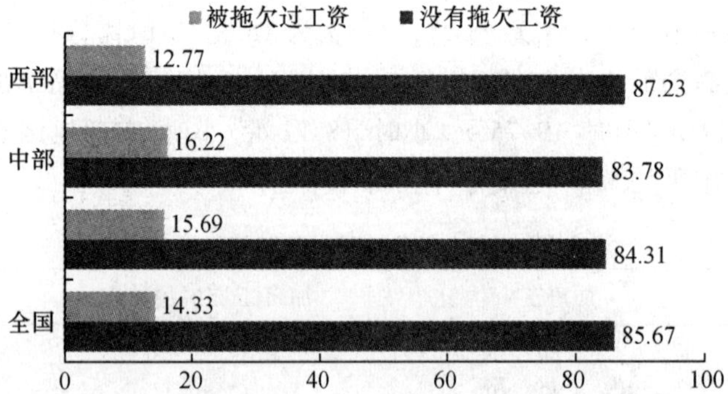

图 5-89 各地农民工工资拖欠(单位:%)

如表 5-90、图 5-90 所示,在受访者中,有 44 位农民工被拖欠过工资。从拖欠农民工工资的金额来看,就全国而言,农民工被拖欠工资的均值为 3900.39 元,中位数为 3000 元,就三大打工地区而言,东部地区农民工被拖欠工资的均值为 3529.50 元,低于全国平均水平,中部地区农民工被拖欠工资的均值为 4500 元,高于全国和其他地区平均水平,西部地区农民工被拖欠工资的均值为 3025.00 元,低于全国和东部地区平均水平。

表 5-90　2011 年各地农民工被拖欠工资金额　(单位:元,人)

打工地区	被拖欠工资均值	被拖欠工资中位数	有效样本
全国	3900.39	3000	22
东部	3529.50	2500	14
中部	4500	3000	4
西部	3025.00	2250	4

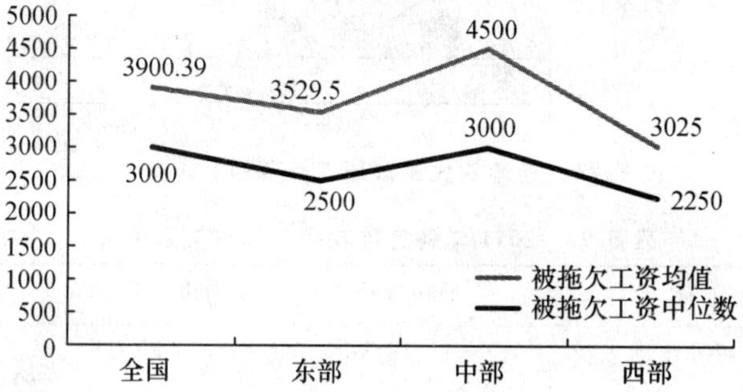

图 5-90　各地农民工被拖欠工资金额(单位:元,个)

2. 各工种农民工工资保障。

考察各工种农民工加班工资的获取情况,由表 5-91、图 5-91 可知,体力劳动者、初级技术人员可以确保拿到加班工资的比重为 36.75%,从未拿到的比重为 17.09%;熟练技师(农、工等行业)可以确保拿到的比重为 60.87%,从未拿到的比例为 17.39%,显然,熟练技师(农、工等行业)的加班工资较体力劳动者和初级技术人员更有保障。

表 5-91　2011 年各工种农民工加班工资保障　(单位:%,人)

打工工种	从来拿不到	都能拿到	多数拿不到	多数能拿到	合计
体力劳动者、初级技术人员	17.09	36.75	12.82	33.33	100(117)
熟练技师(农、工等行业)	17.39	60.87	0	21.74	100(23)

从各工种农民工加班工资的金额来看,如表 5-92、图 5-92 所示,体力劳动者、初级技术人员加班工资均值为 19.90 元/小时,中位数为 15 元/小时,熟练技师(农、工等行业)加班工资均值为 21.19 元/小时,中位数为 20 元/小时,熟练技师(农、工等行业)的加班工资明显高于体力劳动者和初级技术人员。

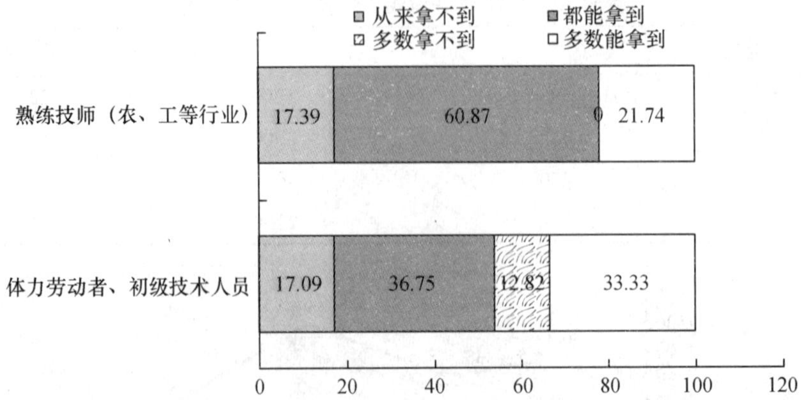

图 5-91　各地农民工加班工资保障(单位:%)

表 5-92　2011 年各工种农民工加班工资保障　(单位:元/时,人)

打工工种	加班工资均值	加班工资中位数	样本数
体力劳动者、初级技术人员	19.90	15.00	85
熟练技师(农、工等行业)	21.19	20	16

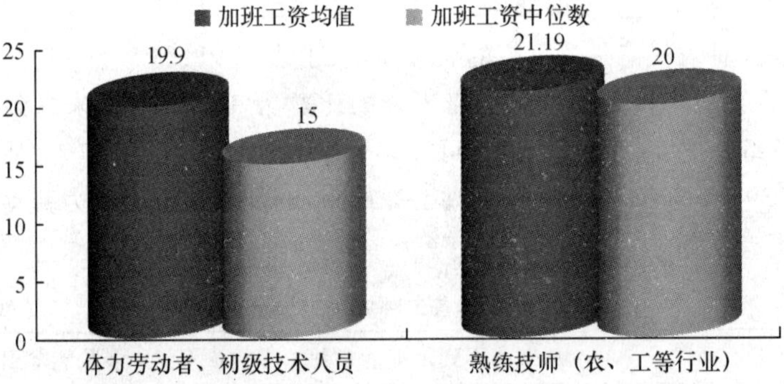

图 5-92　各地农民工加班工资保障(单位:元/时,个)

调查各工种农民工工资拖欠情况,表 5-93、图 5-93 显示,16.42% 的体力劳动者和初级技术人员有过被拖欠工资的经历,83.58% 的没有被拖欠过工资;12% 的熟练技师(农、工等行业)有过被拖欠工资的经历,88% 的没有被拖欠工资的经历,可见,体力劳动者和初级技术人员被拖欠工资的情况较熟练技师更为严重。

表 5-93　2011 年各工种农民工工资拖欠　（单位:%,人）

打工工种	没有拖欠工资	被拖欠过工资	合计
体力劳动者、初级技术人员	83.58	16.42	100(134)
熟练技师(农、工等行业)	88.00	12.00	100(25)

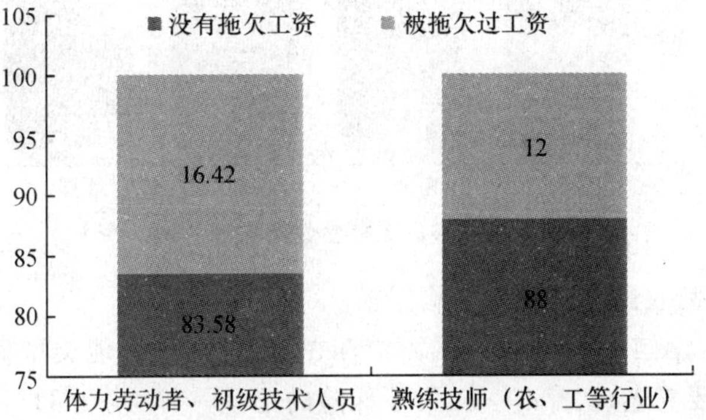

图 5-93　各地农民工工资拖欠(单位:%)

二、社会保险

(一)社会保险需求

1. 各地区农民工的社会保险需求。

了解农民工社会保险需求是为农民工提供更好的社会保险保障的基础,如表 5-94、图 5-94 所示,从全国来看,除其他类型保险外,农民工对养老保险和医疗保险的需求最大,占比均为 21.68%,从不同打工地区来看,除其他类型保险外,东部地区的农民工对养老保险的需求最大,其次是医疗保险,二者的比重分别为 32.26%、19.35%;中部地区农民工对医疗保险的需求最大,其次是养老保险,比重分别为 25%、22.32%;西部地区农民工对医疗保险的需求最大,占比为 19.64%,养老保险次之,比重为 15.18%。

表 5-94　2011 年各地农民工社会保障需求　（单位:%,人）

打工地区	养老保险	医疗	工伤保险	失业保险	其他	合计
全国	21.68	21.68	6.99	10.84	38.81	100(286)
东部	32.26	19.35	3.23	8.06	37.00	100(62)
中部	22.32	25.00	9.82	11.61	31.25	100(112)
西部	15.18	19.64	6.25	11.61	47.32	100(112)

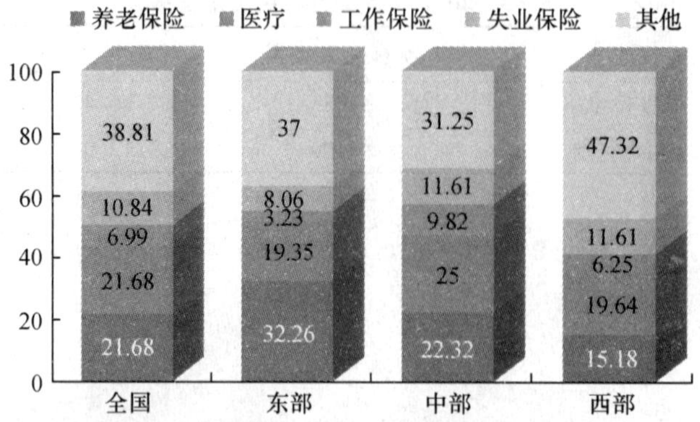

图 5-94 各地农民工社会保障需求(单位:%)

2. 不同年龄农民工的社会保险需求。

不同年龄农民工的社会保险的需求存在着差异,除其他类型保险外,30 岁以下农民工最需要养老、医疗、工伤、失业保险的比重一样,均为 11.76%,30—39 岁农民工对医疗保险的需求最大,占比为 18%;其次是养老保险和失业保险,占比均为 16%,40—49 岁、50—59 岁农民工对医疗保险的需求最大,占比为 24.24%,60 岁以上最需要的是养老保险,其比重为 36.36%。(见表 5-95、图 5-95)

表 5-95 2011 年各年龄段农民工社会保障需求 (单位:%,人)

年龄	养老保险	医疗	工伤保险	失业保险	其他	合计
30 岁以下	11.76	11.76	11.76	11.76	52.96	100(17)
30—39 岁	16.00	18.00	8.00	16.00	42.00	100(50)
40—49 岁	19.27	24.77	4.59	11.93	39.44	100(109)
50—59 岁	22.73	24.24	12.12	4.55	36.36	100(66)
60 岁以上	36.36	18.18	2.27	11.36	29.54	100(44)

(二)社会保险参与率

1. 各地区农民工新农合参与率。

分析比较各地区农民工 2009—2011 年新农合的参合率,如表 5-96、图 5-96 所示,在 2009—2011 年各地区农民工参合率基本都超过了 90%。从三年全国参合率变化来看,2009—2011 年农民工参合率逐渐提高,比率分别为 96.40%、96.57%、98.67%,2010 年、2011 年两年的增长率分别为 0.17%、2.10%,增长的速度在加快。

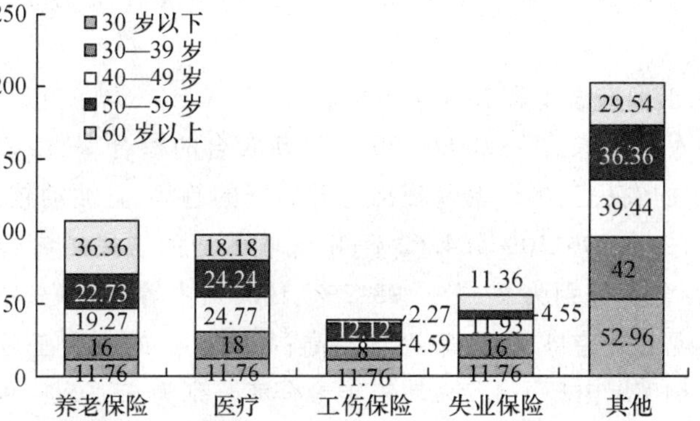

图 5-95　各年龄段农民工社会保障需求(单位:%)

表 5-96　2009—2011 年各地区农民工新农合参与率　(单位:%,人)

年份	东部		中部		西部		全国	
	参合率	增长率	参合率	增长率	参合率	增长率	参合率	增长率
2009	96.39	—	95.93	—	97.22	—	96.40(389)	—
2010	94.68	-1.71	97.96	2.03	96.65	-0.57	96.57(612)	0.17
2011	98.59	3.91	100	2.04	96.55	-0.10	98.67(225)	2.10

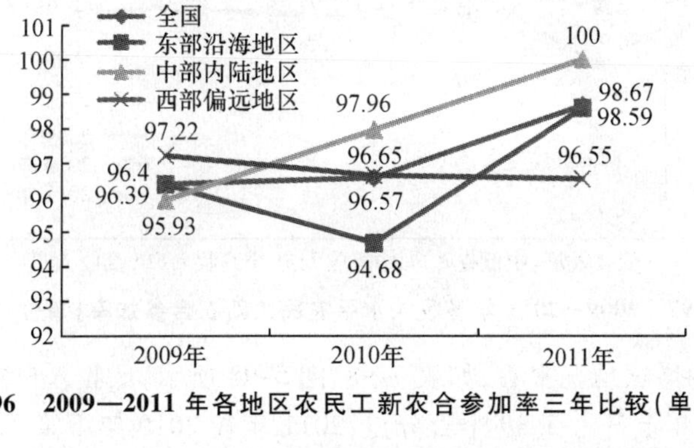

图 5-96　2009—2011 年各地区农民工新农合参加率三年比较(单位:%)

从各地区三年参合率的变化来看,如表 5-96 所示,在东部地区打工的农民工参合率,整体上呈上升趋势,在 2010 年出现小幅波动,其三年的参合率分别为 96.39%、94.68%、98.59%,2010 年较 2009 年下降了 1.71 个百分点,2011 年较 2010 年上升了 3.91 个百分点;在中部地区打工的农民工参合率是呈上升的趋势,2010 年的参合率较 2009 年上升了 2.03 个百分点,2011 年较 2010 年又上升了 2.04 个百分点,增速比较平缓;在西部地区打工的农民工参合率呈下降趋势,

2010 年的参合率较 2009 年下降了 0.57 个百分点,2011 年较 2010 年又下降了 0.1 个百分点。

2. 各收入水平农民工新农合参与率。

比较各收入水平农民工 2009—2011 年新农合的参合率,由表 5-97、图 5-97 可知,低收入户的农民工参合率呈现出先升后降的趋势,且波动较大,其三年的参合率分别为 90.91%、96.30%、84.62%;中低收入户的农民工参合率呈现上升趋势,其三年的参合率分别为 97.7%、98.2%、100%;中等收入户、中高收入户的农民工参合率呈现上升趋势,参合率逐年提高;高收入户的农民工参合率整体呈上升趋势,但在 2010 年出现了波动,其三年参合率分别为 95.95%、94.66%、100%。

表 5-97 2009—2011 年各收入水平农民工新农合参加率 (单位:%,人)

年份	低收入户	中低收入户	中等收入户	中高收入户	高收入户
2009 年	90.91(33)	97.70(87)	95.35(86)	96.00(101)	95.95(75)
2010 年	96.30(75)	98.20(81)	97.67(111)	97.28(147)	94.66(131)
2011 年	84.62(13)	100(37)	98.15(54)	100(57)	100(55)

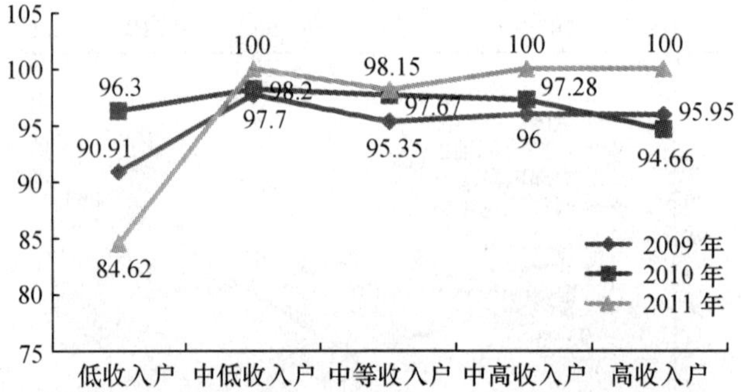

图 5-97 2009—2011 年各收入水平农民工新农合参加率(单位:%)

从参合率的增长情况来看,如表 5-98、图 5-98 所示,低收入户农民工参合率,2010 年较 2009 年上升了 5.39 个百分点,2011 年较 2010 年下降了 11.68 个百分点;中低收入户参合率,2010 年较 2009 年上升了 0.5 个百分点,2011 年较 2010 年上升了 1.8 个百分点;中等收入户的参合率,2010 年较 2009 年上升了 2.32 个百分点,2011 年较 2010 年上升了 0.48 个百分点,增长的速度放缓;中高收入户的参合率,2010 年较 2009 年上升了 1.28 个百分点,2011 年较 2010 年上升了 2.72 个百分点;高收入户的农民工参合率,2010 年较 2009 年下降了 1.29 个百分点,2011 年较 2010 年上升了 5.34 个百分点。

表 5-98　2010—2011 年各收入水平农民工参合增长率　（单位:%,人）

年份	低收入户	中低收入户	中等收入户	中高收入户	高收入户
2010 年	5.39(75)	0.5(81)	2.32(111)	1.28(147)	-1.29(131)
2011 年	-11.68(13)	1.8(37)	0.48(54)	2.72(57)	5.34(55)

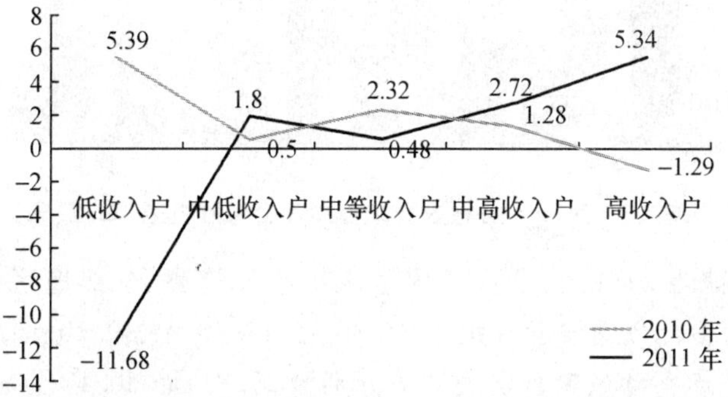

图 5-98　2010—2011 年各收入水平农民工参合增长率(单位:%)

3. 各地区农民工各类社会保险参加率。

考察不同打工地区的农民工 2011 年参加社会保险情况,由表 5-99、图 5-99 可知,养老保险和工伤保险是农民工参加的主要险种。从全国整体来看,参加养老保险的农民工比重最大,占比为 53.46%,其次是参加工伤保险的比重,占比为 35.22%,参加失业保险的比重最低,为 1.26%。从各地区来看,东部沿海地区和西部偏远地区农民工参加养老保险的比重最大,占比分别为 53.66%、75%,中部内陆地区农民工参加工伤保险的比重最大,为 51.35%。

表 5-99　2011 年各地农民工参加社会保险类型　（单位:%,人）

打工地区	工伤保险	失业保险	养老保险	其他保险	合计
全国	35.22	1.26	53.46	10.06	100(159)
东部	24.39	2.44	53.66	19.51	100(41)
中部	51.35	1.35	40.54	6.76	100(74)
西部	18.18	0	75.00	6.82	100(44)

（三）社会保险参保费用

分析 2009—2011 年,东部、中部区、西部地区农民工新农合的参合费用,由表 5-100、图 5-100 可知,从全国来看,农民工的参合费用呈逐年递增之势,2009 年、2010 年、2011 年农民工每年的参合费用均值分别为 32.17 元、33.15 元、43.79

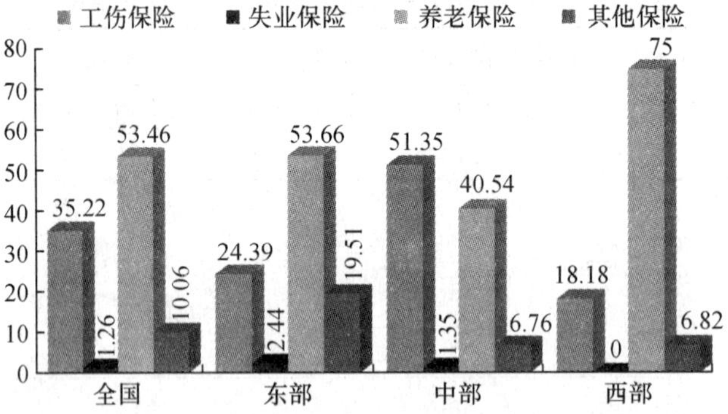

图 5-99 2011 年各地农民工参加社会保险类型(单位:%)

元。从各地区来看,农民工参合费用呈逐年增长趋势,东部地区农民工 2009—2011 年每年的参合费用均值分别为 35.36 元、38.40 元、40.10 元,中部地区农民工 2009—2011 年每年的参合费用均值分别为 27.21 元、30.17 元、44.79 元,西部地区农民工 2009—2011 年每年的参合费用均值分别为 32.82 元、31.97 元、46.61 元,中部地区农民工的参合费用要低于其他地区。

表 5-100 2009—2011 年各地农民工新农合费用三年比较(单位:元,%,人)

年份	东部		中部		西部		全国	
	费用均值	增长率	费用均值	增长率	费用均值	增长率	费用均值	增长率
2009	35.36	—	27.21	—	32.82	—	32.17(343)	—
2010	38.40	8.60	30.17	10.88	31.97	-2.59	33.15(583)	3.05
2011	40.10	4.43	44.79	48.46	46.61	45.79	43.79(218)	32.10

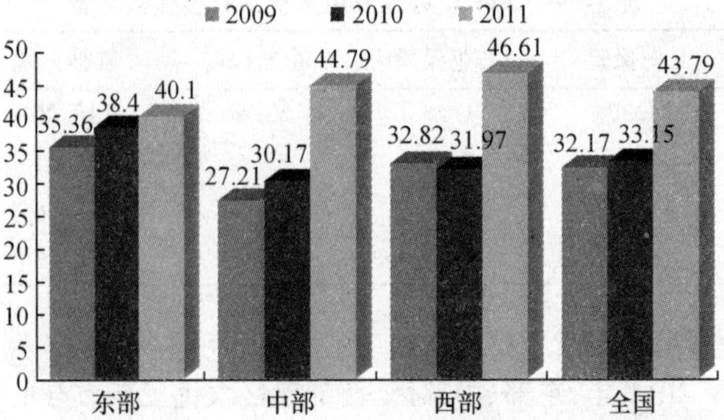

图 5-100 2009—2011 年各地农民工新农合费用三年比较(单位:元)

从参合费用三年的增长率来看,2011 年的增长率高于 2010 年,中部内陆地区农民工参合费用的增长率高于其他地区,2010 年较 2009 年增长了 10.88%,2011 年较 2010 年增长了 48.46%。

（四）社会保险参保方式

1. 各地区农民工参保方式。

如表 5-101、图 5-101 所示,无论是在全国范围内还是三大地区打工,农民工自愿参加社会保险的比重最高,全国占比为 40.28%,东部地区为 34.92%,低于全国比重,中部地区、西部地区分别为 42.86%、45.00%,高于全国比重。从全国来看,农民工由企业发动参加社会保险的比重也较高,为 28.91%;从各地区来看,东部地区、中部地区、西部地区农民工由企业发动参加社会保险的比重仅次于自愿参加的比重,占比分别为 26.98%、28.57%、25.00%。

表 5-101　2011 年各地农民工社会保险参保方式　（单位:%,人）

打工地区	村里组织	企业发动	政府强制	自己自愿	其他	合计
全国	15.64	28.91	6.64	40.28	8.53	100(97)
东部	15.87	26.98	9.52	34.92	12.71	100(63)
中部	21.43	28.57	7.14	42.86	—	100(14)
西部	15.00	25.00	5.00	45.00	10	100(20)

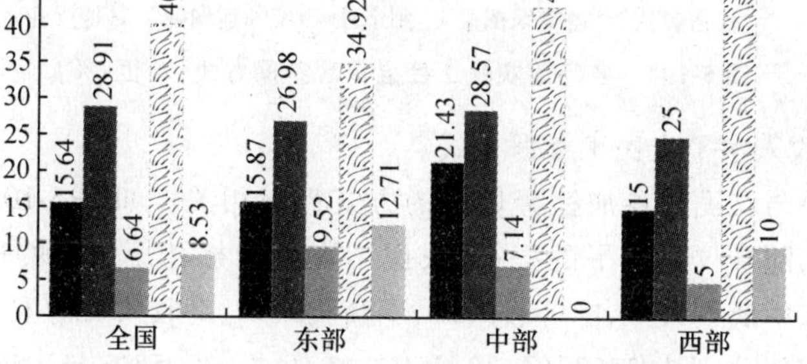

图 5-101　各地农民工社会保险参保方式(单位:%)

2. 不同行业农民工参保方式。

农民工所处行业不同,其参加社会保险的途径也存在差异。由表 5-102、图 5-102 可见,从事住宿餐饮业、建筑采掘业、其他行业的农民工参加社会保险主要是自己自愿参加,占比分别为 57.14%、34.62%、46.67%,从事制造业的农民工主要靠企业发动参加社会保险,比重达到了 39.47%,从事交通运输业的农民工则主要是由企业发动参加社会保险。此外,住宿餐饮业农民工由村里组织参加社会保险的比重也较高,为 28.57%,建筑采掘业农民工由企业发动参加社保的比重为 26.93%。

表 5-102　2011 年各行业农民工社会保险参保方式　(单位:%,人)

行业	村里组织	企业发动	政府强制	自己自愿	其他	合计
住宿餐饮业	28.57	—	14.29	57.14	—	100(15)
建筑采掘业	19.23	26.92	11.54	34.62	7.69	100(62)
制造业	7.89	39.47	2.63	36.84	13.16	100(88)
交通运输业	50	10	—	20	20	100(36)
其他行业	13.33	13.33	20	46.67	6.67	100(9)

注:"其他行业"包括零售、养殖等行业。

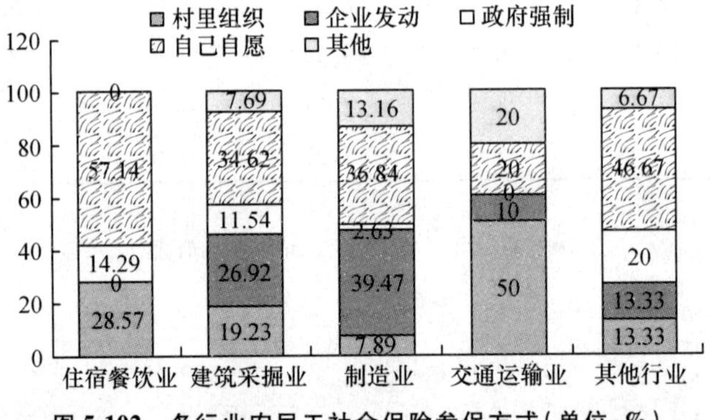

图 5-102　各行业农民工社会保险参保方式(单位:%)

3. 不同收入水平农民工参保方式。

收入水平与农民工参加社会保险的方式密切相关。如表 5-103、图 5-103 所示,整体来看,随着收入水平的提高,农民工自愿参加社会保险的比例也随之增加,低收入户、中低收入户、中等收入户、中高收入户、高收入户的农民工自愿参加社会保险的比例分别为 34.29%、38.46%、43.24%、39.58%、43.59%,收入水平越高的农民工其自愿参加社会保险的比重也越大。

表 5-103　2011 年各收入层次农民工社会保险参保方式　（单位:%,人）

收入	村里组织	企业发动	政府强制	自己自愿	其他	合计
低收入户	28.57	22.86	14.29	34.29	0	100(35)
中低收入户	15.38	28.21	5.13	38.46	12.82	100(39)
中等收入户	8.11	35.14	2.70	43.24	10.81	100(37)
中高收入户	20.83	25.00	6.25	39.58	8.33	100(48)
高收入户	0	38.46	5.13	43.59	12.82	100(39)

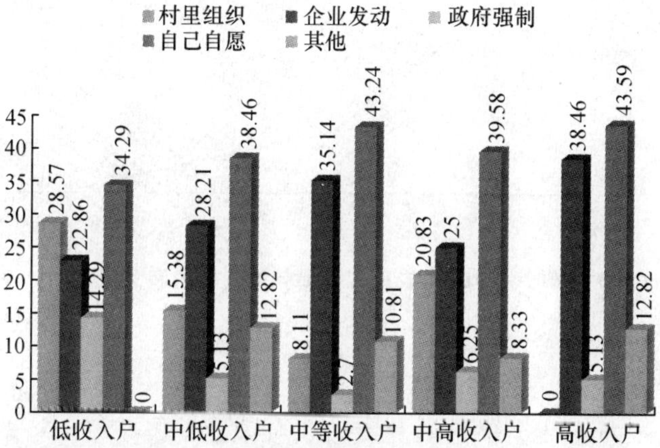

图 5-103　各收入层次农民工社会保险参保方式(单位:%)

（五）农民工对社会保险的满意度

如表 5-104、图 5-104 所示,从 2009—2011 年农民工对养老保险评价的变化来看,对养老保险满意度从高到低依次为 2010 年、2011 年、2009 年。2009 年农民工对养老保险表示非常满意和比较满意的占比分别为 38.07%、36.65%,合计为 74.72%;2010 年农民工对养老保险表示非常满意和比较满意的占比分别为 9.35%、31.28%,合计为 80.63%;2011 年农民工对养老保险表示非常满意和比较满意的占比分别为 30.58%、44.17%,合计为 74.75%,可见,农民工对养老保险的评价在 2009 年和 2011 年是差异不大的,2010 年农民工对养老保险的评价要好于 2009 年和 2011 年。

表 5-104　2009—2011 年农民工参加养老保险的满意度　（单位:% ,人）

年份	非常满意	比较满意	一般	不太满意	很不满意	合计
2009 年	38.07	36.65	21.31	3.69	0.28	100(352)
2010 年	49.35	31.28	11.92	6.71	0.74	100(537)
2011 年	30.58	44.17	21.36	3.40	0.49	100(206)

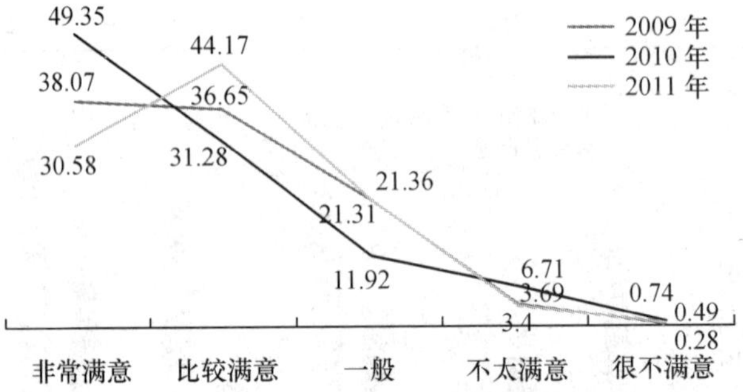

图 5-104　2009—2011 年农民工参加养老保险的满意度(单位:%)

(六) 社会保险转移接续

1. 便利性。

考察农民工办理社会保险转移接续的便利性,由表 5-105、图 5-105 可知,就全国整体而言,农民工认为办理社会保险转移接续手续非常方便、比较方便的比重分别为 6.25%、16.25%,合计为 22.5%,表示完全无法办理的比重为 31.25%。从各地区来看,在东部打工的农民工认为办理社会保险转移接续手续非常方便、比较方便的比重分别为 7.94%、22.22%,表示完全无法办理的比重为 39.68%;在中部地区、西部地区打工的农民工表示社保转移接续无法办理的比重分别为 83.33%、36.84%,东部地区办理社保转移接续较中西部地区便利。

表 5-105　2011 年各地社会保险转移接续便利性　（单位:% ,人）

打工地区	非常方便	比较方便	不太方便	很不方便	无法办理	合计
全国	6.25	16.25	16.25	8.75	31.25	100(88)
东部	7.94	22.22	19.05	11.11	39.68	100(63)
中部	0	0	16.67	0	83.33	100(6)
西部	5.26	15.79	26.32	15.79	36.84	100(19)

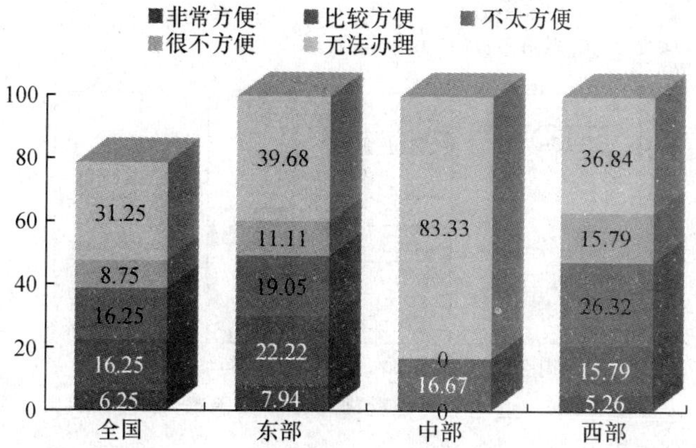

图 5-105　各地社会保险转移接续便利性(单位:%)

2. 转移接续的困难。

地方或企业不愿意为农民工接续是社会保险转移接续面临的最大困难,在全国范围内,地方或企业不愿意为农民工接续社会保险的比重较大,为 27.92%,其次是办理手续太麻烦,占比为 27.50%。就各地区而言,在东部地区打工的农民工社保转移接续面临的主要问题也是地方或企业不愿意为农民工接续,办理手续太麻烦,二者的比重分别为 32.10%、28.40%;中部地区,地方或企业不愿意为农民工接续,办理转接手续太麻烦的比重均占到了 40%;在西部地区,经济能力有限是农民工社保转移接续面临的最大困难,其比重为 25.00%。(见表 5-106、图 5-106)

表 5-106　2011 年各地社会保险转移接续的困难　(单位:%,人)

打工地区	企业不愿意	经济能力有限	手续太麻烦	政策不放心	其他	合计
全国	27.92	21.67	27.50	10.42	12.50	100(124)
东部	32.10	14.81	28.40	8.64	16.05	100(81)
中部	40	13.33	40	0.00	6.67	100(15)
西部	14.29	25.00	17.86	17.86	25.00	100(28)

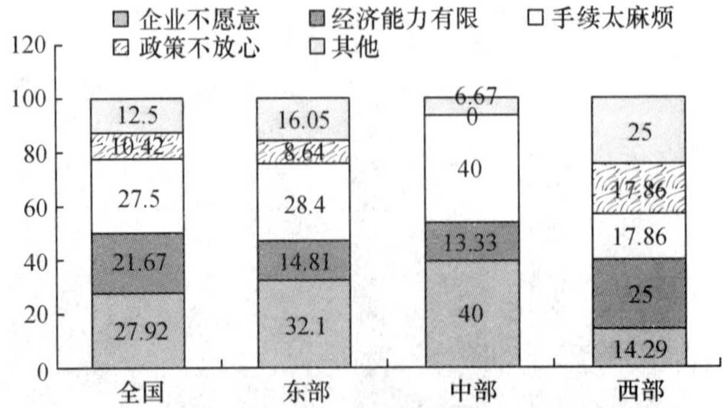

图 5-106 各地社会保险转移接续的困难(单位:%)

本章提要

• 社会保险的覆盖率。"新农合""新农保"和"低保"的覆盖率均呈现增长趋势,其中新农合的参与率最高。2008年到2011年全国农民参与新农合的比例分别为96.89%、95.94%、97.07%、97.34%,比例整体增加了0.45%;2009—2011年"新农保"的参保率分别为30.77%、34.32%、71.89%,呈递增趋势,参保率的增长率分别为11.54%、109.47%,平均增长率为121.33%,其中"新农保"的享受率呈不断上升趋势,领取率分别为16.21%、35.16%、64.80%。增长率分别为116.90%、84.30%,平均增长率173.13%;2008—2011年全国"低保"的覆盖率依次为3.52%、3.68%、5.04%、4.24%,2011年比2008年提高了0.72%。

• 社会保险的缴费情况。农民参与新农合的人均费用逐年增加。2008年到2011年农民参与新农合的人均费用分别为23.38元、29.88元、32.33元、55.98元,增幅为139.4%;整体上,"新农保"参保费用呈下降趋势。2009年到2011年人均缴费分别为594.50元、404.02元、229.80元,降幅为158.7%。

• 社会保险的享受水平。参与新农合后看病报销的比例在14%到20%之间,且呈下降趋势。2008年到2011年参合后看病报销的比例分别为19.53%、18.49%、14.01%、16.24%,报销的比例自2008年到2010年有所下降,到2011年开始增加,整体上下降了3.29%;对于"新农保"而言,每月领取养老金均值呈下降趋势,从2009年—2011年分别为131.32元、121.90元、100.81元,降幅为30.26%;从纵向来看全国"低保"水平有所提高,与2008年相比,2011年全国"低保"金额提高了40.91元/月,增长率为58.53%。

• 农户对社会保险的满意度。七成以上的农户对新农合政策表示“满意”，但满意度逐渐递减，2008 年到 2011 年，农户对新农合政策感到“满意”的比重分别为 84.61%、74.42%、83.01%、73.31%，整体下降了 11.30%；农民对“新农保”的满意度呈上升趋势，2009—2011 年，分别占比 56.79%、72.27%、75.91%，增幅分别为 15.48%、3.64%；60%左右的农民对“低保”政策感到“满意”，2009—2011 年，农民对“低保”政策感到“满意”的比重分别为 59.87%、59.41、67.44%，呈上升趋势。

• 农民工的劳动强度与工资保障。农民工一周工作天数均值为 6.2 天，一天最长工作时间为 10.75 个小时，东部地区和中部地区农民工的一周工作天数均值超过了全国平均水平，分别为 6.4 天和 6.31 天；女性农民工一天平均最长工作 11.15 个小时，男性农民工一天平均最长工作 10.67 个小时；考察不同年龄农民工的劳动强度可知，30 岁以下青年农民工劳动强度最大，一周工作天数最长，均值为 6.33 天，一天最长工作时间也较长，均值达到了 11.44 个小时。关于农民工的工资保障，全国仅有 26.72% 与用工单位签订劳动合同，其中签固定合同的比重仅为 8.26%。14.33% 的农民工被拖欠过工资，17.50% 的农民工从未获得加班工资。

• 农民工的社会保障情况。一是社会保险需求情况。从全国来看，2011 年农民工对养老保险和医疗保险的需求最大，占比均为 21.68%，对失业保险的需求次之，比重为 10.84%，对工伤保险的需求最小，为 6.99%。二是社会保险参与情况。参加养老保险的农民工比重最大，比重为 53.46%；参加工伤保险和失业保险的比重相对都比较小，参加工伤保险的比重为 35.22%，失业保险的参加率在各类保险中最低，比重为 1.26%。三是社会保险的转移接续。转移接续是农民工社会保障持续关键问题，调查中有 31.25% 的农民工认为“完全无法办理社会保险转移接续”，其中排在前三位的因素分别为“企业不愿办理”、“办理手续麻烦”和“经济能力有限”。在全国范围内，地方或企业不愿意为农民工接续所占比重 27.92%，“办理手续麻烦”和“经济能力有限”的比重分别为 27.50%、21.67%。

下　编
农民文化状况

第六章　农民文化意识*

农民文化意识是历史的、长期生活形成的对社会、对世界看法的沉淀，是影响着农民行为方式的深层次因素。了解农民文化意识状况，有助于了解农民的行为方式，有助于判断和预测农民的行为选择。本章试图从农民的思想观念、宗族意识、宗教信仰、民间信仰等几个方面来分析农民文化意识的现状与特点。

第一节　思 想 观 念

农民的思想观念涉及对社会的认识与看法，是农民文化意识的重要组成部分。本节主要考察农民的社会观念、经济观念和未来信心。其中社会观念部分重点考察农民对政府腐败问题和法律公正性的看法，经济观念部分重点考察农民在市场经济条件下的市场观念问题及其产生的贫富差距问题。未来信心部分重点考察农民对自身以及对政府解决当前困难的信心。

一、社会观念

（一）腐败问题的评价

1. 农民对政府腐败问题的整体评价。

腐败问题是摆在党和政府面前的一个亟须解决的问题。从全国及各地区的整体情况年度对比看，消极评价越来越高。在2012年调查的3567位农民中，64.34%的农民认为当前腐败问题非常严重或比较严重，相比2011年55.19%农民认为当前腐败问题非常严重或比较严重而言，升高了9.15个百分点。就具体地区而言，东部农户认为腐败严重的占比最多，西部农户认为腐败严重的增加幅度最大。2012年、2011年东部农户认为腐败非常严重和比较严重的占比分别为67.88%和61.4%。2012年数据表明，西部农户认为当前腐败非常严重或比较严重的农民占比为61.14%，相比2011年49.86%，增加了11.28个百分点。相应

---

* 本章撰写人：胡平江、汤丽、蒋家林、杜丽、刘立昭。

的,2011 年西部农民认为腐败不严重的占比为 21.35%,2012 年降低到 18.6%。(见表 6-1、图 6-1)

表 6-1　全国及各地区农民对政府腐败问题的评价　(单位:个,%)

		非常严重	比较严重	一般	不严重	合计
2011 年	全国	33.23	21.96	28.18	16.63	100.0(4727)
	东部	37.56	23.84	26.88	11.72	100.0(1246)
	中部	33.26	22.76	28.49	15.49	100.0(1762)
	西部	30.08	19.78	28.79	21.35	100.0(1719)
2012 年	全国	18.62	45.72	19.93	15.73	100.0(3567)
	东部	19.91	47.97	19.57	12.55	100.0(1155)
	中部	14.62	49.37	19.97	16.04	100.0(1272)
	西部	21.75	39.39	20.26	18.60	100.0(1140)

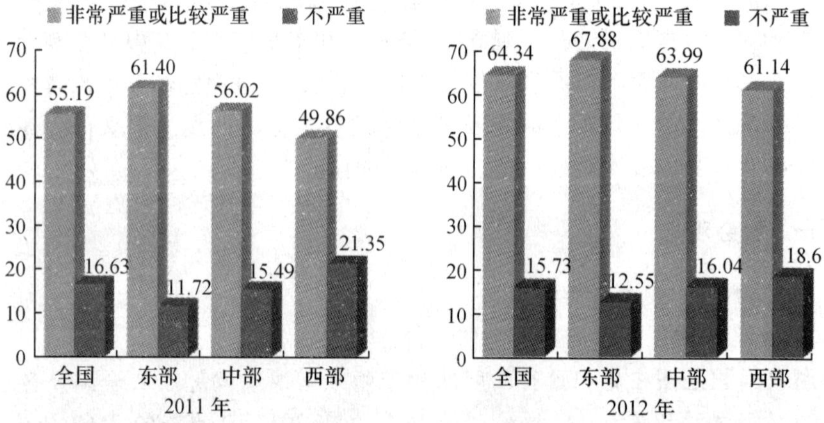

图 6-1　全国及各地区农民对腐败问题的评价(单位:%)

2. 不同职业农民对政府腐败问题的评价。

在 2012 年调查获取的 3535 份有效样本中,职业为做生意的农民认为当前腐败问题非常严重或比较严重的占比最高,达到 70.13%,高于务农农民和务工农民的 64.62% 和 64.76%。职业为教师及其他的农民认为当前腐败问题非常严重或比较严重的占比最低,为 57.29%,比做生意农民低 12 个百分点。(见表 6-2、图 6-2)

表 6-2 不同职业农民对政府腐败问题的评价 (单位:个,%)

	非常严重	比较严重	一般	不严重	合计
务农	18.35	46.27	19.59	15.79	100.0(2507)
务工	18.37	46.39	21.99	13.25	100.0(332)
做生意	24.16	45.97	18.46	11.41	100.0(298)
教师及其他	17.34	39.95	22.11	20.60	100.0(398)

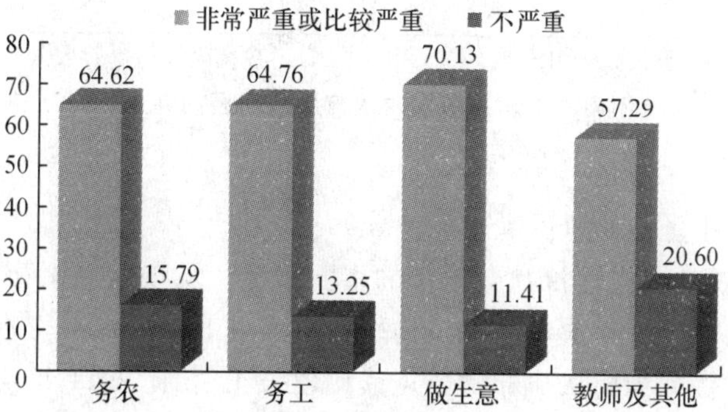

图 6-2 不同职业农民对政府腐败问题的评价(单位:%)

3. 不同收入水平农民对政府腐败问题的评价。

从不同家庭收入水平来看,中等收入的农民认为政府腐败问题更严重。在2012年调查的3422位农民中,中等收入农民认为当前腐败问题非常严重或比较严重的占比为67.59%,高于低收入、中低收入和中高收入农民的64.72%、63.28%和65.21%。高收入农民中有61.29%的农民认为当前腐败问题非常严重或比较严重,占比最低。总体来看,随着家庭收入水平的增加,认为当前腐败问题非常严重或比较严重的占比呈倒"U"字形分布,且在中等收入水平时达到最高。(见表6-3、图6-3)

表 6-3 不同收入水平农民对政府腐败问题的评价 (单位:个,%)

	非常严重	比较严重	一般	不严重	合计
低收入	18.18	46.54	18.59	16.69	100.0(737)
中低收入	16.38	46.90	21.30	15.42	100.0(629)
中等收入	19.27	48.32	19.27	13.14	100.0(685)
中高收入	20.03	45.18	18.71	16.08	100.0(684)
高收入	18.20	43.09	22.56	16.15	100.0(687)

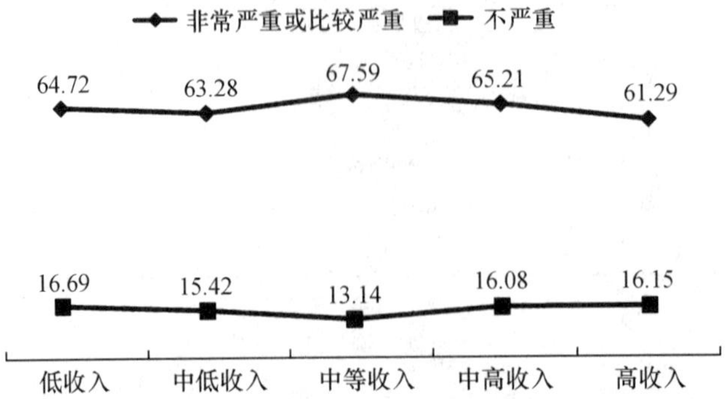

图 6-3 不同收入水平农民对政府腐败问题的评价(单位:%)

(二)法律公正性的评价

1. 农民对社会公平的整体评价。

社会公平观是农民评价社会正义的重要指标。从年度对比看,认为社会公平的农民越来越多,更为乐观。从 2012 年调查获取的 3624 份有效样本来看,73.29% 的农民认为当前法律非常公正或比较公正,相比 2011 年 69.43%,升高了 3.86 个百分点。各地区农户认为法律非常公正或比较公正占比均有升高。中部增加最为明显。东、中、西部农户两年增加的百分点依次为 3.29、7.95、0.03。中部增加幅度为东部近两倍,西部变化不显著。(见表 6-4)

表 6-4 全国及各地区农民对法律公正度的评价 (单位:个,%)

		非常公正	比较公正	一般	不公正	合计
2011 年	全国	18.74	50.69	21.22	9.35	100.0(4727)
	东部	14.56	55.91	19.98	9.55	100.0(1236)
	中部	14.91	49.60	24.61	10.88	100.0(1764)
	西部	25.65	48.06	18.65	7.64	100.0(1727)
2012 年	全国	17.36	55.93	18.10	8.61	100.0(3624)
	东部	14.79	58.97	16.92	9.32	100.0(1170)
	中部	15.88	56.58	19.62	7.92	100.0(1285)
	西部	21.56	52.18	17.62	8.64	100.0(1169)

2. 不同年龄段农民对法律公正度的评价。

在 2012 年全国调查获取的 3621 份有效样本中,年龄越大的农民,其认为法律公正的程度相对越高。其中,30 岁以下农民认为当前法律非常公正或比较公正的占比最低,为 67.81%。30—39 岁、40—49 岁和 50—59 岁的农民这一占比分别为 71.63%、72.76% 和 72.19%,相差不大。而 60 岁以上农民中有 76.19% 的

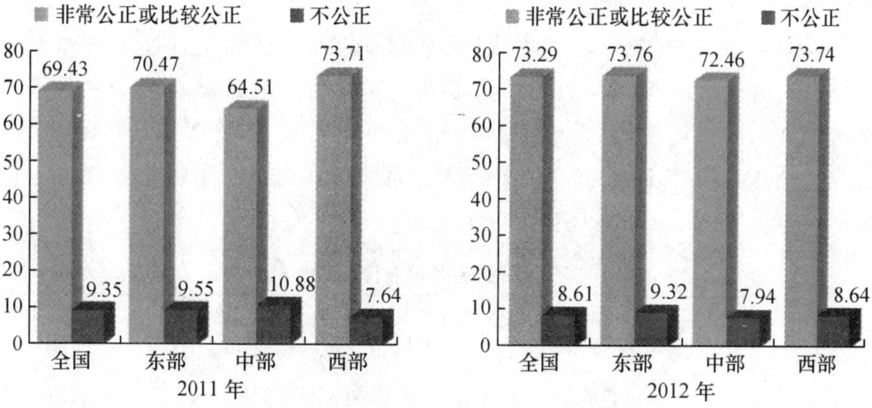

图 6-4　全国及各地区农民对法律公正度的评价(单位:%)

农民认为当前法律非常公正或比较公正,比 30 岁以下农民高 8.31 个百分点,也高于其他年龄段的农民。(见表 6-5、图 6-5)

表 6-5　不同年龄农民对法律公正度的评价　　(单位:个,%)

	非常公正	比较公正	一般	不公正	合计
30 岁以下	14.94	52.87	25.29	6.90	100.0(87)
30—39 岁	15.14	56.49	18.65	9.72	100.0(370)
40—49 岁	16.42	56.34	18.19	9.05	100.0(1127)
50—59 岁	16.48	55.71	20.48	7.3	100.0(1050)
60 岁以上	20.26	55.93	14.59	9.22	100.0(987)

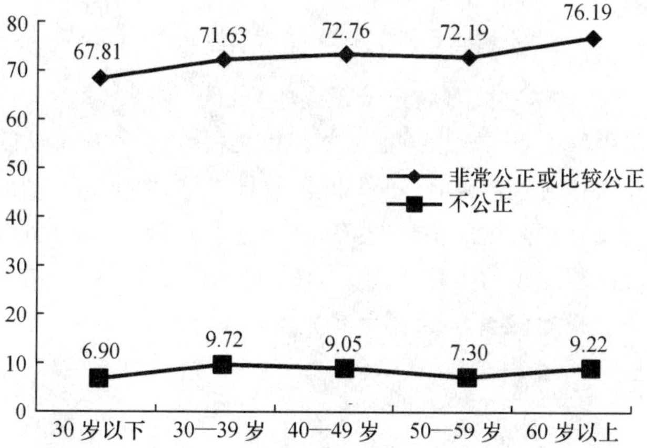

图 6-5　不同年龄农民对法律公正度的评价(单位:%)

3. 不同职业段农民对法律公正度的评价。

在全国受访的3509位农民中,职业为教师的农民认为当前法律非常公正或比较公正的占比最高,达到77.61%。职业为做生意的农民认为当前法律非常公正或比较公正的占比最低,为64.82%。前者高出后者12个百分点。而职业为做生意的农民认为法律不公正的占比最高,达到15.64%,其他职业农民这一占比在8%左右。(见表6-6、图6-6)

表6-6 不同职业农民对法律公正度的评价 (单位:个,%)

	非常公正	比较公正	一般	不公正	合计
务农	18.63	54.96	18.29	8.12	100.0(2549)
务工	7.53	65.66	18.98	7.83	100.0(332)
做生意	13.03	51.79	19.54	15.64	100.0(307)
教师及其他	21.14	56.47	14.93	7.46	100.0(402)

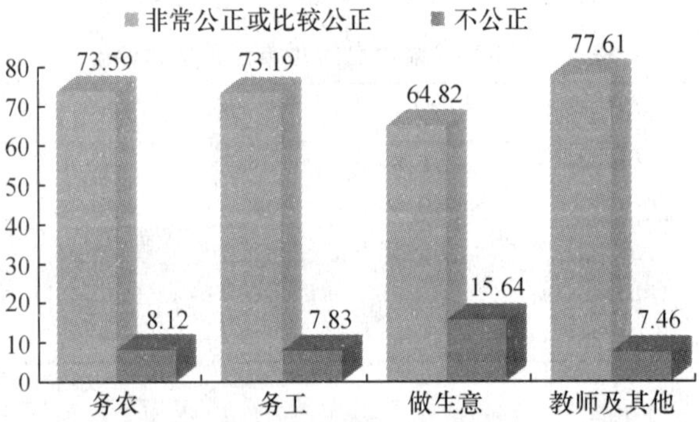

图6-6 不同职业农民对法律公正度的评价(单位:%)

4. 不同受教育水平农民对法律公正度的评价。

从不同的文化程度看,文化程度为文盲和文化程度为大专及以上的农民,其法律公正度的评价相对较低。在3065份有效样本中,文化程度为文盲的农民认为法律非常公正或比较公正的占比为71.18%,大专及以上文化程度的农民认为法律非常公正或比较公正的占比为70.91%,文化程度为小学、初中、高中的农民认为法律非常公正或比较公正的比例分别为72.95%、73.98%和74.39%,比前两者都高。(见表6-7、图6-7)

表 6-7　不同文化程度农民对法律公正度的评价　（单位：个，%）

	非常公正	比较公正	一般	不公正	合计
文盲	13.89	57.29	17.71	11.11	100.0(288)
小学	16.81	56.14	19.20	7.85	100.0(1172)
初中	18.46	55.52	17.79	8.23	100.0(1495)
高中	16.88	57.51	16.88	8.73	100.0(539)
大专及以上	21.82	49.09	15.45	13.64	100.0(110)

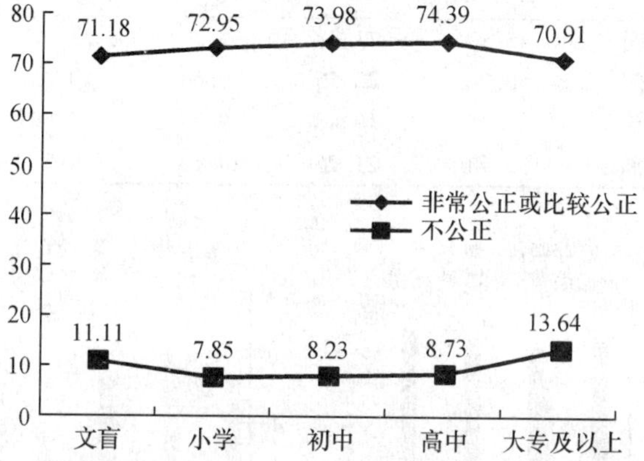

图 6-7　不同文化程度农民对法律公正度的评价（单位：%）

二、经济观念

（一）理财观念

1. 农民对理财观念的整体评价。

对闲钱的处理方法能有效看出农民理财观念的变化。整体而言，农民理财观念较为保守，存钱观多过投资消费观，并且用于存钱占比越来越高。2012 年农户闲钱较多用于存银行，是 2011 年近 1.9 倍。在投资、消费方面，2012 年占比较低。2011 年农户闲钱用于投资的占比为 39.26%，高于 2012 年的 21.08%。用于消费的占比为 22.36%，是 2012 年 9.77% 近 2.3 倍。2011 年农民闲钱用于建新房的占比为 14.67%，西部农户闲钱建新房的占比为 15.96%，高出全国平均水平；2012 年农户闲钱没有明确方向，看情况的占比为 23.98%。从不同地区看，西部地区消费观较强。西部农民选择将闲钱用于存银行的占比为 37.71%，低于东部地区和中部地区的 50.76% 和 46.18%。西部地区农民表示将闲钱用于消费的占比最高，达到 14.13%，是东部地区农民的 2 倍，也高于中部地区的 9.04%。（见

表6-8、图6-8)

表6-8　不同年份全国及各地区农民的理财观念　(单位:个,%)

		存银行	投资	消费	建新房	合计
2011年	全国	23.70	39.26	22.36	14.68	100.0(4396)
	东部	32.40	37.98	19.60	10.02	100.0(1148)
	中部	22.44	39.42	21.46	16.68	100.0(1631)
	西部	18.80	40.01	25.23	15.96	100.0(1617)
		存银行	投资	消费	看情况	合计
2012年	全国	45.17	21.08	9.77	23.98	100.0(2661)
	东部	50.76	22.55	6.64	20.05	100.0(918)
	中部	46.18	19.48	9.04	25.30	100.0(929)
	西部	37.71	21.25	14.13	26.91	100.0(814)

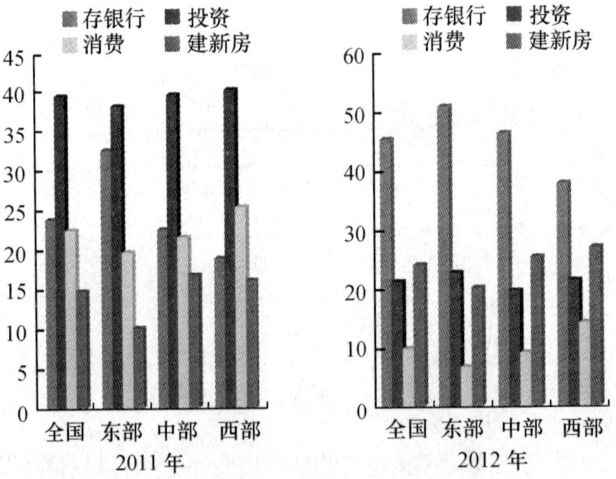

图6-8　全国及各地区农民的理财观念(单位:%)

2. 不同年龄段农民的理财观念。

从不同年龄段农民的理财观念来看,在2660份有效样本中,年龄越大的农民越倾向于将闲钱存入银行,年龄越小的农民越倾向于将闲钱用于投资。其中,年龄为30岁以下的农民中,选择将闲钱存入银行的占比最低,为29.85%,低于60岁以上老人13个百分点;年龄为60岁以上的农民中,选择将闲钱用于投资的占比11.53%,仅为年龄为30岁—39岁农民的1/3,也仅为年龄为40岁—49岁和30岁以下农民的1/2。值得注意的是,60岁以上的老年农民和30岁以下青年农民选择将闲钱用于消费的占比分别为13.92%和10.45%,高于其他年龄段的农

民。(见表 6-9、图 6-9)

表 6-9 不同年龄段农民的理财观念 (单位:个,%)

	存银行	投资	消费	看情况	合计
30 岁以下	29.85	29.85	10.45	29.85	100.0(67)
30—39 岁	33.33	34.03	8.68	23.96	100.0(288)
40—49 岁	41.44	26.54	8.03	23.99	100.0(859)
50—59 岁	47.94	17.74	8.48	25.84	100.0(778)
60 岁以上	53.29	11.53	13.92	21.26	100.0(668)

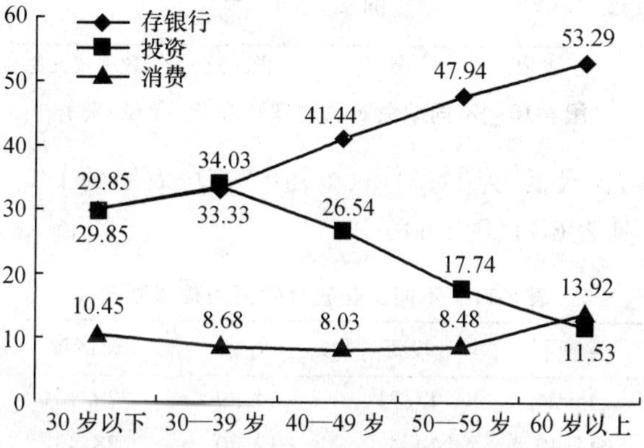

图 6-9 不同年龄段农民的理财观念(单位:%)

3. 不同职业农民的理财观念。

如表 6-10,图 6-10 所示,在全国受访的 2636 位农民中,做生意的农民选择将闲钱用于投资的占比最大,为 43.49%,是其他职业农民这一占比的 2 倍。职业为务农的农民中,选择将闲钱存银行的占比最大,为 48.68%。

表 6-10 不同职业农民的理财观念 (单位:个,%)

	存银行	投资	消费	看情况	合计
务农	48.68	17.29	9.90	24.13	100.0(1787)
务工	42.97	19.53	8.98	28.52	100.0(256)
做生意	30.48	43.49	7.06	18.97	100.0(269)
教师及其他	39.51	24.69	12.04	23.76	100.0(324)

4. 不同受教育水平农民的理财观念。

从不同的文化程度看,在全国调查获取的 2647 份有效样本中,文化程度越低的农民,选择将闲钱用于投资的占比越低。其中,文化程度为文盲的农民选择将

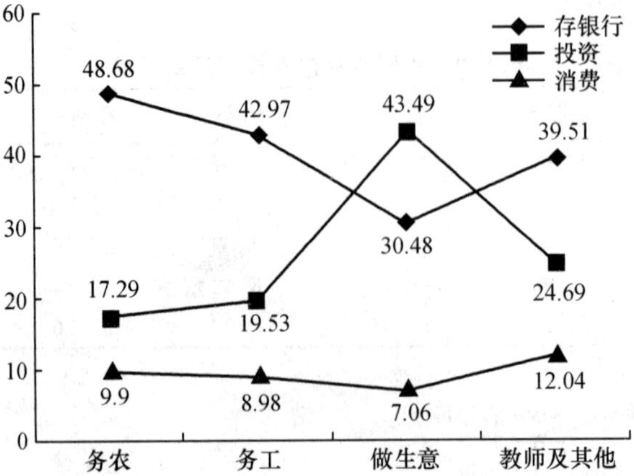

图 6-10　不同职业农民的理财观念(单位:%)

闲钱用于投资的占比最低,为 11.31%,为初中、高中农民的 1/2,也仅为大专及以上农民的 1/3。(见表 6-11、图 6-11)

表 6-11　不同文化程度农民的理财观念　　(单位:个,%)

	存银行	投资	消费	看情况	合计
文盲	45.24	11.31	14.29	29.16	100.0(168)
小学	44.40	14.47	12.70	28.43	100.0(795)
初中	47.10	24.11	6.91	21.88	100.0(1157)
高中	41.82	26.36	10.23	21.59	100.0(440)
大专及以上	41.38	31.03	11.49	16.10	100.0(87)

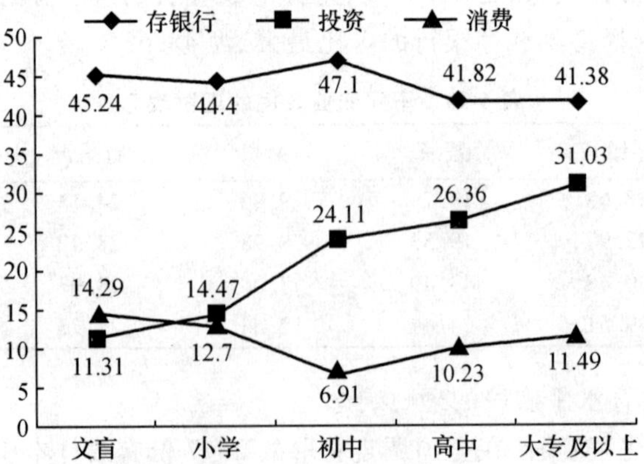

图 6-11　不同文化程度农民的理财观念(单位:%)

5. 不同收入水平农民的理财观念。

总体来看，在 2551 份有效样本中，家庭收入越低的农民，选择将闲钱存银行的越多，用于投资的越小。低收入农民选择将闲钱存银行的占比最高，为 50.60%，高出高收入者 16 个百分点。低收入农民将闲钱用于投资的为 12.45%，低于其他收入水平的农民，且不及高收入者的一半。（见表 6-12、图 6-12）

表 6-12　不同收入水平农民的理财观念　（单位：个，%）

	存银行	投资	消费	看情况	合计
低收入	50.60	12.45	11.65	25.30	100.0(498)
中低收入	47.51	16.74	10.63	25.12	100.0(442)
中等收入	45.63	19.25	10.32	24.80	100.0(504)
中高收入	48.88	19.48	7.68	23.96	100.0(534)
高收入	34.55	34.55	8.90	22.00	100.0(573)

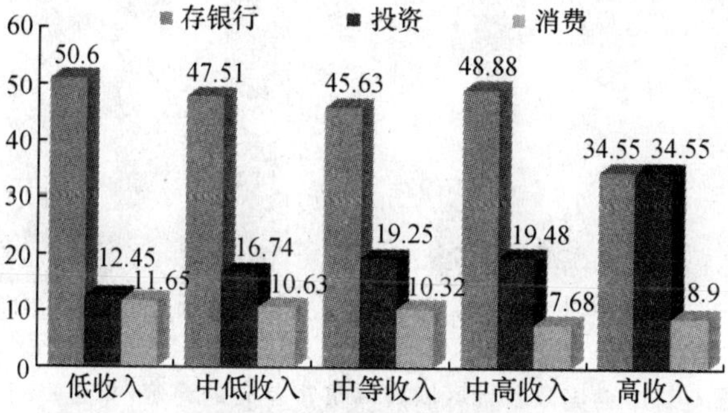

图 6-12　不同收入水平农民的理财观念（单位：%）

（二）贫富差距的评价

1. 农民的贫富观念的整体评价。

贫富差距关乎民生与社会稳定，是影响社会平等的重要因素。总体看，农民认为当前贫富差距问题较为严重，且持这种观点的人数呈增多趋势。2012 年调查的 3624 份有效样本中，73.29% 农户认为当前贫富差距非常严重或比较严重，超过 2011 年 67.73% 近 5.56 个百分点。值得注意的是西部地区，2012 年西部农户认为当前贫富差距问题非常严重或比较严重的占比为 73.74%，与 2011 年 60.99% 相比，超过 12.75 个百分点。在认为当前贫富差距不严重方面，西部农户由 16.93% 减少到 8.64%。（见表 6-13、图 6-13）

表 6-13 不同年份全国及各地区农民的贫富观念 (单位:个,%)

		非常严重	比较严重	一般	不严重	合计
2011 年	全国	17.25	50.48	19.84	12.43	100.0(4731)
	东部	16.88	57.75	16.73	8.64	100.0(1238)
	中部	16.88	57.75	16.73	8.64	100.0(1768)
	西部	15.25	45.74	22.08	16.93	100.0(1725)
2012 年	全国	17.36	55.93	18.10	8.61	100.0(3624)
	东部	14.79	58.97	16.92	9.32	100.0(1170)
	中部	15.88	56.58	19.60	7.94	100.0(1285)
	西部	21.56	52.18	17.62	8.64	100.0(1169)

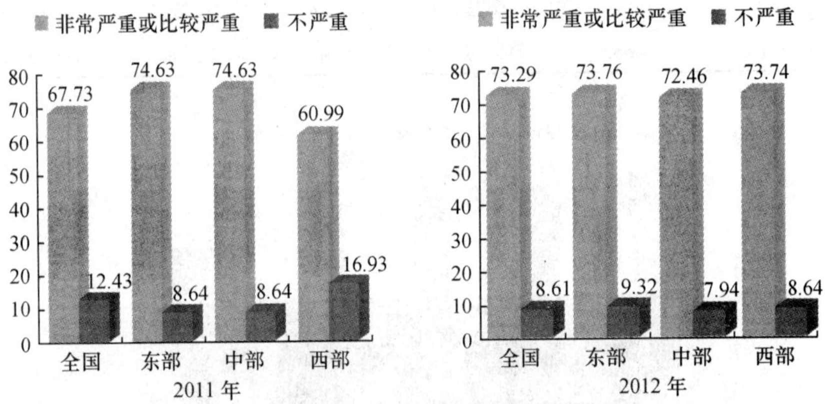

图 6-13 全国及各地区农民对贫富差距的评价(单位:%)

2. 农民对富人致富方式的整体评价。

在富人致富方式方面,认可度升高。2012 年 3618 份有效样本中,农户完全认可致富方式的占比为 10.89%,超过了 2011 年 6.38%。2012 年不认可致富方式的占比为 9.09%,低于 2011 年的 14.46%。各地区中,西部地区农民对富人致富方式认可最高,东部地区认可度增幅最大。2012 年西部地区农民非常认可或比较认可富人致富方式的占比最高,为 61.13%,高出全国平均水平 10.89 个百分点。东部地区农民仅有 49.96% 非常认可或比较认可富人致富方式,占比最低,比西部地区低 11.17 个百分点。2012 年东部完全认可富人致富方式占比为 8.84%,是 2011 年 4.59% 的近两倍。(见表 6-14、图 6-14)

表 6-14　全国及各地区农民对富人致富方式的评价　　（单位：个，%）

		完全认可	比较认可	一般	不认可	合计
2011 年	全国	6.38	43.28	35.88	14.46	100.0（4730）
	东部	4.59	45.53	38.03	11.85	100.0（1241）
	中部	4.93	43.79	33.92	17.36	100.0（1763）
	西部	9.15	41.14	36.33	13.38	100.0（1726）
2012 年	全国	10.89	43.23	36.79	9.09	100.0（3618）
	东部	8.84	41.12	40.34	9.70	100.0（1165）
	中部	9.26	42.26	38.67	9.81	100.0（1285）
	西部	14.73	46.40	31.16	7.71	100.0（1168）

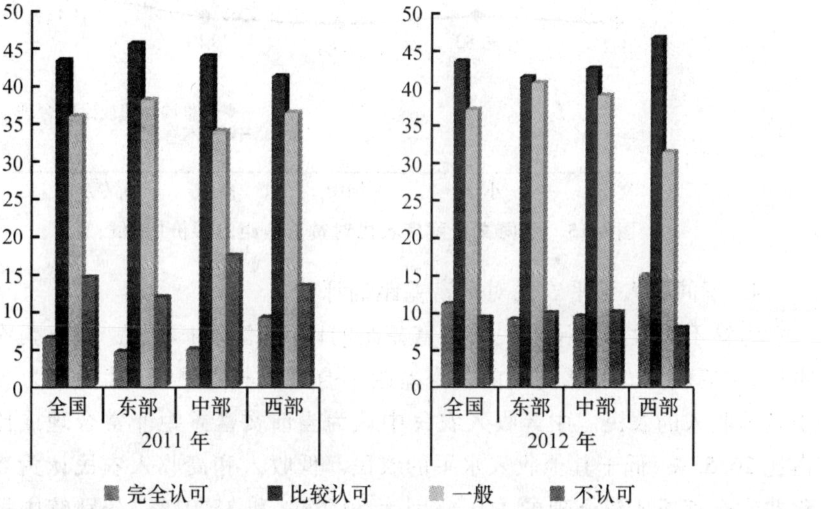

图 6-14　全国及各地区农民对富人致富方式的评价（单位：%）

3. 不同受教育水平农民对贫富差距的评价。

从不同的文化程度看，在 3597 位受访农民中，文化程度为初中的农民认为贫富差距不合理的占比最高，为 51.17%，高于文化程度为文盲、小学和高中农民的 46.34%、47.43% 和 45.93%。文化程度为大专及以上的农民认为贫富差距不合理的占比最低，为 44.14%，较文化程度为初中的农民低 7 个百分点。（见表 6-15、图 6-15）

表6-15　不同文化程度农民对贫富差距的评价　(单位:个,%)

	非常合理	比较合理	一般	不合理	合计
文盲	2.79	26.48	24.39	46.34	100.0(287)
小学	3.17	27.65	21.75	47.43	100.0(1168)
初中	2.88	26.16	19.79	51.17	100.0(1491)
高中	2.41	27.78	23.88	45.93	100.0(540)
大专及以上	0	35.14	20.72	44.14	100.0(111)

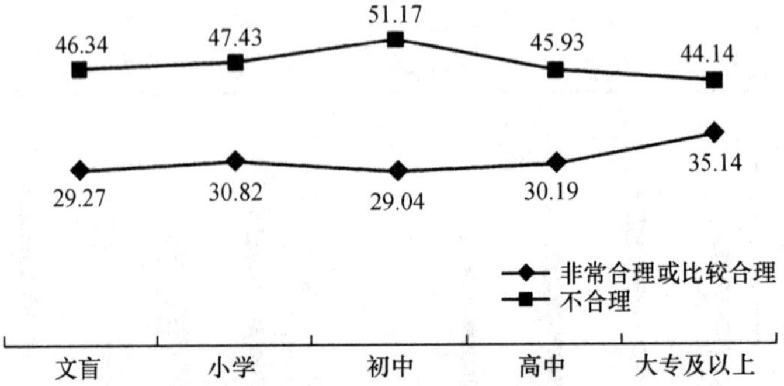

图6-15　不同文化程度农民对贫富差距的评价(单位:%)

4. 不同收入水平农民对贫富差距的评价。

考察不同收入水平农民对贫富差距的评价,总体来看,在3463份有效调查样本中,中等收入农民认为当前贫富差距不合理的相对更高,其占比为50.29%,高于其他收入的农民。中等收入农民中认为当前贫富差距非常合理或比较合理的占比26.53%,低于其他收入水平的农民。低收入和高收入农民认为当前贫富差距非常合理或比较合理的占比分别为30.62%和35.01%,分别较中等收入农民高5个百分点和8个百分点。(见表6-16、图6-16)

表6-16　不同收入农民对贫富差距的评价　(单位:个,%)

	非常合理	比较合理	一般	不合理	合计
低收入	2.41	28.21	20.98	48.40	100.0(748)
中低收入	2.35	27.00	20.73	49.92	100.0(637)
中等收入	2.33	24.20	23.18	50.29	100.0(686)
中高收入	2.59	27.34	21.15	48.92	100.0(695)
高收入	3.16	31.85	21.23	43.76	100.0(697)

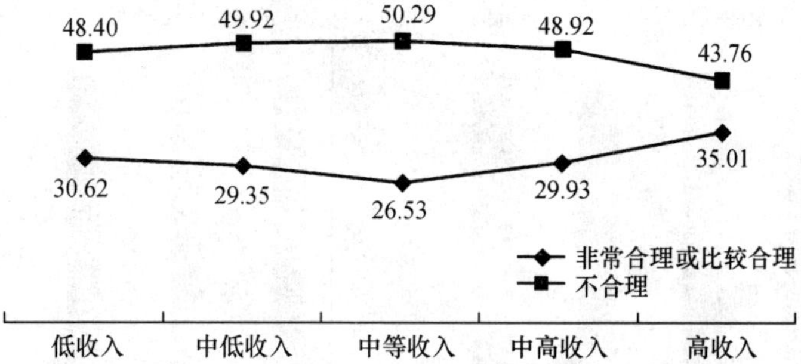

图 6-16　不同收入农民对贫富差距的评价(单位:%)

三、未来信心

(一) 个人信心

1. 农户个人信心的整体评价。

通过对不同年份农民个人信心的考察发现,农民信心程度略微降低。对 2012 年全国调查的 3619 户而言,68. 55% 的农民表示个人努力完全能够或比较能够改变现状,相比 2011 年 70. 78%,降低了 2. 23 个百分点。相对应的,认为不能改变现状方面,2012 年占比为 13. 10%,相比 2011 年 10. 34%。增加了 2. 76 个百分点。西部地区降幅较为明显,更多农户认为不能改变现状。2011 年农民认为不能改变现状的占比为 8. 80%,2012 年为 16. 03%,2012 年西部农民认为不能改变现状的占比增加近两倍。(见表 6-17、图 6-17)

表 6-17　全国及各地区农民的个人信心　　(单位:个,%)

		完全能	比较能	一般	不能	合计
2011 年	全国	17. 72	53. 06	18. 88	10. 34	100(4729)
	东部	15. 83	55. 82	18. 66	9. 69	100(1238)
	中部	14. 92	54. 51	18. 26	12. 31	100(1763)
	西部	21. 93	49. 59	19. 68	8. 80	100(1728)
2012 年	全国	19. 37	49. 18	18. 35	13. 10	100(3619)
	东部	20. 16	48. 97	19. 98	10. 89	100(1166)
	中部	18. 34	52. 06	17. 17	12. 43	100(1287)
	西部	19. 73	46. 23	18. 01	16. 03	100(1166)

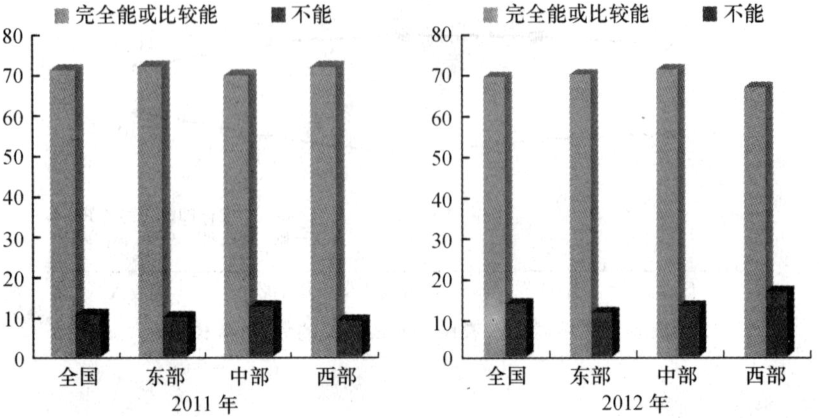

图 6-17 全国及各地区农民的个人信心(单位:%)

2. 不同年龄段农民的个人信心。

考察不同年龄段农民的个人信心情况,总体来看,年龄越小的农民,其认为不能改变现状的占比越低。在 2012 年调查的 3616 份有效样本中,30 岁以下农民中认为个人努力不能改变现状的占比最低,为 5.75%。30 岁—39 岁、40 岁—49 岁、50 岁—59 岁的农民中,认为个人努力不能改变现状的占比分别为 11.89%、10.14% 和 13.49%。60 岁以上的农民中有高达 17.07% 的认为个人努力不能改变现状,高出 30 岁以下农民 11 个百分点。同样,在 2011 年调查的 4722 份有效样本中,也呈现出同样的规律。(见表 6-18、图 6-18)

表 6-18 不同年龄段农民的个人信心 (单位:个,%)

	完全能	比较能	一般	不能	合计
30 岁以下	13.79	51.72	28.74	5.75	100(87)
30 岁—39 岁	19.73	50.27	18.11	11.89	100(370)
40 岁—49 岁	22.69	49.91	17.26	10.14	100(1124)
50 岁—59 岁	19.33	47.75	19.43	13.49	100(1045)
60 岁以上	15.96	49.29	17.68	17.07	100(990)

3. 不同职业农民的个人信心。

总体来看,在调查的 3585 位农民中,外出务工的农民相对务农为主的农民对个人未来更有信心。就务农农民来看,65.91% 的务农农民认为个人努力完全能或比较能改变现状,低于务工农民的 72.72%。14.45% 的务农农民认为个人努力不能改变现状,比务工农民高 4.75%。(见表 6-19、图 6-19)

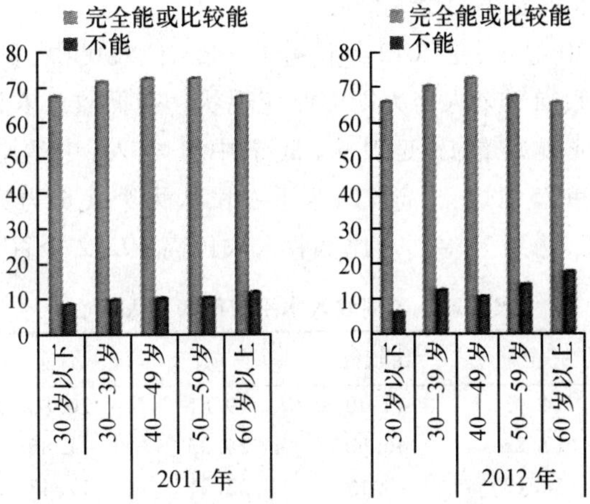

图 6-18　不同年龄段农民的个人信心(单位:%)

表 6-19　不同职业农民的个人信心　(单位:个,%)

	完全能	比较能	一般	不能	合计
务农	18.03	47.88	19.64	14.45	100(2546)
务工	16.05	56.67	17.58	9.70	100(330)
做生意	28.01	53.42	11.73	6.84	100(307)
教师及其他	24.13	48.01	15.42	12.44	100(402)

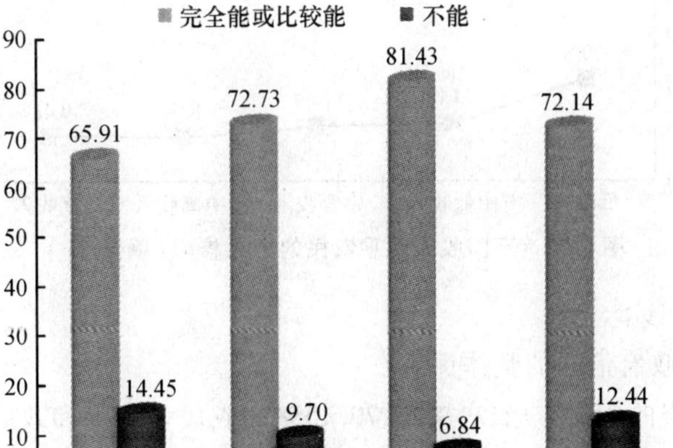

图 6-19　不同职业农民的个人信心(单位:%)

4. 不同收入水平农民的个人信心。

表6-20、图6-20显示,在2012年调查的3463位农民中,农民收入水平越高,个人信心越大,更倾向于个人努力能够改变现状。在低收入农民中,59.33%认为个人努力完全能或比较能改变现状,低于中低收入、中等收入、中高收入的63.82%、66.32%和75.98%。高收入水平农民认为个人努力完全能或比较能改变现状的占比最高,达到78.45%,比低收入农民高19.12个百分点。

表6-20 不同收入水平农民的个人信心 (单位:个,%)

	完全能	比较能	一般	不能	合计
低收入	14.93	44.40	19.87	20.80	100(750)
中低收入	17.22	46.60	24.33	11.85	100(633)
中等收入	18.13	48.19	22.21	11.47	100(689)
中高收入	20.58	55.40	15.11	8.91	100(695)
高收入	25.72	52.73	12.07	9.48	100(696)

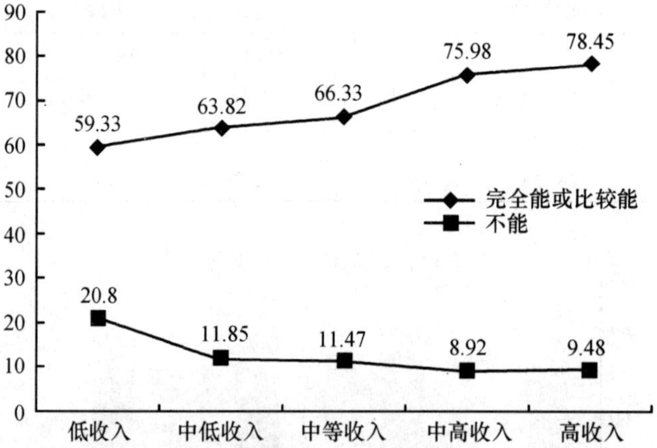

图6-20 不同收入水平农民的个人信心(单位:%)

(二)政府信心

1. 农民对政府信心的整体评价。

就全国调查的3592户农户来看,79.15%的农民认为党和政府完全能或比较能解决当前问题,10.44%的农户认为党和政府不能解决当前社会问题。总体而言,近八成农民对党和政府仍然有较强的信心。在东部地区的调查中,10.89%的农民认为党和政府不能解决当前问题,占比最低。西部地区有16.04%农民认为党和政府不能解决当前问题,在各地区中占比最高。(见表6-21、图6-21)

表 6-21　全国及各地区农民对政府的信心　（单位：个，%）

	完全能	比较能	一般	不能	合计
全国	12.72	66.43	10.41	10.44	100(3592)
东部	20.16	48.97	19.98	10.89	100(1166)
中部	18.34	52.06	17.17	12.43	100(1287)
西部	19.73	46.23	18.00	16.04	100(1166)

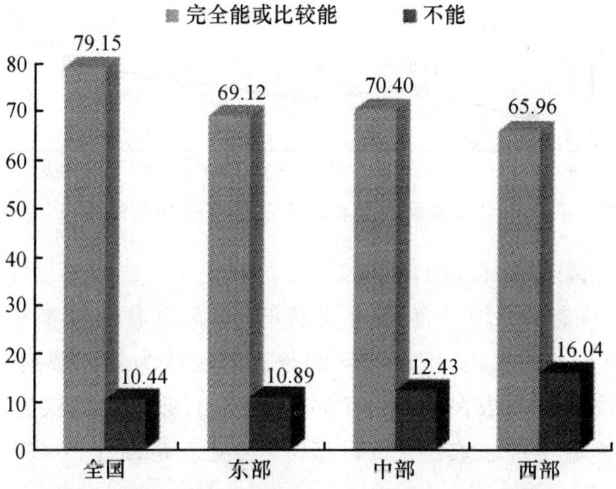

图 6-21　全国及各地区农民对政府的信心（单位：%）

2. 不同年龄段农民对政府的信心。

表 6-22、图 6-22 显示，在 2012 年调查的 3616 位农民中，30 岁以下的农民有 5.75% 表示党和政府不能解决当前问题，占比最低。30—39 岁、40—49 岁、50—59 岁的农民表示党和政府不能解决当前问题的占比分别为 11.89%、10.14% 和 13.49%。60 岁以上的农民认为党和政府不能解决当前问题的占比最高，为 17.07%，高出 30 岁以下农民 11.32 个百分点。

表 6-22　不同年龄段农民对党和政府能否解决问题的看法　（单位：个，%）

	完全能	比较能	一般	不能	合计
30 岁以下	13.79	51.72	28.74	5.75	100(87)
30—39 岁	19.73	50.27	18.11	11.89	100(370)
40—49 岁	22.69	49.91	17.26	10.14	100(1124)
50—59 岁	19.33	47.75	19.43	13.49	100(1045)
60 岁以上	15.96	49.29	17.68	17.07	100(990)

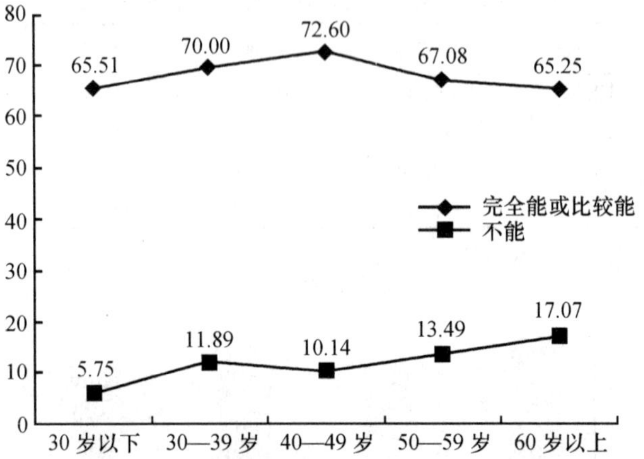

图 6-22　不同年龄段农民对党和政府能否解决问题的看法(单位:%)

3. 不同职业农民对政府的信心。

从不同的职业看,在 2012 年调查所获的 3585 份有效样本中,务工农民对政府的信心也高于务农的农民。72. 72% 的务工农民认为党和政府完全能和比较能解决当前问题,高于务农农民的 65. 91% 。9. 7% 的务工农民认为党和政府不能解决当前问题,明显低于务农农民的 14. 45% 。(见表 6-23、图 6-23)

表 6-23　不同职业农民对政府的信心　　(单位:个,%)

职业	完全能	比较能	一般	不能	合计
务农	18. 03	47. 88	19. 64	14. 45	100(2546)
务工	16. 05	56. 67	17. 58	9. 70	100(330)
做生意	28. 01	53. 42	11. 73	6. 84	100(307)
教师及其他	24. 13	48. 01	15. 42	12. 44	100(402)

4. 不同受教育水平农民对政府的信心。

表 6-24 、图 6-24 显示,在 2012 年全国 3599 位受访农户中,教育水平较高的农民相对教育水平较低农民而言,其对党和政府的信心相对更高。其中,教育水平为文盲的农民中有 58. 68% 的农民认为党和政府完全能或比较能解决当前问题,低于其他教育水平的农民。高中农民中认为党和政府完全能或比较能解决当前问题的占比最高,为 73. 61% 。小学、初中教育水平农民中,认为党和政府完全能或比较能解决当前问题的占比分别为 67. 86% 和 68. 92% 。

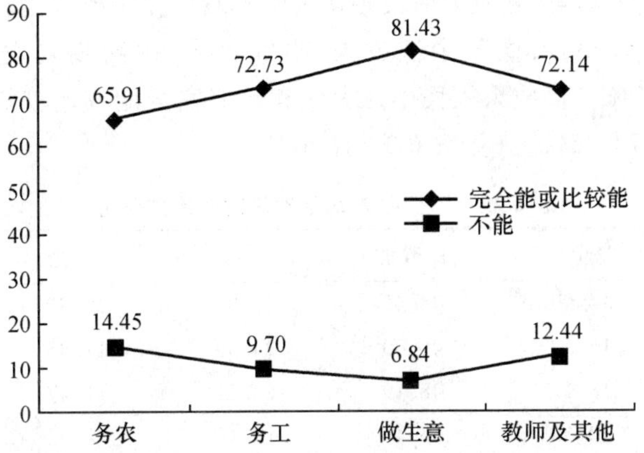

图 6-23　不同职业农民对党和政府能否解决问题的看法(单位:%)

表 6-24　不同教育水平农民对政府的信心　(单位:个,%)

	完全能	比较能	一般	不能	合计
文盲	13.89	44.79	23.96	17.36	100(288)
小学	17.73	50.13	19.35	12.79	100(1173)
初中	19.66	49.26	18.19	12.89	100(1490)
高中	24.35	49.26	14.31	12.08	100(538)
大专及以上	23.64	43.64	17.27	15.45	100(110)

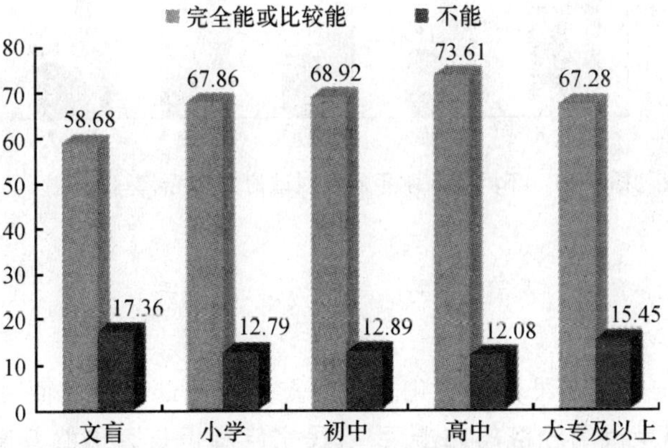

图 6-24　不同教育水平农民对政府的信心(单位:%)

5. 不同收入水平农民对政府的信心。

总体而言,在 3463 份有效样本中,农民收入水平越高,对党和政府解决问题的信心越强。具体而言,低收入农民中认为党和政府完全能或比较能解决当前问题的农民占比 59.33%,低于中低收入、中等收入、中高收入农民的 63.82%、66.32% 和 75.98%。高收入农民中认为党和政府完全能或比较能解决当前问题的占比最高,为 78.45%。(见表 6-25、图 6-25)

表 6-25 不同收入水平农民对政府的信心 (单位:个,%)

收入分组	完全能	比较能	一般	不能	合计
低收入	14.93	44.40	19.87	20.80	100(750)
中低收入	17.22	46.60	24.33	11.85	100(633)
中等收入	18.13	48.19	22.21	11.47	100(689)
中高收入	20.58	55.40	15.10	8.92	100(695)
高收入	25.72	52.73	12.07	9.48	100(696)

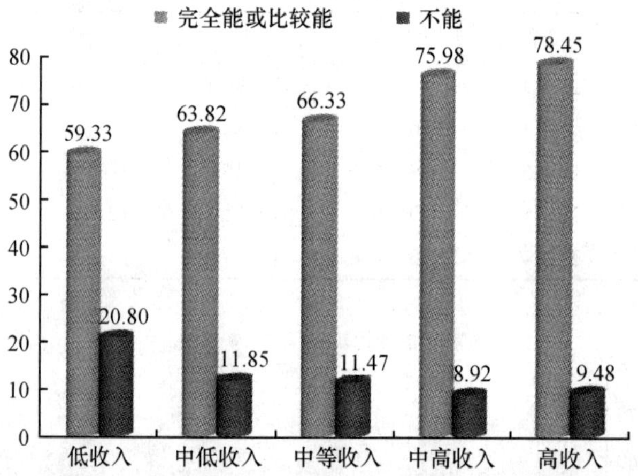

图 6-25 不同收入水平农民对政府的信心(单位:%)

第二节 宗族意识

宗族意识是中国农民传统文化意识的重要组成部分。然而,经历了"四清"运动、"文革"以及市场经济的冲击后,农民宗族意识是否仍然普遍存在,还需予以大样本的调查来证实。为此,本节将从农民宗族互助意识、亲疏关系变化以及祠堂修缮意愿等维度来考察农民的宗族意识。

一、宗族互助意识

（一）全国及各地区比较

总体来看，在全国调查的3545份有效样本中，全国有63.86%的农民表示宗族中有人遇到困难时会相助，仅有5.13%的农民表示不会倾力相助。在南方地区，宗族中有人遇到困难时表示会相助的农民占比为64.65%，略高于北方地区的62.98%。（见表6-26、图6-26）

表6-26　全国各地区宗族互助情况　（单位：%）

	会	不会	看情况	合计
北方	62.98	4.87	32.15	100.0(1664)
南方	64.65	5.37	29.98	100.0(1881)
全国	63.86	5.13	31.01	100.0(3545)

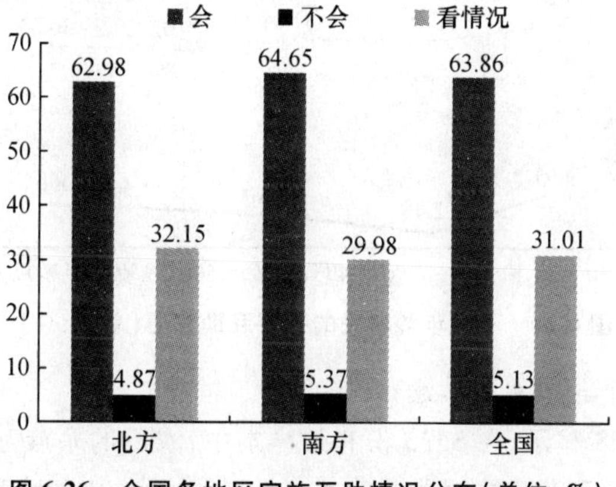

图6-26　全国各地区宗族互助情况分布（单位：%）

（二）年龄与宗族互助意识

从3542位不同年龄段受访农民的宗族互助观念情况来看，30岁以下的青年农民中，有8.64%的农民表示宗族中有人遇到困难时不会倾力相助，高于其他年龄段的农民。而表示宗族中有人遇到困难时会倾力相助的农民中，30岁以下的青年农民占比56.79%，低于其他年龄段的农民。在其他年龄段的农民中，表示宗族中有人遇到困难时会倾力相助的农民占比在63%到66%之间，比30岁以下的青年农民至少高6.55个百分点。由此可见，30岁以下农民的宗族互助意识要低于其他年龄段的农民。（见表6-27、图6-27）

表 6-27 不同年龄农民的宗族互助意愿 (单位:%)

	会	不会	看情况	合计
30 岁以下	56.79	8.64	34.57	100.0(81)
30—39 岁	65.57	2.46	31.97	100.0(366)
40—49 岁	63.51	4.65	31.84	100.0(1096)
50—59 岁	64.58	5.50	29.92	100.0(1036)
60 岁以上	63.34	6.03	30.63	100.0(963)

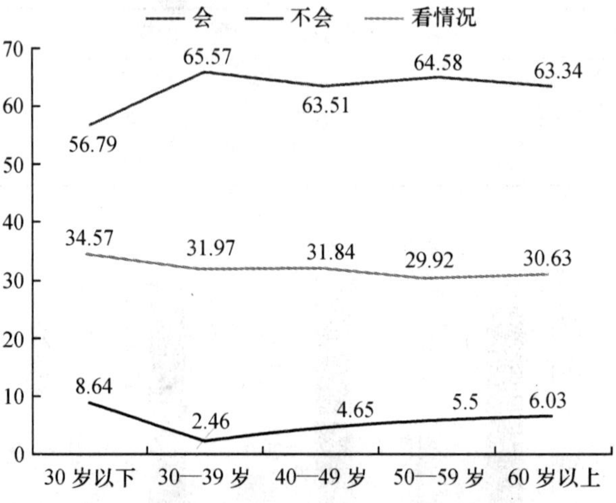

图 6-27 不同年龄农民的宗族互助意愿(单位:%)

(三)教育水平与宗族互助意识

表 6-28、图 6-28 显示,在 3325 份有效样本中,农民的宗族互助意识随着教育水平的提高而提高,到达高中时为最高。教育水平为高中的农民有 69.10% 的表示在宗族中有人遇到困难时会倾力相助,高于其他教育阶段的农民。教育水平是文盲的农民中,表示在宗族中有人遇到困难时会倾力相助的占比为 58.80%,低于文化水平为高中的农民 10.3 个百分点。教育水平为小学、初中和大专及以上的农民,表示在宗族中有人遇到困难时会倾力相助的占比介于教育水平为文盲和高中的农民之间。

表 6-28　不同教育水平农民的宗族互助意愿　（单位:%）

受教育水平	会	不会	看情况	合计
文盲	58.80	9.51	31.69	100.0(284)
小学	61.86	5.36	32.78	100.0(1138)
初中	64.50	3.97	31.53	100.0(1462)
高中	69.10	5.06	25.84	100.0(534)
大专及以上	60.75	7.47	31.78	100.0(107)

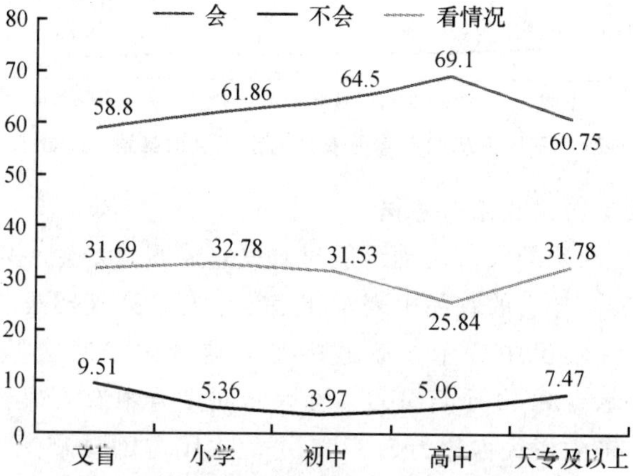

图 6-28　不同教育水平农民的宗族互助意愿（单位:%）

（四）家庭收入水平与宗族互助意识

从受访的 3395 位不同家庭收入农民的宗教互助意愿情况来看，高收入家庭的农民中有 68.74% 的农民表示宗族中有人遇到困难时会倾力相助，比中高收入农民高 3.59 个百分点，也至少高于其他收入水平农民 7 个百分点。同时，高收入农民中表示不会倾力相助的农民占比 4.3%，低于低收入农民 1.98 个百分点，也低于其他收入水平的农民。总体而言，高收入农民表示会倾力相助的占比最高，而低收入农民表示不会倾力相助的占比最低。（见表 6-29、图 6-29）

表 6-29　不同家庭收入农民的宗族互助意愿　（单位:%）

收入分组	会	不会	看情况	合计
低收入	61.20	6.28	32.52	100.0(732)
中低收入	61.21	5.09	33.70	100.0(629)
中等收入	61.69	5.03	33.28	100.0(676)
中高收入	65.15	5.27	29.58	100.0(683)
高收入	68.74	4.30	26.96	100.0(675)

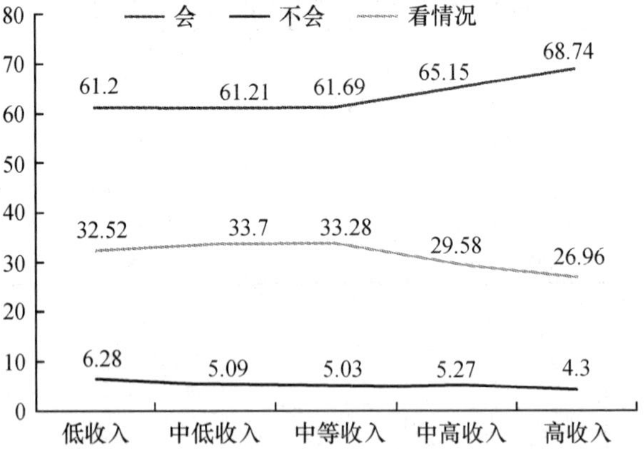

图 6-29 不同家庭收入水平农民的宗族互助意愿(单位:%)

(五)职业类型与宗族互助意识

农民外出务工导致的人口流动可能对农民宗族观念产生一定影响。从调查的 3512 位农民来看,务工的农民中表示在宗族中有人遇到困难时会倾力相助的占比 55.76%,务农农民中表示在宗族中有人遇到困难时会倾力相助的占比 63.9%,前者低于后者 8.14 个百分点。而表示在宗族中有人遇到困难时不会倾力相助的农民中,务农农民占比为 5.37%,务工农民占比 5.15%,两者相差不大。值得注意的是,务工农民中有 39.09% 表示要看情况来决定是否倾力相助,比务农农民高 8.36 个百分点。可见,务农农民明确表示会倾力相助的占比高于务工的农民,而更多的务工农民需要看情况来决定是否倾力相助。(见表 6-30、图 6-30)

表 6-30 不同职业农民的宗族互助意愿 (单位:%)

职业	会	不会	看情况	合计
务农	63.90	5.37	30.73	100.0(2496)
务工	55.76	5.15	39.09	100.0(330)
做生意	63.64	5.05	31.31	100.0(297)
教师及其他	70.18	3.34	26.48	100.0(389)

二、亲疏关系

(一)全国及各地区比较

考察不同地区农民的亲疏关系情况,在全国受访的 3513 位农民中,19.21% 的农民表示亲疏关系更加亲密,20.75% 的农民表示渐行渐远。相对而言,南方地

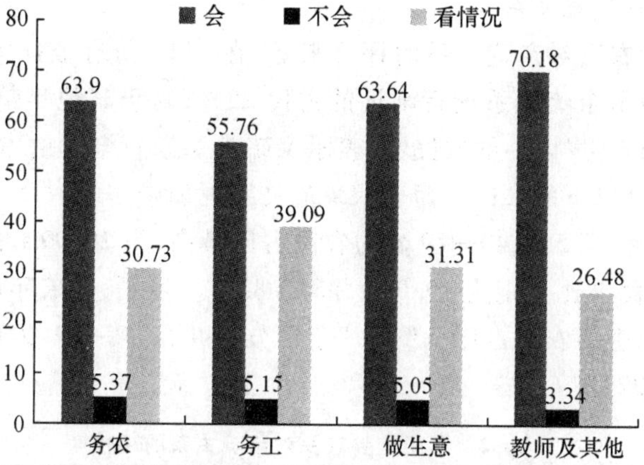

图 6-30　不同职业农民的宗族互助意愿(单位:%)

区农民表示亲疏关系更加紧密的占比更高,为 22.74%,比北方地区农民的这一比重高出 7 个百分点。北方地区农民表示亲疏关系渐行渐远的占比 23.78%,高出南方地区 5.7 个百分点,也高出全国水平 3 个百分点。(见表 6-31、图 6-31)

表 6-31　不同地区的亲疏关系变化　(单位:%)

	更加亲密	渐渐疏远	没有变化	说不清	合计
北方	15.21	23.78	51.03	9.98	100.0(1644)
南方	22.74	18.08	48.21	10.97	100.0(1869)
全国	19.21	20.75	49.53	10.51	100.0(3513)

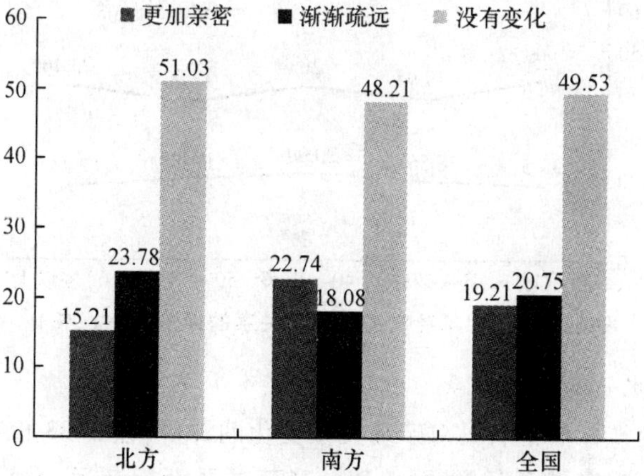

图 6-31　各地区的亲疏关系的显示图(单位:%)

(二)年龄与亲疏关系

从不同年龄农民对亲疏关系的评价来看,在3511份有效样本中,年龄为30岁以下的农民表示亲疏关系渐行渐远的占比25%,高于其他年龄阶段农民所占的比例。年龄为60岁以上的农民中,表示亲疏关系渐行渐远的占比23.46%,仅次于年龄为30岁以下的农民。而表示亲疏关系更加亲密的农民中,30岁以下的农民占比最低,为17.5%;40—49岁的农民占比最高,为20.99%;年龄为50—59岁和60岁的农民占比分别为19.02%和17.83%。可见,随着年龄的增加,表示亲疏关系更加亲密的农民占比呈倒"U"字形分布并在40—49岁年龄段时达到最高点。(见表6-32、图6-32)

表6-32 不同年龄农民对亲疏关系的评价 (单位:%)

	更加亲密	渐渐疏远	没有变化	说不清	合计
30岁以下	17.50	25.00	48.75	8.75	100.0(80)
30—39岁	18.56	19.94	55.12	6.38	100.0(361)
40—49岁	20.99	20.07	48.22	10.72	100.0(1091)
50—59岁	19.02	18.92	50.59	11.47	100.0(1020)
60岁以上	17.83	23.46	47.76	10.95	100.0(959)

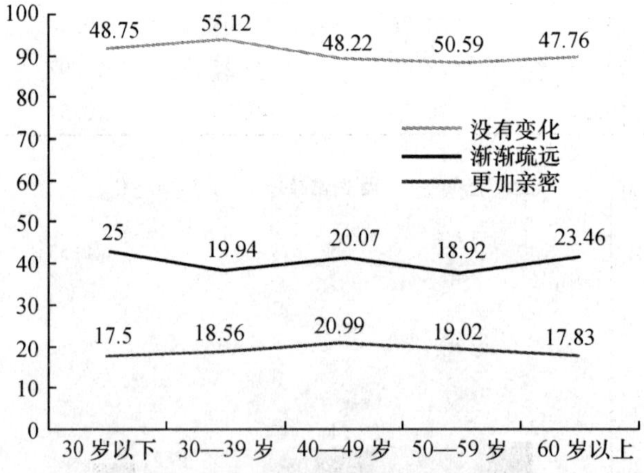

图6-32 不同年龄农民对亲疏关系的评价(单位:%)

(三)教育水平与亲疏关系

考察不同受教育水平农民对亲疏关系变化的评价,在3493份有效样本中,受教育水平为文盲的农民中有20.85%表示亲疏关系渐行渐远,受教育水平为小学和初中的农民这一占比则分别为 21.09% 和 21.01%，受教育水平为高中的农民这一占比为 19.08%，而受教育水平为大专及以上的农民中这一占比为 22.64%。总体来看，不同受教育水平农民对亲疏关系变化的评价差异不大（$P=0.227>0.05$）。（见表 6-33、图 6-33）

表 6-33　不同文化程度农民对亲疏关系的评价　　（单位：%）

	更加亲密	渐渐疏远	没有变化	说不清	合计
文盲	18.02	20.85	46.64	14.49	100.0(283)
小学	17.30	21.09	50.22	11.39	100.0(1133)
初中	20.04	21.01	49.34	9.61	100.0(1447)
高中	22.33	19.08	49.81	8.78	100.0(524)
大专及以上	18.87	22.64	50	8.49	100.0(106)

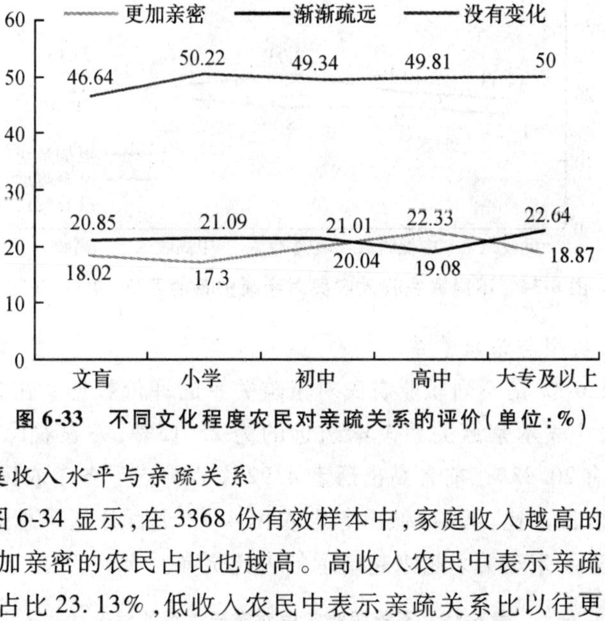

图 6-33　不同文化程度农民对亲疏关系的评价（单位：%）

（四）家庭收入水平与亲疏关系

表 6-34、图 6-34 显示，在 3368 份有效样本中，家庭收入越高的农民表示亲疏关系比以往更加亲密的农民占比也越高。高收入农民中表示亲疏关系比以往更加亲密的农民占比 23.13%，低收入农民中表示亲疏关系比以往更加亲密的农民占比 17.24%，前者比后者高 5.89 个百分点。而随着家庭收入的增高，表示亲疏关系渐行渐远的农民占比呈倒“U”字形分布。其中，中等收入农民表示亲疏关系渐行渐远的占比最高，为 23.03%；低收入农民表示亲疏关系渐行渐远的占比最低，为 19.45%；高收入农民中有 20.45% 的农民表示亲疏关系渐行渐远，比中等收入农民中这一占比低 2.58 个百分点。

表6-34　不同家庭收入农民对亲疏关系的评价　　(单位:%)

收入分组	更加亲密	渐渐疏远	没有变化	说不清	合计
低收入	17.24	19.45	52.14	11.17	100.0(725)
中低收入	18.12	20.39	50.97	10.52	100.0(618)
中等收入	18.13	23.03	47.40	11.44	100.0(673)
中高收入	19.35	21.11	50	9.54	100.0(682)
高收入	23.13	20.45	47.01	9.41	100.0(670)

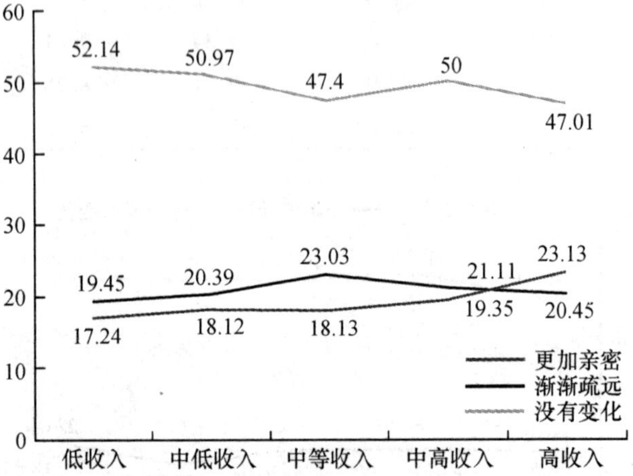

图6-34　不同家庭收入农民对亲疏关系的评价(单位:%)

(五)职业类型与亲疏关系

表6-35、图6-35是不同职业农民对亲疏关系的评价数据。在3483份有效样本中,务工农民中表示宗族关系渐渐疏远的为25.15%,务农农民中表示宗族关系渐渐疏远的有20.23%,前者高出后者4.92个百分点。务工农民中表示亲疏关亲更加密切的农民占比14.42,低出务农农民4.72个百分点。总体来看,务工农民较务农农民表示亲疏关系越来越疏远的占比更高。

表6-35　不同职业农民对亲疏关系的评价　　(单位:%)

职业	更加亲密	渐渐疏远	没有变化	说不清	合计
务农	19.14	20.23	49.65	10.98	100.0(2477)
务工	14.42	25.15	50	10.43	100.0(326)
做生意	22.71	20	47.46	9.83	100.0(295)
教师及其他	21.04	21.82	49.09	8.05	100.0(385)

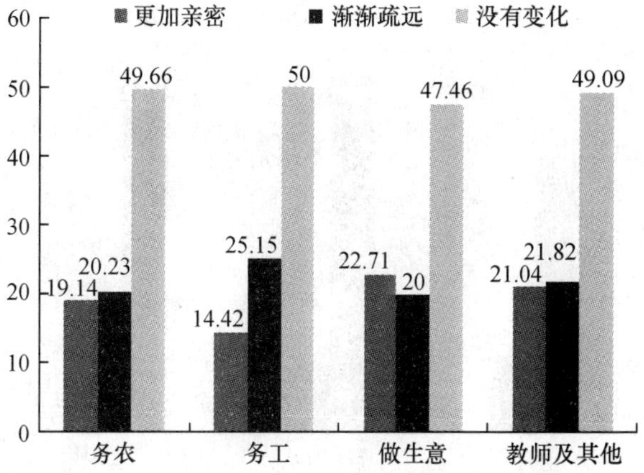

图 6-35　不同职业农民对亲疏关系的评价(单位:%)

三、修缮祠堂意愿

(一) 全国及各地区比较

祠堂是宗族的载体之一。修祠一直以来是宗族的大事,因此可以从修缮祠堂的意愿来反映农民的宗族情感。在全国调查获取的 3484 份有效样本中,有 47.42% 的农民表示愿意出钱修缮祠堂,10.68% 的农民表示不愿意修缮祠堂。相对而言,南方地区农民修缮祠堂的意愿更强一些。在南方地区,表示愿意出钱修缮祠堂的农民占比 52.84%,比北方高 11.8 个百分点,比全国平均水平高 5.42 个百分点。南方地区中表示不愿意修缮祠堂的农民占比 10.04%,北方地区是 11.43%。(见表 6-36、图 6-36)

表 6-36　不同地区人们修缮祠堂意愿　(单位:%)

	愿意	不愿意	看情况	合计
北方	41.04	11.43	47.53	100.0(1601)
南方	52.84	10.04	37.12	100.0(1883)
全国	47.42	10.68	41.90	100.0(3484)

(二) 年龄与修缮祠堂意愿

考察不同年龄段农民修缮祠堂的意愿,总体来看,在 3491 份有效样本中,随着年龄的增长,不愿意修缮祠堂的农民占比相对越高。60 岁以上的农民中表示不愿意修缮祠堂的农民占比为 12.68%,50—59 岁的农民中表示不愿意修缮祠堂的农民占比为 11.30%,而 30 岁以下和 30—39 岁的农民中表示不愿意修缮祠堂

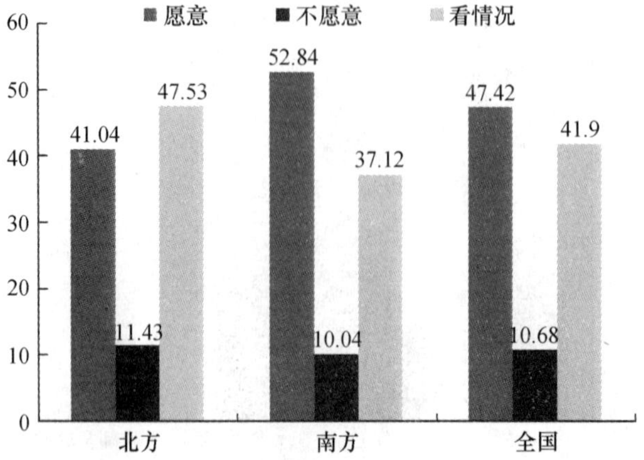

图 6-36 各地区人们修缮祠堂意愿显示图(单位:%)

的农民占比分别 6.17% 和 6.2%,相当于 60 岁以上的近一半。但在表示愿意修缮祠堂的意愿方面,不同年龄段的农民对修缮祠堂的意愿较为复杂,30 岁—39 岁的农民表示愿意修缮祠堂的占比最高,为 52.11%;而 30 岁以下的农民表示愿意修缮祠堂的占比最低,为 45.68%。(见表 6-37、图 6-37)

表 6-37 不同年龄农民修缮祠堂的意愿 (单位:%)

年龄	愿意	不愿意	看情况	合计
30 岁以下	45.68	6.17	48.15	100.0(81)
30—39 岁	52.11	6.20	41.69	100.0(355)
40—49 岁	45.79	10.08	44.13	100.0(1081)
50—59 岁	47.45	11.30	41.25	100.0(1018)
60 岁以上	47.78	12.68	39.54	100.0(946)

(三)职业类型与修缮祠堂意愿

考察不同职业农民对修缮祠堂的态度,总体来看,在 3453 份有效样本中,做生意、教师及其他职业的农民修缮祠堂的意愿高于职业为务工和务农农民。做生意、教师及其他职业的农民表示愿意修缮祠堂的占比分别为 55.93% 和 58.01%,高出职业为务工和务农农民的 10 个百分点。其中,职业为务工的农民明确表示愿意修缮祠堂的占比最低、为 44.55%。(见表 6-38、图 6-38)

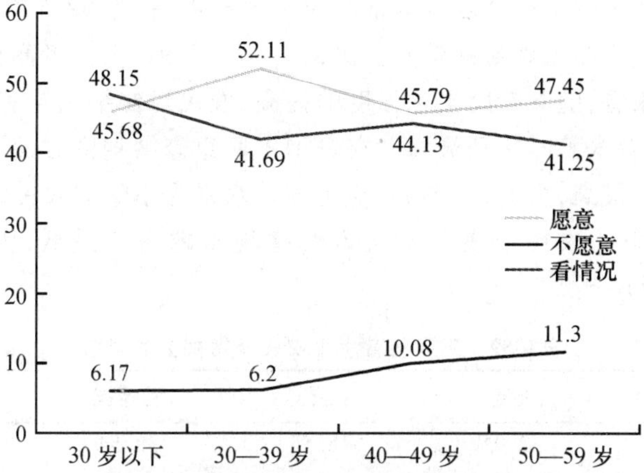

图 6-37　不同年龄段农民修缮祠堂的意愿(单位:%)

表 6-38　不同职业农民修缮祠堂的意愿　(单位:%)

职业	愿意	不愿意	看情况	合计
务农	45.07	11.36	43.57	100.0(2456)
务工	44.55	10.90	44.55	100.0(321)
做生意	55.93	7.80	36.27	100.0(295)
教师及其他	58.01	8.40	33.59	100.0(381)

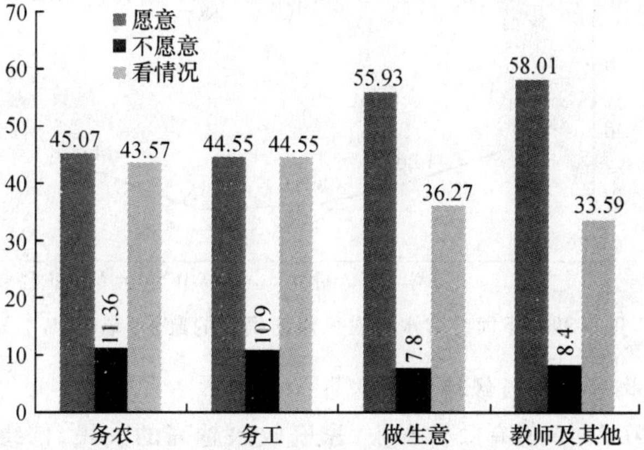

图 6-38　不同职业农民修缮祠堂的意愿(单位:%)

（四）教育水平与修缮祠堂意愿

就不同受教育水平农民修缮祠堂的意愿而言,在 3464 份有效样本中,教育水平为高中的农民中表示愿意修缮祠堂的农民占比最高,为 52.52%。教育水平为文盲的农民中表示愿意修缮祠堂的占比最低,为 42.91%,前者高出后者近 10 个百分点。总体来看,随着农民文化程度的提高,农民对修缮祠堂意愿的程度呈上升趋势,高中教育水平时达到最高。在表示不愿意修缮祠堂方面,教育水平为文盲的农民中占比最高,为 18.55%;其次为教育水平为小学的农民,占比 12.68%;教育水平为高中的农民中表示不愿意修缮祠堂的占比最低,为 7.75%。(见表 6-39、图 6-39)

表 6-39 不同教育水平农民修缮祠堂的意愿 (单位:%)

受教育水平	愿意	不愿意	看情况	合计
文盲	42.91	18.55	38.54	100.0(275)
小学	43.97	12.68	43.35	100.0(1128)
初中	49.17	8.41	42.42	100.0(1438)
高中	52.52	7.75	39.73	100.0(516)
大专及以上	44.86	14.02	41.12	100.0(107)

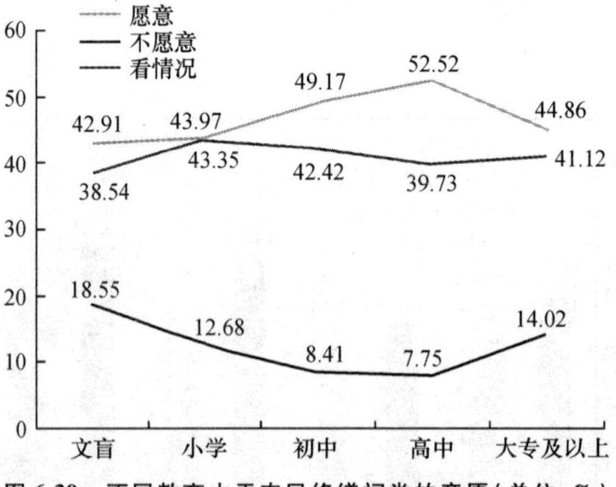

图 6-39 不同教育水平农民修缮祠堂的意愿(单位:%)

(五)家庭收入水平与修缮祠堂意愿

总体来看,在 3346 份有效样本中,家庭收入越高的农民,修缮祠堂的意愿相对越高,而不愿意修缮祠堂的意愿呈下降趋势。具体而言,高收入农民中表示愿意修缮祠堂的农民占比 57.4%,高于其他收入水平的农民。低收入农民中愿意修缮祠堂的占比 41.85%,比高收入农民低 15.55 个百分点。在不愿意修缮祠堂方面，中低收入农民中有13.75%的农民表示不愿意修缮祠堂，占比最高；其次为低收入农民，占比13.54%；高收入农民中表示不愿意修缮祠堂的占比最低，为6.13%，仅相当于中低收入农民的一半。（见表6-40、图6-40）

表6-40 不同家庭收入农民修缮祠堂的意愿 （单位：%）

收入分组	愿意	不愿意	看情况	合计
低收入	41.85	13.54	44.61	100.0(724)
中低收入	45.63	13.75	40.62	100.0(618)
中等收入	43.48	9.90	46.62	100.0(667)
中高收入	48.20	9.58	42.22	100.0(668)
高收入	57.40	6.13	36.47	100.0(669)

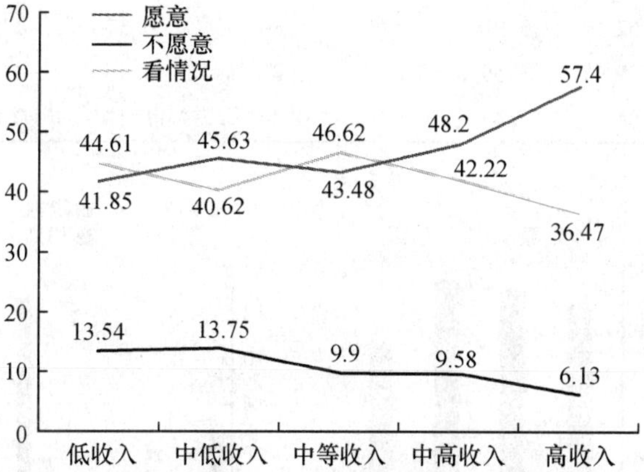

图6-40 不同家庭收入农民修缮祠堂的意愿(单位：%)

第三节 宗教信仰

为了解农民宗教信仰情况，我们主要从以下几个方面来对农民宗教信仰进行考察：一是农民宗教信仰的类型，即不同宗教在我国的传播情况；二是农民信教的原因；三是宗教信仰对农民行为的影响。

一、信教类型

（一）全国及各地区比较

宗教信仰是农民精神文化的重要组成部分。就全国调查的3616户农户来看,目前87.28%的农户表示没有信仰宗教。而在有宗教信仰的12.72%的农民中,信仰佛教的占比最高,为7.22%;其次为信仰伊斯兰教的为3.76%。从各地区来看,西部地区有宗教信仰的农民最多,占比为24.94%;中部地区有宗教信仰的农民最少,占比为5.61%。就各地区的宗教类型情况而言,基督教在东部和中部地区的传播相对较多,其中东部地区信仰基督教的农民占比1.80%,中部地区为1.87%,都高于全国平均水平的1.36%,西部地区信仰基督教的农民占比仅为0.33%,是全国平均水平的1/3。(见表6-41、图6-41)

表6-41 全国及各地区农民的宗教信仰 (单位:%,人)

地区	信教类型						样本
	没有信教	佛教	道教	基督教	伊斯兰教	其他	
全国	87.28	7.22	0.08	1.36	3.76	0.30	100(3616)
东部	91.62	5.98	0.17	1.80	0.33	0.10	100(1170)
中部	94.39	3.59	0	1.87	0.15	0	100(1283)
西部	75.06	12.47	0.09	0.34	11.18	0.86	100(1163)

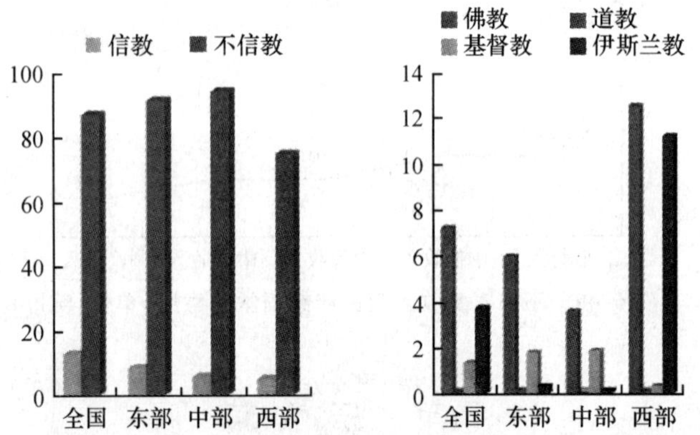

图6-41 不同地区农民信仰类型(单位:%)

(二)文化程度与宗教信仰

在调查获取的3597份有效样本中,总体来看,文化程度越高的农民信仰宗教的越少。其中,教育水平为文盲的农民有宗教信仰的最多,占比为26.71%。大专及以上的农民有宗教信仰的最少,占比为6.42%,仅是教育水平为文盲农民的1/4。(见表6-42、图6-42)

表 6-42　不同文化程度农民的信教类型　　(单位:%,人)

文化程度	信教类型						样本
	没有信教	佛教	道教	基督教	伊斯兰教	其他	
文盲	73.29	19.18	0.68	2.40	3.77	0.68	100(292)
小学	83.55	8.74	0.08	1.54	5.66	0.43	100(1167)
初中	90.54	4.96	0	1.28	3.02	0.20	100(1491)
高中	92.19	4.65	0	0.74	2.23	0.19	100(538)
大专及以上	93.58	3.67	0	0.92	1.83	0	100(109)

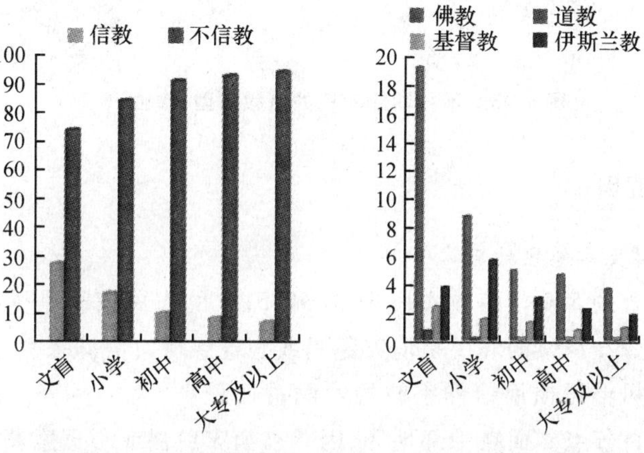

图 6-42　不同文化程度农民的信教类型(单位:%)

(三) 职业类型与宗教信仰

就调查的3596户农户来看,做生意农民信仰宗教的最多,占比为14.71%,务工农民信仰宗教的最少,占比为6.61%。就各职业农民的宗教类型而言,佛教和道教在做生意农民中传播较多,其中做生意农民信仰佛教的占比为12.41%,信仰道教的占比为0.33%,基督教在务工农民中传播较多,占比为1.8%。(见表6-43、图6-43)

表 6-43　不同职业农民信教类型　　(单位:%,人)

职业	信教类型						样本
	没有信教	佛教	道教	基督教	伊斯兰教	其他	
务农	86.62	6.73	0.08	1.45	4.77	0.35	100(2556)
务工	93.39	3.61	0	1.80	0.90	0.30	100(333)
做生意	85.29	12.41	0.33	0.66	1.31	0	100(306)
教师及其他	88.78	8.98	0	1.00	0.99	0.25	100(401)

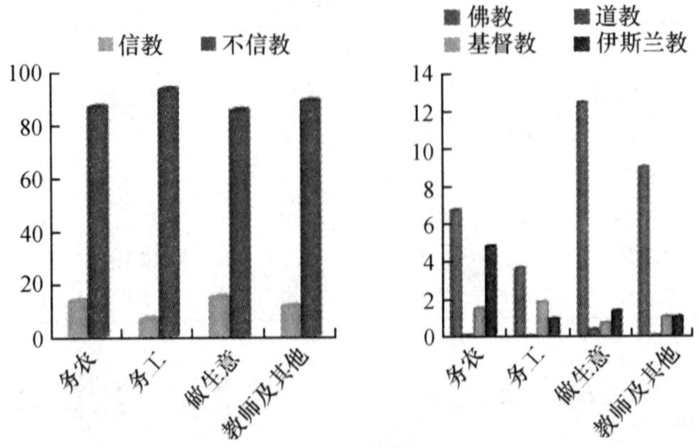

图 6-43 不同职业农民的信教类型(单位:%)

二、信教原因

(一)全国及各地区比较

就全国调查的 519 位信教农民来看,59.51% 的农民信教是受家庭传统或风俗习惯的影响,22.74% 的农民是消灾免祸或心理慰藉而信仰宗教。在西部地区,因家庭传统或风俗习惯而信仰宗教的农民占比最高,为 77.48%,高出全国平均水平 17.97 个百分点。而在中部地区,因寻求消灾免祸或心理慰藉而信仰宗教的农民占比最高,达到 48.38,比全国平均水平高 25.64 个百分点。(见表 6-44、图 6-44)

表 6-44 全国及各地区农民的信教原因 (单位:%,人)

地区	信教原因					样本
	家庭传统	风俗习惯	消灾免祸	心理慰藉	其他	
全国	21.17	38.34	16.19	6.55	11.75	100(519)
东部	31.45	31.45	15.32	8.07	13.71	100(124)
中部	11.83	18.28	35.48	12.90	25.81	100(93)
西部	30.13	47.35	10.60	3.97	7.95	100(302)

(二)文化程度与信教原因

考察不同受教育水平农民的信教原因,总体而言,在 519 位受访的信教农民中,文化程度越高的农民因寻求心理安慰而信仰宗教的越多,文化程度越低的农民因寻求消灾免祸而信仰宗教的越多。在文化程度为文盲的农民中,因寻求消灾

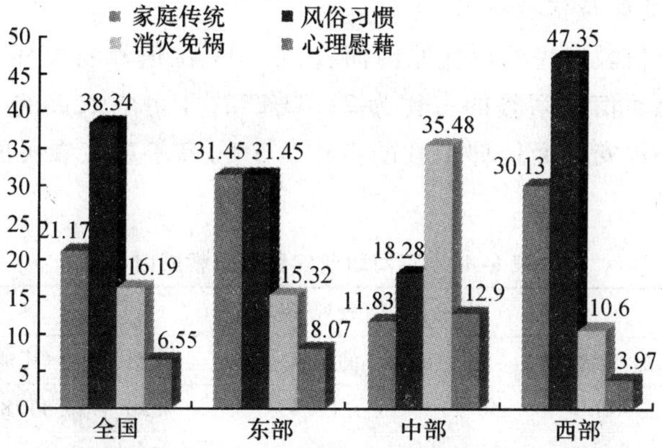

图 6-44　不同地区农民信教原因(单位:%)

免祸而信仰宗教的农民占比最高,达到24.1%,是初中文化程度的2倍,是高中文化程度农民的4倍。

表 6-45　不同文化程度农民信教原因　(单位:%,人)

文化程度	信教原因					样本
	家庭传统	风俗习惯	消灾免祸	心理慰藉	其他	
文盲	32.53	39.76	24.10	2.41	1.20	100(83)
小学	24.65	40.93	20	5.12	9.30	100(215)
初中	27.92	31.82	11.04	10.39	18.83	100(154)
高中	24.59	45.90	6.56	4.92	18.03	100(61)
大专及以上	50	16.67	0	33.33	0	100(6)

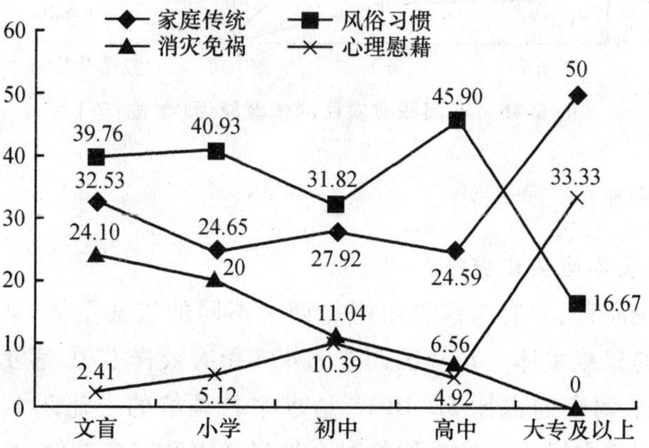

图 6-45　不同文化程度农民信教原因(单位:%)

(三) 职业类型与信教原因

就不同职业信教农民的信教原因而言,在511位信教农民样本中,务工农民因寻求消灾免祸而信仰宗教的占比为23.33%,高于务农农民的17.43%。务农农民中因寻求心理安慰而信仰宗教的占比7.5%,高于务工农民的6.66%。(见表6-46、图6-46)

表6-46 不同职业农民的信教原因 (单位:%,人)

职业	信教原因					样本
	家庭传统	风俗习惯	消灾免祸	心理慰藉	其他	
务农	23.06	40.21	17.43	7.50	11.80	100(373)
务工	26.67	26.67	23.33	6.66	16.67	100(30)
做生意	50.98	31.37	1.96	0	15.69	100(51)
教师及其他	35.09	33.33	19.30	5.26	7.02	100(57)

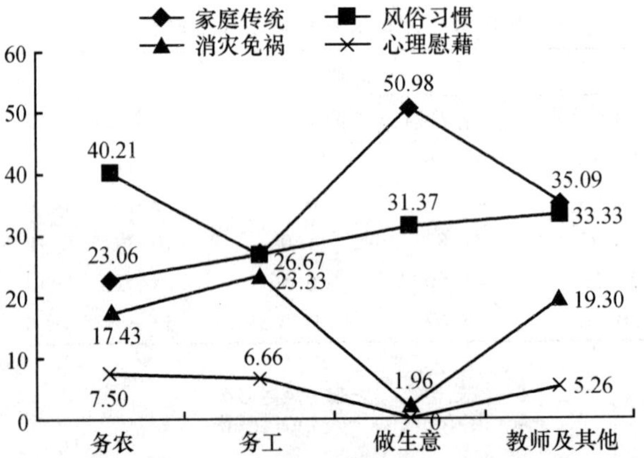

图6-46 不同职业农民的信教原因(单位:%)

三、宗教影响

(一) 全国及各地区比较

对信教农民而言,政府与宗教组织是两个不同的权威主体,某些时候甚至是存在一定冲突的权威主体。在全国调查的476份有效样本中,表示在发生纠纷时选择请求政府来调解的占比52.10%,请求宗教调解的占比7.14%。在西部地区,40.49%的信教农民表示发生纠纷时会选择请求政府来调解,比全国平均水平低 11 个百分点;10.03% 的信教农民选择请求宗教来调解,高于东部地区的 3% 和中部地区的 2.3%。(见表 6-47、图 6-47)

表 6-47　全国及各地区信教农民对纠纷解决的选择　(单位:%,人)

地区	纠纷解决请求政府还是宗教				样本
	政府	宗教	政府和宗教	看情况	
全国	52.10	7.14	21.22	19.54	100(476)
东部	57.00	3.00	3.00	37.00	100(100)
中部	85.06	2.30	2.30	10.34	100(87)
西部	40.49	10.03	33.22	16.26	100(289)

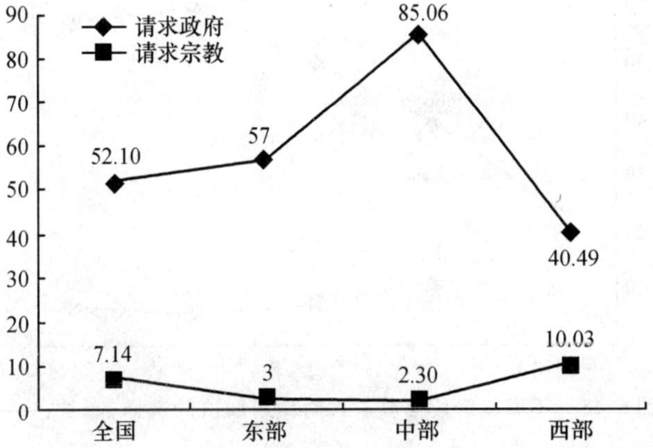

图 6-47　不同地区信教农民对纠纷解决的选择(单位:%)

(二) 年龄与宗教影响

当问及"解决纠纷时是请求政府还是宗教",不同年龄段的信教农民有不同的选择。在受访的 476 位信教农民中,30 岁以下的信教农民中有 23.81% 的农民选择请求政府来调解;30—39 岁的信教农民中,39.06% 的农民选择请求政府来调解。40 岁—49 岁、50 岁—59 岁、60 岁以上的信教农民中选择请求政府来解决的占比依次为 50%、59.54% 和 57.35%。同时,30 岁以下和 30 岁—39 岁的信教农民中,请求通过宗教来解决纠纷的占比分别为 9.52% 和 10.94%,高于 40 岁—49 岁、50 岁—59 岁、60 岁以上的信教农民。(见表 6-48、图 6-48)

表 6-48　不同年龄段信教农民对纠纷解决的选择　(单位:%,人)

年龄段	纠纷解决请求政府还是宗教				样本
	政府	宗教	政府和宗教	看情况	
30 岁以下	23.81	9.52	42.86	23.81	100(21)
30—39 岁	39.06	10.94	28.12	21.88	100(64)
40—49 岁	50	7.26	19.35	23.39	100(124)
50—59 岁	59.54	5.34	17.56	17.56	100(131)
60 岁以上	57.35	6.62	19.85	16.18	100(136)

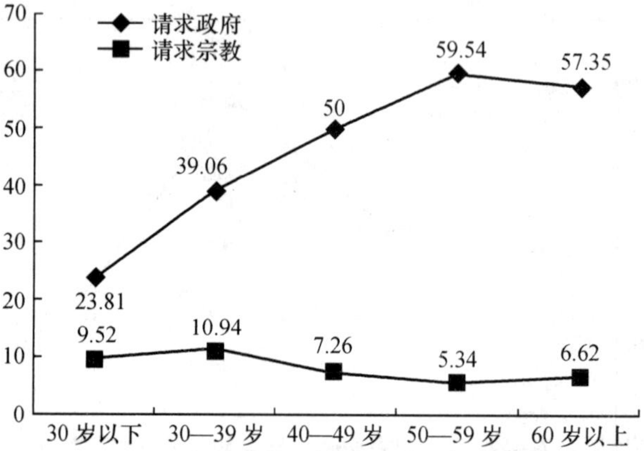

图 6-48　不同年龄段信教农民对纠纷解决的选择(单位:%)

(三)文化程度与宗教影响

考察不同受教育水平农民对纠纷解决的选择,总体来看,在调查获取的 476 份有效样本中,教育水平越高的农民,选择请求政府来解决纠纷的相对越多,而请求宗教来解决纠纷的相对越少。文化程度为文盲的信教农民在遇到纠纷时,37.18%的选择请求政府来解决,低于小学文化程度农民的 51.21%,也低于初中文化程度农民的 58.09%。而文化程度为高中的信教农民有 61.22%的会选择请求政府来解决,比文化程度为文盲的农民高 24.04 个百分点。相反,文化程度为文盲的信教农民在遇到纠纷时有高达 16.67%的农民表示会选择宗教来解决,是小学文化程度农民的 2 倍,是初中文化程度农民的 4 倍。(见表 6-49、图 6-49)

表 6-49　不同文化程度信教农民对纠纷解决的选择　（单位:%,人）

文化程度	纠纷解决请求政府还是宗教				样本
	政府	宗教	两者不冲突	看情况	
文盲	37.18	16.67	21.79	24.36	100(78)
小学	51.21	7.25	27.05	14.49	100(207)
初中	58.09	4.41	15.44	22.06	100(136)
高中	61.22	0	14.29	24.49	100(49)
大专及以上	66.66	0	0	33.34	100(6)

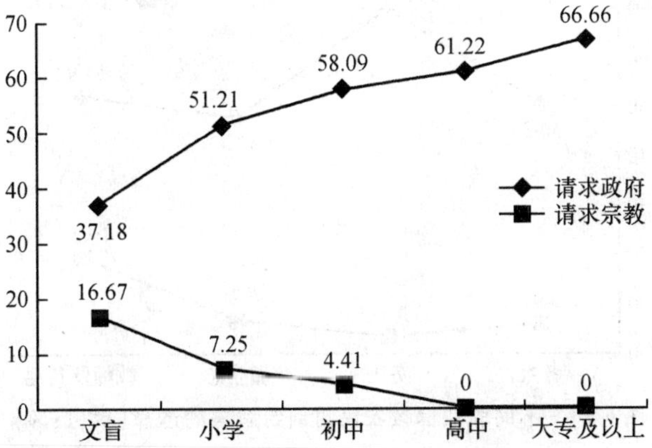

图 6-49　不同文化程度信教农民对纠纷解决的选择(单位:%)

（四）职业类型与宗教影响

外出务工与否,可能对农民的宗教信仰产生一定影响。在调查获取的 468 份有效样本中,职业为务农的信教农民有 50.59% 表示遇到纠纷时会请求政府解决,职业为务工的信教农民中这一占比为 70%,高出务农农民 19 个百分点。而职业为务农的农民选择请求宗教来解决的占比 5.92%,高于务工农民的 3.33%。可见,务工的信教农民较务农的信教农民更相信政府,更倾向于请求政府解决纠纷。(见表 6-50、图 6-50)

表 6-50　不同职业信教农民对纠纷解决的选择　（单位：%，人）

职业	纠纷解决请求政府还是宗教				样本
	政府	宗教	政府和宗教	看情况	
务农	50.59	5.92	25.44	18.05	100(338)
务工	70	3.33	16.67	10	100(30)
做生意	47.92	6.25	6.25	39.58	100(48)
教师及其他	51.92	19.23	9.62	19.23	100(52)

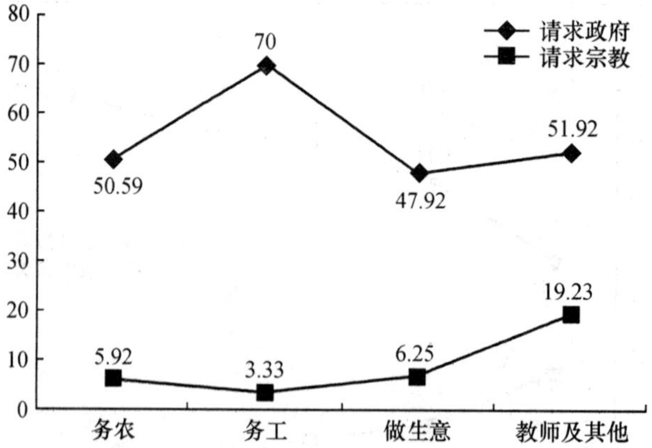

图 6-50　不同职业信教农民对纠纷解决的选择(单位：%)

四、宗教虔诚

(一) 全国及各地区比较

在全国486份有效样本中，当问及信教农民“挣钱重要还是信教重要”时，49.79%的信教农民表示两者不冲突，40.12%的信教农民表示挣钱更重要，6.38%表示信教更重要。从各地区来看，东部地区有60.58%的信教农民表示挣钱更重要，明显大于西部地区的27.65%，略高于中部地区的57.3%。西部地区的信教农民中有8.53%信教农民表示信教更重要，高于东部地区的3.85%和中部地区的2.25%。可见，东部、中部信教农民更倾向于认为挣钱更重要，西部地区信教农民认为信教更重要的更多。(见表6-51、图6-51)

表 6-51　全国及各地区农民的宗教虔诚度　(单位:%,人)

地区	挣钱重要还是信教重要				样本
	挣钱	信教	两者不冲突	说不清	
全国	40.12	6.38	49.79	3.71	100(486)
东部	60.58	3.85	31.73	3.84	100(104)
中部	57.30	2.25	37.08	3.37	100(89)
西部	27.65	8.53	60.07	3.75	100(293)

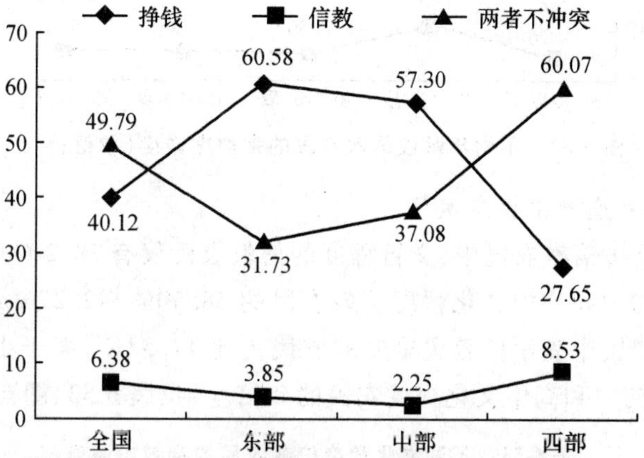

图 6-51　全国及各地区农民的宗教虔诚度(单位:%)

(二) 年龄与宗教虔诚度

对不同年龄段的信教农民而言,在全国 486 份有效样本中,年龄越大的信教农民,认为挣钱越重要。其中,30 岁以下的信教农民中有 14.29% 的信教农民表示挣钱重要,低于 30—39 岁的信教农民中的 33.33%,是 40—49 岁信教农民的一半,仅是 50—59 岁和 60 岁以上信教农民的 1/3。(见表 6-52、图 6-52)

表 6-52　不同年龄段信教农民的宗教虔诚度　(单位:%,人)

年龄段	挣钱重要还是信教重要				样本
	挣钱	信教	两者不冲突	说不清	
30 岁以下	14.29	4.76	71.43	9.52	100(21)
30—39 岁	33.33	11.11	53.97	1.59	100(63)
40—49 岁	38.89	5.56	48.41	7.14	100(126)
50—59 岁	44.12	5.88	48.53	1.47	100(136)
60 岁以上	44.29	5.71	47.14	2.86	100(140)

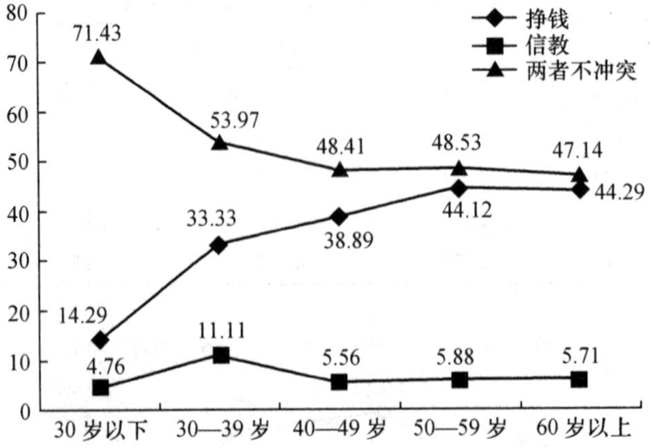

图6-52 不同年龄段信教农民的宗教虔诚度(单位:%)

(三)文化程度与宗教虔诚度

在486位受访信教农民中,文盲程度的信教农民仅有28.2%的表示挣钱更重要,低于小学、初中和高中文化程度信教农民的38.50%、42.25%和49.06%。文盲程度的信教农民中表示信教更重要的农民占比11.54%,高于小学文化程度农民的6.1%,是初中和高中文化程度农民的2倍。(见表6-53、图6-53)

表6-53 不同文化程度信教农民的宗教虔诚度 (单位:%,人)

文化程度	挣钱重要还是信教重要				样本
	挣钱	信教	两者不冲突	说不清	
文盲	28.20	11.54	56.41	3.85	100(78)
小学	38.50	6.10	51.64	3.76	100(213)
初中	42.25	4.38	47.45	2.92	100(137)
高中	49.06	5.66	39.62	5.66	100(53)
大专及以上	60	0	40	0	100(5)

(四)职业类型与宗教虔诚度

表6-54、图6-54显示,务农信教农民中,35.63%的表示挣钱重要,5.46%表示信教重要,分别低于务工农民的50%和6.67%;有55.17的农民认为挣钱与信教并不冲突,高于务工农民的40%。做生意农民中认为挣钱更重要的占比61.7%,认为挣钱和信教两者不冲突的占比27.66%,是务农农民的一半。可见,务农农民较做生意的农民和务工的农民更倾向于认为挣钱和信教两者不冲突,而做生意的信教农民则更倾向于挣钱。

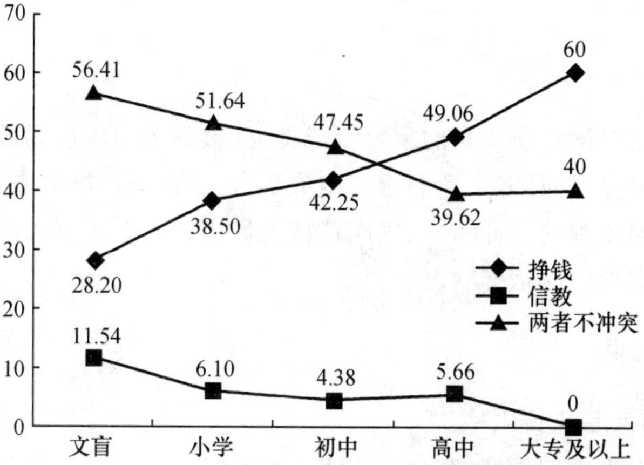

图 6-53　不同文化程度信教农民的宗教虔诚度(单位:%)

表 6-54　不同职业信教农民的宗教虔诚度　　(单位:%,人)

职业	挣钱重要还是信教重要				样本
	挣钱	信教	两者不冲突	说不清	
务农	35.63	5.46	55.17	3.74	100(348)
务工	50	6.67	40	3.33	100(30)
做生意	61.70	6.38	27.66	4.26	100(47)
教师及其他	45.28	11.32	39.62	3.78	100(53)

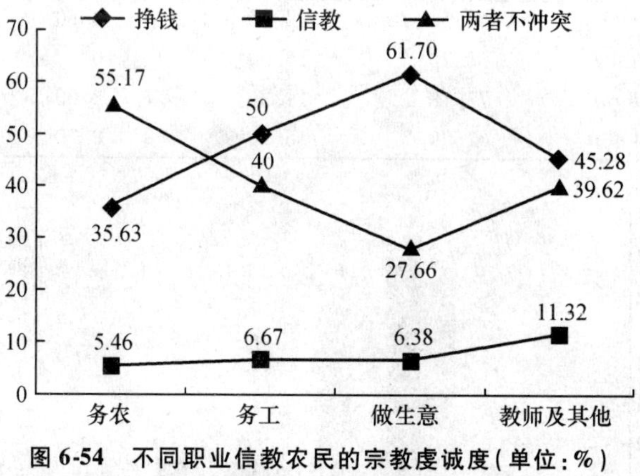

图 6-54　不同职业信教农民的宗教虔诚度(单位:%)

第四节 民间信仰

民间信仰是中国乡土文化的重要组成部分,被称为中国民间的、非制度性的、分散的宗教,是农民的日常生活的重要组成部分,也深刻影响着农民的日常生活。本节试从农民对鬼神的信仰情况、民间信仰的原因以及农民对民间信仰的评价等视角来考察农民的民间信仰状况。

一、鬼神信仰

(一) 全国及各地区比较

考察农民对鬼神的信仰,在全国3543份有效样本中,相信鬼神的农民的比重为9.80%,不相信鬼神的农民占比67.5%,另有13.9%的农民表示半信半疑。总体来看,全国近七成农民并不相信鬼神,不到一成的农民明确表示相信鬼神。从各地区来看,西部地区相信鬼神的农民占比最高,为14.9%,高于全国平均水平5.1个百分点;东部地区相信鬼神的农民占比6.8%,仅相当于西部地区的一半。中部地区相信鬼神的农民占比7.6%,略高于东部地区。(见表6-55、图6-55)

表6-55 全国及各地区农民的鬼神信仰统计 (单位:个,%)

地区	是否相信鬼神存在				合计
	相信	不相信	半信半疑	说不清楚	
全国	9.80	67.50	13.90	8.80	100(3543)
东部	6.80	68.20	15.00	10	100(1132)
中部	7.60	73.10	11.30	8.00	100(1262)
西部	14.90	61.20	15.70	8.20	100(1130)

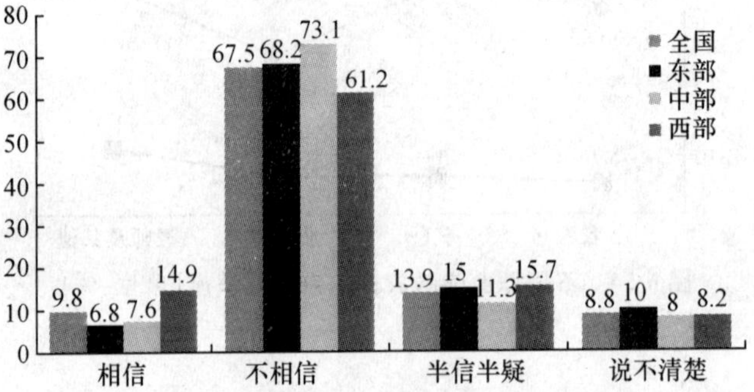

图6-55 全国及各地区农民的鬼神信仰(单位:%)

（二）年龄与鬼神信仰

表6-56、图6-56从年龄来考察农民的鬼神信仰。在3540份有效样本中，30到39岁的农民相信鬼神存在的占比最低，为10.22%；其次为30岁以下的青年农民，占比18.39%；40到49岁、50到59岁的农民中，相信鬼神存在的比重分别为24.40%和29%；60岁以上的老年人相信鬼神存在的比重最高，为31.30%。总体来看，年龄越高的农民越可能相信鬼神的存在。

表6-56　不同年龄段农民的鬼神信仰统计　（单位：个，%）

年龄分组	是否相信鬼神存在				合计
	相信	不相信	半信半疑	说不清楚	
30岁以下	18.39	57.47	3.44	20.07	100(87)
30—39岁	10.22	65.74	16.57	7.47	100(362)
40—49岁	24.40	31.30	33.70	10.06	100(1096)
50—59岁	29.00	28.40	28.70	32.90	100(1022)
60岁以上	31.30	28.30	22.40	18	100(973)

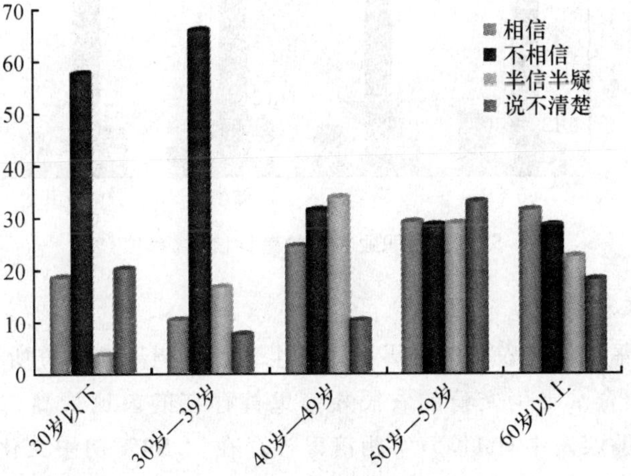

图6-56　不同年龄段农民的鬼神信仰（单位：%）

（三）职业类型与鬼神信仰

从不同职业农民对鬼神的信仰来看，在受访的3511位农民中，有6.13%的务工农民相信鬼神，10.18%的务农者相信鬼神；可见，务农的农民相信鬼神的占比要比务工农民这一比重高4.05个百分比。另外，务工农民中不相信鬼神的农民占比 67.79%,务农农民中不相信鬼神的农民占比 67.28%,前者略高于后者。(见表 6-57、图 6-57)

表 6-57 不同职业农民的鬼神信仰统计 (单位:个,%)

职业分组	是否相信鬼神存在				合计
	相信	不相信	半信半疑	说不清楚	
务工	6.13	67.79	14.41	11.67	100(326)
务农	10.18	67.28	13.64	8.90	100(2485)
做生意	11.03	69.03	15.30	4.64	100(281)
教师及其他	8.83	69.45	13.84	7.88	100(419)

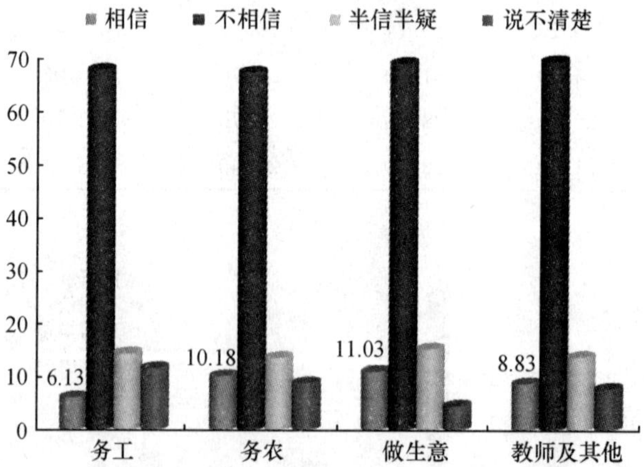

图 6-57 不同职业农民的鬼神信仰(单位:%)

(四)教育水平与鬼神信仰

受教育水平可能对农民的世界认知产生重点影响。在调查所获得的 3543 份有效样本中,教育水平为文盲的农民相信鬼神存在的占比最高,为 21.42%。文化水平为小学的农民中有 11.51% 相信鬼神存在,7.99% 初中文化的农民相信鬼神存在;6.11% 高中文化水平的农民相信鬼神存在。占比最低的为大专及以上教育水平的农民,为 5.45%。由此可见,教育水平越低的农民越相信鬼神存在,其中,教育文化水平为文盲的农民相信鬼神的比重最高。(见表 6-58、图 6-58)

表 6-58　不同教育水平农民的鬼神信仰统计　（单位：个，%）

教育水平分组	是否相信鬼神存在				合计
	相信	不相信	半信半疑	说不清楚	
文盲	21.42	54.64	15.35	8.59	100(280)
小学	11.51	63.96	16.31	8.22	100(1146)
初中	7.99	69.94	12.29	9.78	100(1464)
高中(中专)	6.11	72.27	13.76	7.86	100(523)
大专及其以上	5.45	78.19	9.09	7.27	100(110)

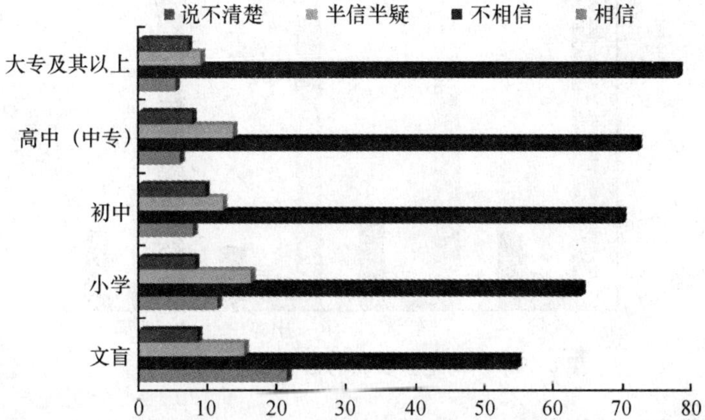

图 6-58　不同教育水平农民的鬼神信仰（单位：%）

二、信仰原因

（一）全国及各地区比较

表 6-59、图 6-59 显示，在全国 3638 份有效样本中，68.88% 的农民表示是因为传统习惯而形成民间信仰的；5.52% 和 7.86% 的农民表示是因祈求"神灵保佑"和"心理安慰"而形成民间信仰的。可见，近七成农民相信民间信仰的原因主要在于传统习惯的影响。就不同的地区而言，东部地区有 63.01% 的农民形成信仰原因为"传统习惯"，所占比例最低，低于全国平均水平 5.87 个百分点；西部地区农民因"传统习惯"而信仰民间信仰的比重最高，为 70.67%，高出全国平均水平 1.79 个百分比。

表 6-59 不同地区农民的信仰原因统计 (单位:个,%)

年龄分组	信仰原因				合计
	传统习惯	神灵保佑	心理安慰	其他	
全国	68.88	5.52	7.86	17.74	100(3638)
东部	63.01	4.28	8.98	23.73	100(1168)
中部	70.46	6.82	8.52	14.20	100(1290)
西部	70.67	5.33	6.01	17.99	100(1180)

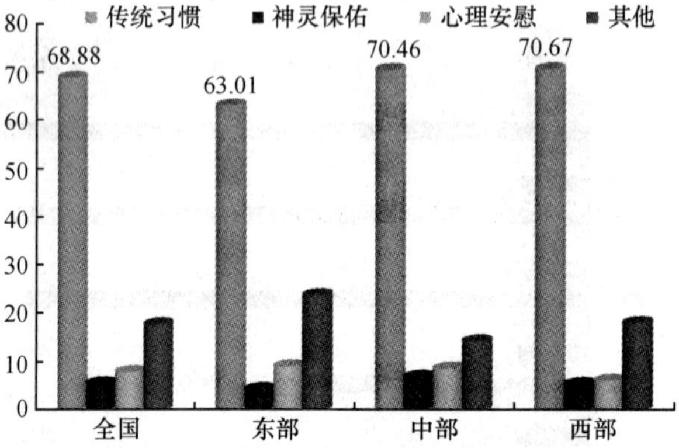

图 6-59 不同地区农民的信仰原因(单位:%)

(二)职业类型与民间信仰原因

从不同职业农民的信仰原因来看,在3620份有效样本中,职业为务工的农民中有74.47%的农民信仰民间信仰的原因为“传统习惯”,职业为务农的农民中有67.93%的原因为“传统习惯”,前者高出后者6.54个百分点。而务工的农民中因寻求“心理安慰”而接受民间信仰的农民占比为9%,高于务农农民的7.8%。造成这一现象的原因可能与务工农民面临的社会风险更大有关。

表 6-60 不同职业农民信仰原因统计表 (单位:个,%)

职业分组	信仰原因				合计
	传统习惯	神灵保佑	心理安慰	其他	
务农	67.93	5.62	7.80	18.65	100(2576)
务工	74.47	3.30	9.00	13.23	100(333)
做生意	68.30	5.63	9.85	16.22	100(284)
教师及其他	70.96	7.49	5.38	16.17	100(427)

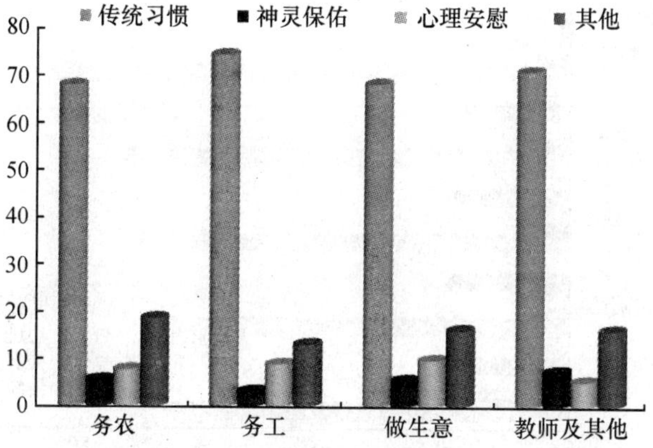

图 6-60　不同职业农民的信仰原因统计表(单位:%)

(三)教育水平与民间信仰原因

考察教育水平对农民民间信仰原因的影响,在受访的3654位农民中,受教育水平为文盲的农民有64.72%信仰原因为“传统习惯”;而受教育水平为小学、初中、高中的农民这一占比分别为68.21%、69.25%、71.40%,呈逐步上升趋势。值得注意的是,教育水平为文盲的农民中表示因祈求“神灵保佑”而信神的农民占比高达13.69%,是其他教育水平的农民至少两倍。(见表6-61、图6-61)

表 6-61　不同教育水平农民信仰原因统计表　　(单位:个,%)

教育水平分组	信仰原因				合计
	传统习惯	神灵保佑	心理安慰	其他	
文盲	64.72	13.69	7.53	14.06	100(292)
小学	68.21	4.81	7.77	19.21	100(1183)
初中	69.25	5.11	7.76	17.88	100(1506)
高中(中专)	71.40	4.98	7.38	16.24	100(542)
大专及其以上	84.70	4.50	9.90	0.90	100(111)

三、信仰评价

(一)全国及各地区比较

就全国范围而言,在调查所获的3362份有效样本中,认为有信仰不好不坏的比重最高,为60.20%,而认为没有好处的占比22.24%,另有11.68%的农民认为

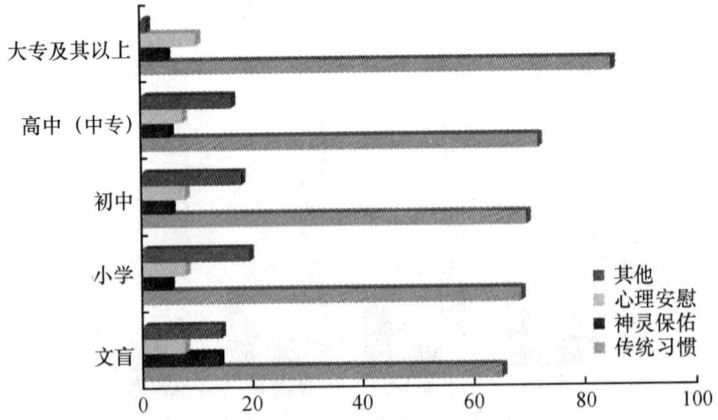

图6-61 不同教育水平农民的信仰原因统计表(单位:%)

民间信仰有助于村庄团结。而在各地区中,西部地区认为民间信仰有助于村庄团结的占比最高,为13.81%,高于全国平均水平2个百分点。

表6-62 全国及各地区农民对民间信仰的评价 (单位:个,%)

地区类型	信仰评价				合计
	村庄团结	不好不坏	没好处	其他	
全国	11.68	60.20	22.24	5.88	100(3362)
东部	7.02	68.93	18.92	5.13	100(1168)
中部	11.47	58.07	24.88	5.58	100(1290)
西部	13.81	63.15	17.45	5.59	100(1180)

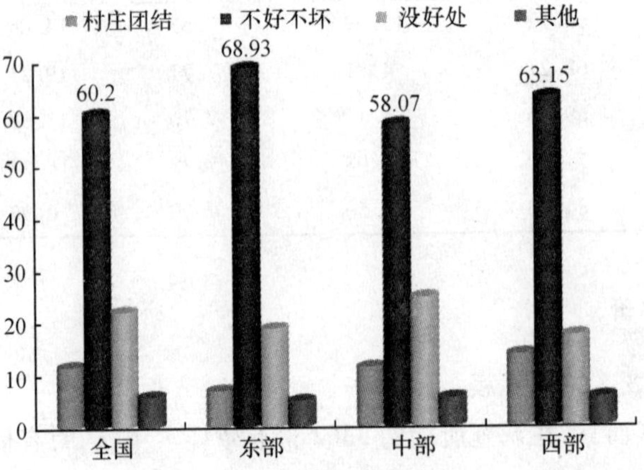

图6-62 全国及各地区农民对民间信仰的评价(单位:%)

（二）年龄与民间信仰评价

从不同年龄段农民对民间信仰的评价来看，在全国3651份有效样本中，30岁以下农民认为民间信仰有助于村庄团结的占比最高，为15.73%。60岁及以上的老年人认为民间信仰有助于村庄团结的占比最低，为9.81%，低于30岁以下农民5.92个百分点。30到39岁、40到49岁、50到59岁的农民认为有助于村庄团结的占比分别为12.36%、10.15%和11.52%。总体来看，年轻的农民对民间信仰的评价相对更积极。（见表6-63、图6-63）

表6-63　不同年龄农民对民间信仰的评价　（单位：个，%）

年龄分组	信仰评价				合计
	村庄团结	不好不坏	没好处	其他	
30岁以下	15.73	69.67	10.11	4.49	100(89)
30—39岁	12.36	64.53	18.81	4.30	100(372)
40—49岁	10.15	64.62	21.00	4.23	100(1133)
50—59岁	11.52	63.56	20.01	4.91	100(1059)
60岁及以上	9.81	60.44	21.94	7.81	100(998)

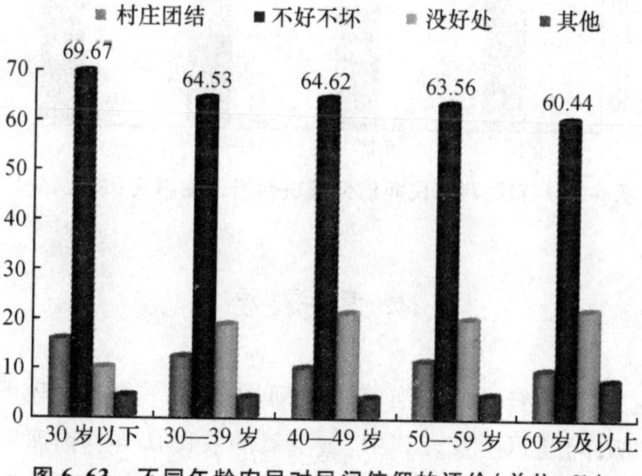

图6-63　不同年龄农民对民间信仰的评价（单位：%）

（三）民间信仰影响

在传统社会，农民有可能借助于民间信仰来调解部分社会纠纷或矛盾。从调查情况来看，在3638个有效样本中，表示没有借助过民间信仰来解决社会纠纷或矛盾的农民占比96.27%，仅有3.73%的农民表示有借助过民间信仰来解决社会纠纷或矛盾的经历。从各地区来看，西部地区农民有借助过民间信仰来解决社会

纠纷或矛盾的占比最高,达到6.44%,这一比率是东部地区的两倍,是中部地区的三倍。(见表6-64、图6-64)

表6-64 农民利用民间信仰解决纠纷矛盾情况 (单位:个,%)

地区类型	有无利用民间信仰解决矛盾纠纷		合计
	有	没有	
全国	3.73	96.27	100(3638)
东部	2.99	97.01	100(1168)
中部	1.93	98.07	100(1290)
西部	6.44	93.56	100(1180)

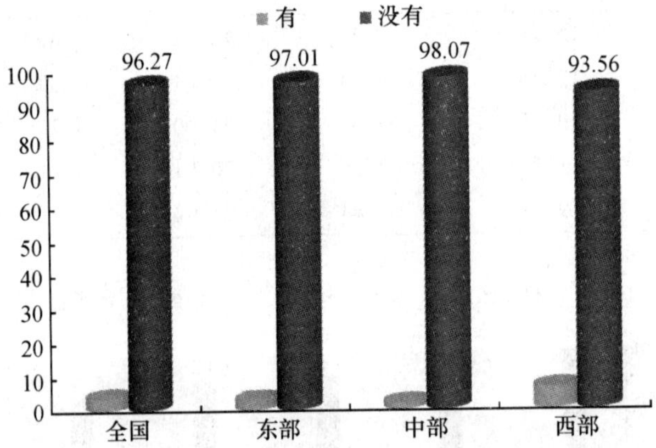

图6-64 农民利用民间信仰解决纠纷矛盾情况(单位:%)

本章提要

- 全国64.34%的农民认为当前腐败问题非常严重或比较严重,15.73%的农民认为当前腐败问题不严重。其中,做生意的农民认为当前腐败问题非常严重或比较严重的占比最高,达到70.13%。全国73.29%的农民认为当前法律非常公正或比较公正,9.35%的农民认为当前法律不公正。年龄越小的农民,认为法律公正的程度相对越低。其中,30岁以下农民认为当前法律非常公正或比较公正的占比最低,为67.81%。73.29%农户认为当前贫富差距非常严重或比较严重,全国54.12%的农民完全认可或比较认可富人的致富方式,9.09%的农民表示不认可富人的致富方式。

• 在有闲钱的情况下，全国45.17%的农民表示将闲钱存银行，21.08%的农民表示将用于投资。在年龄方面，年龄越大的农民越倾向于将闲钱存入银行，年龄越小的农民越倾向于将闲钱用于投资。其中，年龄为30岁以下农民中，选择将闲钱存入银行的占比最低，为29.85%。年龄为60岁以上的农民中，选择将闲钱用于投资的占比11.53%，仅为其他年龄农民的1/2。值得注意的是，60岁以上的老年农民和30岁以下青年农民选择将闲钱用于消费的占比分别13.92%和10.45，高于其他年龄段的农民。

• 全国68.55%的农民表示个人努力完全能够或比较能够改变现状，认为个人努力不能改变现状的占比13.1%。其中，30岁以下农民中认为个人努力不能改变现状的占比最低，为5.75%。72.72%的务工农民认为个人努力完全能或比较能改变现状，高于务农农民的65.91%。79.15%的农民认为党和政府完全能或比较能解决当前问题，10.44%的农户认为党和政府不能解决当前社会问题。72.73%的务工农民认为党和政府完全能和比较能解决当前问题，高于务农农民的65.91%。

• 全国有47.42%的农民表示愿意出钱修缮祠堂。全国19.21%的农民表示亲疏关系更加亲密，20.75%的农民表示渐行渐远。全国有63.86%的农民表示宗族中有人遇到困难时会倾力相助，仅有5.13%的农民表示不会倾力相助。但在30岁以下的青年农民中仅有56.79%的农民表示会倾力相助，低于其他年龄段的农民至少6.55个百分点。有意思的是，南方地区农民表示宗族中有人遇到困难时会倾力相助的农民占比为64.65%，略高于北方地区的62.98%。但南方地区表示愿意出钱修缮祠堂的农民占比52.84%，比北方高11.8个百分点。

• 全国87.28%的农民表示没有信仰宗教。其中，西部地区有宗教信仰的农民最多，占比24.94%；中部地区有宗教信仰的农民最少，占比5.61%。在有宗教信仰的12.72%的农民中，信仰佛教的占比最高，为7.22%；其次为信仰伊斯兰教的3.76%。其中，基督教在东部地区和中部地区的传播相对较多，其信教农民分别占比1.80%和1.87%，高于西部地区的0.34%。在信教的农民中，59.51%的农民信教是受家庭传统或风俗习惯的影响，22.74%的农民是因消灾免祸或心理慰藉而信仰宗教。当问及信教农民“挣钱重要还是信教重要”时，仅有6.38%表示信教更重要。

• 全国9.8%的农民表示相信鬼神的存在，不相信鬼神的农民占比67.5%，另有13.9的农民表示半信半疑。在信仰原因方面，68.88%的农民表示是因为传统习惯而信仰的,5.52%和7.86%的农民表示是因祈求“神灵保佑”和“心理安慰”而信仰的。值得注意的是,教育水平为文盲的农民中表示因祈求“神灵保佑”的农民占比高达13.69%,是其他教育水平的农民两倍。在对民间信仰的评价方面,认为有信仰不好不坏的农民占比最高,为60.20%,认为没有好处的占比22.24%,另有11.68%的农民认为民间信仰有助于村庄团结。

第七章　农民文化设施*

文化设施是农民开展文化活动和提高文化水平的重要载体，也是衡量农民文化生活是否丰富的硬件指标，因此研究农民文化设施意义重大。本章将从公共文娱设施、公共体育设施、家庭文化设施和经营性文化设施等四个方面，根据设施的建设或拥有和农民的评价或需求两个维度进行深入分析，以呈现当前农民文化设施的全貌。

第一节　公共文娱设施

农村公共文娱设施是加强农村精神文明建设的主阵地，是活跃农民群众文化娱乐生活、展现社会主义新农村文化建设成效的舞台。农村公共文娱设施主要包括综合活动广场、图书阅览室、电子阅览室、棋牌室、老年人活动中心、戏台、电影放映室等。本节将从地区、村庄收入等视角考察村庄公共文娱设施的拥有与投入情况、具体建设情况以及开放使用情况，通过年龄、职业、文化程度等分组考察农民对村庄公共文娱设施的使用频率与意愿情况。

一、基础设施

（一）公共文娱设施的拥有率

如表 7-1 所示，在受访村庄中，村庄公共文化场地拥有率为 82.71%，近两成的村庄没有公共文化场地。村庄公共文娱设施拥有率最高的是图书阅览室，占比为 90.64%，综合活动广场次之，为 55.92%，老年人活动中心的村均拥有率为 40.88%，排第三；同样的，村庄没有率最高的三项公共文娱设施依次为：电子阅览室（88.89%）、电影放映室（84.30%）、戏台（73.28%）。数据表明，我国约九成村庄拥有图书阅览室，过半村庄有综合活动广场；近九成村庄没有电子阅览室和电影放映室。

---

* 本章撰写人：雷杨、陶珍、容腾、梁韵诗、丁欢。

表 7-1 村庄各类公共文娱设施拥有率 (单位:%,个)

设施	公共文化场地	综合活动广场	图书阅览室	电子阅览室	棋牌室	老年人活动中心	戏台	电影放映室
拥有	82.71	55.92	90.64	11.11	28.03	40.88	26.72	15.70
没有	17.29	44.08	9.36	88.89	71.97	59.12	73.28	84.30
样本数	214	152	203	117	132	137	131	121

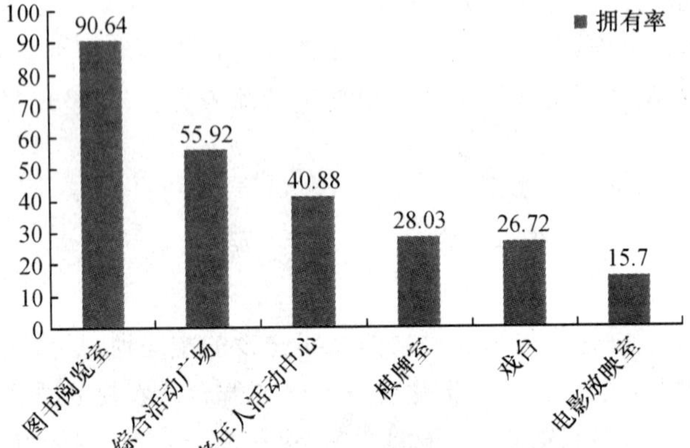

图 7-1 村庄各类公共文娱设施村庄拥有率(单位:%)

(二) 公共文娱设施的拥有量

1. 村庄公共文娱设施均量的三年比较。

如表 7-2,2010 年村均公共文化场地数量均值最低,为 1.47 个,平均千人拥有 0.98 个。2009 年、2010 年、2011 年村庄图书阅览室数量均值分别为 0.89 个、0.78 个、1.12 个;老年人活动中心村均均值则是降低的,2011 年千人平均拥有量为 0.39 个。数据表明,相较于 2009 年和 2010 年,2011 年村均公共文化场地数量是增加的,图书阅览室数量呈增加趋势,但老年人活动中心数量则呈现减少趋势,2011 年村均数量比 2009 年减少了 0.17 个。

表 7-2 2009—2011 年公共文化场地数量均值 (单位:个)

公共文娱设施	2009 年		2010 年		2011 年		有效样本
	村均	千人均	村均	千人均	村均	千人均	
公共文化场地	1.84	1.15	1.47	0.98	2.38	1.65	217
图书阅览室	0.89	0.55	0.78	0.51	1.12	0.75	247
老年人活动中心	0.73	0.42	0.57	0.32	0.56	0.39	230

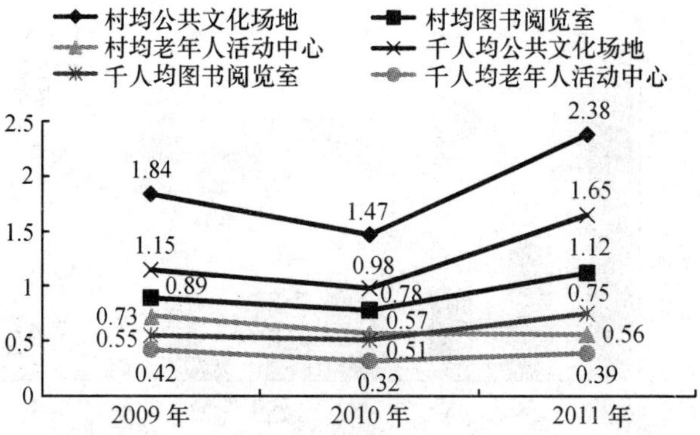

图 7-2　2009—2011 年村庄公共文娱设施的数量均值(单位:个)

2. 不同地区村庄的公共文娱设施拥有量。

如表 7-3 所示,在 203 个有效样本中,全国村均公共文化场地数量均值为 2.38 个,北方村均文化场地 2.23 个,比南方少 0.27 个。具体来看,在综合活动广场、图书阅览室和电影放映室三项设施上,北方村均拥有量高于南方,尤其是图书阅览室均值为 1.22 个,比南方多 0.18 个。南方村均电子阅览室、棋牌室、老年人活动中心和戏台个数均高于北方,其中老年人活动中心均值是北方的 2.44 倍。总体来说,全国村均拥有 1.12 个图书阅览室;北方在图书阅览室村均拥有量上高出南方;南方的老年人活动中心村均拥有量大大高于北方。

表 7-3　村均公共文娱设施数量的南北比较　　(单位:个)

地区	公共文化场地	综合活动广场	图书阅览室	电子阅览室	棋牌室	老年人活动中心	戏台	电影放映室	有效样本
全国	2.38	0.70	1.12	0.11	0.47	0.56	0.28	0.17	203
北方	2.23	0.78	1.22	0.08	0.35	0.32	0.25	0.19	96
南方	2.50	0.61	1.04	0.14	0.59	0.78	0.32	0.14	107

3. 不同收入村庄的公共文娱设施拥有量。

不同收入的村庄公共文娱设施数量存在差异。如表 7-4 所示,村均公共文化场地最多的是收入最高组,为 4.64 个,是低收入组、中低收入组村庄的 2.78 倍、2.86 倍。高收入组的村均综合活动广场拥有量最高,为 1.09 个,中低收入组的村均综合活动广场拥有量最低,为 0.30 个。村均图书阅览室拥有量最高的是低收入组的村庄,均值为 1.76 个,比高收入组高 0.57 个。村均电子阅览室和老年人活动中心拥有量随着村庄收入的提高而逐渐增加,以老年人活动中心为例,其村均拥有量从低收入组的 0.26 个逐步上升到高收入组的 1 个。

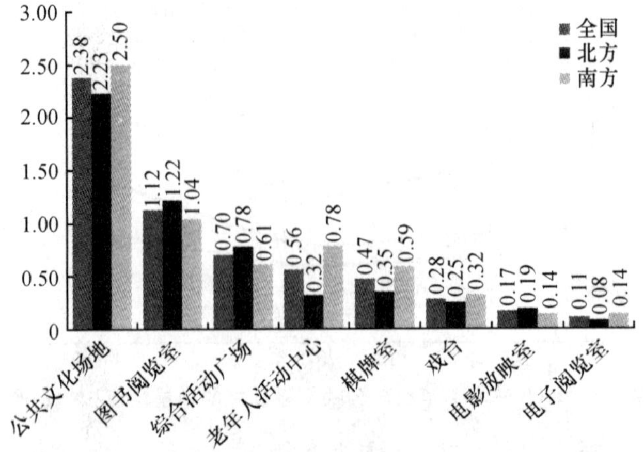

图 7-3 村均公共文娱设施数量的南北比较(单位:个)

表 7-4 不同收入村庄的村均公共文娱设施数量 (单位:个)

收入分组	文化场地	综合活动广场	图书阅览室	电子阅览室	棋牌室	老年人活动中心	戏台	电影放映室	有效样本
低收入组	1.67	0.43	1.76	0	0.53	0.26	0.25	0	33
中低收入组	1.62	0.30	0.94	0.04	0.43	0.32	0.28	0.09	35
中等收入组	1.90	0.68	0.89	0.09	0.22	0.38	0.21	0.21	37
中高收入组	2.43	0.79	0.97	0.11	0.52	0.71	0.27	0.26	37
高收入组	4.64	1.09	1.19	0.20	0.63	1.00	0.40	0.22	36

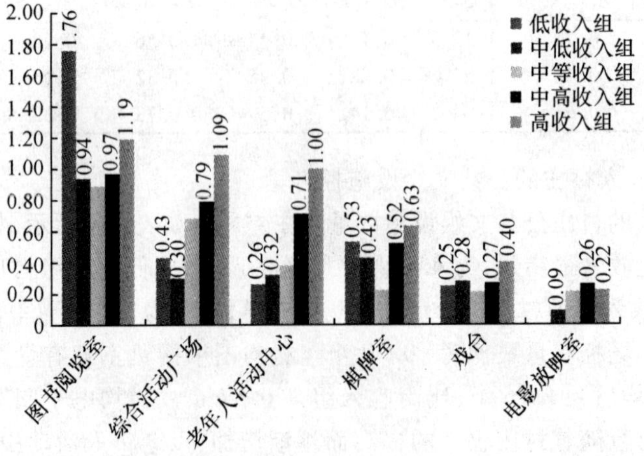

图 7-4 不同收入的村均公共文娱设施数量(单位:个)

（三）公共文娱设施的人员配备

1. 村庄公共文娱设施管理员配备率。

如表 7-5 所示，在 72 个有效样本中，63.89% 的村庄配备了公共文娱设施管理员，36.11% 的村庄没有配备管理员。从不同地区来看，北方村庄公共文娱设施管理员的配备率为 69.23%，比全国水平高出 5.34 个百分比；南方 42.42% 的村庄没有配备管理员，比全国水平高 6.31 个百分比。综合可知，全国逾六成村庄配备了管理员，北方配备率近七成，比南方高 11.65 个百分比。

表 7-5　公共文娱设施管理员配备的南北比较　（单位：%，个）

地区	有设备管理员	无设备管理员	合计
全国	63.89	36.11	100(72)
北方	69.23	30.77	100(39)
南方	57.58	42.42	100(33)

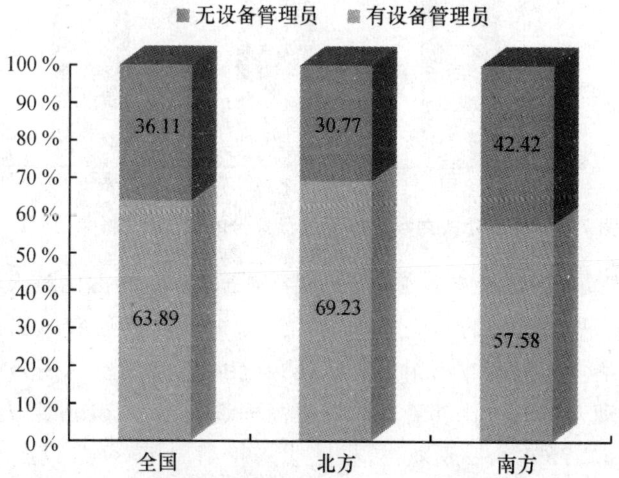

图 7-5　公共文娱设施管理员配备的南北比较（单位：%，个）

2. 村庄公共文娱设施管理员身份。

如表 7-6、图 7-6 所示，就全国来看，74.16% 的村庄公共文娱设施管理员由村干部兼任，13.48% 的村庄公共文娱设施管理员是普通农民，管理员身份为专业管理人员的占比为 6.18%。具体来说，南方地区村庄公共文娱设施管理员是村干部的占比为 74.74%，比北方地区高 1.25 个百分比，管理员身份是专业管理员的占比为 7.37%，比北方地区高 2.55 个百分比，比全国高 1.19 个百分比。由此可见，村庄公共文娱设施管理员主要由村干部兼任，专业管理人员比较缺乏。

表 7-6　村庄公共文娱设施管理员身份的南北比较　（单位：%，个）

地区	村干部	普通农民	专业管理人员	其他	合计
全国	74.16	13.48	6.18	6.18	100(178)
北方	73.49	13.25	4.82	7.44	100(83)
南方	74.74	13.68	7.37	4.21	100(95)

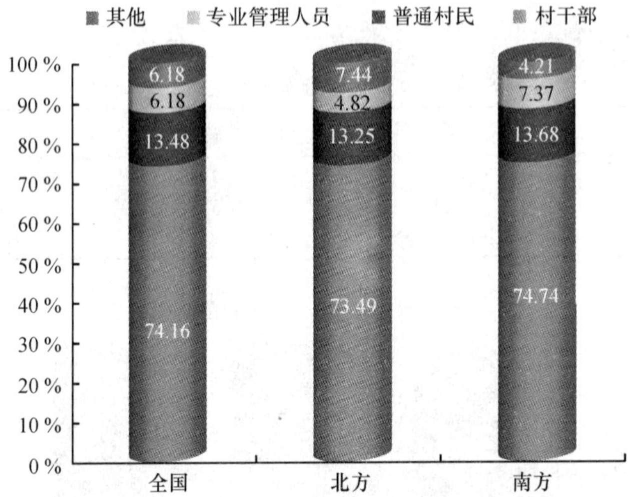

图 7-6　村庄公共文娱设施管理员身份的南北比较（单位：%）

如图 7-7 所示，村庄公共设施管理员身份是村干部的占比最大的是中低收入组，为 84.38%，占比最低的是高收入组，为 52.94%。普通农民担任村庄公共文娱设施管理员最多的是高收入组的村庄，占比为 29.42%。村庄公共文娱设施管理员为专业管理人员的占比随着收入的提高而逐渐增大，其占比从低收入组的 0 到高收入组的 11.76%。一般来说，村庄收入越高，村庄公共设施管理人员的专业化程度越强。

表 7-7　不同收入村庄公共文娱设施管理员身份　（单位：%，个）

收入分组	村干部	普通农民	专业管理人员	其他	合计
低收入组	83.33	12.50	0	4.17	100(24)
中低收入组	84.38	9.37	0	6.25	100(32)
中等收入组	75.00	9.37	6.25	9.38	100(32)
中高收入组	72.41	10.34	10.35	6.90	100(29)
高收入组	52.94	29.42	11.76	5.88	100(34)

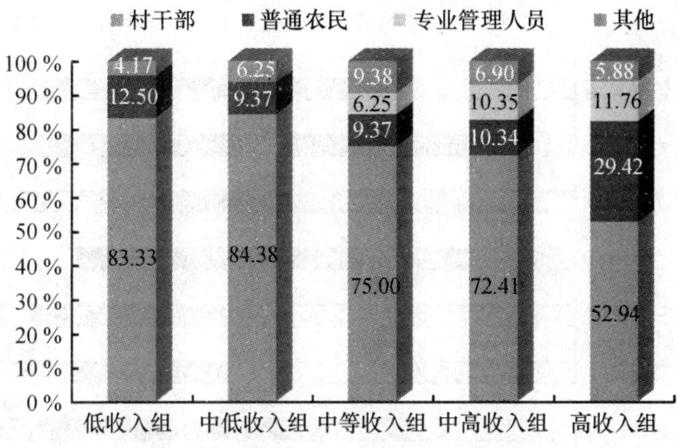

图 7-7　不同收入村庄公共文娱设施管理员身份(单位:%)

二、经费投入

(一) 投入主体

1. 村庄公共文娱设施的投入主体。

如表 7-8 所示,样本村庄公共文娱设施的投入主体多为上级政府和村委会,投入主体为村庄其他组织或农民的均较少。上级政府投入较多的公共文娱设施是图书阅览室和电子阅览室,占比分别为 57.99%、46.15%,投入较少的是戏台和棋牌室,占比分别为 12.12%、16.13%。公共文娱设施中投入主体为村委占比较高的是棋牌室、戏台和老年活动中心,其占比分别为 67.74%、63.64%、61.11%。投入主体为全体农民的最高占比为 12.1%,投入设施是戏台。

表 7-8　村庄公共文娱设施的投入主体　(单位:%,个)

投入主体	上级政府	村委	其他组织	全体农民	其他	合计
综合活动广场	41.77	49.37	0	3.80	5.06	100(79)
图书阅览室	57.99	35.50	0.59	0.59	5.33	100(169)
电子阅览室	46.15	38.46	0.59	0	7.69	100(13)
棋牌室	16.13	67.74	0	0	16.13	100(31)
老年人活动中心	29.63	61.11	0.59	3.70	3.70	100(54)
戏台	12.12	63.64	0	12.12	12.12	100(33)
电影放映室	38.89	50	0	5.56	5.56	100(18)

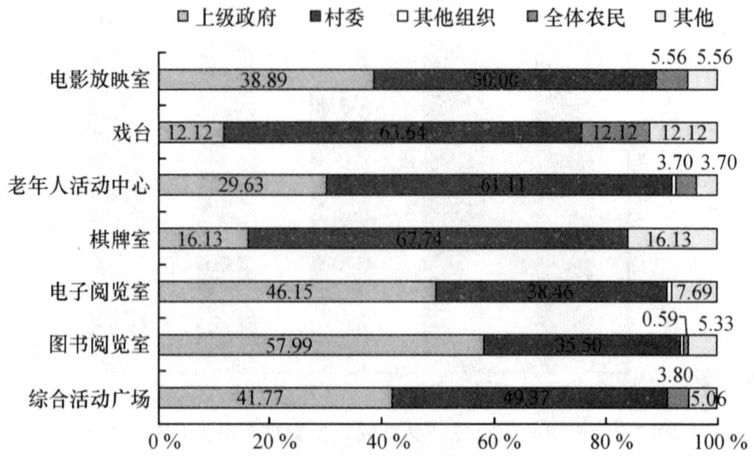

图 7-8 村庄公共文娱设施的投入主体(单位:%)

2. 村庄综合活动广场的投入主体。

在受访村庄中,综合活动广场投入主体主要是农民委员会和上级政府,占比为 49.37% 和 41.77%。东、中、西部村庄综合活动广场投入主体为上级政府的占比呈上升趋势,分别为 17.86%、48.39%、65%,投入主体为农民委员会的占比呈逐渐下降趋势,分别为 75%、41.94%、25%。因此,西部地区村庄综合活动广场的投入主要依靠上级政府,东部地区综合活动广场的投入主要依靠村民委员会,中部地区综合活动广场依靠上级政府和村民委员会共同投入。

表 7-9 不同地区村庄的综合活动广场投入主体 (单位:%,个)

地区	上级政府	村委	全体农民	其他	合计
全国	41.77	49.37	3.80	5.06	100(79)
东部	17.86	75.00	3.57	3.57	100(28)
中部	48.39	41.94	6.45	3.22	100(31)
西部	65.00	25.00	0	10	100(20)

不同收入村庄综合活动的广场投入主体存在差异。如图 7-10 所示,低收入组的村庄综合活动广场投入主体主要为上级政府,其占比为 75.00%,高收入组的村庄综合活动广场投入主体主要为农民委员会,其占比为 69.23%。中高收入组、高收入组的综合活动广场投入主体还包括全体农民,其占比分别为 8.33%、7.69%,中低收入组和中等收入组的村庄综合活动广场投入主体还包括其他,其占比均超过一成。

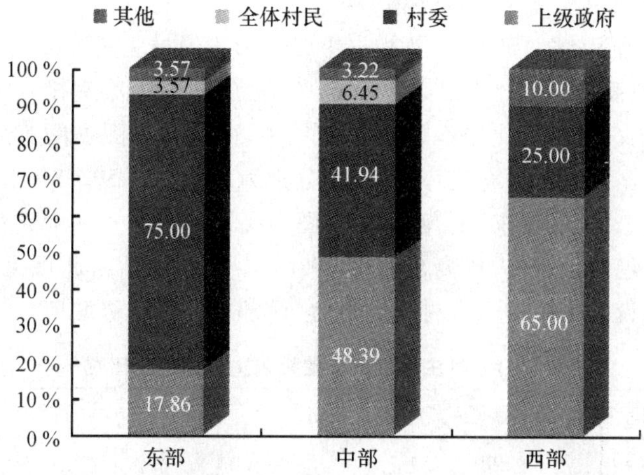

图 7-9　东、中、西部村庄综合活动广场投入主体的比较(单位:%)

表 7-10　不同收入村庄的综合活动广场投入主体　(单位:%,个)

收入分组	上级政府	村委	全体农民	其他	合计
低收入组	75.00	25.00	0	0	100(8)
中低收入组	44.44	44.44	0	11.12	100(9)
中等收入组	50	35.71	0	14.29	100(14)
中高收入组	50	41.67	8.33	0	100(12)
高收入组	23.08	69.23	7.69	0	100(26)

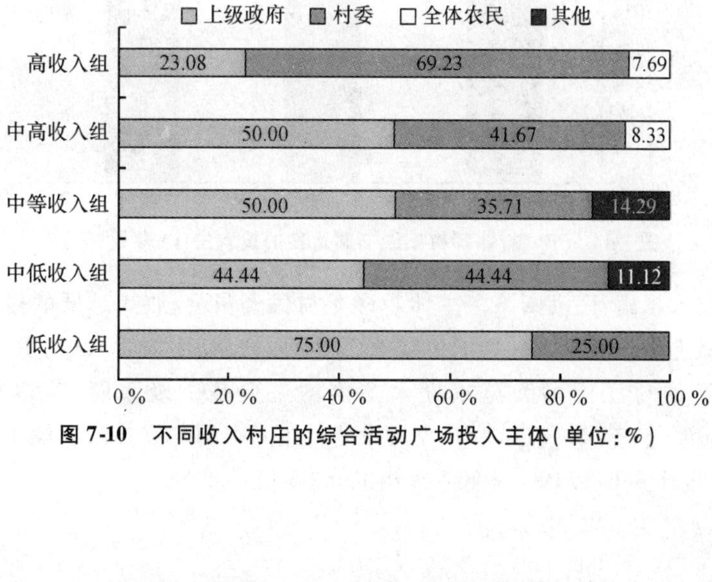

图 7-10　不同收入村庄的综合活动广场投入主体(单位:%)

3. 村庄图书阅览室的投入主体。

如表7-11所示,在169个有效样本中,56.80%的村庄图书阅览室投入主体是上级政府,农民委员会占比次之,为36.69%,村庄图书阅览室投入主体是村庄其他组织或全体农民的,占比均不足1%。东、中、西部村庄图书阅览室投入主体为上级政府的占比呈明显上升趋势,其占比分别为39.29%、59.38%、75.55%,西部占比是东部的1.92倍。东、中、西部村庄图书阅览室投入主体为农民委员会的占比呈明显下降趋势,东部占比高出西部39.54个百分比。由此可见,东部地区村庄图书阅览室投入主体主要是村民委员会,西部地区是上级政府。

表7-11 村庄图书阅览室投入主体的南北比较 (单位:%,个)

地区	上级政府	村委	村庄其他组织	全体农民	其他	合计
全国	56.80	36.69	0.59	0.59	5.33	100(169)
东部	39.29	51.79	1.79	0	7.14	100(56)
中部	59.38	39.06	0	1.56	0	100(64)
西部	75.55	12.25	0	0	10.20	100(49)

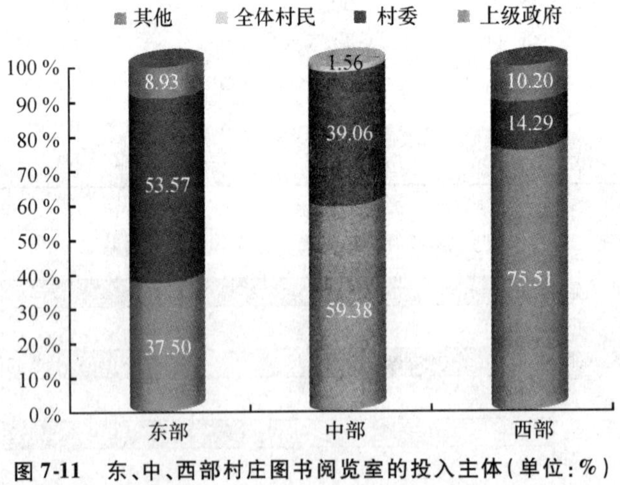

图7-11 东、中、西部村庄图书阅览室的投入主体(单位:%)

村庄收入越高,图书阅览室主体越多是村民委员会;收入越低的村庄图书阅览室越依靠上级政府投入。如图7-12所示,低收入组、中低收入组、中等收入组、中高收入组的村庄图书阅览室投入主体均主要是上级政府,其占比分别为83.33%、60%、60%、60.61%。高收入组的村庄图书阅览室投入主体主要为村民委员会,其占比为67.74%,是低收入组的4.06倍。

表 7-12 不同收入村庄的图书阅览室投入主体 （单位：%，个）

收入分组	上级政府	村委	其他	合计
低收入组	83.33	16.67	0	100(24)
中低收入组	60	36.67	3.33	100(30)
中等收入组	60	23.34	16.66	100(30)
中高收入组	60.61	33.33	6.06	100(33)
高收入组	25.81	67.74	6.45	100(31)

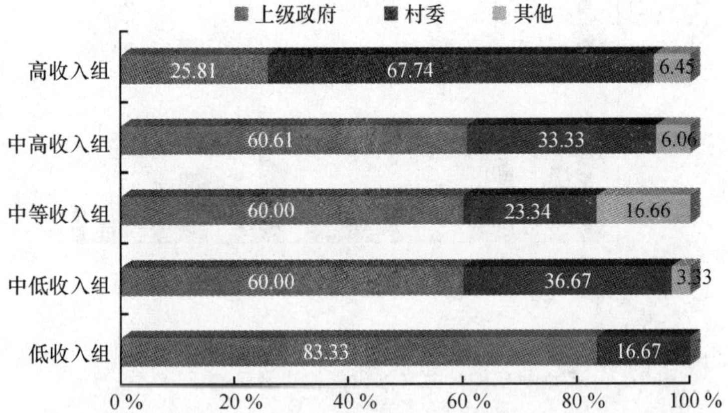

图 7-12 不同收入村庄的图书阅览室投入主体（单位：%，个）

（二）投资金额

1. 各地村庄公共文娱设施的投资金额。

如表 7-13，就全国而言，村庄公共文娱设施投资额均值最高的是综合活动广场，为 22.90 万元，其次为老年人活动中心，投资额均值约为综合活动广场的三分之一，投资额最小的是电子阅览室，均值为 1.07 万元。分地区来看，东部地区村庄综合活动广场、图书阅览室、棋牌室、老年人活动中心的投资额均值均高于中、西部地区，其中图书阅览室投资额均值为 8.99 万元，是中、西部均值的 3.67、3.53 倍；西部电子阅览室和电影放映室的投资额均值均最高，分别为 2.60 万元和 4.10 万元；中部地区戏台的投资额均值为 8.56 万元，高于东、西部地区。

表 7-13 各地村庄的公共文娱设施投资金额均值 (单位:万元)

地区	综合活动广场	图书阅览室	电子阅览室	棋牌室	老年人活动中心	戏台	电影放映室	有效样本
全国	22.90	4.55	1.07	2.33	8.86	7.99	2.16	145
东部	26.67	8.99	0.90	3.49	11.27	7.32	2.62	46
中部	25.68	2.45	0.08	0.77	5.86	8.56	0.40	56
西部	12.20	2.55	2.60	1.30	7.63	8.14	4.10	43

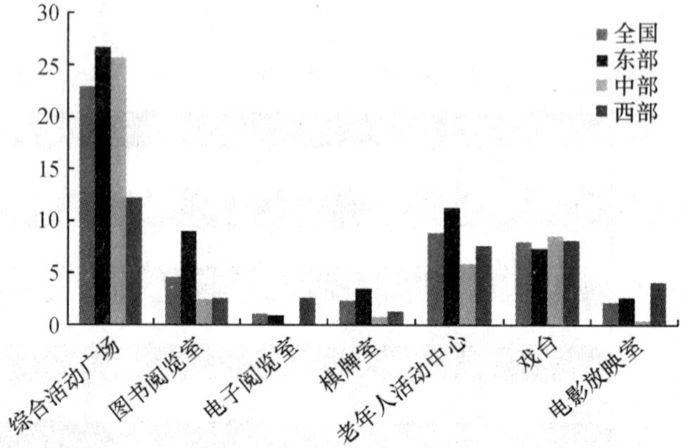

图 7-13 各地村庄的公共文娱设施投资金额均值(单位:万元)

2. 不同收入村庄的公共文娱设施投资金额。

收入较高的村庄公共文娱设施投资金额高于收入较低的村庄。如图 7-14 所示,在受访村庄中,村庄综合活动广场、图书阅览室、电子阅览室、棋牌室、电影放映室投资金额均值最高的是高收入组,其中综合活动广场的投资金额均值为 41.24 万元,比中低收入组多 32.46 万元。低收入组的村庄没有投资建设电子阅览室和电影放映室。村庄棋牌室投资额均值从低收入组的 0.34 万元到高收入组的 6.48 万元呈逐渐上升趋势。

表 7-14 不同收入村庄的公共文娱设施投资额 (单位:万元,个)

收入分组	综合活动广场	图书阅览室	电子阅览室	棋牌室	老年人活动中心	戏台	电影放映室	有效样本
低收入组	12.91	4.44	0	0.34	9.53	2.21	0	22
中低收入组	8.78	1.92	2.00	0.50	0.36	6.93	1.40	29
中等收入组	15.88	2.51	0.42	0.53	3.21	13.20	1.89	27
中高收入组	15.48	3.43	4.00	4.79	24.55	2.97	0.83	29
高收入组	41.24	14.11	14.80	6.48	23.00	8.19	10.89	26

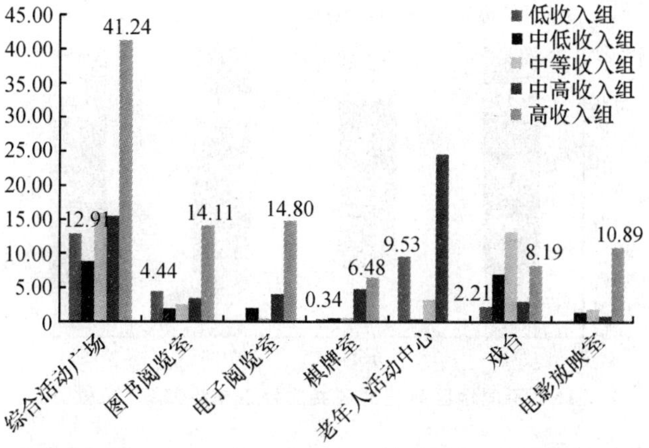

图 7-14　不同收入村庄的公共文娱设施投资额(单位:万元)

(三) 设施维修情况

如表 7-15,从全国来看,村庄公共文娱设施的经常维修率和偶尔维修率为 22.78% 和 54.45%,维修率为 77.23%,年久失修率近一成。分地区看,东部维修率最高,为 81.36%,比中部和西部分别高出 6.36 个和 5.88 个百分比;同时,东部年久失修率也高于其他地区,为 10.17%。中、西部村庄对公共文娱设施维修情况不清楚的占比分别为 16.18% 和 15.09%,明显高于东部地区。数据表明,东部地区公共文娱设施维修情况好于中、西部地区。

表 7-15　不同地区村庄的公共文娱设施维修率　(单位:%,个)

维修率	经常维修	偶尔维修	年久失修	不清楚	合计
全国	22.78	54.45	9.44	13.33	100(180)
东部	23.73	57.63	10.17	8.47	100(59)
中部	26.47	48.52	8.82	16.18	100(68)
西部	16.98	58.49	9.44	15.09	100(53)

三、场地建设

(一) 建设面积

1. 村均建设面积。

如表 7-16 所示,从整体上来看,村庄公共文娱场地面积均值最高的是综合活动广场,为 2016.97 平方米,最低的是电子阅览室,为 32.89 平方米。分地区来

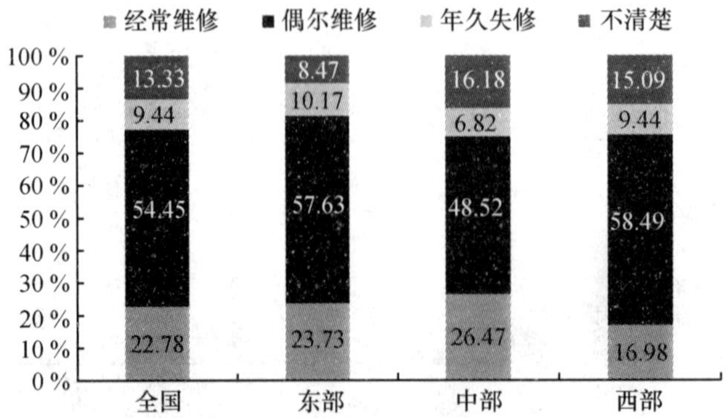

图 7-15 不同地区村庄的公共文娱设施维修率(单位:%)

看,南方村庄综合活动广场面积均值比北方地区高 860.58 平方米。北方地区村庄的老年人活动中心面积均值是南方地区村庄的 3.70 倍,戏台面积均值是南方村庄的 8.73 倍。相较于北方,南方综合活动广场和棋牌室面积较大,老年人活动中心面积较小。

表 7-16 村庄公共文娱场地面积均值的南北比较 (单位:平方米,个)

地区	综合活动广场	图书阅览室	电子阅览室	棋牌室	老年人活动中心	戏台	电影放映室	有效样本
全国	2016.97	51.01	32.89	62.91	341.31	492.56	88.73	183
北方	1678.23	59.82	35.69	29.67	596.46	809.13	86.40	85
南方	2538.81	43.37	30.29	93.26	161.21	92.68	92.31	98

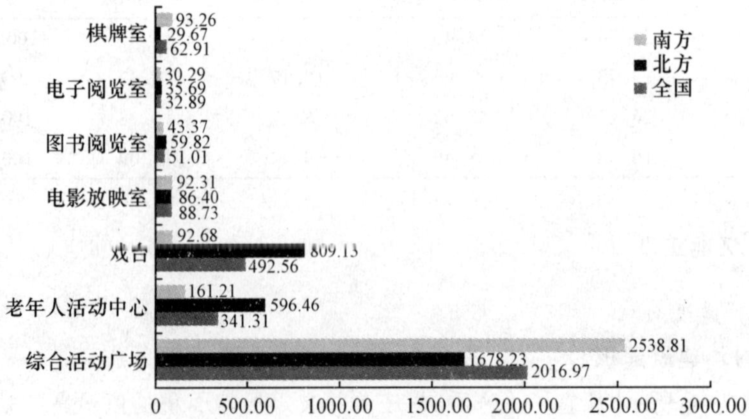

图 7-16 村庄公共文娱场地面积均值的南北比较(单位:平方米)

如表 7-17 所示，西部村庄的综合活动广场面积均值最高，为 2249.54 平方米。中部地区村庄的图书阅览室和棋牌室面积均值最高，棋牌室面积达 109.54 平方米。西部地区村庄戏台和老年人活动中心的面积均值远远高于东、中部地区。数据表明，西部地区综合活动广场、老年人活动中心、戏台面积较大，中部地区图书阅览室、棋牌室、电影放映室面积较大、东部地区电子阅览室面积较大。

表 7-17　东、中、西部村庄公共文娱设施的面积　（单位：平方米，个）

地区	综合活动广场	图书阅览室	电子阅览室	棋牌室	老年人活动中心	戏台	电影放映室	有效样本
东部	1808.17	51.48	43.33	43.36	150.19	93.94	74.29	61
中部	2066.29	64.11	11.00	109.54	81.79	327.50	116.80	71
西部	2249.54	32.22	40	43.33	1182.25	1583.22	80	51

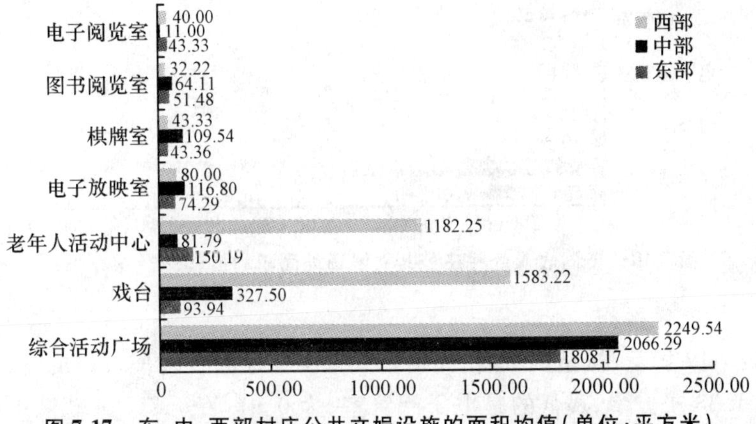

图 7-17　东、中、西部村庄公共文娱设施的面积均值（单位：平方米）

不同收入的村庄公共文娱场地面积均值存在差异。如表 7-18 所示，在受访村庄中，高收入组村庄综合活动广场面积均值最高，为 2975.40 平方米，是低收入组的 3.73 倍，是中低收入组的 4.74 倍。棋牌室面积均值最高的是中高收入组，为 170.50 平方米，最低的是低收入组，为 19.14 平方米。老年人活动中心面积均值最高的是高收入组，为 661.75 平方米，远高于其他组，是中低收入组的 15.88 倍。

表 7-18 不同收入的村庄公共文娱场地面积均值 (单位:平方米)

收入分组	综合活动广场	图书阅览室	电子阅览室	棋牌室	老年人活动中心	戏台	电影放映室	有效样本(个)
低收入组	797.50	39.78	0	19.14	42.50	120	0	27
中低收入组	627.46	62.45	12.50	30	41.67	89.33	56.00	31
中等收入组	1320	44.41	20.57	25.00	48.00	160	51.00	32
中高收入组	1364.36	52.58	49.67	170.50	340.09	96.57	141.67	33
高收入组	2975.40	51.87	25.00	52.33	661.75	325.71	141.11	31

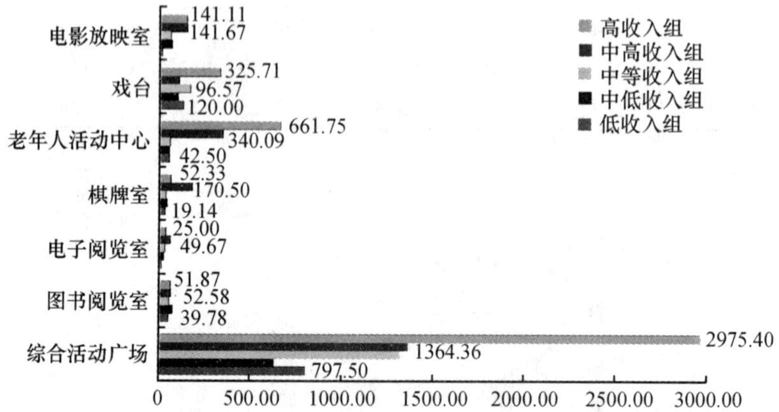

图 7-18 不同收入的村庄公共文娱场地面积均值(单位:平方米)

2. 人均建设面积。

如表 7-19 所示,从全国来看,人均公共文娱场地面积均值最高的是综合活动广场,为 1.38 平方米,最低的是电子阅览室,为 0.01 平方米。分地区来看,除棋牌室外,北方各文娱场地人均面积均高于南方。具体来说,北方人均戏台面积是南方的 17.75 倍,差距最大;老年人活动中心次之,为 6.78 倍;北方综合活动广场、图书阅览室和电子阅览室、电影放映室人均面积分别比南方高出 0.41 平方米、0.02 平方米、0.01 平方米和 0.07 平方米。

表 7-19 人均公共文娱场地面积均值的南北比较 (单位:平方米,个)

地区	综合活动广场	图书阅览室	电子阅览室	棋牌室	老年人活动中心	戏台	电影放映室	有效样本
全国	1.38	0.03	0.01	0.03	0.31	0.41	0.09	183
北方	1.54	0.04	0.02	0.02	0.61	0.71	0.12	85
南方	1.13	0.02	0.01	0.04	0.09	0.04	0.05	98

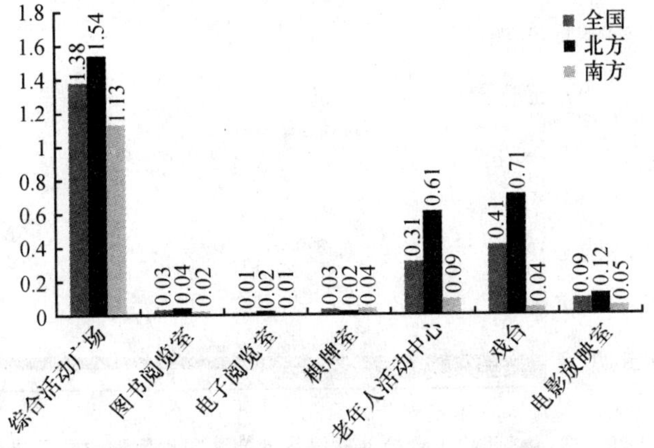

图 7-19　人均公共文娱场地面积均值的南北比较(单位:平方米)

如表 7-20 所示,东部综合活动广场和戏台人均面积均值均最低,分别为 0. 92 平方米和 0. 05 平方米;中部综合活动广场、图书阅览室、棋牌室、电影放映室人均面积均值最高,尤其综合活动广场人均面积为 1. 90 平方米;西部电子阅览室、老年人活动中心、戏台人均面积均大于其他地区,分别为 0. 15 平方米、1. 26 平方米、1. 44 平方米。数据表明,东部各文化场地人均面积均较小,尤其是综合活动广场和戏台最明显,综合活动广场和戏台人均面积最大的分别是中部和西部。

表 7-20　东、中、西部公共文娱场地的人均面积均值　(单位:平方米,个)

地区	综合活动广场	图书阅览室	电子阅览室	棋牌室	老年人活动中心	戏台	电影放映室	有效样本
东部	0. 92	0. 03	0. 02	0. 03	0. 07	0. 05	0. 04	61
中部	1. 90	0. 04	0. 01	0. 04	0. 03	0. 25	0. 20	71
西部	1. 28	0. 03	0. 15	0. 01	1. 26	1. 44	0. 04	51

(二) 场地分布

村庄公共文娱设施的建设场地多为村里空地。如表 7-21,电子阅览室全部分布在村里空地上,97. 14% 的村庄戏台也是分布在村里空地,图书阅览室和电影放映室在村里空地分布的村庄占比也超过九成;村庄棋牌室分布在村里空地的占比最低,为 82. 86% ;相应的,其分布在村委会的占比最高,为 11. 43% 。场地分布在学校最多的是综合活动广场,占比为 5. 95% 。

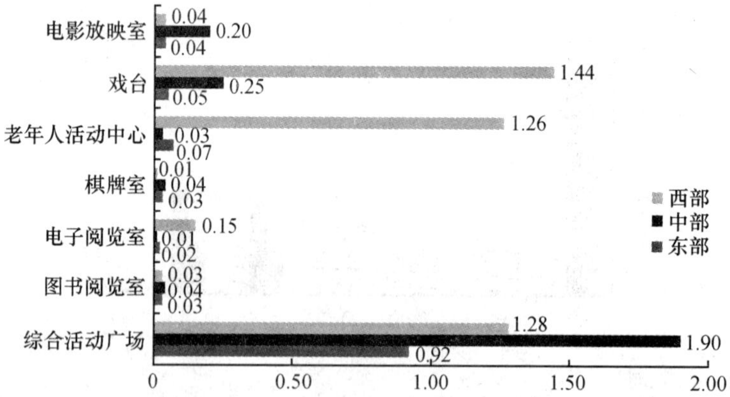

图7-20 东、中、西部人均公共文娱场地的面积均值(单位:平方米)

表7-21 村庄公共文娱设施的场地分布 (单位:%,个)

场地分布	村里空地	村委会	学校	其他	合计
综合活动广场	85.71	8.33	5.95	0	100(84)
图书阅览室	93.99	4.92	1.09	0	100(183)
电子阅览室	100	0	0	0	100(13)
棋牌室	82.86	11.43	5.71	0	100(35)
老年人活动中心	87.04	5.56	3.70	3.70	100(54)
戏台	97.14	0	2.86	0	100(35)
电影放映室	94.74	5.26	0	0	100(19)

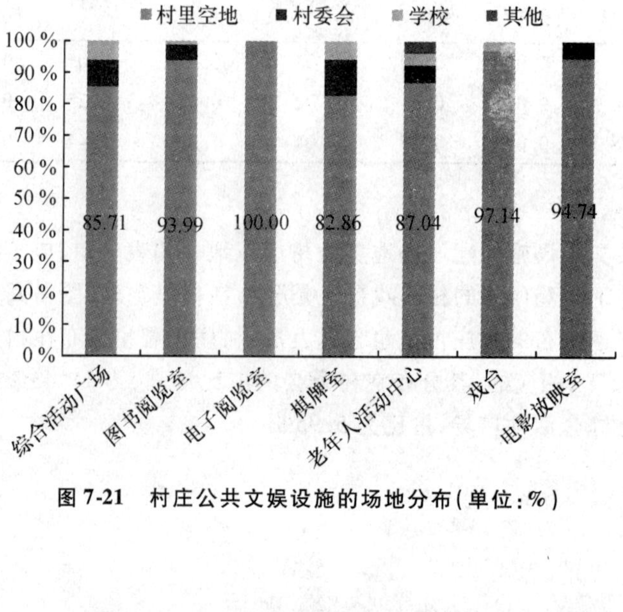

图7-21 村庄公共文娱设施的场地分布(单位:%)

（三）完善度

如图 7-22，电子阅览室十分完善率和比较完善率分别为 18.18% 和 63.64%，完善率为 81.82%，明显高于其他公共文娱设施；戏台的十分完善率为 19.35%，仅低于电影放映室；但其比较完善率最低，为 35.48%，戏台完善率为 54.83%，是公共文娱设施完善率最低占比。电子阅览室的比较匮乏率和很匮乏率均为 9.09%，故匮乏率为 18.18%，高于其他文化设施；综合活动广场匮乏率次之，为 14.81%。数据表明，电子览室完善度呈两极分化趋势，或者完善或者匮乏；电影放映室和棋牌室的完善度较高；综合活动广场较为匮乏。

表 7-22　村庄公共文娱设施的完善度　（单位：%，个）

完善度	十分完善	比较完善	一般	比较匮乏	很匮乏	合计
综合活动广场	11.11	48.15	25.93	11.11	3.70	100(81)
图书阅览室	11.83	43.20	31.36	10.65	2.96	100(169)
电子阅览室	18.18	63.64	0	9.09	9.09	100(11)
棋牌室	9.68	51.61	32.26	3.22	3.23	100(31)
老年人活动中心	15.10	39.62	33.96	7.55	3.77	100(53)
戏台	19.35	35.48	38.71	3.23	3.23	100(31)
电影放映室	22.22	44.44	27.78	0	5.56	100(18)

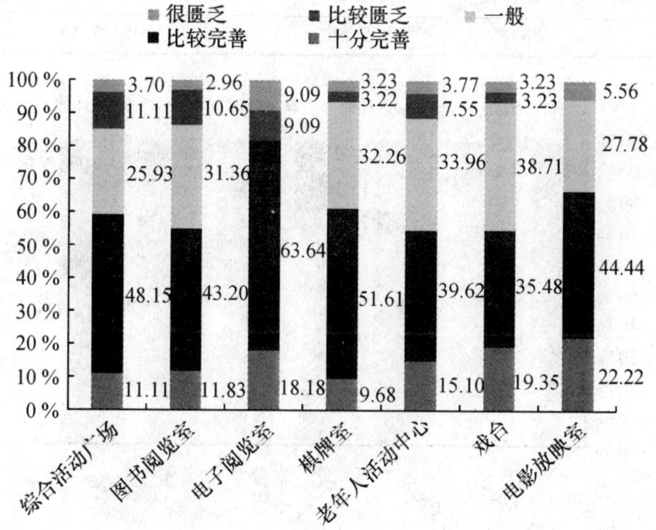

图 7-22　村庄公共文娱设施的完善度（单位：%）

四、设施运转

(一) 村庄开放和使用情况

1. 公共文娱设施的开放情况。

村庄公共文娱设施大多为免费开放。如表7-23所示,在受访村庄中,村庄综合活动广场免费开放的占比最高,为98.77%,老年人活动中心次之,为96.30%,戏台免费开放的占比为93.75%,排第三。公共文娱设施收费开放占比最高的是棋牌室,为20%;15.39%的村庄从不开放电子阅览室。数据表明,超过九成的村庄综合活动广场、老年人活动中心、戏台是免费对农民开放,约两成的村庄棋牌室是收费开放,近两成的村庄从不开放电子阅览室。

表7-23 村庄公共文娱设施的开放情况 (单位:%,个)

开放情况	免费开放	收费开放	从不开放	不清楚	合计
综合活动广场	98.77	0	0	1.23	100(81)
图书阅览室	90.70	1.16	6.98	1.16	100(172)
电子阅览室	69.23	7.69	15.39	7.69	100(13)
棋牌室	76.67	20	0	3.33	100(30)
老年人活动中心	96.30	0	0	3.70	100(54)
戏台	93.75	3.13	0	3.12	100(32)
电影放映室	88.89	5.56	0	5.55	100(18)

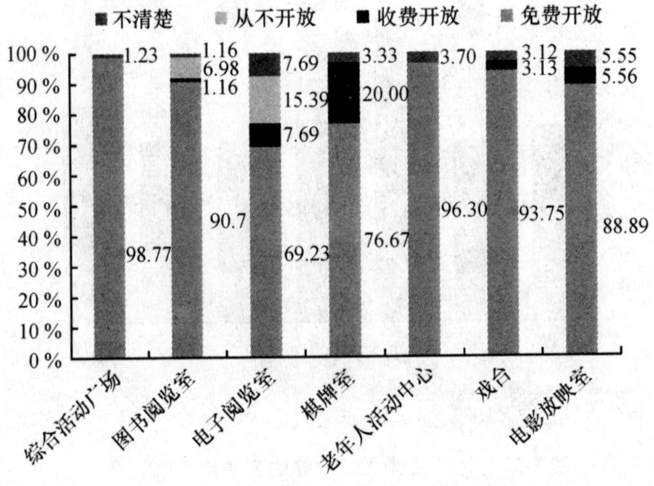

图7-23 村庄公共文娱设施开放情况(单位:%)

2. 公共文娱设施的使用频率。

如表 7-24 所示,在受访村庄中,公共文娱设施经常使用占比最高的是棋牌室,为 71.88%,老年人活动中心次之,占比为 69.81%,综合活动广场的占比为 68.35%,排第三。村庄戏台偶尔使用的占比最高,为 50%,棋牌室偶尔使用的占比最低,为 15.63%。基本不用占比最高的村庄公共文娱设施是电子阅览室,其占比为 33.33%。数据表明,村庄公共文娱设施中棋牌室、老年人活动中心、综合活动广场经常使用,电子阅览室基本不用。

表 7-24 村庄公共文娱设施的使用频率 (单位:%,个)

使用情况	经常	偶尔	基本不用	合计
综合活动广场	68.35	25.32	6.33	100(79)
图书阅览室	31.95	42.01	26.04	100(169)
电子阅览室	25.00	41.67	33.33	100(12)
棋牌室	71.88	15.63	12.50	100(32)
老年人活动中心	69.81	16.98	13.21	100(53)
戏台	37.50	50	12.50	100(32)
电影放映室	50	33.33	16.67	100(18)

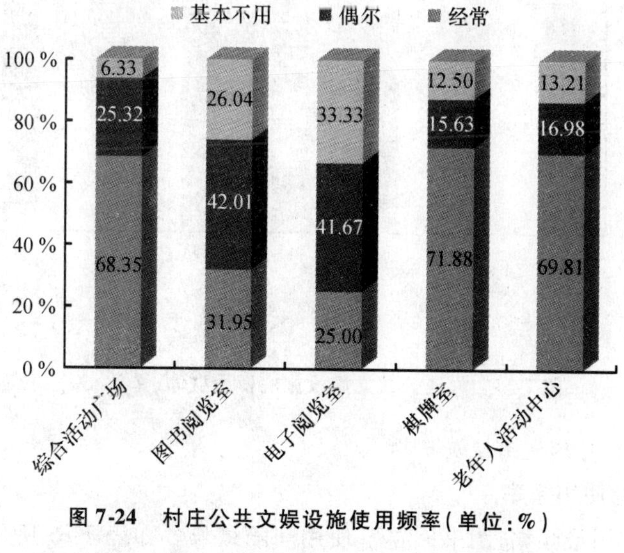

图 7-24 村庄公共文娱设施使用频率(单位:%)

3. 公共文娱设施的使用群体。

考察村庄公共文娱设施的使用群体,除老年人活动中心这种对使用群体针对性较强的设施外,其他设施的主要使用群体不尽相同。具体来说,综合活动广场的主要使用者是儿童、少年,占比达32.91%,中年人次之;图书阅览室使用者中,中年人占比26.92%,为最高,青年人次之;棋牌室则主要是中年人和老年人使用,占比分别为31.03%和37.93%;使用电影放映室的农民中,儿童、少年和老年人占比相同,均为33.33%。

表7-25 村庄公共文娱设施的使用群体 (单位:%,个)

使用群体	儿童、少年	青年人	中年人	老年人	其他	合计
综合活动广场	32.91	13.92	22.79	8.86	21.52	100(79)
图书阅览室	15.38	24.36	26.92	9.62	23.72	100(156)
电子阅览室	27.27	27.27	0	0	45.46	100(11)
棋牌室	13.79	6.90	31.03	37.93	10.35	100(29)
老年人活动中心	2.00	2.00	0	88.00	8.00	100(50)
戏台	3.33	6.67	20	26.67	43.33	100(30)
电影放映室	33.33	0	16.67	33.33	16.67	100(6)

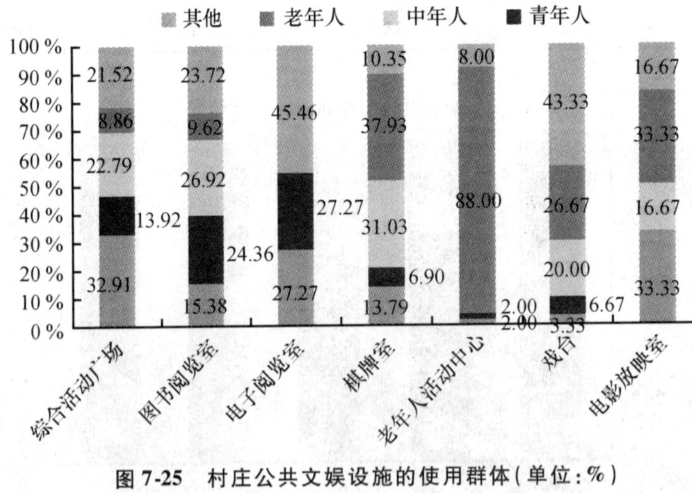

图7-25 村庄公共文娱设施的使用群体(单位:%)

(二) 农民实际使用情况

1. 农民的使用频率。

棋牌室使用最频繁,图书阅览室使用间隔最长。如表7-26所示,在全国466个有效样本中,农户平均29.59天去一次图书阅览室,使用频率最低,老年人活动中心使用频率次低;农户平均去棋牌室的周期是9.13天,设施使用频率最高。分地区看,在文化活动室和图书阅览室使用上,东部农民使用频率均值均最高,使用频率最低;西部农户棋牌室和老年人活动中心使用频率最低,老年人活动中心平均 48.72 天去一次,约是中部均值的 8.89 倍。

表 7-26 村庄公共文娱设施使用频率均值 (单位:天/次,个)

使用频率	文化活动室	图书阅览室	棋牌室	老年人活动中心	有效样本
全国	19.38	29.59	9.13	25.06	466
东部	26.56	45.27	10.99	21.89	143
中部	6.77	16.31	3.55	5.48	154
西部	22.91	28.18	12.42	48.72	169

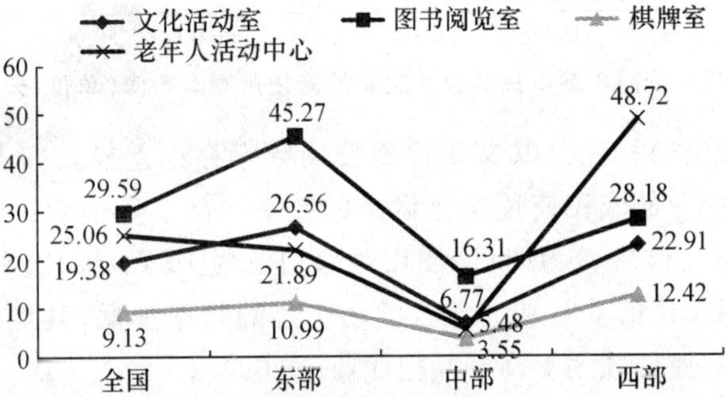

图 7-26 村庄公共文娱设施使用频率均值(单位:天/次)

如表 7-27 所示,通过不同年龄来考察农民对村庄公共文娱设施使用频率均值情况,我们可以看出 60 岁以上的农民对村庄文化活动室和老年人活动人心的使用最为频繁,其使用间隔均值分别为 14.95 天/次、14.37 天/次,40—49 岁的农民使用图书阅览室较多,为 25.80 天/次。30—39 岁的农民使用棋牌室最多,平均 7.14 天去一次,30 岁以下的农民使用棋牌室最少,平均 17 天去一次。数据表明,农民年龄越大,对村庄共文化设施的使用相对越频繁。

表 7-27 不同年龄农民的公共文娱设施使用频率均值 (单位:天/次,个)

年龄分组	文化活动室	图书阅览室	棋牌室	老年人活动中心	其他	有效样本
30 岁以下	20.75	29.13	17.00	15.50	4.00	12
30—39 岁	30.80	33.39	7.14	50.44	15.00	40
40—49 岁	18.34	25.80	9.49	36.09	3.78	86
50—59 岁	19.06	30.48	10.11	22.13	1.50	90
60 岁以上	14.95	31.75	8.12	14.37	1.33	80

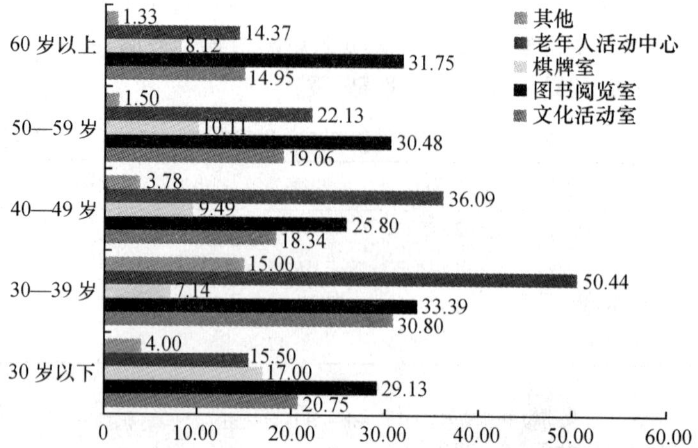

图7-27　不同年龄农民的公共文娱设施使用频率均值(单位:天/次)

不同职业农民的村庄公共文娱设施使用频率存在差异。如表7-28所示,除棋牌室外,教师职业的农民使用文化设施的频率均高于其他农民,尤其文化活动室和图书阅览室上体现较为明显,使用频率均值为16.61天/次和21.04天/次。务工的农民使用文化活动室和老年人活动中心的频率最低,其均值为40.19天/次,而其在棋牌室使用频率上高于其他职业,平均4.47天去一次。做生意的农民也较常使用棋牌室,平均8.59天去一次。

表7-28　不同职业农民的公共文娱设施使用频率均值　(单位:天/次,个)

职业分组	文化活动室	图书阅览室	棋牌室	老年人活动中心	其他	有效样本
务农	18.13	32.06	9.17	24.50	2.50	195
务工	40.19	43.30	4.47	40.69	4.00	16
做生意	24.67	27.78	8.59	22.97	5.67	24
教师及其他	16.61	21.04	11.31	22.21	6.89	72

如表7-29所示,村庄文化活动室、图书阅览室使用频率最低的是文化程度为小学的农民,均值分别为28.18天/次、45.66天/次;图书阅览室使用最频繁的是大专及以上学历的农民,均值为9.65天/次。小学学历的农民使用棋牌室最频繁,平均7.03天去一次,文盲农民使用棋牌室的间隔最高,为17.73天/次。综合可知,不同文化程度农民的村庄公共文娱设施使用频率存在差异,文化程度为小学和初中的农民较多使用棋牌室,文化程度为大专及以上的农民较多使用图书阅览室。

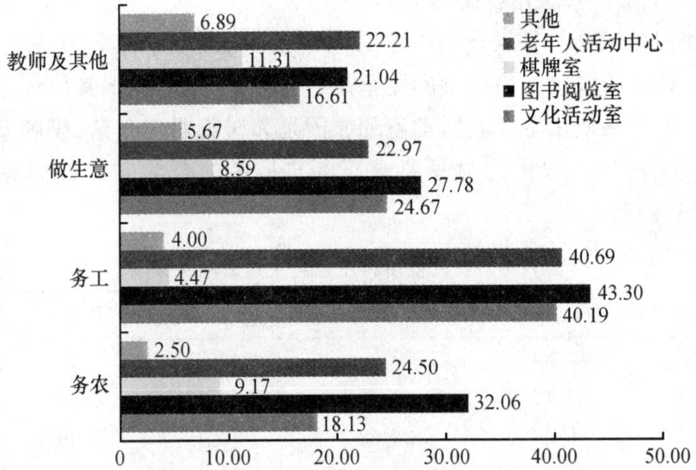

图 7-28　不同职业农民的公共文娱设施使用频率(单位:天/次)

表 7-29　不同文化程度农民的公共文娱设施使用频率均值　(单位:天/次)

文化程度	文化活动室	图书阅览室	棋牌室	老年人活动中心	其他	有效样本
文盲	24.22	35.56	17.73	23.11	4.00	9
小学	28.18	45.66	7.03	22.00	3.10	68
初中	16.17	26.86	8.73	28.48	4.25	156
高中	18.16	25.29	10.94	20.15	8.80	63
大专及以上	16.50	9.65	11.40	30.67	3.00	10

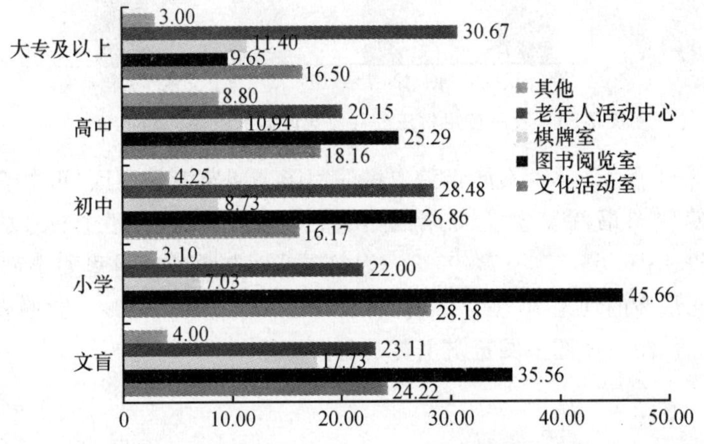

图 7-29　不同文化程度农民的公共文娱设施使用频率均值(单位:天)

2. 农民使用公共文娱设施的原因。

农民使用村庄公共文娱设施主要是出于自身需求,如表7-30,在487个有效样本中,67.15%的农民使用图书阅览室是自己需要,占比高于其他设施的该项占比;29.21%的农民使用老年人活动室的原因是邻居或朋友邀请,棋牌室该项占比略低之,为25.68%。农民因村里要求而参与最多的公共文娱设施是文化活动室,占比达14.85%。

表7-30 农民使用村庄公共文娱设施的原因 (单位:%,个)

使用缘由	自己需要	邻居或朋友邀请	村里要求	其他	合计
文化活动室	57.88	20	14.85	7.27	100(330)
图书阅览室	67.15	13.55	12.73	6.57	100(487)
棋牌室	66.67	25.68	0.45	7.20	100(222)
老年人活动室	52.48	29.21	3.96	14.35	100(202)

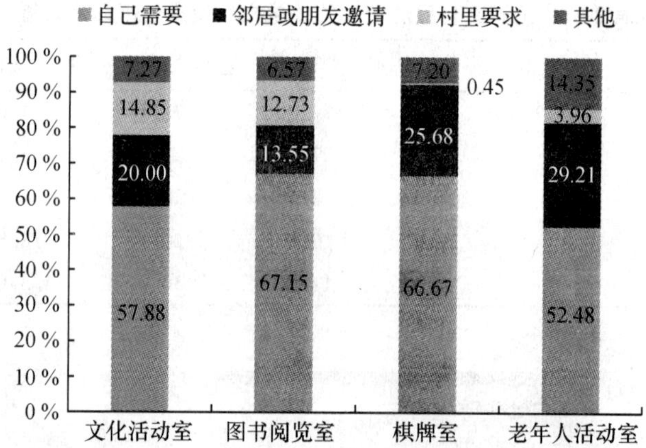

图7-30 农民使用村庄公共文娱设施的原因(单位:%)

如表7-31所示,考察不同年龄农民使用图书阅览室的原因,可以看出,30岁以上农民使用图书阅览室主要原因是自己需要,占比均超过了六成,分别为63.79%、69.18%、63.27%、71.93%。因邻居或朋友邀请或村里要求而使用图书阅览室占比最高的均是30岁以下的农民,其占比均为22.22%。数据表明,30岁以上的农民使用村庄图书阅览室主要是自己需要。

表 7-31　不同年龄的农民使用村庄图书阅览室的原因　（单位:%，个）

年龄分组	自己需要	邻居或朋友邀请	村里要求	其他	合计
30 岁以下	33.34	22.22	22.22	22.22	100(9)
30—39 岁	63.79	12.07	15.52	8.62	100(58)
40—49 岁	69.18	13.84	11.95	5.03	100(159)
50—59 岁	63.27	13.61	15.64	7.48	100(147)
60 岁以上	71.93	14.92	7.89	5.26	100(114)

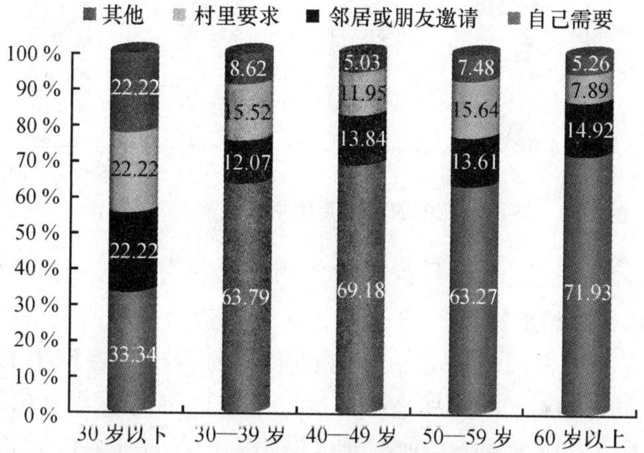

图 7-31　不同年龄的农民使用村庄图书阅览室的原因（单位:%）

如图 7-32 所示，不同职业的农民使用图书阅览室主要是由于自身需要，务农、务工、做生意、教师及其他职业的农民使用图书阅览室是因为自身需要的占比分别为 69.93%、55.17%、50%、69.09%。使用图书阅览室缘由是邻居或朋友邀请占比最高的是做生意的农民，其占比为 18.75%，因为村里要求而使用图书阅览室占比最高的是教师和其他职业的农民，其占比为 15.45%。数据表明，务工和做生意的农民因自己需要使用图书阅览室的占比较低，更多因邻居或朋友邀请而用。

表 7-32　不同职业的农民使用图书阅览室的原因　（单位:%）

职业分组	自己需要	邻居或朋友邀请	村里要求	其他	合计
务农	69.93	14.53	11.49	4.05	100(296)
务工	55.17	17.25	13.79	13.79	100(29)
做生意	50	18.75	14.58	16.67	100(48)
教师及其他	69.09	9.10	15.45	6.36	100(110)

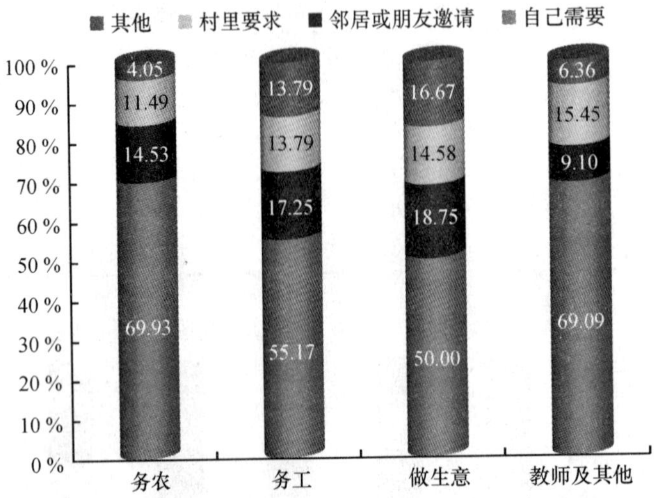

图 7-32　不同职业的农民使用图书阅览室的原因(单位:%)

农民文化程度越低,因自己需要而使用图书阅览室的占比越低。如表 7-33 所示,不同文化程度的农民使用图书阅览室主要是因为自身需要,随着文化程度的提高,农民使用图书阅览室是由于自己需要的占比呈逐渐上升趋势,分别为 40%、63.21%、65.24%、72.57%、86.96%。使用图书阅览室是因为邻居和朋友邀请、村里要求的占比最高的分别是文化程度为文盲的农民和文化程度为小学的农民,其占比分别为 30%、14.15%。

表 7-33　不同文化程度的农民使用图书阅览室的原因　(单位:%,个)

文化程度	自己需要	邻居或朋友邀请	村里要求	其他	合计
文盲	40	30	10	20	100(10)
小学	63.21	15.09	14.15	7.55	100(106)
初中	65.24	14.16	13.73	6.87	100(233)
高中	72.57	11.50	11.50	4.43	100(113)
大专及以上	86.96	4.35	4.35	4.34	100(23)

(三) 农民的满意度及原因

1. 农民的满意度。

如表 7-34 所示,农民对棋牌室的满意度最高,占比为 83.54%,对老年人活动中心的满意度次之,占比为 80.57%,文化活动室的满意度为 80.50%,排第三。农民对其他的不满意度最高,占比为 46.67%,图书阅览室的不满意度次之,为

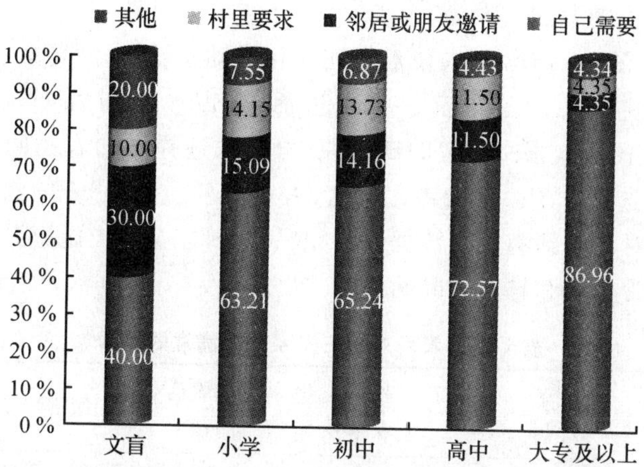

图 7-33　不同文化程度的农民使用图书阅览室的原因(单位:%)

24.87%。数据表明,农民对棋牌室、老年人活动中心、文化活动室的满意度都较高,均超过 80%;农民对图书阅览室和其他的满意度较低,尤其是其他设施,近五成的农民对其不满意。

表 7-34　各地农民对村庄公共文娱设施的满意度　　(单位:%,个)

满意度	文化活动室	图书阅览室	棋牌室	老年人活动中心	有效样本
全国	80.50	75.13	83.54	80.57	583
东部	75.36	67.96	73.74	79.67	206
中部	86.41	75.50	91.43	86.05	200
西部	81.36	83.05	89.71	77.78	177

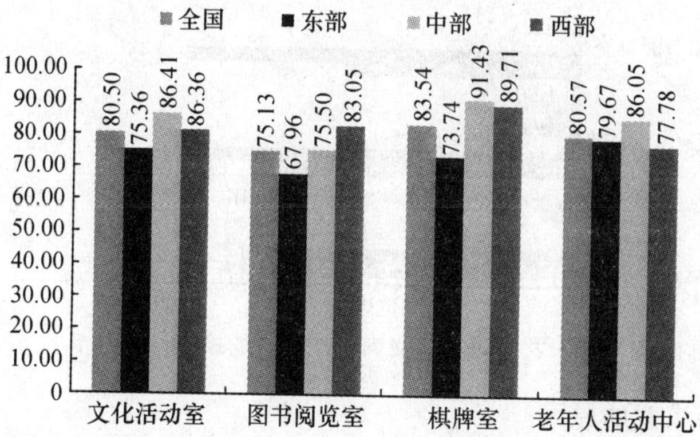

图 7-34　各地农民对村庄公共文娱设施的满意度(单位:%)

2. 农民满意的原因。

如表7-35、图7-35所示,农民对村庄文化活动室、图书阅览室、老年人活动中心感到满意的主要原因是丰富了日常生活,其占比分别为41.83%、39.44%、43.54%。就农民对图书阅览室的满意原因而言,选择增加农民间团结的占比最低,为1.02%,选择开阔眼界的占比次之,为6.11%。55.38%的农民认为棋牌室打发了时间而对其感到满意。数据表明,农民对村庄文娱设施感到满意的原因主要是丰富了日常生活和打发了时间。

表7-35 农民对村庄文娱设施满意的原因 (单位:%,个)

满意原因	打发了时间	丰富了生活	提高文化素质	增进农民团结	开阔眼界	其他	合计
文化活动室	31.18	41.83	15.97	6.84	2.28	1.90	100(263)
图书阅览室	23.66	39.44	27.48	1.02	6.11	2.29	100(393)
棋牌室	55.38	38.17	2.15	4.30	0	0	100(186)
老年人活动中心	36.06	43.54	2.04	12.24	2.04	4.08	100(147)
其他设施	29.17	29.17	8.33	0	4.17	29.16	100(24)

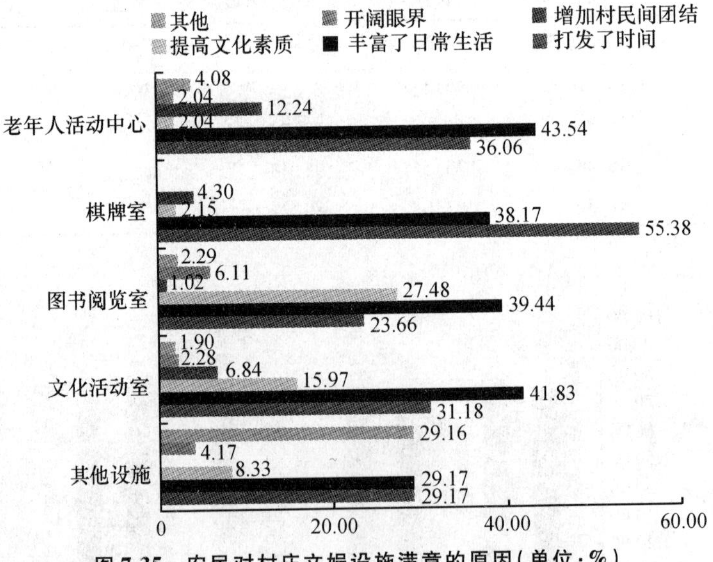

图7-35 农民对村庄文娱设施满意的原因(单位:%)

3. 农民不满意的原因。

如图7-36所示,农民对村庄文化活动室不满意的原因主要是活动次数较少,其占比为30.30%，对图书阅览室不满意的原因主要是农民参与热情不高，其占比为43.17%，对棋牌室和老年人活动中心不满意的原因是其他的占比最高，分别为35.48%、32.26%。就图书阅览室而言，农民对其不满意的原因为组织不到位的占比最低，为1.44%，活动次数较少这一原因的占比次之，为4.32%。数据表明，超过三成的农民对文化活动室不满意的原因为活动次数较少，超过四成的农民对图书阅览室不满意的原因为农民参与热情不高。

表7-36　农民对村庄文娱设施不满意的原因　（单位：%，个）

不满意原因	活动次数较少	内容枯燥	设施陈旧	组织不到位	农民参加热情不高	其他	合计
文化活动室	30.30	15.15	9.09	3.04	21.21	21.21	100(66)
图书阅览室	4.32	28.78	13.66	1.44	43.17	8.63	100(139)
棋牌室	12.90	3.23	12.90	6.45	29.04	35.48	100(31)
老年人活动中心	22.58	16.13	12.90	0	16.13	32.26	100(31)

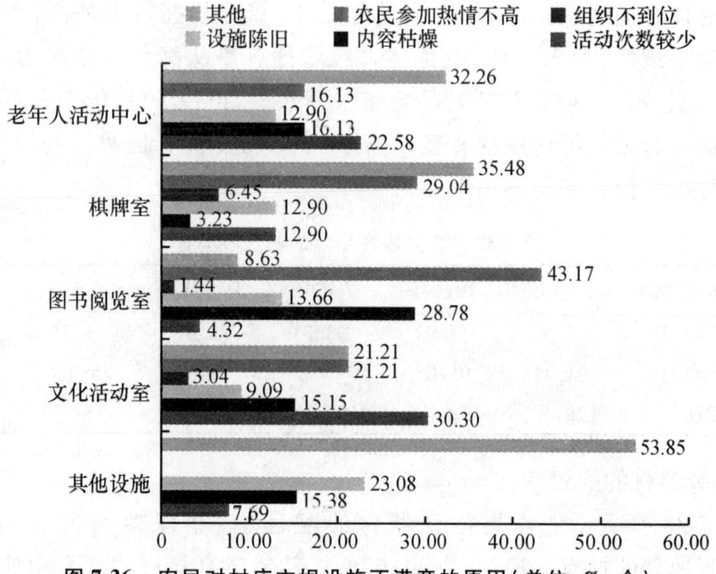

图7-36　农民对村庄文娱设施不满意的原因（单位：%，个）

第二节 公共体育设施

本节以村庄体育设施为主体,分别从村庄体育设施的建设、投入、开放和农民对设施的使用、评价、期盼两方面来描述农村体育设施的总体情况,前者通过地区(包括南、北分组和东、中、西分组)和村庄收入两个角度来考察不同村庄体育设施的建设率、建设量、具体构成等具体情况,后者则主要从农民的年龄、职业和文化程度三个角度来考察农民对公共体育设施的使用频率、满意程度和未来期盼等方面。

一、基础设施

(一) 体育设施的拥有率

1. 体育场地的拥有率。

如表 7-37 所示,在 218 个有效样本中,52.75% 的村庄拥有体育场地,47.25% 的村庄没有体育场地;在各类体育场地建设中,篮球场拥有率最高,为 68.57%,足球场拥有率最低,为 3.31%,其他体育设施拥有率从高到低依次为:体育场地(52.75%)、健身广场(44.76%)、体育馆(8.59%)、田径场(8.06%)。数据表明,我国农村逾三分之二的村庄拥有篮球场,近半数村庄拥有健身广场,其他体育场地尤其足球场等拥有率均不足十分之一。

表 7-37 各类体育场地的村庄拥有率 (单位:%,个)

设施	体育场地	体育馆	田径场	篮球场	羽毛球场	足球场	健身广场
拥有	52.75	8.59	4.92	68.57	8.06	3.31	44.76
没有	47.25	91.41	95.08	31.43	91.94	96.69	55.24
样本	218	128	122	175	124	121	143

2. 体育器材的配置率。

如表 7-38 所示,在各类体育器材的配套中,篮球架的拥有率最高,为 63.64%,划船器的拥有率最低,为 11.67%。其他体育器材的配套中拥有率由高到低依次是,乒乓球台(45.54%)、脚踏器(29.79%)、健身器材(27.98%)、仰卧起坐器(27.32%)、平衡器(20.65%)、跑步器(17.39%)。数据表明,我国农村六成以上的村庄拥有篮球架,近半数村庄拥有乒乓球台,但其他体育器材尤其是跑步器、划船器等拥有率大大低于篮球架拥有率。

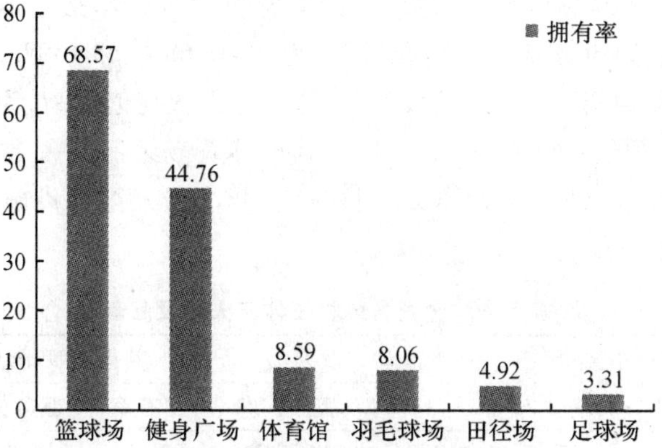

图 7-37　各类体育场地的村庄拥有率(单位:%)

表 7-38　各种体育器材的村庄配置率　　(单位:%,个)

体育器材	篮球架	乒乓球台	健身器材	跑步器	脚踏器	划船器	平衡器	仰卧起坐器
拥有	63.64	45.54	27.98	17.39	29.79	11.67	20.65	27.32
没有	36.36	54.46	72.02	82.61	70.21	88.33	79.35	72.68
样本	220	202	193	184	188	180	184	183

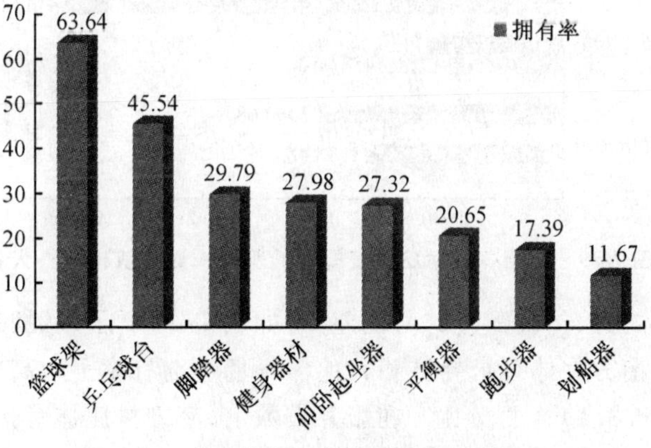

图 7-38　各种体育器材的配置率(单位:%)

3. 体育配套的拥有率。

如表 7-39 所示,从全国体育配套的拥有情况来看,活动站点人员的拥有率最高,为 12.24%;体育指导员次之,拥有率为 9.62%。具体来说,西部村庄体育指导员和活动站点人员拥有率均低于东、中部村庄,其他体育场地拥有率则相对较高。考察体育人员及场地服务人数,全国体育指导员平均指导1642.98人;西部和中部服务人数均值分别是最高和最低,为2040.68人和1398.02人;全国活动站点人员平均为1453.94人提供服务,西部服务人数均值最高,为4142.00人,分别是东、中部均值的3.64倍和2.95倍。其他体育场地服务人数上,西部均值最高,中部次之,东部最低。由此可知,村庄体育指导员及配套设施存在较大空缺,西部地区相对更为缺乏。

表7-39 全国各地村庄体育人员及配套 (单位:%,人,个)

地区	体育指导员		活动站点人员		其他体育场地		有效样本
	拥有率	服务人数	拥有率	服务人数	拥有率	服务人数	
全国	9.62	1642.98	12.24	1453.94	5.83	1648.96	208
东部	10.61	1658.48	15.87	1139.34	6.25	867.88	66
中部	10.84	1398.02	15.38	1405.35	4.65	1673.00	83
西部	6.78	2040.68	3.64	4142.00	7.14	2406.00	59

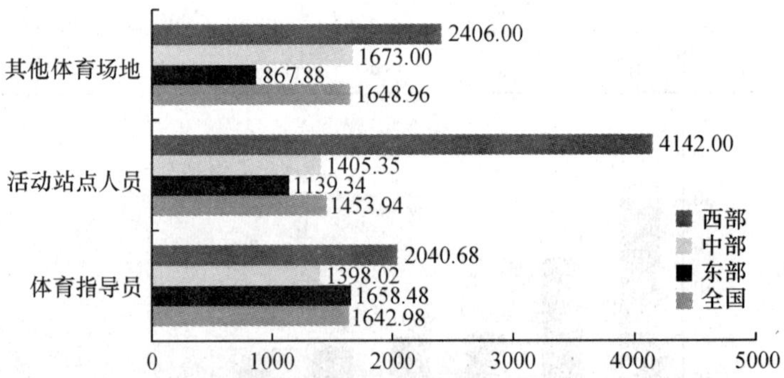

图7-39 全国各地村庄体育配套的服务人数均值(单位:人)

考察村庄体育人员及配套的南北差异,如表7-40所示,从拥有率来看,除活动站点人员外,南方在体育指导员和其他体育场地拥有率上均高于北方,分别高2.20个百分比和3.10个百分比。在服务人数上,南方村庄体育指导员平均指导人数为2070.78人,是北方均值的1.96倍;在活动站点人员和其他体育场地服务人数上,北方均值均略高于南方。总之,南方在体育配套拥有率上略高于北方,但服务人数则相对更多,体育服务呈数量优势而质量劣势的特点。

表 7-40 村庄体育人员及配套的南北比较 （单位:% ,人,个）

地区	体育指导员		活动站点人员		其他体育场地		有效样本
	拥有率	服务人数	拥有率	服务人数	拥有率	服务人数	
北方	8.42	1054.77	12.36	1468.61	4.17	1660	95
南方	10.62	2070.78	12.15	1439.27	7.27	1643.44	113

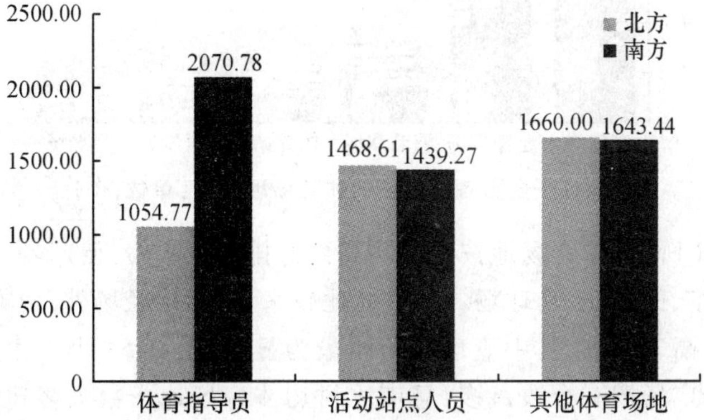

图 7-40 村庄体育配套的服务人数均值的南北比较(单位:人)

（二）体育设施的拥有量

1. 体育场地的拥有量。

从全国来看,村均拥有体育场地 1.25 个,其中篮球场村均拥有数最高,为 1.07 个,健身广场次之,为 0.66 个。考察东、中、西部地区的村均体育场地数量,如表 7-41,总的来说,东部村均体育场地最多,为 1.44 个;中部次之,为 1.21 个;西部最少,为 1.11 个。羽毛球场、健身广场村均个数从高到低的地区为东、中、西部;在篮球场村均数量上,西部地区最多,达 1.31 个,东部次之,为 1.18 个,中部为 0.81 个。总体而言,东部农村体育场地建设数量最多,中部次之,西部最少;但在篮球场建设上,西部最多,东部次之,中部最少。

表 7-41 全国各地村庄的体育场地数量 （单位:个）

地区	场地	体育馆	田径场	篮球场	羽毛球场	足球场	健身广场	样本
全国	1.25	0.09	0.06	1.07	0.13	0.04	0.66	218
东部	1.44	0.09	0	1.18	0.12	0	0.78	68
中部	1.21	0.10	0.10	0.81	0.10	0.06	0.73	86
西部	1.11	0.09	0.06	1.31	0.18	0.06	0.37	64

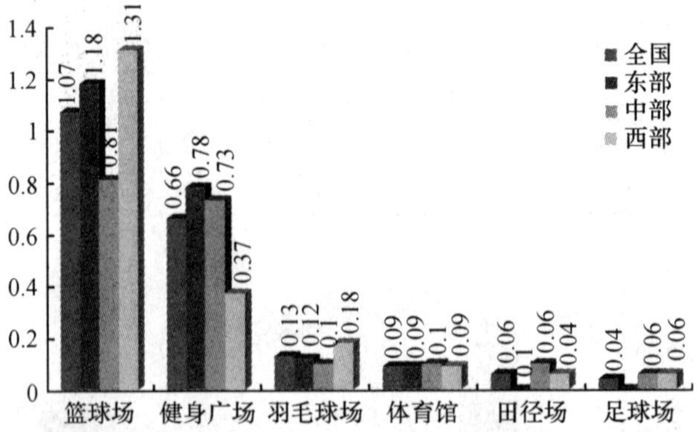

图 7-41 全国各地村庄的体育场地数量(单位:个)

如图 7-42 所示,体育场地按均值从高到低排序依次为:篮球场、健身广场、羽毛球场、体育馆、田径场、足球场。就南北比较来看,除田径场外,南方各类体育场地均值均明显高于北方,其中篮球场差距最为显著,达 0.54 个。由此可见,村均篮球场和健身广场拥有个数最多,且南方村均体育场地个数大多比北方多,篮球场村均个数南北差距最大。

表 7-42 村均体育场地数量的南北比较 (单位:个)

地区	场地	体育馆	田径场	篮球场	羽毛球场	足球场	健身广场	样本
北方	1.05	0.08	0.07	0.78	0.07	0.03	0.61	95
南方	1.41	0.11	0.05	1.32	0.19	0.05	0.70	123

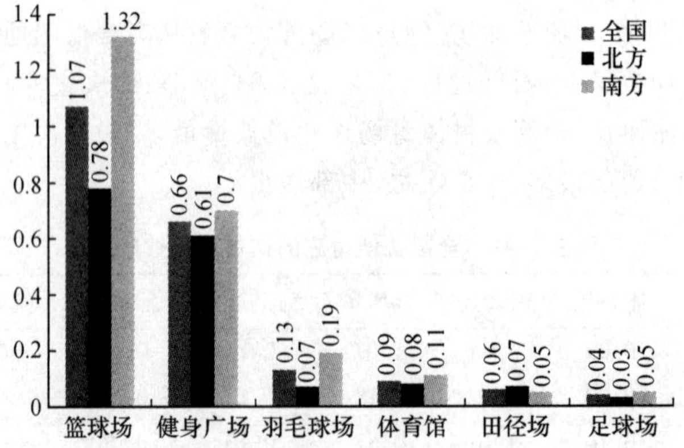

图 7-42 村均体育场地数量的南北比较(单位:个)

村庄收入越高,体育场地建设数量越多,在篮球场和健身广场上体现最为明显。如表7-43所示,低收入、中低收入、中等收入、中高收入、高收入组的村庄平均拥有体育场地数量分别为0.50个、0.85个、1.24个、1.51个、1.88个,场地个数随村庄收入的增加而增加。具体以篮球场和健身广场为例,篮球场村均数量随村庄收入上升呈现迂回上升趋势;健身广场村均数量从低收入组的0.35个在小幅下降后逐渐稳步增长到高收入组的1.07个,基本与村庄收入成正比例关系;其他体育场地在不同收入的村庄上差异不大。

表7-43　不同收入村庄的体育场地数量　(单位:个)

收入分组	场地	体育馆	田径场	篮球场	羽毛球场	足球场	健身广场	样本
低收入组	0.50	0.11	0	0.60	0.06	0	0.35	36
中低收入组	0.85	0.08	0	1.00	0	0	0.16	41
中等收入组	1.24	0.12	0.15	0.84	0.26	0.08	0.52	38
中高收入组	1.51	0	0.05	1.31	0.05	0.05	0.73	37
高收入组	1.88	0.12	0	1.28	0.08	0	1.07	40

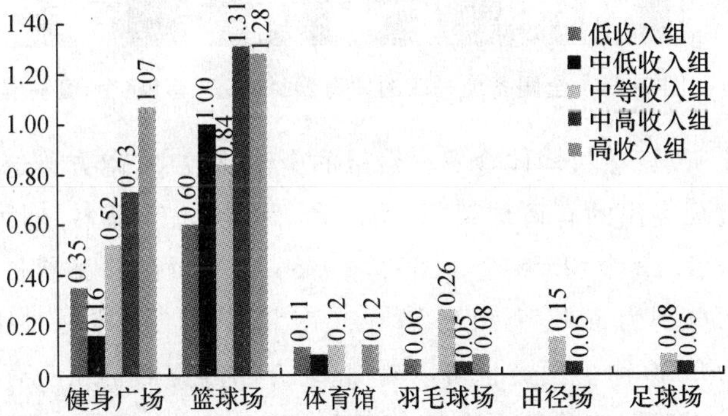

图7-43　不同收入村庄的体育场地数量(单位:个)

2. 体育器材的配置量。

在表7-44中所示,从全国来看,健身器材的数量最多,为2.61个;划船器的数量最少,为0.16个。在东、中、西部村庄的体育器材数量中,东部的跑步器、脚踏器、划船器、平衡器、仰卧起坐器都高于全国、中部和西部。其中,篮球架的数量在各个器材中最多,为1.66个,跑步器次高,为0.94个。中部地区的村庄乒乓球台和健身器材的数量高于东部和西部,分别为1.18个和3.51个。西部地区的体育器材数量明显低于东部和中部。但是在西部地区体育器材中,篮球架的数量最多,为 1. 81 个,划船器的数量最少,为 0. 09 个。

表 7-44　全国各地村庄的体育器材数量　(单位:个,套)

体育器材	篮球架	乒乓球台	健身器材	跑步器	脚踏器	划船器	平衡器	仰卧起坐器	有效样本
全国	1. 60	1. 01	2. 61	0. 45	0. 56	0. 16	0. 46	0. 56	220
东部	1. 66	1. 01	3. 04	0. 94	0. 76	0. 22	0. 78	0. 83	76
中部	1. 41	1. 18	3. 51	0. 23	0. 57	0. 15	0. 39	0. 51	85
西部	1. 81	0. 75	0. 70	0. 11	0. 28	0. 09	0. 13	0. 28	59

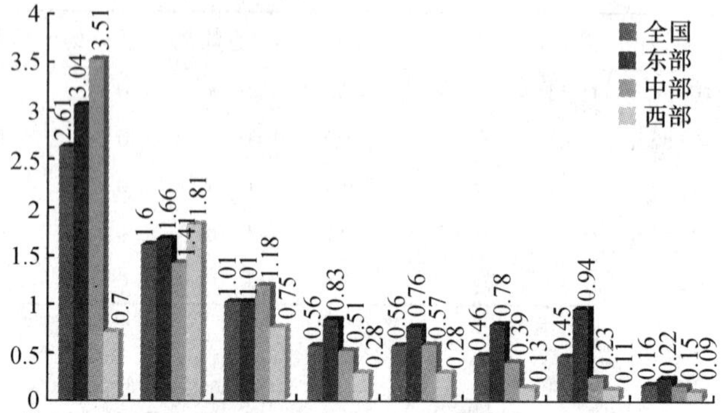

图 7-44　全国各地村庄的体育器材数量(单位:个,套)

如表 7-45 所示,在村均体育器材数量的南北比较中,南方普遍的体育器材数量高于北方,表现突出的有篮球架、乒乓球台、跑步器、平衡器、仰卧起坐器,数量分别为 1. 90 个、1. 12 个、0. 56 个、0. 53 个、0. 66 个。而在健身器材、划船器上,北方要高于南方,分别为 3. 43 个和 0. 20 个。南北方的体育器材对比中,划船器的数量相等,都为 0. 20 个。由此也可以看出,北方的健身器材在所有的体育器材中数量是最多的;划船器的数量不论是在南方还是在北方,数量较其他体育器材都是最少的。

表 7-45　村均体育器材数量的南北比较　(单位:个)

体育器材	篮球架	乒乓球台	健身器材	跑步器	脚踏器	划船器	平衡器	仰卧起坐器	有效样本
北方	1. 28	0. 89	3. 43	0. 32	0. 57	0. 20	0. 39	0. 47	103
南方	1. 90	1. 12	1. 93	0. 56	0. 57	0. 13	0. 53	0. 66	117

一般来说,村庄收入越高,体育器材配置越多。如表 7-46,不同收入的村均体育器材数量中,中高收入组的篮球架、健身器材和脚踏器在各收入分组中的数量

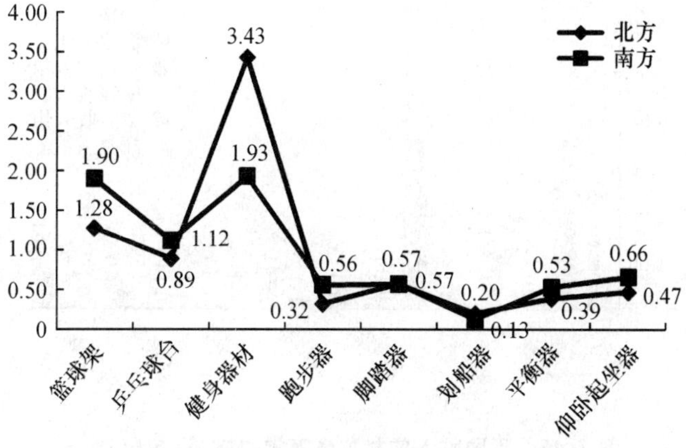

图 7-45　村均体育器材数量的南北比较(单位:个)

最多,分别为 2.15 个、3.58 个、0.94 个。高收入组的乒乓球台、跑步器、划船器、平衡器和仰卧起坐器在各收入分组中的数量最多,分别为 1.45 个、0.43 个、0.35 个、0.80 个、0.94 个。而在低收入组和中低收入组中,篮球架数量均值均高于其他体育器材,分别为 0.97 个和 1.62 个。中等收入组的健身器材是本收入组数量最多的体育器材,为 2.26 个。

表 7-46　不同收入的村均体育器材数量　　(单位:个)

体育器材	篮球架	乒乓球台	健身器材	跑步器	脚踏器	划船器	平衡器	仰卧起坐器	有效样本
低收入组	0.97	0.43	0.55	0.07	0.28	0.04	0.04	0.14	34
中低收入组	1.62	0.42	0.35	0.14	0.25	0.09	0.14	0.17	37
中等收入组	1.18	1.05	2.26	0.13	0.41	0.19	0.38	0.42	38
中高收入组	2.15	1.25	3.58	0.33	0.94	0.15	0.59	0.79	41
高收入组	1.93	1.45	5.51	0.43	0.89	0.35	0.80	0.94	41

3. 其他体育配套数量。

如表 7-47 所示,从全国来看,活动站点人员的均值为 0.47 人,村均体育指导员 0.17 人,其他体育场地平均 0.09 个。东、中、西部村庄的体育人员及其他场地情况中,东部的体育指导员、活动站点人员和其他体育场地的均值都高于其他地区,为 0.23 人、0.70 人和 0.16 个。中部体育指导员和其他体育场地均值最低,西部活动站点人员均值最低。

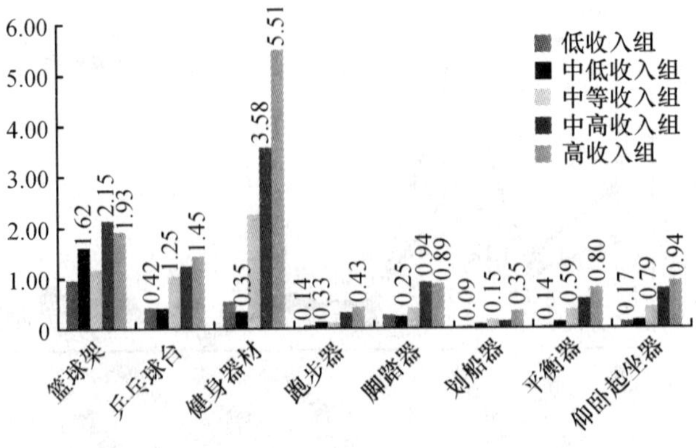

图7-46 不同收入的村均体育器材数量(单位:个)

表7-47 全国各地村庄的体育人员及其他场地均值比较 (单位:人,个)

地区	体育指导员		活动站点人员		其他体育场地	
	均值	样本	均值	样本	均值	样本
全国	0.17	208	0.47	196	0.09	103
东部	0.23	66	0.70	63	0.16	32
中部	0.14	83	0.60	78	0.05	43
西部	0.15	59	0.02	55	0.07	28

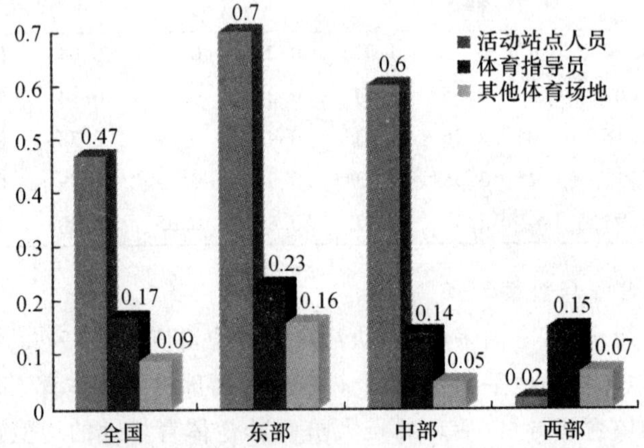

图7-47 全国各地村庄的体育人员及配套均值比较(单位:人,个)

如表7-48所示，在体育人员及活动站点配套的南北比较中，南方的体育指导员、活动站点人员和其他体育场地的均值都高于北方水平，分别为0.19人、0.70人、0.13人。北方的整体数量都较低，但是在北方的体育指导员、活动站点人员和其他体育场地中，活动站点的均值最高，为0.19人，体育指导员的均值次高，为0.15人，其他体育场地的均值最低，为0.04人。

表7-48 村均体育人员及活动站点配套的南北比较 （单位：人，个）

地区	体育指导员		活动站点人员		其他体育场地	
	均值	样本	均值	样本	均值	样本
北方	0.15	95	0.19	89	0.04	48
南方	0.19	113	0.70	107	0.13	55

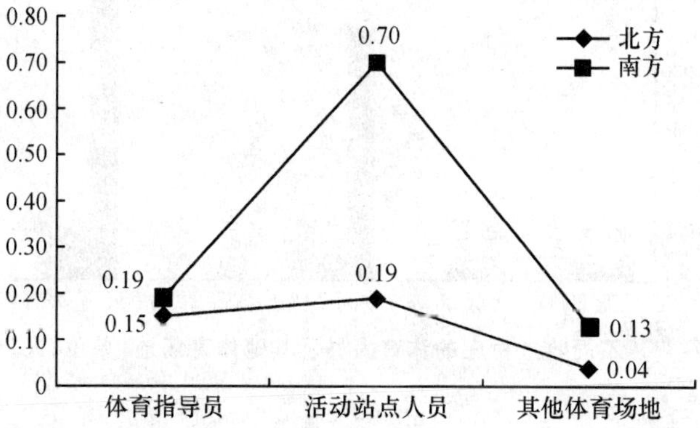

图7-48 村均体育人员及配套的南北比较（单位：人，个）

如表7-49所示，不同收入村庄的体育人员及其他体育场地中，高收入组的体育指导员的均值最高，为0.37人，中低收入组和低收入组最低，为0.03人。而在活动站点人员中，高收入组的均值最高，为1.37人；其他收入组由高到低依次为中等收入组、中高收入组、中低收入组、低收入组，均值分别为0.97人、0.09人、0.06人、0.03人。其他体育场地中，高收入组的均值在收入分组中最高，为0.20人，其次是中间20%、最低20%、次低20%，均值分别为0.10人、0.07人、0.05人。

表 7-49　不同收入村庄的体育人员及其他体育场地　　(单位:人,个)

收入分组	体育指导员		活动站点人员		其他体育场地	
	均值	样本	均值	样本	均值	样本
低收入组	0.03	33	0.03	33	0.07	15
中低收入组	0.03	35	0.06	34	0.05	21
中等收入组	0.24	37	0.97	35	0.10	21
中高收入组	0.24	37	0.09	33	0	20
高收入组	0.37	38	1.37	38	0.20	20

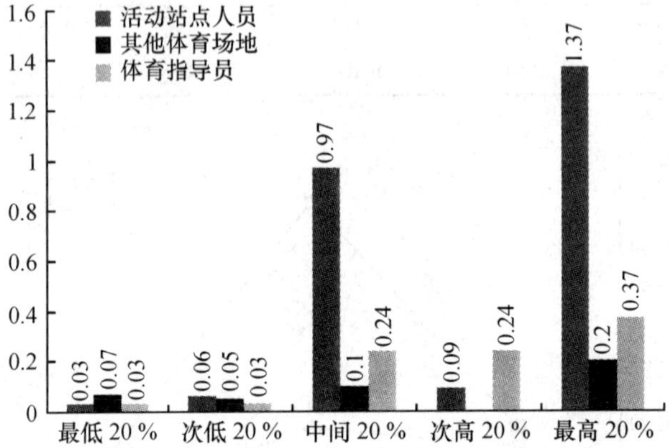

图 7-49　不同收入村庄的体育人员及其他体育场地(单位:人,个)

(三) 体育设施的种类

1. 体育场地的种类。

我国农村体育场地以篮球场为主,健身广场次之。如表 7-50 所示,从全国来看,篮球场的数量达到一半,占比最多,为 50 个,其次是健身广场,为 30.84%。从不同地区来看,中部地区的体育馆、田径场、足球场和健身广场占比均高于东部和西部地区。东部地区的其他场地占比高于中部和西部,为 6.87%。西部的篮球场和羽毛球场的占比最大,分别为 61.21% 和 8.41%。

表 7-50　全国各地不同体育场地的种类　　(单位:%)

地区	体育馆	田径场	篮球场	羽毛球场	足球场	健身广场	其他	合计
全国	4.21	2.80	50	6.07	1.87	30.84	4.21	100
东部	3.86	0	50.64	5.15	0	33.48	6.87	100
中部	5.13	5.13	41.54	5.13	3.08	37.44	2.56	100
西部	4.21	2.80	61.21	8.41	2.80	17.29	3.27	100

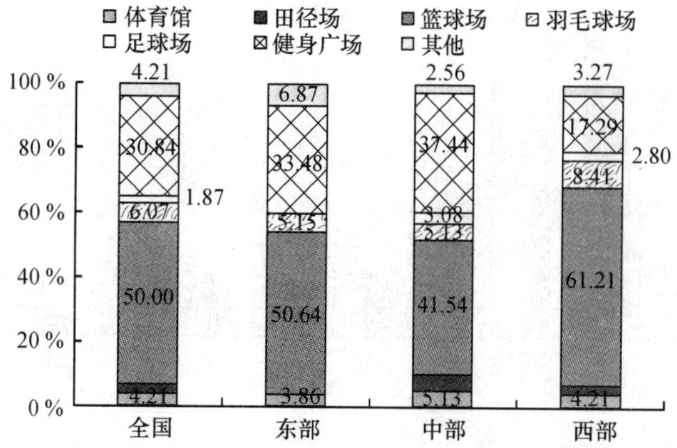

图 7-47　全国各地不同体育场地的种类(单位:%)

2. 体育器材的种类。

农村体育器材主要是健身器材、篮球架两类,其他器材建设较少。如表 7-51 所示,从全国来看,健身器材的占比最大,为 35.22%,划船器的占比最少,为 2.16%。比较东、中、西部,东部地区的跑步器、脚踏器、划船器、平衡器、仰卧起坐器占比均最高,分别为 10.17%、8.23%、2.38%、8.44%、8.98%。中部地区的健身器材占比高于东部和西部,为 44.15%,西部地区的篮球架和乒乓球台的占比高于东、中部,分别为 43.61% 和 18.07%。

表 7-51　全国各地不同体育器材的种类　　(单位:%)

体育器材	篮球架	乒乓球台	健身器材	跑步器	脚踏器	划船器	平衡器	仰卧起坐器	合计
全国	21.59	13.63	35.22	6.07	7.56	2.16	6.21	7.56	100
东部	17.97	10.93	32.90	10.17	8.23	2.38	8.44	8.98	100
中部	17.74	14.84	44.15	2.89	7.17	1.89	4.91	6.42	100
西部	43.61	18.07	16.87	2.65	6.75	2.17	3.13	6.75	100

二、建设投入

(一)体育设施的投入

1. 各类体育场地的性质。

如表 7-52 所示,在受访村庄中,体育馆和其他场地都是公益性质,94.44% 的健身广场、92.31% 的篮球场为公益设施,占比仅次于体育馆。足球场公益率最低,占比为 50%。数据表明,村庄体育场地大多是村庄公益设施,体育馆、健身广

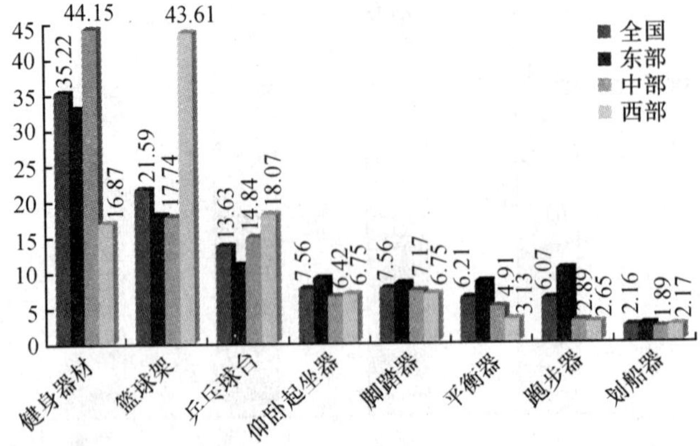

图7-51 全国各地不同体育器材的种类(单位:%)

场和篮球场公益率最高,均超过了九成。

表7-52 村庄体育场地的性质 (单位:%,个)

性质	村里公益	私人运营	其他	合计
体育馆	100	0	0	100(8)
田径场	75.00	0	25.00	100(4)
篮球场	92.31	1.92	5.77	100(104)
羽毛球场	87.50	0	12.50	100(8)
足球场	50	0	50	100(2)
健身广场	94.44	1.85	3.70	100(54)
其他场地	100	0	0	100(5)

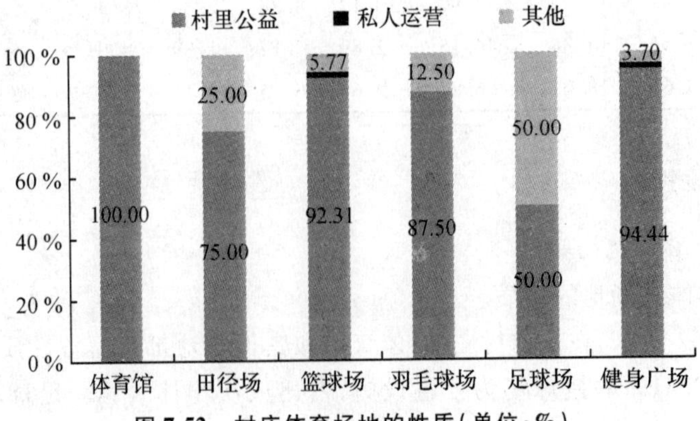

图7-52 村庄体育场地的性质(单位:%)

2. 体育设施的投资金额。

如表 7-53 所示,从全国来看,体育馆的投资额最高,为 70.92 万元,田径场次高,为 27.27 万元,其他体育设施投入最低,为 1 万元。在东部地区的投资额中,体育馆的投资额为 145 万元,高于全国和中、西部地区的体育馆投入,次高的是健身广场,为 16.84 万元。中部地区篮球场和健身广场投入较全国和东、西部而言是最高的,分别为 13.53 万元和 70.65 万元。

表 7-53　全国各地村庄体育设施的投资金额　（单位:万元,个）

地区	体育馆	田径场	篮球场	羽毛球场	健身广场	其他	样本
全国	70.92	27.27	10.54	3.07	3.51	1.00	88
东部	145.00	0	8.40	6.00	16.84	0.57	33
中部	3.14	5.00	13.53	0.17	70.65	0.33	32
西部	6.83	0	9.47	0	15.33	3.33	23

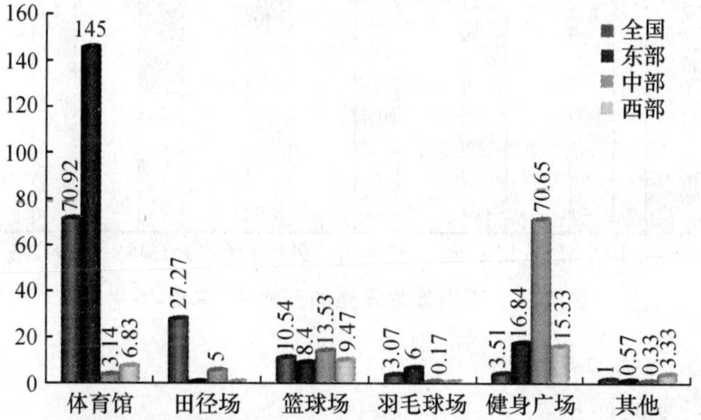

图 7-53　全国各地村庄体育设施的投资金额(单位:万元)

3. 体育设施的开放情况。

如表 7-54 所示,除其他场地外,一直开放的体育设施占比最高的是健身广场,占比为 98.18%,篮球场一直开放率为 90.48%;羽毛球场定期开放占比较大,为 12.5%;从不开放的占比最高的设施为足球场,半数村庄的足球场从不开放。所以体育设施中,开放率较高的设施为健身广场和篮球场,村庄占比超过九成;足球场对外开放率相对较低。

表 7-54　不同体育设施的开放率　(单位:%,个)

开放情况	一直开放	定期开放	很少开放	从不开放	其他	合计
体育馆	88.89	0	0	11.11	0	100(9)
田径场	60	0	0	20	20	100(5)
篮球场	90.48	0.95	5.71	0.95	1.90	100(105)
羽毛球场	75.00	12.50	0	12.50	0	100(8)
足球场	50	0	0	50	0	100(2)
健身广场	98.18	0	0	1.82	0	100(55)
其他场地	100	0	0	0	0	100(5)

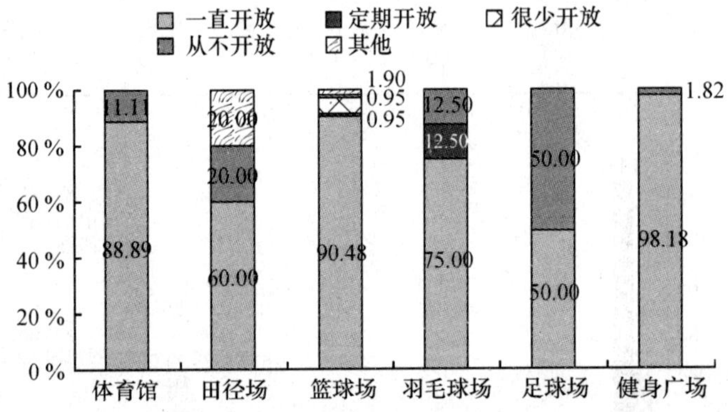

图 7-54　不同体育设施的开放率(单位:%)

(二)体育设施的建设

1. 体育场地的面积。

在全国不同的体育场地面积中,体育馆的面积最大,为1121.05平方米,最小的是羽毛球场,为30.63平方米。从各地来看,除篮球场面积略高于中部地区外,东部地区各项体育场地面积均最低,尤其村均体育馆面积为111.11平方米。中部地区体育馆、田径场和健身广场面积均值高于其他地区。西部篮球场和羽毛球场面积均较大,村均篮球场面积为762.68平方米,是中部的1.92倍。

表 7-55　全国各地村庄体育场地的面积均值　（单位:平方米）

地区	体育馆	田径场	篮球场	羽毛球场	健身广场	有效样本
全国	1121.05	423.07	497.21	30.63	925.36	101
东部	111.11	0	404.05	37.78	832.44	37
中部	2385.71	916.67	396.65	0	1011.90	37
西部	1200	0	762.68	75.00	988.18	27

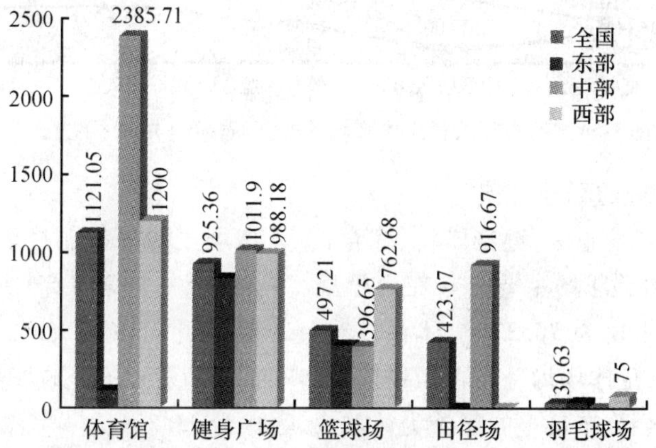

图 7-55　全国各地村庄体育场地的面积均值(单位:平方米)

表 7-56 显示了不同收入村庄体育场地的面积情况，体育馆、篮球场、健身广场的村均面积最大的都是高收入组的村庄，分别为 3420 平方米、668.66 平方米、1178 平方米，羽毛球场的村均面积最大的是中等收入组，为 37.50 平方米。数据表明，在篮球场和健身广场建设上，体现了“村庄收入越高，体育场地面积越大”的规律。

表 7-56　不同收入村庄体育场地的面积均值　（单位:平方米）

收入分组	体育馆	田径场	篮球场	羽毛球场	健身广场	有效样本
低收入组	375.00	0	284.93	22.50	510	14
中低收入组	125.00	0	200	0	794.29	13
中等收入组	525.00	1375.00	448.00	37.50	842.86	15
中高收入组	0	0	681.26	0	1075.00	23
高收入组	3420	0	668.66	16.67	1178.00	22

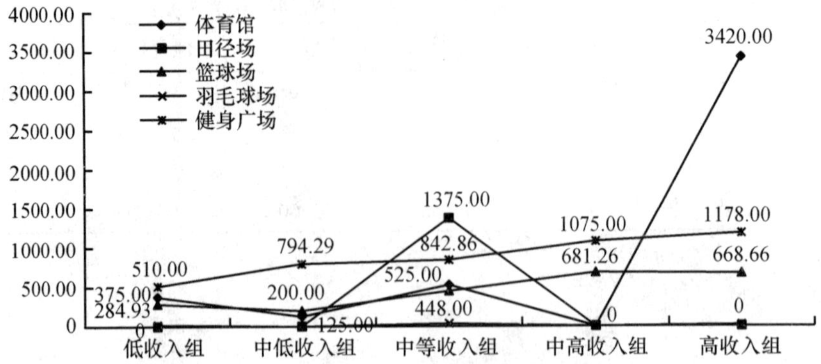

图 7-56 不同收入村庄体育场地的面积情况(单位:平方米)

2. 体育设施的场地分布。

在各项体育设施中,健身广场、体育馆、篮球场主要分布在村里空地上,田径场、羽毛球场和足球场主要分布在学校里。具体来说,如表 7-57 所示,健身广场在村里空地的占比为 70.37%,体育馆和篮球场的此项占比次之,均超过 50%。在受访村庄中,足球场均分布在学校里,60% 的田径场和 50% 的羽毛球场也都在学校里。村委会分布最多的设施为篮球场,占比为 33.33%。

表 7-57 村庄体育场地的分布情况 (单位:%,个)

场地分布	村里空地	村委会	学校	其他	合计
体育馆	57.14	14.29	14.29	14.29	100(7)
田径场	40	0	60	0	100(5)
篮球场	53.33	33.33	10.48	2.86	100(105)
羽毛球场	25.00	12.50	50	12.50	100(8)
足球场	0	0	100	0	100(3)
健身广场	70.37	27.78	0	1.85	100(54)
其他场地	60	20	0	20	100(5)

三、综合评价

(一)农民的使用频率

1. 各类体育设施的使用频率。

在各类体育设施中,健身广场使用频率最高,体育器材次之;健身房和体育馆使用频率最低。如表 7-58 所示,在各类体育设施使用频率中,使用频率“高的”占

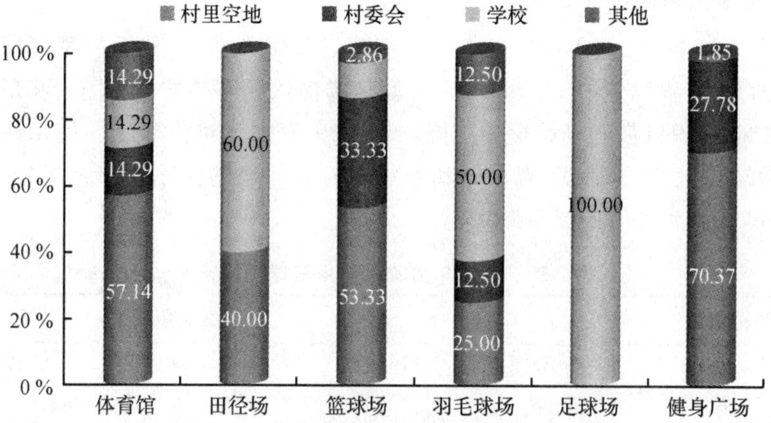

图 7-57 村庄体育场地的分布(单位:%,个)

比最高的设施是健身广场,为 42.78%,田径场次之;使用频率"低的"占比最高的设施是体育器材,为 44.68%,篮球场和健身广场次之。"从不使用"频率最高的是健身房(55.22%),体育馆从不使用率略低,为 54.93%;从不使用率最低的设施是健身广场(21.06%),其次为体育器材(26.28%)。

表 7-58 各类体育设施的使用频率 (单位:%,个)

使用频率	体育馆	田径场	篮球场	羽毛球场	健身广场	体育器材	指导中心	健身房
高	18.31	41.84	25.69	23.12	42.78	29.04	38.24	13.43
低	26.76	19.38	37.39	30.64	36.16	44.68	14.71	31.34
从不使用	54.93	38.78	36.92	46.24	21.06	26.28	47.05	55.23
合计	100(71)	100(98)	100(1479)	100(173)	100(921)	100(799)	100(68)	100(67)

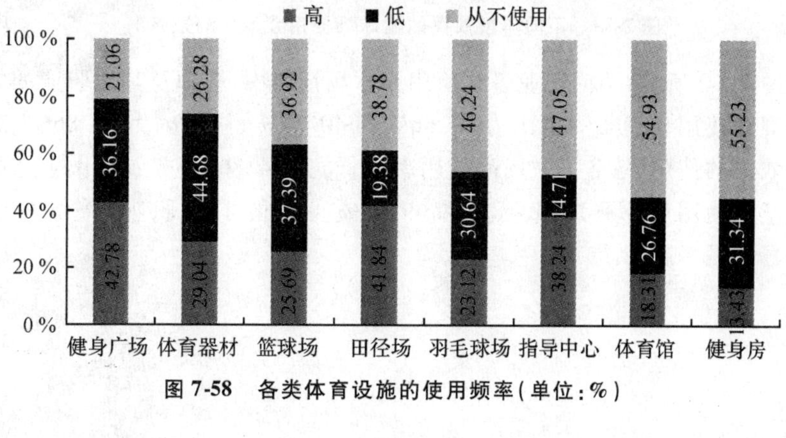

图 7-58 各类体育设施的使用频率(单位:%)

2. 篮球场的使用频率。

如表 7-59 所示,在不同年龄农民的篮球场使用频率中,从不使用篮球场的占比最高的是 30 岁以下的,为 75.00%。篮球场使用频率高的占比随着年龄的增加而增加,到 50 岁以后则开始慢慢下降。30—39 岁农民对篮球场的使用频频率最高,为 69.64%。数据表明,青少年和老年人对篮球场的使用频率相对较低,30—39 岁农民对篮球场使用频率最高。

表 7-59 不同年龄农民使用篮球场的频率 (单位:%)

年龄分组	高	低	从不使用	合计
30 岁以下	8.33	16.67	75.00	100(12)
30—39 岁	26.79	42.86	30.36	100(168)
40—49 岁	28.76	35.73	35.51	100(459)
50—59 岁	26.78	38.63	34.60	100(422)
60 岁以上	19.55	36.09	44.36	100(399)

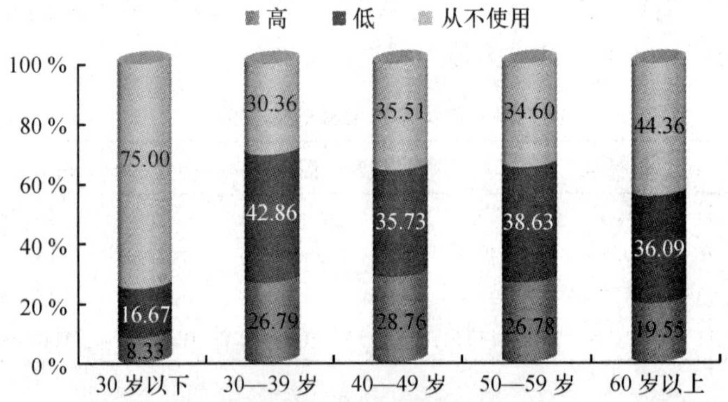

图 7-59 不同年龄农民的篮球场使用频率(单位:%)

如图 7-60 所示,不同职业者在使用篮球场情况中,教师及其他职业的农民使用频率高和使用频率低的占比为 32.66% 和 40.20%,使用率为 72.86%,高于其他职业农民的使用率;务工农民的使用率最低,为 54.86%,务农和做生意的农民对篮球场的使用率分别为 61.18% 和 69.93%。由此可知,职业越稳定的农民使用篮球场的频率越高。

表 7-60　不同职业农民对篮球场的使用频率　（单位：%）

职业分组	高	低	从不使用	合计
务农	24.41	36.77	38.82	100(979)
务工	25.00	29.86	45.14	100(144)
做生意	25.87	44.06	30.07	100(143)
教师及其他	32.66	40.20	27.14	100(199)

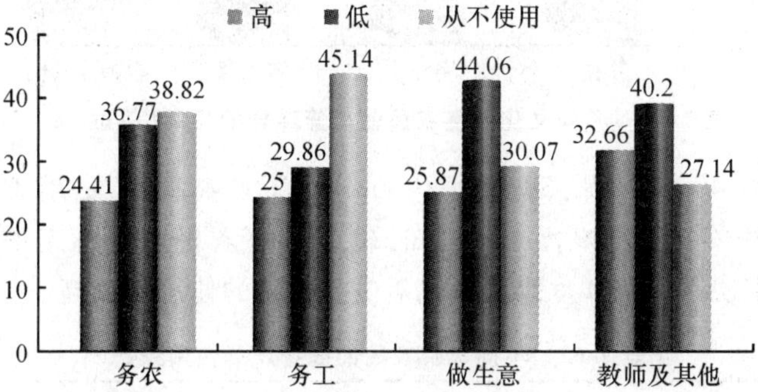

图 7-60　不同职业农民对篮球场使用频率（单位：%）

如表 7-61 所示，不同文化程度农民使用篮球场情况中，大专及以上的使用频率最高，为 82.22%，高中文化程度其次，为 71.83%，其他文化程度农民使用率由高到低分别是初中、文盲、小学。同时，大专及以上文化程度农民在使用频率高的占比中也是最高，达 42.22%。由此也可以看出，农民文化程度越高，使用篮球场的频率也越高。

表 7-61　不同文化程度农民使用篮球场的频率　（单位：%，个）

文化程度	高	低	从不使用	合计
文盲	20.19	37.50	42.31	100(104)
小学	18.68	37.81	43.51	100(439)
初中	30.02	33.65	36.33	100(633)
高中	26.19	45.64	28.17	100(252)
大专及以上	42.22	40	17.78	100(45)

3. 健身广场的使用频率。

表 7-62 显示不同年龄农民使用健身广场的频率。30 岁以下农民使用健身广场的频率高和频率低的占比分别为 45.45% 和 40.91%，使用率为 86.36%；同样

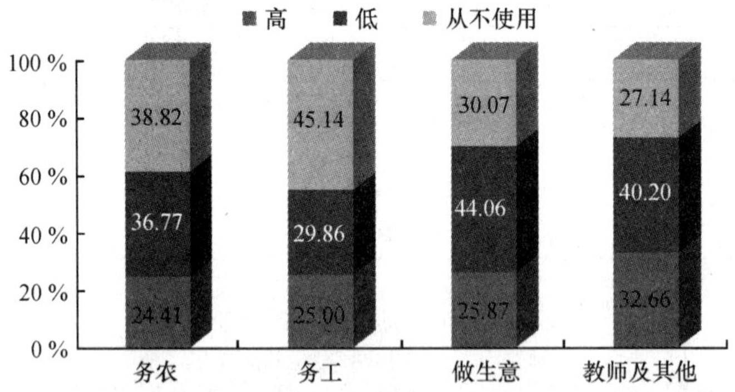

图 7-61　不同文化程度农民使用篮球场的频率（单位：%）

的，30—39 岁、40—49 岁、50—59 岁、60 岁以上农民的使用率为 83.33%、76.86%、81.39%、76.41%。比较可知，30 岁以下农民对健身广场使用率最高，30—39 岁以下次之，故 40 岁以下农民对健身广场的使用率偏高。

表 7-62　不同年龄农民的健身广场使用频率　（单位：%，个）

年龄分组	高	低	从不使用	合计
30 岁以下	45.45	40.91	13.64	100(22)
30—39 岁	48.89	34.44	16.67	100(90)
40—49 岁	40.67	36.19	23.14	100(268)
50—59 岁	48.18	33.21	18.61	100(274)
60 岁以上	37.08	39.33	23.59	100(267)

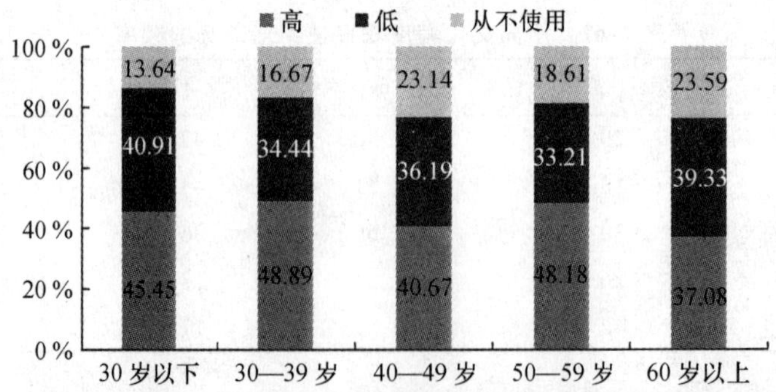

图 7-62　不同年龄农民的健身广场使用频率（单位：%）

如表 7-63 所示，不同职业农民的健身广场使用频率中，教师及其他职业农民的使用率最高，为 86.45%，做生意的农民使用率处于次高，为 84.82%，务农的农民使用率最低，为 75.36%。数据表明，健身广场使用率按照务农、务工、做生意、教师及其他职业呈递增趋势。也就是说，在健身广场的使用农民中，教师及其他职业使用率最高，务农型农民使用率最低

表 7-63　不同职业农民的健身广场使用频率　（单位：%）

职业分组	高	低	从不使用	合计
务农	40.54	34.82	24.64	100(560)
务工	37.78	43.33	18.89	100(90)
做生意	48.21	36.61	15.18	100(112)
教师及其他	50.97	35.48	13.55	100(155)

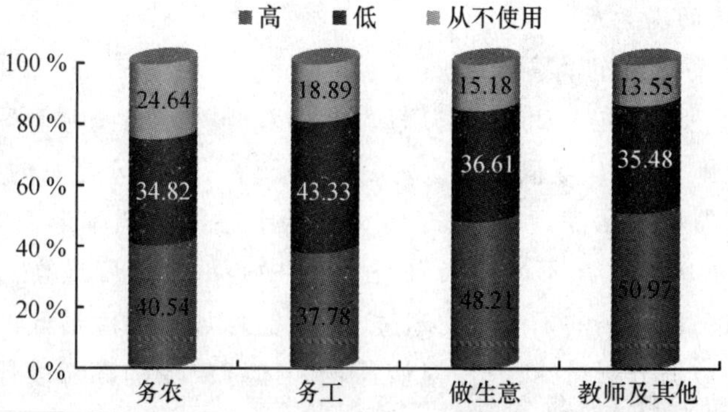

图 7-63　不同职业农民的健身广场使用频率（单位：%）

文化程度越高，农民对健身广场的使用频率越大。如表 7-64 所示，使用频率高的占比中，由高到低，依次是大专及以上（59.46%）、高中（47.37%）、初中（45.73%）、小学（37.25%）、文盲（19.30%）。从不使用频率中，大专及以上的占比最小，为 8.11%，文盲的占比最大，为 40.35%，其他依次为高中（22.22%）、小学（21.96%）、初中（18.59%）。

表 7-64　不同文化程度者的健身广场使用频率　（单位：%，个）

文化程度	高	低	从不使用	合计
文盲	19.30	40.35	40.35	100(57)
小学	37.25	40.78	21.96	100(255)
初中	45.73	35.68	18.59	100(398)
高中	47.37	30.41	22.22	100(171)
大专及以上	59.46	32.43	8.11	100(37)

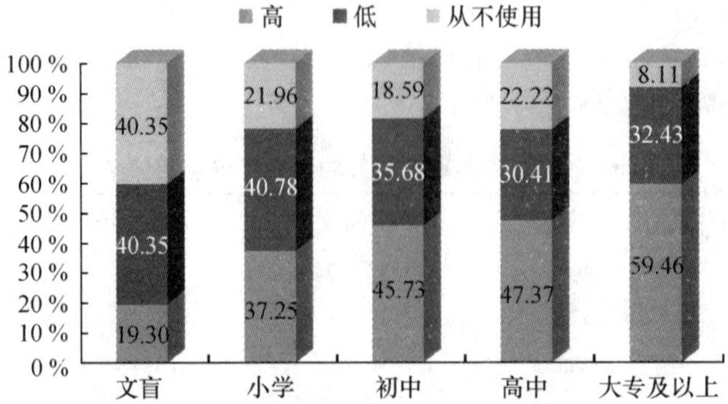

图7-64 不同文化程度者的健身广场使用频率(单位:%)

(二)农民的满意度

1. 各类体育设施的满意程度。

如图7-65所示,在1706个有效样本中,47.30%的农民对篮球场满意,满意率高于其他设施,健身广场满意率次之,为46.38%;逾三分之一的受访农民对健身站点和体育器材表示满意;农民对体育指导中心的满意率最低,为2.83%,体育馆次低,为4.95%。从不满率来看,村指导中心的不满度最高,为95.76%,村健身房、体育馆、田径场的不满度均超过50%;篮球场不满度最低,为15.83%,健身广场次之。数据分析可知,农民对篮球场和体育广场的满意度最高,最不满意的设施是体育指导中心和体育馆。

表7-65 农民对各类体育设施的满意程度 (单位:%,个)

满意程度	非常满意	比较满意	一般	不太满意	很不满意	合计
体育馆	1.76	3.19	40.42	38.98	15.65	100(626)
田径场	4.45	5.53	38.40	35.79	15.82	100(651)
篮球场	16.00	31.30	36.87	9.50	6.33	100(1706)
羽毛球场	3.31	10.23	38.90	32.85	14.70	100(694)
健身广场	18.89	27.49	30.87	13.50	9.24	100(1244)
健身站点	14.23	23.88	31.04	20.30	10.55	100(1005)
体育器材	13.90	23.92	34.12	17.85	10.20	100(1137)
指导中心	1.85	0.98	1.41	88.77	6.99	100(2761)
指导员	7.40	6.47	34.82	35.75	15.56	100(649)
村健身房	4.28	3.95	36.35	37.99	17.43	100(608)
体育组织	12.57	17.51	27.68	29.94	12.29	100(708)

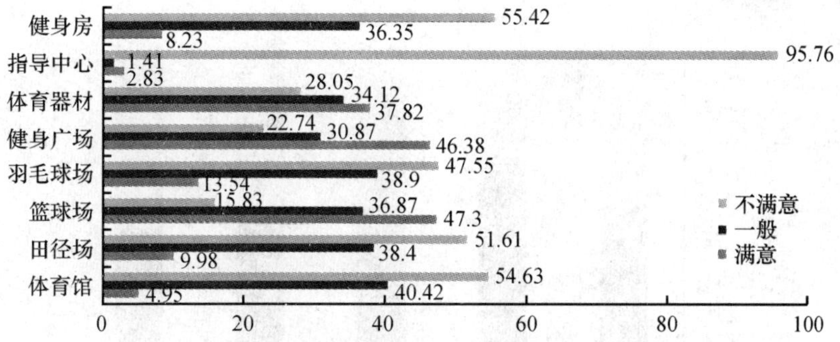

图 7-65　农民对各类体育设施的满意度(单位:%)

2. 农民对篮球场的满意度。

如图 7-66 所示,不同年龄农民对篮球场满意度不同。从满意率来看,50 岁以下农民的满意率是随年龄的增加逐渐上升的,50 岁及以上的农民的满意率则是慢慢下降的;30—39 岁农民评价为一般的占比最高,达 63.49%,不满意率最低,为 33.33%;40 以下农民不满率是下降的,40 岁及以上农民不满率是逐渐上升的。数据表明,30—49 岁农民对篮球场满意度相对较高,50 岁以上农民不满率较高。

表 7-66　不同年龄农民对篮球场的满意度　　(单位:%,个)

年龄分组	非常满意	比较满意	一般	不太满意	很不满意	合计
30 岁以下	0	0	53.33	20	26.67	100(15)
30—39 岁	1.59	1.59	63.49	22.22	11.11	100(126)
40—49 岁	4.83	6.76	40.10	34.30	14.01	100(207)
50—59 岁	4.29	6.67	37.62	33.81	17.62	100(210)
60 岁以上	5.59	4.20	34.97	41.96	13.29	100(143)

如图 7-67 所示,不同职业对篮球场满意度中,职业越稳定,满意度越高。从满意率来看,教师及其他职业的农民对篮球场满意率最高,为 52.83%,务工者最低,为 40.83%;务工农民评价一般的占比为 46.15%,高于其他职业的农民。在不满率上,务工农民占比为 13.02%,低于其他职业农民;务农者占比最高,为 16.23%。

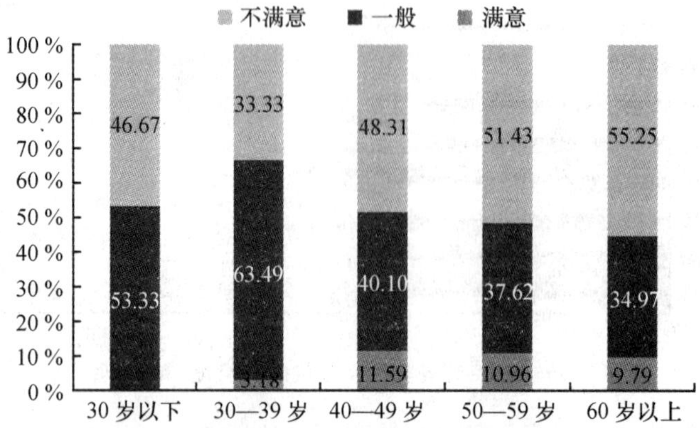

图7-66 不同年龄农民对篮球场满意度(单位:%)

表7-67 不同职业农民对篮球场的满意度 (单位:%,个)

职业分组	非常满意	比较满意	一般	不太满意	很不满意	合计
务农	17.02	29.91	36.84	9.56	6.67	100(1140)
务工	5.33	35.50	46.15	10.06	2.96	100(169)
做生意	11.04	37.66	36.36	9.09	5.84	100(154)
教师及其他	21.83	31.00	31.00	8.73	7.42	100(229)

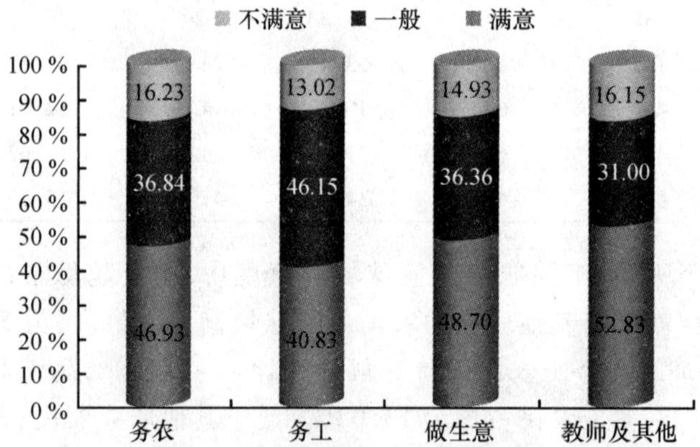

图7-67 不同职业农民对篮球场满意度(单位:%)

文化程度越高,农民对篮球场的满意度就越高。如图7-68所示,文盲、小学、初中、高中、大专及以上农民的满意率依次为35.71%、40.54%、50%、56.60%、58.93%,占比随文化程度的上升而逐步升高。农民评价为一般的占比基本随文化程度的上升呈现下降的趋势。农民的不满率则是随着文化程度的上升出现了先下降后上升的趋势，初中学历以下的农民对篮球场不满率随文化程度上升而下降，初中学历以上农民则刚好相反。

表 7-68　不同文化程度对篮球场满意度　（单位：%，个）

文化程度	非常满意	比较满意	一般	不太满意	很不满意	合计
文盲	11.90	23.81	42.86	12.70	8.73	100(126)
小学	12.55	27.99	44.21	9.27	5.98	100(518)
初中	17.03	32.97	34.88	9.13	5.99	100(734)
高中	18.49	38.11	27.92	7.55	7.92	100(265)
大专及以上	30.36	28.57	21.43	17.86	1.79	100(56)

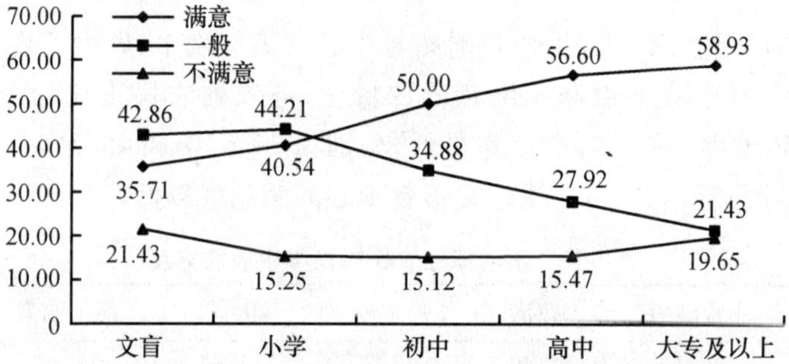

图 7-68　不同文化程度对篮球场满意度（单位：%）

3. 农民对体育指导中心的满意度。

如图 7-69 所示，考察不同年龄农民对体育指导中心的满意度，30 岁以下的农民认为一般的占比达五成以上，没有人满意；40—49 岁农民在非常满意和比较满意中的占比均最高，分别为 5.67% 和 6.70%，满意率为 12.37%。在不满意率中，30 岁以下占比最低，为 46.67%；60 岁以上农民不满意率为 59.13%，高于其他年龄段农民。中青年农民对体育指导中心满意度相对较高，中老年农民不满意度更高。

表 7-69　不同年龄农民对体育指导中心满意度　（单位：%，个）

年龄分组	非常满意	比较满意	一般	不太满意	很不满意	合计
30 岁以下	0	0	53.33	20	26.67	100(15)
30—39 岁	1.49	2.99	40.30	38.81	16.42	100(67)
40—49 岁	5.67	6.70	35.57	36.60	15.46	100(194)
50—59 岁	5.64	1.54	36.92	37.44	18.46	100(195)
60 岁以上	3.65	4.38	32.85	42.34	16.79	100(137)

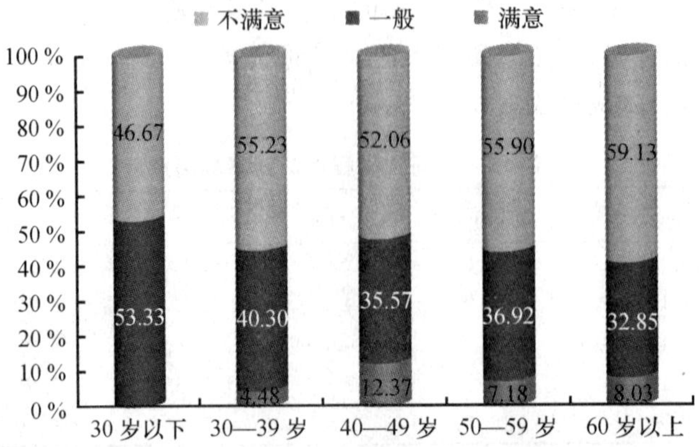

图7-69 不同年龄农民对指导中心满意度(单位:%)

如图7-70所示,不同职业农民对指导中心的满意度中,做生意农民的满意率最高,为15.71%。在一般和不满意的评价中,务农的农民占比均最高,分别为37.87%和56.00%,务工者占比均最低,分别为34.67%和45.34%。数据表明,职业和收入越稳定,农民对村庄体育指导中心的满意度越低。

表7-70 不同职业农民对指导中心满意度 (单位:%,个)

职业分组	非常满意	比较满意	一般	不太满意	很不满意	合计
务农	3.73	2.40	37.87	37.87	18.13	100(375)
务工	2.67	8.00	34.67	34.67	10.67	100(75)
做生意	8.57	7.14	37.14	37.14	11.43	100(70)
教师及其他	7.06	4.71	31.76	31.76	22.35	100(85)

如图7-71所示,不同文化程度农民对指导中心的满意度不同。大专及以上文化程度农民对指导中心的非常满意度和比较满意度均最高,分别为30.36%、28.57%,满意率为58.93%;文盲、小学、初中、高中学历的农民满意率分别为0%、4.40%、11.65%、10.22%,农民的满意度基本与其文化程度成正比。在不满意率上,除大专及以上文化程度不满意率为19.65%外,其他文化程度的农民不满意率均达50%或以上。

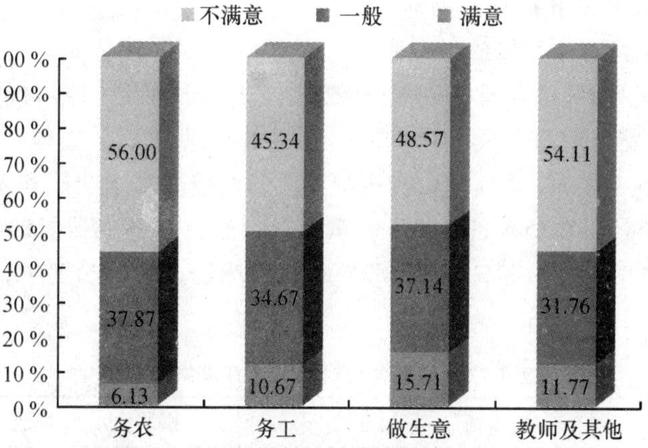

图 7-70　不同职业对指导中心满意度(单位:%)

表 7-71　不同文化程度农民对指导中心满意度　(单位:%,个)

文化程度	非常满意	比较满意	一般	不太满意	很不满意	合计
文盲	0	0	34. 78	41. 30	23. 91	100(46)
小学	4. 40	0	42. 31	40. 66	12. 64	100(182)
初中	6. 39	5. 26	38. 35	31. 58	18. 42	100(266)
高中	2. 27	7. 95	20. 45	47. 73	21. 59	100(88)
大专及以上	30. 36	28. 57	21. 43	17. 86	1. 79	100(56)

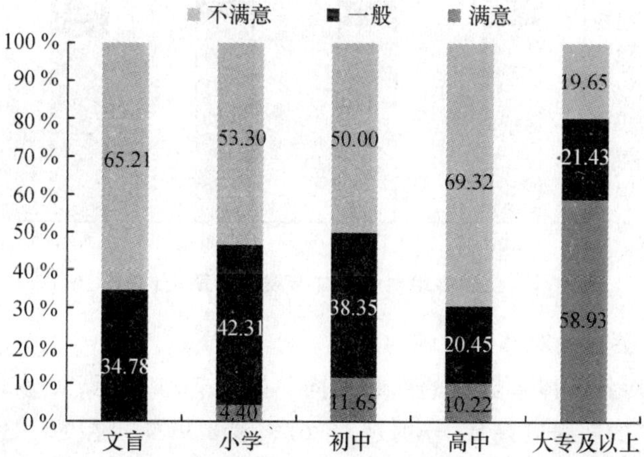

图 7-71　不同文化程度农民对指导中心满意度(单位:%)

(三) 农民对体育设施的期盼

1. 各地农民对体育设施的期盼。

如表 7-72 所示,在全国 3274 个有效样本中,农民对健身器材的期盼最高,为 57.18%,台球室的期盼最低,为 2.23%。在东、中、西部对各类体育器材的期盼情况中,中部在健身器材、乒乓球台和棋牌室上的期盼度高于全国和东部、西部。占比分别为 60.54%、5.35%、14.63%。东部对台球室和其他器材的期盼度较全国和中部、西部最高,为 2.84% 和 15.83%。在篮球场上的期盼度中,西部较其他地区更高,为 15.15%。

表 7-72 全国各地对各类体育设施的期盼 (单位:%,个)

地区	健身器材	篮球场	乒乓球台	台球室	棋牌室	其他	合计
全国	57.18	9.25	5.01	2.23	13.44	12.89	100(3274)
东部	57.16	6.82	4.93	2.84	12.42	15.83	100(1055)
中部	60.54	6.35	5.35	1.51	14.63	11.62	100(1196)
西部	53.27	15.15	4.69	2.44	13.10	11.34	100(1023)

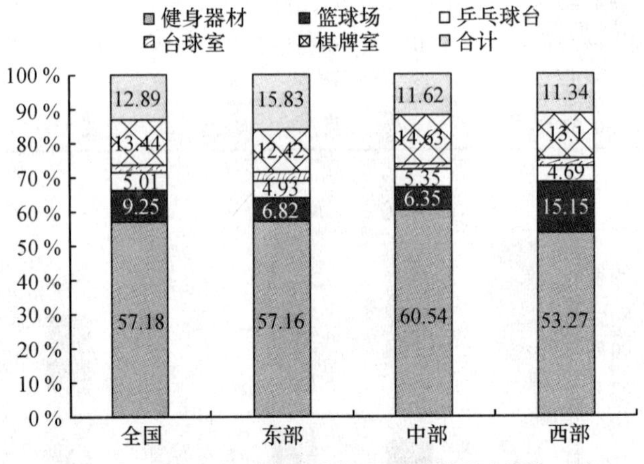

图 7-72 全国各地对各类体育设施的期盼(单位:%)

2. 不同年龄农民对体育设施的期盼。

不同年龄对各类体育器材的期盼不同。如表 7-73 所示,30 岁以下的农民对篮球场、台球室的期盼度最高,分别是 16.67% 和 8.97%。在 30—39 岁年龄的农民中,对乒乓球台期盼度较其他年龄分组的期盼度更高,为 7.06%。在 40—49 岁的年龄分组中,对健身器材的期盼最高,为 59.46%。在 60 岁以上的年龄分组中,对棋牌室和其他器材的期盼度最高，分别为16.02%和17.16%。

表7-73　不同年龄农民对各类体育设施的期盼　(单位:%，个)

年龄分组	健身器材	篮球场	乒乓球台	台球室	棋牌室	其他	合计
30岁以下	46.15	16.67	3.85	8.97	15.38	8.97	100(78)
30—39岁	56.47	13.24	7.06	4.41	8.82	10	100(340)
40—49岁	59.46	10.38	5.04	2.33	11.83	10.96	100(1031)
50—59岁	57.43	8.75	5.06	2.00	14.33	12.43	100(949)
60岁以上	55.38	6.29	4.23	0.92	16.02	17.16	100(874)

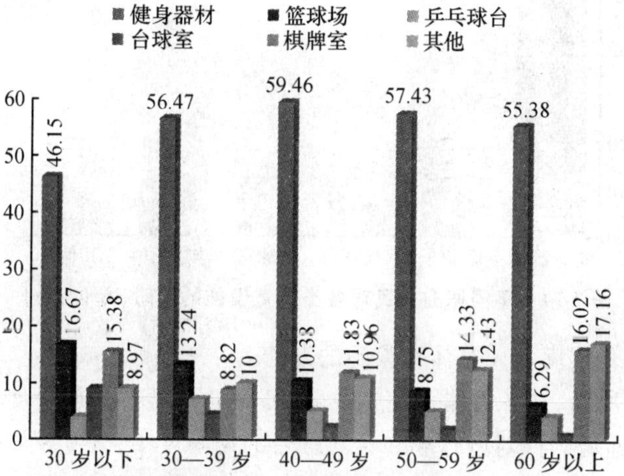

图7-73　不同年龄农民对各类体育设施的期盼(单位:%)

3. 不同职业农民对体育设施的期盼。

如表7-71所示，做生意者对健身器材和篮球场的期盼度均最高，分别为61.8%和10.11%，务工的期盼度均最低，分别为54.18%和9.36%。在乒乓球台的期盼情况中，教师或其他的期盼度最高，务农的期盼度最低。在台球室的期盼度中，做生意的期盼度最高，为4.87%，务工的期盼度最低，为1%。棋牌室中，务农的期盼度最高，为14.18%，教师的期盼度最低，为10.9%。

表 7-74　不同职业农民对各类体育设施的期盼　　(单位:%,个)

职业分组	健身器材	篮球场	乒乓球台	台球室	棋牌室	其他	合计
务农	57.24	8.89	4.38	2.04	14.18	13.27	100(2306)
务工	54.18	9.36	6.02	1.00	12.37	17.06	100(299)
做生意	61.80	10.11	5.24	4.87	11.24	10.11	100(276)
教师或其他	58.31	9.54	8.45	2.45	10.90	10.35	100(367)

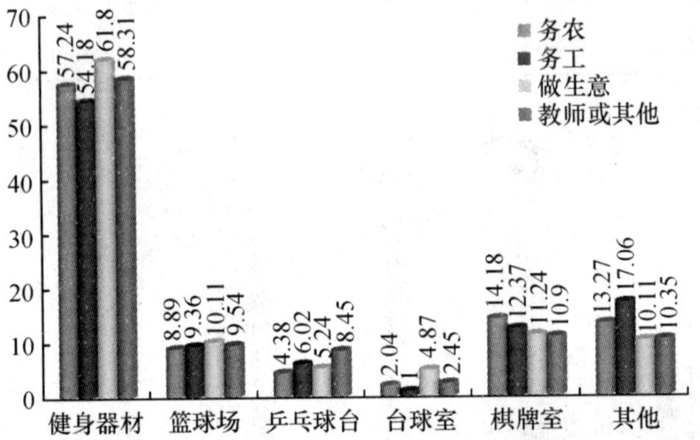

图 7-74　不同职业农民对各类体育设施的期盼(单位:%)

4. 不同文化程度农民对体育设施的期盼。

如表 7-75 所示,在各类体育设施中,农民对健身器材的期盼度是随着文化程度的提高不断递增的。对篮球场和乒乓球台的期盼度中,大专及以上文化程度的期盼度最高,分别为 11.54% 和 6.73%。台球室的期盼度中,初中文化程度较其他文化程度的期盼度最高,为 3.32%,在棋牌室和其他器材的期盼度中,文盲的期盼度是最高的,分别为 17.12% 和 18.68%。

表 7-75　不同文化程度农民对各类体育设施的期盼　　(单位:%,个)

文化程度	健身器材	篮球场	乒乓球台	台球室	棋牌室	其他	合计
文盲	51.36	9.34	3.50	0	17.12	18.68	100(257)
小学	55.81	9.99	4.03	1.54	14.99	13.64	100(1041)
初中	57.79	9.00	5.46	3.32	12.62	11.81	100(1355)
高中	60.08	7.78	6.39	1.60	11.98	12.18	100(501)
大专及以上	63.46	11.54	6.73	2.88	7.69	7.69	100(104)

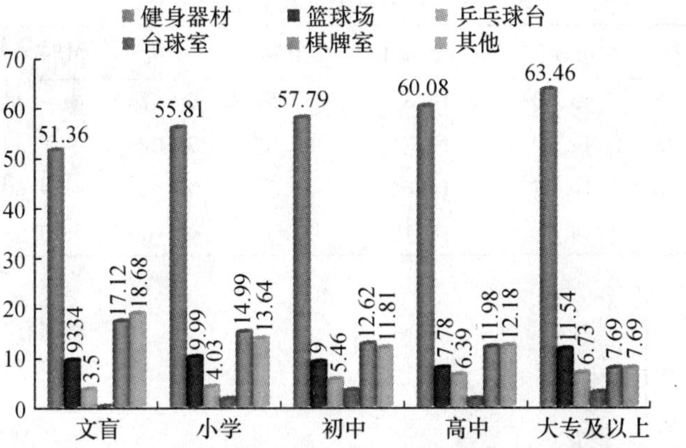

图 7-75　不同文化程度农民对各类体育设施的期盼（单位：%）

第三节　家庭文化设施

家庭文化设施不仅可以反映农民家庭文化生活的主要内容，而且直接影响了农民的家庭文化生活质量。本节主要阐述农民对家庭文化设施的投入、拥有、使用和消费观念等内容，辅之以地区、家庭类型、家庭收入以及农民的年龄、职业、文化程度等视角深入分析，以对农村家庭文化设施的整体情况有一个较为深刻和全面的认识。

一、主要设施

（一）家庭文化设施的拥有率

1. 家庭文化设施拥有率。

考察各地农户家庭文化设施的拥有情况，如表 7-76 所示，从全国来看，电视和手机的拥有率最高，分别为 99.05% 和 96.58%，电脑、书籍报刊、收音机、MP4 的拥有率逐步降低，分别为 39.57%、16.87%、13.30%、9.44%。分地区看，各地农户对电视和手机两项设施的拥有率几乎没有差异，东部农村家庭的电脑拥有率最高，为 52.04%，是中部和西部占比的 1.31 倍和 2.23 倍；西部农村家庭对书籍报刊和 MP4、MP3 的拥有率略高于其他地区，分别为 18.18% 和 10.53%。可见，电视和手机基本成为农村家庭的必备文化信息设备，东部地区过半农民拥有了以电脑为代表的高端文化信息设备。

表 7-76　农户家庭文化设施的拥有率　（单位:%,个）

地区	电视	收音机	书籍报刊	电脑	手机	MP4、MP3	有效样本
全国	99.05	13.30	16.87	39.57	96.58	9.44	3457
东部	99.38	14.99	17.71	52.04	96.28	8.33	1126
中部	99.35	10.57	14.64	39.79	96.43	9.60	1240
西部	98.35	14.18	18.18	23.36	97.07	10.53	1091

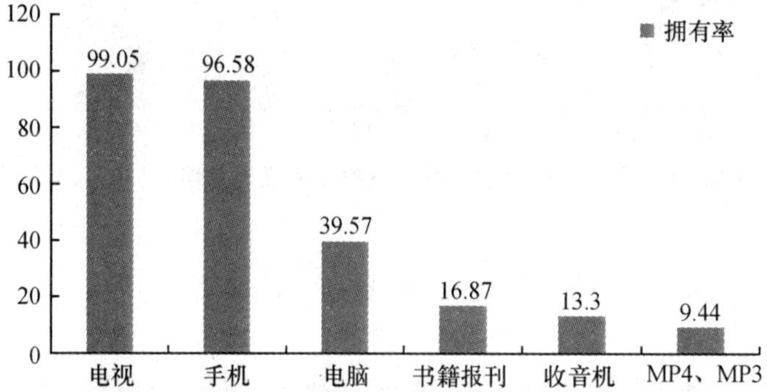

图 7-76　全国农户家庭文化设施的拥有率(单位:%)

2. 村庄有线电视覆盖率。

村庄通有线电视的户数逐年递增。如表 7-77 所示,从全国来看,近三年村庄通有线电视的户数占比从 2009 年的 58.07% 增长到 2011 年的 65.19%。分地区来看,东部村庄通有线电视的户数占比最高,中部次之,西部最低,东、西部占比差达 21.12 个百分点。2011 年中部村庄通有线电视的户数占比高于全国平均水平,达到了 66.60%。西部村庄通有线电视的户数占比在逐年增长,并在 2010 年实现了半数以上的农户通有线电视,但仍大大低于全国平均水平。

表 7-77　2009—2011 年各地村庄通有线电视的户数占比　（单位:%,个）

地区	2009 年	2010 年	2011 年	有效样本
全国	58.07	62.49	65.19	247
东部	70.68	74.27	74.96	79
中部	52.12	60.15	66.60	98
西部	49.56	55.70	52.18	70

3. 村庄互联网覆盖率。

如表 7-78 所示,村庄互联网的覆盖率从整体上还比较低。2009 年、2010 年、

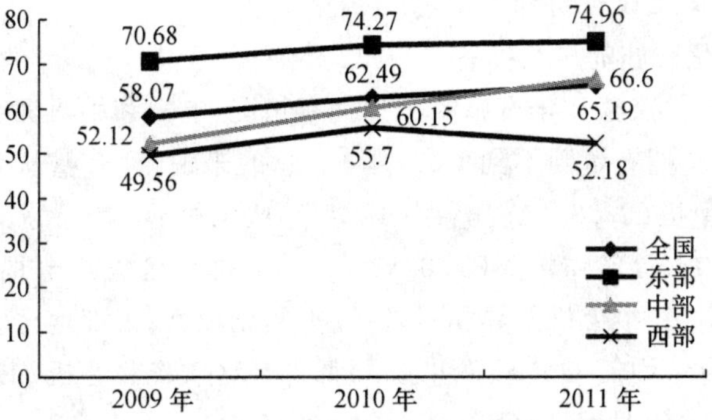

图 7-77　2009—2011 年各地村庄通有线电视的户数占比(单位:%)

2011 年全国村庄互联网的覆盖率分别为 10.26%、9.68%、17.35%,占比逐年呈增长趋势。分地区看,东部村庄互联网的覆盖率均为最高,且大大高于全国平均水平,三年依次为平均占比的 1.73 倍、1.87 倍、1.53 倍。中部和西部互联网的覆盖率均低于全国平均水平,其中西部明显更低,且与平均水平的差距逐年拉大,2011 年相差 9.96 个百分点。总之,各地村庄互联网覆盖率均呈逐年增长趋势,东部覆盖率最高,中部次之,西部最低。

表 7-78　2009—2011 年各地村庄通互联网户数占比　　(单位:%,个)

地区	2009 年	2010 年	2011 年	有效样本
全国	10.26	9.68	17.35	246
东部	17.70	18.09	26.63	78
中部	8.68	9.49	16.97	99
西部	3.34	2.96	7.41	69

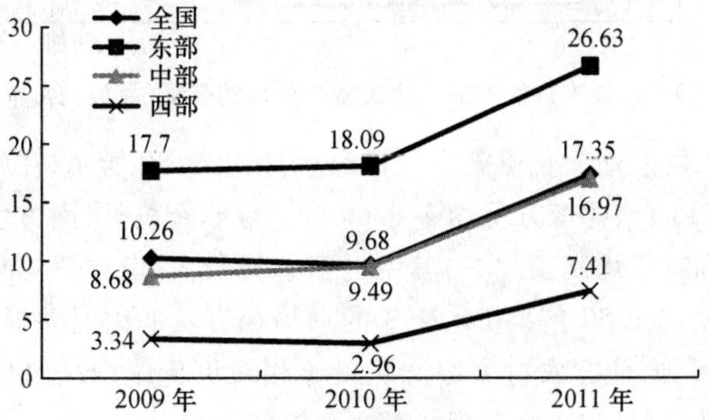

图 7-78　2009—2011 年各地村庄通互联网户数占比(单位:%)

(二) 家庭文化设施的拥有量

1. 家庭文化设施的户均拥有量。

考察各地农村家庭文化设施的户均拥有情况,电视和手机拥有量均在1台以上,其他设施户均拥有量则不到1台(本)。总的来说,拥有量从高到低的家庭文化设施依次为手机(2.23台)、电视(1.24台)、电脑(0.46台)、书籍报刊(0.38本)、收音机(0.14台)、MP4、MP3(0.12台)。东部地区农户电视、电脑和手机的平均拥有量最高,其中手机差异相对较小,电脑则较大;中部地区农户的各种家庭文化设施的拥有量均低于全国平均水平;西部地区农户收音机、书籍报刊、MP4的拥有量相对较高,分别为0.16台、0.45本、0.15台。

表7-79　各地农户的家庭文化设施的户均拥有量　(单位:台,本,个)

地区	电视	收音机	书籍报刊	电脑	手机	MP4、MP3	有效样本
全国	1.24	0.14	0.38	0.46	2.23	0.12	3457
东部	1.36	0.16	0.39	0.64	2.27	0.11	1126
中部	1.19	0.11	0.31	0.43	2.21	0.12	1240
西部	1.17	0.16	0.45	0.26	2.21	0.15	1091

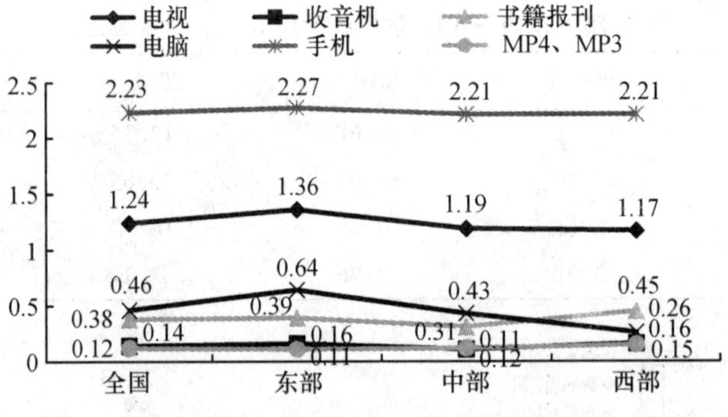

图7-79　各地农户的家庭文化设施的户均拥有量(单位:台,本,个)

比较南北农村家庭文化设施户均拥有量,如表7-80所示,在收音机户均拥有量上,北方为0.18台,比南方平均多0.08台。除收音机外,南方农户的各项家庭文化设施户均拥有量均高于北方:其中电脑差异最大,南方户均拥有0.54台,是北方户均拥有量的1.50倍;MP4、MP3的户均拥有量的南北差异不大,均值差为0.01台。综合可知,北方农村家庭文化设施相对更传统,收音机拥有较多;南方则拥有更多电视、电脑和手机等现代型文化设施。

表 7-80　农村家庭文化设施户均拥有量的南北比较　(单位:台,本,个)

地区	电视	收音机	书籍报刊	电脑	手机	MP4、MP3	有效样本
北方	1.16	0.18	0.32	0.36	2.12	0.11	1463
南方	1.31	0.10	0.46	0.54	2.33	0.12	1834

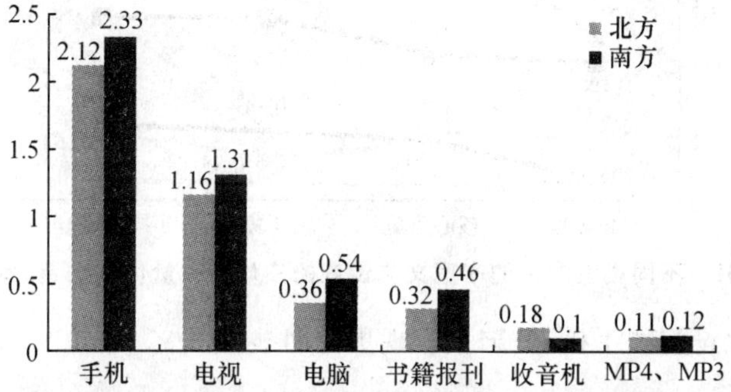

图 7-80　农村家庭文化设施户均拥有量的南北比较(单位:台,本,个)

如表 7-81,从不同家庭类型看,扩大家庭的电视、书籍报刊、电脑的拥有量最高,分别为 1.43 台、0.52 本、0.59 台;主干家庭的手机拥有量最高,户均均值为 2.59 台;核心家庭的 MP4、MP3 拥有量最高,户均为 0.16 台;除收音机外,空巢家庭各项文化设施的拥有量均为最低。综合可知,随着家庭人口数的增加,家庭文化设施数量也呈增加趋势;同时,核心家庭、主干家庭和扩大家庭在家庭文化设施拥有量上差异不大,空巢家庭的文化设施尤其现代化文化设施最为缺乏。

表 7-81　不同类型农户的家庭文化设施的户均拥有量　(单位:台,本,个)

家庭类型	电视	收音机	书籍报刊	电脑	手机	MP4、MP3	有效样本
空巢家庭	1.08	0.15	0.19	0.16	1.25	0.01	456
核心家庭	1.14	0.13	0.43	0.47	2.27	0.16	1551
主干家庭	1.43	0.14	0.35	0.54	2.59	0.13	1039
扩大家庭	1.43	0.15	0.52	0.59	2.34	0.15	254

不同家庭收入的农户的家庭文化设施的拥有量也不相同。如表 7-82,低收入户、中低收入户、中等收入户、中高收入户、高收入户的农户平均拥有手机 1.50 台、2.01 台、2.36 台、2.61 台、2.73 台,手机拥有量随着家庭收入的增加而增加,电视、书籍报刊、电脑的拥有量也存在同一趋势;收音机的户均拥有量在不同家庭收入的农户间差异不大。一般而言,农户家庭收入越高,其拥有的家庭文化设施

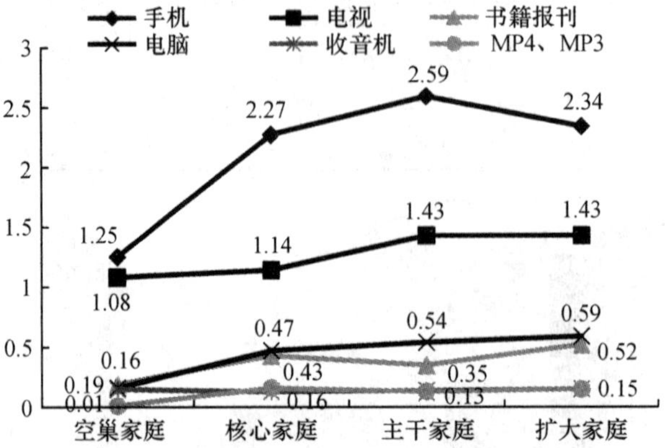

图7-81 不同类型农户的家庭文化设施的户均拥有量(单位:台,本,个)

越多,在现代化设施如手机、电脑上表现更为明显。

表7-82 不同家庭收入农户的家庭文化设施户均拥有量(单位:台,本,个)

家庭收入	电视	收音机	书籍报刊	电脑	手机	MP4、MP3	有效样本
低收入户	1.07	0.13	0.21	0.16	1.50	0.04	711
中低收入户	1.12	0.13	0.28	0.31	2.01	0.12	611
中等收入户	1.23	0.13	0.36	0.42	2.36	0.12	668
中高收入户	1.22	0.15	0.42	0.52	2.61	0.10	669
高收入户	1.60	0.15	0.65	0.78	2.73	0.25	660

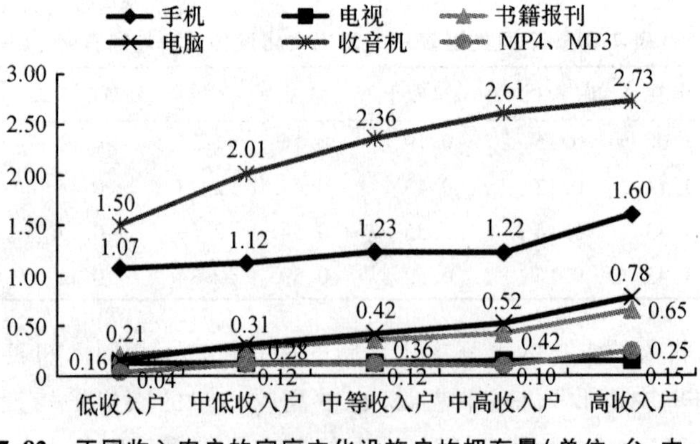

图7-82 不同收入农户的家庭文化设施户均拥有量(单位:台,本,个)

2. 家庭文化设施的人均拥有量。

除书籍报刊外，东部家庭文化设施人均拥有量均高于其他地区。如表 7-83 所示，从全国来看，书籍报刊和手机人均拥有量相对较高，为 0.57 本和 0.56 个，人均拥有电视 0.33 台，收音机和 MP4、MP3 人均拥有量较低。具体来说，东部地区农户电视、收音机、电脑和手机的人均拥有量均最高，其中电脑差异最明显，东部均值分别是中部和西部的 1.60 倍和 2.67 倍；东部书籍报刊人均拥有量最低，为 0.14 本。西部地区农户书籍报刊人均拥有量相对最高，为 1.02 本，各地 MP4、MP3 人均拥有量均值相同。

表 7-83　各地农户的家庭文化设施的人均拥有量　（单位：台，本，个）

地区	电视	收音机	书籍报刊	电脑	手机	MP4、MP3	有效样本
全国	0.33	0.04	0.57	0.11	0.56	0.03	3453
东部	0.38	0.05	0.14	0.16	0.59	0.03	1125
中部	0.31	0.03	0.59	0.10	0.54	0.03	1239
西部	0.31	0.04	1.02	0.06	0.55	0.03	1089

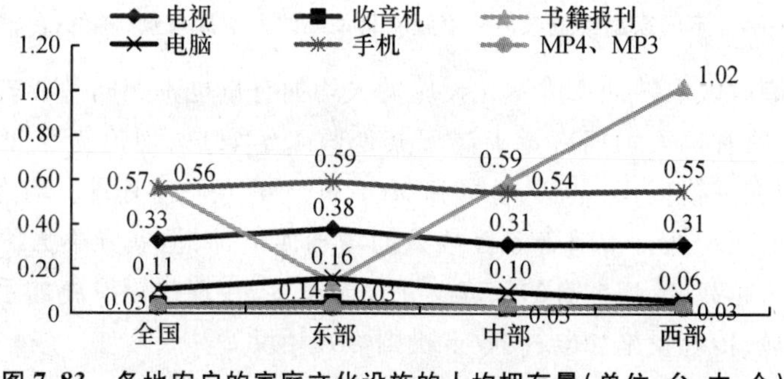

图 7-83　各地农户的家庭文化设施的人均拥有量（单位：台，本，个）

考察不同家庭类型农户的家庭文化设施人均拥有量，如表 7-84 所示，空巢家庭、核心家庭、主干家庭、扩大家庭电视人均拥有量为 0.53 台、0.32 台、0.28 台、0.22 台，人均拥有量随家庭人口的增加而减少，收音机也是如此。书籍报刊、电脑、手机和 MP4、MP3 的人均拥有量最高的均是核心家庭，最低的均是扩大家庭。综合可知，除电视和收音机外，核心家庭的农户在各项家庭文化设施的人均拥有量均高于其他类型家庭。

表7-84 不同类型农户的家庭文化设施的人均拥有量 (单位:台,本,个)

家庭类型	电视	收音机	书籍报刊	电脑	手机	MP4、MP3	有效样本
空巢家庭	0.53	0.08	0.55	0.07	0.58	0.01	455
核心家庭	0.32	0.04	0.69	0.13	0.62	0.04	1549
主干家庭	0.28	0.03	0.54	0.11	0.51	0.02	1039
扩大家庭	0.22	0.02	0.14	0.09	0.37	0.02	254

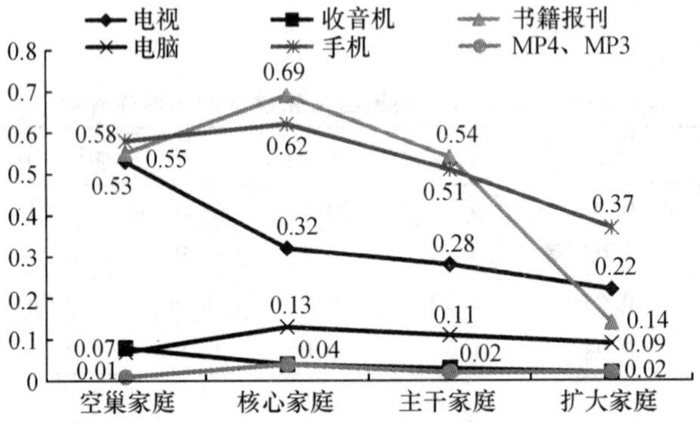

图7-84 不同家庭类型农户的家庭文化设施的人均拥有量(单位:台,户)

不同家庭收入农户的家庭文化设施的人均拥有量也不相同。如表7-85,低收入户在电视、收音机人均拥有量上高于其他收入组农户,均值为0.39台和0.05台;高收入户在书籍报刊、电脑、手机和MP4、MP3的人均拥有量上均为最高,其中电脑和手机的人均拥有量随着家庭收入的增加而增加,但差异不大。一般而言,农户家庭收入越高,人均拥有的家庭文化设施越多,在现代化设施如手机、电脑上表现更为明显;传统设施如电视、收音机则恰好相反。

表7-85 不同家庭收入农户的家庭文化设施人均拥有量(单位:台,本,个)

家庭收入	电视	收音机	书籍报刊	电脑	手机	MP4、MP3	有效样本
低收入户	0.39	0.05	0.24	0.05	0.47	0.01	708
中低收入户	0.31	0.04	0.79	0.09	0.54	0.03	611
中等收入户	0.31	0.04	0.17	0.10	0.59	0.03	668
中高收入户	0.29	0.04	0.48	0.13	0.61	0.02	669
高收入户	0.35	0.03	1.20	0.17	0.61	0.05	659

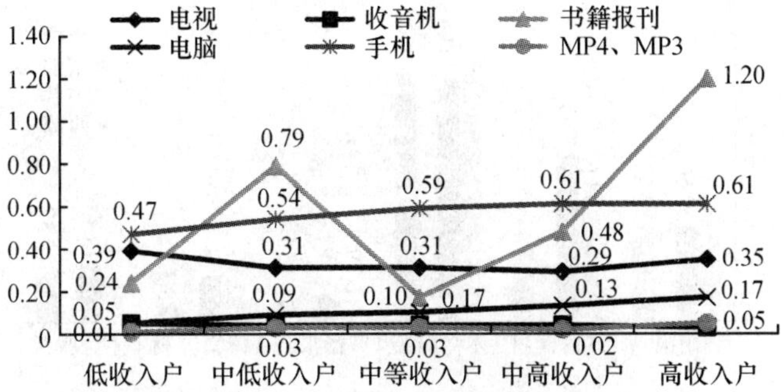

图 7-85 不同家庭收入农户的家庭文化设施人均拥有量(单位:台,本,个)

(三) 农民对家庭文化设施的投入

1. 各地农户的家庭文化消费品支出。

如表 7-86 所示,样本农户户均书籍报刊、体育器材、体育服装支出分别为 27.44 元、34.68 元、62.69 元,体育服装支出最多;东部农户的三项支出户均值均为最高,分别为 29.66 元、52.3 元、76.04 元;中部农户书籍报刊、体育服装户均支出最低;西部农户体育器材支户均出最低。从人均支出来看,全国的平均水平为书籍报刊(6.79 元)、体育器材(8.68 元)、体育服装(14.77 元);东部农户三项的人均支出均为最高,且大幅高于全国平均水平;中部农户人均书籍报刊、体育服装的支出最低;西部农户人均体育器材的支出最低。总体而言,东部农户在文化设施上的支出相对更多。

表 7-86 各地农户文化消费品的支出 (单位:元)

地区	户均支出			人均支出		
	书籍报刊	体育器材	体育服装	书籍报刊	体育器材	体育服装
全国	27.44	34.68	62.69	6.79	8.68	14.77
东部	29.66	52.3	76.04	7.59	14.47	18.15
中部	23.48	27.42	38.21	6.20	5.96	9.56
西部	29.57	23.05	77.94	6.55	5.30	17.37

如表 7-87 所示,整体上看,南方地区农户各项文化消费品的户均、人均支出均高于北方地区。南方地区农户书籍报刊、体育器材、体育服装的户均支出分别为 30.69 元、50.86 元、70.50 元,比北方地区农户的户均支出高出了 7.14 元、32.42 元、13.26 元。从人均支出来看,北方地区农户的支出均低于南方地区,体育器材支出上差异最大,北方支出约为南方的一半。

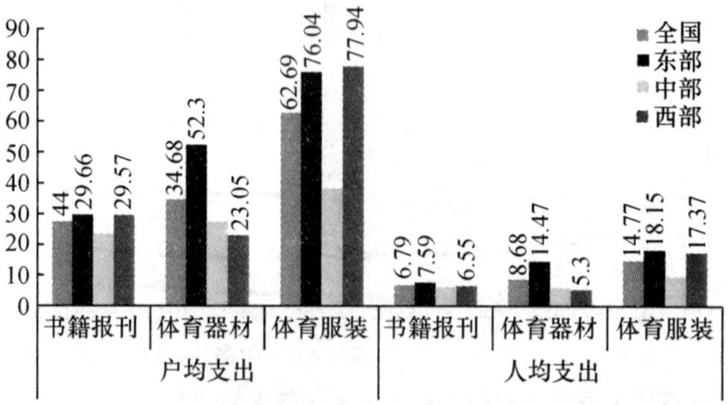

图 7-86　各地农户文化消费品的支出(单位:元)

表 7-87　农户文化消费品支出的南北比较　　(单位:元)

地区	户均支出			人均支出		
	书籍报刊	体育器材	体育服装	书籍报刊	体育器材	体育服装
北方	23.55	18.44	57.24	6.05	5.91	14.00
南方	30.69	50.86	70.50	6.98	11.47	16.06

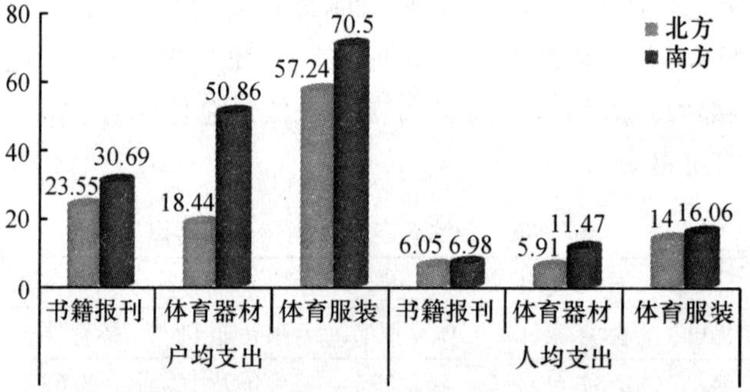

图 7-87　不同地区农户文化消费品的支出(单位:元)

2. 不同收入农户的家庭文化消费品支出。

在书籍报刊、体育器材、体育服装三项文化消费品中,体育服装的支出最高。如表 7-88,从纵向看,收入水平最高的 20% 的农户书籍报刊、体育器材、体育服装的户均支出均为最高,分别为 54.06 元、63.59 元、119.91 元,对应人均支出分别为 11.74 元、14.37 元、25.93 元;收入水平最低的 20% 的农户三项文化消费品的户均支出、人均支出基本上最低;收入水平在中间的 20% 的农户各项户均支出、人均支出比次低 20% 、次高 20% 的各项支出都低。综合可知,家庭收入直接影响着农户文化消费品的支出多少。

表 7-88　不同家庭收入农户文化消费品的支出　（单位:元）

家庭收入	户均支出			人均支出		
	书籍报刊	体育器材	体育服装	书籍报刊	体育器材	体育服装
最低 20%	12.47	10.86	32.17	3.66	2.75	11.28
次低 20%	20.18	36.42	48.25	5.70	13.30	12.43
中间 20%	18.23	19.59	55.04	4.47	4.14	11.21
次高 20%	31.43	39.59	52.52	8.36	8.82	12.17
最高 20%	54.06	63.59	119.91	11.74	14.37	25.93

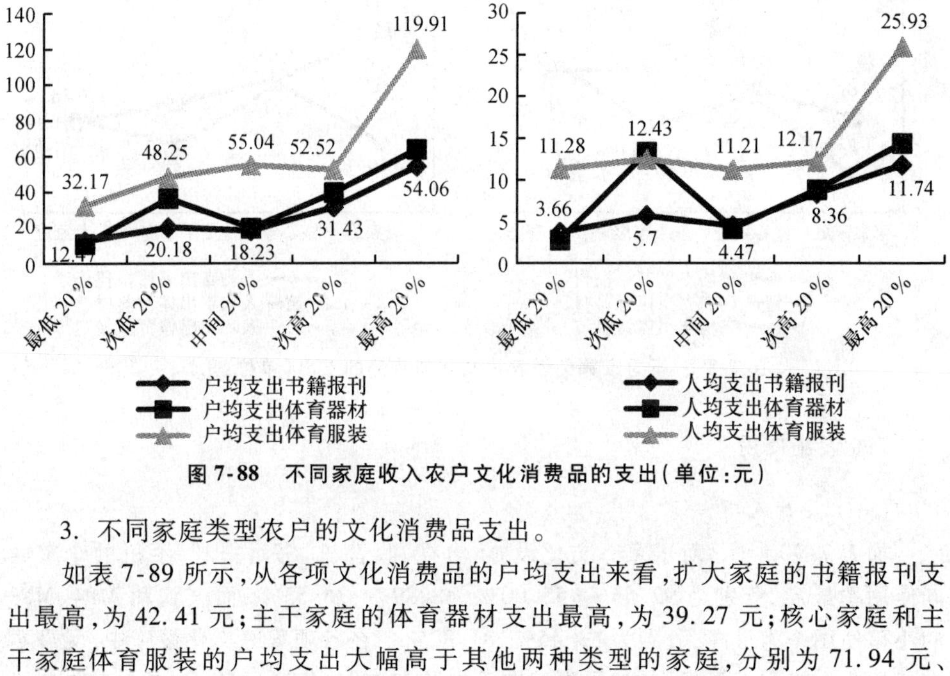

图 7-88　不同家庭收入农户文化消费品的支出(单位:元)

3. 不同家庭类型农户的文化消费品支出。

如表 7-89 所示,从各项文化消费品的户均支出来看,扩大家庭的书籍报刊支出最高,为 42.41 元;主干家庭的体育器材支出最高,为 39.27 元;核心家庭和主干家庭体育服装的户均支出大幅高于其他两种类型的家庭,分别为 71.94 元、71.18 元;空巢家庭的各项户均支出均为最低。从人均各项文化消费的支出来看,核心家庭书籍报刊、体育服装的人均支出最高,分别为 8.73 元、18.61 元;体育器材的人均支出从空巢家庭到扩大家庭逐步降低。

表 7-89 不同家庭类型农户文化消费品的支出 (单位:元)

家庭类型	户均支出			人均支出		
	书籍报刊	体育器材	体育服装	书籍报刊	体育器材	体育服装
空巢家庭	9.89	25.52	18.10	4.69	12.34	9.20
核心家庭	31.81	33.75	71.94	8.73	9.07	18.61
主干家庭	23.11	39.27	71.18	4.57	7.49	13.44
扩大家庭	42.41	38.50	34.95	6.38	6.15	5.61

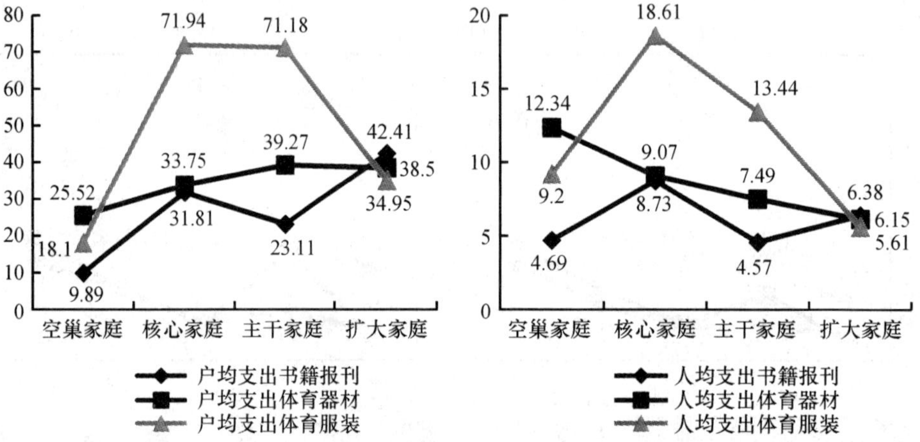

图 7-89 不同家庭类型农户文化消费品的支出(单位:元)

二、设施使用

(一) 使用人群

如表 7-90 所示,对于家庭文化设施,电视、收音机、书籍报刊、手机的全家共同使用率最高,分别为 92.54%、55.00%、48.89%、76.53%,而电脑和 MP4、MP3 的小孩使用率为最高,分别为 53.45%、81.32%。在各项家庭文化设施中,父母更多使用收音机和书籍报刊;孩子更偏向于电脑和 MP4、MP3 的使用;老人对收音机的使用率最高,24.61%。除电视等全家共同使用率较高的文化设施外,老人较多使用收音机,父母同时也较多阅读书籍报刊,而小孩则更喜欢电脑等电子化家庭文化设施。

表 7-90 家庭文化设施的使用人群 (单位:%,个)

使用人群	全家	父母	孩子	老人	合计
电视	92.54	2.92	1.65	2.89	100(3390)
收音机	55.00	18.08	2.31	24.61	100(260)
书籍报刊	48.89	18.43	27.65	5.03	100(358)
电脑	40	6.33	53.45	0.22	100(900)
手机	76.53	16.00	5.07	2.40	100(3038)
MP4、MP3	13.19	5.49	81.32	0	100(182)

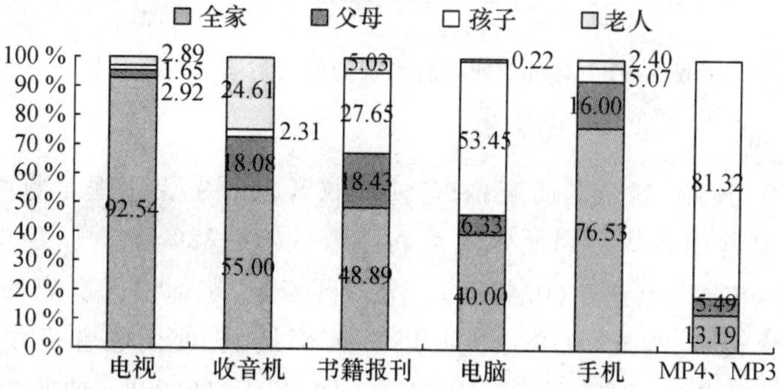

图 7-90 各地农户家庭文化设施的使用农民(单位:%)

(二) 用途

1. 电视。

如表 7-91 所示,从全国来看,农户使用电视的主要用途是看新闻,占比为 58.37%,电视剧次之,为 46.95%,其他用途按占比从高到低排序依次为:娱乐节目、天气预报、农业科技、其他。分地区看,东部地区农户收看新闻的占比最高,达 62.18%,看电视剧的占比相对较低;中部地区农户使用电视看娱乐节目、天气预报的占比高于其他地区,分别为 20.01%、16.47%;西部地区使用电视看电视剧的占比略低于新闻,达 50.92%。数据表明,全国各地农户使用电视主要看新闻和电视剧,东部农户相对更偏好新闻,西部则更偏好电视剧。

表 7-91 各地农村家庭电视的使用用途 (单位:%,个)

地区	新闻	娱乐节目	电视剧	天气预报	农业科技	其他	不用	样本
全国	58.37	15.55	46.95	13.01	2.11	1.32	0.58	3268
东部	62.18	14.12	41.04	14.31	2.75	1.33	0	1055
中部	60.30	20.01	48.73	16.47	2.53	1.86	0.76	1184
西部	52.19	11.86	50.92	7.68	0.97	0.68	0.97	1029

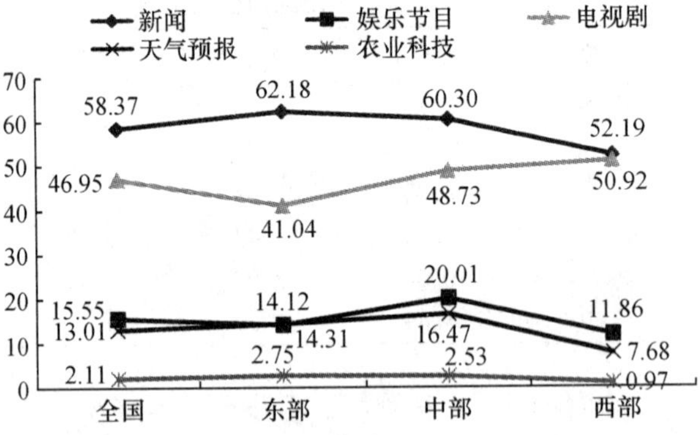

图 7-91　各地农村家庭电视的使用用途(单位:%)

2. 收音机。

如表 7-92 所示,就全国而言,农户使用收音机的主要用途是收听新闻,占比为 62.71%,其他用途从高到低依次为娱乐节目(18.22%)、天气预报(6.36%)、农业科技(4.66%)、电视剧(0.42%)。分地区来看,东部地区农户使用收音机收听新闻的占比最高,为 65.05%,中部次之,西部最低;使用收音机收听娱乐节目的占比从东到西依次降低,分别为 19.42%、18.97%、16.00%,收听农业科技的占比与此相反,西部最高;中部地区收听天气预报的占比最高,为 12.07%。总之,全国各地区农户使用收音机收听新闻的占比最高,娱乐节目次之,农业科技、电视剧、其他内容或不用的占比较低。

表 7-92　各地农户收音机的使用用途　(单位:%,个)

地区	新闻	娱乐节目	电视剧	天气预报	农业科技	其他	不用	样本
全国	62.71	18.22	0.42	6.36	4.66	3.81	3.81	100(236)
东部	65.05	19.42	0	6.80	2.91	3.88	1.94	100(103)
中部	56.90	18.97	0	12.07	3.45	5.17	3.45	100(58)
西部	64.00	16.00	1.33	1.33	8.00	2.67	6.67	100(75)

3. 书籍报刊。

如表 7-93 所示,就全国而言,农户使用书籍报刊的用途主要是新闻,占比为 65.20%,其他用途从高到低依次为娱乐节目、电视剧、天气预报。就各个地区来看,东、中、西部农户使用书籍报刊阅读新闻的占比分别为 71.76%、65.33%、56.72%,呈现逐步降低之势;使用书籍报刊阅读获取娱乐、天气预报信息的占比从高到低的排列顺序均与之相反:西部(20.90%、4.48%)、中部(18.67%、

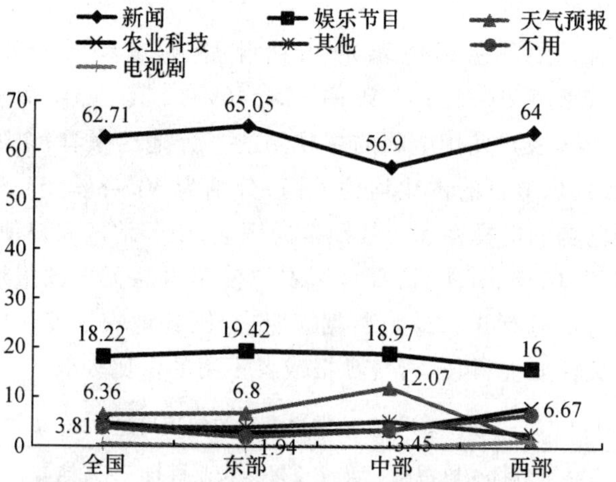

图 7-92　各地农户收音机的使用用途(单位:%)

1.33%)、东部(12.94%、0)。此外,农户不使用书籍报刊关注农业科技信息。总之,全国各地农户使用书籍报刊主要为看新闻和娱乐。

表 7-93　各地农户书籍报刊的使用用途　(单位:%,个)

地区	新闻	娱乐节目	电视剧	天气预报	合计
全国	65.20	17.18	15.86	1.76	100(227)
东部	71.76	12.95	15.29	0	100(85)
中部	65.33	18.67	14.67	1.33	100(75)
西部	56.72	20.90	17.90	4.48	100(67)

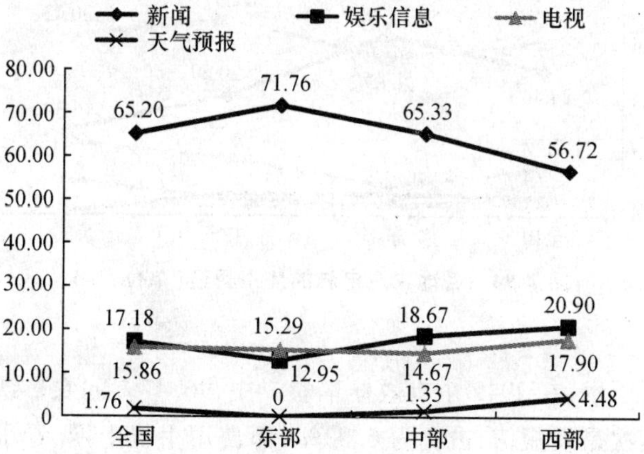

图 7-93　各地农户书籍报刊的使用用途(单位:%)

4. 电脑。

就全国而言，农户使用电脑的用途排序从高到低依次为：娱乐节目(51.20%)、电视剧(29.38%)、新闻(24.46%)、其他(7.79%)、农业科技(2.88%)，娱乐成为农户使用电脑的主要功能。分地区来看，东部地区农户使用电脑观看新闻和娱乐节目的占比均为最高，分别为30.48%、53.33%，中部次之，西部最低；对于电脑的电视剧和天气预报的用途，中部地区农户使用的占比最高，分别为32.97%、3.62%，其中，西部地区农户使用电脑天气预报用途的占比大大低于其他地区，占比只有0.72%。数据表明，全国各地农户使用电脑关注娱乐节目的占比最高，关注农业科技、天气预报或者不用的占比较低。

表7-94 各地农户电脑的使用用途 (单位:%,个)

地区	新闻	娱乐节目	电视剧	天气预报	农业科技	其他	不用	样本
全国	24.46	51.20	29.38	3.12	2.88	7.79	1.80	834
东部	30.48	53.33	26.67	3.57	1.67	5.00	1.67	420
中部	20.29	51.45	32.97	3.62	2.90	9.78	1.45	276
西部	14.49	44.20	30.43	0.72	5.80	12.32	2.90	138

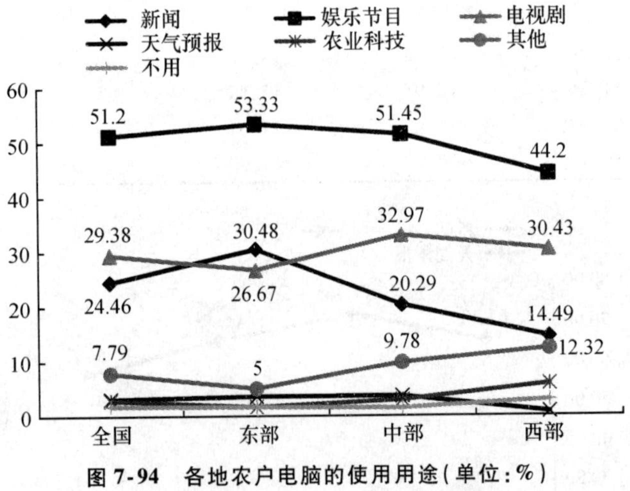

图7-94 各地农户电脑的使用用途(单位:%)

5. 手机。

如表7-95所示，在2949个有效样本农户中，96.47%的农户认为手机主要是用来打电话，其次是发短信，占比为6.82%，而使用手机上网、看小说、听音乐、照相、看电视的占比均不足1%。分地区来看，中部地区农户使用手机打电话的占比最高，为 97.17%，东部次之，西部最低；从东部到西部，农户使用手机发短信的占比依次下降，分别为 7.64%、7.26%、5.47%；东部地区农户使用手机上网的占比最高，接近 2%，而中部个西部均不足 1%。可见，打电话是各地农户使用手机最主要的用途。

表 7-95　各地农户手机的使用用途　（单位：%，个）

地区	打电话	发短信	上网	看小说	听音乐	照相或看电影	样本
全国	96.47	6.82	0.95	0.14	0.14	0.03	2949
东部	96.23	7.64	1.78	0.31	0.21	0.10	956
中部	97.17	7.26	0.47	0	0.19	0	1061
西部	95.92	5.47	0.64	0.11	0	0	932

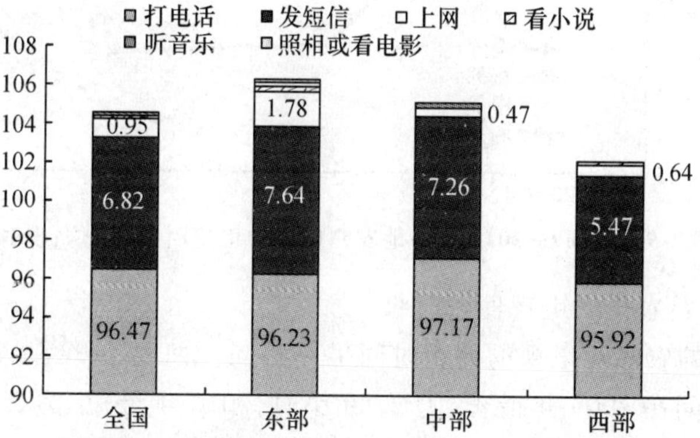

图 7-95　各地农户手机的使用用途（单位：%）

（三）电视的使用时间

1. 各地农户的电视使用时长。

比较 2009—2011 年农户使用电视的时间，如表 7-96 所示，就全国而言，有效样本农户使用电视的时间在逐年降低，从 2009 年的 2.54 小时下降到 2011 年的 2.39 小时。分地区来看，从 2009 年到 2011 年，横向上东部、中部、西部农户看电视的时间均在逐渐降低，东部从 2.54 小时降到 2.44 小时，中部从 2.54 小时降到 2.44 小时，西部从 2.54 小时降到 2.29 小时，西部的下降速度最快；纵向上东部地区三年来农户的使用时间均为最长，西部均为最低，其中，2009 年中部、西部使用时间均为 2.54 小时，2011 年东部、中部使用时间均为 2.44 小时。总之，全国各地农户使用电视的时间在逐年减少，东部地区农户使用时间最长。

表7-96　2009—2011年各地农户电视的使用时长　(单位:小时,个)

地区	2009年	2010年	2011年	样本
全国	2.54	2.43	2.39	3251
东部	2.56	2.56	2.44	1081
中部	2.54	2.46	2.44	1132
西部	2.54	2.30	2.29	1038

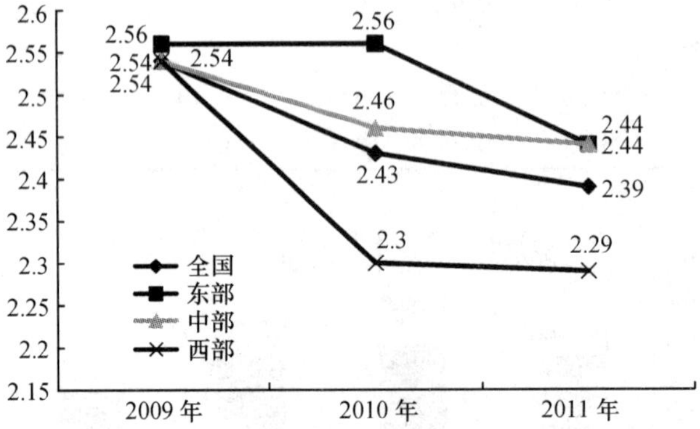

图7-96　2009—2011年各地农户电视的使用时长(单位:小时)

2. 不同年龄农民的电视使用时长。

不同年龄的农民对电视的使用时间也不相同。如表7-97所示,30岁以下的农户看电视时间在2009年最长,为2.80小时,2010年最短,为2.52小时;在30岁以上的农户中看电视时间从2009年至2011年呈逐年下降之势;从2010年和2011年可以看出,30岁以下的农民看电视时间最长,分别为2.52小时、2.59小时,60岁以上农民看电视时间最短,分别为2.41小时、2.34小时。由此可见,随着年龄的上升,农户看电视的时间在逐步减短。

表7-97　2009—2011年不同年龄农民的电视使用时长　(单位:小时,个)

年龄阶段	2009年	2010年	2011年	样本
30岁以下	2.80	2.52	2.59	82
30—39岁	2.53	2.42	2.41	332
40—49岁	2.54	2.45	2.39	1019
50—59岁	2.55	2.41	2.42	932
60岁以上	2.53	2.41	2.34	884

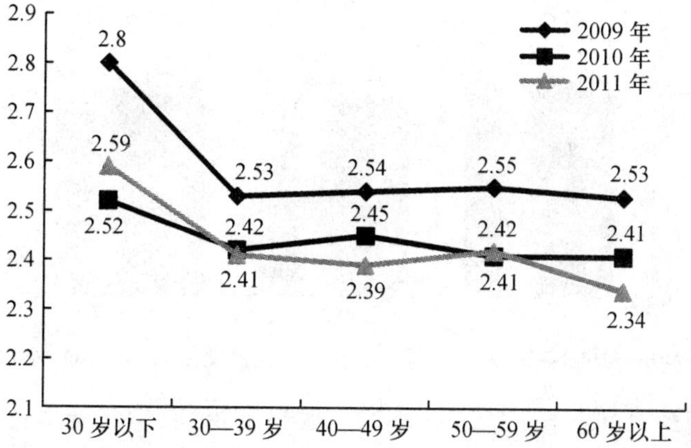

图 7-97　2009—2011 年不同年龄农户的电视使用时长(单位:小时)

3. 不同职业农户的电视使用时长。

考察不同职业农户电视的使用时间发现,如表 7-98 所示,2009 年至 2011 年,做生意的农户使用电视的时间均为最长,分别为 2.69 小时、2.68 小时、2.49 小时,呈逐年下降的趋势;从 2009 年和 2010 年来看,务工、教师及其他职业的农户使用电视的时间都仅次于做生意的农户,务农的农户使用电视的时间最短,2009 年、2010 年分别为 2.61 小时、2.47 小时;2011 年务工农户使用电视的时间次于做生意农户,为 2.43 小时,教师及其他职业的农户使用电视的时间最短,为 2.24 小时。

表 7-98　2009—2011 年不同职业农户电视的使用时间　(单位:小时,个)

职业	2009 年	2010 年	2011 年	样本
务农	2.50	2.40	2.40	2285
务工	2.61	2.47	2.43	291
做生意	2.69	2.68	2.49	274
教师及其他	2.61	2.47	2.24	371

4. 不同文化程度农户的电视使用时长。

表 7-99 显示了不同文化程度农户使用电视的时间,从 2009 年至 2011 年,文化程度为文盲的农户使用电视的时间均为最短,分别为 2.16 小时、2.15 小时、2.10 小时;从 2009 年看,初中文化程度的农户使用电视的时间最长,为 2.63 小时,其次是高中文化程度的农户;从 2010 年看,随着文化水平的上升,电视的使用时间也在迂回上升,从 2.15 小时上升到 3.00 小时;从 2011 年看,初中文化水平

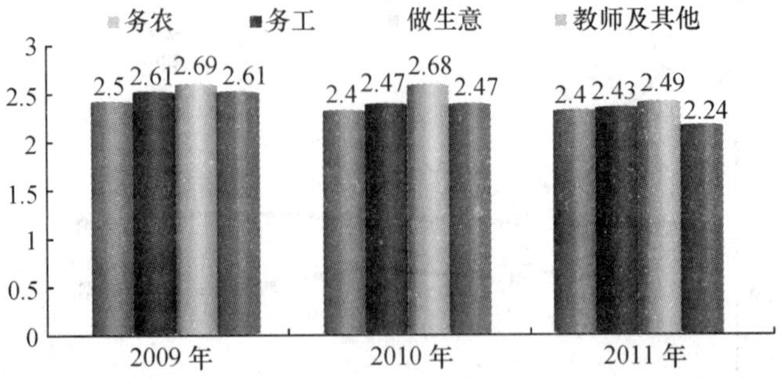

图7-98　2009—2011年不同职业农户电视的使用时间(单位:小时)

农户使用电视的时间最长,为2.47小时。数据表明,农户随着文化程度的提高,电视的使用时长基本是增加的。

表7-99　2009—2011年不同文化程度农户电视的使用时间(单位:小时,个)

文化程度	2009年	2010年	2011年	样本
文盲	2.16	2.15	2.10	254
小学	2.51	2.43	2.35	1040
初中	2.63	2.63	2.47	1354
高中	2.56	2.36	2.44	480
大专及以上	2.55	3.00	2.36	103

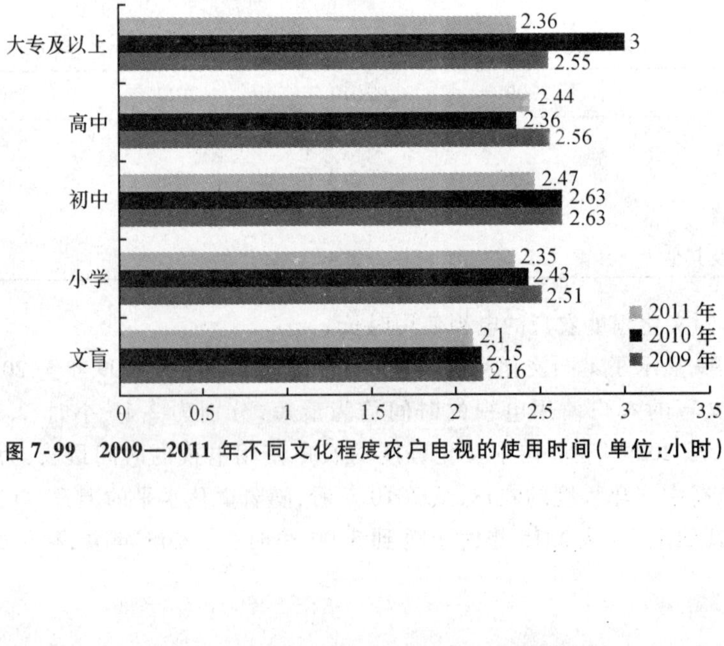

图7-99　2009—2011年不同文化程度农户电视的使用时间(单位:小时)

三、消费观念

(一) 消费态度

1. 各地农民的消费态度。

如表 7-100 所示,就全国而言,在购买体育器材、体育服装时,37.25% 的农户认为"适量可接受",占比最高,其次 24.79% 的农户认为应该"尽量少花钱",20.60% 的农户认为"不该花钱",9.91% 的农户"说不清",7.46% 的农户认为"该花多少就是多少"。分地区来看,在"适量可接受"的选项上,东部地区农户占比最高,为 39.03%,中部次之,西部最低;认为"不该花钱"的农户从东到西的排列顺序与之相反;8.61% 的西部农户认为"该花多少就是多少",占比为最高;中部 26.29% 的农户认为"尽量少花钱",占比高于全国水平。可见,农民对体育消费较保守,超三分之一的农民消费态度为"适量可接受",近四分之一的农民认为"尽量少花钱",逾两成的农户认为"不该花钱"。

表 7-100 各地农民对花钱购买体育器材、体育服装的态度 (单位:%,个)

地区	该花多少就是多少	适量可接受	尽量少花钱	不该花钱	说不清	合计
全国	7.46	37.25	24.79	20.60	9.91	100(3340)
东部	6.98	39.03	23.60	19.38	11.02	100(1089)
中部	6.88	37.73	26.29	19.98	9.12	100(1206)
西部	8.61	34.83	24.31	22.58	9.67	100(1045)

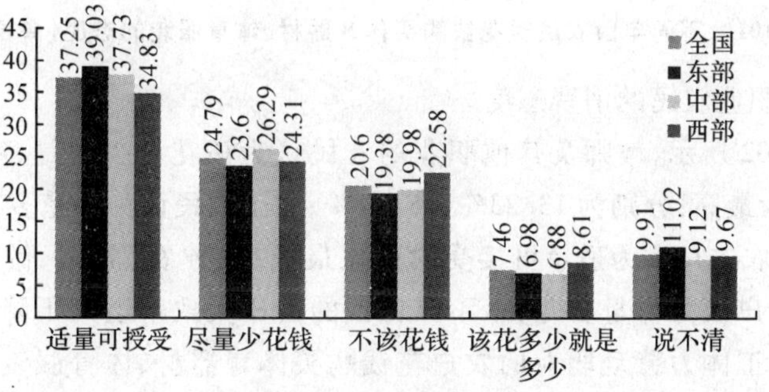

图 7-100 各地农民对花钱购买体育器材、体育服装的态度(单位:%)

2. 不同年龄农民的消费态度。

考察不同年龄农民对花钱购买体育器材、体育服装的态度发现,如表 7-101,30 岁以下、30—39 岁、40—49 岁、50—59 岁、60 岁以上的农民认为适量可接受的占比分别为:51. 22%、43. 11%、40. 06%、36. 68%、31. 19%,呈逐渐下降的趋势;从低到高的各年龄阶段农户认为尽量少花钱的占比呈迂回上升之势,从 12. 20% 上升到 25. 63%;30 岁以下农户认为不该花钱的占比为 18. 29%,30 岁以上的农户随着年龄的增加认为不该花钱的占比越来越高。数据表明,随着农户年龄的增加,消费态度越消极。

表 7-101 不同年龄农民花钱购买体育器材、体育服装的态度 (单位:%,个)

年龄阶段	该花多少就是多少	适量可接受	尽量少花钱	不该花钱	说不清	合计
30 岁以下	7. 31	51. 22	12. 20	18. 29	10. 98	100(82)
30—39 岁	9. 68	43. 11	25. 22	15. 25	6. 74	100(341)
40—49 岁	8. 17	40. 06	24. 49	18. 15	9. 13	100(1041)
50—59 岁	7. 31	36. 68	25. 29	21. 84	8. 88	100(957)
60 岁以上	5. 99	31. 19	25. 63	24. 21	12. 98	100(917)

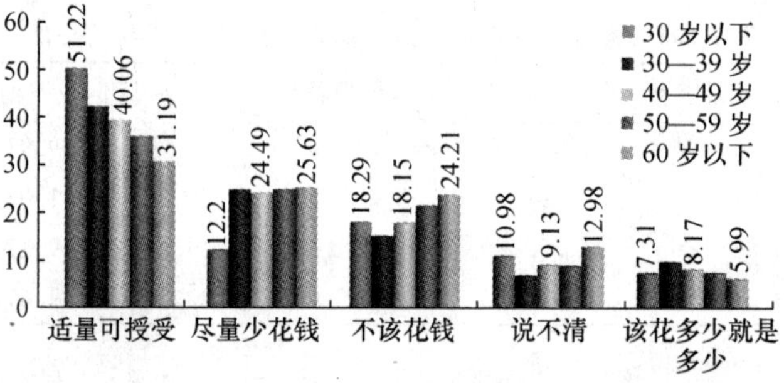

图 7-101 不同年龄农民对花钱购买体育器材、体育服装的态度(单位:%)

3. 不同职业农民的消费态度。

如表 7-102 所示,教师及其他职业的农民认为该花多少就是多少、适量可接受的占比均为最高,分别为 13. 23%、48. 41%;务工农民认为该花多少就是多少的占比最低,务农农户认为适量可接受的占比最低;从务农、务工、做生意、教师及其他职业,农户认为尽量少花钱、不该花钱的占比大致呈逐渐下降之势。可见,从事务农、务工体力劳动职业的农户花钱购买体育器材、体育服装的占比较低,从事做生意、教师等非体力劳动职业的农户花钱购买体育器材、体育服装的占比较高。

表 7-102　不同职业农民对购买体育器材、体育服装的态度　（单位：%，个）

职业	该花多少就是多少	适量可接受	尽量少花钱	不该花钱	说不清	合计
务农	6.69	33.06	25.77	24.15	10.33	100(2332)
务工	3.46	45.91	24.53	17.30	8.81	100(318)
做生意	10.56	46.83	23.24	9.16	10.21	100(284)
教师及其他	13.23	48.41	19.58	11.11	7.67	100(378)

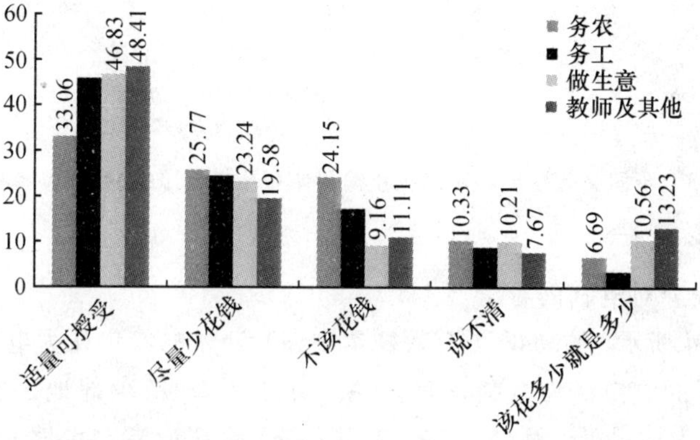

图 7-102　不同职业农民对花钱购买体育器材、体育服装的态度（单位：%）

4. 不同文化程度农民的消费态度。

从表 7-103 可知，从文盲、小学、初中、高中到大专及以上不同的文化程度，农民认为适量可接受的占比呈逐渐上升之势，认为该花多少就花多少的占比也呈上升的趋势；除文化程度为文盲的农户认为尽量少花钱的占比为 21.98% 外，从小学到大专及以上，占比逐渐降低；随着文化程度的提高，农户认为不该花钱、说不清的占比逐渐降低。可见，文化程度越高，农户花钱购买体育器材、体育服装的意愿越强。

表 7-103　不同文化农民对花钱购买体育器材或服装的态度　（单位：%，个）

文化程度	该花多少就是多少	适量可接受	尽量少花钱	不该花钱	说不清	合计
文盲	3.30	24.54	21.98	36.26	13.92	100(273)
小学	5.15	33.80	26.78	23.69	10.58	100(1068)
初中	8.19	39.16	25.53	17.84	9.28	100(1379)
高中	11.99	43.70	21.14	14.43	8.74	100(492)
大专及以上	10.91	50	20	14.55	4.54	100(110)

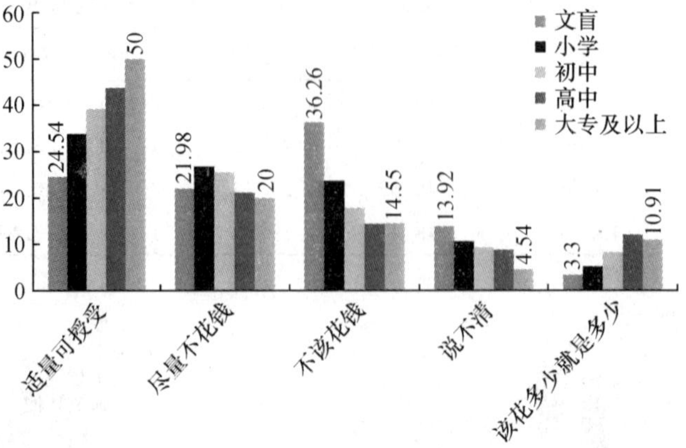

图 7-103 不同文化程度农民对花钱购买体育器材或服装的态度(单位:%)

(二) 消费概念

1. 各地农户对电脑的看法。

如表 7-104 所示,在 3648 个有效样本中,82.54% 的农户认为电脑不属于奢侈品,有 17.46% 的农户认为电脑是奢侈品。分地区来看,东部地区农户认为电脑属于奢侈品的占比最低,为 13.75%,中部次之,西部最高。也就是说,从东部地区到西部地区,农户认为电脑不属于奢侈品的占比呈逐渐下降的趋势,占比分别为 82.54%、84.66%、76.51%。

表 7-104 各地区农户对电脑是否属于奢侈品的看法 (单位:%,个)

地区	是	否	合计
全国	17.46	82.54	100(3648)
东部	13.75	86.25	100(1178)
中部	15.34	84.66	100(1291)
西部	23.49	76.51	100(1179)

2. 不同年龄农民对电脑的看法。

考察不同年龄阶段农民对电脑是否属于奢侈品有不同的看法,如表 7-105 所示,60 岁以上的农民认为电脑属于奢侈品的占比最高,为 28.13%,其次为 30 岁以下的农民,占比为 25.76%;40—49 岁的农户认为电脑属于奢侈品的占比最低,为 20.40%。数据表明,60 岁以上农民认为电脑属于奢侈品的占比最高,40—49 岁农户认为电脑属于奢侈品的占比最低。

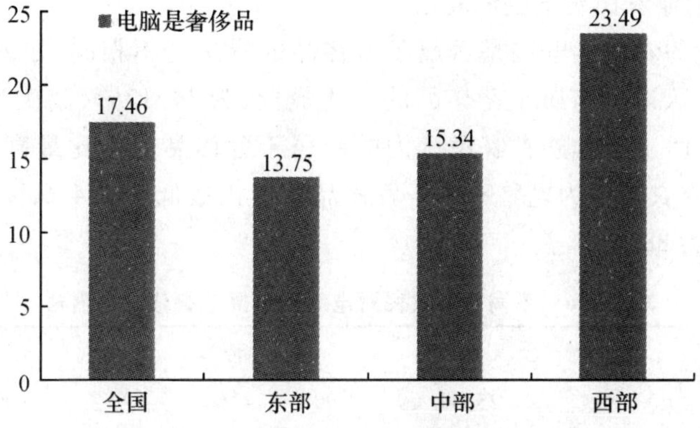

图 7-104　各地区农户认为电脑属于奢侈品的占比(单位:%)

表 7-105　不同年龄农户对电脑是否属于奢侈品的看法　　(单位:%,个)

年龄阶段	是	否	合计
30 岁以下	25.76	74.24	100(66)
30—39 岁	23.02	76.98	100(278)
40—49 岁	20.40	79.60	100(848)
50—59 岁	21.43	78.57	100(770)
60 岁以上	28.13	71.87	100(775)

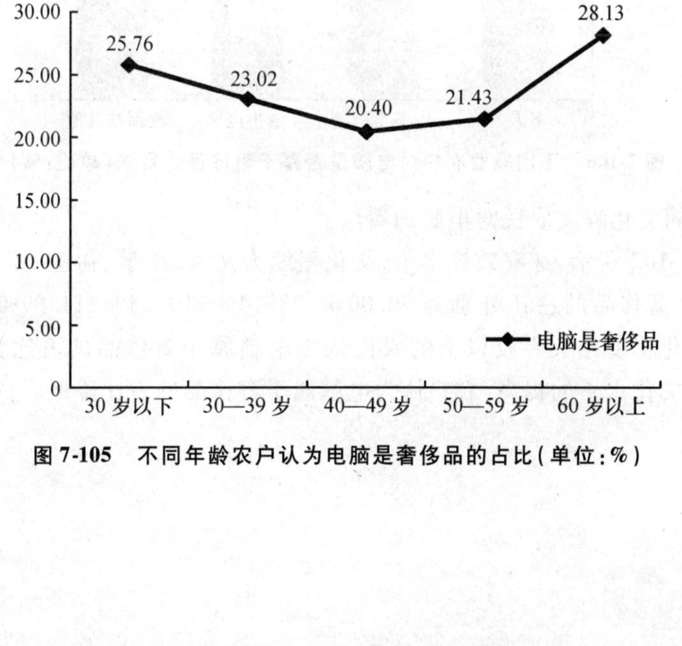

图 7-105　不同年龄农户认为电脑是奢侈品的占比(单位:%)

3. 不同职业农民对电脑的看法。

不同职业的农民对电脑是否属于奢侈品的看法也不相同,如表 7-106 所示,做生意的农民认为电脑属于奢侈品的占比最低,为 11.17%,其次为教师及其他的农民,占比 15.97%;务农农民认为电脑属于奢侈品的占比最高,为 25.34%。也就是说,务农农民认为电脑不属于奢侈品的占比最低,为 74.66%,做生意农民的占比最高,为 88.83%。

表 7-106　不同职业农民对电脑是否属于奢侈品的看法　(单位:%,个)

职业	是	否	合计
务农	25.34	74.66	100(2009)
务工	22.93	77.07	100(266)
做生意	11.17	88.83	100(179)
教师及其他	15.97	84.03	100(263)

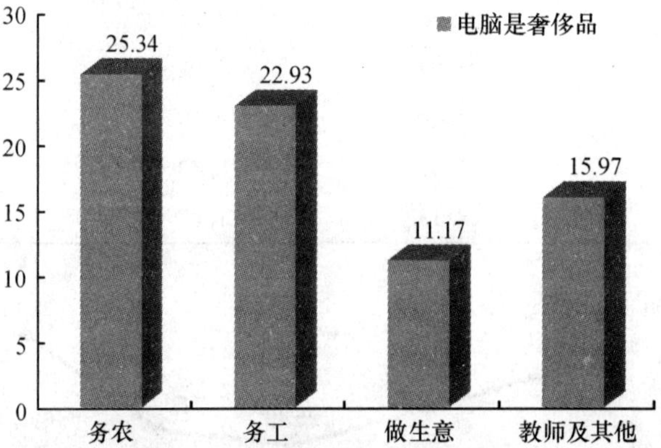

图 7-106　不同职业农户对电脑是否属于奢侈品的看法(单位:%)

4. 不同文化程度农民对电脑的看法。

如表 7-107 所示,在有效样本中,文化程度为文盲、小学、初中、高中的农民认为电脑属于奢侈品的占比分别为 39.00%、28.14%、19.23%、11.99%,呈逐渐降低之势;文化程度在大专及以上的农民认为电脑属于奢侈品的占比为 27.78%。可见,随着文化水平的提高,农户认为电脑属于奢侈品的占比降低。

表 7-107　不同文化程度农民对电脑是否属于奢侈品的看法　（单位:%，个）

文化程度	是	否	合计
文盲	39.00	61.00	100(241)
小学	28.14	71.86	100(931)
初中	19.23	80.77	100(1113)
高中	11.99	88.01	100(367)
大专及以上	27.78	72.22	100(72)

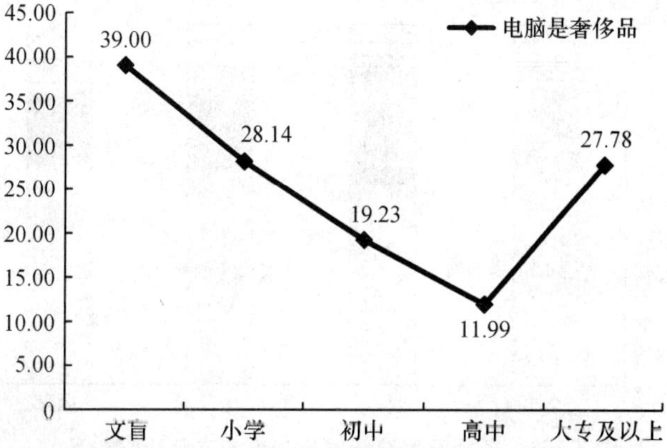

图 7-107　不同文化程度农民认为电脑是奢侈品的占比(单位:%)

（三）消费方向

1. 各地农民对家庭体育设施的消费。

如表 7-108 所示，就全国而言，农民花钱健身的投入方向主要为体育器材、体育服装，占比分别为 59.23%、23.59%，投入到场馆门票、体育比赛、培训费用或其他方面的费用均大大低于一成。就东、中、西部地区来看，农民投入到体育器材方面占比分别为 55.76%、60.37%、61.75%，呈逐渐上升之势，农民对体育服装的投入则与之相反，从东到西的投入逐步降低，分别为 31.15%、20.19%、19.40%。可见，东部地区农民体育服装投入最多，中部次之，西部最少；但在体育器材上，东部最少，西部最多。

表 7-108 各地农民花钱健身的投入方向 (单位:%,个)

地区	体育器材	体育服装	场馆门票	体育比赛	培训费用	其他	合计
全国	59.23	23.59	1.49	5.65	5.28	4.76	100(1344)
东部	55.76	31.15	1.13	3.39	3.39	5.19	100(443)
中部	60.37	20.19	0.93	7.10	6.17	5.23	100(535)
西部	61.75	19.40	2.73	6.28	6.28	3.55	100(366)

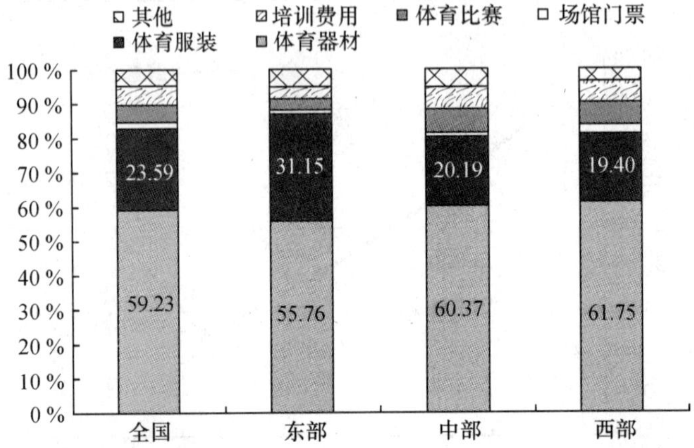

图 7-108 各地农民花钱健身的投入方向(单位:%)

2. 不同年龄农民对家庭体育设施的消费。

不同年龄农民花钱健身的投入方向也不同,如表 7-109 所示,40—49 岁农户对体育器材的投入占比最高,为 60.96%,60 岁以上农户对体育器材的投入占比最低,为 56.54%;对体育服装的投入方面,50—59 岁农户投入最多,为 26.10%,其次为 30—39 岁农户,投入占比为 26.06%;投入占比最低的是 30 岁以下农户,为 20%。数据表明,40—49 岁之间的农户对体育器材的投入占比最多,50—59 岁之间的农户对体育服装的投入占比最多。

表 7-109 不同年龄农民花钱健身的投入方向 (单位:个,%)

年龄阶段	体育器材	体育服装	场馆门票	体育比赛	培训费用	其他	合计
30 岁以下	60	20	0	3.33	13.34	3.33	100(30)
30—39 岁	57.58	26.06	2.42	6.06	4.85	3.03	100(165)
40—49 岁	60.96	20.61	0.88	7.02	6.14	4.39	100(456)
50—59 岁	59.95	26.10	2.07	3.62	4.39	3.87	100(387)
60 岁以上	56.54	23.85	1.31	6.21	4.57	7.52	100(306)

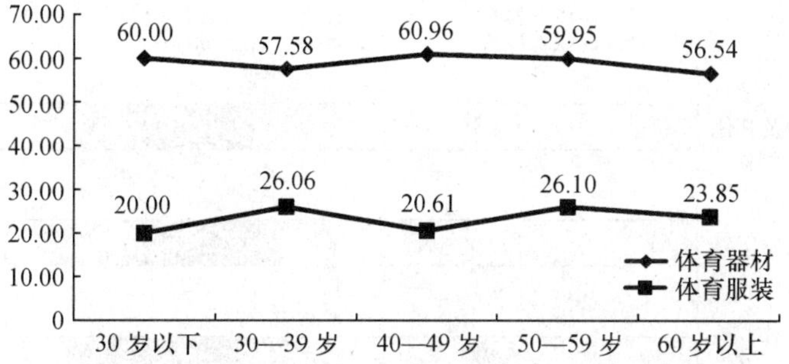

图7-109　不同年龄农民花钱健身的投入方向(单位:%)

3. 不同职业农民对家庭体育设施的消费。

图7-110反映了不同职业农户花钱健身的具体投入方向,体育器材和体育服装属于家庭体育装备的范围。务农、务工、做生意、教师及其他职业的农户投入到体育器材的占比分别为58.26%、58.82%、59.03%、63.89%,务农职业的农户最低,教师及其他职业的农户最高;农户对体育服装的投入占比从务农的25.11%迂回下降到教师及其他的17.18%。可见,务农农户对体育器材的投入占比较低,教师及其他职业的农户投入最多;但在体育服装上,务农农户投入最多,教师及其他农户投入最少。

表7-110　不同职业农民花钱健身的投入方向　(单位:%,个)

职业	体育器材	体育服装	场馆门票	体育比赛	培训费用	其他	合计
务农	58.26	25.11	1.03	5.27	5.05	5.28	100(872)
务工	58.82	22.06	2.20	6.62	6.62	3.68	100(136)
做生意	59.03	22.92	2.08	8.33	6.25	1.39	100(144)
教师及其他	63.89	17.78	2.78	4.44	5.00	6.11	100(180)

4. 不同文化程度农民对家庭体育设施的消费。

如表7-111所示,不同文化程度的农民花钱健身的投入方向有所差异,除文化程度为文盲的农户外,小学、初中、高中、大专及以上的农民对体育器材的投入分别为55.05%、60.31%、62.13%、64%,呈逐步上升的趋势;文化程度从小学到大专及以上的农户对体育服装的投入则呈现与之相反的趋势,小学水平的农民对体育服装的投入最高,为25.51%,大专及以上水平的农民对体育服装投入最低,为14%。

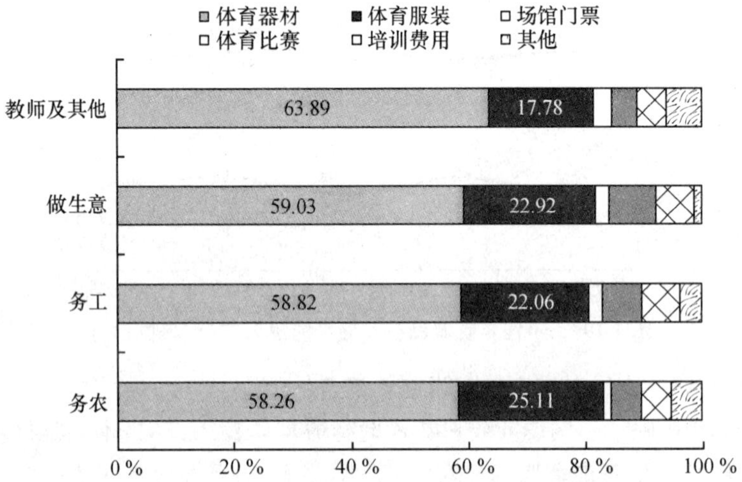

图 7-110 不同职业农民花钱健身的投入方向(单位:%)

表 7-111 不同文化程度农户花钱健身的投入方向 (单位:%,个)

文化程度	体育器材	体育服装	场馆门票	体育比赛	培训费用	其他	合计
文盲	62.65	16.87	2.41	4.82	3.61	9.64	100(83)
小学	55.05	25.51	1.52	6.56	6.56	4.80	100(396)
初中	60.31	23.92	1.56	5.20	4.85	4.16	100(577)
高中	62.13	23.40	0.85	4.68	5.11	3.83	100(235)
大专及以上	64.00	14.00	2.00	10	4.00	6.00	100(50)

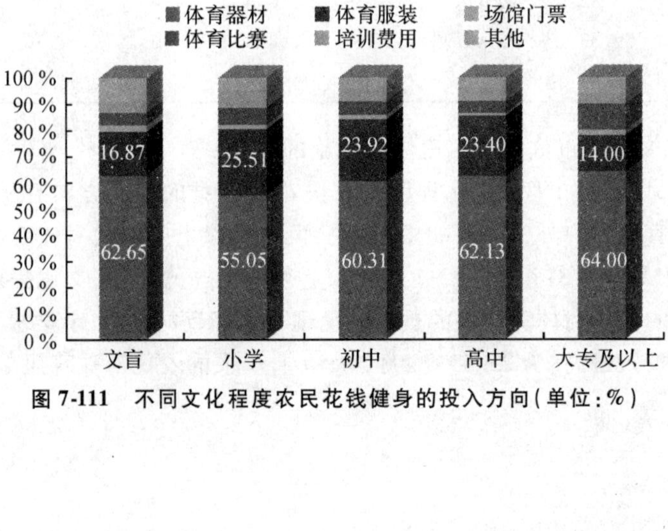

图 7-111 不同文化程度农民花钱健身的投入方向(单位:%)

第四节　经营性文化设施

农村经营性文化设施是相对于公益性文化设施而言的，它是市场化的以盈利为目的的文化场所，故更能反映农民本身的文化需求并还原农村真实的文化氛围。为切实了解当前农村经营性文化设施的建设及农民的消费使用情况，本节将主要从农村经营性文化设施构成、运营以及农户的消费和偏好等方面，对农村经营性文化设施进行深入分析和阐述。

一、主要设施

（一）经营性文化设施的拥有率

如表7-112所示，2009年29.49%的村庄有棋牌室，占比高于其他经营性文化设施；桌球室次之，占比23.68%；2010年村庄拥有率前三的经营性文化设施从高到低依次为：棋牌室（31.73%）、桌球室（21.63%）、农家乐（17.16%）；2011年棋牌室拥有率仍为最高，农家乐次之，网吧第三。总体来说，各项经营性文化设施的村庄拥有率都呈现下降趋势，桌球室最明显，其2011年占比较2009年下降了15.11个百分点。数据表明，棋牌室一直是拥有率最高的农村经营性文化设施，农家乐逐渐取代桌球室成为农村第二大经营性文化设施。

表7-112　2009—2011年经营性文化设施场地拥有率　（单位：%，个）

年份	网吧	录像厅	桌球室	农家乐	茶馆	棋牌室	歌舞厅	样本
2009	14.58	1.45	23.68	20.39	11.11	29.49	5.80	156
2010	13.17	2.00	21.63	17.16	11.88	31.73	5.64	208
2011	11.82	1.00	8.57	18.58	7.69	22.73	3.92	113

（二）经营性文化设施的拥有量

1. 经营性文化设施的村均拥有量。

如图7-113所示，2009—2011年样本村庄全国经营性文化场地总量均值分别为2.74个、2.30个、1.98个，呈逐年下降趋势；南方村均经营性文化场地拥有量高于北方。从不同类型的经营性文化设施来看，全国除桌球室和茶馆外，网吧、农家乐、棋牌室的趋势均呈现不规则变动，其中网吧和农家乐呈"V"字型变动，而棋牌室则呈倒"V"字型变动。北方地区除棋牌室数量有所增长外，其余经营性文化设施均逐年下降；南方地区网吧和茶馆有所上升。北方地区村均农家乐数量一直

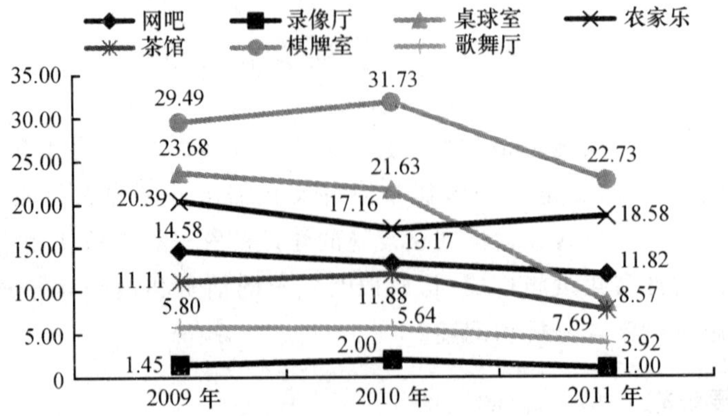

图 7-112　2009—2011 年村庄经营性文化设施场地拥有率(单位:%)

高于其他文化设施,南方村均拥有量最多的是棋牌室。也就是说,棋牌室和农家乐分别是南、北方农村主要的经营性文化设施。

表 7-113　2009—2011 年不同地区经营性文化设施村均数量　(单位:个)

经营性文化设施	2009 年			2010 年			2011 年		
	全国	北方	南方	全国	北方	南方	全国	北方	南方
总场地	2.74	2.47	3.01	2.30	2.17	2.49	1.98	1.62	2.29
网吧	0.31	0.24	0.39	0.25	0.24	0.26	0.30	0.08	0.50
桌球室	0.48	0.28	0.67	0.34	0.25	0.42	0.23	0.12	0.32
农家乐	1.24	1.78	0.71	1.00	1.16	0.84	1.50	2.54	0.61
茶馆	0.65	0.25	0.97	0.62	0.20	1.01	0.54	0	1.10
棋牌室	1.06	0.47	1.60	1.18	1.00	1.35	1.10	0.37	1.52
样本	156	75	81	208	101	107	113	52	61

考察东、中、西部地区经营性文化设施均值情况,如表 7-114,西部地区连续三年经营性文化设施总量均为最多,2011 年其场地均值为 2.9 个,比东部和中部分别多 1.21 个和 1.41 个。经营性文化场地村均数量呈下降趋势,东部地区最为明显,从 2009 年的 2.29 个降到 2011 年的 1.71 个。从不同经营性文化设施类型分析可知,2009 年,东、中部地区均以农家乐和茶馆数量最多,西部是以茶馆(2.13 个)和农家乐(1.52 个)居多,2010 年,东、中、西部地区各类经营性文化设施的数量分布与 09 年一致,2011 年,东、中部地区仍旧以农家乐和棋牌室为主,而西部地区则转变为以棋牌室(1.33 个)和茶馆(1.68 个)为主,农家乐数量急剧下降。总的来说,各地经营性文化设施主要是以农家乐和棋牌室为主,且呈现逐年增加的趋势。

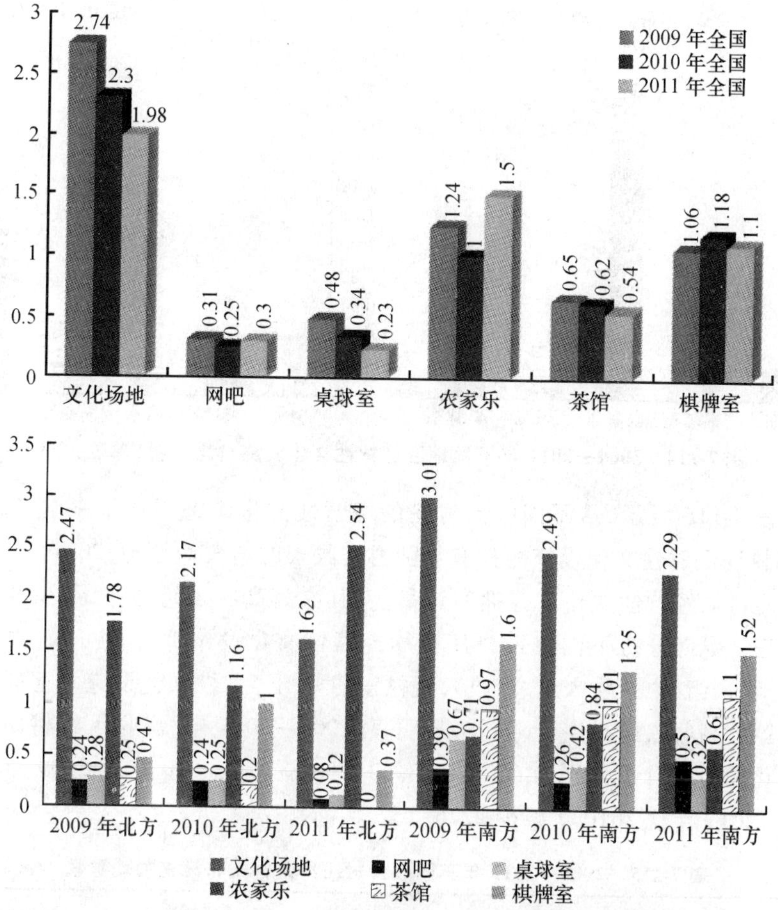

图 7-113　2009—2011 年不同地区经营性文化设施村均数量(单位:个)

表 7-114　2009—2011 年不同地区经营性文化设施村均数量　(单位:个)

设施名称	2009 年			2010 年			2011 年		
	东部	中部	西部	东部	中部	西部	东部	中部	西部
总场地	2.29	1.89	4.75	2.14	2.36	2.37	1.71	1.49	2.90
网吧	0.40	0.16	0.41	0.40	0.32	0.02	0.24	0.22	0.52
桌球室	0.47	0.42	0.58	0.37	0.24	0.45	0.18	0.03	0.57
农家乐	1.36	0.93	1.52	1.43	0.79	0.88	1.83	1.71	0.81
茶馆	0.13	0.02	2.13	0.20	0.23	1.46	0.13	0.11	1.68
棋牌室	0.88	1.38	0.81	0.90	1.64	0.83	0.67	1.15	1.33
样本	53	57	42	56	81	67	39	41	32

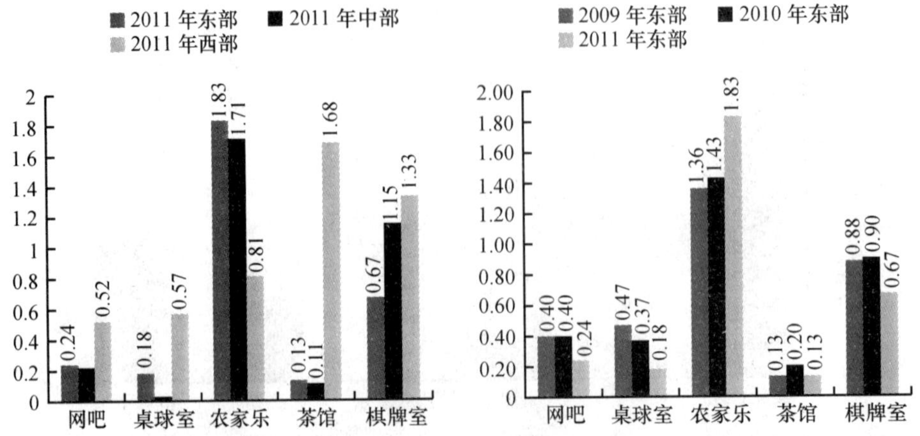

图 7-114　2009—2011 年不同地区经营性文化设施村均数量(单位:个)

如表 7-115 所示,从不同收入村庄的经营性文化设施均值量来看,2009 年、2010 年村均经营性文化设施的拥有量随村庄收入的增长而增加;2011 年,中低收入组村庄村均经营性文化设施拥有量最高,其次为高收入组村庄,最少的为低收入组村庄。纵向分析不同收入村庄村均经营性文化设施拥有量可知,中低收入组、中等收入组、中高收入组、高收入组村庄的村均经营性文化设施总拥有量逐年减少,其中,高收入组村庄下降趋势最明显,2009—2011 年,高收入组村庄村均经营性文化设施拥有量分别为 6. 31 个、3. 63 个、1. 37 个,2010 年比 2009 年减少了 2. 68 个,2011 年比 2010 年减少 2. 26 个。

表 7-115　2009—2011 年不同收入村庄经营性文化设施村均数量　(单位:个)

收入分组	2009 年	2010 年	2011 年	有效样本
低收入组	1. 15	1. 52	0. 22	36
中低收入组	1. 78	1. 65	2. 27	37
中等收入组	2. 39	1. 32	1. 03	37
中高收入组	3. 50	3. 28	1. 65	34
高收入组	6. 31	3. 63	1. 37	38

2. 经营性文化设施的人均拥有量。

如表 7-116 所示,2009—2011 年样本村庄全国经营性文化场地人均拥有量分别为 1. 83 个/千人、1. 16 个/千人、1. 75 个/千人,呈下降趋势;北方千人均经营性文化场地拥有量一直高于南方,且差距在逐渐拉大。从不同类型的经营性文化设施来看,全国除农家乐千人均拥有量呈“V”字型变动,其他设施的千人均拥有量

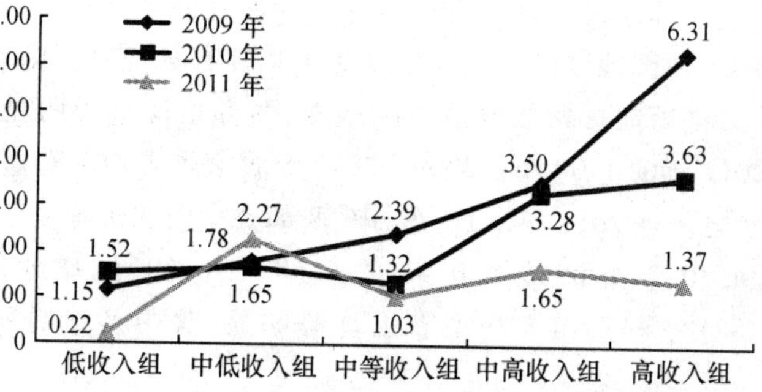

图 7-115　2009—2011 年不同收入村庄经营性文化设施数量均值(单位:个)

趋势不明显。就 2011 年经营性文化设施千人均数量南北差异来看,北方在农家乐均值上明显高于南方,平均千人拥有 5.02 家农家乐;南方在其他经营性文化设施人均拥有上更有优势,其中棋牌室差异最明显,茶馆次之,网吧第三。

表 7-116　2009—2011 年南、北方经营性文化设施千人均数量　(单位:个)

经营性文化设施	2009 年			2010 年			2011 年		
	全国	北方	南方	全国	北方	南方	全国	北方	南方
总场地	1.83	2.26	1.40	1.16	1.55	0.83	1.75	2.81	0.86
网吧	0.11	0.10	0.11	0.09	0.10	0.09	0.10	0.02	0.17
桌球室	0.17	0.16	0.19	0.16	0.18	0.14	0.13	0.13	0.15
农家乐	1.31	2.14	0.48	0.61	1.03	0.26	2.45	5.02	0.27
茶馆	0.28	0.21	0.34	0.27	0.14	0.37	0.15	0	0.28
棋牌室	0.57	0.32	0.81	0.56	0.52	0.60	0.53	0.24	0.77
样本	160	79	81	204	94	110	206	94	112

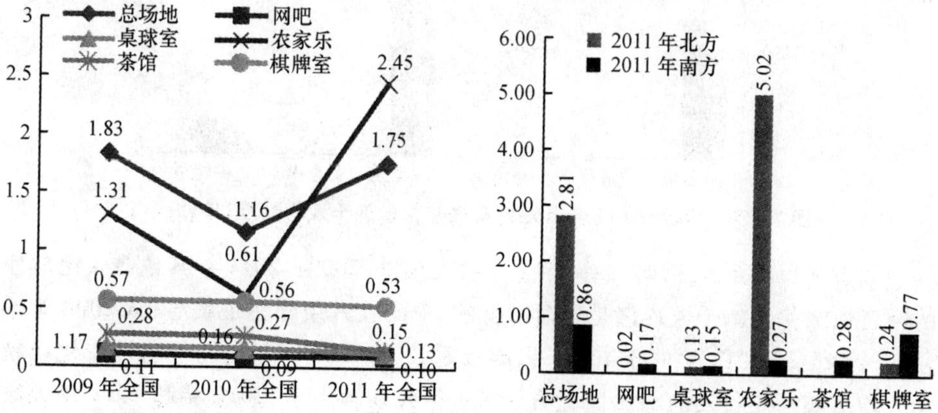

图 7-116　2009—2011 年各地区经营性文化设施千人均数量(单位:个)

考察东、中、西部地区经营性文化设施人均拥有情况,如表 7-117,除中部外,2009—2011 年东、西部地区经营性文化设施人均拥有量均呈下降趋势,西部更为明显。经营性文化场地村均数量呈下降趋势,西部地区最为明显,从 2009 年的 2.28 个降到 2011 年的 1.08 个。2009—2011 年农家乐人均拥有量一直高于其他设施,棋牌室次之。就 2011 年来看,东、中、西部农家乐和棋牌室千人均拥有量分别为 2.00 个、4.30 个、0.65 个和 0.42 个、0.68 个、0.50 个,中部均值明显较高;西部在网吧、桌球室和茶馆人均拥有上优势明显,其中茶馆最显著,其均值为 0.44 个。

表 7-117 2009—2011 年各地经营性文化设施千人均数量 (单位:个)

设施名称	2009 年			2010 年			2011 年		
	东部	中部	西部	东部	中部	西部	东部	中部	西部
总场地	1.55	1.78	2.28	1.42	0.84	1.33	1.41	2.59	1.08
网吧	0.14	0.08	0.11	0.12	0.14	0.01	0.11	0.08	0.13
桌球室	0.19	0.13	0.21	0.17	0.09	0.22	0.15	0.01	0.29
农家乐	1.47	1.33	1.09	1.15	0.25	0.61	2.00	4.30	0.65
茶馆	0.08	0.01	0.89	0.09	0.12	0.60	0.02	0.06	0.44
棋牌室	0.40	0.85	0.40	0.49	0.65	0.51	0.42	0.68	0.50
样本	56	64	40	59	80	65	67	77	62

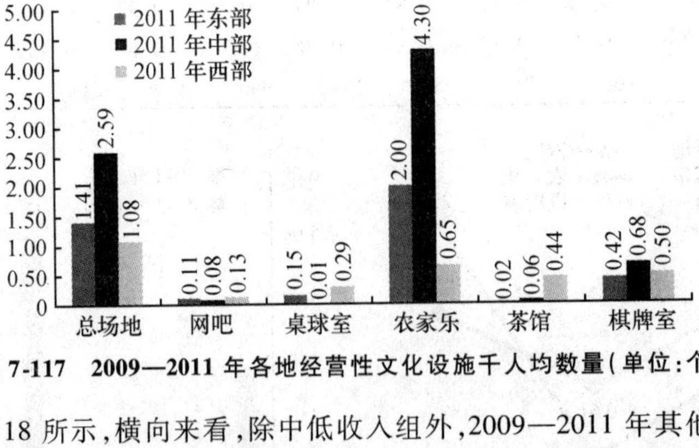

图 7-117 2009—2011 年各地经营性文化设施千人均数量(单位:个)

如表 7-118 所示,横向来看,除中低收入组外,2009—2011 年其他收入组村庄的经营性文化设施千人均值是逐渐降低的,中高收入组降幅最明显,从 2009 年的 3.28 个降到了 2011 年的 0.46 个;纵向来看,2009—2011 年村庄经营性文化设施千人均值随村庄收入的增加而上升,2009 年为逐渐上升,2010 年和 2011 年为波动上升。以2011年来说,低收入组村庄经营性文化设施千人均值最低,为0.16个;中低收入组最高,为2.00个,高收入组次之。总体而言,经营性文化设施人均拥有量一般随村庄收入的上升而增加,但趋势不显著。

表7-118　2009—2011年各收入村庄经营性文化设施千人均值　(单位:个)

收入分组	2009年	2010年	2011年	有效样本
低收入组	0.79	0.56	0.16	36
中低收入组	1.14	1.21	2.00	37
中等收入组	1.21	0.66	0.73	37
中高收入组	3.28	1.04	0.46	34
高收入组	3.42	2.13	0.87	38

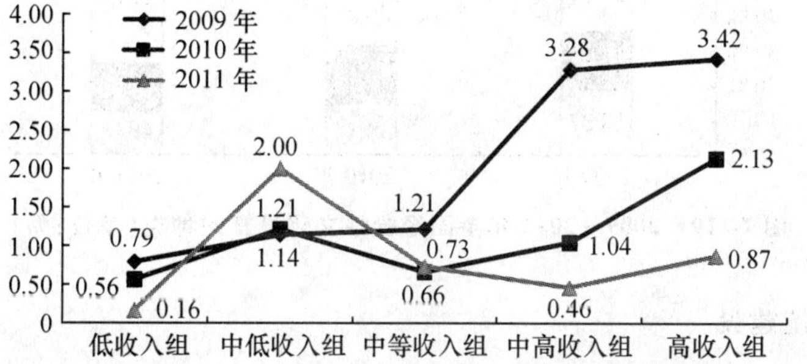

图7-118　2009—2011年不同收入村庄经营性文化设施千人均数量(单位:个)

(三)农村经营性文化设施的种类

考察2009—2011年全国经营性文化设施种类,如图7-119所示,2009年全国最主要的经营性文化设施是棋牌室,占比为28.30%,其次是是农家乐(22.64%)和网吧(18.87%),2010年,经营性文化设施占比在前两位的仍旧是棋牌室(33.33%)和农家乐(20.20),第三位的由2009年的网吧变为桌球室(16.16%)。2011年,全国最主要的经营性文化设施为农家乐(33.65%)、棋牌室(22.12%)、桌球室(13.46%),可见,村庄最主要的经营性文化构成逐年由棋牌室向农家乐转向,农家乐逐渐成为第一大经营性文化设施;从构成经营性文化设施的主要设施占比来看,网吧、桌球室、棋牌室的占比逐年下降,农家乐、茶馆、录像厅、歌舞厅在逐年增加。

表 7-119 2009—2011 年全国经营性文化设施的种类 (单位:%)

年份	网吧	录像厅	桌球室	农家乐	茶馆	棋牌室	歌舞厅	合计
2009	18.87	0	16.98	22.64	10.38	28.30	2.83	100
2010	14.14	1.01	16.16	20.20	12.12	33.33	3.04	100
2011	11.54	0.96	13.46	33.65	14.42	22.12	3.85	100

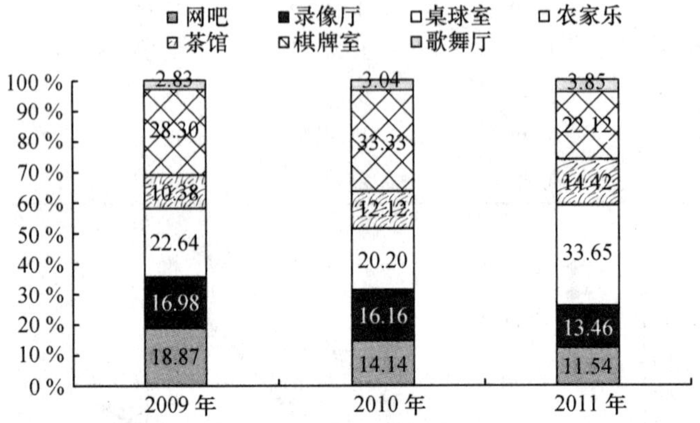

图 7-119 2009—2011 年全国经营性文化设施的种类(单位:%)

二、设施建设

(一)经营性文化设施的完善度

考察各种经营性文化设施的完善度,这里把十分完善和比较完善归为“完善”组,把比较匮乏和很匮乏归为“匮乏”组。如图 7-120 所示,农家乐的完善率最高,为 47.06%,棋牌室完善率为 31.82%,排第二;网吧完善率最低,为 25.00%。从匮乏率来看,茶馆的比较匮乏和很匮乏占比为 28.57% 和 14.29%,匮乏率为 42.86%,高于其他设施;农家乐匮乏率最低,为 11.76%。综合可知,农村经营性文化设施不太完善,其中农家乐完善度最高,茶馆和网吧则较低。

表 7-120 经营性文化设施的完善度 (单位:%,个)

设施完善度	十分完善	比较完善	一般	比较匮乏	很匮乏	合计
网吧	0	25.00	58.34	8.33	8.33	100(12)
桌球室	0	0	66.67	16.67	16.66	100(6)
农家乐	0	47.06	41.18	5.88	5.88	100(17)
茶馆	0	28.57	28.57	28.57	14.29	100(7)
棋牌室	4.55	27.27	40.91	22.73	4.55	100(22)

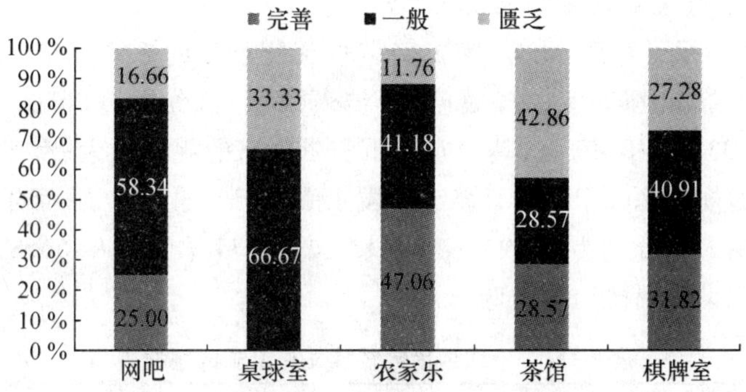

图 7-120　经营性文化设施的完善度(单位:%)

(二) 经营性文化设施的面积

考察不同地区不同经营性文化场地面积情况,如表 7-121 所示,从全国来看,农家乐面积最大,为 401. 47 平方米,其次为棋牌室和网吧,面积分别为 56. 55 平方米和 34. 76 平方米,桌球室面积最小,为 7. 33 平方米。从南北方来看,南方各类经营性文化场地面积均大于北方,其中南方地区网吧、桌球室、农家乐、茶馆、棋牌室面积分别为 37. 27 平方米、10 平方米、435. 86 平方米、48. 89 平方米、79. 72 平方米。

表 7-121　不同地区经营性文化设施的面积均值　(单位:平方米,个)

地区	网吧	桌球室	农家乐	茶馆	棋牌室	样本数
全国	34. 76	7. 33	401. 47	27. 50	56. 55	29
北方	32. 00	5. 00	351. 46	—	18. 64	11
南方	37. 27	10	435. 86	48. 89	79. 72	18

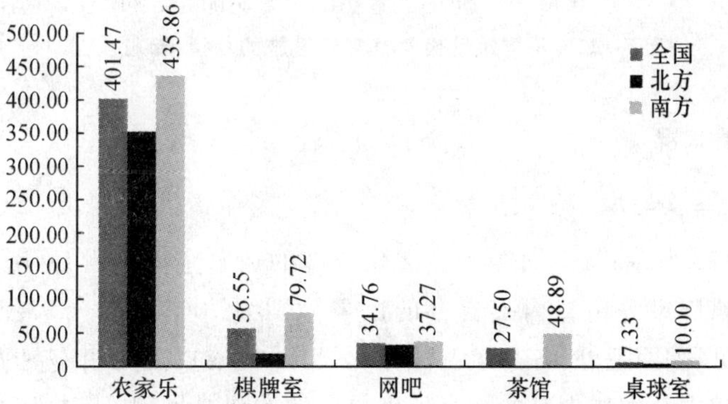

图 7-121　不同地区经营性文化设施的面积均值(单位:平方米)

(三) 经营性文化设施的规模

表 7-122 显示了全国、北方、南方经营性文化设施的平均规模,全国网吧、桌球室、农家乐、茶馆、棋牌室的规模(即容纳人数)均值分别为 26.80 人、8.93 人、48.95 人、11.33 人、40.40 人,其中农家乐和棋牌室的规模最大;南方农村各经营性文化设施的规模均大于北方且高于全国水平,网吧、桌球室、农家乐、茶馆、棋牌室平均可容纳人数分别为 28.92 人、14.13 人、51.54 人、17 人、56.82 人;北方各类经营性文化设施规模均为最低。

表 7-122 不同地区经营性文化设施的规模表 (单位:人,个)

地区	网吧	桌球室	农家乐	茶馆	棋牌室	样本数
全国	26.80	8.93	48.95	11.33	40.40	25
北方	22.86	2.00	44.75	—	5.50	8
南方	28.92	14.13	51.54	17.00	56.82	17

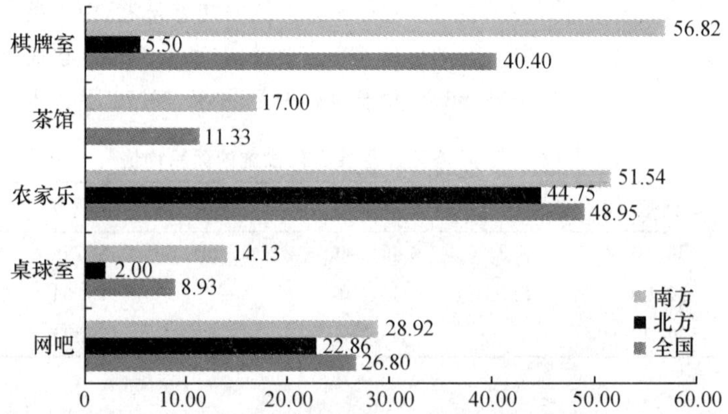

图 7-122 不同地区经营性文化设施的规模(单位:人)

三、运营状况

(一) 经营性文化设施的运营主体

如表 7-123 所示,从不同经营性文化设施的运营主体来看,网吧、桌球室、农家乐、茶馆、棋牌室等由村内人自办的比重分别为 70%、100%、93.33%、100%、90.48%,可见,除网吧外,各类经营性文化设施,九成以上是由本村人自办,其中桌球室和茶馆完全由村内自办。有外来投资的主要是网吧,占比为 20%,值得注意的是,农家乐、棋牌室也少量出现外来投资现象,占比分别为 6.67%、4.76%。

表 7-123　经营性文化设施的运营主体　（单位：个，%）

运营主体	村内自办	外来投资	其他	合计
网吧	70	20	10	100(10)
桌球室	100	0	0	100(5)
农家乐	93.33	6.67	0	100(15)
茶馆	100	0	0	100(4)
棋牌室	90.48	4.76	4.76	100(21)

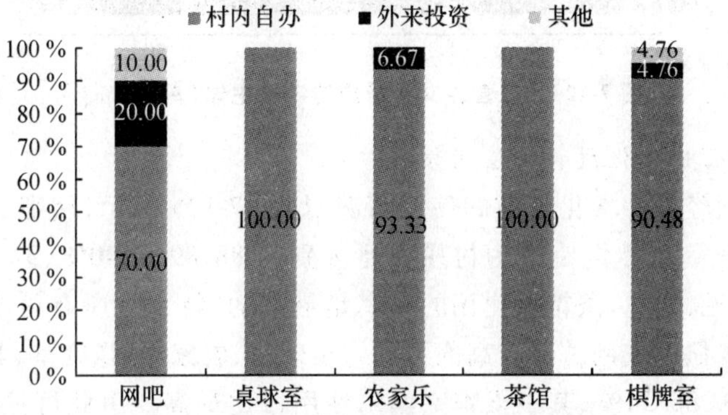

图 7-123　经营性文化设施的运营主体图（单位：%）

（二）经营性文化设施的消费主体

考察不同经营性文化设施的消费主体情况，如表 7-124 所示，网吧的消费主体主要是青年人，占比为 70%，其次则为 20% 的青少年；桌球室消费主体全部为青年人；农家乐的消费主体则主要为中年人，占比为 53.33%；茶馆的消费主体近七成为老年人；棋牌室的消费主体主要为中年人，占比 66.67%。

表 7-124　经营性文化设施的消费主体　（单位：%，个）

消费主体	少年儿童	青年人	中年人	老年人	其他	合计
网吧	20	70	0	0	10	100(10)
桌球室	0	100	0	0	0	100(5)
农家乐	6.67	13.33	53.33	0	26.67	100(15)
茶馆	0	0	16.67	66.67	16.66	100(6)
棋牌室	0	14.29	66.67	14.29	4.76	100(21)

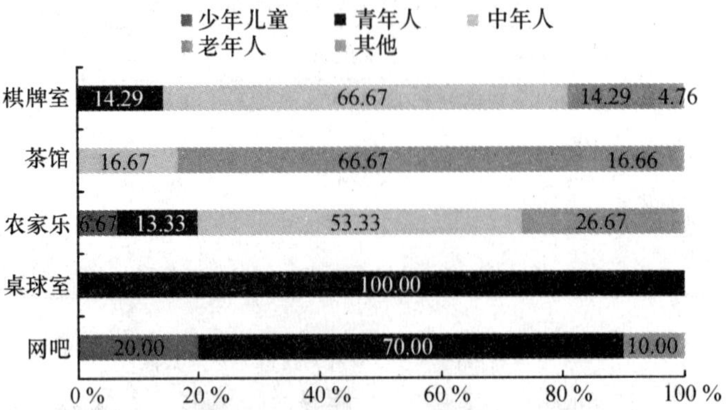

图 7-124 经营性文化设施的消费主体(单位:%)

(三)经营性文化设施的使用频率

考察不同经营性文化设施的使用情况,如图7-125所示,网吧、桌球室、农家乐、茶馆、棋牌室被经常使用的村庄占比分别为88.89%、40%、32.43%、100%、11.76%。可见,网吧、茶馆被使用的频率是最高的,特别是所有村庄的茶馆都是经常使用的。偶尔使用占比较高的主要为桌球室、农家乐、棋牌室,其比重分别为60%、65.57%、88.24%,其中棋牌室偶尔使用占比最高。由此可见,茶馆和网吧的使用频率相对较高,农家乐使用频率相对较低。

表 7-125 经营性文化设施的使用率 (单位:%,个)

使用率	经常	偶尔	合计
网吧	88.89	11.11	100(9)
桌球室	40	60	100(5)
农家乐	32.43	67.57	100(37)
茶馆	100	0	100(5)
棋牌室	11.76	88.24	100(17)

(四)经营性文化设施的收费标准

如表7-126所示,全国网吧、桌球室、农家乐、茶馆、棋牌室的收费均值分别为0.88元/人、1.14元/人、22.75元/人、0.71元/人、2.88元/人,其中农家乐收费最多,茶馆收费最低;从东、中、西部地区各类经营性文化设施收费情况来看,中部地区网吧收费最高,为1.15元/人,西部地区桌球室、农家乐、茶馆收费均值最高,分别为2.50元/人、54.60元/人、3.00元/人;东部地区棋牌室收费最高,为3.20元/人。

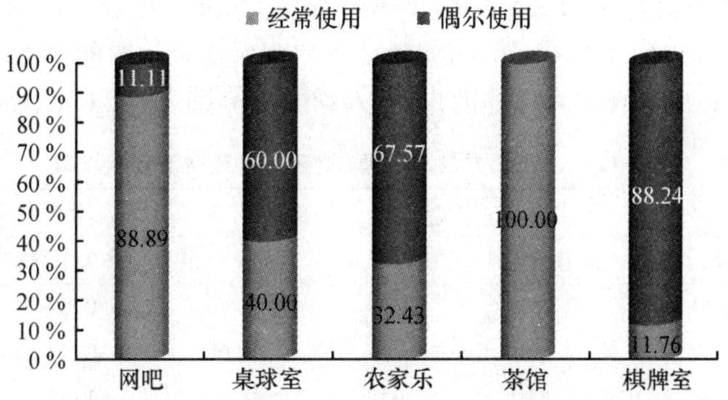

图 7-125　经营性文化设施的使用率(单位:%)

表 7-126　不同地区经营性文化设施的收费标准　　(单位:元/人,%)

地区分组	网吧	桌球室	农家乐	茶馆	棋牌室	样本数
全国	0.88	1.14	22.75	0.71	2.88	25
东部	0.63	1.38	0	0.14	3.20	39
中部	1.15	0	20.22	0	2.70	37
西部	0.50	2.50	54.60	3.00	2.60	17

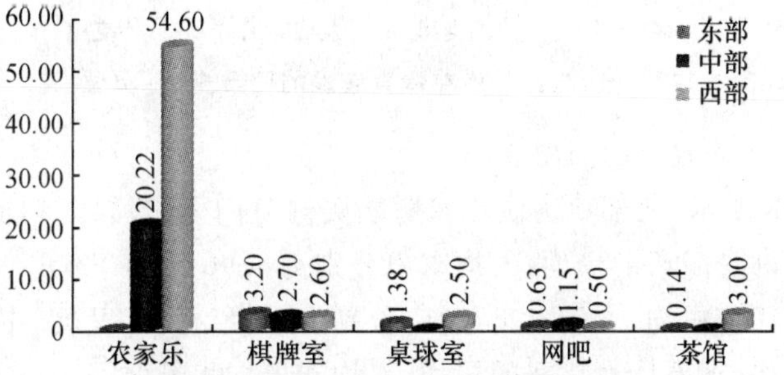

图 7-126　不同地区经营性文化设施的收费标准(单位:元/人)

四、文体消费

(一) 农民在体育场地的消费

1. 南、北方农户的门票支出。

如表 7-127 所示,样本农户 2011 年户均健身门票、体育比赛的门票费用分别为 1.98 元、2.59 元,人均健身门票、体育比赛的人均支出分别为 0.43 元、0.80 元,农户观看体育比赛的户均、人均支出均大于购买健身门票的支出。其中北方地区农户用于健身门票的支出均高于南方地区,北方地区农户健身门票户均、人均支出分别为2.95元、0.65元;南方地区农户观看体育比赛的支出均高于北方地区,南方地区农户观看体育比赛的户均、人均支出分别为4.84元、1.44元。

表7-127 南、北方农户门票、观看体育比赛消费状况表 (单位:元,个)

地区	户均支出			人均支出		
	健身门票	体育比赛	有效样本	健身门票	体育比赛	有效样本
全国	1.98	2.59	1350	0.43	0.80	1353
北方	2.95	0.60	718	0.65	0.24	723
南方	0.87	4.84	632	0.19	1.44	630

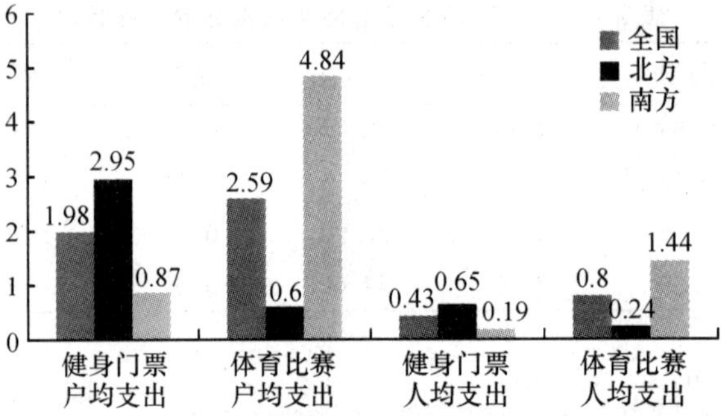

图7-127 南、北方农户在体育场地的门票支出(单位:元)

2. 东、中、西部农户的门票支出。

如表7-128所示,西部地区农户家庭购买健身门票户均、人均支出最多,西部地区农户购买健身门票的户均、人均支出分别为4.96元、0.93元。东部地区农户用于观看体育比赛户均、人均支出最高,分别为6.28元、1.99元,中部地区农户用于购买健身门票、观看体育比赛的户均、人均支出均为最低。

表7-128 东、中、西部农户在体育场地的门票支出 (单位:元,%)

地区	户均支出			人均支出		
	健身门票	体育比赛	有效样本	健身门票	体育比赛	有效样本
东部	1.06	6.28	470	0.27	1.99	469
中部	0.54	0.32	499	0.20	0.09	499
西部	4.96	1.00	381	0.93	0.26	385

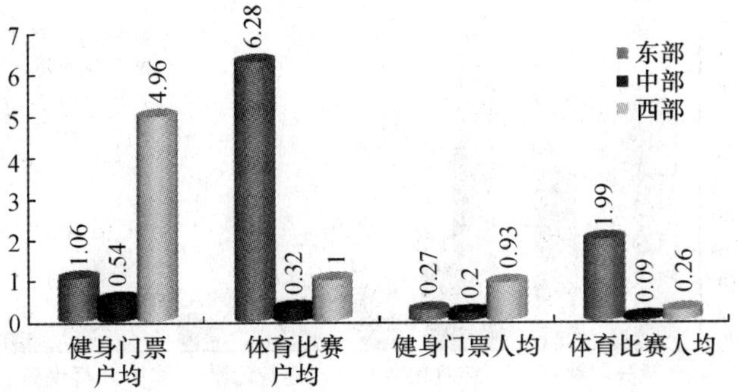

图 7-128　不同地区农户在体育场地的门票支出(单位:元)

3. 不同家庭类型农户的门票支出。

考察不同家庭类型的农户在购买健身门票、观看体育比赛的消费支出,如表 7-129 所示,从户均支出来看,健身门票和体育比赛支出最高的均是核心家庭,分别为 3.70 元和 4.72 元。从人均支出来看,健身门票支出最大的为核心家庭(0.65 元),其次为主干家庭(0.42 元),体育比赛人均支出最大的家庭类型为核心家庭(1.46 元)。综合可知,核心家庭的农户在经营性体育设施中消费大于其他家庭类型的农户。

表 7-129　不同家庭类型农户的体育场地门票支出　(单位:元,个)

家庭类型	户均支出			人均支出		
	健身门票	体育比赛	有效样本	健身门票	体育比赛	有效样本
核心家庭	3.70	4.72	606	0.65	1.46	608
空巢家庭	0	1.18	170	0	0.59	170
扩大家庭	0	0	104	0	0	104
主干家庭	2.64	0.84	415	0.42	0.16	417

(二) 农民在电影院的消费

1. 南、北方农户的电影票支出。

考察不同地区农户看电影支出情况,2009 年、2010 年、2011 年全国农村家庭平均电影消费为 13.32 元、2.89 元、7.01 元,2010 年较之于 2009 年大幅度下降,2011 年比 2010 年上升了 4.20 元。2009—2011 年,南方地区户均电影支出分别为 22.38 元、3.84 元、11.23 元,人均电影消费支出为 4.66 元、0.89 元、2.35 元,连续三年均高于北方地区农户相应支出。(见表 7-130、图 7-130)

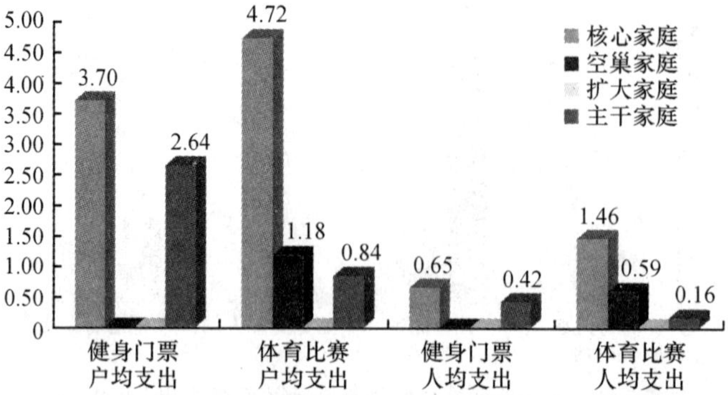

图 7-129　不同家庭类型农户的体育场地门票的支出（单位：元）

表 7-130　2009—2011 年不同地区农户的电影票支出　（单位：元，个）

地区	2009 年		2010 年		2011 年		有效样本
	户均支出	人均支出	户均支出	人均支出	户均支出	人均支出	
全国	13.32	2.81	2.89	0.70	7.01	1.62	3654
北方	6.37	1.16	1.79	0.43	2.87	0.90	1532
南方	22.38	4.66	3.84	0.89	11.23	2.35	2122

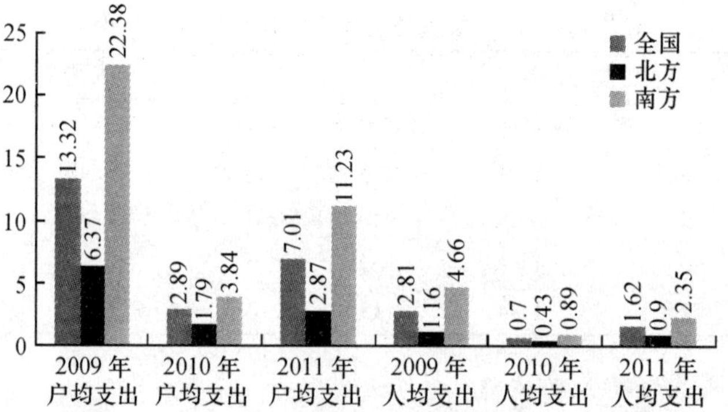

图 7-130　2009—2011 年不同地区农户的电影票支出（单位：元）

2. 南、北方农户的电影票支出。

从横向来看，东部地区连续三年户均、人均支出最多，2011 年均值分别为 9.42 元、2.36 元；2009 年西部农户电影票支出均值低于中部，2010 年和 2011 年则高于中部。可见，三年来东部地区农户的电影消费支出最多，其次为西部地区，最低的为中部地区。从纵向分析，由于 2010 年户均、人均电影消费支出较低的影响，东、中、西部地区农户电影支出大都呈现出“V”字型变动。

表 7-131　2009—2011 年不同地区农户的电影票支出　（单位：元，个）

地区	2009 年		2010 年		2011 年		有效样本
	户均支出	人均支出	户均支出	人均支出	户均支出	人均支出	
东部	26.08	5.00	4.97	1.14	9.42	2.36	1055
中部	7.69	1.85	1.51	0.39	2.98	0.64	1401
西部	3.47	0.64	2.95	0.67	9.05	1.91	1198

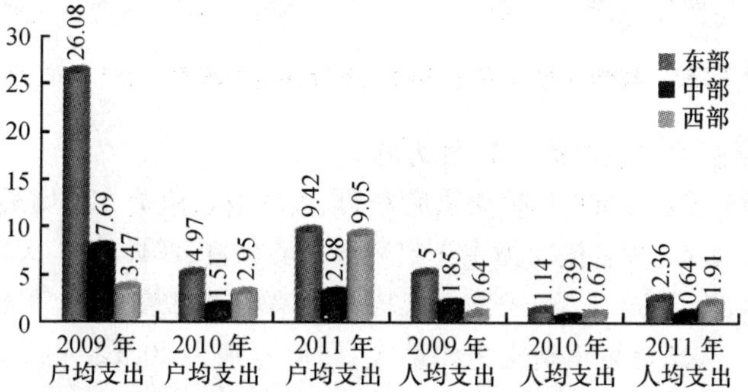

图 7-131　2009—2011 年不同地区农户的电影票支出（单位：元）

3. 不同家庭收入农户的电影票支出。

考察不同收入农户家庭看电影消费支出情况，如表 7-132 所示，2009 年电影支出均值最高的是高收入户的农户，户均支出均值为 46.02 元，最低的为中低收入户的农户，户均电影票支出 2.91 元。2010 年和 2011 年高收入户农户家庭电影支出仍为最高。从纵向来看，除高收入户农户外，其他收入组农户的电影票支出差别不大，这表明看电影属于高端的经营性文化消费。

表 7-132　2009—2011 年不同收入家庭观的电影票支出　（单位：元，个）

收入分组	2009 年		2010 年		2011 年		有效样本
	户均支出	人均支出	户均支出	人均支出	户均支出	人均支出	
低收入户	3.10	0.62	0.67	0.22	4.57	1.29	814
中低收入户	2.91	0.50	2.88	0.73	3.34	0.91	680
中等收入户	9.88	2.80	1.58	0.26	2.25	0.56	640
中高收入户	6.19	1.27	0.73	0.17	5.13	1.33	712
高收入户	46.02	8.65	8.43	1.94	19.68	3.99	695

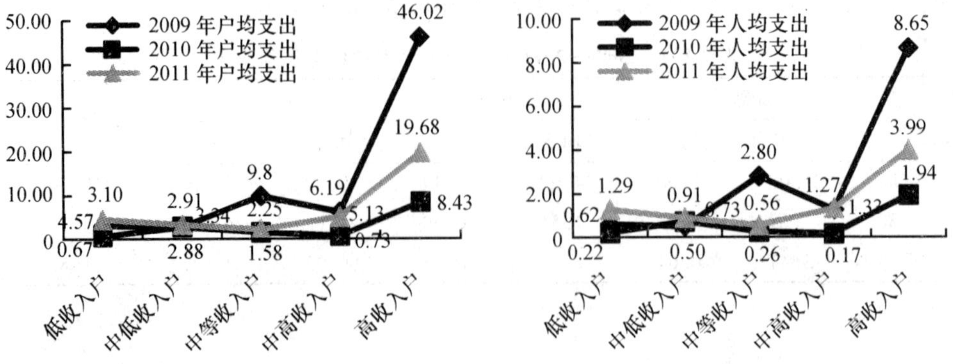

图 7-132 2009—2011 年不同收入家庭观的电影票支出（单位：元）

4. 不同家庭类型农户的电影票支出。

如表 7-133 所示，2009 年扩大家庭户均、人均电影消费支出均最大，均值分别为 49.53 元、8.2 元，其后依次为主干家庭和核心家庭；2010 年扩大家庭户均电影消费支出最多，为 5.39 元，主干家庭人均电影消费支出最多，为 0.89 元；2011 年扩大家庭户均、人均电影消费支出均最大，均值分别为 20.12 元、2.86 元，其后依次为主干和核心家庭。从纵向来看，除空巢家庭电影消费人均支出连续三年增长外，其余家庭类型的电影消费有不同程度的下降。

表 7-133 不同家庭类型农户观看电影消费状况表 （单位：元，个）

家庭类型	2009 年		2010 年		2011 年		有效样本
	户均支出	人均支出	户均支出	人均支出	户均支出	人均支出	
核心家庭	9.55	2.41	2.71	0.77	4.72	1.41	1784
空巢家庭	1.21	0.24	0.52	0.26	3.23	1.46	392
扩大家庭	49.53	8.20	5.39	0.80	20.12	2.86	261
其他家庭	3.48	0.70	0	0	0	0	97
主干家庭	13.62	2.54	4.49	0.89	9.30	1.82	913

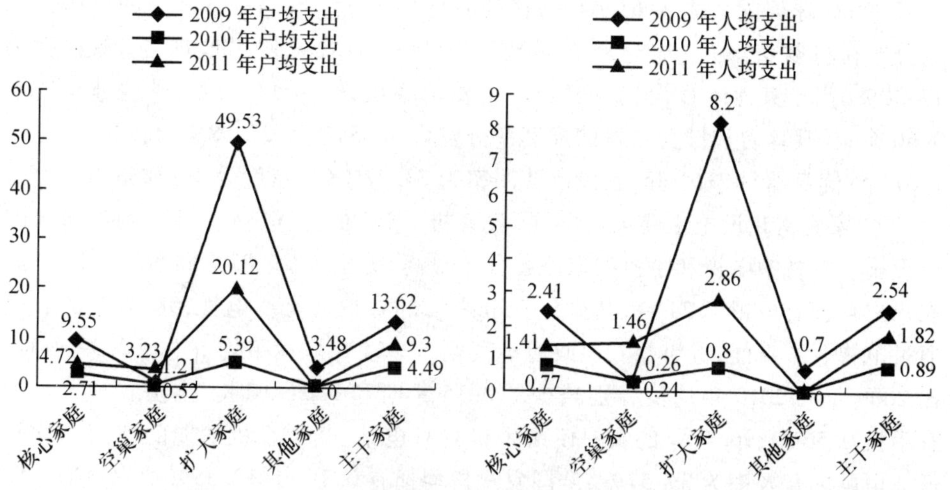

图 7-133　不同家庭类型农户观看电影消费状况（单位：元）

本 章 提 要

• 全国公共文娱场地的村庄覆盖率为 82.71%，2011 年村均拥有公共文娱场地 2.38 个，千人平均拥有数为 1.65 个，是 2009 年均值的 1.43 倍；公共文娱设施管理员平均配备率为 63.89%，约四分之三的村庄文娱设施管理员为村干部；近一成村庄的公共文娱设施年久失修。在各类公共文娱场地中，图书阅览室的覆盖率最高，2011 年村庄占比达 90.64%，村均图书阅览室数量为 1.12 个，约 7% 的村庄从不开放图书阅览室。农民平均 29.59 天去一次图书阅览室，其满意度为 75.13%，在不满意图书阅览室的农民中，43.17% 的认为农民对参与读书热情不高。综合活动广场次之，覆盖率为 55.92%，村均数量为 0.70 个，其村均使用率达 93.67%，高于其他公共文娱设施。全国老年人活动中心覆盖率为 40.88%，村均数量为 0.56 个；农民平均 25.06 天去一次老年人活动中心，农民的满意度为 80.87%，超五分之一的不满者不满的原因是活动次数较少。

• 全国公共体育场地的村庄覆盖率为 52.75%，不足 10% 的村庄配备了体育指导员，12.24% 的村庄有活动站点。村均拥有体育场地 1.25 个；体育指导员 0.17 人，平均一人指导 1642.98 人；活动站点人员 0.47 人，平均一人指导 1453.94 人。全国样本农户最期盼的公共体育设施为体育器材，期盼率为 57.18%。在各类公共体育设施中，篮球场的覆盖率最高，为 68.57%，村均篮球场

1.07个;篮球架配套率为63.64%,村均篮球架1.60个;约三分之一的村庄篮球场分布在村委会,超一成分布在学校。63.08%的农民使用篮球场,满意度为47.30%,高于其他体育设施。健身广场覆盖率次之,为44.76%,村均健身广场0.66个;乒乓球台和健身器材的配套率分别为45.54%和27.98%,村均乒乓球台1.01个,健身器材2.61套;农民的使用率为73.72%,满意度为46.38%。

• 家庭文化设施主要包括电视、收音机、书籍报刊、电脑、手机、MP3和MP4等设施。农村中电视和手机的家庭普及率最高,分别为99.05%和96.58%,全国农户户均拥有电视1.24台,其中近三分之二的农户通有线电视,58.37%的农民通过电视收看新闻,近半数农民收看电视剧。2011年农民平均看电视2.39小时,比2009年和2010年均值分别减少了0.15小时和0.04小时。全国农户人均拥有手机0.56个,96.47%的农户使用手机是打电话,其他手机功能的使用率均较低。电脑的普及率为39.57%,全国农户户均拥有0.36台,17.35%的农户通互联网,过半农民用电脑了解娱乐消息,29.38%的农户用电脑看电视剧。在未来会花钱健身的农民中,近六成农民选择投入体育器材,逾五分之一会购置体育服装。

• 全国村均经营性文化场地数量逐步减少,从2009年的2.74个减少到2011年的1.98个,减幅为27.74%;千人均拥有量从2009年的1.83个减少到2011年的1.75个。从经营性文化设施的种类来看,网吧、桌球室、棋牌室的比重逐年下降,农家乐、茶馆、录像厅、歌舞厅在逐年增加。2009年到2011年棋牌室一直是全国村庄覆盖率最高的经营性文化设施,2011年覆盖率为22.73%,村均拥有量为1.10个,平均可容纳约40人,收费标准为2.88元/人,偶尔使用率达88.24%;农家乐是2009年来发展较快的经营性文化设施,2011年覆盖率达18.58%,取代桌球室成为覆盖率仅次于棋牌室的第二大经营性文化设施。村均拥有量为1.50个,平均可容纳约49人,收费标准为22.75元/人,偶尔使用率达67.57%。

第八章　农民文化活动*

随着农村经济的发展，农民对精神文化生活的要求也越来越高，文化活动作为精神文化的表现形式，对于改善农民生活质量、丰富农民精神文化生活具有重要作用。加快推进文化建设也是建设社会主义新农村的重要方面。为了更好地满足农民文化需求，完善农村文化活动形式和内容，首先，需要对农民文化活动的现状加以清楚地了解和认识。本章将从农民公共文化活动、体育文化活动、休闲娱乐活动、民间信仰活动和宗教信仰活动这几个方面出发，通过对不同文化活动的描述和介绍，以期了解农村和农民文化活动的现状。

第一节　公共文化活动

公共文化作为一种公共产品，提供完善的公共文化服务是政府的一项重要责任。开展公共文化活动作为公共文化服务的一项基础环节，对丁丰富农民生活，提高农民生活质量意义重大。本节主要对农民文化活动的总体状况进行描述和分析，具体将从村庄公共文化活动的举办情况、农民对文化活动的需求、农民参与文化活动的意愿及农民对改进文化活动的建议这四个方面进行阐述和分析。

一、文化活动

表 8-1 显示了 2011 年村庄公共文化活动的举办情况。根据 258 个有效村庄的样本调查结果，平均每个村庄公共文化活动一年举办的次数为 6. 24 次，具体来看，没有举办过公共文化活动的村庄有 88 个，占比 34. 11%，其所占比重最高；其次 31. 40% 的村庄公共文化活动的举办次数在 1 至 3 次之间；举办次数在 4 至 6 次、7 至 9 次、10 次及以上的比重分别为 15. 89%、3. 87% 和 14. 73%。

---

* 本章撰写人：张利明、鲁小亚、王坤、黄上真、吴管鹏。

表 8-1　2011 年村庄公共文化活动举办次数　（单位:次,个）

	均值	中位值	样本
文化活动次数	6.24	2.00	258

表 8-2　2011 年村庄公共文化活动举办次数分组情况　（单位:个,%）

文化活动次数	样本	占比
0 次	88	34.11
1 至 3 次	81	31.40
4 至 6 次	41	15.89
7 至 9 次	10	3.87
10 次及以上	38	14.73
合计	258	100

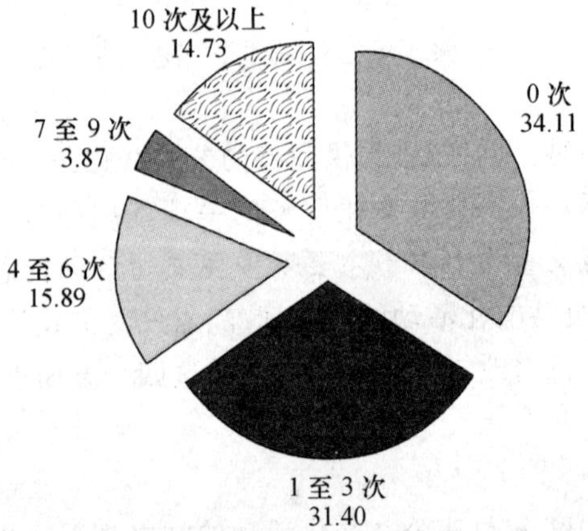

图 8-1　2011 年村庄公共文化活动举办次数分组情况(单位:%)

从时间角度看,2008 年至 2011 年村庄公共文化活动的举办次数情况可从表 8-2 得出,其中,2008 年平均每个村庄举办公共文化活动的次数为 1.82 次,随后 2009 年至 2011 年间,村庄公共文化活动的次数不断上升,由 2009 年的 5.14 次增至 2011 年的 6.24 次。

表 8-3　2008 至 2011 年村庄公共文化活动举办次数　　（单位：个，次）

年份	样本	均值
2008 年	208	1.82
2009 年	245	5.14
2010 年	260	5.65
2011 年	258	6.24

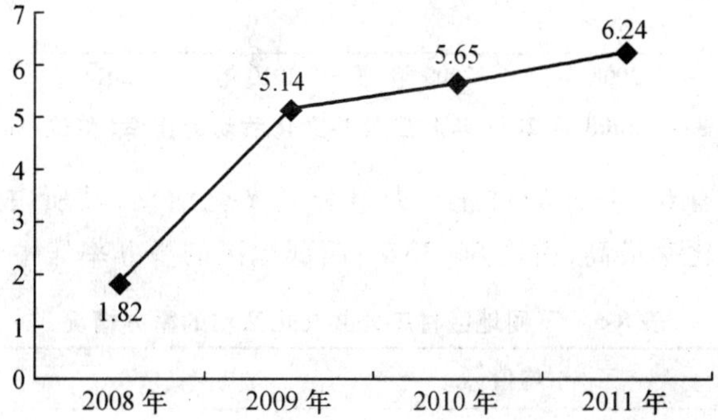

图 8-2　2008 至 2011 年村庄公共文化活动举办年平均次数（单位：次）

另一方面，从不同年份村庄举办公共文化活动的比率来看，2008 年至 2011 年间，"举办过"文化活动的村庄比率呈上升趋势，2008 年有 53.85% 的村庄"举办过"公共文化活动，"没举办过"的比率为 46.15%；2009 年村庄举办的比率升至 61.22%；2010 年和 2011 年"举办过"公共文化活动的村庄比率分别达到 63.08% 和 65.89%。

表 8-4　2008 至 2011 年村庄公共文化活动的比率　　（单位：个，%）

年份	举办过		没举办过		合计	
	样本	占比	样本	占比	样本	占比
2008 年	112	53.85	96	46.15	208	100
2009 年	150	61.22	95	38.78	245	100
2010 年	164	63.08	96	36.92	260	100
2011 年	170	65.89	88	34.11	258	100

从不同地区来看 2011 年村庄公共文化活动的举办情况，在举办次数方面，由东向西，村庄举办活动的次数依次递增，东部、中部和西部地区村庄举办文化活动的次数分别为 10.45 次、8.16 次和 3.88 次，西部地区明显偏低。在举办率方面，

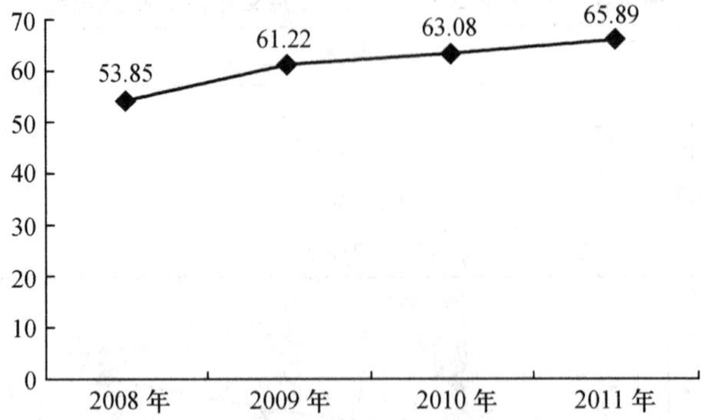

图 8-3　2008 至 2011 年村庄公共文化活动的比率(单位:%)

东部地区村庄中有 63.41% 的村庄举办过公共文化活动,其所占比重最低;中部地区村庄举办的比率最高,占比 66.33%;西部地区的举办率居中。

表 8-5　不同地区村庄公共文化活动的举办情况

地区分组	均值(次)	举办率(%)	样本(个)
东部	10.45	63.41	82
中部	8.16	66.33	98
西部	3.88	65.38	78

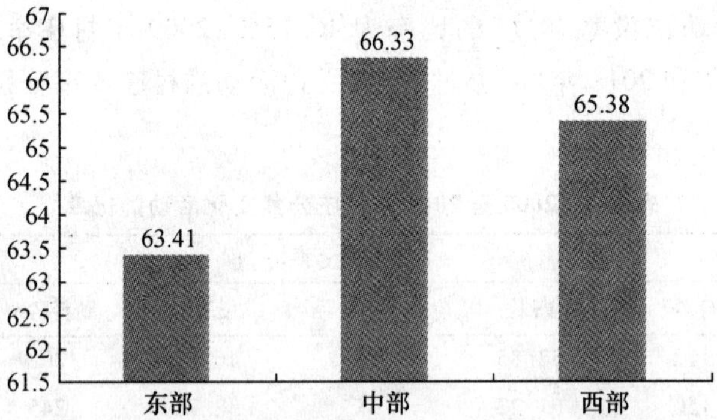

图 8-4　不同地区村庄公共文化活动的举办率(单位:%)

就不同类型的村庄而言,在举办次数方面,纯农村地区平均一年举办 5.18 次公共文化活动,而城郊村或城中村地区为 19 次,接近纯农村地区的 4 倍。在举办率方面,纯农村、城郊村或城中村分别有 63.26% 和 76.74% 的村庄举办了公共文化活动。由此可见,无论是举办次数方面还是举办率方面,城郊村或城中村的均值都明显高于纯农村的村庄。

表 8-6　不同类型村庄公共文化活动的举办情况

村庄类型	均值(次)	举办率(%)	样本(个)
农村	5.18	63.26	215
城郊村或城中村	19.00	76.74	43

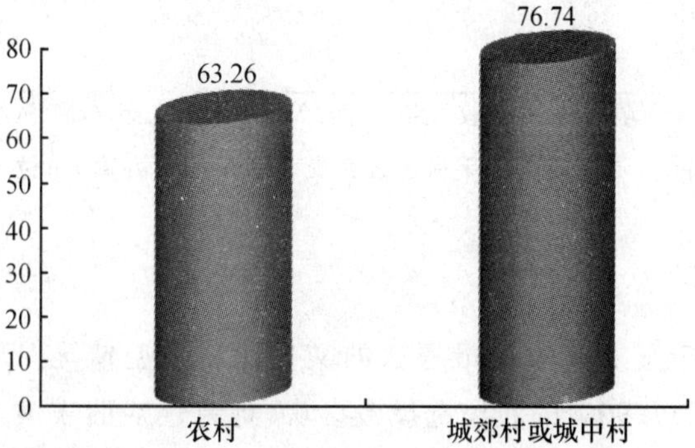

图 8-5　不同类型村庄公共文化活动的举办率(单位:%)

从村庄收入水平角度看,在举办次数方面,收入处于中高水平的村庄平均一年举办 9.98 次公共文化活动,其均值最大;中低收入组的村庄平均举办 2.87 次,其均值最小;低收入村庄、中等收入村庄和高收入村庄举办的次数分别为 3.28 次、3.93 次和 9.49 次,总体来看,随着村庄收入水平的提高,其举办公共文化活动的次数呈上升趋势。另一方面,文化活动的举办率与村庄收入呈现明显的正相关关系,高收入组村庄中有 88.37% 的村庄举办了文化活动,低收入组村庄的这一比率为 55.81%,两者相差 32.56 个百分点,同时可以看出,随着村庄收入的提高,公共文化活动举办的比率也不断上升。

表 8-7　不同收入水平村庄公共文化活动的举办情况

村庄收入分组	均值(次)	举办率(%)	样本(个)
低收入组	3.28	55.81	43
中低收入组	2.87	52.27	44
中等收入组	3.93	71.43	42
中高收入组	9.98	72.09	43
高收入组	9.49	88.37	43

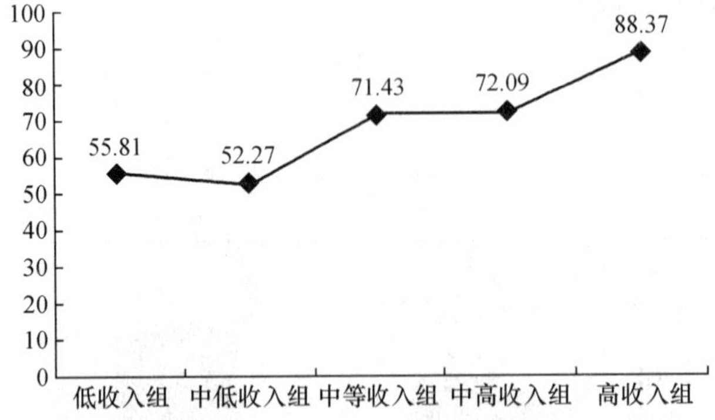

图 8-6　不同收入水平村庄公共文化活动的举办率(单位:%)

二、活动需求

表8-8、图8-7显示了农民最喜欢的文化活动类型情况。从全国范围看,在3559位受访者中,37.90%的农民选择最喜欢“地方性戏曲表演等传统文化活动”项目,其所占比重最高;其次33.63%的农民表示最喜欢“电影放映或歌舞演出”等现代型文化活动;表示最喜欢“图书上门或技术培训”等发展型文化活动的农民占比9.64%;此外,有13.66%的农民表示不喜欢任何文化活动项目。从不同地区来看,与东部和西部地区相比,中部地区农民表示最喜欢“电影放映或歌舞演出”等现代型文化活动项目及“地方性戏曲表演等传统文化活动”项目的比重都最高,喜欢“图书上门或技术培训”等发展型文化活动项目的比重最低;东部和西部地区农民在文化活动项目上的选择大致相当。

表 8-8　全国及各地区农民最喜欢的文化活动类型　　(单位:%,个)

地区	电影放映或歌舞演出	地方性戏曲表演等传统活动	图书上门或技术培训	其他	都不喜欢	合计
全国	33.63	37.90	9.64	5.17	13.66	100(3559)
东部	33.19	36.66	10.25	5.39	14.51	100(1151)
中部	35.27	40.43	6.99	5.56	11.75	100(1259)
西部	32.29	36.38	11.92	4.53	14.88	100(1149)

从年龄角度看农民文化活动类型的选择,数据显示,在“电影放映或歌舞演出”等现代型文化活动项目的选择上,30岁以下的农民所占比重最高,达到53.49%;其次是30至39岁年龄段的农民;60岁以上老年农民的这一比重最低。

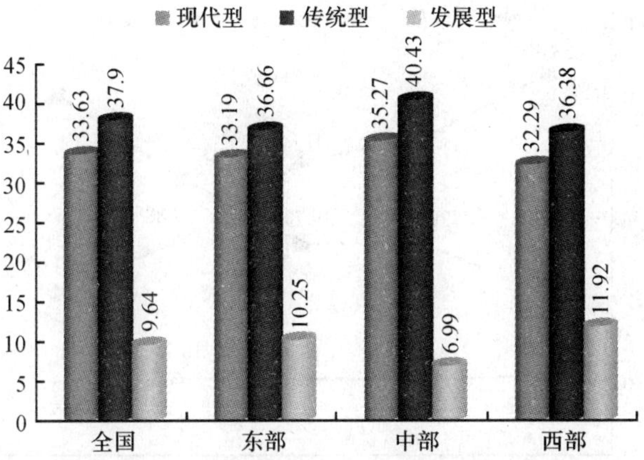

图 8-7　全国及各地区农民最喜欢的文化活动类型(单位:%)

另一方面,与现代型文化活动相反,在“地方性戏曲表演等传统文化活动”项目方面,60 岁以上的农民选择的比重最高,其次是 50—59 岁年龄段的农民,30 岁以下年龄段的农民的这一比重最低。可以看出,年龄越大的农民越倾向于选择传统型文化活动,而年轻人更喜欢现代型文化活动。

表 8-9　不同年龄段农民最喜欢的文化活动类型　(单位:%,个)

年龄	电影放映或歌舞演出	地方性戏曲表演等传统活动	图书上门或技术培训	其他	都不喜欢	合计
30 岁以下	53.49	22.09	11.63	3.49	9.30	100(86)
30 至 39 岁	45.05	29.67	10.71	3.30	11.27	100(364)
40 至 49 岁	41.05	29.79	10.81	4.54	13.81	100(1101)
50 至 59 岁	29.88	38.97	10.74	6.87	13.54	100(1034)
60 岁以上	23.07	50.57	6.59	4.94	14.83	100(971)

不同文化程度的农民在文化活动类型的选择方面具有明显的差异性,数据表明,在“电影放映或歌舞演出”等现代型文化活动项目的选择上,大专及以上的农民喜欢的比重最高,达到 40.91%;其次是初中文化程度的农民;文盲农民的这一比重最低,占比 23.24%。另一方面,从“地方性戏曲表演等传统文化活动”项目来看,文盲农民表示喜欢的比重最高,占比 55.28%,其次是小学文化程度的农民,大专及以上农民的这一比重最低,为 25.45%,低于文盲农民 29.83 个百分点。由此可见,文化程度越高的农民越喜欢现代型文化活动项目,而文化程度越低的农民越倾向于选择传统型文化活动。同时可以看到,在“图书上门或技术培训”

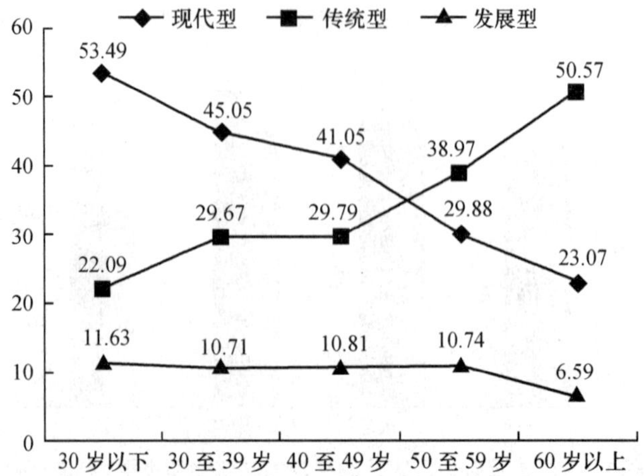

图8-8　不同年龄段农民最喜欢的文化活动类型(单位:%)

等发展型文化活动方面,随着文化程度的提高,农民选择的比重也不断上升,大专及以上学历的农民比文盲农民高出17.33个百分点。

表8-10　不同教育程度农民最喜欢的文化活动类型　　(单位:%,个)

文化程度	电影放映或歌舞演出	地方性戏曲表演等传统活动	图书上门或技术培训	其他	都不喜欢	合计
文盲	23.24	55.28	1.76	2.46	17.25	100(284)
小学	30.08	41.92	7.09	4.84	16.08	100(1157)
初中	37.53	34.79	10.55	5.07	12.05	100(1460)
高中	34.97	31.38	14.74	8.32	10.59	100(529)
大专及以上	40.91	25.45	19.09	1.82	12.73	100(110)

就不同职业而言,做生意农民选择"电影放映或歌舞演出"等现代型文化活动的比重最高,为41.67%,其次是务工农民,占比37.77%,务农农民、教师及其他职业农民的这一比重较低;而对于"地方性戏曲表演等传统活动"来说,务农农民、乡村教师及其他职业农民喜欢的比重相对较高,分别占比39.90%和38.83%,务工者和做生意农民的这一比重较低。此外,在"图书上门或技术培训"等发展型文化活动的选择上面,教师及其他职业农民的比重最高,占比14.21%,其次是做生意农民,务农农民和务工者的这一比重相对较低。

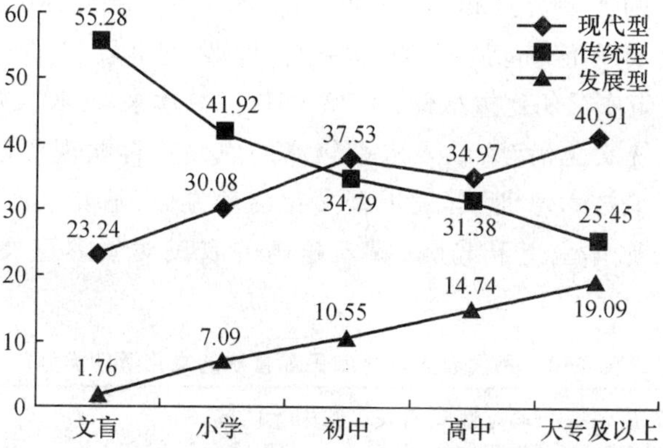

图 8-9　不同教育程度农民最喜欢的文化活动类型(单位:%)

表 8-11　不同职业农民最喜欢的文化活动类型　(单位:%,个)

职业	电影放映或歌舞演出	地方性戏曲表演等传统活动	图书上门或技术培训	其他	都不喜欢	合计
务农	32.36	39.90	9.13	5.10	13.51	100(2509)
务工	37.77	29.72	7.43	6.19	18.89	100(323)
做生意	41.67	27.67	10.67	5.67	14.32	100(300)
教师及其他	33.50	38.83	14.21	4.06	9.40	100(394)

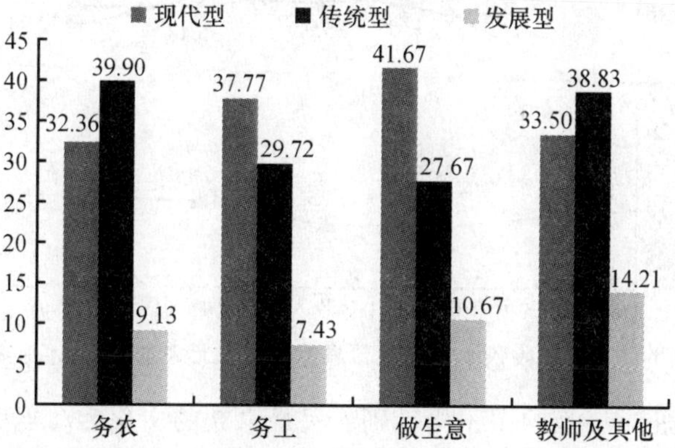

图 8-10　不同职业农民最喜欢的文化活动类型(单位:%)

不同收入水平农民对最喜欢的文化活动类型的选择可从表 8-12 看出,其中,低收入组农民表示最喜欢“电影放映或歌舞演出”等现代型文化活动的比重最低,占比 26.42%,中等收入组农民的这一比重最高,为 36.96%,中高收入组农民和高收入组农民的比重大致相当,分别占比35.48%和35.28%。另一方面,在“地方性戏曲表演等传统活动”的选择上,低收入组农民的比重最高,达到46.77%,高收入组农民的比重最低,为32.94%。总体来看,收入水平较低的农民更倾向于选择传统文化活动,收入水平较高的农民更喜欢现代型文化活动。同时,在“图书上门或技术培训”等发展型文化活动方面,随着收入水平的提高,农民表示最喜欢的比重呈上升趋势,收入越高的农民对发展型文化活动的需求越高。

表8-12 不同收入水平农民最喜欢的文化活动类型 (单位:%,个)

家庭收入	电影放映或歌舞演出	地方性戏曲表演等传统活动	图书上门或技术培训	其他	都不喜欢	合计
低收入户	26.42	46.77	9.43	4.72	12.66	100(742)
中低收入户	34.61	36.84	7.66	5.74	15.15	100(627)
中等收入户	36.96	35.92	7.75	4.47	14.90	100(671)
中高收入户	35.48	36.51	10.85	4.99	12.17	100(682)
高收入户	35.28	32.94	11.37	5.98	14.43	100(686)

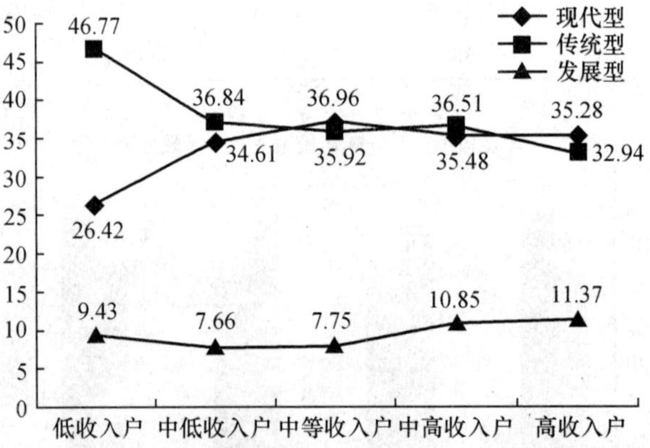

图8-11 不同收入水平农民最喜欢的文化活动类型(单位:%)

表8-13和图8-12反映了不同性别农民最喜欢的文化活动类型的情况。数据显示,女性农民选择“电影放映或歌舞演出”等现代型文化活动的比重为40.12%,比男性农民的这一比重高出8个百分点;男性和女性农民对“地方性戏曲表演等传统活动”的选择大致相当,两者分别占比37.66%和38.93%,男性略低于女性;而在“图书上门或技术培训”等发展型文化活动方面,男性农民的比重

明显高于女性，两者分别占比 10.53% 和 5.79%。

表 8-13　不同性别农民最喜欢的文化活动类型　（单位：%，个）

性别	电影放映或歌舞演出	地方性戏曲表演等传统活动	图书上门或技术培训	其他	都不喜欢	合计
男	32.12	37.66	10.53	5.55	14.14	100(2886)
女	40.12	38.93	5.79	3.57	11.59	100(673)

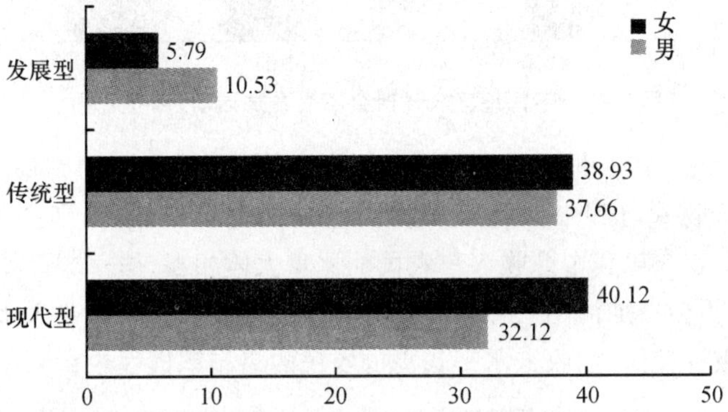

图 8-12　不同性别农民最喜欢的文化活动类型（单位：%）

三、参与意愿

表 8-14、图 8-13 是全国和不同地区农民在农忙时是否会参加喜欢的文化活动的统计结果，就全国而言，农民表示在农忙时"会"参加活动的比重为 47.79%，而"不会"参加的比重为 52.21%，高于"会"参加的农民 4.42 个百分点，即多数农民在农忙时"不会"参加喜欢的体育活动。就不同地区而言，中部地区农民农忙时"会"参加喜欢的文化活动的比重最高，达到 51.31%，高出全国平均水平，而东部和西部地区的这一比重分别为 44.41% 和 47.31%，均低于全国平均水平。由此可见，中部地区农民参加文化活动的积极性最高，东部地区农民的积极性最低。

表 8-14　不同地区农忙时参加活动　（单位：%）

地区	会	不会	合计
全国	47.79	52.21	100(3532)
东部	44.41	55.59	100(1144)
中部	51.31	48.69	100(1255)
西部	47.31	52.69	100(1133)

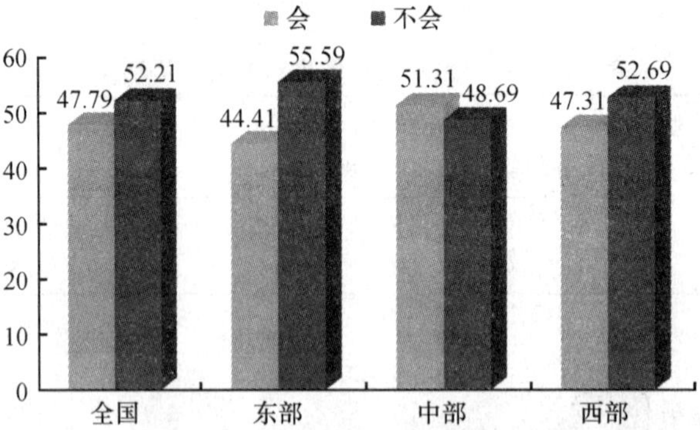

图 8-13　不同地区农忙时会不会参加活动(单位:%)

在表 8-15 中,在农忙时"会"参加文化活动的比重最高的是高收入户,占比 50. 66%,而低收入户和中低收入户"会"参加的比重较低,分别占比 46. 50% 和 46. 45%,中等收入户和中高收入户农民的比重大体相当,居于中间水平。由此可见,农忙时会不会参加活动,一定程度受家庭经济收入的影响,收入水平较低的农民的参与积极性较低,而收入水平较高的农民的参与积极性较高。

表 8-15　不同家庭收入在农忙时会不会参加活动　　(单位:个,%)

家庭收入	会	不会	合计
低收入户	46. 50	53. 50	100(729)
中低收入户	46. 45	53. 55	100(620)
中等收入户	48. 30	51. 70	100(675)
中高收入户	47. 57	52. 43	100(679)
高收入户	50. 66	49. 34	100(681)

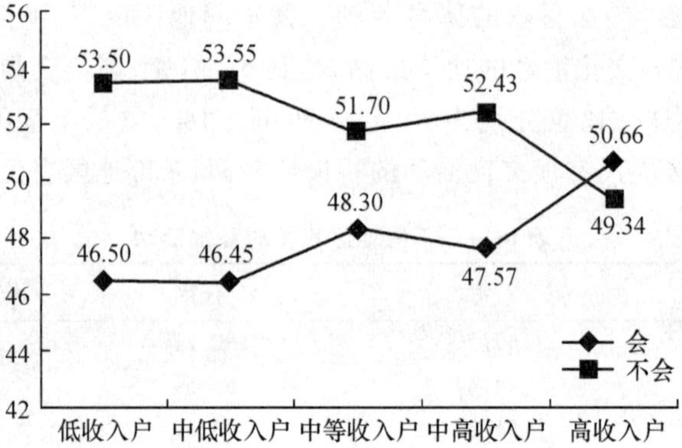

图 8-14　不同家庭收入户农忙时会不会参加活动(单位:%)

表 8-16 所示为不同年龄阶段人群在农忙时是否会参加文化活动的情况。数据显示,在农忙时“会”参加喜欢的文化活动的人群中,参与积极性最高的是 40 至 49 岁的人群,占比为 50.14%;然后依次为 50—59 岁、30—39 岁年龄段的农民,比重分别为 47.96% 和 47.77%;30 岁以下和 60 岁以上年龄段的农民表示“会”参加的比重较小。总体来看,年龄因素对农民在农忙时是否会参加喜欢的文化活动的选择影响不大。

表 8-16 不同年龄阶段人群农忙时会不会参加活动 (单位:%)

年龄	会	不会	合计
30 岁以下	45.88	54.12	100(85)
30—39 岁	47.77	52.23	100(358)
40—49 岁	50.14	49.86	100(1093)
50—59 岁	47.96	52.04	100(1028)
60 岁以上	45.28	54.72	100(965)

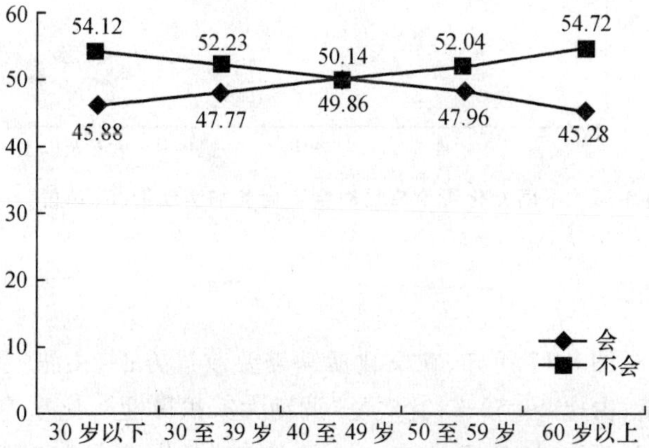

图 8-15 不同年龄阶段人群农忙时会不会参加活动(单位:%)

从文化程度角度来看,高中文化程度的农民表示在农忙时“会”参加喜欢的文化活动的比重最高,达到 55%;其次是初中学历的农民,比重为 51.23%;次之是大专及以上学历的农民,占比 49.54%;文盲农民表示“会”参加的比重最低,占比 34.30%。总体来看,文化程度较高的农民参加文化活动的积极性相对更高。

表 8-17 不同文化程度人群农忙时会不会参加活动 (单位:%)

文化程度	会	不会	合计
文盲	34. 30	65. 70	100(277)
小学	43. 56	56. 44	100(1141)
初中	51. 23	48. 77	100(1466)
高中	55. 00	45. 00	100(520)
大专及以上	49. 54	50. 46	100(109)

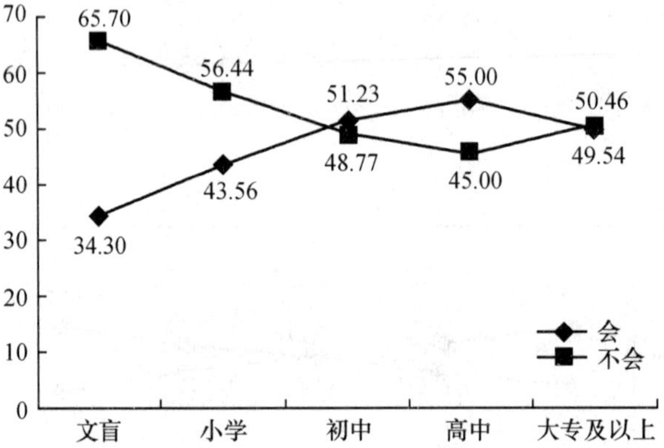

图 8-16 不同文化程度农忙时会不会参加活动情况(单位:%)

四、农民建议

通过表 8-18、图 8-17 可知,在文化活动需要改进方面,主张“更新设备”的农民所占比重最高,占比 29. 52%;其次是“调动大家积极性”,比重为 22. 53%,次之是“多开展传统活动”,占比 17. 56%;表示“请专业人员指导”和采取“其他措施”的比重分别为 10. 74% 和 13. 80%,此外,有 5. 85% 的受访农民认为“不需要改进、无人参加”。可见,农村文化活动急需改进的地方主要集中于更新设备、调动大家积极性和开展传统活动。

表 8-18　文化活动改进措施　（单位：个，%）

文化活动改进措施	样本	占比
更新设备	1044	29.52
调动大家积极性	797	22.53
多开展传统活动	621	17.56
请专业人员指导	380	10.74
其他措施	488	13.80
不需要改进、无人参加	207	5.85
合计	3537	100

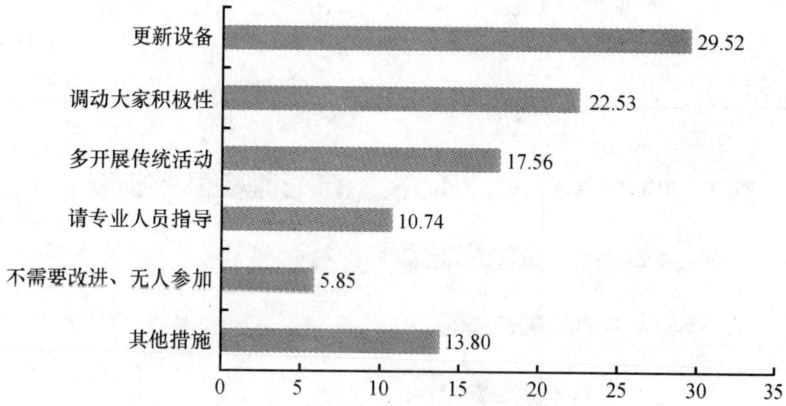

图 8-17　文化活动改进措施（单位：%）

第二节　体育活动

体育活动是农村和农民文化活动的重要组成部分，开展体育活动对于丰富农民生活、提高农民身体素质具有重要作用。本节主要从农村体育活动举办情况、农民参与体育活动情况、农民参加体育锻炼的情况、农民参加体育活动的意愿以及农民对体育活动的评价和建议等方面来阐述农户体育文化活动。

一、公共体育

（一）体育活动举办项目

表 8-19 显示了乡或村举办过的体育活动项目情况，在 852 份有效样本中，

“篮、乒、羽等球类活动”是乡(村)举办的主要体育活动,占比 42. 14%;其次是“秧歌、舞蹈、舞龙、舞狮子”等传统民间特色的体育活动,占比 15. 14%;“其他”类活动占比 26. 17%,主要包括跑步、赛马、射箭、摔跤、举重、自行车等各类体育活动。

表 8-19 乡或村里举办过的体育活动项目 (单位:个,%)

乡或村里举办过什么活动	样本	占比
篮、乒、羽等球类活动	359	42. 14
太极、武术、气功	87	10. 21
跳绳、拔河	54	6. 34
秧歌、舞蹈、舞龙、舞狮子	129	15. 14
其他	223	26. 17
合计	852	100

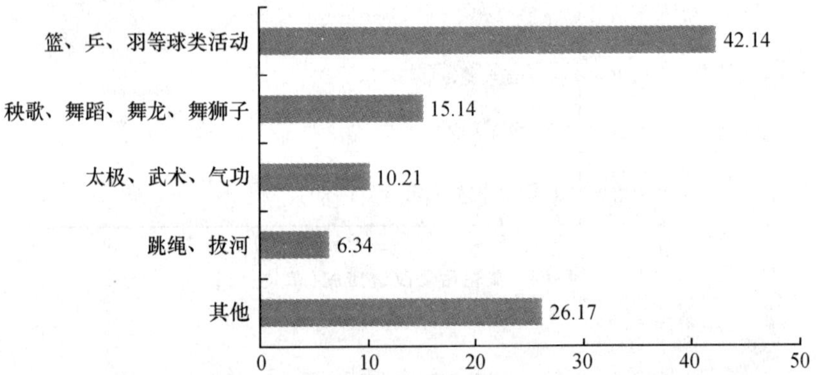

图 8-18 乡或村里举办过的体育活动项目(单位:%)

(二)体育活动举办时间

乡或村举办体育活动的时间可从表 8-20 看出,在 1233 份农户有效样本中,“丰收时”举办体育活动或比赛所占比重最大,为 38. 04%,其次为“农闲时”,比重为 20. 44%。“传统节日”和“没规律,干部们说了算”占比分别为 13. 38% 和 19. 62%。可见,农村举办体育活动都较为规律,时间较为固定。

表 8-20　乡或村里举办体育活动或比赛的时间　（单位：个，%）

举办活动或比赛的时间	样本	占比
农闲时	252	20.44
丰收时	469	38.04
传统节日	165	13.38
没规律，干部们说了算	242	19.62
其他	105	8.52
合计	1233	100

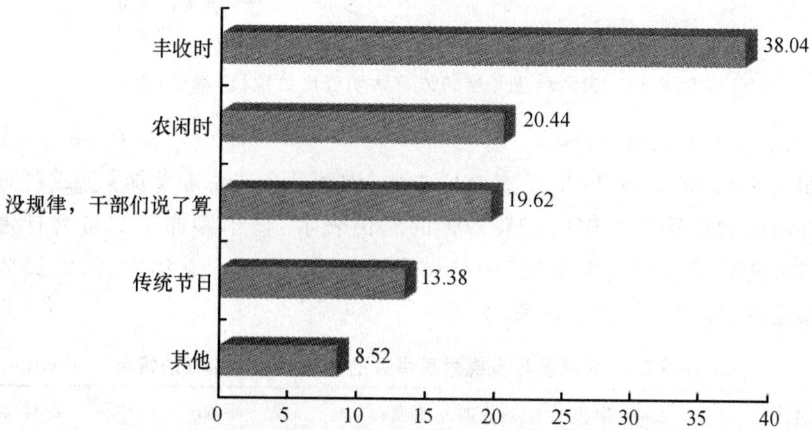

图 8-19　乡或村里举办体育活动或比赛的时间（单位：%）

（三）体育活动的需求

表 8-21 所示为农民希望组织开展的体育活动项目，在所调查的 1223 份有效样本中，549 位受访农户希望开展“秧歌、舞蹈”这一类型的活动，占比为 44.89%，其所占比重最高；其次为“篮球等球类活动”，占比 30.99%。此外，武术、气功类活动和其他类型的活动分别占比 9.98% 和 14.14%。可见，传统秧歌、舞蹈类活动以及球类活动较为农民群众喜爱。

表 8-21　农民希望开展的体育活动或比赛项目　（单位：个，%）

希望开展什么类型体育活动	样本	占比
篮球等球类活动	379	30.99
武术、气功	122	9.98
秧歌、舞蹈	549	44.89
其他	173	14.14
合计	1223	100

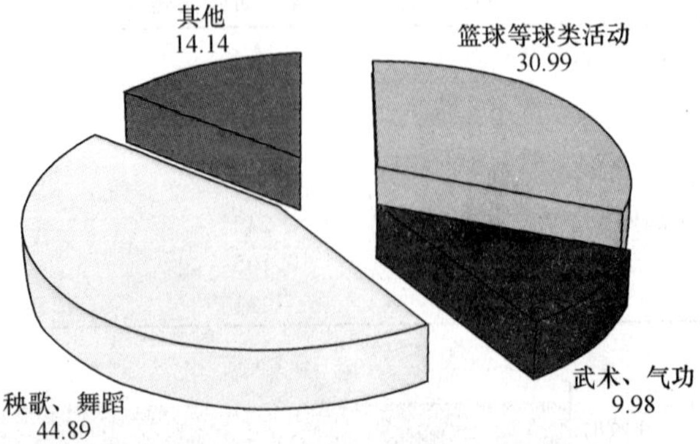

图 8-20　农民希望开展的体育活动或比赛项目(单位:%)

(四)体育活动参与率

如表 8-22 所示,在 1402 份有效样本中,农民表示“经常参加”乡或村里组织的体育活动的比重为 6.06%;25.39% 的农民表示“偶尔参加”,二者合计占比为 31.45%;此外,表示“从不参加”的受访者占比 68.55%。总体而言,农民体育活动的参与热情不高,体育意识薄弱。

表 8-22　农民参与乡或村里举办的体育活动或比赛的情况　(单位:%,个)

地区	经常参加	偶尔参加	从不参加	合计
全国	6.06	25.39	68.55	100(1402)
东部	4.87	19.26	75.87	100(431)
中部	5.97	26.23	67.80	100(469)
西部	7.17	29.88	62.95	100(502)

从年龄分布上看,不同年龄段的农民参与体育活动的积极性具有显著差异。具体来看,在 1400 个有效样本中,随着年龄的增大,农民参加体育活动的热情越低,“30 岁以下”“30—39 岁”“40—49 岁”“50—59 岁”“60 岁以上”的农民参加集体组织的体育活动的比重分别为 44.68%、38%、31.81%、34.92% 和 23.10%。由此可见,年轻农户更愿意参加体育活动,而中老年农户参与热情较低。

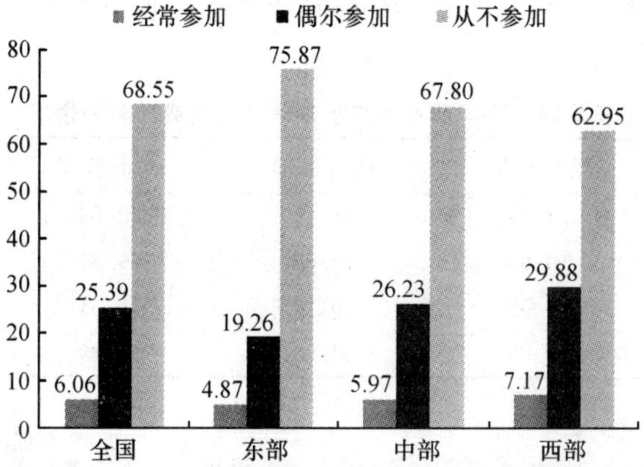

图 8-21　农民参与乡或村里举办的体育活动或比赛的情况（单位：%）

表 8-23　不同年龄农民参加体育活动或比赛的情况　（单位：%，个）

年龄分组	经常参加	偶尔参加	从不参加	合计
30 岁以下	8.51	36.17	55.32	100(47)
30—39 岁	6.00	32.00	62.00	100(150)
40—49 岁	5.49	26.32	68.19	100(437)
50—59 岁	6.53	28.39	65.08	100(398)
60 岁以上	5.98	17.12	76.90	100(368)

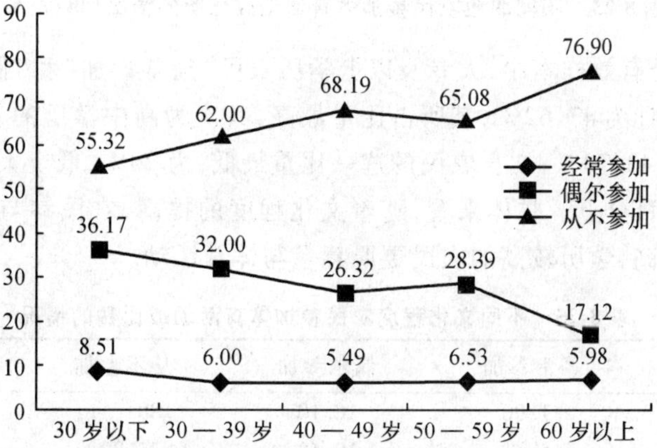

图 8-22　不同年龄段农民参加体育活动或比赛的情况（单位：%）

就不同职业而言，在 1390 个有效样本中，乡村教师及其他职业农民参与体育热情最高，其“经常参加”和“偶尔参加”的比重合计 49.71%，其次为务工农民，参加体育活动的比重为 30.33%，而务农、做生意农民体育参与度较低，分别占比 29.37% 和 23.69%。

表 8-24　不同职业农户参加体育活动或比赛的情况　（单位：%，个）

职业	经常参加	偶尔参加	从不参加	合计
务农	4.24	25.13	70.63	100(943)
务工	10.66	19.67	69.67	100(122)
做生意	3.95	19.74	76.31	100(152)
教师及其他	15.03	34.68	50.29	100(173)

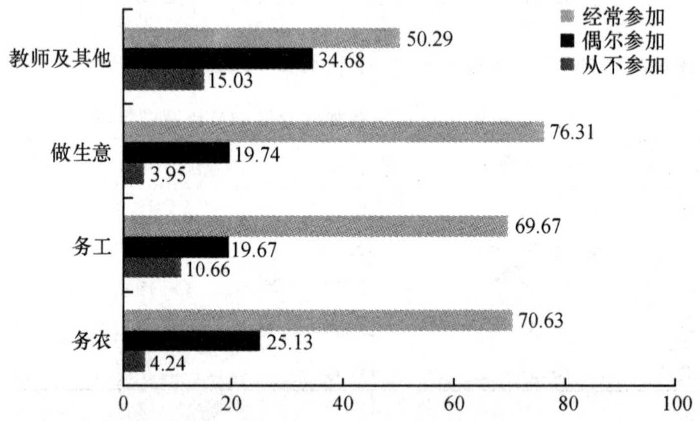

图 8-23　不同职业农民参加体育活动或比赛的情况（单位：%）

在 1395 个有效样本中，大专及以上学历农民“经常参加”和“偶尔参加”体育活动的比重合计为 47.62%，其所占比重最高，其次为高中学历的农民，参加体育活动的比重为 43.70%；文盲农民的这一比重最低，为 20%，低于大专及以上程度农民 27.62 个百分点。整体来看，随着文化程度的提高，农民参与体育活动或比赛的积极性越高，学历较高的农民更愿意参与体育活动。

表 8-25　不同文化程度农民参加体育活动或比赛的情况　（单位：%，个）

文化程度	经常参加	偶尔参加	从不参加	合计
文盲	1.90	18.10	80	100(105)
小学	5.41	19.59	75.00	100(444)
初中	6.36	26.29	67.35	100(582)
高中	6.31	37.39	56.30	100(222)
大专及以上	19.05	28.57	52.38	100(42)

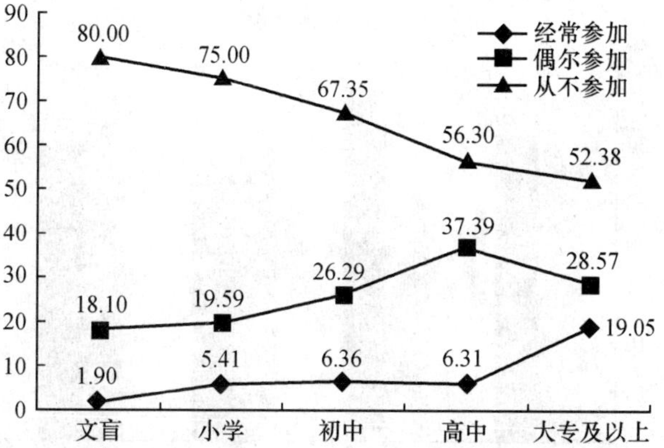

图 8-24　不同文化程度农民参加体育活动或比赛的情况(单位:%)

(五)体育活动参与意愿

表 8-26 显示了如果村庄举办运动会,农民是否会参加的情况。从全国范围看,在 3475 份有效样本中,表示"会"参加的农户有 947 人,占比 27.25%;表示"不会"参加和"看情况再说"的占比分别为 30.76% 和 41.99%。可见不到三成的农民明确表示会参加村里举办的运动会。从不同地区来看,农民的参与意愿明显不同,其中,西部地区农民参与的意愿最高,占比 32.23%,其次是中部地区,东部地区的这一比重最低,为 19.75%,比西部地区低了 12.48 个百分点。

表 8-26　全国及各地区农民参加村庄运动会的意愿　(单位:%,个)

地区分组	会	不会	看情况再说	合计
全国	27.25	30.76	41.99	100(3475)
东部	19.75	35.82	44.43	100(1139)
中部	29.75	26.70	43.55	100(1247)
西部	32.23	30.12	37.65	100(1089)

从年龄角度来看,随着年龄的增大,农民"会"参加运动会的比重依次递减。其中 30 岁以下的农民的积极性最高,达 36.14%;其次是 30 至 39 岁年龄段的农民,占比 35.31%;60 岁以上老年农民的这一比重最低,为 19.08%,低于 30 岁以下年龄段农民 17.06 个百分点。总体而言,年轻农民更愿意参加村里举办的运动会,年纪较大的农民的积极性明显较低。

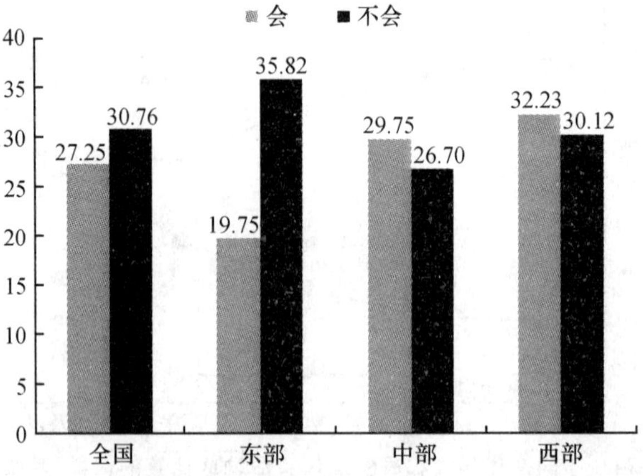

图 8-25 全国及各地区农民参加村庄运动会的意愿(单位:%)

表 8-27 不同年龄段农民参加村庄运动会的意愿 (单位:%,个)

年龄分组	会	不会	看情况再说	合计
30 岁以下	36.14	20.48	43.38	100(83)
30—39 岁	35.31	20.06	44.63	100(354)
40—49 岁	31.91	23.87	44.22	100(1081)
50—59 岁	26.47	28.37	45.16	100(1001)
60 岁以上	19.08	45.91	35.01	100(954)

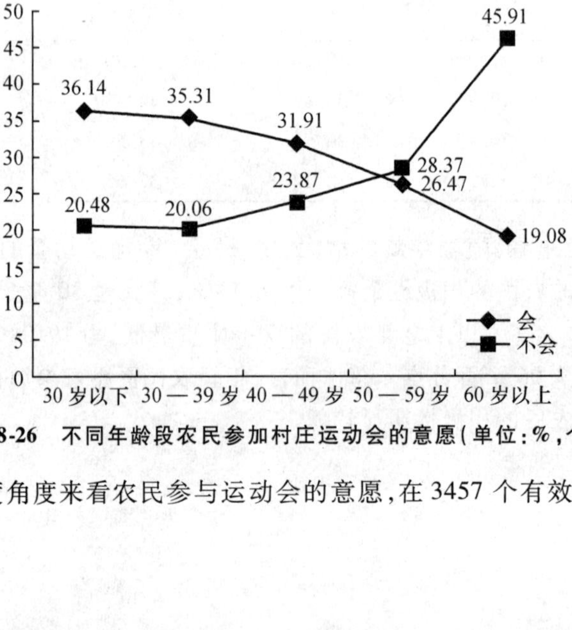

图 8-26 不同年龄段农民参加村庄运动会的意愿(单位:%,个)

从文化程度角度来看农民参与运动会的意愿,在 3457 个有效样本中,文盲农户的参与意愿最低，占比 10%；而大专及以上文化程度的农户参与度最高，占比 42.20%，两者相差 32.20 个百分点；同时，小学、初中和高中学历农民的参与度依次为 20.20%、30.67% 和 39.54%。可以看出，随着学历的上升，农户参与运动会的热情明显越高，文化程度较高的农民更愿意参与运动会。

表 8-28　不同文化程度农民参加村庄运动会的意愿　（单位：%，个）

文化程度	会	不会	看情况再说	合计
文盲	10	46.43	43.57	100(280)
小学	20.20	37.60	42.20	100(1109)
初中	30.67	26.70	42.63	100(1438)
高中	39.54	22.46	38.00	100(521)
大专及以上	42.20	17.43	40.37	100(109)

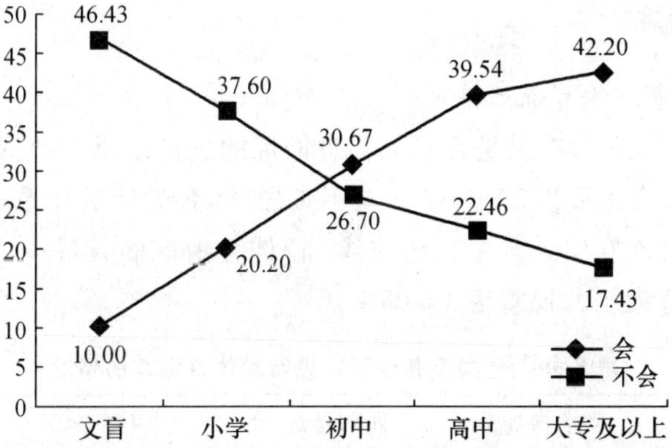

图 8-27　不同文化程度农民参加村庄运动会的意愿（单位：%）

不同职业的农户参加运动会的意愿具有显著差异。调查发现，在 3445 个有效样本中，教师及其他职业农民参与运动会的热情最高，表示“会”参加运动会的占比为 38.50%，比最低的务农农民高出 13.04 个百分点；其次为做生意的农民，其参与意愿占比 28.86%；务工农民的这一比重为 26.46%。

表 8-29　不同职业农民参加村庄运动会的意愿　（单位：%，个）

职业	会	不会	看情况再说	合计
务农	25.46	32.20	42.34	100(2435)
务工	26.46	31.08	42.46	100(325)
做生意	28.86	26.17	44.97	100(298)
教师及其他	38.50	24.55	36.95	100(387)

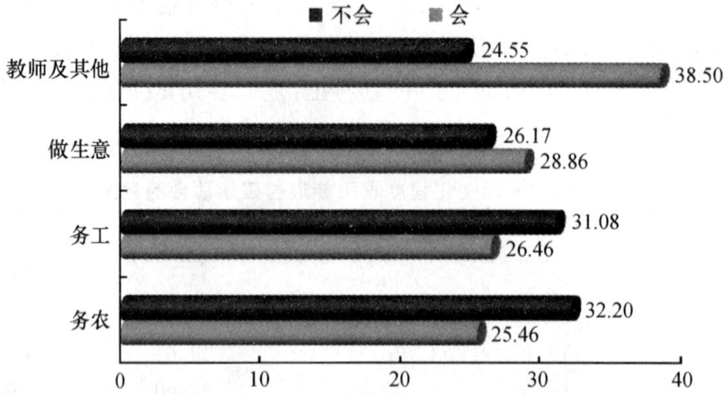

图 8-28 不同职业农民参加村庄运动会的意愿(单位:%)

二、体育锻炼

(一)农民参与体育锻炼情况

表 8-30,图 8-29 为农民是否参加体育锻炼的统计结果。数据显示,农民平时参加过体育锻炼的比重为 27.26%,"从不参加"体育锻炼的比重是参加过体育锻炼的三倍多,达 72.74%。其中,"经常参加"体育锻炼的人最少,比重为 9.18%,"偶尔参加"体育锻炼的比重为 18.08%。

表 8-30 全国及各地区农民参加体育锻炼的情况 (单位:个,%)

地区分组	经常参加	偶尔参加	从不参加	合计
全国	9.18	18.08	72.74	100(3595)
东部	11.60	20.96	67.44	100(1164)
中部	8.96	18.32	72.72	100(1283)
西部	6.97	14.90	78.13	100(1148)

从不同地区考察农民参加体育锻炼的情况,东部地区参加过体育锻炼的比重最高,合计为 32.56%,西部地区参加体育锻炼的比重最低,合计为 21.87%。其中,东部地区经常参加体育锻炼的比重为 11.60%,高于其他地区经常参加体育锻炼的比重。由此可以看出,东、中、西三大地区农民参加体育锻炼的比重逐渐下降。

从不同性别农民参加体育锻炼的情况看,男性和女性参加体育锻炼情况无明显差异。如表 8-31 和图 8-30,男性和女性"经常参加"体育锻炼的比重分别为

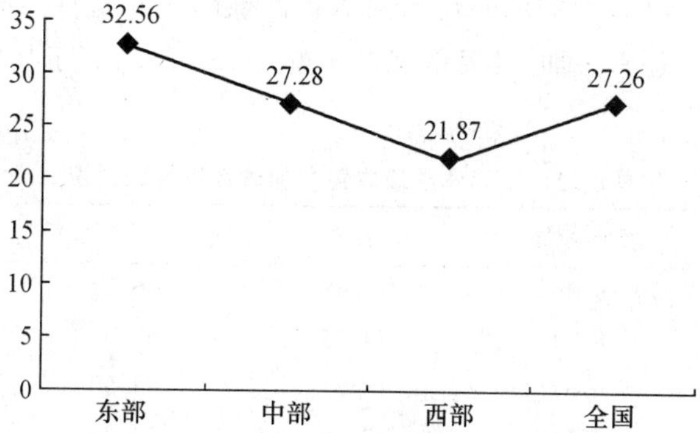

图 8-29　全国及各地区农民参加体育锻炼的情况(单位:%)

9. 28% 和 8. 75,"偶尔参加"体育锻炼的比重分别为 18. 62% 和 15. 73%。男性参加体育锻炼的比重略高于女性,但二者差异不大。

表 8-31　不同性别农民参加体育锻炼的情况　　(单位:个,%)

性别分组	经常参加	偶尔参加	从不参加	合计
男	9. 28	18. 62	72. 10	100(2921)
女	8. 75	15. 73	75. 52	100(674)

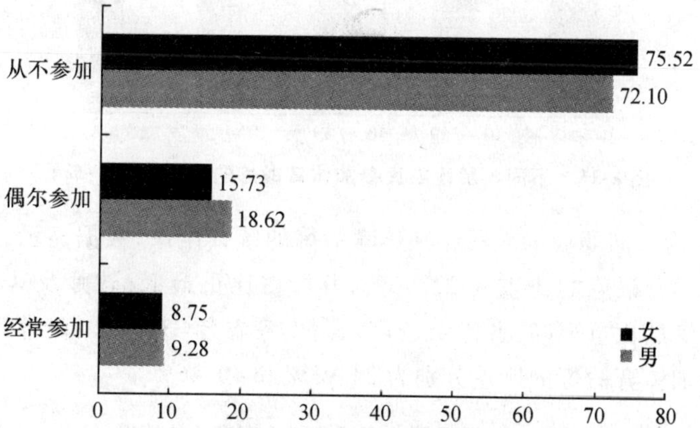

图 8-30　不同性别农民参加体育锻炼的情况(单位:%)

从不同年龄上看农民参加体育锻炼的状况,如表 8-32 和图 8-31,30 岁以下的农民参加体育锻炼的比重为 43. 68%;年龄在 30—39 岁、40—49 岁、50—59 岁之间的农民参加体育锻炼的比重分别为 32. 97%、25. 50%、25. 67%;60 岁以上的农民参加体育锻炼的比重为 27. 47%。可见,30 岁以下的农民参加体育锻炼的比重最高;年龄在40—49岁之间的农民参加体育锻炼的比重最低。同时,数据显示,60岁以上的农民"经常参加"体育锻炼的比重为13.53%,高于其他年龄段农民的这一比重。

表8-32 不同年龄段农民参加体育锻炼的情况 (单位:个,%)

年龄分组	经常参加	偶尔参加	从不参加	合计
30岁以下	9.20	34.48	56.32	100(87)
30—39岁	8.24	24.73	67.03	100(364)
40—49岁	6.67	18.83	74.50	100(1110)
50—59岁	8.11	17.56	74.33	100(1048)
60岁以上	13.53	13.94	72.53	100(983)

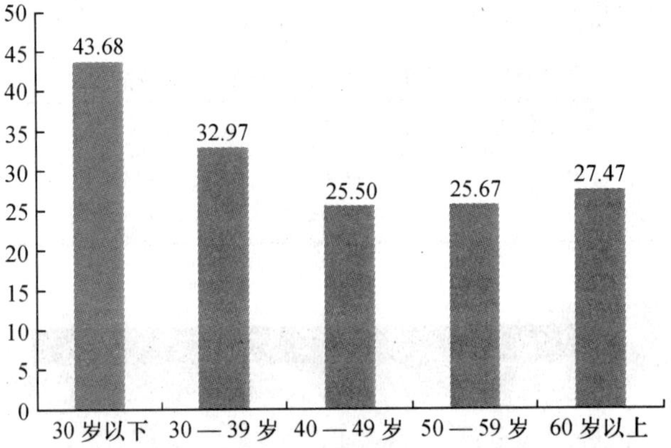

图8-31 不同年龄段农民参加体育锻炼的情况(单位:%)

表8-33为不同职业的农民参加体育锻炼的统计结果,数据显示,以务农为主的农民参加体育锻炼的比重为22.96%,其所占比重最低;教师及其他职业农民参加体育锻炼的比重最高,占比46.87%,高出务农者23.91%;此外,务工农民和做生意者参加体育锻炼的比重分别为24.93%和40.46%。

表8-33 不同职业农民参加体育锻炼的情况 (单位:个,%)

职业	经常参加	偶尔参加	从不参加	合计
务农	7.24	15.72	77.04	100(2526)
务工	5.11	19.82	75.07	100(333)
做生意	11.84	28.62	59.54	100(304)
教师及其他	23.06	23.81	53.13	100(399)

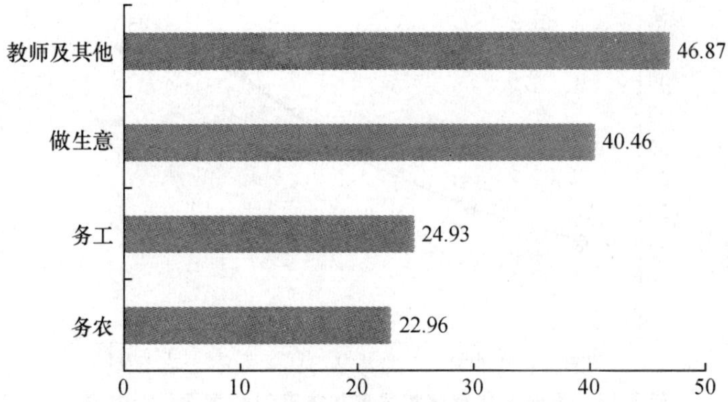

图 8-32　不同职业农民参加体育锻炼情况(单位:%)

从文化程度角度看,随着文化程度的提高,农民参加体育锻炼的比重逐渐升高。如表 8-34 和图 8-33 所示,文化程度为文盲、小学、初中、高中和大专及以上的农民参加体育锻炼的比重分别为 15.28%、20.51%、28.50%、41.12% 和 45.45%。同时,高中和大专及以上文化程度的农民"经常参加"体育锻炼的比重相对较高,分别为 16.07% 和 16.36%。这表明文化程度高的农民体育锻炼意识相对较为高。

表 8-34　不同文化程度农民参加体育锻炼情况　　(单位:个,%)

文化程度	经常参加	偶尔参加	从不参加	合计
文盲	4.86	10.42	84.72	100(288)
小学	7.38	13.13	79.49	100(1165)
初中	8.53	19.97	71.50	100(1477)
高中	16.07	25.05	58.88	100(535)
大专及以上	16.36	29.09	54.55	100(110)

从农民的健康状况来看。表 8-35 和图 8-34 数据显示,健康状况很好的农民参加体育锻炼的比重为 30.01%,其所占比重最高;其次是健康状况较好的农民,参加体育锻炼的比重为 26.13%;健康状况较差和很差的农民参加体育锻炼的比重分别为 20.78% 和 19.35%。总体来看,健康状况越好,农民参加体育锻炼的积极性越高。另一方面,健康状况很差的农民"经常参加"体育锻炼的比重最高,为 12.90%。

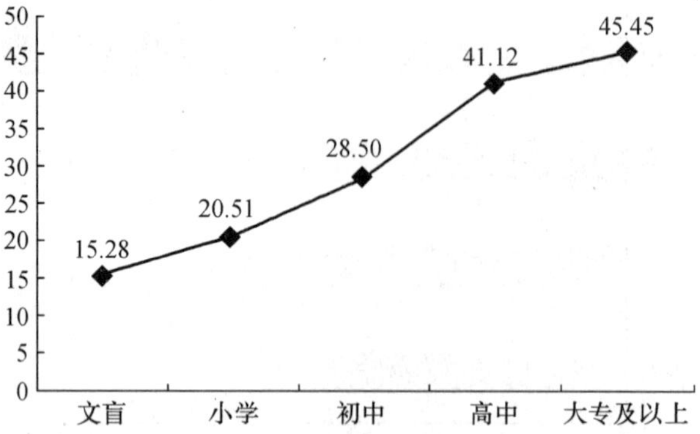

图 8-33 不同文化程度农民参加体育锻炼情况(单位:%)

表 8-35 不同健康状况农民参加体育锻炼情况 (单位:个,%)

健康状况分组	经常参加	偶尔参加	从不参加	合计
优	9.98	20.03	69.99	100(1613)
良	8.45	17.68	73.87	100(1408)
中	8.36	15.22	76.42	100(335)
差	8.70	12.08	79.22	100(207)
很差	12.90	6.45	80.65	100(31)

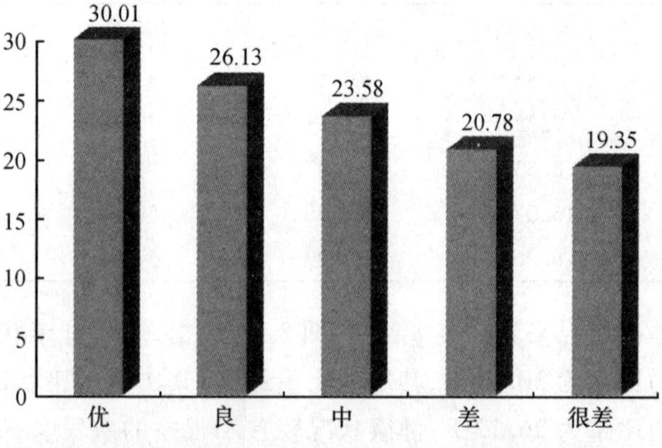

图 8-34 不同健康状况农民参加体育锻炼情况(单位:%)

(二) 农民参与体育锻炼情况

从表 8-36、图 8-35 所示的农民参加体育锻炼的项目可以看出,参加"散步、跑步"的农民最多,比重达 70.76%,远远高于参加其他项目的比重;其次是参加"球类运动”和“舞蹈”的农民,比重分别是 8.73% 和 7.11%;参加“健身器材”项目的比重是 6.50%;此外,分别有 0.81% 和 1.32% 的农民参加“武术、气功”活动和“游泳”运动;参加“其他”项目运动的比重为 4.77%。

表 8-36 农民参加体育锻炼项目统计 （单位:个,%）

体育锻炼项目	样本数	比重
散步、跑步	697	70.76
球类运动	86	8.73
武术、气功	8	0.81
舞蹈	70	7.11
游泳	13	1.32
健身器材	64	6.50
其他	47	4.77

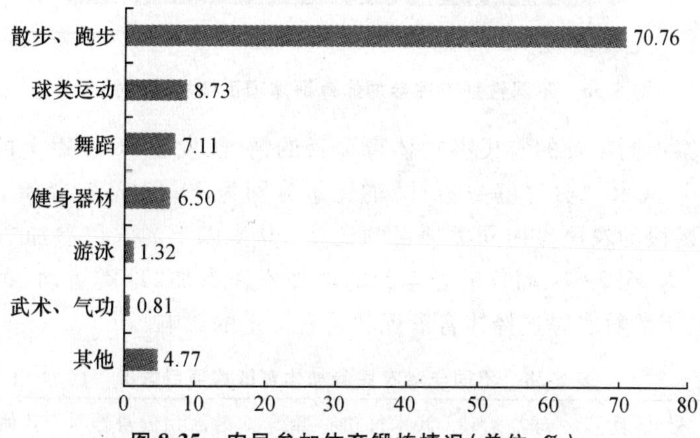

图 8-35 农民参加体育锻炼情况(单位:%)

从表 8-37 和图 8-36 可以看出,男性和女性参加体育锻炼存在着一定差异。数据显示,男性参加“散步、跑步”“球类运动”“武术气功”及“健身器材”的比重分别为 72.33%、9.22%、0.85% 和 6.92%,明显高于女性参加各项项目的比重;女性参加“舞蹈”项目的比重为 19.25%,是男性比重的 4 倍多。可见,由于性别差异,农民参加体育锻炼项目的偏好也不同。

表 8-37　不同性别农民参加体育锻炼项目情况　（单位：个，%）

性别	散步、跑步	球类运动	武术气功	舞蹈	游泳	健身器材	其他	合计
男	72.33	9.22	0.85	4.73	1.33	6.92	4.62	100(824)
女	62.73	6.21	0.62	19.25	1.24	4.35	5.60	100(161)

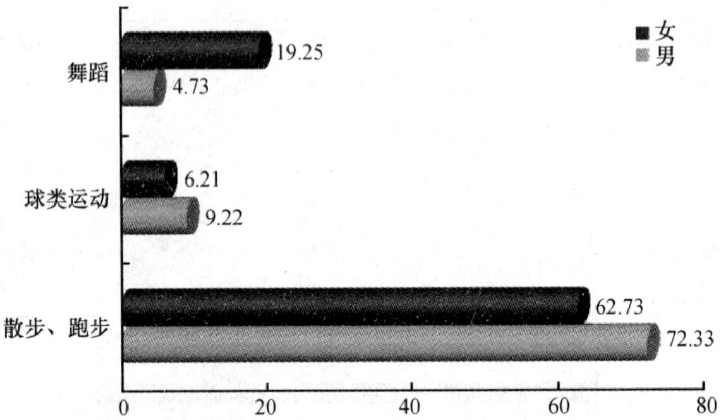

图 8-36　不同性别农民参加体育锻炼项目情况（单位：%）

通过考察不同年龄的农民参加体育项目的情况，发现60岁以上的农民参加“散步、跑步”“武术气功”“健身器材”的比重分别为79.63%、1.85%、7.41%，均高于其他年龄段的农民参加同类项目的比重；30岁以下的农民参加“球类运动”的比重最高，为35.29%，而且随着年龄的增加农民参加“球类运动”的比重逐渐减少。可见，年龄对农民选择体育锻炼项目有一定的影响。

表 8-38　不同年龄农民参加体育锻炼项目情况　（单位：个，%）

年龄分组	散步、跑步	球类运动	武术气功	舞蹈	游泳	健身器材	其他	合计
30岁以下	47.06	35.29	0	8.82	0	5.88	2.95	100(34)
30—39岁	65.29	19.83	0.83	5.79	0.83	3.31	4.12	100(121)
40—49岁	63.96	10.95	0.35	9.19	2.83	6.71	6.01	100(283)
50—59岁	74.37	5.42	0.36	8.66	1.44	6.86	2.89	100(277)
60岁以上	79.63	1.48	1.85	3.70	0	7.41	5.93	100(270)

（三）农民体育锻炼的场地分布

表8-39，图8-38显示了农民参加体育锻炼的场地分布情况。从统计结果来看，农民在“田头”参加体育锻炼的最多，比重为26.14%；农民在“自家宅院”和“健身广场”参加体育锻炼的比重分别是24.34%和22.42%；在正规的“运动场”

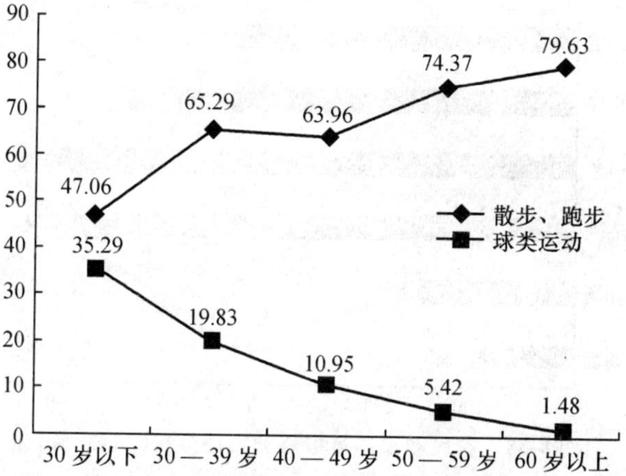

图 8-37 不同年龄农民参加体育锻炼项目情况(单位:%)

参加体育锻炼的农民最少,比重为 2. 28%;在"篮球场"参加运动的农民比运动场大 3 倍多,占比 7. 55%。此外,还有 17. 27% 的农民选择"其他"的运动场地。

表 8-39 农民参加体育锻炼的场地分布情况 (单位:个,%)

锻炼场地分组	样本数	比重
运动场	19	2. 28
篮球场	63	7. 55
自家宅院	203	24. 34
田头	218	26. 14
健身广场	187	22. 42
其他	144	17. 27
合计	834	100

从不同地区来看,东、中、西三大地区农民选择运动场作为锻炼场地的比重都最小,选择"自家宅地"和"田头"作为体育锻炼场地的比重较大。此外,东部地区农民选择"健身广场"作为锻炼场地的比重最大,为 27. 36%;中部地区农民选择"田头"作为锻炼场地的比重为 35. 35%,高于其他地区比重;西部地区农民选择"自家宅院"作为锻炼场地的比重最大,为 31. 25%。

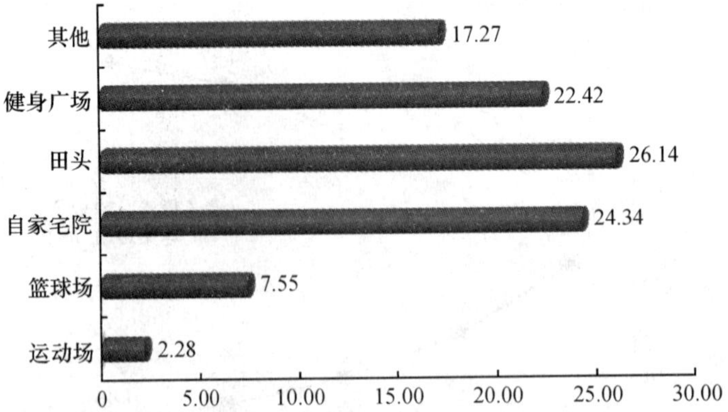

图 8-38 农民参加体育锻炼的场地分布(单位:%)

表 8-40 不同地区农民参加体育锻炼的场地分布情况 (单位:个,%)

地区分组	运动场	篮球场	自家宅院	田头	健身广场	其他	合计
东部	3.04	5.47	18.54	22.19	27.36	23.40	100(329)
中部	2.02	5.05	25.93	35.35	20.20	11.45	100(297)
西部	1.44	14.42	31.25	19.23	17.79	15.87	100(208)

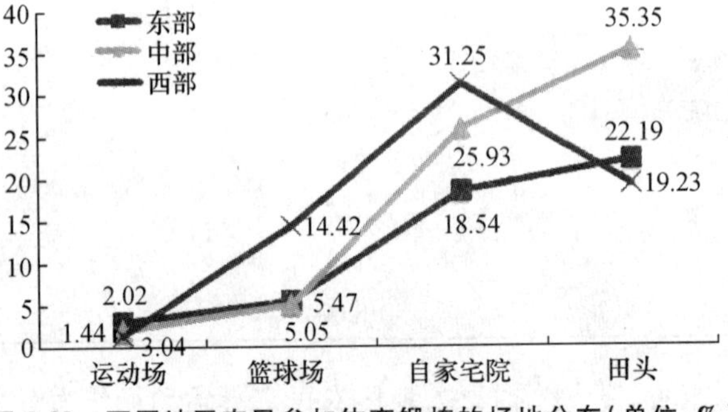

图 8-39 不同地区农民参加体育锻炼的场地分布(单位:%)

(四)农民参加体育锻炼的方式

表 8-41、图 8-40 为农民参加体育锻炼方式的统计结果。数据显示,农民独自参加锻炼的比重达 69.35%;其次是“和家人一起去”,比重为 26.03%;通过组织的方式参加体育锻炼的人最少,比重为 4.62%。可见,大部分农民体育锻炼的方式是自己去的。

表 8-41　农民参加体育锻炼方式　（单位：个，%）

体育锻炼方式	样本数	比重
自己去的	706	69.35
和家人一起去	265	26.03
有组织的	47	4.62
合计	1018	100

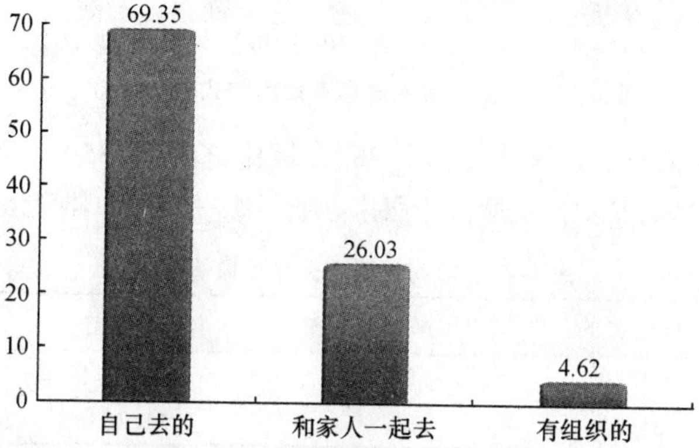

图 8-40　农民参加体育锻炼方式（单位：%）

不同年龄的农民参加体育锻炼的方式可从表 8-42 得出，具体来看，年龄在 30 岁以下的农民和 60 岁以上的农民中，均有七成以上是单独进行体育锻炼的；年龄在 40 至 49 岁的农民中有超过三成的和家人一起参加体育锻炼；50 至 59 岁之间的农民跟随组织一起参加体育锻炼的比重相对较高，比重为 6.27%。

表 8-42　不同年龄农民体育锻炼方式　（单位：个，%）

年龄分组	自己去的	和家人一起去	有组织的	合计
30 岁以下	73.68	21.05	5.27	100(38)
30—39 岁	69.92	27.64	2.44	100(123)
40—49 岁	64.01	30.80	5.19	100(289)
50—59 岁	67.94	25.78	6.28	100(287)
60 岁以上	75.44	21.35	3.21	100(281)

从性别角度来看，如表 8-43 和图 8-42 所示，在有效样本中，超过七成的男性农民独自参加体育锻炼，56.25% 的女性农民是自己参加体育锻炼；和家人一起去参加体育锻炼的男性农民比重为 24.83%，女性农民比重为 32.50%；跟随组织一

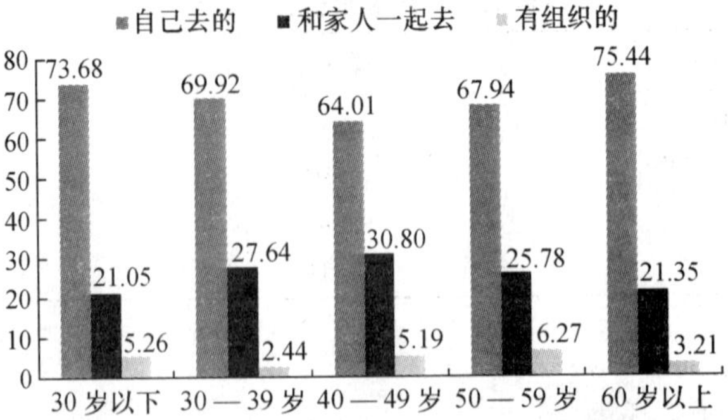

图 8-41 不同年龄农民体育锻炼方式(单位:%)

起参加体育锻炼的男性农民比重为 3.38,女性比重为 11.25%。可见,男性更多的是自己参加锻炼,而女性更倾向于跟家人或组织一起参加体育锻炼。

表 8-43 不同性别农民体育锻炼方式 (单位:个,%)

性别	自己去的	和家人一起去	有组织的	合计
男	71.79	24.83	3.38	100(858)
女	56.25	32.50	11.25	100(160)

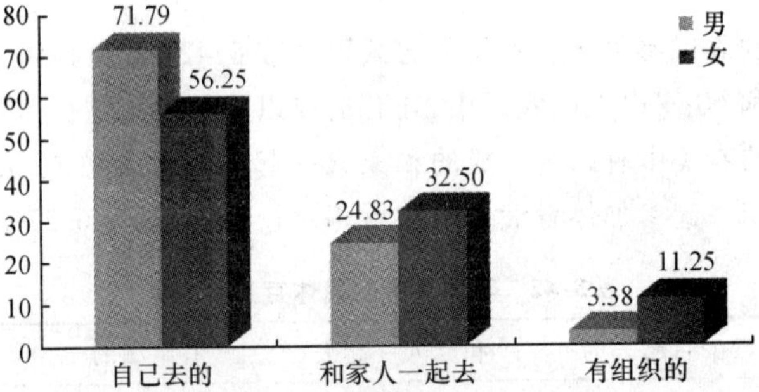

图 8-42 不同性别农民体育锻炼方式(单位:%)

三、体育健身

表 8-44 所示为农民接受体育健身指导活动的情况,从全国来看,82.86% 的农民"没接受过"健身指导,3.66% 的农民"接受过"健身指导,13.48% 的农民表示"不清楚",农民接受专业体育健身指导的比重不足 4%。就不同地区而言,东、中、西三大地区农民接受健身指导活动的情况大致相似,其中,中部地区农民表示"接受

过”的比重略高，为 3. 85%；东部和西部地区的这一比重分别为 3. 50% 和 3. 61%。

表 8-44　全国及各地区农民接受体育健身指导活动的情况　（单位：个，%）

地区分组	接受过	没接受过	不清楚	合计
全国	3. 66	82. 86	13. 48	100(3413)
东部	3. 50	85. 00	11. 50	100(1113)
中部	3. 85	81. 96	14. 19	100(1247)
西部	3. 61	81. 67	14. 72	100(1053)

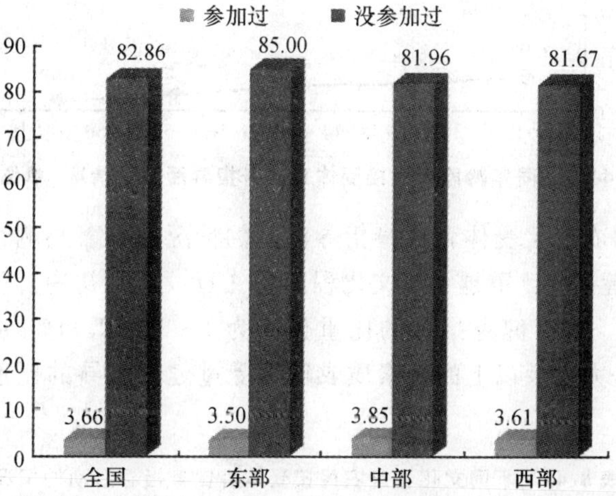

图 8-43　全国及各地区农民接受体育健身指导活动的情况（单位：%）

不同年龄农民接受健身指导活动的情况如表 8-45 所示，统计结果表明，30 岁以下、30—39 岁、40—49 岁、50—59 岁、60 岁以上农民“接受过”体育健身指导的比重分别为 6. 98%、5. 44%、4. 75%、3. 25%、1. 92%，显然，随着年龄的增加，农民接受过健身指导的比重呈下降趋势，年轻农民接受过体育健身指导活动的情况相对更多。

表 8-45　不同年龄段农民接受体育健身指导活动的情况　（单位：个，%）

年龄分组	接受过	没接受过	不清楚	合计
30 岁以下	6. 98	82. 56	10. 46	100(86)
30—39 岁	5. 44	79. 94	14. 62	100(349)
40—49 岁	4. 75	82. 34	12. 91	100(1053)
50—59 岁	3. 25	83. 98	12. 77	100(986)
60 岁以上	1. 92	83. 33	14. 75	100(936)

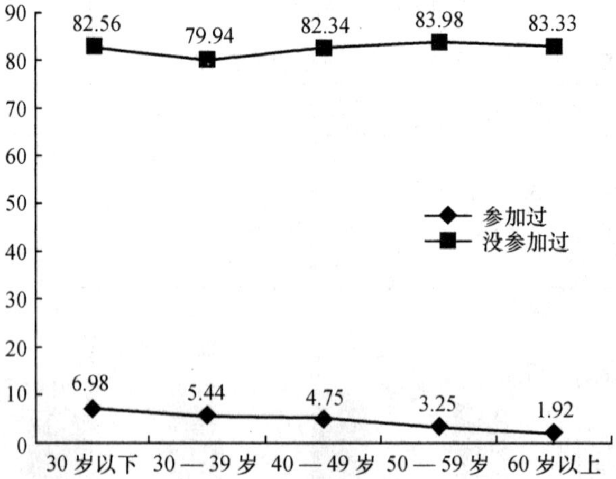

图 8-44 不同年龄段农民接受体育健身指导活动的情况(单位:%)

文化程度对农民接受体育健身指导活动的情况有显著影响,学历越高,农民"接受过"健身指导的比重越大。文化程度是文盲、小学、初中、高中、大专及以上的农民"接受过"体育健身指导的比重分别为 1.08%、2.11%、4.03%、5.92%、11.21%,学历是大专及以上的高素质农民接受过健身指导的比重明显高于其他农民。

表 8-46 不同文化程度农民接受体育健身指导活动的情况 (单位:个,%)

文化程度分组	接受过	没接受过	不清楚	合计
文盲	1.08	80.87	18.05	100(277)
小学	2.11	82.22	15.67	100(1091)
初中	4.03	83.30	12.67	100(1413)
高中	5.92	84.62	9.46	100(507)
大专及以上	11.21	79.44	9.35	100(107)

考察不同职业农民接受体育健身指导活动的情况,如表 8-47 所示,乡村教师及其他职业农民"接受过"健身指导的比重最高,占比 9.11%;其次是务工农民,"接受过"指导的比率为 4.17%;务农者和做生意农民"接受过"的比重较低,分别占比 2.87% 和 2.45%。

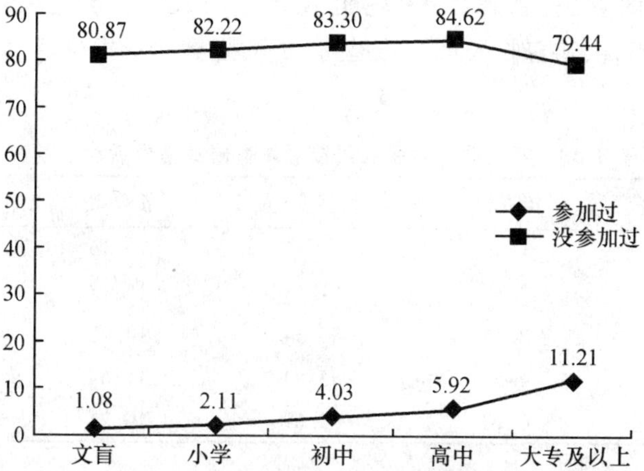

图 8-45　不同文化程度农民接受体育健身指导活动的情况(单位:%)

表 8-47　不同职业农民接受体育健身指导活动的情况　(单位:个,%)

职业分组	接受过	没接受过	不清楚	合计
务农	2.87	83.06	14.07	100(2402)
务工	4.17	79.81	16.02	100(312)
做生意	2.45	87.06	10.49	100(286)
教师及其他	9.11	80.73	10.16	100(384)

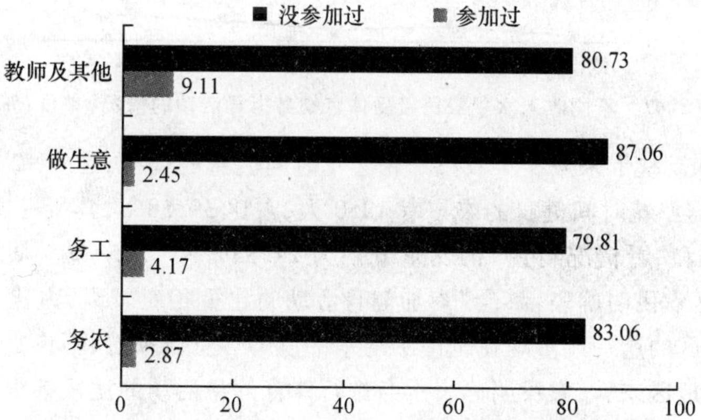

图 8-46　不同职业农民接受体育健身指导活动的情况(单位:%)

表 8-48 反映了不同家庭收入水平农民接受体育健身指导活动的情况。由数据可知,高收入组农民表示"接受过"健身指导活动的比重最高,为 6.10%;其次

为中高收入组的农民，占比 4.53%；低收入组农民“接受过”的比重最低，为 1.68%。总体而言，随着收入水平的提高，农民接受健身指导活动的比重呈上升趋势。

表 8-48 不同收入水平农民接受体育健身指导活动的情况 （单位：个，%）

家庭收入分组	接受过	没接受过	不清楚	合计
低收入户	1.68	83.17	15.15	100(713)
中低收入户	3.37	81.45	15.18	100(593)
中等收入户	2.46	83.54	14.00	100(650)
中高收入户	4.53	83.84	11.63	100(662)
高收入户	6.10	83.69	10.21	100(656)

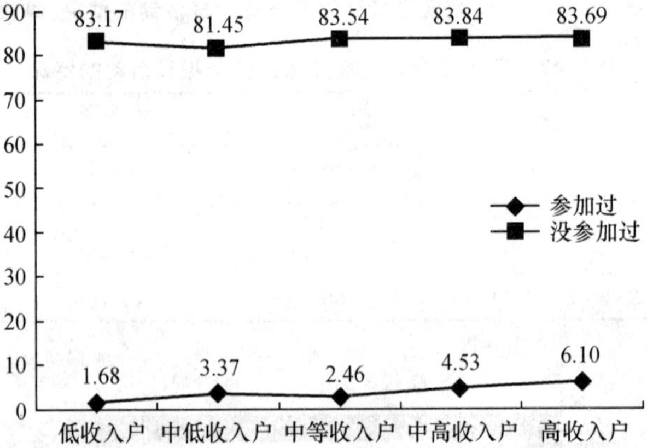

图 8-47 不同收入水平农民接受体育健身指导活动的情况（单位：%）

表 8-49 反映了未来 3 年农民是否会花时间健身的情况，在 3512 份有效样本中，表示“不会”花时间健身的农户有 1250 人，占比 39.58%，其所占比重最高；农民表示“会”和“看情况再说”的比重分别为 24.83% 和 35.59%。从不同地区来看，中部地区农民明确表示“会”参加健身活动的比重相对较高，占比 28.49%，东部和西部地区的这一比重均在全国平均水平以下。总体来看，不论是从全国范围还是从不同地区来看，农民明确表示会进行体育健身活动的比重都很低。

表 8-49　农民参与体育健身活动的意愿　（单位:%,个）

地区分组	会	不会	看情况再说	合计
全国	24.83	39.58	35.59	100(3512)
东部	23.22	40.78	36.00	100(1150)
中部	28.49	36.03	35.48	100(1260)
西部	22.32	42.38	35.30	100(1102)

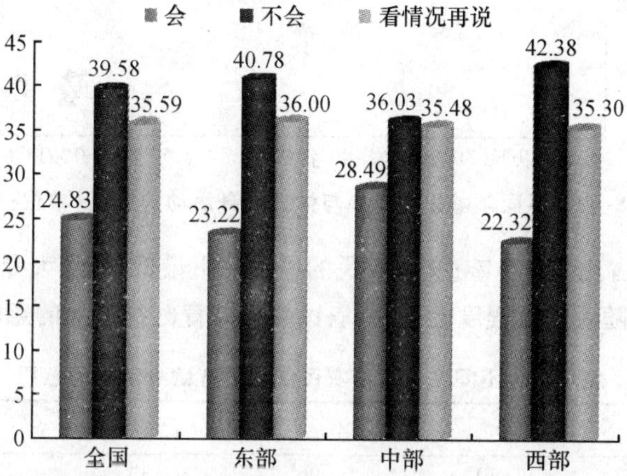

图 8-48　农民参与体育健身活动的意愿(单位:%)

从年龄角度来看,30 岁以下的农民表示未来 3 年"会"花时间健身的比重最高,达 35.71%;其次是 30 至 39 岁年龄段的农民,占比 29.78%;60 岁以上老年农民的这一比重最低,为 21.58%,低于 30 岁以下农民 14.13 个百分点。总体而言,年纪越轻的农民越愿意参加体育健身活动。

表 8-50　不同年龄段农民参与体育健身活动的意愿　（单位:%,个）

年龄分组	会	不会	看情况再说	合计
30 岁以下	35.71	38.10	26.19	100(84)
30—39 岁	29.78	33.99	36.23	100(356)
40—49 岁	25.14	35.50	39.36	100(1090)
50—59 岁	25.00	36.81	38.19	100(1016)
60 岁以上	21.58	49.17	29.25	100(964)

就文化程度而言,不同教育程度农民参与健身活动的意愿呈现明显的差异。具体来看,大专及以上学历农民反映"会"参加的比重最高,为 39.09%;其次是高

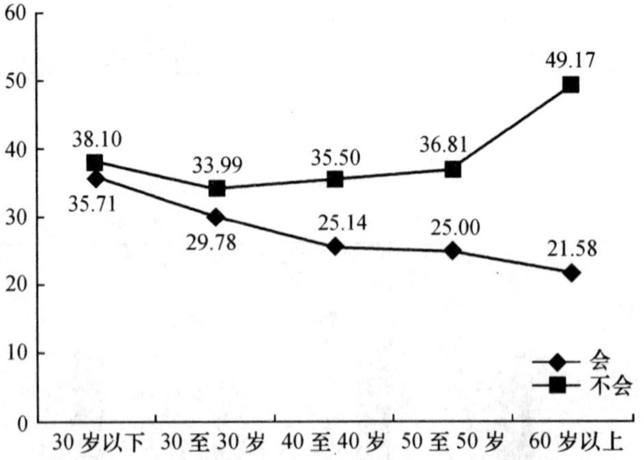

图 8-49 不同年龄段农民参与体育健身活动的意愿(单位:%)

中学历的农民,占比 35.16%;文盲农民的这一比重最低,低于大专及以上学历农民 27.39%。可见,随着文化程度的提高,农民参与体育健身活动的意愿也不断上升。

表 8-51 不同文化程度农民参与体育健身活动的意愿 (单位:%,个)

文化程度	会	不会	看情况再说	合计
文盲	11.70	54.96	33.34	100(282)
小学	18.97	43.90	37.13	100(1123)
初中	27.17	37.04	35.79	100(1450)
高中	35.16	30.62	34.22	100(529)
大专及以上	39.09	28.18	32.73	100(110)

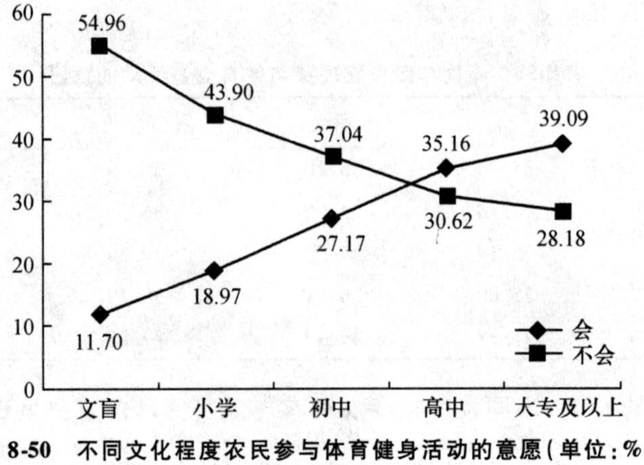

图 8-50 不同文化程度农民参与体育健身活动的意愿(单位:%)

不同职业农民未来三年参加健身活动的情况如表8-52和图8-51所示，其中，教师及其他职业农民明确表示“会”进行健身活动的比重最高，占比39.09%；其次为做生意农民，占比33.33%；务农者和务工农民“会”进行健身活动的比重明显偏低，分别为21.82%和22.94%。另一方面，在“不会”花时间健身的选择中，务农者和务工者的比重明显较高，分别达到42.95%和40.06%。

表8-52　不同职业农民参与体育健身活动的意愿　（单位：%，个）

职业	会	不会	看情况再说	合计
务农	21.82	42.95	35.23	100(2461)
务工	22.94	40.06	37.00	100(327)
做生意	33.33	29.00	37.67	100(300)
教师及其他	39.09	26.65	34.26	100(394)

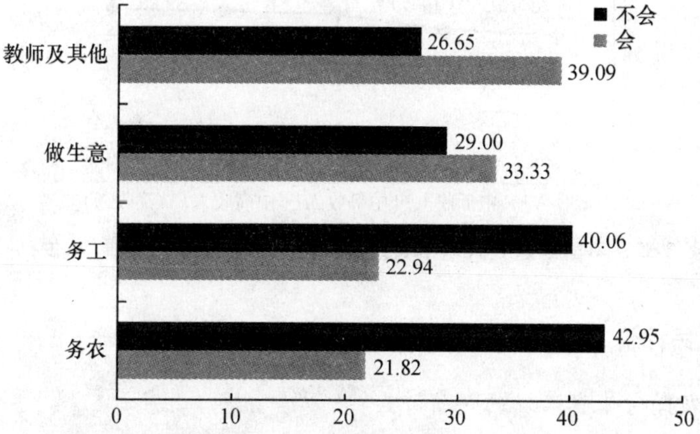

图8-51　不同职业农民参与体育健身活动的意愿（单位：%）

从家庭收入水平来看，随着收入水平的提高，农民未来三年会进行健身活动的比重大致呈上升趋势。其中，中高收入组和高收入组农民表示“会”花时间健身的比重较高，分别为26.37%和26.35%，低收入户和中低收入户的这一比重相对较低，分别为22.59%和23.46%。另一方面，在“不会”花时间健身方面，低收入户的这一比重明显较高，占比47%。

表 8-53 不同家庭收入水平农民参与体育健身活动的意愿 （单位:%,个）

家庭收入分组	会	不会	看情况再说	合计
低收入户	22.59	47.00	30.41	100(717)
中低收入户	23.46	39.65	36.89	100(618)
中等收入户	25.64	36.28	38.08	100(667)
中高收入户	26.37	36.30	37.33	100(675)
高收入户	26.35	35.52	38.13	100(687)

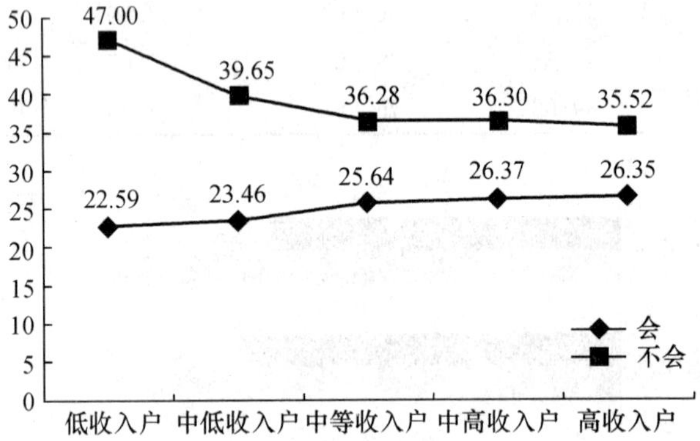

图 8-52 不同家庭收入水平农民参与体育健身活动的意愿(单位:%)

四、农民评价

(一) 农民对体育活动的评价

从农民对体育锻炼作用的认识来看,农民认为体育锻炼对自身好处最大的比重最大,占比69.74%,其次是对"社会"的好处较大,比重为12.87%,此外,还有8.06%的农民认为体育锻炼对"村集体"最有好处,4.43%的农民认为体育锻炼对"党和政府"最有好处,认为体育锻炼对"商业机构"和"社会体育组织"最有好处的比重分别为2.33%、2.57%。

表 8-54　农民对体育锻炼好处的认识情况　（单位：个，%）

农村体育对谁最有好处	样本数	比重
党和政府	148	4. 43
社会	431	12. 87
村集体	270	8. 06
农民	2335	69. 74
商业机构	78	2. 33
社会体育组织	86	2. 57
合计	3348	100

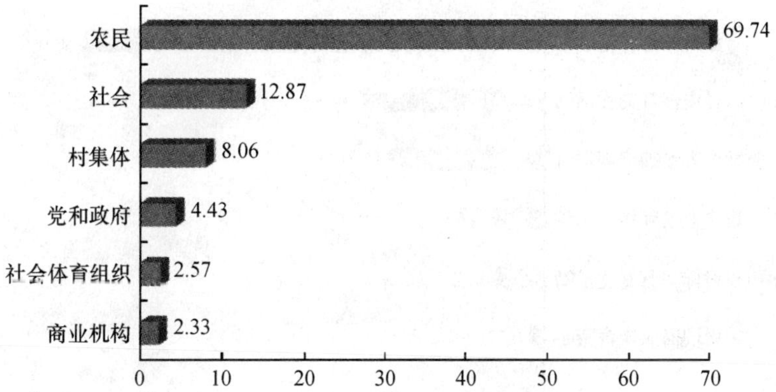

图 8-53　农民对体育锻炼好处的认识情况（单位：%）

（二）农民对体育活动的建议

在所调查的3320份有效样本中，认为发展农村体育最关键措施排名前三项的是“加大体育设施建设”“多组织村内体育文化活动”和“鼓励个人参加体育锻”，占比分别为50. 09%、19. 55%和16. 30%，这三者合计占比85. 94%。由此可见，当前农村体育设施建设匮乏，农民迫切需要农村体育基础设施建设，同时开展多样性的体育活动并不断提高农民参加体育活动的积极性。

表 8-55 农民认为发展农村体育最关键的措施 (单位:个,%)

最关键措施	样本	占比
加大体育设施建设	1663	50.09
多组织村内体育文化活动	649	19.55
多组织村际体育文化活动	150	4.52
请专业老师指导培训	157	4.73
引进商业体育赛事	24	0.71
鼓励个人参加体育锻炼	541	16.30
其他	136	4.10
合计	3320	100

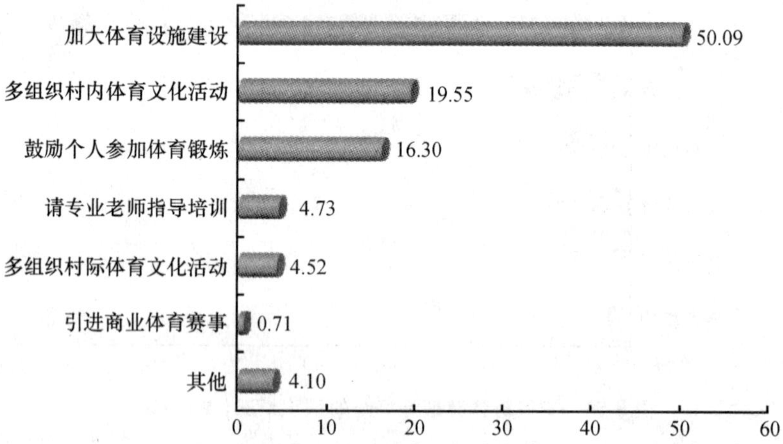

图 8-54 农民认为发展农村体育最关键的措施(单位:个,%)

第三节 休闲娱乐活动

农民日常休闲及娱乐活动是农民文化活动的基础方面,它是反映农民日常文化活动的重要指标。休闲活动是农民在闲暇时间中所从事的各类活动,可以起到愉悦身心或促进身心发展的作用。本节将主要从农民日常休闲方式和外出旅游活动两个方面来考察农民的休闲娱乐活动状况。

一、日常休闲

表 8-56、图 8-55 显示了农民日常的休闲活动情况。由统计结果可知,“看电

视”和“串门聊天”是农民最主要的日常休闲方式，分别占比35.44%和32.23%，两者合计占比67.67%；同时有13.45%的农民选择“打麻将或打牌”，其所占比重也较高；12.99%的农民平时选择“闲在家里”，不参加活动；此外，分别有2.57%和3.32%的农民选择“吃饭聚餐”和“其他”休闲方式。总体来看，农民的日常休闲方式比较单一，文化活动极为贫乏。

表8-56　农民日常休闲活动情况　（单位：%，个）

休闲方式	样本	占比
串门聊天	1982	32.23
打麻将（打牌）	827	13.45
吃饭聚餐	158	2.57
看电视	2179	35.44
闲在家里	799	12.99
其他	204	3.32
合计	6149	100

注：本题目为不定项选择，故选项的样本合计会大于有效农户样本的个数。

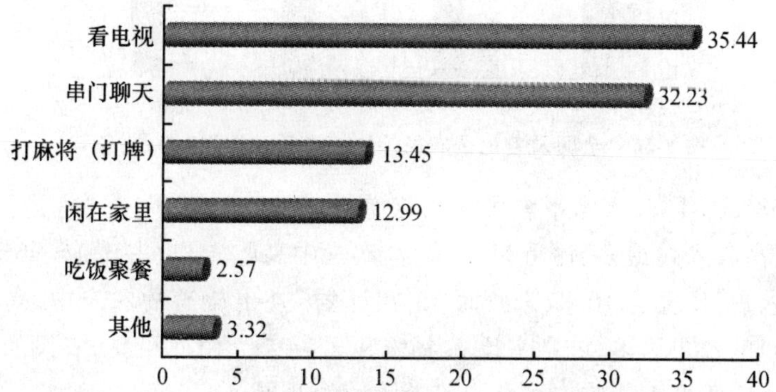

图8-55　农民日常休闲活动情况（单位：%）

二、外出旅游

表8-57、图8-56为农民外出旅游活动的情况，就全国而言，农民“有过”外出旅游活动的比重为15.95%；“没有过”的比重为82.74%，即超过八成的农民没有过外出旅游活动；此外，1.31%的受访农户表示正在计划外出旅游。从不同地区来看，在“有过”外出旅游活动的情况中，东部地区农民家庭所占比重最高，占比18.93%，其次是西部地区的农民家庭，中部地区受访者的比重最低，为12.32%，

低于全国的平均水平。而“正在计划”外出旅游的情况中,东部地区的比重为0.44%,低于中部地区的1.52%和西部地区的1.92%。

表 8-57 全国及各地区农民外出旅游活动情况 (单位:%,个)

地区	有过	没有过	在计划中	合计
全国	15.95	82.74	1.31	100(3535)
东部	18.93	80.63	0.44	100(1141)
中部	12.32	86.16	1.52	100(1250)
西部	16.96	81.12	1.92	100(1144)

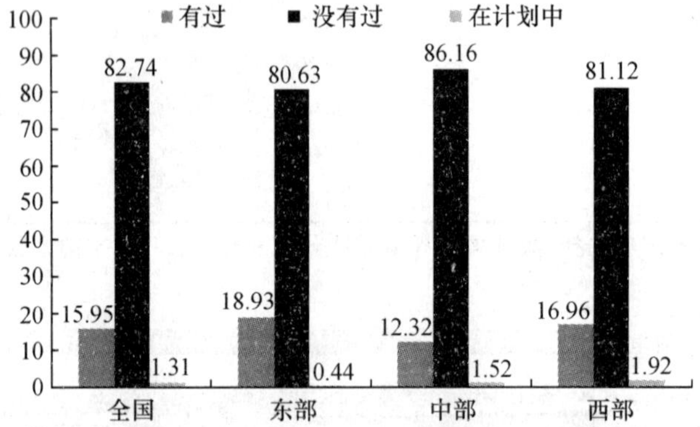

图 8-56 全国及各地区农民外出旅游活动情况(单位:%)

表8-58是不同收入水平农民外出旅游活动的统计结果,在“有过”外出旅游的农户中,高收入户最多,比重为27%,其次是中高收入户,占比15.96%,最少的是中低收入户,比重为10.27%。而“正在计划”外出旅游的农户中,高收入组和中高收入组的农户居多,分别占比2.46%和2.34%。由此可见,农民的家庭收入水平会在一定程度上影响农民外出旅游活动的开展。

表 8-58 不同收入水平农民外出旅游活动情况 (单位:%,个)

家庭收入	有过	没有过	在计划中	合计
低收入户	11.72	87.58	0.70	100(717)
中低收入户	10.27	89.25	0.48	100(623)
中等收入户	13.97	85.44	0.59	100(680)
中高收入户	15.96	81.70	2.34	100(683)
高收入户	27.00	70.54	2.46	100(689)

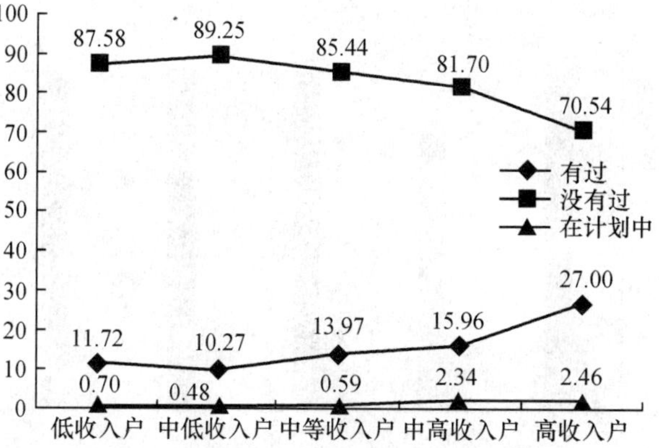

图 8-57　不同收入水平农民外出旅游活动情况(单位:%)

如表 8-59,图 8-58 所示,从年龄结构来看,在"有过"外出旅游活动的人群中,30 岁以下、30 至 39 岁的人群所占比重较高,分别占比 19.23% 和 19.06%,而 40 至 49 岁、50 至 59 岁和 60 岁以上的人群大体相当。总体而言,年轻农民进行过外出旅游活动的情况更多。另一方面,正在计划外出旅游的农民中,30 岁以下者比重最高,60 岁以上者比重最低,随着年龄段的升高,农民正在计划外出旅游的比重呈下降趋势。

表 8-59　不同年龄阶段农民外出旅游活动情况　　(单位:%,个)

年龄	有过	没有过	在计划中	合计
30 岁以下	19.23	78.21	2.56	100(78)
30—39 岁	19.06	78.45	2.49	100(362)
40—49 岁	15.50	82.61	1.89	100(1110)
50—59 岁	15.48	83.54	0.98	100(1027)
60 岁以上	15.60	83.98	0.42	100(955)

通过表 8-60、图 8-59 的统计发现,文盲、小学、初中、高中、大专及以上的人群,"有过"外出旅游活动的比重分别为 9.42%、10.61%、16.46%、27.19%、29.63%;随着教育程度的提高,农民有过外出旅游活动的比重呈上升趋势。另一方面,在计划外出旅游的人群中,高中和初中学历农民的比重较高,分别占比 1.71% 和 1.64%。

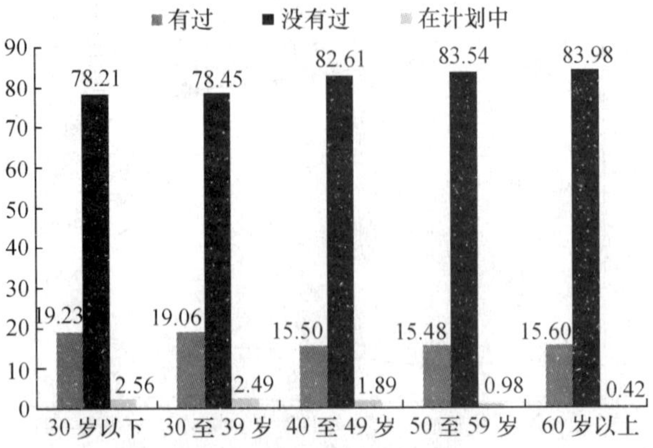

图 8-58 不同年龄阶段农民外出旅游活动情况(单位:%)

表 8-60 不同文化程度农民外出旅游活动情况 (单位:%,个)

文化程度	有过	没有过	在计划中	合计
文盲	9.42	90.22	0.36	100(276)
小学	10.61	88.34	1.05	100(1141)
初中	16.46	81.90	1.64	100(1464)
高中	27.19	71.10	1.71	100(526)
大专及以上	29.63	70.37	0	100(108)

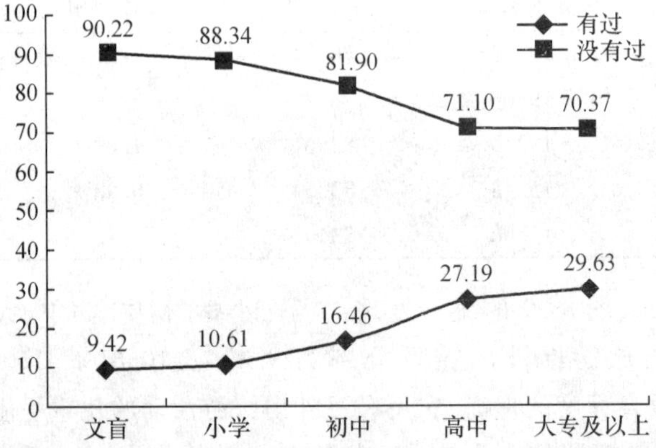

图 8-59 不同文化程度农民外出旅游活动情况(单位:%)

如表 8-61、图 8-60 所示,从职业分类来看,在"有过"外出旅游活动的人群中,教师及其他职业农民的比重最大,占比 37.28%,接近四成;其次是做生意农民，比重为 30.10%；而务农与务工农民的比重较低，分别为 11.64% 和 11.46%。而在计划外出旅游的人群中，做生意农民的比重最高，占比 2.34%，务工农民的比重最低，为 0.92%。

表 8-61　不同职业农民外出旅游活动情况　（单位：%，个）

职业	有过	没有过	在计划中	合计
务农	11.64	87.15	1.21	100(2491)
务工	11.46	87.62	0.92	100(323)
做生意	30.10	67.56	2.34	100(299)
教师及其他	37.28	61.44	1.28	100(389)

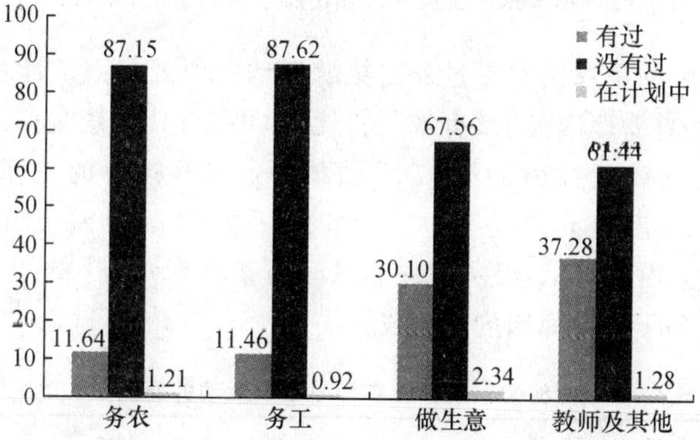

图 8-60　不同职业农民外出旅游活动情况（单位：%）

表 8-62 是对不同家庭类型的外出旅游活动统计结果，从不同家庭类型来看，在“有过”外出旅游中，最高的是空巢家庭，占比 19.65%，最低的是核心家庭，占比 14.90%；在计划外出旅游的人群中，最高的是核心家庭，占比为 1.82%，而其他家庭类型农民的这一比重都较低。

表 8-62　不同家庭类型农民外出旅游活动情况　（单位：%，个）

家庭类型	有过	没有过	在计划中	合计
核心家庭	14.90	83.28	1.82	100(1597)
主干家庭	15.68	83.29	1.03	100(1065)
扩大家庭	17.80	81.44	0.76	100(264)
空巢家庭	19.65	79.48	0.87	100(458)
其他类型	17.02	82.98	0	100(47)

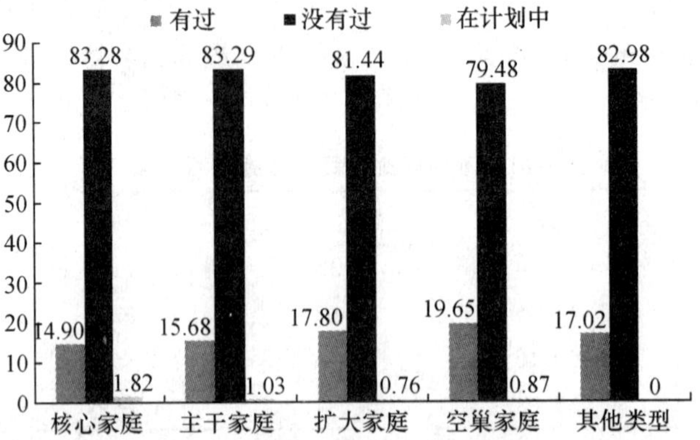

图8-61 不同家庭类型农民外出旅游活动情况(单位:%)

表8-63反映的是农民没有过外出旅游活动的原因。由统计结果可知,农民没有外出旅游的首要原因是“没有钱”,占比54.01%;其次是“没有时间”,比重为30.68%;而“既没钱又没时间”和“不想或不喜欢”旅游的比重相当,分别为4.66%、5.10%;“老了不方便”和“其他”原因的比重相差无几,占比分别为2.58%、2.97%。由此可见,经济条件和时间因素是影响农民外出旅游的两大原因,二者合计占到了所有原因的近九成。

表8-63 农民没有外出旅游活动的原因 (单位:个,%)

没有外出旅游活动的原因	样本	占比
没有钱	963	54.01
没有时间	547	30.68
不想或不喜欢旅游	91	5.10
既没钱又没时间	83	4.66
老了不方便	46	2.58
其他	53	2.97
合计	1783	100

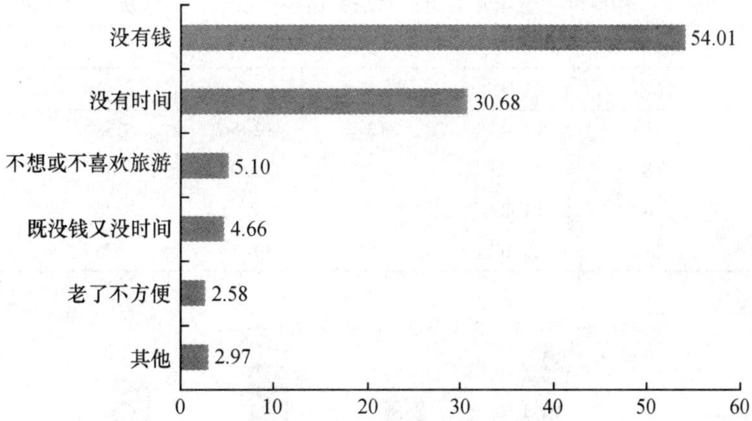

图 8-62　农民没有外出旅游活动的原因(单位:%)

第四节　民间信仰活动

民间信仰是指那些在民间广泛存在的、属于非官方的、具有自发性的一种情感寄托、崇拜以及伴随精神信仰而发生的行为和行动。它从诞生伊始就植根于广大民众尤其是农民中,在后来的发展中其主要阵地亦在农村。祭祀、信神、求神、烧香拜佛等活动融于民俗活动中,影响和支配着农民的日常生活。随着民间信仰环境的宽松,农村的民间信仰活动也变得愈发活跃。本节主要从宗族祭祀、求神拜佛、占卜算卦等活动来考察农民的民间信仰活动情况。

一、宗族祭祀

(一)宗族祭祀活动举办情况

表 8-64 反映了农村地区宗族祭祀活动的举办情况。由统计结果可知,在 258 个村庄有效样本中,有 45 个村庄"举办过"宗族祭祀活动,占比 17.44%,有 82.56% 的村庄"没举办过"宗族祭祀活动。从不同地区来看,东部地区村庄"举办过"宗族祭祀活动的比重最高,占比 21.95%;其次是西部地区,占比 16.67%;中部地区"举办过"的比率最低,为 14.29%,低于东部地区 7.66 个百分点。

表 8-64　全国及各地区村庄宗族祭祀活动举办情况　（单位:个,%）

地区	举办过		没举办过		合计	
	样本	占比	样本	占比	样本	占比
全国	45	17.44	213	82.56	258	100
东部	18	21.95	64	78.05	82	100
中部	14	14.29	84	85.71	98	100
西部	13	16.67	65	83.33	78	100

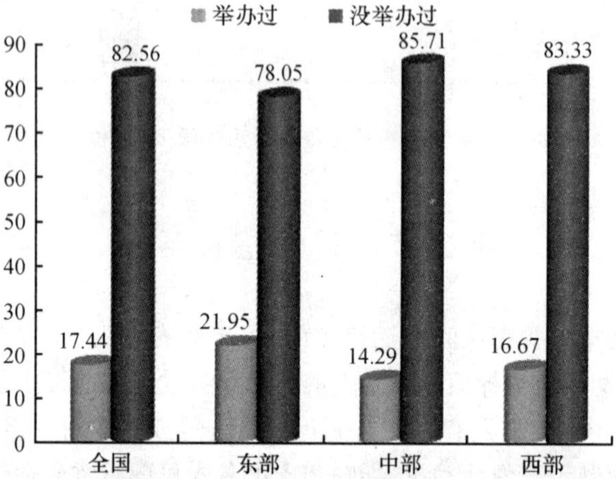

图 8-63　全国及各地区村庄宗族祭祀活动举办情况(单位:%)

从南北地区来看,北方地区村庄“举办过”宗族祭祀活动的比重为 8.62%,明显低于南方地区 24.65% 的比重,南方地区村庄举办过宗族祭祀活动的比重是北方地区的近三倍。

表 8-65　南北方村庄宗族祭祀活动举办情况　（单位:个,%）

南北地区	举办过		没举办过		合计	
	样本	占比	样本	占比	样本	占比
北方	10	8.62	106	91.38	116	100
南方	35	24.65	107	75.35	142	100

不同地形的村庄举办宗族祭祀活动的情况具有明显差异(见表 8-66、图 8-65)。高原及其他地区的村庄“举办过”宗族祭祀活动的比率最高,达到 36.36%;其次是丘陵地区,“举办过”的比重为 23.86%;再次是山地地形的村庄,占比 12.73%;平原地区的村庄“举办过”宗族祭祀活动的比重最低,为 9.89%。

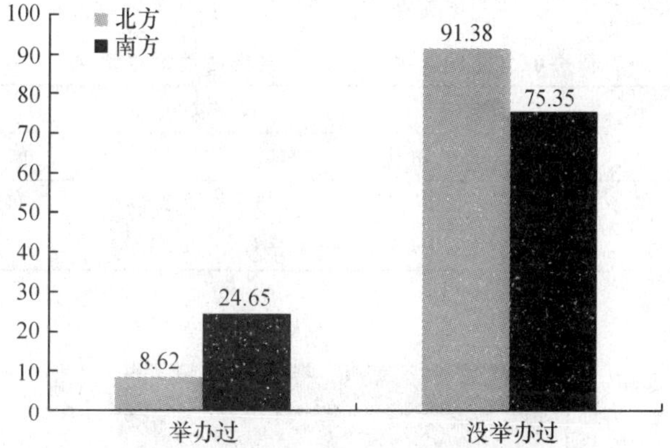

图 8-64　南北方村庄宗族祭祀活动举办情况(单位:%)

表 8-66　不同地形村庄宗族祭祀活动举办情况　(单位:个,%)

地形	举办过		没举办过		合计	
	样本	占比	样本	占比	样本	占比
平原	9	9.89	75	90.11	84	100
山地	7	12.73	38	87.27	45	100
丘陵	21	23.86	55	76.14	76	100
高原及其他	8	36.36	14	63.64	22	100

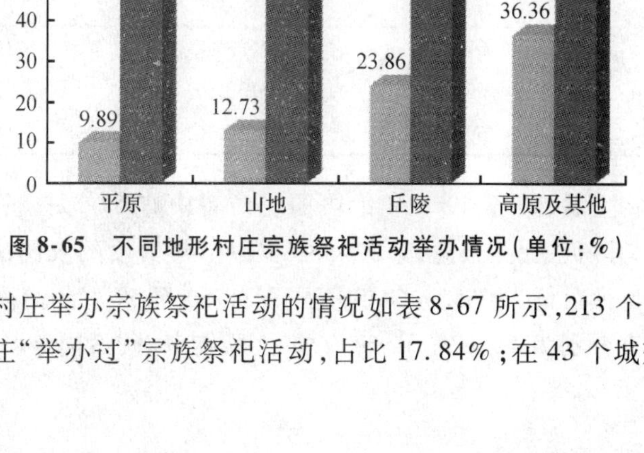

图 8-65　不同地形村庄宗族祭祀活动举办情况(单位:%)

不同类型村庄举办宗族祭祀活动的情况如表 8-67 所示,213 个农村有效样本中,有 38 个村庄“举办过”宗族祭祀活动,占比 17.84%;在 43 个城郊村或城中村中,“举办过”宗族祭祀活动的比率为 16.28%,略低于纯农村地区的村庄。

表 8-67　不同类型村庄宗族祭祀活动举办情况　(单位:个,%)

村庄类型	举办过		没举办过		合计	
	样本	占比	样本	占比	样本	占比
农村	38	17.84	175	82.16	213	100
城郊村或城中村	7	16.28	36	83.72	43	100

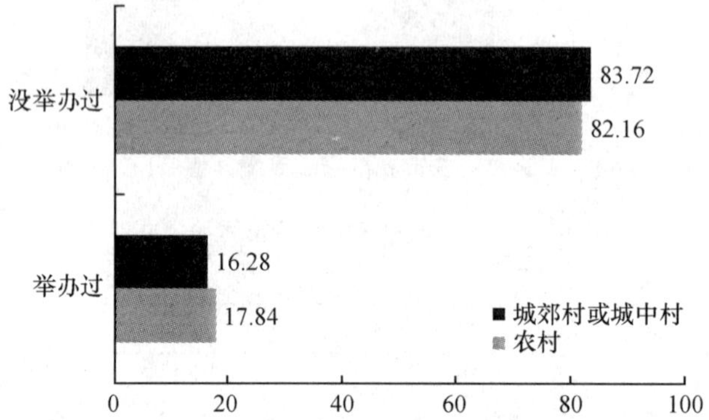

图 8-66　不同类型村庄宗族祭祀活动举办情况(单位:%)

(二)农民参加祭拜祖先活动的情况

表 8-68、图 8-67 所示为农民参加祭拜祖先活动的情况。从全国范围来看,在 3648 位受访农户中,有 67.57% 的农民表示参加祭拜祖先活动,其比重接近七成;表示没有参加的比率为 32.43%。从南北地区来看,北方地区农民参加祭拜祖先活动的比率为 66.75%,低于南方地区 69.18% 的比重,两者相差 2.43 个百分点。

表 8-68　全国及各地区农民参加祭拜祖先活动情况　(单位:%,个)

地区	是	否	合计
全国	67.57	32.43	100(3648)
北方	66.75	33.25	100(1711)
南方	69.18	30.82	100(1937)

从年龄结构上看,40 至 49 岁年龄段的受访者中有 69.32% 的农民表示参加祭拜祖先活动,其所占比重最高;其次为 30 岁以下年龄段的农民;60 岁以上的老年农民的这一比率最低,为 65.60%;30 至 39 岁、50 至 59 岁年龄段农民参加祭拜祖先活动的比率分别为 66.67% 和 67.99%。总体来看,不同年龄段农民参加祭

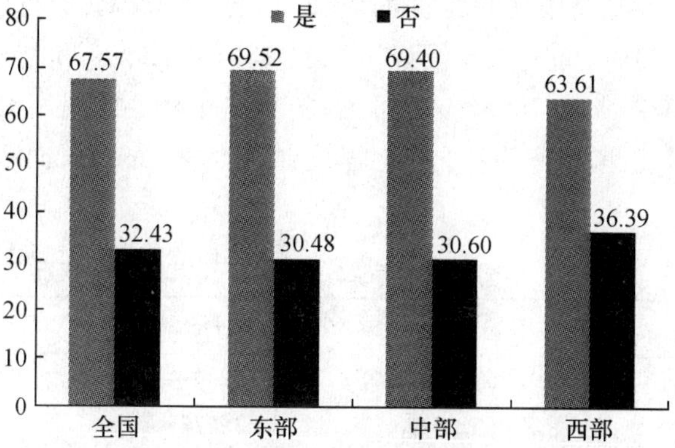

图 8-67　全国及各地区农民参加祭拜祖先活动情况(单位:%)

拜祖先活动的情况没有明显差异。

表 8-69　不同年龄段农民参加祭拜祖先活动情况　　(单位:%,个)

年龄	是	否	合计
30 岁以下	68.18	31.82	100(88)
30—39 岁	66.67	33.33	100(372)
40—49 岁	69.32	30.68	100(1131)
50—59 岁	67.99	32.01	100(1056)
60 岁以上	65.60	34.40	100(997)

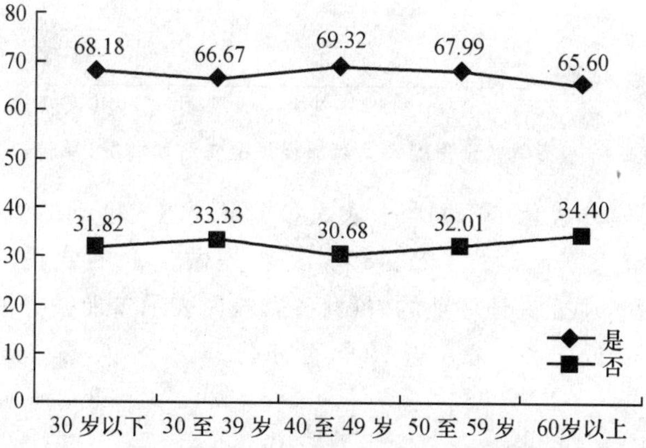

图 8-68　不同年龄段农民参加祭拜祖先活动情况(单位:%)

就教育程度而言,大专及以上学历农民表示参加祭拜祖先活动的比重最高,达到75.68%,其次是高中文化程度的农民,占比72.09%;文盲农民表示参加的比率最低,为57.53%,低于大专及以上农民18.15%;小学和初中学历农民参加的比重分别为63.25%和70.46%。可见,随着文化程度的提高,农民参加祭拜祖先活动的比率明显呈上升趋势,文化程度越高的农民越倾向于参加祭拜祖先活动。

表8-70 不同文化程度农民参加祭拜祖先活动情况 (单位:%,个)

文化程度	是	否	合计
文盲	57.53	42.47	100(292)
小学	63.25	36.75	100(1181)
初中	70.46	29.54	100(1503)
高中	72.09	27.91	100(541)
大专及以上	75.68	24.32	100(111)

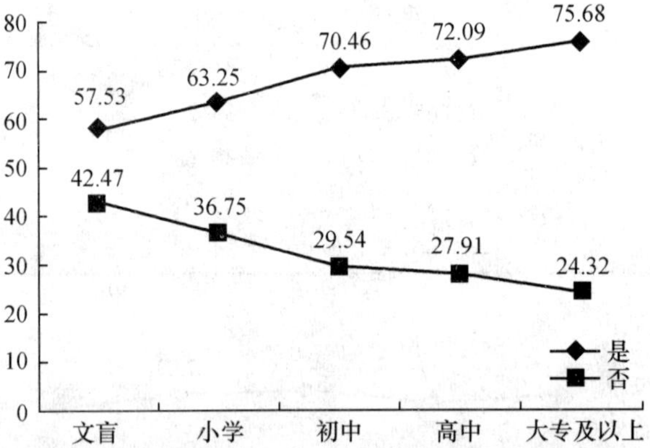

图8-69 不同文化程度农民参加祭拜祖先活动情况(单位:%)

表8-71、图8-70显示了不同职业农民参加祭拜祖先活动的情况。其中,务工农民表示参加的比率最高,为75.68%;其次是做生意的农民,参加的比率为71.34%;再次是教师及其他职业的农民;务农农民表示参加祭拜祖先活动的比重最低,为65.95%,低于务工农民近10个百分点。

表 8-71　不同职业农民参加祭拜祖先活动情况　（单位：%，个）

职业	是	否	合计
务农	65.95	34.05	100(2570)
务工	75.68	24.32	100(333)
做生意	71.34	28.66	100(307)
教师及其他	68.81	31.19	100(404)

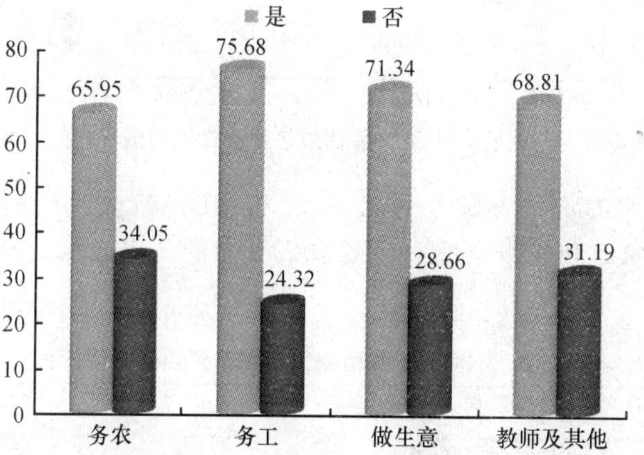

图 8-70　不同职业农民参加祭拜祖先活动情况（单位：%）

表 8-72、图 8-71 显示，家庭收入水平处于高收入组的农民参加祭拜祖先活动的比重最高，占比 72.25%；其次是中高收入组的农民，参加的比重为 71.67%；再次是中等收入组和中低收入组的农民；低收入组农民参加祭拜祖先活动的比重最低，为 63.72%。整体而言，随着家庭收入水平的提高，农民参加祭拜祖先活动的比率呈上升趋势，家庭收入较高的农民更倾向于参加祭拜祖先活动。

表 8-72　不同收入水平农民参加祭拜祖先活动情况　（单位：%，个）

家庭收入	是	否	合计
低收入户	63.72	36.28	100(758)
中低收入户	66.77	33.23	100(641)
中等收入户	69.22	30.78	100(692)
中高收入户	71.67	28.33	100(699)
高收入户	72.25	27.75	100(699)

不同家庭类型农民参加祭拜祖先活动的情况如表 8-73 所示，其中，核心家庭

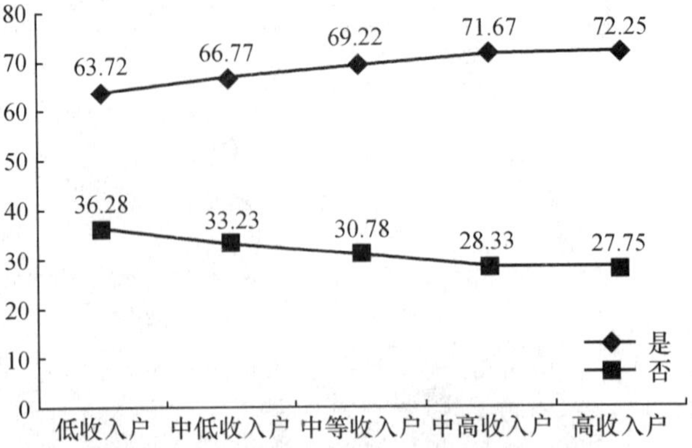

图 8-71 不同收入水平农民参加祭拜祖先活动情况(单位:%)

和主干家庭类型的农民参加祭拜祖先活动的比率较高,分别占比 68.19% 和 69.43%;扩大家庭和空巢家庭类型的农民参加的比率较低,分别占比 65.93% 和 65.12%。

表 8-73 不同家庭类型农民参加祭拜祖先活动情况 (单位:%,个)

家庭类型	是	否	合计
核心家庭	68.19	31.81	100(1641)
主干家庭	69.43	30.57	100(1086)
扩大家庭	65.93	34.07	100(273)
空巢家庭	65.12	34.88	100(473)
其他类型	60.32	39.68	100(63)

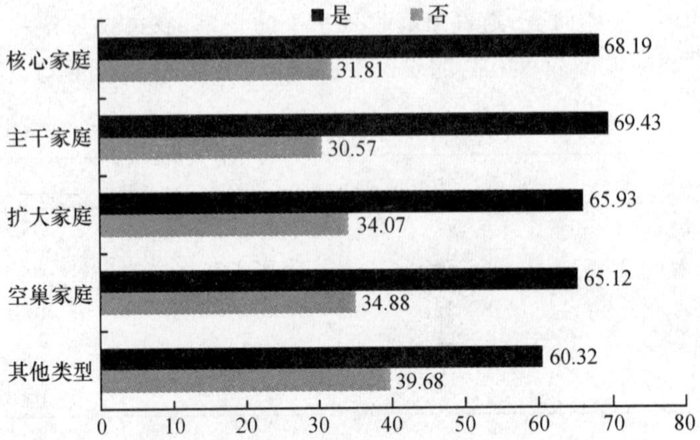

图 8-72 不同家庭类型农民参加祭拜祖先活动情况(单位:%)

从婚姻状况角度看，未婚农民表示参加祭拜祖先活动的比重最高，达到71.69%，其次是已婚状况的农民，参加的比率为67.92%；再次是丧偶农民；离异及其他状况农民反映参加祭拜祖先活动的比重最低，占比55%，低于未婚状况的农民16.69个百分点。

表8-74　不同婚姻状况农民参加祭拜祖先活动情况　（单位：%，个）

婚姻状况	是	否	合计
未婚	71.69	28.31	100(166)
已婚	67.92	32.08	100(3301)
丧偶	58.57	41.43	100(140)
离异及其他	55.00	45.00	100(40)

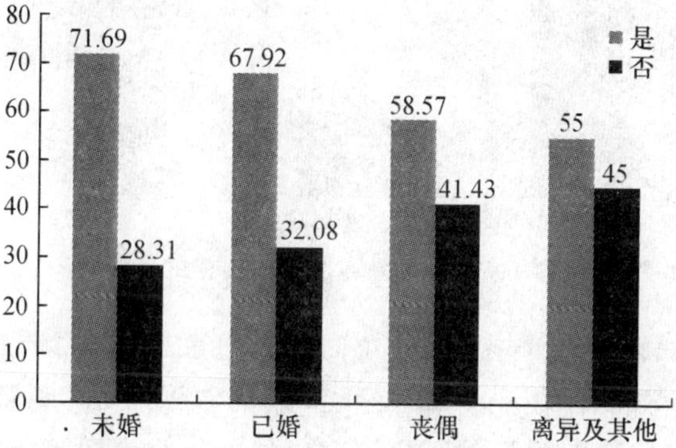

图8-73　不同婚姻状况农民参加祭拜祖先活动情况(单位：%)

（三）农民参与宗族活动的意愿

表8-75、图8-74反映了农民在宗族修祠堂或族谱时是否愿意出钱的情况。就全国范围而言，在3484个有效样本中，在宗族修祠堂或族谱时，1652名农民表示"愿意"出钱，占比47.42%，"不愿意"出钱的有10.68%，除此之外，还有1460人表示要"看情况"后再决定，占比41.91%。南北地区中，在宗族修祠堂或族谱时，南方地区农民表示"愿意"出钱的比重为52.84%，明显高于北方地区的41.04%，两者相差11.80个百分点。

表8-75 农民在宗族修祠堂或族谱时出钱的意愿 (单位:%,个)

地区	愿意	不愿意	看情况	合计
全国	47.42	10.68	41.90	100(3484)
北方	41.04	11.43	47.53	100(1601)
南方	52.84	10.04	37.12	100(1883)

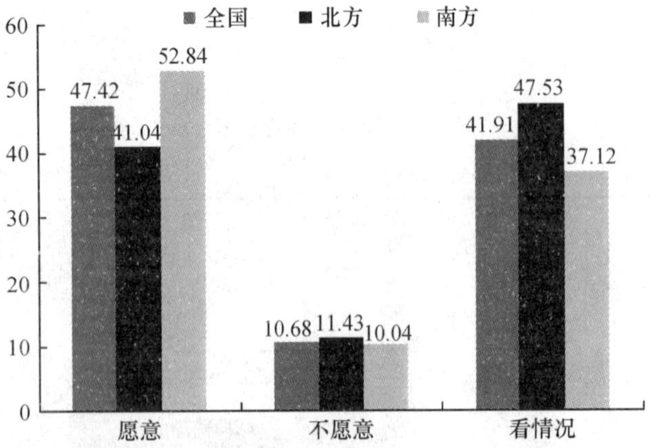

图8-74 农民在宗族修祠堂或族谱时出钱的意愿(单位:%)

不同年龄农民在宗族修祠堂或族谱时是否愿意出钱的情况可以从表8-76看出。在3481个有效样本中,30—39岁年龄段的农民表示"愿意"出钱的比重最高,达到52.11%,其他年龄段农民"愿意"出钱的比重大致相当,均不超过50%。另一方面,在反映"不愿意"出钱的情况中,60岁以上的老年农民所占比重最高,占比12.68%,其次是50—59岁年龄段的农民,30岁以下农民"不愿意"出钱的比重最低。总体来看,年纪越大的农民越不愿意在宗族修祠堂或族谱时出钱。

表8-76 不同年龄段农民在宗族修祠堂或族谱时出钱的意愿 (单位:%,个)

年龄分组	愿意	不愿意	看情况	合计
30岁以下	45.68	6.17	48.15	100(81)
30—39岁	52.11	6.20	41.69	100(355)
40—49岁	45.79	10.08	44.13	100(1081)
50—59岁	47.45	11.30	41.26	100(1018)
60岁以上	47.78	12.68	39.53	100(946)

从文化程度的角度看,不同文化程度在选择是否愿意出钱修祠堂和族谱时,

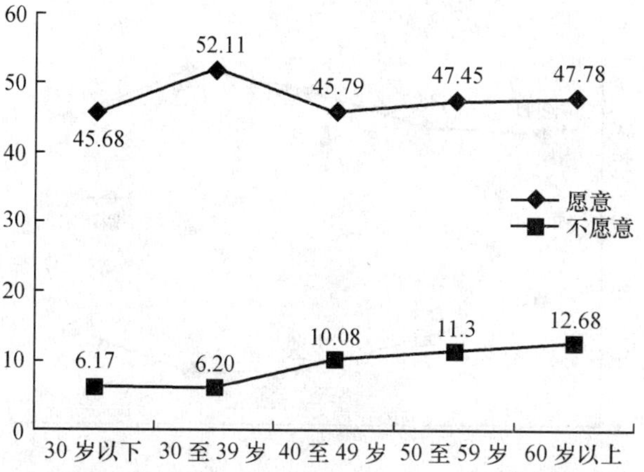

图 8-75　不同年龄段农民在宗族修祠堂或族谱时出钱的意愿（单位：%）

出现了明显差异。其中，高中文化程度的农民表示“愿意”出钱的比重最高，达到52.52%，其次是初中教育程度的农民；文盲农民的这一比重最低，占比42.91%；同时小学程度、大专及以上农民表示“愿意”的比重也较低，分别为43.97%和44.86%。总体而言，文化程度从文盲到高中，农民表示愿意出钱修祠堂或族谱的比重不断升高，而当教育程度处于大专及以上水平时，农民表示愿意的比重又有所下降。

表 8-77　不同文化程度农民在宗族修祠堂或族谱时出钱的意愿（单位：%，个）

教育程度	愿意	不愿意	看情况	合计
文盲	42.91	18.55	38.54	100(275)
小学	43.97	12.68	43.35	100(1128)
初中	49.17	8.41	42.42	100(1438)
高中	52.52	7.75	39.73	100(516)
大专及以上	44.86	14.02	41.12	100(107)

就不同职业而言，统计结果显示，教师及其他职业农民“愿意”出钱的占比最高，达58.01%，接下来是做生意的农民，占比55.93%；外出务工的农民“愿意”出钱的占比最低，为44.55%；在家务农的农民的这一比重也较低，为45.07%。“不愿意”出钱的情况中，在家务农的农民占比最高，其次为外出务工的农民，两者分别占比11.36%和10.90%；7.80%的做生意农民“不愿意”出钱，占比最低。

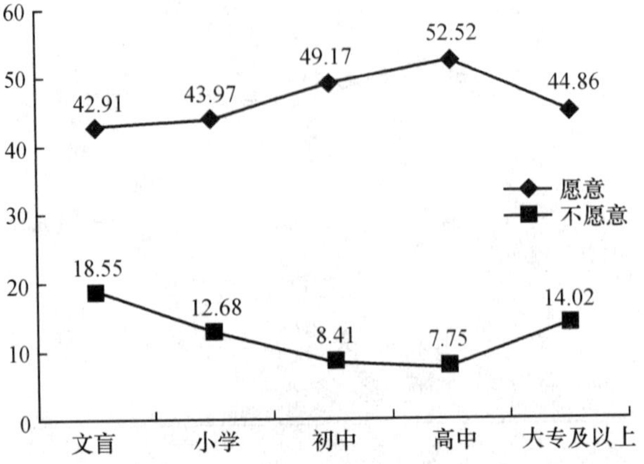

图 8-76　不同文化程度农民在宗族修祠堂或族谱时出钱的意愿(单位:%)

表 8-78　不同职业农民在宗族修祠堂或族谱时出钱的意愿　(单位:%,个)

职业	愿意	不愿意	看情况	合计
务农	45.07	11.36	43.57	100(2456)
务工	44.55	10.90	44.55	100(321)
做生意	55.93	7.80	36.27	100(295)
教师及其他	58.01	8.40	33.59	100(381)

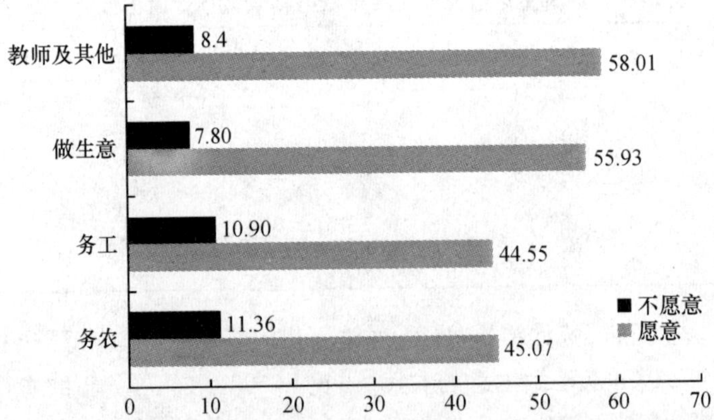

图 8-77　不同职业农民在宗族修祠堂或族谱时出钱的意愿(单位:%)

从农民的身体素质来看,所在宗族修祠堂或族谱时,54.07%健康状况为优的农民表示"愿意"出钱,所占比重最高,"不愿意"出钱的有 8.07%,所占比重最低。健康状况很差的农民则与之相反,"愿意"出钱的占比最低,"不愿意"出钱的占比最高，分别为 26.67% 和 40%。健康状况为良的农民中，持观望态度的最多，达 47.25%。整体而言，身体状况越好的农民在宗族修祠堂或族谱时更愿意出钱，而身体状况差的农民相对不愿意出钱。

表 8-79　不同身体状况农民在宗族修祠堂或族谱时出钱的意愿（单位：%，个）

健康状况	愿意	不愿意	看情况	合计
优	54.07	8.07	37.86	100(1561)
良	41.25	11.50	47.25	100(1365)
中	47.11	14.89	38.00	100(329)
差	41.41	14.14	44.45	100(198)
很差	26.67	40	33.33	100(30)

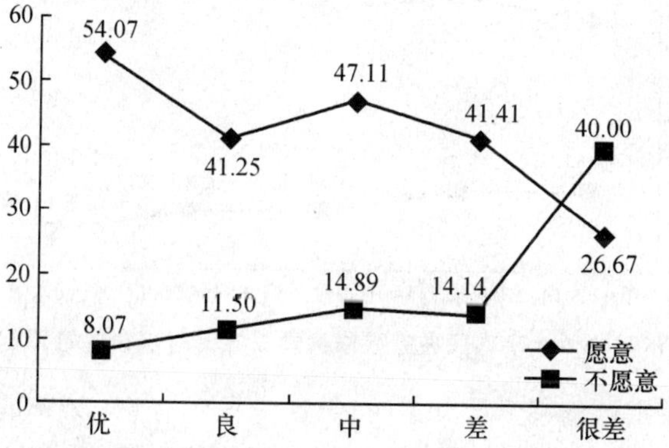

图 8-78　不同身体状况农民在宗族修祠堂或族谱时出钱的意愿（单位：%）

从农户的家庭收入方面来看，在宗族修祠堂或族谱时“愿意”出钱方面，高收入组农民所占比重最高，达到 57.40%，其次是中高收入组的农民，占比 48.20%，低收入组农民“愿意”的比重最低，为 41.85%，低于高收入组农民 15.55 个百分点。另一方面，在“不愿意”出钱方面，低收入组和中低收入组农民的比重较高，分别为 13.54% 和 13.75%，高收入组的这一比重最低，为 6.13%。由此可见，农民是否愿意出钱的情况与农民家庭收入水平呈正相关，收入水平越高的农民在宗族修祠堂或族谱时更愿意出钱。

表 8-80　不同收入水平农民在宗族修祠堂或族谱时出钱的意愿（单位:%,个）

家庭收入	愿意	不愿意	看情况	合计
低收入户	41.85	13.54	44.61	100(724)
中低收入户	45.63	13.75	40.62	100(618)
中等收入户	43.48	9.90	46.62	100(667)
中高收入户	48.20	9.58	42.22	100(668)
高收入户	57.40	6.13	36.47	100(669)

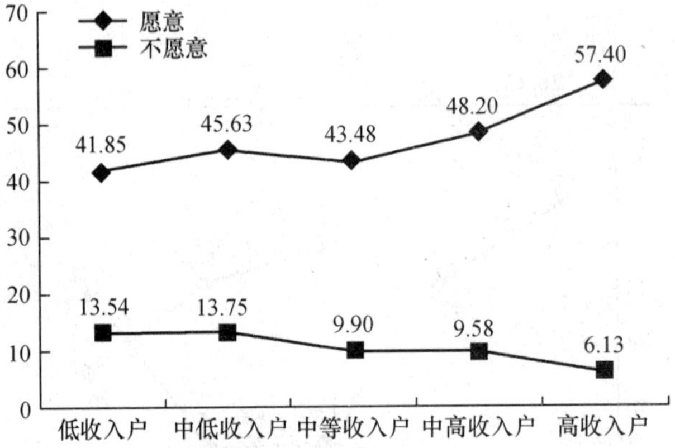

图 8-79　不同收入水平农民在宗族修祠堂或族谱时出钱的意愿(单位:%)

调查显示,在宗族修祠堂或族谱时,男性农民中有48.25%的受访者表示“愿意”出钱,这一比重高于女性农民的43.82%;在“不愿意”出钱方面,男性和女性农民的比重分别为10.29%和12.37%,女性农民比男性农民高出2.08个百分点。相对而言,男性在宗族修祠堂或族谱时更愿意出钱。

表 8-81　不同性别农民在宗族修祠堂或族谱时出钱的意愿　（单位:%,个）

性别	愿意	不愿意	看情况	合计
男	48.25	10.29	41.46	100(2829)
女	43.82	12.37	43.81	100(655)

不同家庭类型的农民在宗族修祠堂或族谱时是否愿意出钱的情况具有一定的差异性。其中,主干家庭中的农民“愿意”出钱修祠堂或族谱的比重最高,占比51.41%,其次是扩大家庭中的农民,占比49.81%,而空巢家庭中的农户“愿意”出钱的占比最低,“不愿意”出钱的占比最高,比重分别为43.33%和15.97%。

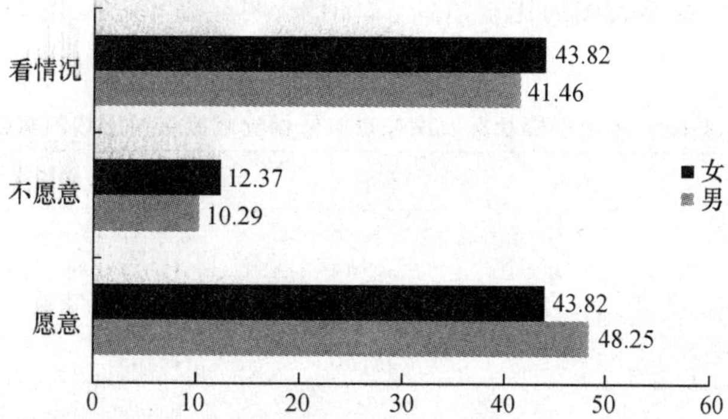

图 8-80　不同性别农民在宗族修祠堂或族谱时出钱的意愿(单位:%,个)

表 8-82　不同家庭类型农民在宗族修祠堂或族谱时出钱的意愿 (单位:%,个)

家庭类型	愿意	不愿意	看情况	合计
核心家庭	45.94	10.34	43.72	100(1576)
主干家庭	51.41	9.21	39.38	100(1031)
扩大家庭	49.81	7.81	42.38	100(269)
空巢家庭	43.33	15.97	40.70	100(457)

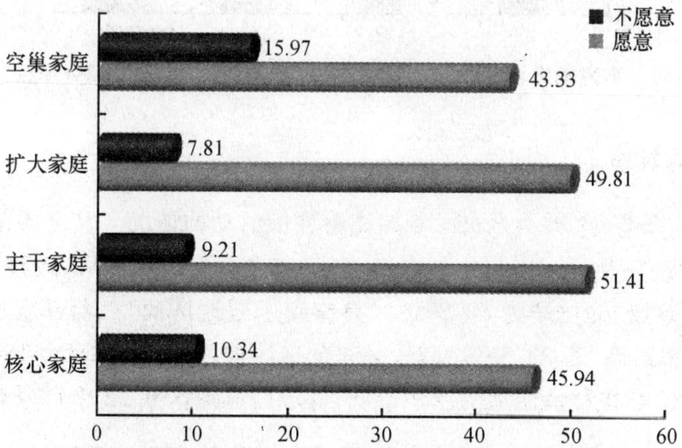

图 8-81　不同家庭类型农民在宗族修祠堂或族谱时出钱的意愿(单位:%)

从受访对象的婚姻状况来看,在修祠堂或家谱时"愿意"出钱的情况中,未婚农民所占比重最高,其次是已婚的农民,前者占比 51.95%,后者占比 47.78%;离异农民表示"愿意"出钱的比重最低,为 32.35%,其比重低于未婚农民 19.60 个百分点,此外丧偶农民"愿意"出钱的比重也较低,为 37.31%。另一方面,在"不愿意”出钱方面,离异农民的比重达到32.35%,明显高于其他婚姻状况下农民的这一比重。

表8-83 不同婚姻状况农民在宗族修祠堂或族谱时出钱的意愿(单位:%,个)

婚姻状况	愿意	不愿意	看情况	合计
未婚	51.95	15.58	32.47	100(154)
已婚	47.78	9.85	42.37	100(3158)
离异	32.35	32.35	35.29	100(34)
丧偶	37.31	18.66	44.03	100(134)

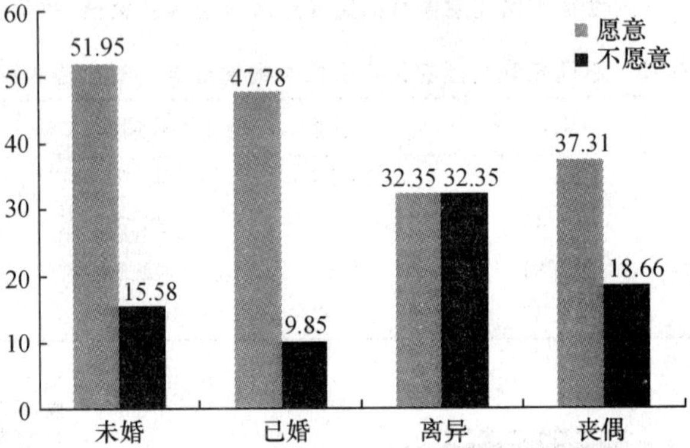

图8-82 不同婚姻状况农民在宗族修祠堂或族谱时出钱的意愿(单位:%)

二、烧香拜佛

表8-84、图8-83所示为农民参加烧香拜佛活动的情况。从全国范围来看,在3648位受访农户中,有19.11%的农民表示“参加”烧香拜佛活动,其比重接近两成;表示“没参加”的比率为80.89%。具体到不同地区而言,西部农民“参加”烧香拜佛的比率最高,为22.56%;其次是东部地区的农民,参与率为18.68;中部地区农民“参加”烧香拜佛活动的比率最低,低于西部地区6.22个百分点。

表8-84 全国及各地区农民参加烧香拜佛活动的情况 (单位:%,个)

地区	参加	没参加	合计
全国	19.11	80.89	100(3648)
东部	18.68	81.32	100(1178)
中部	16.34	83.66	100(1291)
西部	22.56	77.44	100(1179)

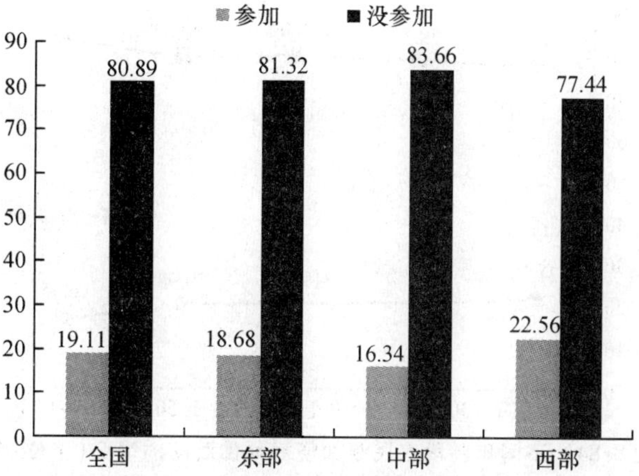

图 8-83　全国及各地区农民参加烧香拜佛活动的意愿(单位:个)

从年龄分布看,30 岁以下年龄段的受访者中有 21.59% 的农民表示“参加”烧香拜佛活动,其所占比重最高;其次为 30—39 岁年龄段的农民;60 岁以上的老年农民的这一比率最低,为 16.45%;40—49 岁、50—59 岁年龄段农民“参加”烧香拜佛活动的比率相同,占比 19.98%。总体来看,年轻农民参加烧香拜佛活动的比率较高。

表 8-85　不同年龄段农民参加烧香拜佛活动的情况　　(单位:%,个)

年龄	参加	没参加	合计
30 岁以下	21.59	78.41	100(88)
30—39 岁	20.70	79.30	100(372)
40—49 岁	19.98	80.02	100(1131)
50—59 岁	19.98	80.02	100(1056)
60 岁以上	16.45	83.55	100(997)

就教育程度而言,文盲农民表示“参加”烧香拜佛活动的比重最高,达到 24.32%,其次是大专及以上学历的农民,占比 22.52%;小学、初中和高中教育程度的农民表示“参加”烧香拜佛活动的比率大致相当,分别占比 18.29%、18.36% 和 18.67%。

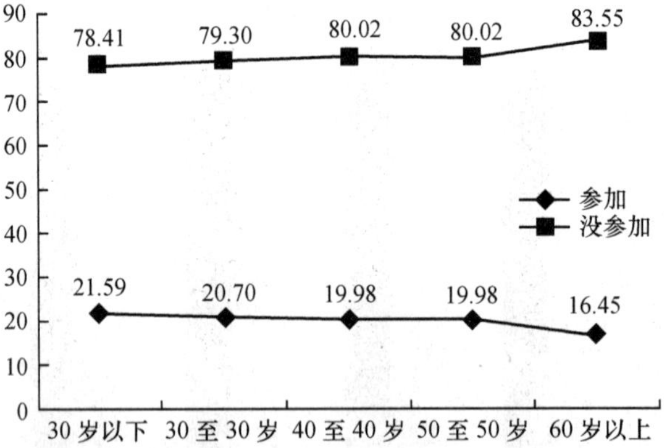

图 8-84 不同年龄段农民参加烧香拜佛活动的情况(单位:个)

表 8-86 不同教育程度农民参加烧香拜佛活动的情况 (单位:%,个)

教育水平	参加	没参加	合计
文盲	24. 32	75. 68	100(292)
小学	18. 29	81. 71	100(1181)
初中	18. 36	81. 64	100(1503)
高中	18. 67	81. 33	100(541)
大专及以上	22. 52	77. 48	100(111)

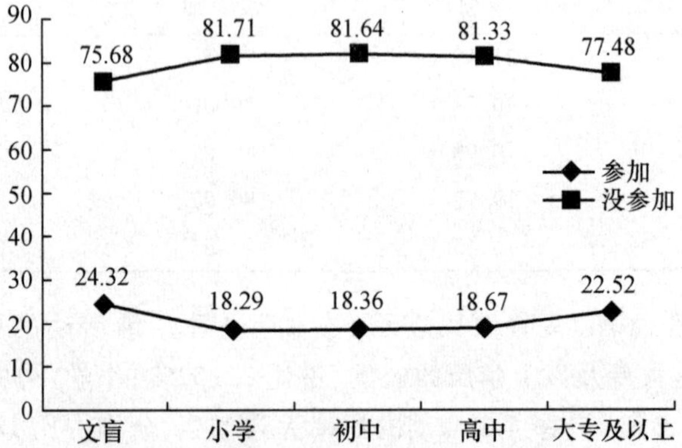

图 8-85 不同教育程度农民参加烧香拜佛活动的情况(单位:%)

表 8-87、图 8-86 显示了不同职业农民参加烧香拜佛活动的情况。其中,务工农民表示“参加”烧香拜佛活动的比率最高,为 23. 42%;其次是教师及其他职业的农民,参与率为 21. 29%;再次是做生意的农民;务农农民表示“参加”烧香拜佛

活动的比重最低，为 17.98%。

表 8-87　不同职业农民参加烧香拜佛活动的情况　（单位：%，个）

职业	参加	没参加	合计
务农	17.98	82.02	100(2570)
务工	23.42	76.58	100(333)
做生意	20.52	79.48	100(307)
教师及其他	21.29	78.71	100(404)

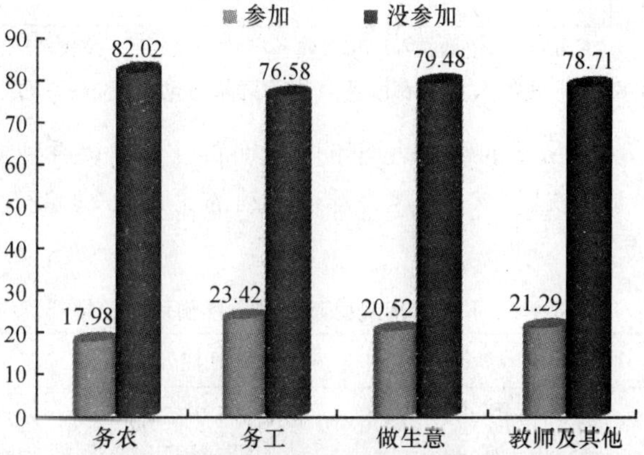

图 8-86　不同职业农民参加烧香拜佛活动的情况（单位：%）

表 8-88、图 8-87 显示，家庭收入水平处于高收入组的农民表示"参加"烧香拜佛活动的比重最高，占比 22.03%；其次是中高收入组的农民，"参加"的比重为 20.89%；再次是中等收入组和中低收入组的农民；低收入组农民"参加"烧香拜佛活动的比重最低，占比 16.89%。总体而言，随着收入水平的提高，农民参加烧香拜佛活动的比率呈上升趋势，家庭收入较高的农民参加烧香拜佛活动的现象更为普遍。

表 8-88　不同收入水平农民参加烧香拜佛活动的情况　（单位：%，个）

家庭收入	参加	没参加	合计
低收入户	16.89	83.11	100(758)
中低收入户	17.47	82.53	100(641)
中等收入户	19.51	80.49	100(692)
中高收入户	20.89	79.11	100(699)
高收入户	22.03	77.97	100(699)

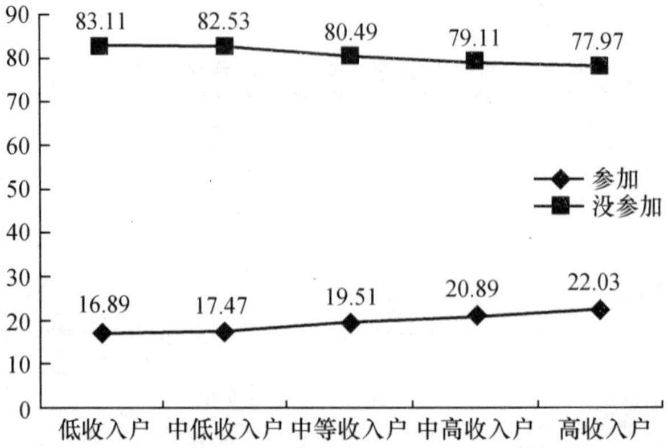

图8-87　不同收入水平农民参加烧香拜佛活动的情况(单位:%)

表8-89、图8-88所示的数据表明不同性别农民参加烧香拜佛活动的情况有一定的差异性。女性农民“参加”烧香拜佛活动的比率为21.29%,比男性农民高出2.69个百分点。

表8-89　不同性别农民参加烧香拜佛活动的情况　　(单位:%,个)

性别	参加	没参加	合计
男	18.60	81.40	100(2967)
女	21.29	78.71	100(681)

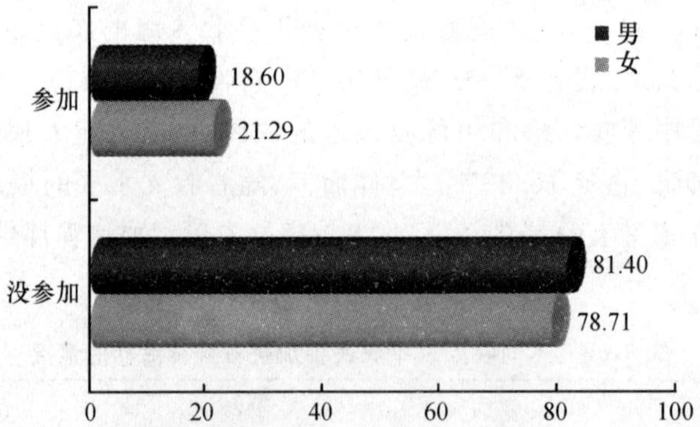

图8-88　不同性别农民参加烧香拜佛活动的情况(单位:%)

从表8-90、图8-89可以看出,身体状况很差的农民“参加”烧香拜佛活动的比重最高,占比29.03%;其次是身体状况中等的农民,其“参加”烧香拜佛的比率为20.57%;身体状况优和良的农民表示“参加”烧香拜佛的比率较低,分别占比

18.88%和18.39%。可以看出,身体状况较差的农民参加烧香拜佛活动的情况更为普遍。

表8-90 不同健康状况农民参加烧香拜佛活动的情况 (单位:%,个)

健康状况	参加	没参加	合计
优	18.88	81.12	100(1642)
良	18.39	81.61	100(1425)
中	21.47	78.53	100(340)
差	20.57	79.43	100(209)
很差	29.03	70.97	100(31)

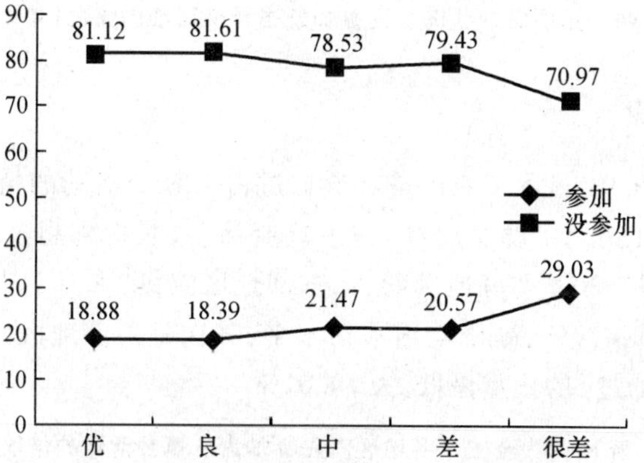

图8-89 不同健康状况农民参加烧香拜佛活动的情况(单位:%)

从婚姻状况角度看,未婚农民表示"参加"烧香拜佛活动的比重最高,占比34.94%,这一比重明显高于其他婚姻状况的农民;丧偶农民"参加"烧香拜佛活动的比重最低,为15.71%,两者相差19.23个百分点。已婚农民、离异及其他农民反映"参加"烧香拜佛活动的比重较为接近,分别占比18.45%和20%。

表8-91 不同婚姻状况农民参加烧香拜佛活动的情况 (单位:%,个)

婚姻状况	参加	没参加	合计
未婚	34.94	65.06	100(166)
已婚	18.45	81.55	100(3301)
丧偶	15.71	84.29	100(140)
离异及其他	20	80	100(40)

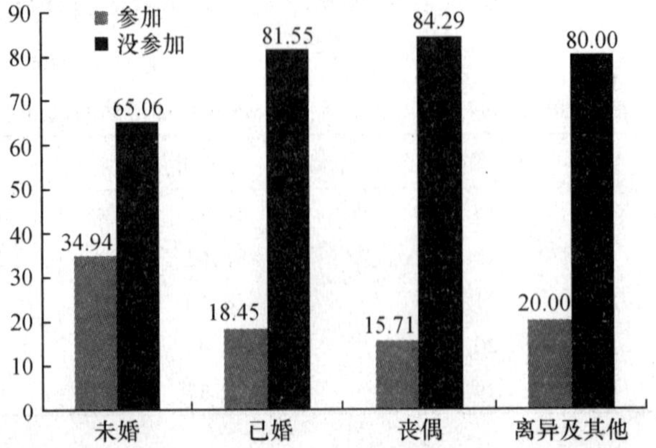

图 8-90 不同婚姻状况农民参加烧香拜佛活动的情况(单位:%)

三、占卜算卦

表 9-92、图 9-91 显示了农民是否参加过占卜算卦活动的情况。从全国范围看,87.80% 的农民表示“没参加过”占卜算卦活动,其比重超过八成,选择“参加过”的农民占比 12.20%。分地区而言,东部地区农民“参加过”占卜算卦活动的比重最高,占比 14.77%,高于全国平均水平;其次是西部地区,占比 11.37%;中部地区农民“参加过”的比重最低,为 10.61%。

表 8-92 全国及各地区农民参加占卜算卦活动的情况 (单位:%,个)

地区	参加过	没参加过	合计
全国	12.20	87.80	100(3648)
东部	14.77	85.23	100(1178)
中部	10.61	89.39	100(1291)
西部	11.37	88.63	100(1179)

不同年龄段农民参加占卜算卦活动的情况可从表 8-93、图 8-92 看出,数据显示,30 岁以下年龄段的农民反映“参加过”占卜算卦活动的比重最高,达 17.05%;其次是 40 至 49 岁年龄段的农民,占比 13.53%;50 至 59 岁年龄段的农民居于第三;60 岁以上的老年农民的这一比重最低,为 9.83%。总体而言,年轻农民参加过占卜算卦活动的比重较高。

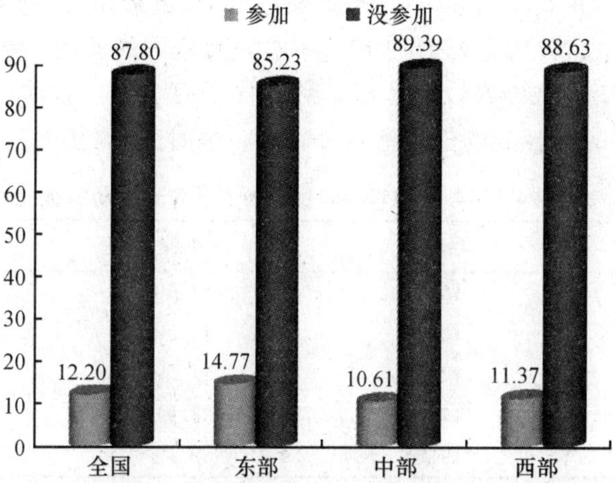

图 8-91　全国及各地区农民参加占卜算卦活动的情况(单位:%)

表 8-93　不同年龄段农民参加占卜算卦活动的情况　(单位:%,个)

年龄	参加过	没参加过	合计
30 岁以下	17.05	82.95	100(88)
30—39 岁	11.83	88.17	100(372)
40—49 岁	13.53	86.47	100(1131)
50—59 岁	12.78	87.22	100(1056)
60 岁以上	9.83	90.17	100(997)

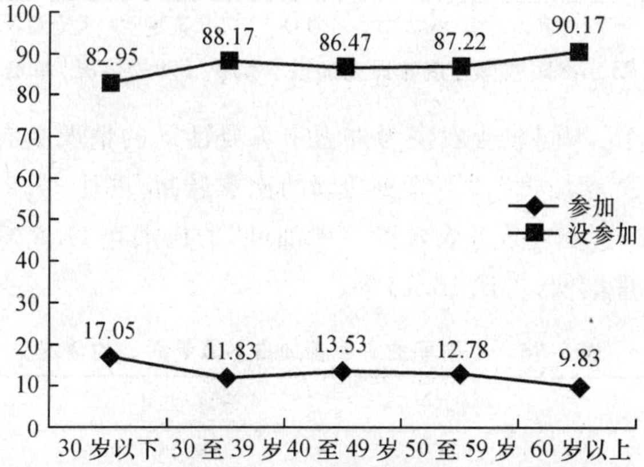

图 8-92　不同年龄段农民参加占卜算卦活动的情况(单位:%)

就教育水平而言,不同教育程度的农民参加占卜算卦活动的情况具有一定的差异性。其中,大专及以上学历农民“参加过”的比重最高,达到 19.82%;其次是未受过教育的农民,其比重为 16.10%;小学教育程度的农民“参加过”的比重最低,为 10.41%,低于大专及以上学历农民 9.41 个百分点。整体来看,不同文化程度农民参加占卜算卦活动的比重呈现“两头高、中间低”的状态。

表 8-94　不同教育程度农民参加占卜算卦活动的情况　(单位:%,个)

文化程度	参加过	没参加过	合计
文盲	16.10	83.90	100(291)
小学	10.41	89.59	100(1181)
初中	12.31	87.69	100(1503)
高中	11.09	88.91	100(541)
大专及以上	19.82	80.18	100(111)

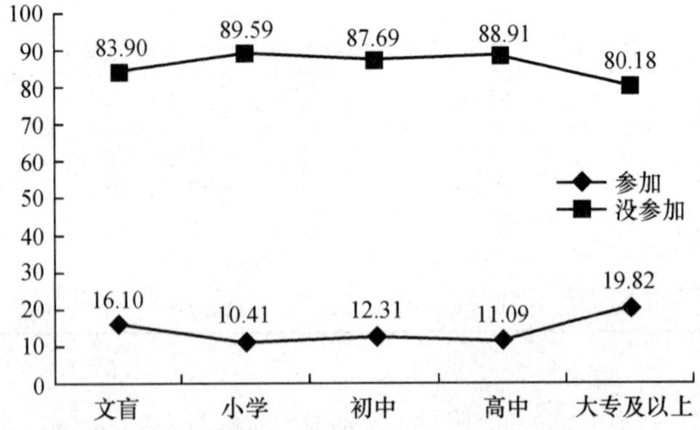

图 8-93　不同教育程度农民参加占卜算卦活动的情况(单位:%)

从职业角度看,不同职业农民参加占卜算卦活动的情况具有一定的差异性。其中,做生意农民“参加过”占卜算卦活动的比重最高,占比 17.92%;其次是务工农民,占比 15.32%;再次是务农农民,“参加过”的比重为 11.52%;教师及其他职业农民的这一比重最低,占比 10.15%。

表 8-95　不同职业农民参加占卜算卦活动的情况　(单位:%,个)

职业	参加过	没参加过	合计
务农	11.52	88.48	100(2570)
务工	15.32	84.68	100(333)
做生意	17.92	82.08	100(307)
教师及其他	10.15	89.85	100(404)

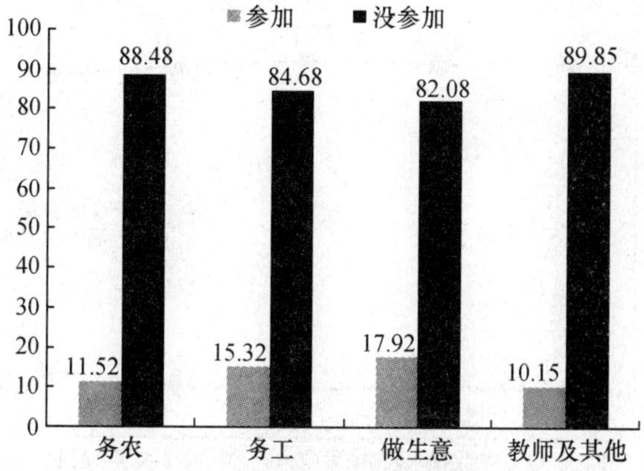

图 8-94　不同职业农民参加占卜算卦活动的情况(单位:%)

如表 8-96 所示,家庭收入处于高收入组的农民表示“参加过”占卜算卦活动的比重最高,占比 15.16%;其次是中高收入水平的农民,其“参加过”的比重为 12.59%;低收入组和中等收入组的农民“参加过”的比重较低,分别为 11.35% 和 11.42%。整体而言,家庭收入水平较高的农民参加过占卜算卦活动的比重较高。

表 8-96　不同收入水平农民参加占卜算卦活动的情况　　(单位:%,个)

家庭收入	参加过	没参加过	合计
低收入户	11.35	88.65	100(758)
中低收入户	12.01	87.99	100(641)
中等收入户	11.42	88.58	100(692)
中高收入户	12.59	87.41	100(699)
高收入户	15.16	84.84	100(699)

从性别角度看,女性农民表示“参加过”占卜算卦活动的比重高于男性农民,两者分别占比 15.42% 和 11.46%,女性比男性高出 3.96 个百分点。

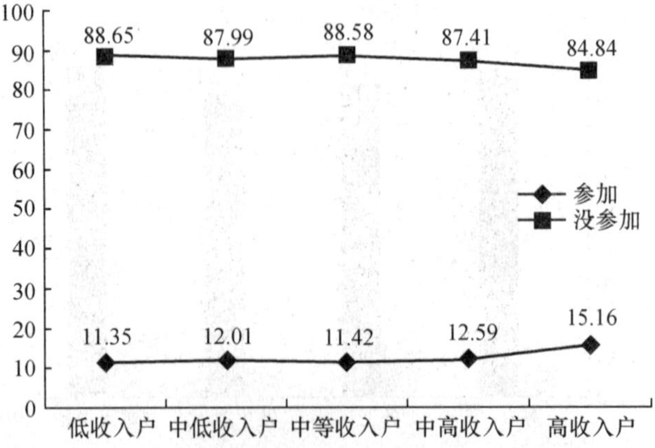

图 8-95 不同收入水平农民参加占卜算卦活动的情况(单位:%)

表 8-97 不同性别农民参加占卜算卦活动的情况 (单位:%,个)

性别	参加过	没参加过	合计
男	11.46	88.54	100(2967)
女	15.42	84.58	100(681)

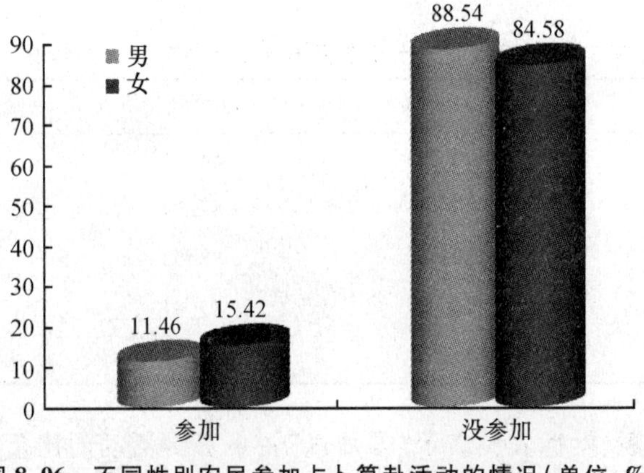

图 8-96 不同性别农民参加占卜算卦活动的情况(单位:%)

从婚姻状况角度看,离异及其他婚姻状况农民表示“参加过”占卜算卦活动的比重最高,占比20%;其次是未婚农民,参加的比重为16.27%;已婚农民和丧偶农民表示“参加过”的比率较低,分别占比11.97%和10.71%。

表 8-98　不同婚姻状况农民参加占卜算卦活动的情况　（单位:%,个）

婚姻状况	参加过	没参加过	合计
未婚	16.27	83.73	100(166)
已婚	11.97	88.03	100(3301)
丧偶	10.71	89.29	100(140)
离异及其他	20	80	100(40)

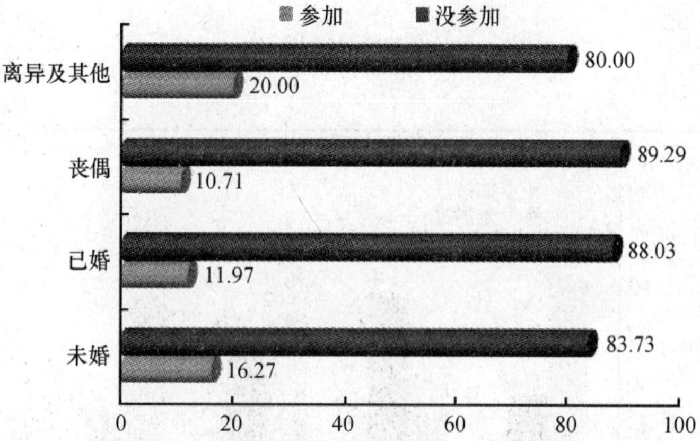

图 8-97　不同婚姻状况农民参加占卜算卦活动的情况(单位:%)

第五节　宗教信仰活动

宗教信仰,是指信奉某种特定宗教的人们对所信仰的对象所产生的一种坚定不移的信念及全身心的皈依。这种思想信念和全身心的皈依表现和贯穿于特定的宗教仪式和宗教活动中,并用来指导和规范自己在世俗社会中的行为。它属于一种特殊的社会意识形态和文化现象。宗教信仰活动是有某种宗教信仰的信徒举行的各种宗教与法事活动。本节的宗教活动情况针对有宗教信仰的农民,主要描述信教农民参加宗教活动的情况。

一、活动参与

表 8-99、图 8-98 为信仰宗教农民参加宗教活动情况的统计结果。446 位有宗教信仰的农民中,有 168 位受访者表示没有参加过宗教活动,占比 37.67%;表

示参加过宗教活动的农民有 278 位,占比 62.33%。从三大地区来看,由东向西,信教农民参加宗教活动的比重不断升高,其中西部地区信教农民“参加过”的比重最高,达到 71.59%;其次是中部地区,东部地区的这一比重最低,为 42.05%,低于西部地区 29.54 个百分点。

表 8-99 全国及各地区信教农民参加宗教活动的情况 (单位:%,个)

地区	参加过	没参加过	合计
全国	62.33	37.67	100(446)
东部	42.05	57.95	100(88)
中部	54.02	45.98	100(87)
西部	71.59	28.41	100(271)

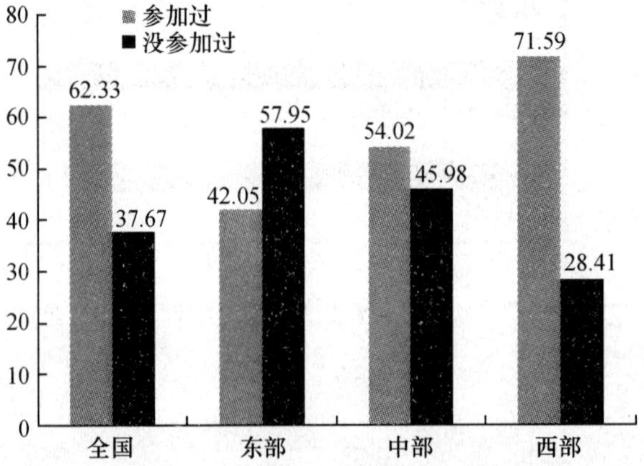

图 8-98 全国及各地区信教农民参加宗教活动的情况(单位:%)

表 8-100、图 8-99 显示了不同年龄段信教农民参加宗教活动的情况。其中,60 岁以上的老年信教农民“参加过”宗教活动的比率最高,占比 64.62%;其次是 30 岁以下年龄段的农民,“参加过”的比率为 63.16%;30 至 59 岁年龄段的农民“参加过”的比重大致相似,在六成左右。总体上看,不同年龄段信教农民参加宗教活动的情况呈现“U”型结构,30 岁以下的年轻信教农民和 60 岁以上的老年信教农民更倾向于参加宗教活动。

表 8-100　不同年龄段信教农民参加宗教活动的情况　(单位:%,个)

年龄	参加过	没参加过	合计
30 岁以下	63.16	36.84	100(19)
30 至 39 岁	59.68	40.32	100(62)
40 至 49 岁	61.21	38.79	100(116)
50 至 59 岁	62.18	37.82	100(119)
60 岁以上	64.62	35.38	100(130)

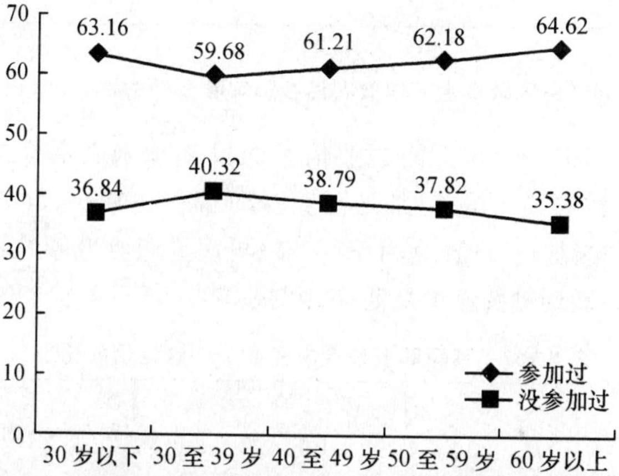

图 8-99　不同年龄段信教农民参加宗教活动的情况(单位:%)

从教育程度看,没受过教育的信教农民"参加过"宗教活动的比率最高,达到 77.22%,明显高于其他年龄段农民的这一比率;其次是小学学历的农民,"参加过"的比率为 62.94%;大专及以上教育程度农民"参加过"的比率最低,为 40%,低于文盲农民 37.22 个百分点。随着教育程度的提高,农民参加过宗教活动的比率不断下降,受教育程度越低,农民越倾向于参加宗教活动。

表 8-101　不同教育水平信教农民参加宗教活动的情况　(单位:%,个)

文化程度	参加过	没参加过	合计
文盲	77.22	22.78	100(79)
小学	62.94	37.06	100(197)
初中	57.02	42.98	100(121)
高中	50	50	100(44)
大专及以上	40	60	100(5)

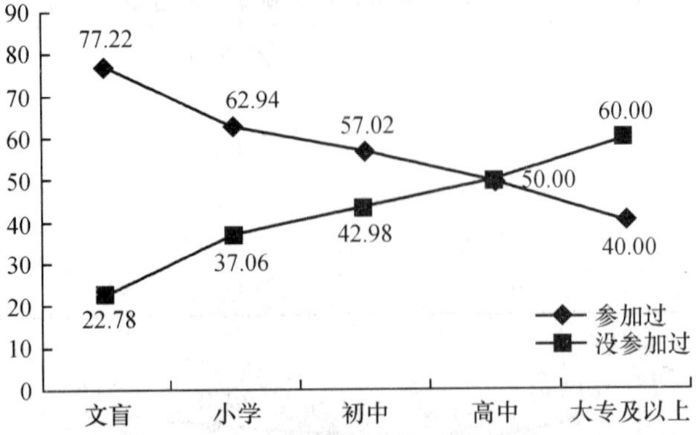

图 8-100 不同教育水平信教农民参加宗教活动的情况(单位:%)

表 8-102、图 8-101 显示,不同职业信教农民参加宗教活动的情况呈现差异性。其中,务农信教农民表示“参加过”的比率最高,达到 66.56%;其次是教师及其他职业的农民,“参加过”的比率为 56.82%;再次是职业为务工的信教农民;做生意农民“参加过”宗教活动的比率最低,占比 39.02%,低于务农者 27.54 个百分点。

表 8-102 不同职业信教农民参加宗教活动的情况 (单位:%,个)

职业	参加过	没参加过	合计
务农	66.56	33.44	100(326)
务工	51.72	48.28	100(29)
做生意	39.02	60.98	100(41)
教师及其他	56.82	43.18	100(44)

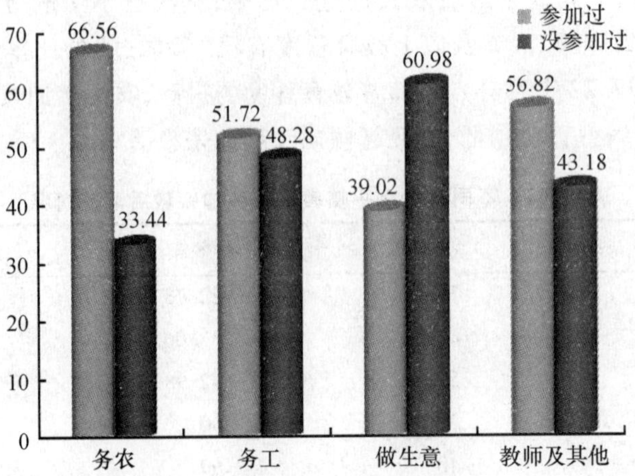

图 8-101 不同职业信教农民参加宗教活动的情况(单位:%)

从表8-103、图8-102所示的不同收入水平信教农民参加宗教活动的情况可以看出,低收入组农民反映"参加过"的比率最高,达69.42%;中低收入组、中等收入组、中高收入组的农民"参加过"的比率呈递减之势;处于高收入组的农民表示"参加过"宗教活动的比率最低,为55.74%,比低收入组农民低13.68个百分点。总体而言,随着家庭收入水平的提高,信教农民参加宗教活动的比率不断下降,收入水平越低的农民越倾向于参加宗教活动。

表8-103 不同收入水平信教农民参加宗教活动的情况 (单位:%,个)

家庭收入	参加过	没参加过	合计
低收入户	69.42	30.58	100(121)
中低收入户	68.00	32.00	100(75)
中等收入户	63.64	36.36	100(77)
中高收入户	56.58	43.42	100(76)
高收入户	55.74	44.26	100(61)

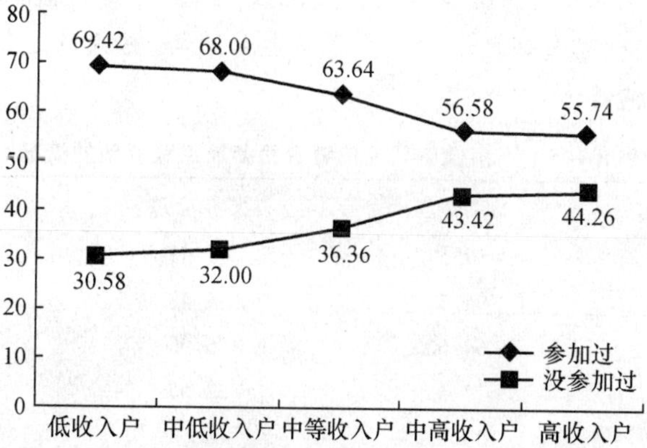

图8-102 不同收入水平信教农民参加宗教活动的情况(单位:%)

表8-104显示了不同性别信教农民参加宗教活动的情况,可以看出,男性和女性信教农民参加宗教活动的情况没有明显差异,"参加过"的比重分别为61.80%和64.44%,女性农民参加的比率比男性农民高出2.64个百分点。

表8-104 不同性别信教农民参加宗教活动的情况 (单位:%,个)

性别	参加过	没参加过	合计
男	61.80	38.20	100(356)
女	64.44	35.56	100(90)

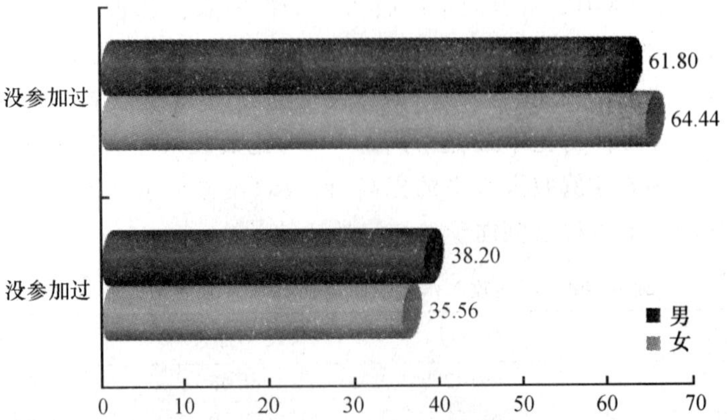

图 8-103 不同性别信教农民参加宗教活动的情况(单位:%)

从表 8-105、图 8-104 中可以看出,健康状况很差的信教农民"参加过"宗教活动的比率最高;其次是健康状况差的农民,占比 77.42%;健康状况优的农民这一比率最低,为 56.57%,低于健康状况很差的农民 43.43%。总体而言,随着健康状况的下降,农民参加过宗教活动的比率呈上升趋势,健康状况越差的农民参加宗教活动的情况越普遍。

表 8-105 不同健康状况信教农民参加宗教活动的情况 (单位:%,个)

健康状况	参加过	没参加过	合计
优	56.57	43.43	100(175)
良	64.52	35.48	100(186)
中	64.00	36.00	100(50)
差	77.42	22.58	100(31)
很差	100	0	100(3)

从家庭类型角度看信教农民参加宗教活动的情况,统计数据显示,除了其他类型的家庭外,空巢家庭的信教农民表示"参加过"宗教活动的比率最高,占比 72.34%;核心家庭类型农民"参加过"的比率最低,为 56%;主干家庭和扩大家庭类型农民"参加过"宗教活动的比重大致相当,占比分别为 62.61% 和 61.36%。

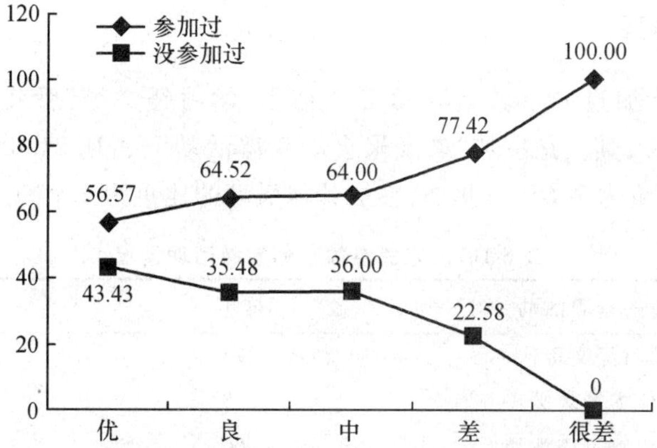

图 8-104　不同健康状况信教农民参加宗教活动的情况(单位:%)

表 8-106　不同家庭类型信教农民参加宗教活动的情况　(单位:%,个)

家庭类型	参加过	没参加过	合计
核心家庭	56.00	44.00	100(200)
主干家庭	62.61	37.39	100(115)
扩大家庭	61.36	38.64	100(44)
空巢家庭	72.34	27.66	100(47)
其他类型	75.00	25.00	100(12)

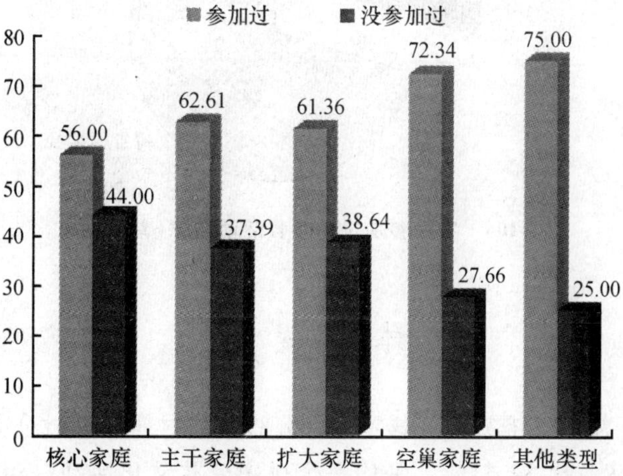

图 8-105　不同家庭类型信教农民参加宗教活动的情况(单位:%)

二、活动类型

对于农民参加过的宗教活动而言,“祷告、学习经文等”活动所占的比重最高,达到 70.53%;其次是参加“教友聚会等集体活动”,占比 21.85%;“向人宣传本派教义”的比重为 2.65%;此外,参加其他活动的比重为 4.97%。

表 8-107 农民参加过的宗教活动情况 (单位:%,个)

参加过的宗教活动	样本	占比
祷告、学习经文等	213	70.53
向人宣传本派教义	8	2.65
教友聚会等集体活动	66	21.85
其他	15	4.97
合计	302	100

注:本题目为不定项选择,故选项的样本合计会大于有效农户样本的个数。

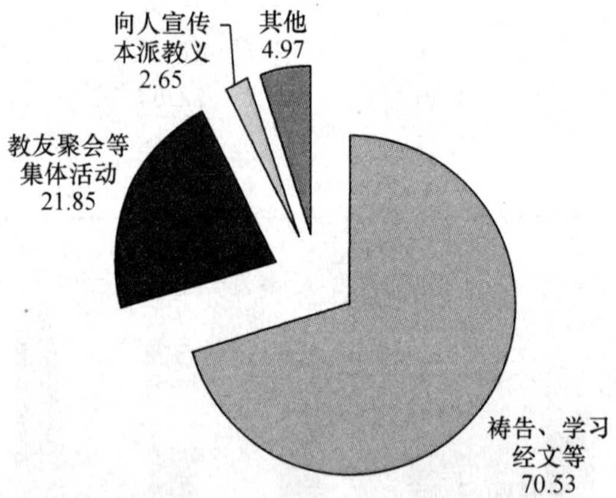

图 8-106 农民参加过的宗教活动情况(单位:%)

本 章 提 要

• 2011 年,258 个有效村庄样本中,65.89% 的村庄举办过公共文化活动,没有举办过的村庄占比 34.11%。平均每个村庄公共文化活动一年举办的次数为 6.24 次。从时间角度看,从 2008 年至 2011 年村庄公共文化活动的举办率和举办次数均逐渐上升。从不同地区的举办率来看,2011 年中部地区村庄的比率最高,西部地区居中,东部地区举办率最低。文化活动的举办率与村庄收入呈现明显的正相关关系,收入越高的村庄,公共文化活动的举办率也越高。

• 72.74%农民平时从不参加体育锻炼,参加过体育锻炼的比重为27.26%。其中经常参加体育锻炼的比重为9.18%。在体育健身指导活动方面,82.86%的农民没接受过健身指导,3.66%的农民接受过健身指导,13.48%的农民表示不清楚。就参加体育健身活动的意愿而言,24.83%的农民表示未来三年会参加健身活动,表示不会和看情况再说的比重分别为39.58%和35.59%。与此同时,年纪越轻、文化程度越高、收入水平越高的农民参加健身活动的意愿越高。

• "看电视"和"串门聊天"是农民最主要的日常休闲方式,分别占比35.44%和32.23%;同时有13.45%的农民选择"打麻将或打牌";12.99%的农民平时选择"闲在家里",不参加活动;此外,分别有2.57%和3.32%的农民选择"吃饭聚餐"和"其他"休闲方式。总体来看,农民的日常休闲方式比较单一,文化活动极为贫乏。在旅游休闲活动方面,就全国而言,农民"有过"外出旅游活动的比重为15.95%,"没有过"的比重为82.74%,此外,1.31%的受访农户表示正在计划外出旅游。

• 在宗族祭祀活动方面,258个村庄有效样本中,17.44%的村庄在2011年村庄举办过宗族祭祀活动,82.56%的村庄没有举办过。从南北地区来看,南方地区村庄举办过宗族祭祀活动的比重是北方地区的近三倍。在3648位受访农户中,67.57%的农民表示2011年参加过祭拜祖先活动,表示没有参加的比率为32.43%。其中,文化程度越高,家庭收入水平越高的农民参加祭拜祖先活动的比率也越高。在烧香拜佛活动方面,3648位受访农户中,19.11%的农民表示参加过烧香拜佛活动,表示没参加的比率为80.89%。其中,年轻农民、家庭收入较高的农民、身体状况较差的农民参加烧香拜佛活动的比率较高。就占卜算卦活动而言,87.80%的农民表示没参加过占卜算卦活动,参加过的占比为12.20%。另一方面,年轻农民和家庭收入水平较高的农民参加过占卜算卦活动的比重较高。

• 在有宗教信仰的农民中,表示参加过宗教活动的农民占比62.33%,37.67%的信教农民没有参加过宗教活动。不同年龄段信教农民参加宗教活动的情况呈现"U"型结构,30岁以下的年轻信教农民和60岁以上的老年信教农民更倾向于参加宗教活动。同时教育水平较低、身体状况较差、家庭收入水平较高的信教农民更倾向于参加宗教活动。

• 就农民最喜欢的文化活动类型而言,37.90%的农民选择最喜欢地方性戏曲表演等传统文化活动项目,33.63%的农民选择电影放映或歌舞演出等现代型文化活动,9.64%的农民表示最喜欢图书上门或技术培训等发展型文化活动,有13.66%的农民表示不喜欢任何文化活动项目。从不同群体来看,年龄越大、文化程度越高、收入水平越高的农民越倾向于选择现代型文化活动;与此相对的是,年纪越轻、文化程度越低、收入水平越低的农民越倾向于选择传统型文化活动。

第九章　农民文化教育*

教育乃百年大计，中国农民教育是有关中国社会整体发展的重大战略问题。从农民及其子女的教育水平、教育投入、教育资源、教育观念等方面可以判断出中国农民的整体素质。本章从农民自身教育、农民子女教育、农民对教育的评价等内容和层面出发，辅之以经济区、性别、年龄、收入、职业等视角，分析和描述农民及其子女的教育现状，力图深刻而全面地反映全国、不同经济区、不同性别、不同年龄、不同职业、不同收入的农民及其子女的教育状况。

第一节　农民自身教育

本节从农民自身教育水平、教育支出、教育培训情况三方面出发，对农民自身教育现状进行了描述，并关注不同地区、不同性别、不同年龄、不同职业、不同收入水平农民的教育的差异，通过观察这些差异，有利于了解农民自身教育的现状。

一、教育水平

从全国来看，文化程度为文盲、大专及以上的农民比例相对较低，占比分别为8.04%、3.05%，初中文化程度的农民比重最大，为41.44%，其次是小学和初中文化程度的农民。从不同地区来看，如表9-1、图9-1所示，东部地区文盲比例低于中、西部地区，初中、高中、大专及以上文化程度的农民比例高于中、西部地区，其文盲比例为5.63%，高中教育程度的农民占比为17.73%，大专及以上水平的农民占比为4.18%。西部地区文盲的比例高于全国和其他地区，占比为12.30%，小学文化程度的农民比例超过东中部地区，占比为39.37%，其他文化程度农民比例均低于全国及其他地区。

---

* 本章撰写人：万丹、王春林、杜海生、吴顺莉、段秉舟。

表 9-1　不同地区农民教育水平　(单位:%,个)

地区	教育水平					合计
	文盲	小学	初中	高中	大专及以上	
全国	8.04	32.55	41.44	14.91	3.06	100(3634)
东部	5.63	26.51	45.95	17.73	4.18	100(1173)
中部	6.36	31.86	42.71	16.28	2.79	100(1290)
西部	12.30	39.37	35.53	10.59	2.21	100(1171)

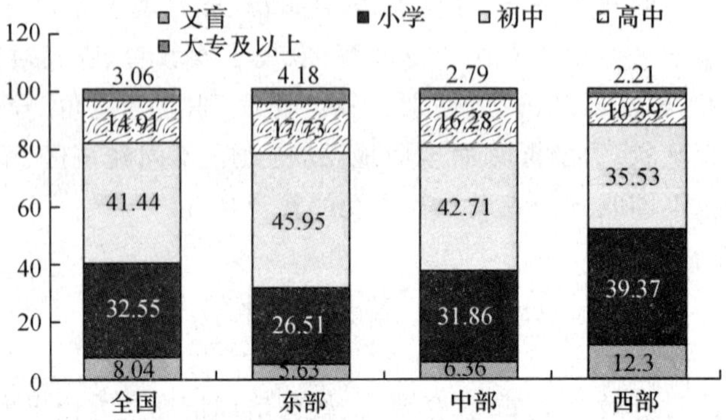

图 9-1　不同地区农民教育水平(单位:%)

如表 9-2、图 9-2 所示,男性农民文盲比例为 6.46%,低于女性农民的 14.92%,小学文化程度占比 31.82%,低于女性农民的 35.75%,初中文化程度占比为 42.75%,高中文化程度为 15.83%、大专及以上文化程度占比为 3.14%,占比均高于女性农民。由此可见,男性农民的文化程度普遍比女性农民要高。

表 9-2　不同性别农民教育水平　(单位:%,个)

性别	教育水平					合计
	文盲	小学	初中	高中	大专及以上	
男	6.46	31.82	42.75	15.83	3.14	100(2957)
女	14.92	35.75	35.75	10.93	2.65	100(677)

如表 9-3、图 9-3 所示,60 岁以上农民没有接受过教育、接受过小学教育的比重高于其他年龄的农民,占比分别为 15.56%、45.88%;30 岁以下农民教育水平为初中、大专及以上的比重高于其他年龄的农民,占比分别为 56.18%、11.23%,50—59 岁农民接受了高中教育的比重高于其他年龄的农民,占比为 23.48%。中青年农民的受教育水平整体上高于老年农民。

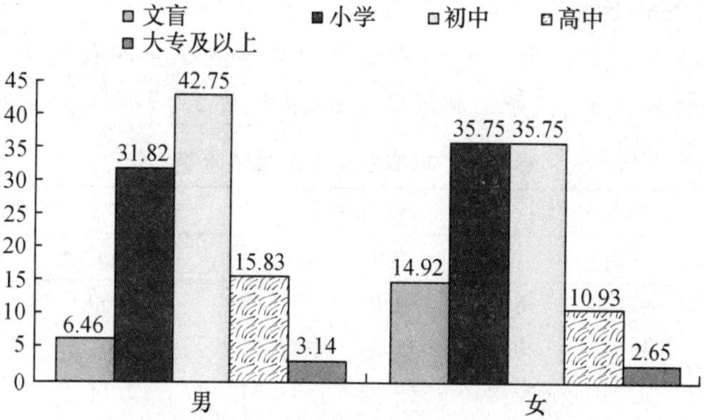

图 9-2　不同性别农民教育水平(单位:%)

表 9-3　不同年龄农民教育水平　（单位:%,个）

年龄	教育水平					合计
	文盲	小学	初中	高中	大专及以上	
30 岁以下	3. 37	15. 73	56. 18	13. 48	11. 24	100(89)
30—39 岁	3. 79	24. 12	49. 86	16. 53	5. 70	100(369)
40—49 岁	2. 84	28. 62	52. 00	12. 89	3. 65	100(1125)
50—59 岁	8. 27	28. 52	38. 02	23. 48	1. 72	100(1052)
60 岁以上	15. 56	45. 88	28. 82	7. 63	2. 11	100(996)

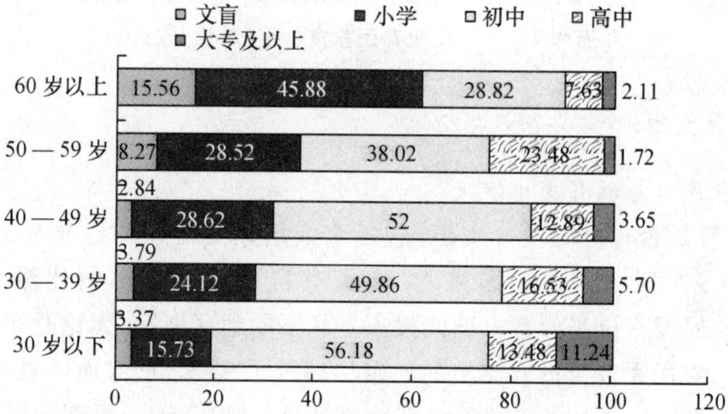

图 9-3　不同年龄农民教育水平(单位:%)

如表 9-4、图 9-4 所示,务农农民没有接受过教育、接受过小学教育的比重均高于其他职业的农民,占比分别为 9. 64%、36. 35%;务工农民、做生意农民的教育水平为小学、初中的比重高于其他职业农民,小学占比分别为 28.31%、22.89%,初中占比分别为 51.51%,52.46%;从事教师及其他职业的农民接受了大专及以上教育的比重远高于务农、务工和经商农民,占比为 12.71%。

表 9-4　不同职业农民教育水平　(单位:%,个)

职业	教育水平					合计
	文盲	小学	初中	高中	大专及以上	
务农	9.64	36.35	39.95	12.46	1.60	100(2561)
务工	3.92	28.31	51.51	13.25	3.01	100(332)
做生意	4.23	22.89	52.46	18.31	2.11	100(284)
教师及其他	4.24	19.06	35.29	28.71	12.70	100(425)

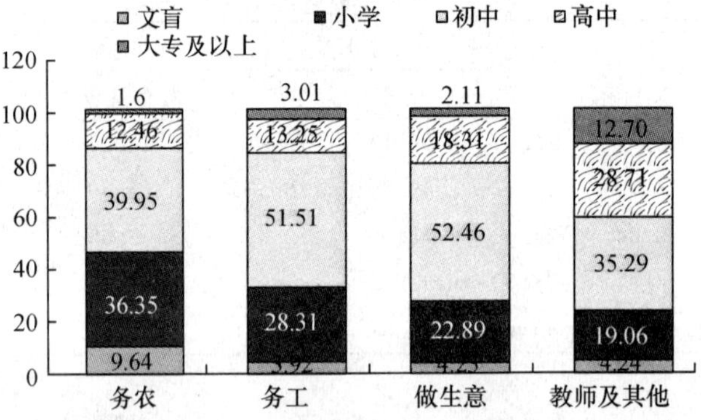

图 9-4　不同职业农民教育水平(单位:%)

二、教育支出

(一) 农民自身教育支出概况

调查农民是否有自身教育支出(包括个人培训支出和其他教育支出),结果如表 9-5、图 9-5 所示。从全国来看,农民有自身教育支出的比重为 3.29%,96.71% 的农民没有自身教育方面的投入。从不同地区来看,无论是东部、中部还是西部地区,农民无自身教育支出的比重均超过了 95%,东部地区农民有个人教育支出的比例最低,占比 1.93%,中部地区次之,为 3.53%,西部地区稍多,占比为 4.63%。

表 9-5　不同地区农民自身教育支出　（单位:% ,个）

地区	有教育支出	无教育支出	合计
全国	3.29	96.71	100(2188)
东部	1.93	98.07	100(776)
中部	3.53	96.47	100(764)
西部	4.63	95.37	100(648)

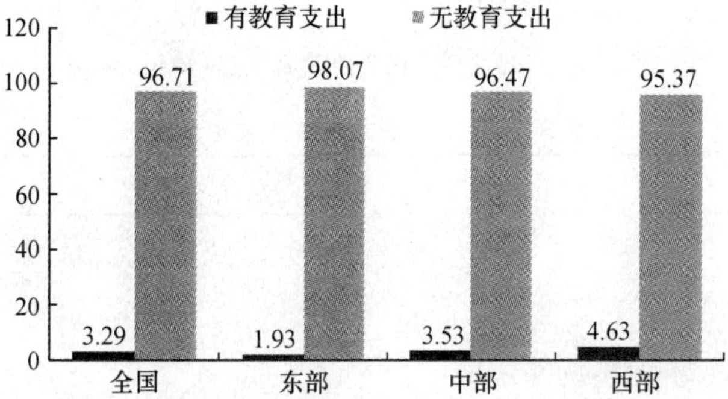

图 9-5　不同地区农民自身教育支出(单位:%)

如表 9-6、图 9-6 所示,从不同性别来看,男性和女性农民在有无自身教育支出上的差异不大,男性农民有自身教育支出的比例稍高于女性农民,占比分别为 3.58%、2.01%。男性、女性农民没有自身教育支出的比重分别为 96.42%、97.99%。

表 9-6　不同性别农民自身教育支出　（单位:% ,个）

性别	有教育支出	无教育支出	合计
男性	3.58	96.42	100(1790)
女性	2.01	97.99	100(398)

从年龄角度考察农民个人是否有自身教育有支出的问题,分析得出(如表 9-7、图 9-7 所示),30—39 岁的农民有自身教育支出的比例最大,占比 3.79%;50—59 岁的农民次之,占比为 3.70%;30 岁以下农民有自身教育支出的比例最低,为 1.92%。青年人有自身教育支出的比重低于中老年人。

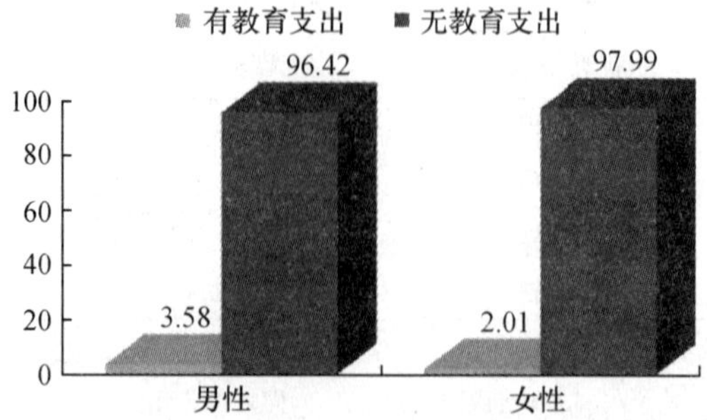

图 9-6　不同性别农民自身教育支出(单位:%)

表 9-7　不同年龄农民自身教育支出　(单位:%,个)

年龄	有教育支出	无教育支出	合计
30 岁以下	1.92	98.08	100(52)
30—39 岁	3.79	96.21	100(264)
40—49 岁	3.41	96.59	100(734)
50—59 岁	3.70	96.30	100(567)
60 岁及以上	2.63	97.37	100(571)

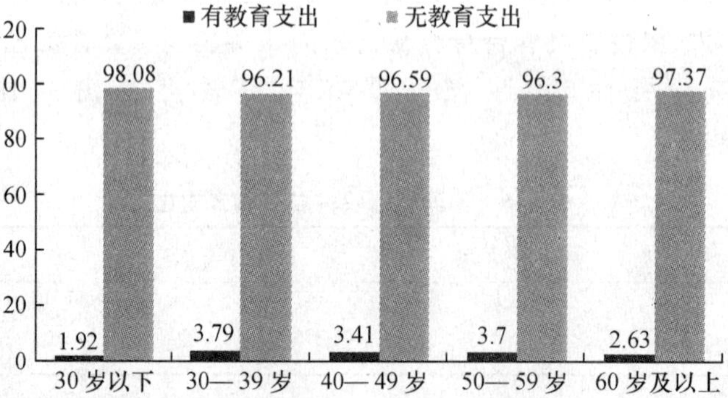

图 9-7　不同年龄农民自身教育支出(单位:%)

分析不同职业农民是否有自身教育支出,如表 9-8、图 9-8 所示,教师及其他职业的农民有自身教育支出的比例最大,占比为 6.74%,做生意的农民次之,占比为 3.31%,务农农民有自身教育支出的占比为 3.01%,务工农民有自身教育支出的比例最低,为 1.01%。

表 9-8　不同职业农民自身教育支出　（单位:%,个）

职业	有教育支出	无教育支出	合计
务农	3.01	96.99	100(1526)
务工	1.01	98.99	100(198)
做生意	3.31	96.69	100(181)
教师及其他	6.74	93.26	100(267)

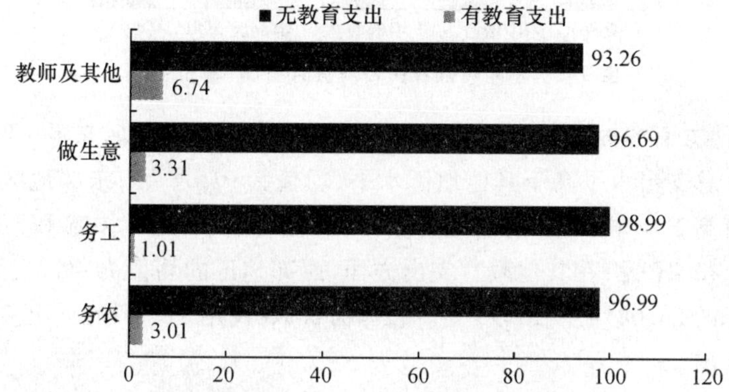

图 9-8　不同职业农民自身教育支出(单位:%)

从收入的角度来考察农民是否有自身教育支出,结果显示(如表 9-9、图 9-9 所示),收入越高,农民有自身教育支出的比重越高。具体而言,中高收入农民有自身教育支出的比例最大,占比为 6.32%;高收入的农民有自身教育支出的比例次之,占比 4.08%,中低收入的农民有自身教育支出的比例最小,占比为 2.59%。

表 9-9　不同收入农民自身教育支出　（单位:%,个）

收入水平	有教育支出	无教育支出	合计
低收入户	3.00	97.00	100(1132)
中低收入户	2.59	97.41	100(501)
中等收入户	3.61	96.39	100(277)
中高收入户	6.32	93.68	100(190)
高收入户	4.08	95.92	100(49)

(二) 农民自身教育支出水平

调查不同地区农民自身教育支出水平,结果如表 9-10、图 9-10 所示,从全国来看,农民自身教育总支出均值为 81.36 元,其中用于培训上的支出均值为 48.12

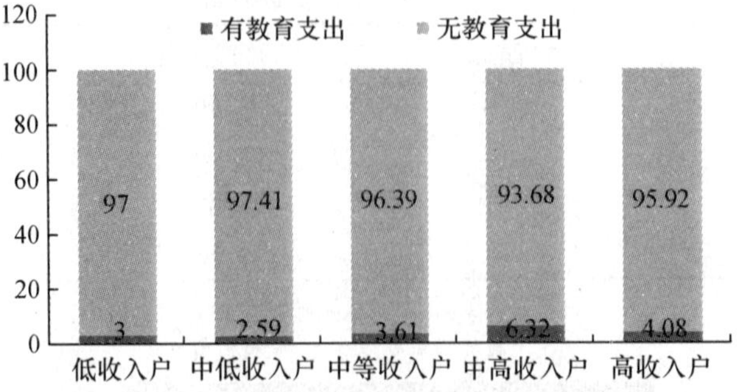

图9-9　不同收入农民自身教育支出(单位:%)

元,用于其他方面的教育支出的均值为33.24元。从不同地区来看,西部地区农民自身教育总支出水平高于其他地区水平,均值为91.78元,东部地区农民的培训支出均值高于全国和中、西部地区水平,均值为56.74元,中部和西部分别为44.37元和42.21元;在其他教育支出方面,西部地区的均值为49.57元,远高于东部和中部的26.08元和26.33元。整体而言,农民用于培训的支出多于其他方面的教育支出。

表9-10　不同地区农民自身教育支出水平　(单位:元,个)

地区	培训支出均值	其他支出均值	总支出均值	户数	
				培训支出	其他支出
全国	48.12	33.24	81.36	2188	228
东部	56.74	26.08	82.82	776	784
中部	44.37	26.33	70.70	764	773
西部	42.21	49.57	91.78	648	671

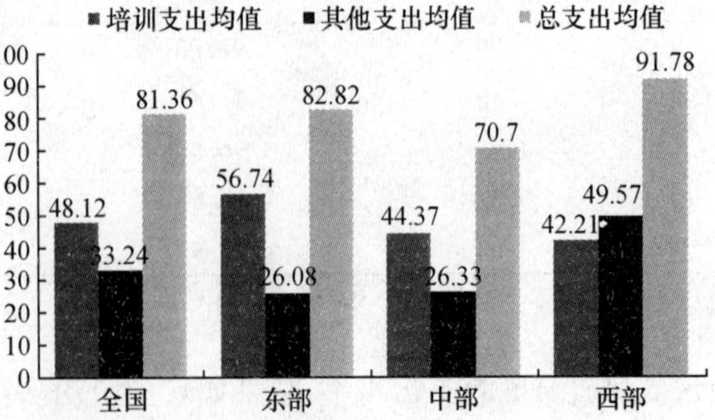

图9-10　不同地区农民自身教育支出水平(单位:元,个)

从不同性别来看，男性和女性农民自身教育支出水平上有较大差异。由表9-11、图9-11可见，女性农民自身教育支出水平高于男性农民，支出均值分别为100.18元、77.17元。女性农民无论是在培训方面还是其他方面的教育支出均多于男性农民。其中女性农民的培训支出均值为60.30元，男性为45.41元；女性农民其他支出均值为39.88元，男性为31.76元。

表9-11　不同性别农民自身教育支出水平　（单位：元，个）

性别	培训支出均值	其他支出均值	总支出均值	户数	
				培训支出	其他支出
男性	45.41	31.76	77.17	1790	1821
女性	60.30	39.88	100.18	398	407

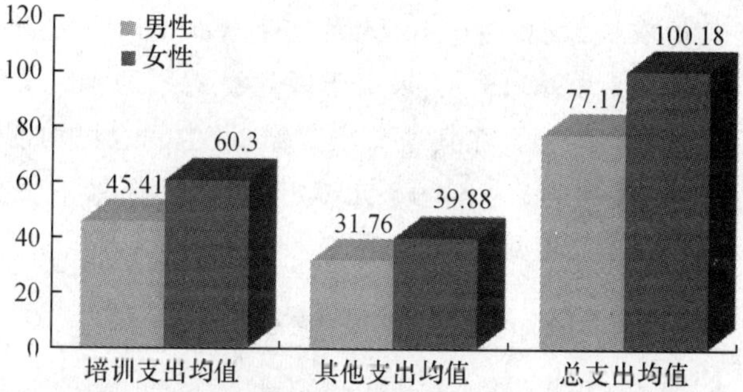

图9-11　不同性别农民自身教育支出水平（单位：元）

不同年龄农民的个人支出水平存在着显著差异，如表9-12、图9-12所示，50岁以上农民对个人教育的总支出高于其他年龄农民，60岁及以上的农民对自身培训支出的均值最高，为68.16元，其次是30岁以下的农民，其个人培训支出均值为57.69元，30—39岁的农民用于个人培训的支出最低，为27.39元；在其他教育支出方面，40—49岁农民的支出水平最高，均值为49.15元，50—59岁农民次之，支出均值为38.45元，30岁以下的其他教育支出为零。

表9-12　不同年龄农民自身教育支出水平　（单位：元，个）

年龄	培训支出均值	其他支出均值	总支出均值	户数	
				培训支出	其他支出
30岁以下	57.69	0	57.69	52	53
30—39岁	27.39	21.77	49.16	264	271
40—49岁	33.49	49.51	83.00	734	751
50—59岁	55.64	38.45	94.09	567	576
60岁及以上	68.16	15.30	83.46	571	577

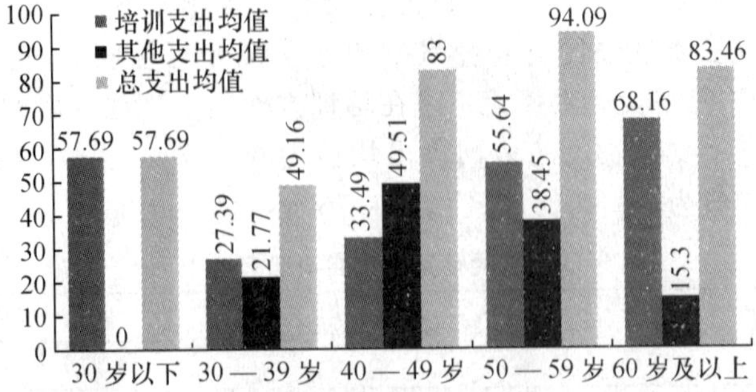

图 9-12 不同年龄农民自身教育支出水平(单位:元)

考察不同职业农民自身教育支出水平,我们发现,教师及其他职业农民自身教育总支出高于其他农民,均值为 130.73 元。在培训支出方面,教师及其他职业农民培训支出均值最高,为 98.13 元,远高于做生意农民的 49.72 元,务农农民的 44.94 元和务工农民的 7.58 元;在其他支出方面,做生意农民均值为 57.26 元,支出水平为最高,务农农民次之,为 34.35 元,教师及其他职业农民为 32.60 元,务工农民为最低,为 5.97 元。(见表 9-13、图 9-13)

表 9-13 不同职业农民自身教育支出水平 (单位:元,个)

职业	培训支出均值	其他支出均值	总支出均值	户数	
				培训支出	其他支出
务农	44.94	34.35	79.29	1526	1548
务工	7.58	5.97	13.55	198	201
做生意	49.72	57.26	106.98	181	186
教师及其他	98.13	32.60	130.73	267	277

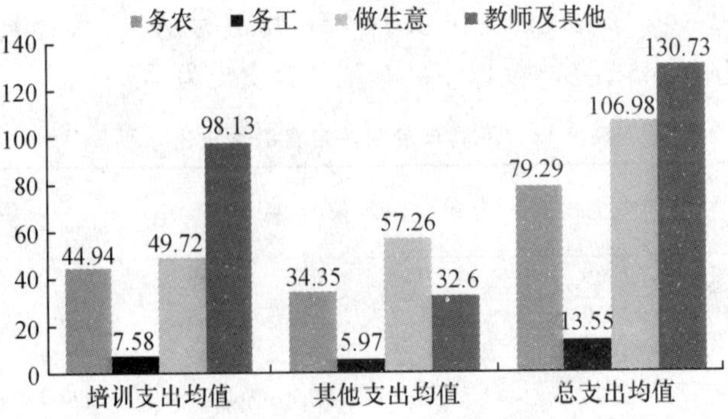

图 9-13 不同职业农民自身教育支出水平(单位:元)

调查不同收入农民自身教育支出，如表 9-14、图 9-14 所示，中高收入农民的自身教育总支出、培训支出、其他教育支出均高于其他收入水平农民，均值分别为 149.09 元、81.58 元和 67.51 元。在培训支出方面，高收入农民的支出最低，为零；在其他教育支出方面，中等收入的农民的支出水平最低，为 11.65 元。

表 9-14　不同收入水平农民自身教育支出水平　（单位：元，个）

收入水平	培训支出均值	其他支出均值	总支出均值	户数	
				培训支出	其他支出
低收入户	41.24	32.51	73.75	1132	1153
中低收入户	45.71	37.25	82.96	501	510
中等收入户	69.31	11.65	80.96	277	279
中高收入户	81.58	67.51	149.09	190	193
高收入户	0	26.00	26.00	49	50

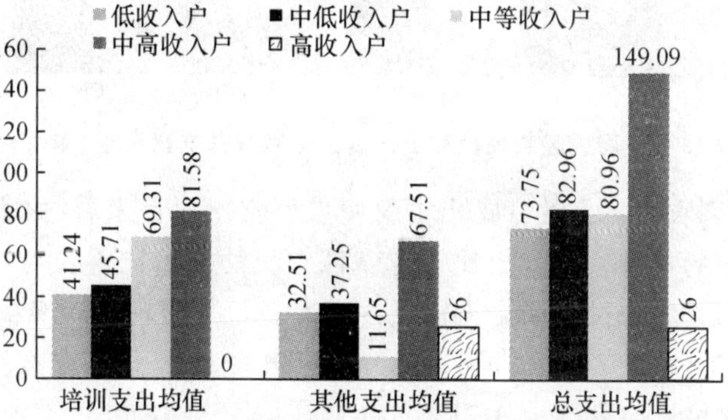

图 9-14　不同收入水平农民自身教育支出水平（单位：元）

（三）农民自身教育支出与家庭教育支出

考察农民自身教育支出占家庭教育支出比重，如表 9-15、图 9-15 所示，从全国来看，农民自身的培训支出占家庭教育支出的比重为 1.56%，而其他教育支出占家庭教育支出的比重为 1.03%。从不同地区培训支出占比来看，中部和西部地区的培训支出比重要高于全国水平，分别是 2.24% 和 2.19%，东部较低，为 0.27%；在其他教育支出比重方面，西部地区的比重仍高于全国水平，为 1.43%，东部和中部则低于全国水平，分别是 0.91% 和 0.77%。

表 9-15 不同地区农民教育支出占家庭教育总支出比重 (单位:%,个)

地区	培训支出比重	其他教育支出比重	户数	
			培训支出	其他教育支出
全国	1.56	1.03	1309	1354
东部	0.27	0.91	444	454
中部	2.24	0.77	455	464
西部	2.19	1.43	410	436

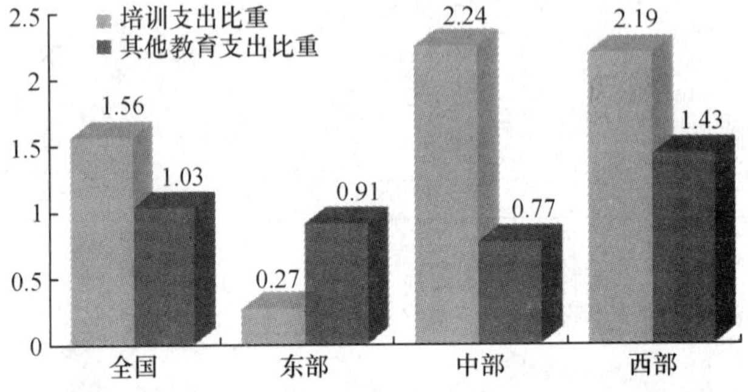

图 9-15 不同地区农民教育支出占家庭教育总支出比重(单位:%)

从不同性别农民自身教育支出占家庭教育支出比重来看,由表 9-16、图 9-16 可知,男性农民的自身教育支出比重比女性农民的支出比重要高。具体而言,在培训支出方面,男性农民培训支出比重占家庭教育支出的 1.66%,女性这一比重为 1.17%;在其他教育支出方面,男性其他教育支出占家庭教育支出比重为 1.11%,女性农民支出占比为 0.71%。

表 9-16 不同性别农民教育支出占家庭教育总支出比重 (单位:%,个)

性别	培训支出比重	其他教育支出比重	户数	
			培训支出	其他教育支出
男性	1.66	1.11	1035	1071
女性	1.17	0.71	274	283

调查不同年龄农民自身教育支出占家庭教育支出比重,如表 9-17、图 9-17 所示,在培训支出占比方面,30 岁以下农民支出比重最高,占家庭教育总支出的 4.00%,50—59 岁的农民支出比重次之,占家庭教育总支出的 2.91%,而 40—49 岁农民的支出比重最低,占家庭教育总支出的 0.74%;在其他教育支出方面,30—39 岁的农民支出占家庭教育总支出的 1.26%,高于其他年龄农民。

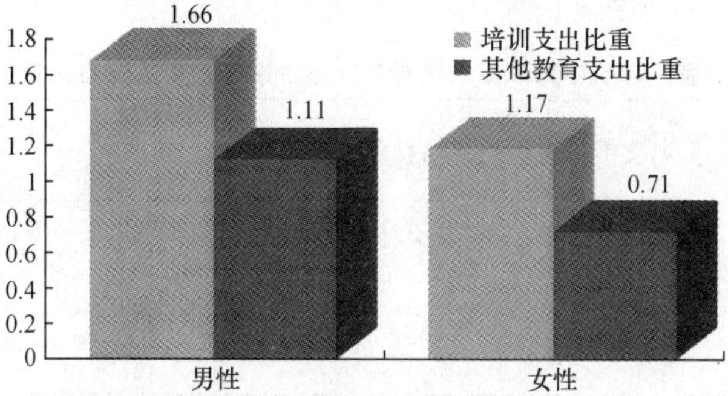

图 9-16　不同性别农民教育支出占家庭教育总支出比重(单位:%)

表 9-17　不同年龄农民教育支出占家庭教育总支出比重　(单位:%,个)

年龄	培训支出比重	其他教育支出比重	户数	
			培训支出	其他教育支出
30 岁以下	4.00	0	25	26
30—39 岁	1.30	1.26	235	241
40—49 岁	0.74	0.93	516	537
50—59 岁	2.91	1.13	277	286
60 岁及以上	1.75	1.00	256	264

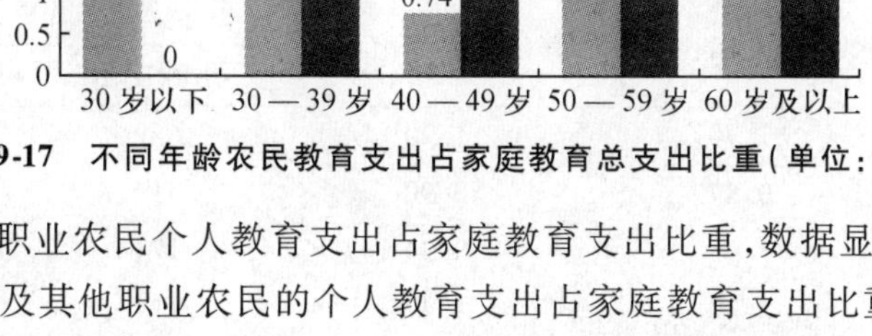

图 9-17　不同年龄农民教育支出占家庭教育总支出比重(单位:%)

分析不同职业农民个人教育支出占家庭教育支出比重,数据显示(如表 9-18、图 9-18),教师及其他职业农民的个人教育支出占家庭教育支出比重最高,务工农民个人教育支出占比最低。具体来看,在培训支出方面,教师及其他职业的农民培训支出占家庭教育支出比重为 3.15%,务工农民占比为 0.77%;在其他教育支出方面,教师及其他职业农民其他教育支出占家庭教育支出比重为 1.36%,务工农民这一比重为 0.76%。

表 9-18 不同职业农民教育支出占家庭教育总支出比重 (单位:%,个)

职业	培训支出比重	其他教育支出比重	户数	
			培训支出	其他教育支出
务农	1.50	1.05	860	887
务工	0.77	0.76	142	145
做生意	1.06	0.82	138	143
教师及其他	3.15	1.36	158	168

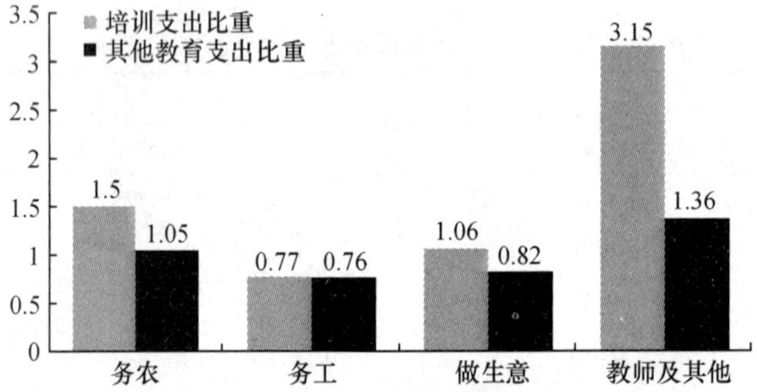

图 9-18 不同职业农民教育支出占家庭教育总支出比重(单位:%)

通过进一步对不同收入农民的教育支出比重进行分析,数据显示(如表 9-19、图 9-19),在培训支出方面,中高收入的农民的支出比重最高,占比 3.30%,而高收入的农民的支出比重为零;在其他教育支出方面,高收入的农民的支出比重最高,占比 1.66%,中低的农民的支出比重最低,占比为 0.90%。

表 9-19 不同收入农民教育支出占家庭教育总支出比重 (单位:%,个)

收入水平	培训支出比重	其他教育支出比重	户数	
			培训支出	其他教育支出
低收入户	1.70	1.20	649	674
中低收入户	0.87	0.90	317	325
中等收入户	1.05	0.34	174	176
中高收入户	3.30	1.47	114	119
高收入户	0	1.66	32	33

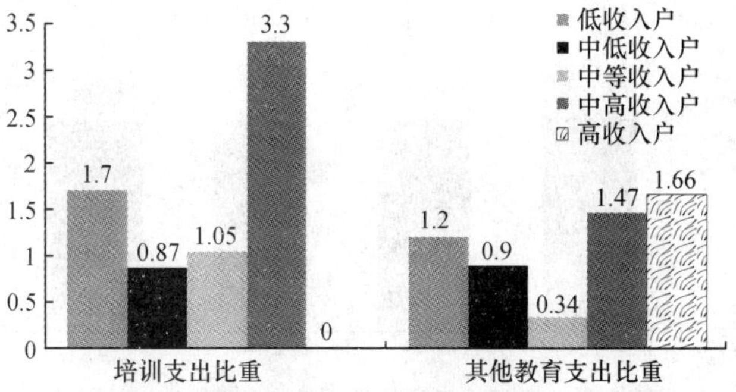

图 9-19　不同收入农民教育支出占家庭教育总支出比重(单位:%)

三、教育培训[①]

(一) 培训参加情况

如表 9-20、图 9-20 所示,从全国来看,55.05% 的农民没有接受过农民培训,25.62% 的农民接受过培训。从不同地区来看,各地区情况大致相当,接受过培训的农民均在 20% 以上,其中东部地区比重最高,占比为 27.79%,西部次之,占比为 27.60%,中部最低,占比为 21.84%,各地区没有接受过培训的农民比重均超过 5 成,其中,中部比重最高,占比为 59.02%,东部与西部地区比重相当,占比分别为 53.17% 和 52.29%。

表 9-20　不同地区农民接受培训与否　(单位:%,个)

地区	接受培训与否			计
	有	没有	不清楚	
全国	25.62	55.05	19.33	100(4703)
东部	27.79	53.17	19.04	100(1245)
中部	22.11	58.84	19.05	100(1737)
西部	27.60	52.59	19.81	100(1721)

从不同性别来看,如表 9-21、图 9-21 所示,男性农民接受过培训的比例高出女性农民 6.05 个百分点,占比分别为 26.02% 和 19.97%,同时,女性农民表示没有接受过培训的比例高于男性农民 2.43 个百分点,占比分别为 57.56%、55.13%,此外,还有 18.85% 的男性农民和 22.47% 的女性农民表示不清楚是否

① 此部分数据来源于 2011 年暑假农户调查。

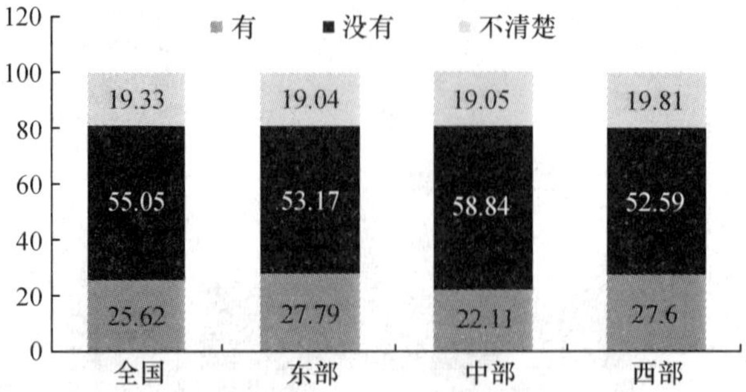

图 9-20　不同地区农民接受培训与否(单位:%)

接受过培训。

表 9-21　不同性别农民接受培训与否　　(单位:%,个)

性别	接受培训与否			合计
	有	没有	不清楚	
男	26.02	55.13	18.85	100(3936)
女	19.97	57.56	22.47	100(761)

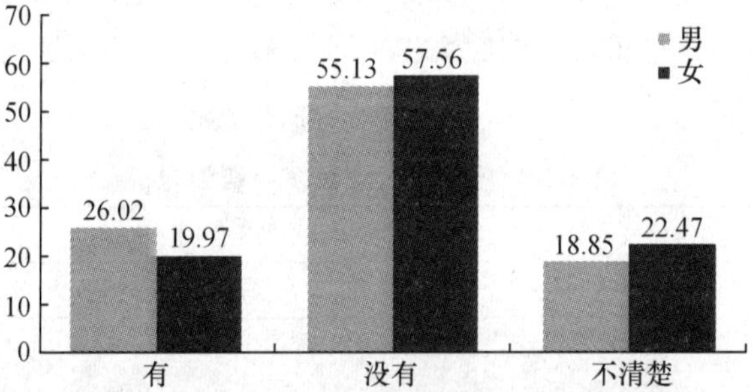

图 9-21　不同性别农民接受培训与否(单位:%)

从不同年龄来看,如表 9-22、图 9-22 所示,30—39 岁,40—49 岁和 50—59 岁的农民接受过培训的比例较高,分别为 26.73%,27.45% 和 26.96%,60 岁及以上农民的占比最低,为 18.76%;没有接受过培训的农民中,30 岁以下的农民占比高于其他年龄农民,比重为 62.44%,其次是 60 岁及以上的农民,占比为 57.66%。

表 9-22　不同年龄农民接受培训与否　（单位:%,个）

年龄	接受培训与否			合计
	有	没有	不清楚	
30 岁以下	21.13	62.44	16.43	100(213)
30—39 岁	26.73	52.73	20.54	100(550)
40—49 岁	27.45	54.25	18.30	100(1541)
50—59 岁	26.96	55.31	17.73	100(1376)
60 岁及以上	18.76	57.66	23.58	100(1018)

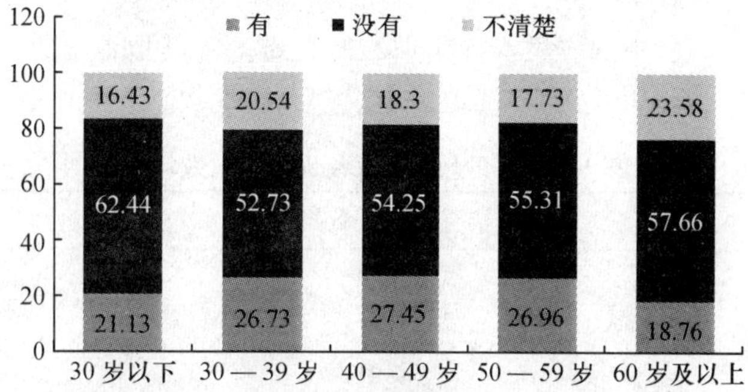

图 9-22　不同年龄农民接受培训与否(单位:%)

从不同职业来看,由表 9-23、图 9-23 可知,农民是否接受培训受其自身职业的影响而有所差异,具体而言,教师及其他职业农民接受过培训的比例最高,占比为 27.33%,务农农民次之,占比 25.37%,务工及做生意农民占比较低,分别为 22.83%和 22.33%;而在没有接受过培训的农民中,务工农民的比例最高,占比 57.17%,务农农民次之,占比 56.30%。

表 9-23　不同职业农民接受培训与否　（单位:%,个）

职业	接受培训与否			合计
	有	没有	不清楚	
务农	25.37	56.30	18.33	100(3547)
务工	22.83	57.17	20	100(600)
做生意	22.33	50.23	27.44	100(215)
教师及其他	27.33	47.27	25.40	100(311)

对接受过培训的农民参加培训的次数做进一步分析,如表 9-24、图 9-24 所示,全国及各地区的农民接受参加培训的次数也有所不同,全国农民接受培训次

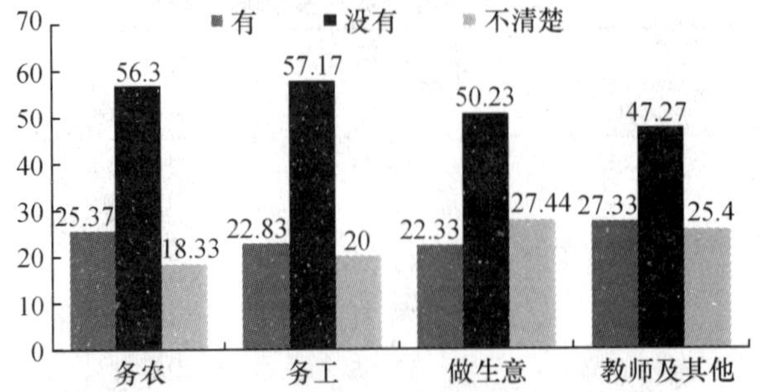

图 9-23 不同职业农民接受培训与否(单位:%)

数的均值为 1.53 次,中部农民参加培训的次数要多于其他地区,为 1.61 次,其次是西部地区农民,为 1.56 次,中部地区最少,为 1.41 次。

表 9-24 不同地区农民接受培训次数均值 (单位:次,个)

地区	接受培训次数均值	合计
全国	1.53	1132
东部	1.41	330
中部	1.61	391
西部	1.56	411

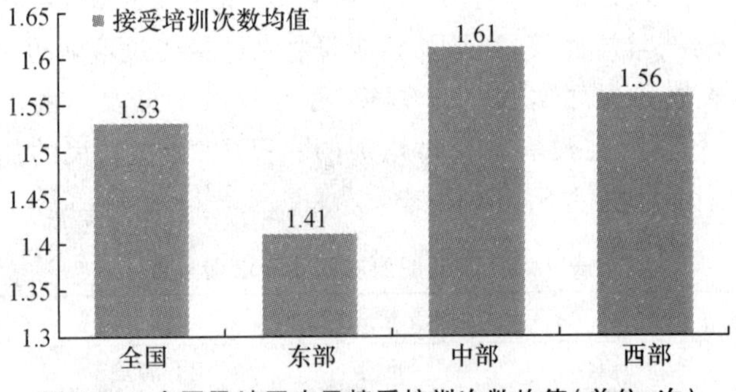

图 9-24 全国及地区农民接受培训次数均值(单位:次)

如表 9-25、图 9-25 所示,参加过一次培训的农民中,西部占比高于全国平均水平和其他地区,为 51.08%;在参加过两次培训的农民中,东部比重最高,为 38.1%;在参加过三次及以上培训的农民中,中部比重最高,为 25.83%。

表 9-25　不同地区农民接受培训次数　　（单位：%，个）

地区	接受培训次数			合计
	一次	两次	三次及以上	
全国	43.16	31.72	25.12	100(804)
东部	36.67	38.10	25.23	100(210)
中部	38.75	35.42	25.83	100(271)
西部	51.08	24.46	24.46	100(323)

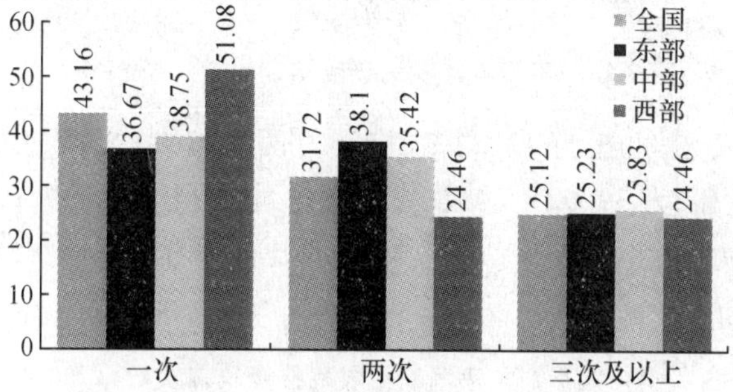

图 9-25　全国及地区农民接受培训次数（单位：%）

不同年龄农民参加培训的次数同样存在差异，如表 9-26、图 9-26 所示，接受过一次培训的农民中，30—39 岁农民的占比最高，为 57.02%，30 岁以下农民次之，占比为 55.56%；在接受过两次培训的农民中，60 岁以上的农民占比最高，为 36.94%，50—59 岁的农民次之，占比为 34.80%；在接受过三次及以上培训的农民中，40—49 岁和 50—59 岁的农民大致相当且比例较高，比重分别为 29.14% 和 29.20%。

表 9-26　不同年龄农民接受培训次数　　（单位：%，个）

年龄	接受培训次数			合计
	一次	两次	三次及以上	
30 岁以下	55.56	25.93	18.51	100(27)
30—39 岁	57.02	26.32	16.66	100(114)
40—49 岁	41.06	29.80	29.14	100(302)
50—59 岁	36.00	34.80	29.20	100(250)
60 岁以上	47.75	36.94	15.31	100(111)

如表 9-27、图 9-27 所示，接受过一次培训的农民中，务工农民占比最高，超过

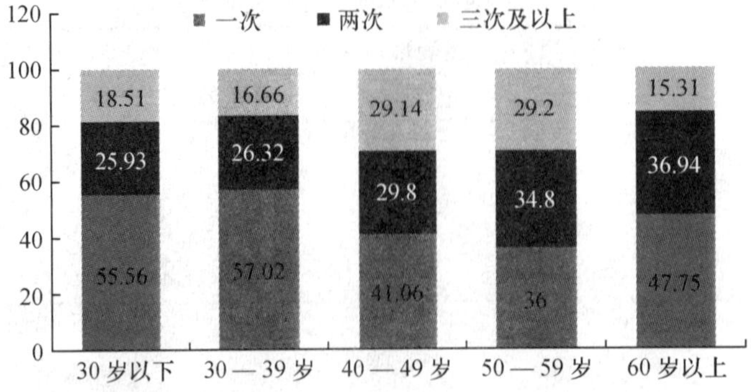

图 9-26　不同年龄农民接受培训次数(单位:%)

五成,务农农民次之,占比为 42.27%;接受过两次培训的农民中,教师及其他职业的农民占比最高,为 39.02%,务农农民次之,占比为 31.70%;接受过三次及以上培训的农民中,做生意农民以 32.35% 的比重居首位,务农农民次之,占比为 26.03%。

表 9-27　不同职业农民接受培训次数　　(单位:%,个)

职业	接受培训次数			合计
	一次	两次	三次及以上	
务农	42.27	31.70	26.03	100(634)
务工	51.06	29.79	19.15	100(94)
做生意	38.24	29.41	32.35	100(34)
教师及其他	41.46	39.02	19.52	100(41)

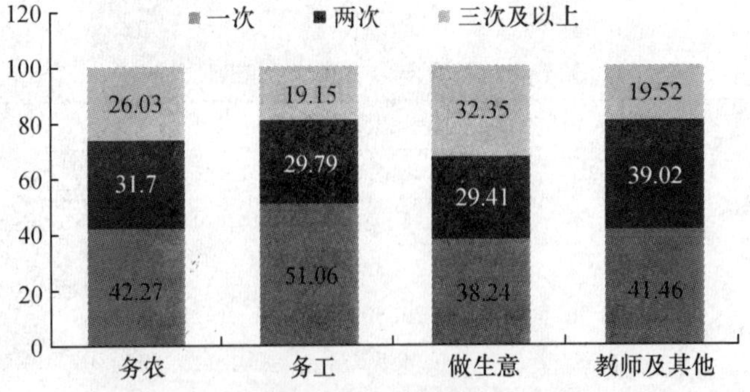

图 9-27　不同职业农民接受培训次数(单位:%)

（二）培训内容

考察不同地区农民参加培训的内容，如表 9-28、图 9-28 所示，从全国来看，在参加过培训的农民中，培训内容以农业技术为主，占比为 44.14%，劳动力转移培训的占比为 7.09%，文化知识综合培训的占比为 5.13%，其他培训的占比为 2.84%。从不同地区来看，西部地区农民参加了农业技术培训的占比为 47.94%，高于东部和中部地区的 41.90% 和 43.01%；参加劳动力转移培训的农民比例则是中部的 9.06% 略高于西部的 9.01%，东部最低，占比 2.23%；西部农民参与文化知识综合培训的比重最高，为 6.26%，东部次之，占比为 5.21%。

表 9-28　不同地区农民参加过哪些培训　（单位：%，个）

地区	农业技术	劳动力转移	文化知识综合	没参加过	其他	合计
全国	44.14	7.09	5.13	40.81	2.83	100(1705)
东部	41.90	2.23	5.21	47.11	3.55	100(514)
中部	43.01	9.06	3.84	41.01	3.08	100(586)
西部	47.94	9.01	6.26	34.81	1.98	100(605)

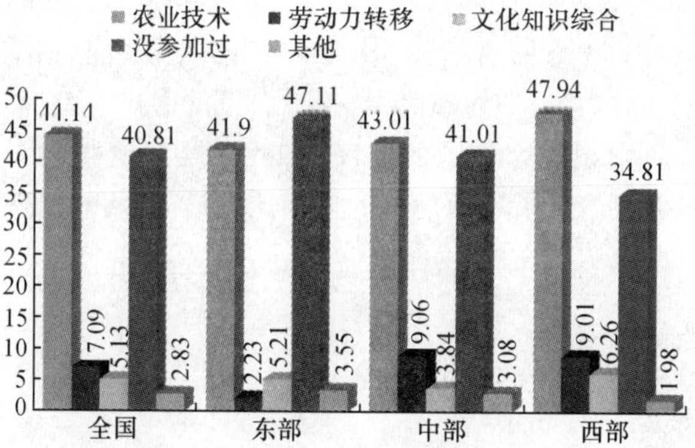

图 9-28　不同地区农民参加过哪些培训（单位：%）

不同性别农民参加过的培训内容也有所差异，由表 9-29、图 9-29 可知，男性农民参加农业技术培训的比例高于女性农民，占比分别是 45.04% 和 40.73%；男性农民参加劳动力转移培训的比例高于女性农民，占比分别是 7.59% 和 3.63%；男性农民参加文化知识综合培训的比例低于女性农民，占比分别是 4.96% 和 6.05，男性、女性农民参加其他培训的比例分别是 2.57% 和 4.44%。

表 9-29　不同性别农民参加过哪些培训　(单位:%,个)

性别	农业技术	劳动力转移	文化知识综合	没参加过	其他	合计
男性	45.04	7.59	4.96	39.84	2.57	100(1468)
女性	40.73	3.63	6.05	45.16	4.43	100(236)

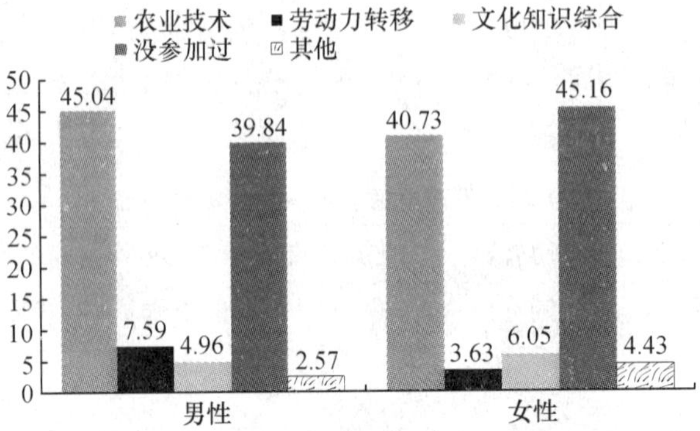

图 9-29　不同性别农民参加过哪些培训(单位:%)

从不同职业农民参与培训的内容来看,如表 9-30、图 9-30 所示,务农农民参与农业技术培训的比例是最高的,占比为 48.29%,做生意的农民占比最低为 30.67%;参加劳动力转移培训的农民中,务工农民的占比为 10.81%,略高于其他职业农民;参加文化知识综合培训的农民中,教师及其他职业农民占比最高,为 9.45%;做生意的农民参加了其他内容的培训比重最高,为 7.09%。

表 9-30　不同职业农民参加过哪些培训　(单位:%,个)

职业	农业技术	劳动力转移	文化知识综合	没参加过	其他	合计
务农	48.29	6.70	4.95	37.87	2.19	100(1263)
务工	33.98	10.81	3.86	49.03	2.32	100(240)
做生意	30.67	8.00	5.33	46.67	9.33	100(74)
教师及其他	33.07	3.15	9.45	47.24	7.09	100(119)

(三) 培训组织单位

分析不同地区农民培训的主办单位,由表 9-31、图 9-31 可知,不论是在全国还是东中西地区,农民培训主要还是由政府的培训机构主办,其中西部地区农民培训由政府培训机构主办的比重最高,为 80%,其次是东部地区,占比 79.39%,中部地区比重最低,为 75.43%。东部地区 8.02% 的农民培训是由民办培训机构主办的,比重高于其他地区。中部地区农民培训由职业高中、技校及中等专业学

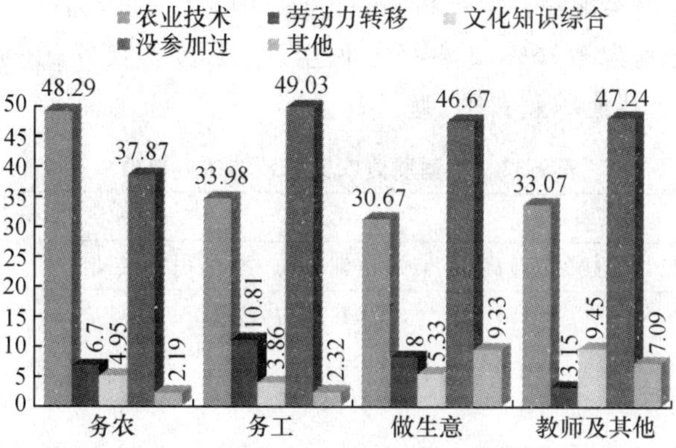

图 9-30　不同职业农民参加过哪些培训(单位:%)

校主办的占比分别为 2%、4.57%,比重均高于全国及其他地区。

表 9-31　不同地区农民培训的主办单位　(单位:%,个)

地区	主办单位					合计
	民办培训机构	职业高中	政府的培训机构	技校、中等专业学校	其他	
全国	6.79	1.32	78.22	3.44	10.23	100(987)
东部	8.02	0.76	79.39	2.67	9.16	100(262)
中部	6.29	2.00	75.43	4.57	11.71	100(350)
西部	6.40	1.07	80	2.93	9.60	100(375)

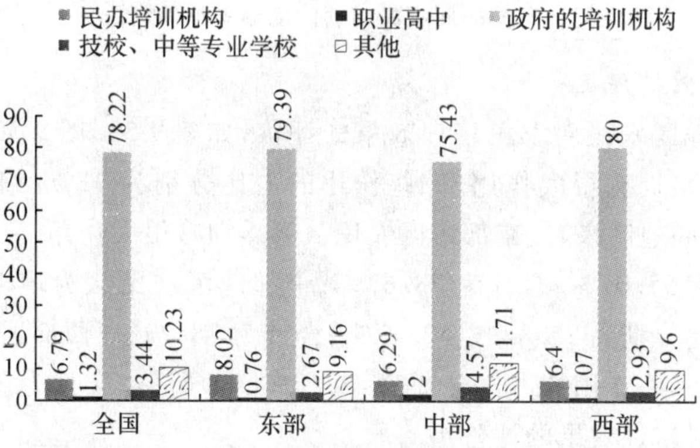

图 9-31　不同地区农民培训的主办单位(单位:%)

考察不同职业农民参加培训的主办单位,如表 9-32、图 9-32 所示,教师及其他职业的农民参与政府主办培训的比例最高,为 81.82%,务农农民次之,占比

79.69%。务工农民参加民办培训机构、职业高中组织的培训的比重均高于其他职业农民,占比分别为9.76%、2.44%。做生意农民参加技校、中等专业学校组织的培训的比重高于其他职业农民,为7.14%。

表9-32 不同职业农民培训的主办单位 (单位:%,个)

职业	主办单位					合计
	民办培训机构	职业高中	政府培训机构	技校、中等专业学校	其他	
务农	6.55	1.18	79.69	3.01	9.56	100(763)
务工	9.76	2.44	69.11	5.69	13	100(123)
做生意	4.76	0	76.19	7.14	11.89	100(42)
教师及其他	3.64	1.82	81.82	1.82	10.90	100(55)

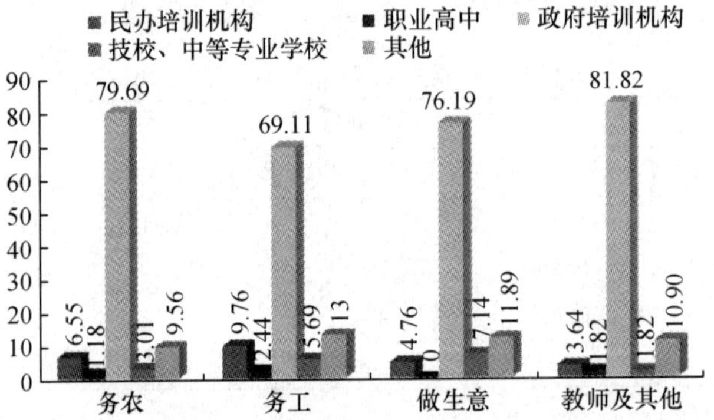

图9-32 不同职业农民培训的主办单位(单位:%)

(四)培训效果评价

调查不同地区农民对农民培训效果的评价,如表9-33、图9-33所示,从全国来看,认为农民培训有很大作用、一些作用的占比分别为31%、49.47%,合计为80.47%。从不同地区来看,东部地区农民认为培训有很大作用、一些作用的占比分别为23.55%、55.07%,合计为78.62%;中部地区农民认为培训有很大作用、一些作用的占比分别为25.82%、52.47%,合计为78.29%;西部地区农民认为培训有很大作用、一些作用的占比分别为41.13%、42.67%,合计为83.80%,显然,西部地区农民对培训效果的评价更高。

表 9-33 不同地区农民对培训效果的评价 （单位：%，个）

地区	效果评价						合计
	很大作用	一些作用	一般	作用较少	没作用	说不清楚	
全国	31.00	49.47	11.95	4.47	1.85	1.26	100(1029)
东部	23.55	55.07	14.13	5.07	0.72	1.46	100(276)
中部	25.82	52.47	12.91	4.12	2.75	1.93	100(364)
西部	41.13	42.67	9.51	4.37	1.80	0.52	100(389)

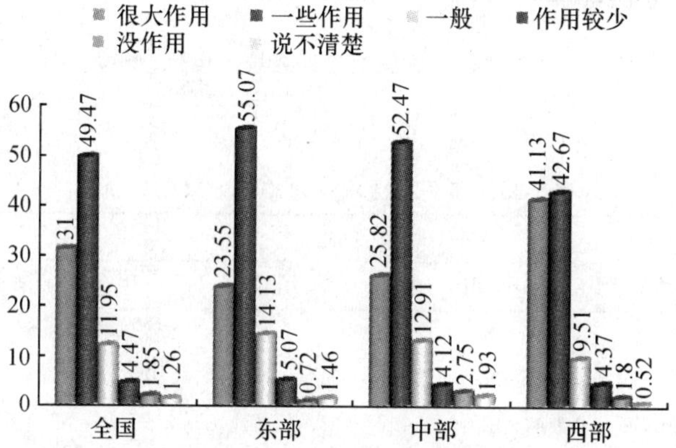

图 9-33 不同地区农民对培训效果的评价（单位：%）

对于培训效果的评价，不同性别农民存在差异。由表 9-34、图 9-34 可知，男性农民认为培训有很大作用、一些作用的占比分别为 31.77%、48.94%，合计为 80.71%；女性农民认为培训有很大作用、一些作用的占比分别为 25.76%、49.47%，合计为 75.23%，可见，男性农民对培训效果的评价要高于女性农民。

表 9-34 不同性别农民对培训效果的评价 （单位：%，个）

性别	效果评价						合计
	很大作用	一些作用	一般	作用较少	没作用	说不清楚	
男	31.77	48.94	11.71	4.57	1.78	1.24	100(897)
女	25.76	49.47	16.51	4.47	2.27	1.52	100(132)

比较不同职业农民对培训效果的评价，我们可以看出（见表 9-35、图 9-35），务农农民对培训效果的评价最高，认为培训有很大作用、一些作用的占比分别为 31.68%、50.38%，合计为 82.06%。教师及其他职业农民对培训效果的评价最低，认为培训有很大作用、一些作用的占比分别为 28.57%、46.03%，合计

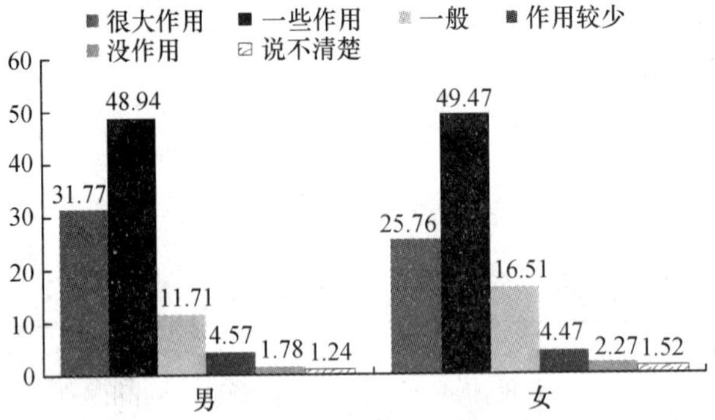

图 9-34 不同性别农民对培训效果的评价(单位:%)

为 74.6%。

表 9-35 不同职业农民对培训效果的评价 (单位:%,个)

职业	效果评价						合计
	很大作用	一些作用	一般	作用较少	没作用	说不清楚	
务农	31.68	50.38	11.83	3.69	1.53	0.89	100(786)
务工	26.72	48.09	14.50	6.87	2.29	1.53	100(131)
做生意	36.96	41.30	4.35	10.87	4.35	2.17	100(46)
教师及其他	28.57	46.03	14.29	3.17	3.17	4.77	100(63)

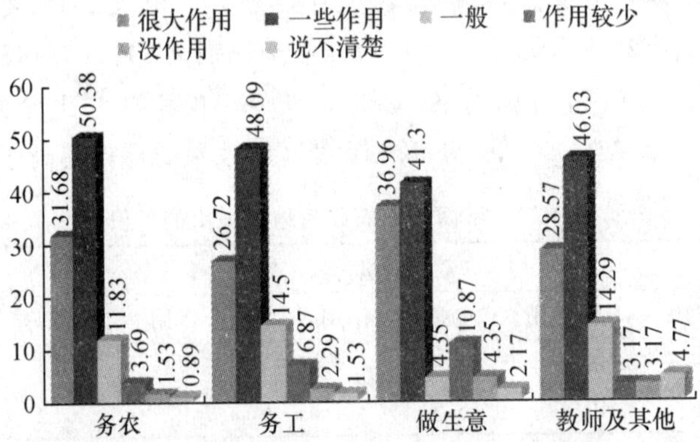

图 9-35 不同职业农民对培训效果的评价(单位:%)

分析不同教育程度农民对培训效果的评价,如表 9-36、图 9-36 所示,高中学历的农民对培训效果的评价最高,认为培训有很大作用、一些作用的占比分别为 35.2%、48.98%,合计为 84.18%。教育程度为文盲的农民对培训效果的评价最低,认为培训有很大作用、一些作用的占比分别为 17.65%、58.82%,合计为 76.47%。

表 9-36 不同教育程度农民对培训效果的评价 (单位:%,个)

教育程度	效果评价						合计
	很大作用	一些作用	一般	作用较少	没作用	说不清楚	
文盲	17.65	58.82	19.61	1.96	0	1.96	100(51)
小学	28.27	51.59	11.31	4.95	2.83	1.05	100(283)
初中	32.55	47.02	12.13	4.89	2.13	1.28	100(470)
高中	35.20	48.98	10.71	3.57	0.51	1.03	100(196)
大专及以上	29.63	51.85	11.11	3.70	0	3.71	100(27)

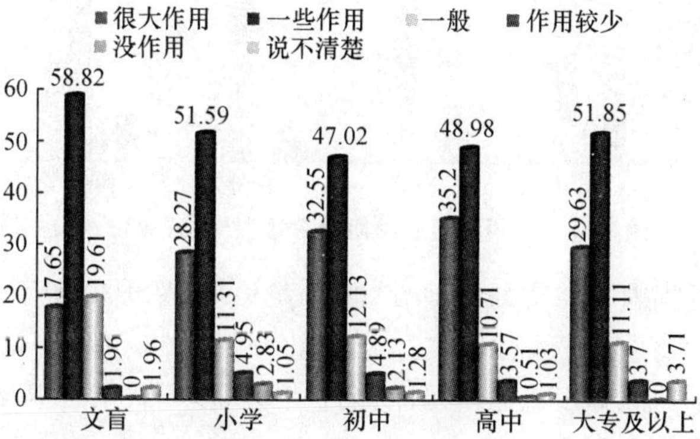

图 9-36 不同教育程度农民对培训效果的评价(单位:%)

(五) 培训需求

1. 期望的培训形式。

调查不同地区农民期望的培训形式,结果如表 9-37、图 9-37 所示,无论是在全国还是东中西地区,下乡现场指导都是农民最期望的培训形式,占比均超过了 68%。从全国来看,除了下乡现场指导外,集中培训和多方式结合的培训形式也是农民较为期待的,占比分别为 13.50%、12.62%。从不同地区来看,除了下乡现场指导外,东部地区农民对多方式结合、集中培训较为期待,占比分别为 13.95%、13.61%,中部地区农民期待集中培训的占比为 13.28%,西部地区为 13.64%。总体而言,下乡现场指导、集中培训、多方式结合是农民较为期待的培训形式,农民对网络授课、电视、广播、VCD 的培训形式期待度不高。

表9-37　不同地区农民期望的培训形式　(单位:%,个)

地区	电视、广播、VCD	集中培训	网络授课	下乡现场指导	多方式结合	其他	合计
全国	4.05	13.50	0.28	68.62	12.62	0.93	100(3534)
东部	2.38	13.61	0.23	68.59	13.95	1.24	100(882)
中部	4.75	13.28	0.30	69.06	11.55	1.06	100(1325)
西部	4.45	13.64	0.30	68.20	12.81	0.60	100(1327)

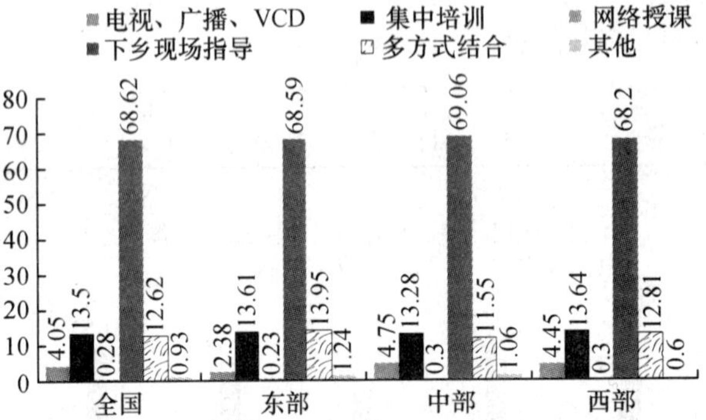

图9-37　不同地区农民期望的培训形式(单位:%)

分析不同性别农民期待的培训方式,如表9-38、图9-38所示,男性农民期待下乡现场指导的比重高于女性农民,二者占比分别为69.38%、64.57%,而女性农民对电视(包括广播、VCD)、网络授课、集中培训、多方式结合等培训形式表示期待的比重高于男性农民。

表9-38　不同性别农民期望的培训形式　(单位:%,个)

性别	电视、广播、VCD	集中培训	网络授课	下乡现场指导	多方式结合	其他	合计
男性	3.99	12.98	0.20	69.38	12.57	0.88	100(2959)
女性	4.36	16.23	0.70	64.57	12.91	1.23	100(537)

比较不同年龄农民期待的培训方式,由表9-39、图9-39不难发现,30岁以下农民期待电视(包括广播、VCD)、网络授课、集中培训的比重均高于其他年龄农民,占比分别为6.59%、17.37%、1.80%,60岁以上农民对电视(广播、VCD)、集中培训、网络授课,多方式结合这些培训方式表示期待的比重低于其他年龄农民,而其期待下乡现场指导的比重最高,占比为73.82%。

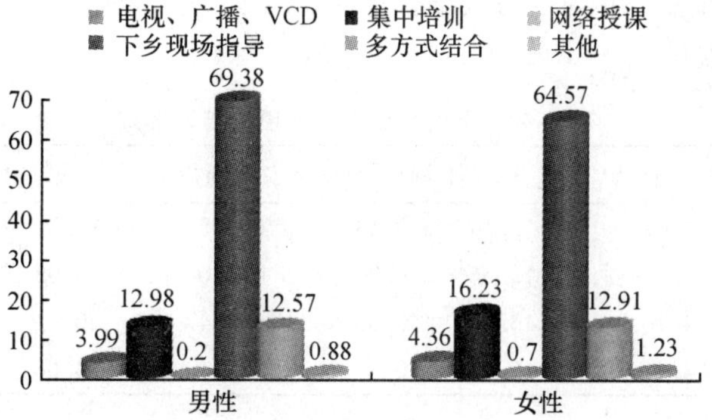

图 9-38　不同性别农民期望的培训形式(单位:%,个)

表 9-39　不同年龄农民期望的培训形式　　(单位:%,个)

年龄	电视、广播、VCD	集中培训	网络授课	下乡现场指导	多方式结合	其他	合计
30 岁以下	6. 59	17. 37	1. 80	61. 68	12. 56	0	100(167)
30—39 岁	5. 36	15. 67	0. 43	62. 66	15. 02	0. 86	100(466)
40—49 岁	3. 37	13. 82	0. 24	68. 67	13. 25	0. 65	100(1245)
50—59 岁	4. 31	13. 33	0. 20	69. 22	12. 06	0. 88	100(1020)
60 岁以上	3. 31	10. 41	0	73. 82	10. 57	1. 89	100(634)

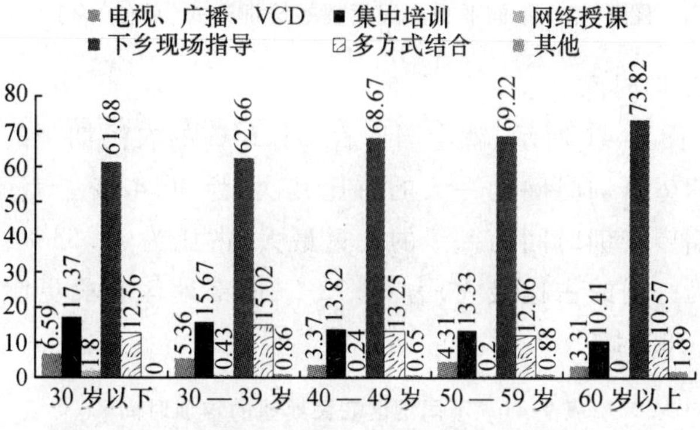

图 9-39　不同年龄农民期望的培训形式(单位:%)

考察不同职业农民最期待的培训方式,如表 9-40、图 9-40 所示,务农农民期待下乡现场指导的比重高于其他职业农民,占比为 69. 92%,务工农民表示期待电视(包括广播、VCD)、网络授课培训方式的比重高于其他职业农民,占比分别为 6. 05%、0. 9%,教师及其他职业农民对集中培训期待的比重高于其他职业农民,为 15.71%,做生意农民对多方式集合这种培训方式表示期待的比重为 20.41%,高于其他职业农民。

表 9-40 不同职业农民期望的培训形式 (单位:%,个)

职业	电视、广播、VCD	集中培训	网络授课	下乡现场指导	多方式结合	其他	合计
务农	3.62	13.54	0.18	69.92	11.71	1.03	100(2733)
务工	6.05	12.56	0.90	64.80	15.02	0.67	100(446)
做生意	4.76	13.61	0.68	60.54	20.41	0	100(147)
教师及其他	4.71	15.71	0	63.87	14.66	1.05	100(191)

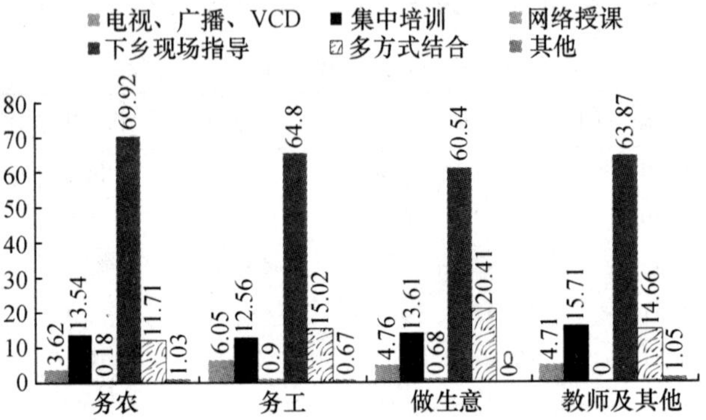

图 9-40 不同职业农民期望的培训形式(单位:%)

2. 期望的培训时间。

如表 9-41、图 9-41 所示,就全国而言,38.34% 的农民期望的培训时间是一周,占比最大,期望培训时间为一天的占比其次,为 30.43%。就不同地区而言,东部地区农民期望培训时间为一天的比重最大,占比为 42.55%,中部地区农民期望培训时间为一周的占比最大,为 40.72%,西部地区农民更倾向的培训时间为一周,占比为 38.74%。

表 9-41 不同地区农民期望的培训时间 (单位:%,个)

地区	1 天	1 周	10 天	半个月	1 个月	1 个月上	合计
全国	30.43	38.34	11.60	8.31	5.51	5.81	100(3500)
东部	42.55	34.17	9.98	6.19	3.90	3.21	100(872)
中部	30.82	40.72	10.43	7.23	4.95	5.85	100(1314)
西部	21.99	38.74	13.85	10.81	7.15	7.46	100(1314)

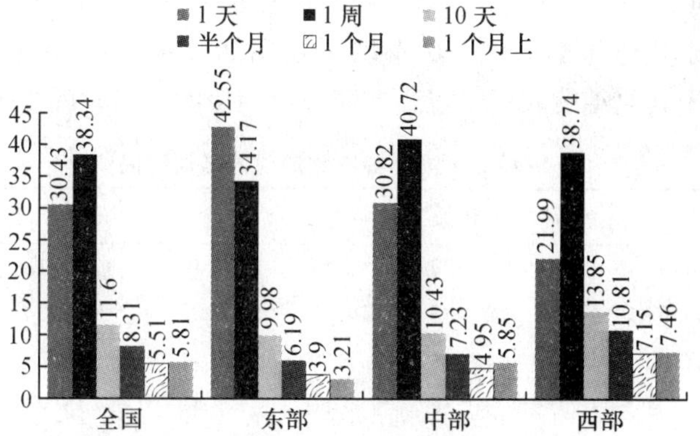

图 9-41　不同地区农民期望的培训时间(单位:%)

如表 9-42、图 9-42 所示,比较不同性别农民期望的培训时间,男性农民期望的培训时间较女性农民更短。39.98% 的男性农民和 35.04% 的女性农民期望的培训时间是一周,占比最大,还有 30.92% 的男性农民、27.82% 的女性农民期望的培训时间是一天,占比其次。

表 9-42　不同性别农民期望的培训时间　　(单位:%,个)

性别	1天	一周	10天	半个月	1个月	1个月上	合计
男性	30.92	38.98	11.33	7.51	5.39	5.87	100(2930)
女性	27.82	35.04	13.03	12.50	6.16	5.45	100(568)

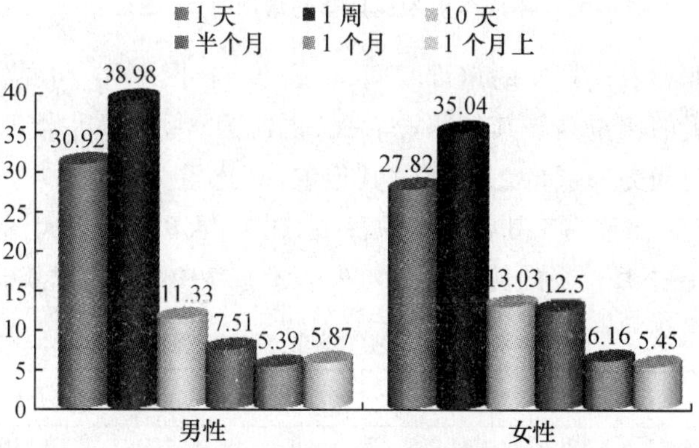

图 9-42　不同性别农民期望的培训时间(单位:%)

分析不同年龄农民期望的培训时间,由表 9-43、图 9-43 可知,30 岁以下农民期望培训时间为一周、十天、一个月以上的比重分别为 44.31%、13.77%、10.18%,均高于其他年龄农民,60 岁以上农民期望培训时间为一天的比重为 34.35%,也高于其他年龄农民,显然,老年农民期望的培训时间更短。

表 9-43 不同年龄农民期望的培训时间 (单位:%,个)

年龄	1 天	一周	10 天	半个月	1 个月	1 个月上	合计
30 岁以下	20.36	44.31	13.77	7.19	4.19	10.18	100(167)
30—39 岁	23.23	40.86	13.33	10.32	6.02	6.24	100(465)
40—49 岁	27.90	39.42	12.49	8.27	6.41	5.51	100(1233)
50—59 岁	36.03	36.03	10.56	7.50	4.44	5.44	100(1013)
60 岁以上	34.35	36.61	9.68	8.39	5.48	5.49	100(620)

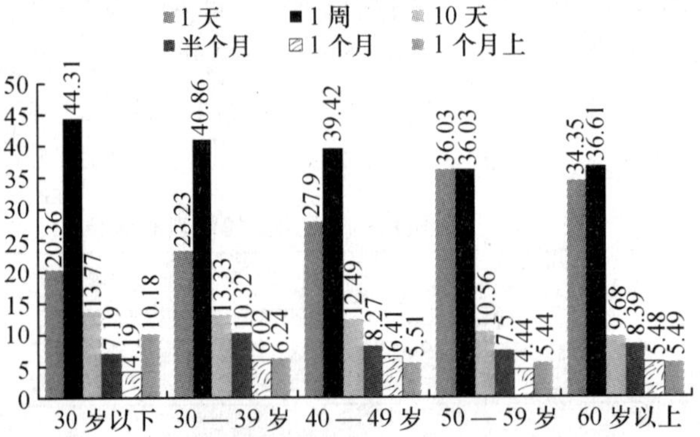

图 9-43 不同年龄农民期望的培训时间(单位:%)

比较不同职业农民期望的培训时间,由表 9-44、图 9-44 可见,务农农民期望培训时间为一天的比重高于其他职业农民,占比为 31.33%。教师及其他职业农民期望的培训时间为一周的占比超过其他农民,比重为 44.50%。务工农民期望培训时间为十天的比重高于其他职业农民,占比为 14.97%。做生意农民期望培训时间为半个月、一个月以上的比重分别为 9.09%、8.39%,均高于其他职业农民。

表 9-44 不同职业农民期望的培训时间 (单位:%,个)

职业	1 天	一周	10 天	半个月	1 个月	1 个月上	合计
务农	31.33	38.12	11.55	8.41	5.24	5.35	100(2710)
务工	29.25	35.15	14.97	7.26	6.12	7.25	100(441)
做生意	24.48	44.06	8.39	9.09	5.59	8.39	100(143)
教师及其他	25.13	44.50	7.85	8.38	7.33	6.81	100(191)

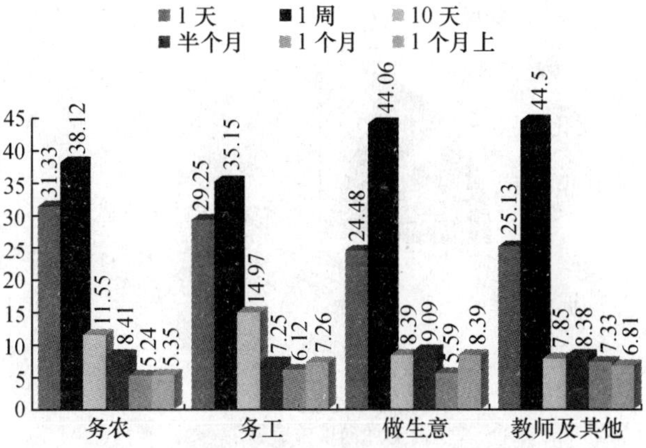

图 9-44　不同职业农民期望的培训时间(单位:%,个)

3. 期望的培训内容。

调查分析农民对农民培训的需求情况,如表 9-45、图 9-45 所示,当农民被问及"您期望参加哪种培训"时,有 41.37% 的农民表示希望得到农业实用技术的培训,占比居首位。19.05% 的农民表示希望参加农产品市场信息的培训,有 13.95% 的农民表示希望获得职业技能培训,另有 10.58% 的农民更渴望得到医疗、卫生方面的知识,还有 6.9% 的农民希望得到法律、法规方面的培训,期望得到文化娱乐、农经管理方面培训的农民比重较低,占比分别为 0.02%、1.74%。

表 9-45　农民期望的培训内容　　(单位:%,个)

期望的培训内容	占比	人数
农业实用技术	41.37	3003
农产品市场信息	19.05	1383
职业技能培训	13.95	1013
医疗、卫生知识	10.58	768
文化、娱乐	0.02	1.66
农经管理	1.74	126
法律、法规	6.90	501
其他	6.39	464

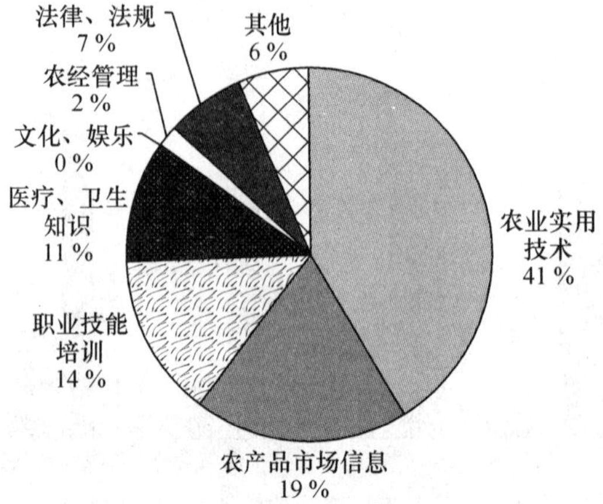

图 9-45　农民期望的培训内容(单位:%)

第二节　农民子女教育[①]

长久以来,我国教育资源存在着城乡分配不平衡的问题,准确掌握农民子女教育水平、教育资源占有情况,有助于国家教育资源的合理分配,农民子女教育水平的提高。本节不同于上一节,是基于对 2011 年寒假 18 岁以下农村在读学生(不含大学、大专、研究生在读学生)教育状况的调查,共获取了 3612 份有效样本,本节从农户子女受教育阶段,农民子女教育资源占有情况两方面出发,以地区、性别、收入水平、家庭类型、村庄类型等为视角,详细描述了农民子女教育情况。

一、教育水平

(一) 全国及各地区比较

如表 9-46、图 9-46 所示,从全国来看,农民子女就读小学、初中的比重较大,占比分别为 42.63%、23.12%,就读幼儿园和高中(中职中专)的比重相对较低,比例分别为 14.84% 和 19.41%。就各地区而言,无论是在东部沿海地区、中部内陆地区还是西部偏远地区,农民子女就读小学比重均是最大,占比分别为 41.51%、44.87% 和 40.77%;西部偏远地区农民子女就读高中(中职中专)的比重高于其他地区,达到了 21.72%,中部内陆地区农民子女就读幼儿园的比重高

① 此部分数据来源于 2011 年寒假农户调查。

于其他地区,占比为18.35%。从三大地区义务教育阶段的农民子女比例来看,比重由高到低依次为东部沿海地区、西部偏远地区、中部内陆地区,占比分别为66.81%、66.44%、64.41%。

表9-46　不同地区农民子女受教育阶段　（单位:个,%）

地区	受教育阶段				合计
	幼儿园	小学	初中	高中(中职、中专)	
全国	14.84	42.63	23.12	19.41	100(3612)
东部	13.12	41.51	25.30	20.07	100(1166)
中部	18.35	44.87	19.54	17.24	100(1433)
西部	11.84	40.77	25.67	21.72	100(1013)

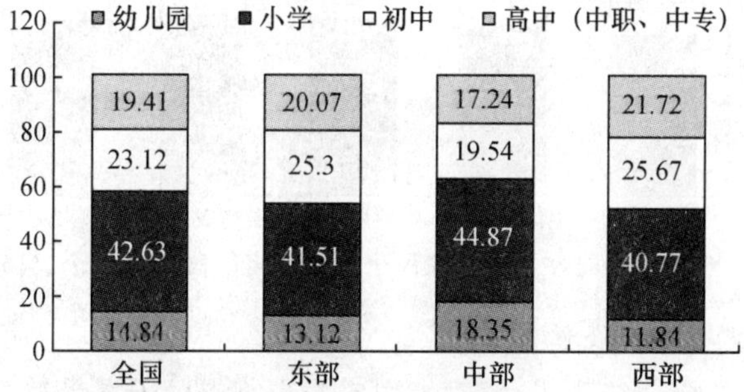

图9-46　不同地区农民子女受教育阶段(单位:%)

（二）家庭收入水平与子女教育水平

经济条件是影响受农民子女教育水平的一个重要因素,调查组采取收入五等分法,将农户根据家庭收入由高到低分成五个等级。由表9-47、图9-47可知,低收入农户家庭子女就读幼儿园的比例最小,为9.83%,高收入家庭子女就读幼儿园比例最大,为17.84%。在小学阶段,高收入家庭子女就读比例最小,为40.21%;中高收入家庭子女就读比例最大,为44.70%。从初中、高中(中职、中专)就读情况来看,低收入家庭子女占比最高,分别为26.31%、20.28%。随着收入水平由低到高,农民子女就读高中(中职、中专)的比例逐渐减小,依次为20.28%、19.89%、19.94、19.19%、18.78%。

表9-47　不同收入水平农民子女受教育阶段　(单位:个,%)

收入水平	受教育阶段				合计
	幼儿园	小学	初中	高中(中职、中专)	
低收入户	9.83	43.58	26.31	20.28	100(631)
中低收入户	13.44	42.61	24.06	19.89	100(744)
中等收入户	16.13	42.62	21.31	19.94	100(657)
中高收入户	15.17	44.70	20.94	19.19	100(745)
高收入户	17.84	40.21	23.17	18.78	100(751)

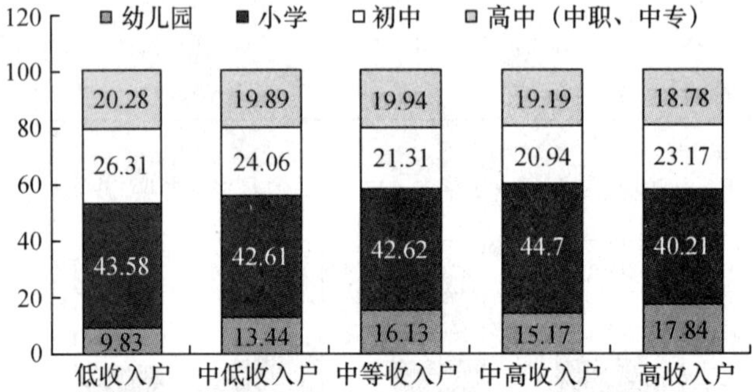

图9-47　不同收入水平农民子女受教育阶段(单位:个,%)

(三)职业类型与子女教育水平

随着家庭所处周期的变化,家庭类型成为影响农民子女受教育水平的重要因素。如表9-48、图9-48所示,空巢家庭农民子女就读幼儿园的比例最高,为28.12%,而核心家庭比例最低,为9.86%。五大类型家庭子女就读小学的比例均是最大,扩大家庭占比高于其他类型家庭。除其他家庭类型外,核心家庭农民子女就读初中、高中(中职、中专)比例最高,分别为26.06%、23.90%。扩大家庭子女就读初中阶段所占比例最低,为11.95%,空巢家庭子女就读高中(中职、中专)阶段所占比例最低,为9.38%。

表9-48　不同家庭类型农民子女受教育阶段　(单位:个,%)

家庭类型	受教育阶段				合计
	幼儿园	小学	初中	高中(中职、中专)	
核心家庭	9.86	40.18	26.06	23.90	100(2302)
主干家庭	25.98	45.53	17.76	10.73	100(839)
扩大家庭	24.78	52.65	11.95	10.62	100(226)
空巢家庭	28.12	46.87	15.63	9.38	100(32)
其他家庭	12.82	46.15	29.49	11.54	100(78)

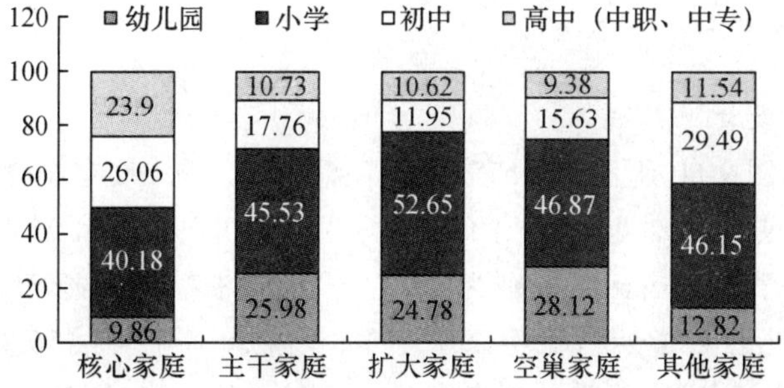

图 9-48　不同家庭类型农民子女受教育阶段(单位:%)

（四）性别与子女教育水平

在农村,受传统重男轻女思想的影响,子女性别也是影响其教育阶段的另一因素。如表 9-49、图 9-49 所示,男孩就读幼儿园的比例低于女孩,前者为 14.75%,后者为 15.12%;就读小学的儿童中,男孩所占比例高于女孩,占比分别为 43.06%、41.27%;男孩就读初中的比例低于女孩,占比分别为 22.69%、24.50%;在高中(中职、中专)阶段,男孩比例略高于女孩,占比分别为 19.50%、19.11%。

表 9-49　不同性别农民子女受教育阶段　(单位:个,%)

性别	受教育阶段				合计
	幼儿园	小学	初中	高中(中职、中专)	
男性	14.75	43.06	22.69	19.50	100(2759)
女性	15.12	41.27	24.50	19.11	100(853)

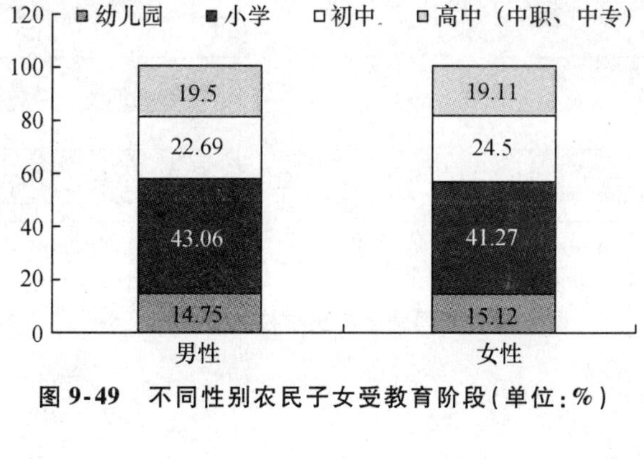

图 9-49　不同性别农民子女受教育阶段(单位:%)

二、教育资源

（一）学校数量

如表 9-50、图 9-50 所示，49.57% 的村庄没有幼儿园，没有小学的村庄比例为 41.56%。村庄有一所幼儿园、小学的占比分别为 40.09%、51.95%。拥有两所及以上幼儿园、小学的村庄比例分别为 10.34%、6.94%。就各地区而言，东部地区的村庄拥有幼儿园数量所占比例高于小学，其拥有率分别为 56.67%、49.43%。中部地区的村庄幼儿园、小学的拥有率分别为 52.63%、69.33%。在西部地区，拥有一所、两所及以上小学的村庄比例分别为 50.72%、7.25%，有一所、两所及以上幼儿园村庄的比例分别为 34.85%、4.54%。

表 9-50　不同地区村庄学校数量　（单位：个，%）

地区	幼儿园数量				小学数量			
	没有	一所	两所及以上	合计	没有	一所	两所及以上	合计
全国	49.57	40.09	10.34	100（232）	41.56	51.95	6.49	100（231）
东部	43.33	43.33	13.34	100（90）	50.57	45.98	3.45	100（87）
中部	47.37	40.79	11.84	100（76）	30.67	60	9.33	100（75）
西部	60.61	34.85	4.54	100（66）	42.03	50.72	7.25	100（69）

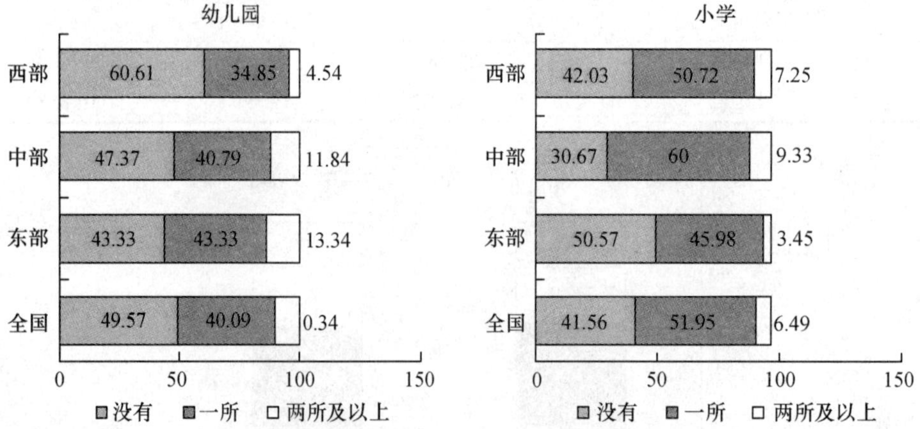

图 9-50　不同地区村庄学校数量（单位：%）

（二）学校离家距离

1. 不同地区学校离家距离。

考察不同地区的农民子女所读学校离家距离，东部、中部和西部地区农民子女上学离家距离，主要集中在1—5公里（不含五公里），其占比依次为41.11%、43.33%、42.93%，东、中、西三大地区在10公里以上区间段所占比例则无明显差别，分别为27.00%、27.87%、28.79%。东、中、西地区学校离家距离在1公里以下的比重分别为19.00%、14.44%、14.24%，西部地区占比低于其他地区。中部内陆地区在1—5公里（不含5公里）和5—10公里（不含10公里）区间的比例高于其他地区，分别为43.33%、14.36%。可见，中、西部地区学校离家距离较东部地区更远。（见表9-51、图9-51）

表9-51　不同地区学校离家距离　（单位：个，%）

地区	学校离家距离				合计
	1公里以下	1—5公里（不含5公里）	5—10公里（不含10公里）	10公里以上	
全国	15.83	42.50	13.80	27.87	100(3341)
东部	19.00	41.11	12.89	27.00	100(1063)
中部	14.44	43.33	14.36	27.87	100(1274)
西部	14.24	42.93	14.04	28.79	100(1004)

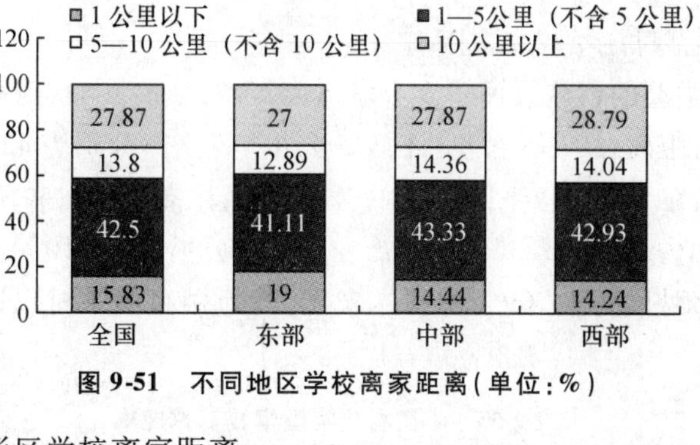

图9-51　不同地区学校离家距离（单位：%）

2. 不同地形区学校离家距离。

如表9-52、图9-52所示，无论是平原、山区还是其他地形区（包括盆地和湖区等），农民子女学校离家距离都集中在1—5公里（不含5公里），占比分别为42.14%、43.94%、37.23%。学校离家距离在1公里以下和1—5公里（不含5公里）的地区中，山区比例高于平原和其他地区，占比分别为16.06%、43.94%，距离在10公里以上的地区中，其他地形区所占比例高于平原地区4.52个百分点，高于山区6.69个百分点。

表9-52　不同地形区学校离家距离　(单位:个,%)

地形	学校离家距离				合计
	1公里以下	1—5公里(不含5公里)	5—10公里(不含10公里)	10公里以上	
平原	15.49	42.14	13.91	28.46	100(1265)
山区	16.06	43.94	13.71	26.29	100(1700)
其他	15.96	37.23	13.83	32.98	100(376)

注:山区:包括山地、丘陵和高原三种地貌类型　其他:包括盆地、湖区等地貌类型

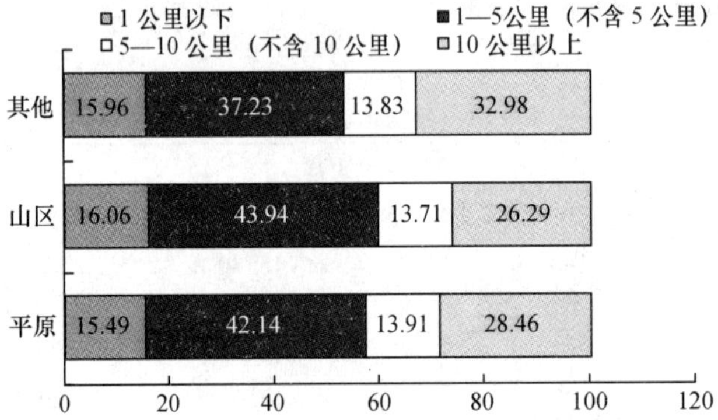

图9-52　不同地形区学校离家距离(单位:%)

3. 不同类型村庄学校离家距离。

考察不同类型的村庄农民子女上学离家距离,如表9-53、图9-53所示,农村、城郊村、城中村距离在1—5公里(不含5公里)的比例分别为42.61%、45.91%、35.90%。距离在1公里以下的村庄中,城中村占比高于农村和城郊村,其比例分别为20.51%、16.36%、11.36%。距离在5—10公里(不含10公里)的村庄中,占比最高的是城郊村,为14.09%。整体来看,城郊村和城中村农民子女上学离家距离远于农村。

表9-53　不同村庄类型学校离家距离　(单位:个,%)

村庄类型	学校离家距离				合计
	1公里以下	1—5公里(不含5公里)	5—10公里(不含10公里)	10公里以上	
农村	16.36	42.61	13.74	27.29	100(2781)
城郊村	11.36	45.91	14.09	28.64	100(220)
城中村	20.51	35.90	10.26	33.33	100(39)

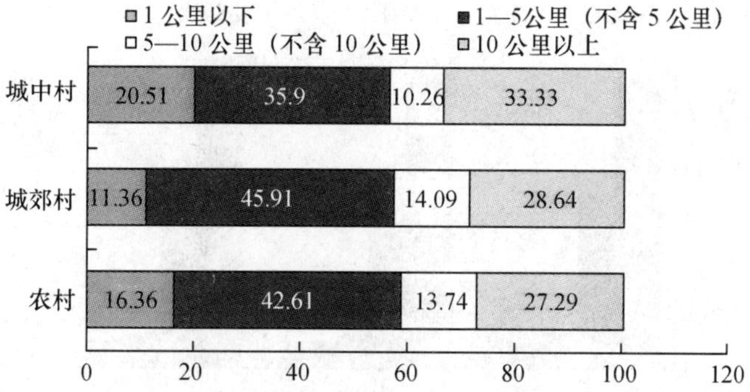

图 9-53 不同村庄类型学校离家距离（单位：%）

（三）上学方式

1. 不同地区农民子女上学方式。

从不同地区的农民子女上学方式来看，如表 9-54、图 9-54 所示，无论是东部地区还是中部地区、西部地区，农民子女上学方式为寄宿和走读的比例最大，其总比例分别为 90.05%、90.89%、89.52%。中部地区农民子女寄宿所占比例最高，为 35.08%，东部地区农民子女走读所占比例最高，为 56.78%，西部其次，占比为 56.06%。

表 9-54 不同地区农民子女上学方式 （单位：个，%）

地区	上学方式					合计
	走读	寄宿	半住半走	租房陪读	其他	
东部	56.78	33.27	5.61	3.44	0.90	100(1106)
中部	55.81	35.08	5.01	3.64	0.46	100(1317)
西部	56.06	33.46	5.34	3.98	1.16	100(1031)

2. 不同地形区农民子女上学方式。

如表 9-55、图 9-55 所示，平原、山区、其他地形区，农民子女上学方式为走读的比例最高，依次为 55.38%、57.02%、55.24%，山区走读比例高于平原及其他地形区比重为 57.02%，平原区寄宿比例高于山区及其他地形区，占比为 35.91%。山区半住半走的比例也较高，比重为 5.65%。

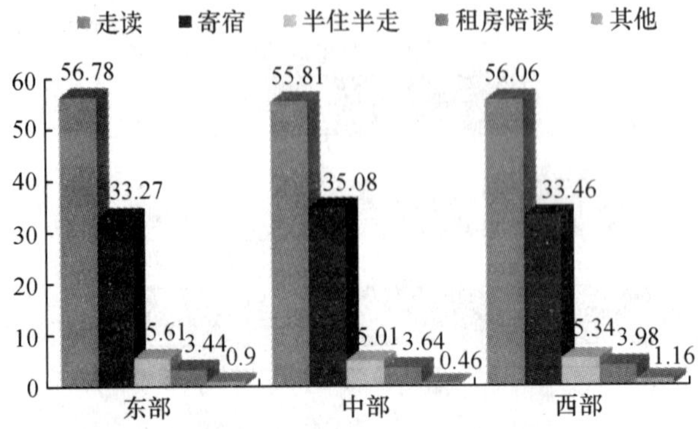

图9-54 不同地区农民子女上学方式(单位:%)

表9-55 不同地形区农民子女上学方式 (单位:个,%)

地形	上学方式					合计
	走读	寄宿	半住半走	租房陪读	其他	
平原	55. 38	35. 91	5. 00	2. 95	0. 76	100(1320)
山区	57. 02	32. 31	5. 65	4. 22	0. 80	100(1752)
其他	55. 24	35. 34	4. 71	3. 66	1. 05	100(382)

注:山区,包括山地、丘陵和高原三种地貌类型 其他,包括盆地、湖区等地貌类型

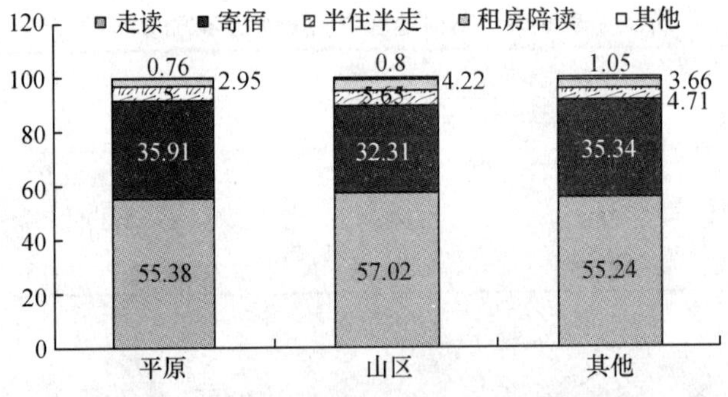

图9-55 不同地形区农民子女上学方式(单位:%)

3. 不同收入农民家庭子女上学方式。

受收入水平高低影响,农民子女上学方式也存在较大差异。如表9-56、图9-56所示,上学方式为走读的学生中,中高收入家庭子女所占比例最高,为60. 45%,低收入家庭所占比例最低,为50. 57%。上学方式为寄宿的学生中,低收入家庭子女所占比例最高,为39. 90%,中高收入家庭子女所占比例最低,为

30.50%。上学方式为陪读的学生中,高收入家庭子女所占比例最高,为4.04%。

表9-56 不同收入水平农民子女上学方式 (单位:个,%)

收入水平	上学方式					合计
	走读	寄宿	半住半走	陪读	其他	
低收入户	50.57	39.90	5.42	3.78	0.33	100(609)
中低收入户	54.11	35.56	6.00	3.91	0.42	100(717)
中等收入户	56.57	34.78	5.13	2.88	0.64	100(624)
中高收入户	60.45	30.50	4.60	3.34	1.11	100(718)
高收入户	58.50	31.06	5.01	4.04	1.39	100(718)

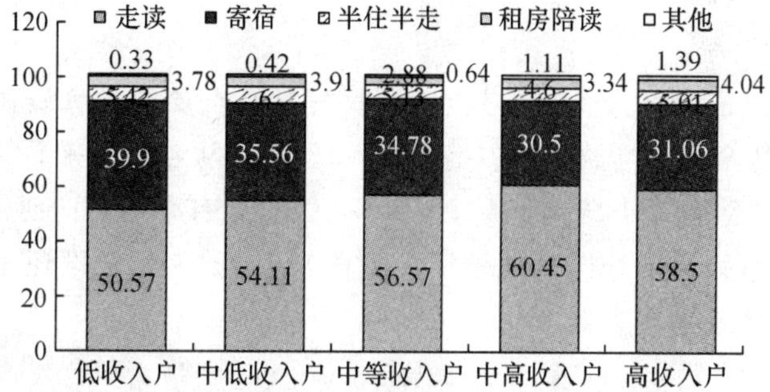

图9-56 不同收入水平农民子女上学方式(单位:%)

4. 学校离家距离与农民子女上学方式。

就农民子女学校离家距离远近与上学方式的关系而言,如表9-56、图9-56所示,农民子女学校离家距离在1公里以下、1—5公里(不含10公里)时,学生走读的比例分别为91.03%、78.76%。农民子女学校离家距离在5—10公里(不含10公里)时,学生走读和住宿的比例分别为40.93%、40.26%。距离在10公里以上,学生寄宿比例为78.94%。上学离家距离越近,农民子女越倾向于走读,上学离家距离越远,农民子女越倾向于寄宿。

表9-57 学校离家距离与农民子女上学方式 (单位:个,%)

学校离家距离	上学方式					合计
	走读	寄宿	半住半走	租房陪读	其他	
1公里以下	91.03	2.34	3.71	1.75	1.17	100(513)
1—5公里(不含5公里)	78.76	13.83	4.13	2.78	0.50	100(1403)
5—10公里(不含10公里)	40.93	40.26	10.84	6.42	1.55	100(452)
10公里以上	10.31	78.94	5.54	4.56	0.65	100(921)

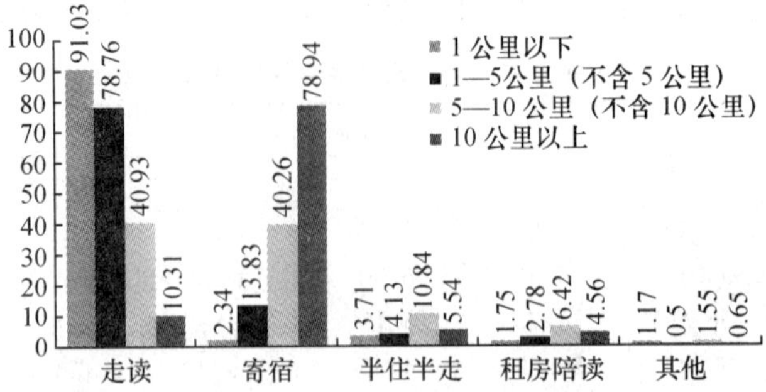

图 9-57　学校离家距离与农民子女上学方式(单位:%)

(四) 校车状况

1. 校车拥有率。

校车问题已成为社会关注的热点问题,校车是重要的教育资源。如表9-58、图9-58所示,从全国来看,校车的拥有率为2.71%,从各地区来看,东部校车拥有率为2.37%,中部为2.49%,西部为3.50%,校车拥有率由东向西依次递增,西部地区的校车拥有率高于全国其他地区。整体来看,不论是全国还是各个地区,农村学校校车的拥有率都很低。

表 9-58　不同地区校车拥有率　(单位:个,%)

地区	是否有校车		合计
	是	否	
全国	2.71	97.29	100(6181)
东部	2.37	97.63	100(2074)
中部	2.49	97.51	100(2511)
西部	3.50	96.50	100(1596)

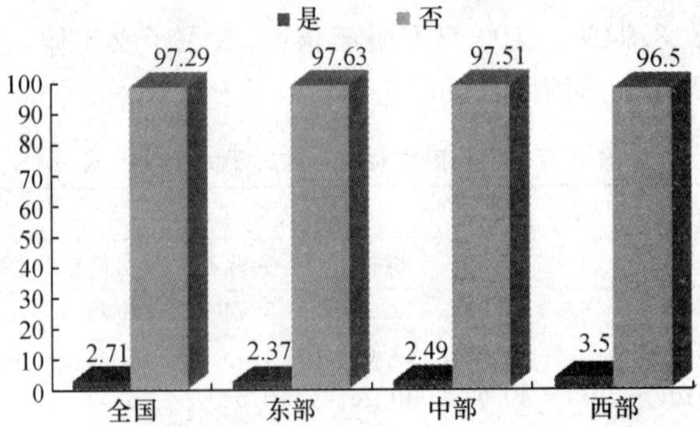

图 9-58　不同地区校车拥有率(单位:%)

分析农民子女学校离家距离和校车拥有率的关系，由表9-59、图9-59可知：学校离家距离在1公里以下时，校车拥有率为2.27%，在1—5公里（不含5公里）时，校车拥有率为7.11%，5—10公里（不含10公里）时，校车拥有率为10.16%，10公里以上时，校车拥有率为2.58%。学校离家距离在10公里及以上时，校车拥有率较低，学校离家距离较远的农民孩子上学不便。

表9-59　学校离家距离与校车拥有率　（单位：个，%）

离家距离	是否有校车		合计
	是	否	
1公里以下	2.27	97.73	100(529)
1—5公里（不含5公里）	7.11	92.89	100(1420)
5—10公里（不含10公里）	10.16	89.84	100(561)
10公里及以上	2.58	97.42	100(931)

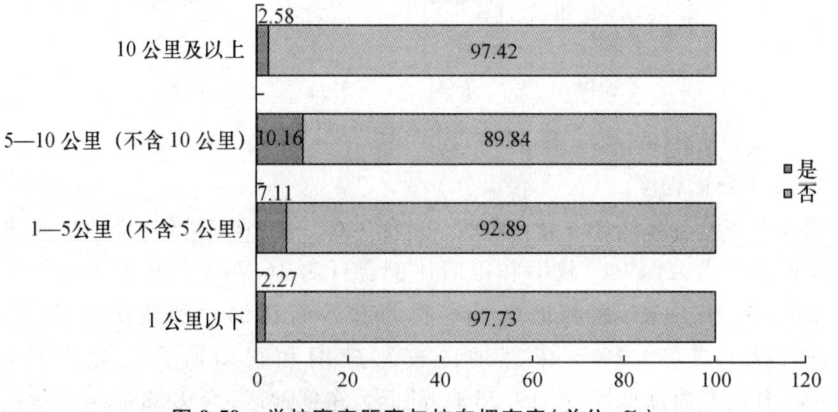

图9-59　学校离家距离与校车拥有率（单位：%）

2. 校车类型。

从全国来看，校车类型中私人面包车比例最大，为49.76%，其次是学校正规车，占比为33.33%，私人车改装比重为10.63%，其他类型车比重为6.28%。从各地区来看，中部学校正规车所占比例高于其他地区，为37.35%。私人面包车比例由东向西依次递减，占比分别为56.25%、50.60%、41.66%。私人车改装而成的校车比例由东向西依次递增，分别为7.81%、8.43%、16.67%。（见表9-60、图9-60）

表9-60　不同地区校车类型　（单位:个,%）

地区	校车类型				合计
	学校正规校车	私人面包车	私人车改装而成	其他	
全国	33.33	49.76	10.63	6.28	100(207)
东部	29.69	56.25	7.81	6.25	100(64)
中部	37.35	50.60	8.43	3.62	100(83)
西部	31.67	41.66	16.67	10	100(60)

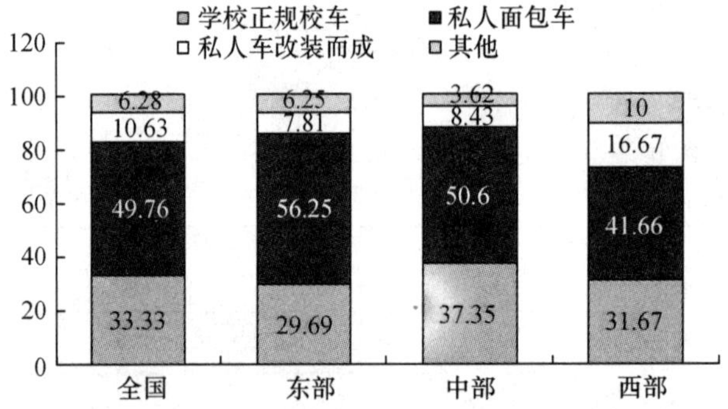

图9-60　不同地区校车类型(单位:%)

3. 校车新旧程度。

调查全国及各地区校车新旧程度,由表9-61、图9-61可知:全国校车很新和较新比例合计为78.47%,较旧和很旧比例合计为16.74%。从各地区校车新旧程度来看,东部、中部、西部地区校车很新和较新比例之和依次递减,分别为84.37%、77.11%、74.2%。中部地区校车较旧和很旧所占总比例最高,为20.48%,其次是西部地区,为19.25%,最低为东部地区,为9.38%。

表9-61　不同地区校车新旧程度　（单位:个,%）

地区	校车新旧程度					合计
	很新	较新	较旧	很旧	不清楚	
全国	15.31	63.16	14.83	1.91	4.79	100(209)
东部	18.75	65.62	6.25	3.13	6.25	100(64)
中部	12.05	65.06	19.28	1.20	2.41	100(83)
西部	16.13	58.07	17.74	1.61	6.45	100(62)

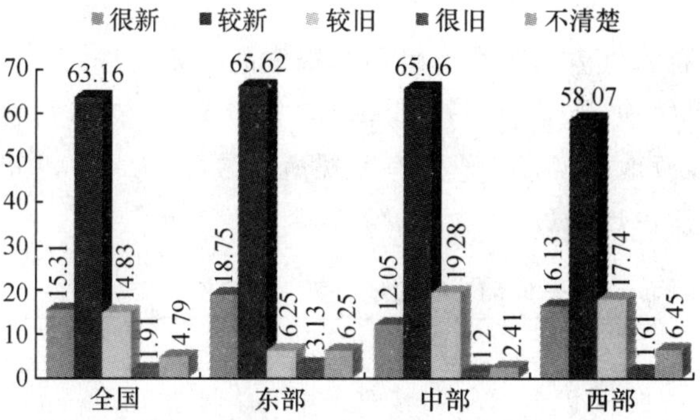

图 9-61 不同地区校车新旧程度(单位:%)

4. 校车超载情况。

校车的超载情况直接关系到学生上学安全与否,从不同地区校车超载情况来看,如表 9-62、图 9-62 所示,全国校车超载、没有超载所占比例分别为 39. 35%、31. 95%。从各地区来看,东部、中部、西部地区校车超载比例均高于没有超载的比例,超载率分别为 42. 43%、35. 23%、41. 94%,可见,农村校车超载率高,农民子女上学存在很大的安全隐患。

表 9-62 不同地区校车超载率 (单位:%,个)

地区	校车状况			总计
	超载	没有超载	不清楚	
全国	39. 35	31. 95	28. 70	100(216)
东部	42. 43	30. 30	27. 27	100(66)
中部	35. 23	30. 68	34. 09	100(88)
西部	41. 94	35. 48	22. 58	100(62)

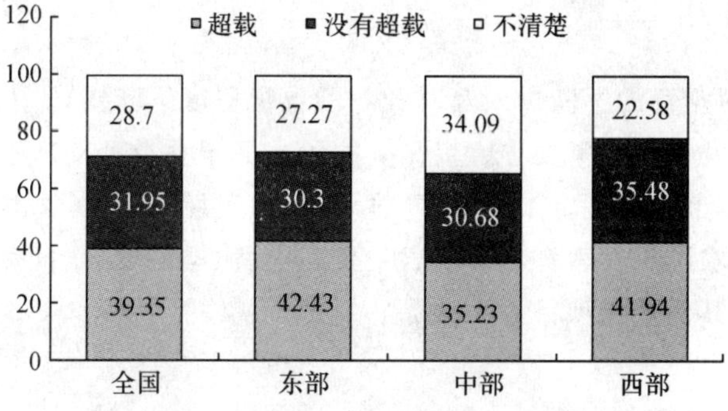

图 9-62 不同地区校车超载率(单位:%)

5. 校车司机资质。

校车司机是否有驾驶执照是衡量司机资质的必要条件，更是决定校车安全的一个重要因素。如表 9-63、图 9-63 所示，全国农村校车司机驾照拥有率为 66.20%。东部沿海地区校车司机没有驾照所占最高，为 4.61%，西部偏远地区校车司机拥有驾照所占比例最高，为 74.60%。

表 9-63 不同地区司机驾照拥有率 （单位：%，个）

地区	有无驾照			合计
	不清楚	没有	有	
全国	30.05	3.75	66.20	100(213)
东部	32.31	4.61	63.08	100(65)
中部	34.12	3.53	62.35	100(85)
西部	22.22	3.18	74.60	100(63)

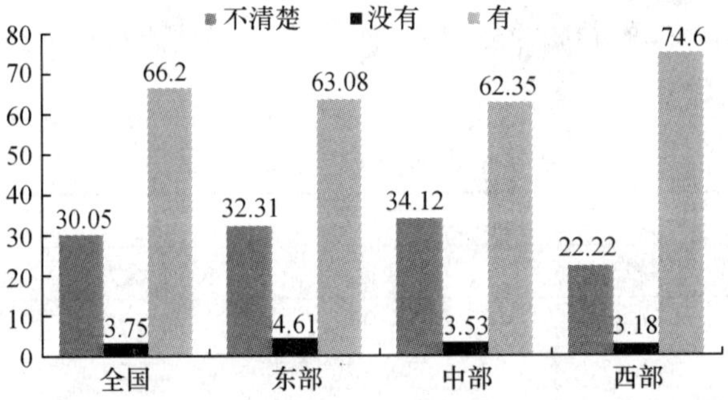

图 9-63 不同地区司机驾照拥有率（单位：%）

三、教育投入

随着国家对教育的不断投入及对教育的重视程度不断提升，农村教育的不断发展，农民对子女教育的重视程度提高。农民家庭子女教育支出水平和教育结构发生了变化。本节主要调查了 2011 年寒假 3612 户农户家庭学龄子女的教育支出情况，统计的农民子女教育支出项目主要有学费、学杂费、伙食费、住宿费、交通费、陪读费以及其他开支项目。

（一）教育支出水平

1. 不同地区教育支出。

如表9-64、图9-64所示，就全国而言，农民子女教育总支出户均9606.44元、人均4773.22元。在农民子女教育的各项支出中，户均、人均支出中最高的是伙食费、最低的是交通费，伙食费的户均、人均支出分别为3669.74元、1834.87元，交通费的户均、人均支出分别为399.54元、169.77元。

表9-64　全国教育支出均值情况统计　（单位：元）

支出类别	学费	学杂费	伙食费	住宿费	交通费	陪读费	其他开支	总支出
户均	2550.30	1030.10	3669.74	469.26	399.54	556.00	931.50	9606.44
人均	1275.15	515.05	1834.87	234.63	169.77	278.00	465.75	4773.22

注：户均、人均教育支出及各项支出的计算将农户家庭所有学龄儿童均考虑在内。

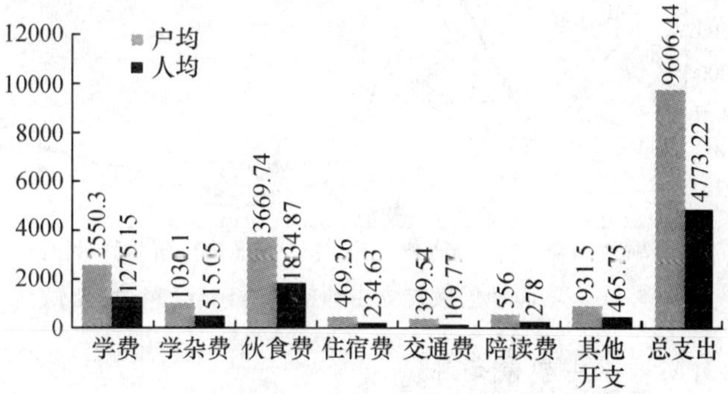

图9-64　全国教育支出均值情况统计（单位：元）

如表9-65、图9-65所示，就各地区而言，户均、人均教育总支出最高的西部地区，分别为9987.18元、4993.59元，高于全国平均水平。在农民子女教育的各项支出中，东部、中部、西部户均、人均伙食费均是各项支出中最高的，东部地区户均、人均伙食费支出分别为3588.48元、1794.24元，中部地区分别为3385.60元、1692.8元，西部地区分别为4196.98元、2098.49元。显然，西部地区户均、人均伙食费支出高于全国平均水平，东部和中部地区户均、人均伙食费支出低于全国平均水平。

表 9-65 不同地区教育支出均值情况统计 (单位:元)

地区		学费	学杂费	伙食费	住宿费	交通费	陪读费	其他开支	总支出
东部	户均	2709.30	967.36	3588.48	626.38	366.68	641.50	1060.64	9960.34
	人均	1354.65	483.68	1794.24	313.19	183.34	320.75	530.32	4980.17
中部	户均	2581.36	1154.72	3385.60	361.30	280.20	377.96	771.56	8912.70
	人均	1290.68	577.36	1692.80	180.65	140.10	188.98	385.78	4456.35
西部	户均	2307.20	920.44	4196.98	437.32	395.14	717.86	1012.24	9987.18
	人均	1153.60	460.22	2098.49	218.66	197.57	358.93	506.12	4993.59

注:户均、人均教育支出及各项支出的计算将农户家庭所有学龄儿童均考虑在内。

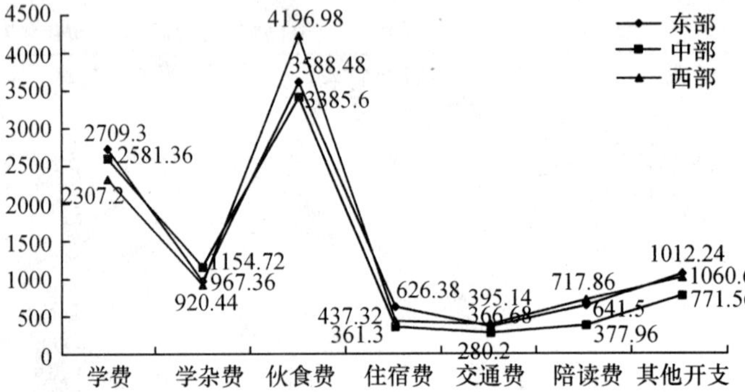

图 9-65 不同地区教育支出均值情况统计(单位:元)

2. 不同教育阶段学生教育支出。

考察不同类别学生的教育支出情况,如表 9-66、图 9-66 所示,总的来说高中及职校教育阶段学生的人均支出水平要高于学前教育和义务教育阶段学生,高中及职校教育阶段学生的学费、学杂费及伙食费的人均支出合计是 2609.91 元,学前教育是 936.39 元,义务教育是 772.81 元。人均住宿费、交通费、其他支出最高的是高中及职校教育阶段学生,支出分别为 204.71 元、97.00 元、210.34 元。陪读费用支出最高的是学前教育阶段学生,人均陪读费用为 112.79 元。

表 9-66 不同教育阶段学生人均教育支出情况统计 (单位:元)

教育阶段	人均支出							
	学费	学杂费	伙食费	住宿费	交通费	陪读费	其他开支	总支出
学前教育	569.15	145.74	221.50	13.91	47.11	112.79	111.93	1222.13
义务教育	208.90	126.26	437.65	47.26	44.37	108.19	142.19	1114.82
高中及职校教育	941.42	315.79	1352.7	204.71	97.00	37.34	210.34	3159.30

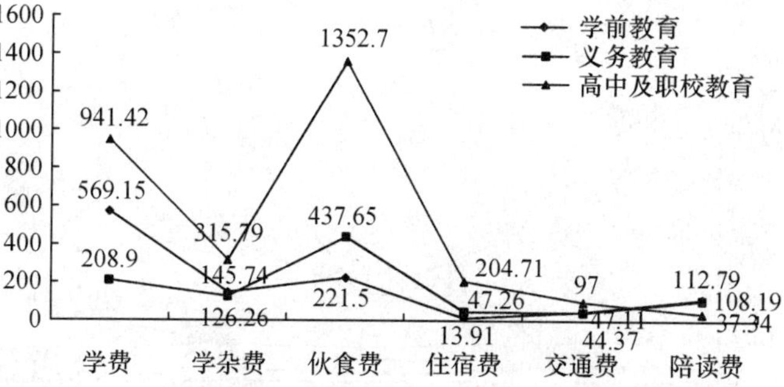

图 9-66　不同教育阶段学生人均教育支出情况统计(单位:元)

3. 不同收入家庭教育支出。

比较不同收入家庭子女的教育支出,如表9-67、图9-67所示,从户均、人均学费支出来看,高收入家庭子女的学费支出高于其他收入家庭,支出金额分别为5888.00元、2944.00元;从户均、人均学杂费支出来看,低收入家庭子女的学杂费支出高于其他收入家庭,支出金额分别为1648.23元、824.16元;从户均、人均伙食费支出来看,中低收入家庭子女的伙食费支出高于其他收入家庭,支出金额分别为6718.18元、3359.09元,此外,户均、人均住宿费支出最高的是中低收入家庭,户均、人均交通费支出最高的是高收入家庭,陪读费用户均、人均支出最高的是中等收入家庭,支出金额分别为588.23元、294.16元。

表 9-67　不同收入水平的教育支出情况统计　　(单位:元)

收入水平		学费	学杂费	伙食费	住宿费	交通费	陪读费	其他开支
高收入户	户均	5888.00	1000.83	3218.18	350	452.00	0	358.33
	人均	2944.00	500.42	1609.19	175.00	226.00	0	179.17
中高收入户	户均	1847.85	935.31	3487.50	359.33	301.85	0	1593.00
	人均	923.93	467.66	1743.75	179.67	150.93	0	796.50
中等收入户	户均	2186.31	848.63	2052.94	590.56	169.18	588.23	1025.00
	人均	1093.16	424.32	1026.47	295.28	84.59	294.16	512.50
中低收入户	户均	3550.75	923.63	6718.18	1042.22	351.11	157.50	1581.25
	人均	1775.38	461.82	3359.09	521.11	175.56	78.75	790.625
低收入户	户均	3118.71	1648.23	4076.66	515.29	228.23	0	2928.81
	人均	1559.36	824.16	2038.33	257.65	114.12	0	857.62

注:户均、人均教育支出及各项支出的计算将农户家庭所有学龄儿童均考虑在内。

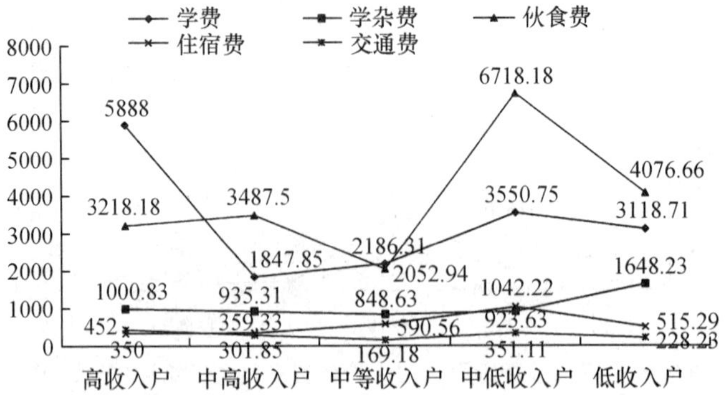

图 9-67 不同收入水平家庭户均教育支出情况统计(单位:元)

(二) 教育支出结构

1. 不同地区教育支出结构。

农村家庭的教育支出结构存在地区差异,如表 9-68、图 9-68 所示,就全国而言,学费、学杂费和伙食费占农民子女教育总支出比重较大,占比分别为 24.52%、16.89%、33%,合计为 74.41%。东部地区学费、学杂费和伙食费占农民子女教育总支出的比重为 69.17%,中部、西部地区分别为 79.65%、72.99%,中部地区农民子女学费、学杂费和伙食费的比重之和高于全国和东西部地区。此外,农民子女教育支出占比重,住宿费、陪读费和交通费的比重均不高,占比均不足 5%。

表 9-68 全国及各地区教育支出占比情况统计 (单位:%)

地区	学费	学杂费	伙食费	住宿费	交通费	陪读费	其他开支	合计
全国	24.52	16.89	33.00	3.59	0.02	2.73	19.25	100(556)
东部	23.51	15.08	30.58	4.75	0.02	2.42	23.64	100(132)
中部	27.89	18.55	33.21	2.89	0.03	2.13	15.3	100(169)
西部	20.68	16.62	35.69	3.20	0.02	4.04	19.75	100(255)

2. 不同教育阶段学生教育支出结构。

考察不同教育阶段学生的教育支出结构,由表 9-69、图 9-69 可知,学前教育阶段学生的学费支出占比为 45.35%,远高于义务教育(13.85%)和高中及职校教育(19.89%)阶段的学生;高中及职校教育阶段学生的学杂费占比(45.90%)远高于学前教育(15.10%)和义务教育(22.99%)阶段的学生;高中及职校教育阶段学生的伙食费占比(20.69%)也高于义务教育(14.54%)和学前教育

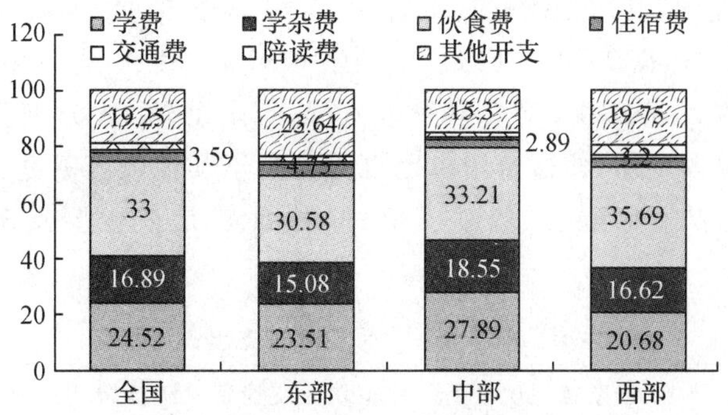

图 9-68　全国及各地区教育支出占比情况统计(单位:%)

(13.73%)阶段的学生。总体而言,学费是学前教育阶段学生的主要支出项目,学杂费是义务教育、高中及职校教育阶段学生的主要支出项目。

表 9-69　不同教育阶段的教育支出占比情况　(单位:%)

教育阶段	学费	学杂费	伙食费	住宿费	交通费	陪读费	其他开支	合计
学前教育	45.35	15.1	13.73	0.8	2.59	12.9	9.53	100(544)
义务教育	13.85	22.99	14.54	9.29	8.05	18.2	13.08	100(342)
高中及职校教育	19.89	45.9	20.69	5.59	3.11	0.25	4.57	100(211)

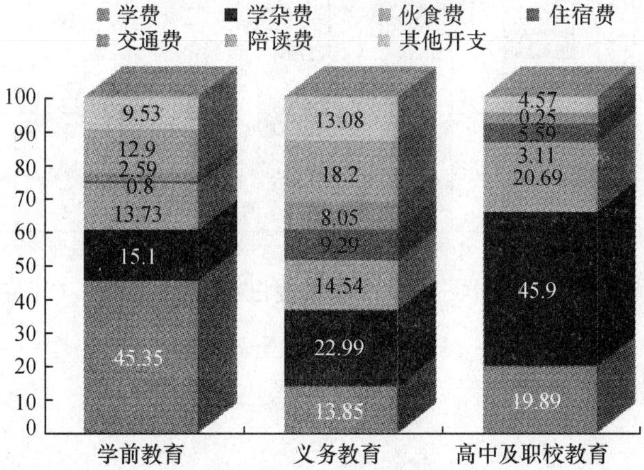

图 9-69　不同教育阶段的教育支出占比情况(单位:%)

3. 不同收入水平家庭教育支出结构。

如表 9-70、图 9-70 所示,高收入家庭子女教育支出结构中,学费支出占比最大,比重为52.25%,其次是伙食费支出,占比为28.56%;中高收入家庭子女教育支出结构中,伙食费支出占比最大,为40.91%,其次是学费支出,占比为21.68%;中等收入家庭中,学费和伙食费支出比重较大,分别为29.48%、27,51%,此外,其陪读费用、住宿费用占比也明显高于其他收入家庭,达到了7.88%和7.91%;中低收入家庭、低收入家庭中,伙食费是最主要支出,占比分别为46.9%、39.03%。

表9-70 不同收入水平的教育支出占比情况 (单位:%,个)

收入水平	学费	学杂费	伙食费	住宿费	交通费	陪读费	其他开支	合计
高收入户	52.25	8.88	28.56	3.11	4.01	0	3.19	100(91)
中高收入户	21.68	10.97	40.91	4.22	3.54	0	18.68	100(113)
中等收入户	29.48	11.37	27.51	7.91	2.27	7.88	13.58	100(142)
中低收入户	24.79	6.45	46.90	7.28	2.45	1.09	11.04	100(76)
低收入户	29.85	15.78	39.03	4.93	2.19	0	8.22	100(121)

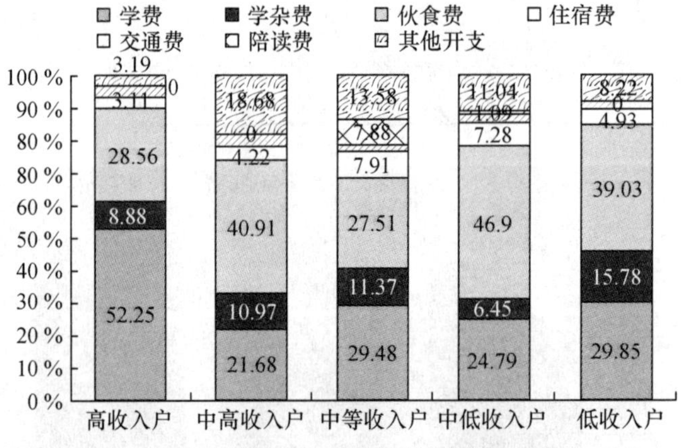

图9-70 不同收入水平的教育支出占比情况(单位:%)

四、农民工子女教育

(一)留守儿童

如表9-71、图9-71所示,从全国来看,留守儿童父母表示没有和老师交流过比重为31.11%,交流过的比重为38.67%。从各地区来看,东部地区留守儿童父母表示和老师交流过比重为32.57%,中西部地区为33.34%、50.11%,可见,西部地区留守儿童家长与老师交流过的比重高于中部和东部地区。

表 9-71　小孩的监护人是否与老师交流　（单位：%，个）

地区	交流过	没交流	不清楚	合计
全国	38.67	31.11	30.22	100(335)
东部	32.57	35.02	32.41	100(92)
中部	33.34	33.31	33.35	100(132)
西部	50.11	25.00	24.89	100(111)

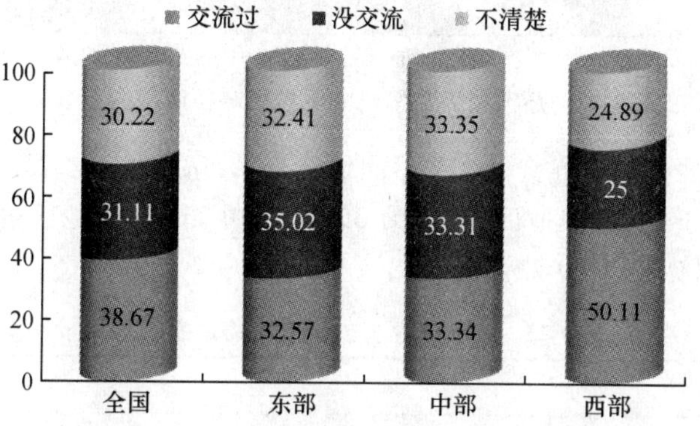

图 9-71　小孩的监护人是否与老师交流（单位：%，个）

调查留守儿童享受学费减免或者困难补助情况，由表 9-72、图 9-72 可见，从全国来看，家长表示没有享受费减免或者困难补助的比重为 49.95%，表示享受了的比重为 21.92%，享受率较低。从不同地区来看，东部地区家长表示没有享受费减免或者困难补助的比重为 48.13%，中部地区为 50.81%，西部地区为 50.92%，东、中、西部地区家长表示子女享受了费减免或者困难补助的比重分别为 25.00%、22.97%、17.79%，可见，西部地区留守儿童享受率最低。

表 9-72　是否享受了学费减免或困难补助　（单位：%，个）

地区	是	否	不清楚	合计
全国	21.92	49.95	28.13	100(1077)
东部	25.00	48.13	26.87	100(320)
中部	22.97	50.81	26.22	100(431)
西部	17.79	50.92	31.29	100(326)

（二）打工子弟

考察随父母在务工地读书儿童上学成本变化问题，从全国来看，农民表示“上学成本增加”的比重为 56.7%，认为上学成本减少的比重为 1.58%，还有 41.72%

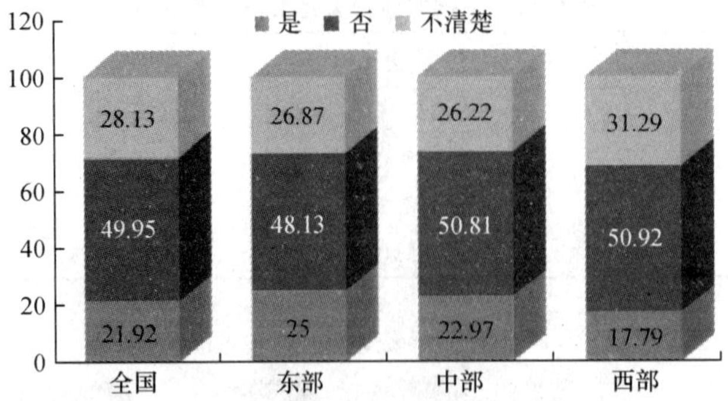

图 9-72 是否享受了学费减免或困难补助(单位:%)

的农民表示上学成本没有变化。从不同地区来看,东部地区农民表示上学成本增加了的比重高于中、西部地区,占比为 65.57%,中部、西部地区占比为 49.35%、55.17%。见图 9-73、图 9-73。

表 9-73 随父母在务工地上学成本是否增加 (单位:%,个)

地区	增加	减少	没变	合计
全国	56.70	1.58	41.72	100(207)
东部	65.57	0	34.43	100(66)
中部	49.35	1.30	49.35	100(79)
西部	55.17	3.45	41.38	100(207)

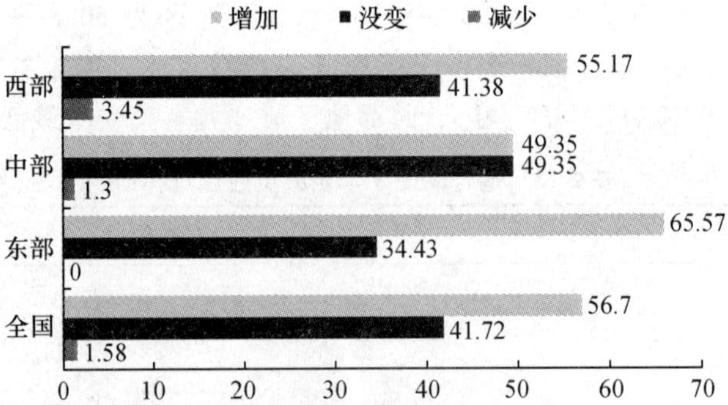

图 9-73 随父母在务工地上学成本是否增加(单位:%)

在问及学生随父母在外出务工地上学是否顺利时,如表 9-74、图 9-74 所示,从全国来看,农民表示“顺利”,“不顺利”的比重分别为 55.57%、24.47%。从不同地区来看,东部地区农民表示“顺利”比例为 48.48%、“不顺利”的比重是

36.36%；中部地区表示“顺利”比例为56.96%、“不顺利”18.99%；西部地区农民表示子女上学“顺利”比例为61.29%，“不顺利”的比重是17.74%。总体而言，子女随父母在务工地就学较顺利，相比较而言，东部地区较中部和西部地区上学更不顺利。

表 9-74　随父母在务工地就学是否顺利　（单位：%，个）

地区	十分顺利	比较顺利	一般	不太顺利	很不顺利	说不清	合计
全国	18.85	36.72	17.21	18.62	5.85	2.84	100(196)
东部	12.12	36.36	13.64	30.3	6.06	1.52	100(61)
中部	20.25	36.71	20.25	12.66	6.33	3.8	100(77)
西部	24.19	37.1	17.74	12.9	4.84	3.23	100(58)

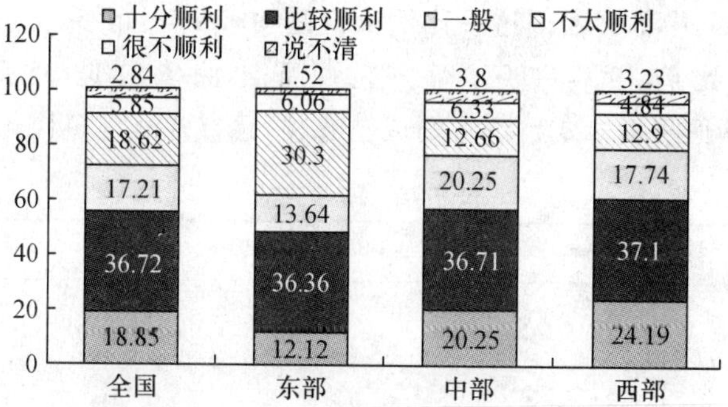

图 9-74　随父母在务工地就学是否顺利（单位：%）

（三）陪读生

随着农民对子女教育的不断重视，农村陪读现象也不断涌现。调查不同地区陪读人员，结果如表 9-75、图 9-75 所示，全国及各地区由父母（包含父/母亲和父母双方）陪读的比例均为最高，全国是69.88%，东部为71.76%、中部为74.78%、西部为63.09%。同时，由外/祖父母陪读的学生中，西部地区比重最高，比例为30.95%，高于全国水平。

表 9-75　陪读人员　（单位：%，个）

地区	父/母亲	父母双方	外/祖父母	其他	合计
全国	35.32	34.56	23.07	7.05	100(284)
东部	40	31.76	20	8.24	100(85)
中部	37.39	37.39	18.26	6.96	100(115)
西部	28.57	34.52	30.95	5.95	100(84)

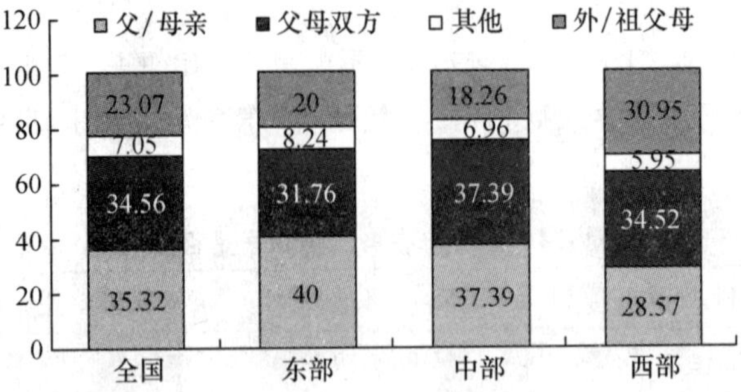

图9-75 陪读人员(单位:%)

陪读主要有两种类型:全职陪读型和边打工边陪读型,整体来看,边打工边陪读的比例较高于全职陪读型。如表9-76、图9-76所示,全国边打工边陪读的比例为41.87%,东部、中部和西部这一比例依次是40.24%、46.36%、39.02%。全国全职陪读型的比例为37.21%,东、中、西部比例依次是35.36%、33.63%、42.68%,同时其他陪读方式也都在两成左右,陪读方式呈现多样化。

表9-76 陪读方式 (单位:%,个)

地区	打工边陪读	全职陪读型	其他	合计
全国	41.87	37.21	20.92	100(274)
东部	40.24	35.36	24.40	100(82)
中部	46.36	33.63	20.01	100(110)
西部	39.02	42.68	18.30	100(82)

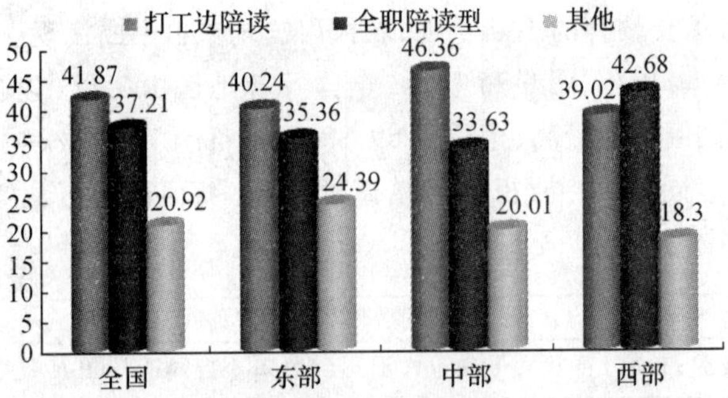

图9-76 陪读方式(单位:%)

当问及给子女陪读的原因时,农民表示为了更好照顾孩子生活而陪读的比例最高,占比为46.97%,其中东部地区比例为36.14%、中部地区是52.29%、西部地区是52.50%,中、西部地区比重较高。农民表示为孩子创造学习条件而陪读的比例次之,占比为30.99%,其东部地区这一比重为38.55%,高于其他地区。各地区农民表示因为“孩子小无办法独立生活”而陪读的比例也在两成左右。同时,表示“担心学校管理不到位”、为了“更好塑造孩子性格”的比例较小,各地区这一占比基本在5%以下。(见表9-77、图9-77)

表9-77 陪读原因

(单位:%,个)

地区	学校管理不到位	塑造孩子性格	照顾孩子生活	孩子无法独立生活	创造学习条件	其他	合计
全国	0.27	1.97	46.97	17.47	30.99	2.33	100(272)
东部	0	0	36.14	24.09	38.55	1.22	100(83)
中部	0.91	0.91	52.29	18.34	25.68	1.87	100(109)
西部	1.25	5.00	52.50	10	28.75	2.50	100(80)

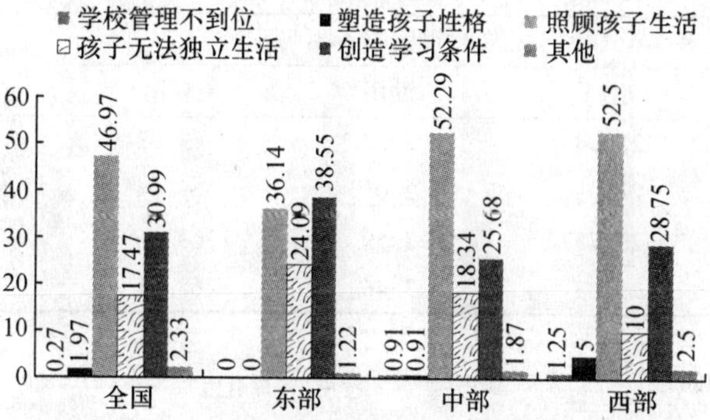

图9-77 陪读原因(单位:%)

第三节 教育评价

农民对教育的评价不仅会影响农民自身的文化教育,还会影响到其子女的文化教育。本节从农民的教育观念、教育期待以及对教育风气的评价三方面出发,关注了不同性别、不同年龄、不同职业、不同地区、不同家庭收入的农民教育观念、期待及其对农村教育风气的评价有何不同,以利于更全面地掌握中国农民教育的现状。

一、教育观念

农民的教育观念主要是通过"在经济压力大时,您还会继续支持子女上学吗"、"如果子女学习成绩不理想,您还会继续供他上学吗"、"您觉得读书有用吗"、"您觉得读书的有用性体现在哪些方面"这几个方面来体现。

(一) 地区与教育观念

如表9-78、图9-78所示,农民对读书是否有用持较为积极的看法。就全国而言,认为读书有用和没用的农民比重分别69.09%、2.37%,还有28.54%的农民认为可以出村。就不同地区对读书是否有用的看法而言,中部地区农民认为读书有用的比重是最高的,为69.66%,其次是东部地区和西部地区,占比分别为69.04%和68.51%。认为读书可以出村的农民中,西部地区比重高于东部和中部,西部地区比重达到29.03%,分别高出东部和中部0.1和1.28个百分点。

表9-78 不同地区农民对读书是否有用的看法 (单位:%,个)

地区	您觉得读书有用吗			合计
	出村	没用	有用	
全国	28.54	2.37	69.09	100(3041)
东部	28.93	2.03	69.04	100(985)
中部	27.75	2.59	69.66	100(1081)
西部	29.03	2.46	68.51	100(975)

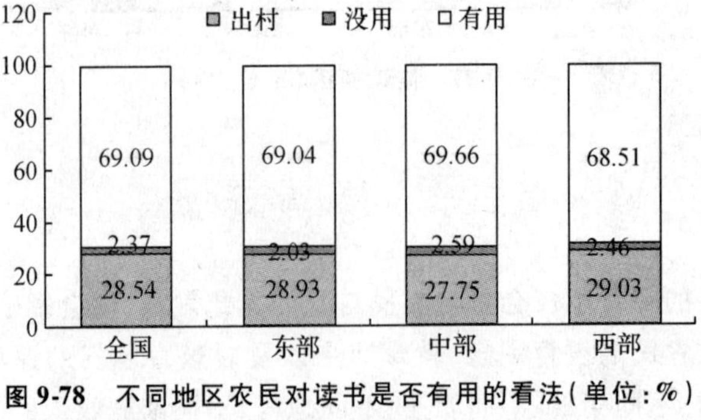

图9-78 不同地区农民对读书是否有用的看法(单位:%)

对于读书的用处,不同地区的农民有不同的看法。如表9-79、图9-79所示,从全国来看,54.61%的农民认为读书可以增加收入,认为读书能提高地位和对后代有用的占比相差不大,分别为20.52%、18.65%。具体而言,中部地区农民认为读书能增收的占比最大，达到 57.33%，高出全国 2.72 个百分点，西部地区这一比重最低，为 51.66%。认为读书对后代有用的农民中，比重最高和最低的分别是西部和中部地区，分别为 22.97%、14.86%。从读书可以丰富生活看，东部地区认同这一观点的农民比重高于全国和中部、西部地区，占比为 2.77%。

表 9-79　不同地区农民对读书用处的看法　（单位：%，个）

地区	读书有用体现在哪些方面					合计
	收入增加	地位提高了	对后代有用	丰富生活	其他	
全国	54.61	20.52	18.65	2.17	4.05	100(2992)
东部	54.57	20.15	18.50	2.77	4.01	100(973)
中部	57.33	22.04	14.86	1.23	4.54	100(1057)
西部	51.66	19.23	22.97	2.60	3.54	100(962)

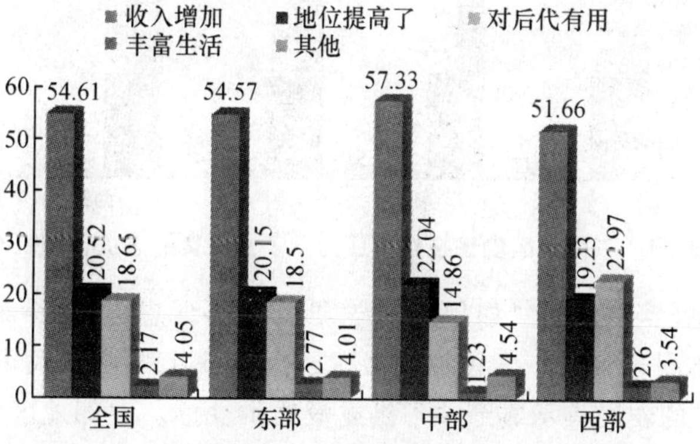

图 9-79　不同地区农民对读书用处的看法（单位：%）

如表 9-80、图 9-80 所示，就全国而言，在经济压力大时，仍会竭力支持子女教育的农民比重最大，为 69.5%，表示会尽量支持的占比为 25.4%，表示会找其他出路、看情况和无所谓态度的占比合计为 5.1%。从不同地区来看，在经济压力大时，中部地区农民表示竭力支持子女教育的比重是最高的，达到 70.67%，超出全国 1.17 个百分点，相对而言，东部地区占比最低，为 68.5%，低出中部地区 2.17 个百分点。持尽量支持态度的农民中，比重较大的是东部地区，其次是西部地区，中部地区比重最小，占比分别为 25.99%、25.41% 和 24.83%。

表 9-80　不同地区农民在经济压力下子女教育的态度　(单位:%,个)

地区	经济压力大时对子女教育的态度					合计
	竭力支持	尽量支持	找其他出路	看情况	无所谓	
全国	69.50	25.40	1.00	2.40	1.70	100(2712)
东部	68.50	25.99	0.89	2.20	2.42	100(908)
中部	70.67	24.83	1.57	2.09	0.84	100(958)
西部	69.27	25.41	0.47	2.96	1.89	100(846)

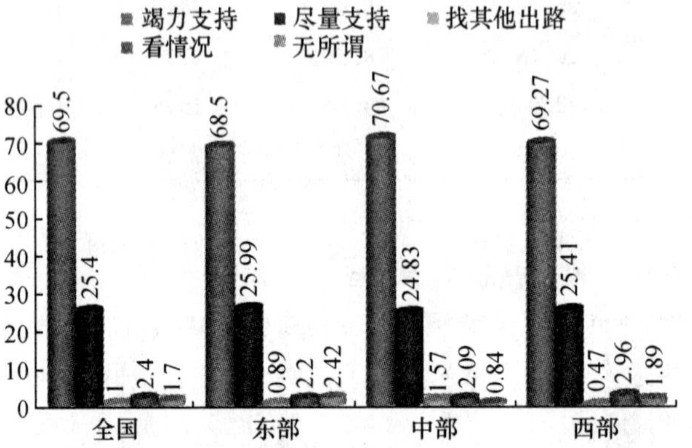

图 9-80　不同地区农民在经济压力下子女教育的态度(单位:%)

从全国来看,当被问及“如果子女学习成绩不理想,是否会继续供他上学”时,84.20%的农民选择了子女愿意读书就尽力供,6.42%的农民表示负担不重就供,还有5.84%的农民表示成绩差不供或没钱供少读。中部地区农民表示,只要子女愿意读,就尽力供的比重高于东部和西部地区,比重达到了86.67%,高出比重最低的西部地区5.49个百分点。西部地区农民表示负担不重就供子女继续上学的比重高于全国、东部和中部地区,占比为7.41%,分别高出全国、东部和中部0.99、1.62和1.26个百分点。(见表9-81、图9-81)

表 9-81　不同地区农民对成绩不理想时子女教育的态度　(单位:%,个)

地区	如果子女学习成绩不理想,是否会继续供他上学					合计
	愿意读尽力	负担不重供	成绩差不供	没钱供少读	看情况再说	
全国	84.20	6.42	4.38	1.46	3.54	100(2740)
东部	84.37	5.79	4.27	1.64	3.93	100(915)
中部	86.67	6.15	3.79	1.24	2.15	100(975)
西部	81.18	7.41	5.18	1.52	4.71	100(850)

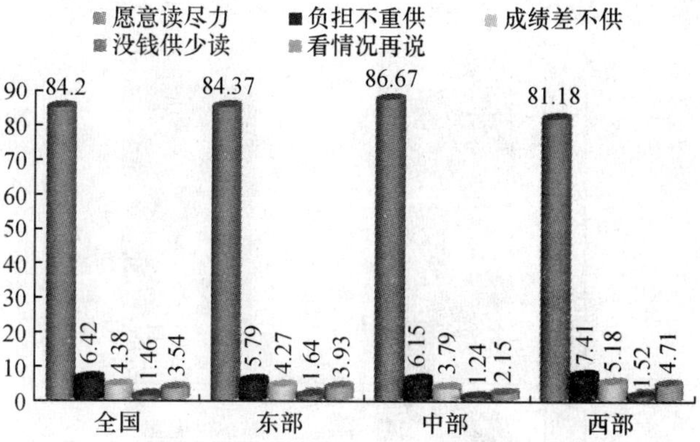

图 9-81　不同地区农民对成绩不理想时子女教育的态度(单位:%)

(二) 性别与教育观念

不同性别农民,其教育观念存在着一定的差异。如表 9-82、图 9-82 所示,男性农民认为读书有用的比重为 69.19%,女性农民为 68.64%,男性比女性高出了 0.55 个百分点。对于"读书可以走出农村"这一说法,女性持肯定态度的比重为 29.39%,男性为 28.35%,女性高出男性 1.04 个百分点。此外,男性认为读书无用的比重高于女性,占比为 2.46%。

表 9-82　不同性别农民对读书是否有用的看法　　(单位:%,个)

性别	您觉得读书有用吗			合计
	有用	出村	没用	
男性	69.19	28.35	2.46	100(2483)
女性	68.64	29.39	1.97	100(558)

由表 9-83、图 9-83 可见,从不同性别农民对读书用处的具体认知来看,54.69%的男性农民认为读书能使收入增加,略高于女性农民 0.43 个百分点。认为读书能提高地位的女性农民的比重略高于男性 1.54 个百分点,为 21.78%。男性认为读书对后代有用的比重高于女性,占比为 18.72%,女性认为读书可以丰富生活的比重高于男性,占比为 2.36%。

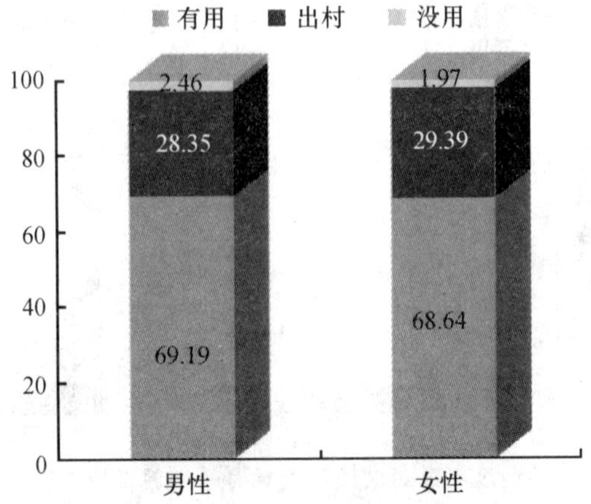

图9-82 不同性别农民对读书是否有用的看法(单位:%)

表9-83 不同性别农民对读书用处的看法 (单位:%,个)

性别	读书有用体现在哪些方面					合计
	收入增加	地位提高了	对后代有用	丰富生活	其他	
男性	54.69	20.24	18.72	2.13	4.22	100(2441)
女性	54.26	21.78	18.33	2.36	3.27	100(551)

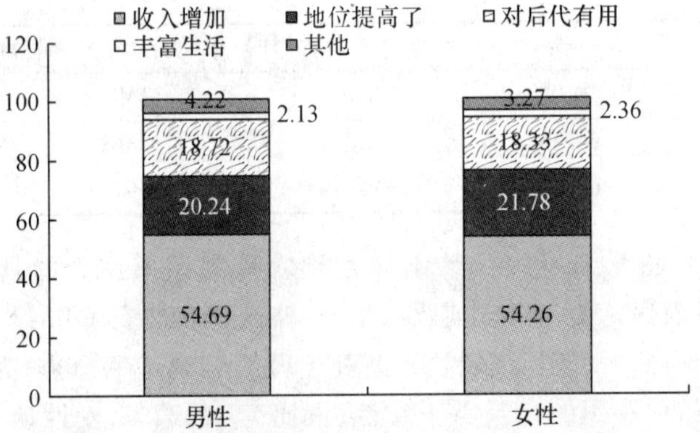

图9-83 不同性别农民对读书用处的看法(单位:%)

如表9-84、图9-84所示,从不同性别来看,在家庭经济压力较大时,男性和女性农民仍倾向于竭力支持子女读书,其比重分别为69.43%和69.84%。此外,有25.16%的男性和26.52%的女性表示尽量支持子女教育。女性对子女受教育的支持度要略高于男性,将男性和女性竭力支持和尽量支持子女教育的比重分别相加，可以得出，女性和男性在经济压力大时，仍会支持子女教育的比重分别为96.36%和94.59%。

表 9-84　不同性别农民在经济压力下对子女教育的态度　（单位：%，个）

性别	经济压力大时对子女教育的态度					合计
	竭力支持	尽量支持	找其他出路	看情况	无所谓	
男性	69.43	25.16	0.95	2.61	1.85	100(2218)
女性	69.84	26.52	1.21	1.42	1.01	100(494)

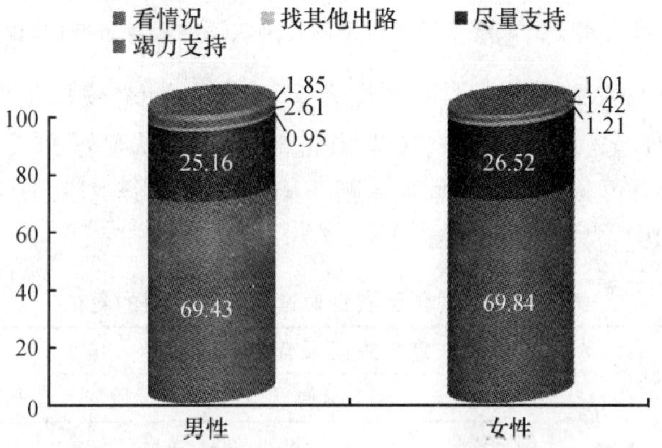

图 9-84　不同性别农民在经济压力下对子女教育的态度（单位：%）

当子女成绩不理想时，男性和女性农民选表示只要子女愿意读书就尽量供给的比重分别为84.22%和84.10%。表示负担不重就供给子女继续读书的女性农民占比达到了7.56%，略高男性农民1.4个百分点。因子女成绩差或者家庭条件差而不供给或少供给子女上学的农民中，男性占比要高于女性，占比分别为5.91%和5.56%。（见表9-85、图9-85）

表 9-85　当子女成绩不理想时不同性别农民的教育态度　（单位：%，个）

性别	如果子女成绩不理想，您是否会继续供他上学					合计
	愿意读尽力	负担不重供	成绩差不供	没钱供少读	看情况再说	
男性	84.22	6.16	4.43	1.48	3.71	100(2237)
女性	84.10	7.56	4.17	1.39	2.78	100(503)

（三）年龄与教育观念

如表9-86、图9-86所示，随着年龄的增长，农民认为读书有用的比重不断增

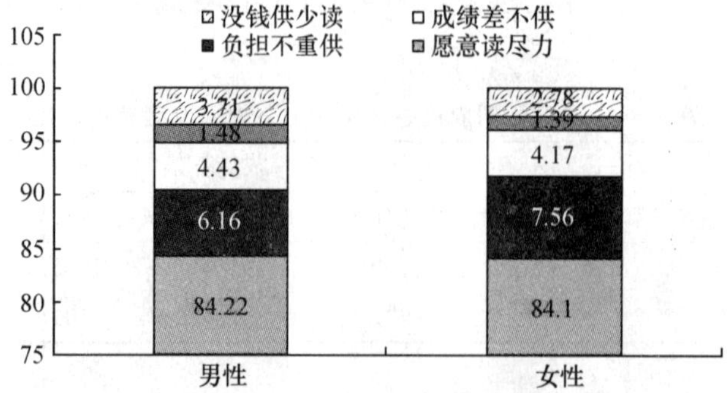

图 9-85 当子女成绩不理想时不同性别农民的教育态度(单位:%)

加,30 岁以下农民认为读书有用的比重为 62.12%,而 60 岁以上农民认为读书有用的比重高达 71.3%。认为读书可以出村的农民情况刚好相反,随着年龄的增长,农民认为读书可以出村的比重不断下降,30 岁以下农民所占比重最高,为 37.88%,60 岁以上农民占比为 26.8%。

表 9-86 不同年龄农民对读书是否有用的看法 (单位:%,个)

年龄	您觉得读书有用吗?			合计
	有用	出村	没用	
30 岁以下	62.12	37.88	0	100(66)
30—39 岁	67.15	29.94	2.91	100(344)
40—49 岁	68.41	29.68	1.91	100(994)
50—59 岁	69.23	27.46	3.31	100(845)
60 岁以上	71.30	26.80	1.90	100(791)

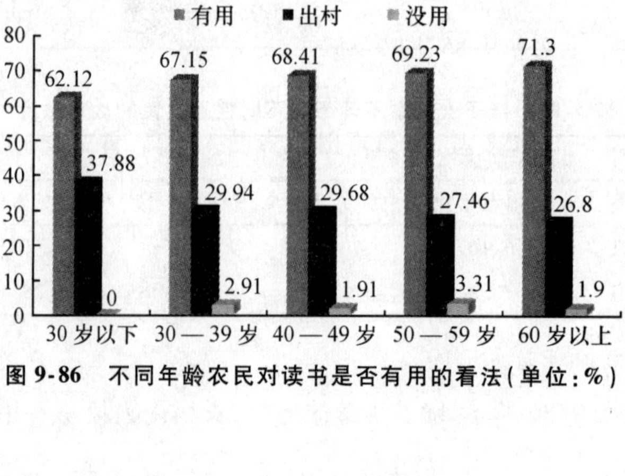

图 9-86 不同年龄农民对读书是否有用的看法(单位:%)

从读书有用的具体表现来看,50—59 岁的农民认为读书能增加收入的比重最高,为 57.44%,比重最低的是 30 岁以下的农民,为 50.77%,比 50—59 岁农民低 6.67 个百分点。从读书能提高地位和丰富生活来看,30 岁以下的农民所占比重最大,分别为 23.08% 和 7.69%。(见表 9-87、图 9-87)

表 9-87　不同年龄农民对读书有用的具体看法　(单位:%,个)

年龄	您觉得读书有用体现在哪些方面					合计
	收入增加	地位提高了	对后代有用	丰富生活	其他	
30 岁以下	50.77	23.08	18.46	7.69	0	100(65)
30—39 岁	53.55	22.19	18.35	2.66	3.25	100(338)
40—49 岁	54.28	20.26	18.94	2.65	3.87	100(982)
50—59 岁	57.44	18.98	18.14	1.57	3.87	100(827)
60 岁以上	52.76	21.57	19.00	1.54	5.13	100(779)

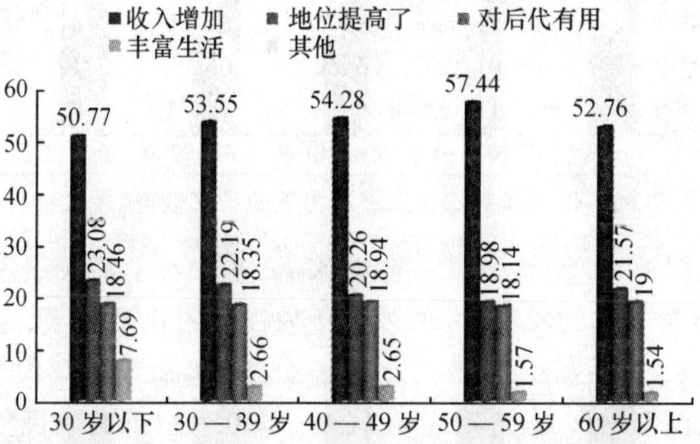

图 9-87　不同年龄农民对读书有用的具体看法(单位:%)

如表 9-88、图 9-88 所示,在家庭经济压力较大时,从不同年龄农民对子女教育的态度来看,30—39 岁农民表示竭力支持或尽量支持的比重是最高的,比重达到 96.7%,其次分别是 40—49 岁农民、30 岁以下的农民、60 岁以上的农民以及 50—59 岁的农民,他们的这一比重分别为 95.58%、94.92%、94.83% 和 93.3%,30—39 岁农民对子女教育支持度高出 50—59 岁农民 3.4 个百分点。家庭经济压力大时,认为子女可以找其他出路的农民中,占比最大的是 30 岁以下的农民,比重为 1.69%。

表 9-88　不同年龄农民经济压力下的子女教育　(单位:%,个)

年龄	经济压力大时对子女教育的态度					合计
	竭力支持	尽量支持	找其他出路	看情况	无所谓	
30 岁以下	69.49	25.43	1.69	3.39	0	100(59)
30—39 岁	73.87	22.83	0.30	2.10	0.90	100(333)
40—49 岁	70.09	25.49	1.19	1.72	1.51	100(926)
50—59 岁	69.27	24.03	0.98	3.63	2.09	100(716)
60 岁以上	66.77	28.06	1.03	2.07	2.07	100(677)

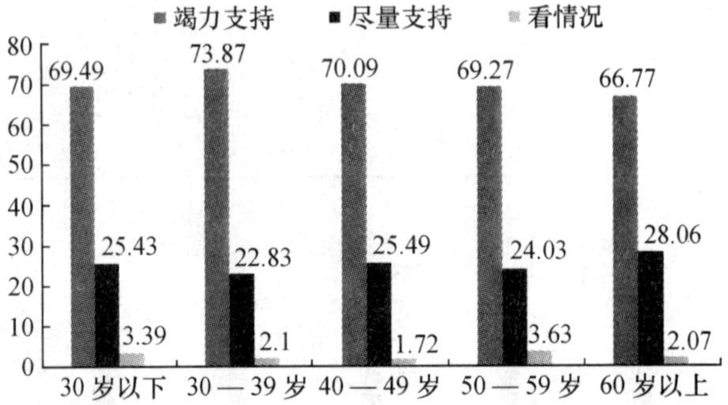

图 9-88　不同年龄农民经济压力下的子女教育(单位:%)

如表 9-89、图 9-89 所示,从不同年龄来看,在子女学习成绩不理想时表示只要子女愿意读就尽力供的农民中,30 岁以下农民所占比重最大,为 87.93%,其次是 30—39 岁农民,比重为 87.24%。表示子女成绩差就不继续供子女上学的农民中,40—49 岁农民占比最大,比重为 4.71%,而 30 岁以下的农民就不存在这种做法。表示没钱供少读的农民中,40—49 岁农民占比最大,比重为 1.93%。

表 9-89　不同年龄农民成绩不理想时的子女教育　(单位:%,个)

年龄	若子女学习成绩不理想,您会继续供他上学吗					合计
	愿意读尽力	负担不重供	成绩差不供	没钱供少读	看情况再说	
30 岁以下	87.93	8.62	0	1.72	1.73	100(58)
30—39 岁	87.24	4.16	4.45	0.59	3.56	100(337)
40—49 岁	84.92	5.45	4.71	1.93	2.99	100(935)
50—59 岁	82.72	7.41	3.57	1.36	4.94	100(729)
60 岁以上	82.94	7.65	5.15	1.32	2.94	100(680)

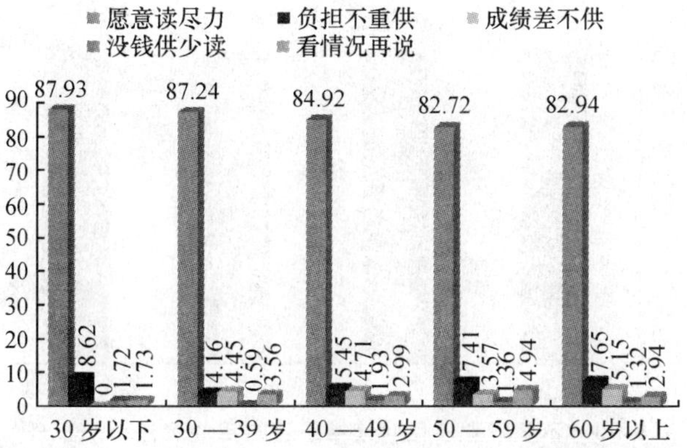

图 9-89　不同年龄农民成绩不理想时的子女教育(单位:%)

(四) 职业类型与教育观念

农民的教育观念会受职业影响而有所差异。具体而言,务工农民的认为读书有用的比重最高,为 71.28%,其次是务农农民,占比为 69.46%,而占比最低的是教师及其他职业农民,比务工农民占比低了 6.27 个百分点。教师及其他职业农民认为读书可以出村的比重最大,达到了 33.53%,分别高出务农、务工和做生意农民 5.4、7.29、5.27 个百分点。(见表 9-90、图 9-90)

表 9-90　不同职业农民对读书是否有用的看法　　(单位:%,个)

职业	您觉得读书有用吗?			合计
	有用	出村	没用	
务农	69.46	28.13	2.41	100(2114)
务工	71.28	26.24	2.48	100(282)
做生意	68.48	28.26	3.26	100(276)
教师及其他	65.01	33.53	1.46	100(343)

务农和务工的农民,对读书有用的具体看法比较接近,而做生意、教师及其他职业农民的看法也较接近。具体而言,如表 9-91、图 9-91 所示,认同读书能增加收入这一看法的农民中,比重较高的是务工和务农的,占比分别为 58.06% 和 57.06%。认为读书可以提高地位和对后代有用的农民中,比重较高的是做生意和教师及其他职业农民。此外,25.18% 的经商农民认为读书能提高地位,分别高出务农和务工农民 6.14 和 2.6 个百分点。

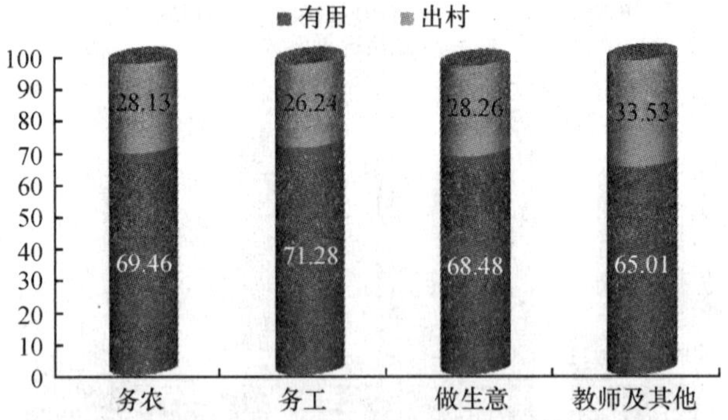

图 9-90 不同职业农民对读书是否有用的看法(单位:%)

表 9-91 不同职业农民对读书有用的具体看法 (单位:%,个)

职业	您觉得读书的有用性体现在哪些方面					合计
	收入增加	地位提高了	对后代有用	丰富生活	其他	
务农	57.06	19.04	18.07	1.88	3.95	100(2075)
务工	58.06	22.58	16.14	1.43	1.79	100(279)
做生意	43.43	25.18	22.63	3.29	5.47	100(274)
教师及其他	45.86	24.85	20.71	3.55	5.03	100(338)

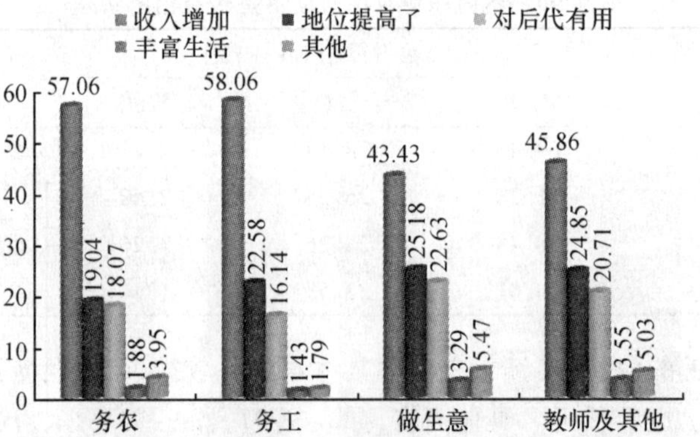

图 9-91 不同职业农民对读书有用的具体看法(单位:%)

在家庭经济压力较大的情况下,不同的职业农民对子女上学的支持度有所不同。如表 9-92、图 9-92 所示,将不同职业的农民竭力支持和尽量支持子女上学的比重分别相加,可以看出在家庭条件不太好时,对子女继续教育支持度较高的是教师及其他职业农民以及做生意的农民,比重分别为 97.44%、96.9%,

务农和务工农民的支持度相对较低，占比分别为94.63%和91.77%。在家庭条件不好时，会选择找其他出路的农民中，比重最高的是务工农民，占比为1.96%。

表9-92　不同职业农民经济压力下的子女教育　（单位：%，个）

职业	若子女学习成绩不理想，您是否会继续供他上学					合计
	竭力支持	尽量支持	找其他路	看情况	无所谓	
务农	68.56	26.07	1.13	2.58	1.66	100.00(1864)
务工	64.71	27.06	1.96	3.92	2.35	100.00(255)
做生意	74.42	22.48	0	1.55	1.55	100.00(258)
教师及其他	75.08	22.36	0.32	0.96	1.28	100.00(313)

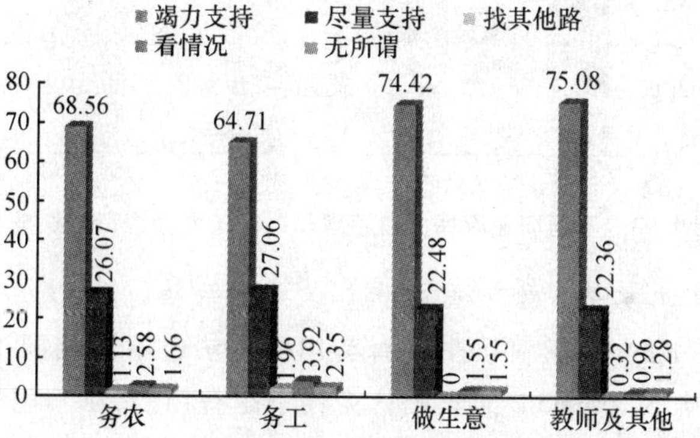

图9-92　不同职业农民经济压力下的子女教育（单位：%）

做生意、教师及其他职业农民在子女成绩不理想时，对子女教育的支持度高于务农和务工农民。做生意、教师及其他职业农民表示只要子女愿意读书就尽力供的比重高于务农和务工农民，其中，教师及其他职业农民占比最高，达到89.78%，占比最低的是务工农民，占比为80.78%，比教师及其他职业低9个百分点。表示成绩差不供、没钱读少供的农民中，比重最高和最低的分别是务农农民的和教师及其他职业农民，占比分别为6.48%和2.56%。（见表9-93、图9-93）

表9-93 不同职业农民成绩不理想时的子女教育 (单位:%,个)

职业	若子女学习成绩不理想,您是否会继续供他上学?					合计
	愿意读尽力	负担不重供	成绩差不供	没钱供少读	看情况再说	
务农	83.27	7.06	4.67	1.81	3.19	100(1883)
务工	80.78	6.67	4.71	1.57	6.27	100(255)
做生意	87.50	3.79	4.92	0	3.79	100(264)
教师及其他	89.78	4.78	1.92	0.64	2.88	100(313)

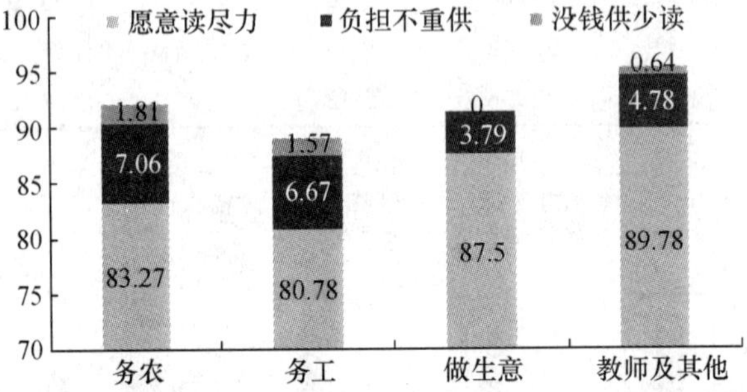

图9-93 不同职业农民成绩不理想时的子女教育(单位:%)

(五)家庭收入水平与教育观念

不同收入水平的农民,对读书是否有用的看法也不尽相同。如表9-94、图9-94所示,总体来说,66.05%的农民认为读书是有用的,从不同地区来看,认同这一看法的农民中,比重最高的是高收入家庭的农民,其占比达到74.22%,高出低收入家庭农民8.17个百分点。认同读书可以出村这一观点的农民中,比重最高的是中低收入的农民,其次是低收入的农民,他们所占比重分别为30.96%和30.03%,比重最低的是高收入的农民,占比为23.32%。

表9-94 不同收入农民对读书是否有用的看法 (单位:%,个)

收入水平	您觉得读书有用吗?			合计
	有用	出村	没用	
低收入户	66.05	30.03	3.92	100(586)
中低收入户	66.98	30.96	2.06	100(533)
中等收入户	68.69	29.63	1.68	100(594)
中高收入户	68.32	29.86	1.82	100(606)
高收入户	74.22	23.32	2.46	100(609)

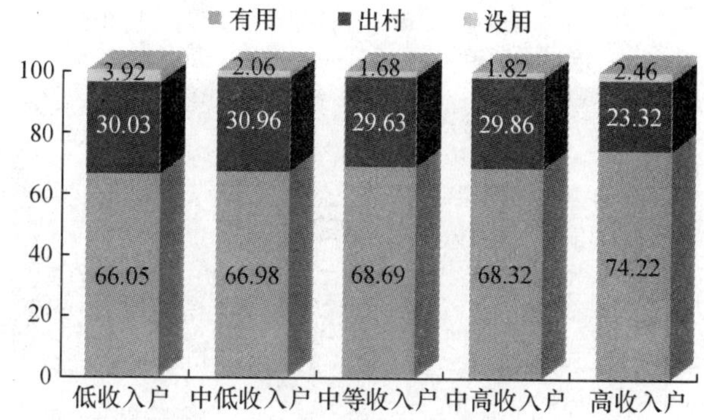

图 9-94　不同收入农民对读书是否有用的看法(单位:%)

如表 9-95、图 9-95 所示,就不同家庭收入的农民而言,认为读书能增加收入的农民中,比重最大的是中等收入的农民,占比为 56.9%,比重最低的是低收入的农民,所占比重为 53.01%。21.4% 的中高收入的农民认为读书能提高地位,是各收入段中所占比重最高的,比占比最低的中间收入的农民高 2.66 个百分点。而认为读书对后代有用的农民中,比重最大的是最低收入的农民,为 19.86%,比重最低的是次低收入的农民,占比为 17.46%。

表 9-95　不同收入农民对读书有用的具体看法　(单位:%,个)

收入水平	您觉得读书的有用性体现在哪些方面?					合计
	收入增加	地位提高了	对后代有用	丰富生活	其他	
低收入户	53.01	21.10	19.86	2.84	3.19	100(564)
中低收入户	54.08	21.06	17.46	2.66	4.74	100(527)
中等收入户	56.90	18.74	17.89	1.70	4.77	100(587)
中高收入户	54.01	21.40	17.73	2.34	4.52	100(598)
高收入户	55.52	20.26	19.28	1.65	3.29	100(607)

从经济压力大时,不同收入水平农民,对子女上学的支持度来看,随着家庭收入的增加,对子女继续接受教育的支持度也相应增加。具体而言,高收入的农民表示竭力支持或尽量支持的比重最高,达到 96.39%,其次分别是中高收入、中等收入、中低收入和低收入农民,比重分别为 96.14%、95.32%、94.48% 和 91.52%。表示找其他出路的农民中,比重最大和最小的分别是低收入和中高收入的农民,占比分别为 1.97% 和 0.55%。(见表 9-96、图 9-96)

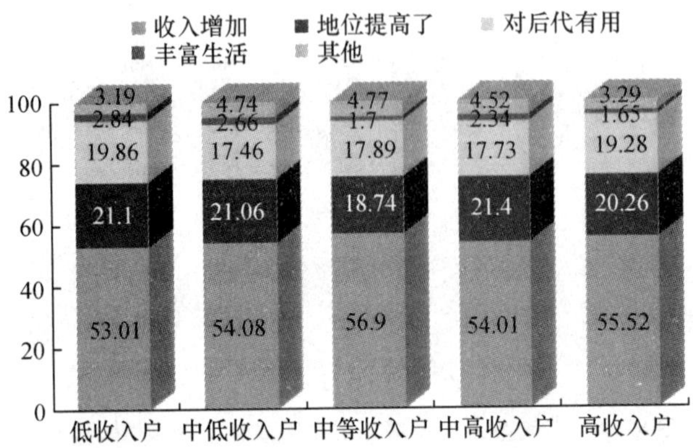

图 9-95 不同收入农民对读书有用的具体看法(单位:%)

表 9-96 不同收入农民经济压力下的子女教育 (单位:%,个)

收入水平	经济压力大时对子女接受教育的态度					合计
	竭力支持	尽量支持	找其他出路	看情况	无所谓	
低收入户	65.68	25.84	1.97	3.95	2.56	100(507)
中低收入户	66.88	27.60	0.84	2.34	2.34	100(471)
中等收入户	67.79	27.53	1.12	2.25	1.31	100(534)
中高收入户	71.51	24.63	0.55	1.84	1.47	100(544)
高收入户	75.23	21.16	0.72	1.63	1.26	100(553)

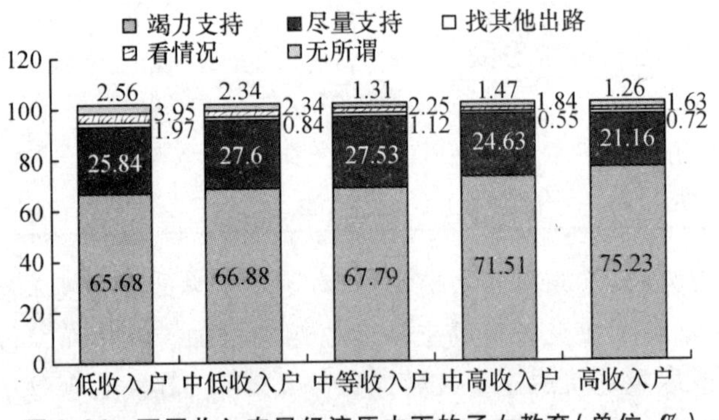

图 9-96 不同收入农民经济压力下的子女教育(单位:%)

当子女学习成绩不理想时,不同收入农民对供子女上学的态度显著差异。由表9-97、图9-97可见,在子女学习不理想时,表示“愿意读尽力供”的农民中,比重较高的是中高收入和中等收入的农民,占比分别为88.27%、87.99%。表示

"负担不重供"的农民中,比重较高的是中低收入和低收入的农民,占比分别为8.53%和7.02%。此外,6.82%的中低收入农民表示子女成绩差就不继续供他们上学,高于其他收入水平农民。

表 9-97 不同收入农民成绩不理想时的子女教育 (单位:%,个)

收入水平	若子女学习成绩不理想,您是否会继续供他上学?					合计
	愿意读尽力	负担不重供	成绩差不供	没钱供少读	看情况再说	
低收入户	77.58	7.02	5.07	4.48	5.85	100(513)
中低收入户	79.10	8.53	6.82	1.49	4.06	100(469)
中等收入户	87.99	5.17	4.44	0.92	1.48	100(541)
中高收入户	88.27	6.13	2.71	0	2.89	100(554)
高收入户	87.86	5.71	2.50	0.54	3.39	100(560)

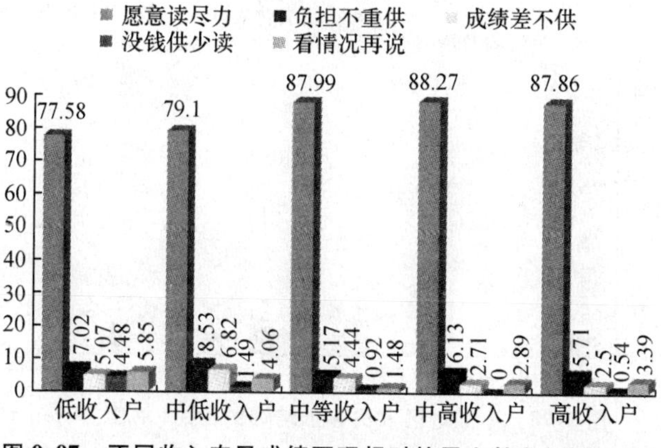

图 9-97 不同收入农民成绩不理想时的子女教育(单位:%)

二、教育期待

农民的教育期待不仅会影响农民自身的教育观念和教育水平,还会影响到农民对农村教育的评价。农民对自身教育的期待主要是通过"农民参加培训的最主要目的"来反映的。

(一)地区与教育期待

影响农民自身教育期待的因素很多,地区因素就是其中一个。不同地区的农民,参加培训的目的不尽相同。如表 9-98、图 9-98 所示,从全国来看,提高技能是农民参加培训的最主要目的,比重高达 83.9%,提高文化素养是次要目的,占比为9.2%,而为了获学历或证书而参加培训的比重最小,为0.8%。就不同地区而言,东部地区农民为提高技能而参加培训的比重最高,为88.72%,比重最低的是中部地区,为79.04%。西部地区农民为提高文化素养而参加培训的比重最大,占比为11.02%,东部地区占比最小,为5.64%。

表9-98 不同地区农民参加培训的目的 (单位:%,个)

地区	参加培训最主要的目的					合计
	提高技能	提高文化素养	获学历或证书	没目的看热闹	其他	
全国	83.90	9.20	0.80	3.80	2.30	100.0(1000)
东部	88.72	5.64	0.38	1.88	3.38	100(266)
中部	79.04	9.92	1.13	7.65	2.26	100(353)
西部	85.04	11.02	0.79	1.57	1.58	100(381)

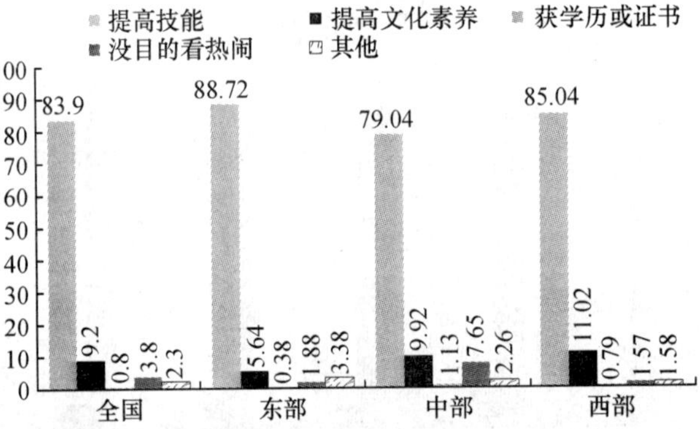

图9-98 不同地区农民参加培训的目的(单位:%)

(二)性别与教育期待

对参加培训的期待,不同性别的农民也有所差异。男性为提高技能而参加培训的比重达到了85.44%,高出女性12个百分点。从提高文化素养这一目的来看,女性持这一看法的比重要略高于男性,为10.94%。就获学历或证书而言,男性持这一目的比重远低于女性,占比分别为0.57%和2.34%。(见表9-99、图9-99)

表 9-99　不同性别农民参加培训的目的　（单位：%，个）

性别	参加培训最主要的目的					合计
	提高技能	提高文化素养	获学历或证书	没目的看热闹	其他	
男性	85.44	8.94	0.57	2.87	2.18	100(35)
女性	73.44	10.94	2.34	10.15	3.13	100(143)

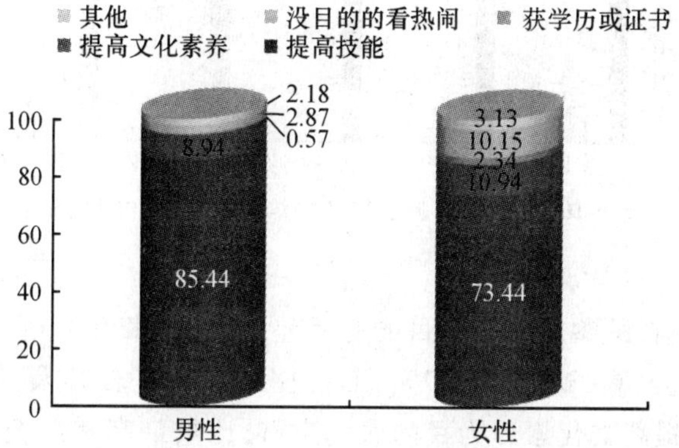

图 9-99　不同性别农民参加培训的目的（单位：%）

（三）年龄与教育期待

如表 9-100、图 9-100 所示，从不同年龄农民参加农民培训的目的来看，提高技能是各年龄段农民参加培训的最主要目的，比重均超过了 80%，特别是 60 岁以上的老年人和 30—39 岁的中年人，为提高技能而参加培训的占比分别为 90.21% 和 86.37%。30 岁以下青年人为提高文化素养参加培训的比重高于其他年龄段的农民，为 11.43%。从获学历或证书来看，随着年龄的增加，持这一目的的农民比重却相应的减少，其中 30 岁以下的青年人占比最大，为 2.86%，30—39 岁、40—49 岁、50—59 岁以及 60 岁以上的农民占比分别为 2.27%、0.8、0.32 和 0。

表 9-100　不同年龄农民参加培训目的　（单位：%，个）

年龄	参加培训最主要的目的					合计
	提高技能	提高文化素养	获学历或证书	没目的看热闹	其他	
30 岁以下	80	11.43	2.86	5.71	0	100(35)
30—39 岁	86.37	9.09	2.27	0	2.27	100(132)
40—49 岁	80.80	9.60	0.80	5.07	3.73	100(375)
50—59 岁	84.13	9.52	0.32	4.13	1.90	100(315)
60 岁以上	90.21	6.99	0	2.80	0	100(143)

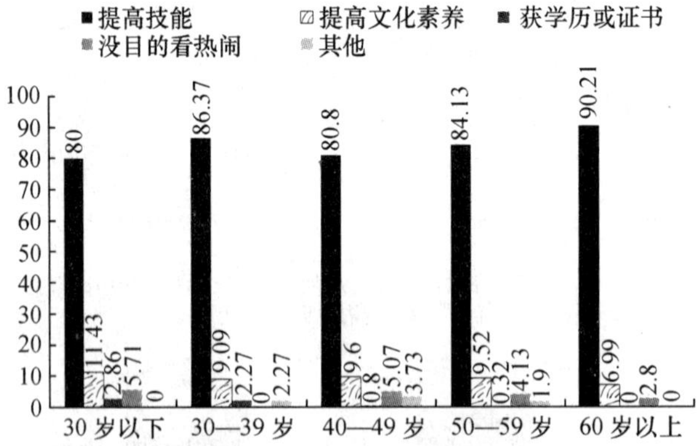

图9-100　不同年龄农民参加培训的目的(单位:%)

(四)职业类型与教育期待

不同职业的农民参加培训的目的有所差别,具体来看,务农农民为提高技能参加培训的比重最高,达到86.77%,而占比最低的是教师及其他职业农民,为69.49%。就以提高文化素养为目的农民来看,比重最高和最低的分别是教师及其他职业农民和务农农民的,占比分别为18.64%和7.39%。做生意农民参加培训为获学历或证书的比重最高,占比为2.44%。(见表9-101、图9-101)

表9-101　不同职业农民参加培训目的　(单位:%,个)

职业	参加培训的最主要目的					合计
	提高技能	提高文化素养	获学历或证书	没目的看热闹	其他	
务农	86.77	7.39	0.65	3.11	2.08	100(771)
务工	76.19	13.49	1.59	7.14	1.59	100(126)
做生意	73.17	17.07	2.44	4.88	2.44	100(41)
教师及其他	69.49	18.64	0	5.08	6.78	100(59)

(五)家庭收入水平与教育期待

如表9-102、图9-102所示,各收入水平的农民参加培训的最主要目的都是为了提高技能,其比重都达到了80%以上,高收入的农民这一比重更是高达96.43%。从提高文化素养来看,中等收入和中高收入的农民在这一目的上的比重相对较高,分别为12.58%、12.39%,比重最低的是高收入农民。

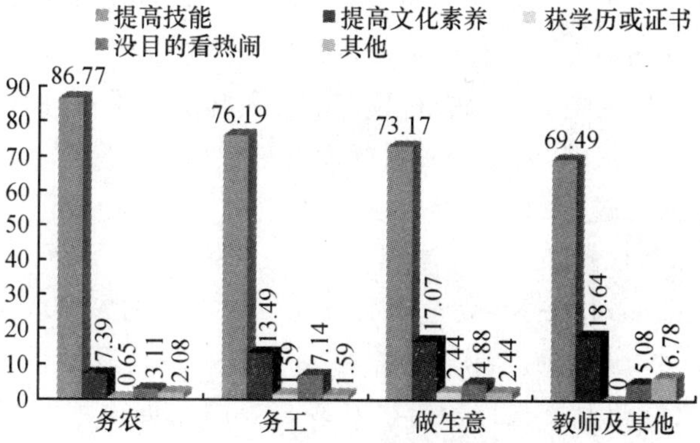

图 9-101　不同职业农民参加培训目的(单位:%)

表 9-102　不同家庭收入农民参加培训的目的　(单位:%,个)

收入水平	参加培训的最主要目的					合计
	提高技能	提高文化素养	获学历或证书	没目的看热闹	其他	
低收入户	84.48	9.27	0.81	4.03	1.41	100(496)
中低收入户	80.95	8.16	2.04	2.04	6.81	100(147)
中等收入户	82.12	12.58	0.66	3.31	1.33	100(151)
中高收入户	81.42	12.39	0	3.54	2.65	100(113)
高收入户	96.43	0	0	0	3.57	100(28)

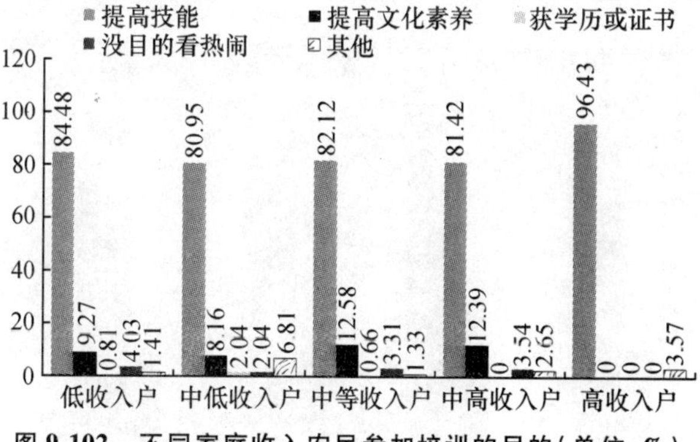

图 9-102　不同家庭收入农民参加培训的目的(单位:%)

三、教育风气

农村教育风气、农民对教育资源的满意度对农村教育的发展有潜移默化的作用。优良的教育风气和读书风气能够加快农村教育的发展,农民对农村教育资源满意度的提高能够加强自身教育或子女教育的积极性。农民对农村教育风气、教育资源的评价也可以从侧面反映农村教育的发展状况。对农村教育风气、教育资源评价的考察主要是依据“您觉得贵村的读书风气如何? 您对农村教育资源的是否满意?”这两个问题进行的。

(一) 农民对农村教育风气的评价

如表 9-103、图 9-103 所示,就全国而言,有 48.79% 的农民认为农村教育风气很好或较好,11.68% 的农民认为农村教育风气不太好或很不好。从不同地区来看,中部地区对农村教育风气评价为很好或较好的比重达到了 52.33%,其次是西部地区,占比为 48.34%,东部地区占比最低,为 45.39%,比中部地区低 6.94 个百分点,比全国低 3.4 个百分点。西部地区认为教育风气不太好或很不好的占比是最大的,达到了 13.77%,而中部地区占比相对较小,为 9.59%。

表 9-103 不同地区农民对农村教育风气的评价 (单位:%,个)

地区	如何看待本村的读书风气					合计
	很好	较好	一般	不太好	很不好	
全国	13.52	35.27	39.53	10.65	1.03	100(3099)
东部	14.27	31.12	42.72	11.30	0.59	100(1009)
中部	13.43	38.90	38.08	9.13	0.46	100(1095)
西部	12.86	35.48	37.89	11.66	2.11	100(995)

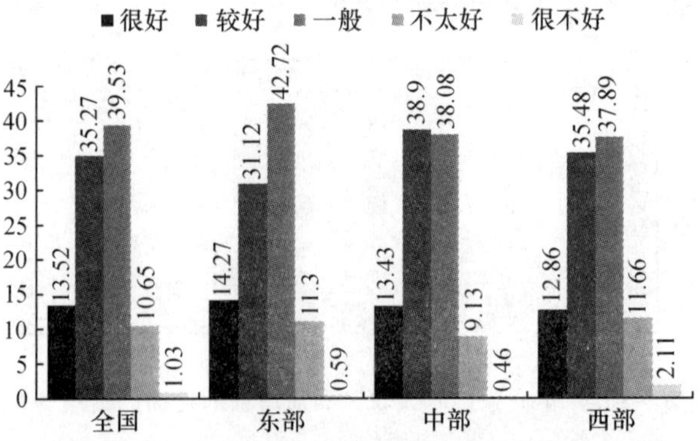

图 9-103 不同地区农民对农村教育风气的评价(单位:%)

不同性别的农民对农村教育风气的评价不尽相同。由表 9-104、图 9-104 可见,男性对农村读书风气的评价要高于女性,有 49.6% 的男性农民认为农村教育风气很好或较好，而女性的这一比重为45.2%，比男性低4.4个百分点。女性认为农村教育风气不太好或很不好的占比要高于男性，为12.22%，男性为11.56%。

表9-104　不同性别农民对农村教育风气的评价　（单位:%，个）

性别	您如何看待贵村的读书风气					合计
	很好	较好	一般	不太好	很不好	
男性	13.65	35.95	38.84	10.45	1.11	100(2526)
女性	12.91	32.29	42.58	11.52	0.70	100(573)

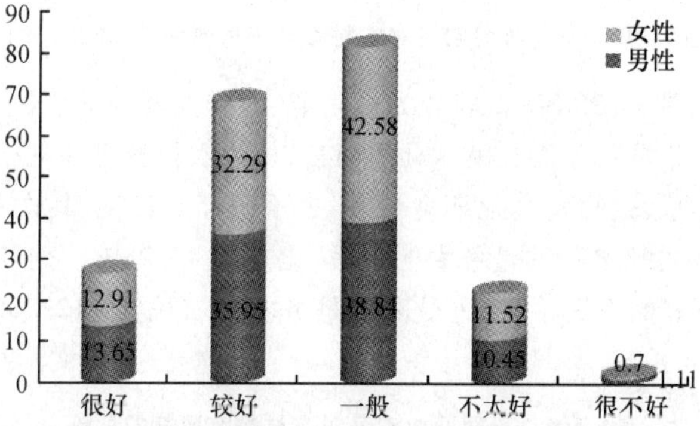

图9-104　不同性别农民对农村教育风气的评价（单位:%）

通过对不同年龄农民对教育风气的看法进行比较，不难发现，年龄差异也会影响农民对农村教育风气的看法。如表9-105、图9-105所示，认为农村教育风气很好或者较好的农民中，占比最大的是50—59岁的农民，达到49.64%，占比最低的是60岁以上的老年人，为47.64%，30—39岁年龄段的农民认为农村教育风气不太好或者很不好的比重，在各个年龄段中是最大的，达到了16.09%，而40—49岁年龄段这一比重相对较低，为9.79%

表9-105　不同年龄农民对农村教育风气的评价　（单位:%，个）

年龄	如何看待本村的读书风气					合计
	很好	较好	一般	不太好	很不好	
30岁以下	14.49	34.78	40.58	8.70	1.45	100(69)
30—39岁	15.80	32.47	35.64	15.23	0.86	100(348)
40—49岁	14.44	34.62	41.15	9.20	0.59	100(1011)
50—59岁	15.16	34.48	36.81	11.81	1.74	100(864)
60岁以上	9.55	38.09	42.06	9.43	0.87	100(806)

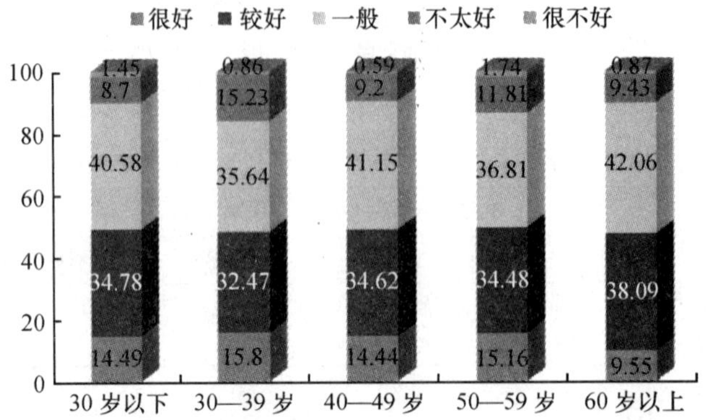

图 9-105 不同年龄农民对农村教育风气的评价(单位:%)

如表 9-106、图 9-106 所示,职业为做生意、教师及其他的农民,对农村教育风气的评价要高于务农和务工农民。具体而言,认为农村教育风气很好或较好的农民中,占比最大的是教师及其他职业农民,达到了 55.72%,其次是做生意农民,比重为 53.53%,占比最低的是务农的农民,比重为 47.28%。对认为农村教育风气不太好或很不好的农民中,比重最高的是务农的农民,为 12.26%,做生意的占比相对较低,为 8.8%。

表 9-106 不同职业农民对农村教育风气的评价 (单位:%,个)

职业	如何看待本村的读书风气					合计
	很好	较好	一般	不太好	很不好	
务农	13.19	34.09	40.46	11.10	1.16	100(2153)
务工	8.39	39.51	40.91	10.49	0.70	100(286)
做生意	17.61	35.92	37.67	8.45	0.35	100(284)
教师及其他	16.29	39.43	34.00	9.42	0.86	100(350)

不同收入农民,对农村教育风气的看法也存在差异。从认为农村教育风气很好或较好的农民比重来看,高收入的农民比重最大,达 52.87%,其次是中等收入的农民,占比为 52.31%,比重最低的是低收入的农民,占比为 44%,比最高收入农民低 8.87 个百分点。(见表 9-107、图 9-107)

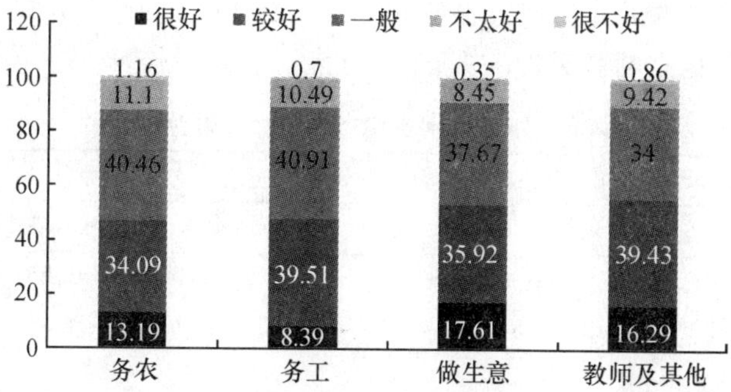

图 9-106　不同职业农民对农村教育风气的评价(单位:%)

表 9-107　不同家庭收入农民对农村教育风气的评价　　(单位:%,个)

收入水平	如何看待本村的读书风气					合计
	很好	较好	一般	不太好	很不好	
低收入户	9.83	34.17	43.83	10.84	1.33	100(600)
中低收入户	13.75	33.28	40.89	11.34	0.74	100(538)
中等收入户	12.91	39.40	35.60	10.93	1.16	100(604)
中高收入户	14.77	33.77	38.96	11.04	1.46	100(616)
高收入户	16.45	36.42	37.07	9.42	0.64	100(626)

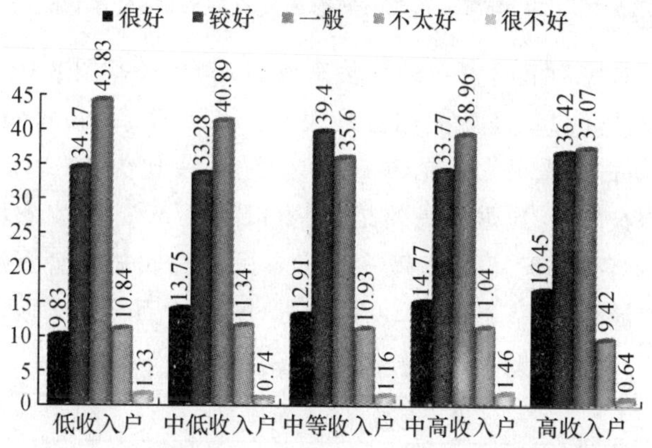

图 9-107　不同家庭收入农民对农村教育风气的评价(单位:%)

(二) 农民对农村教育资源的评价

从表 9-108、图 9-108 不难看出,男性和女性农民对农村教育资源感到很满意的比重大致持平,男性对农村的教育资源较满意的比重为 29.9%,高出女性 2.45 个百分点。21.33% 的女性不太满意农村的教育资源,高出男性 0.95 个百分点。

此外,认为农村的教育资源一般的男性和女性所占比重分别为 37.86% 和 38.63%,女性的比重略高男性 1.17 个百分点。

表 9-108 不同性别农民对农村教育资源的评价 (单位:%,个)

性别	对农村的教育资源的满意度					合计
	很满意	较满意	一般	不太满意	很不满意	
男性	8.21	29.90	37.86	20.38	3.65	100(2522)
女性	8.22	27.45	38.63	21.33	4.37	100(572)

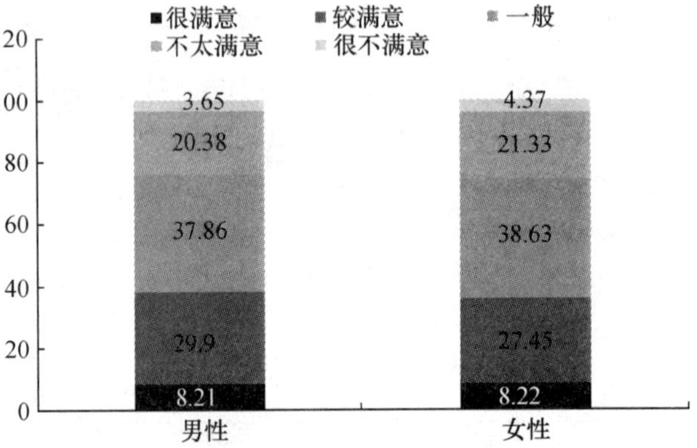

图 9-108 不同性别农民对农村教育资源的评价(单位:%)

从不同年龄农民对教育资源的评价来看,如表 9-109、图 9-109 所示,30 岁以下农民对农村教育资源很满意的比重最大,为 10.14%,而在对农村教育资源较满意的农民中,所占比重最大的是 30—39 岁农民,占比为 35.16%。对农村教育资源不太满意的农民中,比重较高的是 30 岁以下及 30—39 岁农民,其比重分别为 24.64%、24.21%。40.52% 的 40—49 岁农民认为农村教育资源一般,其比重在各个年龄段中最高,且高出 30—39 岁农民 11.41 个百分点。

表 9-109 不同年龄农民对农村教育资源的评价 (单位:%,个)

年龄	对农村教育资源的满意度					合计
	很满意	较满意	一般	不太满意	很不满意	
30 岁以下	10.14	24.64	39.13	24.64	1.45	100(69)
30—39 岁	6.62	35.16	29.11	24.21	4.90	100(347)
40—49 岁	9.33	28.90	40.52	18.27	2.98	100(1007)
50—59 岁	8.58	27.84	36.77	22.74	4.07	100(862)
60 岁以上	6.93	29.83	39.85	19.18	4.21	100(808)

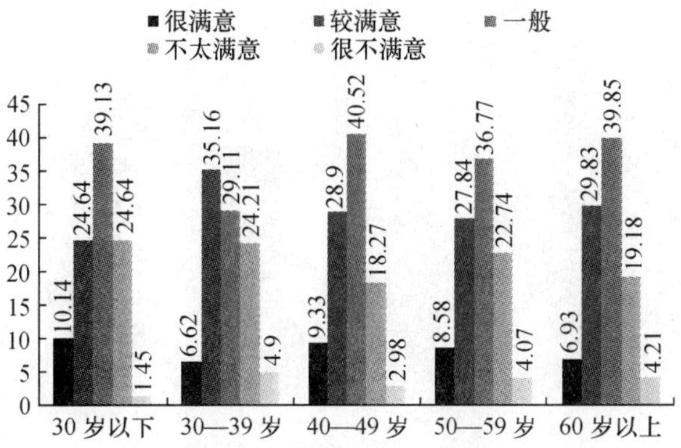

图 9-109　不同年龄农民对农村教育资源的评价(单位:%)

如表 9-110、图 9-110 所示,做生意农民的对农村教育资源很满意、较满意的比重均高于其他职业农民,占比分别为 9.93%、33.69%。对农村教育资源表示不太满意的农民中,比重最高的是务工农民,占比为 23.61%,其次是教师及其他职业农民,占比为 21.42%。认为农村教育资源一般的农民中,比重最高的是务农农民,占比为 39.79%,比重最低的是教师及其他职业农民,占比为 32.29%。

表 9-110　不同职业农民对农村教育资源的评价　(单位:%。个)

职业	对农村教育资源的满意度					合计
	很满意	较满意	一般	不太满意	很不满意	
务农	8.19	28.29	39.79	19.82	3.91	100(2149)
务工	5.21	30.55	37.85	23.61	2.78	100(288)
做生意	9.93	33.69	32.62	20.21	3.55	100(282)
教师及其他	9.71	32.29	32.29	21.42	4.29	100(350)

根据表 9-111、图 9-111 可知,高收入农户对农村教育资源很满意的比重最高,占比为 9.46%。对农村教育资源持较满意态度的农民中,所占比重相对较高的是高收入的和中等收入的农民,其比重分别为 32.52%,31.67%;持不太满意态度的农民中,比重最大的是中等收入的农民,达到 22.55%。认为农村教育资源一般的农民中,比重最高的是低收入的农民,占比达到 43.07%,比重最低的是高收入的农民,占比为 35.1%。

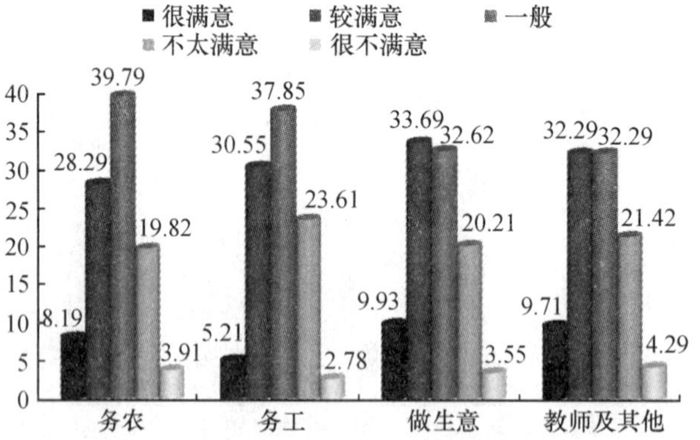

图 9-110 不同职业农民对农村教育资源的评价(单位:%)

表 9-111 不同家庭收入农民对农村教育资源的评价 (单位:%,个)

收入水平	对农村教育资源的满意度					合计
	很满意	较满意	一般	不太满意	很不满意	
低收入户	6.68	26.88	43.07	19.53	3.84	100(599)
中低收入户	7.96	27.22	39.63	21.30	3.89	100(540)
中等收入户	8.46	31.67	34.67	22.55	2.65	100(603)
中高收入户	7.83	30.18	36.87	20.06	5.06	100(613)
高收入户	9.46	32.52	35.10	19.71	3.21	100(624)

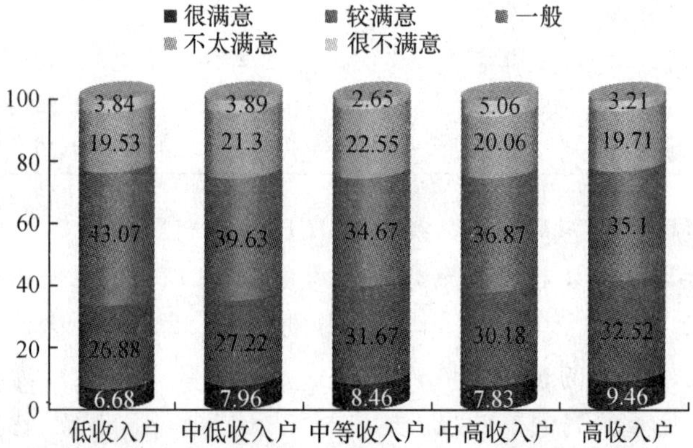

图 9-111 不同家庭收入农民对农村教育资源的评价(单位:%)

本章提要

• 全国20岁以上农民中,初中文化程度的农民比重最大,为41.44%,文化程度为文盲、大专及以上的比例相对较低,占比分别为8.04%、3.05%。东部地区农民文化程度为初中的比重高于其他地区,占比为45.95%;中部地区农民文化程度为初中的比重最高,为42.71%,大专及以上的比重最低,占比为2.79%;西部地区农民文化程度为初中的比重为35.53%,大专及以上的比重低于其他地区,占比为2.22%。此外,农民自身教育水平还存在显著的性别、年龄、职业差异。

• 全国96.71%的农民没有个人教育方面的投入,东部、中部及西部地区,农民无个人教育支出的比重均超过了95%。全国农民个人教育总支出均值为81.36元,其中用于培训上的支出均值为48.12元,用于其他方面的教育支出的均值为33.24元。西部地区农民个人教育支出均值为91.78元,高于其他地区,东部地区农民的培训支出均值高于全国和中西部水平,均值为56.74元。西部地区农民其他教育支出均值为49.57元,高于东部的26.08元和中部的26.33元。全国农民个人的培训支出占家庭教育支出的比重为1.56%,其他教育支出占比为1.03%。中部和西部地区的培训支出比重分别为2.24%和2.19%,东部较低,为0.27%。

• 全国25.62%的农民接受过培训,东部农民接受过培训的比重最高,为27.07%,西部次之,为26.80%。全国农民培训内容以农业技术培训为主,占比为44.14%,其次是劳动力转移培训的占比为7.09%。西部农民参加农业技术培训的占比最高,为47.94%;参加劳动力转移培训的农民比例中部最高,为9.06%;西部农民参与文化知识综合培训的比重最高,为6.26%。各地区农民培训主要由政府培训机构主办,西部农民培训由政府培训机构主办的比重最高,占比为80%。80.47%的农民对农民培训评价较高,西部农民对培训效果的评价更高。下乡现场指导都是农民最期望的培训形式,各地区占比均超过了68%。38.34%的农民期望的培训时间是一周,占比最大。农民对农业实用技术的培训的需求最大,占比为41.37%。

• 整体上,农民子女就读小学的比重较大,占比为42.63%,就读幼儿园的比重较低,比例为14.84%。各地区农民子女处于义务教育阶段的比重均是最大,西部地区农民子女就读高中(中职中专)的比重高于其他地区,占比为21.72%,

中部地区农民子女就读幼儿园的比重高于其他地区,占比为 18.35%。东部地区农民子女处于义务教育阶段的比重高于其他地区,占比为 66.81%。随着收入水平由低到高,农民子女就读高中(中职、中专)的比例逐渐减小,依次为 20.28%、19.89%、19.94、19.19%、18.78%。在高中(中职、中专)阶段,男孩比例略高于女孩,占比分别为 19.50%、19.11%。

• 全国 49.57% 的村庄没有幼儿园,41.56% 的村庄没有小学。东部村庄幼儿园、小学的拥有率分别为 56.67%、49.43%,中部村庄幼儿园拥有率低于小学,其拥有率分别为 52.63%、69.33%,西部偏远地区,幼儿园和小学的拥有率分别为 39.39%、57.97%。东部、中部和西部地区,农民子女上学离家距离主要集中在 1—5 公里(不含五公里),占比依次为 41.11%、43.33%、42.93%。农民子女上学方式为寄宿和走读的比例最大,东、中、西部地区比例分别为 90.05%、90.89%、89.52%。中高收入家庭子女上学方式多为走读,占比为 60.45%,低收入家庭子女上学方式多为寄宿,占比为 50.57%。全国校车拥有率为 2.71%,东、中、西部分别为 2.37%、2.49%、3.50%。全国校车为私人面包车所占比例最大,为 49.76%,正规车占比为 33.33%,中部学校正规车所占比例高于西部和东部。全国校车很新和较新占比为 78.47%,东部地区这一比例高于其他地区。农村校车超载率为 39.35%,东中西地区超载率分别为 42.43%、35.23%、41.94%,农民子女上学存在很大的安全隐患。

• 全国农民子女的户均、人均教育支出分别为 9606.44 元、4773.22 元,户均、人均支出中最高的是伙食费、最低的是交通费。西部地区农民子女的户均、人均教育总支出最高,分别为 9987.18 元、4993.59 元。东部、中部、西部户均、人均伙食费均是各项支出中最高,东部地区户均、人均伙食费支出分别为 3588.48 元、1794.24 元,中部地区分别为 3385.60 元、1692.8 元,西部地区分别为 4196.98 元、2098.49 元。高中及职校教育阶段学生的人均支出水平要高于学前教育和义务教育阶段学生。全国学费、学杂费和伙食费占农民子女教育总支出比重较大,占比为 74.41%。东部、中部、西部地区这一比重分别为 69.17%、79.65%、72.99%。此外,学费是学前教育阶段学生的主要支出项目,学杂费是义务教育、高中及职校教育阶段学生的主要支出项目。

• 31.11% 留守儿童的父母没有与老师进行过交流。东部留守儿童父母与老师交流过的比重为 32.57%,中西部地区分别为 33.34%、50.11%。49.95% 的留守儿童没有享受费减免或者困难补助,西部地区没有享受的比重最大,为 50.92%。56.7% 的随父母在务工地读书儿童上学成本增加,东部地区农民表示上学成本增加了的比重最高，占比为65.57%。54.57%的随父母在外出务工地上学儿童就学顺利，但东部地区较中部和西部地区不顺利。由父母（包含父/母亲和父母双方）陪读的儿童比例最高，为69.88%，其中，东部为71.76%、中部为74.78%、西部为63.09%。边打工边陪读的比例高于全职陪读型。

• 全国有69.09%农民认为读书有用，54.61%的农民认为读书可以增加收入，中部农民认为读书有用、读书能增收的比重最高，分别为69.66%、57.33%。69.5%的农民在经济压力大时，仍会竭力支持子女教育，持支持态度的农民中，比重较大的是东部地区，其次是西部地区。随着年龄的增长，农民认为读书有用的比重不断增加，30岁以下农民认为读书有用的比重为62.12%，而60岁以上农民认为读书有用的比重高达71.3%。务工农民的认为读书有用的比重最高，为71.28%，其次是务农农民，占比为69.46%。整体而言，农民的教育观念较积极。

• 从全国来看，提高技能是农民参加培训的最主要期待，比重高达83.9%，提高文化素养是次要期待，占比为9.2%。就不同地区而言，东部农民为提高技能而参加培训的比重最高，为88.72%。务农农民为提高技能参加培训的比重最高，达到86.77%。期待提高文化素养的农民中，比重最高和最低的分别是教师及其他职业农民和务农农民的，占比分别为18.64%和7.39%。做生意农民参加培训为获学历或证书的比重最高，占比为2.44%。提高职业技能是农民对自身教育的主要期待。

• 48.79%的农民认为农村教育风气好，11.68%的农民认为农村教育风气不好。52.33%的中部农民认为农村教育风气好，西部地区其次，占比为48.34%，东部地区这一比重最低，为45.39%。30岁以下青年农民对农村教育资源很满意的比重最大，为10.14%。男性和女性农民对农村教育资源的满意度差异不大。20%最高收入农民对农村教育资源很满意的比重最高，占比为9.46%。农民对农村教育的评价呈现出显著的地区、年龄和收入差异。

第十章　社会文化指数*

农村社会文化的发展目标是社会的和谐和农民的幸福。在分章节叙述社会文化各个侧面之后，为了能够更加有效地把握现阶段农民社会文化的概况，对社会文化做一个总评价。本章结合前面章节的主要内容，尝试着构建农村社会和谐和农民幸福两个综合性指数，从社会整体和农民个体两个层次来反映农村社会文化现状。

第一节　农村社会和谐指数

一、引言

2006年10月11日，中国共产党第十六届中央委员会第六次全体会议做出了关于构建社会主义和谐社会若干重大问题的决定，和谐社会建设成为新时代社会主义建设的重要内容。社会主义和谐社会建设，既要在城市发展中落实，又要在农村现代化中实现。农民是我国人口的主体，农民社会构成我国特色。城乡二元分割的长期存在，农村相对落后于城市，农村社会矛盾更需要关注。建设社会主义和谐社会，更需要重视建设农村和谐社会。

农村和谐社会的建设，需要一定的指标来衡量。从统计学的角度，构建农村社会和谐指数体系，以此来量化反映和监测农村社会和谐进程，具有重要意义。构建我国社会和谐指数，特别是我国农村社会和谐指数，没有公认的可借鉴方法，本文尝试进行探索性研究。

有关和谐社会指数的研究，主要集中在以下几个方面：根据和谐社会特征来构建，即民主法治、公平正义、充满活力、安定有序、人与自然和谐相处等特征（国家统计局课题组、胡皓、欧阳建国等）；根据主客观指标来构建，即社会冲突客观现

---

* 本章撰写人：熊彩云、佘纪国、王伯房、吴星。

状、社会主体主观诉求、社会冲突协调机制等指标(崔述强等);根据社会和谐、经济和谐、自然和谐、对外和谐来建构和谐指标(胡学锋等)。这些指标研究要么关注地方社会和谐,如北京、广东、长沙、大连等,要么关注全国整体社会和谐,很少有对农村和谐社会的指标体系进行构建。

华中师范大学中国农村研究院一直致力于农村问题研究,对农业生产、农民生活、农村生态正在进行长时段的跟踪观察。在已有研究成果的基础上,借助华中师范大学中国农村研究院2012年暑假"百村观察"平台数据,研究一套能反映农村社会和谐水平的综合评价指标体系,主要是为了对农村社会进行周期性比较研究,动态观测农村社会和谐进程,发现问题与提出对策,推动我国农村和谐社会建设,促进农村社会稳定发展。

二、研究方法

本文运用客观指标与主观指标相结合的方法。农村社会和谐指数能典型反映农村社会状态与特征。指数反映农村社会和谐水平,需要从繁多主观、客观因素中,抽象出有代表性、可观察、能操作的数据。

以赋分方法估算指数。设"农村社会和谐指数"为一级指标,把反映和谐社会特征的"民主法治、公平正义、诚信友爱、充满活力、安定有序、人与自然和谐相处"作为二级指标。提取若干三级或四级指标,进行赋分、计算,加权得出六个二级指标数值,最后汇总出农村社会和谐指数。用H表示农村社会和谐指数,Y_1、Y_2、Y_3、Y_4、Y_5、Y_6分别表示民主法治指数、公平正义指数、诚信友爱指数、充满活力指数、安定有序指数、人与自然和谐相处指数。于是,

$$H = Y_1 + Y_2 + Y_3 + Y_4 + Y_5 + Y_6$$

计算农村社会和谐指数,实行百分制,总分100分,即一级指标农村和谐指数满分为100。将农村和谐指数分为五个水平层次,累计得分20以下(不包括20)的为"很不和谐"水平;累计得分20—40(不包括40)的为"不太和谐"水平;累计得分40—60(不包括60)的为"一般和谐"水平;累计得分60—80(不包括80)的为"比较和谐"水平;累计得分80分及以上的为"非常和谐"水平。根据农村和谐指数的最后分值,来衡量农村社会和谐水平。(见表10-1)

表10-1　农村社会和谐指数与相应水平

和谐指数	和谐水平
0—20	很不和谐
20—40	不太和谐
40—60	一般和谐
60—80	比较和谐
80—100	非常和谐

专家赋权法赋予各级指标权重。在指数研究中很重要一点是指标权重的确立。专家根据农村经济社会因素、各层级指标内部及相互之间的重要性进行相应赋权,经过多轮比较之后,最终确定权重大小。专家咨询赋权法比较灵活地处理主客观指标的结合运用,并且能较好地结合中国农村研究院"百村观察"平台提供的数据,充分地利用调查问卷内容。

确定权重时优先考虑经济因素。我国农村滞后于城市发展,城乡差距较大的基本事实,更多地反映在经济层面,这决定了和谐社会建设中经济因素的重要性。农村和谐社会的建设,需要农村经济的推进、农民物质财富的积累、生活质量的提高。

代表基本需求的指标权重较大。和谐社会不仅包括物质财富的丰富,还包括精神文化的丰富,以及多个层面需求的满足。根据马斯洛的需求理论,人的需求是呈现层次递增的,在基本需求得到满足与实现的情况下,高级需求才能有效追求、实现。和谐社会的建设,是为了满足人们理想生活的需求,需在一系列基本需求得到满足的情况下推动发展。研究农村社会和谐指数,赋予代表基本需求的指标权重较大。(详见表10-2)

表 10-2　农村社会和谐指数体系

一级指标	二级指标及权重	三级指标及权重	四级指标及权重
农村社会和谐指数	民主法治指数(0.15)	对村务满意度(0.25)	村务公开次数(0.5)
			民主评议两委次数(0.5)
		对领导干部满意度(0.25)	与官员打交道过程中有没有受到平等待遇(0.25)
			您对当地政府工作是否满意(0.25)
			您觉得乡村干部办事公正吗(0.25)
			你对中央政府执政满意吗(0.25)
		对法律制度满意度(0.25)	您认为法律公正吗(0.2)
			社会中还存在权大于法的现象(0.2)
			在您看来,农民是不是一般都遵纪守法(0.2)
			当您权益受到侵害时,您觉得法律能保障您的权益吗(0.2)
			您觉得当今社会有人犯法,是否可以用钱摆平(0.2)
		对村民自治满意度(0.25)	搞村民自治相对于原农村来说,是是否一个很大进步(0.33)
			村民自治能有效解决农村的治理问题(0.33)
			村民自治意味着有时候村干部要看农民眼色行事(0.33)
	公平正义指数(0.2)	农村居民基尼系数(0.4)	
		良好指数(0.2)	
		务农务工收入比(0.2)	
		低收入者占比(0.2)	
	诚信友爱指数(0.15)	帮工率(0.2)	平时生活中的小事需要帮助时,您首先会找(0.5)
			您家需要帮工或者需要人手时(0.5)
		新农合覆盖率(0.4)	
		新农保覆盖率(0.4)	

(续表)

一级指标	二级指标及权重	三级指标及权重	四级指标及权重
农村社会和谐指数	充满活力指数(0.15)	村庄选举投票率(0.3)	
		人口流动率(0.175)	
		村庄体育设施完备度(0.175)	
		村庄文化活动月次数(0.175)	
		文化投入经费占村庄支出比率(0.175)	
	安定有序指数(0.2)	万人非正常死亡人口数(0.15)	
		交通便利村庄的覆盖率(0.15)	
		万人拥有警察数(0.15)	
		万人涉案人数(0.15)	
		纠纷调解成功率(0.2)	
		万人上访人次(0.2)	
	人与自然和谐相处指数(0.15)	家庭能源消耗率(0.2)	
		购买农药、化肥费用占比(0.2)	
		人均森林覆盖率(0.2)	
		人均耕地面积(0.2)	
		千人拥有垃圾箱数(0.2)	

三、测算过程与结果

(一) 民主法治指数

民主法治是描述和谐社会的重要内容,反映政治文明发展程度,以及法治社会建设情况。在农村社会,民主法治主要体现在村民自治的开展情况,农村社会法律权威的树立,以及农民守法、用法行为。具体而言,用农民对村务的满意度、对领导干部的满意度、对法律制度的满意度以及对村民自治的满意度4个三级指标进行衡量。其中,对村务满意度、对领导干部满意度与对村民自治满意度3个指标均反映村民自治的开展情况,分别是从监督层面、干群关系与综合评价三个方面进行衡量,另外对法律制度满意度,则可反映出农民对农村社会法律权威的评价。这4个三级指标均属于主观性的评价指标,其下有相应的问题反映的指标,可作为四级指标。指标层次的递进,是为了更好地反映民主法治指数,以及丰富指标体系,消除主观指标所具有的局限性。

1. 对村务满意度(Z)。"对村务满意度"是一个主观评价指标,这一指标衡量涉及两个方面,分别是村务公开次数与民主评议两委次数。根据村民自治组织法规定,一般事项至少每季度公布一次;集体财务往来较多的,财务收支情况应当每月公布一次;涉及村民利益的重人事项应当随时公布。因此,设村务满意度为Z,民主评议为Z_1,将民主评议分为六档得分等级,公开12次/年或以上的,得100;为6—11次的,得80;为4—5次的,得60;为2—3次的,得40;为1次的,得20;为0次的,得0。根据上文所设置的相应权重,分别加权计算出分值。民主评议两委次数(Z_2),以及以下指数也可以通过类似的方法测算。

$$Z_1 = [(19*0+70*20+122*40+20*60+10*80+7*100)/248]$$
$$/100*0.5*0.25*0.15*100 = 0.6789$$
$$Z_2 = [(7*0+13*20+49*40+102*60+16*80+62*100)/249]$$
$$/100*0.5*0.25*0.15*100 = 1.1889$$

综上可得:对村务满意度(Z) $=0.6789+1.1889=1.8701$

2. 对领导干部满意度(L)。"对领导干部满意度"为主观评价指标。采用"与官员打交道过程中有没有受到平等待遇"、"您对当地政府工作是否满意"、"您觉得乡村干部办事公正吗"、"您对中央政府执政满意吗"4个问题反映。这4个问题分别反映了农民对地方政府及其领导干部、对中央政府及其领导干部,以及对村干部的评价,综合地反映出"对领导干部满意度"这一指标。

设"与官员打交道过程中有没有受到平等待遇"分值为 X_1。将"很平等"、"比较平等"、"一般"、"不太平等"、"很不平等"五个选项赋分为 100、75、50、25、0,根据问卷数据统计,有:

$$X_1 = (0.091 * 100 + 0.390 * 75 + 0.347 * 50 + 0.144 * 25 + 0.028 * 0) / 100 * 0.9375 = 0.5559$$

设"对当地政府工作的满意度"这一指标的分值为 X_2,根据下表,设五个选项"非常满意"、"比较满意"、"基本满意"、"不太满意"、"很不满意"的赋分分别为 100、75、50、25、0,根据调查农户样本数据,有:

$$X_2 = (0.122 * 100 + 0.442 * 75 + 0.288 * 50 + 0.118 * 25 + 0.03 * 0) / 100 * 0.9375 = 0.5878$$

设"对乡村干部办事是否公正"这一指标的分值为 X_3,因回答"不清楚"这一选项表示的是认知模糊,难以对提出的问题进行评定,所以赋分为 0;问答"是的"、"差不多"、"不是的"的分值分别为 100、50、0,根据调查农户样本数据,有:

$$X_3 = (0.268 * 100 + 0.484 * 50 + 0.170 * 0 + 0.078 * 0) / 100 * 0.9375 = 0.4781$$

设"对中央政府执政的满意度"的分值为 X_4,同样,其五个评价选项"非常满意"、"比较满意"、"一般"、"不太满意"、"很不满意"的赋分分别为 100、75、50、25、0,根据调查农户样本数据,有:

$$X_4 = (0.412 * 100 + 0.498 * 75 + 0.079 * 50 + 0.009 * 25 + 0.002 * 0) / 100 * 0.9375 = 0.7755$$

综上可得:对领导干部满意度(L) $= X_1 + X_2 + X_3 + X_4 = 2.3973$。

3. 对法律制度满意度(F)。可用 5 个具体问题来衡量"对法律制度满意度"这一指标,分别是"认为法律公正吗"、"社会中还存在权大于法的现象"、"农民是不是一般都遵纪守法"、"法律能保障您的权益"、"有人犯法是否可以用钱摆平",以较好地反映农民守法、用法的行为。设这几个指标的分值分别为 F_1、F_2、F_3、F_4、F_5。

对法律公正的认识情况,设五个选项"非常公正"、"比较公正"、"一般"、"不太公正"、"很不公正"赋分分别为 100、75、50、25、0,根据调查农户样本数据,有:

$$F_1 = (0.174 * 100 + 0.559 * 75 + 0.181 * 50 + 0.071 * 25 + 0.015 * 0) / 100 * 0.75 = 0.5261$$

对是否存在权大于法现象的认识情况,设四个选项"不是的"、"差不多"、"是的"、"不清楚"赋分分别为 100、50、0、0,则:

$$F_2 = (0.181 * 100 + 0.314 * 50 + 0.348 * 0 + 0.157 * 0) / 100 * 0.75 = 0.2535$$

对农民是否一般都遵纪守法的认识情况,因“不清楚”一选项表示的是认知模糊,难以对提出的问题进行有效判断,所以赋其分值为0,其他“是的”、“差不多”、“不是的”的赋分分别为100、50、0,根据调查农户样本数据,有:

$$F_3 = (0.532 * 100 + 0.327 * 50 + 0.111 * 0 + 0.03 * 0) / 100 * 0.75 = 0.5216$$

法律能否保障利益的认识情况,因“说不清楚”表示的也是认知的模糊,赋分应为0,所以设选项“能”、“不能”、“说不清楚”的赋分分别为100、0、0,根据调查农户样本数据,有:

$$F_4 = (0.530 * 100 + 0.122 * 0 + 0.348 * 0) / 100 * 0.75 = 0.3975$$

法律能否保障利益的认识情况,设三个选项“不可以”、“还要看有没有门路”、“可以”的赋分为100、50、0,根据调查农户样本数据,有:

$$F_5 = (0.277 * 100 + 0.380 * 50 + 0.343 * 0) / 100 * 0.75 = 0.3503$$

综上可得:对法律制度满意度(F) $= F_1 + F_2 + F_3 + F_4 + F_5 = 2.049$

4. 对村民自治满意度(U)。可用3个指标衡量对村民自治满意度,涉及的问题有“村民自治相对于原农村是一个很大进步”、“村民自治能有效解决农村的治理问题”、“村民自治意味着有时候村干部要看农民眼色行事”。这3个问题分别从总体评价、效能评价与村干部行事评价三个角度,衡量农民对村民自治的满意度。设三者的分值为U_1、U_2、U_3。

对村民自治进步与否的判断,因“不清楚”一选项表示的是认知的模糊,所以赋其分值为0,其他“是的”、“差不多”、“不是的”的赋分分别为100、50、0,根据调查农户样本数据,有:

$$U_1 = (0.40 * 100 + 0.304 * 50 + 0.074 * 0 + 0.222 * 0) / 100 * 1.25 = 0.69$$

村民自治能否有效解决农村治理问题的判断情况,因“不清楚”一选项表示的是认知的模糊,所以赋其分值为0,其他“是的”、“差不多”、“不是的”的赋分分别为100、50、0,根据调查农户样本数据,有:

$$U_2 = (0.259 * 100 + 0.319 * 50 + 0.154 * 0 + 0.268 * 0) / 100 * 1.25 = 0.5231$$

对村干部要看农民眼色行事的判断情况,因"不清楚"一选项表示的是认知的模糊,所以赋其分值为 0,其他"不是的"、"差不多"、"是的"的赋分分别为 100、50、0,根据调查农户样本数据,有:

$$U_3 = (0.533 * 100 + 0.170 * 50 + 0.073 * 0 + 0.224 * 0) / 100 * 1.25 = 0.7725$$

综上可得:对村民自治满意度(U) $= U_1 + U_2 + U_3 = 1.9856$

这样,民主法治指数(Y_1) $= Z + L + F + U = 1.8701 + 2.3973 + 2.049 + 1.9856 = 8.302$

(二) 公平正义指数

公平与正义具有普适价值意义,一直为人类所共同追求,也是建设和谐社会的价值取向。衡量农村和谐社会状况,公平正义指数就具有重要意义。具体而言,农村居民基尼系数、良好指数、务农与务工的收入比、低收入者的比例,反映农村社会财富与资源分配情况,体现农村社会贫富分化程度。公平正义指数是对以上四个指标的综合。其中,基尼系数直接采用 2012 年中国农村研究院发布的估算数值。

$$良好指数 = \frac{收入最低的 20\% 人口的收入份额}{收入最高的 20\% 人口的收入份额}$$

$$务农与务工的收入比 = \frac{农民种田收入所占份额}{农民打工收入所占份额}$$

$$低收入者占比 = \frac{(低保人数 + 五保人数 + 社会优抚人数)}{总人数}$$

1. 农村居民基尼系数(G_1)。居民基尼系数是反映社会财富分配平等程度的重要指数,农村居民基尼系数反映我国农村收入差距,能较好地反映社会"公平正义"。根据国际做法,基尼系数可以划分为五个区间,即为低于 0.2、0.2—0.3、0.3—0.4、0.4—0.5、0.5 以上,通常把 0.4 作为收入分配差距的"警戒线"。分别将这五个区间范围值赋分为 100、75、50、25、0。根据华中师范大学中国农村研究院 2012 年发布数据,农村居民基尼系数已达到 0.3955,设农村居民基尼系数的得分为 G_1,可以得出:

$$G_1 = 100 * 0.2 * 0.4 * (50/100) = 4$$

2. 良好指数(G_2)。良好指数是反映居民收入差距的重要指数。表示收入最低的 20% 人口的收入份额与收入最高的 20% 人口的收入份额的比较,所得的比值越大,反映贫富差距越小。用 G_2 来代表农村居民收入的良好指数,通过计算,收入最低的20%人口的收入份额为5608813元,收入最高20%人口的收入份额为86109117元,两者相比为6.5136%。良好指数可能取值范围为0%—10%,将其分为五个等级,并进行相应的赋分,分值从高到低分别为0、25、50、75、100,可以得出:

$$G_2 = 100 * 0.2 * 0.2 * (75/100) = 3$$

3. 务农务工收入比(G_3)。务农务工收入比表示的是农民种田收入与打工收入占的份额,说明农民种田的收益水平与务工收入有多大的差距。设务农务工收入比为 G_3,将务农务工收入比值分为五个区间,即为0、0—0.25、0.25—0.50、0.50—0.75、0.75以上,分别赋分为0、25、50、75、100,可以得出:

$$G_3 = 100 * 0.2 * 0.2 * [(0.157 * 0 + 0.44 * 25 + 0.167 * 50 + 0.068 * 75 + 0.168 * 100)/100] = 1.65$$

4. 低收入者占比(G_4)。把低保人群、五保户和社会优抚人员视为农村低收入者。低收入者占比越大,社会公平正义程度越低。低收入者占比分值设为 G_4,将低收入者占比的比值分为以下五个区间,0—0.05、0.05—0.10、0.10—0.15、0.15—0.20、0.20以上,分别赋分为100、75、50、25、0,可以得出:

$$G_4 = 100 * 0.2 * 0.2 * [(0.423 * 100 + 0.381 * 75 + 0.139 * 50 + 0.036 * 25 + 0.021 * 0)/100] = 3.149$$

综上可得:公平正义指数(Y_2) $= G_1 + G_2 + G_3 + G_4 = 4 + 3 + 1.65 + 3.149 = 11.799$

(三) 诚信友爱指数

诚信友爱指数可衡量农村和谐程度。在农村社会中,诚信友爱指数可体现在乡村之间人际交往情况,人际关系的处理,社会保障覆盖等方面。具体而论,用帮工求助情况、新农合覆盖率、新农保覆盖率3个三级指标衡量。帮工求助情况反映的是农村社会邻里间互助友爱,新农合覆盖率、新农保覆盖率反映政策关爱农民的程度。帮工求助情况用农民在平常生活中遇到需要帮助时找谁帮忙等指标来衡量,以"帮工率"来表示。新农合与新农保覆盖率的计算方法如下:新农合覆盖率=参合户数/总户数,新农保覆盖率=参保户数/总户数。

1. 帮工率(B)。帮工率是一个主观指标。用"生活小事需要帮忙时您首先会找谁"、"您家需要帮工或者需要人手时会找谁"两个问题反映。这两个四级指标反映了农民生活中邻里相互关爱情况。设帮工率为 B,包含两个指标为 B_1、B_2。

根据调查农户样本,将B_1的选项"邻居"、"亲戚"、"朋友"、"政府"、"其他"赋分为100、75、50、25、0;将B_2的选项"找乡邻"、"找亲友"、"其他"、"花钱雇人"赋分分别为100、50、0、0。"花钱雇人"超出农村无偿互惠帮助行为,反映市场货币交换情况,故赋分为0。这样,可以得出:

$$B_1 = 100 * 0.15 * 0.2 * 0.5 * [(0.547 * 100 + 0.332 * 75 + 0.098 * 50 + 0.005 * 25 + 0.018 * 0)/100] = 1.2694$$

$$B_2 = 100 * 0.15 * 0.2 * 0.5 * [(0.417 * 100 + 0.384 * 50 + 0.024 * 0 + 0.175 * 0)/100] = 0.9135$$

$$B = B_1 + B_2 = 2.1829$$

2. 新农合覆盖率(N_1)。新农合覆盖率是一客观指标。设新农合覆盖率为N_1,根据调查农户样本,参加新型农村合作医疗户数为3513户,总户数为3648户,可以得出:

$$N_1 = 100 * 0.15 * 0.4 * (3513 \div 3648) = 5.7780$$

3. 新农保覆盖率(N_2)。新农保覆盖率是一客观指标。设新农保覆盖率为N_2,根据调查农户样本,参加新型农村合作医疗的户数为2788户,总户数为3648户,可以得出:

$$N_2 = 100 * 0.15 * 0.4 * (2788 \div 3648) = 4.5858$$

综上可得:诚信友爱指数(Y_3) $= B + N_1 + N_2 = 2.1829 + 5.7780 + 4.5858 = 12.5467$

(四)充满活力指数

充满活力指数反映的是农村在经济发展、政治文明建设以及文化活动开展等方面的动态情况,折射出农村社会建设充满生机的一面,是农村和谐社会建设的重要内容。具体而言,可用村庄选举投票率、人口流动率、体育设施完备度、村庄文化活动月次数、文化投入经费占村庄支出比率等5个三级指标衡量。村庄选举投票率反映的是农村社会政治文明的活力程度,人口流动率则反映农民选择工作的流动程度,体育设施完备度反映的是农村社会公共设施的建设情况,可透露农民对乡村体育活动开展的需求,村庄文化活动月次数与文化投入经费占村庄支出比率则反映农村社会公共文化活动的开展情形,表现出农村生活活力程度。各个三级指标的计算如下:

$$\text{村庄选举投票率}(I_1) = \frac{\text{选举投票人数}}{\text{村庄有选举权人数}}$$

$$村庄人口流动率(I_2) = \frac{外出务工人数}{村庄总人数}$$

$$体育设施完备度(I_3) = \frac{(公共文化场地 + 经营文化场地 + 体育场地个数)}{村庄个数}$$

$$村庄文化活动月次数(I_4) = \frac{村庄公共文化活动次数}{12}$$

$$文化投入经费占村庄支出比率(I_5) = \frac{村庄文化投入经费总额}{村庄支出总额}$$

1. 村庄选举投票率(I_1)。选举投票是村民参与村庄政治活动最常见形式，村庄选举投票率的大小,可以体现农民政治参与的活力。设村庄选举投票率分值为 I_1,将村庄投票率分为 87.5%—100%、75%—87.5%、62.5%—75%、50%—62.5%、50%以下几个区间,分别赋值为 100、75、50、25、0,根据调查样本村庄数据,可以得出:

$$I_1 = [(9*100 + 31*75 + 66*50 + 59*25 + 61*0)/226]/100*0.3*0.15*100 = 1.5929$$

2. 村庄人口流动率(I_2)。村庄人口流动率反映的是农村居民人口流动的情况,可以从人口居住工作的流动方面,看待农村的活力情况。户籍制度一直是限制农村人口流动的重要因素,农村和谐社会的建设,需要某种程度上放宽户籍限制,并提供农村人口流动的相应保障,如此才能塑造“活力农村”。设村庄人口流动率分值为 I_2,将人口流动率分为 40%以上、30%—40%、20%—30%、10%—20%、10%以下几个区间,分别赋值为 100、80、60、40、20,根据调查样本村庄数据,可以得出:

$$I_2 = [(17*100 + 18*80 + 40*60 + 58*40 + 97*20)/230]/100*0.175*0.15*100 = 1.1185$$

3. 村庄体育设施完备度(I_3)。村庄体育设施完备度反映的是体育设施在农村的提供与建设情况,体育活动的开展,可增添农村活力因素。设村庄体育设施完备度分值为 I_3,这一指标以村庄千人拥有体育设施数量计算。将体育设施千人拥有量分为 5 台以上、3—5 台、1—3 台、1 台、0 台 5 个区间,分别赋值为 100、75、50、25、0,根据调查样本村庄数据,可以得出:

$$I_3 = [(39*100 + 25*75 + 68*50 + 65*25 + 63*0)/260]/100*0.175*0.15*100 = 1.0904$$

4. 村庄文化活动月次数(I_4)。文化活动次数直接表现了农村生活活力方面。设村庄文化活动月次数的分值为I_4,将文化活动月次数分成0、0—0.5、0.5—1、1—1.5、1.5次以上5个区间,分别赋值为0、25、50、75、100,根据调查样本村庄数据,可以得出:

$$I_4 = [(63*0+122*25+33*50+6*75+10*100)/234]/100*0.175*0.15*100 = 0.6899$$

5. 文化投入经费占村庄支出比例(I_5)。文化投入经费占村庄支出比例,衡量农村文化活动开展的活力。只有有可观经费的投入,村庄的文化活动才能比较良好地开展。设文化投入经费占村庄支出比例的分值为I_5,将文化投入经费占比分成15%以上、10%—15%、5%—10%、5%以下、0等5个区间,根据调查样本村庄数据,可以得出:

$$I_5 = [(24*100+4*75+16*50+53*25+67*0)/164]/100*0.175*0.15*100 = 0.7723$$

综上5个三级指标的计算,可以得出:

$$充满活力指数(Y_4) = I_1+I_2+I_3+I_4+I_5 = 1.5929+1.1185+1.0904+0.6899+0.7723 = 5.264$$

(五)安定有序指数

安定环境的营造,秩序规则的建立,是人类生活的必要保障。安定有序是农民生活的基本需求,也是农村建设和谐社会的基本方面。安定有序指数的衡量,可以反映出农村治安、纠纷解决、矛盾调解等情况。采用万人非正常死亡人口数、交通村庄便利度、万人拥有警察数、万人涉案人数、纠纷调解成功率、万人上访人次等三级指标衡量,来反映农民在生产、生活、交往等方面的安定与秩序状况。

1. 万人非正常死亡人口数(A_1)。以万人非正常死亡人口数来考察农村的安定现状。设万人非正常死亡人口数的分值为A_1,将万人非正常死亡人口数分成0、0—3、3—6、6—9、9人以上等5个区间,根据调查样本村庄数据,可以得出:

$$A_1 = [(192*100+10*75+21*50+20*25+17*0)/260]/100*0.15*0.20*100 = 2.4808$$

2. 农村交通便利度(A_2)。乡村交通便捷程度直接影响着农民生产致富的途径,也影响着农村安稳秩序环境的建立。交通便利度这一指标,可以采用是否实现“村村通”、“组组通”、“户户通”，以及三者都没有实现等四个方面考核。设农村交通便利度的分值为 A_2，将交通便利度分为没有、村村通、组组通、户户通 4 种情况，根据调查样本村庄数据，可以得出：

$$A_2 = [(25*0+235*33+191*66+119*100)/(260*3)]/100*0.20*0.15*100 = 1.2408$$

3. 万人拥有警察数（A_3）。万人拥有警察数这一指标，考核的也是农村社会的安稳状况，警务人员的多少，影响着农村社会安稳秩序的建立。设万人拥有警察数指标的分值为 A_3，将万人拥有警察数分为 0、0—2、3—5、5—7、7 人以上 5 个区间，根据调查样本村庄数据，警察有 207 人，总人数有 592930 人，万人拥有警察数为 3.4911，可得：

$$A_3 = 100*0.2*0.15*50/100 = 1.5$$

4. 万人涉案人数（A_4）。万人涉案人数可以衡量农村社会治安状况。农村治安状况的好与差，直接影响到和谐社会创建，影响到安定有序环境的塑造，因此，这一指标具有重要意义。设万人涉案人数的分值为 A_4，与万人拥有警察数同样的方法，可得：

$$A_4 = 100*0.2*0.15*50/100 = 1.5$$

5. 纠纷调解成功率（A_5）。纠纷调解成功率指的就是农村社会成功解决纠纷的比例为多少，一方面可以考察农村社会人际关系的矛盾状况，另外一方面也是衡量所建立的法律、秩序所发挥的效能。设纠纷调解成功率所得分值为 A_5，根据调查村庄样本数据，调解纠纷有 2054 次，调解成功有 1711 次，成功率为 83.30%，可得：

$$A_5 = 100*0.2*0.2*83.30/100 = 3.332$$

6. 万人上访人次（A_6）。万人上访人次是衡量农村社会安稳状况的一个指标。设万人上访人次的分值为 A_6，将万人上访人数分为 0、5、10、15、15 人以上 5 个区间，根据调查村庄样本数据，可得：

$$A_6 = [(201*100+17*80+17*60+7*40+18*20)/260]/100*0.2*0.2*100 = 3.5569$$

综上可得出：安定有序指数

$$(Y_5) = A_1 + A_2 + A_3 + A_4 + A_5 + A_6 = 2.4808 + 1.2408 + 1.5 + 1.5 + 3.332 + 3.5569 = 13.6105$$

(六)人与自然和谐相处指数

和谐社会的建设,包括人类自身在社会生活中的协调发展,人类与自然环境和谐相处。人与自然和谐相处指数,就是要衡量在农村生活、生产中,农民使用资源、处理环境问题的情况。具体而言,采用家庭能源消耗率、购买农药化肥费用占比、人均森林覆盖率、人均耕地面积、千人拥有垃圾箱数等5个三级指标衡量。相应的计算如下:

$$家庭能源消耗率(R_1)=\frac{家庭能源总支出}{家庭生活总支出}$$

$$购买农药化肥费用占比(R_2)=\frac{(购买农药费用+购买化肥费用)}{生产资金投入}$$

$$人均森林覆盖率(R_3)=\frac{林地面积}{村庄人口总数}$$

$$人均耕地面积(R_4)=\frac{耕地总面积}{总人数}$$

$$千人拥有垃圾箱数(R_5)=\frac{垃圾箱数量}{村庄总人口*1000}$$

1. 家庭能源消耗率(R_1)。在农村社会中,农民以家庭为基本单位,消耗能源进行生产与生活。根据家庭能源总支出与家庭生活总支出的比较与分组赋分,可得:

$$R_1=[(658*100+837*90+729*80+539*70+61*60+211*50+103*40+54*30+28*20+7*10)/3527]/100*0.2*0.15*100=2.3456$$

2. 购买农药、化肥费用占比(R_2)。农村的生产活动主要还是以务农为主,而务农生产则少不了农药与化肥的使用,也就难免会对环境造成一定的污染。根据农药化肥费用与生产资金投入的比较与分组赋分,可得:

$$R_2=(0.007*100+0.062*75+0.309*50+0.368*25+0.254*0)/100*0.15*0.2*100=0.9$$

3. 人均森林覆盖率(R_3)。人均森林覆盖衡量的是农村居民人均拥有森林面积的多少,以分析农村自然环境中森林的保护情况。根据人均森林覆盖率分组赋分情况,可得:

$$R_3=[(43*100+12*80+16*60+27*40+162*20)/260]/100*0.15*0.2*100=1.2162$$

4. 人均耕地面积(R_4)。人均耕地面积指标可以衡量农村耕地的保护情况，直接影响到农村种植业的发展，以及粮食安全的保障。农村和谐社会的建设，需要保护好农村耕地，确保一定数量的人均耕地面积。根据人均耕地面积分组赋分情况，可得：

$$R_4 = [57 * 100 + 34 * 80 + 49 * 60 + 85 * 40 + 28 * 20)/253] /100 * 0.15 * 0.2 * 100 = 1.8166$$

5. 千人拥有垃圾箱数(R_5)。农村的垃圾处理，是其内部环境保护的重要问题，而一个村庄是否有垃圾箱，以及垃圾箱数量的多少，反映村庄公共卫生状况，村庄保护环境的设施建设情况。根据千人拥有垃圾箱数分组赋分情况，可得：

$$R_5 = [(20 * 100 + 7 * 80 + 5 * 60 + 25 * 40 + 39 * 20)/96] /100 * 0.15 * 0.2 * 100 = 1.45$$

综上可得：人与自然和谐相处指数

$$(Y_6) = R_1 + R_2 + R_3 + R_4 + R_5 = 2.3456 + 0.9 + 1.2162 + 1.8166 + 1.45 = 7.7284$$

综上六个二级指标的计算，可计算出农村和谐指数：

$$H = Y_1 + Y_2 + Y_3 + Y_4 + Y_5 + Y_6 = 8.302 + 11.799 + 12.5476 + 5.264 + 13.6105 + 7.7284 = 59.2526$$

即，农村和谐指数为59.2526。

四、主要结论与讨论

(一) 农村和谐处于一般水平，各项社会建设需要继续推进

根据以上计算及和谐水平标准，农村和谐指数为59.2526，表明农村和谐社会的建设处于“一般和谐”水平，接近“比较和谐”水平的最低分值。农村和谐社会建设取得一定成效，但其发展水平仍然不够，需要继续推进农村和谐社会建设。在新型农村城镇化背景下，缩小甚至消弭城乡社会差距，全面建设和谐社会是重要推动力量。需要政府与社会力量在推动农村建设，推进农村城镇化道路的过程中，综合各方面因素，充分发挥农村内部的建设力量，做到“内外兼修”、协同一致；在民主法治、公平正义、诚信友爱、充满活力、安定有序、人与自然和谐相处等

方面继续努力推进,尤其是提高农民的生活水平与社会保障,让农民也能充分地享受国家发展带来的成果,进而提高农村社会和谐水平。

(二)农民之间诚信友爱程度较高,人与自然的和谐发展需重视

如表 10-3 所示,比较农村和谐指数内部各项指标,诚信友爱指数得分相对最高,实际分值占到目标分值也即该指标满分的 83.65%。在市场化、现代化进程中,农村社会诚信度仍然保持着较高的水平,农民仍然认可与重视友爱互助。尽管农村社会正在开放中,各种社会要素也在不断进出,但传统农村"熟人社会"的特质并没有完全流失,农民之间的关爱和互惠的范围与程度,较之城市"陌生人社会"要广与深得多。

进一步来看,人与自然和谐相处指标的目标满分为 15,而实际得分 7.6105,实际得分仅为目标分的一半,农村人与自然的关系需要重新检视。在农村生活中,化肥、农药等过多使用,对自然的过度开发,消耗过多自然物资,生活垃圾处理的随意性,都影响着人与环境的关系,破坏着农村社会的可持续发展。要重视人与自然的和谐发展,处理好农村资源的开发与利用,走出一条"绿色的发展之道"。

表 10-3 和谐指数内部差异比较 (单位:%)

指标	目标分	实际分	实际分达到目标分
民主法治	15	8.302	55.35
公平正义	20	11.799	59
诚信友爱	15	12.5476	83.65
充满活力	15	5.264	35.09
安定有序	20	13.709	68.55
人与自然和谐相处	15	7.6105	50.74
农村社会和谐指数	100	59.2526	59.2526

(三)农村社会相对稳定,但农村发展缺乏活力

安定有序指数实际得分与目标分比较,仅次于诚信友爱指数,为 68.55%,这表明农村社会相对比较稳定。与城市社会相比,农村社会的异质性相对较小,社会矛盾复杂程度相对较低。近些年来,村民自治开展以及国家惠农政策的输入,为农村社会增加了稳定因素。

然而,农村活力指数实际得分与该指标满分之比最低,为 35.09%,即刚达

到该项指数满分值的三分之一,农村社会活力需要激发。“产品下乡、政策下乡,农民进城”,使农村社会面貌发生千变万化,但与城市相比较,农村基础条件及公共服务的不均等,反而吸走了农村许多要素,特别是活力要素。推进农村和谐社会建设,需要对农村社会发展留住活力因素,同时吸引外部因素,这样才能激发农村发展动力,提高农村社会和谐建设的积极性。发挥农村内部资源与文化优势,因地制宜、创新思维,搞活社会建设,全面提高农村社会和谐水平。

（四）继续推进民主法治,保障社会公平正义

公平正义与民主法治等指标的得分均处于一般水平,实际得分与目标分相比较,占比分别为59%、55.35%。这表明农村民主法治建设与公平正义需要进一步加强。对于农村更高层次和谐社会的建设,需要依靠民主法治的建设与公平正义的保障。加强农村基层民主制度完善,推进农村社会法治建设,以法治来推进公平与正义,同时以公平正义的大环境来保障民主的完善、法治的落实。

第二节　农民幸福指数

“让人民生活得更加幸福,更有尊严”,是党和政府对13亿人民做出的庄严承诺。“你幸福吗”也成为近年来社会讨论的焦点。有关国民生活幸福指数的探讨和测度大量涌现,但时至今日仍没有广大农民的幸福指数。农民是中国社会的主体,可以说,没有农民的幸福就不会有中国国民的幸福。几亿农民的生活状况怎样,他们幸福吗?华中师范大学中国农村研究院依托“百村十年观察”平台,对全国31个省200多个村庄的3648个农户进行了连续四年的跟踪调查,获得大量的一手资料,涵盖农民日常生产、生活、交往等各个方面。运用这些数据,借鉴有关国民幸福指数的测量体系,我们尝试对我国农民的幸福指数进行了测算。

一、问题的提出

国民幸福指数(Gross National Happiness,GNH),最早由经济并不发达的不丹国国王吉格梅·辛格·旺楚克提出。不丹政府尝试从政府善治、经济增长、文化发展和环境保护四个方面,建立了一套量化国民幸福程度的指标体系,由此成为

世界第一个用 GNH 替代 GDP 进行统计和评价的国家。如今,GNH 被许多国际机构、国家和地区借鉴来衡量经济社会发展状况和民众的生存发展状况。随着我国人均 GDP 的逐年增长,多数民众摆脱了基本生存需求的制约,开始追求生活质量,社会宏观决策的目标也开始从经济发展提升到增进民生福祉的高级层面。政府关注国民的"幸福感",已将国民幸福指数作为重要内容,正式纳入国家统计局的统计范畴。

国内对幸福指数的研究尚处于探索阶段,成果不多,对农民幸福指数的研究更少。鉴于影响人们幸福感觉的因素众多,如何确定各因素在幸福指数中的权重是指标体系的关键。从既有研究的内容上看,主要涵盖经济状况、健康状况、生活状况、社会环境、幸福信心等几个方面。从既有研究的方法上看,主要有专家赋权法和因子分析法。其中,黎昕、赖扬恩等尝试运用专家赋权法,根据均等赋权原理,先给出六大类一级指标的权重,然后采用 Delphi 法(德尔菲法)给出二级指标的权重,进而建立起一套测算我国国民幸福指数的指标体系;王金花在探讨影响农民幸福指数的因素时,也用到了专家赋权法。专家赋权法简单易行,但其客观性和科学性常常受到质疑。相对而言,因子分析法对数据的要求较高,操作复杂,但所得结论客观、可靠和有说服力得多。庄成杰用因子分析法提取出经济、环境、人口、社会 4 个公因子,确定各因子权数,并计算出了我国国民的幸福指数;黄静以网络调查得到的 200 份答卷为有效样本,在因子分析基础上,结合综合分析法和合成法,测算出了内蒙古赤峰市居民的幸福指数。

总体上看,现有因子分析法建立起来的国民幸福指数测量体系,皆为小样本基础上的探索性因子分析。设计者在建立指标体系时,试图顾及影响国民幸福感的方方面面,但二级指标体系下的具体指标往往较少(一般在 20 个左右),难以很好实现全面反映影响国民幸福感诸因素的初衷。这是本研究寻求创新的突破口。

二、研究方法

(一) 数据来源及处理

在 2012 年暑假问卷中,针对"你觉得自己生活幸福吗?(非常幸福、比较幸福、一般、不太幸福、很不幸福)"问题作答的调查样本涵盖全国 31 个省 260 个村庄的 3648 个农户。在选取测算幸福指数的指标时,我们首先结合国家以及各地区"十二五"规划、《国家全面建设小康社会(2020 年)标准》、国际国内通用标准和现有关于农民幸福指数测算的相关研究等多方面的精神和内容，从“百村观察”平台2012年暑假问卷获得的农民生产生活等方面的基础数据以及相关专题调研数据中，尽可能多的挑选测量指标，以免反映农民幸福的信息遗漏或不完整。然后，为减少缺失值对因子分析的影响，我们在进行因子分析前剔除了一些变量缺失较多的样本。同时，在提取公因子之后，为避免极值对加权平均的影响，得到更为可靠的幸福指数得分，我们又剔除了少数几个极值样本。最后，实际用来测算我国农民幸福指数的有效样本为3382个。

表10-4　农民的生产生活情况

家庭基本情况	家庭成员构成信息，家庭成员基本信息 家庭经营基本情况，家庭固定资产情况
农业生产基本情况	粮食作物生产状况，经济作物生产状况 畜禽生产状况，渔业生产状况，生产资金投入
农民生活基本情况	日用品、饮食消费　交通、通讯支出，医疗、能源支出　人情收支情况，文化消费支出
家庭的社会交往及分化情况	交往的对象、方式，交往的区域、心理，家庭的分化情况
农民的教育现状	教育费用，教育资源的满意度，对读书效用的评价等
农民体育健身	体育设施和服务的享受情况，健身情况，健身愿望等
农民婚姻与家庭	婚姻状况，生源状况，家庭关系
农民组织	加入农民组织情况，加入农民组织愿望
农民社会保障	医疗保障，养老保险，商业保险，农民工社会保障
农民对惠农政策的满意度	惠农政策包括：粮食直补，农资综合补贴，良种补贴，农机具购置补贴，退耕还林补贴，农业保险，新型农村养老保险，农村最低生活保障，家电下乡，汽摩下乡，小额信贷，农村饮水安全工程、危房改造、路网建设、电网建设、沼气工程，新型农村社区建设
农民文化意识	农民思想观念，农民家族观念，农民的宗教和信仰
农民的精神文化生活	农民对一些社会现象、政府、乡村干部等的主观感受等
文化设施与活动	农民所能享受到的文化设施与活动情况等

然后，我们将挑选出的数据用SPSS进行一致化处理，计算原有变量的相关系数矩阵并进行统计检验，剔除主观上难以辨识、客观上并不适合进行因子分析的变量问题，保留可以有效反映农民幸福状况的数据。

（二）计算步骤

首先，综合已有研究和其他标准，我们最终确立了反映农民幸福状况的七大方面、44 个问题(见表 10-5),通过探索性因子分析最终提取出 30 个公因子(测量指标)。然后,标准化 30 个因子的得分(spss 在因子分析时自动计算出),通过“min-max 标准化”将分数映射在区间[0,1]内,将 30 个公因子的方差贡献率作为权重,算出有效样本的个体得分。最后,计算出有效样本个体得分的加权平均数,即为我国农民的幸福指数。

三、农民幸福指数的测算

为了避免人为(主观)因素的影响,本文将采用因子分析法来确定指标权数(方差贡献率大,所应赋予的权数也应该越大),以下利用 SPSS19.0 统计软件作因子分析。

(一) 数据处理

由于指标体系中的数据、性质和单位不同,需要对收集的数据进行一致化处理,以消除各个指标间在数量级和量纲上的不同,从而使数据具有综合性。SPSS19.0 在因子分析的过程中会自动对数据进行标准化处理。因为样本指标多、量较大,从而存在较多的离群数据。删除这些离群数据,会存在大量的缺失值。所以采取“*z*-score 标准化”的处理方式。这种方法基于原始数据的均值(mean)和标准差(standard deviation)进行数据的标准化。将 A 的原始值 X 使用 Z-score 标准化到 X'。Z-score 标准化方法适用于有超出取值范围的离群数据的情况。其公式为:

$$X' = (X - \text{Mean})/\text{SD}$$

(二) 建构指标体系

计算原有变量的相关系数矩阵并进行统计检验,剔除不适合进行因子分析的问题。剩下可以有效反映农民幸福程度的 44 个问题(见表 10-5)。这 44 个问题涵盖了影响居民幸福的主要方面,可以有效体现“健康生活、生活保障、家居环境、教育体育、社会环境、政治环境、幸福信心”这七大方面的内容。而通过对已有研究、官方的政策文本、通行标准的分析,从 44 个问题中提取出的 30 个公因子足以衡量中国农民幸福的总体状况。

表 10-5 中国农民幸福指数指标体系

二级指标	权重	三级指标	权重	具体问题的赋分情况
健康生活	0.1313	身体健康	0.0261	问卷回答者健康状况(优:1;良:2 中:3 差:4 很差:5)
		家庭生活	0.0261	结婚后,您对自己的生活满意吗?(非常满意:4;比较满意:3;一般:2;不太满意:1;很不满意 0)
		亲属关系	0.0265	与过去相比,您觉得宗族内亲属关系有什么变化?(更加密切:2;没有变化:1;渐渐疏远、说不清:0)
		个人心态	0.0261	有人觉得,做一个农民挺好的。您的意见呢?(完全对:2;基本对:1;不对、不清楚:0)
		生活休闲	0.0265	您们家一起外出旅游过吗?(有过:1;没有过:0)
生活保障	0.1588	收入状况	0.0262	家庭经济收入
		家用电器	0.0264	家用电器拥有情况(有空调、电冰箱、电脑、热水器之一:2 分;有电视或洗衣机:1 分;皆无:0 分)
		交通工具	0.0263	交通工具拥有情况(有小汽车:2 分;有摩托车、电动车之一:1 分;皆无:0 分)
		通讯工具	0.0268	通讯工具拥有情况(有手机或固定电话之一:1 分;皆有:2 分;皆无:0 分)
		医疗保障	0.0262	是否参加新型农村合作医疗?(是:1 分;否:0 分)
		养老保障	0.0269	是否参加新型农村养老保险?(是:1 分;否:0 分)
家居环境	0.1307	生活便利	0.0546	对农村路网建设的满意度(非常满意:4;比较满意:3;一般:2;不太满意:1;很不满意 0)
				对农村电网建设的满意度(非常满意:4;比较满意:3;一般:2;不太满意:1;很不满意 0)
				对新型农村社区建设的满意度(非常满意:4;比较满意:3;一般:2;不太满意:1;很不满意 0)
		环境卫生	0.0761	所在村庄垃圾有无处理(是:1 分;否:0 分)
				所在村庄有无定点垃圾投放点(有:1 分;无:0 分)
				所在村庄有无垃圾箱(有:1 分;无:0 分)
				所在村庄有无专人清扫垃圾(有:1 分;无:0 分)

（续表）

二级指标	权重	三级指标	权重	具体问题的赋分情况
教育体育	0.0905	教育支出	0.0263	您家的教育开支压力大吗？（很大:0;较大:1;一般:2;不太大:3;一点都不大:4）
		教育资源	0.0262	您对农村的教育资源满意吗？（非常满意:4;比较满意:3;一般:2;不太满意:1;很不满意 0）
		体育健身	0.038	您或家人平时参加体育锻炼吗？（经常参加:2;偶尔参加:1;从不参加:0） 未来是否会花时间体育健身？（会:1;不会、不好说:0）
社会环境	0.1336	社会公正	0.0258	您认为法律是公正的吗？（非常公正:4;比较公正:3;一般:2;不太公正:1;很不公正:0）
		社会分化	0.0278	您认为目前贫富差距合理吗？（非常合理:4;比较合理:3;一般:2;不太合理:1;很不合理:0）
		社会平等	0.0536	您与政府官员打交道过程中，有受到平等对待吗？（很平等:4;比较平等:3;一般:2;不太平等:1;很不平等:0）
				您在就医过程中，有受到平等对待吗？（很平等:4;比较平等:3;一般:2;不太平等:1;很不平等:0）
				您或您的孩子在入学过程中，有受到平等对待吗？（很平等:4;比较平等:3;一般:2;不太平等:1;很不平等:0）
		社会稳定	0.0264	您担心农村的治安问题吗？（不是的:2;差不多:1;不清楚、是的:0）
政治环境	0.2698	中央政府绩效	0.0397	您对政府执政满意吗？（非常满意:4;比较满意:3;一般:2;不太满意:1;很不满意 0）
				您觉得现阶段我国社会和谐吗？（非常和谐:3;比较和谐:2;一般:1;不和谐:0）
		地方政府绩效	0.032	您对当地政府的工作是否满意？（非常满意:4;比较满意:3;一般:2;不太满意:1;很不满意 0）
				您觉得乡村干部办事公正吗？（非常公正:4;比较公正:3;一般:2;不太公正:1;很不公正:0）

（续表）

二级指标	权重	三级指标	权重	具体问题的赋分情况
政治环境	0.2698	村干部绩效	0.0262	村民自治意味着村干部有时候看村民的脸色行事？（是的:2;差不多:1;不是的、不清楚:0）
		政府能力	0.0531	您认为党和政府能解决腐败问题吗？（完全能:4;比较能:3;一般:2;不太能:1;完全不会:0）
				您认为党和政府能解决当前社会问题吗？（完全能:4;比较能:3;一般:2;不大能:1;完全不、不清楚:0）
		惠农政策1	0.0462	对农村最低生活保障的满意度（非常满意:4;比较满意:3;一般:2;不太满意:1;很不满意0）
				对新型农村合作医疗的满意度（非常满意:4;比较满意:3;一般:2;不太满意:1;很不满意0）
		惠农政策2	0.0255	对新型农村养老保险的满意度（非常满意:4;比较满意:3;一般:2;不太满意:1;很不满意0）
		村民自治	0.0471	搞村民自治是一个很大的进步？（是的:2;差不多:1;不是的、不清楚:0）
				村民自治能否有效解决农村的治理问题？（是的:2;差不多:1;不是的、不清楚:0）
幸福信心	0.0854	生活感知	0.034	你家现在的生活跟以前比？（变好了:2;没啥变化:1;变差了、不好说:0）
				您家未来几年在村庄中的地位会？（上升:2;没啥变化:1;下降、不好说:0）
		生活信心	0.0258	您认为个人努力能改变现状吗？（完全能:4;比较能:3;一般:2;不大能:1;完全不能:0）
		生活预期	0.0256	您觉得我国最后能实现共同富裕吗？（能够:2;有可能:1;没希望、不清楚:0）

(三) 相关系数分析

在进行因子分析以前,对剩下的数据进行相关系数分析 Bartlett's 球状检验以确定适合进行因子分析。

表 10-6 KMO 和 Bartlett 检验

KMO 取样适当性度量		0.800
巴氏统计量	卡方检验值	28682.738
	自由度	946
	显著性指标	0.000

由表 10-6 可以看出,KMO 指数为 0.800,适合作因子分析;巴氏统计量(Bartlett's Test of Sphericity)的概率显著性为 0(df = 120),故拒绝原假设,即认为总体变量间的相关矩阵为非单位矩阵,因子模型合适。

(四) 因子分析结果

1. 方差贡献率

我们运用因子分析中使用最为广泛的主成分分析法,提取累计方差贡献率大于 0.85 的公因子反映原有变量的绝大部分信息。如表 10-7 所示,30 个公因子可以反映 44 个原变量 86.921% 的信息。

表 10-7 公因子解释原有变量总方差的情况

公因子序号	特征值	方差贡献率(%)	累计贡献率(%)
fac1	2.909	6.612	6.612
fac2	2.088	4.745	11.358
fac3	2.050	4.660	16.017
fac 4	2.030	4.613	20.631
fac 5	1.800	4.090	24.721
fac 6	1.766	4.013	28.733
fac 7	1.517	3.447	32.181
fac 8	1.455	3.306	35.487
fac 9	1.300	2.954	38.441
fac10	1.223	2.779	41.220
fac11	1.065	2.420	43.640
fac12	1.030	2.342	45.982

（续表）

公因子序号	特征值	方差贡献率(%)	累计贡献率(%)
fac13	1.025	2.330	48.311
fac14	1.014	2.305	50.616
fac15	1.013	2.303	52.919
fac16	1.010	2.295	55.214
fac17	1.008	2.290	57.504
fac18	1.007	2.290	59.794
fac19	1.007	2.289	62.083
fac20	1.003	2.279	64.363
fac21	1.003	2.279	66.642
fac22	1.002	2.276	68.918
fac23	1.001	2.275	71.193
fac24	0.998	2.268	73.461
fac25	0.997	2.267	75.727
fac26	0.997	2.265	77.992
fac27	0.988	2.246	80.238
fac28	0.986	2.241	82.480
fac29	0.981	2.229	84.708
fac30	0.974	2.213	86.921

2. 变量共同度

对某一个原变量而言，其在所有因子上的载荷的平方和就叫该变量的共同度，它反映了公因子从原始变量提取信息的能力。如果因子分析结果中大部分变量的共同度都高于0.8，说明提取的公因子已基本反映原变量80%以上的信息，因子分析效果较好。变量共同度是衡量因子分析效果的常用指标。表10-8的变量共同度计算结果显示，44个原变量中29个原变量的共同度在0.8以上，即信息丢失率在20%以下的原变量占比达66%，显示提取30个公因子的总体效果较为理想。

表 10-8　变量共同度

变量	初始	提取	变量	初始	提取
有无垃圾投放点	1.000	0.834	是否参加体育锻炼	1.000	0.747
有无垃圾箱	1.000	0.705	是否会体育健身	1.000	0.741
有无专人清扫	1.000	0.719	法律公正	1.000	0.956
垃圾有无处理	1.000	0.703	乡村干部公正	1.000	0.749
农民挺好	1.000	0.978	贫富差距合理	1.000	0.935
旅游过吗	1.000	0.954	官员平等对待	1.000	0.695
婚后满意	1.000	0.978	就医平等对待	1.000	0.779
亲属关系变化	1.000	0.979	入学平等对待	1.000	0.776
身体健康	1.000	0.991	中央政府满意	1.000	0.748
经济收入	1.000	0.980	当地政府满意	1.000	0.780
与以前生活相比	1.000	0.823	腐败问题解决	1.000	0.962
家用电器分数	1.000	0.969	低保满意	1.000	0.807
交通工具分数	1.000	0.986	新农合满意	1.000	0.813
通讯工具分数	1.000	0.972	新农保满意	1.000	0.967
路网建设满意	1.000	0.830	新农村满意	1.000	0.657
电网建设满意	1.000	0.829	担心治安	1.000	0.980
是否新农保	1.000	0.972	社会和谐	1.000	0.717
是否新农合	1.000	0.995	看村民眼色	1.000	0.986
教育支出压力	1.000	0.990	村治是否进步	1.000	0.852
共同富裕	1.000	0.876	村庄未来地位	1.000	0.790
社会问题	1.000	0.953	努力改变现状	1.000	0.980
教育资源满意	1.000	0.988	村治解决问题	1.000	0.825

提取方法:主成分分析。

3. 因子命名

采用方差最大法对因子载荷矩阵实施正交旋转以使30个公因子具有命名解释性。从旋转后的因子载荷矩阵来看,每个因子只有一个或少数几个指标的因子载荷较大,因此可以根据因子载荷矩阵表进行分类,将44个具体问题分为30类,并结合相关知识给出各因子的命名。因表格“因子载荷矩阵”涵盖的内容太多,没有办法在文中展示。因子命名结果见表10-5——中国农民幸福指数指标体系,表中的三级指标即是根据因子载荷命名的结果。

（五）计算得分

1. 标准化因子得分

这里采用回归法估计30个公因子的因子得分系数。因子得分的均值为0，标准差为1。计算总分需将各因子的得分指数化，即将所有的数值映射在区间[0,1]内。为此，采取“min-max标准化”方法对原始数据进行线性变换。设min$A$和max$A$分别为属性A的最小值和最大值，将A的一个原始值X通过“min-max标准化”映射成在区间[0,1]中的值X'，其公式为：

$$X' = (X - \min A)/(\max A - \min A)$$

由于有3382个有效样本，30个公因子在各个有效样本中的具体得分不便在此一一呈现。

2. 确定权重

因子分析中公共因子反映着评价指标对评判对象的相对影响程度。因而可以利用该方法从样本中直接定权。将最大方差旋转后得到的因子载荷作为评价因子的权值。因子负荷可以理解为公共因子对变量的重要系数，与权值意义相符。因为公因子F_m的方差贡献率就是F_m对各变量的全部贡献水平。将30个公因子的特征值的方差贡献率作为加权系数（见表10-7）。具体做法是，先将表10-7中30个公因子的方差贡献率进行归一化处理，得到每一个公因子的权重；然后将三级指标的权重直接相加，得到二级指标的权重（见表10-5）。

3. 农民幸福指数的测算结果

如果用H_i表示农民幸福指数，用F_i来代表公因子（$i=1,2,3,4,5,6,\cdots,27,28,29,30$）标准化之后的得分，用$Wi$（$i=1,2,3,4,\cdots,28,29,30$）代表各因子的权重，那么每位农民幸福指数的可表示为以下函数公式：

$$H_i = F_1W_1 + F_2W_2 + F_3W_3 + F_4W_4 + \cdots + F_{29}W_{29} + F_{30}W_{30}H \subseteq [0,1]$$

通过这个公式可计算出单个农民的幸福指数。

$$\begin{aligned} H_1 = {} & 0.84*0.0761 + 0.76*0.0546 + 0.68*0.0536 + 0.75*0.0531 \\ & + 0.58*0.0471 + 0.70*0.0462 + 0.62*0.0397 + 0.79*0.0380 \\ & + 0.75*0.0340 + 0.62*0.0320 + 0.57*0.0278 + 0.72*0.0269 \\ & + 0.79*0.0268 + 0.78*0.0265 + 0.13*0.0265 + 0.79*0.0264 \\ & + 0.78*0.0263 + 0.50*0.0263 + 0.66*0.0262 + 0.06*0.0262 \\ & + 0.62*0.0262 + 0.92*0.0262 + 0.89*0.0261 + 0.75*0.0261 \\ & + 0.79*0.0261 + 0.38*0.0261 + 0.81*0.0258 + 0.72*0.0258 \\ & + 0.65*0.0256 + 0.74*0.0255 = 0.68 \end{aligned}$$

$$H_2 = \cdots = 0.67$$

$$H_3 = \cdots = 0.67$$

……

$$H_{3380} = \cdots\cdots 0.43$$

$$H_{3381} = \cdots\cdots 0.42$$

$$H_{3382} = \cdots\cdots 0.42^{*}$$

由于 3382 个个体幸福指数得分中,0.67 出现 6 次、0.63 出现 61 次…,即每个得分出现的频数不同,需要采用加权算术平均数。即 3382 个样本农民幸福指数的加权算术平均数,方为我国农民的幸福指数。公式如下:

$$H = (X_1F_1 + X_2F_2 + X_3F_3 + \cdots + X_kF_k)/(F_1 + F_2 + F_3 + \cdots + F_k)$$

$$H \subseteq [0,1]$$

$X_1, X_2, X_3, \cdots X_k$表示在个体分数中出现的数值;$F_1$表示 X_1出现的次数,F_2表示 X_2出现的次数…以此类推,F_k表示 X_k出现的次数。

根据这一计算公式,2011 年我国农民的幸福指数为 0.5578。

四、幸福指数的群体特征

1. 区域特征

与全国农民幸福指数估算方法相似,取每个地区内全体样本农民的得分的加权算术平均数,即得出该地区农民的幸福指数。如表 10-9、图 10-1 所示,西部农民的幸福指数最低,为 0.5510;中部次之,为 0.5599;东部地区相对最高,为 0.5632。与此同时,东部、中部地区的农民幸福指数得分均高于全国农民平均的幸福指数得分,西部地区低于全国平均水平。综合而言,东、中、西部地区农民幸福指数依次递减,这主要与各地经济社会的整体发展水平相关。

表 10-9 各地农民幸福指数得分

区域	东部	中部	西部	全国
得分	0.5632	0.5599	0.5510	0.5578

2. 家庭收入特征

与不同区域农民的幸福指数估算方法相似,我们将农民的家庭收入五等分,取每个群体内全体样本农民的得分的加权算术平均数,即得出该收入群体农民的

* 注:受篇幅所限,3382 个有效样本的每一个幸福指数不在文中一一列出。

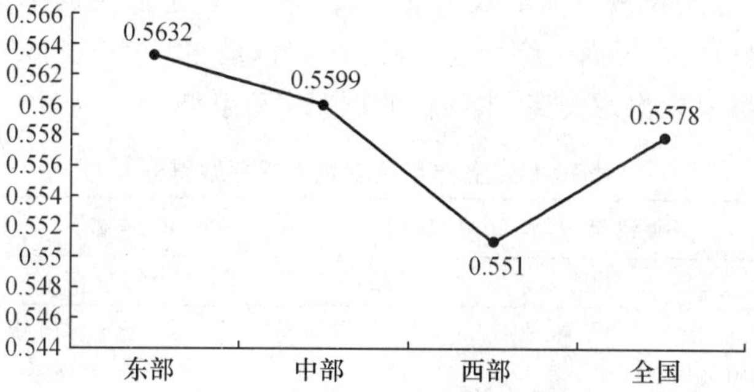

图 10-1　各地农民幸福指数得分

幸福指数。从表 10-10、图 10-2 可以看出，最低、次低、中间、次高、最高不同家庭收入农民的幸福指数得分依次为 0. 5516、0. 5531、0. 5570、0. 5610、0. 5703，呈现出随着家庭收入的不断增加，农民的幸福指数递增的趋势。这主要是现阶段，家庭收入是我国多数农民生活水平和质量的保障，因而农民所在家庭的收入越高，其幸福感越强。

表 10-10　不同家庭收入组农民的幸福指数得分

最低 20%	次低 20%	中间 20%	次高 20%	最高 20%
0. 5516	0. 5531	0. 5570	0. 5610	0. 5703

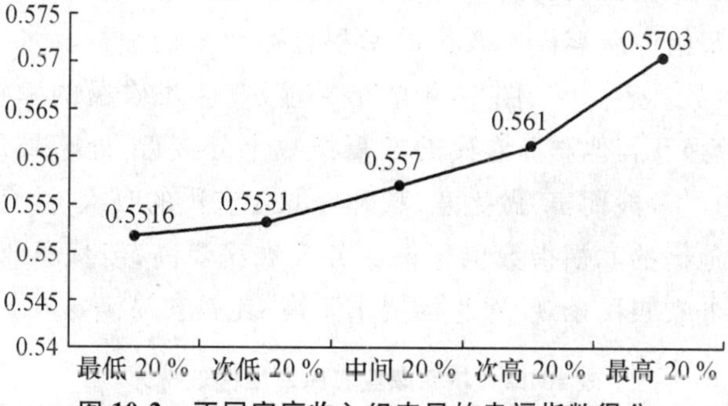

图 10-2　不同家庭收入组农民的幸福指数得分

3. 年龄特征

与不同家庭收入群体农民的幸福指数测算方法相似，根据样本数据的特征，我们以年龄为标准，将农民分为五个群体。取每个年龄组内所有单个农民幸福指数得分的加权算术平均数，即得出该年龄群体农民的幸福指数。从表 10-11、图 10-3 可以看出，39 岁以下农民的幸福指数高于 40 岁以上农民的幸福指数，且 39

岁之后到59岁之间农民幸福指数呈递减,但60岁以上农民的幸福指数相对40岁到59岁年龄段农民要高。综合起来看,39岁以前、40—59岁、60岁以上年龄段农民的幸福指数呈现出两头高、中间低的倒"U"型态势。

表 10-11 各年龄段农民幸福指数得分

29岁以下	30到39岁	40到49岁	50到59岁	60岁以上
0.5602	0.5603	0.5578	0.5572	0.5591

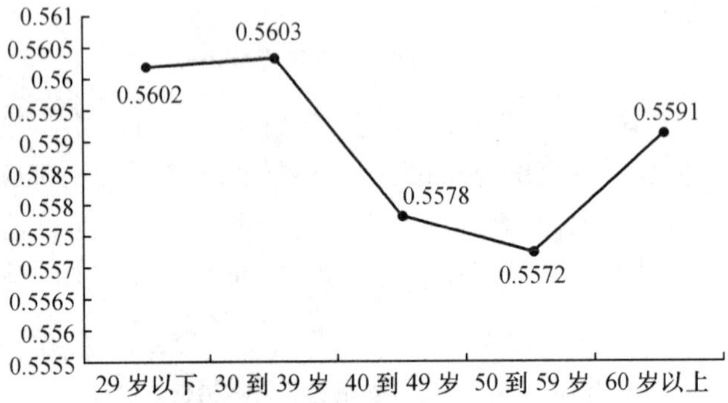

图 10-3 各年龄段农民幸福指数得分

4. 职业特征

根据样本数据的特征,我们将样本农民的职业分为务农、务工、做生意、教师及其他五组,取每组内所有样本农民的幸福指数得分的加权算术平均数,即为该组农民的幸福指数。表10-2、图10-4的结果显示,务农农民的幸福指数最高,为0.5590;务工、教师及其他职业农民的幸福指数十分接近,处于最低;做生意农民的幸福指数居中。一般而言,做生意、教师等职业农民的收入、社会地位等整体要高出务农农民,他们的幸福指数也应该比务农农民要高,但从职业角度考察恰恰相反,这可能与务农农民乐观、对生活要求不高、比较容易满足有关。

表 10-12 不同职业农民幸福指数得分

务农	务工	做生意	教师及其他
0.5590	0.5563	0.5570	0.5562

5. 文化程度特征

表10-13、图10-5显示的是不同文化程度农民的幸福指数得分情况。文化程度为文盲的农民幸福指数得分最高,为高中的得分最低,相差0.0079分;文化程

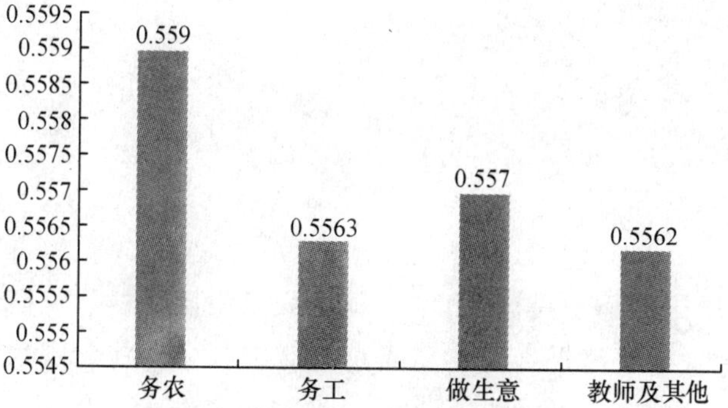

图 10-4　不同职业农民幸福指数得分

度为小学、大专及以上农民的幸福指数皆为 0.5580 分。总体而言，不识字农民的幸福指数高于念过书的农民。这可能由于不识字农民的思想状况受现代化因素的影响较小，他们在评估自己的幸福状况时，更多的是进行自身纵向上的比较，所以其幸福指数得分最高。

表 10-13　不同文化程度农民幸福指数得分

文盲	小学	初中	高中	大专及以上
0.5639	0.5580	0.5582	0.5560	0.5580

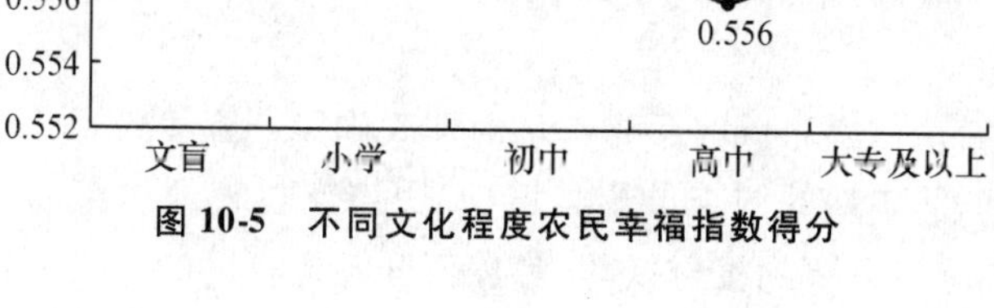

图 10-5　不同文化程度农民幸福指数得分

后　记

作为农民中国的历史见证，由华中师范大学中国农村研究院承担的教育部“中国农民状况发展研究报告”，尝试着用宏观的视角来展示现代化进程中农民经济、政治、社会和文化的发展与演变。为此，本报告围绕农民生活的各个重要侧面，分经济、政治和社会文化三卷出版。每年进行一卷的调查研究，突出年度的重点，三年一个循环，贯彻历史的比较。在相继出版政治卷和经济卷之后，今年推出社会文化卷。

社会文化卷是集体合作的结晶。提纲由徐勇教授、邓大才教授以及胡雅琼博士生共同拟定，后经过中国农村研究院平台群研究人员共同讨论并修改完善。徐勇教授从研究方向与理论主题上对社会文化卷的目标进行了定位，并逐一修改提纲。邓大才教授全程参与提纲讨论和调查研究工作。胡雅琼博士生执笔完成提纲并初步统稿。任路博士生负责后期统稿工作。写作任务由中国农村研究院博士生和硕士生共同完成。

社会文化卷是探索创新的结果。这是第一次以数据为支撑的有关农民的发展报告，没有现成的模式，很多工作都摸索前进，没有标准，没有规范，依靠研究者探索，因此不少章节反复修改，各位撰写者为此付出了辛勤的汗水。可喜的是经过前后三卷的锻炼，通过中国农民状况发展报告，中国农村研究院积累了大规模社会调查的经验，收集了大量的第一手资料，逐步形成了新的研究风格。

社会文化卷是系统集成的产物。从前期的确定调查课题、制定调查计划到问卷设计、试调查，从中期的调查员招聘培训、受访支付管理到实地调查，从后期的数据审核整理、统计分析到报告撰写，都离不开各道程序的有机衔接和系统集成。这一系列工作的有序开展为本报告的最终完成奠定了坚实的基础。

社会文化卷同时是众人的心血。感谢教育部人文社会科学研究报告资助项目的支持，感谢华中师范大学人文高等研究院石挺副院长的帮助，感谢为本项目提供管理和服务工作的华中师范大学政治学研究院郝亚光老师和朱敏杰老师；感谢所有参与写作的政府经济学、政治学理论专业的博士生和硕士生。

我们相信,本报告的研究成果对决策部门、广大学者和读者必然有所裨益。全稿虽然经过多次的修改,但难免疏漏和错误之处,敬请广大读者批评指正。我们期待更多的实务部门和理论界关心农民发展问题。

编者

2013 年 7 月 19 日